許可抗告事件の実情

平成10〜29年度

判例時報編集部［編］

判例時報社

はしがき

最高裁判所首席調査官　　尾島　　明

　現行民事訴訟法の施行後、私は高等裁判所に3回勤務したが、自分がその構成に入った合議体の決定に対して抗告の許可が申し立てられたときに、これを許可したものかどうかの判断に迷うことがあった。許可するかどうかは「法令の解釈に関する重要な事項を含む」か否かで決めることは十分に分かっている。しかし、問題とされた決定を出すに当たって、事実認定がすこぶる困難であるか、裁量判断が微妙なものであり、判断に迷うような事情があって、しかもその判断が社会的に注目されているような場合には、いくら合議を尽くした末に決断をしても、当事者には最高裁判所の判断を受ける機会を付与したほうが良いのではないかなどと感じてしまうこともあった。また、考え抜いた上自信を持ってそういう判断をしたのであるから、これが最高裁判所で是認されることを期待するような気持になったこともあるのかもしれない。部の中でも、まず主任裁判官や担当書記官が許可の可否について議論をしているのに接することも多かった。全国の高等裁判所でも、許可抗告の申立てがあると、同じような思いから日々許可の可否について様々な検討がされているものと思う。

　この書籍を通読してみると、高等裁判所の裁判官の立場からすると難しい事実認定や裁量判断を内容とする決定ではあったが、必ずしも法令の解釈に関する重要な事項を含まない事案が許可抗告の中ではどのように位置付けられ、制度設計されているのかがおのずと浮かび上がってくるように思う。この書籍が許可の可否の検討に際して役立つことになれば、執筆に関与した者としては大きな喜びである。

　平成29年1月から高裁勤務をしていた時には、既にこの書籍にも収められた判例時報誌の記事を自ら4回にわたって執筆・掲載して、一連の「許可抗告事件の実情」が実務上有用であると確信していたので、部のメンバーには、過去の「許可抗告事件の実情」を調べて参考になるような案件がないかどうか検討してみたら良いのではないかと助言することとしていた。そうした時の反応の一つは、判例時報誌にそのような記事が掲載されていることは認識しているが、その内容についてはよく知らず、そのように実務に有用な文献であるとは意識していなかったというものである。今回、これらの記事がまとめて書籍化されて、広くその有用性を感じていただけることになるとしたら、大変喜ばしいことである。次に出てくる反応は、その有用性は分かるけれども、記事の掲載が20年間にわたって不定期にされており、しかも全体を通した検索のツールがないことから、その調査には大変な時間と手間がかかるということであった。確かに日々大量の事件処理に追われている実務家が掲載誌を全て探し出してきて、毎回の掲載分を調査して現に問題となっている事件の参考になるような事例を調査するのは、苦労の多い作業であったろう。今回、20

年分の掲載分全部を1冊にまとめ、全体を整理し通覧できる表も作成したことにより検索の便宜が一挙に高められ、手間と苦労が相当解消されるのではなかろうか。

　このようなことは、高等裁判所で許可抗告の申立てを扱う裁判所の担当者だけの便宜にとどまらない。高等裁判所の決定を受けた当事者やその代理人にとっても、この書籍は、許可抗告の申立てをするかどうかの判断、申立てをした後の見通し等についても予測可能性を測るものとして利用することができよう。

　高等裁判所の決定については、もともとは特別抗告ができるだけであり、しかもその申立てに確定遮断効がなく（したがって、告知と同時に確定する。これは許可抗告の申立てでも同じである。）、その判断は重いものであった。そして、決定処理される事件が多様であり、重要な法律問題もその中に多く含まれることから、統一的な判例形成のための制度改革が望まれていた。こういう中で、決定事件に含まれる重要な法律問題についても最高裁判所の判例形成機能を及ぼすことができるようになったこと、そして最高裁判所がその判断をするかどうかの入口の判断を高等裁判所の専権に委ねることといった特徴を持つ許可抗告制度が創設された。これは民事訴訟制度において画期的なことであった。しかもこれが施行後20年間にわたって順調に運営されているのである。このことは、伊藤眞東京大学名誉教授のはしがき及び小林宏司最高裁判所民事上席調査官が前書きに書かれているとおりである。この書籍は、研究者にとっても、この新たに創設された許可抗告制度の全体像を分析し評価する恰好の材料を提供することになることが期待される。

　なお、「許可抗告事件の実情」は、その時々の最高裁判所の民事上席調査官と調査官室付き裁判所書記官が共同で執筆したものであるが、当然のことながらその内容は最高裁判所の公式見解ではなく、個人としての意見に基づくものである。

　この書籍の発刊に当たっては、その企画段階から判例時報社の山下由里子さん、古山達史さんには大変お世話になった。「許可抗告事件の実情」の判例時報誌への掲載は、今後も継続していくことになると思うが、この書籍の発刊により参考文献としての価値が一層理解されていくことも期待している。

　　　　令和元年11月

民事司法を支える名脇役—indispensible supporting actress—としての許可抗告制度

東京大学名誉教授　伊藤　眞

1　はじめに

　民事裁判に対する不服申立ての手続をどのように設計するかは、時代(とき)を超えた悩みである。それは、裁判の結果が一方にとって有利、他方にとって不利と評価されるからに他ならない。場合によっては、双方が不利と感じることもあろう。自らの主張と立証に自信を持つ者ほど、それが斥けられたときの不満は大きい。ウィリアム・シェークスピアの言葉として伝えられる、"Expectation is the root of all heartache."（期待が大きければ、不満が膨らむ。）（拙訳）とは、裁判にこそ当てはまる。たとえ、不利な結論を与えられても、その理由付けが説得的であれば、結果を甘受する者もいようが、それは例外であり、裁判の是正手段たる不服申立ての機会を保障すべきことは、普遍的な手続法理といって差し支えない。

　しかし、不服申立ての機会を与えることは、かえって正義の実現を遷延させる可能性もあり、裁判の種類に応じて、いかなる要件の下に不服申立てを認めるかという問題は、各国の立法者が直面し続ける二律背反ということができよう[1]。

2　現行民事訴訟法制定と許可抗告制度の創設

　旧民事訴訟法の下で、上訴制度の改革は、長期間にわたる議論の対象とされてきた。問題意識は多岐にわたっていたが、その一つは、民事裁判の中核部分である判決に対する不服申立てとして、控訴と上告の機会を権利として保障することが必要的か、特に、上告については、最上級裁判所たる最高裁判所の機能を確保する上でも、合理的な制限を設けるべきではないかという点であり、他の一つは、決定や命令の形式でなされる裁判について、最高裁判所への不服申立ての途を開くべきではないかという点であった[2]。

　決定や命令のすべてが判決に至る中間的裁判であれば、その必要はないのかもしれない。しかし、この点について、現行民事訴訟法の立案に指導的役割を果たされた三ケ月章博士は、決定（命令）の形式をとる裁判に2種類のものがあり、第1は、

---

[1] イギリスのように、権利としての上訴を認めない原則をとる法制もある。溜箭将之『英米民事訴訟法』（東京大学出版会、2016）219頁参照。

[2] 最高裁判所への抗告が許されるのは、訴訟法において特に定める場合とされ（裁判所法7条2号）、旧民事訴訟法では、憲法違反を理由とする特別抗告のみが定められていた（旧419条の2）。したがって、原決定の判断がいかに法令の解釈にかかる重要な事項を含むものであっても、最高裁判所への抗告は認められなかった。兼子一『新修民事訴訟法体系〔第22版〕』（酒井書店、1964）473頁参照。

判決に付随する事項についてのものであり、第2は、独立かつ最終的な性質を持つものであり、任意的口頭弁論にもとづいて行われるがゆえに判決の形式をとらないものであると指摘する。

そして、強制執行、倒産法、非訟事件などの領域においては、第2の性質のゆえに決定の形式がとられているのであり、法令解釈の統一の必要性は、判決の場合と同様であると説き、「こうした領域についての不服申立制度の整備—抗告制度の再編成—に当たっては裁量性の導入が不可欠のものであることは目に見えているのである。そして、こうした角度から決定事件についても最高裁判所への抗告を認めるに当たっては、判決に対する上訴とは趣をかえて原審による許可制を採用することも十分に考慮に値するであろう」と喝破されている[3]。まことに、許可抗告制度創設の源流には、三ケ月博士の至言があったということができよう。

また、判決に至る中間的裁判であっても、文書提出命令に代表されるように、名宛人たる文書の所持者に対して相当の負担を課す性質のものもあり、しかも、旧法下で提出義務の範囲に関する解釈が分かれていた問題については、訴訟の適正かつ迅速な進行のためにも最高裁判所の判断を求める途を開くべきであるとの声が強かった。

3　立案審議の一コマ

上記の指摘を背景として、法制審議会民事訴訟法部会における審議においては、許可抗告制度新設に関する議論が始まった。決定の方式で行われる裁判について、最高裁判所への不服申立ての途を開くべきであり、かつ、その範囲を合理的に画する必要があるという認識こそ一致していたものの、判例違反や法令の解釈に関する重要な事項を含むかどうかの判断を原裁判所の専権に委ねることで、制度の機能が確保できるのかどうかという危惧もあった。部会であったか、その下に設けられた小委員会であったか、準備会であったかの記憶は確かでないが、私自身も、それに類する意見を述べた記憶がある[4]。

これに対する反論として、裁判実務の中においては、最高裁判所判例による安定した法解釈の確立を求める必要性は共通の認識であり、上記の危惧は杞憂に過ぎないとの議論もなされたところ、本書所収の平成10・11年度から始まり、平成29年度に至る数多の許可抗告事件とその多様性を一瞥すれば、いずれが妥当であったかが自ずから理解されよう。

---

[3] 三ケ月章「上訴制度の目的」『民事訴訟法研究 第8巻』（有斐閣、1981）155頁。同「決定手続と抗告手続の再編成」同書203頁参照。また、母法たるドイツ民事訴訟法には、法律抗告（Rechtsbeschwerde）の制度（法務省大臣官房司法法制部編『ドイツ民事訴訟法典』（法曹会、2012）174頁参照）があったことも、このような提言の背景になっていたものと思われる。

[4] 竹下守夫ほか編集代表『研究会新民事訴訟法—立法・解釈・運用（ジュリスト増刊）』（有斐閣、1999）450頁、伊藤眞「法制審議会へのかかわり—研究者の立場から」新堂幸司編集代表『日本法の舞台裏』（商事法務、2016）2頁参照。

4 許可抗告制度の運用と判例法理の形成

　民事執行法や破産法に関する許可抗告事件はもちろん、判決に付随する事項、代表的には、文書提出義務について抗告が許可され、文書提出義務の除外事由としてのいわゆる自己利用文書性に関する判例法理（本書7頁）が形成されたのは、その好例である。近時においても、文書提出命令に関し、文書の所持者や対象となる文書を識別することができる事項の意義などに関する判例が確立されたのは、許可抗告を通じてであり、これは、対象となる事項が「法令の解釈に関する重要な事項を含む」かどうかについて、原審が適切な判断をしていることを意味している[5]。

　また、紛争解決のために民事司法が果たすべき役割が拡がっている現在、非訟事件の手続を通じて、家事関係事件、会社関係事件などの適正な処理のために、法規範の解釈を最高裁判例として確立することが求められる機会が増えており、そのことは、各年度の実情に示されているとおりである。

5　おわりに―許可抗告制度の目的と本書の役割

　上訴制度の2つの目的たる当事者の救済と法令解釈の統一に照らしたとき、許可抗告については、立法の経緯として述べたところから、後者が強調されることが多い。それ自体は正鵠を射たものであるが、法令解釈の統一は、それ自体が自己目的ではなく、最終目標は、判例法理の確立による社会経済生活の安定的運営にある[6]。それは、当該事件の当事者や利害関係人の救済そのものとは区別されるが、抽象的な法令解釈の統一ではなく、市民の社会生活の安定や事業組織の円滑な運営を意識した判断である。最高裁判所が、ときに、許可抗告を棄却して、原審の判断を是認し、ときに、許可抗告を容れ、原審の判断を覆すのは、このような視点からのものと理解できる。

　本書を繙かれる読者の多くは、裁判官や弁護士など、本制度の運用に直接または間接にかかわる方々と思われる。発足以来20年を超えた許可抗告事件の実情を理解いただき、今後の20年、30年を見据えて、新たに生起する問題に関する不断の判例法理形成に協力いただけるよう希（ねが）ってやまない。

---

[5] もっとも、ときとして、許可の対象となる事件が拡がりすぎるとの懸念を抱かせる場合もある。本書578頁参照。

[6] 秋山幹男ほか『コンメンタール民事訴訟法 Ⅵ』（日本評論社、2014）9頁。

許可抗告制度とその運用について

最高裁判所民事上席調査官　小林　宏司

1　許可抗告制度の20年

　許可抗告制度は平成8年の民事訴訟法全面改正により新たに設けられた制度である。改正前においては、最高裁に対する抗告は特別抗告に限られており、決定・命令等に関する法令解釈の争いについて最高裁が判断を示して解釈を統一する機会が保障されていなかったため、この機会を保障する要請に応える一方で最高裁の負担増を避けるための制度として、許可抗告制度が設けられたものである。この制度は、最高裁への抗告は原審である高裁が自らの決定又は命令について抗告を許可した場合に限り許されるという、それまでにない新たな仕組みを採用したものであり、実績のないところから新たな運用を形成することが求められるものであった。そこで、許可抗告がされた事件についての最高裁の判断の状況を紹介し、もって抗告許可の申立てをする当事者と当該申立てについて許否の判断をする高裁それぞれについて制度運用上の参考に供するとの観点から、判例時報誌に「許可抗告事件の実情」が掲載されてきたものである。

　「許可抗告事件の実情」は、毎年出された許可抗告に係る最高裁の判断を分野別に整理した上、事案と判断内容の各概要を示し、執筆者が私見として簡単なコメントを付したものであり、判例時報1716号に平成10、11年度分が掲載され、2393・2394合併号には平成29年度分が掲載されるに至ったことで、許可抗告制度導入後20年分の運用状況が明らかにされたこととなる。本書は、各回の掲載内容を20年分にわたりまとめて掲載し、検索の便宜のための充実した索引も付したものであり、これまで積み重ねられた許可抗告に係る最高裁の判断の全体像を示すものである。

　この20年間に出された許可抗告に係る最高裁の判断を見ると、その分野は、民事訴訟法、民事執行法、民事保全法、倒産手続法、家事審判法（家事事件手続法）、その他商事事件をはじめとする非訟事件等にわたっており、手続法の解釈に関わる判断が多いけれども、実体法の解釈に関わる判断も相当数存在している。20年間で「許可抗告事件の実情」に掲載された事件数は約900件で、そのうち判例集に登載されたものが98件、裁判集に登載されたものが52件にのぼっており（一つの決定で複数の同種事件につき判断したものは1件として計算）、大法廷決定など影響の大きな判断も含まれている。これらの判断が示された事項については、許可抗告制度導入前には最高裁の解釈が示される機会が乏しかったものも多いと考えられるところであり、多数の重要判断が出ているのは、同制度が設けられた大きな成果といえるであろう。これらの判断が題材として提供されることにより、各分野の研究

者や実務家の間において、制度導入前にはなかったような議論の深化が図られてきたのではないかと考えられる。

2　許可抗告制度の運用

ところで、許可抗告に係る最高裁の決定中には、理由中において原審の判断を正当として是認できるなどと述べるに留めているものもまた相当数存在している。これは、最高裁が、当該決定に係る事件については法令解釈を示すまでもないなどと考えたことをうかがわせるものであるが、このような最高裁における判断の有り様を理解することは、抗告に対する許可の運用を考えるに当たっても参考になるといえよう。この点については、毎年掲載される「許可抗告事件の実情」の冒頭で、許可抗告の制度趣旨に沿った運用の観点からの留意点として触れられているところであるが、以下、多少敷衍しつつ述べることとする。

民訴法337条2項は、高裁が抗告の許可をしなければならないのは、高裁の決定及び命令が「最高裁判所の判例（これがない場合にあっては、大審院又は上告裁判所若しくは抗告裁判所である高等裁判所の判例）と相反する判断がある場合その他の法令の解釈に関する重要な事項を含むと認められる場合」であるとしている。この規定ぶりは、最高裁が上告を受理できる場合として同法318条1項に規定されているものと同様であって、「法令の解釈に関する重要な事項を含む」といえるかどうかについては、当該事案において法令の解釈が問題となっており、当該問題につき高裁間で解釈が分かれるなどの事情により最高裁による法令解釈の統一が求められる場合であるかなどといった観点から検討することが求められるものと解される（318条1項の解釈については、コンメンタール民事訴訟法Ⅵ 358頁以下等参照。）。

以上のような法の定めを踏まえると、法令の解釈自体が既に明確になっている場合において、当該解釈により示された要件ないし法理について個別事件における認定事実をどのように当てはめるかが単純に問題となる事案は、通常は、法令解釈に関する重要な事項を含むとはいえないと考えられる。実定法や最高裁の判例により示された要件ないし法理の適用に係る諸要素を具体的事件においてどのように考えていくかが悩ましい問題となることもあるが、そういうときであっても、当該実務を担当する下級裁における事例判断の集積を通じ、事案の多様性を踏まえつつ、要件等の適用に当たって考慮すべき諸要素の類型化等に関する実務的検討が十分に積み重ねられることにこそ意味があるともいえる。このような実務的検討が十分に積み重ねられていない段階で、個別事案に関する要件該当性の争いを法律審である最高裁に求めることは、相当ではないことが多い。

このように、許可抗告は法令の解釈に関する重要な事項について解釈統一の機能を有する特別な抗告ではあるものの、他方において、当該事案の解決を目的とするものであることはいうまでもなく、抽象的な法令解釈のために抗告を許可することは、当事者を具体的事件の解決を離れた論争に巻き込むことになり、事案の解決を目的とする制度の趣旨に反することになり得る。したがって、論点自体としては法

令解釈に関する重要な事項を含むが、当該事案の結論に影響しない論点については、許可は不相当となるものと考えられる。

また、特に移送や文書提出命令などの附随的な決定については、抗告に伴い、本案の手続が事実上進行できなくなることもあり、不相当な抗告により当事者が迷惑を被ることもあり得るので、この点にも留意が必要となろう。

さらにいえば、許可抗告に係る抗告理由書では多数の主張がされることも多いが、高裁がそのうちの特定の主張についてのみ法令の解釈に関する重要な事項を含むと判断した場合には、許可の決定中において重要でない部分の排除決定を併せて行うのが適切である（民訴法337条6項、318条3項）。そのような事案において高裁が単に抗告を許可するとだけ決定した場合、最高裁としては当該多数の主張のうち高裁がどれを重要な事項を含むと判断したのかが判然としないことになりかねないからである。

抗告を許可するか否かに当たっては以上のような事情を踏まえて検討するのが相当と解されるが、他方で、原決定が、法令解釈に関する重要な事項についての判断を含むものであり、最高裁がその判断の当否を判断するのが相当と思われる申立てである場合には当然に許可がされるべきである。そのような申立てであるにもかかわらず抗告を不許可とするようなことは、許可抗告制度が設けられた趣旨を没却することになりかねないことに留意すべきである。

なお、以上のとおりであるとしても、許可抗告をすべきか否かが問題となる事案は一筋縄ではいかない問題を含んだものが多いわけであるから、当事者として許可を得るために抗告理由で示す切り口の検討に苦労したり、高裁として当該理由を踏まえた抗告の許否の判断が容易でないと感じたりすることが稀ではないであろう。本書において、過去20年の集積を分野ごとに検索して当該分野における最高裁の判断の状況を把握することが容易になったことにより、以上のような検討や判断の手掛かりを提供することになるものと期待する次第である。

目　次

はしがき ……………………………………………………………………… i
民事司法を支える名脇役―indispensible supporting actress―
としての許可抗告制度 ……………………………………………………… iv
許可抗告制度とその運用について ………………………………………… viii

*

平成10・11年度 ――――――――――――――――――――――― 1
 Ⅰ 民事訴訟法 ………………………………………………………… 5
 Ⅱ 民事執行法 ………………………………………………………… 10
 Ⅲ 民事保全法 ………………………………………………………… 15
 Ⅳ 破産法 ……………………………………………………………… 16
 Ⅴ 家事審判法 ………………………………………………………… 17
 Ⅵ その他 ……………………………………………………………… 21

平成12年度 ―――――――――――――――――――――――― 23
 Ⅰ 民事訴訟法 ………………………………………………………… 26
 Ⅱ 民事執行法 ………………………………………………………… 38
 Ⅲ 民事保全法 ………………………………………………………… 50
 Ⅳ 破産法 ……………………………………………………………… 52
 Ⅴ 家事審判法 ………………………………………………………… 56
 Ⅵ その他 ……………………………………………………………… 60

平成13年度 ―――――――――――――――――――――――― 63
 Ⅰ 民事訴訟法 ………………………………………………………… 66
 Ⅱ 民事執行法 ………………………………………………………… 81
 Ⅲ 民事保全法 ………………………………………………………… 87
 Ⅳ 破産法 ……………………………………………………………… 88
 Ⅴ 家事審判法 ………………………………………………………… 89
 Ⅵ その他 ……………………………………………………………… 95

平成 14 年度 ———————————————— 101
- Ⅰ 民事訴訟法 ·· 104
- Ⅱ 民事執行法 ·· 110
- Ⅲ 民事保全法 ·· 116
- Ⅳ 破産法 ·· 118
- Ⅴ 家事審判法 ·· 122
- Ⅵ その他 ·· 127

平成 15 年度 ———————————————— 135
- Ⅰ 民事訴訟法 ·· 138
- Ⅱ 民事執行法 ·· 147
- Ⅲ 民事保全法 ·· 154
- Ⅳ 破産法 ·· 158
- Ⅴ 民事再生法 ·· 160
- Ⅵ 家事審判法 ·· 164
- Ⅶ その他 ·· 173

平成 16 年度 ———————————————— 179
- Ⅰ 民事訴訟法 ·· 182
- Ⅱ 民事執行法 ·· 198
- Ⅲ 民事保全法 ·· 200
- Ⅳ 破産法 ·· 205
- Ⅴ 民事再生法 ·· 207
- Ⅵ 家事審判法 ·· 209
- Ⅶ その他 ·· 211

平成 17 年度 ———————————————— 219
- Ⅰ 民事訴訟法 ·· 222
- Ⅱ 民事執行法 ·· 238
- Ⅲ 民事保全法 ·· 246
- Ⅳ 破産法 ·· 250
- Ⅴ 民事再生法 ·· 255
- Ⅵ 家事審判法 ·· 257

VII その他 264

平成18年度 ─────────────────── 271
I 民事訴訟法 274
II 人事訴訟法 290
III 民事執行法 291
IV 民事保全法 303
V 破産法 308
VI 民事再生法 310
VII 家事審判法 313
VIII その他 324

平成19年度 ─────────────────── 331
I 民事訴訟法 334
II 民事執行法 361
III 民事保全法 365
IV 家事審判法 369
V その他 379

平成20年度 ─────────────────── 383
I 民事訴訟法 386
II 民事執行法 413
III 民事保全法 418
IV 破産法 420
V 民事再生法 422
VI 家事審判法 424
VII その他 435

平成21年度 ─────────────────── 443
I 民事訴訟法 446
II 民事執行法 459
III 民事保全法 463
IV 破産法 469

V	民事再生法	470
VI	家事審判法	473
VII	その他	486

平成22年度 ———— 507

I	民事訴訟法	510
II	民事執行法	525
III	民事保全法	534
IV	破産法	535
V	会社更生法	537
VI	家事審判法	537
VII	その他	543

平成23年度 ———— 557

I	民事訴訟法	560
II	民事執行法	582
III	民事保全法	589
IV	破産法	591
V	家事審判法	594
VI	その他	602

平成24年度 ———— 615

I	民事訴訟法	618
II	民事執行法	630
III	民事保全法	639
IV	民事再生法	643
V	家事審判法	645
VI	その他	656

平成25年度 ———— 671

I	民事訴訟法	674
II	民事執行法	697
III	民事保全法	711

Ⅳ　破産法 ……………………………………………………… 715
　　Ⅴ　家事審判法、家事事件手続法 ……………………………… 716
　　Ⅵ　その他 ……………………………………………………… 718

平成 26 年度 ───────────────────── 723
　　Ⅰ　民事訴訟法 ………………………………………………… 726
　　Ⅱ　民事執行法 ………………………………………………… 750
　　Ⅲ　民事保全法 ………………………………………………… 755
　　Ⅳ　家事審判法、家事事件手続法 ……………………………… 761
　　Ⅴ　その他 ……………………………………………………… 777

平成 27 年度 ───────────────────── 785
　　Ⅰ　民事訴訟法 ………………………………………………… 788
　　Ⅱ　民事執行法 ………………………………………………… 802
　　Ⅲ　破産法 ……………………………………………………… 813
　　Ⅳ　家事審判法、家事事件手続法 ……………………………… 815
　　Ⅴ　その他 ……………………………………………………… 828

平成 28 年度 ───────────────────── 841
　　Ⅰ　民事訴訟法 ………………………………………………… 844
　　Ⅱ　人事訴訟法 ………………………………………………… 850
　　Ⅲ　民事執行法 ………………………………………………… 851
　　Ⅳ　民事保全法 ………………………………………………… 853
　　Ⅴ　破産法 ……………………………………………………… 855
　　Ⅵ　家事事件手続法 …………………………………………… 858
　　Ⅶ　その他 ……………………………………………………… 862

平成 29 年度 ───────────────────── 869
　　Ⅰ　民事訴訟法 ………………………………………………… 872
　　Ⅱ　民事執行法 ………………………………………………… 884
　　Ⅲ　民事保全法 ………………………………………………… 889
　　Ⅳ　破産法 ……………………………………………………… 895
　　Ⅴ　民事再生法 ………………………………………………… 898

Ⅵ 家事事件手続法 ··· 900
Ⅶ その他 ·· 907

＊

許可抗告事件判断事項別整理表 ································· 928
判例索引 ··· 934

凡　例

民録	大審院民事判決録
民集	大審院民事判例集・最高裁判所民事判例集
刑集	最高裁判所刑事判例集
集民	最高裁判所裁判集民事
裁時	裁判所時報
行集	行政事件裁判例集
東高時報	東京高等裁判所判決時報
家月	家庭裁判月報
審決集	公正取引委員会審決集
税資	税務訴訟資料
金判	金融・商事判例
金法	金融法務事情
判時	判例時報
判タ	判例タイムズ
判自	判例地方自治
新聞	法律新聞
労判	労働判例
ジュリ	ジュリスト
訟月	訟務月報
資料商事	資料版商事法務
賃社	賃金と社会保障
民情	民事法情報

平成10・11年度

富越和厚

- I 民事訴訟法
  - 1 遅滞を避ける等のための移送【1】〜【9】
  - 2 訴訟上の救助【10】
  - 3 文書提出義務【11】〜【14】
  - 4 上告【15】〜【17】
  - 5 再審【18】
- II 民事執行法
  - 1 売却不許可事由【19】
  - 2 引渡命令【20】【21】
  - 3 債権についての担保権の実行（物上代位）【22】〜【26】
- III 民事保全法
  - 原状回復の裁判【27】
- IV 破産法
  - 申立て【28】
- V 家事審判法
  - 1 夫婦間の協力扶助に関する処分【29】
  - 2 子の監護に関する処分【30】
  - 3 寄与分を定める処分【31】
  - 4 遺産の分割に関する処分【32】
- VI その他
  - 1 借地借家法【33】
  - 2 行政事件訴訟法【34】

はじめに

1　平成10年1月1日から、新しい民事訴訟法（以下「法」という。）が施行された。そこでの改正点の一つに、許可抗告制度の創設がある。

　従前から、決定、命令に対しては上級裁判所に通常抗告及び即時抗告を申し立てることができ、これに対する抗告審の決定に対しては、憲法違反又は法令違反を理由として、更に抗告（再抗告）を申し立てることができた。ただし、最高裁判所は訴訟法で特に定める抗告について裁判することができるとされ、民訴法に定める最高裁判所への抗告は憲法違反を理由とする特別抗告のみであったため、高等裁判所のした決定、命令に対しては、その法令解釈につき上訴審の判断を仰ぐことができず、高等裁判所の決定、命令が法令解釈に関する判断を異にし、実務に混乱が生じている場合でも、法令解釈を統一する機会がなかった。そこで、高等裁判所の決定、命令であって、判例に反する判断をした場合など、当該裁判に法令の解釈に関する重要な事項を含むと当該高等裁判所が判断し、抗告を許可した場合には、最高裁判所への抗告が特に許されることとされた。

　この立法経過から明らかなように、許可抗告は、特別抗告の事由を原審の許可に係る事項に拡大したものということができる。ただし、上告受理申立てが受理決定により上告とみなされる（法318条4項）のとは異なり、許可により特別抗告がされたものとみなされるのではなく、許可がされたときは原審に対する抗告許可申立てが最高裁判所に対する許可抗告とみなされる（法337条4項）。

　許可抗告の要件は高等裁判所の許可であり（法337条1項）、法令の解釈に関する重要な事項を含むか否かの判断は、高等裁判所が上記許可をするための判断の準則とされていることからすると（同条2項）、法令の解釈に関する重要な事項を含むか否かについて高等裁判所と最高裁判所との間に判断の相違があるとしても、許可がされた以上、この点についての許可抗告要件は充足されたことになる（ジュリスト増刊・研究会・新民事訴訟法451頁〔柳田発言〕参照。）。そして、許可がされた事件については、法令の解釈に関する重要な事項でなくても許可に係る論旨についての法令違反があり、原裁判の結論が変わる蓋然性があるときは、原裁判を破棄することができる（法337条5項）。このことからすると、抗告を許可するための基準は法令の解釈に関する重要な事項を含むか否かであるが（法337条）、一度許可された後は、当該事由が上記にいう重要な事項に該当しない場合でも、最高裁判所は許可された論旨に対する法令解釈を明らかにすべきこととなる。しかし、本来の上告の事由ともされていない法令違反一般について、個別事件の過誤を是正することが、許可抗告制度の目的ということはできない。

　原審がした決定、命令に対する抗告の許否の判断を高等裁判所に委ねた理由は、法令の解釈に関する重要な事項に当たるかどうかは、法令違反については原則として最終判断を委ねられ、かつ、多数の抗告事件を処理している高等裁判所が最も適

はじめに

切と考えられたからであろう。

その意味では、許可抗告制度がその制度目的に即した制度として運用されるかどうかは、高等裁判所の許可の運用にかかっているといっても過言ではない。

2 もっとも、許可抗告制度が始まって日も浅く、何をもって法令の解釈に関する重要な事項とするかについては、高等裁判所においても判断に迷う点があると思われる。

法令の解釈に関する重要な事項に該当するかどうかは、当該論点に関する客観的状況を前提として、真に解釈統一の必要性があるか否かという観点から判断されるべきである。

抗告の許否の判断を行う高等裁判所は、自らがした決定、命令に重要な法令違反があるとは考えないであろうが、その判断が最高裁判所の判例等と異なるときは、その重要性に鑑み抗告を許可すべきであろう。この観点からすれば、今回登載分34件中最高裁判所民事判例集（民集）又は最高裁判所裁判集民事（集民）に登載されたものは7件であり、約5分の1が法令の解釈に関する重要な事項を含んでいたといえる。このような事項は今後とも許可抗告の対象となり、実務の円滑化に資することが期待される。

なお、当事者が原審の決定、命令の違法を主張するときは、裁判をした高等裁判所としては、自己の判断は正当であり、不服を不当に制限するものでないことを明らかにするためにも、許可をしたいとの誘惑が生じようが、許可抗告は通常の抗告に含まれるものではなく、法令の解釈に関する重要な事項がある場合の解釈統一の制度であるから、単なる事実認定の当否がこれに当たらないことはもとより、解釈統一に資する事項がない以上、当事者との対応を円滑にするといった目的で許可をすべきものではない。このような観点から、現時点までに許可された事例について検討すると、次のような点を指摘することができそうである。

(1) 法令解釈に関する見解が明らかである場合に、個別事件における事実認定、要件へのあてはめの判断は、通常は、法令解釈に関する重要な事項とはいえまい。許可抗告に係る決定、命令は訴訟事件あるいは審判事件、倒産事件等に関するもので、その多くは事案に即した個別、具体的事実関係を前提にするものであり、決定、命令の手続は最終的な権利確定手続とは異なり迅速な対応が求められていることをも考えれば、許可抗告制度を通常の不服手続と同様に扱うことは、制度の趣旨にも沿わないものと考えられる。

また、判例により示された解釈の実務上の運用に関わる事項は、当該実務を担当する下級裁における事例集積にこそ意味がある場合が多い。このような場合、下級裁での事例集積、要件の類型化に関する実務的検討がない段階で、個別事案に関する要件該当性の争いを法律審である上告審に判断させることは、相当ではない。

(2) 判例がない論点について新解釈を展開した場合、その実務的検証、学説での批評等もなく、論点が未成熟な段階で、直ちに抗告を許可することに対しても一考の余地がありそうである。決定、命令手続に関する論点について法律審の判断が示

されれば、実務の運用が容易になるとはいえるが、判断材料の少ない段階で、簡易迅速な判断を求められる手続で、法律審の判断を示すことは、実務の運用を硬直化するおそれも否定できないからである。高等裁判所は、当該決定、命令をした裁判体として抗告の許否を決するのではなく、最高裁判所への抗告の相当性の判断を託されているのであるから、最高裁判所が当該論点について判断を示すことが相当かどうかという観点から、許否の判断をすることが求められているのである。

(3) 論点自体としては法令解釈に関する重要な事項にあたるが、当該事案の解決に影響しない論点については、許可を不相当とする場合が多いと考えられる。例えば、甲及び乙の両要件の充足を要する基本申立てについて、この両者が充足されていないとして申立てが排斥され、両要件の解釈を巡って抗告許可が申し立てられた場合に、甲要件に関する原裁判所の解釈は判例、学説に沿うものであるが、乙要件に関する原裁判所の解釈は判例、学説に争いがあるとして、抗告を許可することは相当ではない。なぜならば、基本申立てを排斥する理由としては甲要件の欠如のみで十分であり、甲要件に許可すべき理由がないとすれば、乙要件に関してどのような解釈を採っても原裁判の結論は変わらないからである。甲要件に関する部分を排除して許可した場合を想定すれば、このことは一層明らかである。同様に、裁判の結論に影響しない仮定的な説示に対する抗告を許可することも相当ではあるまい。許可抗告は、法令の解釈に関する重要な事項について、解釈統一の機能を有する特別な抗告であるが、抽象的な法令解釈のために時日を費やすことは相当ではないし、当事者を具体的事件の解決を離れた論争に巻込むことも相当とは考えられないからである。

3 許可抗告の運用が制度趣旨に即したものといえるかは、今暫く実情を観察する必要があろう。本稿は、西岡繁靖元最高裁判所調査官（現大津地裁部総括判事）、中村心同元調査官（現東京地裁部総括判事）及び石丸将利同元調査官（現大阪地裁部総括判事）が、平成10年、同11年に受理された許可抗告事件のうち平成11年12月末日までに決定された全事件を整理したものである。参考となれば幸いである。

なお、事件見出しに◎を付したものは**民集登載事件**、○を付したものは**集民登載事件**、△を付したものはいずれにも登載されなかったものである。

平成10年度における受理件数は10件、既済件数10件のうち民集登載事件3件、集民登載事件1件、原決定のされた事件の種類としては、執行事件6件、破産事件1件、その他3件であり、平成11年度における受理件数は42件、既済件数24件のうちに民集登載事件1件、集民登載事件2件がある。受理事件を原決定のされた事件の種類で分類すると、執行事件8件、家事審判事件5件、破産事件2件、保全事件2件、非訟事件1件、その他24件であった。

取り上げた許可抗告決定のうち民集、集民に登載されたもの、最高裁民事破棄判決等の実情（判時1714・35）で取り上げられたものについては、コメントを簡潔にした。

掲載の順序は、原決定に関する手続法規毎に分類し、決定日の順に従ったが、論

点に関する実体法規によって分類すれば、次の様になる。
  I 民法
  1 質権【28】
  2 物上代位【22】～【24】
  3 譲渡担保【23】、【24】
  4 不動産賃貸借の対抗要件【20】
  5 同居【29】
  6 扶養【30】
  7 寄与分【31】
  8 遺産分割【32】
  II 借地借家法【33】
  III 公職選挙法【34】

I　民事訴訟法

1　遅滞を避ける等のための移送

【1】11(許)3（△三小、平 11・4・23、棄却。原審大阪高決平 10・11・11、原々審大阪地決平 10・4・30）

【2】～【5】11(許)4～7（△三小、平 11・4・23、棄却。原審大阪高決平 10・11・11、原々審大阪地決平 10・7・31）

【6】11(許)9（△三小、平 11・4・23、棄却。原審大阪高決平 10・12・8、原々審大阪地決平 10・10・5）

【7】【8】11(許)21、22（△一小、平 11・6・24、棄却。原審大阪高決平 11・2・23、原々審大阪地決平 10・11・9）

【9】11(許)28（△三小、平 11・10・12、棄却。原審大阪高決平 11・4・26、原々審京都地決平 10・12・21）

　(1)　裁量移送についての民訴法 17 条所定の要件を満たすかが問題となった事案である。

　(2)　Y_1 の株主である X らは、Y_1 が虚偽の有価証券報告書を作成するなどして隠蔽していた巨額の簿外債務が発覚して自主廃業に追い込まれた結果、その株式が無価値になったとして、Y_1 及びその当時の役員ら（Y_2 ら）に対し、損害賠償の支払を求めて大阪地方裁判所（【1】～【8】事件）及び京都地方裁判所（【9】事件）に訴えを提起した。Y_2 らは、上記訴訟を東京地方裁判所に移送するよう申し立て、大阪地方裁判所及び京都地方裁判所は、民訴法 17 条に基づく移送を認めた。X らがこれに対して抗告したところ、大阪高等裁判所は、本案訴訟の進行状況からして、現時点では未だ本件訴訟の争点及びこれに基づく証拠調べの必要性等の的確な把握は困難である上、仮に人証が東京近辺に偏在しているとしても、東京と大阪、京都

との間の距離や発達した交通事情、尋問実施方法の工夫の余地などにかんがみれば、大阪地方裁判所あるいは京都地方裁判所で審理を行ったとしても、東京地方裁判所において審理を行う場合より訴訟が著しく遅滞するとは認め難いとし、当事者双方の事情に照らしても、当事者の衡平を図るために東京地方裁判所に移送すべきとはいえないとした（大阪高決平10・11・11金判1065・49〔【1】〜【5】の原審〕。【6】〜【9】の原審も同旨）。

(3) Y_2らは、①人証がいずれも東京近辺に在住しており、重要な人証についてはテレビ会議システムや書面による尋問を用いるのは不相当であるし、書証の偏在、代理人との打合せないし期日調整の手間や訴訟経済上の観点等を考慮すれば、訴訟に著しい遅滞を生じる、②大阪地方裁判所、京都地方裁判所で審理する方が証人尋問に要する費用等が高額化するし、本件と同種の訴訟が全国各地に係属しており、Y_2らに全国各地での応訴を強いるのは酷であるから、当事者間の衡平に反する、③原決定は、旧民訴法下における高等裁判所の決定例の趣旨に反するなどと主張して、最高裁判所に対する抗告の許可を申し立てた。

(4) 【1】〜【9】の決定は、「所論の点に関する原審の判断は是認することができる。論旨は採用できない。」と判示して、Y_2らの抗告を棄却した。著しい遅滞が生じるかどうか、当事者間の衡平を害するかどうかという移送の要件の認定判断は、当該訴訟の内容が当事者双方の事情、当事者の主張立証の状況ないし見込み等を踏まえた訴訟の現状に基づく受訴裁判所による将来的予測という性格を持つものである。このような要件の具体的あてはめの判断に、法令解釈の統一の観点から法律審が介入すべき事項はほとんどないように思われる。

2　訴訟上の救助

【10】 10(許)1（△一小、平10・4・23、棄却。原審大阪高決平10・1・27）

(1) 訴訟上の救助（民訴法82条1項本文）の要件が充足されるかが問題となった事案である。

(2) Xは、レンタカーで起こした自損事故によって負った傷害に関し、損害保険会社Yに対して、契約に基づく保険金の支払を求めた。1、2審とも、Xの請求を棄却した。Xは、原裁判所に上告状を提出したが、その際に手数料を納付しなかった。原裁判所がXに対して補正命令を発したところ、Xは、補正期間内に、訴訟救助を申し立てた。Xは、現在タクシー乗務員として生計を立てているが、格別の資産もなく、平成9年度の収入は355万円余りにすぎなかったと主張し、疎明資料として、Xの同年度の源泉徴収票を提出した。同裁判所は、民訴法82条1項所定の無資力要件についての疎明があったとは認め難いとして、Xの上記申立てを却下した。

(3) Xは、自己の収入額が低いから裁判費用を支払えないという原審における主張を繰り返すとともに、Xの家族状況、府営住宅の入居承認対象に当選しており入居関連費用を要すること、仮に上告手続を弁護士に依頼すると弁護士費用をまかな

えないことなどを主張して、最高裁判所に対する抗告の許可を申し立てた（なお、X主張の前記各事由が存在することについての疎明はなかった。）。

(4) 本決定は、「所論の点に関する原審の判断は、正当として是認することができる。論旨は採用することができない。」と判示して、Xの抗告を棄却した。

このような要件の具体的あてはめの判断に、法令解釈の統一の観点から法律審が介入すべき事項はほとんどないように思われる。

3 文書提出義務

【11】11(許)2（◎二小、平11・11・12 破棄・自判、民集53・8・1787、判時1695・49。原審東京高決平10・11・24）

銀行の作成した貸出稟議書の民訴法220条3号後段所定の法律関係文書該当性、同条4号ハ（現ニ）所定の自己利用文書該当性が問題となった事案である。原決定が文書提出を命じたのに対し、本決定は、これを破棄して申立て却下の自判をした。本決定は、破棄決定であるため、詳細は判時1695・49のコメント及び「最高裁民事破棄判決等の実情」該当部分（判時1714・36）の紹介に譲る。なお、本決定の原決定については、金法1538・72、金判1058・3参照。

【12】11(許)15（△二小、平11・11・26、棄却。原審大阪高決平11・1・29）

(1) 包括宗教法人の代表役員であるYがいわゆる末寺に当たるA寺の住職であるXの名誉を毀損する発言をしたとして提起された損害賠償請求訴訟において、YがA寺の収支予算書等につき文書提出命令を申し立てた事案である。

(2) Xは被包括宗教法人の僧侶であり、いわゆる末寺に当たるA寺の住職となったが、その後、A寺は包括関係から離脱した。Yは、約400人の同宗の僧侶に対し、Xのした包括関係の離脱は金目当てのものであるなどの発言をした。Xが名誉毀損を理由に損害賠償請求訴訟を提起した。1審判決は、Yの発言はXの名誉を毀損するものであり、公共性、公益目的を認めることができないとして、Xの請求の一部を認容した。Yは、控訴し、Xが他宗派から収入を得ている事実を立証するため、民訴法220条3号前段及び後段並びに同条4号に基づき、A寺の収支予算書等について文書提出命令を申し立てた。原裁判所は、①YはA寺と無関係であり、両者の間に法律関係ないし利益関係を認めることはできず、また、②本件文書は真実性の立証に関するものであるところ、その前段階である公共性、公益目的の主張、立証が十分に尽くされていない上、真実性の立証との関連性も直接的でないとし、文書提出命令の申立ての必要性が認められないとして、Yの申立てを却下した。

(3) Yは、上記却下決定につき、①の点には民訴法220条3号前段及び後段の解釈の誤りが、②の点には同法221条2項の解釈の誤りがあるとして、最高裁判所に対する抗告の許可を申し立てた。

(4) 本決定は、「記録に照らすと、所論の点に関する原審の判断は、結論におい

て是認することができる。論旨は、独自の見解に立って原決定を非難するか、又は原決定の結論に影響のない説示部分を論難するものにすぎず、採用することができない。」と判示し、Yの抗告を棄却した。本件文書がYの利益のために作成されたとも、Yとの法律関係について作成されたともいえないことは明らかであろう。また、証拠調べの必要性がないとの理由による文書提出命令申立て却下決定に対しては独立の不服申立てをすることができない（最一小決平12・3・10〔11(許)20〕【14】参照）。

【13】11(許)19（△二小、平11・11・26、破棄・自判、金判1081・54。原審大阪高決平11・2・26）

　銀行の作成した貸付稟議書につき文書提出命令が申し立てられた事案であり、本件文書の民訴法220条3号後段所定の法律関係文書該当性、同条4号ハ（現ニ）所定の自己利用文書該当性が問題となった事案である。最二小決平11・11・12（11(許)2）【11】と同一論点である。原決定が文書提出を命じたが、本決定は、これを破棄し、申立てを却下した。本決定は、破棄決定であるため、詳細は「最高裁民事破棄判決等の実情」該当部分（判時1714・37）を参照されたい（原決定については、金法1546・117、金判1065・3参照）。

【14】11(許)27（△二小、平11・12・17、棄却、金判1083・9。原審福岡高決平11・6・23、原々審福岡地決平11・3・15）

　(1)　銀行の作成した貸付稟議書につき文書提出命令が申し立てられた事案であり、上記文書の民訴法220条3号後段所定の法律関係文書該当性、同条4号ハ（現ニ）所定の自己利用文書該当性が問題となった事案である。

　(2)　Xは、Yからある金融商品の購入資金として30億円の融資を受けたが、本件融資契約につき錯誤無効を主張して、福岡地方裁判所に債務不存在確認請求の本訴を提起し、YがXに貸付金支払請求の反訴を提起した。Xが本件融資に係る貸付稟議書の提出命令を申し立てたが、同裁判所は、本件文書が民訴法220条3号後段所定の法律関係文書に該当せず、また、同条4号ハ（現ニ）所定の自己利用文書に該当するとして、Xの上記申立てを却下した。Xが抗告したが、福岡高等裁判所も同じ理由で抗告を棄却した（福岡地決平11・3・15、福岡高決11・6・23金法1557・75）。

　(3)　Xは、原決定に民訴法220条3号後段及び同条ハの解釈に誤りがあるとして、最高裁判所に対する抗告の許可を申し立てた。

　(4)　本決定は、最二小決平11・11・12（11(許)2）【11】を前提に、「所論の点に関する原審の認定判断は、正当として是認することができる。論旨は採用することができない。」と判示して、Xの抗告を棄却した。

4 上告

【15】11(許)8（○一小、平11・3・9、破棄、集民192・109、判時1672・67。原審大阪高決平10・10・22）

上告受理の申立てに対し、原裁判所が、当該事件は民訴法318条1項の事件に当たらないことを理由にして上告受理申立てを却下したため、同項の事件に当たるとして、却下決定に対して許可抗告がされた事案である。本決定は、当該事件が同項の事件に当たるかどうかについては判断することなく、職権により、民訴法318条1項の事件に当たらないことを理由として原裁判所が上告受理の申立てを却下することはできないとして、上記却下決定を破棄した。

本決定は、破棄決定であるため、詳細は判時1672・67のコメント及び「最高裁民事破棄判決等の実情」該当部分（判時1714・35）の紹介に譲る。なお、本決定は、前記判断のほか、許可抗告事件において職権破棄がされた事例としても、注目されるところである。

【16】【17】11(許)11、12（△一小、平11・4・21、破棄。原審名古屋高決平10・10・15）

【16】事件は、上告の理由として「理由不備」が掲げられているときは、主張されている理由が「理由不備」に該当しないことが明らかであっても、原裁判所が上告を却下することはできないとした最三小決平11・3・9集民192・99、判時1673・87と同一論点を扱うものである。

【17】事件は、最一小決平11・3・9（11(許)8）【15】と同一論点である。本決定は、上記各決定に従い、上告及び上告受理申立てについて原審却下をした原決定を破棄した。これらは、破棄決定であるため、詳細は「最高裁民事破棄判決等の実情」該当部分（判時1714・36）参照。

5 再審

【18】10(許)9（△三小、平11・3・8、棄却。原審大阪高決平10・9・28）

(1) 再審の訴えの適否が問題となった事案である。

(2) Xは、Y_1、Y_2に対する損害賠償の支払を求める訴えを提起したが、上告棄却判決により、請求棄却判決が確定した。Xは、大阪高等裁判所に対し、Y_2の虚偽供述を証拠としたこと（民訴法338条1項7号）、判断遺脱があること（同項9号）を再審事由として、再審の訴えを提起した。同裁判所は、虚偽供述については、同条2項に該当する事実の主張がないとし、判断遺脱については、証拠の採否、証拠の取捨判断、事実認定を非難し、審理上の措置の不当をいうものにすぎず、およそ判断遺脱に該当しない主張であるとし、結局、再審の訴え自体が不適法であるとして、民訴法345条1項により再審の訴えを却下した。

(3) Xは、再審訴状と同様、Y_2の供述が虚偽であるとし、また、原審の証拠の

採否、証拠の取捨判断、審理上の措置を非難して、最高裁判所に対する抗告の許可を申し立てた。

(4) Xの前記主張は、原審におけるそれを繰り返すものにすぎない。本決定は、「所論の点に関する原審の判断は、正当として是認することができる。論旨は採用できない。」と判示して、Xの抗告を棄却した。

II 民事執行法

1 売却不許可事由

【19】10(許)6（△三小、平11・2・26、棄却。原審広島高決平10・8・7、原々審山口地宇部支決平10・5・25)

(1) 民事執行法71条6号所定の売却不許可事由該当性が問題となった事案である。

(2) 不動産競売事件において、Xが競売対象不動産を1460万円で買い受ける旨申し出たところ、執行裁判所は、Xに対する売却許可決定をした。ところが、Xは、本件不動産の一部である建物についてその敷地の一部に第三者の土地があるのに物件明細書にはその旨の記載がなかったなどと主張して、執行抗告を申し立てた。原裁判所は、上記抗告理由を現況調査、評価の手続に重大な誤りがあるというものと理解した上で、本件建物の敷地に第三者の土地が存在するとは認められないとして、Xの執行抗告を棄却した。

(3) Xは、本件建物の敷地の一部に第三者の土地があり、物件明細書に同土地が記載されていなかったとして、最高裁判所に対する抗告の許可を申し立てた。

(4) Xの右主張は、原審におけるそれを繰り返すものであって、原審の事実認定を非難するものにすぎない。本決定は、「所論の点に関する原審の判断は、正当として是認することができる。論旨は採用できない。」と判示して、Xの抗告を棄却した。

2 引渡命令

【20】11(許)16（△一小、平11・5・28、棄却。原審東京高決平11・2・1、原々審東京地決平10・10・13)

(1) 不動産競売事件において建物を買い受けたXが、これを占有するYに対して上記建物の引渡命令（民事執行法83条）の申立てをした事案である。Yの占有権原（転借権）が買受人Xに対抗することができるかどうかが問題となった。

(2) Aは、昭和48年に、その所有建物を有限会社B（代表者A）に賃貸し、平成3年に、B会社が株式会社C（代表者A）に営業譲渡したため、A、B及びCの三者でCを賃借人とする建物賃貸借契約を締結した。Yは、Cの倒産後にCから本件建物を転借した者であるが、C倒産の直前に本件建物についてAから譲渡担

保権の設定を受けている。また、Y の賃借権は賃料が月額 7 万円であるのに対して、敷金が 140 万円であった。以上の事実関係の下、本件建物について不動産競売が開始され、これを競落した X の申立てに基き、執行裁判所が引渡命令を発令した。Y は、転借権が最優先順位の根抵当権の設定前に締結された賃貸借契約に由来するから、買受人 X に対抗することができるなどと主張して執行抗告を申し立てた。原裁判所は、C の倒産によって賃貸借契約の目的は失われたため、本来であれば A が Y に直接賃貸すべきところ、殊更に C からの転貸という方法を採ったのであるから、CY 間の転貸借契約は AY 間の直接の賃貸借契約と同視することができ、Y の賃借権は債権回収のためであって使用収益を目的とする正常なものとはいえないから、Y の転借権は X に対抗できないとし、執行抗告を棄却した。

(3) Y は、CY 間の転貸借契約を AY 間の賃貸借契約と同視したのは、法人格を否認したに等しく、最一小判昭 44・2・27 民集 23・2・511 等に反する、Y の転借が債権回収目的であるとはいえず、したがって、審尋することなく発令された引渡命令も、これを維持した原決定も違法であると主張して、最高裁判所に対する抗告の許可を申し立てた。

(4) Y の抗告理由は、要するに、Y の賃借権を正常なものといえないとした原決定の認定を非難するものにすぎない。本決定は、「所論の点に関する原審の認定判断は、正当として是認することができる。論旨は採用することができない。」と判示して、Y の抗告を棄却した。

【21】11(許)25（〇三小、平 11・10・26、棄却、集民 194・925、判時 1695・75。原審福岡高決平 11・4・28、原々審福岡地決平 11・1・5）
(1) 競売不動産の買受人が、民事執行法 83 条に基づき、本件不動産の占有者に対する引渡命令の発令を求めた事案である。競売の対象とされた土地上に競売対象外の建物等が存在する場合にも本件土地の引渡命令を発することができるかが問題となった。

(2) Y 所有の土地について競売開始決定がされ、X がこの土地について売却許可決定を受け、代金を納付した。X は、Y に対する本件土地の引渡命令を申し立て、執行裁判所は、これを認容した。なお、本件土地上には、競売対象外の建物等（Y 所有の未登記建物と第三者所有の自転車置場）が存在している。Y は、執行抗告をし、東京高決昭 62・5・21 判時 1247・93 及び東京高決昭 62・8・6 判時 1247・93 を引用して、民事執行法 83 条によっても競売不動産の引渡し以外の作為を命じることはできないから、競売土地上に競売対象外の建物等が存在する場合には、土地の引渡しが不能となるから、引渡命令を発することができないと主張したが、原裁判所は、抗告を棄却した。

(3) Y は、上記主張を繰り返し、最高裁判所に対する抗告の許可を申し立てた。
(4) 競売の対象とされた土地上に競売対象外の建物等が存在する場合に、本件土地の引渡命令を発することができるかにつき、従来、上記の 2 つの高裁決定と、東

京高決昭63・3・11金法1208・24があり、いずれも引渡命令を発することができないとしていた。競売対象外の建物等の存在により執行不能となるため申立ての利益を欠くとしたものである。これに対し、学説では、「建物収去執行の不能を理由に土地引渡命令の申立てを却下するのは、債務名義としての引渡命令の性質を誤解している。」と述べて東京高決昭62・5・21及び東京高決昭62・8・6を批判する中野貞一郎・民事執行法〔新訂三版〕482頁が見られる程度である。このような状況の下、本決定は、「執行裁判所は、競売の対象とされた土地上に競売の対象とはされていない建物等土地の定着物が存在する場合であっても、代金を納付した右土地の買受人の申立てにより、債務者又は占有者に対して右土地を買受人に引き渡すべき旨を命ずることができると解するのが相当である。」と判示して、Yの抗告を棄却した（その理由付け等の詳細については、判時1695・75参照）。

3　債権についての担保権の実行（物上代位）

【22】10(許)4（◎三小、平10・12・18、棄却、民集52・9・2024、判時1663・107。原審大阪高決平10・7・6、原々審大阪地決平10・6・2）

　(1)　請負工事に用いられた動産の売主は、請負人（動産の買主）が注文者に対して有する請負代金債権に対して動産売買の先取特権に基づく物上代位権を行使することができるかが問題となった事案である。

　(2)　Aは、Zからターボコンプレッサー（本件機械）の設置工事を代金2080万円で請け負い、本件債務の履行のために代金1575万円で本件機械をXに発注し、XはAの指示に基づいて本件機械を直接Zに引き渡した。なお、工事の見積書によれば、2080万円の請負代金のうち、1740万円が本件機械の代金に相当する。その後、Aが事実上倒産したため、Xは、動産売買先取特権に基づく物上代位権の行使として、AがZに対して有する本件工事の請負代金債権について、1575万円の限度で仮差押えをした。Zは、仮差押金額1575万円及び遅延損害金1万0356円につき権利供託（民事保全法50条5項、民事執行法156条1項）をした。その後、Aが破産宣告を受け、Yが破産管財人となった。Xは、動産売買先取特権の行使として、本件供託金還付請求権について差押え及び転付命令を執行裁判所に申し立て、同裁判所は、これを認容した。Yからの執行抗告に対して、原裁判所は、「ZがAに対して負担する合計2080万円の請負代金債務のうち1740万円は、XがAに売却した本件コンプレッサーの代金であると認められ、これは本件機械の転売代金であるといえるから、これに対応するものとしてZが1575万円を供託したことによってAが取得した供託金還付請求権は、Xによる動産売買の先取特権に基づく物上代位の対象になるというべきである。」と判示して、上記抗告を棄却した。

　(3)　Yは、AのZに対する請負代金債権が動産売買先取特権に基づく物上代位の対象となると解した原決定には民法304条の解釈適用の誤りがあるなどと主張して、最高裁判所に対する抗告の許可を申し立てた。

　(4)　この論点については、物上代位を否定した大審院判例（大判大2・7・5民録

19・609）があるものの、下級審裁判例及び学説の分かれているところであった（詳細は、判時1663・107のコメント参照）。本決定は、「請負工事に用いられた動産の売主は、原則として、請負人が注文者に対して有する請負代金債権に対して動産売買の先取特権に基づく物上代位権を行使することができない」と述べて、下級審裁判例及び執行実務の大勢である原則的否定説に立つことを明らかにした上、「請負代金全体に占める当該動産の価額の割合や請負契約における請負人の債務の内容等に照らして請負代金債権の全部又は一部を右動産の転売による代金債権と同視するに足りる特段の事情がある場合には、右部分の請負代金債権に対して物上代位権を行使することができる」と述べ、前記(2)記載の事実関係の下においては、上記特段の事情があると判示し、これと同旨の原審の判断を正当として是認した。

【23】10(許)2（◎二小、平11・5・17、棄却、民集53・5・863、判時1677・45。原審大阪高決平10・2・10、原々審大阪地決平9・12・10）

【24】10(許)3（△二小、平11・5・17、棄却。原審大阪高決平10・2・10、原々審大阪地決平9・12・22）

(1) 動産譲渡担保権に基づく物上代位権の行使として、動産売却代金を差し押さえることができるかが問題となった事案である。

(2) A株式会社は、Xとの間で、信用状取引についての基本約定を締結し、同取引によって負担する債務を担保するため、相手方に対し輸入商品等に譲渡担保権を設定する旨を合意した。Xは、Aが商品を輸入するについて信用状を発行し、輸入代金決済資金相当額を貸し付けた（【23】事件は、約束手形の振出しを受ける方法により、【24】事件は当座勘定貸越契約に基づき、それぞれ貸し付けたことが認定されている。）。Xは、本件各貸付けをするのに伴い、Aから、【23】事件については約束手形金債権の担保として、【24】事件については貸金債権の担保として、それぞれ対応する商品に譲渡担保権の設定を受けた上、Aに対し、本件各商品の貸渡しを行い、その処分権限を与えた。Aは、【23】事件においては、Z_1 に対し、【24】事件においては、Z_2 に対し、それぞれ本件各商品を売り渡した。Aは、平成9年10月30日、破産の申立てをし、同年11月12日、破産宣告を受け、Yが破産管財人に選任された。Yは、破産の申立てにより、Xとの銀行取引約定に基づき、本件各債務について期限の利益を失った。Xは、Yに対する本件各債権を被担保債権とする譲渡担保権に基づく物上代位権の行使として、Aの Z_1、Z_2 に対する本件各商品の売買代金債権の差押えを申し立てた。執行裁判所は、Xの申立てを認めた。Yは、執行抗告を申し立てたが、原裁判所は、「譲渡担保権は、破産手続においては別除権として扱われるものであり（会社更生手続と譲渡担保につき最高裁昭和39年(オ)第440号同41年4月28日第一小法廷判決民集20巻4号900頁）、また譲渡担保権者は、債務者が破産宣告を受けた場合であっても、担保目的物の売却により生じた代金債権を差し押さえて物上代位権を行使することができるというべきである（動産先取特権につき最高裁昭和56年(オ)第927号同59年2月2日第一小

法廷判決民集 38 巻 3 号 431 頁参照)。」と述べて、Y の抗告を棄却した (大阪高決平 10・2・10 金法 1520・49、金判 1046・40)。

(3) Y は、①譲渡担保権者は飽くまで所有権を取得する旨の約束をしているのであるから、これが実質的に担保であるとしても、当事者の採った法形式以上の権利を認める必要はない、②前記最一小判昭 59・2・2 判時 1113・65 は、公示を必要としない法定担保物権である動産売買先取特権についての判例であり、その射程は、公示を必要とする約定担保物権には及ばないなどと主張して、最高裁判所に対する抗告の許可を申し立てた。

(4) 本決定は、前記(2)記載の事実関係の下においては、「信用状発行銀行である X は、輸入商品に対する譲渡担保権に基づく物上代位権の行使として、転売された輸入商品の売買代金債権を差し押さえることができ、このことは債務者である A が破産宣告を受けた後に右差押えがされる場合であっても異なるところはないと解するのが相当である。これと同旨の原審の判断は、正当として是認することができる。原決定に所論の違法はなく、論旨は採用することができない。」と判示して、Y の抗告を棄却した。本件の中心的争点は、動産譲渡担保権に基づく物上代位権の行使の可否であるが、本件が問題となるまでこの論点について十分に議論が成熟していたとは言い難い状況にあったように思われる。執行実務の状況については、判時 1677・46 のコメントにもあるとおり、大阪地方裁判所執行部において数件の事件が見られる程度であり、東京地方裁判所執行部においては全く実例がなかったようである。金融法務の実務家の論説には譲渡担保権の担保的構成及び物上代位の価値権説から当然に物上代位ができるとするものが多かったが、学説での十分な議論が展開されている状況にはなかった。本決定も、事案に即した判断とされている。

【25】 10(許)5 (△一小、平 11・6・4、棄却。原審東京高決平 10・7・3、原々審東京地決平 10・3・19)

【26】 10(許)7 (△一小、平 11・6・4、棄却。原審東京高決平 10・7・10、原々審東京地決平 10・3・19)

(1) 物上代位権の行使としての債権差押命令が申し立てられた後で、その発令前に、債務者につき会社更生手続の開始決定があった場合に、上記債権差押命令の申立ては不適法となるかが問題となった事案である。

(2) X は、Y に対し、食品類を売却し、Y は、Z_1、Z_2 に対し、前記食品類を転売した。X は、執行裁判所に対し、Y に対する食品類売却代金債権を被担保債権とする動産売買先取特権に基づく物上代位権の行使として、Y の Z_1、Z_2 に対する転売代金債権のうち上記被担保債権額に相当する部分の差押えを求めた。同裁判所は、Y に対して会社更生の開始決定があったことを理由として、上記申立てを却下した。X がこれに対して抗告したが、原裁判所も、民事執行法 193 条 2 項、143 条によれば、債権に対する担保権の実行は執行裁判所の差押命令により開始されるのであるから、債権差押えの申立てがされても、差押命令の発令前の段階においては、

中止されるべき担保権の実行手続は存在しないのであり、したがって、中断されるべき「既にされている……競売の手続」(旧会社更生法67条1項中段)の中には申立てがあっただけで発令に至らない事件は含まれないとし、その上で、債務者について更生手続開始決定があったことは執行障害事由であるから、Xの申立ては同法67条1項前段により却下すべきであるとした(東京高決平10・7・10金法1526・50、金判1046・23)。

(3) Xは、旧会社更生法67条1項中段にいう「既にされている……仮差押え、仮処分」には保全執行手続のみならず保全命令手続が含まれていると解されることとの対比上、「既にされている……競売の手続」には、債権に対する担保権実行の申立てはされたが未だ債権差押命令の発令がされていないものも含まれると解すべきであるとして、最高裁判所に対する抗告の許可を申し立てた。

(4) この論点については、本件原決定と同旨をいう東京高決平9・11・13判時1636・60がある程度であり、学説においても十分な議論がされている状況にはなかった。本決定は、「民事執行法193条1項の規定に基づく手続は、債権等に対する差押命令によって開始されるのであり(同条2項、143条)、差押命令の申立て後発令前に更生手続開始の決定があったときは、旧会社更生法67条1項によって中止されるべき手続は存在しないし、もはや更生担保権に基づく競売等はすることができないのであるから、抗告人の本件差押命令の申立てを却下すべきものとした原審の判断は、正当として是認することができる。原決定に所論の違法はなく、論旨は採用することができない。」と判示して、Xの抗告を棄却した。

Ⅲ 民事保全法

1 原状回復の裁判

【27】 11(許)29 (△一小、平11・11・26、却下。原審東京高決平10・12・25、原々審東京地八王子支決平10・2・24)

(1) 仮処分債権者Xが占有している土地上に駐車している仮処分債務者Y所有の自動車(本件自動車)を、一定期間内にYが除去しないときは、Xは執行官に本件自動車を除去させることができる旨の仮処分決定がされ、これに基づき本件自動車は執行官保管された。その後、Yの保全異議が認められて上記仮処分決定が取り消されたため、Xが保全抗告をしたところ、Yが、民事保全法33条に基づき、執行官保管となっている自動車をXに引き渡し、Xは、その占有している土地に本件自動車を移動させることなどを内容とする原状回復の裁判を求めた。東京高等裁判所は、Xの保全抗告を棄却するとともに、Yの原状回復の申立ても却下した。そこで、Yが最高裁判所に対する許可抗告を申し立てた。

(2) 本決定は、「原状回復の裁判は仮処分決定を取り消し、又は変更する決定に付随するものにすぎないから、右申立てを却下した裁判に対してのみ不服を申し立

てることは、許されないというべきである。」と判示し、Yの抗告を却下した。この点については、立法担当者の解説（山崎潮・新民事保全法の解説226頁）をはじめとして、学説、実務上異論のないところである。

Ⅳ　破産法

1　申立て

【28】10(許)8（◎二小、平11・4・16、棄却、民集53・4・740、判時1680・84。原審札幌高決平10・8・10、原々審札幌地決平9・9・30）

(1)　自己の有する債権に質権を設定した者が、前記債権の債権者たる地位に基づいて破産申立てをすることができるかが問題となった事案である。

(2)　Xは、Yに対し、75億円を貸し付けた。Xは、自己がZに対して現在及び将来負担する一切の債務を担保する目的で、XのYに対する本件貸金債権について、Zのために質権を設定した。なお、Xは、Zに対して本件貸金債権額を上回る額の債務を負っている。XとYは、本件貸金債権の処理一切をZに委ねることなどについて合意した。Yは、Zから、本件貸金債権について、弁済の猶予を受け、毎月一定額をZに支払っている。Zはもちろん、X以外のYの債権者も、Yの破産申立てなどは考えていない。Xは、上記のような状況の下、本件貸金債権に基づき、Yの破産を申し立てたが、破産裁判所はこれを却下した。Xが抗告したが、原裁判所も、Xの抗告を棄却した。その理由は、質権設定者は特段の事情のない限り質入債権の処分又は質権者に不利益な権利内容の変更をすることができないところ、質権設定者による質入債権に基づく破産申立ては質入債権の処分又は変更に当たるからというものであった。

(3)　Xは、破産の申立ては、質入債権の処分ないし変更等には当たらず、質権者を害するものでもないなどと述べて、最高裁判所に対する抗告の許可を申し立てた。

(4)　この論点については、公刊されている裁判例もなく、学説も古いものが散見される程度である。こうした状況の下、本決定は、「債権が質権の目的とされた場合において、質権設定者は、質権者の同意があるなどの特段の事情のない限り、当該債権に基づき当該債権の債務者に対して破産の申立てはできないものと解するのが相当である。」と判示して、Xの抗告を棄却した（その理由付け等の詳細については、判時1680・85参照）。

V 家事審判法

1 夫婦間の協力扶助に関する処分

【29】11(許)14(△一小、平11・6・4、棄却。原審大阪高決平11・1・19、原々審神戸家尼崎支審平8・11・26)

(1) 妻の申し立てた夫婦同居審判の申立てを却下した審判及び原決定の当否が問題となった事案である。

(2) 妻Xと医師である夫Yは、約1年9箇月の同居の後、看護婦との不倫を疑われたYの行動が原因で別居するに至り、9年4箇月の間別居している。Yは離婚訴訟を提起したが、請求棄却判決が確定した。Xは、Yとの婚姻関係の継続を強く望んでいるとして、家庭裁判所に夫婦同居審判を求めたところ、裁判所は、これを却下した。Xが高等裁判所に対して即時抗告をしたが、同裁判所は、夫婦としての同居期間、Yの不貞を疑われる行為を原因として始まった別居、その後の別居の期間、その間の夫婦関係調整調停や離婚訴訟の推移、Yの強い離婚意思等の諸般の事情を考慮すれば、現状においてはいまだ夫婦共同生活の実現を期待することができず、具体的な同居義務を形成することができないとして、Xの抗告を棄却した。

(3) Xは、最大決昭40・6・30民集19・4・1089、判時413・3などを引用して、婚姻関係が完全に破綻しているとまではいえない場合に同居審判の申立てがされた場合、同居ないしこれに至る経過の内容を具体的に定める処分をすべきであると主張し、最高裁判所に対する抗告の許可を申し立てた。

(4) 本決定は、「所論の点に関する原審の判断は、正当として是認することができる。論旨は採用することができない。」と述べて、Xの抗告を棄却した。Xの引用する大法廷決定は、夫婦同居審判に対する抗告棄却決定に対する特別抗告事件であり、公開、対審、判決という手続によらない家事審判法の規定及びこれに基づく上記審判の憲法32条、82条適合性を肯定したものであり、多数意見は、家事審判法9条1項乙類1号所定の処分は、夫婦同居義務等の実体的な権利義務自体を確定するものではなく、その存在を前提に具体的内容(同居時期、場所、態様等)を定める処分であるとし、前提たる同居義務の存否については訴訟手続で争うことができることを説示する。Xは、この説示をもって、同居についての具体的内容を定める処分を常にすべきであるとした趣旨と理解したようであるが、上記大法廷決定は、同条所定の処分の性質を述べたにすぎず、常にそのような処分をすべきであるというものでない。

2　子の監護に関する処分

【30】11(許)13（△二小、平11・7・16、棄却。原審大阪高決平10・12・15、原々審神戸家洲本支審平10・8・13）

(1) 別居中の父に対する子の扶養料支払請求権発生の起算点が問題となった事案である。

(2) Xは、Y（父）とA（母）の子である。Yは、X及びAと別居し、それ以降、AがXを養育してきた。AとYは、別居の約5年後、協議離婚をしたが、Aは、その際、「Xの親権者をAとし、養育費と慰謝料とは請求しない。Xとの面会の条件、荷物の問題は解決した。」旨の覚書を作成した。Aは、離婚から約2年を経過した後、Xを申立人として、Yに対して生活費、養育費を求める調停を申し立てた。上記調停が不調となったため、Xは、Yに対して、別居の日以降の扶養料の支払を命じる旨の審判を申し立てた。家庭裁判所は、別居の日からの扶養料請求を認めた。Yが即時抗告をしたところ、高等裁判所は、AがYに養育費を請求しない旨の意思表示をし、現に調停申立てまで一度も生活費、養育費を請求したことがなかったこと、YからAに交付された3万円をYに返却したことがあることなどを考慮して、調停を申し立てた日以降の扶養料請求を認める旨の審判に代わる決定をした。

(3) Xは、①過去の扶養料支払の始期は、扶養義務者が被扶養者の要扶養状態を認識し得た時点であるとする解釈を主張し、そうでないとしても、②AがYに養育費の請求をしなかったとする原審の事実認定は誤っている、③養育費支払の請求がないとしても父親が扶養義務を免れるものではないとした大阪高決昭54・6・18家月32・3・94に違反する、④原審において立証の機会が確保されなかったなどと主張して、最高裁判所に対する抗告の許可を申し立てた。

(4) 本決定は、「所論の点に関する原審の判断は正当として是認することができ、原審の手続に所論の違法はない。論旨は採用することができない。」と判示して、Xの抗告を棄却した。(3)①については、過去に遡って扶養料支払の請求をすることができる（最大決昭40・6・30民集19・4・1114、判時413・10及び高津環・最高裁判所判例解説民事篇昭和40年度213頁参照）が、どこまで遡るのかについては、請求時説と扶養要件発生時説との対立がある（高津・前掲）。本件においては、原決定が、請求時説に立ったのか、扶養要件発生時説に立った上で、調停を申し立てた時点までの事情を考慮して、調停申立て時に要扶養状態が発生したと認定したのか、必ずしも判然としない。したがって、原審の判断を正当として是認した本決定の立場がいずれかの説を支持したと理解することは困難であるように思われる。(3)の②以下の論点は、事実認定あるいは原審の裁量に属する事項に対する非難にすぎないと思われる。

3 寄与分を定める処分

【31】 11(許)17（△二小、平11・7・16、棄却。原審大阪高決平11・2・16、原々審和歌山家審平10・8・11）

(1) 相続人以外の第三者が自己の寄与分を主張することができるかが問題となった事案である。

(2) 被相続人Ａの相続人は、妻Ｂと子Ｙであった。Ａ死亡後にＢも死亡したが、Ｂは先夫Ｃとの間の子であるＸに遺産全部を包括して相続させる旨の遺言をしていた。そこで、Ｘは、家庭裁判所に対し、Ｙを相手方として、Ａの遺産分割の申立てと寄与分を定める審判の申立をした。Ｙは、ＸがＡ被相続人Ａの共同相続人でないから、寄与分の主張は許されないと主張したところ、同裁判所は、遺産分割時に相続人の地位にある者であれば寄与分の主張ができるとして、Ｘの寄与分を定めた。Ｙの即時抗告に対して、高等裁判所は、ＸはＡの共同相続人ではないから寄与分を主張することはできないとして、寄与分を定める審判の申立てを却下した。

(3) Ｘは、寄与分の主体は遺産分割時に相続人の地位にあれば足りることなどを理由として最高裁判所に対する抗告の許可を申し立てた。

(4) 本決定は、「所論の点に関する原審の判断は、正当として是認することができる。諭旨は採用することができない。」と判示し、Ｘの抗告を棄却した。寄与分は、寄与のある相続人を遺産分割において優遇することにより、相続人間の衡平を図る制度であるから、寄与分を主張することができるのは、（相続開始時における）相続人に限られると解される（注釈民法(27)260頁等）。この点については異論のないところと思われる。

4 遺産の分割に関する処分

【32】 11(許)1（△一小、平11・7・2、棄却。原審大阪高決平10・11・18、原々審神戸家尼崎支審平8・8・30）

(1) 遺産分割審判において、遺産全部を相続人全員の共有とする方法により分割することができるかが問題となった事案である。

(2) Ａの相続人は、長女Ｘと長男Ｙであった。Ａの死亡後にＸが遺産分割審判を申し立てた。Ｙは審判後、抗告審係属中に死亡し、Ｙの子であるＹ$_1$〜Ｙ$_3$がＹの地位を承継した。Ａの遺産は、甲、乙及び丙不動産及びゴルフクラブ会員権であった。甲不動産（Ａの遺産の約９割を占めるようである。）は他に賃貸中であるところ、Ｘ、Ｙは、これを共有取得することで合意していた。乙不動産については、Ａの生前からＸが居住していた。丙不動産については、Ａ死亡後に、Ｙが居住し始めた。なお、丙不動産には、ＡとＹを連帯債務者とする抵当権が設定されており、その債務を甲不動産の賃料によって弁済していた。神戸家庭裁判所尼崎支部は、甲不動産については、ＸＹの共有とし、乙、丙不動産及びゴルフクラブ会員権につい

ては、競売して代金をX、Yに取得させる旨の審判をした。これに対してYが抗告したところ、原裁判所は、遺産すべてについてXが2分の1、Y_1～Y_3が各6分の1の割合による共有とする旨の審判に代わる決定をした。甲不動産については、共有についての合意があったこと、丙不動産については、抵当権が設定され、その被担保債務が甲不動産の賃料によって弁済されている事実が存在し、XもAの連帯債務の半分を相続していること、乙不動産については、Xが居住しており、遺産の評価について鑑定がされていないこと、ゴルフクラブ会員権については、死亡退会又は据置期間満了による保証金返還や任意の譲渡が可能であったことがその理由であった。

(3) Xは、遺産分割審判においては、相続人全員の共有とする方法により遺産分割をすることは特別の事情がなければ許されないところ、本件においてはそのような事情は存在しないし、乙不動産についてXの居住利益を考慮すべきであるとして、最高裁判所に対する抗告の許可を申し立てた。

(4) 野田愛子・司法研究報告書「遺産分割の実証的研究」128頁は、遺産の全部を共有とする方法による遺産分割につき、「共有物分割の方法による二重の手間をかけることになるばかりでなく、共有物の分割を求めているのに共有とする裁判は許されない」と指摘していた。審判例、決定例は、概ね、①当事者に共有の方法を採ることについての合意がある場合や、当事者の自律的解決が期待できる場合など、共有の方法を採ることが適切であるといえる事情が存在するとき、又は、②他の分割方法を採ることができないため共有の方法しか残されていないときに共有の方法を採用しているようである。他方、共有の方法の選択を違法とした決定例（大阪高決昭40・4・22家月17・10・102、広島高決昭40・10・20家月18・4・69、大阪高決昭41・6・6家月19・1・39、東京高決平2・6・29家月42・12・44、東京高決平3・10・23家月44・9・79）は、①当事者の感情対立が激しいことなどを主要な理由とするものが多く、併せて、②他の分割方法の模索可能性について言及するものもある。本決定は、「原審の適法に確定した事実関係の下においては、所論の点に関する原審の判断は、正当として是認することができる。論旨は採用することができない。」と判示して、Xの抗告を棄却した。甲不動産についての共有の合意の存在、残りの遺産と相続人らの居住関係、遺産の売却手続を進めるのが困難な事情や分割の内容の当事者間のバランス等を考慮した結果であろう。なお、居住利益論については、見解が分かれている（注解家事審判法506頁以下〔石田敏明〕参照）が、仮に肯定説に立つとしても、本件ではXの居住が否定されるわけではない。本決定が居住利益論について肯定、否定のいずれかの立場を示したと考えることはできない。

VI その他

1 借地借家法

【33】11(許)10（△二小、平11・6・11、棄却。原審大阪高決平10・12・14、原々審大阪地決平10・8・21）

(1) 個人がその同族会社に賃借権を譲渡する場合、賃借権譲渡許可の裁判において、許可の条件として支払われるべき財産上の給付の額を通常より低額に定めることが許されるかが問題となった事案である。

(2) YがXにその所有地を賃貸していたところ、Xは、同人が代表取締役を務めるA株式会社に本件土地の賃借権を譲渡することとし、裁判所に対し、Yの承諾に代わる許可の裁判を求めた（借地借家法19条）。裁判所は、鑑定委員会の意見に従い、財産上の給付として840万円（借地権価格の5パーセント）の支払を条件に賃借権の譲渡を許可すべきであるとの決定をした。Yは、これを1758万円とすべきであると主張して、上記決定に対して即時抗告をしたが、原裁判所は、これを棄却した。その理由は、同族会社への譲渡であり、現時点においてはXがAの経営権を第三者に移転する意思を有していないこと、将来Aの経営権が第三者に譲渡された場合には、Yに対して賃借権譲渡の承諾料として更に840万円を支払うことをXが約束しているから、鑑定委員会の意見は相当といえるというものであった。

(3) Yは、賃借権譲渡許可申立事件の付随処分としての財産上の給付額は借地権価格の10パーセントが相場であるとし、仮に賃借権譲渡についての承諾が5パーセントの給付で認められてしまうと、その後実質的経営者の交代があっても賃借権の譲渡に当たらない（最二小判平8・10・14民集50・9・2431、判時1586・73）から、残りの5パーセント分の給付を受けることができなくなるなどと主張して、最高裁判所に対する抗告の許可を申し立てた。

(4) 本決定は、「原審の適法に確定した事実関係の下においては、所論の点に関する原審の判断は是認することができる。論旨は採用することができない。」と判示して、Xの抗告を棄却した。賃借権譲渡許可申立事件の付随処分としての財産上の給付額の決定は、非訟裁判所が個別具体的な事案における諸事情を総合考慮した上で確定する裁量的な判断という色彩が強く、理論あるいは解釈を通じて一義的に確定することが困難な問題といえる。こうした問題について、法令解釈の統一の観点から法律審が介入すべき事項はほとんどないように思われる。

2　行政事件訴訟法

【34】10(行ツ)1（○一小、平11・1・11、棄却、集民191・1、判時1675・61。原審高松高決平10・10・28、原々審徳島地決平10・9・14）

(1)　地方議会議員除名処分の後に繰上補充が行われた場合、前記除名処分の効力停止を申し立てる利益が失われるか、前記効力停止決定がされたときには前記繰上補充による当選の効力が失われるかが問題となった事案である。

(2)　Xは、Y町議会議員であったが、議場において特定業者の利益誘導に当たる発言及び差別発言をしたという理由で、除名の懲罰を受けた。Xは、知事の審決を経た上で、除名処分の取消訴訟を提起するとともに、除名処分の効力停止の申立てをした。徳島地方裁判所がXの効力停止の申立てを認めたため、Y町議会が抗告した。ところで、Xの除名処分の4日後には、Y町選挙会が次点者Aの繰上当選を決定し（公職選挙法112条5項）、Y町選挙管理委員会が即日その旨の告示をした。上記抗告において、Y町議会は、繰上当選が有効に確定している以上、効力停止によってもXの議席を復活させる余地はないと主張したが、高松高等裁判所は、効力停止によりXの議席が将来に向かって復活するから、繰上当選を失効させるべきであるとして、Y町議会の抗告を棄却した（高松高決平10・10・28判タ1015・117）。

(3)　Y町議会は、効力停止によって繰上補充による当選の効力を覆すことを認める原決定が、最三小判昭31・10・23民集10・10・1312、最一小判昭32・8・8民集11・8・1446、最二小判昭26・12・21行裁集2・12・2121に反するなどと主張して、最高裁判所に対する抗告の許可を申し立てた。

(4)　本決定は、「原審の適法に確定した事実関係の下においては、本件除名処分の効力停止決定がされることによって、同処分の効力は将来に向かって存在しない状態に置かれ、XのY町議会議員としての地位が回復されることになり、これに伴って、Xの除名による欠員が生じたことに基づいて行われた繰上補充による当選人の定めは、その根拠を失うことになるというべきであるから、関係行政庁であるY町選挙管理委員会は、右効力停止決定に拘束され、繰上補充による当選人の定めを撤回し、その当選を将来に向かって無効とすべき義務を負うとした原審の判断は正当として是認することができ、原決定に所論の違法はない。」と判示して、Yの抗告を棄却した（本決定と論旨指摘の判例等との関係については、判時1675・61以下のコメント参照）。

平成12年度

富越和厚

I 民事訴訟法
1. 併合請求の場合の価額の算定【1】
2. 遅滞を避ける等のための移送【2】【3】
3. 裁判所書記官の除斥【4】
4. 独立当事者参加【5】
5. 送達【6】【7】
6. 文書提出命令【8】～【17】
7. 更正決定【18】
8. 抗告【19】【20】
9. 再審【21】

II 民事執行法
1. 無剰余の場合の強制競売手続の取消し【22】
2. 売却不許可事由【23】～【26】
3. 引渡命令【27】～【30】
4. 差押禁止債権の範囲の変更【31】
5. 転付命令【32】
6. 債権についての担保権の実行（物上代位）【33】～【36】
7. その他【37】

III 民事保全法
1. 仮差押え【38】
2. 仮処分【39】

IV 破産法
1. 別除権【40】
2. 破産原因【41】
3. 免責【42】～【44】

V 家事審判法
1. 子の監護に関する処分【45】【46】
2. 財産の分与に関する処分【47】
3. 扶養に関する処分【48】
4. 遺産の分割に関する処分【49】【50】

VI その他【51】

はじめに

1 平成12年度における許可抗告事件の実情を紹介する。

平成10年1月1日から施行された新しい民事訴訟法で新設された許可抗告は、特別抗告 (336条) と同様に、決定に対する本来の不服方法に加えて特に認められた不服方法である。ところで、特別抗告が憲法違反を抗告事由とするのに対して、許可抗告は、法令解釈に関する重要な事項を含む事件であると高等裁判所が認めて許可したことを申立ての要件とするものである (337条)。上告受理申立ての場合と異なり、法令解釈に関する重要な事項を含む事件であるかどうかを高等裁判所の判断に委ねた理由は、法令違反についての最終判断は原則として高等裁判所に属し、かつ、高等裁判所は、多数の抗告事件を処理していることから当該論点の重要性を熟知し、解釈統一の必要性を適切かつ客観的に判断することができる立場にあると考えられるからである。それが故に、一度許可された後は、最高裁判所が許可に値しないと判断したとしても、最高裁判所は当該論点への応答をすることになる。

したがって、高等裁判所は自らの決定、命令を正当であるとするときでも、その判断に判例と異なる点がある場合、あるいは真に法令解釈に関する重要な事項を含むときは、抗告を許可すべきである。今回登載分の51件中最高裁判所民事判例集 (民集) 又は最高裁判所裁判集民事 (集民) に登載されたものは12件であり、約23パーセントが法令解釈に関する重要な事項を含んでいたということができる。他方、単なる事実認定に関する判断あるいは具体的訴訟進行の見込みとも関連し専ら受訴裁判所の訴訟上の裁量に属すると考えられる事項について許可をしたものも少なくない。そのような観点から、次のとおり、前回と同様の指摘を繰り返しておきたい。

(1) 法令解釈に関する見解が明らかである場合に、個別事件における事実認定、要件へのあてはめの判断は、通常は、法令解釈に関する重要な事項とはいえまい。許可抗告に係る決定、命令は訴訟事件あるいは審判事件、倒産事件等に関するもので、その多くは事案に即した個別、具体的事実関係を前提にするものであり、決定、命令の手続は最終的な権利確定手続とは異なり迅速な対応が求められていることをも考えれば、許可抗告制度を通常の不服手続と同様に扱うことは、制度の趣旨にも沿わないものと考えられる。

また、判例により示された解釈の実務上の運用に関わる事項は、当該実務を担当する下級裁における事例集積にこそ意味がある場合が多い。このような場合、下級裁での事例集積、要件の類型化に関する実務的検討がない段階で、個別事案に関する要件該当性の争いを法律審である最高裁判所に判断させることは、相当ではない。

(2) 判例がない論点について新解釈を展開した場合、その実務的検証、学説での

批評等もなく、論点が未成熟な段階で、直ちに抗告を許可することに対しても一考の余地がありそうである。決定、命令手続に関する論点について法律審の判断が示されれば、実務の運用が容易になるとはいえるが、判断材料の少ない段階で、簡易迅速な判断を求められる手続で、法律審の判断を示すことは、実務の運用を硬直化するおそれも否定できないからである。高等裁判所は、当該決定、命令をした裁判体として抗告の許否を決するのではなく、最高裁判所への抗告の相当性の判断を託されているのであるから、最高裁判所が当該論点について判断を示すことが相当かどうかという観点から、許否の判断をすることが求められているのである。

(3) 論点自体としては法令解釈に関する重要な事項にあたるが、当該事案の解決に影響しない論点については、許可を不相当とする場合が多いと考えられる。例えば、甲及び乙の両要件の充足を要する基本申立てについて、この両者が充足されていないとして申立てが排斥され、両要件の解釈を巡って抗告許可が申し立てられた場合に、甲要件に関する原裁判所の解釈は判例、学説に沿うものであるが、乙要件に関する原裁判所の解釈は判例、学説に争いがあるとして、抗告を許可することは相当ではない。なぜならば、基本申立てを排斥する理由としては甲要件の欠如のみで十分であり、甲要件に許可すべき理由がないとすれば、乙要件に関してどのような解釈を採っても原裁判の結論は変わらないからである。甲要件に関する部分を排除して許可した場合を想定すれば、このことは一層明らかである。許可抗告は、法令の解釈に関する重要な事項について、解釈統一の機能を有する特別な抗告であるが、抽象的な法令解釈のために時日を費やすことは相当ではないし、当事者を具体的事件の解決を離れた論争に巻込むことも相当とは考えられないからである。

なお、抗告が許可されても、許可抗告は、特別抗告と同様に、原裁判の執行を停止する効果はないから（337条6項、336条3項、334条2項）、原々審裁判所は原決定の判断を前提として手続を進行させることができる。しかし、実務上は、許可抗告の結論を待って手続の進行がされているようである。高等裁判所が結論に影響するかもしれない重要な論点があるとして許可していることからすれば、当該争点の結論が手続の進行にとって重要であったり、許可抗告の結果を待つことが当事者に不利益を与えない場合には、この対応には合理性がある。最高裁判所としても、このような事情を念頭において許可抗告については迅速処理を心がけているところであるが、許可の判断においても、適切な運用が望まれるところである。

2 本稿は、石丸将利元最高裁判所調査官（現大阪地裁部総括判事）が、平成12年中に決定された許可抗告事件を整理したものである。参考となれば幸いである。

事件見出しに◎を付したものは**民集登載事件**、○を付したものは**集民登載事件**、△を付したものはいずれにも登載されなかったものである。

平成12年度における既済件数は51件、そのうち民集登載事件9件、集民登載事件3件、原決定のされた事件の種類としては、執行事件16件、保全事件2件、破産事件5件、家事審判事件6件であった。また、原決定が破棄された事件は12件

であった。

取り上げた許可抗告決定のうち民集、集民に登載されたもの、最高裁民事破棄判決等の実情（判時1748・14）で取り上げられたものについては、コメントを簡潔にした。また、事案の概要、原々審及び原審の判断並びに抗告理由については、許可抗告事件の実情を紹介するに必要な範囲で適宜省略した。

掲載の順序は、原決定に関する手続法規毎に分類し、決定日の順に従った。

I　民事訴訟法

1　併合請求の場合の価額の算定

【1】 12(行フ)1（〇二小、平12・10・13、棄却、集民200・1、判時1731・3。原審広島高命平12・2・9）

(1)　多数の周辺住民が提起した林地開発行為許可処分取消訴訟における控訴提起の手数料額の算定方法が問題となった事案である。

(2)　広島県知事であるYは、森林法10条の2に基づき、Aに対して開発行為（養鶏場の建設に伴う造成工事）の許可処分をした。開発許可区域の周辺に居住するXら（245名）は、本件許可処分の取消しの訴えを広島地方裁判所に提起した。そして、Xらは、本件訴えで主張する利益はXら全員に共通であるとして、民事訴訟費用等に関する法律（以下「費用法」という。）4条2項による訴額95万円に対応する手数料8600円を同裁判所に納付した。しかし、同裁判所は、95万円に原告の人数を乗じた額に対応する手数料が必要であるとして、不足分の手数料の追納を命じる補正命令を発したところ、Xらは、10名分の手数料を納付したものの、残り235名分の手数料を納付しなかった。そこで、同裁判所は、本件訴えのうち手数料を納付しなかった235名の部分は不適法であるとして、これを却下した。前記却下判決を受けた235名のうち207名が控訴し、その主張する利益は207名全員に共通であるとして、訴額95万円に対応する手数料6150円を広島高等裁判所に納付した。しかし、原審裁判長は、95万円に控訴人の人数を乗じた額に対応する手数料が必要であるとして、不足分の手数料の追納を命じたが、Xらは、3名分の手数料を納付したものの、残り204名分の手数料を納付しなかった。そこで、原審裁判長は、上記204名については手数料の納付がないとして、控訴状却下命令をした。

(3)　上記控訴状却下命令を受けた204名のうち190名が、本件控訴提起に係る訴えで主張する利益は控訴人ら全員の各請求について共通であり、本件訴訟の目的の価額は控訴人ら全員につき95万円とみなされるから、控訴提起の手数料は6150円で足りていたなどと主張して、最高裁判所に対する抗告の許可を申し立てた。

(4)　本決定は、「本件訴訟において原告らが訴えで主張する利益は、本件処分の取消しによって回復される各原告の有する利益、具体的には水利権、人格権、不動産所有権等の一部を成す利益であり、その価額を具体的に算定することは極めて困

難というべきであるから、各原告が訴えで主張する利益によって算定される訴訟の目的の価額は 95 万円とみなされる（費用法 4 条 2 項）。そして、これらの利益は、その性質に照らし、各原告がそれぞれ有するものであって、全員に共通であるとはいえないから、結局、本件訴訟の目的の価額は、各原告の主張する利益によって算定される額を合算すべきものである。そうすると、訴えを却下した 1 審判決に対する本件控訴の手数料の額は、上記合算額に応じて費用法別表第 1 の 1 項により算出される訴えの提起の手数料額を基として、その 1.5 倍の額の 2 分の 1 の額となる（同 2 項、4 項）。したがって、原審裁判長のした前記追納命令及び前記控訴状却下命令（原命令）は、費用法及び民訴法の規定にのっとったものであって、適法である。」などと判示して、Ｘらのうち 190 名がした抗告を棄却した。併合請求の場合の価額の算定方法については、実務上、本件のように当事者の主張と裁判所（裁判長）の判断とが異なることがあった。本決定は、この点につき、最高裁として初めての判断を示したものであり、実務上の意義は少なくないものと思われる。この意味で、本抗告は、許可抗告制度の趣旨に沿うものであるということができるであろう。

2 遅滞を避ける等のための移送

【2】12(許)36（△一小、平 12・12・21、棄却。原審札幌高決平 12・7・4、原々審旭川地決平 12・5・23）

【3】12(許)48（△一小、平 12・12・21、棄却。原審東京高決平 12・9・13、原々審浦和地決平 12・7・19）

(1) 裁量移送についての民訴法 17 条所定の要件を満たすかが問題となった事案である。両事件とも論点は共通であるが、結論を異にした。

(2) 宗教法人の元信徒であるＸらが、寺院及びその代表者に対し、損害賠償の支払を求めて提起した訴えが本案訴訟である。各事件の被告らは、前記訴訟を静岡地方裁判所に移送するよう申し立てた。【2】事件の旭川地方裁判所は、予想される争点との関係で取調べが予想される証人はＹらの住所地である静岡県内に存在しており、他方、Ｘらの本人尋問の必要性は必ずしも高くなく、本案訴訟と同種の訴訟が静岡地方裁判所沼津支部に係属しているなどとして、民訴法 17 条に基づき、静岡地方裁判所沼津支部への移送を認めた。これに対し、Ｘらが即時抗告をしたところ、札幌高等裁判所は、本案訴訟の進行状況からして、現時点では未だＸらの本人尋問の必要性等は明らかでないこと、他方、Ｙらの住所地及びその周辺に居住する証人への尋問が多人数に及ぶとは考えられず、かつ、旭川地方裁判所において審理を行ったとしても、訴訟の著しい遅滞が生じるとは認め難いこと、本案訴訟と同種の訴訟は、全国各地に 20 件以上係属しており、それらを併合することになれば、訴訟の進行が遅滞することが考えられ、Ｙらの資力、組織を考慮すれば、同種事案を同一裁判所で審理しなければ、当事者間の衡平を図ることができないとは認められないなどとして、原々決定を取り消し、Ｙらの移送申立てを却下した。

Yらは、これを不服として、最高裁判所に対する抗告の許可を申し立てた。

(3) 【3】事件の浦和地方裁判所は、予想される争点との関係で取調べが予想される証人や、本案訴訟と争点を共通にする同種の訴訟事件が20か所以上の裁判所に提起されていることから、同種の訴訟事件が係属する裁判所で同様に予想される証人の取調べを各別に行うとすると、Yらの資力、組織を考慮しても、静岡地方裁判所で同各取調べを行うのと比べて、その受忍限度を超える重複が予想されるとともに、訴訟の著しい遅滞が生ずることが予想されるとして、民訴法17条に基づき、静岡地方裁判所への移送を認めた。これに対し、Xらが抗告したが、東京高等裁判所は、原々審の判断に加え、予想される争点の立証のためにXらの本人尋問が必要不可欠であるということはできないこと、同種の訴訟事件を静岡地方裁判所で併合審理したとしても、同種の訴訟事件が全国各地の裁判所で審理される場合に比べて、訴訟の進行が遅滞するということはできず、あえてこれを分散審理することはYらに対し必要以上に過重な応訴負担を強いる結果となるから、当事者間の衡平を考慮した上、訴訟の著しい遅滞を回避するとともに訴訟経済に資するようにし、併せて判断の統一を図るという観点からすれば、静岡地方裁判所において審理するのが相当であるなどとして、Xらの抗告を棄却した。

Xらは、これを不服として、最高裁判所に対する抗告の許可を申し立てた。

(4) 最高裁判所は、両事件について、「所論の点に関する原審の認定判断は是認し得ないものではない。論旨は採用することができない。」と判示して、いずれの抗告も棄却した。著しい遅滞が生じるかどうか、当事者間の衡平を害するかどうかという移送の要件の認定判断は、当該訴訟の内容や当事者双方の事情、当事者の主張立証の状況ないし見込み等を踏まえた訴訟の現状に基づく受訴裁判所による将来的予測という性格を持つものである。このような要件の個別具体的あてはめの判断に、法令解釈の統一の観点から法律審が介入すべき余地は少ないように思われる。

3 裁判所書記官の除斥

【4】 12(許)6（△二小、平12・3・17、棄却。原審大阪高決平11・10・20)

(1) 前審の裁判に関与した裁判官は、その職務の執行から除斥されるとする民訴法23条1項6号の規定が、裁判所書記官についても準用されるかが問題となった事案である。

(2) 裁判所書記官が、Xらから提出された書面を立件しない旨をXらに通知した。Xらは、上記書記官がした通知行為は、民訴法27条により準用される同法23条1項6号にいう「前審の裁判に関与したとき」に当たるから、上記通知に対する特別抗告提起事件から上記書記官を除斥するよう申し立てた。原審は、同号にいう「裁判に関与」するとは、裁判の内容確定に関与する、すなわち裁判の評決に加わるという意味であって、裁判所書記官は、およそ、このような意味における裁判に関与するものではないから、同号の「前審の裁判に関与したとき」という規定は、裁判所書記官には準用されないものと解すべきであるとして、Xらの申立てを却下

(3) Xらは、「前審の裁判に関与したとき」には、書記官としての固有の職務執行を含むものとして広く解すべきであるとして、最高裁判所に対する抗告の許可を申し立てた。

(4) 本決定は、「所論の点に関する原審の判断は、正当として是認することができる。論旨は採用することができない。」と判示して、Xの抗告を棄却した。「前審の裁判に関与したとき」に裁判官を除斥するとの規定が裁判所書記官について準用されないことは、最二小判昭34・7・17民集13・8・1095により明らかであり、新民訴法下においても異論のないところと思われる。

4 独立当事者参加

【5】 12(許)18（△三小、平12・9・26、一部破棄・差戻、一部却下。原審大阪高決平12・1・28）

(1) 独立当事者参加の許否の裁判を決定ですることができるかが問題となった事案である。

(2) 事案は複雑であるが、本件の理解に必要な範囲で簡略化すると、次のとおりである。Xは、土地の所有権に基づき、登記名義人であるY及びZに対し、所有権移転登記手続を求めた（以下「基本事件」という。）。1審は、Xが本件土地の所有権者であるとして、Xの請求を全部認容した。1審判決に対し、Zは控訴したが、Yは控訴しなかったため、XY間においては1審判決が確定した。しかし、Zは、原審において、本件土地のうちYとZの共有名義で登記されている土地について、Xに対して所有権の確認を、Yに対して真正な登記名義の回復を原因とする所有権移転登記手続をそれぞれ求めて、独立当事者参加の申立てをした。原裁判所は、「土地の所有権に基づき、非権利者である当該土地の所有名義人を相手方として所有権移転登記手続を求めるときは、任意に移転登記に応じない者のみを被告とすれば足り、それは通常の共同訴訟と解するのが相当である。そうであれば、本訴の原審判決（注・1審判決のこと）は、控訴のなかったYとの関係ではすでに確定し、本件参加申立てがなされた時点では、Yは本訴の係属から離脱したものというべきである。したがって、本訴の原告Xと被告Yとの間には、すでに訴訟係属がなく現在では対立当事者たる地位にないから、本件参加申立ての前提となる3当事者の対立構造という前提要件を欠くものといわざるを得ず、本件参加申立ては不適法である。」として、Zの申立てを決定で却下した。

(3) Zは、基本事件は固有必要的共同訴訟であり、Zが控訴したことにより、Yについても原審に移審しているにもかかわらず、基本事件を通常共同訴訟とした原決定には法令の解釈適用の誤りがあるなどと主張して、最高裁判所に対する抗告の許可を申し立てた。

(4) 本決定は、「職権により調査すると、本件記録によれば、抗告人らが原審において旧民訴法71条による参加を申し立てたのに対し、原審が右申立てを不適法

であるとして却下する旨の決定をしたことが認められる。しかし、右裁判は判決を
もってすべきであって、原決定には裁判の方式を誤った違法があるから、抗告人ら
の抗告理由について判断するまでもなく、原決定は破棄を免れず、本件を原審に差
し戻すこととする。」と判示して、原決定を破棄した（なお、一部の抗告人らがし
た抗告許可申立ては、抗告許可申立て期間経過後にされたものであったため、上記
抗告人らの抗告は却下された。）。本決定は、破棄決定であるため、詳細は「最高裁
民事破棄判決等の実情」該当部分（判時1748・14）を参照されたい。なお、本決
定は、許可抗告事件において職権破棄がされた事例としても、注目されるところで
ある。

5 送　達

【6】12(許)26、【7】12(許)27（△二小、平12・11・10、棄却。原審大阪高決平
12・2・17)

⑴　上告提起通知書及び上告受理申立て通知書の送達の効力等が問題であるとさ
れた事案である。

⑵　Xは、Aと連名で、大阪高等裁判所が言い渡した再審の訴えを却下する判
決を不服として、同裁判所に対し、上告及び上告受理の申立てをした。同裁判所は、
上告提起通知書及び上告受理申立て通知書の各送達を受けた日から50日以内に上
告理由書及び上告受理申立て理由書を提出しないことを理由として、上告及び上告
受理申立てをそれぞれ決定で却下した。

⑶　Xは、Aの住所を送達場所とする旨届けているから、上告理由書及び上告
受理申立て理由書の提出期間は、Xの訴訟代理人が送達を受けた日ではなく、A
が送達を受けた日を基準として考えるべきであり、そうすると、Xはその期間内に
上告理由書及び上告受理申立て理由書を提出したことになるから、本件各理由書の
不提出を理由として、上告及び上告受理申立てを却下した各決定には違法があるな
どと主張して、最高裁判所に対する抗告の許可を申し立てた（【6】事件は上告却下
決定に対するもの、【7】事件は上告受理申立て却下決定に対するものである。)。

⑷　【6】事件及び【7】事件の各決定は、いずれも「所論の点に関する原審の判
断は、正当として是認することができる。論旨は採用することができない。」と判
示して、Xの抗告をいずれも棄却した。論旨が問題とならないことは明らかであっ
て、許可抗告制度の趣旨にそぐわない事件であったと思われる。

6 文書提出命令

【8】11(許)20（◎一小、平12・3・10、一部破棄・差戻、一部却下、民集54・3・
1073、判時1708・115。原審大阪高決平11・3・26)

⑴　親子電話装置の回路図及び信号流れ図が、民訴法220条4号ロ（現ハ）、197
条1項3号所定の技術又は職業の秘密に関する事項を記載した文書（秘密文書）、
同号ハ（現ニ）所定の自己利用文書に該当するか等が問題となった事案である。

(2) Xは、購入した親子電話装置がしばしば通話不能になるとして、Y（NTT）に対し、瑕疵担保責任、債務不履行又は不法行為に基づく損害賠償の支払を求めて訴えを提起した。1審判決は、本件装置の売主はYではないから、Yは瑕疵担保責任及び債務不履行責任を負わないし、また、本件装置に瑕疵があったとしてもYに修理義務違反があったといえないとして、Xの請求を棄却した。Xは、控訴するとともに、Yと取次店Aとの取次店契約書並びに本件装置の回路図及び信号流れ図の提出を求めて文書提出命令を申し立てた。Xは、取次店契約書によりAの住所を調査し、回路図等により本件装置の瑕疵を立証するなどと主張したが、原裁判所は、契約書については、文書提出命令の申立ての必要性がない、回路図等については、①本件装置を製造したメーカーが持つノウハウなどの技術上の情報が記載されたものであって、これが明らかにされれば上記メーカーが著しく不利益を受けることが予想されるから秘密文書に該当し、また、②メーカーが本件装置を製造するために作成し、外部の者に見せることを全く予定せず、専ら当該メーカー、相手方及びその関連会社の利用に供するための文書であるから自己利用文書にも該当するとして、Xの申立てを却下した。

(3) Xは、契約書については、売主がYであることの立証のために必要不可欠であるし、回路図については、10年以上前に作成されたものであって同種機器を各メーカーが製造しており、公表されてもYに不利益は生じないから秘密文書に該当しないし、本件装置に異常がないことを証明するために作成された文書であるから自己利用文書にも該当しないなどと主張して、最高裁判所に対する抗告の許可を申し立てた。

(4) 本決定は、契約書等については、「証拠調べの必要性を欠くことを理由として文書提出命令の申立てを却下する決定に対しては、右必要性があることを理由として独立に不服の申立てをすることはできないと解するのが相当である。」として、Xの抗告を却下した。回路図等の秘密文書該当性については、「民訴法197条1項3号所定の「技術又は職業の秘密」とは、その事項が公開されると、当該技術の有する社会的価値が下落しこれによる活動が困難になるもの又は当該職業に深刻な影響を与え以後その遂行が困難になるものをいうと解するのが相当である。」とし、Yは情報の種類、性質及び開示することによる不利益の具体的内容を主張していないし、原決定もこれらを具体的に認定していないから、回路図等が秘密文書に該当するとはいえないとし、また、自己利用文書該当性については、最二小決平11・11・12民集53・8・1787、判時1695・49を引用した上、原決定が、文書の具体的内容に照らし、開示によって所持者の側に看過し難い不利益が生じるおそれがあるかどうかについて具体的に判断していないとして、原決定を破棄して事件を原審に差し戻した。本決定は、破棄決定であるため、詳細は「最高裁民事破棄判決等の実情」該当部分（判時1748・15）を参照されたい。

【9】11(許)26（〇一小、平12・3・10、破棄・自判、集民197・341、判時1711・55。原審東京高決平11・6・9）

(1) 教科用図書検定調査審議会において行われた審議結果を記載した文書及び同審議会が文部大臣にした検定意見についての答申（報告）を記載した書面等の民訴法220条3号後段所定の法律関係文書該当性が問題となった事案である。なお、本件文書は、公務文書であるため同条旧4号の適用がなく、同条3号所定の法律関係文書該当性だけが問題となった。

(2) Xは、教科用図書の執筆者であったが、教科用図書検定申請につきXの執筆部分に検定意見が付され、教科書調査官からその旨が通知されたため、執筆部分の完成を断念させられたとして、国家賠償請求訴訟を提起している。この訴訟においては、検定意見の内容、趣旨等について争いがあった。1審判決が請求を一部認容したところ、当事者双方が控訴した。Xは、控訴審において、本件申立て文書が同法220条3号後段所定の法律関係文書に該当するとして文書提出命令を申し立てた。原裁判所は、法律関係文書に該当するとして申立てを認容した（東京高決平11・6・9判タ1016・237）。

(3) Yが、最高裁判所に対する抗告の許可を申し立てた。

(4) 本決定は、「民事訴訟法220条3号後段所定の法律関係文書には文書の所持者が専ら自己使用のために作成した内部文書は含まれない」とした上、原審が提出を命じた文書は、「文部大臣が行う本件申請図書の検定申請の合否判定の意思を形成する過程において、諮問機関である検定審議会が、所掌事務の一環として、専ら文部省内部において使用されることを目的として作成した内部文書というべきである。」と判示し、その余の抗告理由について判断するまでもなく原決定のうち文書の提出を命じた部分について破棄を免れないとして、Xの文書提出命令の申立てを却下した。本決定は、破棄決定であるため、詳細は「最高裁民事破棄判決等の実情」該当部分（判時1748・15）を参照されたい。

【10】11(許)31（△三小、平12・1・17、棄却。原審東京高決平11・8・10、原々審東京地決平11・6・21）

(1) 銀行の作成した貸出稟議書につき文書提出命令が申し立てられた事案であり、上記文書の民訴法220条3号前段所定の利益文書該当性、同号後段所定の法律関係文書該当性、同条4号ハ所定の自己利用文書該当性が問題となった。

(2) Yは、Xからゴルフクラブ入会のため融資を受けた。Xが貸金返還請求を提起したところ、Yは、契約締結のころゴルフ場の造成が完了できないことをXが認識していたから、貸金の返還を拒絶することができる旨主張し、その立証のためにXの所持する本件契約に関する稟議書につき文書提出命令を申し立てた。原々審（東京地決平11・6・21金法1554・86）、原審とも、本件文書は、利益文書、法律関係文書に該当せず、自己利用文書に該当するとして、Yの申立てを却下した。

(3) Yは、原決定には民訴法220条3号前段、同号後段及び同条4号ハ（現ニ）

Ⅰ 民事訴訟法

の解釈に誤りがあるとして、最高裁判所に対する抗告の許可を申し立てた。
　(4)　本決定は、「記録によると、本件文書提出命令の申立ては理由がないとしてこれを却下すべきものとした原審の判断は、正当として是認することができる（最高裁平成11年(許)第2号同年11月12日第二小法廷決定・民集53巻8号登載予定参照）。原決定に所論の違法はなく、論旨は採用することができない。」と判示して、Yの抗告を棄却した。

【11】 12(許)11　(△二小、平12・7・14、棄却。原審福岡高決平11・12・9)

　(1)　配転命令無効確認等訴訟において、人事相談記録等につき文書提出命令が申し立てられた事案である。
　(2)　配転を命じられたY銀行の職員Xが、Xに対する配転命令は、Xが所属していた課の課長の発言につき是正を求めたXに対する報復人事によるものであるから、人事権の濫用で無効であると主張して、Yに対し、その無効確認等を求めて訴訟を提起した。Xは、前記訴訟において、Yに対し、②人事相談記録、③苦情受付記録簿、④観察指導表、⑥盗難事件調査報告書、⑦盗難事件関連調査報告書の文書提出命令を申し立てた（なお、①及び⑤は本件許可抗告との関係では問題とならない文書である。）。原裁判所は、②の人事相談記録及び④の観察指導表については、民訴法220条4号ハ（現ニ）所定の「専ら文書の所持者の利用に供するための文書」に該当すると解すべきであり、そうである以上、同条3号後段の法律関係文書に該当しないとし、③の苦情受付記録簿、⑥の盗難事件調査報告書及び⑦の盗難事件関連調査報告書については、同条3号の利益文書（前段）にも法律関係文書（後段）にも該当せず、また、同条4号ハ（現ニ）所定の「専ら文書の所持者の利用に供するための文書」に当たるとして、Xの申立てを却下した。
　(3)　Xは、②ないし④、⑥及び⑦の各文書は「専ら所持者の利用に供するための文書」に該当しないなどと主張して、最高裁判所に対する抗告の許可を申し立てた。
　(4)　本決定は、「本件事実関係の下では、原決定の理由の一1②ないし④、⑥及び⑦の各文書（人事相談記録、苦情受付記録簿（正確には「苦情記録票」）、観察指導表（正確には「観察指導メモ」）、盗難事件調査報告書及び盗難事件関連調査報告書）がいずれも民訴法220条4号ハ（現ニ）所定の「専ら文書の所持者の利用に供するための文書」に当たるとして文書提出命令の申立てを却下した原審の判断は、是認することができる。右判断は、所論引用の判例に抵触するものではない。論旨は採用することができない。」と判示して、Xの抗告を棄却した。職能資格制度を採る企業において使用者が人事考課表につき文書提出義務を負うかは検討を要する問題ではあるが、本決定は、あくまで本件の事実関係に即して、人事相談記録等の文書が民訴法220条4号ハ（現ニ）所定の文書に該当することを判示したものにすぎず、上記問題について一般的な判示をしたものではないと思われる。

【12】12(許)23（△一小、平12・7・17、棄却。原審大阪高決平12・4・14、原々審大阪地決平11・12・14)

(1) 貸金請求訴訟において、借主が、貸主と第三者との間で締結されていた業務提携契約書等につき文書提出命令を申し立てた事案である。

(2) Yは、Aから購入する土地の代金に充てるため、Xから金員を借り受けた。ところが、Yが金員を弁済しないため、XがYに対し貸金の返還を求めて提訴した。Yは、本件貸付けは、Xが土地の担保価値及びYの信用を十分調査することなく、XとAとが一体となって行ったものであるから、Xの請求は信義則に反し許されないなどと主張し、前記主張を立証するために、①YがXに提出した借入申込書、②XとAとの間の、Aが販売する土地につきXがその土地の購入者に融資を行う旨の業務提携契約書、及び③X、A及びBの間の、Bが本件融資に関する審査事務を代行し、Bが事務手続を分担することを合意した協定書の提出を求めて、文書提出命令を申し立てた。原々審は、①の借入申込書は民訴法220条3号後段の文書（法律関係文書）に該当する、②の業務提携契約書及び③の協定書は、同条4号のイロハ（現イハニ）のいずれにも該当しないとして、文書提出命令を発した。Xからの即時抗告を受けた原裁判所は、①の借入申込書は、XY間の消費貸借契約の成立過程を証明し、同契約自体を証明するものとして、法律関係文書に該当するとし、さらに、②の業務提携契約書及び③の協定書は、Xが第三者と交わした契約であり、このような文書の性格に照らすと、専らXの利用に供するための文書であるとはいえないとして、Xの抗告を棄却した。

(3) Xは、Yの本件申立ては事実資料を探す目的で行われた不適法なものである、①の借入申込書は法律関係文書に当たらない、②の業務提携契約書及び③の協定書は、外部の者であるYに利用されることが全く予定されていないという点では法人内部の文書と同様であり、開示によってXに看過し難い不利益が生じるものであるから、専らXの利用に供するための文書に当たるなどと主張して、最高裁判所に対する抗告の許可を申し立てた。

(4) 本決定は、「所論の点に関する原審の判断は、正当として是認することができる。論旨は採用することができない。」と判示して、Xの抗告を棄却した。

【13】12(許)31（△三小、平12・11・14、棄却。原審福岡高決平12・5・30、原々審福岡地久留米支決平12・3・31)

(1) 相続税申告書の控えにつき文書提出命令が申し立てられた事案であり、前記文書の民訴法220条4号ハ（現ニ）所定の自己利用文書該当性が問題となった。

(2) Xは、遺留分減殺請求の意思表示を行ったことを前提として、Yに対し、株式の返還請求の訴えを提起した。Xは、遺留分額の算定のためには、被相続人Aが有していた財産の総体を明らかにすることが必要であるとして、Yに対し、Aに係る相続税申告書の控え（以下「本件申告書控え」という。）の提出を求めて文書提出命令を申し立てた。原々審は、本件申告書控えは自己利用文書には当たらな

いとして、民訴法220条4号に基づき、本件申告書控えの提出を命じた。Yが即時抗告した。原裁判所は、最二小決平11・11・12民集53・8・1787、判時1695・49を引用した上で、相続税申告書の控えは、法律によって一定事項の記載及びその提出が要求されている相続税申告書と同一記載内容の文書である以上、控えとしての所持目的のみを重要視することは相当ではないこと、開示される文書の記載内容は、被相続人が所有していた財産内容であって申告者自身が所有している財産内容ではない上、推定相続人の遺留分減殺請求権の行使を実効あるものとするためには被相続人の全財産を明らかにすることが不可欠であることに鑑みると、プライバシー保護の要請は後退してもやむを得ないこと、また、記載内容は法令によって定められているのであるから、開示されることによって文書作成を不自由にするおそれも認めがたいことからすると、本件申告書控えの開示によって所持者の側に看過し難い不利益を生じるおそれがあるとは認め難く、民訴法220条4号ハ（現ニ）所定の自己利用文書に該当しないとして、Yの抗告を棄却した。

(3) Yは、相続税申告書の控えが文書提出命令の対象となると、相続税申告書の作成について萎縮効果が発生する蓋然性が高く、自己利用文書に当たると解すべきであるなどと主張して、最高裁判所に対する抗告の許可を申し立てた。

(4) 本決定は、「所論の点に関する原審の判断は、正当として是認することができる。論旨は採用することができない。」と判示して、Yの抗告を棄却した。

【14】 11(許)35（◎一小、平12・12・14、破棄・自判、民集54・9・2709、判時1737・28。原審東京高決平11・9・8、原々審東京地八王子支決平10・12・11）
(1) 信用金庫の会員が同金庫の元理事に対して提起した代表訴訟において、同金庫が所持する稟議書等につき文書提出命令が申し立てられた事案であり、前記文書の民訴法220条4号ハ（現ニ）所定の自己利用文書該当性などが問題となった。

(2) A信用金庫の会員であるXは、同金庫の理事であったYらに対し、Yらは理事としての善管注意義務ないし忠実義務に違反し、十分な担保を徴しないで融資を行ったことにより、同金庫に損害を与えたと主張して、同金庫に損害を賠償するよう求めて、会員代表訴訟を提起した。そして、同訴訟の1審において、Xは、Yらの善管注意義務ないし忠実義務違反を証明するためであるとして、同金庫が所持する本件融資に際して作成された一切の稟議書及びこれらに添付された意見書（以下「本件各文書」という。）について文書提出命令を申し立てた。原々審は、Xの申立てを却下した。Xが即時抗告をしたところ、原審は、原々決定を取り消し、原々審に差し戻した。これに対して、本件各文書の所持人であるA信用金庫が、最高裁判所に対する抗告の許可を申し立てた。

(3) 本決定は、最二小決平11・11・12民集53・8・1787、判時1695・49を引用して、信用金庫の貸出稟議書は、特段の事情がない限り、民訴法220条4号ハ（現ニ）所定の「専ら文書の所持者の利用に供するための文書」（自己利用文書）に当たると解すべきであるとした上で、上記特段の事情の有無を検討し、「会員代表訴

訟において会員から信用金庫の所持する貸出稟議書につき文書提出命令の申立てがされたからといって、特段の事情があるということはできない」と判示し、本件各文書は自己利用文書に当たるとして、民訴法220条4号に基づく文書提出義務を否定するとともに、自己利用文書に当たる以上、同条3号後段の法律関係文書にも該当しないとして、原決定を破棄し、原々決定に対するXの抗告を棄却した。本決定は、代表訴訟における文書提出義務という実務上注目を集めていた論点について、最高裁として初めての判断を示したものであり、法令解釈の統一という許可抗告制度にふさわしい事案であるということができるように思われる。なお、本決定は、破棄決定であるため、詳細は「最高裁民事破棄判決等の実情」該当部分（判時1748・16）を参照されたい。

【15】12(許)36（◎一小、平12・12・14、却下、民集54・9・2743、判時1737・34。原審東京高決平11・9・8、原々審東京地八王子支決平10・12・11)
【16】12(許)37（△一小、平12・12・14、却下。原審東京高決平11・9・8、原々審東京地八王子支決平10・12・11)

(1) 文書提出命令の申立てについての決定に対して抗告の利益を有する者の範囲が問題となった事案である。
(2) 本案事件及び文書提出命令申立て事件の概要は、【14】事件と同一である。
(3) 【14】事件は文書の所持者であるA信用金庫が抗告の許可を申し立てた事件であったが、【15】【16】事件は、会員代表訴訟の被告であるYらが、原決定を不服として、最高裁判所に対する抗告の許可を申し立てたものである。
(4) 【15】【16】事件の各決定は、「文書提出命令の申立てについての決定に対しては、文書の提出を命じられた所持者及び申立てを却下された申立人以外の者は、抗告の利益を有せず、本案事件の当事者であっても、即時抗告をすることができない」と判示し、Yは、文書の提出を命じられた所持者ではなく本案事件における当事者にすぎず、原決定に対する不服の利益を有しないから、Yの抗告は不適法であるとして、これを却下した。文書の所持者ではない本案事件の当事者が第三者に対する文書提出命令について抗告をすることができるかについては、学説上争いがあり、下級審裁判例も分かれていたところであるが、本決定は、否定説を採用することを明らかにして、法令解釈の統一を図ったものである（その理由付け等については、判時1737・34参照）。

【17】12(許)32（△一小、平12・12・21、棄却。原審高松高決平12・6・5、原々審徳島地決平12・3・31)
(1) 不起訴記録につき文書提出命令が申し立てられた事案である。
(2) 原々審は、Xの申立てを認め、Yに対し文書の提出を命じたが、原審は、Yは刑訴法47条により本件文書の提出義務を負わないとして、原々決定を取り消し、Xの申立てを却下した。

(3) Xは、原決定には、民訴法220条、刑訴法47条の解釈適用に誤りがあるなどと主張して、最高裁判所に対する抗告の許可を申し立てた。
(4) 本決定は、「本件文書提出命令の申立てを却下した原審の判断は、是認することができる。論旨は理由がない。」と判示して、Xの抗告を棄却した。

7 更正決定

【18】11(許)38（△二小、平12・10・13、棄却。原審東京高決平11・10・15）
(1) 損害額の算定を誤ったことが、更正決定の対象になるかが問題となった事案である。
(2) Yの従業員であったAの相続人であるXらが、Aが死亡したのは、Yにおいて過重な業務に従事したことによるものであるとして、Yに対し、損害賠償を請求した。東京高等裁判所は、Yの安全配慮義務違反に基づく損害の発生を認めたが、Aの逸失利益を算定するに当たって、本来用いるべき賃金センサスを誤って損害額を算定した。Xらは、前記判決には、損害額の計算に明白な誤りがあるとして、更正決定の申立てをしたが、原裁判所は、Xらが主張する事項は、「計算違い、誤記その他これらに類する明白な誤りであるとは認められない。」として、上記申立てを却下した。
(3) Xらは、原審におけるのと同旨の主張をして、最高裁判所に対する抗告の許可を申し立てた。
(4) 本決定は、所論の点に関する原審の判断は、是認することができる。論旨は採用することができない。」と判示して、Xらの抗告を棄却した。判決において、賃金センサスを取り違えて適用していることは明らかであったが、これは証拠の採否の問題であって、その是正は更正決定の限界を超えるものであると思われる。

8 抗 告

【19】12(許)28、【20】12(許)29（△二小、平12・11・10、棄却。原審大阪高決平12・3・22）
(1) 高等裁判所がした上告却下決定及び上告受理申立て却下決定に対する不服を申し立てた事案である。
(2) Xは、大阪高等裁判所が言い渡した再審の訴え却下判決を不服として、同裁判所に対し、上告及び上告受理の申立てをしたが、同裁判所は、上告理由書及び上告受理申立て理由書の提出期間徒過を理由として、上告及び上告受理申立てをそれぞれ決定で却下した。Xは、「即時抗告状」と題する書面を提出して、これらの決定に対する不服をそれぞれ申し立てたが、原審は、高等裁判所がした上告却下及び上告受理申立て却下の決定に対する即時抗告を許容する訴訟法上の根拠がないとして、Xの即時抗告をそれぞれ却下した。
(3) Xは、「即時抗告状」と題する書面の内容は即時抗告ではないなどと主張して、最高裁判所に対する抗告の許可を申し立てた（【19】事件は上告却下決定に対

するもの、【20】事件は上告受理申立て却下決定に対するものである。)。
　(4)　【19】事件及び【20】事件の各決定は、「所論の点に関する原審の判断は、正当として是認することができる。論旨は採用することができない。」と判示して、Xの抗告をいずれも棄却した。民訴法316条2項が高等裁判所のした却下決定に適用がないこと（裁判所法7条2号、民訴法336条、337条）は、確立した解釈である。許可抗告制度の趣旨に沿う事件といえるか検討の余地があるように思われる。

9　再　審

【21】12(許)9（△三小、平12・3・16、棄却。原審大阪高決平11・10・25）
　(1)　再審の訴えの適否が問題となった事案である。
　(2)　Xは、Yに対する損害賠償の支払を求める訴訟の控訴審において、別の訴訟でYが過失により偽証をしたと主張したにもかかわらず、控訴審裁判所は、当該主張について判断しなかったので、控訴審裁判所の判決（再審対象判決）には、民訴法338条1項9号に規定する事由がある（判断の遺脱がある）などと主張して、大阪高等裁判所に対し、再審の訴えを提起した。同裁判所は、再審対象判決では、Yが過失により偽証したとの主張についても実質的に判断しているので、Xの判断遺脱の主張は採用することができないなどとして、民訴法345条1項により再審の訴えを却下した。
　(3)　Xは、原決定には審理不尽の違法があるなどとして、最高裁判所に対する抗告の許可を申し立てた。
　(4)　本決定は、「所論の点に関する原審の判断は、正当として是認することができる。論旨は採用することができない。」と判示して、Xの抗告を棄却した。許可抗告制度の趣旨に沿う事件といえるか検討の余地があるように思われる。

II　民事執行法

1　無剰余の場合の強制競売手続の取消し

【22】11(許)32（△一小、平12・3・10、破棄差戻し。原審大阪高決平11・7・29、原々審京都地決平10・4・30）
　(1)　不動産の留置権者の申立てにより競売手続が開始されたが、執行裁判所が無剰余を理由に競売開始決定を取り消したことの適法性が争われた事案である。
　(2)　Xは、Y_1に対し土地建物を譲渡して、Y_1への所有権移転登記手続をした。Y_1は、代金の大半を支払わないまま、Y_2からの借入金を担保するため、本件土地建物に根抵当権を設定してその旨の登記をした。Y_2は、その後、本件土地建物を購入して、その旨の登記を経由した。Xは、売買の未払代金について成立した留置権に基づいて本件土地建物の競売を申し立て、執行裁判所は、競売開始決定をした。同裁判所は、Y_2の債権がXの債権に優先すると考え、最低売却価額から手続費用

とXの債権に優先する債権とを弁済すると剰余を生ずる見込みがないと判断し、Xに無剰余の通知をし、Xがこれに対応する何らの措置も講じなかったため、競売開始決定を取り消した。Xは、留置権には留置的効力のほか優先弁済請求権があると主張して執行抗告をしたが、原裁判所は、留置権に優先弁済請求権はないなどとして、Xの抗告を棄却した。

(3) Xは、最高裁判所に対する抗告の許可を申し立てた。

(4) 留置権による競売における不動産上の担保権の帰すうについては、担保権は売却により消滅せずに買受人がその負担を引き受けると解する見解（引受説）と、担保権が消滅すると解する見解（消除説）の対立がある（近藤崇晴＝大橋寛明・民事執行の基礎と応用 405 頁参照）。しかし、本決定は、この論点について判断を示すまでもなく、「抵当権者が抵当不動産の所有権を取得したときは、抵当権が所有権との混同により消滅するのが本則である（民法 179 条 1 項）。前記事実関係の下においては、Y_2 は、本件不動産に根抵当権の設定を受けた後、本件不動産の所有権を取得したが、同項ただし書に規定する事情はうかがわれず、Y_2 の根抵当権は、混同により消滅したと見る余地がある。」とした上、「本件事案の下においては、Y_2 の根抵当権が混同により消滅したとすれば、剰余を生ずる見込みがないことを理由として本件競売手続を取り消すことはできない。」として原決定を取り消し、混同消滅の例外事由の有無について更に審理させるため、原審に事件を差し戻した。本決定は、破棄決定であるため、詳細は「最高裁民事破棄判決等の実情」該当部分（判時 1748・17）を参照されたい。

2 売却不許可事由

【23】12(許)2（△一小、平 12・3・28、棄却。原審東京高決平 11・10・29、原々審東京地八王子支決平 11・8・19）

(1) 民事執行法 71 条 6 号所定の売却不許可事由該当性が問題となった事案である。

(2) 執行裁判所は、Xが所有する不動産について売却許可決定をした。Xは、最低売却価額が著しく低廉であり、その決定には重大な誤りがあると主張して、執行抗告を申し立てた。原裁判所は、本件最低売却価額は、評価人作成の評価書に基づき、その評価額のとおり決定されたものであり、その評価の過程ないし方法について格別不合理な点は見受けられず、その評価額も相当な範囲内にあるとして、Xの執行抗告を棄却した。

(3) Xは、①提出期限を徒過した評価書に基づく最低売却価額決定の手続は違法である、②評価人が本件建物内部に立ち入ることないまま作成した評価書に基づく最低売却価額決定の手続は違法であると主張して、最高裁判所に対する抗告の許可を申し立てた。

(4) 本決定は、「所論の点に関する原審の判断は、正当として是認することができる。論旨は採用することができない。」と判示して、Xの抗告を棄却した。(3)の

①については、「手続に重大な誤り」があるとはいえないであろうし、②についても、本件は評価人が本件建物内部に立ち入って調査している事案である。許可の当否については検討の余地がある。

【24】 12(許)7（△一小、平12・2・28 棄却。原審東京高決平11・10・18、原々審東京地八王子支決平11・8・19）
(1) 民事執行法71条6号所定の売却不許可事由該当性が問題となった事案である。
(2) 執行裁判所は、Xが所有する土地建物及びXが持分を有する公衆用道路について売却許可決定をした。Xは、その所有する土地及び建物並びに持分を有する公衆用道路を一括して売却する決定をしたこと及びその手続き並びに本件最低売却価額の決定及びその手続きに重大な誤りがあると主張して、執行抗告を申し立てた。原裁判所は、本件の一括売却の決定及びその手続きに法令違反等の事実は認められないから重大な誤りがあるとはいえないし、本件最低売却価額も、評価人作成の評価書の評価額のとおり決定されたものであり、その過程ないし方法に不合理な点は見受けられず、その評価額も相当な範囲内にあるから重大な誤りがあるとはいえないとして、Xの執行抗告を棄却した。
(3) Xは、原審におけるのと同旨の主張をして、最高裁判所に対する抗告の許可を申し立てた。
(4) 本決定は、「所論の点に関する原審の判断は、正当として是認することができる。論旨は採用することができない。」と判示して、Xの抗告を棄却した。Xの主張から明らかなように、本件は許可抗告制度の趣旨にそぐわない事件であると思われる。

【25】 12(許)8（△二小、平12・3・24、棄却。原審東京高決平11・11・17、原々審東京地八王子支決平11・10・14）
(1) 民事執行法71条6号所定の売却不許可事由該当性が問題となった事案である。
(2) 執行裁判所は、Xが所有する不動産について売却許可決定をした。Xは、最低売却価額が著しく低廉であり、その決定には重大な誤りがあると主張して、執行抗告を申し立てた。原裁判所は、本件最低売却価額は、評価人作成の評価書に基づき、その評価額のとおり決定されたものであり、その評価の過程ないし方法について格別不合理な点は見受けられず、その評価額も相当な範囲内にあるとして、Xの執行抗告を棄却した。
(3) Xは、評価人が本件建物内部に立ち入ることないまま作成した評価書に基づく最低売却価額決定の手続は違法であるなどと主張して、最高裁判所に対する抗告の許可を申し立てた。
(4) 本決定は、「所論の点に関する原審の判断は、正当として是認することがで

きる。論旨は採用することができない。」と判示して、Xの抗告を棄却した。本件は、評価人が本件建物内部に立ち入って調査している事案であり、その主張の前提を欠くものと思われる。

【26】12(許)40（△三小、平12・11・28、棄却。原審大阪高決平12・7・26、原々審奈良地五條支決平12・5・23）
　(1)　民執法71条7号所定の売却不許可事由該当性が問題となった事案である。
　(2)　不動産競売事件における期間入札の開札期日において、執行官が合計7通の入札書を読み上げた上、約808万円で入札したXを最高価買受申出人と定め、その氏名、入札価額を告げて開札期日の終了を宣した。開札期日終了後、執行官が、入札関係書類を執行官室に持ち帰り整理したところ、入札書の束の中にあったYの入札書を発見した。Yの入札価額は856万円であり、Xの入札価額を上回っていた。執行裁判所は、Yが最高価買受申出人であることは明白であり、執行官の上記措置は甚だしく不当であって、民執法188条、71条7号所定の売却の手続に重大な誤りがあるとして、Xに対する売却を不許可とするとともに、執行官は執行裁判所の補助機関にすぎず、執行官のみが最高価買受申出人を限定的に認定する権原を有するものではないことなどに鑑みると、執行裁判所は独自に適正な最高価買受申出人と認定した者に対して売却を許可すべきであるとして、Yに対して売却を許可した。これに対しXが執行抗告したところ、原裁判所は、民執法上、執行裁判所が執行官の決定なくして独自に最高価買受申出人を認定することができるとする根拠規定は見当たらないのみならず、Yの入札書が開札期日において開札に加えられていなかったのは明らかであり、このようなYを最高価買受申出人と認定することは入札制度の公正を害し到底許されるものではなく、執行裁判所がYを最高価買受申出人と認定したのは、同法71条7号にいう売却の手続に重大な誤りがある場合に当たるので、本件における最高価買受申出人はXということになるとした上で、執行官が本来開札に加えられるべきYの入札書を開札しなかったことも、同号にいう売却の手続に重大な誤りがある場合に当たるから、Xに対して売却を許可することも許されないと判断した。そして、原々決定のうち、Yに対する売却を許可した部分を取り消した上で、Yに対する売却を不許可とするとともに、Xへの売却不許可決定に対する執行抗告を棄却した。
　(3)　Yは、これを不服として、最高裁判所に対する抗告の許可を申し立てた。
　(4)　本決定は、「所論の点に関する原審の判断は、正当として是認することができる。論旨は採用することができない。」と判示して、Yの抗告を棄却した。

3　引渡命令

【27】11(許)39（◎三小、平12・3・16、棄却、民集54・3・1116、判時1708・120。原審大阪高決平11・9・30、原々審大阪地決平11・9・2）
　(1)　建物につき、滞納処分による差押えがされた後不動産競売手続による差押え

がされるまでの間に短期賃借権が設定された場合において、続行決定に基づいて進められた不動産競売手続で買受人となった者の申立てにより、執行裁判所が占有者（短期賃借権者）に対して引渡命令を発することができるかが問題となった事案である。

(2) 執行裁判所は引渡命令を発し、執行抗告を受けた原審も、執行裁判所の判断を支持して、抗告を棄却した。占有者から、最高裁判所に対する抗告の許可が申し立てられた。

(3) 滞納処分による差押えの処分制限効が続行決定に係る民事執行手続において認められるかについては、処分制限効否定説（賃借権の処遇はもっぱら民事執行法の原則によるとの見解）、条件付処分制限効肯定説（滞納処分庁による適法な交付要求を条件として滞納処分の処分制限効を民事執行手続においても認める見解）、処分制限効肯定説（民執法59条2項を類推適用して売却によって賃借権は失効すると解する見解）に分かれるようである。本決定は、「滞納処分による差押えがされた後強制執行等の開始決定による差押えがされるまでの間に賃借権が設定された不動産が強制競売手続等により売却された場合に、執行裁判所は、右賃借権に基づく不動産の占有者に対し、民事執行法83条による引渡命令を発することができると解するのが相当である。」と判示し、Yらの抗告を棄却した（その理由付け等の詳細については、判時1708・120、民情165・21参照）。

【28】11(許)33（△二小、平12・6・23、破棄・自判。原審東京高決平11・9・6、原々審東京地決平11・6・21）

(1) 競売代金の納付後に短期賃貸借の期間が満了した場合に、同賃貸借の賃借人を相手方として引渡命令を発することが許されるかが問題となった事案である。

(2) Xは、Aに対する貸金債権等を担保するため、A所有の不動産に根抵当権の設定を受けた。その後、Yは、Aから、本件不動産に期間を3年とする短期賃借権の設定を受けて、占有を開始した。その後、本件不動産は競売手続に付され、Xがこれを買い受けて、代金を納付した。代金納付の約2か月後に上記短期賃借権の期間が満了したので、Xは、Yを相手方として、引渡命令を申し立て、執行裁判所は、これを認容した（以下「本件引渡命令」という。）。これに対して、Yは執行抗告を申し立てたが、執行裁判所は、本件執行抗告は民事執行の手続を不当に遅延させることを目的としてされたものであるとして、これを却下した（民執法10条5項4号。以下「原々決定」という。）。そこで、Yは、同条8項に基づき執行抗告を申し立てた。原裁判所は、民執法83条1項ただし書の「事件の記録上買受人に対抗することができる権原により占有していると認められる者」であるか否かは、専ら買受人が代金納付により当該不動産の所有権を取得した時点を基準として判断すべきものであるから、買受人が不動産の所有権を取得した後の6か月内に期間が満了した短期賃借権の賃借人に対して、同人は、「買受人に対抗することができる権原により占有していると認められる者」に当たらないとはいえないとして、引渡

命令を発することはできない等として、原々決定及び引渡命令をそれぞれ取り消し、Xの引渡命令の申立てを却下した。
　(3)　Xは、最高裁判所に対する抗告の許可を申し立てた。
　(4)　本決定は、「競売開始決定後に短期賃貸借の期間が満了したときは、法定更新をもって抵当権者に対抗することはできないと解すべきであるから、本件において、YはXに対抗することのできる権原により占有している者であると認めることはできないところ、……本件執行抗告は、民事執行の手続を不当に遅延させることを目的としてされたものと認めるのが相当である。」と判示して、これと異なる判断をした原決定を破棄した上、原々決定に対する執行抗告を棄却するとの自判をした。本決定は、破棄決定であるため、詳細は「最高裁民事破棄判決等の実情」該当部分（判時1748・19）を参照されたい。

【29】 11(許)16（△三小、平12・7・18、棄却。原審大阪高決平12・3・8、原々審大阪地決平11・11・25）

　(1)　競売不動産の買受人が同不動産を占有する者に対する引渡命令を申し立てた事案である。
　(2)　Xは、競売手続に付された土地及び建物（以下「本件不動産」という。）を買い受けて、その代金を納付した。Xは、Yが本件不動産を占有していたため、不動産引渡命令を申し立てた。Yは、執行裁判所において、本件不動産はYがAに対し売却したものであり、Aは売買代金の一部を未だ支払っていないから、Yは、Aに対する売買契約に基づく未払残代金債権を被担保権とする留置権を有していると主張したが、執行裁判所は、Yは、Zに対し、上記未払残代金債権を譲渡した（以下「本件債権譲渡」という。）のであるから、もはや上記留置権を主張することはできないから、Yは、Xに対し対抗することができる権原なく本件不動産を占有しているとして、引渡命令を発令した。Yは、YZ間の債権譲渡が有効であったとしても、①これは譲渡担保としての債権譲渡であって、譲渡担保設定者であるYは債権譲渡後も留置権を主張することができる、②留置権付債権の譲渡を受ける場合には、譲渡担保権者は目的物の占有をも取得すると解すべきであり、その場合には、直接占有者である譲渡担保設定者は、担保保存義務として目的物を占有することになるなどと主張して、執行抗告を申し立てた。原裁判所は、本件債権譲渡が譲渡担保目的のものであるとは認めることはできず、被担保権がZに移転したと認められるから、Yの留置権の主張は失当であるとして、Yの執行抗告を棄却した。
　(3)　Yは、本件債権譲渡の原因行為を明らかにしていない原決定には、理由不備又は審理不尽の違法がある、本件債権譲渡は譲渡担保であるから、本件債権譲渡によって留置権は消滅しないなどと主張して、最高裁判所に対する抗告の許可を申し立てた。
　(4)　Yは、理由の不備、審理不尽をいうが、その実質は本件債権譲渡を譲渡担保

であると認定しなかった原決定に対する事実誤認の主張であり、その余の論旨は、本件債権譲渡が譲渡担保であることを前提とした主張であるから、原決定の認定していない事実を前提とする主張にすぎない。本決定は、「所論の点に関する原審の判断は、正当として是認することができる。論旨は採用することができない。」と判示して、Ｙの抗告を棄却した。

【30】 12(許)21（△二小、平12・7・14、棄却。原審大阪高決平12・4・7、原々審大阪地決平11・12・27）

(1) 不動産競売事件において土地及び建物を買い受けたＸが、本件建物の一部を占有するＹに対して、その占有部分の引渡命令を申し立てた事案である。Ｙの占有権原が買受人に対抗することができるかどうかが問題となった。

(2) Ａは、土地及び繁華街にある雑居ビルである建物を所有し、建物内の各部屋を飲食店等に賃貸していた。Ｘは、抵当権の実行により競売手続に付された本件土地及び建物を買い受けて、その代金を納付した。Ｘは、Ｙが本件建物の一部（本件建物部分）を占有していたため、不動産引渡命令を申し立て、執行裁判所は引渡命令を発令した。Ｙは、買受人に対抗することができる短期賃借権及び留置権に基づいて本件建物部分を占有しているのであるから、引渡命令を発したのは民執法83条1項に違反するなどと主張して、執行抗告を申し立てた。原裁判所は、Ｙは、Ａと賃貸借契約を締結するとともに、Ａから賃借していた賃借人Ｂらと転貸借契約を締結することによって、従前から締結されていたＡとＢらとの間の賃貸借につき、賃借人兼転貸人として介入したものであること、上記賃貸借契約が締結されたのが、本件の競売申立てに近接した時期であること、ＹがＡに支払う賃料が転借人の支払う賃料に比べて極めて低額であることなどの事情を総合すると、Ｙの賃借権は、Ａと賃借人との間の賃貸借に介入し、賃料を取得することによって債権を回収することを目的とする非正常なものであるから、Ｙの賃借権は、短期賃借権として保護を受け得るものではないし、また、留置権の存在も認められないので、ＹはＸに対抗することができる権原により本件建物部分を占有しているとはいえないとして、執行抗告を棄却した。

(3) Ｙは、Ｙの賃借権は正常なものであり、短期賃借権として保護を受け得るなどと主張して、最高裁判所に対する抗告の許可を申し立てた。

(4) Ｙの抗告理由は、要するに、Ｙの賃借権を非正常なものであるとした原決定の認定を非難するものにすぎない。本決定は、「所論の点に関する原審の認定判断は是認することができる。論旨は採用することができない。」と判示して、Ｙの抗告を棄却した。

4 差押禁止債権の範囲の変更

【31】12(許)21（△三小、平12・4・28、棄却。原審大阪高決平12・2・4、原々審奈良地五條支決平11・12・24）

(1) 民事執行法153条1項の差押禁止債権の範囲の変更の許否が問題となった事案である。

(2) 破産債権者であるYは、債務者であるXが破産宣告及び同時廃止決定を受けた後に、Xの第三債務者に対する給料債権を差し押さえた（Xは、債権差押命令発令後に免責の申立てをした。）。そこで、Xは、前記給料債権の差し押さえにより、生活の維持が困難になるとして、差押禁止債権の範囲の変更の申立てをしたが、執行裁判所はこれを却下した。これに対し、Xは執行抗告したが、原裁判所も、本件差押えによってXの生活維持が困難になるとはいえず、差押命令を取り消さなければならない事情があるとはいえないとして、Xの執行抗告を棄却した。

(3) Xは、原々審以来の主張を繰り返すとともに、同時廃止決定後、免責審理期間中に抜け駆け的な強制執行をすることを許すのは、正義に反し許されないと主張して、最高裁判所に対する抗告の許可を申し立てた。

(4) 本決定は、「所論の点に関する原審の判断は正当として是認することができ、原決定に所論の違法はない。論旨は採用することができない。」と判示して、Xの抗告を棄却した。差押禁止債権の範囲を変更するかどうかは、個別具体的な事案の下で判断されるべき事柄であって、免責審理期間中であることも、「債務者……の生活の状況その他の事情」（民事執行法153条1項）の一つとして考慮されるにすぎないものと思われる。こうした問題について、法令解釈の統一の観点から法律審が介入すべき事項はほとんどないように思われる。

5 転付命令

【32】11(許)42（◎二小、12・4・7、破棄・自判、民集54・4・1355、判時1716・65。原審大阪高決平11・9・28、原々審大阪地決平11・8・31）

(1) 質権が設定されている金銭債権が転付命令の対象となるかが問題となった事案である。

(2) Yは、A銀行に対して定期預金の払戻請求権（本件債権）を有しているところ、本件債権にはA銀行により質権が設定されていた。Xは、Yに対する金員の支払を命ずる確定判決を債務名義として、本件債権の差押命令を得た上、本件債権をXに転付する旨の命令を申し立てたが、執行裁判所は、これを却下した。Xは、執行抗告を申し立てたが、原裁判所は、質権が設定されている債権は、将来における質権の実行の有無及びその範囲により初めて債権額が確定するものであるから、民事執行法159条1項にいう券面額を有する債権であるとはいえず、転付命令を発することができないとして、執行抗告を棄却した。

(3) Xは、最高裁判所に対する抗告の許可を申し立てた。

(4)　本決定は、「質権が設定されている金銭債権であっても、債権として現に存在していることはいうまでもなく、また、弁済に充てられる金額を確定することもできるのであるから、右債権は、法159条にいう券面額を有するものというべきである。したがって、質権が設定されている金銭債権であっても、転付命令の対象となる適格がある。」と判示して、これと異なる判断をした原決定を破棄した上で、原々決定を取消し、Xの転付命令の申立てを認容する旨の自判をした。本決定は、実務上の見解が分かれていた論点について最高裁判所の判断を示したものである。破棄決定であるため、詳細は「最高裁民事破棄判決等の実情」該当部分（判時1748・21）を参照されたい。

6　債権についての担保権の実行（物上代位）

【33】11(許)41（△三小、平12・1・26、棄却。原審東京高決平11・11・2、原々審東京地決平11・9・20）

　(1)　動産売買先取特権に基づく物上代位権の行使として、動産の転売代金債権を含む債権についてされた供託に係る供託金還付請求権を差し押さえることができるかが問題となった事案である。

　(2)　Xは、Aに対する機械売買代金債権や機械移設工事代金債権を被保全権利として、AがZに対して有する本件機械の転売代金債権等につき仮差押えをした。そこで、Zは、一部の債権の元本及び遅延損害金の合計1496万円余を供託した。しかし、その後、Aが破産し、Yが破産管財人に選任された。Aが破産宣告を受けたため、仮差押えの効力が失われることとなった。そこで、Xは、AのZに対する機械の転売代金債権に準ずる供託金還付請求権について動産売買先取特権に基づく物上代位権の行使として、1272万円余の差押命令を得た。Yが執行抗告をしたが、原裁判所は、これを棄却した。

　(3)　Yは、供託金還付請求権には、転売代金債権以外に請負代金債権も含まれているのであるから、一部が転売代金債権に相当する金額であっても、転売代金債権と同視することはできないとし、転売代金債権相当部分の差押えを認めることは請負代金債権への動産売買先取特権に基づく物上代位権の行使を認めることとなるから、最三小決平10・12・18民集52・9・2024、判時1663・107に反すると主張して、最高裁判所に対する抗告の許可を申し立てた。

　(4)　本決定は、「所論の点に関する原審の判断は正当として是認することができ、原決定に所論の違法はない。論旨は採用することができない。」として、Yの抗告を棄却した。抗告理由は独自の見解に基づくものであるように思われる。

【34】11(許)23（◎二小、平12・4・14、破棄・差戻、民集54・4・1552、判時1714・60。原審東京高決平11・4・19、原々審横浜地川崎支決平10・9・16）

　(1)　抵当不動産の賃借人が取得する転貸賃料債権に対して、抵当権者が物上代位権を行使することができるかが問題となった事案である。

(2) 抵当権者が、抵当権に基づく物上代位権の行使として、抵当不動産の賃借人が有する転貸賃料債権について差押命令を申し立て、執行裁判所は差押命令を発した。賃借人が執行抗告を申し立てたが、原裁判所も、抵当権者は、抵当権設定後に抵当不動産を賃借した者が取得すべき抵当不動産の転貸賃料債権に対して、物上代位権を行使することができるから、本件差押命令は相当であるとして、執行抗告を棄却した。
(3) 賃借人が最高裁判所に対する抗告の許可を申し立てた。
(4) 抵当不動産の賃借人が取得する転貸賃料債権について抵当権者が物上代位権を行使することができるかについては、下級審裁判例及び学説において見解が分かれていたことは周知のとおりである。本決定は、「抵当権者は、抵当不動産の賃借人を所有者と同視することを相当とする場合を除き、右賃借人が取得すべき転貸賃料債権について物上代位権を行使することができないと解すべき」であると判示して、最高裁としての見解を明らかにして、法令解釈の統一を図るとともに、これと異なる見解に立つ原決定を破棄し、賃借人が「本件建物の所有者と同視することを相当とする者」であるかどうかについて審理させるため、本件を原審に差し戻した。本決定は、破棄決定であるため、詳細は「最高裁民事破棄判決等の実情」該当部分（判時 1748・20）及び民情 166・16 を参照されたい。

【35】12(許)24（△二小、平 12・7・14、棄却。原審東京高決平 12・5・8、原々審浦和地決平 12・2・28）

(1) 建物の根抵当権者が、その物上代位権の行使として、前記建物の使用借権者が有する火災共済金請求権を差し押さえることができるかが問題となった事案である。
(2) Y_1、Y_2 は、理髪店、美容室の経営を目的とする Z 有限会社を設立し（Y_2 が代表取締役、Y_1 は取締役）、その共有する建物（以下「本件建物」という。）を Z 会社に使用貸借している。本件建物は、Z 会社の店舗兼 Y らの居宅として使用されている。X は、Y 両名との間で、Y_1 に対する信用金庫取引等を被担保債権として、本件建物に根抵当権（以下「本件根抵当権」という。）を設定した。他方、Z 会社は、第三債務者との間で、本件建物につき、火災共済金額を 1000 万円とする共済契約を締結した。X は、本件根抵当権に基づく物上代位権の行使として、Z 会社の第三債務者に対する火災共済金支払請求権について差押命令を申し立て、執行裁判所は、差押命令を発した。そこで、Y 両名及び Z が執行抗告を申し立てた。原裁判所は、「民法 372 条によって抵当権に準用される同法 304 条 1 項に規定する「債務者」には、原則として、抵当不動産の使用借人は含まれない。もっとも、抵当権の行使を妨げるために、法人格を濫用し、又は使用貸借を仮装した上で、共済契約関係を作出したものであるなど、抵当不動産の使用借人を所有者と同視することを相当とする場合には、その使用借人が取得すべき共済金請求権に対して抵当権に基づく物上代位権を行使することを許すべきである。」とした上で、本件におい

ては、Z会社とY両名を直ちに同視することには疑問があるとして、差押命令を取り消し、Xの申立てを却下した。
　(3)　Xは、Z会社をY両名と同視すべきであるのにこれを否定し、法人格が形骸にすぎない場合を「所有者と同視すべき場合」に含めなかった原決定は、最二小決平12・4・14（【34】事件）に反すると主張して、最高裁判所に対する抗告の許可を申し立てた。
　(4)　論旨は、要するに、Z会社がY両名と同視できるか否かについての原決定の認定を非難するものにすぎない。本決定は、「所論の点に関する原審の認定判断は是認することができる。論旨は採用することができない。」として、Xの抗告を棄却した。

【36】 12(許)30（△一小、平12・9・28、棄却。原審福岡高決平12・5・29、原々審福岡地決平12・3・22）

　(1)　動産売買の先取特権に基づく物上代位権を行使することができるかが問題となった事案である。
　(2)　冷凍・冷蔵機器等の販売を業とするXは、Yに対し、Yから注文を受けてYの取引先であるエンドユーザーに直接品物を納入するという形態で品物を売り渡す取引きを行っている。Xは、Yから、業務用冷凍冷蔵庫一式の注文を受けたため、Yの取引先（エンドユーザー）である第三債務者Zに対して、業務用冷凍冷蔵庫一式（以下「本件動産」という。）を納入した。Xは、動産売買先取特権に基づく物上代位権の行使として、YがZに対して有する本件動産の売買代金債権につき、差押命令を得た。Yは、YがZに対して有するのは、請負代金債権であり、動産売買先取特権は請負代金債権には及ばないなどと主張して、執行抗告を申し立てた。原裁判所は、YのZに対する債権を売買代金債権であると認定した上、本件差押命令を相当であるとし、執行抗告を棄却した。なお、原裁判所は、傍論で、YのZに対する債権が請負代金債権であったとしても、本件動産の転売による代金債権と同視するに足りる特段の事情（最三小決平10・12・18民集52・9・2024、判時1663・107）があるから、YのZに対する請負代金債権に対しても、物上代位権を行使することができる旨判示している。
　(3)　Yは、本件においては、上記最決にいう「特段の事情」は認められないと主張して、最高裁判所に対する抗告の許可を申し立てた。
　(4)　本決定は、「原決定は、抗告人の第三債務者に対する債権を売買代金債権であると認定し、これに対する本件差押命令を相当としたものであり、右債権が請負代金債権であることを前提とする所論は、その前提を欠く。論旨は、原決定の結論に影響のない部分を論難するものにすぎず、論旨は採用することができない。」と判示して、Yの抗告を棄却した。

7 その他

【37】 12(許)4（△三小、平 12・2・23、棄却。原審大阪高決平 11・11・15、原々審神戸地決平 11・8・11）

(1) 厚生年金基金が、国税徴収の例によらずに、掛金請求訴訟の和解調書を債務名義とする強制執行によって、掛金を徴収することができるかが問題となった事案である。

(2) X厚生年金基金は、特別掛金請求事件の和解調書を債務名義として、破産管財人Yの第三債務者に対する営業譲渡代金債権（破産財団に属する財産）につき債権差押え命令を申し立てた（厚生年金保険法 141 条 1 項により同法 89 条が準用される結果、事業主の負担する掛金は国税徴収の例により徴収することとされている。旧破産法 47 条 2 号は国税徴収の例により徴収することができる請求権は財団債権とする旨定めているのであって、債権者が請求債権が財団債権であると主張するのは、上記の理由による。）。そして、Xは、特別掛金請求権は財団債権であり、財団債権については財団所属財産に対して強制執行をすることが許されると主張した。執行裁判所が、Xの申立てを却下したため、Xが執行抗告を申し立てた。原裁判所は、①法が特別掛金の徴収について、一般私法上の債権と異なり国税徴収の例によるという特別の取扱いを認めているのは、厚生年金基金の公共性にかんがみ、その事業執行上必要な財源を確保するためには、特別掛金につき租税徴収に準ずる簡易迅速な行政上の強制徴収の手段によらしめるのが最も適切かつ妥当であるとしたためであるから、この手段によることなく、一般債権と同様に民事執行の方法によりその実現を求めることは許されないと述べるとともに、②しかも、本件は破産宣告後の申立てであるところ、破産宣告後は破産財団に属する財産に対する新たな滞納処分は許されないのであるから（旧破産法 71 条）、強制執行なら許されるというのでは同条の趣旨を潜脱することになり、妥当性を欠くとして、本件申立てを却下すべきものとし、執行裁判所の結論を支持して、Xの抗告を棄却した。

(3) Xは、滞納処分に及ぶために必要な手続の履践を待つことができないほど切迫した緊急性のある場合には、国税徴収の例によって徴収する債権でも、民事執行による権利実現が認められるべきであるなどと主張して、最高裁判所に対する抗告の許可を申し立てた。

(4) 本決定は、「所論の点に関する原審の判断は正当として是認することができ、原決定に所論の違法はない。論旨は採用することができない。」として、Xの抗告を棄却した。行政上の強制徴収権が認められた債権について、強制執行を目的とする民事訴訟を提起することはできず、民事執行をすることもできないことを明らかにしたと思われる最高裁判決としては最大判昭 41・2・23 民集 20・2・320、判時 441・30 があるが、本決定もこれと同一線上の見解に立つものであろう。

III 民事保全法

1 仮差押え

【38】 11(許)34（△三小、平12・9・26、棄却。原審大阪高決平11・8・31、原々審神戸地社支決平11・3・31）

(1) 本件は、仮差押えをした目的物の価額が請求債権額を下回っている場合に、その差額相当分を再度請求債権として仮差押えをすることの可否が問題となった事案である。

(2) Xは、Yから賃貸マンション（以下「本件マンション」という。）の建設工事を請け負ったが、Yが請負代金7623万円を支払わないとして、神戸地方裁判所社支部において、請負代金債権の内金4000万円を請求債権としてY所有の自宅不動産の仮差押えをするとともに（決定1）、請負代金債権のその余の内金3623万円を請求債権として、4階の賃借人に対する賃料債権（合計905万円）の仮差押えをした（決定2）。その後、Xは、本件請負代金債権の内金2353万円を請求債権として、本件マンションの1階から3階までに居住する賃借人に対してYが有する賃料債権（合計2353万円）の仮差押えをした（決定3）。Yは、本件請負代金債権7623万円は、決定1及び2で既に使い尽くされているのであるから、決定3は、請求債権が存在していないにもかかわらず発令された違法なものであるとして、決定3に対する保全異議を申し立てたが、保全異議審は決定3を認可した。そこで、Yは保全抗告をした。原裁判所は、仮差押えをした目的物の価額が請求債権額を下回っている場合にその差額相当分を再度請求債権として仮差押えすることができるとの立場に立ち、決定1ないし3で保全された目的物の価額の合計は6865万4412円以下であり、本件請負代金債権の額を下回っているから、決定3は超過仮差押えではないとして、保全抗告を棄却した。なお、このように解すると、同一債権に基づく複数の仮差押えにつき、それぞれ債権額を基準に仮差押解放金が定められるときは、仮差押解放金の額が債権額を超えることとなる。この点につき、原決定は、「仮差押解放金の超過の問題は、第2の仮差押決定〔注・決定2〕につき、その点を理由とする保全異議等の不服申立てによって解決が図られるべきである。」と判示しているが、この点は傍論である。

(3) Yは、仮差押解放金の超過の問題は、仮差押解放金額を請求債権額と同額に定めた決定2につき、その点を理由とする保全異議等の不服申立てによって解決が図られるべきであるとした原決定は、請求債権額を標準として仮差押解放金額を決定すべきとする大判大5・4・11民録22・764に反すると主張して、最高裁判所に対する抗告の許可を申し立てた（その余の抗告理由は大阪高等裁判所において排除された。）。

(4) 上記(3)の抗告理由は、原決定の傍論を攻撃するものであった。そこで、本決

定は、「論旨は、原決定の結論に影響を及ぼさない部分についてその判断の違法をいうにすぎず、原決定を破棄すべき理由とはならない。」と判示して、Yの抗告を棄却した。

2 仮処分

【39】 12(許)3（△二小、平12・4・28、棄却。原審東京高決平11・11・2、原々審浦和地熊谷支決平11・7・15）

(1) 本件は、仮処分の方法により確定判決に基づく強制執行を停止することが許されるかが問題となった事案である。

(2) Yは、Zが経営するゴルフクラブの正会員の募集に応じ、Zとの間で入会契約を締結し、Zに資格保証金700万円を支払った。その後、Yは、前記入会契約を解除し、Zを被告として、資格保証金の返還請求訴訟を提起したところ、Zに対し、Yに700万円及びこれに対する遅延損害金の支払を命じる旨の仮執行宣言付き判決（本件判決）が言い渡され、本件判決は確定した。Zから経営委託を受けていたXは、ゴルフクラブ内の建物（本件建物）内の金銭は自己の所有又は占有に属すると主張して、「Yは、YとZ間の執行力のある本件判決正本に基づき、本件建物内の金銭に対し強制執行してはならない」という趣旨の強制執行禁止仮処分命令の申立てを行い、さらに、「Yは、YとZ間の執行力のある本件判決正本に基づき、本件建物内のクラブハウス1階所在のレジ等の中の金銭に対し強制執行してはならない」という趣旨の仮処分命令の申立てをした。原々審は、前記仮処分申立てをいずれも却下したため、Xが即時抗告をした。原裁判所は、確定判決に基づく強制執行を停止することができる場合は民事執行法39条に制限的に列挙されており、強制執行の停止を命ずる旨を記載した裁判（同条1項6、7号）の例も民事訴訟法及び民事執行法に個別具体的に規定されているから、一般的に仮処分の方法により強制執行を停止（禁止）することは許されないと解すべきであるとし、また、本件各仮処分申立ては、いずれも被保全権利の疎明がないとして、Xの抗告を棄却した。

(3) Xは、ある債務名義について、本来これに基づく強制執行を受ける立場にない第三者が、当該強制執行によって自己の権利が害される危険にさらされている場合には、当該第三者は、民事執行法上、上記債務名義に基づく違法・不当な強制執行を未然に防止する手段を持たないのであるから、かかる第三者には仮処分命令によって違法な強制執行を禁止することが認められるべきであるなどと主張して、最高裁判所に対する抗告の許可を申し立てた。

(4) 本決定は、「所論の点に関する原審の判断は、正当として是認することができる。論旨は採用することができない。」として、Xの抗告を棄却した。

最三小判昭26・4・3民集5・5・207は、「確定判決に基く強制執行を停止することのできる場合については強制執行編にそれぞれの規定があって、右は制限的に列挙したものと認むべきであるから、右の場合を除き、一般に仮処分の方法により強制執行を停止することは許されないものといわなければならない。」と判示してお

り、違法、不当な執行を未然に防止する手段があるかどうかなどにかかわりなく、仮処分の方法により確定判決に基づく強制執行を停止することは認められないとしているものと解され、また、学説上も、執行力を公証する執行文の付された債務名義の正本に基づいて行われる強制執行については、強制執行又はその続行を禁止する仮処分をすることはできないと解されている（香川保一・注釈民事執行法 第2巻577頁〔田中康久〕、鈴木忠一＝三ヶ月章・注解民事執行法(1)694頁〔大橋寛明〕等）。

Ⅳ 破産法

1 別除権

【40】 11(許)40（〇二小、平12・4・28、破棄・自判、集民198・193、判時1710・100。原審大阪高決平11・10・14、原々審大阪地決平11・4・30）

(1) 破産財団から放棄された財産を目的とする別除権につき、別除権者が別除権の放棄の意思表示をすべき相手方が誰であるかが問題となった事案である。

(2) Xは、A社所有の建物（以下「本件建物」という。）に根抵当権を設定していた。A社が破産宣告を受け、優先権のある債権としてXが届け出た約3800万円は異議なく確定した。その後、A社の破産管財人Yは、破産裁判所の許可を受けて本件建物を破産財団から放棄した。Yは、Xに対し、最後配当において配当を受けるのであれば別除権の放棄等に関する手続を執るよう促したところ、Xは、Yに対し、別除権を放棄する旨の意思表示をした。Yは、別除権の抹消登記がされた登記簿謄本の提出がない以上、Xを上記配当に加えることができないとの判断の下に、Xを配当に加えることなく配当表を作成した。そこで、Xは、Yに対し、別除権を放棄する旨の意思表示をしたにもかかわらず、Xの債権（被担保債権）を配当に加えなかったのは不当、違法であるとして、上記配当表に対する異議を申し立てた。原々審は、別除権者が別除権を放棄するには、放棄の意思表示のみならず、別除権が消滅した旨の登記が必要であるところ、本件では、別除権が消滅した旨の登記が存在しないとして、Xの異議申立てを却下した。これに対し、Xが即時抗告をした。原裁判所は、最後の配当に別除権者が別除権を放棄して加入する場合、一般的には、別除権消滅の登記が必要であるとする見解は是認できるとしながら、他方、破産者が株式会社である場合には、別除権者が上記意思表示等をするためには、清算人の選任を受ける必要があり、除斥期間内に所定の手続を完了させることができないこともあり得るとし、本件において、Xは、除斥期間内にYに対して別除権を放棄する旨の意思表示をしているところ、A社に対して別除権の放棄の意思表示をしなかったなどの理由でXを配当から排除することは極めて酷であるから、Xを配当に与らせるのが相当であるとして、原々決定を取り消した上、配当表の更正を命じた。

Ⅳ　破産法

(3)　Yは、最高裁判所に対する抗告の許可を申し立てた。
(4)　本決定は、「破産財団から特定の財産が放棄された場合には、当該財産の管理及び処分について、破産管財人の権限は消滅し、破産者の権限が復活する。したがって、右の場合に、当該財産を目的とする別除権につき別除権者がその放棄の意思表示をすべき相手方は、破産者であると解するほかはない。このことは、破産者が株式会社であっても、異なるところはない。」と判示した上、Xが破産者であるA社に対して別除権の放棄の意思表示をしていないにもかかわらず、Yに対して前記意思表示をしたことをもって別除権放棄の効果が生じたとして、配当表の更正を命じた原審の判断には誤りがあるとして、原決定を破棄し、原々決定に対するXの抗告を棄却する旨の自判をした。本決定は、破棄決定であるため、詳細は「最高裁民事破棄判決等の実情」該当部分（判時1748・21）を参照されたい。

2　破産原因

【41】12(許)20（△一小、平12・8・18、棄却。原審東京高決平12・3・28、原々審東京地決平10・9・28）

(1)　本件は、破産原因たる支払不能（旧破産法126条1項）の存否が問題となった事案である。
(2)　Xは、支払不能の状態にあるとして、破産を申し立てた。原々審は、Xは、夫の協力を得て、破産申立て前に債権者16名との間でした分割弁済の合意に基づいて、分割金の弁済をすることが十分可能であること、Xの夫の資力を考慮すれば、Xが、分割弁済の合意が成立していない債権者2名に対する債務を弁済することもまた可能であるから、支払不能にあるとは認めることができないとして、Xの申立てを棄却した。そこで、Xが、即時抗告したところ、原裁判所も、Xは夫の援助で現に分割支払を履行しており、上記支払が行き詰まって債務不履行が発生している訳ではないから、支払不能の状態にないとして、Xの抗告を棄却した。
(3)　Xは、免責制度の目的は、借金苦からの解放にあるとすべき所、これを誠実な債務者に対する特典と判示した最大判昭36・12・13民集15・11・2803は、変更すべきであり、旧破産法126条1項の支払不能に当たるかは、Xの主張する免責の目的に沿って履行期未到来の債務を含めて判断すべきであるなどと主張して、最高裁判所に対する抗告の許可を申し立てた。
(4)　本決定は、「論旨は、独自の見解に立って原決定の違法をいうにすぎず、採用することができない。」として、抗告を棄却した。旧破産法126条1項にいう支払不能とは、債務者に、債務弁済の能力（弁済資金を他の者から調達しうる可能性を含む。）が欠乏していることにより、履行期の到来した即時に弁済すべき債務を一般的継続的に弁済できない客観的状態であると一般に考えられており、本決定が論旨を採用しなかったことについては、異論のないところと思われる。

3 免　責

【42】11(許)24（△二小、平 12・3・17、破棄・差戻。原審東京高決平 11・3・31、原々審横浜地決平 10・9・25）

(1) 本件は、破産の申立ての 6 箇月前に詐術を用いて借入れをしたが、破産宣告手続が遅れたため、この借入れが破産宣告の約 3 年 4 箇月前となった場合に、上記詐術が旧破産法 366 条の 9 第 2 号所定の免責不許可事由に当たるかが問題となった事案である。

(2) X は、平成 6 年 1 月から 2 月にかけて、詐術を用いて A から 4 回にわたり合計 860 万円を借り入れたが、同年 6 月 22 日、横浜地方裁判所に破産を申し立てた。ところが、同月 24 日、X が所有する不動産について競売開始決定がされたので、その進行を待つために破産手続が事実上停止され、不動産競売手続完了後の平成 9 年 5 月 19 日に同裁判所は X に対し破産宣告し、それと同時に破産廃止の決定をした。X が横浜地方裁判所に免責の申立てをしたところ、同裁判所は、旧破産法 366 条の 9 第 2 号所定の「破産宣告前一年内」とは破産申立て前 1 年内を意味すると解し、同号所定の免責不許可事由があるとし、また裁量免責も認められないとして、免責不許可の決定をした。これに対し、X が即時抗告をしたところ、原裁判所も、同号の「破産宣告前一年内」には破産裁判所が強制執行手続との調整のために事実上破産手続を停止するなど正当な理由に基づく事実上の停止期間は算入されないと解し、X には同号所定の免責不許可事由があるとして、X の抗告を棄却した。

(3) X は、旧破産法 366 条の 9 第 2 号は「破産宣告前一年内」と明確に定められているから原審のような解釈はできないなどと主張して、最高裁判所に対する抗告の許可を申し立てた。

(4) 本決定は、「法 366 条ノ 9 第 2 号の規定する「破産宣告前一年内」という期間から破産手続が事実上停止されていた期間を除外すべきものと解すべき特段の根拠を見いだすことができないだけでなく、そのように解することは、破産裁判所が免責不許可の決定をすることができる場合を限定的にした法の趣旨にも反するものといわなければならない。したがって、右「破産宣告前一年内」という期間から破産手続が事実上停止されていた期間を除外することは、許されない。」として、原決定を破棄し、他の免責不許可事由を審理させるために、事件を原審に差し戻した。本決定は、破棄決定であるため、詳細は「最高裁民事破棄判決等の実情」該当部分（判時 1748・22）を参照されたい。

【43】12(許)14（△二小、平 12・7・14、棄却。原審大阪高決平 12・2・18、原々審大津地決平 11・9・7）

(1) 本件は、旧破産法 366 条の 9 第 2 号にいう「詐術」の意義が問題となった事案である。

(2) X は、債権者約 40 名から合計約 6220 万円にのぼる多額の借入れをして破産

IV 破産法　　　　　　　　　　　　　　　　　　　　　　　　　55

宣告及び同時廃止決定を受け、大津地方裁判所に免責の申立てをした。同裁判所は、Xには、旧破産法366条の9第1号、375条1号の浪費による過大な債務負担及び同法366条の9第2号の詐術による信用取引に該当する免責不許可事由があり、裁量免責も不相当であるとして、免責不許可決定をした。Xは即時抗告したが、原裁判所はこれを棄却した。

(3) Xは、①財産状態の単なる不告知（黙秘）は旧破産法366条の9第2号所定の詐術に当たらないと解すべきであるのに、原決定はこれと異なる解釈をした、②浪費はしていないと主張して、最高裁判所に対する抗告の許可を申し立てた。大阪高等裁判所は、上記申立てを許可したが、②の主張は、浪費行為についての事実認定を争うにすぎないとして、これを排除した。

(4) 仮に、Xの上記①の主張に理由があるとしても、浪費行為による免責不許可事由の認定がそのまま維持される以上、原決定の結論は左右されない。そこで、本決定は、「論旨は、原決定の結論に影響を及ぼさない部分についてその判断の違法をいうにすぎず、原決定を破棄すべき理由とならない。」として、Xの抗告を棄却した。

【44】12(許)1（◎三小、平12・7・26、破棄・差戻、民集54・6・1981、判時1721・82。原審広島高決平11・10・22、原々審広島地決平11・7・23）

(1) 免責決定に対する即時抗告の抗告期間が問題となった事案である。

(2) 広島地方裁判所は、Yを免責するとの決定をし、本件免責決定は、平成11年7月28日、免責の申立てにつき異議を申し立てていたXに送達された。また、本件免責決定は、同年8月21日、官報に掲載され、公告された。Xは、同月26日、本件免責決定に対する即時抗告をした。原裁判所は、免責決定の裁判につき、送達と公告とが重複してされたときは、「送達を受けた日からの1週間と公告のなされた日からの2週間のうちのいずれか先に終期の到来する時点をもって、その抗告期間が経過するものと解するのが相当である」と判示した上、Xがした即時抗告は、抗告期間を徒過した不適法なものであるとして、これを却下した。

(3) Xは、最高裁判所に対する抗告の許可を申し立てた。

(4) 本決定は、「免責決定が公告された場合における即時抗告期間は、……、公告のあった日より起算して2週間であり、このことは、免責決定の送達を受けた破産債権者についても、異なるところはないものと解するのが相当である。」と判示した上、Xがした即時抗告は、即時抗告期間内にされた適法なものであるとして、これと異なる判断をした原決定を破棄し、本件を原審に差し戻した。本決定は、破棄決定であるため、詳細は「最高裁民事破棄判決等の実情」該当部分（判時1748・23）を参照されたい。

V 家事審判法

1 子の監護に関する処分

【45】12(許)5（◎一小、平12・5・1、棄却、民集54・5・1607、判時1715・17。原審福岡高決平11・10・26、原々審福岡家久留米支審平11・7・29）
　(1)　本件は、別居中で、離婚訴訟係属中であるが、まだ離婚に至っていない夫婦間で、夫であるXが妻であるYに対して、Yと同居している長男Zとの面接交渉の家事審判を求めた事案である。
　(2)　原々審、原審とも、毎月1回第1土曜日の午後にXとZとの面接を許すべきものとした。
　(3)　そこで、Yが、家事審判法9条の定める家事審判事項は制限的に解するべきであり、仮に類推適用を認めるとしても慎重にされるべきであるなどと主張して、最高裁判所に対する抗告の許可を申し立てた。
　(4)　事実上の離婚状態にあるがまだ法律上の離婚に至っていない場合に、家庭裁判所が、親と子の面接交渉を認めることができるかについては、これを否定する裁判例及び学説もみられるが、民法766条を類推適用して、家事審判法9条1項乙類4号により、家事審判の対象となると解する見解が多数説であり、実務の大勢でもあった（詳細は、判時1715・17のコメント参照）。本決定は、「父母の婚姻中は、父母が共同して親権を行い、親権者は、子の監護及び教育をする権利を有し、義務を負うものであり（民法818条3項、820条）、婚姻関係が破綻して父母が別居状態にある場合であっても、子と同居していない親が子と面接交渉することは、子の監護の一内容であるということができる。そして、別居状態にある父母の間で右面接交渉につき協議が調わないとき、又は協議をすることができないときは、家庭裁判所は、民法766条を類推適用し、家事審判法9条1項乙類4号により、右面接交渉について相当な処分を命ずることができる」と判示して、下級審実務を是認する判断を示した上、本件の原審の判断は、上記と同旨をいうものとして是認することができるとして、Yの抗告を棄却した。

【46】12(許)15（△二小、平12・7・14、棄却。原審福岡高決平12・3・14、原々審熊本家審平11・10・27）
　(1)　本件は、共同親権者である夫婦間における子（幼児）の引渡しが問題となった事案である。
　(2)　母Xが、子Zを連れて自宅を出て、県福祉総合相談所の一時保護を受けていた。父Yは、Yの母親らと共に上記相談所を訪れ、応対した相談所職員に対しZとの面会を求め、同職員にZを連れ去らない旨の誓約書を書いて交付した上で、Zと面会したにもかかわらず、その約旨に反して、ZをYの母親宅に連れて行っ

た。以後、YはYの母親の協力の下にZの養育に当たっている。このような事情の下で、Xは、Yに対し、Zの引渡しを求める審判を申し立てた。原々審は、YがZをYの母宅に連れて行った点につき、「審理の対象は、やはり子の福祉の観点から、父母のいずれが子の監護者として適当であるかという点にあるのであって、奪取したとか奪取の態様如何はその一事情にすぎず、そのことだけを理由に子の引渡しを認めることはできない。」とした上で、監護養育能力、心身の健康、性格、子に対する愛情、熱意については父母同程度、監護の継続性、経済力、居住条件、居住環境、監護補助その他の援助態勢の有無については、Yの方が子の福祉にとって優れていると考えられ、Zの奪取等の点を考慮に入れてもこの結論は変わらず、したがって、Yがその母の援助の下にZの監護を続けることがZの福祉に合致するとして、Xの申立てを却下した。これに対し、Xは即時抗告をしたが、原裁判所は、原々審と同旨の理由でこれを棄却した。

(3) Xは、原審は、夫婦のいずれに監護させるのが子の福祉に合致するかを判断基準として子の引渡しの当否について判断しているが、前記判断基準においては、「現在の子の養育環境の安定性と継続性」が重視され、違法な手段で子を連れ去っても「現に子が虐待されておらず、平穏に暮らせている」状態にある限り、子の引渡しを認める審判がされることは期待できず、理不尽な結果を生じているし、また、家庭裁判所における子の引渡しの審判においても、拘束手段に顕著な違法性がある場合には、人身保護請求と同様に、奪取後の子の養育環境の良好さよりも、上記手段の違法性を重視した判断をすべきであるなどと主張して、最高裁判所に対する抗告の許可を申し立てた。

(4) 本決定は、「所論の点に関する原審の判断は、正当として是認することができる。論旨は採用することができない。」と判示して、Xの抗告を棄却した。

2 財産の分与に関する処分

【47】11(許)18（◎一小、平12・3・10、棄却、民集54・3・1040、判時1716・60。原審高松高決平11・3・12、原々審高松家審平10・5・15）

(1) 内縁の配偶者の一方が死亡した場合に、離婚による財産分与に関する民法768条を類推適用することができるかが問題となった事案である。

(2) Xは、昭和46年ころ、妻子あるAと知り合い、その後、平成9年1月にAが死亡するまでの間、Aから生活費の援助等を受けた。Xは、A死亡後に、Aの子に対し、財産分与として1000万円の支払を求める家事調停を申し立てたが、調停が成立しなかったため、審判手続に移行した。原々審は、内縁関係にあるものの一方の死亡により前記関係が消滅した場合、内縁の配偶者は財産分与の規定の準用又は類推適用により財産分与請求権を有すると解し、諸般の事情を考慮して、A死亡によるXとの内縁関係解消に伴う財産分与として、その扶養的要素部分として合計1000万円を支払わせるのが相当であるとした（高松家審平10・5・15判時1691・79）。Aの子からの即時抗告に対して、原裁判所は、内縁の配偶者の一方が

死亡した場合における離婚による財産分与に関する民法 768 条の類推適用を否定して、原々審の審判を取り消し、X の申立てを却下した（高松高決平 11・3・12 民集 54・3・1066、判時 1691・76）。

(3) X は、内縁の配偶者の一方が死亡した場合における、離婚による財産分与に関する民法 768 条の類推適用を否定した原決定には同条の解釈を誤った違法があると主張して、最高裁判所に対する抗告の許可を申し立てた。

(4) 離婚に伴う財産分与に関する民法 768 条の規定が内縁関係の解消の場合に類推適用できるというのが、家庭裁判所の審判例であり、学説もこれを支持している。そして、内縁の配偶者に相続権を認めるかについては、学説上議論があるが、通説はこれを消極に解している。そこで、内縁関係が一方の当事者の死亡により終了した場合に他方当事者に財産上の保護を与えるために財産分与の規定を類推適用すべきか否かが議論されてきた。この問題については、審判例、決定例も、学説も、肯定説、否定説に分かれる状況にある。こうした状況の中、本決定は、「内縁の夫婦の一方の死亡により内縁関係が解消した場合に、法律上の夫婦の離婚に伴う財産分与に関する民法 768 条の規定を類推適用することはできないと解するのが相当である。」と判示して、X の抗告を棄却した。

3 扶養に関する処分

【48】12(許)38（△一小、平 12・11・30、棄却。原審大阪高決平 12・6・28、原々審和歌山家審平 11・12・16）

(1) 養親が養子のために支出した費用を実親に対し求償することができるかが問題となった事案である。

(2) Y は、昭和 57 年に妻と協議離婚し、子である A の親権者となった。しかし、Y は、翌年ころ、A（当時 5 歳）を置いて家出し、行方不明となった。そのため、Y の弟である X は、A の面倒を見ていたが、Y の母が孫にあたる A について親権者としてその養育監護を行うべき者がいないことを苦慮し、X に A を扶養してもらうべく、昭和 59 年 3 月、自ら A の後見人に就任した上、代諾者となり、同年 4 月、A が、X とその妻の養子となる養子縁組をした。X は、それ以後、A を扶養し、現在 A は短期大学に進学している。X は、これまで A のために相当額の生活費、学費等を支出してきた。そこで、X は、Y に対し、前記支出額相当額の支払を求め、和歌山家庭裁判所にその旨の申立てをした。同裁判所は、「未成年者の養子が実親との共同生活を離れ、養親との共同生活に入るような普通一般の縁組の場合には、未成熟養子に対する扶養義務は、まず第一次的には養親に存し、実親の扶養義務は次順位にあるものと解すべきである。この法理は、単独親権者が行方不明等で親権を事実上行使できなくなったため未成年者について後見人が選任され、その後後見人の代諾によって養親との縁組が結ばれた場合にも妥当するというべきである」と判示した上、X は、A の扶養を全面的に見るつもりで、養子縁組をしており、また、X には十分な資力があって、実親である Y の扶養義務が顕在化、現実化したとは

V　家事審判法

いえないなどの事情からすれば、養親であるXが実親であるYに対して扶養料の求償を求めることはできないとして、Xの申立てを却下した。Xが即時抗告したところ、原裁判所は、原々審とほぼ同旨の一般論を判示しながら、本件のように、実親であるYが出奔したため、やむなくその弟であるXが未成熟子の養育のため後見人の代諾のもとに養子縁組をして養親となり、長年にわたり監護養育を続けてきたという場合には、求償を認めるのが公平の見地から妥当であるから、XはYに対し過去の扶養料を求償できる余地があると解するのが相当であるとした上で、具体的な求償の額については、養子縁組以降の当事者の資力その他一切の事情を考慮して、家庭裁判所がこれを定めるべきであるとし、Xの申立てを却下した原々審の審判を取り消し、本件を原々審に差し戻した。
　(3)　Yは、これを不服として、最高裁判所に対する抗告の許可を申し立てた。
　(4)　本決定は、「所論の点に関する原審の判断は、正当として是認することができる。論旨は採用することができない。」と判示して、Yの抗告を棄却した。

4　遺産の分割に関する処分

【49】 12(許)13（△一小、平12・9・7、一部破棄・差戻、一部却下、家月54・6・66。原審大阪高決平12・1・25、原々審神戸家審平4・11・27）
　(1)　遺産分割審判において、支払能力のない共同相続人に金銭債務を負担させる方法により、代償分割をすることが許されるかが問題となった事案である。
　(2)　事案は複雑であるが、本決定の理解に必要な限りで簡略化すると、要は、原裁判所が、被相続人Aの遺産全部を相続人Yに取得させるとともに、Yに対し、他の相続人への代償金の支払を命じたというものである。
　(3)　代償金の支払いを命じられたYが、家事審判規則109条所定の「特別の事由」があるとして代償分割を命ずるためには、債務負担を命ぜられる者に支払能力があることが必要であるなどと主張して、最高裁判所に対する抗告の許可を申し立てた。
　(4)　本決定は、「家庭裁判所は、特別の事由があると認めるときは、遺産の分割の方法として、共同相続人の1人又は数人に他の共同相続人に対し債務を負担させて、現物をもってする分割に代えることができるが（家事審判規則109条)、右の特別の事由がある場合であるとして共同相続人の1人又は数人に金銭債務を負担させるためには、当該相続人にその支払能力があることを要すると解すべきである。」と判示した上で、本件においては、「原決定中にYが右金銭の支払能力がある旨の説示はなく、本件記録を精査しても、右支払能力があることを認めるに足りる事情はうかがわれない。そうすると、原決定には家事審判規則109条の解釈適用を誤った違法があり、右違法は裁判に影響を及ぼすことが明らかである。論旨は理由があり、その余の点について判断するまでもなく、原決定中、被相続人Aの遺産の分割に係る部分は破棄を免れない。」として、原決定中、前記部分を破棄し、原審に差し戻した。なお、本件では、Aの相続人でないZも抗告の許可を申し立てい

たが、本決定は、Zの抗告は不適法であるとして、これを却下した。本決定は、破棄決定であるため、詳細は「最高裁民事破棄判決等の実情」該当部分（判時1748・17）を参照されたい。

【50】 12(許)25（△三小、平12・9・12、棄却。原審東京高決平12・3・31、原々審横浜家審平11・3・29）

(1) 遺産分割の禁止（民法907条3項）が認められるかが問題となった事案である。

(2) Aの相続人は、妻X_1、子Y_1、Y_2、Y_3、Y_4、Y_5、Y_6、X_2の計8人である。Aの死亡後にX_1とX_2が遺産分割の審判を申し立てた。原々審は、Xら及びYらが、Aの遺産を法定相続分の割合で共有取得する旨の審判をした。これに対して、Y_2が抗告した。原裁判所は、①遺産である土地の一部には、Y_1、Y_2、Y_3の各居宅があることから、前記居宅の敷地部分を同人らにそれぞれ取得させると、Y_1、Y_2、Y_3は、それぞれ多額の代償金を支払わなければならないが、Y_1、Y_2、Y_3の代償金の支払能力があるか明確でないこと、②遺産である土地を分割するとすれば、上記敷地部分を除く部分は、その全部又は大部分を相続分2分の1を有するX_1に取得させることにならざるを得ないが、公道からY_1、Y_2、Y_3の各居宅に通ずる道路をどうするかという問題（建築基準法上の接道義務の問題）があることやX_1の年齢を考慮すると、現時点において上記のような分割をすることは、将来を見据えた上での遺産である土地の有効利用という見地からして、著しい弊害があることからすれば、Aの遺産である土地を現時点において分割するのは相当ではなく、X_1について相続が開始した時点で分割するのが相当であるから、分割を禁ずべき「特別の事由」があることができるとして、Aの遺産の分割を5年間禁じた。

(3) X_1、X_2、Y_1及びY_5が、民法907条3項所定の「特別の事由」がないのに、これがあるとして遺産分割を禁じた原決定には、同項の解釈適用を誤った違法があるとして、最高裁判所に対する抗告の許可を申し立てた（なお、その余の抗告理由は東京高等裁判所において排除された）。

(4) 本決定は、「所論の点に関する原審の認定判断は是認することができる。論旨は採用することができない。」と判示して、X_1らの抗告を棄却した。

Ⅵ その他

【51】 12(許)41（△一小、平12・11・9、棄却。原審大阪高決平12・8・10、原々審京都地決平12・5・15）

(1) 競落許可決定（競売法32条、昭和55年法律第4号による改正前の民訴法679条）に対する即時抗告審において、共同根抵当権の解釈が問題とされた事案である。

(2) X_1の所有する土地に、AのX_2に対する債権を被担保債権とする根抵当権が

設定された。執行裁判所は、本件根抵当権の実行として競落許可決定をした。Xらは、本件根抵当権は、別件不動産を共同担保とする共同根抵当権であるところ、別件不動産に設定された別件根抵当権について、被担保債権不存在を理由として根抵当権登記抹消登記手続請求を認容する別件判決が確定しているのであるから、本件根抵当権も当然に無効になるなどと主張して、即時抗告した。原裁判所は、本件根抵当権と別件根抵当権とは被担保債権が異なる累積根抵当であり、本件根抵当権及びその被担保債権が有効に存在すると認定した上で、Xらの上記主張については、「共同担保は同一の契約でなされたものであっても物件及び設定者毎の根抵当権設定契約の集合体に過ぎず、法律上不可分の関係に立つとは考えられないので、その一部につき被担保債権が存在せず無効と判断されたからといって、法律上当然にその全体が無効となるとは考えられない。」と説示して、その主張を排斥し、Xらの即時抗告をいずれも棄却した。

(3) Xらは、原決定の前記説示は、民法398条の16の共同根抵当の成立要件及び前記条項中の「同一の債権の担保として」の意義についての法律解釈を誤ったものであるなどと主張して、最高裁判所に対する抗告の許可を申し立てた。

(4) 本決定は、「所論の点に関する原審の認定判断は、是認することができる。論旨は採用することができない。」と判示して、Xらの抗告を棄却した。原決定の前記説示は傍論にすぎず、そもそも抗告を許可することがふさわしい事案であったかを検討する必要があると思われる。

平成13年度

富越和厚

I 民事訴訟法
1 遅滞を避けるための移送【1】【2】
2 裁判官の除斥【3】
3 補助参加【4】～【7】
4 文書提出命令【8】～【17】
5 控訴状却下命令等【18】～【20】
6 抗告【21】～【23】
7 再審【24】～【27】
8 担保の取消し【28】

II 民事執行法
1 売却不許可事由【29】～【32】
2 引渡命令【33】【34】
3 譲渡命令【35】
4 作為又は不作為の強制執行【36】【37】
5 不動産についての担保権の実行（一括競売）【38】

III 民事保全法
仮処分【39】

IV 破産法
破産宣告【40】～【42】

V 家事審判法
1 相続の放棄の申述の受理【43】
2 財産財産の処分【44】
3 婚姻から生ずる費用の分担に関する処分【45】
4 子の監護に関する処分【46】
5 親権者の指定又は変更【47】
6 遺産の分割に関する処分【48】【49】

VI その他
1 行政事件訴訟法【50】
2 船舶の所有者等の責任の制限に関する法律【51】
3 借地借家法【52】

はじめに

1 平成13年度における許可抗告の実情を紹介する。

新受件数は、平成10年が10件、平成11年が42件、平成12年が59件、平成13年が34件であった。一昨年までの事件数の急増は一段落したかにみえる。旧民訴法の時代に法律審の判断を期待されていた論点が制度の運用を開始した初期に集中することは十分に想像できることである。

許可抗告決定のうち最高裁判所民事判例集（民集）又は最高裁判所裁判集民事（集民）に登載されたものの数と割合を年度別にみてみると、平成10年は2件中、登載1件（50パーセント）、平成11年は32件中、登載6件（19パーセント）、平成12年は51件中、登載12件（23パーセント）、平成13年は53件中、登載12件（23パーセント）であった。

2 許可抗告（民訴法337条）は、特別抗告（同法336条）と同様に、決定に対する本来の不服方法に加えて特に認められた不服方法であるが、特別抗告が憲法違反を抗告事由とするのに対して、許可抗告は、法令解釈に関する重要な事項を含む事件であると高等裁判所が認めて許可したことを申立ての要件とするものである。上告受理申立ての場合と異なり、法令解釈に関する重要な事項を含む事件であるかどうかを高等裁判所の判断に委ねた理由は、法令違反についての最終判断は原則として高等裁判所に属し（法令違反は上告の事由ではない）、かつ、多数の抗告事件を処理していることから当該論点の重要性を熟知し、解釈統一の必要性を適切かつ客観的に判断することができる立場にあると考えられるからである。それが故に、一度許可された後は、最高裁判所が許可に値しないと判断したとしても、最高裁判所は当該論点への応答をすることになる。

したがって、高等裁判所は自らの決定、命令を正当であるとするときでも、その判断に判例と異なる点がある場合、あるいは真に法令解釈に関する重要な事項を含むときは、抗告を許可すべきである。

許可抗告決定のうち最高裁判所民事判例集（民集）又は最高裁判所裁判集民事（集民）に登載されたものの割合は、冒頭に紹介したとおりであり、許可された事件のうち相当件数が法令解釈に関する重要な事項を含んでいたということができる。他方、単なる事実認定に関する判断あるいは具体的訴訟進行の見込みとも関連し専ら受訴裁判所の訴訟上の裁量に属すると考えられる事項について許可をしたものも少なくない。その様な観点から、次のとおり、前回と同様の指摘を繰り返しておきたい。

(1) 法令解釈に関する見解が明らかである場合に、個別事件における事実認定、要件へのあてはめの判断は、通常は、法令解釈に関する重要な事項とはいえない。許可抗告に係る決定、命令は訴訟事件あるいは審判事件、倒産事件等に関するもので、その多くは事案に即した個別、具体的事実関係を前提にするものであり、決定、

はじめに

命令の手続は最終的な権利確定手続とは異なり迅速な対応が求められていることも考えれば、許可抗告制度を通常の不服手続と同様に扱うことは、制度の趣旨にも沿わないものと考えられる。

また、判例により示された解釈の実務上の運用に関わる事項は、当該実務を担当する下級裁における事例集積にこそ意味がある場合が多い。このような場合、下級裁での事例集積、要件の類型化に関する実務的検討がない段階で、個別事案に関する要件該当性の争いを法律審である最高裁判所に判断させることは、相当ではない。

(2) 判例がない論点について新解釈を展開した場合、その実務的検証、学説での批評等もなく、論点が未成熟な段階で、直ちに抗告を許可することに対しても一考の余地がありそうである。決定、命令手続に関する論点について法律審の判断が示されれば、実務の運用が容易になるといえるが、判断材料の少ない段階で、簡易迅速な判断を求められる手続で、法律審の判断を示すことは、実務の運用を硬直化するおそれも否定できないからである。高等裁判所は、当該決定、命令をした裁判体として抗告の許否を決するのではなく、最高裁判所への抗告の相当性の判断を託されているのであるから、最高裁判所が当該論点について判断を示すことが相当かどうかという観点から、許否の判断をすることが求められているのである。

(3) 論点自体としては法令解釈に関する重要な事項にあたるが、当該事案の解決に影響しない論点については、許可を不相当とする場合が多いと考えられる。例えば、甲及び乙の両要件の充足を要する基本申立てについて、この両者が充足されていないとして申立てが排斥され、両要件の解釈を巡って抗告許可が申し立てられた場合に、甲要件に関する原裁判所の解釈は判例、学説に沿うものであるが、乙要件に関する原裁判所の解釈は判例、学説に争いがあるとして、抗告を許可することは相当ではない。なぜならば、基本申立てを排斥する理由としては甲要件の欠如のみで十分であり、甲要件に許可すべき理由がないとすれば、乙要件に関してどのような解釈を採っても原裁判の結論は変わらないからである。許可抗告は、法令の解釈に関する重要な事項について、解釈統一の機能を有する特別な抗告であるが、抽象的な法令解釈のために時日を費やすことは相当ではないし、当事者を具体的事件の解決を離れた論争に巻き込むことも相当とは考えられないからである。

3 本稿は、坂口裕俊元最高裁判所調査官(現大阪地裁部総括判事)が平成13年中に決定のあった許可抗告事件を整理したものである。

事件見出しに◎を付したものは民集登載事件、○を付したものは集民登載事件、△を付したものはいずれにも登載されなかったものである。

平成13年中の既済件数53件のうち民集登載件数は7件、集民登載件数は5件、基本事件の種類としては民事訴訟事件28件、民事執行事件10件、民事保全事件1件、破産事件3件、家事審判事件7件、その他が4件であり、このうち、原決定が破棄されたものは10件であった。

なお、事案の概要等は、許可抗告事件の実情を紹介するのに必要な範囲で適宜省

略し、事案の骨子のみを記載した。
　掲載の順序は、原決定に関する手続法規毎に分け、その中で、決定日の順に従った。

I　民事訴訟法

1　遅滞を避けるための移送

【1】13(許)4（△三小、平13・6・26、棄却。原審仙台高決平13・2・8、原々審仙台地石巻支決平12・10・19）

(1) 旧民訴法下での専属的管轄の合意と異なる裁判所に訴訟が提起された場合において、受訴裁判所が同訴訟を合意管轄裁判所に移送しないことの許否が問題となった。

(2) Xらが、Yに対し、所有権に基づき根抵当権設定登記等の抹消登記手続等を求める訴えを不動産の所在地（法定管轄地）を管轄する仙台地裁石巻支部に提起した。Yは、XY間には東京地裁を専属的な管轄裁判所とする合意があるなどとして、東京地裁への移送を申し立てた。原々審は、専属的な管轄合意があったとは認められないとして、上記申立てを却下した。Yが即時抗告したところ、原審は、XY間には本件訴えにつき東京地裁に専属的な合意管轄があり、その合意は新民訴法施行前にされたものであるから、民訴法附則4条2項により、旧民訴法が適用されるところ、専属的管轄の合意があるにもかかわらず、法定の管轄裁判所に訴えが提起された場合には、受訴裁判所は、著しい損害又は遅滞を避けるため必要があると認めるときは、当該訴訟を受訴裁判所において審理することが許されると判示して、上記の必要の有無につき更に審理を尽くすため、原々決定を取り消し、原々審に差し戻した。

(3) Yは、旧民訴法31条にいう「専属管轄」には合意による専属管轄を含むから、専属管轄の合意がある場合には、それ以外の管轄裁判所で審理することは許されないなどと主張して、抗告の許可を申し立てた。

(4) (1)の論点については、著しい損害又は遅滞を避けるため受訴裁判所で審判する必要があるときは移送しないことが許されるとする積極説、著しい遅滞を避ける公益上の必要がある場合には移送しないことが許されるとする制限的積極説、合意による管轄裁判所に移送しなければならないとする消極説に分かれ、学説・裁判例では前二者が拮抗し、消極説は少数説にとどまっていた。本決定は、「所論の点に関する原審の判断は、是認することができる。論旨は採用することができない。」と判示して、Yの抗告を棄却した。

【2】 13(許)13（△二小、平13・6・29、棄却。原審仙台高決平13・3・29、原々審福島地いわき支決平12・9・12）
　(1)　裁量移送に関する民訴法17条所定の要件の該当性が問題となった事案である。
　(2)　宗教法人の元信徒であるXらが、寺院及びその代表者（Yら）に対し、損害賠償の支払を求めて提訴した。Yらは、同訴訟を静岡地裁に移送するよう申し立てた。原々審は、本案訴訟と争点を共通にする同種の訴訟事件が20か所以上の裁判所に係属しており、前記各事件が個別に進行するとすれば訴訟が著しく遅滞することが予想されること、取調べが予想される証人の住所地はYらの住所地である静岡地裁の管轄内又はその近辺にあることが推認されること、他方、Xらの本人尋問の必要性は必ずしも高くないことなどを理由に静岡地裁への移送を認めた。これに対し、Xらが即時抗告したが、原審は抗告を棄却した。
　(3)　Xらは、民訴法17条の要件の判断に当たり、同種事件の存在や紛争の背景事情を考慮することは許されないなどとして、抗告の許可を申し立てた。
　(4)　本決定は、「所論の点に関する原審の認定判断は是認することができる。論旨は採用することができない。」と判示して、Xらの抗告を棄却した。旧民訴法下においては著しい損害又は遅滞が生じるか否かの判断基準となるものの一つとして、別訴の係属、併合審理の利益、大量の同種訴訟の係属が挙げられており、新法下でも同様の判断基準を用いて移送の可否を判断することになると解される（塚原朋一ほか編・新民事訴訟法の理論と実務㊤135頁）。また、民訴法17条に規定する「当事者間の衡平」を害するかどうかという移送の要件の認定判断は、当該訴訟の内容や当事者双方の事情、当事者の主張立証の状況ないし見込等を踏まえた訴訟の現状に基づく受訴裁判所による将来的予測という性格を持つものであり、このような要件の個別具体的あてはめの判断に、法令解釈の統一の観点から法律審が介入すべき余地は少ないように思われる。

2　裁判官の除斥

【3】 12(許)50（△三小、平13・2・13、棄却。原審大阪高決平12・8・31）
　(1)　申立日から3日以内に除斥原因を疎明しなかったことを理由に裁判官除斥申立てを却下した手続における釈明義務違反の有無が問題となった。
　(2)　Xらは、同人らが申し立てた即時抗告事件の審理を担当していた大阪高裁の裁判官につき除斥の申立てをした。原審は、「除斥の原因は、申立てをした日から3日以内に疎明しなければならないところ（民訴規則10条3項）、Xらは、右期間内に疎明資料を提出しない。」として、Xらの除斥の申立てを不適法として却下した。
　(3)　Xらは、除斥事由の有無は職権調査事項であること、民訴規則10条3項の期間は裁定期間であって裁判所が職権により伸長できることに照らすと、原審としては、適切に訴訟指揮を行い、釈明権を行使して、除斥事由の存否を明らかにすべ

きであったと主張して、抗告の許可を申し立てた。
　(4)　本決定は、「所論の点に関する原審の判断は、正当として是認することができる。論旨は採用することができない。」と判示して、Xらの抗告を棄却した。許可抗告制度の趣旨に沿う事件といえるか検討の余地があるように思われる。

3　補助参加

【4】12(許)17 (◎一小、平13・1・30、破棄・自判、民集55・1・30、判時1740・3。原審名古屋高決平12・4・4、原々審名古屋地決平12・2・18)
　(1)　取締役会の意思決定が違法であるとして取締役に対し提起された株主代表訴訟において株式会社が取締役を補助するために訴訟に参加することの許否が問題となった。
　(2)　株式会社の株主が、取締役らが忠実義務に違反し、決算において粉飾を指示し、又は粉飾の存在を見逃したことにより、法人税等の過払いや株主への利益配当などをして会社に損害を与えたと主張して、取締役らに対し、商法267条に基づき、会社への損害賠償を請求する代表訴訟を提起した。会社が取締役らを補助するために訴訟に参加することを申し出たところ、原告株主が異議を述べたため、会社の補助参加の許否が問題となった。原々審は会社の補助参加の申出を却下し、原審も会社の抗告を棄却した。
　(3)　会社は、抗告の許可を申し立てた。
　(4)　本決定は、「取締役会の意思決定が違法であるとして取締役に対し提起された株主代表訴訟において、株式会社は、特段の事情がない限り、取締役を補助するため訴訟に参加することが許されると解するのが相当である。」と判示して、これと異なる判断をした原決定を破棄し、原々決定を取り消した上で、会社が取締役らを補助するために訴訟に参加することを許可する旨の自判をした。本決定は、従前、学説・裁判例が分かれていた問題について最高裁判所として初めての判断を示したものであり、実務上大きな影響を及ぼすものと思われる。破棄決定であるため、詳細は「最高裁民事破棄判決等の実情」該当部分（判時1789・26）を参照されたい。

【5】12(行ツ)3 (○一小、平13・2・22、破棄・差戻、集民201・201、判時1745・144。原審東京高決平12・4・13、原々審宇都宮地決平12・2・24)
　(1)　労災保険給付の不支給決定取消訴訟において事業主が労働基準監督署長を補助するため訴訟に参加することができるかが問題となった。
　(2)　Z社に勤務していた亡Aの妻Xが、労働基準監督署長Yに対し、労働者災害補償保険法に基づき遺族補償給付等の請求をしたところ、これを支給しない旨の処分を受けたことから、その取消しを求める訴えを提起した。Z社は第1審においてYへの補助参加の申出をし、Xは異議を述べた。原々決定は、Z社の補助参加の申出を却下し、原決定も、①本案訴訟における業務起因性についての判断が後訴における判断に事実上不利益な影響を及ぼす可能性があることをもってZに訴訟

I 民事訴訟法

の結果につき法律上の利害関係があるということはできない、②労働保険の保険料の徴収等に関する法律（以下「徴収法」という。）12条3項は本案訴訟の結果により当然に保険料が増額されることを定めたものではないから、保険料増額の可能性があることをもって訴訟の結果につき法律上の利害関係を有するということはできないとして、Zの抗告を棄却した。

(3)　Zは、抗告の許可を申し立てた。

(4)　本決定は、原決定の①の判断は是認したが、②については、「徴収法12条3項各号所定の一定規模以上の事業においては、労災保険給付の不支給決定の取消判決が確定すると、行政事件訴訟法33条の定める取消判決の拘束力により労災保険給付の支給決定がされて保険給付が行われ、次々年度以降の保険料が増額される可能性があるから、当該事業の事業主は、労働基準監督署長の敗訴を防ぐことに法律上の利害関係を有し、これを補助するために労災保険給付の不支給決定の取消訴訟に参加することが許されると解するのが相当である。」と判示して、原決定を破棄し、原審に差し戻した。破棄決定であるため、詳細は「最高裁民事破棄判決等の実情」該当部分（判時1789・27）を参照されたい。

【6】　13(許)3（△二小、平13・9・14、棄却。原審東京高決平13・1・15）

(1)　補助参加の許否が問題となった事案である。

(2)　本件の基本事件は、3つの事件からなるが、その中心的争点は、宗教団体における前会長と現執行部との間の会長の地位を巡る争いである。前会長らを支持する宗教団体の会員らが、現執行部からその宗教活動を阻害されているなどと主張し、前会長らを補助するため、前会長らと宗教団体との訴訟の控訴審において、補助参加を申し出たところ、宗教団体が異議を述べた。原審は、本件訴訟の判決主文によって示される裁判所の判断結果いかんにより、これを論理的な前提として、会員らについて、宗教活動に対する阻害、混乱が除去されるとはいえず、会員らの主張する事実は、いずれも基本事件の結果について、事実上の利害関係ないし反射的利益を有することの根拠にとどまるとして、補助参加の申出を却下した。

(3)　会員らは、補助参加の利益につき、請求についての判断と参加人の地位との論理上の先決・後決関係を要求し、これを「法律上の利害関係」であるとする原決定の立場は、判例に違反するなどとして、抗告の許可を申し立てた。

(4)　民訴法42条にいう「訴訟の結果」については、訴訟物たる権利関係の存否をいうものとする訴訟物限定説と、判決理由中の判断をいうものとする訴訟物非限定説の争いがあり、会員らは、訴訟物限定説を批判し、訴訟物非限定説の立場から、原決定を非難するものである。しかし、本件で問題となるのは、同条の要件のうち、「訴訟の結果」よりも、むしろ「利害関係」についてであり、訴訟物限定説、訴訟物非限定説のいずれの立場に立っても、会員らに法律上の利害関係が認められない事案であった。本決定は、「本件の事実関係の下においては、抗告人らの補助参加申出を却下した原審の判断は、是認することができる。論旨は、結論に影響しない

部分について不服をいうものであり、採用することができない。」として、抗告を棄却した。

【7】13(許)28（△二小、平13・12・21、棄却。原審福岡高宮崎支決平13・7・25、原々審宮崎地決平13・5・18）

(1) 信用金庫法に基づく会員代表訴訟において、信用金庫が、その理事であった被告らを補助するために補助参加することができるかが問題となった。

(2) 信用金庫の会員らが、信用金庫の融資担当理事らに対し、回収見込みのない取引先に融資を行わせたなどとして、理事としての善管注意義務違反を理由に損害賠償を求める会員代表訴訟において、信用金庫の理事らへの補助参加の申し出に対して会員らが異議を述べた。原々審及び原審は、最一小決平13・1・30【4】の趣旨を会員代表訴訟にも及ぼし、理事会の意思決定を含めた信用金庫の意思決定の違法を原因とする理事に対する損害賠償請求が認められれば、その意思決定を前提として形成された信用金庫の私法上又は公法上の法的地位又は法的利益に影響を及ぼすおそれがあるから、信用金庫は理事の敗訴を防ぐことに法律上の利害関係を有するとし、信用金庫の参加申出を許可した。

(3) 会員らは、本件訴訟は理事らの個人的、個別的判断で行った違法行為を問題として提起したものであり、理事会の意思決定の違法をいうものではないから、本件と【4】とは事案が異なるのに、原審は上記決定を誤って解釈した違法があると主張して、抗告の許可を申し立てた。

(4) 信用金庫の内部で定められた手続に従ってされた意思決定の違法を原因として理事に対する損害賠償請求がされる場合、請求が認められれば、その意思決定を前提として形成された信用金庫の法的地位等に影響を及ぼすおそれがあるといえるから、その意思決定が理事会の意思決定であるかそれ以外の手続によるものかを区別する理由はない。【4】の最高裁決定の考え方からすると、上記のような場合に信用金庫が理事の敗訴を防ぐことに法律上の利害関係を有すると認めることには、ほぼ異論がないものと思われる。本決定も、「所論の点に関する原審の判断は、正当として是認することができる。論旨は採用することができない。」と判示して、会員らの抗告を棄却した。

4 文書提出命令

【8】12(許)37（△一小、平13・1・15、棄却。原審広島高決平12・5・19）

(1) 人事考課表及び人事記録につき文書提出命令が申し立てられた事案であり、上記文書の民訴法220条3号前段（平成13年法律第96号による改正前のもの。【8】～【17】において以下同じ。）所定の利益文書該当性、同号後段所定の法律関係文書該当性、同条4号ハ（現ニ）所定の自己利用文書該当性が問題となった。

(2) A労働組合の組合員Xは、Y社に対し、和解協定によりA、B両労働組合の組合員間の賃金格差を是正することを約したのに、上記和解後も是正されなかっ

I 民事訴訟法

たとして、是正がされた場合の賃金額と実際の賃金額との差額相当額等の支払を請求し、前記和解協定以後の組合間賃金差別の存在の立証のために、Xと同期同学歴でY社に入社した全職員の一定期間の人事考課表等につき文書提出命令の申立てをした。原審は、本件文書は専らY社内部の利用に供する目的で作成され、外部に開示することが予定されていない文書であって、開示されるとその記載内容が制約されたり、個人のプライバシーが侵害されるおそれがあるから、民訴法220条4号ハ（現ニ）所定の「専ら文書の所持者の利用に供するための文書」に該当し、同条3号の文書には該当しないとして、Xの申立てを却下した。

(3) Xは、①本件のような証拠が偏在する事件において自己利用文書該当性が認められるのは開示を求めることが濫用とみなされる特殊例外的な場合に限られる、②原決定のように自己利用文書が当然に民訴法220条3号所定の文書に該当しないとすると、同号を文書提出義務の根拠規定として独自に掲げる意味がなくなるとして、抗告の許可を申し立てた。

(4) 本決定は、本件「文書についての文書提出命令の申立てに理由がないとした原審の判断は、是認することができる。論旨は採用することができない。」と判示して、Xの抗告を棄却した。人事考課表等につき使用者が文書提出義務を負うか否かは検討を要する問題ではあるが、本決定が、かかる文書を民訴法220条4号ハ（現ニ）所定の文書に該当するとしたのは、あくまで本件の事実関係に即しての判断であって、上記問題について一般的に判示したものではないと思われる。同条3号所定の文書に該当しないとした点は、最二小決平11・11・12民集53・8・1787、判時1695・49に沿う判断をしたものであろう。

【9】12（行フ）4（△二小、平13・2・2、破棄・自判。原審仙台高決平12・5・30、原々審山形地決平12・3・22）

【10】12（行フ）5（△二小、平13・2・2、破棄・自判。原審仙台高決平12・5・30、原々審山形地決平12・3・22）

【11】12（行フ）6（△二小、平13・2・2、破棄・自判。原審仙台高決平12・5・30、原々審山形地決平12・3・22）

(1) 文書提出命令の申立てについての決定に対して抗告の利益を有する者の範囲が問題となった事案である。なお、【9】～【11】は、基本事件の事案の概要、申立ての内容、原々決定の内容、原決定の内容、許可抗告における抗告理由はいずれも同一である。

(2) A県の住民Xらが、県の職員がカラ出張をしたなどと主張して、知事Yらに対し、A県に代位して損害賠償を請求した。Xらは、証すべき事実を「講習会に出席したとされているA県職員の一部が出席していない事実」とし、第三者が所持する上記講習会へのA県職員の参加申込書につき文書提出命令の申立てをし、原々審は、本件文書の一部の提出を命じた。これに対し、Yらが本件文書が民訴法220条4号ハ（現ニ）所定の文書に当たるとして即時抗告したが、原審は、前記規

定に定める文書には該当しないとして、Yらの抗告を棄却した。
　(3)　Yらは、これを不服として、抗告の許可を申し立てた。
　(4)　本決定は、職権により、「文書提出命令の申立てについての決定に対しては、文書の提出を命じられた所持者及び申立てを却下された申立人以外の者は、抗告の利益を有しないというべきであり、本案事件の当事者であっても、即時抗告をすることができないと解するのが相当である（最高裁平成11年（許）第36号同12年12月14日第一小法廷決定・民集54巻9号登載予定参照）。」と判示して、原決定を破棄し、文書提出を命じられた所持者ではないYらの即時抗告を却下した。本決定は、破棄決定であるため、詳細は「最高裁民事破棄判決等の実情」該当部分（判時1789・25）を参照されたい。

【12】 12(許)47（△三小、平13・2・13、棄却。原審東京高決平12・8・15、原々審東京地決平12・7・4）
　(1)　民訴法223条3項（現6項）に基づく文書の提示命令に対して、同条4項（現7項）に基づき即時抗告をすることができるかが問題となった。
　(2)　変額保険加入の勧誘に際して、保険料を融資した銀行の担当者に説明義務違反があったとして、融資を受けた原告が銀行に対して損害賠償等を請求する事件において、原告は、右融資に関連して作成された稟議書一切について、民訴法220条4号を提出義務の根拠とする文書提出命令の申立てをした。原々審は、対象文書の所持者である銀行に対し、同法223条3項（現6項）に基づき提示命令を発した。銀行は、これに対し、即時抗告したが、原審は、同法223条3項（現6項）の提示命令については、即時抗告を認める規定がないとして、抗告を却下した。
　(3)　銀行は、民訴法223条3項（現6項）の提示命令は、同法220条4号の除外事由の有無を判断するために行うもので、文書提出命令の申立てに関してその一環としてされる決定であるから、同法223条4項（現7項）が即時抗告の対象として規定する「文書提出命令の申立てについての決定」に含まれるなどとし、抗告の許可を申し立てた。
　(4)　本決定は、「所論の点に関する原審の判断は、正当として是認することができる。論旨は、独自の見解に立って原決定を非難するものにすぎず、採用することができない。」と判示して、抗告を棄却した。

【13】 12(許)10（〇一小、平13・2・22、棄却、集民201・135、判時1742・89。原審大阪高決平12・1・17、原々審大阪地決平11・7・23）
　(1)　「Yらが〇期から□期までに行った、A社に対する会計監査及び中間監査に際して作成した、財務諸表等の監査証明に関する省令6条に基づく監査調書」との記載をもって、文書提出命令申立ての対象文書の特定性の要件を満たすか、及び、取引先の名称等文書中の特定の単語や事項を削除して提出を命ずることができるかが問題となった。

Ⅰ　民事訴訟法

　(2)　Xらが、A社の有価証券報告書の虚偽記載によって同社の株式を不当に高い価格で購入させられたなどとして、上記有価証券報告書の財務書類について適正である旨の監査証明をした監査法人Yらに対し、損害賠償を請求した。YらがA社を監査した際に作成した監査調書につき、Xらが(1)記載のように文書を特定して、文書提出命令の申立てをした。原々審は、本件監査調書は、Yらが監査に係る記録又は資料を事業年度ごとに整備して備え置いたものであり、上記記録等が膨大であっても、Yらにおいて他の文書から区別し得るものと考えられるから、本件申立ては特定性の要件を満たしているとし、本件監査調書中の一部の文書についての氏名、会社名、住所、職業、電話番号及びファックス番号の記載部分を除き、本件監査調書の提出を命じた。Yらが即時抗告したが、原審は、原々審の上記判断を引用するなどして、原々番と同様に本件監査調書の提出を命じた。
　(3)　Yらは、抗告の許可を申し立てた。
　(4)　本決定は、「財務諸表等の監査証明に関する省令（平成12年総理府令第65号による改正前のもの）6条によれば、証券取引法193条の2の規定による監査証明を行った公認会計士又は監査法人は、監査又は中間監査（以下『監査等』という。）の終了後遅滞なく、当該監査等に係る記録又は資料を当該監査等に係る監査調書として整理し、これをその事務所に備え置くべきものとされているのであるから、特定の会計監査に関する監査調書との記載をもって提出を求める文書の表示及び趣旨の記載に欠けるところはなく、個々の文書の表示及び趣旨が明示されていないとしても、文書提出命令の申立ての対象文書の特定として不足するところはないと解するのが相当である。そうすると、これと同旨の原審の判断に所論の違法はない。」「一通の文書の記載中に提出の義務があると認めることができない部分があるときは、特段の事情のない限り、当該部分を除いて提出を命ずることができると解するのが相当である。そうすると、原審が、本件監査調書として整理された記録又は資料のうち、A社の貸付先の一部の氏名、会社名、住所、職業、電話番号及びファックス番号部分を除いて提出を命じたことは正当として是認することができる。」などと判示して、Yらの抗告を棄却した。文書提出命令の申立てをするには対象文書を特定する必要があり、旧民訴法下ではかなり概括的な特定で足りるとした下級審裁判例もあったが、現行法では、新たに文書特定手続（民訴法222条）が置かれたため、旧法下とは異なり、文書が一定以上に特定されている必要があるとしたものと考えられる。また、民訴法223条1項後段は文書の一部の提出命令を認めるが、取引先の名称等の文書中の特定の単語や事項を削除しての提出を命ずることの許否については見解が分かれていた。本決定は、監査調書についての一事例であるが、文書提出命令申立ての対象文書の特定、一部文書提出命令について、最高裁としての判断を示したものであり、今後の同種事案の参考となると思われる。

【14】　11(許)30　（△二小、平13・7・13、棄却。原審東京高決平11・8・2）
　(1)　司法警察員が作成した送致書、書類目録及び関係書類追送書が、民訴法220

条3号前段の利益文書又は同号後段の法律関係文書に該当するかが問題となった。

(2) 起訴されたが無罪となったXが、無罪確定後、起訴の違法を主張して国家賠償を請求した。Xは、国（Y）が検察官の手元にあったと主張する証拠の不存在を立証するため、司法警察員が作成した送致書等の文書提出命令の申立てをした。原決定は、上記申立てを却下した。

(3) Xは、捜査書類は被疑者と捜査機関との関係で法律関係文書に当たり、法令等により作成が義務づけられる文書や法令に基づいて一定の行政行為をなす過程でその適正を確保するために作成される文書は内部文書に当たらない、また、刑事手続の過程で作成される文書は、無実の者を有罪にしないという適正な裁判確保も目的として作成されるから、被疑者であったXの利益のために作成されたものであるなどと主張して、抗告の許可を申し立てた。

(4) 本決定は、「仮に、警察官が作成した捜査関係書類が、原則として、被疑者と国との間の公訴提起をするに足りる容疑があるかどうかという法律関係について作成された文書に当たるとする見解によっても、本件各文書は、いずれも容疑の有無、程度を示すものであるとはいえないから、これを民訴法220条3号後段の文書に当たらないとした原判断は、結論において是認することができる。また、本件各文書が同号前段の文書にも当たらないとした原判断も、是認することができる。」と判示して、Xの抗告を棄却した。

【15】 13(許)11（△一小、平13・10・25、棄却。原審福岡高宮崎支決平13・3・15、原々審宮崎地決平12・9・8）

【16】 13(許)12（△一小、平13・10・25、棄却。原審福岡高宮崎支決平13・3・15、原々審宮崎地決平12・9・8）

(1) 【15】、【16】は本案事件を同一とするものであり、いずれも、取引年月日、取引の内容、数量等の項目の記載のある帳簿につき文書提出命令申立てがされた場合、民訴法220条4号ロ（現ハ）、197条1項3号所定の「技術又は職業の秘密」に該当する事項か否かについて、上記各項目ごとに個別に判断してその一部の提出を命ずることの要否が問題となった。

(2) Yは、Z_1に対する債務名義に基づき、Z_1の占有するウナギ稚魚を差し押さえた。Xがウナギ稚魚の所有権を主張し、Yに対して第三者異議の訴えを提起した。この訴訟において、Xは、Z_1の占有するウナギ稚魚は、XがZ_1及びZ_2から買ったものであると主張した。そこで、Yは、Z_1及びZ_2に対し、条例に基づき作成され、同人らの所持するウナギ稚魚の譲受け等整理簿（以下「本件各整理簿」という。）の提出を求めたのが、本件各文書提出命令の申立てである。原々審は、本件各整理簿のうちXとZ_1らとの間の取引に関する部分に限って提出を命じた。Yは、これを不服として即時抗告し、Z_2に対してZ_1との取引が記載された部分（金額が記載された部分を除く。）、Z_1に対してZ_2との取引が記載された部分（金額が記載された部分を除く。）、両名に対してその他の相手先との取引が記載された部分

（取引の年月日、内容、数量が記載された部分に限る。）の各提出を命じるよう求めた。原審は、Z_2 との関係では、Y の主張する要証事実を Z_2 の所持する文書により立証する必要性を認めることができないとし、Z_1 との関係では、Z_1 と X との取引部分以外の記載は、差し押さえられた本件稚魚の所有権の帰属とは直接関係のない間接事実を証し得るものにすぎず、開示された場合の弊害を考えると、原々審が命じた限度で提出義務を認めるのが相当であるとして、Y の抗告を棄却した。

(3) Y は、抗告の許可を申し立てた。

(4) 本決定は、「所論に関する原審の判断は、結論において是認することができる。論旨は採用することができない。」と判示して、Y の抗告を棄却した。

【17】 13(許)15（◎二小、平 13・12・7、棄却、民集 55・7・1411、判時 1771・86。原審大阪高決平 13・2・15、原々審大阪地決平 12・3・28）

(1) 信用組合が作成した貸出稟議書が民訴法 220 条 4 号ハ（現ニ）所定の「専ら文書の所持者の利用に供するための文書」に当たるかどうかが問題となった。

(2) 経営破綻した A 信用組合からその営業の全部を譲り受けた X（株式会社整理回収機構）が、A 信組の貸付先等である Y らに対して貸金等の返還を請求した。Y らが、X が A 信組から譲り受けて所持している A 信組作成に係る貸出稟議書及び付属書類一切の提出命令の申立てをした。原々審及び原審は、本件各文書のうち X の所持が認められるものについて提出を命じた。

(3) X は、原決定が最二小決平 11・11・12 民集 53・8・1787、判時 1695・49 及び最一小決平 12・12・14 民集 54・9・2709、判時 1737・28 と相反する判断をしたものであり、上記各決定にいう「特段の事情」の解釈を誤り、ひいては民訴法 220 条 4 号ハ（現ニ）に規定する「専ら文書の所持者の利用に供するための文書」の解釈を誤ったと主張して、抗告の許可を申し立てた。

(4) 民訴法 220 条 4 号ハ（現ニ）に規定する自己利用文書の意義については、前掲最二小決平 11・11・12 が「ある文書が、その作成目的、記載内容、これを現在の所持者が所持するに至るまでの経緯、その他の事情から判断して、専ら内部の者の利用に供する目的で作成され、外部の者に開示することが予定されていない文書であって、開示されると個人のプライバシーが侵害されたり個人ないし団体の自由な意思形成が阻害されたりするなど、開示によって所持者の側に看過し難い不利益が生ずるおそれがあると認められる場合には、特段の事情がない限り、当該文書は民訴法 220 条 4 号ハ（現ニ）所定の『専ら文書の所持者の利用に供するための文書』に当たると解するのが相当である。」と判示し、銀行の貸出稟議書は、「特段の事情のない限り、『専ら文書の所持者の利用に供するための文書』に当たる。」としたため、ここにいう「特段の事情」の内容如何が問題となった。この点、前掲最一小決平 12・12・14 は、信用金庫の貸出稟議書の文書提出命令の申立てに関し、「特段の事情とは、文書提出命令の申立人がその対象である貸出稟議書の利用関係において所持者である信用金庫と同一視することができる立場に立つ場合をいうものと解さ

れる。」と判示したが、これは事案に即して特段の事情の有無を判断したものであり、「特段の事情」の一般的な意義を定義づけたものではない（福井章代・ジュリ1212・105）。本決定は、「(1)本件文書の所持者であるXは、預金保険法1条に定める目的を達成するために同法によって設立された預金保険機構から委託を受け、同機構に代わって、破たんした金融機関等からその資産を買い取り、その管理及び処分を行うことを主な業務とする株式会社である。(2)Xは、A信組の経営が破たんしたため、その営業の全部を譲り受けたことに伴い、A信組の貸付債権等に係る本件文書を所持するに至った。(3)本件文書の作成者であるA信組は、営業の全部をXに譲り渡し、清算中であって、将来においても、貸付業務等を自ら行うことはない。(4)Xは、前記のとおり、法律の規定に基づいてA信組の貸し付けた債権等の回収に当たっているものであって、本件文書の提出を命じられることにより、Xにおいて、自由な意見の表明に支障を来しその自由な意思形成が阻害されるおそれがあるものとは考えられない。」との事実関係等の下では、本件文書につき「特段の事情があることを肯定すべきである。」と判示し、Xの抗告を棄却した。本決定は、最高裁判所として初めて「特段の事情」を認めたものであり、実務に与える影響は小さくないと思われる。

5 控訴状却下命令等

【18】13(許)16（△三小、平13・7・19、棄却。原審大阪高命平11・7・27）
【19】13(許)17（△三小、平13・7・19、棄却。原審大阪高決平11・7・27）
【20】13(許)18（△三小、平13・7・19、棄却。原審大阪高命平11・7・27）

(1) 上記3件の事件は基本事件が同一の事案であり、【18】では控訴状却下命令の当否、【19】では訴訟救助申立てを却下した原決定の当否、【20】では訴訟救助申立て却下決定に対する特別抗告状及び抗告許可申立書を却下した原命令の当否が、それぞれ問題となった。

(2) Xは、Y市に対する損害賠償等請求訴訟を提起し、1審で敗訴し、控訴した。控訴審の裁判長が控訴費用の納付を命じる補正命令を発したところ、Xは当該費用につき訴訟救助の申立てをした。原審は前記申立てにつき却下決定したが、Xは、この決定に対して特別抗告と抗告許可の申立てをし、次いで、基本事件に対する2回目の訴訟救助申立てをした。原審は、2回目の訴訟救助申立てを却下する決定をし（【19】の原決定）、原審裁判長は、これと同日付けで控訴費用の不納付を理由に基本事件の控訴状却下命令をした（【18】の原命令）。また、1回目の訴訟救助申立て却下決定に対する特別抗告状及び抗告許可申立書の却下命令をした（【20】の原命令）。

(3) Xは、上記の原決定及び各原命令につき、抗告の許可を申し立てた。

(4) 最高裁判所は、上記3件の事件につき、「所論の点に関する原審の判断は、正当として是認することができる。論旨は採用することができない。」と判示して、いずれも抗告を棄却した。許可抗告制度の趣旨に沿う事件といえるか検討の余地が

I　民事訴訟法

あるように思われる。

6　抗　告

【21】13(許)2（〇一小、平13・4・26、棄却、集民202・229、判時1750・101。原審福岡高決平12・12・8、原々審福岡地小倉支決平12・11・10）

(1)　文書提出命令申立て却下決定に対する口頭弁論終結後の即時抗告の適否が問題となった。

(2)　受訴裁判所（福岡地裁小倉支部）は、Xがした文書提出命令の申立てを口頭で却下し、直ちに口頭弁論を終結した。Xは、その後、前記却下決定に対して即時抗告をした（民訴法223条4項（現7項））が、原々審（福岡地裁小倉支部）は、前記抗告は不適法でその不備を補正することができないことが明らかであるとして、これを却下した（同法331条、287条1項）。Xは、この却下決定に対して即時抗告したが、原審（福岡高裁）は抗告を棄却した。

(3)　Xは、抗告の許可を申し立てた。

(4)　(1)の論点については、旧民訴法下において、学説及び下級審裁判例ともに否定説に立っていた。本決定も、否定説に立ち、「受訴裁判所が、文書提出命令の申立てを却下する決定をした上で、即時抗告前に口頭弁論を終結した場合には、もはや申立てに係る文書につき当該審級において証拠調べをする余地がないから、上記却下決定に対し口頭弁論終結後にされた即時抗告は不適法であると解するのが相当である。この場合において、文書提出命令申立て却下決定は終局判決前の裁判として控訴裁判所の判断を受けるのであり（民訴法283条本文）、当事者は控訴審においてその当否を争うことができるものというべきである。これと同旨の原審の判断は、正当として是認することができる。」と判示して、Xの抗告を棄却した。

【22】13(許)8（△一小、平13・7・12、棄却。原審東京高決平13・2・27、原々審東京地決平13・2・7）

(1)　訴訟救助申立て却下決定に対する即時抗告について、民訴規則207条の規定に反し理由書提出期間の経過前に抗告を棄却したことが問題となった。

(2)　刑事被告人として刑務所に勾留されているXが刑務所職員から違法な行為を受けたと主張して国に対して損害賠償を求めた。Xが本件本案事件について訴訟救助を申し立てたところ、原々審は、Xが民訴法82条1項にいう無資力者等に当たらないとして、Xの申立てを却下した。Xが抗告したところ、原審は、理由書提出期間経過前に、原々決定の理由のとおり本件抗告は理由がないとして、抗告を棄却した。

(3)　Xは、原決定が抗告理由書提出期間経過前に抗告棄却決定をしたことが民訴規則207条に違反するなどとして、抗告の許可を申し立てた。

(4)　本決定は、「記録によれば、抗告人は、本件訴訟救助の申立ての本案事件と訴訟物を同じくする訴訟についての訴訟救助の申立てを行い、同申立てが却下され

たため同訴訟を取り下げ、その数日後に本件本案事件を提起すると共に本件訴訟救助の申立てをしたものであり、同申立ては濫用に当たるものであることが明らかであるので、同申立てを却下した原々決定に対する抗告を棄却した原審の判断は是認することができる。論旨は採用することができない。」などと判示して、Xの抗告を棄却した。

【23】13(許)27（△一小、平13・12・20、却下。原審福岡高決平13・8・8）
　(1)　裁判官忌避申立ての簡易却下決定に対して本案事件の判決言渡後に抗告を申し立てることができるかが問題となった。
　(2)　Xは、高裁における民事訴訟控訴審において、裁判長裁判官の忌避の申立てをした。これに対し、上記裁判官を裁判長とする受訴裁判所は、上記申立てを忌避申立権の濫用であるとして自ら却下して判決の言渡しをした。
　(3)　Xは、上記忌避申立て却下決定を不服とし、民訴法には簡易却下の制度はなく、刑訴法の援用を例外的に認めた判例があるが、本件の忌避申立てのように書面に証拠を添付してした忌避の申立てを却下した例はなく、原決定は、違法であり、判例を無視した独善的なものであるなどと主張して、抗告の許可を申し立てた。
　(4)　本決定は、職権で、「忌避申立ての対象とされた裁判官を構成員とする合議体が、当該申立ては忌避申立権の濫用であると認めてこれを却下した上で、判決の言渡しをした場合には、もはや当該裁判官が事件に関与する余地がないから、上記却下決定に対してされた抗告は不適法であると解するのが相当である。」と判示して、Xの抗告を却下した。本決定は、大決昭5・8・2民集9・759と同旨の判断をしたものと思われる。なお、本件のような場合には、忌避申立てをした者は、上告又は再審の訴えを提起することにより、忌避申立て却下決定についての裁判所の判断を受けることができることになろう。

7　再　審

【24】12(許)33（△三小、平13・2・13、棄却。原審大阪高決平12・5・15）
【25】12(許)34（△三小、平13・2・13、棄却。原審大阪高決平12・5・15）
【26】12(許)35（△三小、平13・2・13、棄却。原審大阪高決平12・5・15）
　(1)　再審の訴えの適否が問題となった事案である。なお、【24】～【26】の再審の訴えの対象事件は同一の判決である。
　(2)　Xは、Yに対する損害賠償請求訴訟の確定した控訴審判決（本件判決）について、民訴法338条1項6号、7号、同条2項後段に該当する再審事由がある旨主張して、3件の再審の訴えを提起した。原審は、①Xの指摘する文書は本件判決の審理に際し証拠として提出されていないから本件判決の結論に影響を与えていない、②Xの主張する事由は本件判決の結論と関係がない、③民訴法338条2項後段にいう「証拠がないという理由以外の理由により有罪の確定判決若しくは過料の確定裁判を得ることができないとき」とは、嫌疑不十分を理由として不起訴処分が

Ⅰ　民事訴訟法

された場合を含まない趣旨であると解するのが相当であり、嫌疑なしの場合以外は再審の訴えが許される旨のXの見解は採用できないなどとして、民訴法345条2項により、前記3件の再審の訴えをいずれも棄却した。
　(3)　Xは、これを不服として、それぞれ抗告の許可を申し立てた。
　(4)　本件の各決定は、いずれも、「所論の点に関する原審の判断は、正当として是認することができる。論旨は、独自の見解に立って原決定を論難するものにすぎず、採用することができない。」と判示して、Xの抗告を棄却した。許可抗告制度の趣旨に沿う事件といえるか検討の余地があるように思われる。

【27】13(許)32（△三小、平13・12・18、棄却。原審大阪高決平13・9・11）
　(1)　再審原告が再審被告の代理権の欠缺を理由として再審請求をすることの許否が問題となった。
　(2)　再審原告Xらは、再審被告であるY会社の代表者とされるAが代表権限を有しておらず、かかる無権限のAから委任された弁護士は基本事件の訴訟提起及び追行を行う訴訟代理権を有しないなどと主張して、民訴法338条1項3号を理由に再審の訴えを提起した。原審は、代理権の欠缺によって裁判に関与する機会が得られなかったという不利益を受けるのは、適法に代理されなかった当事者（本件ではY）であることや、代理権の欠缺は当該当事者が追認さえすればいつでも瑕疵が是正されることになることなどを考慮すると、民訴法338条1項3号の事由に基づいて再審請求をすることができるのは、本件ではYに限られ、Xらはこれを理由とする再審請求をすることはできないと判示して、Xらの再審請求を決定で棄却した。
　(3)　Xらは、Yの代理権の欠缺を理由として再審請求をすることができないとした原審の判断は、民訴法338条1項3号の解釈を誤ったものであるとして、抗告の許可を申し立てた。
　(4)　(1)の問題については、学説上、相手方当事者の代理権欠缺を主張して再審の訴えを提起することはできないとする見解と、相手方が追認しない限り判決の取消しを求める利益があるとする見解とに分かれており、原決定は、前者の見解に立つものである。本決定は、「本件再審請求を棄却すべきものとした原審の判断は、是認することができる。論旨は採用することができない。」と判示して、Xらの抗告を棄却したが、原審の判断を正当として是認したものではないことからすると、上記決定によって最高裁の見解が明らかにされたとは必ずしもいえないと思われる。

8　担保の取消し

【28】13(許)21（◎一小、平13・12・13、棄却、民集55・7・1546、判時1773・26。原審東京高決平13・4・9、原々審東京地決平12・12・25）
　(1)　仮執行宣言付判決に対する上訴に伴い担保を立てさせて強制執行停止又は執行取消しがされた場合において、担保提供者である債務者が破産宣告を受けたこと

が民訴法400条（現405条）2項、79条1項に規定する「担保の事由が消滅したこと」に該当するかが問題となった。

(2) Xらは、証券会社Aに対し、清算金支払請求訴訟を提起し、1審で仮執行宣言付の一部認容判決を得た。Xらは、前記仮執行宣言付判決に基づき、AのBに対する預金債権の差押え及び転付命令の申立てをし、差押・転付命令が発せられた。Aは、当該判決に対し控訴を提起するとともに、強制執行停止並びに差押え及び転付命令の取消しを申し立てたところ、Aに担保を立てさせて前記申立てを認める裁判がされた後、債務者であるAが破産宣告を受けた。本件は、Aの破産管財人Yが、担保の事由が消滅したとして、担保取消しを求めた事案である。原々審は、担保の事由が消滅したとして、担保取消決定をした。Xらが即時抗告したところ、原審は、担保の事由が消滅したとはいえないとし、原々決定を取り消し、Yの申立てを却下した。

(3) Yは、判決が確定するまでの間に債務者が破産宣告を受けた場合には、仮執行宣言付判決に基づく強制執行は旧破産法70条の規定により効力を失うと解すべきであるなどとして、抗告の許可を申し立てた。

(4) (1)の問題を検討するに当たっては、停止ないし取り消されることなく完了した仮執行は、破産宣告により執行の効力を失うか（旧破産法70条）を検討すべきであり、この点については、失効説（仮執行によって債権は確定的に消滅するものではなく、債務者の破産により仮執行の結果が効力を失うとする。）と存続説（既に完了した仮執行の効果は、破産宣告によって覆滅されないとする。）の両説があった。本決定は、「仮執行宣言付判決に基づく強制執行（以下『仮執行』という。）は、終局的満足の段階にまで至る点において確定判決に基づく強制執行と異なるところはないから、破産宣告当時既に終了している仮執行は、破産宣告により効力を失うことはないと解すべきであ」り、「仮執行宣言付判決に対して上訴に伴う強制執行の停止又は既にした執行処分の取消し（以下『強制執行停止等』という。）がされた後、債務者が破産宣告を受けた場合には、その強制執行停止等がされなかったとしても仮執行が破産宣告時までに終了していなかったとの事情がない限り、債権者は、強制執行停止等により損害を被る可能性がある」から「仮執行宣言付判決に対する上訴に伴い担保を立てさせて強制執行停止等がされた場合において、担保提供者が破産宣告を受けたとしても、その一事をもって、『担保の事由が消滅したこと』に該当するということはできないと解するのが相当である。」と判示して、最高裁判所が存続説に立つことを明らかにして、Yの抗告を棄却した。なお、存続説に立つ学説の中には、仮執行による弁済が実体法上も債務の履行に当たり、権利が確定していなくても破産開始までに満足を得ていれば破産債権にはならないとする見解もあるが（青山善充・法学協会百周年記念論文集 第3巻394頁）、本決定は、仮執行後の被告の破産により、原告の有する金銭債権は破産債権となり、破産債権は、破産手続における債権確定手続によって確定されるべきものであるとする立場を前提としており、右見解とは一線を画するものであることに注意が必要である。

II 民事執行法

1 売却不許可事由

【29】 12(許)52（◎二小、平13・4・13、棄却。民集55・3・671、判時1751・72。原審東京高決平12・11・6、原々審浦和地決平12・9・5）

(1) 抵当権に基づく不動産競売において抵当権の不存在又は消滅を売却許可決定に対する執行抗告の理由とすることの可否が問題となった。

(2) Xは、抵当権の実行としての競売の目的不動産の所有者（物上保証人）であり、売却許可決定に対して、当該抵当権は長男の無権代理行為によって設定されたものであるから存在しないとして、執行抗告をした。原審は、担保権の不存在又は無効は売却許可決定に対する執行抗告の理由とはならないとして、Xの抗告を棄却した。

(3) Xは、抗告の許可を申し立てた。

(4) (1)の問題については、学説上、肯定説、否定説の争いがあったものの、近時の高裁の裁判例においては、否定説による運用がほぼ定着していた。本決定も、否定説を採用し、「抵当権に基づく民事執行法43条1項に規定する不動産（同条2項の規定により不動産とみなされるものを含む。）を目的とする担保権の実行としての競売（以下『不動産競売』という。）においては、抵当権の不存在又は消滅を売却許可決定に対する執行抗告の理由とすることはできないものと解するのが相当である。けだし、執行裁判所は、抵当権の登記のされている登記簿の謄本等が提出されたときは、抵当権の存否について判断することなく、不動産競売の手続を開始すべきものとされているとともに、抵当権の不存在又は消滅については開始決定に対する執行異議の理由とすることが認められていることにかんがみると、不動産競売の手続において抵当権の不存在又は消滅を主張するにはこの執行異議によるべきものであって、抵当権の不存在又は消滅は、売却不許可事由としての『不動産競売の手続の開始又は続行をすべきでないこと』（同法188条、71条1号）には当たらないというべきだからである。」と判示して、Xの抗告を棄却した。

【30】 13(許)14（△三小、平13・7・17、棄却。原審福岡高決平13・4・13、原々審佐賀地武雄支決平12・11・22）

(1) 根抵当権に基づく不動産競売において被担保債権の消滅（根抵当権の消滅）を売却許可決定に対する執行抗告の理由とすることができるかが問題となった。

(2) Xは、根抵当権の実行としての競売の目的不動産の所有者（兼債務者）であり、売却許可決定に対して、当該根抵当権の被担保債権は消滅したとして、執行抗告をした。原審は、担保権実行としての不動産競売において、その基本となる担保権の不存在ないし消滅は、民事執行法71条各号のいずれにも該当せず、執行抗告

の理由とはならないとして、Xの抗告を棄却した。
　(3)　Xは、抗告の許可を申し立てた。
　(4)　本決定は、【29】事件の最高裁決定を引用し、「根抵当権に基づく民事執行法43条1項に規定する不動産を目的とする担保権の実行としての競売においては、根抵当権の被担保債権の消滅を売却許可決定に対する執行抗告の理由とすることはできないものと解するのが相当である（最高裁平成12年(許)第52号同13年4月13日第二小法廷決定・民集55巻3号登載予定参照）。これと同旨の原審の判断は、正当として是認することができる。論旨は採用することができない。」と判示して、Xの抗告を棄却した。

【31】13(許)19（△一小、平13・9・13、棄却。原審福岡高決平13・3・8、原々審福岡地飯塚支決平12・12・26）
　(1)　建物の競売手続における物件明細書の作成に重大な誤りがあるかが問題となった。
　(2)　Xは、建物の競売手続で最高価買受申出人となった者であるが、本件建物に付随する借地権が、賃貸人と賃借人間の訴訟上の和解により、30年後に期間満了となり、更新されないものであることが物件明細書に開示されていなかったなどとして、売却許可決定に対し執行抗告した。原審は、本件和解の内容が、賃貸借期間の満了後更新しない旨の合意まで含むものとして定められたものと認めることは困難であるなどとして、Xの抗告を棄却した。
　(3)　Xは、本件和解による合意が期間満了後に更新しない合意を含むものとは認められないとした原審認定には採証法則違反があるとして、抗告の許可を申し立てた。
　(4)　本決定は、「所論の点に関する原審の判断は、正当として是認することができる。論旨は採用することができない。」と判示して、Xの抗告を棄却した。Xの論旨は原決定の認定判断を非難するものにすぎず、許可抗告制度の趣旨に沿う事件といえるか検討の余地があるように思われる。

【32】13(許)5（△一小、平13・9・13、棄却。原審大阪高決平13・1・23、原々審奈良地五條支決平12・6・6）
　(1)　執行裁判所の売却期日の指定及びこれを延期・変更しなかった措置についての原審の裁量判断の当否が問題となった。
　(2)　Xは、農地の不動産競売事件につき、入札期間中に買受適格証明書（民事執行規則33条参照）を得ることが困難であることを理由として、執行裁判所に対し、売却期日（入札期間、開札期日、売却決定期日）の取消しを求めて執行異議を申し立てたが、却下されたため、上記証明書を入手しないまま入札したものの、適法な入札とは認められず、開札に加えられなかった。Xは、上記却下決定は違法であり、最高価買受申出人となる機会を奪われたから、民事執行法71条7号の売却不許可

事由があるとして、売却許可決定に対する執行抗告をした。原審は、入札期間、開札期日及び売却許可決定期日については、民事執行規則46条の定める範囲内で執行裁判所がその裁量により自由に決めることができるのであり、買受希望者の住所や農業委員会の事務処理過程等の個別的な事情をすべて考慮して入札期間等を決めることは事実上困難であるなどの点にかんがみれば、執行裁判所が入札期間等を定めるに当たって、また、これを延期・変更しなかったことにつき、裁量権の逸脱があったとはいえないと判断し、Xの抗告を棄却した。

(3) Xは、抗告の許可を申し立てた。

(4) 本決定は、「所論に関する原審の判断は、是認することができる。論旨は採用することができない。」と判示し、Xの抗告を棄却した。

2 引渡命令

【33】 12(許)19（△二小、平13・1・19、棄却。原審東京高決平12・3・17、原々審東京地決平11・11・17）

(1) 平成8年法律第108号による改正前の民事執行法83条の下において、二重開始決定に係る抵当権の被担保債権の債務者が最先順位の抵当権設定登記前から抵当不動産を賃借使用している場合に、執行裁判所は、上記債務者に対して不動産引渡命令を発することができるかが問題となった。

(2) A所有の建物にYを債務者とする最先順位の根抵当権及びAを債務者とする次順位の根抵当権が設定された。Yは、最先順位の根抵当権設定登記前に本件建物を賃借する旨の賃貸借契約を締結してその引渡しを受け、以後、占有を継続している。その後、次順位の根抵当権に基づき競売開始決定がされ、次に、最先順位の根抵当権に基づき競売開始決定（二重開始決定）がされた。本件競売事件において本件建物を買い受けて代金を納付したXがYに対する不動産引渡命令の申立てをした。原々審は、Yに対して本件建物をXに引渡すべき旨を命ずる不動産引渡命令を発した。Yが執行抗告した。原審は、賃借権が抵当権に優先する関係にある場合でも、当該賃借人自身が当該抵当権の債務者であって、その債務不履行に基づいて当該抵当権が実行され、目的不動産が売却されたときは、特段の事情がない限り、当該賃借権は当該抵当権者に対抗できず、買受人の引受けにならないものと解すべきであり、この理は、同一不動産上の当該抵当権以外の他の抵当権に基づく競売手続により売却された場合であっても、当該抵当権に係る債務者たる賃借人にその債務の不履行があって、当該抵当権の実行をされてもやむを得ないと認めるに足りる事情が存するときは、同様に妥当するとし、Yの抗告を棄却した。

(3) Yは、抗告の許可を申し立てた。

(4) 本決定は、「所論の点に関する原審の判断は、原審の適法に認定した事実関係の下において、是認することができる。原決定に所論の違法はなく、論旨は採用することができない。」と判示して、Yの抗告を棄却した。本決定は、平成8年改正前の民事執行法83条の関係において、(1)の問題につき、従前の実務の取扱いを

是認したものである。なお、平成8年改正後の同様の問題につき上告審の判断を示したものとして【34】がある。

【34】12(許)22（◎三小、平13・1・25、棄却、民集55・1・17、判時1740・41。原審東京高決平12・4・5、原々審横浜地川崎支決平12・2・10）
　(1)　競売の基礎となった最先順位の抵当権者に対抗することができる賃借権に基づき競売不動産を占有する者が、この不動産に自己の債務を担保するために他の抵当権の設定を受けていた場合に、このような抵当債務者兼賃借人に引渡命令を発することができるかが問題となった。
　(2)　Yが本件建物を所有者Aから賃借した後、本件建物にAを債務者とする最先順位の根抵当権が設定され、次いでYの債務を担保するためBを権利者とする後順位の根抵当権が設定された。本件建物が、Aを債務者とする最先順位の根抵当権に基づいて競売され、Xがその買受人となって代金を納付後、Yを相手方として引渡命令を申し立てた。原々審はYに対し引渡命令を発したので、Yが執行抗告をした。
　原審は、Yに債務不履行がなかったことを理由に、引渡命令を取り消して、Xの申立てを却下した。
　(3)　Xは、Yに債務不履行がなくても引渡命令を発することができると解すべきであるとして、抗告の許可を申し立てた。
　(4)　(1)の問題については、当該賃借人を債務者とする抵当権に基づき開始決定がされたときに限り引渡命令を発することができるとする見解、賃借人が抵当債務につき債務不履行の状態にあったときは引渡命令を発することができるとする見解、賃借人に抵当債務の債務不履行がない場合でも引渡命令を発することができるとする見解に分かれていた。本決定は、「執行裁判所は、最先順位の抵当権を有する者に対抗することができる賃借権により不動産を占有する者に対しては、この占有者が当該不動産に自己の債務を担保するために抵当権の設定を受け、当該抵当権の実行として競売の開始決定（二重開始決定を含む。）がされていた場合を除き、引渡命令を発することができないと解するのが相当である。」と判示し、Xの抗告を棄却した（その理由付け等の詳細については、判時1740・41、ジュリ1219・136参照）。

3　譲渡命令

【35】12(許)39（〇二小、平13・2・23、棄却、集民201・217、判時1744・74。原審東京高決平12・7・19、原々審東京地決平12・5・8）
　(1)　不動産、船舶、動産及び債権以外の財産権（民事執行法167条の「その他の財産権」）に対する強制執行において、執行裁判所がその価額を0円と定めた譲渡命令を発することの許否が問題となった。
　(2)　Xは、Yが所有するA株式会社の株式を差し押さえ、株式譲渡命令の申立

Ⅱ　民事執行法

てをした。裁判所の評価命令を受けた公認会計士が前記株式の評価をしたところ、その評価額は0円となり、執行裁判所は、A社の前記株式を支払に代えて0円でXに譲渡する命令を発した。Yが執行抗告をしたところ、原審は、民事執行法161条1項の譲渡命令は執行費用及び執行債権の支払に代えて発令されるものであり、0円の譲渡命令では債券の消滅や債権の満足が生じないから支払に代えて発令されたことにはならないとして、譲渡命令を取り消し、譲渡命令の申立てを却下した。

(3)　Xは、譲渡命令には無剰余執行ないし無益執行の禁止の原則が適用されないから執行債権の満足がなくてもよいはずで、この点で原決定には違法があるなどと主張して、抗告の許可を申し立てた。

(4)　本決定は、「不動産、船舶、動産及び債権以外の財産権に対する強制執行において、譲渡命令（民事執行法167条1項、161条1項）の申立てがあった場合に、執行裁判所がその価額を0円と定めた上、これを差押債権者に譲渡する命令を発することは許されないというべきである。けだし、譲渡命令は、差押債権者の債権ないし執行費用の支払に代えて、財産権を執行裁判所の定めた価額で差押債権者に譲渡することにより、執行の目的を達しようとするものであるから、その結果、上記債権等の全部又は一部の消滅の効果が発生することを必要とすると解すべきところ、上記の譲渡命令は、そのような効果の発生をもたらさないからである。したがって、差押に係る財産権の価額を0円と定めて譲渡命令を発した原々決定には違法があるとした原審の判断は、是認することができる。」と判示して、Xの抗告を棄却した。不動産強制競売、不動産強制管理、動産執行、売却命令、管理命令に関する場合と異なり、譲渡命令に関しては無剰余執行の禁止規定がないことから、譲渡命令につきこれが禁止されるかについては、肯定説、否定説に見解が分かれている。しかし、本決定のように支払に代えて換価するというためには少なくとも執行費用の一部の消滅が必要と解すると、無剰余執行が禁止されるか否かは本件の結論を出すために必要な論点ではなくなるため、本決定は、上記論点については何ら判断を示すものではない。また、0円の価額の譲渡命令が許されないという判旨の射程が債権の譲渡命令にも及ぶことは、その説示から明らかであると思われる。

4　作為又は不作為の強制執行

【36】13（許）7（△三小、平13・6・26、棄却。原審東京高決平13・2・23、原々審東京地決平12・11・21）

(1)　本件は、「Y_1及びY_2は、Xより別紙本原末注文予定表のとおりに注文があったときは、Xに対し、それぞれの本原末の数量を同表記載の各注文納期日に引き渡せ。」との主文（以下「本件主文」という。）の判決を債務名義として、間接強制決定をすることが許されるかが問題となった（【37】も同一判決を債務名義とし、同一論点が問題となった。）。

(2)　本件は、XとY_1らの間に本原末の継続的供給契約が締結されており、Y_1らが本原末の製造方法に関して特許権を有しているため、事実上、Y_1らのみが本原

末を製造できるという事実関係を前提とするものである。原々審はY₁らに対し間接強制決定をした。Y₁らが執行抗告し、原審は、Y₁らが本原末の在庫を保有している場合には、本件主文による直接強制が可能であるから、間接強制により執行することは許されず、また、間接強制による執行が必要となるのは、本原末の製造行為であると解されるが、製造行為自体の実体上の請求権があると解されるならば、訴訟において、その旨の請求を求めて債務名義を得た上で、間接強制の執行をすべきであって、動産引渡しの債務名義に製造債務を含むものと拡張解釈するのは許されないとして、原々審の決定を取り消し、Xの間接強制の申立てを棄却した。

(3) Xは、Y₁らの本原末引渡債務は、第三者が代わってすることが法律上不可能な債務であり、間接強制になじむものであるなどと主張して、抗告の許可を申し立てた。

(4) 本決定は、「所論の点に関する原審の判断は、正当として是認することができる。論旨は採用することができない。」と判示して、Xの抗告を棄却した。詳細は【37】と同様であるから「最高裁民事破棄判決等の実情」該当部分（判時1789・29）を参照されたい。

【37】 13(許)25（△二小、平 13・12・21、破棄・自判。原審東京高決平 13・6・29、原々審東京地決平 12・10・13）

(1) 本件は、【36】と同一の債務名義に基づき、Xが、Y₁らに対し、間接強制申し立てをしたものであり、争点も【36】と同一である。原々審は、Xの間接強制の申し立てを認め、原審も、本件債務名義は、本原末を製造して引き渡すことを命ずるものであるから、本件債務名義に基づき間接強制の方法による強制執行をすることができる旨判示して、Y₁らの抗告を棄却した。

(2) Y₁らは、【36】事件の最高裁判例に違反すると主張して、抗告の許可を申し立てた。

(3) 本決定は、「本件債務名義は、動産である本原末の引渡しを命じているにすぎないものであり、本原末の製造をも命じているものと解することはできない。そして、動産の引渡しの強制執行は民事執行法169条が定める方法によるべきであるから、本件債務名義に基づき、間接強制の方法による強制執行をすることはできない。」と判示し、原決定を破棄し、原々決定を取り消し、本件間接強制の申立てを却下した。本決定は、破棄決定であるため、詳細は「最高裁民事破棄判決等の実情」該当部分（本誌1789・29）を参照されたい。

5 不動産についての担保権の実行（一括競売）

【38】 12(許)49（△二小、平 13・1・19、棄却。原審大阪高決平 12・9・29、原々審京都地決平 12・7・31）

(1) 抵当権の設定された土地上に第三者が建物を建築した場合に民法389条により右土地建物を一括競売することができるかが問題となった。

(2) Xは、A所有の土地及びその上の既存建物について抵当権の設定を受けその登記を経由した。その後、本件土地上に既存建物とは別個の本件建物が建築され、本件建物につき所有者B名義の表示登記がされた。Xは、BがAの配偶者の兄であることなどを理由に民法389条の関係では実質的にBをAと同視できると主張し、本件抵当権に基づき、本件土地、既存建物の外、本件建物についても一括競売の申立てをしたが、原々審は前二者については競売開始決定をしたものの、本件建物については競売申立てを却下した。Xは、Bの登記は妹婿であるAに協力したものであって、BをAと同視できるなどと主張し、執行抗告した。原審は、上記表示登記のされた時期やAとBの身分関係等からしてAが本件建物を建築した可能性があるというだけでは、BをAと同視できるとはいえないし、Bが土地買受人に対抗することのできる短期賃借権を有している可能性を否定するだけの資料もないと判断し、Xの執行抗告を棄却した。

(3) Xは、関係者間の具体的利益状況を考慮すれば本件建物の一括競売を認めることが民法389条の法意に沿うものであるとして、抗告の許可を申し立てた。

(4) 本決定は、「所論の点に関する原審の判断は、正当として是認することができる。論旨は採用できない。」と判示し、Xの抗告を棄却した。抵当土地と第三者が建築した建物とを一括競売することの可否については、否定説、肯定説、折衷説（原則として否定するが、抵当権の設定された土地の第三取得者が建物を建築した場合や抵当権設定者と第三者とを同視できるなどの事情がある場合には肯定する。）があり、執行実務は、折衷説の立場に立っている（東京地裁民事執行実務研究会編「改訂 不動産執行の理論と実務（下）」714頁以下）。本件での問題は、BをAと同視できないとの事実認定を前提とする以上、いずれの説に立っても、Bが本件土地につき対抗力ある短期賃借権を有している可能性は否定できず、本件建物について一括競売を認めることは相当でないという結論になると思われる。

Ⅲ　民事保全法

1　仮処分

【39】13(許)29（△三小、平13・12・18、棄却。原審大阪高決平13・8・10、原々審京都地決平13・6・26）

(1) 時効取得したとされる1筆の土地の一部の特定を欠くため、分筆登記をすることができない場合に、土地全体について処分禁止の仮処分を求めることができるか否かが問題となった。

(2) Xは、Y所有名義の土地の一部を時効取得したと主張し、本件土地部分についてYに対する処分禁止の仮処分命令の発令を得た。しかし、法務局において本件土地の位置を特定できないことを理由に分筆登記申請が却下され、上記仮処分命令に基づく処分禁止の登記はされていない。そこで、Xが、Yに対し、本件土地全

体について処分禁止の仮処分命令を申し立てた。原々審は、Xの前記申立てを却下し、原審も、1筆の土地の一部分につき取得時効が成立したにすぎない場合には、現実に仮処分債権者が分筆登記をすることができないときでも、1筆の土地全体につき処分禁止の仮処分命令を発令することはできないとして、Xの抗告を棄却した。

(3) Xは、仮処分が却下されると、Xは、本案の権利の実現を達成できなくなるおそれがあるから、1筆の土地の一部についてのみ時効取得した場合であっても、他に方法がない場合は、本案で認められる範囲を超えて保全することができると解するべきであると主張して、抗告の許可を申し立てた。

(4) 1筆の土地の一部について取得時効が完成した場合、時効取得者は、当該一部を含む1筆の土地の登記名義人に対し、この部分を特定し、時効取得を原因とする所有権移転登記手続を請求することができ（大判大13・10・7民集3・509）、前記移転登記手続を命ずる判決により、分筆登記を経た上、当該部分の移転登記手続をすることができる。そして、このような登記請求権を保全するため、1筆の土地の一部についての処分禁止の仮処分を申請し、その旨の仮処分命令を得たときは、代位して分筆登記手続をし、仮処分の登記をすることになろう。最一小判昭28・4・16民集7・4・321、判時2・11は、仮処分により保全しようとする賃借権が土地の一部について存するにすぎない場合は、処分禁止の措置はこの部分のみについて講ずべきであると判示したが、上記と同趣旨をいうものである。本決定は、「所論の点に関する原審の判断は、正当として是認することができる。論旨は採用することができない。」と判示して、Xの抗告を棄却したものであり、上記各判例の流れに従った判断をしたものと思われる。

Ⅳ　破産法

破産宣告

【40】12(許)42（○二小、平13・3・23、破棄・差戻、集民201・475、判時1748・117。原審東京高決平12・6・30、原々審東京地決平12・5・15）

【41】12(許)43（△二小、平13・3・23、破棄・差戻。原審東京高決平12・6・30、原々審東京地決平12・5・15）

【42】12(許)46（△二小、平13・3・23、破棄・差戻。原審東京高決平12・6・30、原々審東京地決平12・5・15）

(1) 破産宣告決定の送達を受けた破産者の同決定に対する即時抗告期間が問題となった（【40】～【42】は関連会社を破産者とするもので、同時に破産宣告がされ、事案の概要、原審及び最高裁の決定内容は、すべて同一である。）。

(2) 平成12年5月15日、Xを破産者とする旨の破産宣告がされ、同日、Xに対し、当該決定が送達された。同月25日、Xは破産宣告に対して即時抗告した。同

月29日、破産宣告が官報に掲載され、公告された。原審は、「破産宣告決定について送達を受けた破産者は、送達を受けた日から1週間と公告のあった日から起算して2週間のうちいずれか先に終期の到来する期間内に抗告をしなければならないと解するのが相当である。Xの抗告は、同決定の正本の送達を受けた日から起算して1週間を経過した後にされたものであって、抗告の期間を徒過した不適法なものであるといわざるを得ない。」と判示して、Xの抗告を却下した。

(3) Xは、旧破産法112条の規定によれば即時抗告期間は公告のあった日から2週間であることは明らかであるなどとして、抗告の許可を申し立てた。

(4) 破産宣告は、公告され（旧破産法143条1項、115条）、かつ、知れている債権者及び債務者に対しては送達される（同法143条2項）ところ、破産宣告の送達を受けた者の即時抗告期間については、公告のされた日から2週間であるとする公告説（同法112条）と、送達を受けた日から1週間であるとする送達説（同法108条、民訴法332条）とに分かれていた。本決定は、「破産宣告決定の送達を受けた破産者の同決定に対する即時抗告期間は、旧破産法112条後段の規定の趣旨、多数の利害関係人について集団的処理が要請される破産法上の手続においては不服申立期間も画一的に定まる方が望ましいこと等に照らすと、上記決定の公告のあった日から起算して2週間であると解するのが相当である（最高裁平成12年（許）第1号同年7月26日第三小法廷決定・民集54巻6号1981頁参照）。そして、旧破産法108条、民訴法331条、285条ただし書によれば、上記決定の送達を受けた者が上記期間前にした即時抗告の効力を妨げない。」と判示して、公告説に立つことを明らかにし、原決定を破棄して、本件を原審に差し戻した。本決定は、破棄決定であるため、詳細は「最高裁民事破棄判決等の実情」該当部分（判時1789・30）を参照されたい。

V 家事審判法

1 相続の放棄の申述の受理

【43】13（許）1（△三小、平13・10・30、棄却。原審高松高決平13・1・10、原々審高松家丸亀支審平12・11・29）

(1) 相続人が相続財産として積極財産のみを認識し、消極財産の存在を認識していなかった場合における民法915条1項所定の熟慮期間の起算点が問題となった。

(2) Xは、平成9年に死亡した亡Aの養子であり、唯一の相続人である。Xは、昭和56年に結婚後、亡Aと別居し、夫と共に独立した世帯を営んでおり、亡Aは死亡時は1人暮らしであった。Xは、亡Aの死亡をその当日に知り、また、亡Aが宅地・建物（時価約500万円）及び預金15万円を有していることを知っていた。Xは、亡Aが年金生活者であったため、同人に負債があるとは思っていなかったが、同人はその甥（Xと付き合いはない。）の住宅金融公庫に対する債務（約

5500万円）の連帯保証人となっていた。Xは、亡Aの預金15万円を同人の葬儀費用に充当した。その後、上記甥が死亡し、その相続人全員が相続放棄し、連帯保証人である亡Aも既に死亡していたため、住宅金融公庫は、平成12年11月20日、亡Aの相続人であるXに対し、亡Aが甥の連帯保証人となっていたことを連絡してきた。このため、Xは、同月22日、相続放棄の申述をした。原々審は、本件申述がXが相続の開始があったことを知ったときから3箇月を経過した後にされたことが明らかであり、しかも、Xは亡Aの預金債権を相続しているから、相続放棄をなし得る立場にないとして、相続放棄の申述を却下した。Xは即時抗告したが、原審も、民法915条1項所定の熟慮期間は、遅くとも相続人が相続すべき相続財産の全部又は一部の存在を認識した時又は通常これを認識し得べき時から起算すべきであり（最二小判昭59・4・27民集38・6・698）、Xは、亡Aの死亡をその当日に知り、それ以前に亡Aの相続財産として、本件土地建物及び預金があることを知っており、亡A死亡の日にその相続財産の一部の存在を認識したから、熟慮期間は亡Aの死亡日から3箇月であるとして、Xの抗告を棄却した。

(3) Xは、Xの熟慮期間は、約5500万円の連帯保証債務の存在を知った時又は通常これを認識し得べき時から起算すべきであり、具体的には、住宅金融公庫から連絡のあった平成12年11月20日の翌日から起算すべきであるとして、抗告の許可を申し立てた。

(4) 最二小判昭59・4・27民集38・6・698、判時1116・29は、民法915条1項所定の熟慮期間について、原則として、相続人が相続開始の原因たる事実及びこれにより自己が法律上相続人となった事実を知った時から起算すべきものであるが、相続人が、上記各事実を知った場合であっても、上記各事実を知った時から3か月以内に限定承認又は相続放棄をしなかったのが、被相続人に相続財産が全く存在しないと信じたためであり、かつ、被相続人の生活歴、被相続人と相続人との間の交際状態その他諸般の状況からみて当該相続人に対し相続財産の有無の調査を期待することが著しく困難な事情があって、相続人において右のように信ずるについて相当な理由があると認められるときには、熟慮期間は相続人が相続財産の全部又は一部の存在を認識した時又は通常これを認識しうべき時から起算すべきとする。この判例につき、例外的に起算点を遅らせることができるのは、①相続人が被相続人に相続財産が全く存在しないと信じた場合に限られると解するか（限定説）、それとも、②一部相続財産の存在は知っていたが、通常人がその存在を知っていれば当然相続放棄をしたであろうような債務が存在しないと信じた場合も含まれると解するか（非限定説）については争いがあった。本決定は、「本件相続放棄の申述が不適法であるとした原審の判断は、正当として是認することができる。論旨は採用することができない。」と判示して、Xの抗告を棄却した。最高裁判所は、限定説を採ったということができるであろう。

2 相続財産の処分

【44】 13(許)6（△二小、平 13・6・8、棄却。原審仙台高決平 13・3・7、原々審仙台家審平 12・10・12）

(1) 特別縁故者の範囲及び分与額に関する原決定の判断の当否が問題となった。

(2) 約 3 億円の遺産を残して平成 9 年 8 月に死亡した甲に相続人がいなかったため、特別縁故者と主張する者らが、民法 958 条の 3 に基づき相続財産の分与を申し立てた。原々審は、申立人のうち甲の身近な親族であった乙、親族関係にはなかったが、信仰を通じて知り合い厚誼を深め、甲の治療や介護の一切を行っていた丙を特別縁故者と認めたが、甲の従兄弟に当たり、年賀状の交換や中元歳暮のやり取りがあったにすぎない丁を特別縁故者には該当しない、とした上で、記録に現れた特別縁故関係の程度、内容、期間、相続財産の状況等の一切の事情を斟酌して、分与額を決定した。これに対し、丙、丁が即時抗告したが、原審は、抗告を棄却した。

(3) 丙は分与額を、丁は特別縁故者に当たらないとした認定を争い、抗告の許可を申し立てた。

(4) 財産分与の要件は、①特別縁故者該当性、②分与が相当と認められること（相当性）の 2 つであり、相当性については、一般的には、分与制度の趣旨から、縁故関係の内容、厚薄、程度、縁故者の性別、年齢、職業、教育程度、残存すべき相続財産の種類、数額、状況、所在、その他一切の事情を参酌して決定すべきものとされ、家裁の審判実務もかかる総合判断によっている。このように相当性の判断は諸般の事情を総合して行われるもので、家裁の裁量は大きく、その不当性が顕著でなければ違法とはいえないと考えられる。丙らの論旨は、要するに原審の裁量判断の不当をいうものにすぎず、本決定は、「所論の点に関する原審の判断は正当として是認することができる。論旨は採用することはできない。」と判示し、丙、丁の抗告を棄却した。

3 婚姻から生ずる費用の分担に関する処分

【45】 12(許)45（△一小、平 13・6・14、棄却。原審大阪高決平 12・8・3、原々審京都家審平 12・3・9）

(1) 別居後、離婚前における婚姻費用の分担義務を負担する期間が問題となった。

(2) X 女と Y 男は夫婦であるが、不和になり、平成 8 年 7 月、離婚について協議した結果、Y が X に対して 100 万円を支払うこと等のほか、Y が負担した住宅ローン債務についての X の連帯保証債務を消滅させることを条件として離婚することに合意した。X は 100 万円の支払を受け、同年 8 月に転居して Y と別居した。X の連帯保証債務については、Y が代りの連帯保証人を立てることができず、平成 10 年 7 月まで遷延した。なお、未だ XY 間の離婚の届出はされていない。X は、平成 9 年 9 月、Y に対し、平成 8 年 9 月以降の婚姻費用の支払を求めて調停を申し

立てたが、本件調停は不成立となって審判に移行した。原々審は、Yに対し、別居が開始した平成8年9月からXの連帯保証の免除を得た平成10年7月までの23か月間の婚姻費用を支払うよう命じた。Yが即時抗告したところ、原審は、調停申立時である平成9年9月から平成10年7月までの11か月間の婚姻費用を支払うよう命じた。

(3) Xは、婚姻費用分担義務の始期は、要扶養状態が発生した時、又は、少なくとも、要扶養状態にあることを知り得べき時若しくはこれを知った時と解すべきであり、本件では別居した月の翌月である平成8年9月をその始期とすべきであると主張して、抗告の許可を申し立てた。

(4) 本決定は、「本件事実関係の下において、XとYが別居するに至った前後の一切の事情を前提にして、婚姻費用分担の始期を平成9年9月とした原審の判断は、正当として是認することができ、その過程に所論の違法はない。」と判示して、Xの抗告を棄却した。(1)記載の問題については、裁判例・学説において見解が多岐に分かれているが（伊藤昌司＝松島道夫・新版注釈民法(21)親族(1)439頁）、本件事案においては、YからXに対し、別居に先立ち一時金が支払われた等の事情があったため、いずれの見解に立っても原決定と同様の結論を導くことが可能であったといえる。本決定により上記論点につき当審の採用する立場が明らかにされたとはいえないと思われる。

4 子の監護に関する処分

【46】 13(許)24（△一小、平13・11・8、棄却。原審東京高決平13・5・1、原々審東京家審平13・2・28）

(1) 別居中の夫に対して未成年の子に面接することを求めた妻の申立てを認めなかった原決定の当否が問題となった。

(2) X女とY男は別居状態ではあるものの未だ離婚に至っていない状況にあるが、未成年の子A（8歳）と同居するXが、Yに対し、X同席のもとでAとの面接交渉をするよう求めた。原々審は、本件申立てを却下し、原審も、家裁が本件申立てのような家事審判ができるか否かはともかくとして、本件では父親Yとの面接交渉がAの福祉のため必要とは認められないから、申立ては不相当であるとして、Xの抗告を棄却した。

(3) Xは、抗告の許可を申し立てた。

(4) 本決定は、「所論の点に関する原審の判断は、正当として是認することができる。論旨は採用することができない。」と判示して、Xの抗告を棄却した。本件の抗告理由は原審の事実認定を非難するか、その裁量に係る判断の不当を主張するものにすぎず、法令解釈の統一の点から法律審が介入すべき余地は少ないように思われる。

5　親権者の指定又は変更

【47】 13(許)26（△三小、平13・10・30、棄却。原審札幌高決平13・8・10、原々審函館家審平13・6・19）

(1) 離婚により子の単独親権者となった者が死亡した場合、生存している他方の親に親権者を変更することの可否及び当否が問題となった。

(2) X男とA女は、平成4年、両名の間の未成年の子甲、乙、丙の親権者をAと定めて協議離婚した。甲らは、Aの所有する建物においてAの収入により生活しており、Aの母Bも同居して、甲らの世話をしていたが、他方、Xは、事業に失敗して平成10年に破産宣告を受けた。Aは、平成12年に交通事故により死亡した。亡Aの親族は、亡Aの告別式の際、甲ら3名の養育について協議し、Bが甲らの日常の監護養育を引き続き行い、亡Aの兄Cが甲らの未成年後見人となって財産管理や交通事故の損害賠償交渉等を行うことを合意し、甲らの了解を得た。なお、亡Aの遺産としては、①居宅、②死亡保険金等合計1億9000万円、③交通事故の加害者に対する損害賠償請求権等の資産と、④住宅ローン等4100万円の負債があった。Xは、甲ら3名の親権者をXに変更するとの審判を申し立て、Cは、甲ら3名を事件本人として、未成年後見人選任の審判を申し立てた。原々審は、前記各申立事件を併合したうえ、離婚に際して単独親権者と定められた父母の一方が死亡した後に生存する他方の親から親権者変更の申立てがされ、これと相前後して、別の者から未成年後見人選任の申立てがされた場合は、そのいずれが事件本人である未成年者の福祉に適うかという観点から、その当否を判断する必要があるとして、大学生又は高校生である甲らはCが未成年後見人となることを希望し、親権者をXに変更することを拒んでいる、乙及び丙はBと同居し、Bが生活の面倒を見ている、Xは破産した経歴を有する上、亡A名義の死亡保険金を不正に受領するなどしていて財産管理の適格性に疑問があるなど諸事情を考慮して、Xの親権者変更の申立てを却下し、甲らの未成年後見人としてCを選任すべきものとした。Xは、原々審判中親権者変更申立てを却下する部分を不服として即時抗告したが、原審も、原々審の理由を引用し、抗告を棄却した。

(3) Xは、抗告の許可を申し立てた。

(4) (1)の論点については、学説上、後見開始説（後見が開始して親権者変更はできないとする説）、当然復活説（単独親権者死亡により生存する親の親権が当然に復活するとする説）、親権者変更審判説（親権者変更の審判をすることができるとする説）に分かれているが、最近の下級審裁判例の趨勢は親権者変更審判説を前提としており、原決定も同説に立つものである。このような状況において、本決定は、「所論に関する原審の判断は、正当として是認することができる。論旨は採用することができない。」と判示して、Xの抗告を棄却した。

6　遺産の分割に関する処分

【48】 12(許)51（△一小、平13・4・11、棄却。原審仙台高秋田支決平12・10・5、原々審秋田家本荘支審平12・3・29）

(1)　被相続人が推定相続人の1人を生命保険金の受取人に指定した場合、前記生命保険金請求権が特別受益となるか、これを肯定する場合、持戻しの対象となるのはいかなる範囲の金額か、などが問題となった。

(2)　本件は、亡Aの先妻の子2名（Xら）と後妻及びその子1名（Yら）との間における遺産分割申立て事件であり、亡Aの遺産の総額が約3600万円であったのに対し、亡Aの生命保険金が1億5000万円（受取割合は後妻Yが86％、Xらが14％）であったことから、(1)記載の点が問題となった。原々審は、本件生命保険金請求権は特別受益となり得るが、亡Aは本件生命保険金について黙示に持戻免除の意思表示をしたと認定し、持戻しを行わずに遺産分割審判をした。Xらが、即時抗告したところ、原審は、本件生命保険金のうち亡Aの支払った保険料の合計約2100万円に相当する額は各人の保険金の取得割合に応じて特別受益に当たるとしたが、亡Aは黙示の持戻免除の意思表示をしたと認定し、Xらの抗告を棄却した。

(3)　Xらは、抗告の許可を申し立てた。

(4)　本決定は、「原審の適法に確定した事実関係の下において、所論の生命保険金請求権及び保険料を被相続人が相続開始の時において有した財産の価額に加えなかった原審の判断は、是認することができる。論旨は採用することができない。」として、Xらの抗告を棄却した。(1)の問題については、裁判例・学説の見解が分かれているが、本件では、亡Aが持戻免除の意思表示をしていたことから、上記問題についての判断が原決定の結論を左右するものではなかったため、本決定は、上記問題につきあえて判断を示すことなく、抗告を棄却したものと思われる。

【49】 13(許)22（△二小、平13・10・12、棄却。原審名古屋高金沢支決平13・6・2、原々審金沢家七尾支審平12・6・26）

(1)　家事審判規則109条にいう「特別の事由」の有無が問題となった。

(2)　本件は、亡Aに関する遺産分割申立て事件である。X及びYらは、いずれも亡Aの子であり、Xは、①主位的に、すべての遺産を取得する旨の遺産分割協議が成立しているとして遺産全部の取得を求め、②予備的に、遺産のうちの田の一部と建物の現物分割を求めたのに対し、Yらは、代償分割又は換価分割による金銭の取得を希望した。原々審は、遺産分割方法として、Xが遺産のすべてを単独取得し、Yらに対して、具体的相続分に応じた代償金を支払うよう命じた。Xは、代償分割を命じた点を争って即時抗告したが、原審は、①Xが主位的に遺産全部を取得することを求めていたこと、②遺産のうちの建物はXが居住しており、その他の不動産もXが管理していること、③Xには代償金を支払う十分な資力があるこ

とから、本件では代償分割が認められる「特別の事由」があるとして、Xの抗告を棄却した。

(3) Xは、家事審判規則109条にいう「特別の事由」が認められるには、①相続財産が農業資産その他の不動産であって細分化を不適当とするものであること、②共同相続人間に代償金支払の方法によることについて争いがないこと、③当該相続財産の評価額がおおむね共同相続人間で一致していること、④相続財産を承継する相続人に債務の支払能力があることの4要件を充たす必要があるところ（大阪高決昭54・3・8家月31・10・71）、原決定には、①及び②の要件を欠く本件につき、遺産分割方法として代償分割を選択した点に違法があるとして、抗告の許可を申し立てた。

(4) 特別の事由の存否は、遺産の内容・性質や相続人の年齢・職業、心身の状態、生活の状況など一切の事情（民法906条）を考慮して家庭裁判所が裁量によって判断するものであるから、論旨の指摘する4要件のすべてを特別の事由の絶対的な要件とすることに対しては、硬直にすぎるとして反対するのが実務の大勢である。本決定は、「所論の点に関する原審の判断は、正当として是認することができる。論旨は採用することができない。」と判示し、Xの抗告を棄却しており、実務の流れに沿う判断をしたものと思われる。

VI その他

1 行政事件訴訟法

【50】 12(行ツ)7（△一小、平13・1・25、棄却。原審福岡高決平12・10・5、原々審大分地決平12・9・18）

(1) 地方自治法242条の2第1項1号に基づく請求について、行政事件訴訟法25条の類推適用による執行停止の可否が問題となった。

(2) Xらは、A村に新設される中学校の建設に関し、住民訴訟を提起し、地方自治法242条の2第1項1号に基づき、整地排水工事完成金の支出並びに建築請負契約等の締結及び右請負代金の支出の差止めを、同項4号に基づき、支出した校舎設計業務委託料及び整地排水工事請負代金前渡金相当額の支払を、それぞれ求めているが、これに併せて、行政事件訴訟法25条2項に基づく執行停止の申立てとして、①実施予定の校舎新築工事及び機械設備工事等の請負仮契約の締結を目的とする指名競争入札の停止、②工事金支出の差止めを求める本件申立てをした。原々審は、本件申立てを不適法として却下した。Xらは、即時抗告し、既に①の入札が実施されて、落札者も決定された（これにより①の申立ての利益を失った。）ので、③落札者との契約締結及び請負代金支出の差止めを求める申立てを追加した。原審は、本件の本案が地方自治法242条の2第1項1号及び旧4号に基づく住民訴訟であるところ、同条6項（現11項）により本案訴訟に適用のある行訴法43条によれ

ば、住民訴訟のうち地方自治法242条の2第1項2号に基づく請求（以下「2号請求」といい、他の号についても同様とする。）については行訴法25条が準用されるが、1号、3号、旧4号請求については同条は準用されないから、本件申立てはいずれも不適法といわざるをえないと判断して、抗告を棄却するとともに、③の申立てを却下した。

(3)　Xらは、住民訴訟のうち1号請求についても、特段の事由がある場合は、行訴法25条の類推適用を認めるべきであるとして、抗告の許可を申し立てた。

(4)　本決定は、「本件執行停止の申立てを不適法とした原審の判断は、正当として是認することができ、原決定の所論に違法はない。論旨は、独自の見解に立って原決定を論難するにすぎず、採用することができない。」と判示し、Xらの抗告を棄却した。

【51】12(行ツ)2（◎三小、平13・2・27、棄却、民集55・1・149、判時1744・64。原審大阪高決平12・4・7原々審和歌山地決平12・2・10）

(1)　社会保険庁長官がした国民年金法による障害基礎年金の支給停止処分等につき和歌山県知事が行政事件訴訟法12条3項にいう「事案の処理に当たった下級行政機関」に該当するか否かが問題となった。

(2)　本件は、Xが国及び社会保険庁長官（Yら）を被告として和歌山地裁に提起した国民年金法による障害基礎年金の支給停止処分等の無効確認等訴訟において、Yらが、行政事件訴訟法12条1項により本件訴訟は社会保険庁長官の所在地の裁判所である東京地裁の管轄に属すると主張して、本件訴訟を東京地裁に移送する旨申立てをした事案である。Xは、和歌山県知事は本件各処分に関し行政事件訴訟法12条3項にいう「事案の処理に当たった下級行政機関」に当たるから、本件訴訟は同知事の所在地の裁判所である和歌山地裁の管轄にも属する旨主張した。原々審及び原審ともに、和歌山県知事は「事案の処理に当たった下級行政機関」に当たるとして、Yらの移送申立てを却下すべきものとした。

(3)　Yらは、抗告の許可を申し立てた。

(4)　本決定は、行政事件訴訟法12条3項「にいう『事案の処理に当たった下級行政機関』とは、当該処分等に関し事案の処理そのものに実質的に関与した下級行政機関をいうものと解するのが相当である。そして、当該処分等に関し事案の処理そのものに実質的に関与したと評価することができるか否かは、……当該処分等の内容、性質に照らして、当該下級行政機関の関与の具体的態様、程度、当該処分等に対する影響の度合い等を総合考慮して決すべきである。」とした上で、国民年金法による障害基礎年金と地方公務員等共済組合法による退職共済年金の併給を受けていた者が、和歌山県知事の補助機関であるA社会保険事務所の担当者に対し、国民年金法による老齢基礎年金の裁定請求書を提出したところ、上記担当者が、法令上障害基礎年金と退職共済年金の併給は不可能である旨を指摘し、年金受給選択の申出をするように促して年金受給選択申出書等を提出させ、年金受給選択に係る

Ⅵ その他

意思を確認した上でこれを受理し、和歌山県知事において特段の処分意見を付することなく本件申出書等を社会保険庁長官に進達し、これを受けた社会保険庁長官において本件申出書等に依拠して障害基礎年金を過去にさかのぼって支給停止する旨の処分及び同年金の過誤払に係る額を老齢基礎年金の内払とみなす旨の処分をしたというような事務処理の内容、態様等にかんがみると、「和歌山県知事は、Y社会保険庁長官の下級行政機関として、本件各処分に関し事案の処理そのものに実質的に関与したと評価することができるから、行政事件訴訟法12条3項にいう『事案の処理に当たった下級行政機関』に該当するというべきである。」と判示して、Yらの抗告を棄却した。本決定は、前記条項の管轄に関する下級審裁判例の一般的傾向等からみて柔軟な態度を示したものということができるが、その射程についてはそれぞれの事例に即して慎重な検討を要するものと思われる（本決定の理由付け等の詳細については、判時1744・64参照）。

2　船舶の所有者等の責任の制限に関する法律

【52】12(許)44（△三小、平13・2・13、棄却。原審名古屋高決平12・8・17、原々審名古屋地決平12・2・24）

(1)　船舶の所有者等の責任の制限に関する法律（以下「船主責任制限法」という。）3条3項所定の責任制限阻却事由の立証責任が債権者と船舶所有者等のいずれにあるかが問題となった。

(2)　X所有のタンカーが名古屋港内のYらが所有・管理する本件桟橋に衝突し（本件事故）、Yらは物的損害を被った。その後、Xの申立てにより、原々審は、本件事故から生じた物の損害について船舶所有者等責任制限手続開始決定をした。これに対し、Yらは、①本件事故の原因は、本件船舶に曳船及び水先案内人の配置がなかったことにある、②上記の配置を怠れば事故が発生することが容易に認識し得るからXはその認識をしていたというべきである、③上記の配置を怠ることは、航行上の常識に反し、通常人が行うはずのない無謀な行為であるとし、Xには船主責任制限法3条3項所定の責任制限阻却事由があると主張して、即時抗告した。原審は、船主責任制限法3条3項による責任制限阻却が認められるためには、船舶所有者等に、①損害発生のおそれの認識、及び②その認識のもとでは通常人なら行うはずのない無謀な行為をしたことが必要であるとした上で、本件船舶が本件桟橋に着桟する際に曳船等が配置されていなかったことをもって、直ちにXが損害発生のおそれを認識していたものと断ずることはできないなどとして、Xには責任制限阻却事由があると認めることができないと判示し、Yらの抗告を棄却した。

(3)　Yらは、原決定は責任制限阻却事由に該当する事実につきいずれも債権者であるYらが立証責任を負うことを前提にしているが、前記立証責任は船主であるXに課すべきであり、原決定は船主責任制限法2条3項の解釈を誤っているなどとして、抗告の許可を申し立てた。

(4)　本決定は、「原審の確定した事実関係の下においては、船舶の所有者等の責

任の制限に関する法律3条3項による相手方の責任制限の阻却を否定した原審の判断は、正当として是認することができる。論旨は、採用することができない。」と判示して、Yらの抗告を棄却した。

3 借地借家法

【53】 13(許)20 (◎二小、平13・11・21、破棄・差戻、民集55・6・1014、判時1768・86。原審大阪高決平13・4・12、原々審大阪地決平12・12・14)

(1) 借地借家法20条1項後段の付随的裁判として敷金を差し入れるべき旨を定めその交付を命ずることの可否が問題となった。

(2) YはAに対して、堅固建物の所有を目的として本件土地を賃貸し、AはYに対し敷金1000万円を差し入れていた。Aは本件土地上に本件建物を建築して所有していたが、本件建物について競売が実施され、Xが落札し、本件建物とともに本件土地に対する賃借権を取得した。本件は、Yが賃借権の譲渡を承諾しなかったことから、Xが、借地借家法20条に基づき、裁判所に対して賃貸人による譲渡の承諾に代わる許可を求める申立てをした借地非訟事件である。原々審は、賃借権の譲受けを許可したが、付随的裁判として譲渡承諾料の給付のみを命じ、敷金の差し入れは借地借家法20条1項にいう借地条件の変更あるいは財産上の給付には当たらないとして、これを命じなかった。Yは、敷金契約は借地契約と一体となるべき借地条件の一種であるから、付随処分として敷金の差し入れが命じられるべきであるとして、抗告したが、原審も、借地借家法20条1項の「財産上の給付」は、借地権設定者に賃借権の譲渡を承諾させて、借地契約関係に入ることを強制する代償として支払われるものであり、敷金支払義務は契約関係の中で発生するものであるから、付随処分として支払を命じ得る性格のものとはいえないとして、Yの抗告を棄却した。

(3) Yは、抗告の許可を申し立てた。

(4) 土地賃借人が賃貸人に敷金を交付していた場合において、土地賃借権が譲渡されたときは、特段の事情のない限り、敷金に関する権利義務関係は新賃借人には承継されないから（最二小判昭53・12・22民集32・9・1768、判時915・49)、譲渡の承諾に代わる許可がされると、賃貸人は敷金という担保を失うという不利益を受けるが、このような賃貸人の不利益については従来学説においても十分に論じられておらず、借地契約において敷金を差し入れる実例がほとんど見られなかったことから、借地非訟の実務においても特に問題とされてはこなかったようである。このような状況において、本決定は、「裁判所は、旧賃借人が交付していた敷金の額、第三者の経済的信用、敷金に関する地域的な相場等の一切の事情を考慮した上で、法20条1項後段の付随的裁判の一つとして、当該事案に応じた相当な額の敷金を差し入れるべき旨を定め、第三者に対してその交付を命ずることができるものと解するのが相当である。」と判示して、原決定を破棄し、事件を原審に差し戻した。本決定は、新たな類型の付随的裁判を明らかにしたものであり、今後増加が予想さ

れる定期借地権付建物の競売後の許可申立事件などにもその射程が及ぶものと考えられ、実務的にみて有用な指針となるものと思われる。破棄決定であるため、詳細は「最高裁民事破棄判決等の実情」該当部分（判時1789・28）を参照されたい。

平成14年度

高橋利文／角谷昌毅

Ⅰ 民事訴訟法
1 管轄【1】
2 訴状却下命令【2】
3 上告【3】
4 抗告【4】【5】
5 再審【6】【7】
6 担保の取消し【8】〜【10】

Ⅱ 民事執行法
1 引渡命令【11】〜【13】
2 不動産についての担保権の実行【14】
3 債権についての担保権の実行（物上代位）【15】〜【18】
4 船舶先取特権【19】

Ⅲ 民事保全法
1 仮差押え【20】
2 仮処分【21】

Ⅳ 破産法
1 別除権【22】
2 破産原因【23】
3 破産者等に対する扶助料の給与【24】
4 破産宣告【25】
5 免責決定【26】

Ⅴ 家事審判法
1 後見の開始【27】
2 推定相続人の廃除【28】
3 相続の放棄の申述の受理【29】【30】
4 相続財産の処分【31】
5 子の監護に関する処分【32】

Ⅵ その他
1 行政事件訴訟法【33】〜【40】
2 行政機関の保有する情報の公開に関する法律【41】
3 民事再生法【42】

はじめに

1 平成14年度における許可抗告の実情を紹介する。

新受件数は、平成10年が10件、平成11年が42件、平成12年が59件、平成13年が34件、平成14年が50件であった。一昨年に減少した新受件数は増加に転じた。

各年中に決定された事件のうち最高裁判所民事判例集（民集）又は最高裁判所裁判集民事（集民）に登載されたものの数と割合を年度別にみてみると、平成10年は、2件中登載1件（50パーセント）、平成11年は、32件中登載6件（19パーセント）、平成12年は、51件中登載12件（23パーセント）、平成13年は、53件中登載12件（23パーセント）であったが、平成14年は、42件中7件（17パーセント）にとどまった。

2 許可抗告（民訴法337条）は、特別抗告（同法336条）と同様に、決定に対する本来の不服方法に加えて特に認められた不服方法であるが、特別抗告が憲法違反を抗告事由とするのに対して、許可抗告は、法令解釈に関する重要な事項を含む事件であると高等裁判所が認めて許可したことを申立ての要件とするものである。上告受理申立ての場合と異なり、法令解釈に関する重要な事項を含む事件であるかどうかを高等裁判所の判断に委ねた理由は、法令違反についての最終判断は原則として高等裁判所に属すること（法令違反は上告の事由ではない）、及び多数の抗告事件を処理していることから、高等裁判所は、当該論点の重要性を熟知し、解釈統一の必要性を適切かつ客観的に判断することができる立場にあると考えられるからである。それが故に、一度許可された後は、最高裁判所が許可に値しないと判断したとしても、最高裁判所は当該論点への応答をすることになる。

したがって、高等裁判所は、自らの決定、命令を正当であるとするときでも、その判断に判例と異なる点がある場合又は真に法令解釈に関する重要な事項を含む場合には、抗告を許可すべきである。

許可抗告決定のうち最高裁判所民事判例集（民集）又は最高裁判所裁判集民事（集民）に登載されたものの割合は、冒頭に紹介したとおりであり、許可された事件のうち相当件数が法令解釈に関する重要な事項を含んでいたということができる。他方、単なる事実認定に関する事項又は専ら受訴裁判所の訴訟上の裁量に属すると考えられる事項について許可をしたものも少なくない。その様な観点から、次のとおり、前回と同様の指摘を繰り返しておきたい。

(1) 法令解釈に関する見解が明らかである場合に、個別事件における事実認定、要件への当てはめの判断は、通常は、法令解釈に関する重要な事項とはいえない。許可抗告に係る決定及び命令は、訴訟事件、審判事件、倒産事件等に関するもので、その多くは事案に即した個別、具体的な事実関係を前提とするものであり、また、決定、命令の手続は、最終的な権利確定手続とは異なり迅速な対応が求められてい

はじめに

ることを考慮すると、許可抗告制度を通常の不服手続と同様に取り扱うことは、制度の趣旨に沿わないものと考えられる。

また、判例により示された解釈の実務上の運用にかかわる事項は、当該実務を担当する下級裁における事例集積にこそ意味がある場合が多い。このような場合、下級裁での事例集積、要件の類型化に関する実務的検討が十分にされていない段階で、個別事案に関する要件該当性の争いを法律審である最高裁判所に判断させることは、相当ではない。

(2) 判例がない論点について新解釈を展開した場合、その実務的検証、学説での批評等もなく、論点が未成熟な段階で、直ちに抗告を許可することに対しても一考の余地がありそうである。決定、命令手続に関する論点について法律審の判断が示されれば、実務の運用が容易になるといえるが、判断材料の少ない段階で、しかも、簡易迅速な判断を求められる手続で法律審の判断を示すことには、実務の運用を硬直化するおそれがあることも否定できないからである。高等裁判所は、最高裁判所への抗告の相当性の判断を託されているのであるから、当該決定、命令をした裁判体としての観点だけから抗告の許否を決するのではなく、最高裁判所が現時点において当該論点について判断を示すことが相当かどうかという観点からも、許否の判断をすることが求められているといえよう。

(3) 論点自体としては法令解釈に関する重要な事項に当たるが、当該事案の解決に影響しない論点については、許可を不相当とする場合が多いと考えられる。例えば、甲及び乙の両要件の充足を要する基本申立てについて、この要件がいずれも充足されていないとして申立てが排斥され、両要件の解釈を巡って抗告許可が申し立てられた場合に、甲要件に関する原裁判所の解釈は判例、学説に沿うものであるが、乙要件に関する原裁判所の解釈は判例、学説に争いがあるとして、抗告を許可することは相当ではない。なぜならば、基本申立てを排斥する理由としては甲要件の欠如のみで十分であり、甲要件に許可すべき理由がないとすれば、乙要件に関してどのような解釈を採っても原裁判の結論は変わらないからである。許可抗告は、法令の解釈に関する重要な事項について、解釈統一の機能を有する特別な抗告であるが、抽象的な法令解釈のために時日を費やすことは相当ではないし、当事者を具体的事件の解決を離れた論争に巻き込むことも相当とは考えられないからである。

3 本稿は、角谷昌毅元最高裁判所調査官（現名古屋地裁部総括判事）が平成14年中に決定のあった許可抗告事件を整理したものである。

事件見出しに◎を付したものは民集登載事件、○を付したものは集民登載事件、△を付したものはいずれにも登載されなかったものである。

平成14年中の既済件数42件のうち民集登載件数は2件、集民登載件数は5件、基本事件の種類としては民事訴訟事件10件、民事執行事件9件、民事保全事件2件、破産事件5件、家事審判事件6件、その他が10件であり、このうち、原決定が破棄されたものは2件であった。

なお、事案の概要等は、許可抗告事件の実情を紹介するのに必要な範囲で適宜省

略し、事案の骨子のみを記載した。
　掲載の順序は、原決定に関する手続法規ごとに分け、その中で、決定日の順に掲載した。

I　民事訴訟法

1　管　轄

【1】14(許)9（△三小、平14・7・19、棄却。原審名古屋高決平13・12・26、原々審津地決平13・6・15)
　(1)　所有権に基づく返還請求の義務履行地（民訴法5条1号）の解釈が問題となった事案である。
　(2)　Xが、Yに対し、所有権に基づきYの占有する株券の引渡し等を求める訴えを津地方裁判所に提起したところ（双方の主張によると、Yによる株券の占有取得地は、津市又は三重県亀山市であった。）、Yは、物権的請求権の義務履行地は、物の所在地であり、現在、株券は、Yが住所地（東京都世田谷区）において所持しているから、普通裁判籍又は義務履行地のいずれからいっても、津地方裁判所には管轄がないと主張して、東京地方裁判所又は東京簡易裁判所への移送を申し立てた。原々審は、所有権に基づく物の返還を内容とする物権的請求権の義務履行地は、特定物の引渡を求める債権に準じ、債権発生当時その物の存在した場所（民法484条）と解すべきであり、XのYに対する株券の返還請求権は、株券をYに交付した瞬間に発生したものであるから、Yによる株券の占有取得地である津市又は三重県亀山市が民訴法5条1号にいう義務履行地となり、津地方裁判所に管轄があるとして、移送の申立てを却下した。Yが即時抗告したところ、原審は、所有権に基づく返還請求権が認められる趣旨、所有者と占有者との公平などを考え併せると、特段の事情がない限り、占有者が所有者の目的物に対する占有を妨害する状態の作出に関与していないという場合を除き、所有者は占有者に対し、占有者がその占有を取得した場所において返還することを求めることができるものと解すべきであるとし、津地方裁判所に管轄があるとして、抗告を棄却した。
　(3)　Yは、物権的請求権は、他方の行為によらずに侵害が発生した場合は認容請求権（請求者自らが回復等の措置を講ずることを相手が受忍すべきことを求める請求権）であると考えられており、本件は、上記場合に当たるから、物件の所在地であるYの住所地が義務履行地となるなどとして、抗告の許可を申し立てた。
　(4)　所有権に基づいて動産の返還を求める訴えの管轄原因となる、返還請求権の義務履行地（民訴法5条1号）については、民訴法学者では、特定物引渡請求に準じてその物の現在地が義務履行地と解されるとするものが多く（斉藤秀夫編・注解民訴法(1)92頁、新堂＝小島・注釈民事訴訟法(1)165頁〔佐々木吉男〕など）、民法学者では、動産占有者が占有を取得した場所、すなわち、返還請求権発生当時、

その物が存在していた場所（民法484条前段）と解するのが適当であるが、現在の所在場所で返還請求することは妨げないとするもの（於保不二雄「物権法」38頁）などがある。本決定は、「原審の適法に確定した事実関係の下においては、津地方裁判所が本件訴えの管轄権を有するとし、抗告人の本件移送の申立てを却下すべきものとした原審の判断は是認することができ、その過程に所論の違法はない。論旨は、採用することができない。」と判示して、抗告を棄却した。

2　訴状却下命令

【2】14(許)18（△一小、平14・10・10、棄却。原審福岡高決平14・4・30、原々審大分地決平14・3・28）

(1)　訴状却下命令の当否が問題となった事案である。

(2)　Aの家督相続人Bの養子であり、Bの遺産を相続したと主張するXは、所有者を「A外3人」とする表示の登記はされているが、権利の登記はされていない土地を時効取得したとして、その所有権確認請求訴訟を提起した。Xは、家庭裁判所に対し、不在者財産管理人の選任を申し立て、家庭裁判所から不在者3名（いずれも本籍、最後の住所、氏名が不明）の財産管理人の選任を受け、本件訴訟において、被告ら3名の住所、氏名を明らかにしないまま、本件財産管理人を住所、氏名不明の3名の法定代理人として、本件訴訟を提起した。原々審は、被告らの氏名を特定するよう補正命令を発したが、Xにおいてこれを補正することができなかったので、訴状却下命令をした。Xが即時抗告したが、原審は抗告を棄却した。

(3)　Xが、抗告の許可を申し立てた。

(4)　本決定は、「原審の判断は、正当として是認することができる。論旨は採用することができない。」と判示して、抗告を棄却した。

3　上　告

【3】14(許)20（△二小、平14・10・11、棄却。原審大阪高決平14・7・1）

(1)　上告を却下した原決定の当否が問題となった事案である。

(2)　Xは、Yから購入した建物に瑕疵があるとして、Yに対し、瑕疵修補等を求める訴えを提起したが、原審において一部敗訴したため、上告した（なお、上告受理申立てはしていない。）。原審は、上告状及び上告理由書のいずれにも民訴法312条1項又は2項に規定する事由が記載されていなかったことから、Xの上告は、民訴法315条2項に反する不適法なものであり、その不備を補正することができないことは明らかであるとして、同法316条1項2号に基づいて、Xの上告を却下した。

(3)　Xが、抗告の許可を申し立てた。

(4)　本決定は、「所論の点に関する原審の判断は、正当として是認することができる。論旨は採用することができない。」と判示して、抗告を棄却した。許可抗告制度の趣旨に沿う事件といえるか検討の余地があるように思われる。

4 抗 告

【4】 13(許)31（△二小、平14・1・18、却下。原審東京高決平13・8・31、原々審宇都宮地足利支決平13・4・10)

(1) 口頭弁論終結後にされた文書提出命令申立て却下決定に対する即時抗告の適否が問題となった事案である。

(2) 原々審は、Xからの文書提出命令の申立てに対する判断をすることなく口頭弁論を終結し、その後、上記申立てを却下する決定をして、基本事件について判決を言い渡した。Xが即時抗告したところ、原審は、最一小決平13・4・26集民202・229、判時1750・101を引用し、Xの即時抗告は、口頭弁論終結後にされたものであるから不適法であるとして、抗告を却下した。

(3) Xが、抗告の許可を申し立てた。

(4) 本決定は、「本件記録によれば、本件の本案事件は、既に宇都宮地方裁判所足利支部において判決が言い渡され、同支部に係属していないことが明らかである。したがって、同支部のした文書提出命令申立て却下決定に対する抗告を却下した原決定について、もはや抗告の利益はないといわざるを得ず、本件抗告は、論旨について判断するまでもなく、却下を免れない。」と判示して、抗告を却下した。

【5】 14(許)26（△一小、平14・11・14、棄却。原審大阪高決平14・8・23、原々審京都地決平14・8・8)

(1) 抗告状に抗告の理由が具体的に記載されていた場合において、抗告の提起から14日以内に抗告理由書の提出を待たずに抗告を棄却した原決定の当否が問題となった事案である。

(2) Xは、夫であるYを相手方として、配偶者からの暴力の防止及び被害者の保護に関する法律10条の保護命令を申し立てたところ、Yは、自分はXに対して暴力を振るっていない旨を主張してこれを争った。原々審は、審尋期日を開いた上、平成14年8月8日、上記申立てを認めて保護命令を発した。Yは、同月16日に即時抗告し、抗告の趣旨及び理由を記載した抗告状（原々審における主張とほぼ同旨）を提出した上、同月20日、抗告理由書を追加するので決定を留保してほしい旨の上申書を提出し、同月23日にはYから委任を受けた代理人が委任状を提出したが、原審は、同日、抗告を棄却する旨の決定をした（なお、同日、上記代理人から、抗告状とほぼ同内容の抗告理由書が提出された。）。

(3) Yが、抗告の許可を申し立てた。

(4) 本決定は、「記録に照らすと、原審が所論代理人作成の抗告理由書の提出を待たずに決定したことに違法はない。論旨は採用することができない。」と判示して、抗告を棄却した。民訴規則207条は、再抗告以外の抗告をする場合において、抗告状に原裁判の取消し又は変更を求める事由の具体的な記載がないときは、抗告人は、抗告の提起後14日以内に、これを記載した書面を原裁判所に提出しなけれ

ばならないと定めており、この規定からすると、抗告審は、抗告の提起後14日以内は決定をすべきではないとの考えも成り立ち得ないではない。しかし、本件は、Y作成の抗告状に抗告の理由が具体的に記載されており、同条が適用される事案ではない上、本件では、Yが、原々審において、Xに対して暴力を振るっていない旨を主張し、原々審では、審尋期日が開かれ、Yの陳述書も提出されているから、原々審におけるのと同様の主張がされている抗告状のみから保護命令の要件の存否を判断することができる事案であったといえる。本決定は、これらの事情を考慮し、原審の措置を違法ではないとしたものと思われる。

5 再審

【6】14(許)19 (△一小、平14・10・24、棄却。原審福岡高決平14・5・31)
(1) 再審の訴えの適否が問題となった事案である。
(2) Xは、ブロック塀等の撤去を求める訴訟の確定した控訴審判決について、民訴法338条1項9号に該当する再審事由がある旨主張して、再審の訴えを提起した。原審は、本件再審の訴えは、同号所定の事由を具体的に主張するものではなく、不適法であり、不備を補正することができないとして、決定で再審の訴えを却下した。
(3) Xが、抗告の許可を申し立てた。
(4) 本決定は、「所論の点に関する原審の判断は、正当として是認することができる。論旨は、独自の見解に立って原決定を論難するものにすぎず、採用することができない。」と判示して、抗告を棄却した。許可抗告制度の趣旨に沿う事件といえるか検討の余地があるように思われる。

【7】14(許)34 (△三小、平14・12・10、棄却。原審札幌高決平14・9・2)
(1) 再審の訴えの適否が問題となった事案である。
(2) Xは、Yらから提起された請求異議訴訟につき、Yらの偽証等により敗訴したとして、Yらに対して損害賠償請求訴訟を提起したが、同訴訟の口頭弁論期日において請求を放棄し、同訴訟は、これにより終了した。Xは、その後、上記損害賠償請求訴訟について、口頭弁論期日の指定を申し立てたが、1審は、請求の放棄により訴訟が終了した旨を宣言する判決をし、控訴審は、控訴棄却の判決をした。Xは、上記控訴審判決に対する再審の訴えを提起した。原審は、Xが再審事由として主張するものは、再審対象事件である上記控訴審判決との関係において民訴法338条1項各号に該当するものではないなどとして、Xの再審の訴えを棄却した。
(3) Xが、抗告の許可を申し立てた。
(4) 本決定は、「本件再審請求を棄却すべきものとした原審の判断は、是認することができる。論旨は、採用することができない。」と判示して、抗告を棄却した。許可抗告制度の趣旨に沿う事件といえるか検討の余地があるように思われる。

6　担保の取消し

【8】 14(許)4（△一小、平14・4・25、棄却。原審大阪高決平13・12・4）

(1)　仮執行宣言付判決に対する控訴審において、控訴人が担保を立てて強制執行停止の決定を得た後に、第1審判決の認容額を減額する旨の控訴審判決が確定した場合に、上記担保の一部又は全部につき、「担保の事由が消滅した」（民訴法400条2項、79条1項）ということができるかが問題となった事案である。

(2)　基本事件の第1審においては、XのYに対する請求につき、304万円及びこれに対する遅延損害金の支払を命じ、その余の請求を棄却する旨の一部認容判決がされ、この判決に対して仮執行宣言が付された。これに対し、Yが、控訴するとともに強制執行停止の申立てをし（民訴法398条1項3号）、200万円の担保を立てて、強制執行停止決定を得たところ、控訴審においては、第1審判決が変更され、Yに対して40万円とこれに対する遅延損害金の支払を命じ、その余の請求を棄却する旨の判決がされた。これに対し、Yが、さらに上告したが、上告は棄却されて上記控訴審判決が確定した。Yは、担保の事由が消滅したとして担保の取消しを申し立てたところ、原審は、基本事件の控訴審判決においては、第1審判決で宣言された仮執行宣言の効力が維持されており、その限りにおいて、Yは、被担保債権の発生の可能性が絶対的に不存在であることを証明したとはいえないとして、上記申立てを却下した。

(3)　Yは、基本事件の控訴審判決が、304万円を40万円に減額した上で、その余の請求を棄却しているのは、Xが求めた仮執行宣言を排斥したものにほかならないから、担保の事由が消滅したことは明らかであるなどとして、抗告の許可を申し立てた。

(4)　本決定は「原審の適法に確定した事実関係の下においては、所論の点に関する原審の判断は、正当として是認することができ、その過程に所論の違法はない。論旨は、独自の見解に立って原決定を論難するものにすぎず、採用することができない。」と判示して、抗告を棄却した。Yは、基本事件の控訴審判決における「その余の請求を棄却する」旨の判示をもって、第1審判決において付された仮執行宣言が取り消されたものと解しているが、上記判示をそのように解することができないことは明らかであろう。なお、仮執行宣言付判決の執行停止決定において「担保の事由が消滅した」とは、上訴審の訴訟手続において担保提供者の勝訴判決が確定した場合又はこれと同視すべき場合をいうものとされているところ（最一小決平13・12・13民集55・7・1546、判時1773・26）、本件は、第1審判決が一部変更され、仮執行宣言もその限度で失効したとはいえ、仮執行宣言付判決が確定したのであり、担保の事由が消滅したといえないことは明らかであろう。

I 民事訴訟法

【9】14(許)1（○二小、平14・4・26、破棄・自判、集民206・401、判時1790・111。原審東京高決平13・11・26、原々審東京地決平12・12・25）

(1) 仮執行宣言付判決に対する上訴に伴い、担保を立てさせて強制執行停止がされた場合において、担保提供者である債務者が破産宣告を受けたことが「担保の事由が消滅したこと」（民訴法400条、79条1項）に該当するかが問題となった事案である。

(2) Xは、Aに対し、損害賠償請求訴訟を提起し、第1審で仮執行宣言付きの一部認容判決を得た。Aは、同判決に控訴するとともに控訴に伴う強制執行停止の申立てをし、担保を立てて、強制執行停止決定を得たが、その後、Aは、破産宣告を受けた。Aの破産管財人であるYは、破産宣告により担保の事由が消滅したとして、担保取消しの申立てをし、原々審は、担保の事由が消滅したとして、担保取消決定をした。Xが即時抗告したが、原審は、抗告を棄却した。

(3) Xが、抗告の許可を申し立てた。

(4) 本決定は、最一小決平13・12・13民集55・7・1546、判時1773・26を引用し、「仮執行宣言付判決に対する上訴に伴い強制執行の停止がされた後、債務者が破産宣告を受けた場合に、債権者は、強制執行の停止がされなかったとしても仮執行が破産宣告時までに終了していなかったという事情がない限り、強制執行の停止により損害を被る可能性があるから、債務者が破産宣告を受けたという一事をもって『担保の事由が消滅したこと』に該当するということはできない」と判示し、原決定を破棄して原々決定を取り消した上、Yの担保取消しの申立てを却下する旨の自判をした。本決定は、破棄決定であるため、詳細は「最高裁民事破棄判決等の実情」該当部分（判時1822・33）を参照されたい。

【10】14(許)17（△三小、平14・10・15、棄却。原審東京高決平14・5・9）

(1) XのYに対する仮執行宣言付判決について控訴がされ、Yが担保を立てて強制執行停止決定を得たが、控訴審において認容額を増額する仮執行宣言付判決がされ、これに対して、Xのみが上告及び上告受理申立てをしている場合に、Yが民訴法400条、79条2項及び3項により、権利催告及び担保取消しの申立てをすることができるかが問題となった事案である。

(2) Xは、Yに対し、交通事故に基づく損害賠償請求訴訟を控起し、仮執行宣言付きの一部認容判決を得たが、Xが控訴したため、Yが附帯控訴をするとともに強制執行停止の申立てをし、担保を立てて、控訴審判決が出るまでの間、強制執行を停止する旨の決定を得た。控訴審では、Xの認容額を第1審判決よりもさらに増額する仮執行宣言付きの一部認容判決がされたが、これに対し、Xのみが上告及び上告受理申立てをしたので、Yが、民訴法400条、79条2項及び3項に基づき、権利催告及び担保取消しの申立てをした。原審は、民訴法79条3項は、担保取消しの申立てについて、訴訟の完結を要件としているところ、本件については、Xが控訴審判決を不服として上告提起及び上告受理申立てをしており、いまだ訴訟が完結

したとは認められないとしてYの申立てを却下した。

(3) Yは、本件においては、強制執行停止のための担保によって担保される債権が、第1審判決に基づく強制執行が停止されたときから控訴審判決言渡しまでの遅延損害金であることが確定しており、Xにおいて仮執行宣言付きの控訴審判決に基づき強制執行することが可能であるから、Yの権利行使催告を認めるべきであるとして、抗告の許可を申し立てた。

(4) 本決定は、「本件において民訴法400条2項が準用する同法79条3項にいう訴訟の完結がないとした原審の判断は、正当として是認することができる。論旨は、採用することができない。」と判示して、抗告を棄却した。本決定は、仮執行宣言付きの控訴審判決に対し、一部勝訴者であるXのみが上訴している場合であっても、職権調査事項については不利益変更禁止の原則が適用されないと解されており（菊井＝村松・全訂民事訴訟法Ⅲ 167、168頁など）、原判決が職権調査事項についての違法を理由に職権で破棄される可能性が全くないとはいえないことから、訴訟の完結の要件が認められないとしたものと思われる。

Ⅱ 民事執行法

1 引渡命令

【11】 14(許)7（△一小、平14・6・27、棄却。原審大阪高決平14・1・11、原々審大阪地決平13・11・6）

(1) 不動産競売により建物とその敷地を買い受けた者が、同建物の一部を占有する者に対して引渡命令を申し立てた場合において、その占有が商事留置権又は短期賃借権に基づく適法な占有として買受人に対抗することができるかが問題となった事案である。

(2) Xは、Aから本件ビルの建築を請け負い、請負契約に基づいて、Aの所有地上に本件ビルを完成させて、平成4年12月、本件ビルをAに引き渡したが、Aは、請負残代金を弁済期日である平成5年3月20日に支払わなかった。本件ビルには、平成5年5月7日にBを抵当権者とする根抵当権が設定されたところ、Xは、平成11年から平成12年にかけて、Aとの間で本件ビルの一部（本件建物部分）につき賃貸借契約を締結し、その占有を取得した。Yは、上記根抵当権の実行により競売手続に付された本件ビル及びその敷地を買い受けて、その代金を納付した。Yは、Xが本件建物部分を占有していたため、不動産引渡命令を申し立て、執行裁判所は引渡命令を発した。Xは、Xの本件建物部分の占有は、Aに対する請負残代金請求権を被担保債権とする商事留置権に基づく適法なものであると主張して、執行抗告を申し立てた。原審は、Xは、請負残代金の存在を予定しながら、Aに対し、平成4年12月に本件ビルを引き渡し、その後、残代金の弁済期から6年以上もの間本件ビルを占有していなかったことからすると、Xは、平成4年12月の

Ⅱ　民事執行法

本件ビルの引渡時において、請負残代金に関する本件ビルの留置権を放棄したと認めるのが相当であり、平成 11 年から平成 12 年にかけて取得した X の占有は、債権回収目的のものであって、正常なものではないとして、X の執行抗告を棄却した。

(3) X は、X が平成 11 年から平成 12 年にかけて本件建物部分の占有を再度取得した際に、商事留置権が発生している、X の A に対する請負残代金請求権は、本件ビルの価値の一部を構成するものであるから、この回収を目的とする X の賃借権は、いわゆる濫用的短期賃借権ではないとして、抗告の許可を申し立てた。

(4) 本決定は、「所論の点に関する原審の判断は、是認することができる。論旨は採用することができない。」と判示して、抗告を棄却した。

【12】14(許)15（△三小、平 14・9・10、棄却。原審大阪高決平 14・4・25、原々審大阪地決平 14・3・28）

(1) 抵当権に基づく差押後に短期賃貸借の期間が満了した場合に、同賃貸借の賃借人を相手方として引渡命令を発することができるかが問題となった事案である。

(2) A は、自己が所有する建物及びその敷地（本件不動産）に根抵当権を設定した後、平成 9 年 2 月 1 日に X に対して期間を 2 年として建物の一部（本件建物部分）を賃貸した。その後、本件不動産は上記根抵当権の実行により競売手続に付され、平成 10 年 8 月 19 日に差押えの登記がされ、Y がこれを買い受けて、代金を納付した。Y は、X を相手方として、引渡命令を申し立て、執行裁判所は、引渡命令を発した。これに対して、X は、Y は、不動産競落後に X から賃料を受領しているから、従前の賃貸借契約を承継し、又は X との間で新たな賃貸借契約を締結したといえるとして、執行抗告を申し立てたが、原審は、賃貸借契約の承継又は締結があったとは認められないとして、執行抗告を棄却した。

(3) X は、差押後に期間が満了した短期賃貸借も「買受人に対抗することのできる権原」に当たる、本件においては、賃貸借の承継又は新たな賃貸借契約の締結がされたと認められるとして、抗告の許可を申し立てた。

(4) X の抗告理由のうち、賃貸借の承継又は設定をいう部分は、原決定の認定を非難するものにすぎない。また、差押後に期間が満了した短期賃貸借が、民事執行法 83 条 1 項の「買受人に対抗することができる権原」に該当しないことは執行実務上も異論のないところとされているから、短期賃借権に関する部分も独自の見解にすぎないものである。本決定は、「所論の点に関する原審の判断は、正当として是認することができる。論旨は採用することができない。」と判示して、抗告を棄却した。

【13】14(許)28（△三小、平14・12・10、棄却。原審大阪高決平14・8・30、原々審奈良地葛城支決平14・7・30）

(1) 不動産競売により建物とその敷地（本件不動産）を買い受けた者が、本件不動産の占有者に対して引渡命令を申し立てた場合において、その占有が短期賃借権に基づく適法な占有として買受人に対抗することができるかが問題となった事案である。

(2) 本件不動産を所有するAは、既に第1順位の抵当権が設定されている本件不動産につき、Bを権利者とする抵当権を設定した後、Bに対し、代物弁済を原因とする所有権移転仮登記をした。その後、Bは、Xとの間で、本件建物につき、期間を3年とする賃貸借契約を締結し、これに基づき、Xが本件建物の占有を開始した。本件不動産は上記第1順位の抵当権の実行により競売手続に付され、Yがこれを買い受けた。Yは、Xを相手方として、引渡命令を申し立て、執行裁判所は、引渡命令を発した。Xは、本件不動産につき、Yに対抗することのできる短期賃借権を有しているとして、執行抗告を申し立てたが、原審は、Xは、最先順位の抵当権に遅れる所有権移転仮登記権者との間で短期賃貸借契約を締結したにすぎないから、民法395条の保護を受けることができないなどとして、執行抗告を棄却した。

(3) Xが、抗告の許可を申し立てた。

(4) 本決定は、「本件の事実関係の下において、抗告人の執行抗告を棄却した原審の判断は、正当として是認することができる。論旨は採用することができない。」と判示して、抗告を棄却した。

2 不動産についての担保権の実行

【14】14(許)11（◎二小、平14・10・25、棄却、民集56・8・1942、判時1808・65。原審東京高決平14・2・15、原々審横浜地小田原支決平13・12・17）

(1) 物上保証人所有の不動産を目的とする競売において、競売開始決定正本の債務者に対する送達が公示送達によってされた場合に、民法115条の通知がされたものとして、被担保債権の消滅時効が中断されるかが問題となった事案である。

(2) Xは、その所有不動産（本件不動産）につき、Yを債権者とし、Zを被担保債権の債務者とする根抵当権を設定していた。Yが同根抵当権に基づき本件不動産の競売の申立てをし、裁判所は、競売開始決定をしたが、Zが所在不明であったため、Zに対する上記決定の正本の送達は公示送達により行われ、平成13年1月20日に効力が生じた。これに対し、Xは、上記根抵当権の被担保債権は、平成13年6月14日の経過をもって時効により消滅していると主張して執行異議を申し立てた。原々審は、最三小判平7・9・5民集49・8・2784、判時1569・57を引用し、債務者に対する公示送達による競売開始決定正本の送達は民法155条の通知には該当しないから、差押えによる時効中断の効力は生じないとして、本件不動産に係る競売開始決定を取り消す旨の決定をした。原審は、競売開始決定正本の債務者に対する送達が公示送達によりされた場合においても、民訴法113条の類推適用によ

り、民法155条の通知があったものとして被担保債権の消滅時効を中断するとして、原々決定を取り消し、Xの執行異議の申立てを却下する旨の決定をした。
　(3)　Xが、抗告の許可を申し立てた。
　(4)　本決定は、「物上保証人所有の不動産を目的とする根抵当権の実行としての競売手続において、債務者の所在が不明であるため、競売開始決定正本の債務者への送達が公示送達によりされた場合には、民訴法113条の類推適用により、同法111条の規定による掲示を始めた日から2週間を経過した時に、債務者に対し民法155条の通知がされたものとして、被担保債権について消滅時効の中断の効力を生ずると解するのが相当である。」と判示して、抗告を棄却した。物上保証人所有の不動産に対し差押えがされた場合に、債務者に対し競売開始決定正本が送達されれば、民法155条の通知がされたものとして、同正本が債務者に送達されたときに被担保債権の消滅時効を中断するというのが確立した判例である（最二小判昭50・11・21民集29・10・1537、判時800・45、最二小判平8・7・12民集50・7・1901、判時1580・108）。しかし、上記平成8年判例は、この送達がいわゆる付郵便送達によってされた場合について、民法155条の通知があったというためには、書留郵便の発送によって送達の効力が生ずるだけでは足りず、正本が債務者に到達しなければならないとし、実体法上の通知の効力は、訴訟手続上の送達の効力とは別個の問題として、あくまで実体法規によって決定されるという考え方を示している。ところが、平成10年1月に施行された新民事訴訟法において、一定の場合に訴訟手続上の公示送達によって実体法上の意思表示の到達の効力を認める113条が新設されたことから、本件のような場合にもこの規定が類推適用されるかが問題となる。この点、同条が本来想定している場面と競売開始決定正本が公示送達される場面とでは、かなり異なる側面があることは否定できず、本件のような場合に同条を類推適用することはできないとする見解もあり得るが、本決定は、詳細な理由付けを付した上で上記のように判示し、同条の類推適用を肯定した（その理由付け等の詳細については、判時1808・66参照）。

3　債権についての担保権の実行（物上代位）

【15】　13(許)23（△二小、平14・1・22、棄却。原審東京高決平13・5・22、原々審横浜地決平12・10・3）
　(1)　建物の根抵当権者が、抵当不動産の賃料に対して、物上代位権を行使することができるかが問題となった事案である。
　(2)　Yは、Xを債務者として、Xの妻子3名が共有するマンションの1室（本件建物）に根抵当権（本件根抵当権）を設定していたところ、Xが被担保債権の弁済を遅滞したため、本件根抵当権に基づき、本件建物の競売開始決定を得たが、この競売手続は、Xらの申立てによる不動産競売手続停止仮処分命令（本件仮処分）により停止した。そこで、Yは、本件根抵当権に基づく物上代位として、本件建物に係る賃料債権について債権差押えを申し立てたところ、原々審は、これを認容する

旨の決定をした。Xらが執行抗告を申し立てたが、原審は、抗告を棄却した。

(3)　Xらが、本件根抵当権の実行と本件根抵当権に基づく賃料に対する物上代位権の行使は選択的にのみなし得ると解すべきであり、本件は、抵当権の実行と賃料に対する物上代位権の重畳的な行使を認めた最二小判平元・10・27民集43・9・1070、判時1336・96とは事案が異なる、本件仮処分があるにもかかわらず、本件根抵当権に基づく賃料に対する物上代位権を行使することは許されないなどとして、抗告の許可を申し立てた。

(4)　本決定は、「所論の点に関する原審の判断は、正当として是認することができる。論旨は採用することができない。」と判示して、抗告を棄却した。

【16】 13(許)30 (◎一小、平14・6・13、棄却、民集56・5・1014、判時1790・106。原審大阪高決平13・8・10、原々審神戸地伊丹支決平13・5・30)

(1)　抵当権に基づく物上代位権の行使としてされた債権差押命令に対する執行抗告において、被差押債権の不存在又は消滅という実体上の事由を執行抗告の理由とすることの可否が問題となった事案である。

(2)　Xは、抵当権に基づく物上代位権の行使として、抵当不動産に係るYのZに対する賃料債権につき、債権差押命令の申立てをした。原々審は、これを認容する旨の決定をし、Zが執行抗告を申し立てた。執行抗告の理由は、①差押えを受けた賃料債権は、ZのYに対する保証金返還請求権との相殺により消滅した、②賃料債権のうち、Yが管理会社に支払うべき管理費等の相当額については、差押えの効力が及ばないというものであり、いずれも、被差押債権の不存在又は消滅という実体上の事由を主張して、債権差押命令の取消しを求めるものであった。原審は、Zの主張はいずれも理由がないと判断して、抗告を棄却した。

(3)　Zが、抗告の許可を申し立てた。

(4)　本決定は、「抵当権に基づく物上代位権の行使としてされた債権差押命令に対する執行抗告においては、被差押債権の不存在又は消滅を執行抗告の理由とすることはできない」と判示して、抗告を棄却した。物上代位権の行使としてされた債権差押命令に関しては、執行抗告をすることができる旨の規定（民事執行法145条5項）と担保権の不存在又は消滅を理由とする執行異議を認める規定（同法182条）が準用されているため（同法193条2項）、執行抗告において実体上の事由を主張することの可否については争いがある。実体上の事由のうち、担保権の不存在又は消滅という事由を執行抗告の理由とすることができるかどうかについては、これを肯定する見解が多数を占めるが（注解民事執行法(5)315頁、中野貞一郎「民事執行法」〔新訂4版〕343頁など）、被差押債権の不存在又は消滅という事由を主張することができるかについては、これを肯定する見解（注釈民事執行法(6)153頁）と否定する見解（東京地裁債権執行等手続研究会編・債権執行の諸問題175頁）があり、下級審裁判例は、動産売買先取特権に基づく物上代位権の行使としてされた債権差押命令に関する事案ではあるが、肯定するもの（大阪高決昭56・7・7判時

1031・120など）と否定するもの（東京高決平6・6・30判時1538・193）とがあった。本決定は、民事執行法上の基本的な論点について最高裁判所の判断を示したものであり、実務上大きな影響を及ぼすものと思われる（その理由付け等の詳細については、判時1790・106参照）。

【17】 14(許)12（△一小、平14・9・26、棄却。原審大阪高決平14・3・18、原々審大阪地決平14・1・18）

【18】 14(許)13（△一小、平14・9・26、棄却。原審大阪高決平14・3・18、原々審大阪地決平14・1・31）

(1) 【17】【18】における当事者及び事実関係は同一であり、いずれも、動産売買の先取特権に基づく物上代位権を行使することができるかが問題となった事案である。

(2) Xは、Zから、特殊照明器具及びその付属品の動産（本件動産）の各設置作業を含む建物の新築工事を請け負った。Yは、Xに対し、本件動産を売り渡し、これを上記建物の作業所に直接納品した。Yは、動産売買先取特権に基づく物上代位権の行使として、2度にわたり、XがZに対して有する本件動産の売買代金債権の一部につき、差押及び転付命令を申し立て、いずれについても、原々審は、債権差押及び転付命令を発した。Xは、XがZに対して有するのは、売買代金債権ではなく、請負代金債権であるから、動産売買先取特権は、XのZに対する債権には及ばないなどと主張して、執行抗告を申し立てた。原審は、最三小決平10・12・18民集52・9・2024、判時1663・107を引用し、XのZに対する債権が請負代金債権であるとしても、本件動産の転売による代金債権と同視するに足りる特段の事情があるから、XのZに対する請負代金債権に対して物上代位権を行使することができるなどと判示して、抗告を棄却した。

(3) Xが、本件においては、上記最決にいう「特段の事情」は認められないとして、抗告の許可を申し立てた。

(4) 本決定は、いずれの事件についても、「本件の事実関係の下では、抗告人の執行抗告を棄却した原審の判断は、正当として是認することができる。論旨は、採用することができない。」と判示して、抗告を棄却した。

4 船舶先取特権

【19】 13(許)10（○三小、平14・2・5、一部破棄・自判、一部棄却、集民205・395、判時1787・157。原審大阪高決平13・3・14、原々審神戸地決平13・1・26）

(1) 商法704条2項にいう「先取特権」に民法上の先取特権が含まれるかが問題となった事案である。

(2) Xは、Y_1との間で、Y_1とY_2との共有に係る船舶（本件船舶）について、船舶工事請負契約（本件請負契約）を締結し、修繕費請求権（本件修繕費請求権）を取得したが、Y_1からその支払を受けられなかったため、本件船舶について、本

件修繕費請求権を被担保債権とする商法上の船舶先取特権又は民法上の動産保存の先取特権が成立しているとして、競売を申し立てた。本件請負契約は、船舶安全法により船舶所有者等に義務づけられた法定検査とそれに伴い必要となった修繕工事を内容とするものである。原々審は、Y_2 は、本件請負契約の当事者ではなく本件修繕費請求権の債務者ではないから、その持分について先取特権は成立せず、Y_1 の持分についてのみ先取特権が成立する、本件修繕費請求権は、商法842条6号所定の債権とはいえないから、Y_1 の持分について成立する先取特権は、船舶先取特権ではなく、動産保存の先取特権（民法311条5号）であると判断し、Y_1 の持分についてのみ動産保存の先取特権に基づく競売開始決定をし、Y_2 の持分についての競売申立てを却下した。Xが執行抗告を申し立てたが、原審は、抗告を棄却した。

(3) Xは、本件修繕費請求権を被担保債権とする動産保存の先取特権の効力が Y_2 の持分には及ばないとした原審の判断は、商法704条2項に違反すると主張して、抗告の許可を申し立てた。

(4) 本決定は、商法704条2項にいう「先取特権には、民法上の先取特権も含まれると解するのが相当である。」として、原決定のうち、Y_2 に対する申立てに関する部分を破棄し、原々決定のうち、Y_2 の持分についての競売申立てを却下した部分を取り消して、原々審に差し戻した。本決定は、破棄決定であるため、詳細は、「最高裁民事破棄判決等の実情」（判時1822・34）を参照されたい。

Ⅲ 民事保全法

1 仮差押え

【20】14(許)30（△二小、平14・12・20、棄却。原審大阪高決平14・9・30、原々審京都地決平14・7・30）

(1) 川に架かる橋が動産として仮差押えの対象となるかが問題となった事案である。

(2) Xは、Yに対する債権を保全するため、Yが所有する土地（本件土地）に仮差押えをした。本件土地は、背後の山と前面の川に囲まれた袋地であり、公道に出るため、長さ11.93メートル、幅7メートルのコンクリート造りの橋（本件橋）が架けられている。本件橋は、Yが設置したものである。Xは、本件橋を目的とする動産仮差押えを申し立て、原々審は、本件橋は、土地の定着物であり、付着する土地に関する権利変動が当然にその定着物にも及ぶので、動産仮差押えの対象にはならないとして、上記申立てを却下した。Xが抗告したところ、原審は、本件橋が土地の定着物であるかどうかについては明示せず、本件橋は本件土地の従物であり、Xは既に本件土地について仮差押決定を得、同決定の効力が従物である本件橋にも及んでいるから、本件橋を独立の動産として仮差押えの対象とすることはできないとした。

Ⅲ 民事保全法

(3) Xは、本件橋は独立の動産であるなどと主張して、抗告の許可を申し立てた。

(4) 本決定は、「本件仮差押えの申立てを却下すべきものとした原審の判断は、結論において是認することができる。論旨は、原決定の結論に影響のない事項についての違法をいうものにすぎず、採用することができない。」と判示して、抗告を棄却した。民法上、不動産は「土地及ヒ其定着物」であり、不動産以外の物が動産であるとされる（民法86条1項及び2項）。この土地の定着物について、最一小判昭37・3・29民集16・3・643、判時292・2は、「民法86条1項にいう土地の定着物とは、土地の構成部分ではないが、土地に附着せしめられ且つその土地に永続的に附着せしめられた状態において使用されることがその物の取引上の性質であるものをいう」としているが、本件橋は、その形状、構造等からして、土地の定着物に当たるといえよう。本決定は、このような観点から、理由付けはともかくとして、原決定の結論は是認し得るとしたものであろう。

2　仮処分

【21】14(許)3（△三小、平14・3・12、棄却。原審札幌高決平13・12・21、原々審札幌地決平13・7・31）

(1) 労働契約上の地位保全及び本案判決が確定するまでの賃金仮払いを求めた仮処分の申立てに対し、その一部を却下した原決定の当否が問題となった事案である。

(2) Y会社に雇用されていたXは、従前から職場で嫌がらせを受けているなどと主張して、Y会社の代表者に対し、全従業員を対象とした調査を行うことなどを求めたところ、上記代表者は、Xに対し、配置転換を命じたが、Xにおいてこれを拒否したため、Xを解雇した。Xは、Y会社に対し、地位保全及び本案判決確定までの賃金仮払いを求める仮処分を申し立てた。原々審は、本案1審判決言渡しの日までの賃金仮払いのみを認め、地位保全及び本案1審判決言渡しの日以後の賃金仮払いを求める部分については、保全の必要性が認められないとして、却下した。Xが抗告したが、原審は、原々審の理由を引用し、抗告を棄却した。

(3) Xは、地位保全の仮処分の申立てを却下したことについて理由が付されていないことが民事保全規則9条に反するなどとして、抗告の許可を申し立てた。

(4) 本決定は、「所論の点に関する原審の判断は、正当として是認することができる。論旨は採用することができない。」と判示して、抗告を棄却した。

Ⅳ 破産法

1 別除権

【22】 14(許)16 (△二小、平14・12・10、棄却。原審福岡高決平14・4・19、原々審福岡地大牟田支決平12・12・11)

(1) 破産者が株式会社である場合に、破産財団から放棄された財産を目的とする別除権につき放棄の意思表示をすべき相手方が誰であるかが問題となった事案である。

(2) A株式会社は、平成8年4月15日に破産宣告を受け、Xが破産管財人に選任された。Yは、A株式会社に対する貸金債権（本件債権）を担保するため、A社所有の本件不動産に抵当権を有し、別除権者として本件債権を届け出たところ、平成8年7月3日、Xから異議が申し立てられた。Xは、本件不動産を任意売却して代金の一部を破産財団に組み入れようと試みたが、不調となったため、平成9年12月14日、破産裁判所の許可を受けて本件不動産を破産財団から放棄した。本件不動産は、このころ、A社の破産宣告時の代表取締役に引き渡され、その後、同代表取締役によって事実上管理され、平成10年2月13日、上記抵当権に基づく申立てにより、本件不動産につき競売開始決定がされた。平成12年10月11日、破産宣告時の代表取締役の委任状に基づいて、A社とYとの共同申請により、上記抵当権の設定登記の抹消登記がされた。Xは、同年10月12日、本件債権が記載されていない配当表を作成し、破産裁判所に提出した。これに対し、Yは、同年10月18日、本件債権を一般債権に変更する旨の破産債権変更届出書を破産裁判所に提出し、Xに対し、本件債権を配当に加えることを求めたが、Xは、同年11月2日、Yに対し、本件債権を配当に加えない旨を通知した。そのため、Yは、上記配当表に対して異議を申し立てた。原々審は、破産者が株式会社である場合、その代表取締役は破産宣告によって当然に退任するから、破産財団から放棄された不動産についての別除権放棄の意思表示は、清算人（商法417条2項）に対してする必要がある、上記事実関係によれば、Yにおいて清算人を選任する時間的余裕がなかったとはいえないから、破産宣告時の代表取締役に対してされた別除権放棄の意思表示を委任の終了に伴う応急の処分（商法254条3項、民法654条）として有効とすることはできないと判断して、Yの異議申立てを却下した。Yが即時抗告したところ、原審は、別除権放棄の意思表示を受領する行為は、本件不動産の管理に含まれ、精算的要素を含まないものであるから、そのために清算人を選任する必要はなく、破産宣告当時の代表取締役は、別除権放棄の意思表示を受領する相手方ともなり得ると解すべきであるなどとして、本件不動産についての別除権放棄の意思表示は有効であると判断して、原々決定を取り消した上、Xに対し、配当表を更正するよう命じた。

Ⅳ 破産法

(3) Xが、抗告の許可を申し立てた。
(4) 本決定は、「抗告人が本件不動産を破産財団から放棄するに当たりこれを破産会社の破産宣告当時の代表取締役に引き渡したことなど本件の事実関係の下においては、原審の判断は、結論において是認することができる。論旨は採用することができない。」と判示して、抗告を棄却した。破産財団から放棄された財産を目的とする別除権につき、別除権者が別除権の放棄の意思表示をすべき相手方は、破産者が株式会社である場合を含め、破産者である（最二小決平12・4・28集民198・193、判時1710・100）。ところが、破産者が株式会社である場合に、この意思表示を具体的に誰に対してすべきかについては、残された問題とされていた。この点については、裁判所が選任する清算人に対して行うべきであるとする見解（清算人説）と破産宣告時の代表取締役に対して行えば足りるとする見解（代表取締役説）とが考えられる。清算人説は、破産会社は、破産により解散するから（商法404条1号、94条5号）、破産宣告後において会社を代表する機関は清算人となるが、商法417条の文言及び取締役は会社の破産によって取締役の地位を失うこと（商法254条3項、民法653条）からすると、破産宣告時の代表取締役が清算人になるとはいえないことを理由とするものであり、学説上は多数説である。ただ、清算人説に対しては、清算人の選任の負担が大きく、破産管財人が選任されているにもかかわらず、別除権放棄のためだけに清算人を選任することは無駄な手続を強いる結果となるなどの実際上の不都合を指摘することができる。本決定は、本件の事実関係に照らして、配当表の更正を命じた原決定が結論において是認することができるとしたものであり、最高裁判所が清算人説、代表取締役説のいずれの見解を採用するかを判示したものとはいえないであろう。

2 破産原因

【23】14(許)27（△二小、平14・11・8、棄却。原審福岡高決平14・8・9、原々審熊本地決平14・6・27）

(1) 破産原因たる支払不能（旧破産法126条1項）の存否が問題となった事案である。
(2) Xは、支払不能の状態にあるとして、破産を申し立てた。原々審は、Xに破産原因は認められないとして、Xの申立てを棄却した。Xが即時抗告したところ、原審は、Xは、平成12年4月に11社との間で調停が成立し、それに従って返済していたが、平成14年2月ころ、新たにいわゆる日掛業者から借入れをしたため、返済が滞ったこと、Xの現在の収入は月額12万円程度であることなどから、Xが、債権者各社との間で調停を成立させることにより、負債を返済することはできなくはなく、支払不能に当たらないとして、抗告を棄却した。
(3) Xは、現時点において成立していない調停の成立を仮定して支払不能に当たらないとした原審の判断は、旧破産法126条1項に違反するなどと主張して、抗告の許可を申し立てた。

(4) 本決定は、「所論の点に関する原審の判断は、是認することができる。論旨は採用することができない。」と判示して、抗告を棄却した。

3 破産者等に対する扶助料の給与

【24】14(許)22（△一小、平14・10・24、棄却。原審仙台高決平14・7・19、原々審福島地郡山支決平14・6・5）

(1) 破産管財人による第1回債権者集会前の扶助料の給与の許可申請（旧破産法192条1項）を却下する決定に対し、破産者が即時抗告をすることの許否が問題となった事案である。

(2) 歯科医院を経営するXは、平成14年4月19日、破産の申立てをし、破産裁判所は、同年5月1日、Xを破産者とし、第1回債権者集会期日を同年8月27日と定める等の決定をした。破産管財人は、Xからの上申を受け、同年5月29日、Xに対する同年5月及び6月分の扶助料として月額100万円を財団債権とし、まず5月分として100万円をXに給与することの許可申請をした。原々審は、Xに対して破産財団から扶助料を給与する必要性がないなどとして、上記申請を却下した。Xが即時抗告したところ、原審は、破産手続に関する裁判について利害関係を有する者は、その裁判の結果に対して即時抗告をすることができるが（旧破産法112条）、その利害関係は法律上の利益が害される場合であることを要する、旧破産法192条1項の扶助料の給与の制度は、破産者及びこれに扶助されている者に対し、最低限の生活保障を図ろうとする人道上の見地から社会政策上認められた特別の制度であり、これによって、破産者等に扶助料の給付請求権又は給付申立権といった権利が付与されているものではないから、上記扶助料の給与の許可申請却下の裁判によって、破産者等が法律上の利益を害されたということはできず、破産者には前記裁判に対する不服申立権はないとして、抗告を却下した。

(3) Xは、破産者は扶助料の給与の許可について法律上の利害関係を有しているなどとして、抗告の許可を申し立てた。

(4) 本決定は、「所論の点に関する原審の判断は、正当として是認することができる。論旨は採用することができない。」と判示して、抗告を棄却した。

4 破産宣告

【25】14(許)25（△三小、平14・12・10、棄却。原審大阪高決平14・8・16、原々審大阪地堺支決平14・4・3）

(1) 破産を申し立てた株式会社の代表取締役に選任されたと主張する者が、破産宣告前に同破産申立てを取り下げたとして破産宣告決定に対して即時抗告することの許否が問題となった事案である。

(2) Aが代表取締役であるB社は、平成14年3月25日、破産を申し立てた。ところが、Aの父であるXは、臨時株主総会においてAは取締役を解任され、同総会により選任された取締役によってXが代表取締役に選任されたと主張して、

Ⅳ 破産法　　　　　　　　　　　　　　　　　　　　　　　　　　　121

同年4月2日、裁判所に対し、上記破産申立ての取下書を提出した。しかし、原々審は、A及びXを審尋した上、同月3日、B社に対する破産宣告決定をした。Xは、上記取下書提出時点におけるB社の代表取締役はXであり、Xの取下書提出によりB社の破産申立ては取り下げられたなどと主張して、即時抗告した。原審は、本件総会は、発行済み株式総数の約3分の2を有するAに対する招集通知を欠いたものであるから、法律上株主総会が存在したと評価することはできず、XがB社の代表取締役に選任されたということはできないとして、Xの抗告を不適法として却下した。

(3) Xは、AがB会社の発行済み株式総数の3分の2を有するとしたことは誤りであるなどとして、抗告の許可を申し立てた。

(4) 本決定は、「所論の点に関する原審の判断は、正当として是認することができる。論旨は採用することができない。」と判示して、抗告を棄却した。本件の抗告理由は、原審の事実認定を非難するものにすぎず、法令解釈の統一の観点から法律審が介入すべき余地は少ないように思われる。

5　免責決定

【26】13(許)33（△一小、平14・1・31、棄却。原審福岡高決平13・8・27、原々審熊本地人吉支決平12・12・26)

(1) 普通郵便による送付が旧破産法118条1項に定める郵便に付して行う送達に当たるかが問題となった事案である。

(2) 破産者であるAは、平成12年2月16日に免責決定を受けた。原々審は、同年3月3日、本件免責決定を官報に掲載して公告し、それから2週間が経過した同月18日に本件免責決定が確定した。その後、Xは、同年12月22日、本件免責決定に対して即時抗告した。原々審は、Xの即時抗告は、抗告期間経過後にされたものであって不適法であり、その不備を補正することができないとして、Xの抗告を却下した。Xは、異議申立期間が定められた破産者審尋期日の決定の送達を受けておらず、異議権を行使する機会が与えられていないから、本件免責決定の確定は遮断されるとして、即時抗告した。原審は、原々決定と同様の判断を示した上、旧破産法118条の送達は、普通郵便による送達を含み、原審は、破産者審尋期日の決定につき、この方法により送達を行ったものであるから、送達手続に瑕疵はないとしてXの主張を排斥した。

(3) Xは、旧破産法118条1項の郵便に付する送達は、民訴法107条と同様、書留郵便によるべきであるとして、抗告の許可を申し立てた。

(4) 破産者の審尋期日は、これを公告し、かつ、免責の効力が及ぶ知れたる債権者に送達することを要する（旧破産法366条ノ4第2項）。このように公告の外に送達を要する場合には、「書類ヲ郵便ニ付シテ」これを行うことができるとされているが（同法366条ノ20、118条）、この郵便に付する送達を普通郵便によることができるかについては、一般に肯定的に解されており（斉藤ほか編「注解破産法〔第

3版〕下巻」46頁など)、実務上も、この方法により行っているようである(裁判所書記官実務研究報告書「破産事件における書記官事務の研究」488頁など)。本決定は「所論に関する原審の判断は、正当として是認することができる。論旨は採用することができない。」と判示して、抗告を棄却した。

V 家事審判法

1 後見の開始

【27】 14(許)31 (△三小、平14・12・12、棄却。原審福岡高決平14・9・6、原々審大分家決平14・5・28)

(1) 後見開始の審判に対し、同審判の申立人自身が即時抗告することの許否が問題となった事案である。

(2) Aの夫であるBとAの姉であるXが、それぞれ別々にAについての後見開始の審判を申し立て、両者が併合審理された。原々審は、Aにつき後見を開始し、後見人として、Bを選任する旨の決定をした。Xは、本人の精神上の障害の程度等についての判断に違法があり、後見人の選任が不当であるとして、即時抗告した。原審は、後見開始の審判の申立人は、家事審判法14条、家事審判規則27条2項により、後見開始の審判に即時抗告することができない、後見人の選任は家庭裁判所の後見的役割にゆだねられ、その審判に対しては独立して即時抗告することはできないとして、Xの即時抗告を不適法として却下した。

(3) Xが、抗告の許可を申し立てた。

(4) 本決定は、「所論に関する原審の判断は、是認することができる。論旨は採用することができない。」と判示し、抗告を棄却した。

2 推定相続人の廃除

【28】 14(許)2 (〇二小、平14・7・12、棄却、集民206・815、判時1805・61。原審東京高決平13・11・7、原々審横浜家横須賀支決平12・12・27)

(1) 家事審判規則14条に基づき推定相続人廃除の審判に参加した者が、申立てを却下する決定に対して抗告することの許否が問題となった事案である。

(2) Aは、平成10年6月15日付けの公正証書遺言において、BないしDの各所為が被相続人に対する虐待ないし重大な侮辱に当たるとして、BないしDを廃除する意思を表示した(民法893条)。Aは、平成11年5月25日、死亡し、上記遺言によって遺言執行者に指定されたEが、BないしDをAの相続人から廃除するとの審判を求めた。原々審は、BないしDには、推定相続人廃除の事由が認められないとして、Eの申立てを却下した。これに対し、Eが即時抗告をしたが、原審も、同様の理由により、抗告を棄却した。なお、本件では、Aの長女であるXが、原審及び原々審において、家事審判規則14条に基づき、利害関係人として審判手

V 家事審判法

続への参加を申し立て、原審及び原々審は、これを許可していた。
　(3) 参加人であるXが、抗告の許可を申し立てた。
　(4) 本決定は、職権でXの抗告の適否について検討し、「遺言執行者が推定相続人の廃除を求める審判手続において、廃除を求められていない推定相続人が利害関係人として審判手続に参加した場合に、その参加人は廃除の申立てを却下する審判に対して即時抗告をすることができない」と判示し、Xの抗告を却下した。家事審判法では、審判に対しては、最高裁判所の定めるところにより、即時抗告のみをすることができるとされ（同法14条）、これを受けて、同規則では、即時抗告の対象となる審判と即時抗告権者が個別具体的に規定されており、即時抗告が許される審判及び抗告権者は、その旨の規定がある場合及び者に限定されると解するのが通説である。そして、推定相続人の廃除の審判については、同規則100条1項により、廃除の審判に対する推定相続人の抗告権が、同条2項による同規則27条2項の準用により、申立て却下の審判に対する申立人の抗告権がそれぞれ認められるが、これ以外の者の抗告権を定めた規定はなく、前記通説に従えば、同規則14条に基づいて審判手続に参加した者については、抗告権は認められないことになろう（その理由付け等の詳細については、判時1805・61参照）。

3 相続の放棄の申述の受理

【29】14(許)6（△三小、平14・4・26、棄却、家月55・11・113。原審東京高決平14・1・16、原々審千葉家八日市場支決平13・11・15）
　(1) 相続人が相続財産として積極財産の存在のみを認識し、消極財産の存在を認識していなかった場合における民法915条所定の熟慮期間の起算点が問題となった事案である。
　(2) 亡Aは、平成10年1月2日に死亡し、X_1～X_5がその相続人となった。X_1らは、亡Aの死亡当日、その事実を知り、同月9日ころ、Aの遺産である不動産をX_1に取得させる旨の遺産分割協議をした。X_1～X_5は、同月19日までの間に、「相続分不存在証明」と題する書面に署名押印し、X_1は、同月27日、本件不動産につき、相続を原因とする所有権移転登記手続をした。X_1らは、平成13年8月24日、亡Aの債権者から亡Aの債務の履行請求を受け、同年10月24日、相続放棄の申述（本件申述）をした。原々審は、相続人が被相続人の死亡事実とそれにより自己が相続人となった事実を知った後3か月以内に限定承認又は相続放棄をしなかったのが、被相続人に相続財産が全くないと信じたためであり、かつ、そう信じることについて相当な理由があると認められるときは、民法915条所定の3か月の熟慮期間は、相続人が相続財産の全部又は一部の存在を認識したとき又は通常これを認識し得べき時から起算すべきであるが、本件においては、X_1らは、遺産分割協議が行われた平成10年1月9日ころには、被相続人の遺産の存在を認識したというべきであるから、本件申述は、熟慮期間を経過した後にされたものといわざるをえないとして、本件申述を却下した。X_1らが即時抗告したが、原審も、同様の

判断を示して抗告を棄却した。

(3) X_1 らは、本件においては、民法915条所定の熟慮期間は、X_1 らが亡Aの債権者から請求を受けた平成13年8月24日から起算すべきであるとして、抗告の許可を申し立てた。

(4) 本決定は、「本件相続放棄の申述が不適法であるとした原審の判断は、正当として是認することができる。論旨は採用することができない。」と判示して、抗告を棄却した。最二小判昭59・4・27民集38・6・698、判時1116・29は、民法915条1項所定の熟慮期間について、原則として、相続人が相続開始の原因たる事実及びこれにより自己が法律上相続人となった事実を知った時から起算すべきものであるが、相続人が、上記各事実を知ったときから3か月以内に限定承認又は相続放棄をしなかったのが、被相続人に相続財産が全く存在しないと信じたためであり、かつ、被相続人の生活歴、被相続人と相続人との間の交際状態その他諸般の状況からみて当該相続人に対し相続財産の有無の調査を期待することが著しく困難な事情があって、相続人において前記のように信ずるについて相当な理由があると認められるときには、熟慮期間は相続人が相続財産の全部又は一部の存在を認識した時又は通常これを認識し得べき時から起算すべきとする。この判例につき、例外的に起算点を遅らせることができるのは、どのような場合かについて、①相続人が被相続人に相続財産が全く存在しないと信じた場合に限られるとする見解（限定説）と、②一部相続財産の存在は知っていたが、通常人がその存在を知っていれば当該相続放棄をしたであろうような債務が存在しないと信じた場合も含まれるとする見解（非限定説）とがあったが、最三小決平13・10・30、判時1790・30は、限定説を採用して相続放棄の申述が不適法であるとした原審の判断を正当として是認している（なお、この決定については、尾島明「民法915条1項の熟慮期間の起算点」家月54・8・1参照）。本決定も、上記決定と同様に、限定説を採用したものといえよう。

【30】14(許)21（△三小、平14・11・8、棄却。原審福岡高決平14・7・10、原々審佐賀家決平14・2・18）

(1) 相続人が相続財産として積極財産の存在のみを認識し、消極財産の存在を認識していなかった場合における民法915条所定の熟慮期間の起算点が問題となった事案である。

(2) 亡Aは、平成11年2月10日に死亡し、X及びBがその相続人となった。亡Aの主たる相続財産である土地建物には、B及びその家族が居住していたことから、Xは、平成11年2月25日までに、Bとの間で上記土地建物をBに相続させることを合意し（本件合意）、Bは、上記土地建物につき相続を原因とする所有権移転登記手続を行った。Xは、平成13年12月中旬ころ、亡Aに1880万円の借入れがあることを初めて知ったとして、平成14年1月28日、相続放棄の申述（本件申述）をした。原々審は、Xは、相続財産である土地建物をBに相続させる旨

の本件合意をしたことにより遺産を処分したものであり、民法921条1号により単純承認をしたものとみなされるとして、本件申述を却下した。Xは、消極財産の存在を知らないでした相続財産の処分は錯誤により無効であるから、法定単純承認の効果は生じないなどとして、即時抗告した。原審は、仮に、Xが亡Aの債務の存在を知らなかったとしても、Xには重過失が存在するから、本件合意が錯誤により無効となることはないとして、抗告を棄却した。

(3) Xは、亡Aの債務の存在を知らなかったことにつきXに重過失があったとする原審の判断は、民法95条の解釈を誤ったものであるなどとして、抗告の許可を申し立てた。

(4) 本件においては、Xは、遅くとも本件合意がされた平成11年2月25日には亡Aに相続財産があることを知っていたから、【29】事件における限定説に従うと、民法915条所定の熟慮期間は、Xが亡Aに債務があることを知っていたか否かにかかわらず、この時から進行し、本件申述は不適法となる。そうすると、仮に、本件合意が錯誤により無効であったとしても、本件申述は不適法であるから、本件合意が法定単純承認事由に当たるとする原決定を論難するXの抗告理由は、原決定の結論に影響しない事項の違法をいうにすぎないものとなろう。本決定は、「本件相続放棄の申述が不適法であるとした原審の判断は、是認することができる。論旨は、原決定の結論に影響を及ぼさない事項についての違法をいうものにすぎず、採用することができない。」と判示して、抗告を棄却した。

4 相続財産の処分

【31】14(許)8（△二小、平14・5・31、棄却。原審福岡高決平14・1・29、原々審佐賀家決平13・10・29）

(1) 遺産分割事件において、未分割の遺産共有状態にある財産のみを有し固有の財産を有しない相続人が、他の相続人に対して財産全部の包括遺贈をし、これに対して遺留分減殺請求がされた場合に遺留分権利者に帰属する権利が遺産分割の対象となる財産としての性質を有するかが問題となった事案である。

(2) 亡Aは、平成6年3月7日に死亡し、相続人は、亡Aの妻である亡B及び子であるX、Y、Cほか4名である。亡Aの遺産としては、土地及び建物（本件不動産）があり、各相続人の相続分は、亡Bが14分の7、その他の相続人が各14分の1である。亡Bは、平成10年3月10日に死亡し、その所有する財産全部を包括してYに相続させる旨の遺言（本件遺言）をしたが、亡Bの所有財産としては、固有の財産はなく、亡Aの遺産についての共有持分のみであった。また、X及びCを除く相続人らは、自己の相続分をYに譲渡した。Xは、本件遺言につき、遺留分減殺請求の意思表示をした。原々審は、本件遺言及び上記相続分の譲渡の結果、本件不動産についての相続分は、Xについて28分の3、Yについて28分の23、Cについて28分の2となったとした上で、Yが本件不動産の共有持分28分の26、Cが本件不動産の共有持分28分の2を取得し、Yは、Xに対し、約315万円の代償

金を支払うとの審判をした。Xは、Xにも本件不動産の共有持分を取得させる分割をすべきであるとして、即時抗告した。原審は、Xの抗告を棄却したが、その理由において、原決定の判断に付加し、Xは、本件遺言は、Bの遺産全部を対象とする包括遺贈と解されるところ、遺留分権利者が遺留分減殺請求権を行使した場合に遺留分権利者に帰属する権利は、遺産分割の対象となる財産としての性質を有しないから、Bの相続分について、Xの遺留分減殺請求により生じた共有関係の解消は、共有物分割によるべきであると主張するが、Bが本件遺言をしたのは、亡Aの遺産につき未分割の遺産共有状態の時点であり、Bが固有の財産を有していたとは認められないから、本件遺言に対する遺留分減殺請求により、Yの相続分が修正されることになると判示した。

(3) Xは、Bの法定相続分について、Xの遺留分減殺請求により生じた共有関係の解消は、共有物分割手続によるべきであり、これを遺産分割により行うとした原決定は、最二小判平8・1・26民集50・1・132、判時1559・43に反するなどとして、抗告の許可を申し立てた。

(4) 本決定は、「原審の確定した事実関係の下においては、所論の点に関する原審の判断は、是認することができる。所論引用の判例は、事案を異にし本件に適切でない。論旨は、採用することができない。」と判示して、抗告を棄却した。8年判決は、遺言者の財産全部の包括遺贈は、遺贈の対象となる財産を個々的に掲記する代わりにこれを包括的に表示する実質を有し、その限りで特定遺贈とその性質を異にするものではなく、これに対して遺留分権利者が減殺請求権を行使した場合に遺留分権利者に帰属する権利は、遺産分割の対象となる相続財産としての性質を有しないとしたものである。このように8年判決が、全部包括遺贈のうち、それが遺贈の対象となる財産を個々的に掲記する代わりにこれを包括的に表示する実質を有する場合についてのものであるのに対し、遺留分減殺請求の対象となった本件遺贈は、亡Aの遺産に対する亡Bの割合的持分をYに対して遺贈するというものであって、遺贈の対象となる財産を個々的に掲記する代わりにこれを包括的に表示する実質を有するということはできないから、8年判決とは事案を異にすることになろう。

5 子の監護に関する処分

【32】14(許)33（△二小、平14・12・6、棄却。原審札幌高決平14・9・3、原々審札幌家決平14・6・11）

(1) 子の監護者の指定・引渡しに関する審判手続の適否が問題となった事案である。

(2) 母Xは、父Yが長男Aの誕生を契機に抑うつ状態に陥ったことから、Yと別居し、Xの両親、長男A及び長女Bとともに暮らしていた。Yは、Bが通う幼稚園に赴き、付添いの祖母（Xの母）から力づくでBを奪い、Y宅に連れ帰った。Xは、A及びBの監護者の指定及びBの引渡しを求め、原々審は、A及びBの監

護者をXと定め、Yに対しBの引渡しを命じた。Yが即時抗告したが、原審は、抗告を棄却した。

(3) Yは、原々審の手続において、Bに対する十分な面接が行われていないから、原決定は、児童の権利に関する条約3条及び12条に違反するとして、抗告の許可を申し立てた。

(4) 本決定は、「所論の点に関する原審の判断は、正当として是認することができる。論旨は採用することができない。」と判示して、抗告を棄却した。

VI　その他

1　行政事件訴訟法

【33】13(行ワ)1（○三小、平14・2・12、棄却、集民205・415、判時1782・159。原審東京高決平13・10・10、原々審東京地決平13・7・17）

(1) 行訴法22条1項の規定により第三者を訴訟に参加させる決定に対する訴訟当事者の即時抗告の許否が問題となった事案である。

(2) Xが原告となって提起した労働委員会の救済命令取消訴訟において、救済申立てをした労働組合及び労働者（Zら）が、行訴法22条に基づき、被告である中央労働委員会への参加を申し立てた。原々審は、Zらの参加を許可する旨の決定をした。Xが即時抗告したところ、原審は、行訴法22条3項は、文理解釈上、第三者の訴訟参加を許可する決定に対する訴訟当事者の即時抗告を許容していないことは明らかである、行政訴訟事件における取消判決は第三者に対しても効力を有する（行訴法32条）から、これにより権利を害される立場にありながら参加を拒否された第三者の利益の保護を図るため、第三者に即時抗告権を与える必要があるが、当該訴訟の当事者は自ら主体的に訴訟行為をすることができるのであるから、第三者のような利益保護を図る必要がないなどとして、抗告を棄却した。

(3) Xが、抗告の許可を申し立てた。

(4) 本決定は、「行政事件訴訟法22条の規定する第三者の訴訟参加につき、同条3項は、同条1項の参加の申立てをした第三者はその申立てを却下する決定に対して即時抗告をすることができる旨を規定するのみであり、当該第三者を参加させる決定に対する訴訟当事者の即時抗告を同法は予定していないというべきである。」と判示して、抗告を棄却した。行訴法22条1項の規定により第三者を訴訟に参加させる決定に対する訴訟当事者の即時抗告権の有無については、従来から、消極説と積極説の対立があったが、本決定は、最高裁判所として初めて消極説を採用することを明らかにしたものである（本決定の理由付け等の詳細については、判時1782・159参照）。

【34】14(行ツ)1（〇一小、平14・2・28、棄却、集民205・835、判時1781・96。原審東京高決平13・12・18、原々審東京地決平13・11・6）

【35】14(行ツ)2（△一小、平14・2・28、棄却。原審東京高決平13・12・18、原々審東京地決平13・11・6）

【36】14(行ツ)3（△一小、平14・2・28、棄却。原審東京高決平13・12・18、原々審東京地決平13・11・6）

【37】14(行ツ)4（△一小、平14・2・28、棄却。原審東京高決平13・12・18、原々審東京地決平13・11・6）

【38】14(行ツ)5（△一小、平14・2・28、棄却。原審東京高決平13・12・18、原々審東京地決平13・11・6）

(1) 収容令書の執行により収容された者に対して退去強制令書が発付され執行された場合において、収容令書の執行停止を求める申立ての利益の有無が問題となった事案である。なお、【34】～【38】は、基本事件の事案の概要、申立ての内容等はいずれもほぼ同一である。

(2) Xらは、本邦に不法入国又は在留期間経過後、アフガニスタンのタリバン政権下で迫害を受けた難民であるとして、法務大臣に難民認定申請をしていた。Xらは、平成13年10月3日、東京入国管理局と警視庁等との合同調査により、摘発され、それぞれ出入国管理及び難民認定法24条1項に該当すると疑うに足りる相当な理由があるとして、同日、Y（東京入国管理局主任審査官）から同法39条に基づく収容令書（本件収容令書）の発付を受けて、同令書の執行により東京入管収容場に収容された。Xらは、本件収容令書発付処分が、難民の地位に関する条約に違反するなどと主張して、その取消しを求めるとともに、本件収容令書の執行停止を申し立てた。原々審は、上記執行停止を認容したが、原審は、平成13年12月18日、原々決定を取り消して、上記執行停止の申立てを却下した。そして、原決定後である同月27日付けでXらについて退去強制令書発付処分がされた。

(3) Xらが、抗告の許可を申し立てた。

(4) 本決定は、「収容令書による収容は、退去強制手続において容疑事実である退去強制事由に係る審査を円滑に行い、かつ、最終的に退去強制令書が発付された場合にその執行を確実にすることを目的として行われるものであるから、退去強制令書が発付され執行されたときは、その目的を達し、収容令書は効力を失い、以後は退去強制令書の執行として収容が行われることになるというべきである。したがって、既に、退去強制令書が発付され、それが執行されている本件においては、本件収容令書の執行停止を求める利益は失われ、本件申立ては不適法となったものといわなければならない。」と判示して、抗告を棄却した（本決定の理由付け等の詳細については、判時1781・96参照）。

VI その他   129

【39】14(行ツ)6（△二小、平 14・4・26、棄却、訟月 49・12・3080。原審東京高決
平 14・1・25、原々審東京地決平 13・12・18）
　(1)　退去強制令書に基づく収容部分の執行につき、行訴法 25 条 2 項所定の「回
復困難な損害」の有無が問題となった事案である。
　(2)　不法入国者又は不法上陸者であると認定された X_1～X_7 は、法務大臣に対し
異議の申出をしたが、法務大臣は、在留特別許可を認めず、X_1 らの異議の申出は
理由がないと裁決し、これを受けて、Y（福岡入管主任審査官）は、X_1 らに対し、
退去強制令書を発付し、X_1 らは、収容された。X_1 らは、法務大臣の裁決には裁量
権を逸脱、濫用した違法があり、Y が本件裁決に基づいてした退去強制令書発付処
分も違法であるとして、本件裁決及び退去強制令書発付処分の取消しを求めるとと
もに、本案訴訟の判決確定まで退去強制令書の執行停止を申し立てた。原々審は、
退去強制令書に基づく執行のうち、送還部分に限り、本案訴訟の第 1 審判決言渡し
までの執行停止を認めたが、収容部分及び本案訴訟の第 1 審判決言渡後における送
還部分については、申立てを却下した。X_1 らは即時抗告をしたが、原審は、原々
決定を引用した上で、①行訴法 25 条 2 項にいう「回復困難な損害」とは、一般的に、
財産的であると非財産的であるとを問わず、行政処分を受けることによって被る損
害が、原状回復あるいは金銭賠償のいずれの方法によっても回復不能なもの又は社
会通念上その回復が容易でないとみられる損害をいう、②退去強制令書に基づく収
容は、出入国の公正な管理を図る見地から、送還が可能になるまでの間、身柄を確
保し、本邦内の在留活動を禁止することを目的とするものであるから、被収容者が、
居住、就業等につき禁止ないし制限を受けるなど、収容に伴う自由の制限やそれに
よる精神的苦痛等の不利益を受けることを当然に予定しているから、同不利益は、
収容に必然的に伴うものとして、社会通念上金銭賠償による回復も可能と解され、
それをもって満足するのもやむを得ない、③ X_1 ないし X_6 については、既に仮放
免が許可されており、仮放免許可取消事由が生じない限り、仮放免期間の満了によ
り直ちに収容されるものとは認められないことなどからすると、回復困難な損害を
避けるために退去強制令書の収容部分の執行を停止する緊急の必要性があるとは認
められない、④ X_7 については、就業が不可能となり、子と引き離される等の経済
的、精神的苦痛が生じる等の損害が生じ得ることは推認されるが、同損害は、収容
に伴って通常生じる損害であるから、回復困難な損害を避けるために退去強制令書
の収容部分の執行を停止する緊急の必要性があるとは認められないなどとして、抗
告を棄却した。
　(3)　X_1 らは、原決定には行訴法 25 条 2 項にいう「回復困難な損害」の解釈に関
する誤りがあるとして、抗告の許可を申し立てた。
　(4)　本決定は、「原審の適法に確定した事実関係によれば、本件各退去強制令書
の収容部分の執行により抗告人らが受ける損害は、いずれも社会通念上金銭賠償に
よる回復をもって満足することもやむを得ないものというべきである。原審は、抗
告人らが受ける各損害を個別、具体的に検討した上で、上記各部分の執行により生

ずる回復の困難な損害を避けるため緊急の必要があるということはできないとしたものであり、この判断は是認することができる。」と判示して、抗告を棄却した。

【40】 14(行ツ)8（△二小、平14・9・13、棄却。原審大阪高決平14・3・13、原々審大阪地決平13・9・27）

(1) 社会保険庁長官がした厚生年金保険法による障害基礎年金等の不支給処分につき大阪府知事が行訴法12条3項にいう「事案の処理に当たった下級行政機関」に該当するかが問題となった。

(2) Xは、A社会保険事務所に対し、パーキンソン病初期の疑い（本件傷病）により障害の状態にあるとして、国民年金・厚生年金保険・船員保険障害給付裁定請求書（本件裁定請求書）を提出した。A社会保険事務所は、本件裁定請求書を受け付け、記載事項の不備等を調査し、添付書類等の正確性を確認した上で、本件裁定請求書及び添付書類をY（社会保険庁長官）に送付して進達した。Yは、A社会保険事務所長に対し、「本件傷病の初診日である平成10年3月31日において、Xは厚生年金保険の被保険者ではなく、一方、Xが60歳以上65歳未満であることから、国民年金保険の受給権を得る可能性があるため、国民年金において取り扱われたい。」と指示して、本件裁定請求書をA社会保険事務所長に返戻した。A社会保険事務所は、Xに対し、「本件裁定請求書は、社会保険庁が調査した結果、厚生年金期間中の病気ではないため取り扱うことができないとして返戻された。老齢年金の請求を提出してほしい。」と連絡した。A社会保険事務所は、Xに対し、国民年金障害であること等を説明したが、Xは、厚生年金保険で取り扱って欲しい旨を述べた。そこで、A社会保険事務所は、社会保険庁に対し、「Xが厚生年金障害として取り扱って欲しい旨を繰り返し主張しているので、社会保険庁において審査し、仮に国民年金扱いになっても返戻することなく行政処分を行うようお願いする。」旨の書面（本件書面）を送付して、再進達した。Yは、Xに対し、本件傷病の初診日においてXは厚生年金保険の被保険者ではなかったという理由により、障害基礎年金及び障害厚生年金を支給しない旨の処分（本件処分）を行った。Xは、Yを被告として大阪地方裁判所に本件処分の取消訴訟を提起したところ、Yが、行訴法12条1項により本件訴訟はYの所在地の裁判所である東京地方裁判所の管轄に属する旨を主張して、本件訴訟を東京地方裁判所に移送する旨の申立てをした。原々審は、本件において、大阪府知事は、行訴法12条3項にいう「事案の処理に当たった下級行政機関」に該当しないから、本件訴訟は、大阪地方裁判所の管轄に属さないとして、本件訴訟を東京地方裁判所に移送する旨の決定をした。原審は、行訴法12条3項にいう「事案の処理に当たった下級行政機関」とは、当該処分又は裁決に関し事案の処理そのものに実質的に関与した下級行政機関をいうものと解するのが相当である、大阪府知事の補助機関であるA社会保険事務所の担当者は、本件裁定請求書の提出を受けた際、これを受領し形式的な審査をしてYに進達したにすぎず、事実関係の調査や意見具申を行っていない、Xの裁定請求の審査に当

Ⅵ その他

たっては、Xの右手指等の振顫がパーキンソン氏病によるものであることなどを認定判断する必要があるから、障害厚生年金の支給要件該当性が一義的かつ明確であったということもできないとして、大阪府知事は、行訴法12条3項にいう「事案の処理に当たった下級行政機関」ということはできないとし、抗告を棄却した。

(3) Xは、A社会保険事務所の担当者は、Xに対して国民年金の受給手続をするよう説明したのであるから、事案の処理そのものに実質的に関与したというべきであるなどと主張し、抗告の許可を申し立てた。

(4) 本決定は、「原審の適法に確定した事実関係の下においては、所論の点に関する原審の判断は、正当として是認することができる。論旨は採用することができない。」と判示して、抗告を棄却した。

2 行政機関の保有する情報の公開に関する法律

【41】 14(行ツ)9（△三小、平14・9・24、棄却。原審仙台高決平14・5・28、原々審仙台地決平14・3・29）

(1) 行政機関の保有する情報の公開に関する法律（情報公開法）36条2項に規定された裁量移送の要件該当性が問題となった事案である。

(2) Xは、情報公開法に基づき、Yに対し、在フランス日本国大使館、在イタリア日本国大使館及び在ホノルル日本総領事館の平成11年度の報償支出に関する一切の資料の開示請求をしたが、同資料をいずれも不開示とする旨の決定を受けた。Xは、同不開示処分の取消訴訟を、情報公開法36条1項により管轄が認められる裁判所（特定管轄裁判所）である仙台地方裁判所に提起した。ところで、東京地方裁判所には、AがYを被告として提起した行政文書不開示処分取消請求事件（別件訴訟）が係属中であった。別件訴訟は、Aが、情報公開法に基づき、Yに対し、外務省大臣官房等の平成11年度中の平成12年2月及び3月支出の報償費に関する支出証拠等の開示請求をしたところ、これを不開示とする旨の決定を受けたため、その取消しを求めた行政訴訟である。Yは、別件訴訟が東京地方裁判所に係属していることを理由として、情報公開法36条2項に基づいて本件訴訟を同裁判所に移送する旨を申し立てた。原々審は、本件移送の申立てを却下し、Yが即時抗告したが、原審は、原決定を引用し、①本件訴訟における不開示処分の対象文書は、別件訴訟におけるものと同一又は同種若しくは類似の行政文書に当たる、②情報公開法の趣旨目的、特定管轄裁判所を設置した経緯、同法36条2項の内容に照らすと、特定管轄裁判所に情報公開訴訟を提起する原告の利益は大いに尊重されるべきであって、特定管轄裁判所に提起された訴えを一般管轄の裁判所に移送するには、情報公開法36条2項の掲げる諸要素について、移送を相当とすべき個別的具体的な事情を必要とすると解するのが相当である、③本件訴訟における争点及び立証方法は、別件訴訟と共通のものになると解されるが、本件訴訟が別件訴訟と個別に審理されることによって訴訟経済上又は当事者の訴訟追行上看過し難い不都合が生ずることを具体的に示す事情は認められない、④行政機関の応訴の負担が著しく過大な

ものとなるような特段の事情がない限り、原告の出訴の便宜を尊重するのが情報公開法の趣旨に沿うものと解すべきところ、本件訴訟においては、前記のような特段の事情は認められないとして、抗告を棄却した。

(3) Yが、情報公開法36条2項の趣旨や制定経緯等に照らすと、複数の訴訟において、具体的な争点、証拠の共通性が否定されるなど、移送を相当とすべきではない事情がある場合を除き、同項に基づく移送が認められるべきであるなどとして、抗告の許可を申し立てた。

(4) 本決定は、情報公開法36条2項に基づく移送の制度は、「同一又は同種若しくは類似の行政文書に係る情報公開訴訟が異なる裁判所に複数係属した場合における当事者及び証人の負担を軽減するとともに、共通する争点について審理が重複して行われることによる訴訟遅延や不経済、判断の矛盾抵触を回避することを目的として、受訴裁判所の裁量により移送することを認めたものと解される。このような立法趣旨からすれば、同項による移送が相当とされるのは、訴訟経済上又は当事者の訴訟遂行上看過し難い不都合が生じ、被告の応訴負担が原告の負担に比して著しく過大なものとなる特段の事情がある場合に限られるものではないと解するのが相当である。しかし、原審の適法に確定したところによれば、本件移送の申立てを却下すべきものとした原審の判断が裁量を逸脱したものというべき事情は認められないから、原審の上記判断は、結論において是認することができる。」と判示して、抗告を棄却した。

3　民事再生法

【42】 14(許)5　(△二小、平14・9・27、却下。原審福岡高決平14・1・18、原々審熊本地決平13・12・19)

(1) 民事再生法31条に基づいて担保権の実行の中止が期限付きで命ぜられた場合において、その期限後にされた同中止命令に対する抗告の許否が問題となった事案である。

(2) Xは、Y（銀行）との間で、Yとの取引によって生ずる一切の債務の担保として、毎年2月12日の時点で、以後1年間にXが取引先のクレジット会社、信販会社等に対して取得すべき債権を予め包括的にYに譲渡する旨の、いわゆる集合債権譲渡担保契約（本件担保契約）を締結していた。Xは、平成13年12月19日、熊本地方裁判所に民事再生手続の開始を申し立て、原々審は、同日、Xの申立てに基づき、Yは、平成14年1月31日までの間、本件担保契約に基づく譲受債権につき、債権譲渡の対抗要件に関する民法の特例等に関する法律2条2項所定の通知をする等の権利行使をしてはならない旨の決定をした（本件決定）。Yが、即時抗告したが、原審は、同月18日、抗告を棄却した。

(3) Yが、同月24日に抗告の許可を申し立て、原審は、同年2月8日、抗告を許可した。

(4) 民事再生法31条に基づく担保権実行中止命令は、この命令において定めた

Ⅵ　その他

相当の期間の経過によって当然に効力を失うとされている（伊藤眞ほか編「注釈民事再生法」95頁など）。そうすると、本件決定は、本決定時点において既に失効しているから、これに対する抗告は、抗告の利益がなく、不適法というべきである。本決定は、以上の事実関係に基づき、本件決定「の定めた期間は既に経過しており、この決定の効力は現時点では失われたものであることが明らかである。したがって、この決定に対する即時抗告を棄却した原決定について、もはや抗告の利益はないというべきであり、本件抗告は、論旨について判断するまでもなく、いずれも却下を免れない。」と判示して、抗告を却下した。

平成15年度

高橋利文／佐藤裕義

I 民事訴訟法
1 遅滞を避けるための移送【1】
2 裁判官の忌避【2】【3】
3 補助参加【4】
4 文書提出命令【5】～【8】
5 更正決定【9】
6 抗告【10】
7 再審【11】
8 担保の取消し【12】

II 民事執行法
1 売却許可決定【13】～【15】
2 引渡命令【16】～【18】
3 債権差押命令【19】
4 間接強制【20】
5 債権についての担保権の実行（物上代位）【21】～【23】

III 民事保全法
1 仮差押え【24】
2 仮処分【25】【26】

IV 破産法
1 破産原因【27】
2 免責【28】～【30】

V 民事再生法
1 再生手続開始申立て【31】
2 担保権消滅許可決定【32】【33】
3 競売手続中止決定【34】
4 再生計画認可決定【35】

VI 家事審判法
1 婚姻費用の分担に関する処分【36】～【39】
2 子の監護に関する処分【40】【41】
3 財産の分与に関する処分【42】
4 遺産の分割に関する処分【43】【44】
5 戸籍法に規定する事件【45】
6 抗告【46】～【48】

VII その他
1 行政事件訴訟法【49】【50】
2 商法【51】～【53】

はじめに

1　平成15年度における許可抗告の実情を紹介する。

新受件数は、平成10年が10件、平成11年が42件、平成12年が59件、平成13年が34件、平成14年が50件、平成15年が54件であった。一時減少した新受件数は再び増加傾向に転じている。

各年中に決定された事件のうち最高裁判所民事判例集（民集）又は最高裁判所裁判集民事（集民）に登載されたものの数と割合を年度別にみてみると、平成10年は、2件中登載1件（50パーセント）、平成11年は、32件中登載6件（19パーセント）、平成12年は、51件中登載12件（23パーセント）、平成13年は、53件中登載12件（23パーセント）、平成14年は、42件中登載7件（17パーセント）、平成15年は、53件中登載9件（17パーセント）であった。

2　許可抗告（民訴法337条）は、特別抗告（同法336条）と同様に、決定に対する本来の不服方法に加えて特に認められた不服方法であるが、特別抗告が憲法違反を抗告事由とするのに対して、許可抗告は、法令解釈に関する重要な事項を含む事件であると高等裁判所が認めて許可したことを申立ての要件とするものである。上告受理申立ての場合と異なり、法令解釈に関する重要な事項を含む事件であるかどうかを高等裁判所の判断にゆだねた理由は、法令違反についての最終判断は原則として高等裁判所に属すること（法令違反は上告の事由ではない）、及び多数の抗告事件を処理していることから、高等裁判所は、当該論点の重要性を熟知し、解釈統一の必要性を適切かつ客観的に判断することができる立場にあると考えられるからである。それが故に、一度許可された後は、最高裁判所が許可に値しないと判断したとしても、最高裁判所は当該論点への応答をすることになる。

したがって、高等裁判所は、自らの決定、命令を正当であるとするときでも、その判断に判例と異なる点がある場合又は真に法令解釈に関する重要な事項を含む場合には、抗告を許可すべきである。

許可抗告決定のうち最高裁判所民事判例集（民集）又は最高裁判所裁判集民事（集民）に登載されたものの割合は、冒頭に紹介したとおりであり、許可された事件のうち相当件数が法令解釈に関する重要な事項を含んでいたということができる。他方、単なる事実認定に関する事項又は専ら受訴裁判所の訴訟上の裁量に属すると考えられる事項について許可をしたものも少なくない。その様な観点から、次のとおり、前回と同様の指摘を繰り返しておきたい。

(1)　法令解釈に関する見解が明らかである場合に、個別事件における事実認定、要件への当てはめの判断は、通常は、法令解釈に関する重要な事項とはいえない。

また、判例により示された解釈の実務上の運用にかかわる事項は、当該実務を担当する下級裁における事例集積にこそ意味がある場合が多い。このような場合、下級裁での事例集積、要件の類型化に関する実務的検討が十分にされていない段階

で、個別事案に関する要件該当性の争いを法律審である最高裁判所に判断させることは、相当ではない。

(2) 判例がない論点について新解釈を展開した場合、その実務的検証、学説での批評等もなく、論点が未成熟な段階で、直ちに抗告を許可することに対しても一考の余地がありそうである。決定、命令手続に関する論点について法律審の判断が示されれば、実務の運用が容易になるといえるが、判断材料の少ない段階で、しかも、簡易迅速な判断を求められる手続で法律審の判断を示すことには、実務の運用を硬直化するおそれがあることも否定できないからである。高等裁判所は、最高裁判所への抗告の相当性の判断を託されているのであるから、最高裁判所が現時点において当該論点について判断を示すことが相当かどうかという観点からも、許否の判断をすることが求められているといえよう。

(3) 論点自体としては法令解釈に関する重要な事項に当たるが、当該事案の解決に影響しない論点については、許可は不相当となるものと考えられる。例えば、甲及び乙の両要件の充足を要する基本申立てについて、この要件がいずれも充足されていないとして申立てが排斥され、両要件の解釈を巡って抗告許可が申し立てられた場合に、甲要件に関する原裁判所の解釈は判例、学説に沿うものであるが、乙要件に関する原裁判所の解釈は判例、学説に争いがあるとして、抗告を許可することは相当ではない。なぜならば、基本申立てを排斥する理由としては甲要件の欠如のみで十分であり、甲要件に許可すべき理由がないとすれば、乙要件に関してどのような解釈を採っても原裁判の結論は変わらないからである。許可抗告は、法令の解釈に関する重要な事項について、解釈統一の機能を有する特別な抗告であるが、抽象的な法令解釈のために時日を費やすことは相当ではないし、当事者を具体的事件の解決を離れた論争に巻き込むことも相当とは考えられないからである。

3 本稿は、佐藤裕義元最高裁判所調査官室付書記官が平成15年中に決定のあった許可抗告事件を整理したものである。

事件見出しに◎を付したものは民集登載事件、○を付したものは集民登載事件、△を付したものはいずれにも登載されなかったものである。

平成15年中の既済件数53件のうち民集登載件数は5件、集民登載件数は4件、基本事件の種類としては民事訴訟事件12件、民事執行事件11件、民事保全事件3件、破産事件4件、民事再生事件5件、家事審判事件13件、その他が5件であり、このうち、原決定が破棄されたものは4件であった。

なお、事案の概要等は、許可抗告事件の実情を紹介するのに必要な範囲で適宜省略し、事案の骨子のみを記載した。

掲載の順序は、原決定に関する手続法規ごとに分け、その中で、決定日の順に掲載した。

I 民事訴訟法

1 遅滞を避けるための移送

【1】 15(許)25（△二小、平15・7・11、棄却。原審福岡高決平15・3・19、原々審福岡地決平15・1・28）

(1) 民訴法17条に基づく移送決定の当否が問題となった事案である。

(2) Xが、Y株式会社に対し、配転命令の無効確認及び配転命令が不法行為に当たるとして慰謝料の支払を求める訴えを福岡地方裁判所に提起した。Xの主張によると、不法行為が行われた地は、Y社福岡支店の所在地である福岡市であった。Yは、Xの住所地及び勤務地（配転先）は名古屋市内であるから、民訴法5条1号（義務履行地）及び9号（不法行為地）により名古屋地方裁判所も管轄権を有するところ、福岡地方裁判所で審理することは訴訟の著しい遅滞を招くおそれがあると主張して、名古屋地方裁判所への移送を申し立てた。原々審は、訴訟の著しい遅滞を避けるため、名古屋地方裁判所への移送決定をした。Xは即時抗告をしたが、原審は、①本件訴えは、福岡地方裁判所及び名古屋地方裁判所のいずれの裁判所ともにその管轄を有する、②Xは名古屋市に住所を有しており、福岡地方裁判所において争点整理手続及び本人尋問を行う場合、訴訟の遅滞を招く可能性があり、Xにとっても名古屋地方裁判所に出頭する方が便利である、③重要な証人である具体的な配転計画の策定、発令等に関与したYの担当者等は、Yの本社所在地である大阪市あるいは名古屋市又はその周辺に住所を有しており、Y社福岡支店の担当者の尋問を必要とすることも考えられるが、担当者の範囲、人数は限られたものと推測され、福岡地方裁判所ですべての証人尋問等を実施することによる訴訟の遅延は、名古屋地方裁判所においてこれを実施する場合に比べて大きくなる、④本件訴訟と請求原因及び争点がほぼ同一の訴訟が名古屋地方裁判所に係属していることなどを理由に、移送決定を相当と認め、抗告を棄却した。

(3) Xが、①配転命令無効確認請求については名古屋地方裁判所には管轄権がなく、同裁判所には付随的な損害賠償請求しか管轄権はない、②Xは自ら福岡地方裁判所への提訴を選択したものであり、また、Xの代理人らはいずれも福岡市及びその周辺に事務所を有しているから福岡地方裁判所への出頭は容易であることなどを理由に、民訴法17条の解釈適用の誤りを主張して、抗告の許可を申し立てた。

(4) 本決定は、「所論の点に関する原審の判断は、正当として是認することができる。論旨は採用することができない。」と判示して、抗告を棄却した。

2 裁判官の忌避

【2】 14(許)39（△二小、平15・2・14、棄却。原審大阪高決平14・11・5）

(1) 裁判官に対する忌避申立てを却下（いわゆる簡易却下）した原決定の当否が

Ⅰ　民事訴訟法　　　　　　　　　　　　　　　　　　　　　　　　　　139

問題となった事案である。
　(2)　Xは、原審における本案訴訟において、原審裁判官らに対して繰り返し忌避の申立てをしていた。原審は、本件忌避申立が忌避権の濫用に当たるとして、申立てを却下した。
　(3)　Xが、簡易却下の違法等を主張して、抗告の許可を申し立てた。
　(4)　本決定は、「所論の点に関する原審の判断は、正当として是認することができる。論旨は採用することができない。」と判示して、抗告を棄却した。忌避申立てが忌避権の濫用に当たるどうかの判断は、個別事情の下で、裁判体が認定判断すべきものである。また、民事訴訟手続においても簡易却下が許されることについては、学説（秋山幹男ほか「コンメンタール民事訴訟法Ⅰ」232頁）及び下級審の裁判例も一致して肯定しており（東京高決昭56・10・8判時1022・68など）、最高裁判所の口頭弁論期日においても先例があり（最高裁平成2年(行ツ)第137号第1回口頭弁論期日）、実務に定着しているといって差し支えないと思われる。

【3】15(許)4（△二小、平15・2・28、棄却。原審広島高決平14・12・18、原々審広島地決平14・11・19）

　(1)　裁判官忌避申立ての簡易却下の当否と、簡易却下された後に判決が言い渡された場合における同却下決定に対する不服申立ての利益の有無が問題となった事案である。
　(2)　地方裁判所に係属している民事控訴事件について、裁判長裁判官A、裁判官B及び同Cは、口頭弁論を終結し判決言渡期日を指定したところ、Xは、裁判官の訴訟指揮に対する異議の申立てをし、これが認められなかったので、裁判官忌避の申立てをしたが、却下決定が確定した。そこで、Aの後任者であるD、Bの後任者であるE及びCが改めて判決言渡期日を指定したところ、Xは、D、E、Cの各裁判官に対する忌避の申立てをした。原々審は、明らかに理由がないとして忌避申立てを却下（いわゆる簡易却下）した上、判決原本に基づいて判決を言い渡したところ、Xは、忌避申立て却下決定に対し即時抗告を申し立てた。原審は、忌避申立ての対象とされた裁判官らが基本事件の審理及び裁判に関与する余地がなくなったことが明らかであるから、本件忌避申立ては申立ての利益を欠き不適法であり、抗告の利益もないとして、抗告を却下した。
　(3)　Xが、忌避申立てを民訴法の規定に違反して簡易却下することの違法と、抗告の利益がないとの判断の違法を主張して、抗告の許可を申し立てた。
　(4)　本決定は、「所論の点に関する原審の判断は、正当として是認することができる。論旨は採用することができない。」と判示して、抗告を棄却した。裁判官忌避の申立ては、事件を担当している裁判官を当該事件に関与させなくすることを目的とするものであるから、同事件について判決の言渡しがされた場合には、もはや忌避申立ての対象とされた裁判官がその後当該事件に関与する余地はなくなって忌避の申立ては意味のないものとなり、この申立てを却下した決定に対する抗告の利

益も消滅するものと解されている（大決昭5・8・2民集9・759）。なお、民事訴訟手続においても簡易却下が許されると解されていることについては、【2】のとおりである。

3 補助参加

【4】 14(行フ)7（〇三小、平15・1・24、一部却下、一部棄却、集民209・59。原審広島高岡山支決平14・2・20、原々審岡山地決平12・10・18）

(1) 民訴法42条に基づく補助参加の許否が問題となった事案である。

(2) X（本案事件原告）は、産業廃棄物を埋め立てる最終処分場（本件施設）の設置許可申請をしたが、本案事件被告である県知事から不許可処分を受けたので、その取消しを求めて訴えを提起した。設置予定地はY町の水道施設の水源地にあった。そこで、Y町及び前記水道施設から給水を受けているY町の住民Z外3321名（以下「相手方ら」という。）は、民訴法42条に基づき、本案事件被告を補助するため補助参加の申出をしたところ、Xは、補助参加について異議を述べた。原々審は、補助参加を許可したので、Xは即時抗告をした。原審は、本案訴訟において前記不許可処分が取り消されれば、相手方らは、本件施設設置許可処分がされてその生命・身体の安全に関する法的利益を害されたり、同許可処分の取消訴訟を提起しなければならない不安定な状況におかれるから、補助参加の利益があるとして、Xの抗告を棄却した。

(3) Xが、原決定には民訴法42条の解釈に誤りがあるとして、抗告の許可を申し立てた。

(4) 本決定は、本件抗告中、Y町に関する部分については、抗告許可申立理由書にY町に関する抗告理由の記載がないからこれを却下し、その余について、「廃棄物の処理及び清掃に関する法律（平成9年法律第85号による改正前のもの）15条1項に基づいてされた廃棄物の処理及び清掃に関する法律施行令（平成9年政令第353号による改正前のもの）7条14号ハ所定の産業廃棄物のいわゆる管理型最終処分場の設置許可申請に対する知事の不許可処分の取消訴訟において、当該施設の周辺に居住し、当該施設から有害な物質が排出された場合に生命、身体等に直接的かつ重大な被害を受けることが想定される範囲の住民は、知事を補助するため訴訟に参加することが許される。」旨判示し、「原審の判断に違法があるとはいえず、結論においてこれを是認することができる。論旨は採用することができない。」として、抗告を棄却した。

4 文書提出命令

【5】 15(許)3（△一小、平15・3・13、棄却。原審東京高決平14・11・22）

(1) ホームヘルパーによる訪問日誌及び介護に関する日誌が、民訴法220条4号ニの「専ら文書の所持者の利用に供するための文書」に当たるかが問題となった事案である。

I　民事訴訟法　　　　　　　　　　　　　　　　　　　　　　　　　　　141

　(2)　Xは、妹Yに対し、両名の実母亡Aを遺言者とする公正証書遺言無効確認訴訟を提起し、Aが遺言を行う精神的能力を欠いていたことを立証するため、社会福祉協議会が所持するホームヘルパーによる訪問日誌及び介護に関する日誌（本件各文書）について、文書提出命令の申立てをした。原審は、本件各文書は、専ら社会福祉協議会内部の利用に供する目的で所属するホームヘルパーに作成させた上、これを保管しているものであって、外部に開示することが予定されていない文書であり、開示されると個人のプライバシーが侵害されるおそれがあり、ホームヘルパーと被介護者やその家族との信頼関係が損なわれ、介護そのものが円滑、適正に行えなくなったり、また、ホームヘルパーが自由な意見などを記載することをためらうなど、社会福祉協議会の業務の遂行に支障を来すおそれがあるから、特段の事情がない限り、民訴法220条4号ニの「専ら文書の所持者の利用に供するための文書」に該当し、本件においては特段の事情があるとは認められないとして、Xの申立てを却下した。
　(3)　Xが、抗告の許可を申し立てた。
　(4)　本決定は、「所論の点に関する原審の判断は、正当として是認することができる。論旨は採用することができない。」と判示して、抗告を棄却した。民訴法220条4号ニ所定のいわゆる自己利用文書該当性については、最二小決平11・11・12民集53・8・1787、判時1695・49が、①文書の作成目的、記載内容、これを現在の所持者が所持するに至るまでの経緯、その他の事情から判断して、専ら内部の者の利用に供する目的で作成され、外部の者に開示することが予定されていない文書であること、②開示されると個人のプライバシーが侵害されたり、個人ないし団体の自由な意思形成が阻害されたりするなど、開示によって所持者の側に看過し難い不利益が生ずるおそれがあること、の2つの要件を挙げ、この2つの要件が備わる場合には、特段の事情がない限り、自己利用文書に当たると判示した。本件もこれに沿う判断をしたものと思われる。

【6】15(許)15（△一小、平15・6・12、棄却。原審東京高決平14・12・24、原々審東京地決平13・10・3）

　(1)　本件は、①証拠調べの必要性がないことを理由として文書提出命令の申立てを却下した決定に対する抗告の許否と、②銀行の貸出稟議書が「専ら文書の所持者の利用に供するための文書」（民訴法220条4号ニ）に当たるとはいえない特段の事情の有無が問題となった事案である。
　(2)　Xらは、Y（銀行）及びZ（生命保険会社）に対し、損害賠償請求訴訟を提起し、その立証上必要であるとして、Yが所持する預金台帳及び貸出稟議書についての文書提出命令の申立てをした。原々審は、①預金台帳については、証拠調べの必要性がないとして、②貸出稟議書については、特段の事情がない限り、民訴法220条4号ニ所定の「専ら文書の所持者の利用に供するための文書」に該当し、本件においては特段の事情があるとは認められないとして、Xらの申立てをいずれも

却下した。Xらは即時抗告したが、原審は、①預金台帳については、証拠調べの必要性のないことを理由として文書提出命令の申立てを却下した決定に対する即時抗告はできない（最一小決平12・3・10民集54・3・1073、判時1708・115）から、本件抗告は不適法である、②貸出稟議書については、特段の事情についての具体的な事実の主張がないとして、いずれも抗告を棄却した。

　(3)　Xが、抗告の許可を申し立てた。

　(4)　証拠の採否は原々審の専権に属するから、証拠調べの必要性を欠くことを理由として文書提出命令の申立てを却下した決定に対しては、証拠調べの必要性があることを理由として独立に不服申立てをすることはできない（前掲最一小決平12・3・10）。民訴法220条4号ニ所定のいわゆる自己利用文書該当性の要件については、前記【5】記載の最二小決平11・11・12が判示するとおりである。そして、「特段の事情」とは、文書提出命令の申立人が貸出稟議書の利用関係において所持者と同一視できる立場に立つ場合（最一小決平12・12・14民集54・9・2709、判時1737・28）や、貸出稟議書を作成した銀行等がもはや金融機関としての活動をする見込みがないといった事情によって貸出稟議書の提出を命じてもその作成者や所持者の内部的な意思形成過程を阻害するおそれがない場合（最二小決平13・12・7民集55・7・1411、判時1771・86）などをいうものと解される。本決定は、「所論の点に関する原審の判断は、正当として是認することができる。論旨は採用することができない。」と判示して、抗告を棄却した。

【7】15(許)28（△二小、平15・9・12、棄却。原審大阪高決平15・4・21、原々審京都地決平15・3・17）

　(1)　第三者の診療録及び看護記録が民訴法220条3号前段の「挙証者の利益のために作成された文書」（いわゆる利益文書）に当たるかが問題となった事案である。

　(2)　Xは、精神保健及び精神障害者福祉に関する法律33条1項に基づき、Y病院に入院させられたが、この入院は必要のない違法なものであったなどと主張して、Y病院の管理者らを被告として、損害賠償請求訴訟を提起した。Xは、Xの「夫Aが癌である。」との発言が妄想であるとして精神障害者に仕立て上げられたものであるから、Aのカルテをみれば、Aが癌であることが判明し、Xの発言が妄想ではないことが明らかになると主張し、Aの入院先であるZ病院が所持するAの診療録及び看護記録（本件各文書）の文書提出命令の申立てをした。原々審は、利益文書に当たらないとして申立てを却下した。Xが即時抗告をしたが、原審は、次のような理由で抗告を棄却した。①民訴法220条3号前段にいう「挙証者の利益のために作成された文書」とは、当該文書が挙証者の地位、権利ないし権限を直接証明し、又は基礎付けるものであり、かつ、そのことを目的として作成された文書をいうものと解されるところ、本件各文書は、そのような目的で作成されたものとは認められない。仮に、利益文書とは、当該文書が挙証者と所持者その他の者の共同の利益のために作成された場合も含み、また、その利益は挙証者のために間接的で

I 民事訴訟法   143

あっても密接した利益であれば足りると解したとしても、本件各文書がXとの共同の利益やXに密接した利益のために作成されたものということはできない。②本件各文書は、医師が職務上知り得た事実で黙秘すべきものが記載された文書に当たり、その提出についてAの同意を得ることはできないものと認められるから、本件各文書は民訴法220条4号ハに該当する。本件において、Aが癌であるか否かはXが妄想性障害であるとの診断の当否を決定付けるほど重要な事実であるとはうかがわれない一方、Aは本件各文書の提出に同意していないことが認められることにかんがみると、Aの秘密を保護する利益よりもXが本案訴訟において本件各文書を証拠として使用する利益が勝っているということはできない。
　(3)　Xが、抗告の許可を申し立てた。
　(4)　本決定は、「所論の点に関する原審の判断は、正当として是認することができる。論旨は採用することができない。」と判示して、抗告を棄却した。

【8】　15(行フ)1（△二小、平15・9・12、棄却。原審広島高決平15・4・14、原々審広島地決平14・10・25）
　(1)　税務調査に関する文書について、自己利用文書該当性と公務秘密文書該当性が問題となった事案である。
　(2)　Xは、XとY（税務署長）間の更正処分等取消請求事件について、税務調査の経過等を立証するため、Yを所持者とする税務調査担当者作成の調査メモと調査経過書の文書提出命令を申し立てた。
　原々審、原審とも文書提出命令の申立てを却下すべきものとした。その理由の要旨は、次のとおりである。①本件調査メモは、Y係官が税務調査の現場において専ら自己の判断で任意に作成した備忘録的な調査メモと評価されるものであり、外部の者に開示することは予定されていない文書と認められるのであって、特段の事情がない限り、民訴法220条4号ニの「専ら文書の所持者の利用に供するための文書」に当たる。そして、本件調査メモについて、特段の事情があるとは認められず、また、同号ニかっこ書の「公務員が組織的に用いるもの」に該当するというもできない。②本件調査経過書は、Y係官がXに対する税務調査から帰署後に調査の経緯を記載したもので、調査の経過及び内容を記録するとともに上司に報告する目的で作成されたものであると認められる。Yの主張によれば、納税者本人やその家族、取引関係にある第三者の財産上の秘密その他プライバシーにわたる事項や、国税部内の課税事務上の秘密が記載されている可能性があるものといえるから、「職務上の秘密に関する文書」に当たる。そして、本件調査経過書の提出によっても申告納税制度の下での税務行政の適正な執行の確保が妨げられないと認められる特段の事情があるとは認められず、本件調査経過書は、その提出によって公共の利益を害し、又は公務の執行に著しい支障を生ずるおそれがあるものといえるから、民訴法220条4号ロの文書に当たるというべきである。また、本件調査経過書については、現段階において提出を命ずべき必要性はなく、インカメラ手続をとる必要性も認めら

(3) Xが、抗告の許可を申し立てた。
(4) 本決定は、「所論の点に関する原審の事実認定は、首肯するに足りる。本件事実関係の下では、原々決定別紙文書目録3記載の文書（筆者注、前記「本件調査メモ」）及び同目録4記載の文書（筆者注、前記「本件調査経過書」）が民訴法220条4号所定の除外文書に該当するとした原審の判断は、いずれも是認することができる。原決定に所論の違法はなく、論旨は採用することができない。」と判示し、抗告を棄却した。

5 更正決定

【9】 15(許)20（△三小、平15・6・24、棄却。原審福岡高決平15・3・13、原々審福岡地決平15・2・24）

(1) 更正決定の適否が問題となった事案である。
(2) Xは、地方裁判所に係属している損害賠償請求事件について裁判官忌避申立てをしたところ、同裁判所は、適法な忌避事由がないとして却下決定をした。これに対しXが即時抗告をしたところ、同裁判所は即時抗告期間徒過を理由に原審却下するとともに、本件忌避申立て却下決定の理由中において「本件申立の趣旨及び理由は、別紙のとおりであって、その理由の要旨は……」という形で引用している別紙が欠落していたため、別紙部分を添付する旨の更正決定をした。Xは、別紙が欠落していたことは、抗告に関する判断の障害となるべき重大な不備であり、また、決定について更正決定することは違法であるなどとして、前記更正決定に対して即時抗告をした。原審は、欠落していた別紙は、単なるXの主張であるにとどまり、Xの主張するような重大な不備であるとはいえず、また、民訴法122条により、決定には、その性質に反しない限り、判決に関する規定が準用されるから、決定について更正決定することは違法であるとはいえないとして、Xの抗告を棄却した。
(3) Xが、抗告の許可を申し立てた。
(4) 本決定は、「所論の点に関する原審の判断は、正当として是認することができる。論旨は採用することができない。」と判示して、抗告を棄却した。許可抗告制度の趣旨に沿う事件といえるか検討の余地があるように思われる。

6 抗 告

【10】 15(許)42（△二小、平15・12・19、棄却。原審名古屋高決平15・9・2、原々審岐阜地高山支決平15・5・9）

(1) 民訴法209条1項所定の過料の裁判をしないという裁判所の判断について、基本事件の相手方が抗告することができるか否かが問題となった事案である。
(2) A有限会社は、X株式会社を被告として、請負代金請求訴訟を提起した。この訴訟においてA社の代表者Yの本人尋問が行われた。控訴審判決後、Xは、Yの供述は虚偽であるとして、第1審裁判所に「過料の裁判申立書」を提出した。

I 民事訴訟法

原々審は、過料の対象とすべき違反事実があるとまでは認められないとして、「被審人を処分しない」旨の決定書を作成した。Xは、これを不服として抗告したが、原審は、民訴法209条1項に定める過料の決定は、裁判所が職権をもってすべき裁判であり、当事者には同条同項所定の裁判を求める申立権はなく、当事者から申立てがあったとしても、それは裁判所の職権発動を促すものであり、原々決定は、便宜上、決定の形式をもって職権を発動しない旨を明らかにしたものにすぎないと解され、抗告の対象となる決定には当たらないとして、抗告を却下した。

(3) Xが、訴訟の相手方当事者は、民訴法209条1項の過料の裁判を求める申立権及びその判断に対する抗告権を有し、また、職権発動をしない旨を明らかにしたものであっても「決定」の形式を用いて行ったときは不服申立てをすることができるなどと主張して、抗告の許可を申し立てた。

(4) 本決定は、「所論の点に関する原審の判断は、正当として是認することができる。論旨は採用することができない。」と判示して、抗告を棄却した。旧民訴法339条（民訴法209条と同様の規定）の過料の裁判についての相手方当事者の申立権の存否及び抗告権の存否について、学説は肯定説と否定説に分かれているが、判例は、過料の裁判は裁判所が職権をもってすべき裁判であり、当事者には申立権はなく、また、裁判所が便宜上申立当事者に申立却下の決定をしたり、職権発動をしない旨を通知したとしても、これに対し抗告することはできないとして、申立権及び抗告権を否定している（大決昭15・5・18民集19・873、大阪高決昭58・9・26判タ510・117）。本決定も従来の判例に沿う判断をしたものと思われる。

7 再 審

【11】15(許)2（△三小、平15・3・25、棄却。原審札幌高決平14・10・16）

(1) 再審申立ての適否が問題となった事案である。

(2) Xは、国に対する損害賠償請求訴訟の確定した第1審の請求棄却判決について再審の訴えを提起したが、棄却決定を受け、これに対する抗告についても抗告棄却決定を受けた。本件は、Xが、前記抗告棄却決定を対象として、同決定に判断遺脱（民訴法338条1項9号）の再審事由がある旨主張して再審（準再審）を申し立てたものである。原審は、本件に先行する再審申立てと同一の再審事由を主張して再審の申立てを繰り返していることが明らかであるから、民訴法349条2項、345条3項により不適法であるとして、再審申立てを却下した。

(3) Xが、抗告の許可を申し立てた。

(4) 本決定は、「所論の点に関する原審の判断は、正当として是認することができる。論旨は、独自の見解に立って原決定を論難するものにすぎず、採用することができない。」と判示して、抗告を棄却した。許可抗告制度の趣旨に沿う事件といえるか検討の余地があるように思われる。

8 担保の取消し

【12】 14(許)32（○二小、平15・3・14、棄却、集民209・247、判時1829・76。原審大阪高決平14・8・29）

(1) 支払保証委託契約を締結する方法により強制執行停止の担保を立てた場合において、同契約の際にされた定期預金の払戻請求権に対して転付命令を得た同契約の当事者以外の第三者が、当該担保の取消しの申立てをすることの許否が問題となった事案である。

(2) 原告X、被告Y間の未払賃金等請求事件において、X一部勝訴の仮執行宣言付判決が言い渡された。Yは、高裁に控訴するとともに控訴に伴う強制執行停止の申立てをした。高裁は、30万円を限度とする支払保証委託契約を締結する方法によって担保を立てることを条件に強制執行停止決定をした。Yは、前記強制執行停止決定に基づきZ銀行との間で支払保証委託契約を締結し、また、同銀行に30万円の定期預金をした。Z銀行は、支払保証委託契約に基づくYに対する求償金債権を担保するため、定期預金払戻請求権の上に質権を設定した。高裁は、Yの控訴を棄却する旨の判決を言い渡し、Yは上告したが、最高裁は上告棄却の判決を言い渡した。Xは、債務者をY、第三債務者をZ銀行として、前記定期預金30万円の払戻請求権について転付命令を得た。その後、Xは、高裁に対し、転付命令により担保取戻請求権を特定承継したとして、担保取消しの申立てをした。なお、Xは、担保権利者として担保取消しに同意する旨の同意書も高裁に提出した。原審は、「支払保証委託契約の締結の方法による担保の取消しを申し立て得る者は、同契約を締結した者及び担保取戻請求権を承継取得した者であると解されるところ、Xは、支払保証委託契約上の地位を譲り受けたのではなく、同契約に際してYがZ銀行に預け入れた定期預金の払戻請求権を転付命令によって取得したにすぎないから、担保提供者及び担保取戻請求権を承継取得した者に該当せず、担保取消しを申し立てることはできない。」として、Xの担保取消しの申立てを却下した。

(3) Xが、抗告の許可を申し立てた。

(4) 本決定は、「一定の金額を限度とする支払保証委託契約を締結するという方法によって担保を立てることを条件に、仮執行宣言付第1審判決の強制執行を停止する旨の決定に基づき、被告が、金融機関との間で支払保証委託契約を締結するとともに、上記金額と同額の定期預金をしたところ、第三者が、転付命令により、この定期預金払戻請求権を取得した場合において、上記第三者が上記担保の取消しの申立てをすることはできないと解すべきである。これと同旨の原審の判断は、正当として是認することができる。原決定に所論の違法はなく、論旨は採用することができない。」と判示し、抗告を棄却した。転付命令を得た担保権利者が支払保証委託契約を締結する方法によって立てた担保の取消しの申立てをすることができるか否かについては、下級審の判断及び学説が積極説と消極説に分かれていたが、本決定は、消極説によるべきことを明らかにしたもので、実務に与える影響は大きいも

のと思われる。

Ⅱ 民事執行法

1 売却許可決定

【13】 15(許)29（△一小、平15・9・11、棄却。原審大阪高決平15・5・20、原々審大阪地決平15・3・25）

(1) 競売不動産の買受人が保全処分の申立てにおいて代金相当額の金銭を納付し、その後売却許可決定が確定した場合に、民事執行法75条1項の売却許可決定取消申立ての時期的制限が問題となった事案である。

(2) Xは、本件土地・建物について、最高価買受けの申出（入札価額5416万2000円、保証金873万円を提供）して、平成15年2月3日、売却許可決定を受けた。ところが、Xは、その後間もなく、本件土地・建物の占有者から、高額の明渡料の支払要求及び支払がない場合に建物を損傷する旨の警告を受けたとして、同月6日、民事執行法77条の保全処分の申立てを行い、同月10日、代金額から提供済みの保証金額を控除した残額である4543万2000円を納付して、執行官保管等の保全処分の発令を受けた。また、Xは、同月10日、売却許可決定に対する執行抗告をしたが却下され、本件売却許可決定は、同年3月6日の経過をもって確定した。Xは、前記保全処分の執行着手後、続行扱いとされていた間に、本件建物に損傷行為が行われたとして、同年3月24日に売却許可決定取消しの申立てをするとともに、同月28日に前記保全処分の申立てを取り下げた。原々審は、本件売却許可決定取消しの申立ては、「代金を納付する時までに」すべき旨を定める民事執行法75条1項所定の時期的制限に遅れるものであるから不適法であるとして却下した。Xは、執行抗告をしたが、原審は、「買受人は、売却許可決定が確定した後であれば、代金納付期限の通知を受ける前であっても代金を納付することができ、また、民事執行法78条2項は、買受人が買受けの申出の保証として提供した金銭及び法77条1項の規定により納付した金銭は、代金に充てる旨定めているから、これらの金銭は、売却許可決定の確定時に自動的に納付代金とみなされることになると解すべきである。したがって、本件売却許可決定取消しの申立ては、民事執行法75条1項により不適法として却下を免れない。」として、抗告を棄却した。

(3) Xは、売却許可決定の確定時に自動的に納付代金とみなされるとの前提の下に、民事執行法75条1項の「代金を納付する時までに」の要件と直結した解釈をとるのは妥当性を欠くなどと、民事執行法78条2項の解釈の誤りを主張して抗告の許可を申し立てた。

(4) 本決定は、「所論の点に関する原審の判断は、正当として是認することができる。論旨は採用することができない。」と判示して、抗告を棄却した。

【14】 15(許)38（△一小、平15・10・23、棄却。原審大阪高決平15・6・16、原々審神戸地尼崎支決平15・2・27）

(1) 民事執行法71条6号所定の売却不許可事由該当性が問題となった事案である。

(2) 不動産競売事件において、Xが本件土地を3974万4000円で買い受ける旨申し出たところ、執行裁判所は、Xに対する売却許可決定をした。ところが、Xは、本件土地には、その南側半分以上の範囲に建物を建築できないという制限があるにもかかわらず、物件明細書や評価書にはその旨の記載がなかったなどと民事執行法71条6号の売却不許可事由を主張して、執行抗告をした。原審は、本件建築制限の存在は、物件明細書の必要的記載事項でないことが明らかである上、物件明細書の備考欄に「宅地造成工事規制区域、第3種風致地区である。」と記載されていたのであるから、物件明細書の作成又はその手続に重大な誤りがあるとは認められず、また、評価書には本件建築制限の内容についての記載はないが、建築制限を念頭において減価を行っているから、最低売却価額の決定又はその手続に重大な誤りがあるとまではいうことができないとして、Xの抗告を棄却した。

(3) Xは、本件建築制限が記載されていない評価書は民事執行規則30条1項7号に違反し、これを前提に最低売却価額を決定したのは違法であるなどと主張して抗告の許可を申し立てた。

(4) 本決定は、「所論の点に関する原審の判断は、正当として是認することができる。論旨は、独自の見解に立って原決定を論難するものにすぎず、採用することができない。」と判示して、抗告を棄却した。

【15】 15(許)23（◎三小、平15・11・11、棄却、民集57・10・1524、判時1841・105。原審東京高決平15・3・26、原々審千葉地松戸支決平14・11・20）

(1) 不動産競売の入札手続において、入札価額欄の記載に不備のある入札書による入札の効力が問題となった事案である。

(2) 不動産競売事件においては、最低売却価額を2304万円と定めて期間入札が実施され、XとYの2名が入札した。Yの入札価額は、2358万9000円であった。Xの入札書の入札価額欄は、位ごとに区切られて枠内に算用数字を記載するとされていたところ、そのうちの千万から十までの各位には、「2、5、0、7、0、0、0」と記載されていたが、末尾の1円の位に記入がなく、空白のままであった。入札を実施した執行官は、Xの入札書には未記入の空欄があるので入札価額が確認できないとして、入札に加えず、Yを最高価買受申出人とした。執行裁判所は、Yを買受人とする売却許可決定をした。Xは、末尾の円の位が空欄であることは、その欄が「0」を意味すると解するのが合理的であるし、本件ではこの欄にいかなる数字を記入してもXの入札が最高額となることに変わりはないから、Xを買受人としなかった本件の売却手続には重大な誤りがあるなどと主張して、執行抗告をした。原審は、競売手続における入札価額の記載は、その入札書のみにより、いくらで入札

Ⅱ　民事執行法

したのかが誰にでも分かるように一義的かつ明白にされる必要がある、Xの入札書は一の位が空白になっているので、Xがいくらで入札したのかが一義的かつ明白であるとはいえない、また、入札の効力を他の入札書と対比して相対的に判断することも許されないなどとして、Xの抗告を棄却した。

(3) Xが、高等裁判所の判例と相反するなどと主張して、抗告の許可を申し立てた。

(4) 本決定は、まず、不動産競売の入札の手続において、入札書の入札価額の記載に不備があり、同欄の記載内容からみて、入札価額が一義的に明確であると認められないときは、その入札書による入札は無効であると判示し、本件のように、位ごとに区切られた入札価額欄の枠内に各位の数字を記載するものとされた入札書が用いられ、その千万から十までの各位にはそれぞれ数字が記載されているが、一の位には何も記載がされていないときは、当該入札書による入札は無効であるとの事例判断を示した。そして、「原審の判断は、正当として是認することができる。原決定に所論の違法はなく、論旨は採用することができない。」として、抗告を棄却した。入札書の記載に不備があった場合の入札の効力について、下級審裁判例は、①入札書に記載不備があっても、それが明らかな誤記等であると認められ、入札者の意思を合理的に解釈することができる場合には入札を有効とするものと、②入札書の記載を形式的に判断し、入札内容が入札書自体から一義的に明確であると認められない限り入札を無効とするものに分かれていた。本決定は、下級審裁判例が分かれていた論点について、最高裁判所が統一的な判断を示したものであり、実務に与える影響は大きいものと思われる。

2　引渡命令

【16】15(許)1（△二小、平15・2・28、棄却。原審大阪高決平14・10・31、原々審大津地決平14・9・18）

(1) 建物に対する不動産引渡命令が発せられる前に買受人がその鍵を変更し、その建物において営業する法人の使用を不可能にした場合、同命令が公序良俗に反して無効となるかが問題となった事案である。

(2) 担保権実行としての競売手続によってマンション1室と敷地部分を買い受けたYは、債務者兼所有者であるXに対して不動産引渡命令の申立てをした。原々審は、Yの申立てを相当と認め、不動産引渡命令を発した。Xは、Yが不動産引渡命令を得る前に違法に本件不動産を占有しているなどと主張して、執行抗告をした。原審は、Xの主張に理由がないとして、抗告を棄却した。

(3) Xは、①本件不動産を占有しているのはXが代表者を務めるA有限会社であるにもかかわらず、Xに対して本件引渡命令が発せられており、A社に対する審尋等の占有関係の調査が尽くされていない、②Yは、引渡命令を得る前に本件建物の鍵を取り換え、A社の営業権を侵害しており、本件不動産引渡命令は公序良俗に反し無効であるなどと主張し、抗告の許可を申し立てた。

(4) 本決定は、「所論の点に関する原審の判断は、是認することができる。論旨は採用することができない。」と判示して、抗告を棄却した。

【17】15(許)27（△一小、平15・9・11、棄却。原審大阪高決平15・4・22、原々審大阪地決平15・2・13）
(1) 競売不動産につき所有権移転登記を了した買受人が、交換契約に基づく所有権を主張して上記不動産を占有する者に対して引渡命令を申し立てた場合において、上記占有が買受人に対抗することができるかが問題となった事案である。
(2) 競売手続によって建物と敷地部分を買い受けたXは、本件建物を占有するY及びZに対して不動産引渡命令の申立てをした。原々審は、Xの申立てを相当と認め、不動産引渡命令を発した。Y、Zは、①Xは、本件不動産競売事件の債務者兼所有者であるA社と実質的には同一であり、Yは、A社との間でY所有不動産と本件不動産を等価交換する契約を締結したから、Yは、Xに対して本件不動産の所有権を対抗できる、②Xは、前記交換契約を知った上で、Yの本件不動産の所有権取得を阻止するために買受けの申出をしたものであるから、Xが本件不動産の所有権を主張するのは権利の濫用である、③Zは、Yの了解の下に本件建物を占有している、などと主張して執行抗告をした。原審は、Y、Zの抗告をいずれも棄却した。その理由の要旨は、次のとおりである。①仮に、Y主張の交換契約が成立しているとしても、Yは、本件不動産につき所有権移転登記を了しておらず、Xは、本件不動産の代金を納付して所有権移転登記を了しているから、Yはその所有権をXに対抗することができない。②差押登記後にその競売物件の所有権を取得した者は、所有権移転登記を了した買受人が悪意であったとしても、これに対抗することはできない。③Yが本件不動産の取得をXに対抗することができないから、ZもXに対抗できる占有権原を有しない。④引渡命令は不動産競売における付随手続であるから、これに対する執行抗告の理由となり得る事由は、引渡命令自体の要件又は手続に関する事由に限られるところ、Y、Zの権利濫用の主張は、実体上の不当執行事由をいうものであるから、執行抗告の理由とすることができない。
(3) Y、Zが、抗告の許可を申し立てた。
(4) 「所論の点に関する原審の判断は、正当として是認することができる。論旨は採用することができない。」と判示して、抗告を棄却した。

【18】15(許)41（△一小、平15・11・13、棄却。原審大阪高決平15・9・1、原々審京都地決平15・5・26）
(1) 最先順位の抵当権者に対抗することができる賃借権者が当該不動産に設定された抵当権の債務者であり、この抵当権に基づく競売開始決定がされた場合において、前記賃借権者により設定された転借権に基づき競売建物の一部を占有する者に対し、引渡命令を発することができるかが問題となった事案である。
(2) 担保権実行としての競売手続によって建物と敷地部分を買い受けたYは、

本件建物を占有するX株式会社に対して不動産引渡命令の申立てをした。本件建物は、平成6年3月27日新築され、同年4月25日、Aのために所有権保存登記がされ、同日、B株式会社を債務者、C信用金庫を抵当権者とする最先順位の抵当権（本件抵当権）の設定登記がされた。B社は、平成6年3月27日、A及びその妻（実質上の共有者）から、本件建物を賃借し、同月28日、占有を開始した。なお、B社の代表者はAであった。Xは、平成2年10月1日、B社から本件建物の一部を転借し、同日、占有を開始した。なお、Xの代表者は、Aの長男である。平成12年8月30日、本件抵当権の実行としての競売開始決定がされ、Yは、本件競売事件において、本件建物及び敷地を買い受け、代金を納付した。原々審は、Yの申立てを相当と認め、不動産引渡命令を発した。Xは、買受人に対抗できる賃借人から差押え前に本件建物部分を転借した転借人として、買受人にその占有権原を対抗できる地位にあるから、引渡命令の対象とならないなどと主張して、執行抗告をした。原審は、最三小決平13・1・25民集55・1・17、判時1740・41を引用した上、B社は、最先順位の本件実行抵当権の設定登記前に本件建物を賃借して占有した長期賃借権者ではあるが、本件実行抵当権の債務者である以上、買受人に対してその賃借権を対抗することができないと解するのが相当であり、B社の賃借権を前提として、その後新たにXの転借権が設定された本件では、原賃借権が保護されない以上、Xの転借権も保護することはできず、Xの占有は、「買受人に対抗することができる権原」（民事執行法83条1項ただし書）に基づくものということはできないとして、抗告を棄却した。

(3) Xは、賃借権が買受人に対して対抗できないとしても、転借権を主張することが信義則に違反するか否かを個別的に判断して、引渡命令の発令の可否を判断すべきであるなどと主張して、抗告の許可を申し立てた。

(4) 本決定は、「所論の点に関する原審の判断は、正当として是認することができる。論旨は採用することができない。」と判示して、抗告を棄却した。原審が引用する前掲最高裁判例によれば、賃借人兼抵当債務者は、当該抵当権者及び買受人に対して賃借権をもって対抗することができないと解することができ、したがって、この賃借権は、売却によりその効力を失うことになる（民事執行法59条2項）。この賃借権を前提とする転借権も当然に売却によりその効力を失うのであるから、この転借権に基づいて当該不動産を占有する者は、事件の記録上、買受人に対抗することができる権原により占有していると認められる者に当たるということはできないことは明らかであろう（瀬戸口壯夫・最高裁判所判例解説民事篇平成13年度（上）42頁参照）。

3 債権差押命令

【19】15(許)35（△二小、平15・10・10、棄却。原審広島高決平15・5・22、原々審広島地決平15・4・8）

(1) 破産管財人の任務終了による計算報告のための債権者集会後、破産終結決定

公告前に、破産者に対し個別執行することができるかが問題となった事案である。
　(2)　Yは、平成12年12月12日、破産宣告を受け、破産管財人が選任された。その後、平成15年3月24日の破産管財人の任務終了による計算報告のための債権者集会が開催され、同日、免責のための破産者審尋期日が開かれ、同期日において免責申立てに対する異議申立期間が同年4月24日までと指定された。同年4月1日、Yに対して貸金債権を有していたXは、Yの勤務先であるZを第三債務者として、Yの給与債権の差押えを申し立て、同月4日、債権差押命令の発令を受けた。同月8日、原々審は、Yの代理人弁護士から同差押命令の取消しを上申され、同日、同差押命令の取消決定をしたので、Xが執行抗告をした。その後、同月25日、破産終結決定がされた。原審は、破産終結決定の効力は公告がされたときに生ずると解するのが相当であり、本件では公告がされていないから破産終結決定の効力は発生せず、破産手続は係属中であるから、旧破産法16条により破産債権者の破産手続によらない個別執行は許されないとして、抗告を棄却した。
　(3)　Xは、破産管財人の任務終了による計算報告のための債権者集会が開催されて裁判所が破産終結決定をした時に破産終結の効力が生じたと解すべきで、公告は形式的行為にすぎず、裁判所の裁量で公告が遅れた場合は、債権者の個別執行の機会を失い、債権者に不利益を与えるなどと主張して、抗告の許可を申し立てた。
　(4)　本決定は、「所論の点に関する原審の判断は、正当として是認することができる。論旨は採用することができない。」と判示して、抗告を棄却した。

4　間接強制

【20】　15(許)26（△三小、平15・8・6、棄却、家月56・2・160。原審大阪高決平15・3・25、原々審神戸家決平14・8・12）
　(1)　未成年の子との面接交渉について、間接強制の可否が問題となった事案である。
　(2)　別居中のX（夫）、Y（妻）間の子の監護に関する処分調停事件において、①当分の間、両者間の長男（10歳）はYが監護養育する、②Yは、Xが月2回長男と面接交渉することを認める、などの内容の調停が成立した。当初は、面接交渉が実施されたが、その後は実施されなくなった。そこで、Xは、神戸家裁龍野支部に本件調停調書に基づく面接交渉の間接強制を申し立てたが、同支部は「面接交渉の義務については、その方法の如何を問わず、強制執行をすることは許されない。」として、申立てを却下した。Xから執行抗告があり、大阪高裁は、「家庭裁判所の調停又は審判によって、面接交渉権の行使方法が具体的に定められていたのに、面接交渉義務を負う者が、正当な理由がないのに義務を履行しない場合には、面接交渉権を行使できる者は、特別な事情がない限り、間接強制により権利の実現を図ることができる。」として、前記決定を取り消し、本件を神戸家裁（原々審）に差し戻した。原々審は、「本件決定の告知を受けた日以降、不履行1回につき20万円の金員を支払え。」とする支払予告決定をし、Xの間接強制の申立てを認めた。Yが

Ⅱ 民事執行法

執行抗告をしたが、原審は「本件面接条項は面接交渉権の行使方法を具体的に定めたものということができるから、面接交渉をさせる義務を負うYがその義務を履行していない以上、面接交渉権を有するXは、Yに対し、間接強制の方法によりその権利の実現を図ることができると解すべきである（なお、Yは、義務を履行しないことにつき正当な理由がある旨主張するが、同主張は請求異議の事由として主張し得るにとどまると解される。また、本件調停成立後の事情の変更により、Xと長男の面接交渉が長男の福祉に反するに至ったと主張するならば、本件面接条項の取消しを求める調停・審判の申立てをすべきである。）」として、抗告を棄却した。
  (3) Yが、抗告の許可を申し立てた。
  (4) 本決定は、「所論の点に関する原審の判断は、是認することができる。論旨は採用することができない。」と判示して、抗告を棄却した。

5 債権についての担保権の実行（物上代位）

【21】15(許)24（△一小、平15・7・10、棄却。原審東京高決平15・4・4、原々審東京地決平15・2・7）
  (1) 動産売買先取特権に基づく物上代位として、債務者が第三債務者に対して有する動産の売買代金債権差押命令申立て事件において、債権者・債務者間の売買契約について代金額の立証の有無が問題となった事案である。
  (2) 債権者Xは、債務者Yに炭酸カルシウムなどの商品（本件動産）を売却し、さらにYから第三債務者Zに本件動産が転売されたと主張して、民法322条及び304条所定の動産売買先取特権に基づき、YがZに対して有する本件動産の売買代金債権の差押えを求めた。原々審は、XとYとの間で、X主張の売買代金で売買契約が成立したとは認められないとして、Xの申立てを却下したので、Xは執行抗告をした。原審は、X作成の請求書及び従前の売買契約の資料のみでは、XとY間の本件売買契約の代金額が立証されたとはいえないとして、抗告を棄却した。
  (3) Xが、民事執行法193条1項の「担保権の存在を証する文書」の解釈を誤った違法があるなどと主張して、抗告の許可を申し立てた。
  (4) 本決定は、「所論の点に関する原審の判断は、正当として是認することができる。論旨は採用することができない。」と判示して、抗告を棄却した。

【22】15(許)31（△三小、平15・12・9、棄却。原審大阪高決平15・5・27、原々審大阪地決平14・11・12）
【23】15(許)32（△三小、平15・12・9、棄却。原審大阪高決平15・5・27、原々審大阪地決平14・4・11）
  (1) 【22】【23】は、両事件の第三債務者は異なるが、当事者及び事実関係は同一であり、いずれも、同一の根抵当権に基づく物上代位権の行使としての賃料債権差押命令申立て事件において、目的不動産についての不動産管理処分信託契約の受託者の賃料債権が根抵当権の物上代位の目的となるかが問題となった事案である。

(2) A銀行は、B株式会社所有の建物について、平成3年3月29日、B社を債務者とする根抵当権を設定し、同日、根抵当権設定登記をした。Xは、本件建物について、平成11年10月4日、「B社を委託者兼受益者、Xを受託者、期間を平成3年3月3日から同33年3月3日までとする平成3年3月3日付けの不動産管理処分信託契約」を原因とする所有権移転登記及び信託登記をした。B社は、本件根抵当権の被担保債権につき、平成11年10月25日、分割金の支払を怠り、期限の利益を喪失した。A銀行は、平成14年11月12日、本件根抵当権(物上代位)に基づき、Xの第三債務者に対する賃料債権について債権差押命令を取得した。その後、平成15年1月24日、A銀行はYに対し、本件根抵当権を移転した。Xは、本件根抵当権の被担保債権の債務者ではなく、本件信託契約の受託者として独自の権利に基づき本件建物を第三者に賃貸しているのであるから、Xの賃料債権は、本件根抵当権の物上代位の目的とはならないなどと主張し、前記債権差押命令に対し執行抗告をした。原審は、Xの賃料債権は、信託財産の管理により受託者の得た財産として信託財産に属する(信託法14条)ものであるところ、信託財産については、信託前の原因によって生じたる権利に基づく場合には、これに対する強制執行をすることができるものとされているから(信託法16条1項)、本件根抵当権の実行として本件建物を競売することができるのみならず、信託財産たる賃料債権を物上代位の目的とすることもできると解するのが相当であり、本件信託契約における受託者であるXは、民法372条、304条1項の「債務者」に含まれるとして、抗告を棄却した。

(3) Xが、抗告の許可を申し立てた。

(4) 本決定は、いずれの事件についても、「所論の点に関する原審の判断は、正当として是認することができる。論旨は採用することができない。」と判示して、抗告を棄却した。

Ⅲ 民事保全法

1 仮差押え

【24】14(許)23 (◎二小、平15・1・31、破棄・自判、民集57・1・74、判時1812・84。原審福岡高決平14・7・18、原々審佐賀地決平14・6・6)

(1) 既に発せられた仮差押命令と同一の被保全債権に基づき異なる目的物に対し更に仮差押命令の申立てをすることの許否が問題となった事案である。

(2) Xは、Yに対する3000万円の連帯保証債務履行請求権を被保全債権として、Y所有の土地建物につき、仮差押命令の申立てをし、仮差押命令を得て、その執行がされた。その後、Xは、前記連帯保証債務履行請求権を保全するために仮差押えすべき新たな物件があったとして、前記仮差押命令と同一の請求権を被保全権利として、Yの所有する別の土地につき、仮差押命令の申立てをした。原々審は、不動

産仮差押命令によって既に保全の対象となっている権利を被保全権利として、別個の不動産に対して二重に仮差押命令の申立てをすることは、権利保護の必要性を欠き許されないとして、Xの申立てを却下した。かかる被保全権利については、その全額について既に保全されていること、かかる申立てを許容すると、債権者は本執行において二重に満足を受け、債務者は解放金を二重に供託しなければ執行の解放が受けられなくなり、不当であることを理由とする。Xが即時抗告をしたが、原審は、仮差押命令の効力が保有されている場合に、これと全く同一の被保全権利及び保全の必要性に基づいて重ねて保全の申立てをし、その当否について更なる審理を求めることは、裁判一般の基本原理である広い意味での一事不再理の原則が適用され、権利保護要件を欠くとして、抗告を棄却した。

(3) Xが、①保全の必要性が同一であるとした原決定の判断には誤りがある、②民事保全法は一事不再理を考慮していないものであり、民事保全法及び民事訴訟法の明文の根拠なく一事不再理という概念により本件申立てを却下したことは違法であるなどと主張して、抗告の許可を申し立てた。

(4) 本決定は、「特定の目的物について既に仮差押命令を得た債権者は、これと異なる目的物について更に仮差押えをしなければ、金銭債権の完全な弁済を受けるに足りる強制執行をすることができなくなるおそれがあるとき、又はその強制執行をするのに著しい困難を生ずるおそれがあるときには、既に発せられた仮差押命令と同一の被保全債権に基づき、異なる目的物に対し、更に仮差押命令の申立てをすることができる。」と判示して、原決定を破棄し、原々決定を取り消し、原々審に差し戻した。本決定には、北川弘治裁判官の補足意見があり、同一の被保全債権に基づき、先行仮差押命令の目的物とは異なる目的物についての仮差押命令が発せられた場合において、債務者が被保全債権の額を超える仮差押解放金を供託しなければならない事態を避ける方策について、詳細に述べられている。

既に発せられた仮差押命令と同一の被保全債権に基づき、異なる目的物に対し、更に仮差押命令の申立てをすることができるか否かについては、学説及び実務は、肯定説と否定説に分かれていた。本決定は、民事保全法上の基本的な論点について最高裁判所が初めて判断を示したものであり、実務上大きな影響を及ぼすものと思われる。

2 仮処分

【25】15(許)6（△一小、平15・3・27、棄却。原審東京高決平14・12・17、原々審東京地決平14・12・10）

(1) 不動産の所有者が根抵当権者に対して申し立てた競売手続停止仮処分命令申立て事件において、事前求償権を被担保債権とする先の競売の差押えによって根抵当権の元本が確定後、競売の申立てを取り下げ、その後に保証債務を履行した保証人が再度競売を申し立てた場合、同保証人の事後求償権が前記根抵当権の被担保債権となり得るかが問題となった事案である。

(2) Yは、X_1と保証委託契約を締結し、X_1のAに対する貸金債務について連帯保証した。X_2は、Yに対し、前記保証委託契約に基づくX_1のYに対する求償債務を連帯保証した。Yは、X_1の土地及びX_2の建物に債務者をX_1、根抵当権者をYとする根抵当権設定登記をした。X_1は、本件貸付金の弁済をしなかったので、Aは、Yに対し、保証債務の履行として本件貸付金の弁済を請求した。Yは、本件根抵当権に基づき、本件保証委託契約に基づくX_1に対する事前求償権を被担保債権として、本件土地建物について競売を申し立て、競売開始決定が発令され、差押え登記がされた。Yは、X_2に対し、事前求償権についての保証債務の履行を求める訴訟を提起したが、事前求償権が時効消滅したことを理由に請求棄却の判決を受け、同判決は確定した。Yは前記競売申立てを取り下げ、差押え登記は抹消された。Yは、Aに対し、X_1の保証債務の履行として、14億8306万5349円を代位弁済し、同額の事後求償権を取得した。Yは、その後、前記事後求償権を被担保債権として、本件土地建物について根抵当権実行のための競売を申し立て、競売開始決定がされ、差押え登記がされた。X_1及びX_2は、事前求償権を被担保債権とする先の競売の差押えによって本件根抵当権の元本が確定したところ、今回の競売手続の被担保債権である事後求償権は元本確定後に発生したものであるから、本件根抵当権の被担保債権にはなり得ず、また、事前求償権も時効により消滅したのであるから、本件根抵当権の被担保債権はないことになるなどと主張して、競売手続停止仮処分を求めた。原々審は申立てを却下したので、X_1及びX_2は即時抗告をしたが、原審も抗告を棄却した。原審の理由の要旨は、次のとおりである。①民法398条ノ20第1項第2号（平成15年法律第134号による改正前のもの）により元本が確定した場合、その後競売手続が取り消されても、いったん生じた確定の効力は消滅しない、②元本確定の時点において、将来の債権でも、条件付きの債権でも、それを生じる原因たる事実が既に生じているものであれば、被担保債権に含まれる、③保証人の求償権は、主債務が発生し、保証契約が締結されていれば、保証債務の履行がされていなくても、将来発生することが予定されている債権として特定しており、根抵当権の確定した元本に含まれる、④本件においては、本件根抵当権の元本が確定した当時、主債務の発生及び保証契約の締結という本件事後求償権発生の基本事実は既に生じていたから、その後の弁済により事後求償権が発生すれば、これも確定した元本に含まれる。

(3) Xらが、本件事後求償権は、確定後新たに生じた債権として、被担保債権にはならないなどと主張して、抗告の許可を申し立てた。

(4) 本決定は、「本件事後求償権も本件根抵当権の確定した元本に含まれるとする原審の判断は、正当として是認することができる。論旨は採用することができない。」と判示して、抗告を棄却した。元本確定の時点において、いまだ発生していない債権であっても、将来発生することが予定されている債権として既に特定しているものは、確定した元本に含まれると解するのが通説である（我妻榮「新訂擔保物權法（民法講義Ⅲ）」490頁ほか）。本決定は、この通説に沿った判断をしたもの

Ⅲ　民事保全法

と思われる。

【26】 15(許)8（△三小、平15・12・25、棄却。原審福岡高宮崎支決平14・12・10、原々審鹿児島地決平14・6・19）

(1)　入会権を被保全権利とする建築工事禁止仮処分命令申立て事件において、被保全権利の存否が問題となった事案である。

(2)　Y町は、同町A集落所有の土地に一般廃棄物処理施設の建設を計画し、同集落区長との間で、本件土地につき賃貸借契約を締結した。Xらは、本件土地上にはXらを含むA集落の住民を権利者とする共有の性質を有する入会権が存在するところ、入会権者全員の同意がないから本件賃貸借契約は無効であり、一般廃棄物処理施設の工事が行われると原状回復困難な損害が生ずるとして、入会権を被保全権利として、鹿児島地裁名瀬支部に建築工事禁止の仮処分命令を申し立てた。同支部は、申立てを認め仮処分命令を発令したので、Y町は保全異議の申立てをした。原々審は、入会権の存在を認めながらも、本件賃貸借契約は有効であるから、被保全権利の疎明がないとして、本件仮処分命令を取り消し、Xらの申立てを却下した。これに対し、Xらが保全抗告をしたところ、原審は、一般論として、入会権を認めるためには、入会慣行と入会集団の統制が存すれば足り、入会慣行が官民有区分又は民法施行の以前から存在することは必ずしも要しないとした上で、本件土地には、官民有区分の以前から入会慣行が存在していたと認定し、入会権の存在を認め、本件賃貸借契約締結に当たっては入会権者であるA集落民全員の同意を得る必要があるところ、全員の同意を得たことを疎明するに足りる証拠はないから、本件賃貸借契約は無効であるとして、原々決定を取り消し、本件仮処分命令を認可する旨の決定をした。

(3)　Y町は、入会権が認められるためには、入会慣行が官民有区分又は民法施行の以前から存在していることを要するなどと主張して、抗告の許可を申し立てた。

(4)　原決定は、前記のとおり、本件土地には、官民有区分の以前から入会慣行が存在していたと認定しており、入会権成立の要件に関する原審の説示は傍論にすぎないと考えられる。本決定は、「論旨は、原決定の結論に影響を及ぼさない部分についてその判断の違法をいうにすぎず、原決定を破棄すべき理由とはならない。」と判示し、抗告を棄却した。許可抗告制度の趣旨に沿う事件といえるか検討の余地があるように思われる。

Ⅳ 破産法

1 破産原因

【27】14 許 29（△一小、平 15・1・30、棄却。原審大阪高決平 14・9・13、原々審京都地決平 14・3・25）

(1) 破産原因たる支払不能（旧破産法 126 条 1 項）の存否が問題となった事案である。

(2) X 株式会社は、同社の元代表者である Y の債権者として Y に対する破産宣告の申立てをした。原々審は、破産原因について、Y が X に対して負担する債務の総額が少なくとも 4 億 5000 万円であるのに対し、積極財産は 4900 万円程度であるから、支払不能であることは明らかであるとして、Y に対し破産宣告決定をした。前記破産宣告決定に対し、Y は即時抗告をした。原審は、確定判決に基づく X に対する金員支払債務 9842 万 1000 円及び相続債務 9680 万 1674 円が存在することが明らかで、これらの債務を Y が弁済できないことにかんがみると、Y は、弁済能力の欠乏のために弁済期の到来した債務を一般的かつ継続的に弁済することができないと判断される客観的状態、すなわち支払不能の状態にあるものと認められるとして、抗告を棄却した。

(3) Y は、債務超過の状態にあるか否かを判断することなく支払不能を認定したことが、破産原因としての支払不能の解釈を誤っているなどと主張して、抗告の許可を申し立てた。

(4) 本決定は、「所論の点に関する原審の判断は、是認することができる。論旨は採用することができない。」と判示して、抗告を棄却した。

2 免責

【28】15(許)9（△一小、平 15・4・10、棄却。原審福岡高決平 14・12・17、原々審大分地日田支決平 14・10・21）

(1) 破産法 366 条ノ 9 第 4 号の免責不許可事由（10 年以内の免責）の存否が問題となった事案である。

(2) X は、福岡地方裁判所から破産宣告を受け、平成 7 年 2 月 16 日、同裁判所において免責決定を受けた。その後、平成 14 年 4 月 15 日、X は、原々審に破産及び免責の申立てをした。原々審は、X に対し破産宣告をしたが、免責申立てについては、旧破産法 366 条ノ 9 第 4 号の免責不許可事由（10 年以内の免責）に該当する事実が認められ、また、裁量により免責を許可すべき特別の事情は見当たらないとして、免責不許可決定をした。X は、「破産法等の見直しに関する中間試案」において、再度の免責の制限期間を 10 年から 7 年に短縮するとの見直しが提案されているなどと主張し、裁量による免責許可を求めて抗告した。原審は、旧破産法

Ⅳ　破産法

366条ノ9第4号の免責不許可事由があり、一件記録により認められる諸事情を斟酌しても、裁量による再度の免責を許可することはできないとして、抗告を棄却した。

(3)　Xが、抗告の許可を申し立てた。

(4)　本決定は、「所論の点に関する原審の判断は、正当として是認することができる。論旨は採用することができない。」と判示して、抗告を棄却した。

【29】15(許)17（△三小、平15・6・24、棄却。原審東京高決平15・1・22、原々審水戸地龍ヶ崎支決平14・3・28）

(1)　旧破産法366条ノ9第3号（虚偽の債権者名簿提出）の免責不許可事由の存否が問題となった事案である。

(2)　Xは、平成13年9月13日、原々審に破産及び免責の申立てをした。原々審は、同年11月9日、破産宣告をし、同決定は同年12月11日確定した。Xに対して2400万円及びこれに対する遅延損害金債権（本件債権）についての認容判決を得ていたYは、本件免責手続において異議申立てをした。その理由は、Xが免責申立ての際に提出した債権者名簿には、Yの本件債権が記載されていないから、旧破産法366条ノ9第3号（虚偽の債権者名簿提出、財産状況の虚偽の陳述）及び第5号（破産法上の破産者の義務違反）の免責不許可事由があるというものである。Xは、債権者名簿に本件債権が記載されていなかったのは事実であるが、故意に記載しなかったのではないから、免責が認められるべきであると主張した。原々審は、免責不許可事由に該当する事実は認められないとして、免責を認めた。この免責決定に対し、Yが即時抗告をした。原審は、Xが債務を負担しているとして届け出た債務額は2億3600万円に上り、Yを債権者名簿に記載しなかったことについてXに特に利益があったとは認められないことなどからすると、あえて本件債権につき債権者名簿から除外する意図をもって債権者名簿に記載しなかったとは認められず、旧破産法366条ノ9所定の免責不許可事由があるとはいえないとして、抗告を棄却した。

(3)　Yは、客観的に虚偽の名簿を提出すれば旧破産法366条ノ9第3号に該当し、あえて債権者名簿から除外する意図をもっていたかどうかは考慮すべきではないなどと主張して、抗告の許可を申し立てた。

(4)　本決定は、「所論の点に関する原審の判断は、正当として是認することができる。論旨は採用することができない。」と判示して、抗告を棄却した。

【30】15(許)39（△二小、平15・10・24、棄却。原審広島高決平15・7・18、原々審広島地呉支決平15・2・5）

(1)　免責不許可事由の存在が認められる破産者について、いわゆる割合的一部免責の当否が問題となった事案である。

(2)　Xは、債権者18名に総額4932万円余の債務を負担して支払不能の状況にあ

るとして自己破産を申し立て、破産宣告を受け、免責を申し立てた。原々審は、Xには、支払不能の状況にありながら虚偽の事実を告知し詐術を用いて借入れを受けたなど旧破産法366条ノ9第2号の免責不許可事由があり、裁量による免責を許可すべき事情もないとして、免責を不許可とした。この免責不許可決定に対し、Xが即時抗告をした。原審は、Xには原々審認定のとおり免責不許可事由があるとしながらも、Xの勤務先の給与が完全歩合制となって収入が減少したことも破産の一因であり、詐術を用いて借入を受けたことは、Xの知人に騙された面もあるという事情を考慮し、裁量により、原決定の確定日における各破産債権元本の2割に限って免責を不許可とし、その余の免責を許可した。

(3) Xは、破産法上、裁判所に対し、二者択一的な免責許否の権限を認めているにとどまり、また、一部免責では債務が残るため、破産者の支払不能状態の回復を図ることができないから、割合的一部免責は破産法上違法であるなどと主張し、全部免責を求めて、抗告の許可を申し立てた。

(4) 本決定は、「所論の点に関する原審の判断は、正当として是認することができる。論旨は採用することができない。」と判示して、抗告を棄却した。

V 民事再生法

1 再生手続開始申立て

【31】15(許)16（△二小、平15・5・30、棄却。原審大阪高決平15・2・26、原々審大阪地決平15・1・29）

(1) 民事再生法25条の再生手続開始申立棄却事由の該当性が問題となった事案である。

(2) X株式会社は、金融業、経営コンサルタント等の事業を目的とする会社であるが、出資法違反容疑で警察の捜索を受け、その後、民事再生手続開始の申立てをした。本件申立書には、債務超過で支払不能であるとし、①新たな出資金の受入れは控え、XとA社（グループ会社）の貸金の回収分も出資者への返還に充てなければならないから、新規の融資はすべきではなく、出資者への返還のための資金回収作業に専念することを考えている、②返還業務のみの会社は、民事再生法よりも破産法になじむものであるが、XとA社の債権回収の実態は「サラ金の回収」であるから、民事再生手続を採り、数年かけて回収作業をすればグループ全体では満額に近い出資金の返還が可能である旨記載されている。原々審は、再生債務者の事業の継続は不可能であり、清算を目的とする民事再生手続の開始は認め難く、民事再生法25条3号に該当するとして、本件申立てを棄却した。Xが、即時抗告をしたが、原審は、①再生債務者の事業の継続は不可能であり、本件は清算を目的とした申立とみざるを得ない、②民事再生法の目的は再建であり、当初から清算を目的とした再生手続開始申立ては許されず、清算目的の申立ては再生計画案の作成の

V 民事再生法

見込みがないことが明らかであり、民事再生法25条3号に該当するとして、抗告を棄却した。

(3) Xが、抗告の許可を申し立てた。

(4) 本決定は、「所論の点に関する原審の判断は、正当として是認することができる。論旨は採用することができない。」と判示し、抗告を棄却した。

2 担保権消滅許可決定

【32】15(許)10（△二小、平15・4・11、棄却。原審名古屋高金沢支決平14・12・26、原々審金沢地輪島支決平14・7・8)

(1) 事業継続のための資金を捻出するために不動産を売却することが、担保権消滅許可申立ての要件である「当該財産が再生債務者の事業の継続に欠くことのできないものであるとき」（民事再生法148条1項）に当たるかが問題となった事案である。

(2) X有限会社は、民事再生手続開始の申立てをし、再生手続開始の決定がされた再生債務者であり、Y銀行は、前記再生手続において再生債権届出をしている債権者である。X所有の土地建物（本件不動産）には、YのXに対する前記債権を被担保債権とする根抵当権及び抵当権（本件担保権）が設定されている。Xは、本件不動産の一部で事業を継続し、他の不動産を売却してその代金を再生計画の弁済の原資とする必要があるとして、民事再生法148条1項に基づき、本件不動産の価額相当額を納付して本件担保権の消滅の許可を申し立てた。原々審は、担保権消滅許可申立ての要件である「当該財産が再生債務者の事業の継続に欠くことができないものであるとき」は、単に、再生債務者の事業に直接使用する財産のみに限定されると解すべきではなく、再生計画実現についての当該財産の役割や担保権者の利益等諸般の事情を総合考慮の上、再生債務者の事業継続における必要性を検討して決するべきであるとして、弁済の原資を得るために売却する本件不動産につき、その価額相当額を納付して担保権を消滅させることを許可した。Yが即時抗告したところ、原審は、民事再生法148条1項にいう再生債務者の事業継続に不可欠であるか否かは、再生債務者自身の本来的な事業の用に供する必要があるか否かによって決すべきであって、再生債務者が資産を売却して資金調達するような場合はこれに含まれないなどとして、原々決定を取り消し、Xの本件申立てを却下した。

(3) Xが、抗告の許可を申し立てた。

(4) 本決定は、「所論の点に関する原審の判断は、正当として是認することができる。論旨は採用することができない。」と判示し、抗告を棄却した。

【33】15(許)22（△二小、平15・7・11、棄却。原審広島高松江支決平15・4・1、原々審松江地益田支決平14・12・5)

(1) 担保権消滅許可決定の当否が問題となった事案である。

(2) X有限会社は、民事再生手続開始の申立てをし、再生手続開始の決定がされ

た再生債務者である。Y銀行は、X所有の本件建物及びXの代表者が所有するその敷地（本件土地）等について、根抵当権（共同抵当）に基づき競売手続開始の申立てをし、不動産競売開始決定がされ、その旨の差押え登記がされた。その後、執行裁判所は、本件建物及び本件土地等について、一括売却する旨決定した。本件建物は、Xがその事業を行うための工場として使用しており、本件建物の敷地利用権は使用貸借権である。Xは、本件建物に設定されている担保権（本件建物には、本件根抵当権の他にも別の担保権者の根抵当権が設定されている。）につき、担保権消滅の許可の申立てをした。原々審は、86万8000円の納付を条件に担保権を消滅させることを許可した。Yが即時抗告したところ、原審は、本件建物がXの事業継続に不可欠であることは認めたが、①本件土地は、Xの所有ではなく、同土地について競売手続の中止や担保権の消滅の許可の申立てをすることができないところ、同土地が競落された際には、本件建物の敷地利用権は使用貸借権であって、買受人に対抗できないから、買受人から建物収去を求められた場合にはこれに応じざるを得ないこと、②本件建物と本件土地は一括売却に付されており、本件建物についてのみ担保権を消滅させると本件土地の売却が事実上困難になる上に、本件建物と本件土地を一括売却することでより高額の買受申出が得られるという共同担保権者の期待は保護に値するものであることからすると、本件申立ては権利の濫用として許されないとして、原々決定を取り消し、Xの本件申立てを却下した。

(3) Xが、抗告の許可を申し立てた。

(4) 本決定は、「所論の点に関する原審の判断は、結論において是認することができる。論旨は採用することができない。」と判示し、抗告を棄却した。本件では、本件建物の敷地利用権は使用貸借権であって、敷地の競落人に対抗できないことが明らかである。そして、Yが競売の申立てをし、本件土地建物について競売手続が進行していた状況の下では、本件建物の担保権を消滅させても、いずれ本件土地が競落されて本件建物を収去しなければならないこととなって、Xの本件建物における事業の継続は不可能となる可能性が高い。このような場合は、本件建物を確保してもXの事業の継続は困難といわざるを得ないから、本件建物は、再生債務者にとって事業の継続に欠くことのできない財産であるとはいえないと考えられる。したがって、本件担保権消滅の許可の申立ては理由がないことになろう。本決定は、このような観点から、申立権の濫用という理由付けはともかくとして、原決定の結論は是認し得るとしたものと思われる。

3 競売手続中止決定

【34】15(許)11（△二小、平15・4・11、却下。原審名古屋高金沢支決平14・12・26、原々審金沢地輪島支決平14・7・8）

(1) 【32】の担保権消滅の許可を申し立てたことを理由とする競売手続の中止の可否が問題となった事案である。

(2) 事実関係は【32】と同様であり、Xが担保権消滅の許可を申し立てたことに

V 民事再生法

伴い、民事再生法31条1項に基づき、本件各不動産につきYが申し立てている競売手続の中止を申し立てた。原々審は、平成14年12月27日までの間の競売手続の中止を命じた。Yが即時抗告をしたところ、原審は、同月26日、【32】事件において原々決定が取り消され、Xの担保権消滅許可の申立てが却下されたことからして、Xの競売手続中止決定の申立ては、もはや競売申立人であるYに対して不当な損害を及ぼすおそれがないとは認められないとして、原々決定を取り消し、競売手続中止決定の申立てを却下した。

(3) Xが、平成15年1月6日、抗告の許可を申し立て、原審は、同年2月12日、抗告を許可した。

(4) 民事再生法31条に基づく担保権実行中止命令は、この命令において定めた相当の期間の経過によって当然に効力を失うと解されている（伊藤眞ほか編「注釈民事再生法」95頁など）。そうすると、本件中止決定は、本決定時において既に失効しているから、これに対する抗告は、抗告の利益がなく、不適法というべきである（最二小決平14・9・27判時1838・31）。本決定は、以上の事実関係に基づき、「中止の決定の定めた期間は既に経過していることが明らかである。したがって、この決定を取り消し、抗告人の競売手続の中止決定の申立てを却下した原決定について、もはや抗告の利益はないというべきであり、本件抗告は、論旨について判断するまでもなく、却下を免れない。」と判示して、抗告を却下した。

4 再生計画認可決定

【35】14(許)35（△一小、平15・1・30、棄却。原審東京高決平14・9・11、原々審東京地決平14・5・1）

(1) 再生計画案を可決した債権者集会の手続の瑕疵と再生計画不認可事由の該当性が問題となった事案である。

(2) 原々審は、再生債務者Xの再生計画案について決議をするための債権者集会を開催し、投票者総数1400名、賛成者1312名、反対者88名、総債権額に占める議決債権額の割合59.03パーセントによって再生計画案は可決された。原々審は、前記債権者集会において可決された本件再生計画について、民事再生法174条2項各号の不認可事由はないとして、再生計画認可決定をした。これに対し、再生債権者Yは、①議決権が1票である債権者の一部（7名）が複数の議決権を行使した、②債権者の1人があらかじめ賛成の議決票をX代理人に送付したものの、後に翻意して議決票の返還を同代理人に求めたにもかかわらず、これを認めず賛成票として扱ったとして、即時抗告をした。原審は、Y主張のとおりであったとしても、本件決議に影響を及ぼすとは認められず、本件決議は違法であるということはできないとして、抗告を棄却した。

(3) Yは、本件再生計画案を可決した債権者集会の手続には瑕疵があるのに、これを認可したのは民事再生法174条2項1号及び3号の解釈適用の誤りがあるとして、抗告の許可を申し立てた。

(4) 本決定は、「所論の点に関する原審の判断は、正当として是認することができる。論旨は、独自の見解に立って原決定を論難するものにすぎず、採用することができない。」と判示し、抗告を棄却した。

VI 家事審判法

1 婚姻費用の分担に関する処分

【36】 14(許)38（△一小、平15・2・27、棄却。原審福岡高決平14・10・15、原々審福岡家小倉支審平14・7・29）
(1) 婚姻費用の分担につき調停事件が係属しているのみで審判の申立てがない場合において、審判前の保全処分として、婚姻費用仮払仮処分をすることができるかが問題となった事案である。
(2) X（妻）は、Y（夫）に対し、婚姻費用分担調停を申し立て、その調停手続が進行中に、家事審判法15条の3の審判前の保全処分として、婚姻費用仮払仮処分の申立てをした。原々審は申立てを認容したので、Yが即時抗告をした。原審は、審判前の保全処分の申立てをするには、基本事件である審判事件が係属していることを要するところ、本件基本事件は、調停段階にあり、審判に移行していないから、本件保全処分の申立ては不適法であるとして、原々審判を取り消し、申立てを却下した。
(3) Xが、抗告の許可を申し立てた。
(4) 本決定は、「所論の点に関する原審の判断は、正当として是認することができる。論旨は採用することができない。」と判示し、抗告を棄却した。

【37】 15(許)5（△三小、平15・3・11、棄却。原審東京高決平14・11・22、原々審前橋家高崎支審平14・4・2）
(1) 別居後の婚姻費用分担の始期が問題となった事案である。
(2) X（妻）とY（夫）は、夫婦であるが、Xが家を出た平成12年9月9日以降別居していた。Yは、Xに対し、別居以降平成13年4月まで、毎月20万円及びXのマンション家賃並びに光熱費を支払っていた。平成13年8月7日、XはYに対し、婚姻費用分担調停を申し立てたが、不調となり審判に移行した。原々審は、Yに対し、平成13年8月から当事者の離婚又は別居状態の解消に至るまで、毎月末日限り13万円を支払うよう命じた。Xは、分担の始期を本件調停の申立てをした平成13年8月とするのは不当であり、生活費を差し入れなくなった平成13年5月を始期とすべきであるなどと主張して即時抗告をした。原審は、婚姻費用分担の始期につき、被扶養者は、請求時から扶養義務を有する者に対して請求することができるとするのが公平の観点から相当であるなどとして、Xの抗告を棄却した。
(3) Xが、抗告の許可を申し立てた。

VI 家事審判法

(4) 本決定は、「本件事実関係の下において、婚姻費用分担の始期を平成13年8月とした原審の判断は、是認することができる。論旨は採用することができない。」と判示して、抗告を棄却した。婚姻費用分担の始期の問題については、裁判例及び学説において見解が多岐に分かれているが（伊藤昌司＝松島道夫「新版注釈民法(21)親族(1)」439頁）、本件事案においては、YからXに対し、別居以降平成13年4月まで、毎月20万円及びXのマンション家賃並びに光熱費を支払っていたという事情があったため、いずれの見解に立っても原決定と同様の結論を導くことが可能であったといえよう。本決定により前記論点につき最高裁判所の採用する立場が明らかにされたとはいえないと思われる。

【38】 15(許)7（△二小、平15・3・14、棄却。原審福岡高決平14・12・25、原々審福岡家小倉支審平13・12・28）

(1) 離婚訴訟が提起され婚姻関係が破綻している夫婦間の婚姻費用分担について、生活保持義務を前提に分担額を決定することの当否が問題となった事案である。

(2) X（妻）とY（夫）は、夫婦であるが、不和となり別居し、夫婦関係調整調停不成立を経て、YはXに対し離婚訴訟を提起した。当事者間には未成年者の子供が2人いて、Xと同居していた。Xは、Yに対し、原々審に婚姻費用分担の申立てをした。原々審は、Yに対し、90万円及び平成13年12月1日から当事者の別居状態の解消又は婚姻解消に至るまで、毎月末日限り30万円を支払うよう命じた。Yは、離婚訴訟が提起され婚姻関係が破綻している夫婦間の婚姻費用分担については、生活扶助義務を前提にすべきで、生活保持義務を前提に分担額を決定するのは違法であるなどと主張して即時抗告をした。原審は、原々審の判断を相当とした上、Yが原々審判後に婚姻費用を一部分担しているので、原々審判を変更し、Yに対し、150万円及び平成14年12月1日から当事者の別居状態の解消又は婚姻解消に至るまで、毎月末日限り30万円を支払うよう命じた。

(3) Yが、抗告の許可を申し立てた。

(4) 本決定は、「所論の点に関する原審の判断は、正当として是認することができる。論旨は採用することができない。」と判示して、抗告を棄却した。夫婦別居中の婚姻費用の分担額の決定については、資産、収入その他一切の事情を考慮して（民法760条）、生活保持義務を基本としつつ、破綻の有無や有責性の程度等によって適宜減額するという裁量判断とならざるを得ず、下級審裁判例も個別事案に応じて適切な分担額を決定してきたものと考えられる。本決定も、婚姻費用分担額の決定について、最高裁判所として生活保持義務か生活扶助義務かというような一般論を定立しているわけではないと思われる。

【39】15許12（△三小、平15・4・24、棄却。原審福岡高決平14・11・29、原々審福岡家審平14・5・7）

(1) 婚姻関係が回復する見込みがないこと等を理由とする婚姻費用の分担額の減額の主張を採用しなかった原決定の当否が問題となった事案である。

(2) X（妻）とY（夫）は、夫婦であるが、不和となり別居した。当事者間には未成年者の子供が2人いて、Xと同居していた。YはXに対し、夫婦関係調整調停を申し立てたが、合意に至らなかったためこれを取り下げた。その後、Xは、婚姻費用分担調停を申し立て、不成立となり審判に移行した。原々審は、別居の原因がXのみに責任があるということはできないとし、生活保持義務を前提にした分担額の算定を行い、本件婚姻費用分担調停が申し立てられた平成12年11月から月額28万円の婚姻費用を分担させるのが相当であるとして、Yに対し、448万円及び平成14年3月から婚姻解消に至るまで、毎月末日限り28万円を支払うよう命じた。Yが即時抗告をしたが、原審は、原々審と同様の判断を示し、別居又は破綻の原因についてYの主張を認めるに足りる資料はないとした上、X名義の預貯金558万円のほぼ半額の280万円を婚姻費用の分担に充てるのが当事者の公平に資するとして、原々審判を変更し、Yに対し、168万円及び平成14年3月から婚姻の解消又は同居に至るまで、毎月末日限り28万円を支払うよう命じた。

(3) Yが、婚姻関係が回復する見込みがないこと等を理由とする婚姻費用の分担額の減額の主張を採用しなかったのは違法であるなどと主張し、抗告の許可を申し立てた。

(4) 本決定は、「所論の点に関する原審の判断は、正当として是認することができる。論旨は採用することができない。」と判示して、抗告を棄却した。許可抗告制度の趣旨に沿う事件といえるか検討の余地があるように思われる。

2 子の監護に関する処分

【40】15(許)18（△一小、平15・5・12、棄却。原審札幌高決平15・2・24、原々審札幌家審平14・7・19）

(1) 親権と監護権の分属の当否が問題となった事案である。

(2) X（母）と、Y（父）は、未成年者の長男A及び二男Bの親権者をXと定めて協議離婚したが、Yは、Aを連れて実家に帰った。そこで、Xは、Aの引渡しを求める調停を申し立てたが不調となり審判に移行した。一方、Yは、Aの監護者をYと定める旨の審判の申立てをした。Xは、団体職員で、Bと共に実家に居住しており、Bの生育状況も良好であった。Yは、会社員で、Aの養育について実母の協力を得ながら生活していた。原々審は、子の引渡しの申立てを認容すべき事情が存することは否定できないが、Aとの情緒面での結び付きを比較すると、YがXを上回っており、Yの監護能力、監護状況に問題がないなどの事情を考慮すれば、現在の監護状況を安定させるのが優先されるべきであるから、親権と監護権を分属させる特段の事情があるとして、Xの申立てを却下し、Yの申立てを認容し

VI　家事審判法

た。Xが即時抗告したところ、原審は、親権と監護権を分属させる特段の事情は見当たらず、Aの生活環境の一時的変化に伴う危惧を払拭できないというだけの理由でXの申立てを却下し、Yの申立てを認容するのは相当ではないとして、原々審判を取り消し、Xの申立てを認容し、Yの申立てを却下した。

(3)　Yが、抗告の許可を申し立てた。

(4)　本決定は、「所論の点に関する原審の判断は、正当として是認することができる。論旨は採用することができない。」と判示して、抗告を棄却した。原々審と原審で判断が分かれたが、これは認定の違いと裁量的判断の違いによるものである。本件の抗告理由は原審の事実認定を非難するか、その裁量に係る判断の不当を主張するものにすぎず、許可抗告制度の趣旨に沿う事件といえるか検討の余地があるように思われる。

【41】15(許)14（△三小、平15・5・14、棄却、家月56・4・137。原審東京高決平15・1・20、原々審横浜家横須賀支審平14・8・5）

(1)　離婚無効確認訴訟係属中の場合において、戸籍上親権者でない者から戸籍上親権者になっている者に対する子の引渡しの当否が問題となった事案である。

(2)　X（母）と、Y（父）は、昭和63年1月20日婚姻の届出をし、両者間には3人の未成年の子がいる。Xは、Yと不和となったことから、離婚を決意し、平成12年10月24日に単身で実家に帰り、以後Yと別居状態が続いていた。Xは、家を出る際、離婚の種別及び親権者欄等を空欄にしたまま離婚届出書に署名押印し、離婚方法や子らの親権については今後解決する旨記載した置き手紙を残した。ところが、Yは、前記離婚届出書に子らの親権者をYと記載して協議離婚の届出をした。そこで、Xは、Yに対し、離婚無効の調停を申し立て、これが不調になると、協議離婚無効確認、離婚、親権者の指定及び財産分与等を求める訴訟を提起した。Xは、Yと別居後、当初は子らと面接交渉を行っていたが、その後面接交渉が実現しなくなったため、戸籍上の親権者で子らを現実に養育しているYに対し、3名の子の引渡しを求める申立てをした。原々審は、Xの申立てを認容したので、Yが即時抗告をした。原審は、Xは非親権者であるが、協議離婚の成立自体に疑義がある上、少なくとも親権者の指定については、協議離婚届出前に両者間で協議が調うに至ったとは認め難く、3名の子らの親権については、いまだXとYが共同してこれを行使する状態にあるものと見る余地が十分にあるとした上で、Xが子らの監護をするのが子の福祉に合致するとして、Yの抗告を棄却した。

(3)　Yが、戸籍上の親権者でもなく監護者でもない親から親権者である親に対する子の引渡請求は許されず、また、離婚無効確認訴訟が提起されているからといって協議離婚届が有効に受理されている場合に親権の共同行使を認めるのは不当であるなどと主張し、抗告の許可を申し立てた。

(4)　本決定は、「所論の点に関する原審の判断は、正当として是認することができる。論旨は採用することができない。」と判示して、抗告を棄却した。

3 財産の分与に関する処分

【42】 15(許)30（△二小、平 15・10・10、棄却、家月 56・5・134。原審大阪高決平 15・4・22、原々審京都家審平 14・5・7）

(1) 事実上の婚姻関係にあった大韓民国籍の男女の一方が死亡して事実上の婚姻関係が解消した場合に、大韓民国民法の離婚に伴う財産分割の規定を類推適用することの可否が問題となった事案である。

(2) X女とY男は、平成4年2月ころから同居を始め、事実上の婚姻関係を持っていたところ、Yは、平成9年10月死亡した。Yは、前妻Aとの間にB、Cの2人の子がいたが、昭和54年10月に協議離婚していた。Xは、Yの死後、ソウル家庭法院に対し、検察官を被告として、XとY間の事実上の婚姻関係存在確認の訴えを提起した。同法院は、Xの請求を棄却する判決を言い渡したが、ソウル高等法院が原判決を取り消し、XとY間の事実上の婚姻関係を確認する判決を言い渡し、同判決は確定した。その後、Xは、B及びCを相手方として、Yの遺産である土地建物（係争不動産）につき財産分与等を求める審判申立てをした。Xの申立ての趣旨は、大韓民国民法839条の2第1項が夫婦が協議離婚した場合に財産分割を請求することができる旨定めており、この規定は事実上の婚姻関係にも類推適用されるとして主位的に係争不動産の持分の2分の1の財産分割を求め、予備的に、大韓民国民法1008条の2に共同相続人中相続人の財産の維持又は増加につき特別に寄与した者には、遺産について寄与分が認められる旨定められているところ、同項の類推適用により係争不動産の2分の1に相当する寄与分が認められるべきであるというものである。原々審は、大韓民国民法839条の2第3項によれば、夫婦の財産分割請求権は離婚の日から2年を経過することにより消滅するところ、X主張のとおり、離婚と死亡とを同視することができるとしても、Xの財産分割請求は、死亡の日から2年経過後にされたものであるから主位的申立ては不適法であり、予備的申立ても遺産分割事件が係属していないにもかかわらず寄与分の申立てをすることができるとは解されないから不適法であるとして、Xの申立てをいずれも却下した。Xが即時抗告をしたが、原審は、死別による事実婚解消の場合に大韓民国民法839条の2第1項の類推適用を認める大韓民国内の公権的解釈も学説の存在も明らかではないから類推適用を認めることは相当ではなく、主位的請求は理由がない、また、死別により事実婚が解消した者が大韓民国民法1008条の2にいう「共同相続人」にあたると考えることはできないから予備的申立ても理由がないとして、抗告を棄却した。

(3) Xが、抗告の許可を申し立てた。

(4) 本決定は、「所論の点に関する原審の判断は、正当として是認することができる。論旨は採用することができない。」と判示して、抗告を棄却した。

4 遺産の分割に関する処分

【43】 15(許)19（△二小、平15・6・13、棄却。原審高松高決平15・3・17、原々審松山家審平13・11・19）

(1) 遺産分割調停中に相続人4名のうちの1名が死亡し、その死亡者の固有財産について遺留分減殺請求訴訟が係属している場合の遺産分割方法が問題となった事案である。

(2) 亡Aの遺産について、妻Bと二女Xは、長男Y及び長女Zを相手方として遺産分割調停を申し立てた。同調停係属中、Bは死亡した。Bの相続人は、X、Y、Zであるが、Bの遺産全部をXに相続させる旨の公正証書遺言があったので、Y、ZはXを被告として遺留分減殺請求訴訟を提起した。前記調停は不成立となり審判に移行し、原々審は、Bの遺産（亡Aの遺産のうちBが相続すべき財産を含む）の帰属については、本件遺産分割審判確定後に別途解決されるべき問題であるとして、死亡したBを申立人と表示した上、Bが遺産の一部を取得し、あるいは、Bに対する代償金の支払を命じる旨の審判をした。Xが即時抗告をしたところ、原審は、原々審が死亡したBを当事者として表示したのは相当ではないとした上、遺留分減殺請求訴訟が提起されていることやBの相続につき特別受益の問題があることなどから、本件遺産分割手続においては、XがBの相続分を全部相続したものとして遺産分割を行うのではなく、被相続人の遺産のうちBの遺産に帰属すべきものを定めるにとどめ、Bの遺産の処理については、遺留分減殺請求訴訟等にゆだねるのを相当とするとして、原々審判を変更し、Bの遺産に帰属すべき財産を定めた。

(3) Xが、遺留分減殺請求権行使の効果は度外視して遺産分割を行うべきであるなどと主張して、抗告の許可を申し立てた。

(4) 本決定は、「所論の点に関する原審の判断は、正当として是認することができる。論旨は採用することができない。」と判示して、抗告を棄却した。本件では、Bの遺産につき遺留分減殺請求訴訟が提起され、かつ、Bの相続については特別受益の問題もあって、各相続人の相続分も確定することができないのであるから、全当事者の合意を得ずに被相続人の遺産のうちBの遺産に帰属すべき遺産も含めて遺産分割を行うことはできないのは明らかであろう。

【44】 15(許)33（△一小、平15・10・9、棄却。原審広島高決平15・5・9、原々審山口家審平14・6・28）

(1) 遺産分割の方法が問題となった事案である。

(2) 亡Aの相続人は長男Bと長女Y_1であったが、Bが死亡し、その相続人は妻Xと長男Y_2、Bの前妻との間に生まれた子であるY_3、Y_4である。本件は、AとBの遺産につき、前記X、Y_1、Y_2、Y_3及びY_4間の遺産分割申立て事件である。原審は、Y_3にはAの相続分はないにもかかわらず、Y_3にAの遺産の一部を取得させ

ているのは不当であり、また、Y_1、Y_4に支払能力を超える代償金の支払を命じているのは具体的分割方法が不公平であるとして、原々審判を変更した。

(3) Xが、遺産の一部を共同相続人中の複数の者の共有とする分割方法は不当であるなどと主張して、抗告の許可を申し立てた。

(4) 本決定は、「所論の点に関する原審の判断は、正当として是認することができる。論旨は採用することができない。」と判示して、抗告を棄却した。

5 戸籍法に規定する事件

【45】15(許)37（◎三小、平15・12・25、棄却、民集57・11・2562、判時1846・11。原審札幌高決平15・6・18、原々審札幌家審平15・2・27）

(1) 戸籍法施行規則60条に定める文字以外の文字である「曽」の字を子の名に用いることの可否と、家庭裁判所が当該文字が常用平易であることを理由に出生届の受理を命ずることの可否が問題となった事案である。

(2) Xは、子の名に「曽」の字を用いた出生届を提出したが、窓口の担当職員から「曽」は新たに出生した子の名に使用できない文字であると言われたため、子の名を未定とする出生届を提出した。その後、Xは、子の名に「曽」の字を用いた出生届の追完届を戸籍事務管掌者であるYに提出したところ、Yから、「曽」の字が戸籍法施行規則60条に定める文字でないことを理由として本件追完届の不受理処分がされた。そこで、Xは、Yに対し、本件追完届を受理することを求めて原々審に市町村長の処分に対する不服申立てをした。原々審は申立てを認容したので、Yが即時抗告をしたところ、原審は、「曽」の字は、社会通念に照らして明らかに常用平易な文字であり、戸籍法施行規則60条が「曽」の字を戸籍法50条1項にいう常用平易な文字と定めなかったことは違法であるから、本件追完届の受理を命ずべきものとして、Yの抗告を棄却した。

(3) Yが、抗告の許可を申し立てた。

(4) 本決定は、「市町村長が施行規則60条に定める文字以外の文字を用いて子の名を記載したことを理由として出生届の不受理処分をし、これに対し、届出人が家庭裁判所に不服を申し立てた場合において、家庭裁判所及びその抗告裁判所は、審判、決定手続に提出された資料、公知の事実等に照らし、当該文字が社会通念上明らかに常用平易な文字と認められるときには、当該市町村長に対し、当該出生届の受理を命ずることができるというべきである。」と判示した上、戸籍法施行規則60条に定める文字以外の文字である「「曽」の字は、社会通念上明らかに常用平易な文字であるとした原審の判断は相当である。」として、「子の名を「曽○」と記載して提出した出生届の追完届の受理を命じた原審の判断は正当として是認することができる。論旨は採用することができない。」と判示して、抗告を棄却した。

本決定は、最高裁判所としての初めての判断であり、戸籍実務上重要な意義を有するものと思われる。

Ⅵ 家事審判法　　　　　　　　　　　　　　　　　　　　　　　　171

6 抗　告

【46】 14(許)36（△二小、平 15・2・14、棄却。原審東京高決平 14・8・7、原々審長野家伊那支審平 13・11・26)

(1) 遺産分割審判について抗告審が自判することができるかが問題となった事案である。

(2) 事案は複雑であるが、本決定の理解に必要な限りで簡略化すると、原々審は、遺産のうち5筆の土地を X_1 の取得とし、それ以外の不動産を $X_2 \sim X_6$、$Y_1 \sim Y_6$ の共有とした上、これに対応して関係相続人らに対して対象不動産の所有権移転登記をすること、X_1 に対して建物を明け渡すことなどを命ずる遺産分割審判をした。$X_1 \sim X_6$ が抗告したところ、原審は、原々審示の土地とは別の2筆の土地を X_1 の取得とし、それ以外の不動産をその余の相続人らの共有とすることなどが相当であると判断して、原々審判を変更する旨の決定をした。

(3) $X_1 \sim X_6$ は、被相続人の子 Y_1 が原決定前に死亡し、Y_1 の夫も既に死亡し、子もないことから、Y_1 の相続人は $X_2 \sim X_6$ であり、これらの者の相続分は変更となったのであるから、原審としては自判するのではなく、原々審に差戻しをすべきであるなどと主張して、抗告の許可を申し立てた。

(4) 本決定は、「原決定に所論の違法はなく、論旨は採用することができない。所論引用の判例は、事案を異にし、本件では適切ではない。」と判示して、抗告を棄却した。

【47】 15(許)13（△一小、平 15・6・12、棄却。原審仙台高秋田支決平 15・2・6、原々審秋田家本荘支審平 14・12・25)

(1) 家事審判についての再審申立てを却下した裁判に対する即時抗告期間は、家事審判法14条により2週間か、民訴法の準用により1週間かが問題となった事案である。

(2) X は、確定した家事審判（墓地の承継者指定審判）に対し、再審の申立てをした。原々審は、申立てが不適法であることを理由に再審申立てを却下した。原々審の審判は平成15年1月6日に X 代理人に告知された。X が、同月20日に即時抗告をしたところ、原審は、再審申立ては家事審判法に規定のないものであり、非訟事件手続法25条による民訴法の準用によるものであるから、これに対する不服申立て期間については家事審判法14条の適用はなく、民訴法349条、347条、341条、332条により、裁判の告知を受けた日から1週間と解するのが相当であり、本件即時抗告は期間経過後に申し立てられたものであるから不適法であるとして、即時抗告を却下した。

(3) X が、家事審判の再審の申立てに関する即時抗告については家事審判法14条が適用され、即時抗告期間は2週間であると主張して、抗告の許可を申し立てた。

(4) 本決定は、「所論の点に関する原審の判断は、正当として是認することがで

きる。論旨は採用することができない。」と判示して、抗告を棄却した。家事審判法には再審の規定がないので、家事審判に対する再審申立ての可否が問題になるが、家事審判法7条、非訟事件手続法25条、民訴法349条に基づき即時抗告をもって不服を申し立てることができる審判で確定したものについては、再審の申立てをすることができると解されている（最二小判平7・7・14民集49・7・2674、判時1541・96は、このような見解を前提としているものと解される。）。この場合における家事審判の再審申立却下審判に対する即時抗告期間は、1週間と解するのが通説である。家事審判法14条において、即時抗告期間を2週間としたのは、「審判事項には、相当重要な事項が有り、判決事項と同様なものがある」との理由によるからであるが（堀内節編「家事審判制度の研究」436頁）、判決事項を対象とする民訴法上の再審においてさえ、即時抗告期間は1週間であるから（民訴法332条）、家事審判の再審申立却下審判に対する即時抗告期間をそれよりも長期である2週間とする実質的理由はないと考えられることによるものである。本決定は、この通説に沿った判断をしたものと思われる。

【48】15(許)21（◎一小、平15・11・13、破棄・差戻、民集57・10・1531、判時1841・102。原審東京高決平14・12・26、原々審東京家審平14・3・27）

(1) 遺産分割審判に対する即時抗告期間は、各当事者ごとに各別に進行するか、当事者のうち最後の者が告知を受けた日から当事者全員に対し一律に進行するかが問題となった事案である。

(2) 本件被相続人には、相続人が7名おり、このうち4名が残りの3名を相手方として遺産分割の調停を申し立てたが、不成立となり、審判に移行した。相手方の1人であるXは、残りの6名を相手方として、寄与分を定める審判の申立てをし、これが遺産分割審判に併合された。原々審は、平成14年3月27日、寄与分を定める申立てを却下し、特別受益等を考慮した上で、被相続人の遺産を具体的に分割する審判をした。この審判は同年4月2日にXに告知された。Xが、原々審の担当書記官に、本件審判が他の相続人にいつ告知されたかを問い合わせたところ、同月8日に全員への告知が完了したとの回答を得たので、それから2週間目に当たる同月22日に即時抗告をした。原審は、遺産分割の審判に対する即時抗告期間は、相続人ごとに審判の告知を受けた日が異なる場合であっても、Xが告知を受けた日から2週間であって、最も遅い告知の日から2週間ではないから、本件即時抗告は即時抗告期間を徒過した不適法なものであり、また、即時抗告期間の徒過がXの責めに帰することのできない事由によるものであったと認めることはできないから、訴訟行為の追完は認められないとして、Xの即時抗告を却下した。

(3) Xが、抗告の許可を申し立てた。

(4) 本決定は、「各相続人への審判の告知の日が異なる場合における遺産分割の審判に対する即時抗告期間は、相続人ごとに各自が審判の告知を受けた日から進行すると解するのが相当である。」と判示した上、本件の場合、Xは、「その責めに帰

することのできない事由により即時抗告期間を遵守することができなかったものと認めるのが相当であり、本件即時抗告が即時抗告期間を徒過した不適法なものとみることはできない。」として、即時抗告の追完を認め（家事審判法7条、非訟事件手続法22条）、原決定を破棄し、原審に差し戻した。告知を受けた日が当事者ごとに異なる場合の即時抗告期間の進行については、学説上、遺産分割の審判には固有必要的共同訴訟の法理が妥当することから、最後に告知された者に対する告知の日から全員につき一律に進行するという考え方（一律説）と、各自が告知を受けた日から各別に進行するという考え方（個別説）との対立がある。本決定は、個別説を採ることを明らかにした。また、寄与分を定める審判に対する即時抗告についても、遺産分割の審判に対する即時抗告の場合と同様に解すべきであるとした。本決定は、学説上対立のあった即時抗告期間の進行について、最高裁判所として初めての判断を示したもので、実務に大きな影響を与えるものであり、また、即時抗告の追完を認めた先例としても参考となるものと思われる。

Ⅶ その他

1 行政事件訴訟法

【49】14(行ツ)11（○三小、平15・3・11、破棄・自判、集民209・155、判時1822・55。原審東京高決平14・10・21）

(1) 弁護士に対する戒告処分が公告されることによる社会的信用の低下等が、行政事件訴訟法25条2項にいう「処分により生ずる回復の困難な損害」に当たるかどうかが問題となった事案である。

(2) 弁護士Xは、Y（日本弁護士連合会）から懲戒処分である戒告（本件処分）を受けたので、その取消訴訟を提起した上で、後日、同訴訟に勝訴し、本件処分が取り消されても、公告がされて本件処分が第三者の知るところとなり、弁護士としての社会的信用が低下する事態が生じるなど回復困難な損害を被るとして、主位的に本件処分の効力の停止を、予備的に本件処分に基づく手続の続行の停止を求めた。原審は、戒告処分の公告は戒告に必然的に随伴するYの会則上の不利益であり、戒告の効力によるものであり、本件処分が公告されることによりXの弁護士としての社会的信用等が毀損されれば、後日本案訴訟で勝訴して本件処分が取り消されても、従前の社会的信用等を完全に回復することは困難であり、この回復困難な損害を避けるため、本件処分の効力を停止する緊急の必要があるとして、Xの主位的申立てを認容した。

(3) Yが、抗告の許可を申し立てた。

(4) 本決定は、「本件処分の効力又はその手続の続行を停止することによって本件公告が行われることを法的に阻止することはできないし、本件処分が本件公告を介して第三者の知るところとなり、相手方の弁護士としての社会的信用等が低下す

るなどの事態を生ずるとしても、それは本件処分によるものではないから、これをもって本件処分により生ずる回復困難な損害に当たるものということはできない。」と判示し、原決定を破棄し、本件懲戒処分執行停止申立てを却下した。本決定は、執行停止申立て事件において、処分と損害の関係が問題となった事案に関する最高裁判所の決定であり、参考になるものと思われる。

【50】 14(行ツ)10（〇二小、平15・3・14、棄却、集民209・255、判時1821・16。原審大阪高決平14・4・30、原々審京都地決平14・1・15）

（1） 総務庁恩給局長がした旧軍人普通恩給の改定請求の却下処分について、京都府知事が行政事件訴訟法12条3項にいう「事案の処理に当たった下級行政機関」に該当するかが問題となった事案である。

（2） Xは、総務庁恩給局長がXに対して旧軍人普通恩給の改定請求を却下する旨の処分（本件処分）をしたため、同局長の事務承継人であるY（総務省人事・恩給局長）に対しその取消しを求める訴訟を京都地方裁判所（原々審）に提起した。Yが管轄違いを理由に本案訴訟を東京地方裁判所に移送することを求めたところ、原々審は、京都府知事は、本件処分に関し行政事件訴訟法12条3項にいう「事案の処理に当たった下級行政機関」に当たるとして、移送申立てを却下した。Yが即時抗告をしたが、原審も、「事案の処理に当たった下級行政機関」に当たるとして、京都地方裁判所の管轄を認め、抗告を棄却した。

（3） Yが、旧軍人の恩給請求に係る事務について、裁定庁と知事との間に指揮監督関係はないから、京都府知事は行政事件訴訟法12条3項にいう「事案の処理に当たった下級行政機関」に当たらないなどと主張して、抗告の許可を申し立てた。

（4） 本決定は、行政事件訴訟法12条3項にいう「事案の処理に当たった下級行政機関」とは、当該処分又は裁決に関し事案の処理そのものに実質的に関与した下級行政機関をいうとする最三小決平13・2・27民集55・1・149、判時1744・64の判示を引用した上で、「この下級行政機関に当たるものは、当該処分等を行った行政庁の指揮監督下にある行政機関に限られない」と判示した。そして、改定請求書等の提出を受けた京都府の担当者が、請求者の履歴の審査をし、厚生省から示されていた処理方針に従い、本件請求は認められないとの実質的な判断をして、Xの軍人退職年月日を現地召集解除の日とする履歴書を作成し、前記の経過を記載した意見書を添えて総務庁恩給局長に送付し、これに基づいて本件処分がされたとみることができるとして、「京都府知事は、本件処分につき、事案の処理そのものに実質的に関与したものということができ、行政事件訴訟法12条3項にいう事案の処理に当たった下級行政機関に当たるというべきである。」と判示して、抗告を棄却した。

Ⅶ その他　　　　　　　　　　　　　　　　　　　　　　　　　　　175

2 商　法

【51】 14(許)37（△三小、平15・2・18、棄却。原審福岡高決平14・10・30、原々審福岡地決平14・4・30）

(1) 仮取締役選任の必要性の有無が問題となった事案である。

(2) Xは、Y有限会社について、有限会社法32条、商法258条2項に基づき、仮取締役の選任を求めた。その理由は、Aを代表取締役、Bを取締役、Cを監査役にそれぞれ選任した社員総会決議不存在確認請求訴訟の認容判決が確定したことにより、Y社の取締役に欠員が生じたというものである。原々審、原審とも、Xが前記訴訟の提起に先立って申し立てた代表取締役、取締役及び監査役の職務執行停止・職務代行者選任仮処分事件において、前記A、B、Cの職務執行が停止され、代表取締役及び取締役の職務代行者として弁護士を、監査役の職務代行者として公認会計士をそれぞれ選任する旨の決定がされているところ、前記社員総会決議不存在確認判決が確定しても、前記仮処分決定は当然失効することはなく、Y社の業務は、これらの職務代行者によって何ら不都合なく運営されているから、仮取締役を選任する必要はないとして、申請を却下した。

(3) Xが、最二小判昭45・11・6民集24・12・1744、判時626・83を引用して原決定の違法を主張し、抗告の許可を申し立てた。

(4) 本決定は、「所論の点に関する原審の判断は、是認することができる。この判断は、所論引用の判例に抵触するものではない。論旨は採用することができない。」と判示して、抗告を棄却した。

【52】 14(許)10（◎一小、平15・2・27、破棄・自判、民集57・2・202、本誌1815・157。原審福岡高決平14・1・29、原々審福岡地決平12・8・22）

(1) 定款による譲渡制限のされた株式について、会社に対して譲渡の承認及び相手方指定の請求をした株主がその請求を撤回することができるかが問題となった事案である。

(2) Xは、A社の株式（本件株式）を保有している。A社の定款には、株式の譲渡につき取締役会の承認を要する旨の定めがある。Xは、本件株式をB社に譲渡したいと考え、A社に対し、本件株式のB社への譲渡を承認すべきこと、これを承認しないときは他に譲渡の相手方を指定すべきことを請求した（商法204条ノ2）。A社の取締役会は、B社への譲渡を承認せず、これに代わる譲渡の相手方としてYを指定した。Xは、Yへの譲渡を欲しなかったため、A社及びYに対し、前記請求を撤回する旨を通知した。他方、Yは、この撤回がされた後に、所定の金銭を供託した上で、Xに対し、本件株式を売り渡すべき旨請求した（商法204条ノ3）。Yは、本件株式の売買価格につき協議が調わないとして、原々審に対し、売買価格の決定の請求をした（商法204条ノ4）。Xは、Yが本件株式の売渡しを請求する前に、本件株式の譲渡承認及び相手方指定の請求を撤回したのであるから、X

とYとの間に本件株式の売買は成立していないと反論した。原々審は、Xによる請求の撤回を有効と認めたのに対し、原審は、請求の撤回は許されないと判断した（判時1795・158）。その理由は、取締役会から指定された者は、株主の請求に基づく取締役会の指定を信頼して、売買の目的物である株式の内容を調査し、資金を準備するものであって、契約の申込みを受けた者と実質的にみて異なるところはないから、契約の申込みを撤回することはできない旨を定めた民法521条1項、524条の類推適用により、株主は、取締役会が譲渡の相手方を指定した後は、その請求を撤回することができないというものであった。

(3) Xが、抗告の許可を申し立てた。

(4) 本決定は、「定款に株式の譲渡につき取締役会の承認を要する旨の定めのある会社の株式について、会社に対して株式の譲渡を承認すべきこと及びこれを承認しないときは他に譲渡の相手方を指定すべきことを請求した株主は、取締役会から指定された者が株主に対して当該株式を売り渡すべき旨を請求するまで、その請求を撤回することができると解するのが相当である。」と判示し、原決定を破棄し、原々決定に対する抗告を棄却した。その理由として、①株式会社においては株式の譲渡は本来自由であって、株主は自己の希望しない者への譲渡を強制されないのが原則であること、②株主による請求の撤回を認めても会社にとって好ましくない者が新たに株主となるわけではないから、株式譲渡を制限した会社の利益は害されないこと、③撤回が否定されるべき旨を定めた規定が商法にないこと、④被指定者の利益を重視して請求の撤回を許さないとするのは、株式譲渡を制限した会社側の事情を重視する余り、自由な譲渡を制限された株主の利益を損なう結果につながり、また、譲渡相手方指定請求は通常の売買契約の申込みとは異なるから、民法521条1項、524条の規定を類推適用するのは相当ではないことが挙げられている。本決定は、学説及び下級審裁判例が肯定説と否定説に分かれていた問題について、肯定説を採用したものである。なお、本決定には、否定説の立場から、島田仁郎裁判官の反対意見が付されている。

【53】 15(許)36（△二小、平15・10・10、棄却。原審東京高決平15・6・4、原々審東京地決平14・7・30）

(1) 譲渡制限のされた株式の譲受人が相手方指定の請求をした場合において、株式譲渡不承認通知及び譲渡の相手方指定通知の到達時期が問題となった事案である。

(2) Xは、Y株式会社の株式をA、B、Cから買い受けた（本件各譲渡）。Yは、株式の譲渡制限のある会社である。Xは、Yに対し、本件各譲渡の承認を求める書面を配達証明郵便で発信し、平成12年9月21日配達された。Yは、平成13年法律第128号による改正前の商法204条ノ2第3項所定の期間（相手方指定請求の日から2週間）の末日である平成12年10月5日に間に合うよう同年9月28日開催の取締役会で、本件各譲渡を承認せず、譲渡の相手方としてYを指定する旨の決議をし、同月29日、その旨の通知をXの自宅住所宛に内容証明・配達証明郵便で

発信した。この通知は、同月30日にX宅に持参されたが、家人不在のため局預かりとなった。その後、配達証明が届かないのを不審に思ったY代理人が郵便局に問い合わせたところ、Xは私書箱を利用しており、同通知は、同年10月1日に私書箱に届いたが、Xが取りに来ていないことが判明した。そこで、Y代理人は、同年10月4日、新たに同内容の通知を2通作成し、1通は普通郵便でX自宅宛に発送するとともに、もう1通は直接X自宅の郵便箱に投函した。また、Yの従業員Dは、同年10月5日、Xに電話をして前記通知の内容を口頭で伝えるとともに、同通知を郵送した旨を伝えた。同年10月6日、Xが前記内容証明・配達証明郵便を受領した。Yは、株主総会において本件各譲渡に係る売渡請求についての承認決議がなされたので、供託をした上、Xに株式買取請求を発した。Yは、本件株式の売買価格につき協議が調わないとして、原々審に対し、売買価格の決定の請求をした。原々審は、10月4日に前記通知がX宅の郵便箱に投函された時点で、書面がXの支配領域に入り、書面の内容がXに了知可能な状態となったから、意思表示の到達が認められるとして、前記期間制限が遵守されていることを前提に株式売買価格を決定した。Xが即時抗告したところ、原審は、「商法224条2項によれば、会社の株主に対する通知又は催告は通常到達すべき時に到達したものとみなされ、この規定は同条3項で、株式申込人に対する通知又は催告にも準用されているから、同規定は、同法204条ノ2第2項及び第3項に基づく会社からの通知にも準用されると解される。」として、譲渡不承認通知は9月30日に到達したものとみなされると判断し、Xの抗告を棄却した。

(3) Xが、商法224条2項は、多数の株主に対する画一的処理の要請に基づいて到達主義の原則の例外を定めたものであり、明文の規定なしに他に準用すべきではないとして、抗告の許可を申し立てた。

(4) 本決定は、「本件事実関係の下において、平成13年法律第128号による改正前の商法204条ノ2第3項所定の通知につき、同項所定の期間制限が遵守されているとした原審の判断は、結論において是認することができる。論旨は採用することができない。」と判示して、抗告を棄却した。隔地者に対する通知の到達については、最一小判昭36・4・20民集15・4・774、判時258・20が、意思表示を記載した書面が相手方によって直接受領され、又は了知されることを要するものではなく、これが相手方の了知可能な状態に置かれることをもって足りるとしており、また、最一小判平10・6・11民集52・4・1034、判時1644・116は、内容証明郵便の不在返戻の事案につき、受取人が不在配達通知書の記載等からその内容を推知できる等の場合には、到達したものと認められると判示している。これを本件についてみれば、Yの発送した前記通知は、遅くとも10月4日の時点では、到達が認められよう。本決定は、このような観点から、理由付けはともかくとして、原決定の結論は是認し得るとしたものであろう。

平成16年度

福田剛久／佐藤裕義

I 民事訴訟法
1. 移送【1】〜【3】
2. 裁判官の忌避【4】
3. 訴訟費用【5】〜【8】
4. 裁判所書記官の処分に対する異議【9】
5. 文書提出命令【10】〜【16】
6. 上告【17】【18】
7. 再審【19】【20】

II 民事執行法
1. 不動産競売申立て【21】
2. 債権差押命令【22】【23】

III 民事保全法
1. 仮処分【24】〜【26】
2. 保全取消し【27】【28】

IV 破産法
1. 別除権放棄の意思表示の相手方【29】
2. 配当表に対する異議申立て【30】

V 民事再生法
1. 再生手続開始申立て【31】
2. 担保権消滅許可決定【32】
3. 再生計画認可決定【33】

VI 家事審判法
1. 親権者の変更【34】
2. 財産の分与に関する処分【35】
3. 遺産の分割に関する処分【36】
4. 遺言執行者に対する報酬付与【37】

VII その他
1. 人身保護法【38】
2. 行政事件訴訟法【39】〜【42】
3. 非訟事件手続法【43】
4. 配偶者からの暴力の防止及び被害者の保護に関する法律【44】

はじめに

1 平成16年度における許可抗告の実情を紹介する。

新受件数は、平成10年が10件、平成11年が42件、平成12年が59件、平成13年が34件、平成14年が50件、平成15年が54件、平成16年は42件であった。増加傾向にあった新受件数は、昨年は減少した。

各年中に決定された事件のうち最高裁判所民事判例集又は最高裁判所裁判集民事に登載されたものの数と割合を年度別にみてみると、平成10年は、2件中登載1件（50パーセント）、平成11年は、32件中登載6件（19パーセント）、平成12年は、51件中登載12件（23パーセント）、平成13年は、53件中登載12件（23パーセント）、平成14年は、42件中登載7件（17パーセント）、平成15年は、53件中登載9件（17パーセント）、平成16年は、44件中登載10件（23パーセント）であった。

2 許可抗告（民訴法337条）は、特別抗告（同法336条）と同様に、決定に対する本来の不服方法に加えて特に認められた不服方法であるが、特別抗告が憲法違反を抗告事由とするのに対して、許可抗告は、法令解釈に関する重要な事項を含む事件であると高等裁判所が認めて許可したことを申立ての要件とするものである。現行民事訴訟法で許可抗告制度が設けられたのは、民事執行法や民事保全法の制定等に伴い、決定で判断される事項に重要なものが増え、かなり重要な法律問題について高等裁判所の判断が分かれているという状況が生じていたので、最高裁判所の負担が過重にならないように配慮した上で、重要な法律問題についての判断の統一を図ろうとしたものである（法務省民事局参事官室編「一問一答新民事訴訟法」374頁）。上告受理制度のように最高裁判所自らが受理するか否かの判断をする制度が採用されなかったのは、そのような制度を採用すれば最高裁判所の負担が過重になるおそれがあったためであり（ジュリスト増刊1999年11月「研究会新民事訴訟法」440頁〔柳田幸三発言〕）、その意味では、許可抗告の制度は、高等裁判所において、適切に許可の判断がされることを信頼して設けられた制度であるということができる。そして、最高裁判所が許可に値しないと判断したとしても、高等裁判所が許可した以上、最高裁判所は当該論点への応答をする負担を負うことになるのであるから、高等裁判所には、自らの判断に判例と異なる点がある場合又は真に法令解釈に関する重要な事項を含む場合に抗告を許可し、そのような場合でなければ許可しないという制度の趣旨に沿った運用が求められている。

許可抗告決定のうち最高裁判所民事判例集（民集）又は最高裁判所裁判集民事（集民）に登載されたものの割合は、冒頭に紹介したとおりであり、許可された事件のうち相当件数が法令解釈に関する重要な事項を含んでいたということができる。しかし、単なる事実認定に関する事項又は専ら受訴裁判所の訴訟上の裁量に属すると考えられる事項について許可をしたものも少なくなく、上記のような制度の

はじめに

趣旨に沿わない運用も見受けられる。そのような観点から、これまでも、「許可抗告事件の実情」において次のような指摘を繰り返してきたが、本稿でも更にこれを指摘しておきたい。

(1) 法令解釈に関する見解が明らかである場合に、個別事件における事実認定、要件への当てはめの判断は、通常、法令解釈に関する重要な事項とはいえない。

また、判例により示された解釈の実務上の運用にかかわる事項は、当該実務を担当する下級裁における事例集積にこそ意味がある場合が多い。このような場合、下級裁での事例集積、要件の類型化に関する実務的検討が十分にされていない段階で、個別事案に関する要件該当性の争いを法律審である最高裁判所に判断させることは、相当ではない。

(2) 判例がない論点について新解釈を展開した場合、その実務的検証、学説での批評等もなく、論点が未成熟な段階で、直ちに抗告を許可することに対しても一考の余地がある。決定、命令手続に関する論点について法律審の判断が示されれば、実務の運用が容易になるといえるが、判断材料の少ない段階で、しかも、簡易迅速な判断を求められる手続で法律審の判断を示すことには、実務の運用を硬直化するおそれがあることも否定できないからである。高等裁判所は、最高裁判所への抗告の相当性の判断を託されているのであるから、最高裁判所が現時点において当該論点について判断を示すことが相当かどうかという観点からも、許否の判断をすることが求められているといえよう。

(3) 論点自体としては法令解釈に関する重要な事項に当たるが、当該事案の解決に影響しない論点については、許可は不相当となるものと考えられる。許可抗告は、法令の解釈に関する重要な事項について、解釈統一の機能を有する特別な抗告であるが、当該事案の解決を目的とするものであることはいうまでもなく、抽象的な法令解釈のために許可することは、当事者を具体的事件の解決を離れた論争に巻き込むことになり、事業の解決を目的とする制度の趣旨に反するからである。

3 本稿は、佐藤裕義元最高裁判所調査官室付書記官が平成16年中に決定のあった許可抗告事件を整理したものである。

事件見出しに◎を付したものは民集登載事件、○を付したものは集民登載事件、△を付したものはいずれにも登載されなかったものである。

平成16年中の既済件数44件のうち民集登載件数は6件、集民登載件数は4件、基本事件の種類としては民事訴訟事件20件、民事執行事件3件、民事保全事件5件、破産事件2件、民事再生事件3件、家事審判事件4件、その他が7件であり、このうち、原決定が破棄されたものは8件であった。

なお、事案の概要等は、許可抗告事件の実情を紹介するのに必要な範囲で適宜省略し、事案の骨子のみを記載した。

掲載の順序は、原決定に関する手続法規ごとに分け、その中で、決定日の順に掲載した。

I 民事訴訟法

1 移 送

【1】 16(行ツ)1（△二小、平16・3・12、棄却。原審名古屋高決平15・12・26、原々審名古屋地決平15・9・26）

(1) 行政訴訟（処分取消請求）に慰謝料請求を併合して訴えを提起した事案において、処分取消請求についての弁論を分離し、同請求に係る訴え部分につき、管轄違いとして、行政事件訴訟法7条、民訴法16条1項に基づいてされた被告住所地の管轄裁判所への移送決定の当否が問題となった事案である。

(2) Xは、Y（日本弁理士会）を被告として、YがXに対してした弁理士登録のいわゆるみなし拒絶処分（本件処分）の取消しを求めるとともに、本件処分の違法を理由として慰謝料の支払を求める訴訟を名古屋地方裁判所に提起した。Yは、名古屋地方裁判所には行政訴訟である本件処分取消しの訴えについての管轄権はなく、民事訴訟である慰謝料請求訴訟に行政訴訟を併合して提起することは許されないとして、東京地方裁判所への移送を申し立てた。原々審は、名古屋地方裁判所には本件処分取消しの訴えの管轄権はないとして、本件からみなし拒絶処分取消請求についての弁論を分離し、同請求にかかる訴えを東京地方裁判所への移送をする決定をした。X、Yは即時抗告をしたが、原審は、①本件処分取消しの訴えは東京地方裁判所の管轄に属していて名古屋地方裁判所に管轄権はなく、同裁判所は慰謝料の支払を求める訴えの管轄権のみを有している、②民訴法136条は、請求の併合は同種の訴訟手続による場合に限りすることができる旨を定めており、民訴法上、取消訴訟と民事訴訟を併合提起することはできない、③行政事件訴訟法16条は、取消訴訟には関連請求に係る訴えを併合することができる旨定めているが、同条により併合された事件の管轄については明文の規定がないところ、同法16条、13条、17条ないし19条は、いずれも取消訴訟に関する関連請求に係る訴訟を併合し得ると規定しているが、これとは逆に関連請求に取消訴訟を併合し得るとはされていないから、行政事件訴訟法は、取消訴訟の審理の中で関連請求の審理を行うことを予定してこれらの併合を定めていると解され、民事訴訟の中で取消訴訟を併合審理することは法の予定するところではないなどとして、双方の抗告をいずれも棄却した。

(3) Xが、抗告の許可を申し立てた。

(4) 本決定は、「所論の点に関する原審の判断は、正当として是認することができる。論旨は採用することができない。」と判示して、抗告を棄却した。関連請求である民事訴訟を基本事件として行政訴訟である取消訴訟を併合（いわゆる逆併合）することによって、取消訴訟の管轄権を有しない裁判所に取消訴訟の管轄権を認めることができるかどうかについては、逆併合は認められず、取消訴訟の管轄権

Ⅰ 民事訴訟法　　　　　　　　　　　　　　　　　　　　　　　　　183

を有しない裁判所に関連請求と取消訴訟を併合して提起することは許されないとする見解が学説及び下級審裁判例の多数であり（「注解行政事件訴訟法」272頁、園部逸夫ほか「行政事件訴訟法体系」69頁、東京地決平3・5・7判タ767・88など）、実務上異論のないところであろう。

【2】 15(許)44（◎一小、平16・4・8、破棄・差戻、民集58・4・825、判時1860・62。原審名古屋高決平15・9・8、原々審名古屋地決平15・7・24）
　(1)　不正競争防止法3条1項に基づく差止請求権不存在確認の訴えが民訴法5条9号が定める「不法行為に関する訴え」に当たるかどうかが問題となった事案である。
　(2)　岐阜市に本店所在地があるX株式会社は、工作機械と工具を接続する「ミーリングチャック」という製品を販売、輸出しているところ、東大阪市に本店所在地があるY株式会社から、その行為が不正競争防止法2条1項1号が定める「不正競争」に当たると主張されているとして、YがXに対し本件製品の販売又は輸出について不正競争防止法3条1項に基づく差止請求権を有しないことの確認を求める訴えを名古屋地方裁判所に提起した。Xは、名古屋港から本件製品を輸出しているので、名古屋地方裁判所の管轄地内に不法行為地があり、民訴法5条9号により、本件訴えは名古屋地方裁判所の管轄に属すると主張した。Yは、本件訴えには、民訴法5条9号の適用はないから、名古屋地方裁判所は本件訴えについての管轄権を有しない旨、仮に名古屋地方裁判所が管轄権を有するとしても、訴訟の著しい遅滞を避け、当事者の衡平を図るために移送する必要がある旨を主張して、民訴法16条1項又は同法17条により、本件訴訟をYの住所地を管轄する大阪地方裁判所へ移送することを求める申立てをした。原々審は、移送の申立てを却下したので、Yが即時抗告をしたところ、原審は、本件訴えは、民訴法5条9号所定の「不法行為に関する訴え」に当たらないから、名古屋地方裁判所の管轄に属しないとして、原々審の決定を取り消し、本件訴訟を大阪地方裁判所へ移送する旨の決定をした。
　(3)　Xが、抗告の許可を申し立てた。
　(4)　本決定は、民訴法5条9号の規定の趣旨等にかんがみると、「不法行為に関する訴え」の意義については、民法所定の不法行為に基づく訴えに限られるものではなく、違法行為により権利利益を侵害され、又は侵害されるおそれがある者が提起する侵害の停止又は予防を求める差止請求に関する訴えをも含むものと解するのが相当であるとした上、不正競争防止法3条1項に基づく不正競争による侵害の停止等の差止めを求める訴え及び差止請求権の不存在確認を求める訴えは、いずれも民訴法5条9号所定の訴えに該当するものというべきであるとして、原決定を破棄し、裁量移送の可否等について更に審理を尽くさせるため、原審に差し戻した。本決定は、不正競争防止法3条1項に基づく不正競争による侵害の差止めを求める訴え及び差止請求権の不存在確認を求める訴えは、いずれも民訴法5条9号所定の訴えに該当するとして、不正競争防止法3条1項に基づく差止請求に関して、積極説

を採ったものである。本決定は、かねてから学説上も争いがあった民訴法上の論点について、最高裁として初めて判断を示したものであり、実務上も参考になるものと思われる。

【3】 16(許)13（△一小、平 16・9・6、棄却。原審福岡高決平 16・5・24、原々審福岡地決平 16・4・21）

(1) 特許法 35 条 3 項に基づく発明の対価請求事件について、訴訟の著しい遅滞を避けるため、専門的処理体制を有する地方裁判所への移送決定を相当とした原決定の当否が問題となった事案である。なお、本件は、平成 15 年法律第 108 号による改正前の民訴法が適用される事案である。

(2) 福岡県内に居住する X らは、Y 株式会社に対して、特許法 35 条 3 項に基づく発明の対価の支払を求める訴訟を Y 社本店所在地の管轄裁判所である福岡地方裁判所に提起した。原々審は、職権で、本件訴訟の審理には技術的事項に関する判断を含む高度の専門的知識が必要となるから、訴訟の著しい遅滞を避けるため、知財専門部を有する裁判所に移送することが相当であると判示し、民訴法 17 条により、本件訴訟を大阪地方裁判所に移送する決定をした。X らは即時抗告をしたが、原審は、特許法 35 条所定の相当の対価の算定に当たっては、発明の基礎となる分野についての専門的技術的知識が不可欠であり、特許権に関する訴えについて、審理の充実及び迅速を図るために、専門的処理体制を備えた東京地方裁判所及び大阪地方裁判所に事件を集中させる体制がとられるに至ったこと（平成 15 年法律第 108 号による改正後の民訴法 6 条 1 項）にかんがみれば、本件訴訟を専門的処理体制を有しない福岡地方裁判所で審理するとすれば、地理的な利便性を考慮したとしても、大阪地方裁判所で審理するのに比して訴訟の著しい遅滞を招く可能性が高いとして、移送決定を相当と認め、抗告を棄却した。

(3) X らが、抗告の許可を申し立てた。

(4) 本決定は、「所論の点に関する原審の判断は、正当として是認することができる。論旨は採用することができない。」と判示して、抗告を棄却した。

2 裁判官の忌避

【4】 16(許)10（△一小、平 16・7・29、棄却。原審札幌高決平 16・4・28、原々審札幌地決平 16・3・16）

(1) 裁判官に対する忌避申立てを却下した原決定の当否が問題となった事案である。

(2) X は、本案訴訟の担当裁判官 A が、別件事件の裁判長として行った訴訟指揮及び判決内容に違法があり、同裁判官には民訴法 24 条 1 項にいう裁判の公正を妨げるべき事情があるとして、忌避の申立てをした。原々審は、裁判官が関連事件に関与したことから直ちに不公正な裁判が行われると疑うに足りる客観的な事情があるということはできないとして申立てを却下した。X が即時抗告をしたが、原審

は、原々審と同様の理由で抗告を棄却した。
　(3)　Xが、抗告の許可を申し立てた。
　(4)　本決定は、「所論の点に関する原審の判断は、正当として是認することができる。論旨は採用することができない。」と判示して、抗告を棄却した。許可抗告制度の趣旨に沿う事件といえるか検討の余地があるように思われる。

3　訴訟費用

【5】15(許)45（△二小、平16・1・16、棄却。原審大阪高決平15・9・16、原々審京都地決平15・7・25）
　(1)　訴えの一部取下げがされた後の残存請求について判決をした場合、一部取下げがされた請求に係る訴訟費用につき、民訴法73条の適用が認められるかが問題となった事案である。
　(2)　原告Xは、被告Yに対する①境界確定と②原告主張の境界を超えて設置されている門柱の撤去を求める境界確定等請求訴訟の第1審口頭弁論期日において、訴えを変更し、境界に関する従前の主張を変更（主張線の後退）するとともに、前記門柱の撤去請求を取り下げた。第1審裁判所は、Xの主張線を境界と定め、訴訟費用はYの負担とする旨の判決を言い渡し、同判決は確定したので、Xは、Yに対し、訴訟費用額確定処分の申立てをした。同申立書添付の計算書によると、Yの負担すべき訴訟費用額は、訴え提起手数料500円、鑑定料26万2500円を含む53万5340円であった。
　Yは、本件判決は訴え変更前の訴訟費用についてまでYの負担としたものではないとの反論書を提出するとともに、①門柱の撤去請求の取下げに係る請求部分と、②境界確定についての主張線を後退させた部分（請求の減縮に準ずる場合であると主張）について、民訴法73条1項に基づき訴訟費用負担決定及び訴訟費用額確定処分の申立てをした（本件申立て）。
　原々審及び原審とも、一部取下げ又は減縮された請求部分と残存する請求部分を、それぞれに対応する訴訟費用を画然と分けることは事実上不可能である上、一部取下げがされた後の残存請求について判決をする場合、裁判所としては一部取下げがされた請求に係る訴訟費用についても、残存請求に係る訴訟費用と統一的に訴訟費用の裁判をすべきであり（民訴法67条1項本文）、本件本案事件の判決についても全訴訟費用について被告の負担とする旨を判示したものと認められるから、民訴法73条1項の適用はないとして、Yの本件訴訟費用負担決定の申立てを却下した。
　(3)　Yは、①訴えの取下げ等の対象になった請求は、もはや訴訟物ではなく、その請求に係る訴訟費用まで当該終局判決で負担を命ずることはあり得ず、原審の判断は民訴法67条1項、73条1項の解釈を誤るものである、②東京高判昭51・7・8判時835・76に違反するなどと主張して抗告の許可を申し立てた。
　(4)　本決定は、「所論の点に関する原審の判断は、正当として是認することがで

きる。所論引用の判例は、事案を異にし、本件に適切でない。論旨は採用することができない。」と判示して、抗告を棄却した。訴えの一部取下げ又は請求の減縮がされた場合に、当該取下げ又は減縮がされた請求部分につき民訴法73条の申立てができるか否かにつき、通説は、これを否定し、全部の費用が残部の終局判決で裁判されると解している（秋山幹男ほか「コンメンタール民事訴訟法Ⅱ」63頁、小室直人ほか「基本法コンメンタール新民事訴訟法Ⅰ」160頁ほか。）。すなわち、訴訟手続を構成する各訴訟行為は、互いに関連しており、それに起因する訴訟費用は不可分の性質をもつのが普通であるので、事件を完結する裁判において、その全訴訟過程を通じての訴訟費用を統一的に把握し、その裁判をするのが相当であると考えられるからである（訴訟費用不可分の原則）。これに対し、民訴法73条の適用を認める少数説（斎藤秀夫ほか「注解民事訴訟法〔第2版〕(3)」97頁）もあり、その根拠として、実務上、後にされる終局判決で既に終了した部分の当該費用の裁判をしない例が多いことが挙げられている。本件は、本案の終局判決における訴訟費用の裁判が、一部取り下げされた請求に関する訴訟費用を含めて統一的に判断した趣旨であることがうかがえる事案であったため、そのような事案限りの判断が示されたにとどまり、学説上争いのあるこの問題について、最高裁が一般論として民訴法73条適用否定説に立つことを明示的に判示したものとはいえないと思われる。

【6】 16(行ツ)4（◎二小、平16・7・13、棄却、民集58・5・1599、判時1879・45。原審大阪高決平16・4・19、原々審大阪地決平15・12・12）

(1) 訴訟上の救助の決定に対し訴訟の相手方当事者が即時抗告をすることの許否が問題となった事案である。

(2) 退去強制令書により身柄を拘束されたX（本案原告）が、仮放免の許可申請につき不許可処分を受けたことから、被告国に対し、当該不許可処分の取消し及び国家賠償を求める訴訟を提起した本案訴訟において、訴訟上の救助を求める申立てをした。原々審は、救助の範囲を限定することなく、訴訟上の救助の決定をしたところ、訴訟の相手方当事者がこれを不服として即時抗告をした。原審は、Xが「生活に著しい支障を生ずる者」に該当しないとして原々決定を取り消し、Xの訴訟上の救助の申立てを却下した。

(3) Xは、訴訟上の救助を付与する決定に対しては即時抗告をすることは許されないなどと主張して、抗告の許可を申し立てた。

(4) 本決定は、「訴訟上の救助の決定に対しては、訴訟の相手方当事者は、即時抗告をすることができるものと解するのが相当である（大審院昭和11年(ク)第575号同年12月15日決定・民集15巻24号2207頁参照）。これと同旨の原審の判断は、正当として是認することができ、原決定に所論の違法はない。論旨は採用することができない。」と判示し、抗告を棄却した。

訴訟救助を付与する決定に対し、本案訴訟の相手方当事者が即時抗告できるか否かについての最高裁の判例はない。大審院の判例には積極説に立つものがあるが、

高等裁判所の判例及び学説は、積極説、消極説、制限説に分かれている。本決定は、積極説に立つべきことを明らかにした。その理由として、本決定は、①民訴法86条は、同条に基づく即時抗告の対象となるべき決定から、同法82条1項に基づいてされた訴訟上の救助の決定を文言上除外していないこと、②訴訟上の救助の決定を受けた者が同項本文に規定する要件を欠くことが判明し、又はこれを欠くに至った場合における救助の決定の取消しを申し立てることができる旨を規定していること、③訴訟上の救助の決定は、訴え提起手数料その他の裁判費用等についてその支払の猶予等の効力を有し（同法83条1項1号等）、それゆえに訴えの適法性にかかわるものであるほか（同法137条1項後段、2項、141条1項参照）、訴訟の遂行の場面でも、証拠申請に関して予納すべき訴訟費用（証人の旅費や鑑定料等）について支払の猶予の効力を有し、訴訟の追行を可能にするものであるから、訴訟の相手方当事者は、訴訟上の救助の決定が適法にされたかどうかについて利害関係を有するものというべきであることを挙げている。

　本決定は、下級審裁判例や学説の見解が分かれていた問題について、最高裁として積極説を採る旨を明らかにしたもので、実務の参考になるものと思われる。

　本決定には、滝井繁男裁判官の制限説によるものと解される反対意見（訴訟上の救助の決定に対しては、訴訟の相手方当事者は、訴訟費用の担保提供命令の申立てをすることができる場合に限り即時抗告をすることができると解するのが相当である。）がある。

【7】16(許)16（△一小、平16・9・16、棄却。原審大阪高決平16・6・2、原々審大阪地決平16・2・20）

　(1)　前記【6】と同様、訴訟上の救助の決定に対し訴訟の相手方当事者が即時抗告をすることの許否が問題となった事案である。

　(2)　中国残留孤児であったX_1（本案原告）ら79名が、被告国に対し、国の政策の誤り等によって、長く中国にとどまることを余儀なくされ、中国国内で悲惨な生活を強いられた上、日本に帰国後も、人間らしく生きる権利を奪われ続けたなどとして、国家賠償を求める訴訟を提起した本案訴訟において、訴訟上の救助を求める申立てをした。原々審は、本案原告3名を除く76名の訴訟上の救助の決定をした。これに対し、訴訟の相手方当事者である国が、X_1〜X_6についての訴訟上の救助の付与を不服として即時抗告をした。原審は、X_1〜X_3については原々決定を取り消し、同人らの訴訟上の救助の申立てを却下し、X_4〜X_6については抗告を棄却した。

　(3)　訴訟救助を認められなかったX_1ら3名は、訴訟上の救助を付与する決定に対しては即時抗告をすることは許されないなどと主張して、抗告の許可を申し立てた。

　(4)　本決定は、「訴訟上の救助の決定に対しては、訴訟の相手方当事者は、即時抗告をすることができる（最高裁平成16年(行ア)第4号同年7月13日第二小法廷決定・裁判所時報第1367号16頁）。上記を含む所論の点に関する原審の判断は、

正当として是認することができる。論旨は採用することができない。」と判示し、抗告を棄却した。

【8】16(許)31（△二小、平 16・12・10、破棄・差戻。原審広島高決平 16・9・30、原々審広島地決平 16・2・24）

(1) 本件も前記【6】、【7】と同様、訴訟上の救助の決定に対し訴訟の相手方当事者が即時抗告をすることの許否が問題となった事案である。

(2) 中国残留孤児であったX（本案原告）ら12名が、被告国に対し、国家賠償を求める訴訟を提起した本案訴訟において、訴訟上の救助を求める申立てをした。原々審は、2名を除く10名について訴訟上の救助の決定をした。これに対し、訴訟の相手方当事者である国が、訴訟上の救助の付与を不服として即時抗告をした。原審は、訴訟上の救助の決定は、裁判所との関係で、訴訟上の救助の決定を受けた者に対して裁判費用の支払の猶予等を認めるにすぎないものであり、訴訟の相手方当事者は、民訴法75条所定の訴訟費用の担保提供命令の申立てをすることができる場合を除き、これによる不利益を被るものではないから、訴訟上の救助の決定に対し、上記の例外的な場合を除き、即時抗告を申し立てることができないと判示し、抗告を不適法として却下した。

(3) 訴訟の相手方当事者である国は、判例（最二小決平 16・7・13）に違反しているとして、抗告の許可を申し立てた。

(4) 本決定は、「訴訟上の救助の決定に対しては、訴訟の相手方当事者は、即時抗告をすることができる（最高裁平成16年(行ヒ)第4号同年7月13日第二小法廷決定・裁判所時報第1367号16頁、民集58巻5号1599頁）。したがって、原々決定に対する抗告人の即時抗告を不適法とした原審の判断には、裁判に影響を及ぼすことが明らかな法令の違反があり、原決定は破棄を免れない。論旨は理由がある。」と判示し、原決定を破棄し、本件を原審に差し戻した。本決定には、前記【6】と同じく、滝井繁男裁判官の制限説によるものと解される反対意見がある。

4　裁判所書記官の処分に対する異議

【9】16(許)1（△一小、平 16・2・26、棄却。原審東京高決平 15・10・6）

(1) 補正命令謄本に裁判官の押印又はその模写を要するかが問題となった事案である。

(2) 基本事件（損害賠償請求控訴事件）の担当裁判長裁判官は、Xに対し、控訴提起手数料を納付することを命ずる旨の補正命令書に記名押印して、補正命令書の原本（本件命令書）を作成した。担当裁判所書記官は、本件命令書の内容全部を写し、前記裁判長裁判官の氏名も記載し、認証ある同日付け謄本（本件謄本）を作成し、Xに送達した。Xは、本件謄本には裁判官の押印がないため、裁判官が民訴規則50条1項に違反して押印を欠く補正命令書を作成したのか、あるいは書記官が補正命令書をねつ造したのかが不明であるから、このような不明のないような処分

I 民事訴訟法

措置が行われるよう是正を求める旨の「裁判所書記官の処分に対する異議申立て」をした。原審は、補正命令書の謄本は、原本の内容を原本と同一の文字及び符号によってその全部を記載すべきであるが、補正命令書を作成した裁判官については、その所属裁判所を表示して氏名を記載すれば足り、その押印まで模写することを要せず、また、その押印がある旨を表示することも要しないから、本件謄本に担当裁判長裁判官の押印に関して何ら表示がないとしても、違法とはいえないとして、申立てを却下した。

(3) Xは、本件命令書を作成した裁判官の押印につき何ら表示のない本件謄本は民訴規則50条1項に違反するなどと主張して抗告の許可を申し立てた。

(4) 本決定は、「所論の点に関する原審の判断は、正当として是認することができる。論旨は採用することができない。」と判示し、抗告を棄却した。民訴規則50条1項は、決定書や命令書の原本の方式についての規定であり、謄本について同項違反をいう論旨は失当であることは明らかであろう。また、裁判書の謄本には、裁判に関与した裁判官の氏名を記載すれば足り、その押印まで模写することを要せず、また、その押印がある旨を記載することも要しないと解するのが判例である（大決明35・12・15民録8・11・71、最一小判昭48・10・18集民110・317）。本決定は、これら判例に従ったものであり、実務の取扱いを是認したものである。

5 文書提出命令

【10】 15(許)48（〇二小、平16・2・20、破棄・自判、集民213・541、判時1862・154。原審高松高決平15・10・10、原々審徳島地決平15・3・31）

(1) 民訴法220条4号ロ及び3号の文書提出義務が問題となった事案である。

(2) Xが、Y（県）らに対し、漁業補償金の支払等を求める損害賠償等請求訴訟を提起した。同訴訟において、Xは、Yが所持する補償額算定調書中のXに係る補償見積額が記載された部分につき、民訴法220条3号又は4号に基づき、文書提出命令の申立てをした。本件文書は、国とYとの事前協議において、Yから国に提出されたものであり、漁業補償を行う際の補償額を算定した調書の一部で、A漁協との間で行われた補償交渉において、Yの手持ち資料とされるものである。原々審は、本件文書は民訴法220条4号ロに該当し、また、たとえ同条3号に該当する文書であっても、公務員の職務上の秘密が記載されている場合には、同号に基づく提出義務を負わない旨判示して、本件申立てを却下した。Xが即時抗告をしたところ、原審は、本件文書が提出されることにより、YとA漁協との間の信頼関係が損なわれるということはできないし、今後の類似の漁業補償交渉に悪影響を及ぼすと一概に断定することはできず、何らかの影響が生じるとしても、公務の遂行に著しい支障を生ずるおそれがあるとまでいうことはできないなどとして、本件文書は、民訴法220条4号ロに該当するということはできず、同号イ、ハ、ニ、ホに該当するということもできないから、Yは、同号に基づき、本件文書を提出すべき義務がある旨判断して、原々決定を取り消し、本件申立てを認容した。

(3) Yが、抗告の許可を申し立てた。

(4) 本決定は、本件文書が民訴法220条4号ロ所定の「公務員の職務上の秘密に関する文書」に当たり、また、その提出により「公務の遂行に著しい支障を生ずるおそれがあるもの」にも当たるから、同号に基づく提出義務を認めることはできないとした。また、本件文書が、公務員の職務上の秘密に関する文書であって、その提出により公務の遂行に著しい支障を生ずるおそれがあるものに当たると解される以上、民訴法191条、197条1項1号の各規定の趣旨に照らし、Yは本件文書の提出を拒むことができるものというべきであるから、民訴法220条3号に基づく本件申立ても理由がないと判示して、原決定を破棄し、原々決定に対する抗告を棄却した。本決定は、民訴法220条4号ロ所定の文書に当たるとされた事例判断として、また、公務秘密文書に該当することにより民訴法220条4号による提出義務を負わない場合に、同条3号の文書（利益文書・法律関係文書）として提出義務を負うかという問題についての最高裁として初めての判断として実務の参考となろう。

【11】15(許)40（◎三小、平16・5・25、破棄・自判、民集58・5・1135、判時1868・56。原審東京高決平15・8・15、原々審静岡地決平15・6・3）

(1) 刑訴法47条所定の「訴訟に関する書類」に該当する文書につき民訴法220条3号所定のいわゆる法律関係文書に該当するとして提出を命ずることの可否が問題となった事案である。

(2) A保険会社は、Xが他の者と共謀して故意に交通事故を作出して保険金名下に金員を詐取したとして、Xを被告として不法行為に基づく損害賠償請求訴訟（本案訴訟）を提起した。この本案訴訟において、Xは、前記保険金詐欺等に係る被疑事件における共犯者らの司法警察員及び検察官に対する供述調書で、Xを被告人とする詐欺等被告事件（既に有罪判決が確定）の公判に提出されなかったものについて、これを保管する検察官Yを相手方として、民訴法220条2号又は3号に基づき文書提出命令の申立てをした。原々審は、本件各文書は民訴法220条3号所定のいわゆる法律関係文書に該当するが、刑訴法47条によりYはその提出義務を負わないとして、本件申立てを却下したが、原審は、①本件各文書は法律関係文書に該当する、②本件各文書の提出を求めるに当たっては、刑訴法47条による制約を受けるものであり、同条の「訴訟に関する書類」を公開するかどうかの判断は当該書類の保管者の合理的裁量にゆだねられているが、本件の場合、Yが提出を拒否することは、裁量権の範囲を逸脱し、又はこれを濫用するものであるとして、原々決定を取り消し、本件申立てを認容した（原決定については、判時1843・74参照）。

(3) Yが、抗告の許可を申し立てた。

(4) 本決定は、刑訴法47条所定の「訴訟に関する書類」には、本件各文書のように、捜査段階で作成された供述調書で公判に提出されなかったものも含まれ、同条ただし書の規定によって「訴訟に関する書類」を公にすることを相当と認めることができるか否かの判断は、保管者の合理的な裁量にゆだねられているものと解す

べきであるとした上で、民訴法 220 条 3 号後段の規定に基づき、前記「訴訟に関する書類」に該当する文書の提出を求める場合においても、当該文書の保管者の前記裁量的判断は尊重されるべきであるが、当該文書が民訴法 220 条 3 号所定のいわゆる法律関係文書に該当し、かつ、当該文書の保管者による提出の拒否が、民事訴訟における当該文書を取り調べる必要性の有無、程度、当該文書が開示されることによる被告人、被疑者等の名誉、プライバシー等の侵害等の弊害発生のおそれの有無等の諸般の事情に照らし、その裁量権の範囲を逸脱し、又は濫用するものであると認められるときは、裁判所はその提出を命ずることができるとの法理を示した。その上で、本決定は、本件本案訴訟において本件各文書を証拠として取り調べることが X の主張事実の立証に必要不可欠なものとはいえないこと、本件各文書が開示されることによって共犯者らや第三者の名誉、プライバシーが侵害されるおそれがないとはいえないことなどの事情を挙げて、本件各文書の提出を拒否した Y の判断が裁量権の範囲を逸脱し、又はこれを濫用したものとはいえないとし、原決定を破棄し、原々決定に対する X の抗告を棄却した。本決定は、裁判所が刑訴法 47 条所定の「訴訟に関する書類」に該当する文書の提出を命ずることの可否について、最高裁として初めての判断を示したものであり、実務上重要な意義を有するものと思われる。

【12】16(許)4（△一小、平 16・5・31、棄却。原審名古屋高決平 15・12・9、原々審名古屋地決平 15・1・7）

(1) 有限会社に対する民訴法 220 条 2 号、有限会社法 44 条の 2 第 1 項に基づく文書提出命令の申立ての当否が問題となった事案である。

(2) X らは、Y 有限会社の社員であるとして、Y に対しては残余財産の分配を、Y の代表清算人 Z に対しては残余財産分配請求権を侵害されたとして損害賠償を求める訴えを提起した。この本案訴訟において、X らは、Y に対し、民訴法 220 条 2 号、有限会社法 75 条 2 項により清算中の有限会社に準用される同法 44 条の 2 第 1 項に基づき、Y の①決算書、②税務署へ提出する法定調書、③総勘定元帳、④賃金台帳、⑤改定定款、⑥社員総会議事録について文書提出命令の申立てをした。Y は、X らは Y の社員ではないから、本案訴訟の原告適格を有せず、また、有限会社法 44 条の 2 第 1 項に基づく閲覧請求権がなく、証拠調べの必要性もないなどと主張して争った。原々審は、前記①～④の各文書の提出を命じ、その余の各文書については証拠調べの必要性がないことを理由に申立てを却下した。Y が即時抗告をしたところ、原審は、賃金台帳については文書が存在しないことを理由に同文書の提出を命じた部分を取り消して、同部分に係る申立てを却下し、その余の文書（決算書、税務署へ提出する法定調書、総勘定元帳）については、(i)給付訴訟においては、給付を求める地位にあると主張する者に原告適格がある、(ii)定款や出資者名簿に X らが社員として記載されていることなどを理由に、Y の抗告を棄却した。

(3) Y が、抗告の許可を申し立てた。

(4) 本決定は、「所論の点に関する原審の判断は、正当として是認することができる。論旨は採用することができない。」と判示して、抗告を棄却した。

【13】 16(許)6 （△三小、平16・6・29、棄却。原審名古屋高決平16・2・25、原々審岐阜地決平15・12・25）

(1) 連帯保証人変更契約締結に際し作成された信用金庫の稟議書及び附属書類について、自己利用文書該当性が問題となった事案である。

(2) X信用金庫は、Aに対する貸金債権についてYが連帯保証したとして、Yに対し、貸金等請求訴訟を提起した。この本案訴訟において、Yは、連帯保証契約が解除されたことを立証するため、連帯保証人変更契約締結に際し作成されたXの稟議書及び附属書類につき、民訴法220条3号及び4号を提出義務の根拠として文書提出命令の申立てをした。原々審、原審とも文書提出命令の申立てを却下すべきものとした。その理由の要旨は、次のとおりである。本件文書は、Yが連帯保証人から脱退することを認めるか否かについて本部融資部の決裁を求めるために作成される文書であり、Y以外の連帯保証人の信用状況や評価、Yの脱退についての担当者や決裁権者の意見等が記載される文書であると認められるから、貸出稟議書同様、特段の事情のない限り民訴法220条4号ニの「専ら文書の所持者の利用に供するための文書」に当たる。そして、本件文書について、特段の事情があるとは認められない。

(3) Yが、抗告の許可を申し立てた。

(4) 本決定は、「所論の点に関する原審の判断は、正当として是認することができる。論旨は採用することができない。」と判示して、抗告を棄却した。民訴法220条4号ニ所定の自己利用文書該当性については、既に最二小決平11・11・12民集53・8・1787、判時1695・49によって、その意義及び判断枠組が示されている。本件も、この判断枠組に従った原審の判断を正当として是認したものと思われる。

【14】 16(許)24 （△三小、平16・11・9、棄却。原審東京高決平16・7・30、原々審東京地決平16・1・30）

【15】 16(許)25 （△三小、平16・11・9、棄却。原審東京高決平16・7・30、原々審東京地決平16・1・30）

(1) 【14】【15】は、当事者及び本案事件が同一であり、いずれも文書提出命令の申立てについてその必要性がないとして却下した決定の当否が問題となった事案である。

(2) 本案事件原告Aは、本案事件被告Yに対し、業務委託契約に基づく報酬金等請求事件を提起した。その後、Xは、Aから本件業務委託契約に基づく債権を営業譲渡により譲り受けたとして、本案訴訟に承継参加し、Aは同訴訟から脱退した。【14】事件は、Yから脱退前原告Aに対する文書提出命令申立てに応じ、A

Ⅰ 民事訴訟法

が業務委託等契約の際交付した書面であるとしてYに任意交付した書面は、Yが求めていた書面と同一書面であるか疑問があるとして、その点を確認するためYがXに対して電子メール及び書簡の提出を求めるもので、【15】事件は、YがXに対し、業務委託等契約の際交付した書面の提出を求めるものである。原々審は、【14】事件については、Yが求めている書面とAが任意交付した書面とは同一性が認められ、電子メール及び書簡の証拠調べの必要性を欠くとして申立てを却下し、【15】事件については、既にAから任意交付を受けているから既に目的を達しており、本件申立ては必要性を欠くとして、これを却下した。原審は、【14】事件については、証拠調べの必要性がないとして却下した決定に対し、事実誤認や理由齟齬等を主張して証拠調べの必要性があることを理由に不服申立てをすることは不適法であるとして抗告を却下し、【15】事件については、任意提出した文書と文書提出命令申立てに係る文書が同一であるから文書提出命令申立ては必要性がないとしてこれを却下した決定に対して、同一性の判断の誤りを理由に不服申立てをすることは不適法であるとして抗告を却下した。

(3) Yが、抗告の許可を申し立てた。

(4) 本決定は、いずれの事件についても、「所論の点に関する原審の判断は、正当として是認することができる。論旨は採用することができない。」と判示して、抗告を棄却した。証拠調べの必要性の判断は、受訴裁判所の専権に属するものであり、証拠調べの必要性を欠くことを理由として文書提出命令の申立てを却下する決定に対しては、必要性があることを理由に独立して不服の申立てをすることはできない（最一小決平12・3・10民集54・3・1073、判時1708・115）。本決定も、こうした判例に沿った原審の判断を相当としたものと思われる。

【16】16(許)14（◎二小、平16・11・26、棄却、民集58・8・2393、判時1880・50。原審東京高決平16・6・8、原々審東京地決平15・1・17）

(1) 保険管理人によって設置された弁護士及び公認会計士を委員とする調査員会が作成した調査報告書が民訴法220条4号ハ、ニ所定の各文書に当たらないといえるかが問題となった事案である。

(2) 本件の本案訴訟のうち、本訴請求事件は、生命保険事業を営むX株式会社が、損害保険事業を営むY相互会社を被告として、YからYについての虚偽の会計情報を提供されたことによりYに対し300億円の基金を拠出させられたなどとして、不法行為に基づく損害賠償を求めるものであり、反訴請求事件は、Yが、Xを被告として、Xの株主たる地位に基づく利益配当金の支払を求めるものである。本案訴訟の第1審（判時1823・82）は、Xの本訴請求を163億円余の支払を求める限度で認容し、Yの反訴請求を棄却した。これに対し、Yが控訴を提起した。Xは、原審（控訴審）において、Yの旧役員らが故意又は過失により虚偽の財務内容を公表し、真実の財務内容を公表しなかったという事実を証明するためであると主張して、Yが所持する調査報告書（本件文書）につき文書提出命令の申立てをした。Y

は、金融監督庁長官により、保険業法（平成11年法律第160号による改正前のもの）313条1項、241条に基づき、業務の一部停止命令並びに保険管理人による業務及び財産の管理を命ずる処分を受け、公認会計士及び弁護士が保険管理人に選任された。金融監督庁長官は、同法313条1項、242条3項に基づき、保険管理人に対し、Yの破たんにつき、その旧役員等の経営責任を明らかにするため、弁護士、公認会計士等の第三者による調査委員会を設置し、調査を行うことを命じた。これを受けて保険管理人は、弁護士及び公認会計士による調査委員会を設置した。同調査委員会は、その調査の結果を記載した本件文書を作成して、保険管理人に提出した。保険管理人は、本件文書等に基づき旧役員に損害賠償請求をすることを公表した。原審は、本件文書が、その作成経緯や目的に照らすと、公的性格を持ったものであり、およそ外部の者に開示することを予定していない文書であるとはいえず、その利用目的からいっても、専ら内部の者の利用に供する目的で作成された文書であるとはいえないことなどを理由に、民訴法220条4号ニ所定の「専ら文書の所持者の利用に供するための文書」に当たると解することはできないとし、また、本件文書に記載された事実は同法197条1項2号に規定する事実に当たるが、保険管理人が本件文書等に基づき旧役員に対する損害賠償請求をすることを公表したことによって本件文書に記載された事実につき黙秘の義務が免除されたものであるから、本件文書は、同号ハ所定の「第197条第1項第2号に規定する事実で黙秘の義務が免除されていないものが記載されている文書」にも当たらないなどと判断して、Yに対し本件文書の提出を命じた。

(3) Yが、抗告の許可を申し立てた。

(4) 本決定は、本件文書が民訴法220条4号ニ所定の「専ら文書の所持者の利用に供するための文書」に当たらないとの判断は正当として是認することができ、本件文書が同号ハ所定の「第197条第1項第2号に規定する事実で黙秘の義務が免除されていないものが記載されている文書」にも当たらないとの判断は結論において是認することができるとした。本件決定は、保険管理人によって設置された弁護士及び公認会計士を委員とする調査員会が作成した調査報告書が民訴法220条4号ニ所定のいわゆる自己利用文書に当たらないとの事例判断をし、民訴法197条1項2号所定の「黙秘すべきもの」の意義について、一般に知られていない事実のうち、弁護士等に事務を行うこと等を依頼した本人が、これを秘匿することについて、単に主観的利益だけではなく、客観的にみて保護に値するような利益を有するものをいうとの明示的な判断を示し、さらに本件文書が同法220条4号ハ所定の「第197条第1項第2号に規定する事実で黙秘の義務が免除されていないものが記載されている文書」にも当たらないとの事例判断を示しており、実務上重要な意義を有するものと考えられる。なお、本決定は、法令上の根拠を有する命令に基づく公益的な調査の結果を記載した文書について判示するものであり、企業等で問題が生じたときにその内部で組織される調査委員会の作成した調査報告書、医療事故につき病院内で組織される調査委員会が作成した調査報告書等に射程が直接及ぶものではない

I　民事訴訟法

6　上　告

【17】16(許)2（△二小、平16・2・23、破棄・自判。原審東京高決平15・10・31）

(1)　原裁判所がした上告受理申立て却下決定の当否が問題となった事案である。

(2)　Xは、控訴審の敗訴判決を不服として、法定の期間内に、上告受理の申立てをし、上告受理申立て理由書を提出した。理由書に記載されていた申立て理由は、原判決の事実認定には、経験則違反、民訴法247条違反の違法があるというものである。しかし、原審は、Xの上告受理申立書及び上告受理申立て理由書には民訴法318条1項所定の上告受理申立ての理由の記載がないことを理由に、同条5項、同法316条1項1号により前記申立てを却下した。

(3)　Xが、抗告の許可を申し立てた。

(4)　本決定は、「上告受理の申立てに係る事件が民訴法318条1項の事件に当たるか否かは、上告裁判所である最高裁判所のみが判断し得る事項であり、原裁判所は、当該事件が同項の事件に当たらないことを理由として、同条5項、同法316条1項1号により、決定で当該上告受理の申立てを却下することはできない（最高裁平成11年(許)第8号同年3月9日第一小法廷決定・裁判集民事192号109頁）。本件においては、前記上告受理申立て理由書に、原判決に法令の違反がある旨の具体的な記載があるのであるから、抗告人の上告受理の申立てを却下した原審の前記判断には、裁判に影響を及ぼすことが明らかな法令の違反がある」と判示し、原決定を破棄した。

【18】16(許)29（△二小、平16・12・17、棄却。原審札幌高決平16・9・13）

(1)　原裁判所がした上告受理申立て却下決定の当否が問題となった事案である。

(2)　Xらは、建物をYに明け渡すよう命ずる不動産引渡命令を受けたが、これを不服として請求異議の訴えを提起した。第1審は、執行が既に完結しているから訴えの利益がないとして訴えを却下する判決をした。Xらは控訴したが、控訴審も第1審同様に訴えの利益がないとして控訴棄却の判決をした。Xらは、この敗訴判決を不服として、法定の期間内に、上告受理の申立てをし、上告受理申立て理由書を提出した。理由書に記載されていた申立て理由は、本件強制執行に民事執行法25条等の違反があり、訴えの利益があること、原判決には、民法1条違反、審理不尽、釈明義務違反、民訴法149条違反の違法があるというものである。しかし、原審は、Xらの上告受理申立書及び上告受理申立て理由書には民訴法318条1項所定の上告受理申立ての理由の記載がないことを理由に、同条5項、同法316条1項2号により前記申立てを却下した。

(3)　Xらが、抗告の許可を申し立てた。

(4)　本決定は、Xらが法定の期間内に提出した上告受理申立て理由書には、原判決に法令の違反がある旨の具体的な記載があることが認められるから、上告受理申

立て理由書の提出がないとして申立てを却下した原審の措置には違法があるとした。しかし、「本件の基本事件である請求異議事件は、強制執行の完結により訴えの利益を失ったものであって、民訴法318条1項の事件に当たらないことは明らかであるから、上記違法は、結局のところ、裁判に影響を及ぼすものではないというべきである。」と判示して、抗告を棄却した。

7 再 審

【19】 16(許)3（△三小、平16・3・30、棄却。原審東京高決平15・12・12）
　(1)　再審請求の適否が問題となった事案である。
　(2)　XがYに対して保証債務の履行を求め、YがXに対して預金の返還を求めた基本事件について、Y敗訴の控訴審判決が最高裁の上告棄却・不受理決定により確定した。Yは、基本事件の控訴審判決には、Yが第1審においてした相殺の主張についての判断遺脱（民訴法338条1項9号）があるとして、再審の訴えを提起した。基本事件の第1審において弁論準備手続の結果が陳述された口頭弁論期日調書添付の主張整理案及び第1審判決には相殺の主張は記載されていなかった。Yは、第1審判決を不服として控訴し、控訴審の第1回口頭弁論期日において、X、Yは第1審判決記載のとおり第1審口頭弁論の結果を陳述し、Yは、控訴審において、第1審判決が相殺の主張を摘示せず、判断もしていないことについて、何ら非難を述べなかった。原審は、次の理由により、Yの再審請求を棄却した。①第1審において、弁論準備手続を経て当事者の主張が整理され、その後、第1審において格別の主張がなく、第1審判決書も弁論準備手続の結果陳述を踏まえて作成され、控訴審においても第1審判決に基づき第1審の口頭弁論の結果が陳述された場合には、控訴審において別異の主張がされない限り、弁論準備手続の結果陳述において陳述されず、かつ、第1審判決書に記載されていないものは、弁論準備手続の際に、審理の迅速化等当事者の利益のため、撤回されたものと認めるのが相当である、②したがって、以上のように整理された主張を前提に、判決に影響を及ぼす主要事実につきすべて判断している基本事件の控訴審判決には、判断遺脱はない。
　(3)　Yが、抗告の許可を申し立てた。
　(4)　本決定は、「所論の点に関する原審の判断は、正当として是認することができる。論旨は採用することができない。」と判示して、抗告を棄却した。控訴審において、当事者が、第1審判決事実摘示のとおり第1審口頭弁論の結果を陳述した場合、第1審判決に記載されていない主張は、たとえそれが第1審で主張されたものであっても、控訴審において改めて付加主張をしない限り、控訴審の対象とならないとするのが判例である（最一小判昭38・6・20集民66・591、最一小判昭41・11・10集民85・43）。原決定は、これらの判例に従ったものであり、本決定もその判断を是認したものと思われる。

【20】16(許)12（△三小、平 16・9・21、棄却。原審名古屋高決平 16・5・21、原々審名古屋地決平 15・12・26）

(1) 本件は、再審請求事件において、その対象とされた訴訟事件の訴状副本等及び判決正本の付郵便送達（書留郵便に付する送達。民訴法 107 条）の有効性が争われた事案である。

(2) Xは、Yを被告として、約定使用損害金の支払等を求める訴訟（本件対象事件）を提起した。担当書記官は、Yの住所地に宛てて、訴状副本及び口頭弁論期日呼出状等につき特別送達を試みたが、郵便局における保管期間経過後、裁判所に返送された。その後、担当書記官は、再びYの住所地に宛てて特別送達（休日配達指定）を試みたが、保管期間経過により裁判所に返送された。そこで、X代理人は、付郵便送達の上申書を提出した。この上申書には、添付書類として、①X代理人弁護士作成の報告書、②Y所有土地建物の強制競売開始決定書の写し、③上記弁護士作成の上申書等が付されていた。上記①の報告書には、Y所有建物の管理を委託されている会社の従業員が同建物を訪問したときの状況（近隣者がYの乗った自動車をたまに見かける、Yの2人の子を見かける等）が記載されており、③の上申書には、Yの就業場所が不明である旨が記載されていた。担当書記官は、Yの住所地に宛てて、付郵便送達した。この郵便物は裁判所に返送されていない。そして、本件対象事件の第1回口頭弁論期日が開かれ、裁判所は、Y不出頭のまま、弁論を終結し、X勝訴の判決を言い渡した。担当書記官は、Y住所地に宛てて、上記判決正本につき特別送達を経た上で付郵便送達をしたが、保管期間経過後、裁判所に返送された。Yは、①本件対象事件におけるY宛ての訴状副本等及び判決正本の送達はいずれも付郵便送達されたが、その送達場所には当時Yは居住しておらず、上記送達は無効である、②Yに対する訴状副本の送達が有効にされず、Yが訴訟に関与する機会を与えられないまま判決がされたのであるから、当事者の訴訟代理人として訴訟行為をした者に代理権の欠缺があった場合と同視し得るのであり、民訴法 338 条 1 項 3 号所定の再審事由があるとして、再審の訴えを提起した。原々審は、再審の訴えを不適法として却下した。Yが即時抗告したところ、原審は、上記各付郵便送達は有効であり、民訴法 338 条 1 項 3 号所定の再審事由があるものとは認められないとして、Yの抗告を棄却した。

(3) Yが、抗告の許可を申し立てた。

(4) 本決定は、「所論の点に関する原審の判断は、正当として是認することができる。論旨は採用することができない。」と判示して、抗告を棄却した。

Ⅱ　民事執行法

1　不動産競売申立て

【21】16(許)22（△一小、平16・10・21、棄却。原審広島高決平16・7・20、原々審山口地周南支決平16・6・14)

(1)　工事完成後に保存登記をした不動産工事先取特権に基づく不動産競売申立ての適否が問題となった事案である。

(2)　A寺は原野（本件土地）を所有していた。本件土地には、平成8年9月までに、Bを権利者とする抵当権設定登記がされていた。Xは、平成8年10月、A寺から本件土地の墓地造成工事を代金4904万8500円で請け負い、平成10年3月に工事を完成させた。そして、Xは、平成11年2月8日、本件土地に不動産工事先取特権保存の登記をした。その後、Bは、平成14年8月6日、本件土地の不動産競売を申し立て、同月9日、競売開始決定がされた。平成16年に至り、Xは、本件土地につき、Xの有する不動産工事先取特権がBの抵当権に優先すると主張して、本件不動産競売の申立てをした。原々審は、不動産工事の先取特権については、工事開始前にその費用の予算額を登記する必要があり、工事開始後に登記されても無効であるとして、当該先取特権に基づく競売申立てを却下した。Xが執行抗告をしたが、原審も工事開始前の登記は不動産工事の先取特権の効力発生要件であると解するのが相当であるとし、本件不動産工事の先取特権の効力を否定し、抗告を棄却した。

(3)　Xが、抗告の許可を申し立てた。

(4)　本決定は、「所論の点に関する原審の判断は、正当として是認することができる。論旨は採用することができない。」と判示して、抗告を棄却した。不動産工事の先取特権（民法338条）について、工事開始前の登記が効力発生要件か対抗要件かについては、争いがある。学説上、効力発生要件説が通説であるといわれており、判例も大審院時代から効力発生要件説を採っている（大判大6・2・9民録23・244、最三小判昭31・11・13集民24・57など）。本決定は、こうした通説、判例の見解に沿って原審の判断を正当として是認したものと思われる。

2　債権差押命令

【22】15(許)49（△三小、平16・3・9、棄却。原審大阪高決平15・10・27、原々審京都地決平15・7・25)

(1)　控訴に伴う強制執行停止決定がされた債務名義に基づいて債権差押命令及び転付命令を発することの許否が問題となった事案である。

(2)　Xは、Yらに対し建物明渡及び未払賃料等の支払を求める訴訟を京都地裁に提起し、仮執行宣言付き請求認容判決を得た。Yらは、本件判決に対し控訴を提起

するとともに強制執行停止の申立てをしたところ、京都地裁は250万円の担保の供託を条件とする強制執行停止決定をした。Yらは250万円の担保を供託し、前記執行停止決定が効力を生じた。Xは、執行文の付された本件判決正本に基づき、本件判決に基づく未払賃料請求権を請求債権として、本件停止決定に基づきYらが供託した250万円の供託金取戻請求権について債権差押命令及び転付命令の申立てをし、原々審は債権差押命令及び転付命令を発した。Yらは、本件執行停止決定の存在を理由として執行抗告をし、本件執行停止決定の正本を原々審に提出した。その後、本案事件は控訴棄却となり、執行停止決定は失効した。原審は、本件控訴事件判決により本件執行停止決定が失効したことを理由に、執行抗告を棄却した。

(3) Yらが、抗告の許可を申し立てた。

(4) 本決定は、「所論の点に関する原審の判断は、正当として是認することができる。論旨は採用することができない。」と判示して、抗告を棄却した。

【23】16(許)17（△二小、平16・9・17、棄却。原審名古屋高決平16・6・11、原々審名古屋地決平15・5・29）

(1) 保険金請求権及び解約返戻金請求権を差押債権とする債権差押命令申立てにおいて、差押債権の特定の有無が問題となった事案である。

(2) 債権者Xは、債務者をY、第三債務者をZ生命保険相互会社として、原々審に対し、執行力ある仮執行宣言付き判決正本に基づき、債権差押命令を申し立てた。請求債権は、XがYに対して預託したゴルフクラブの入会保証金900万円の返還請求権及びその損害金と執行費用（合計935万132円）である。また、差押債権は「債務者と第三債務者との間で締結された保険契約に基づき、債務者が第三債務者に対して有する保険金請求権及び解約返戻金請求権にして、下記に記載する順序に従い、頭書金額に満つるまで」というものであり、差押え・仮差押えの有無・担保権設定の有無による順序のほか、複数の保険契約が存するときは「保険金請求権と解約返戻金請求権とでは、解約返戻金請求権、保険金請求権の順による」「保険金請求権相互間又は解約返戻金請求権相互間では、請求金額が多い順による」との包括的順位付けをしたものである。原々審は、差押債権を特定するように補正の促しをしたが、Xは補正に応じなかった。そこで、原々審は「本件において、差押えの対象となる債権の範囲を明らかにするためには、各保険金請求権ないし保険解約返戻金請求権の発生原因である保険契約を特定する必要がある（保険契約においては、保険証券番号、種類、保険者、被保険者、契約者、受取人等が重要な要素である。）と解される。したがって、このような特定がなされていない現状においては、本件申立ては、差押えの対象となるべき権利の特定を欠くものとして不適法である」と説示して、申立てを却下した。これに対し、Xが執行抗告をした。原審は、「生命保険契約に基づく生命保険金請求権、解約返戻金請求権については、一般的に生命保険契約を特定するための情報を得ることができないということはなく、債権者による被差押債権の特定は通常の場合可能なのであるから、預金債権等と同一

に扱うことはできない。さらに、X主張の方法によると、生命保険会社においては、債権差押命令の送達を受けて短時間に、保険契約を特定し、該当する保険の全てについて金額を正確に計算の上、差押えの対象と範囲を特定していく必要が生じるが、生命保険契約に基づく生命保険金請求権、解約返戻金請求権の特定が可能であることからすれば、このような負担を第三債務者である生命保険会社に負担させるのも相当ではない。」と説示して、抗告を棄却した。

(3)　Xが、抗告の許可を申し立てた。

(4)　本決定は、「所論の点に関する原審の判断は、是認することができる。論旨は採用することができない。」と判示して、抗告を棄却した。

III　民事保全法

1　仮処分

【24】15(許)34（△一小、平16・7・1、棄却。原審東京高決平15・6・4、原々審東京地決平13・3・8）

(1)　株式の価格を算定する目的でした会計帳簿等閲覧謄写請求と商法293条ノ7第1号所定の請求拒否事由該当性が問題となった事案である。

(2)　Y株式会社は、株式譲渡につき定款で制限を設けている株式会社で、亡Aらの同族会社であるところ、Yの株式を保有していた亡Aの妻であるXは、Yに対し、前記株式を他の相続人と共に相続し、持分4分の3の割合で準共有しており、会計帳簿等の閲覧謄写請求権を有するとして、Yの株主総会議事録、計算書類及び会計帳簿の閲覧謄写の仮処分を求めた。Xは、閲覧謄写を求める理由や保全の必要性として、①亡Aの遺産分割協議及び相続税支払のための売却に備え、本件株式の時価を適正に算定する必要があること、②Yの退職金規定等を調査し、亡Aに対する退職金支払の有無等を確認する必要があること、③Yが、Xを除く亡Aの相続人に対し相続税支払のための貸付けを行っていないか確認する必要があること、④帳簿等が改ざんされる可能性があること、⑤亡AとYとの貸借関係を明らかにする必要があることなどを主張した。原々審は、株主個人の利益のためだけに閲覧謄写権を行使することは許されず、商法293条ノ7第1号の「株主の権利の確保若しくは行使に関する調査」をするための請求ではないから、Yはこれを拒むことができるなどとして、申立てを却下した。Xが抗告したところ、抗告審は、株主と株式会社との関係が、その経常支配や経営に対して大きな影響を及ぼす可能性があるなど特別の事情があるときは、保有株式の評価とその帰属等が会社の利益と密接に関わる場合もあるので、そのために株主が会計帳簿等の閲覧謄写請求をすることも許されるとした。その上で、本件の場合、Xが相続した株式がYの発行済株式総数の約30パーセントに相当し、Yの経営支配等に関して多大な影響を及ぼし得る立場にあり、本件株式の時価評価を的確に行う前提として会計帳簿等によって

Ⅲ 民事保全法

経営状態等を正確に把握したいという目的には合理性があり、本件閲覧謄写請求は商法293条ノ7第1号前段の「株主の権利の確保若しくは行使に関する調査」をするためのものといえるとして、原々決定を取り消し、申立てを認用した。Yが保全異議申立てをしたが、原審（異議審）は、抗告審決定を引用した上、株主と株式会社との関係が、その経営支配や利益に密接に係わる可能性があるなど特別の利害事情があるときは、株式評価の必要による閲覧謄写請求も商法293条ノ6の会計帳簿等閲覧謄写請求の目的として認められるとして、抗告審の決定を認可した。

(3) Yが、抗告の許可を申し立てた。

(4) 本決定は、「株式譲渡につき定款で制限を設けている株式会社において、その有する株式を他に譲渡しようとする株主が、商法の定める株式の譲渡に伴う一連の手続に適切に対処するため、上記株式の適正な価格を算定する目的でした会計帳簿等の閲覧謄写請求は、特段の事情が存しない限り、株主の権利の確保又は行使に関して調査をするために行われたものであって、商法293条ノ7第1号所定の拒絶事由に該当しないものと解するのが相当である。」とした上、特段の事情の存することがうかがえない本件においては、相手方が、相続により取得した本件株式の売却に備え、その適正な価格を算定するために必要であるとして行った本件会計帳簿等の閲覧謄写請求は、前記拒絶事由に該当しないものというべきであるから、閲覧謄写請求が許されるべきものとした原審の判断は、是認することができると判示して、抗告を棄却した。なお、本件と同様の論点については、本件の関連事件である最一小判平16・7・1民集58・5・1214、判時1870・128において、最高裁としての判断が示されており、実務の参考になるものと思われる。

【25】 16(許)19（◎三小、平16・8・30、棄却、民集58・6・1763、判時1872・28。原審東京高決平16・8・11、原々審（異議審）東京地決平16・8・4）

(1) 第三者との間で会社の営業の移転等に関する協議を行うことなどの差止めを求める仮処分命令の申立てについて保全の必要性の存否が問題となった事案である。

(2) Xは、Yらとの間で、Y信託銀行の一定の営業等（本件対象営業等）の移転等から成る事業再編及び業務提携（本件協働事業化）に関して基本合意（本件基本合意）を締結した。本件基本合意書には、各当事者は、第三者との間で本件基本合意の目的と抵触し得る取引等に係る情報提供や協議を行わないものとする旨の条項（本件条項）が設けられていた。XとYらは、本件基本合意に基づき、基本契約の締結を目指して交渉をしていたが、Yらは、Yらグループの窮状を乗り切るためには、本件基本合意を白紙撤回し、Y信託銀行を含めてAグループと統合する以外に方策はないとの経営判断をするに至り、Xに対し、本件基本合意の解約を通告するとともに、Aに対し、Y信託銀行の本件対象営業等の移転を含む経営統合の申入れを行った。そのため、Xは、YらがAグループとの間で経営統合に関する協議を開始したことが本件条項所定のXの独占交渉権を侵害するものであると主

張して、本件基本合意に基づき、Yらが、第三者との間で、平成18年3月末日までの間、Y信託銀行の本件対象営業等の第三者への移転等に関する情報提供又は協議を行うことの差止めを求める本件仮処分命令の申立てをした。原々審（東京地裁）は、本件仮処分命令の申立てを認容する決定をしたので、これに対し、Yらが異議の申立てをしたが、同裁判所は、本件仮処分決定を認可する旨の決定をした。Yらが異議審の決定に対し保全抗告をしたところ、原審は、XとYらとの間の信頼関係は既に破壊されており、かつ、最終的な合意に向けた協議を誠実に継続することを期待することが不可能となったと理解せざるを得ず、遅くとも本件審理終結日である8月10日には、本件条項の効力は失われたものと解するのが相当であるなどとして、原々審の各決定を取り消し、本件仮処分命令の申立てを却下する旨の決定をした。

(3) Xが、抗告の許可を申し立てた。

(4) 本決定は、本件条項に基づく債務は、いまだ消滅していないと解すべきであるとした上で、①債権者であるXが被る損害が事後の損害賠償によっては償えないほどのものとまではいえないこと、②XとYらとの間で、本件基本合意に基づく最終的な合意が成立する可能性は相当低いこと、③本件差止めが認められた場合に債務者であるYらが被る損害は、相当大きなものと解されること等を総合的に考慮すると、本件仮処分命令により、暫定的に、YらがX以外の第三者との間で前記情報提供又は協議を行うことを差し止めなければ、Xに著しい損害や急迫の危険が生ずるものとはいえず、本件仮処分命令の申立ては、保全の必要性の要件を欠くものというべきであり、原決定は結論において是認できるとして、抗告を棄却した。

【26】16(許)23（△二小、平16・10・22、棄却。原審東京高決平16・8・9、原々審東京地決平16・7・1）

(1) マンション管理組合の理事長の職務執行停止等仮処分命令申立事件において、理事としての被選任資格の有無が問題となった事案である。

(2) マンションの区分所有者であるXは、同マンションの区分所有者であるA社の専務取締役で同マンションに居住しているYと同マンション管理組合に対し、同マンションの区分所有者ではないYには管理組合の理事としての被選任資格がないから、理事長に選任されたのは無効であって、Yにより招集された管理組合の総会決議は不存在であると主張して、総会決議不存在確認請求権を被保全権利として、Yの理事長としての職務の執行を停止し、職務代行者を選任する仮処分命令を申し立てた。原々審、原審ともXの申立てを却下すべきものとした。その理由の要旨は、次のとおりである。管理規約は理事の被選任資格を同マンションの区分所有者たる組合員と定めているものの、区分所有者が法人の場合、理事の被選任資格を当該法人の代表者に限るのか、あるいは代表者以外のどの範囲の者に理事の被選任資格を認めるべきかについては、管理規約にも建物区分所有法にも格別の規定が

設けられておらず、基本的には、管理組合の自治的判断に委ねられているものと解され、実質的に当該法人代表者と同視しうる地位・立場にある者については、管理組合の理事に対する信任関係を害するなどの事情のない限り、理事の被選任資格を認めることができると解するのが相当である。そして、Yは、区分所有者たるA社の代表者の実子であり、同社の専務取締役であり、A社の所有する同マンションの専有部分に現実に居住しているのであるから、実質的にA社代表者と同視しうる地位・立場にある者ということができ、管理組合の理事に対する信任関係を害するなどの事情も存しない。したがって、YがA社の代表者的立場において管理組合の理事に選任され、理事長に互選されたからといって、本件規約に反するとまではいえず、本件申立ては、被保全権利の疎明を欠くから、理由がない。
(3) Xが、抗告の許可を申し立てた。
(4) 本決定は、「所論の点に関する原審の判断は、正当として是認することができる。論旨は採用することができない。」と判示して、抗告を棄却した。

2 保全取消し

【27】 15(許)50（△一小、平16・2・26、棄却。原審仙台高決平15・10・27、原々審福島地いわき支決平15・6・26）

(1) 保全命令取消請求事件において、民事保全法38条1項にいう「保全すべき権利若しくは権利関係又は保全の必要性の消滅その他事情の変更があるとき」という要件を満たすか否かが問題となった事案である。

(2) Aは、X農業協同組合の代表理事をしていたところ、平成3年1月から平成4年3月までの間、理事としての忠実義務に違反して証券取引をし、その結果、Xに損害を与えたことから、平成7年4月26日、Xに対し、XがAにおいて購入した証券を換価して損害額が確定した後にその80パーセント相当額を支払うことを承認した。そこで、Xは、Aが所有する土地（本件土地）につき、上記損害賠償請求債権を被保全権利として仮差押えの申立てをし、平成7年9月1日仮差押命令（以下、「7年仮差押え」という。）を得た。その後、Xは、上記被保全権利とおおむね同一の債権について損害賠償請求訴訟（本案訴訟）を提起した。Xは、平成10年2月12日、本件土地の一部につき、売買手続をする必要があるとして、7年仮差押えの申立てを取り下げた。しかし、売買を予定していた土地の一部が売却できなかったことから、Xは、同土地につき、7年仮差押えと同一の債権の内金500万円を被保全権利として、再度仮差押えの申立てをし、平成10年9月1日仮差押命令（以下「10年仮差押え」という。）を得た。前記本案訴訟において、Xの一部勝訴の判決が言い渡された。双方から控訴があり、控訴審は、Xがいまだ処分していない証券については具体的な損害が発生していないことなどを理由にその請求は認められないとし、処分をして損害額が具体化した証券についても、Aに損害額の40パーセントを超えて損害を負担させるのは公序良俗に反し無効であるなどと判示した上、Aに対し、5062万円及び遅延損害金の支払を命じた。この控訴審判

決は確定した。その後、Aが死亡し、Yらが本件土地のうち7年仮差押え及び10年仮差押えがかけられている土地を相続した。Yらは、本案訴訟の認容額の支払についてはXとYらとの間で調停が成立し、その支払も完了しているなどとして、民事保全法38条1項に基づき、7年仮差押え及び10年仮差押えの取消しを求めた。原々審、原審とも、いまだ処分がされていない証券についてXが一部敗訴した理由は、被保全権利の存在を否定するものではなく、期限未到来又は条件未成就等によるとの理由であると解されるなどとして、7年仮差押え及び10年仮差押えのいずれについても仮差押命令を取り消すべき事情の変更は認められないとして申立てを却下すべきものとした。

(3) Yらが、抗告の許可を申し立てた。

(4) 本決定は、「所論の点に関する原審の判断は、正当として是認することができる。論旨は採用することができない。」と判示して、抗告を棄却した。

【28】16(許)8（△二小、平16・7・9、棄却。原審東京高決平16・4・9、原々審東京地決平15・11・25）

(1) 保全処分の被保全権利と同一の権利については認められなかったが、被保全権利と請求の基礎を同一とする権利については認められて勝訴判決がされ、同判決が確定している場合、保全処分の事情変更による取消しの申立てが認められるかが問題となった事案である。

(2) 債権者Xは、債務者Yに対し、不動産仮差押えの申立てをし、不動産仮差押命令がされた。被保全権利は「債権者は、Aに、債務者を代理人として8250万円を貸し付けたが、債務者は無権代理人であったので、債権者の債務者に対する無権代理人への履行請求権」であった。Xは、Yに対し、前記8250万円を請求する訴訟を提起したところ、無権代理人に対する履行請求権は認められないが、Y自身が契約当事者として貸付契約をしたから、XはYに対して貸金返還請求権を有するとして、請求認容判決がされ、確定した。そこで、Yが、事情変更による本件差押命令の取消しの申立てをした。原々審は、本案訴訟において、被保全権利（無権代理人に対する履行請求権）と請求の基礎が同一である権利（契約に基づく請求権）の存在が認められているから、事情変更に当たらないとして、申立てを却下した。Yが抗告したところ、原審も原々審の判断を引用して抗告を棄却した。

(3) Yが、抗告の許可を申し立てた。

(4) 本決定は、「所論の点に関する原審の判断は、正当として是認することができる。論旨は採用することができない。」と判示して、抗告を棄却した。保全処分の効力は、被保全権利と請求の基礎が同一の権利に及ぶことは、判例や学説において広く支持された見解であり（最一小判昭26・10・18民集5・11・600、西山俊彦「新版保全処分概論」205頁など）、そのような権利を訴訟物とする訴訟において債権者勝訴の判決がされ、それが確定した場合は、保全処分の有効性が本案訴訟において認められたものということができる。したがって、当該保全処分を事情変更

を理由に取り消すことができないことは明らかであろう。

IV 破産法

1 別除権放棄の意思表示の相手方

【29】16(許)5（○二小、平16・10・1、破棄・自判、集民215・199、判時1877・70。原審大阪高決平16・2・6、原々審大阪地決平15・10・30）

(1) 破産者が株式会社である場合に、破産財団から放棄された財産につき破産宣告時の代表取締役にされた別除権を放棄する旨の意思表示の有効性が問題となった事案である。なお、本件は、平成16年法律第75号による廃止前の旧破産法の下での事件であり、引用条文も旧法のものであるが、本決定の判示は、新法の下でも基本的に妥当すると思われる。

(2) Xは、A株式会社に対する債権を担保するため、A社所有の本件不動産に第2順位の根抵当権の設定を受けていた。A社は、平成14年11月12日、破産宣告を受け、破産管財人としてYが選任された。Yは、本件不動産につき第1順位の根抵当権者の申立てによる競売開始決定がされるなどしたことから、本件不動産を破産財団から放棄することとした。そして、平成15年6月26日付けの書面によりXを含む別除権者に対して本件不動産を破産財団から放棄する旨の通知をした上で、7月8日に破産財団からこれを放棄した。Yは、8月27日に破産裁判所に最後配当の配当表を提出し、9月25日に配当の公告をした。この配当表には、Xの前記債権は記載されていなかった。破産裁判所は、最後配当に関する除斥期間を10月10日までと定めた。Xは、10月5日、A社の旧取締役に対し、本件不動産を目的とする別除権を放棄する旨の意思表示をした。Xは、別除権を放棄したからXの債権を配当に加えるべきであると主張して、配当表に対する異議の申立てをした。原々審は、旧取締役に対する別除権放棄の意思表示は無効であるとして、Xの異議申立てを却下した。原審は、別除権者としては本来商法417条2項の規定により清算人選任を申し立てるべきであるが、本件においては、最後配当の除斥期間が配当の公告の日から15日間という短期間であったといった特別の事情があるので、委任終了の際に急迫の事情があるときの受任者の義務を定めた商法254条3項、民法654条の規定の類推適用により、旧取締役に対する別除権放棄の意思表示を有効と解すべきであると判示して、原々決定を取り消した。

(3) Yが、抗告の許可を申し立てた。

(4) 本決定は、旧取締役に対する別除権放棄の意思表示は、これを有効と解すべき特段の事情が存しない限り、無効であると判断して、原決定を破棄した。別除権放棄の意思表示の相手方は破産管財人であるのが原則であるが（旧破産法277条）、破産管財人が別除権の目的物を破産財団から放棄したときは、破産管財人の管理処分権がなくなるので、破産者本人に対して意思表示をすべきこととなる。このこと

は破産者が株式会社である場合も同様とされる（最二小決平 12・4・28 集民 198・193、判時 1710・100）。しかし、具体的に誰に対して意思表示をすべきか、すなわち、清算人か、旧取締役に対してすれば足りるかなお、残された問題とされていた。本決定は、この点について、特段の事情があるときは旧取締役に対する意思表示を有効とみる余地を残した上で、清算人に対して意思表示をすべきものとしたものであり、破産実務の参考となると思われる。

2 配当表に対する異議申立て

【30】16(許)28（△二小、平 16・11・5、棄却。原審大阪高決平 16・8・16、原々審大阪地決平 16・6・30）

(1) 根抵当権の極度額を超える債権額部分については、根抵当権を行使するまでもなく、不足額の証明があったものとして、配当を認めることができるかが問題となった事案である。なお、本件は、平成 16 年法律第 75 号による廃止前の旧破産法の下での事件であり、引用条文も旧法のものである。

(2) X は、破産者に対し複数の債権を有しており、破産者所有の不動産に前記債権を被担保債権とする根抵当権を有している。X は、前記債権を破産債権として届け出、別除権付債権として確定した。破産管財人 Y は、本件不動産について、管理処分権を放棄した。Y は、X の届出債権につき、配当に加えるべき債権の額及び配当額を零円とする配当表を作成したので、X は、①根抵当権の極度額を超える債権額部分については、根抵当権を行使するまでもなく、不足額の証明があったものとして破産債権としての権利行使を認めるべきである、②本件については、不動産競売手続において請求債権を被担保債権の一部に特定しているから不足額は証明されているなどと主張して、配当表に対する異議申立てをした。原々審、原審とも、X の異議申立てを却下すべきものとした。その理由の要旨は次のとおりである。(i) 破産法 277 条後段は、「弁済ヲ受クルコト能ハサリシ債権額」と過去形で規定している上、不足額を「証明」すべきものと規定している。したがって、別除権付債権については、物件が現実に処分され、配当額が確定する前に不足額の証明があったと解釈するのは文理上困難であり、根抵当権においては不動産競売手続において極度額以上の配当を受け得ないことが明らかであるとしても、根抵当権を他の別除権より有利に取り扱うべき特段の根拠はない。(ii)不動産競売手続において、請求債権が特定された上、申立てがされているとしても、係属中に請求債権を変更することは可能であるし、競落前に物件が任意売却され、請求債権とされた以外の被担保債権に任意弁済される可能性も否定できないから、現実の配当がされ、その金額を証する書面が提出されない以上、不足額の証明があったとはいえない。

(3) X が、抗告の許可を申し立てた。

(4) 本決定は、「所論の点に関する原審の判断は、正当として是認することができる。論旨は採用することができない。」と判示して、抗告を棄却した。なお、本件の問題は、新破産法（198 条）において立法的解決が図られた（小川秀樹ほか「新

破産法の概要(7)」金法 1719・38、小川秀樹「一問一答 新しい破産法」287 頁)。

V 民事再生法

1 再生手続開始申立て

【31】15(許)43（△三小、平 16・1・20、棄却。原審札幌高決平 15・8・12、原々審函館地決平 15・3・5）

(1) 民事再生法 25 条 4 号所定の申立て棄却事由該当性が問題となった事案である。

(2) 再生債務者である X は、主位的に給与所得者等再生手続の、予備的に小規模個人再生手続の開始の申立てをした。債権者一覧表によれば、債権者は 9 社で、債務総額は 554 万円余りで、このうち、債権者 Y の債権は、債務総額の約 60 パーセントを占める。Y の債権の内容は、X が、サラ金からの多額の借金の返済に苦慮し、Y の名義を用いた空クレジットにより立替業者から 290 万円を支出させ、その分割金の支払の大半を怠ったので、Y が X の不払額を支払わざるを得なくなり、同額の損害を負ったことによる故意の不法行為に基づく損害賠償債権である。原々審は、X の本件申立てを認容し、再生手続開始決定をしたので、Y が抗告をした。原審は、前記のような高い比率を占める債権が故意の不法行為に基づく損害賠償請求債権であることその他の事情に照らすと、本件申立てには民事再生法 25 条 4 号所定の事由があると解するのが相当であるとして、原々決定を取り消し、本件申立てを却下した。

(3) X が、抗告の許可を申し立てた。

(4) 本決定は、「所論の点に関する原審の判断は、正当として是認することができる。論旨は採用することができない。」と判示して、抗告を棄却した。

2 担保権消滅許可決定

【32】15(許)47（△一小、平 16・1・22、棄却。原審東京高決平 15・9・16、原々審東京地決平 15・5・23）

(1) 民事再生法 149 条 1 項に基づく価額決定について、評価人の評価方法及び価額が問題となった事案である。

(2) ゴルフ場経営を主たる目的とする X 株式会社は再生手続開始決定を受けた。その後、X は、所有する不動産（8 つのゴルフ場）について民事再生法 148 条 1 項に基づく担保権消滅許可の申立てをしたところ、許可された。担保権者である Y 社らは、同法 149 条 1 項に基づく価額決定請求をした。原々審は、不動産鑑定士 A に対し鑑定評価を命じ、同評価人の評価に基づき各不動産の価額を決定した。この決定を不服とし、X、Y ら双方が即時抗告をした。原審は、鑑定評価は正当で、原々審の決定を相当であるとし、抗告を棄却した。

(3)　Yが、鑑定評価の方法が不当で、民事再生規則79条2項の解釈を誤っているとして、抗告の許可を申し立てた。
　(4)　本決定は、「所論の点に関する原審の判断は、是認することができる。論旨は採用することができない。」と判示し、抗告を棄却した。

3　再生計画認可決定

【33】 16(許)21（△二小、平16・11・12、棄却。原審東京高決平16・7・23、原々審東京地決平16・2・25）

　(1)　裁判所が認可した再生計画が債権者平等原則（民事再生法155条1項）に反するものであるか否かが問題となった事案である。
　(2)　原々審は、ゴルフ場の経営会社である再生債務者Xについて、民事再生法に基づく再生手続開始決定をした。Xの資産及び負債の状況は、清算処分価値で資産約9億524万円、負債約520億5786万円である。その後、原々審は、再生計画を認可した。その再生計画の概要は次のとおりである。①一般再生債権者の有する債権のうち、1000万円以上の部分については、0.2パーセント、300万円以上1000万円未満の部分については0.5パーセント、300万円未満の部分については1パーセントの配当をそれぞれ実施する。この債権については、最長でも再生計画認可決定確定後10年間の分割払いとする。②継続会員債権者については、会員プレー権を維持、継続し、資格保証金額の40パーセントを免除する。その上で、資格保証金額が2000万円未満の会員権は現資格保証金の60パーセントの1口の会員権、資格保証金額が2000万円以上3200万円未満の会員権は現資格保証金の30パーセントの2口の会員権、資格保証金額が3200万円以上の会員権については現資格保証金の20パーセントの3口の会員権とする。平成26年1月1日以降、退会を希望する会員に対して、平成26年以降の毎年9月末日の決算における税引き後利益に減価償却費を加算した金額の50パーセントを限度として償還する。前記弁済原資額を超える退会申込みがあった場合には、抽選で当選した者に償還する。③プレー権の継続を希望せずに資格保証金の返還を希望する会員債権者については、再生計画認可決定確定後3か月以内に退会して資格保証金返還請求権を行使することができる。その債権の権利変更は、一般再生債権者の権利変更に従う。
　この再生計画認可決定に対し、一般再生債権者であるYらが、債権者平等原則に反するなどとして即時抗告をした。原審は、本件再生計画は、継続会員債権者間で大きな格差を設けている上、一般再生債権者と継続会員債権者との間にも著しい格差を設けており、債権者平等原則（民事再生法155条2項）に反するものであって、同法174条2項1号の不認可事由が存在するとして、原々決定を取り消し、本件再生計画を認可しない決定をした。
　(3)　Xが、抗告の許可を申し立てた。
　(4)　本決定は、「本件の事実関係において、本件再生計画を認可しないものとした原審の判断は、結論において是認することができる。論旨は採用することができ

ない。」と判示し、抗告を棄却した。

Ⅵ 家事審判法

1 親権者の変更

【34】 16(許)15 (△三小、平16・10・5、棄却。原審大阪高決平16・5・24、原々審大阪家審平16・2・9)

(1) 子が一方の実親と養親の共同親権に服する場合の他方の実親の親権者変更の申立ての可否が問題となった事案である。

(2) X(父)と、Y(母)は、未成年者の長男A及び長女Bの親権者をYと定めて協議離婚した。その後、Xは、未成年者らの親権者をYからXに変更する旨の調停を申し立てたが、不調となり、審判手続に移行した。原々審は、平成16年2月9日、未成年者らの親権者をYからXに変更する旨の審判をした。Yは、翌10日、Zと婚姻し、同日、Zと未成年者A、Bは養子縁組した。Yが抗告したところ、原審は、未成年者らは、Y(実母)及び、Yと婚姻し未成年者らと養子縁組をしたZによる共同親権に服しており、Xは、親権者変更を申し立てる資格を失い、本件申立ては不適法となったとして、原々審判を取り消し、本件申立てを却下した。

(3) Xが、抗告の許可を申し立てた。

(4) 本決定は、「所論の点に関する原審の判断は、正当として是認することができる。論旨は採用することができない。」と判示して、抗告を棄却した。子が一方の実親と養親の共同親権に服する場合に、親権を有しない実親が親権者変更の申立てができるかについては、消極説に立つ裁判例が大勢であり(山名学「子が一方の実親と養親の共同親権に服する場合の他方の実親の親権者変更の申立ての可否」沼邊愛一ほか編・家事審判事件の研究(1)176頁)、学説も積極説に立つものは見当たらない。本決定も、このような学説・裁判例の大勢に沿った原審判断を是認したものと思われる。

2 財産の分与に関する処分

【35】 16(許)18 (△三小、平16・11・2、棄却。原審東京高決平16・6・14、原々審東京家審平15・1・24)

(1) 離婚成立前に、夫婦の一方の死亡により婚姻が解消した場合に、財産分与請求権が発生するか否かが問題となった事案である。

(2) 亡Aは、平成12年6月ころ、後妻であるYに対し、夫婦関係調整の調停を申し立て、離婚と財産分与及び慰謝料の支払を求めていたが、離婚調停が成立しないまま平成13年1月16日に死亡した。Aと先妻との間の子であるXらは、Aの財産分与請求権を相続したと主張して、Yに対し財産分与を求めた。原々審、原審とも、Aは相手方との離婚が成立する前に死亡したのであるから、Aの相手方

に対する財産分与請求権は発生しておらず、Xらがこれを相続により取得することはできないとして、Xらの申立てを却下すべきものとした。

(3) Xらが、抗告の許可を申し立てた。

(4) 本決定は、「所論の点に関する原審の判断は、正当として是認することができる。論旨は採用することができない。」と判示して、抗告を棄却した。

3 遺産の分割に関する処分

【36】 16(許)11（◎二小、平 16・10・29、棄却、民集 58・7・1979、判時 1884・41。原審大阪高決平 16・5・10、原々審神戸家伊丹支審平 15・8・8）

(1) 死亡保険金請求権の特別受益該当性が問題となった事案である。

(2) Xら3名とYは、いずれも亡父Aと亡母Bとの間の子である。Aは、平成2年1月2日に、Bは、同年10月29日に相次いで死亡した。本件は、XらがYに対し、被相続人A、Bの遺産分割を求めた事件である。被相続人Bは、自らを被保険者として、保険金受取人を共同相続人の1人であるYとして養老保険契約2口を締結していたが、具体的相続分の算定に当たり、これに基づく死亡保険金合計574万289円が特別受益として持戻しの対象となるかが争われた。本件において遺産分割の対象となった遺産は、約700万円相当額の土地のみであるが、これ以外の遺産については既に遺産分割協議等が成立し、Xら及びYは、それぞれ1000万円を超える額に相当する財産を取得しており、これらも含め、A、Bの遺産総額は合計約6000万円であり、そのうちAの死亡後に亡くなったBの遺産額は相当なものになる。Yは、父母であるA、Bのために自宅を増築し、亡くなるまでそこに住まわせ、母Bが父Aの介護を行うのを手伝っていた。原々審は、死亡保険金が特別受益として持戻しの対象となるとした上で、遺産分割の審判をした。これに対し、原審は、死亡保険金は、民法903条1項所定の遺贈又は生計の資本としての贈与に該当せず、死亡保険金の額を被相続人が相続開始の時において有した財産の価額に加えること（持戻し）の対象とならないとして、原々審の判断を変更した。

(3) Xらが、抗告の許可を申し立てた。

(4) 共同相続人の1人を死亡保険金の受取人とする生命保険契約が締結された場合、死亡保険金請求権は、受取人が固有の権利として取得するもので、相続財産に属するものではないとするのが判例の立場であり（最三小判昭40・2・2民集19・1・1、判時404・52）、また、死亡保険金請求権は、民法1031条に規定する遺贈又は贈与に当たらず、遺留分減殺の対象にならない（最一小判平14・11・5民集56・8・2069、判時1804・17）。本件のように、契約者である被相続人が保険料を支払い、共同相続人の1人が受取人となっている死亡保険金請求権については、民法903条の特別受益ないしこれに準ずるものとして取り扱うことを認めるべきか否かについては、学説及び下級審裁判例が肯定説と否定説に分かれていた。本決定は、このような死亡保険金請求権について、民法903条1項に規定する遺贈又は贈与に係る財産には当たらないとした上で、共同相続人間に民法903条の趣旨に照らし到

底是認することができない著しい不公平があると認められる特段の事情が存する場合には同条の類推適用により、特別受益に準じて持戻しの対象となるとの判断を示した。その上で、本件の場合は前記特段の事情があるとはいえず、原審の判断を結論において是認することができるとして、抗告を棄却した。本決定は、学説上も実務上も見解が分かれていた問題について、最高裁として初めて判断を示したもので、参考になるものと思われる。

4 遺言執行者に対する報酬付与

【37】16(許)9（△三小、平16・9・14、棄却、家月57・1・128。原審東京高決平16・5・7、原々審東京家審平15・3・11）

(1) 遺言執行者に対する報酬の付与の審判に対して即時抗告の許否が問題となった事案である。

(2) Aは、子がなかったことから亡夫の姪であるXを養子とし、Aの遺産のほとんどをXに相続させる旨の公正証書遺言を作成した。同遺言において、Bが遺言執行者に指定された。その後、Aが死亡し、Xが約44億円相当の遺産を相続し、Bが遺言執行者として財産目録の作成、遺贈の実行、不動産や有価証券の名義変更などを行った。Bは遺言執行者としての報酬を受け取ることなく死亡し、Bの遺言執行の報酬請求権は、Bの長女であるYが相続した。Yが、Bの遺言執行の報酬請求権の相続人として、報酬付与の申立てをしたところ、原々番は、報酬額を2000万円と定める審判を行った。この審判に対し、Xは、報酬額が高額すぎて不当であると主張して、原々審判の取消しを求める即時抗告をしたが、原審は、「家事審判法14条は、家事審判に対する不服申立ての方法を即時抗告のみとし、それを最高裁判所規則の定める特定の場合に限定しているところ、家事審判規則は、家事審判法9条1項甲類36号による遺言執行者に対する報酬の付与の審判については即時抗告を認めていないので、同審判に対して即時抗告をすることは許されない」として、Xの抗告を不適法であるとして却下した。

(3) Xが、抗告の許可を申し立てた。

(4) 本決定は、「所論の点に関する原審の判断は、正当として是認することができる。論旨は採用することができない。」と判示して、抗告を棄却した。

Ⅶ その他

1 人身保護法

【38】15(許)51（△二小、平16・1・30、棄却。原審名古屋高決平15・10・31）

(1) 人身保護規則4条のいわゆる「顕著な違法性」の要件の有無が問題となった事案である。

(2) X（妻）は、Y（夫）との離婚を決意し長男（1歳5月）を連れて実家に戻り、

離婚調停の申立てをした。Yは、Xに対し、長男を引き渡すように脅迫的に要求したため、長男をXとYが5日間ずつ交代で監護する旨の合意をし、長男をYに引き渡した。その後、Yが長男をXに引き渡さなくなったため、Xが長男の引渡しを求める人身保護請求に及んだ。原審は、Yは夫婦間の合意に反して長男を監護しているが、夫の親権の行使が仮処分等により制限されている場合でもないし、子の福祉に反することが明白であるとはいえず、人身保護規則4条にいう「顕著な違法性」の要件を欠いているとして請求を却下した。

(3) Xが、抗告の許可を申し立てた。

(4) 本決定は、「所論の点に関する原審の判断は、正当として是認することができる。論旨は、独自の見解に立って原決定を論難するものにすぎず、採用することができない。」と判示して、抗告を棄却した。夫婦の一方による幼児に対する監護・拘束が人身保護規則4条にいう「顕著な違法性」があるというためには、同監護が子の福祉に反することが明白であることを要するというべきである（最三小判平5・10・19民集47・8・5099、判時1477・21）。そして、拘束者の親権行使に対する実質的制限は、少なくとも調停における合意や仮処分など何らかの公権的判断に基づくものであることを要し、夫婦間の単なる約束はこれには当たらないと解される（西謙二・最三小判平6・4・26民集48・3・992の判例解説344頁）。本件における子の監護に関する合意は、家庭裁判所の関与なしに当事者間で合意されたものにすぎないから、人身保護による救済を行うにはその要件を欠くとした原審の判断を是認したものと思われる。

2　行政事件訴訟法

【39】 15(行ツ)2（△三小、平16・1・20、棄却。原審高松高決平15・11・20）

(1) 地方自治法76条3項の規定に基づく市議会の解散請求に係る投票（解散投票）の効力及びその執行の停止申立事件において、行政事件訴訟法（平成16年法律第84号による改正前のもの）25条2項所定の「回復の困難な損害」の有無が問題となった事案である。

(2) A市議会議員であるXらは、Y（A市選挙管理委員会）に対し、平成15年10月26日に行われたA市の議会の解散投票の効力について異議の申出をしたところ、Yは、これを棄却する決定をした。XらはB県選挙管理委員会に対し、前記決定を不服として審査を申し立てたが、B県選挙管理委員会はこれを棄却する裁決をした。そして、前記解散投票の結果、過半数の選挙人の同意があったとされ、これによる議会解散に伴い、同年11月23日、A市議会議員選挙が行われることになった。Xらは、前記裁決の取消しと前記解散投票の無効を求めて訴え（本案事件）を提起するとともに、本案事件の判決確定まで、前記解散投票の効力及び執行の停止を求めた。その理由として、Xら勝訴の本案判決が確定すると、前記解散投票時の市議会議員の身分が復活し、同日の市議会議員選挙により選出された新議員が身分を失うことになり、新議員の議員活動が遡及的に無効となり、「回復の困難

Ⅶ　その他

な損害」を生ずるため、これを避けるための緊急の必要性があると主張した。原決定は、仮に本案事件について前記解散投票を無効とする判決が確定しても、新議員は当然にその身分を失うものではなく、その身分及び議員活動が遡及的に無効となるものではないから、「回復の困難な損害」が生ずることの疎明がないとして、申立てを却下した。

(3)　Xらが、抗告の許可を申し立てた。

(4)　本決定は、「所論の点に関する原審の判断は、正当として是認することができる。論旨は採用することができない。」と判示して、抗告を棄却した。議会の解散投票の効力に関する訴訟において、解散投票を無効とする判決が確定すれば、地方自治法78条の解散を踏まえて公職選挙法33条2項に基づいて行われた新議会を構成する議員の一般選挙は、原因なくして行われたことになる。しかし、公職選挙法に定める選挙又は当選の効力は、同法に定める争訟の結果無効となる場合のほか、原則として当然無効となるものではない（最三小判昭31・10・23民集10・10・1312）。つまり、新議会を構成する議員の一般選挙の効力は、解散投票の無効が確定しても、前記一般選挙の効力に関する争訟において決着が図られるべき問題である。そして、仮に前記一般選挙の効力に関する争訟の結果、同選挙が無効とされても、同選挙により選出された議員は、前記争訟に係る決定、裁決又は判決が確定するまでは、その職を失わず（地方自治法128条）、その間の議員としての行為はすべて有効である。こうしたことから、本決定は、原審の判断を正当として是認できるとしたものと思われる。

【40】 16(行ツ)2（△三小、平16・3・16、棄却。原審東京高決平15・12・25、原々審東京地決平15・10・3）

(1)　明渡裁決の執行（代執行手続の続行）につき、行政事件訴訟法（平成16年法律第84号による改正前のもの）25条2項所定の「回復の困難な損害」の有無が問題となった事案である。

(2)　国及び日本道路公団は、自動車専用道路である首都圏中央連絡自動車道（圏央道）新設等の事業の起業者である。Xらは、当該事業の一部である区間の道路とインターチェンジの建設予定地内に土地建物を所有する者である。起業者は、東京都収用委員会がXらに対し前記土地建物についての権利取得裁決及び明渡裁決をしたため、行政代執行法に基づいて、東京都知事に対し、明渡裁決の代執行の請求を行い、東京都知事は、一部の土地を除き代執行手続に着手した。そこで、Xらは、東京都収用委員会を被告として東京地方裁判所に前記裁決の取消訴訟を提起した上、行政事件訴訟法（同前）25条に基づき、東京都知事を相手方として、明渡裁決の執行（代執行手続の続行）の停止を命ずる申立てをした。原々審は、①本件明渡裁決の執行が停止されることによって、公共の福祉に与える影響は軽微なものにとどまる、②Xらは本件明渡裁決の執行により回復の困難な損害を被ることになるので、これを避ける緊急の必要性がある、③本件は「本案について理由がないと

みえるとき」に当たらないとして、本件明渡裁決の執行（代執行手続の続行）を本件本案事件の第1審判決言渡しの日から起算して15日後までの間停止するとの決定をした。東京都知事らが即時抗告をしたところ、原審は、原々決定を取り消し、Xらの申立てを却下した。その理由の要旨は次のとおりである。Xらは、本件明渡裁決の執行により有形無形の損害を被るところ、有形の財産的損害は金銭賠償が可能であり、新たな場所への転居が余儀なくされ、精神的、肉体的負担を強いられるとはいえ、現住居と経済的、社会的、文化的に同一の地域社会ないし地縁社会の範囲内に移転することは十分可能であるから転居により直ちに故郷や居住の利益を失うというものではなく、精神的、肉体的負担も金銭賠償により十分てん補することができるものというべきである。したがって、Xらは、本件明渡裁決の執行によって行政事件訴訟法（同前）25条2項にいう「回復の困難な損害」を被ると認めることはできない。

(3) Xらが、抗告の許可を申し立てた。

(4) 本決定は、「所論の点に関する原審の事実認定は、首肯するに足りる。本件事実関係の下では、抗告人らが本件明渡裁決の執行によって行政事件訴訟法25条2項にいう回復の困難な損害を被るものとは認められないとした原審の判断は、正当として是認することができる。そうすると、その余の点について判断するまでもなく、抗告人らの本件申立てを却下すべきものとした原審の判断は、是認することができる。論旨は採用することができない。」と判示し、抗告を棄却した。

【41】 16(行ツ)3（〇一小、平16・5・31、一部棄却、一部破棄・自判、集民214・309、判時1868・24。原審東京高決平16・3・19）

(1) 退去強制令書の収容部分の執行により被収容者が受ける損害が、行政事件訴訟法（平成16年法律第84号による改正前のもの）25条2項に規定する「回復の困難な損害」に当たるかどうかが問題となった事案である。

(2) X_1及びX_2（母子）は、平成14年5月24日、法務大臣から権限の委任を受けた東京入国管理局長から出入国管理及び難民認定法49条1項に基づく異議の申出が理由がない旨の各裁決を受け、同年6月21日、Y（東京入国管理局主任審査官）から退去強制令書の発付処分を受けた。X_1及びX_2は、東京入国管理局長がX_1及びX_2に在留特別許可を付与しなかったことに裁量権の逸脱又は濫用の違法があると主張して、前記の各裁決及び各処分の取消しを求める訴訟（本案事件）を提起した。X_1及びX_2は、第1審において請求棄却の判決の言渡しを受けた後に、控訴審において行政事件訴訟法（同前）25条2項に基づき同17年3月末日までの本件各令書の執行の停止を求めた。原審は、①X_1及びX_2が、X_2の東京韓国学校高等科卒業後（平成17年3月末日）、直ちに帰国する意思を明確にしていることなどの事情を考慮すると、本案事件の控訴審判決言渡しまでは、本件各令書の収容部分及び送還部分の執行により生ずる回復の困難な損害を避けるため緊急の必要がある、②前記の各裁決及び各処分が違法である旨のX_1及びX_2の本案事件の主張が、

Ⅶ　その他

控訴審の審理を経る余地がないほど理由がないとみえるとまでは認められないなどと判断して、本件各令書の収容部分及び送還部分の執行を、本案事件の控訴審判決言渡しまで停止した。

(3)　Yが、抗告の許可を申し立てた。

(4)　本決定は、(i)退去強制令書の収容部分の執行により被収容者が受ける損害は、当然には行政事件訴訟法（同前）25条2項に規定する回復の困難な損害に当たるとはいえないところ、X_1及びX_2の主張するところによっても、本件各令書の収容部分の執行によりX_1及びX_2が受ける損害は、いずれも社会通念上金銭賠償による回復をもって満足することもやむを得ないものというべきであり、前記の回復の困難な損害に当たらない、(ii)原審の前記②の判断は、結論において是認し得ないではないと判断して、原決定のうち本件各令書の収容部分の執行を停止した部分を破棄して、同部分に係る執行停止の申立てを却下し、その余の抗告を棄却した。本決定は、退去強制令書の収容部分の執行により被収容者が受ける損害と行政事件訴訟法（同前）25条2項に規定する回復の困難な損害との関係について、明確な判断を示した最高裁の決定として、重要な意義を有するものと思われる。

【42】16(行ソ)6（△一小、平16・12・2、棄却。原審大阪高決平16・7・28、原々審大阪地決平16・3・29）

(1)　本件も【41】と同様、退去強制令書の収容部分の執行により被収容者が受ける損害が、行政事件訴訟法（平成16年法律第84号による改正前のもの）25条2項に規定する「回復の困難な損害」に当たるかどうかが問題となった事案である。

(2)　Xは、留学の在留資格を有し、在留期限は平成17年4月6日であった。ところが、Xは、大阪市内の大学に在学しながら、同市内の風俗営業店で稼働していた。大阪入国管理局の入国審査官は、Xの就労を出入国管理及び難民認定法19条1項の資格外就労活動禁止規定に違反し、同法24条4号イの退去強制事由に該当すると認定した。平成15年11月21日、法務大臣から権限の委任を受けた大阪入国管理局長から出入国管理及び難民認定法49条1項に基づく異議の申出が理由がない旨の裁決を受け、同月26日、Y（大阪入国管理局主任審査官）から退去強制令書の発付処分を受けたXは、前記の各裁決及び各処分の取消しを求める訴訟（本案事件）を提起するとともに、行政事件訴訟法（同前）25条2項に基づき本件令書の執行の停止を求めた。原々審は、Xの執行停止申立てにつき、本件令書に基づく執行を本件本案事件の第1審判決言渡しの日から30日を経過した日まで停止する限度で理由があるものと認め、その旨の執行停止決定をした。Yは、前記執行停止決定のうち、収容部分の執行を停止した部分を不服として即時抗告をしたが、原審は、就学が阻害される不利益は後日の金銭賠償によって償うことが困難な損害と認めることができるから行政事件訴訟法（同前）25条2項の要件を満たすなどとして、抗告を棄却した。

(3)　Yが、抗告の許可を申し立てた。

(4) 本決定は、「本件事実関係の下においては、所論の点に関する原審の判断は、是認するに足りる。論旨は採用することができない。」と判示して、抗告を棄却した。本件では、退去強制令書に基づく収容部分の執行によってXが大学における勉学を継続できなくなることによる損害が、社会通念上、金銭賠償による回復をもって満足することもやむを得ないものといえるかどうか問題となる。本件は、「留学」の在留資格を有し、その在留期間も経過していない事案であり、Xの就労状況や大学での勉学の状況など原審が確定した事実関係の下では、原審の判断は是認するに足りるとしたものと思われる。

3　非訟事件手続法

【43】16(許)20（〇一小、平16・12・16、破棄・自判、集民215・965、判時1884・45。原審広島高決平16・7・14、原々審広島地決平16・4・13）

(1) 非訟事件手続法19条1項所定の過料の裁判を取り消す裁判に対する抗告の許否及び種類と、同一事由について重複して同法208条ノ2に規定する過料の裁判を行った裁判所による確定後の同裁判の職権による取消しの許否が問題となった事案である。

(2) Xが代表者を務める株式会社の取締役及び監査役が退任したが、法定の員数が欠けることになるためその退任登記手続をすることができないものであったにもかかわらず（最三小判昭43・12・24民集22・13・3334、判時548・95）、同社の支店の管轄法務局の登記官から裁判所に対し、Xにつき退任登記を怠った違反事項がある旨の通知がされた。これを受けた裁判所は、Xにつき、退任登記を怠ったとの点については過料の裁判をしなかったが、取締役の選任を怠ったことを理由に略式裁判である本件第一裁判をし、これが確定した。その後、同社の本店の管轄法務局の登記官から裁判所に対し、Xにつき同社の取締役等の選任を怠ったとの違反事項がある旨の通知がされ、これを受けた裁判所は、本件第一裁判の存在を看過し、前記通知事項に関して更に略式裁判である本件第二裁判をし、これも確定し、そのため、同一事由について過料の確定裁判が二重に存在することになってしまった。これを知った裁判所は、非訟事件手続法19条1項を適用して本件第二裁判を取り消す旨の原々決定をした。原々決定は、平成16年4月13日に検察官に通知されたところ、検察官は、同月26日、形式的に確定した略式裁判を非訟事件手続法19条1項により取り消すことはできないなどと主張して、原々決定に対する抗告をした。原審は、原々決定は、過料の裁判を取り消した裁判であるから、非訟事件手続法207条3項の「過料の裁判」に当たり、これに対する不服申立ては即時抗告によるべきものであるところ、原々決定に対する抗告は1週間の即時抗告期間経過後にされた不適法なものであるとして却下した。

(3) 検察官が、抗告の許可を申し立てた。

(4) 本決定は、まず、非訟事件手続法19条1項の規定に基づく取消しの裁判に対しては通常抗告をすることができると判示し、原審の判断を是認できないとし

た。次に、本決定は、確定した非訟事件の裁判については非訟事件手続法19条1項による取消し・変更をすることができない旨を述べた上で、非訟事件の裁判の本質に照らすと、非訟事件手続法19条1項の規定とは別に、裁判の当時存在し、これが裁判所に認識されていたならば当該裁判がされなかったであろうと認められる事情の存在が、裁判の確定後に判明し、かつ、当該裁判が不当であってこれを維持することが著しく正義に反することが明らかな場合には、当該裁判を行った裁判所は、職権により同裁判を取り消し又は変更することができるものと解すべきであるとし、過料の確定裁判の存在が看過され、同一事由について二重に過料の裁判をした場合には、同裁判を行った裁判所は、職権により確定後の同裁判を取り消すことができるとし、職権により本件第二裁判を取り消した原々決定を結論において是認することができるとした。過料の確定裁判に誤りがあることが発見された場合における同裁判の取消し・変更の許否については、これまで実務上問題となってきたところである。本決定は、そのような場合において、例外的に同裁判を職権により取消し・変更することができることがあることを述べるものであり、実務上参考となるものと思われる。

4 配偶者からの暴力の防止及び被害者の保護に関する法律

【44】15(許)52（△三小、平16・1・9、棄却。原審大阪高決平15・11・10、原々審神戸地尼崎支決平15・10・27）

(1) 配偶者暴力に関する保護命令事件の抗告審において主張書面及び書証写しを相手方に送付しなかったことが問題となった事案である。

(2) 申立人（妻）Xは、相手方（夫）Yから暴力を振るわれその生命又は身体に重大な危害を受けるおそれが大きいことを理由として、配偶者からの暴力の防止及び被害者の保護に関する法律に基づき、保護命令（接近禁止命令、同法10条1項2号）の申立てをした。原々審は、暴力を振るった事実があったのか疑問を禁じ得ないとして、申立てを却下した。そこで、Xは、即時抗告をした。原審は、YがXに暴力を振るい、傷害を負わせた事実を認めた上、原々審決定を取り消し、XがYからの更なる暴力により生命又は身体に重大な危害を受けるおそれが大きいものと認められるか否かにつき審理を尽くさせる必要があるとして、原々審に差し戻す旨の決定をした。なお、原審は、前記決定をするに当たり、Yに対し、事前に即時抗告状とX提出の書証の各写しを送付することなく、決定正本とともにこれらの書類を送達した。

(3) Yが、配偶者暴力に関する保護命令手続規則（以下「手続規則」という。）7条4項違反等を主張して抗告の許可を申し立てた。

(4) 本決定は、「本件においては、原審の手続に所論の違法はなく、論旨は採用することができない。」と判示して、抗告を棄却した。手続規則7条4項は、抗告審の裁判所書記官は、主張書面（抗告状を含む。）及び書証の写しを他方の当事者に送付しなければならないと定めている。この規定は、これらの書面につき他方の

当事者に反論の機会を与えるために設けられたものである。しかし、この事前送付の規定は例外を許さないものではないと解される。すなわち、事前に主張書面や書証の写しを相手方に送付し、相手方の反論を待っていたのでは、被害者の安全確保を図れないような事情がある場合には、事前に主張書面や書証の写しを相手方に送付しなくとも違法であるとはいえないであろう。そして、違法性の有無を判断するに当たっては、このような緊急性の有無が中心になるにしても、相手方の反論を聞く必要性の程度や求められている保護命令の内容等の諸事情も含めて判断する必要があると考えられる。本件の場合、こうした諸事情を総合的に判断し、上記のとおり抗告を棄却したものと思われる。

平成17年度

福田剛久／浦原英器

Ⅰ 民事訴訟法
　1　移送【1】
　2　訴訟引受【2】
　3　訴訟費用【3】【4】
　4　証言拒絶【5】
　5　鑑定人の忌避【6】
　6　文書提出命令【7】～【12】
　7　上告【13】～【15】
　8　再審【16】
Ⅱ 民事執行法
　1　強制競売取消し【17】
　2　不動産競売申立て【18】【19】
　3　債権差押命令【20】
　4　間接強制【21】
　5　担保権の実行【22】
　6　財産開示手続【23】
Ⅲ 民事保全法
　1　仮処分【24】～【27】
　2　保全執行【28】【29】
Ⅳ 破産法
　1　破産費用の予納【30】
　2　破産原因等【31】～【35】
Ⅴ 民事再生法
　1　再生手続開始申立て【36】
　2　担保権消滅許可決定【37】
Ⅵ 家事審判法
　1　相続放棄の申述【38】
　2　特別縁故者に対する相続財産の分与【39】
　3　婚姻費用の分担に関する処分【40】【41】
　4　子の監護者の指定及び子の引渡し【42】
　5　親権者の変更及び子の引き渡し【43】
　6　財産の付与に関する処分【44】
　7　遺産の分割に関する処分【45】
Ⅶ その他
　1　行政事件訴訟法【46】～【49】
　2　商法【50】
　3　戸籍法【51】

はじめに

1　平成17年度における許可抗告の実情を紹介する。

新受件数は、平成10年が10件、平成11年が42件、平成12年が59件、平成13年が34件、平成14年が50件、平成15年が54件、平成16年が42件、平成17年は48件であった。一昨年は減少したが、減少傾向にはない。

各年中に決定された事件のうち最高裁判所民事判例集又は最高裁判所裁判集民事に登載されたものの数と割合を年度別にみてみると、平成10年は、2件中登載1件（50パーセント）、平成11年は、32件中登載6件（19パーセント）、平成12年は、51件中登載12件（23パーセント）、平成13年は、53件中登載12件（23パーセント）、平成14年は、42件中登載7件（17パーセント）、平成15年は、53件中登載9件（17パーセント）、平成16年は、44件中登載10件（23パーセント）、平成17年は、51件中登載11件（22パーセント）であった。

2　許可抗告（民訴法337条）は、特別抗告（同法336条）と同様に、決定に対する本来の不服方法に加えて特に認められた不服方法であるが、特別抗告が憲法違反を抗告事由とするのに対して、許可抗告は、法令解釈に関する重要な事項を含む事件であると高等裁判所が認めて許可したことを申立ての要件とするものである。現行民事訴訟法で許可抗告制度が設けられたのは、民事執行法や民事保全法の制定等に伴い、決定で判断される事項に重要なものが増え、かなり重要な法律問題について高等裁判所の判断が分かれているという状況が生じていたので、最高裁判所の負担が過重にならないように配慮した上で、重要な法律問題についての判断の統一を図ろうしたものである（法務省民事局参事官室編「一問一答新民事訴訟法」374頁）。上告受理制度のように最高裁判所自らが受理するか否かの判断をする制度が採用されなかったのは、そのような制度を採用すれば最高裁判所の負担が過重になるおそれがあったためであり（ジュリスト増刊1999年11月「研究会新民事訴訟法」440頁〔柳田幸三発言〕）、その意味では、許可抗告の制度は、高等裁判所において、適切に許可の判断がされることを信頼して設けられた制度であるということができる。そして、最高裁判所が許可に値しないと判断したとしても、高等裁判所が許可した以上、最高裁判所は当該論点への応答をする負担を負うことになるのであるから、高等裁判所には、自らの判断に判例と異なる点がある場合又は真に法令解釈に関する重要な事項を含む場合に抗告を許可し、そのような場合でなければ許可しないという制度の趣旨に沿った運用が求められている。

許可抗告決定のうち最高裁判所民事判例集（民集）又は最高裁判所裁判集民事（集民）に登載されたものの割合は、冒頭に紹介したとおりであり、許可された事件のうち相当件数が法令解釈に関する重要な事項を含んでいたということができる。しかし、単なる事実認定に関する事項又は専ら受訴裁判所の訴訟上の裁量に属すると考えられる事項について許可をしたものも少なくなく、上記のような制度の

はじめに

趣旨に沿わない運用が多く見受けられる。そのような観点から、これまでも、「許可抗告事件の実情」において次のような指摘を繰り返してきたが、本稿でも更にこれを指摘しておきたい。

(1) 法令解釈に関する見解が明らかである場合に、個別事件における事実認定、要件への当てはめの判断は、通常、法令解釈に関する重要な事項とはいえない。

また、判例により示された解釈の実務上の運用にかかわる事項は、当該実務を担当する下級裁における事例集積にこそ意味がある場合が多い。このような場合、下級裁での事例集積、要件の類型化に関する実務的検討が十分にされていない段階で、個別事案に関する要件該当性の争いを法律審である最高裁判所に判断させることは、相当ではない。

(2) 判例がない論点について新解釈を展開した場合、その実務的検証、学説での批評等もなく、論点が未成熟な段階で、直ちに抗告を許可することに対しても一考の余地がある。決定、命令手続に関する論点について法律審の判断が示されれば、実務の運用が容易になるといえるが、判断材料の少ない段階で、しかも、簡易迅速な判断を求められる手続で法律審の判断を示すことには、実務の運用を硬直化するおそれがあることも否定できないからである。高等裁判所は、最高裁判所への抗告の相当性の判断を託されているのであるから、最高裁判所が現時点において当該論点について判断を示すことが相当かどうかという観点からも、許否の判断をすることが求められているといえよう。

(3) 論点自体としては法令解釈に関する重要な事項に当たるが、当該事案の解決に影響しない論点については、許可は不相当となるものと考えられる。許可抗告は、法令の解釈に関する重要な事項について、解釈統一の機能を有する特別な抗告であるが、当該事案の解決を目的とするものであることはいうまでもなく、抽象的な法令解釈のために許可することは、当事者を具体的事件の解決を離れた論争に巻き込むことになり、事案の解決を目的とする制度の趣旨に反するからである。

3 本稿は、浦原元最高裁判所調査官室付書記官が平成17年中に決定のあった許可抗告事件を整理したものである。

事件見出しに◎を付したものは民集登載事件、○を付したものは集民登載事件、△を付したものはいずれにも登載されなかったものである。

平成17年中の既済件数51件のうち民集登載件数は8件、集民登載件数は3件、基本事件の種類としては民事訴訟事件16件、民事執行事件7件、民事保全事件6件、破産事件6件、民事再生事件2件、家事審判事件8件、その他が6件であり、このうち、原決定が破棄されたものは9件であった。

なお、事案の概要等は、許可抗告事件の実情を紹介するのに必要な範囲で適宜省略し、事案の骨子のみを記載した。

掲載の順序は、原決定に関する手続法規ごとに分け、その中で、決定日の順に掲載した。

I 民事訴訟法

1 移 送

【1】17(許)34（△三小、平17・11・22、棄却。原審大阪高決平17・7・20、原々審神戸地伊丹支決平17・3・15)

(1) 本件は、XらがYに対して提起した民事訴訟について、Yからの民訴法17条に基づく移送の申立ての適否が問題となった事案である。

(2) Xら及びYは、亡Aの子であり、法定相続人である。Aは、生前長崎県B市において生活し、死亡当時は通常郵便貯金と定額郵便貯金を有していた。X_1は兵庫県伊丹市に、X_2は大阪府C市に、X_3は長崎県D市に、Yは長崎県B市にそれぞれ居住していた。Xらは、YがXらの承諾なしにAの遺産である上記各貯金を、Yの法定相続分を超えて引き出したとして、Yに対し、不当利得の返還等を求める訴訟を神戸地裁伊丹支部に提起した。第1回口頭弁論が開かれ、訴状が陳述され、答弁書は、Y代理人が出頭しなかったため、陳述が擬制された。上記答弁書には、請求原因事実の認否のほか、共益費用（生前のAに対する出資、援助等）の立替払に基づく求償債権を自働債権とする相殺の抗弁を主張する予定である旨の記載がある。Yは、第1回弁論期日に先立ち、民訴法17条に基づき、本案訴訟を長崎地裁B支部に移送するとの裁判を求める旨の申立て（本件申立て）をした。本件訴訟は、不当利得の義務履行地であるX_1の住所地を管轄する神戸地裁（伊丹支部）の管轄に属するほか（民訴法5条7号、同法7条）、Yの普通裁判籍の所在地である住所を管轄する長崎地裁（B支部）の管轄にも属する（同法4条1項、2項）。原々審は、①Xらの請求は、遺産分割調停又は審判により解決されるべき事項を含んでいるところ、XらがYを相手方として遺産分割調停又は審判を申し立てる場合の管轄裁判所は、長崎県B市を管轄する家庭裁判所であること、②Yの主張する相殺の抗弁を審理するためには、Yの知人等の関係者を取調べる必要が予想されるが、いずれも住所が長崎県B市近隣であることから、訴訟の著しい遅滞を避け、当事者間の実質的衡平を図るため長崎県B市を管轄する裁判所に移送する必要があるとして、長崎地裁B支部に移送する旨の決定をした。Xらは、これを不服として即時抗告を申し立てた。原決定は、概要、次のとおり判示して、本案訴訟を移送する必要性が認められず、他に移送すべき事由は見当たらないとして、原々決定を取り消し、本件申立てを却下した。①本件においては、通常郵便貯金等以外の相続財産の有無すら明らかではなく、遺産分割調停又は審判の申立てがされていない。仮に、Yが遺産分割申立てを長崎県B市を管轄する家庭裁判所にしたとしても、通常郵便貯金等に関する不当利得返還請求については別の裁判所で審理されることになり、それぞれの事件の推移を見ながら、調整をしなければならないという事情があることに変わりはない。②Yの主張する相殺の抗弁については、多数

の証人の取り調べが必要不可欠であるとまでは認められない。そのほか、当事者双方の各事情を比較衡量しても、本案訴訟が神戸地裁伊丹支部で審理されることによりYが被ると予想される損害が、長崎県B市を管轄する裁判所で審理されることによりXらが被ると予想される損害を大幅に上回るとはいえない。③長崎県B市を管轄する裁判所に移送しなければ、当事者の衡平を損なうような事情は認められない。

(3) Yが、民訴法17条の解釈の誤りなどを理由に、抗告の許可を申し立てた。

(4) 本決定は、「原審の判断は正当として、是認することができる」として、抗告を棄却した。民訴法17条は、旧民訴法31条の「著キ損害」という要件を緩和・修正して、「当事者間の衡平を図るために必要があると認めるとき」は、より適当な管轄裁判所へ移送することができることとした。当事者間の衡平を図るために移送の必要があるかどうかは、当該訴えをこれが提起された裁判所で審理、裁判すると、他の管轄裁判所で審理、裁判する場合に比べて、訴訟追行に関わる労力、出費等の点で「当事者間の衡平」を害することになるのかどうかによって決まることになる。「著しい遅滞」、「当事者間の衡平」という要件は、抽象的なものであるので、結局は、当事者双方の事情、訴訟経済その他の公益上の理由を総合的に比較衡量して判断すべきことになる。本件は、裁量事項の不当を主張するものであり、抗告の許可が許可抗告制度の趣旨に沿うものであるか検討の余地もあるように思われる（以下、このような場合、「許可には検討の余地もあるように思われる。」とのみ記述する。）。

2 訴訟引受

【2】16(許)35（△三小、平17・3・8、棄却。原審東京高決平16・11・1、原々審前橋地決平16・3・31）

(1) 地方裁判所に係属中の損害賠償請求事件（基本事件）の被告であったY$_1$が、基本事件の係属後に、その営業を新たに設立するY$_2$に承継させる会社分割（新設分割）を行い、その分割計画書の定めにより、基本事件の目的である損害賠償債務を、Y$_1$の債務として残し、Y$_2$に承継させないことにしたところ、基本事件の原告であるXらが、Y$_1$の債権者であるのに商法374条ノ4第1項（平成17年法律第86号による改正前のもの。以下同じ。）所定の格別の催告を受けていないから、Y$_2$は、同法374条ノ10第2項の規定により、上記債務を承継したとして、民訴法50条1項の規定に基づき、Y$_2$に対し、基本事件の被告として訴訟引受を命ずる旨の申立てをした事案である。

(2) 原々審及び原審とも、Xらの申立てを却下すべきであるとした。原決定の理由は、次のとおりである。商法374条ノ10第1項は、設立会社は、分割計画書の定めに従い、分割会社の権利義務を「承継」することとしている一方、同条2項は、分割計画書の定めにより義務を負担するものとされなかった会社もまた「弁済ノ責ニ任ズ」としており、「承継」という文言を使用していないこと、同項は、弁済の

責任を負う債務の範囲を、同法374条ノ4第1項に規定する格別の催告を受けていない債権者に対する債務に限定していることなどに照らし、同法374条ノ10第2項は、債権者保護手続において、格別の催告を受けなかった債権者を保護するための特別の法定責任であり、分割会社の義務を承継するものではないと解するのが相当である。したがって、Y_2は、Y_1の債務を承継したのではないから、民訴法50条1項にいう義務の承継をした者に当たらない。

(3) Xらは、民訴法50条1項の義務の承継には、併存的債務引受けの場合が含まれるところ、商法374条ノ10第2項の定める弁済責任は、併存的債務引受けであり、債務の内容は原債務と同じであって、債務の同一性が認められるからY_2に対する訴訟引受けを認めるべきであると主張して、抗告の許可を申し立てた。

(4) 本決定は、「原審の判断は正当として、是認できる」として、抗告を棄却した。商法374条ノ10第2項の弁済責任は、分割計画書の定めにより義務を承継する場合とは異なり、債権者を保護するため法が定めた法定責任であると解される。したがって、設立会社の負う商法374条ノ10第2項の弁済責任は、特別の法定責任であり、分割会社の債務を「承継」するものではないから、民訴法50条1項にいう義務の承継に当たらず、設立会社に対して訴訟引受けを命ずることはできないものと解される。

3 訴訟費用

【3】 17(許)9 (△三小、平17・6・7、棄却。原審大阪高決平17・2・9)

(1) 本件は、第1審で敗訴した原告・反訴被告X社が控訴し、訴訟救助の申立をしたところ、原審が「敗訴の見込みがないとはいえない」との要件を欠くとして一部却下したことに対して、許可抗告をした事案である。

(2) X社は、被告・反訴原告Y社との間で、①DVD-R製造機器の購入契約(本件売買契約)、②DVD-R製造技術の供与を受ける旨のノウハウ移転コンサルタント契約(本件技術供与契約)、③X社が製造したDVD-RをY社が買い上げて、販売する旨の協業契約(本件協業契約)を締結した。X社は、Y社に対し、本件売買契約及び本件技術供与契約の対価の一部として、金員を支払った。さらに、Y社に下請業者に支払う資金として金員を支払った。X社とY社は、代金の支払時期、支払方法を変更し、機器の納入時期を延期する合意をした。その後、X社のDVD-R製造事業をY社が承継することなどが話し合われたが、合意に至らず、X社が本案事件(本訴)を提起した。本案事件の本訴において、X社は、①Y社の代表取締役である本訴被告A、Y社の取締役・副社長である本訴被告Bの欺罔行為により損害を被ったとして損害賠償請求を、②Y社が本件売買契約及び本件技術供与契約に基づく履行をしないとして、債務不履行による損害賠償をそれぞれ求めた。本案事件の反訴においては、本件売買契約及び本件技術供与契約は、X社の資金不足により残代金を支払うことが不可能であったため、X社とY社との間で話合いをしていたが、X社は、代金支払のめどをつける努力をすることなく本訴を提

起し、DVD-Rの受領を拒否したとして、債務不履行により、①DVD-Rの購入原価から転売価格を差し引いた残額と人件費及び旅費、②技術の提供代金、③信用失墜等による損害金の合計額から受領金を差し引いた金額を損害としてその賠償を求めた。本案事件の第1審裁判所は、本訴請求を棄却し、反訴請求を認容する判決をした。X社がこれを不服として提訴し、控訴とともに訴訟救助の申立をしたところ、本件の原審は、次のとおり判示して、本訴請求について、「勝訴の見込みがないとはいえない」との要件を欠くとして却下し、反訴請求について訴訟救助を付与した。①X社主張の詐欺の事実が認められないことが、明らかである。②X社は、DVD-R製造事業について、10億円の資金が必要なところ、自己資金が1億円しかなく、借入れも不可能な状況であり、資金不足に陥っていたこと、そのためX社及びY社が協議して、代金の支払時期、支払方法を変更するとともに、機器の納入時期を延期することを合意していたことが認められる。以上の事実によると、機器の納入時期が延期されたのであるから、Y社が債務不履行責任を負うことはない。

(3) X社が、本件において、本訴と反訴とは、一方が認められれば、他方は認められない関係に立つところ、原審が本訴について訴訟救助を付与せず、反訴について付与したのは、論理的に矛盾するなどとして、抗告の許可を申し立てた。

(4) 本決定は、「原審の判断は正当として、是認できる」として、抗告を棄却した。本件は、個別事案における「勝訴の見込みがないとはいえない」という訴訟救助の要件についての判断が争われたものである。本件において、本訴と反訴は、必ずしもすべての点で、一方が認められれば、他方は認められない関係に立つとはいえない（例えば、本訴が認められないからといって、反訴の損害額全額が求められるとは限らない。）。したがって、本訴について訴訟救助の申立てを却下し、反訴について訴訟救助を付与した原審の決定が論理的に矛盾するとの抗告人の主張は採用できない。このようなことから、原審の決定が維持されたものと考えられるが、本件は、個別事案における勝訴の見込みについての判断が問題になっているものであり、許可には検討の余地もあるように思われる。

【4】 17(許)6（△一小、平17・6・2、棄却。原審広島高決平17・1・24、原々審山口地決平16・10・25）

(1) 鑑定料が訴訟費用に当たるか否かが問題となった事案である。

(2) Yらが、民訴法71条1項に基づき、Xを相手方として、訴訟費用額の確定を申し立てたところ、裁判所書記官は、Xの負担とすべき訴訟費用の額を定めて、Xに対して支払うよう命じた。Xが負担すべきものとされた訴訟費用には、境界確定訴訟における鑑定料35万円が含まれている。負担すべきものとされた訴訟費用額の中に鑑定料が含まれていることを不服としたXが、民訴法71条4項に基づき、異議の申立てをしたところ、裁判所は、鑑定料は、民事訴訟費用等に関する法律2条2号、11条1項1号及び18条2項により、訴訟費用に含まれるとして異議

の申立てを却下した。Xは、これを不服として、即時抗告した。原審は、鑑定料が訴訟費用に当たるとした原々決定は相当であるとして、抗告を棄却した。

(3) Xが、原決定の判例違反を理由として、抗告の許可を申し立てた。

(4) 本決定は、「原審の判断は正当として、是認できる」として、抗告を棄却した。論旨は、実質的に、境界確定訴訟における訴訟費用の負担の裁判についての不服をいうものであって、採り上げる余地のないものであったと思われる。

4 証言拒絶

【5】 17(許)36 (△二小、平17・12・9、棄却。原審東京高決平17・9・5、原々審水戸地決平17・1・18)

(1) 本件は、証人が、民訴法196条前段及び後段に該当するとして、証言を拒絶した事案である。

(2) Xら（夫婦）の子Aが、Bから暴行を受けて死亡した傷害致死事件（本件事件）について、本件事件の捜査をした警察署及び検察官の捜査の方法、対応等により、被害者及び家族の処罰感情を不当に害されない権利などを侵害されたなどとして、県（Y_1）及び国（Y_2）に対して、国家賠償法に基づき損害賠償を請求した（本案訴訟）。Xらは、Bの家族が現職の警官であったことから、警察署の警察官が身内をかばう意識で、本件事件をわい小化し、予断と偏見に基づいて捜査し、検察官も警察官の捜査の違法を看過したなどと主張している。本案訴訟において、Xらは、Bの証人申請をした。その証人申請の立証趣旨は、Bは、捜査において、Aに対する犯行の態様について虚偽の供述をしており、捜査も、その供述に基づいて誤った事実認識によりされていることを立証するというものである。裁判所は、前記証人申請を採用し、呼出状を送達したところ、Bは、上申書及び補正命令に対する意見書を提出し、一切証言を拒絶する旨の申立てをした。原々審は、民訴法196条後段に該当するとして、証言拒絶に理由があるとした。Xらは、これを不服として、即時抗告をした。原審は、次のような理由により、民訴法196条前段及び後段に該当しないとして、原々審の決定を取り消し、証言拒絶は理由がない旨の決定をした。①少年法46条1項は、少年は、保護処分を受けた事件について、刑事訴追又は家庭裁判所の審判請求をされないと規定しているから、本件事件について保護処分を受けたBが本案訴訟において証言をしたとしても、刑事訴追を受け又は有罪判決を受けるおそれはない。したがって、民訴法196条前段に該当しない。②本件事件についてBに対して保護処分がされ、XらがBに対して提起した損害賠償請求を認容した判決がされ、これらが報道されたことによって、Bの社会的評価が低下したことは明らかで、その後、Bの社会的評価が回復した事情も見当たらないことなどからすると、本件訴訟で証言することにより、Bの社会的評価を更に低下させることは想定しがたく、本件訴訟を適正に判断するための資料の収集を犠牲にしてまで、証言拒絶を許容すべき理由はない。したがって、民訴法196条後段に該当しない。

Ⅰ　民事訴訟法

(3)　Bが、原決定には、民訴法196条の解釈適用を誤った法令違反があるなどとして、抗告の許可を申し立てた。

(4)　本決定は、「原審の判断は、正当として是認できる」として、抗告を棄却した。民訴法196条後段は、「名誉を害すべき事項」に関して証言拒絶を認めている。どの程度の「名誉を害すべき事項」に関して証言拒絶が認められるかについて、伊藤眞「民事訴訟法〔第3版再訂版〕」353頁は、「その者に対する人格的評価を客観的に低下させ、その結果として、社会的地位の保持が困難になる程度に社会的・道徳的非難を招く事項」と解している。また、民事証拠法大系 第3巻 各論Ⅰ・66頁（早田尚貴）は、民事訴訟における真実発見を犠牲とするものである以上、軽微なものでは足りず、刑事訴追又は有罪判決を受けるおそれと比肩できる程度の強度の侵害であることを要すると解している。民訴法196条後段の証言拒絶は、民事訴訟における真実発見を犠牲とするものである以上、単なる社会的評価の低下というよりも強度なものが必要であると思われ、本件は、このような観点も考慮して、原審の決定が維持されたものと考えられる。

5　鑑定人の忌避

【6】17(許)23（△二小、平17・9・16、棄却。原審東京高決平17・5・19、原々審横浜地決平17・2・14）

(1)　本件は、医事事件において、鑑定人に忌避の原因があるかどうかが争われた事案である。

(2)　本案事件は、Xがトラックを運転中、乗用車に追突されて、傷害を負ったとして乗用車の運転手と、治療をした病院（被告病院）を経営する医療法人に損害賠償訴訟を提起した事案である。Xは、被告病院において、頸椎捻挫、右上腕二頭筋断裂と診断を受け、右上腕二頭筋長頭腱形成術の施行を受け、その後、転院先の病院において、右肩腱板断裂と診断され、その手術を受けた。本案事件における争点は、上記交通事故と腱板断裂の因果関係の存否、腱板断裂手術の適応性等である。裁判所は、鑑定を採用した。鑑定人の鑑定の結果を記載した鑑定書が提出されたところ、Xから、鑑定人について書面による質問を求めるとの記載のある証拠申出書が提出され、裁判所は、これを民訴法205条の申出と解した上で採用し、提出期限を定め、これを鑑定人に送付した。しかし、鑑定人は、尋問事項を検討した結果、鑑定人が答えるべき内容の質問ではなく、被告側に検討してもらうべき事項と考える等の理由を付して回答できないとし、書面を提出しなかった。Xは、①本件鑑定書は全2頁であり、文献の引用や用語の説明を欠き、不十分、不明確である、②Xが補充の意見を求めていたのに、これに回答しないことは不誠実である、③鑑定人の鑑定は病院のカルテの一部の記載等のみを鑑定判断の基礎とした偏ったものであり、事件の解決に不可欠なカルテの記載、MRI検査結果報告書についての考慮を欠き、不誠実であるとして、鑑定人に対して忌避の申立をした。原々審は、誠実に鑑定することを妨げる事情があるとはいえないとして、上記忌避の申立てを却下

した。Xは、これを不服として、上記①ないし③を理由として即時抗告した。原審は、鑑定人の忌避の原因である「誠実に鑑定をすることを妨げるべき事情」がある場合とは、当事者において鑑定人が不誠実な鑑定を行い、又は行ったと疑うべき主観的な事情があるのみの場合では足らず、鑑定人と当事者との関係、鑑定人と事件との関係からみて、鑑定人が不誠実な鑑定を行い、又は行ったとの疑いを起こさせるに足りる客観的事情が存すると認められる場合をいうと解されるとした上で、本件について概要次のとおり判示し、抗告を棄却した。Xの主張する抗告理由①について、客観的事情があるとはいえない、同②については、鑑定書の内容や根拠についての補充の書面の提出が求められているわけではないから、鑑定人が回答しないことをもって客観的事情があるとは認められない、同③は、鑑定人が、資料のうち、どの部分を参照し、あるいはどのように重視するか等について、専門的取捨選択ないし判断の当不当を問題するにとどまる。

(3) Xが、原審の各判示は誤りであるとして抗告の許可を申し立て、原審は許可した。

(4) 本決定は、原審の判断を正当として是認し、抗告を棄却した。民訴法214条にいう「誠実に鑑定をすることを妨げる事情」とは、裁判官の忌避事由である「裁判の公正を妨げるべき事情」よりも広く、原審が判示したとおり、鑑定人と当事者との関係、鑑定人と事件との関係から、鑑定人が不誠実な鑑定をするであろうとの疑惑を当事者に起こさせるに足りる客観的事情をいう。訴訟当事者からみて、誠実に鑑定することを期待できないとの疑惑を社会通念上是認することができるかどうかの問題であるとされている。抗告理由①についてみると、鑑定書の記載内容が不明確でずさんというものではなく、これをもって鑑定人の鑑定の誠実さを疑わせる客観的事情とはいえないであろう。抗告理由②については、本件において、鑑定人は、特に理由もなく書面尋問を無視したものではない。したがって、鑑定人が書面尋問に回答しなかったからといって、社会通念上、鑑定人の鑑定が誠実にしたものではないと評価されるものではないと思われる。抗告理由③については、本件においては、鑑定人がX側が提供した資料を参照しなかったというような事情はないのであるから、これをもって鑑定が不誠実であったとはいえないと思われる。

6 文書提出命令

【7】17(許)17（△二小、平17・7・1、棄却。原審東京高決平17・3・25、原々審東京地決平17・3・1）

(1) 文書提出命令の申立てについてその必要性がないとして却下した決定の当否が問題となった事案である。

(2) 本件は、Xらが文書提出命令の申立てをしたところ、本案裁判所である原々審が、証拠調べの必要性がないことを理由にこれを却下し、抗告審である原審が即時抗告を棄却した。原々審は、上記申立てで提出を求めている各文書（本件各文書）について、インカメラ手続（民訴法223条6項）を実施して、その内容を検討した

上で、本件各文書には、Xら主張に係る立証事項に関する記載はなく、本件各文書を取り調べる必要性が認められないとして、上記申立てを却下した。Xらは、これを不服として即時抗告した。原審は、証拠調べの必要性がないことを理由に却下した決定に対しては、証拠調べの必要性があることを理由に不服を申し立てることはできないとの最高裁の判例（最一小判平12・3・10民集54・3・1073、判時1708・115）を引用し、抗告を却下した。

(3) Xらが、インカメラ手続によって証拠調べの必要性の有無の判断をすべきではないし、仮に、インカメラ手続の結果、必要性がないとして文書提出命令の申立てを却下するのであれば、これに対する不服申立てを認めるべきであるとして、抗告の許可を申し立てた。

(4) 本決定は、「原審の判断は正当として、是認できる」として、抗告を棄却した。証拠調べの要否についての判断は、当該事件について受訴裁判所が得ている心証や審理の状況等を総合的に判断して行われるべきものであり、受訴裁判所の専権に属する事項であって、取調べの必要性がないことを理由に文書提出命令の申立てを却下する決定に対しては、その必要性があることを理由に不服申立をすることはできないとするのが通説・判例である。インカメラ手続の結果を、必要性の判断に用いた場合についても、即時抗告を許すべき根拠はないように思われる。なお、インカメラ手続は、条文上、民訴法220条4号イないしニ該当性の判断を目的としてのみ行うことができるとされているのは明らかであり、当初から証拠調べの必要性の有無の判断のみを冒的としてこれを行うことは許されないと考えられる。しかし、民訴法220条4号イないしニ該当性を判断するためにインカメラ手続を実施したところ、当該文書を取り調べる必要性がないことが判明したような場合にも、なお当該文書の提出を命じなければならないというのは不合理であり、かつ無意味であって、裁判所は、そのような場合には証拠調べの必要性がないことを理由に文書提出命令の申立を却下できると解すべきものと思われる。

【8】 17(許)4（◎二小、平17・7・22、破棄・自判、民集59・6・1837、判時1908・131。原審東京高決平16・12・22、原々審東京地決平16・4・27）
(1) 本件は、刑訴法47条の「訴訟に関する書類」（刑事関係書類）について、文書提出命令が申し立てられた事案である。

(2) 警察官が行った合計12件の捜索差押えが違法であるなどとして、Xらが、国家賠償法に基づく損害賠償を求めた訴訟において、Y（東京都）が所持する、うち7件の各捜索差押えに係る①捜索差押令状請求書、②捜索差押許可状の請求をするに当たり添付された疎明資料、③捜索差押許可状、④捜索差押えのうち、X_1の肩書住所地において行われた捜索差押えに関する押収品目録交付書（以下、番号に従い「本件文書①」のようにいう。）についての文書提出命令を申し立てた。原々審は、本件文書①のうち一部の文書と同③について、その提出を命じ、その余の文書について、申立てを却下した。双方が即時抗告を申し立てた。原審は、本件文書

①及び③について、文書の提出を命じ、本件文書②及び④について、申立てを却下すべきものとした。本件文書①及び③について提出を命じた原審の理由の要旨は次のとおりである。(i)本件文書①及び③は、いずれも法律関係文書（民事訴訟法220条3号）に該当する。(ii)本件文書①については、本案審理におけるYの準備書面に記載された被疑事実の骨子や捜査経過などから、本件文書①の「犯罪事実の要旨」が開示されることによる訴訟関係人の名誉やプライバシー等が新たに侵害されるおそれのあることをうかがうことはできない。また、「犯罪事実の要旨」に係る捜査は、現在も継続中であるが、本件捜索差押処分を実施してから2年ないし4年以上を経過したことを考慮すると、前記「犯罪事実の要旨」の開示により、現時点における捜査の進捗状況や被疑者特定の進度等が明らかになり、捜査の支障になるとは考えにくい。(iii)本件文書③については、捜索差押え時にXらに示されたものであり、その記載事項は、被疑者の氏名（本件においては被疑者不詳）、罪名、差し押さえるべき物、捜索すべき場所等であって、その公開により捜査の密行性や訴訟関係人のプライバシー等が侵害されるおそれがあるとは認められない。また、Xらが捜索差押えの違法性を主張している場合、当該差押えが刑事訴訟法上の手続に基づき適法に行われたかどうか直接確認するために、証拠として提出する必要性、相当性を肯認することができる。(iv)したがって、本件文書①及び③の提出を拒否するYの判断には裁量の逸脱ないし濫用が認められる。

(3) Yが、次のとおり主張して、抗告の許可を申し立てた（本件文書②及び④については、許可抗告の対象ではない。）。原決定には、文書提出命令申立の要件である「証明すべき事実」の明示（民訴法221条1項4号）の解釈適用を誤った違法と、刑訴法47条ただし書の「公益上の必要その他の事由があって、相当と認められる場合」の解釈適用を誤った違法がある。

(4) 本決定は、本件文書①及び③は、いずれも法律関係文書に該当するとした上で、法律関係文書に該当する文書につき、刑訴法47条の「訴訟に関する書類」の提出命令の可否についての判断基準を示した最三小決平16・5・25民集58・5・1135、判時1868・56に従って、本件文書①及び③について、いずれも本案訴訟において証拠として取り調べる必要性を肯定し、その上で、本件文書③については、これが開示されても今後の捜査、公判に悪影響が生ずるとは考え難いなどとして、Yの提出拒否の判断に裁量権の範囲の逸脱又は濫用を認め、本件文書①については、捜索差押えに係る被疑事件についていまだ被疑者の検挙に至っておらず、現在も捜査が係属中であることなど、同文書を開示することによって被疑事件の今後の捜査及び公判に悪影響が生じたり、関係者のプライバシーが侵害されたりする具体的なおそれがあるとして、裁量権の範囲の逸脱又は濫用を認めなかった。本決定は、最三小決平16・5・25の判示を引用し、捜索差押令状請求書と捜索差押許可状について初めて法律関係文書該当性を肯定し、その提出命令の可否について判断したもので、実務の参考になると思われる。

Ⅰ　民事訴訟法

【9】17(行ツ)4（◎二小、平17・7・22、破棄・差戻、民集59・6・1888、判時1907・33。原審東京高決平17・3・16）

(1) 本件は、公務員の職務上の秘密に関する文書の提出命令に関し、民訴法223条4項1号に掲げるおそれがあることを理由として同法220条4項ロ所定の文書に該当する旨の当該監督官庁の意見につき、相当の理由があると認めるに足りない場合に当たるか否かが争われた事案である。

(2) パキスタン国籍の外国人であるXは、退去強制手続の対象とされ、Y₁（法務大臣、本案事件被告）から出入国管理及び難民認定法49条1項の異議の申出に理由がない旨の裁決を受け、本案事件被告東京入国管理局主任審査官から退去強制令書発付処分を受けた。Xは、難民であることなどを主張して、前記裁決及び処分の取消しを求める訴え（本案事件）を提起した。Xは、本案事件第1審において、本国での政治活動を理由に警察に手配されることとなった事実を裏付ける書証として、パキスタン官憲作成名義に係る初期犯罪レポート及び逮捕状の各写し（本件逮捕状等の写し）を提出した。本案事件被告らは、外務省総合外交政策局国際社会協力部長が法務省入国管理局長にあてて作成した「パキスタン人に係る初期犯罪レポート及び逮捕状の調査（回答）」及び「パキスタン人に係る初期犯罪レポート及び逮捕状の調査（回答補足）」と題する各文書（本件各調査文書）を提出した。本件各調査文書には、本件逮捕状等の写しは偽造である旨の回答を得たこと等の記載がある。本案事件第1審は、本件逮捕状等の写しの原本の存在及び成立が十分に証明されておらず、仮に本件逮捕状等の写しが真正に成立したものであるとしても、Xには迫害のおそれはないなどとして、請求を棄却した。Xは、本案事件控訴審において、本件逮捕状等の写しの原本の存在と成立の真正等を証明するため、Y₁及びY₂（外務大臣）に対して、民訴法220条4号に基づき、①法務省が、外務省を通じて、パキスタンの公機関に対し、Xに係る本件逮捕状等の写しの原本の存在及び成立の真正に関し照会を行った際の、法務省又は外務省作成の文書、②法務省が、外務省を通じて、同国の公機関に対して前記の照会を行った際に、同国から交付を受けた書類について、文書提出命令の申立て（本件申立て）をした。原審は、①法務省が、外務省を通じて、パキスタンの公機関に対し、Xに係る本件逮捕状等の写しの原本の存在及び成立の真正に関し照会を行った際に、法務省が外務省に対して交付した依頼文書の控え（本件依頼文書）、②法務省が、外務省を通じて、同国の公機関に対して行った前記照会に関し、外務省が作成し、同国の公機関に対して交付した照会文書の控え（本件照会文書）、及び外務省が同国の公機関から交付を受けた前記照会に対する回答文書（本件回答文書）については、民訴法220条4号ロの除外事由に該当しないとして、前記①と②の各文書の提出を命ずる限度で、本件申立てを認容した。

(3) Yらは、原決定には、民訴法220条4号ロ並びに同法223条4項柱書き及び同項1号の解釈適用を誤った法令違反があるなどとして、抗告の許可を申し立てた。

(4) 本決定は、本件依頼文書について、Ｙらの主張によれば、本件各調査文書によって公にされていない事項が記載されており、その内容によっては、同文書の提出によりパキスタンとの間に外交上の問題が生ずることなどから、「他国との信頼関係が損なわれ、今後の難民に関する調査活動等の遂行に著しい司法を生ずるおそれがあるものと認める余地がある」とした。また、本件照会文書及び本件回答文書については、Ｙらの主張によれば、外交実務上「口上書」と称される外交文書の形式によるものであるところ、「口上書は、国家間又は国家と国際機関との間の書面による公式な連絡様式であり、信書の性質を有するものであることから、外交実務上、通常はその原本自体が公開されることを前提とせずに作成され、交付されるものであり、このことを踏まえて、口上書は公開しないことが外交上の慣例とされているというのである」とした上で、これら文書には、「発出者ないし受領者により秘密の取扱いをすべきことを表記した上で、相手国に対する伝達事項等が記載されているというのである」から、「本件各調査文書によって公にされていない事項について、公開されないことを前提としてされた記載があり、その内容によっては、本件照会文書及び本件回答文書の提出により他国との信頼関係が損なわれ、我が国の情報収集活動等の遂行に著しい支障が生ずるおそれがあるものと認める余地がある」とした。そして、本件の各文書については、Ｙらの主張する記載の存否及び内容、本件照会文書及び本件回答文書については、加えて、これらが口上書の形式によるものであるとすればＹらの主張する慣例の有無等について審理した上で、これらが提出された場合に我が国と他国との信頼関係に与える影響等について検討しなければ、民訴法223条4項1号に掲げるおそれがあることを理由として同法220条4項ロ所定の文書に該当する旨の当該監督官庁の意見に相当の理由があると認めるに足りない場合に当たるか否かについて、判断することはできないというべきであると判示して、原決定を破棄し、本件を原審に差し戻した。

【10】 17(許)11（◎三小、平17・10・14、破棄・差戻、民集59・8・2265、判時1914・84。原審名古屋高金沢支決平17・3・24、原々審金沢地決平16・3・10）

(1) 本件は、Ｘらが、Ｙ（国）に対し、Ｘらの子Ａが被災した労災事故（本件労災事故）につき、労働基準監督署の調査担当者らが作成した災害調査復命書について、文書提出命令の申立てをした事案である。

(2) 本件の本案事件は、Ｘら（原告）が、Ａが、Ｂ会社の工場において就業中に、本件労働災害に遭い、死亡した旨を主張し、Ｂ会社に対して、損害賠償を求める事案である。Ｘらは、本案事件において、本件労災事故の原因等について、労働基準監督署に対する調査嘱託の申立てをし、裁判所がこれを採用して嘱託したところ、労働基準監督署から書面による回答（本件回答書）があった。本件回答書の記載から、本件労災事故について、災害調査復命書（本件文書）が作成されていることが明らかになった。Ｘらは、事実関係をより具体的に明らかにするため、原資料である本件文書の提出が必要であるとして、Ｙに対して、本件文書の提出を求めた。

原々審は、本件文書は民訴法220条3号前段の文書に当たり、本件文書を提出しても公務の遂行に著しい支障が生ずるおそれがあるとは認められないとして、申立てを認容した。Yは、これを不服として、即時抗告した。原審は、原々決定を取り消して、申立てを却下した。原決定の理由の要旨は次のとおりである。本件文書は、非公知かつ実質的に秘密として保護に値する内容が記載された公務員の職務上の秘密に関する文書で、その公開により労働災害の発生原因の究明や同種災害の再発防止等の策定に著しい支障を来すおそれがあり、公務の遂行に著しい支障を来すおそれが具体的に存在すると認められるから、Yは本件文書の提出を拒むことができる。

(3) Xらが、民訴法220条4号ロの解釈適用の誤りなどを主張して、抗告の許可を申し立てた。

(4) 本決定は、次のとおり判示して、原決定を破棄し、原審に差し戻した。(i)「民訴法220条4号ロにいう『公務員の職務上の秘密』とは、公務員が職務上知り得た非公知の事項であって、実質的にもそれを秘密として保護するに値すると認められるものをいうと解すべきである（最二小決昭52・12・19刑集31・7・1053、最一小決昭53・5・31刑集32・3・457参照）。そして、上記『公務員の職務上の秘密』には、公務員の所掌事務に属する秘密だけでなく、公務員が職務を遂行する上で知ることができた私人の秘密であって、それが本案事件において公にされることにより、私人との信頼関係が損なわれ、公務の公正かつ円滑な運営に支障を来すこととなるものも含まれると解すべきである。」とした上で、本件文書は、①B会社にとっての私的な情報（①の情報）と、②行政内部の意思形成過程に関する情報（②の情報）が記載されており、かつ、厚生労働省内において組織的に利用される内部文書であって、公表を予定していないとし、①及び②の情報に係る部分は、民訴法220条4号ロにいう「公務員の職務上の秘密」に当たるとした。(ii)「民訴法220条4号ロにいう『その提出により公共の利益を害し、又は公務の遂行に著しい支障を生ずるおそれがある』とは、単に文書の性格から公共の利益を害し、又は公務の遂行に著しい支障を生ずる抽象的なおそれがあることが認められるだけでは足りず、その文書の記載内容からみてそのおそれの存在することが具体的に認められることが必要であると解すべきである」とし、本件文書のうち、②の情報に係る部分は、公務の遂行に著しい支障を生ずるおそれが具体的に存在することが明らかであるとした。一方、①の情報に係る部分は、本件調査担当者が代表取締役等から聴取した内容をそのまま記載したものではないこと、調査担当者には法律上罰則の裏打ちのある調査権限があることなどから、本案事件において提出されても、関係者の信頼を著しく損なうことになるということはできないなどとして、公務の遂行に著しい支障が生ずるおそれが具体的に存在するということはできないとした。そして、①の情報に係る部分の特定等について、更に審理を尽くすために、差し戻すこととした。本決定は、民訴法220条4号ロの「公務員の職務上の秘密」、「その提出により公共の利益を害し、又は公務の遂行に著しい支障を生ずるおそれ」について、最高裁と

してその意義を明らかにするとともに、災害調査復命書について最高裁の事例判断を示したものである。

【11】17(行ツ)2（◎一小、平17・11・20、棄却、民集59・9・2503、判時1931・22。原審仙台高決平16・11・24、原々審仙台地決平16・9・17）

(1) 市議会の会派に交付された政務調査費に係る調査研究の内容等が記載された調査研究報告書（本件報告書）について、文書提出命令申立てがされた事案である。

(2) Xは、仙台市の議会の会派であるYらが市から政務調査費の交付を受けてした調査研究のための出張が、条例等に定められた政務調査費の使途制限に反すると主張して、地方自治法242条の2第1項4号に基づき、市長に対し、Yらが受領した政務調査費に相当する金額の不当利得の返還をYらに請求するよう求めている。これが本件申立てに係る本案事件である。Xは、本案事件において、民訴法221条1項に基づき、Yらを文書の所持者として、出張に係る調査研究に関し各議員等が会派代表者に提出した調査研究報告書及びその添付書類（本件各文書）の提出命令を申し立てた（本件申立て）。原々審、原審とも、本件各文書は、専ら当該会派及び議長の利用に供する目的で作成され、それ以外の者に開示することが予定されていない文書であるから、民訴法220条4号ニに該当するとして、本件申立てを却下した。

(3) Xが、抗告の許可を申し立てた。

(4) 本決定は、政務調査費に関する市の条例等の定め及びその趣旨からして、本件各文書は、専ら、その提出を受けた各会派の内部にとどめて利用すべき文書とされており、また、これが開示された場合には所持者である会派等の調査研究が執行機関等の干渉によって阻害されるなどのおそれがあるから、本件各文書は民訴法220条4号ニ所定の「専ら文書の所持者の利用に供するための文書」に当たるとして、抗告を棄却した。民訴法220条4号ニ所定の「専ら文書の所持者の利用に供するための文書」の意義に関しては、ある文書が、その作成目的、記載内容、これを現在の所持者が所持するに至るまでの経緯などの事情から判断して、専ら内部の者の利用に供する目的で作成され、外部の者に開示されることが予定されていない文書であって、開示されると個人のプライバシーが侵害されたり個人ないし団体の自由な意思形成が阻害されたりするなど、開示によってその文書の所持者の側に看過し難い不利益が生ずるおそれがあると認められる場合には、特段の事情がない限り、これに当たると解するのが判例（最二小決平11・11・12民集53・8・1787、判時1695・49、最一小決平12・3・10民集54・3・1073、判時1708・115）である。本決定もこのような判例法理によって市議会の会派の所持する調査研究報告書の同号ニ該当性を判断した事例である。

【12】17(行ツ)5（△一小、平17・11・17、棄却。原審名古屋高決平17・6・3）

(1) 本件は、A市の住民である原告Xが、被告Y市長を相手方として、控訴審

I 民事訴訟法

において、文書提出命令を申し立てた事案である。

(2) 本件の本案訴訟は、Xが、市の職員が勤務時間中に選挙運動等を行うという職務専念義務違反があったにもかかわらず、市が当該職員の給与を減額せずに支給したことが違法であるとして、地方自治法242条の2第1項3号に基づき、①Y市長が当該職員に損害賠償命令を発しないことが違法であることの確認、②同項4号（平成14年第4号による改正前のもの）に基づき、前市長の被告B及び市の人事課長であった被告Cに対し、市に損害賠償を支払うことを求めた住民訴訟である。A市の市長選挙の結果、Bが3選されたが、その選挙後、公職選挙法違反の容疑で捜査が行われ、職員の中から複数の逮捕者が出た。市は、選挙違反等に関与した職員に対する懲戒処分等を行うため、職員懲戒審査特別調査委員会を設置し、職員に対して行うべき処分の種類、程度等に関する上記委員会の意見が記載された「進達書」を得た上、刑事処分や選挙違反の程度に応じて懲戒処分等をした。それに先立ち、職員から事情聴取が行われ、各職員ごとに「公職選挙法違反事件等に関する聴き取り調査票」（本件調査票）が作成された。また、選挙違反に関与した職員に対する、「懲戒処分に係る処分説明書」、「任意処分に係る訓告書」等が作成された。原決定は、上記各文書は、民訴法220条1号（引用文書）に該当せず、また、同法220条4号ロ（公務秘密文書）に該当するとして、本件申立てを却下した。

(3) Xが、原決定には、民訴法220条1号及び4号ロの解釈適用を誤った法令違反があるとして、抗告の許可を申し立てた。

(4) 本決定は、「原審の判断は、結論において是認することができる」として、抗告を棄却した。この背景には、上記の各文書の中には、既に報道等を通じて公知の内容となっているものもあったことから、文書提出義務を免れるものもあったが、本案訴訟の要証事項等も勘案すれば、原審の結論を維持できないわけではないという判断があったものと推測される。

7 上告

【13】17(行ツ)3（△三小、平17・6・28、破棄・自判。原審東京高決平17・2・9）

(1) 本件は、上告受理申立てを却下した原決定の可否が問題となった事案である。

(2) Xは、控訴審判決に対して、上告受理申立てをし、所定の期間内に上告受理申立て理由書を提出した。同理由書には、申立ての理由として、①Xの頸髄損傷の立証を認めなかったことが最二小判昭50・10・24民集29・9・1417、判時792・3に反すること、②勤務に復帰した後の経過をもって治療効果を否定し、療養の必要性を否定したことが東京高判平5・12・21、判時1514・143等に反すること、③身体障害者手帳の障害名を正当な理由もなく否定した点に法令違反があることが記載されていた。原審は、上告受理申立て理由書に民訴法318条1項所定の理由を記載していないとして、上告受理申立てを却下した。

(3) Xが、原決定には、判例違反（最一小決平11・3・9集民192・109、判時

1672・67）があるとして、抗告の許可を申し立てた。

(4) 本決定は、前記最一小決を参照して、「上告受理の申立てに係る事件が同法318条1項の事件に当たるか否かは、上告裁判所である最高裁判所のみが判断し得る事項であり、原裁判所は、当該事件が同項の事件に当たらないことを理由として、同条5項、同法316条1項により、決定で当該上告受理の申立てを却下することはできないとした上で、「本件においては、前記上告受理申立て理由書に、原判決に法令の違反がある旨の具体的な記載があることが認められるから、抗告人の上告受理申立てを却下した原審の前記判断には、裁判に影響を及ぼすことが明らかな法令の違反があ」ると判示して、原決定を破棄した。

【14】17(許)21（△一小、平17・7・14、棄却。原審大阪高決平17・4・20）

(1) 原裁判所がした上告受理申立て却下決定の当否が問題となった事案である。

(2) 本件訴訟においては、交通事故によるXの後遺障害の内容等が争われた。本件訴訟について、原判決は、Xの請求の一部を認容した。Xは、これを不服として、「上告状兼上告受理申立書」を原審に提出し、上告及び上告受理申立てをした。上記「上告状兼上告受理申立書」には、上告理由及び上告受理申立て理由の記載はなかった。Xは、理由書提出期間内に、原審に対して、「上告理由書」及び「上告受理申立て理由書」を提出した。「上告受理申立て理由書」の本文の記載内容は、「上告理由書」のそれとほぼ同文であり、「上告人らの請求は、認容されるべき上告理由が存し、上告事件として受理されるべきである。」という記載のみが異なっている。原決定は、上記上告受理申立て理由書には、民訴法312条2項に規定する事由の記載はあるが、上告理由の申立てにおいては同項に規定する事由を理由とすることはできず、本件理由書にはそれ以外に同法318条1項に規定する上告受理の申立ての理由の記載がないので、本件上告受理申立ては不適法でその不備を補正することができないとして、本件上告受理申立てを却下した。

(3) Xが、原審の判断には民訴法318条1項の「法令の解釈に関する重要な事項を含む」と認められ、本件上告受理申立てを却下した原決定は、最一小決平11・3・9集民192・109、判時1672・67に反するとして、抗告の許可を申し立てた。

(4) 本決定は、「原審の判断は正当として、是認できる」として、抗告を棄却した。上告受理申立ての理由の記載は、原判決に、最高裁の判例等と相反する判断があることその他の法令の解釈に関する重要な事項を含むことを示してしなければならず（民訴規則199条1項）、法令を示すには、その法令の条項又は内容を掲記し、判例についても具体的に示さなければならない。したがって、上告受理申立ての理由は、具体的な判例又は法令の条項・内容を掲げて、原判決に判例違反又は法令違反がある旨を具体的に記載することを要する。また、上告受理申立てにおいては、民訴法312条1項、2項に規定する事由を理由とすることはできない（民訴法318条2項）。したがって、上告受理申立書及び上告受理申立て理由書提出期間内に提出された書面のいずれにも、法令違反・判例違反の記載がない場合や、民訴法312条

1項、2項に規定する事由のみが記載されている場合には、上告受理申立ての理由の記載を欠くというべきである。ところで、上告の場合、上告状及び上告理由書提出期間内に提出された書面のいずれにも民訴法312条1項、2項に規定する事由の記載がないときには、原裁判所は、民訴規則196条1項所定の補正命令を発すべきではなく、直ちに決定で上告を却下すべきである（最二小決平12・7・14集民198・457、判時1723・49）。これは、上告受理申立書又は上告受理申立理由書提出期間内に提出された書面のいずれにも前述の上告受理申立ての理由の記載自体を欠く、あるいは民訴法312条1項、2項所定の事由のみを主張する場合にも妥当するから、原裁判所は、補正を命令することなく、上告受理申立てを却下すべきであると解される。

【15】 17(許)32（△一小、平17・12・8、破棄・自判。原審福岡高決平17・7・13）
(1) 原裁判所がした上告受理申立て却下決定の当否が問題となった事案である。
(2) X（妻）は、夫婦間には婚姻を継続しがたい重大な事由があるとして、Y（夫）を被告として離婚訴訟を提起し、併せて、長女（平成13年9月生）の親権者をXとすること、慰謝料等を求めた。第1審は、離婚と慰謝料100万円の請求を認め、長女の親権者をXと定めた。Yは、これを不服として控訴したが、控訴審はこれを棄却した。Yは、控訴審の判決を不服として、上告受理申立てをした。Yは、上告受理申立て理由書提出期間内に、上告受理申立て理由書を提出した。同理由書には、「法令違反」の表題の下に、①不法行為を特定しないで慰謝料の支払いを命じたのは、立証責任の分配に誤りがあり、民法709条に違反する、②慰謝料の支払いを命じた原審の判断に理由不備がある、③「本件訴訟においても、抗告人は、相手方の人間としての尊厳を傷付けるような主張をし」と認定したのは、弁論主義違反であり、自由心証主義の濫用である、④X本人の法廷での供述もなく、その母親の証言からXの離婚意思が強固であると認定したのは、経験則違反である、⑤作成名義の不明な診断書によりXのPTSDを認定したのは経験則違反である、⑥求釈明を無視したのは釈明義務違反である、⑦未成熟の子の存在を無視して離婚請求を認容したのは信義則違反である、⑧Xが有責配偶者であると認定しなかった原審の判断等には審理不尽がある、との記載がある。原審は、上告受理申立て理由書には、民訴法318条1項所定の事項を含む記載がないなどとして、民訴法318条5項、316条1項2号により、本件上告受理申立てを却下した。
(3) Yが、判例違反であるとして、抗告の許可を申し立てた。
(4) 本決定は、「上告受理の申立てに係る事件が同法318条1項の事件に当たるか否かは、上告裁判所である最高裁判所のみが判断し得る事項であり、原裁判所は、当該事件が同項の事件に当たらないことを理由として、決定で当該上告受理の申立てを却下することはできない（最一小決平11・3・9集民192・109、判時1672・67）。記録によれば、上記上告受理申立て理由書には原判決に法令の違反がある旨の具体的な記載があることが認められるから、原審の前記判断には、裁判に影響を

及ぼすことが明らかな法令の違反があ」ると判示して、原決定を破棄した。

8 再 審

【16】 17(許)35（△一小、平17・11・17、棄却。原審大阪高決平17・8・23）

(1) 本件は、判断遺脱を理由とする再審請求を棄却した原決定の当否が問題となった事案である。

(2) Xは、再審の対象である判決（再審対象判決）には、判断の遺脱（民訴法338条1項9号）があるなどとして、再審の訴えを提起した。原審は、抗告人の主張は独自の法律的見解に立って再審対象判決の判断を非難するにすぎないなどとし、民訴法338条1項9号所定の再審事由が存在しないとして、再審請求を決定により棄却した。

(3) Xが、Xの主張事実が当該事実の存否を証拠により認定するまでもなく、法定の再審事由に該当しないと判断されるのであれば、再審請求を棄却するのではなく、再審の訴えを却下すべきであるなどとして、抗告の許可を申し立てた。

(4) 本決定は、「原審の判断は正当として、是認できる」として、抗告を棄却した。現行の民訴法は、再審訴訟の審理判断の過程について、①再審の訴えの適法性の有無、②再審事由の有無、③本案の当否、という3段階を明確にし、①につき、再審の訴えが不適法である場合には、決定で、これを却下しなければならないとし（民訴法345条1項）、②につき、再審の事由がない場合には、決定で再審請求を棄却しなければならないと定めた（同条2項）。そして、同条2項の「再審の事由がない場合」には、(i)再審事由として主張された具体的事実が証拠上認定できない場合のほか、(ii)再審事由として主張された具体的事実が法定の再審事由に該当しない場合をも含むものと解される。原決定は、本件を(ii)の場合であると判断して再審請求を棄却したものであり、正当として是認できると思われる。

II 民事執行法

1 強制競売取消し

【17】 17(許)30（△三小、平17・10・4、棄却。原審東京高決平17・6・30、原々審東京地決平17・5・11）

(1) 本件は、債権者Xが、本件自動車の所有者は債務者Yであるとして、強制競売手続取消決定の取消しを求めて執行抗告をした事案である。

(2) Xは、登録された自動車（本件自動車）の強制執行を申し立て、平成16年12月17日、競売開始決定がされた。しかし、本件自動車について、同月14日にYからYの妻Aへ移転登録がされていることが判明した。

同月28日、Xの申立てに基づいて、本件競売開始決定中の目的自動車の所有者の記載をAに更正する旨の更正決定がされ、平成17年1月5日、Aを登録義務者

とする差押登録の嘱託に基づき、本件自動車について、差押登録がされた。原々審は、本件自動車がYの所有に属するものとは認めることができず、売却による自動車の移転を妨げる事情が明らかになったとして、民事執行規則97条、民事執行法53条により、強制競売の手続を取り消す旨の決定をした。原決定は、本件自動車がYの所有であることについて、自動車登録ファイルに記録されている事項の証明書以外の文書によりこれを証明することはできないとして、執行抗告を棄却した。

(3) Xが、民事執行規則88条は、自動車登録ファイル上の所有名義人が債務者であることまで要求しておらず、登録ファイル上の所有名義人が債務者でない場合でも、他の文書により債務者の所有であることを証明することができるとして、抗告の許可を申し立てた。

(4) 本決定は、「原審の判断は正当として、是認できる」として、抗告を棄却した。登録された自動車は、不動産と同様、登録ファイルへの登録が権利の得喪の対抗要件とされていることから（道路運送車両法5条）、登録自動車に対する強制執行については、強制競売の方法によるものとされ（道路運送車両法97条2項、民事執行規則86条以下）、登録ファイルに差押登録をすることとされている（民事執行規則97条による民事執行法46条1項、48条等の準用）。したがって、登録された自動車に対する強制執行についても、所有権の登記がされた不動産の強制競売と同様、登録ファイル上の所有名義人が債務者であることが必要であると解される。

2　不動産競売申立て

【18】 16(許)33（△―小、平17・1・20、棄却。原審東京高決平16・10・1、原々審東京地決平16・8・25）

(1) 本件は、競売物件の債務者兼所有者であるXが、売却許可決定につき、民事執行法71条6号所定の売却不許可事由があるとして、その取消し及び売却不許可を求める事案である。

(2) 本件不動産付近の道路では大規模な拡幅工事が開始されていたが、本件競売事件の評価書では、拡幅工事後に街並みが徐々に刷新されるものとして、その限りで拡幅工事による影響が考慮されている。Xは、拡幅工事等の影響により、本件不動産の価格が評価当時と比較すると数倍になっていると主張して、売却許可決定に対し即時抗告をした。原審は、本件競売事件における評価について、評価額の算定の基礎とすべき数値や事情の取捨選択、評価の手法及び判断の過程には不合理な点はないとし、また、現実に本件不動産の価値及び価格が上昇している事実を認めるに足りる証拠資料はないとして、抗告を棄却した。

(3) Xが、原決定には判例（仙台高決平10・8・25判時1703・147、判タ1024・280）と相反する判断があるなどとして、抗告の許可を申し立てた。

(4) 本決定は、「原審の判断は、正当として是認できる」として、抗告を棄却した。Xが指摘する高裁判例は、本件とは明らかに事案が異なると思われる。

【19】17(許)37（△三小、平17・12・20、棄却。原審東京高決平17・9・30、原々審横浜地川崎支決平17・8・5）

(1) 土地を競売により買い受けた X が、土地の占有者 Y を相手方として、裁判所に不動産引渡命令を申し立てた事案である。

(2) 平成 13 年 5 月 15 日、債権者を A として、23 筆の本件土地のうち 17 筆について、不動産競売決定がされた。同年 10 月 2 日、債権者を B として、本件土地について、不動産競売開始決定がされた。同年 10 月 5 日、申立人を A、相手方を Y 及び C として、代金納付までの間占有移転及び占有名義の変更をしてはならない旨の売却のための保全処分が発令された。平成 13 年 11 月 16 日、執行官が本件土地について現況調査したところ、Y が本件土地を占有していた。執行官作成の現況調査報告書の執行官の意見欄には、Y が留置権に基づき占有している旨認定したとの記載がある。同年 12 月 26 日、Y らは、前記保全処分に関して上申書を提出し、Y が本件土地について留置権を有する裏付けとして債権譲渡契約書や領収書等の資料（本件資料）を提出したが、A の求めにもかかわらず、領収書以外の譲受代金支払の裏付けとなる資料の提出を拒んだ。裁判所は、前記 2 つの競売事件を併合し、平成 15 年 9 月 30 日、本件土地を一括売却するとの売却実施命令を発したが、これに先立ち、本件資料や経過によると、Y が本件土地に留置権を有しないのは明らかであるとして、物件明細書にその旨を記載した。Y は、本件土地に留置権を有しないことを前提とする最低売却価額決定は不当であるとして、執行異議を申し立てたところ、裁判所は、本件資料を検討した上で、Y への債権譲渡はその外形が作出されたものであり、Y が本件土地に留置権を有するとはいえないとして、申立てを却下した。X は、本件土地の買受けを申し出て、売却許可決定を受け、売却代金等を納付し、不動産引渡命令の申立てをした（本件申立て）。原々審は、Y が X に対抗することができる権原により本件土地を占有しているものでないことは明らかであるとして、Y を審尋することなく不動産引渡命令を発した。Y は、これを不服として執行抗告を申し立てた。原審は、民事執行法 83 条 3 項ただし書の「事件の記録」には、基本事件から派生した売却のための保全処分事件などの記録も含まれるところ、各記録によれば、Y が買受人に対抗することができる権原により本件土地を占有しているものでないことは明らかであるとして、Y の抗告を棄却した。

(3) Y が、原決定には、民事執行法 83 条 3 項ただし書の解釈適用を誤った法令違反があるとして、抗告の許可を申し立てた。

(4) 本決定は、「原審の判断は正当として是認できる」として、抗告を棄却した。民事執行法 83 条 3 項ただし書の「事件の記録」には、現況調査報告書等の作成後に収集された資料であっても、競売手続の経過上既に収集されている資料であれば含まれると解するのが通説のようである。原審の判断は、通説の考えに沿ったものであり、相当であると思われる。

3　債権差押命令

【20】 17(許)19（◎三小、平17・12・6、破棄・自判、民集59・10・2629、判時1925・103。原審東京高決平17・4・26、原々審宇都宮地足利支決平17・3・14）

(1)　本件は、民事執行法151条の2の規定に基づき、確定期限が到来していない同条所定の定期金債権を請求債権として、その確定期限の到来後に弁済期が到来する診療報酬債権を差し押さえることができるか否かが争われた事案である。

(2)　X（妻）とY（夫。保険医療機関としての地位を有する歯科医師）との間の婚姻費用分担の審判事件において、Yは、Xに対して、確定期限が到来している債権（婚姻費用分担額の未払分）及びその執行費用、確定期限が到来していない定期金債権（婚姻費用分担額）を支払うべきものと決定（本件決定）され、その後、本件決定は確定した。Xは、本件決定正本に基づいて、確定期限が到来した婚姻費用分担額支払請求権及びその執行費用、確定期限が到来していない定期金債権を請求債権として、Yが第三者A（社会保険診療報酬支払基金（支払基金））に対し有するいわゆる診療報酬債権の差押えを申し立てた。原々審は、診療報酬債権は、個々の診療行為により発生するものであるから、「給料その他継続的給付に係る債権」（民事執行法151条の2第2項）に該当しないとして、確定期限の到来していない定期金債権請求部分を却下した。原審も、原々決定の判断は正当であるとして、抗告を棄却した。原決定の理由の要旨は、次のとおりである。民事執行法151条の2第2項の「給料その他継続的給付に係る債権」とは、同法151条に規定される継続的給付に係る債権と同じく、給料債権や賃料債権のように同一の法律関係に基づいて継続的に発生する債権をいうものと解されるところ、社会保険診療報酬債権は、保険医が被保険者を診療することによってその対価として受ける個別的な債権の集合であって、一個の特定の契約関係から継続的に発生するものではない。

(3)　Xが、社会保険診療報酬債権は、同法151条の2第2項の「給料その他継続的給付に係る債権」に該当するとして、抗告の許可を申し立てた。

(4)　本決定は、「保険医療機関、指定医療機関等の指定を受けた病院又は診療所が支払基金に対して取得する診療報酬債権は、基本となる同一の法律関係に基づき継続的に発生するものであり、民事執行法151条の2第2項に規定する『継続的給付に係る債権』に当たるというべきである。」と判示し、「本件期限未到来債権に基づき、その確定期限到来後に弁済期が到来する診療報酬債権の差押えを求める部分」について、原決定を取り消し、事件を原々審に差し戻す自判をした。病院又は診療所と支払基金との法律関係は、当事者間の契約によるものでないとしても、当事者の申請とこれに基づく厚生労働大臣の指定という法律行為により、設定される。そして、社会保険制度が安定的に確立している実情にも照らせば、支払基金の保険医療機関等に対する義務は、法律によって設定された法律関係に基づいて継続的に発生するものというべきである。確かに、診療行為は個々の患者に対するものであるが、それにより発生する支払基金に対する請求権は、単一の法律関係を基礎

とし、毎月ほぼ確実に発生するものといっても差し支えないから、包括的差押えを認める意義がある。継続的給付の基礎になる法律関係は、診療報酬債権のように法律によって設定された権利義務関係であっても差し支えないというべきであり、診療報酬債権は「給料その他継続的給付に係る債権」に当たると解される。本決定は、執行実務において取扱いが分かれていた将来の診療報酬債権に対する差押えについて、最高裁が初めて判断を示したものであり、実務に与える影響は大きいと思われる。

4 間接強制

【21】17(許)18（◎二小、平17・12・9、棄却、民集59・10・2889、判時1920・39。原審東京高決平17・4・26、原々審東京地決平17・3・10）

(1) 本件は、不作為を命ずる債務名義に基づいて間接強制の申立てがされた事案である。

(2) 債権者（原告）Xは、債務者Yを被告とする執行力ある判決正本（主文は、「被告は、平成15年4月13日から平成17年4月12日までの間千葉県及び茨城県において居酒屋営業又はこれに類似する営業をしてはならない。」である。）を有している。Yは、前記主文の判決後も「海鮮居酒屋A」の名称で、居酒屋営業を継続していた。Xは、平成17年2月23日、前記の執行力ある判決正本に基づく間接強制の申立て（民事執行法172条1項）をした。これに対し、Yは、同年3月1日以降、店舗の名称を「海鮮レストランA」に変更し、メニューも食事中心のものに変えるなど、同店舗の営業内容を居酒屋からレストランに変更した旨主張した。原々審は、Xの申立てを相当と認め、平成17年3月10日、間接強制の決定をした。Yは、これを不服として、執行抗告をした。原審は、平成17年4月26日、不作為を命ずる債務名義に基づく間接強制を命ずる場合において、その不作為義務に違反する債務者の行為の存在は、その要件とはなっていないものと解するのが相当であるとして、抗告を棄却した。

(3) Yが、不作為を命ずる債務名義に基づく間接強制決定の発令に当たっては、不作為義務違反の事実（又はそのおそれ）の存在が発令の要件となると解すべきであるから、これを不要とした原決定には、民事執行法172条の解釈適用を誤った法令違反があるとして、抗告の許可を申し立てた。

(4) 本決定は、「不作為を目的とする債務の強制執行として民事執行法172条1項所定の間接強制決定をするには、債権者において、債務者がその不作為義務に違反するおそれがあることを立証すれば足り、債務者が現にその不作為義務に違反していることを立証する必要はないと解するのが相当である。」とし、その理由を「間接強制は、債務者が債務の履行をしない場合には一定の額の金銭を支払うべき旨をあらかじめ命ずる間接強制決定をすることで、債務者に対し、債務の履行を心理的に強制し、将来の債務の履行を確保しようとするものであるから、現に義務違反が生じていなければ間接強制決定をすることができないというのでは、十分にその目

的を達することはできないというべきである。取り分け、不作為請求権は、その性質上、いったん債務不履行があった後にこれを実現することは不可能なのであるから、一度は義務違反を甘受した上でなければ間接強制決定を求めることができないとすれば、債権者の有する不作為請求権の実効性を著しく損なうことになる。間接強制決定の発令後、進んで、前記金銭を取り立てるためには、執行文の付与を受ける必要があり、そのためには、間接強制決定に係る義務違反があったとの事実を立証することが求められるのであるから（民事執行法27条1項、33条1項）、間接強制決定の段階で当該義務違反の事実の立証を求めなくとも、債務者の保護に欠けるところはない。もっとも、債務者が不作為義務に違反するおそれがない場合にまで間接強制決定をする必要性は認められないのであるから、この義務違反のおそれの立証は必要であると解すべきであるが、この要件は、高度のがい然性や急迫性に裏付けられたものである必要はないと解するのが相当であり、本件においてこの要件が満たされていることは明らかである。」と説明した。そして、「原審の判断は、正当として是認できる」として、抗告を棄却した。不作為を命ずる債務名義に基づいて間接強制決定を発令する要件として、債務者が不作為義務に違反している事実の立証を必要とするか否かについて、必要説と不要説の対立がある。さらに、不要説には、債務者の違反行為を行うがい然性又は危険の重大性に関する要件を必要とするか否かについて、「違反行為のおそれ」が必要であるとする見解と、単なるおそれではなく、更に高度ながい然性等が必要であるとする見解の対立がある。本決定は、不要説によることを明らかにし、さらに義務違反のおそれが必要であるとしたものであり、決着をみていない法律問題について、初めて最高裁が判断したものである。

5　担保権の実行

【22】 17(許)22（〇二小、平17・11・11、破棄・自判、集民218・433、判時1919・103。原審名古屋高金沢支決平17・4・20、原々審金沢地七尾支決平16・11・29）

(1) 本件は、不動産競売手続において、民事執行法181条1項所定の文書として提出された登記事項証明書に、申立人を登記名義人とする、譲渡担保を原因とする所有権移転登記と根抵当権移転登記の記載がある場合の競売申立ての可否が争点となった事案である。

(2) Aは、不動産（本件不動産）を所有していたところ、B会社を根抵当権者とする根抵当権を設定し、その旨の登記手続を了した。その後、B会社は、C銀行に根抵当権により担保されている債権と根抵当権を譲渡し、根抵当権移転登記手続を了した。Aは、C銀行との間で、本件不動産に設定された上記根抵当権により担保されている債務を含むAのC銀行に対する債務の担保として譲渡担保を設定する旨の契約を締結し、本件不動産について、譲渡担保を原因とする所有権移転登記手続を了した。C銀行は、Xとの間で、上記譲渡担保権の売買契約を締結し、本件不動産について、譲渡担保の売買を原因とする所有権移転登記手続を了した。さらに、

C銀行は、Xに対し、上記根抵当権により担保されているAに対する債権と根抵当権を譲渡し、根抵当権移転登記手続を了した。Xは、裁判所に対し、本件不動産について、根抵当権の実行としての競売を申し立てた。原々審は、Xの根抵当権（本件根抵当権）は、Xが本件不動産の所有権を取得した時点で混同により消滅したから、本件申立ては、不適法であるとして却下した。Xは、これを不服として即時抗告した。原審は、次のとおり判示して、即時抗告を棄却した。民事執行法181条1項は、「担保権の存在の蓋然性を強く推定させる文書を担保権存在の証明文書として法定し（以下「法定文書」という。）、法定文書以外による証明を許さないことにより、法定文書を通じての審理判断のみにより競売開始決定を速やかに行うことを可能にさせる趣旨の規定である。同項の上記趣旨に照らせば、法定文書は、担保権の存在の蓋然性を強く推定させる文書であることを要し、提出された文書の記載上、担保権の存在の蓋然性を強く推定させるものでない場合には、法定文書に当たらない」と判示し、本件申立てにおいて提出された登記事項証明書は、Xを本件根抵当権の根抵当権者及び本件不動産の所有者とする記載があるのみであり、これによれば本件根抵当権は混同により消滅したことになるから、上記登記事項証明書は、担保権の存在の蓋然性を強く推定させる法定文書に当たらず、本件申立ては不適法であるとした。

　(3)　Xが、原決定は民事執行法181条1項の解釈を誤った違法があるとして、抗告の許可を申し立てた。

　(4)　本決定は、民事執行法181条1項柱書き、同法182条の規定から、「法は、担保権実行の申立ての要件としては、換価権の原因である担保権の存在を証明するものとして定める法定文書の提出を要求する一方、法定文書の提出さえあれば、担保権の存在について実体判断をすることなく、競売手続の開始を決定することとし、担保権の不存在、消滅等の実体上の事由は、債務者又は不動産所有者の側からの指摘を待って、執行抗告等の手続で審理判断するという構成を採っているものと解される」と判示した上で、本件において、Xは、同法181条1項3号の登記事項証明書を提出しており、同証明書にはXを根抵当権者とする本件根抵当権登記が記載されているから、同証明書は、同号所定の法定文書に当たるとして、原々決定及び原決定を取り消し、原々審に差し戻した。また、同証明書の所有権移転登記の記載については、譲渡担保権を取得したというだけでは本件不動産の所有権が確定的にXに移転しているということはできないとし、本件根抵当権が混同により消滅したということもできないし、同証明書が法定文書に当たらないということもできないとした。本件は、民事執行法181条1項3号の法定文書というには担保権の記載があるというだけで足り、その実体上の存否は競売開始決定の要件ではないとしたものであり、執行実務上参考になると思われる。

6 財産権開示手続

【23】17(許)20（△一小、平17・7・14、棄却。原審東京高決平17・4・27、原々審長野地決平17・2・22）

(1) 本件は、債権者X（農業協同組合）が、債務者Yに対し、民事執行法197条所定の財産開示手続の実施を申立てた（本件申立て）事案である。

(2) 本件の争点は、本件申立てが、同条1項2号の要件を満たすか否かである。Xは、本件申立てに当たり、同条1項2号の疎明資料として、Yの住居所在地に相当するという土地及び建物についての不動産登記簿全部事項証明書（本件証明書）を提出したのみで、他に何らの疎明をしなかった。原々審は、同号の疎明について、補正命令を発したが、Xは、何らの補正もしなかったため、原々審は、同号の疎明がないとして、本件申立てを却下した。なお、Yは、AがBから借入れをするについて、Bとの間で連帯保証契約を締結したものであり、Xは、このBのAに対する借入金債権の承継人である。Xが執行抗告をしたところ、原審は、次のとおり判示して、執行抗告を棄却した。①民事執行法197条1項2号にいう「知れている財産に対する強制執行を実施しても、申立人が当該金銭債権の完全な弁済を得られないことの疎明があったとき」とは、債権者が財産開示手続実施の申立てをするに当たり、受動的に知っている財産だけではなく、債権者が通常行うべき調査を行って知れている財産について強制執行をしても当該金銭債権の完全な弁済を得られないことを疎明すべき意味であると解するのが相当である。②本件では、(i)本件証明書は、Y住所地のものであるのかが明らかではなく、Yの住居所在地にY所有の財産があるか否か、これに対する強制執行が奏功する可能性があるかどうかも不明であり、(ii)Yは、Bからの借入金の連帯保証人であったのであるから、Xは、保証契約がされた当時のYの資産、収入状況等を知り得る立場にあったと推認されるのに、保証契約がされたときに知り得たYの資産等の調査の有無について何ら疎明がないことからすれば、いまだ債権者として通常行うべき調査を行って知れた財産に対する強制執行を実施してもその金銭債権の完全な弁済を得られないことの疎明があったとはいえない。

(3) Xが、「相手方の知れている財産」についての解釈の誤り、仮に通常行うべき調査が要求されるとしても、本件証明書の提出により、その調査を尽くしているなどとして、抗告の許可を申し立てた。

(4) 本決定は、「原審の判断は正当として、是認できる」として、抗告を棄却した。財産開示手続の要件は、この手続が債務者のプライバシーに属する事項の開示を強制するものであることから、この手続を行う必要性がある場合に限り実施できることとするのが相当であるとの趣旨から設けられたものである。この趣旨からすると、債権者が通常行うべき調査を何ら行わず、そのために債務者の財産を把握できていないような場合にまで、債務者に対し強制的に財産の開示を命ずる必要性は認められない。したがって、民訴法197条1項2号は、債権者が通常行うべき調査を

行った結果知った財産について強制執行を実施しても債権の完全な弁済を得られないことを疎明すべき趣旨であると解されている。本件においては、Xが金融機関であることなどから、この程度では債権者が通常行うべき調査を行ったとはいえないとして、原審の判断が是認されたものと思われる。

III 民事保全法

1 仮処分

【24】17(許)1（△一小、平17・3・10、棄却。原審大阪高決平16・11・18、原々審神戸地尼崎支決平16・6・24）

(1) 本件は、所有権留保特約付きの売買（所有権留保売買）により自動車を買い受けたXが、当該自動車を占有するYに対して、自動車の引渡しの仮処分を申し立てた事案である。主たる争点は、所有権留保売買の買主が、第三者に対し、目的物の引渡請求権を有するか否かである。

(2) Xは、A社から、所有権留保売買により、本件自動車を買い受けた。売買代金については、Xが頭金を支払い、F社がA社に立替払をし、XがF社に対して分割払をするものとされた。また、Xは、F社に対する債務につきB社に保証委託をし、B社は、F社と連帯保証契約を締結した。なお、本件自動車の所有権は、契約上、F社に留保されるが、自動車の登録上は、A社の所有名義となっている。Xは、分割金を支払えなくなったため、A社に任意に本件自動車を返却し、売却処分を依頼した。ところが、YがA社から本件自動車を持ち出し、これを占有している。他方、B社は、分割金の残金をF社に代位弁済し、F社との約定に従って、本件自動車の所有権を取得した。Xは、所有権留保売買の買主には、物権的な請求権として、第三者に対する目的物返還請求権が認められるとして、本件自動車の引渡しを求めて仮処分を申し立てたが、原々審はこの申立てを却下した。Xは、これを不服として抗告をした。原審は、所有権留保売買の買主は、代金を完済すれば目的物の所有権を確定的に取得することができるのであるから、正当な権原なく目的物を占有する者がある場合は、占有者に対してその返還を請求することができると解する余地があるとしつつも、本件については、Xは、F社に対する分割金の弁済が不可能となったため、本件自動車をA社に任意に返却し、その売却処分を依頼しているのであるから、実体上、本件自動車の所有権を確定的に取得できる地位を喪失しており、Xの物権的請求権又はこれに類する請求権の発生を認めるべき根拠は存在しないとして、抗告を棄却した。

(3) Xが、原審の決定には所有権留保に関する法令の解釈適用に違法があるとして、抗告の許可を申し立てた。

(4) 本決定は、「原審の判断は、正当として是認することができる。」として、抗告を棄却した。①所有権留保の法的性質については、所有権の帰属という形式面に

着目して、売主が所有者として目的物に対する権利を行使するという考え方（所有権的構成）と、担保であるという実質面に着目して、売主が有するのは担保権であり、買主にも物権的な権利が帰属するという考え方（担保権的構成）がある。学説上は、担保的構成を採るのが通説のようである。関連する判例には、最三小判昭46・1・26民集25・1・126、判時621・34、最一小判昭49・7・18民集28・5・743、判時754・48、最二小判昭50・2・28民集29・2・193、判時771・39、最三小判昭57・3・30民集36・3・484、判時1039・127等があるが、いずれも所有権留保の法的性質について明示的に判断するものではないと解される。②本件においては、所有権的構成を採るとすれば、買主は代金を完済すれば所有権を取得できるという停止条件付きの権利を有するにすぎず、第三者に主張し得る物権的な請求権を有するものではないから、Xの申立ては、被保全権利を欠くものとして、却下されることになると思われる。また、担保権的構成を採るとすれば、一般論としては、買主の第三者に対する物件的請求権を認め得るとしても、本件の前記事実関係の下では、買主Xは、分割金の弁済をすることができなくなり、所有権留保の目的とされた自動車を任意に売主に返却したというのであるから、もはや第三者に対する物件的請求権はないと評価することができるであろう。本決定は、以上のような事情を考慮して、所有権留保の法的性質について判示することなく、Xの抗告を棄却したものと思われる。

【25】 17(許)27（△三小、平17・9・30、棄却、訟月53・3・773。原審福岡高決平17・5・16、原々審佐賀地決平17・1・12）

(1) 本件は、有明海において漁業を営むXらが、漁業を営む権利等の侵害を理由として、国営諫早湾土地改良事業（本件事業）の工事の差し止めを命ずる保全処分の発令を求めた事案である。

(2) Xらは、有明町漁業協同組合又は福岡県有明海漁業協同組合連合会が有する漁業権について、漁業行使権を有している。本件事業は、農林水産省を事業主体として、農地造成及び防災対策を目的として、昭和61年12月2日付けで計画が策定された。平成4年10月に潮受堤防建設工事が着工され、平成11年3月同堤防は完成した。しかし、平成12年度に海苔養殖の大不作の問題が生じたことを契機に、平成13年2月、本件事業の工事が中断された。平成14年6月4日、干陸面積を約半分に縮小すること等を内容とする本件事業の変更計画が決定された。平成14年7月ころから変更計画に基づく工事が再開され、平成15年度までに、全体として事業の進捗率は94パーセントに達している。残工事としては、前面堤防工事、農地整備工事等であるが、大部分は陸上での工事である。前記計画変更後の本件事業の工事再開を受け、Xらが、平成14年11月26日、裁判所に対し、本件仮処分命令の申立て（本件申立て）をした。原々審は、本件事業と漁業被害との因果関係を認め、漁業行使権を被保全権利として、本件工事を続行してはならない旨の仮処分命令を発令した（本件仮処分決定）。本件仮処分決定に対し、国（Y）が保全異議

の申立てをしたが、本件仮処分決定を認可する旨の決定（原決定）をした。Yは、これを不服として、保全抗告をした。原審は、①漁業権は組合員個人が有するものではなく、人格権等に基づく差止め請求権を一般的な権利として是認することはできないから、これらを本件の被保全権利とすることはできない、②漁業行使権に対する侵害があることの疎明がないなどとして、原決定及び本件仮処分決定を取り消し、本件申立てを却下した。

(3) Xらが、判例違反、経験則違反等を主張して、抗告の許可を申し立てた。

(4) 本決定は、本件事業と漁業被害との因果関係、保全の必要性の各疎明がないとし、「原審の判断は是認することができる」として、抗告を棄却した。

【26】17(許)40（△三小、平17・12・20、棄却。原審東京高決平17・10・6、原々審東京地決平17・7・5）

(1) 賃借人Xが、賃貸人Yに対して、営業活動の妨害の禁止及び本件建物に電気を引く工事をすることの承諾を命ずる旨の仮処分命令を申し立てた事案である。

(2) Yは、従来より、Aに対して、本件建物を賃貸し、Aは本件建物においてパンの製造販売をしていた。Aは倒産し、平成17年2月1日本件建物を現状有姿で明け渡した。Aの代表者は、債権者から財産を守るためXを設立し、Yに対して、本件建物において営業をそのまま引き継がせてほしい旨要請した。Yは、平成17年2月1日付けで、敷金300万円を直ちに支払うことを条件に、Xに対し、①賃料1か月100万円、②期間3か月、③保証金2000万円（4月5日までに支払う。）、④保証金の支払がない場合には、賃貸借契約は3か月で終了するとの約定で本件建物を賃貸した（本件賃貸借契約）。AのYに対する敷金及び保証金返還請求権に質権を設定していたB銀行は、同年2月8日ころ、Yに対して、質権を実行するのでその敷金及び保証金を返還するように依頼し、同年4月7日には、再度その旨の催告をするとともに返還がない場合には法的措置を執る旨の通告をした。Xは、敷金300万円及び2月分の賃料105万円を支払い、2月8日ころ、Aの従前の従業員により、本件建物において営業を開始した。同年4月22日、Xは、Yに対し、本件賃貸借契約は借地借家法29条により期限の定めのない賃貸借になるので、5月以降も本件建物において営業を継続したい旨を通知し、保証金を月々20万円ずつ分割払いする旨の申入れをした。これに対し、Yは、本件建物を同月30日限り明け渡すように申し入れた。Yは、同年5月13日に本件建物のドアの鍵を取り替え、同月21日には電源を切ったため、Xは、本件産物で営業することができない状態にある。なお、Xは、前記保証金を支払っていない。原々審、原審とも、本件賃貸借契約は一時使用目的の賃貸借であり、被保全権利の疎明を欠くとして、本件申立てを却下した。

(3) Xが、原決定には、借地借家法29条、30条、38条、39条及び40条の解釈適用を誤った法令違反があるとして、抗告の許可を申し立てた。

(4) 本決定は、「原審の判断は、正当として是認できる」として、抗告を棄却した。

一時使用目的の賃貸借契約であるというためには、当該賃貸借契約を短期間に限り存続させる旨の合意の存在のみならず、その契約が締結された客観的な事情から同契約を一時使用のためのものであると評価することができなければならないと解される。本件では、この判断基準に照らしても、本件賃貸借契約を一時使用目的の賃貸借契約であるとした原審の判断は、相当であったと判断されたものと思われる。

【27】 17(許)24（△三小、平17・10・11、棄却。原審東京高決平17・5・10、原々審千葉地決平15・6・4）

(1) 本件は、建設予定の埋め立て型産業廃棄物処分場について、周辺住民が処分場から有害物質が溶け込んだ水が流出して地下水等を汚染し、生命・健康を侵害されるおそれがあるなどとして、人格権に基づき、その建設の事業差止めを求めた仮処分事件である。

(2) 原々審及び原審とも、処分場の安全性については、産業廃棄物処理業者の側で高度の蓋然性をもって証明する必要があるとした上で、本件では、その証明があると判断し、被保全権利の疎明がないとして申立てを却下した。

(3) Xらが、①原決定は、民事保全法13条2項の解釈を誤った違法がある、②廃棄物の処理及び清掃に関する法律違反、③経験則違反・採証法則違反、④浄水享受権についての法令解釈の誤りなどを主張して、抗告の許可を申し立てた。

(4) 本決定は、「原審の判断は、正当として是認することができる」として、抗告を棄却した。(3)①ないし③については、原審の認定判断を正当なものとして是認し、法令の解釈の誤り、経験則違反等の主張は当たらないとしたものであり、また、浄水享受権について、独自の見解を主張するものであると判断したものであると思われる。

2 保全執行

【28】 16(許)26（○一小、平17・1・20、棄却、集民216・57、判時1888・91。原審広島高岡山支決平16・8・10、原々審岡山地決平16・7・5）

(1) 本件は、Xが、定期金の給付を命ずる仮処分命令の正本に基づき、Yを債務者として、債権差押えの申立てをした事案である。

(2) Xは、Yに対して、地位保全等仮処分申立て事件に係る次の債務名義（本件債務名義）を有している。①Yは、Xに対して、20万円を仮に支払え。②Yは、Xに対して、平成16年4月から平成17年2月まで毎月2日限り20万円を支払え。裁判所の執行官は、仮処分命令を債務名義とする動産執行の申立てに基づき、動産の所在場所に臨場したところ、Yの代表者から当該動産が譲渡担保の実行により第三者に所有権及び占有権が移転した旨の説明を受け、動産執行を中止した。Xは、本件債務名義の②のうち、平成16年6月16日、同月2日支払分（20万円）を請求債権として、Yに対する債権差押えを申し立て、裁判所は、第三債務者であるA銀行に対する預金債権を差し押さえ、Xは、同銀行から5万1450円を取り立て

た。Xは、本件債務名義のうち、6月2日支払分のうち取立て分を控除した14万8500円（本件請求債権）、同月7月2日支払分20万円を請求債権として、裁判所に、次のとおり申立てをした。①同年7月2日、YがB信用金庫に対して有する預金債権の差押命令の申立て（本件申立て）。②同月14日、Yが所有する自動車について、強制競売の手続の開始を求める申立て（【29】の申立て）。なお、本件請求債権は、支払期限が同年6月2日の給付に係るものであって、①及び②の各申立ては、いずれも上記支払期限から2週間を経過したものであった。原々審、原審とも、定期金の給付を命ずる仮処分の執行についても民事保全法43条2項による執行期間の制限を適用されるとして、本件請求債権に係る部分の申し立てを却下し、その余を認容した。

（3）　Xが、原決定には、民事保全法43条2項の解釈適用を誤った法令違反があるとして、抗告の許可を申し立てた。

（4）　本決定は、「民事保全法43条2項は、定期金の給付を命ずる仮処分の執行についても適用され、仮処分命令の送達の日より後に支払期限が到来するものについては、送達の日からではなく、当該定期金の支払期限から同項の期間を起算するものと解するのが相当である。」と判示し、「原審の判断は正当であり、論旨は採用することはできない。」として、抗告を棄却した。

【29】16(許)27（△一小、平17・1・20、棄却。原審広島高岡山支決平16・8・10、原々審岡山地決平16・7・15）

（1）　本件は、Xが、定期金の給付を命ずる仮処分命令の正本に基づき、Yを債務者として、自動車の強制競売の手続の開始を求める申立てをした事案である。

（2）　【28】と本件は、当事者及び事実の経過が同一であり、本件は、同一債務名義に基づいて、【28】の自動車の強制競売の手続の開始を求める事件である。

（3）　Xが、抗告の許可を申し立てた。

（4）　本決定は、「民事保全法43条2項は、定期金の給付を命ずる仮処分の執行についても適用され、仮処分命令の送達の日より後に支払期限が到来するものについては、送達の日からではなく、当該定期金の支払期限から同項の期間を起算するものと解するのが相当である。」と判示し、「原審の判断は正当であり、論旨は採用することはできない。」として、抗告を棄却した。

Ⅳ　破産法

1　破産費用の予納

【30】17(許)31（△一小、平17・10・13、棄却。原審福岡高宮崎支決平17・7・8、原々審宮崎地決平17・6・7）

（1）　自己破産申立て事件における予納決定の当否が問題となった事案である。

(2) Xは、裁判所に、自己破産の申立てをした。裁判所は、平成17年6月7日の債務者審尋期日において、破産管財人選任相当事案として予納金22万円を同月14日までに納付することを命じた（本件予納決定）。Xは、本件予納決定を不服として、即時抗告した。原審は、原々審が、合理的な裁量に基づき本件予納決定をしたことが明らかであり、また、本件において、破産手続の費用を仮に国庫から支弁するのが相当であると認めるに足りる事情もないなどとして、抗告を棄却した。

(3) Xが、次のとおり主張して、抗告の許可を申し立てた。原々決定は、Xが60万円を超える金銭を有するとして予納金22万円を予納することを命じたが、Xは実質的にみて60万円未満の財産しか有していないにもかかわらず、管財人選任相当事案として本件予納決定をしたものであり、裁量権を明白に逸脱したものである。また、本件が管財事件相当であるとしても、予納金を仮に国庫から支弁すべきである。

(4) 本決定は、「原審の判断は正当として、是認できる」として、抗告を棄却した。裁量事項の不当を主張するものであり、許可には検討の余地もあるように思われる。

2 破産原因等

【31】【33】及び【34】は、基本的には個別事件における認定問題ということができるので、許可には検討の余地もあるように思われる。

【31】16(許)32（△三小、平17・2・1、棄却。原審福岡高決平16・9・27、原々審福岡地決平16・3・26）

(1) 本件は、X社が債務超過の状態にあるか否かが争われた事案である。

(2) X社は、平成4年に設立された有限会社であり、風俗営業等の規制及び業務の適正化等に関する法律（風営法）の許可（現行法2条6項1号の許可）を受けて、特殊公衆浴場「A」の営業をしている。X社の設立時の代表取締役Bは、Cに対し、借入金債務を負っていた。Bは、Cの求めに応じて、Cの弟DにX社の代表者を変更する手続を執り、X社の実印をCに預けたが、X社の営業は依然としてBが行っていた。Yは、Bの内妻であり、X社の従業員であったが、Bに代わって、Aの管理を事実上行うようになった。Yは、X社に対して債権を有するとして、債務超過を理由に、X社の破産の申立てをした。原々審、原審とも、申立てに理由があるとして、X社を破産者とする決定をした。

(3) X社が、次のとおりの理由を主張して、抗告の許可を申し立てた。①破産法127条（平成16年法律第75号による改正前のもの）の債務超過とは、ある程度の持続性を持った客観的な状態を意味するから、法人が突発的な原因によって、一時的に債務超過に陥ったとしても、破産原因の存在は否定されるべきである。②資産の評価に関しては、清算価値ではなく、継続的企業価値を基準として判断すべきである。

(4) 本決定は、「原審の判断は正当として、是認できる」として、抗告を棄却した。X社は、平成4年から公租公課の未払を続けており、経営不振から長期間にわたり借入れをして、その残額が次第にふくらんでいったものである。X社の(3)①の突発的な原因により一時的に債務超過に陥ったという主張は、原審の認定と異なった主張であると思われる。資産の評価については、原則として、清算価格で行うのが実務である。これに対し、継続的企業価値を基準として判断するとしても、継続的企業価値を資産として評価できるものでなければ、債務超過であることを否定することはできない。本件においては、資産の価値に比べて、負債の総額は債務超過になっており、負債額が多額である上、X社は、平成4年以降公租公課の未払を続けていることなどを考慮すると、X社の信用を資産として評価できるか疑問である。したがって、債務超過の認定は避けられない事案であったと思われる。

【32】 17(許)3（△一小、平17・4・7、棄却。原審東京高決平16・11・25、原々審千葉地佐倉支決平16・9・29）

(1) 本件は、Xが支払不能の状態にあるか否かが争われた事案である。

(2) Xは、無保険者で交通事故を起こした。国は、自動車損害賠償保障法（自賠法）72条1項後段により、本件事故に基づく損害を塡補したので、同法76条1項に基づき、請求者の破産者に対する損害賠償請求権を取得した。その後、国とXは、和解交渉をしたが、結局、和解はまとまらなかった。そこで、国は、債権差押命令により、Xの給料を差し押さえた。Xは、自己破産の申立をし、裁判所は、Xが支払不能の状態にあると認めて、破産宣告をした。唯一の債権者である国は、これを不服として即時抗告をした。原審は、次のとおり判示して、抗告を棄却した。Xの負担した債務は、合計1800万円であり、1年で約61万円の遅延損害金が発生する。これに対し、Xの収入は年401万円ほどであり、妻を扶養していることに照らすと、破産申立て時に約1200万円の預金等を有していたこと等を考慮しても、上記債務を一般的かつ継続的に弁済することができない。

(3) 国が、支払不能を認めた原決定には、破産法126条（平成16年法律第75号による改正前のもの）の解釈を誤った違法があるとして、抗告の許可を申し立てた。

(4) 本決定は、「原審の判断は正当として、是認できる」として、抗告を棄却した。支払不能とは、債務者の弁済能力が欠乏して金銭調達の見込みがなく、即時に弁済すべき債務を一般的かつ継続的に弁済することができない客観的状態をいうものと解される。「即時に弁済すべき債務」とは、既にその履行期が到来し、かつ債権者がその履行を請求してきたものをいう。本件では、Xの国に対する債務については履行期が到来しており、かつ、和解の不調により国が差押えをしたのであるから、債権者が履行を請求してきたものに当たる。また、「一般的かつ継続的に弁済することができない」とは、債務の全部又は大部分を弁済することができない状態をいい、個々の債務者について具体的に決するものであり、債権者の数、債務総額等を基準にして、社会通念上、完済することはできないと判断されることが必要である

が、一個の巨額な債務を請求されて支払うことができない状態にある場合もこれに当たると解される。本件では、唯一の債権者が和解による解決を希望していることは、支払不能状態を否定する方向で働く事情であるものの、債務の額が1800万円を超えるものであり、和解不調後の交渉経過、Xの収入、生活状況等の事情を総合すると、社会通念上、完済することはできないと思われる。したがって、支払不能とした原審の判断は不当なものとはいえないと思われる。

【33】17(許)7（△二小、平17・6・3、棄却。原審福岡高宮崎支決平17・1・19、原々審鹿児島地鹿屋支決平16・5・13）

(1) 本件は、X振出しの約束手形が不渡りとなり、支払不能の状態にあるとして破産宣告を受けた事案である。

(2) Xは、Yに約束手形（本件約束手形）を振り出した。所持人であるYは、支払期日に本件約束手形を支払場所に呈示したが、支払を拒絶され、本件約束手形は不渡り（第1回）となった。債権者が破産宣告を申し立てたところ、原々審は、Xが支払不能状態にあるとして破産宣告をした。Xは、これを不服として、即時抗告をした。原審は概要次のとおり判示して、抗告を棄却した。Xは、破産法126条1項（平成16年法律第75号による改正前のもの、以下同じ）に定める破産原因である「支払不能」の状態、すなわち弁済資力が欠乏し、即時に弁償すべき総債務を一般的かつ継続的に支払うことができない客観的状態にあるものと推定される。

(3) Xが、破産法126条1項の支払不能の状態とは、債務者が直ちに支払えないということではなく、債務者の財産が換価されても支払が不足する場合を意味すると解すべきであるなどとして、抗告の許可を申し立てた。

(4) 本決定は、「原審の判断は正当として、是認できる」として、許可抗告を棄却した。破産法126条1項の支払不能とは、原審が判示するとおり、「弁済資力が欠乏し、即時に弁償すべき総債務を一般的かつ継続的に支払うことができない客観的状態」をいうものと解されており、支払不能とした原審の判断は不当なものとはいえないと思われる。

【34】17(許)8（△二小、平17・6・3、棄却。原審福岡高宮崎支決平17・1・19、原々審鹿児島地鹿屋支決平16・5・13）

(1) 本件は、Xが支払不能の状態にあるか否かが争われた事案である。

(2) Xは、A会社の代表取締役である。A会社は、Yに額面5500万円の約束手形（以下「本件手形」という。）を振り出した。本件手形には、Xが受取人兼第1裏書人として裏書をしている。Yは、支払期日に本件手形を支払場所に呈示したが、資金不足を理由に、支払が拒絶され、本件手形は不渡り（第1回）となった。その後、本件手形について、A及びXから支払はない。Yは、裁判所に本件破産の申立てをした。原々審は、Xが支払不能の状態にあるとして、破産宣告をした。Xは、これを不服として、即時抗告をした。原審は、弁済資力が欠乏し、即時に弁

済すべき総債務を一般的かつ継続的に弁済することができない客観的状態にあることは明らかであり、これを覆すに足りる疎明はないとして、抗告を棄却した。

(3) Xが、原決定には、破産法126条（平成16年法律第75号による改正前のもの、以下同じ）の解釈を誤った違法があるとして、抗告の許可を申し立てた。

(4) 本決定は、「原審の判断は正当として、是認できる」として、抗告を棄却した。破産法126条の支払不能の解釈については、【32】参照。

【35】16(許)34（△二小、平17・6・10、棄却。原審東京高決平16・10・12、原々審静岡地決平16・6・30）

(1) 本件は、XのYに対する債権が破産法132条2項（平成16年法律第75号による改正前のもの）の債権者の債権に当たるか否かが争われた事案である。

(2) 被相続人Aが死亡し、その法定相続人は、債権者X、債務者Y、B及びCである。Aの相続に関しては、グループ会社の出資持分及び株式（本件株式等）をYの長男及び財団法人D、Eに死因贈与（本件死因贈与）したか否かについて、遺産分割の前提として訴訟で争われた（別件訴訟）。本件死因贈与の存在を主張していた債務者Y、B及びC（Yら3名）は、平成13年9月17日、本件死因贈与の存在を前提にして、相続税の申告をした。別件訴訟は、上告棄却・不受理決定により、平成14年10月11日死因贈与が締結されたとは認められない旨の判決が確定した。同年12月3日、Aの相続人間において、本件株式等がAの遺産に含まれることを前提に、遺産分割調停（本件調停）が成立した。Yら3名は、本件調停により取得した分を前記各財団に寄附した（本件寄附）。Yら3名は、本件調停を踏まえて、相続税の修正申告をしたが、課税庁は、平成16年1月21日付けで、Yら3名に対し、本件寄附の財産が申告漏れであることを理由に、更正処分及び過少申告加算税の賦課決定処分（本件更正処分等）をした。Yら3名は、本件更正処分等の適法性を争っている。課税庁は、平成16年2月24日付けで、Xに対して、相続税法34条1項に基づき、Y、B及びCの上記相続税に係る連帯納付義務に係る督促状を発した。Xは、同年3月30日、上記連帯納付義務の一部履行として、4億6539万9100円を納付した。Xが、上記連帯納付義務及びその一部履行に基づきYに対して求償債権を有すると主張して、Yについて本件破産の申立てをした。原々審は、申立債権の存在について疎明があるなどとして破産決定をし、原審もこれを支持した。

(3) Yが、原決定には、本件更正処分等に係る租税債権の存在を認め、将来の求償債権を申立債権とすることを認めるなど、破産法132条2項（平成16年法律第75号による改正前のもの）の解釈適用を誤った法令違反があるなどとして、抗告の許可を申し立てた。

(4) 本決定は、「原審の判断は、相当として是認できる」として、抗告を棄却した。本件におけるXの申立てに係る債権は求償債権であり、その原債権は本件租税債権である。本件租税債権の根拠となっている本件更正処分等は、少なくとも、これ

が取り消されるまでは有効であるから、本件租税債権の存在は認められると思われる。また、申立債権者の債権は、破産宣告前の原因に基づいて生じた財産権上の請求権であれば足りるから、将来の債権であっても差し支えない（通説）。以上から、原審の判断は是認されると思われる。

V 民事再生法

1 再生手続開始申立て

【36】17(許)26（△二小、平17・8・18、棄却。原審東京高決平17・5・19、原々審東京地決平17・2・23）

(1) 本件は、再生計画不認可の決定が確定した後に、同一の再生債務者に対して、新たな再生計画案についての再生計画開始申立てがされた事案である。

(2) Yは、裁判所に再生手続開始の申立てをした（第1次再生手続）。裁判所は、上記申立てに対して、再生計画認可の決定をしたところ、債権者が即時抗告した。抗告審は、債権者平等の原則に違反するとして認可決定を取り消し、再生計画不認可とする旨の決定をし、官報公告をした。Yが抗告の許可を申し立てたが、最高裁は許可抗告を棄却した。Yは、官報公告の翌日、再生裁判所に、修正した再生計画案について再生手続開始の申立てをした（本件再生手続）。再生裁判所は、最高裁の上記許可抗告棄却決定の前に、再生手続開始決定をし、その後、再生計画認可決定をした（原々決定）。Xがこれを不服として即時抗告した。原決定は、次のとおり理由を述べて、本件再生手続は適法に開始されたものであり、上記認可決定に民事再生法174条2項1号（平成16年法律第76号による改正前のもの、以下同じ）の事由があると認めることはできないとして、抗告を棄却した。①第1次再生手続における抗告審の再生計画不認可決定は、官報広告により確定しており、本件再生手続の開始申立てにより手続が競合したとはいえないから、民事再生法39条に違反しない。②民事再生法は、再生計画不認可決定が確定した場合、裁判所の職権による破産宣告ができると規定するが（同法16条1項）、再度の再生手続開始の申立てを禁止しておらず、再生債務者が再生債権者と意見を調整し、新たな再生計画のもとで再生手続を進めることが法の趣旨に反するということはできない。

(3) Xが、一事不再理の法理及び民事再生法172条の4による厳格な制限を根拠に、事情の変更のない再度の民事再生手続開始の申立ては違法であるとして、抗告の許可を申し立てた。

(4) 本決定は、「原審の判断は正当として、是認できる」として、許可抗告を棄却した。一事不再理は、二重の処罰の禁止という憲法39条に基づく刑事手続特有の法理である。仮に、これを既判力（又はこれに類する拘束力）という趣旨であるとしても、第1次再生手続で審理の対象とされた再生計画と本件再生手続の再生計画とは、その内容も手続経過も別個の対象であるから、前者の再生計画が債権者平

等原則に反するとして不認可決定されても、後者について再生計画の認可を妨げる根拠とはなり得ないと思われる。また、民事再生法172条の4の規定は、債権者集会手続を際限なく続行させることで手続が弛緩することを防止するためのもので、そのことをもって再度の再生手続開始の申立てを禁止する根拠とはならないと思われる。

2　担保権消滅許可決定

【37】16(許)30（△一小、平17・1・27、棄却。原審札幌高決平16・9・28、原々審札幌地決平16・5・28）

(1)　本件は、再生債務者Xが、X所有の不動産に設定されている相手方Y_1会社及びY_2銀行の担保権について、民事再生法148条1項に基づく担保権消滅の許可を申し立てた事案である。

(2)　Xは、裁判所に民事再生手続開始を申し立て、再生手続開始決定がされた。Xは、X所有不動産（本件不動産）について、処分価格は4250万円が相当であるとして、担保権消滅許可の申立てをした（民事再生法148条1項）。Y_2銀行は、X所有の2筆の土地（本件担保不動産1）及びその他の土地・建物（本件担保不動産2。本件担保不動産1及び2をあわせて「本件全担保不動産」という。）を共同担保として、債務者をY_1会社及びX、極度額8億円とする順位1番の根抵当権を有している。また、Y_1会社は、本件全担保不動産を共同担保とし、債務者をXとする債権額5億3750万円の順位2番の抵当権を有している。本件担保不動産2は、Xがゴルフ場として利用している一団の土地及び建物であり、本件不動産はその一部分である。Yらは、本件担保不動産2を一括処理することを強く求め、共同担保を構成する本件担保不動産2の一部である本件不動産のみにつき担保権が消滅すると担保価値が大幅に毀損されるから、本件申立ては権利の濫用であるとして争った。原々審は、本件不動産はXの事業継続に欠くことのできないものであるなどとして、本件申立てを許可する決定をした。原審は、Yらは、本件担保不動産2につき一体として担保価値を把握しており、本件申立てが許可されると本件残地部分の担保価値が大きく減少し、Yらは著しい不利益を被るから、本件申立ては権利濫用であって許されないとして、原々審の決定を取り消し、本件申立てを却下した。

(3)　Xが、共同担保不動産の一部についてのみ担保権消滅請求を行う場合、その対象となっていない不動産に減価が生じるときには権利の濫用であると解することは、民事再生法の明文にない要件を認めることにより共同担保不動産の担保権消滅請求権の行使を制限するもので、不当であるとして、抗告の許可を申し立てた。

(4)　本決定は、「原審の判断は、是認することができる」として、抗告を棄却した。担保権消滅の制度は、担保権者に対して目的財産の価額に相当する満足を与えることにより、再生手続開始当時当該財産の上に存する担保権を消滅させ、再生債務者の事業の継続に欠くことのできない財産の確保を図るという制度であり、担保権者の権利を不当に害するような申立てについては、申立権の濫用として許されないと

解する余地もあり得ると思われる。複数の不動産に共同担保が設定されている場合、一括して売却されることが実体法上保障されているわけではなく、複数の不動産の一部についてのみ担保権消滅請求の対象とすることも可能ではあるが、対象となる不動産の選択の仕方が恣意的であり、一部の不動産のみの担保権が消滅することによる担保価値の下落が大幅なものであるなどの事情があるときには、濫用的な申立てと解される余地もあろう。本件においては、本件不動産は、本件担保不動産2のうち、市道に接道する部分の多い部分であり、残地部分のみでは担保価値が大幅に下落することになること、Xは、本件の民事再生手続の申立てに先立ち、本件不動産部分を本件担保不動産2から分離するために、土地を分筆していることなどの事情があったようであり、本件の担保権消滅許可の申立てを却下すべきものとした原審の判断は是認されると思われる。

VI 家事審判法

1 相続放棄の申述

【38】17(許)12（△一小、平17・6・16、棄却。原審名古屋高決平17・3・7、原々審名古屋家審平16・9・3）

(1) 本件は、相続放棄申述却下決定に対する抗告を棄却した原決定に対し、許可抗告が申し立てられたものであり、民法915条1項所定の3か月の熟慮期間の起算点が争点の事案である。

(2) 被相続人Aは、平成5年5月19日に死亡し、相続が開始した。申述人Xは、Aの子である亡Bの代襲相続人である。Xは、A死亡の事実を、そのころに知った。Xは、平成5年12月19日、他の相続人との間で、Aの遺産について遺産分割協議を成立させた。その遺産分割協議書には、遺産となる不動産などが特定掲記され、借入金等債務についても、債権者及び金額が明らかにされている。この借入金の中には、後記のC銀行からの借入金も含まれている。Xは、平成6年2月18日、相続に係る借入金の債権者である金融機関に対し、他の相続人と連名で、債務の履行については相続人らがそれぞれ連帯して履行の責任を負う旨の念書を作成し、差し入れた。Xは、C銀行からの平成16年1月23日付け内容証明郵便により、Aの相続債務である借入金債務の残元本が28億円以上であることの通知を受け、同年4月9日、家庭裁判所に本件相続放棄の申述をした。原々審は、この申立てを却下した。Xは、C銀行からの通知により、本件相続財産が債務超過となっている可能性を初めて認識したのであり、熟慮期間は、上記通知の到達の日の翌日を起算点とすべきであるとして、即時抗告した。原審は、概要、次のとおり理由を述べて、即時抗告を棄却した。①民法915条1項所定の熟慮期間は、原則として、相続人が相続開始の原因たる事実及びこれにより自己が法律上相続人となった事実を知った時から起算すべきものであるが、相続人が上記各事実を知った場合であっても、そ

のときから3か月以内に相続放棄をしなかったのが、相続人において自己が相続すべき遺産がないと信じたためであり、かつ、そのように信じるについて相当な理由があると認められるときには、当該熟慮期間は、相続人が自己が相続すべき財産の全部又は一部の存在を認識した時又は通常これを認識しうべき時から起算すべきである。②これを本件についてみるに、Xは遅くとも遺産分割協議がされた平成5年12月19日ころにはAの積極及び消極財産の存在を認識していたものであり、自己が相続すべき遺産がないと信じたのではないことは明らかである。また、Xが、Aの遺産が債務超過の状況にないと信じたとしても、その信じたことについて相当な理由があるとは認められない上、そもそも、その当時、Aの遺産は債務超過の状態になかったと認められるのであるから、この点に誤信があったともいえない。

(3) Xが、原審の熟慮期間の起算点の判断について、法令違反があるなどとして抗告の許可を申し立てた。

(4) 本決定は、「原審の判断は正当として、是認できる」として、抗告を棄却した。

2 特別縁故者に対する相続財産の分与

【39】17(許)5（△三小、平17・5・20、棄却、家月57・11・52。原審福岡高決平16・12・28、原々審福岡家小倉支審平16・11・26）

(1) 本件は、相続人なくして死亡したAの叔母であるXが、法定の期間を約6か月経過して特別縁故者に対する相続分与申立て（本件申立て）をした事案である。

(2) A死亡後、Xは、Aに相続人のあることが明らかではないとして、家庭裁判所に相続財産管理人の選任を申し立て、これに基づき選任された相続財産管理人により相続財産管理業務が進行し、「相続権主張の催告」の官報公告がされた。上記催告期間内に相続権を主張する者はなかったが、Xは、上記催告期間満了後3か月内（民法958条の3第2項）に特別縁故者に対する財産分与申立てをすることなくこれを経過し、更に約6か月を経過して本件申立てをした。原々審及び原審とも、本件申立ては、申立期間経過により却下すべきものとした。

(3) Xが、許可抗告の申立てをした。

(4) 本決定は、「原審の判断は正当として、是認できる」として、抗告を棄却した。Xは、相続財産管理人選任の申立書に、特別縁故者として相続財産の分与を請求する予定である旨の記載があることをもって、特別縁故者に対して財産分与申立てをしたものと評価できること、相続財産管理人が残金相続財産を国庫に引き継いでいない間は、相続財産管理人に知れている特別縁故者に対しては財産分与をし得ると解すべきであることなどを主張するが、独自の見解であると思われる。

3 婚姻費用の分担に関する処分

【40】17(許)10（△一小、平17・6・9、棄却、家月58・3・104。原審福岡高宮崎支決平17・3・15、原々審宮崎家審平16・7・14）

(1) 本件は、別居中の妻が、夫に対して、婚姻費用の分担を求めた事案である。

(2) X（妻）とY（夫）は、夫婦であり、その間に長女（会社員）、長男（見習い）、次女（大学生）がある。Xは、家出をして実家に戻り、その後、借家に移って、以来Yとは別居している。Xは、Aと不貞の関係にあり、その後、X、Y、A及びAの妻との間で、XとAが一切の関係を絶つことなどを内容とする合意書を交わしたが、Xは、Aとの不貞関係を継続していた。Xは、慰謝料請求権等を被保全権利として、Yに対する不動産仮差押えを求める申立てをし、裁判所は、これを認める保全命令を発した。また、Xは、Yに対する離婚、財産分与及び慰謝料を求める訴えを提起し、第1審裁判所は、上記不貞の事実を認定した上で、離婚請求を認容し、慰謝料請求を棄却し、財産分与に基づき金員の支払を命じる判決を言い渡した。Xは、Yに対して、婚姻費用の分担を求める調停を申し立てたが、不成立により審判に移行した（本件事件）。Yは会社員であり、600万円余りの年収があるが、住宅ローンその他の負債があり、子らに対する仕送りも負担している。Xは、ピアノ教師、水泳コーチ、その後、生命保険会社の保険外交員をしていたが、自己都合により退職した。なお、Xは、適応障害と診断され、薬物療法などを受けている。原々審は、Xの不貞の事実を認めず、Yに対し、月5万円の支払を命じた。原審は、Xの不貞の事実を認め、これが婚姻関係の破綻の原因であるとした上で、次のとおり判示して、原々審判を取り消し、申立てを却下した。Xは、婚姻関係の破綻について有責配偶者であり、Yに対して、婚姻関係の破綻を理由に離婚訴訟を提起して離婚を求めており、自ら婚姻共同生活体が崩壊し、夫婦間の同居協力扶助義務が喪失したことを自認するに至っているから、このようなXが婚姻費用の分担を求めることは信義則に反して許されない。

(3) Xが、原決定には民法760条の解釈を誤った違法があるとして、抗告の許可を申し立てた。

(4) 本決定は、「原審の判断は、是認することができる」として、抗告を棄却した。

【41】16(許)7（△一小、平17・2・10、棄却。原審福岡高決平16・3・22、原々審福岡家小倉支審平15・10・27）

(1) 本件は、妻Xが、別居中の夫Yに対し、別居した日に属する月以降の婚姻費用分担を求める事案である。

(2) Yは、父が経営する会社の役員として勤務していた。XとYは、婚姻後、Yの父が所有する建物で居住していたが、Yは、会社に泊まることもあった。Xは、出産のため実家に戻り、平成13年8月5日長男を出産した。出産した頃から、XとYとの間でトラブルがあり、Xは、そのまま実家で暮らしている。なお、Xは、

平成14年10月以降、大学の実験助手のアルバイトとして月10万円余りの収入を得るようになった。Xは、平成14年1月10日、家庭裁判所に夫婦関係調整調停申立て（前調停）をし、同年3月7日、書面により平成13年7月以降月20万円の婚姻費用分担金の支払を求めた。その後、調停は不成立で終了した。Xは、平成14年10月30日、同家庭裁判所に婚姻費用分担調停を申し立てた（本件調停）が、平成15年6月10日調停不成立となり、直ちに審判手続に移行した。Xは、婚姻費用分担義務の始期について、請求時ではなく、扶養要件充足時（平成13年8月）とすべきであると主張した。原々審は、婚姻費用分担義務の始期について、前調停において、Xが請求した日が属する月（平成14年3月）と定めるのが相当であるとした。X及びYの双方が、即時抗告をした。原審は、Xの抗告を棄却し、Yの抗告に基づき、婚姻費用分担義務の始期について、Xが本件調停を申し立てた日が属する月（平成14年10月）と定めるのが相当であるとした。原決定の要旨は次のとおりである。婚姻費用分担に関して、家事審判法上の乙類審判事項として家裁の裁判の対象となるのは、同審判が将来に対する形成処分であるから、審判申立時以降の将来における婚姻費用分担を予定していると解される。本件では、家事審判法26条1項により、調停申立て時に審判申立てがあったものとみなされる。

(3) Xが、原決定を不服として、抗告の許可を申し立てた。

(4) 本決定は、「本件事実関係の下において、婚姻費用分担の始期を平成14年10月とした原審の判断は、結論において是認することができる」として、抗告を棄却した。民法760条は、請求の対象となる婚姻費用の期間について規定していない。そのため、家裁が審判時よりも過去にさかのぼって婚姻費用の分担に関する処分をすることができるのかについて争いがあったが、最大決昭40・6・30民集19・4・1114、判時413・10は「家庭裁判所が婚姻費用の分担額を決定するに当たり、過去に遡って、その額を形成決定することが許されない理由はなく、所論の如く将来に対する婚姻費用の分担のみを命じ得るに過ぎないと解すべき何らの根拠はない。」と判示した。しかし、家裁が過去のどの時点までさかのぼって婚姻費用の分担額を形成決定することができるか、また、すべきかについては、明らかではない。この点について、審判申立時を婚姻費用分担の始期とする裁判例も少なくなく、原決定もこれによったものと思われる。本決定は、本件事例においては、原審の判断は違法とまではいえないとして、結論において是認したにとどまるものと思われる。

4 子の監護者の指定及び子の引渡し

【42】17(許)28（△一小、平17・9・15、棄却、家月58・4・90。原審札幌高決平17・6・3、原々審札幌家苫小牧支審平17・3・17）

(1) 本件は、子の監護者の決定について、原決定の当否が問題となった事案である。

(2) X（妻）とY（夫）は婚姻して、A（未成年者）を出生した。XとYとの間

には、その他に子はない。Yは、実家が経営する会社で働いていた。Xは、Aが出生した後は、同会社を手伝うほか、専らAの世話に当たってきた。食事の世話等、Aの世話は、ほとんどXがしていた。Xは、Yの浮気を疑い、Aを連れて実家に戻り、それ以来、Aと別居している。実家に戻った後、Xは、X立会いの上で、AをYに何回か面接させた。X、A及びXの母は、買い物に出かけ、XのAの母がAを抱いて菓子店に入ると、Yが現れ、Aを抱かせてくれるように求めた。Xの母は、これを拒否したところ、Yは、Aを奪って、抱きかかえた。Xの母は、Yのベルトをつかんで離さなかったため、大騒ぎとなり、近くの派出所に移動して話し合いを続けたが、Yは、泣き叫ぶAを抱えたまま離さず、女性警察官から諭されても一切応じず、3時間余り押し問答が続いた。Yは、Aを連れて帰り、Yの母に会わせたいと強く主張したため、Xは、YがAを連れて帰ることを認めた。翌日、XがYに電話をして、Aを引き取りに行く旨を伝えたところ、Yはこれを拒み、それ以来、Aを引き渡していない。Xは、一度も、Aに会うことができないでいる。Xは、子の監護者の指定及び子の引渡しを求めて調停を申し立てたが、不成立となり、審判に移行した。それが本件である。Xは、実家において、Xの実母及び兄と生活しており、店員としてパートタイマーとして働いている。Xの母は、離婚した夫から財産分与で得た預貯金を有している。Yは、Yの母及び弟と生活しており、Aは幼稚園に通園している。原々審は、Aの監護者をXと定め、Yに対して、AをXに引き渡すように命じた。YがこれをXを不服として即時抗告した。原審は、YがAを監護している状況は、XのAに対する監護権を侵害する違法状態であるとして、抗告を棄却した。

(3) Yが、原決定の法令違反等を主張して抗告の許可を申し立てた。

(4) 本決定は、「原審の判断は正当として、是認できる」として、抗告を棄却した。Aは、出生以来、Yが連れ去るまで、約2年にわたって、Xが世話をしてきており、その養育には問題がないのに対し、Yは、Xの母からAを奪い取り、Aを連れて行きながら戻さなかったことなどが考慮されて、原審の決定が維持されたものと考えられる。本件は、子の監護者の決定という個別事案の判断が問題となった事案であり、許可には検討の余地もあるように思われる。

5 親権者の変更及び子の引渡し

【43】17(許)29（△二小、平17・9・30、棄却。原審仙台高決平17・6・24、原々審仙台家石巻支審平17・5・20）

(1) X（もと妻）とY（もと夫）は、夫婦であったが、離婚訴訟において、Xからの離婚請求が認容され、上記両名の子の親権者をXとする判決が確定した。その後、Yが子の親権者変更を求める申立てを、Xが子の引渡しを求める申立てをした事案である。

(2) XとYは、昭和60年に婚姻届をした夫婦であり、平成5年、両名の間に子Aが出生した。Xは、平成14年1月に家庭裁判所に離婚調停を申し立てた。Aは、

当初、Xとの同居を希望し、近隣のB小学校に転校した。ところが、Yの強い要請により、平成14年春ころ以降、AはYと週末を過ごすようになり、その際、頭痛を訴えたり、X宅に帰宅したくないなどと述べるようになった。Yは、一方的に、AをC小学校に転校させることを決め、以後、Aは、B小学校に学籍を残したまま、Y宅からC小学校に通学し、Xとは交流がない状態が続いている。離婚調停が不成立となり、Xは、平成14年8月、地方裁判所に離婚請求を提起した。同裁判所は、平成15年2月、Xの離婚請求を認容し、Aの親権者をYとする判決を言い渡した。Xは、これを不服として控訴し、高裁は、1審判決を変更しAの親権者をXとする判決（別件控訴審判決）を言い渡した。その後、Yが上告及び上告受理申立をしたが、上告棄却、上告不受理決定がされて、別件控訴審判決は確定した。Xは、平成16年2月19日、Aの引渡しを求めて、人身保護請求をし、C小学校を訪れてAに面会しようとしたが、Aが面会をいやがったため、面会することができなかった。Yは、平成16年3月16日、Aの親権者をXからYに変更する審判を求める申立をした。Xの申立てに係る人身保護請求につき、裁判所は、平成16年6月6日、Aが自由意思に基づきYの下にとどまる意思を表明しているとしてこれを棄却し、その後確定した。Xは、平成16年8月12日、Aの引き渡しを求める審判を申し立てた。原々審は、その後の事情の変化などからすると、Aの意思を尊重して親権者をXからYに変更することが「子の利益のために必要」（民法819条）であるとして、Aの親権者をYに変更するとともに、Xの子の引渡請求を却下する旨を決定した。Xは、これを不服として即時抗告したが、原審は、概ね原々審と同様の判断をして抗告を棄却した。

(3) Xが、Aの意向を重視してYに親権者を変更した原決定には、民法819条6項の解釈を誤った違法があるとして、抗告の許可を申し立てた。

(4) 本決定は、「原審の判断は正当として、是認できる」として、抗告を棄却した。本件においては、Aの意向以外に、XとYにおいて格別親権者としての適格性に優劣があるというような事情は見当たらず、諸般の事情を総合考慮して、親権者をYに変更することが子の福祉に適うとした原審の判断は相当と思われる。本件は、親権者の変更の是非という個別事案の判断が問題になった事案であり、許可には検討の余地もあるように思われる。

6 財産の分与に関する処分

【44】17(許)2（△三小、平17・3・8、棄却、家月57・6・162。原審仙台高決平16・11・26、原々審仙台家審平16・10・1）

(1) 本件は、Xの財産分与を求める調停の申立てが離婚後2年を経過して行われた事案である。

(2) X（もと夫）は、相手方Y（もと妻）を被告として、実質的に財産分与を目的とする貸金等請求訴訟を提起したが（別件訴訟）、平成16年1月30日、Xの請求棄却の判決が確定した。Xは、平成16年7月1日、財産分与を求める調停を申

Ⅵ 家事審判法

し立て、次のとおり主張した。(i)民法768条2項ただし書の規定は、時効期間を定めるものである。(ii)Xは、別件訴訟において、平成13年3月8日から平成16年1月30日まで、実質的に財産分与を請求していたものであり、別件訴訟の係属をもって、民法153条の催告が継続していたと評価することができる。Xは、その後、6か月以内の日である同年7月1日に、財産分与を求める調停を申し立てたのであるから、Xの財産分与請求権は時効消滅していない。原々審、原審は、民法768条2項のただし書の規定は、除斥期間を定めるものと解すべきであり、また、別件訴訟の提起をもって財産分与請求権の行使とみることはできないとして、Xの申立を却下した。

(3) Xが、原決定には、民法768条2項ただし書の解釈適用を誤った法令違反があるとして、抗告の許可を申し立てた。

(4) 本決定は、「原審の判断は、正当として是認することができる」として、抗告を棄却した。民法768条2項ただし書の規定は、除斥期間を定めるものと解するのが通説のようである。原審は、この通説の考えに沿って判断したもので、相当であると思われる。

7 遺産の分割に関する処分

【45】17(許)14（◎三小、平17・10・11、破棄・差戻、民集59・8・2243、判時1914・80。原審大阪高決平17・2・28、原々審和歌山家審平16・8・30）

(1) 本件の争点は、①被相続人Aの遺産分割が未了の間にAの相続人の1人であるその妻Bが死亡し、A及びBいずれの相続人であるAB間の子らのうちの1人から申し立てられたA及びBそれぞれの遺産分割審判事件において、Aの遺産についてのBの相続分は、Bの遺産に当たらないといえるか、②Aの遺産についてのBの相続分は、遺産分割を要することなく、当然に子ら（再転相続人）にそれぞれ法定相続分に従って承継され、その承継においては民法903条の適用はなく、子らがBから受けた特別受益は考慮されないのか、という点である。

(2) 原々審は、Bの相続に関して、Aの相続に関してBが取得したAの遺産についての相続分（B相続分）は、分割の対象となる遺産として取り扱った。原決定は、B相続分について、概要、次のとおり判示し、他に、Bには分割の対象となる遺産はないから、Bに係る遺産分割審判の申立ては不適法であるとして却下した。B相続分は、Aの相続において遺産を取得できるという抽象的な法的地位であって、遺産分割の対象となり得る具体的財産ではなく、遺産分割によらないでその相続人に当然に承継される。そして、Aの遺産に関する遺産分割においては、B相続分は遺産分割によらないで当然に民法900条所定の割合によりBの相続人に承継され、かつ、この承継には同法903条の適用はないから、Bからの特別受益は考慮する余地がない。

(3) Xが、原決定には遺産分割に関する法令の解釈の誤りがあると主張して、抗告の許可を申し立てた。

(4) 本決定は、「遺産は、相続人が数人ある場合において、それが当然に分割されるものではないときは、相続開始から遺産分割の間、共同相続人の共同に属し、この共有の性質は、基本的には民法249条以下に規定する共有と性質を異にするものではない（最三小判昭30・5・31民集9・6・793、最二判昭50・11・7民集29・10・1525、最一小判昭61・3・13民集40・2・389参照）。そうすると、共同相続人が取得する遺産の共有持分権は、実体上の権利であって、遺産分割の対象となるというべきである」と判示して、本件について「Bは、Aの相続の開始と同時に、Aの遺産について相続分に応じた共有持分権を取得しており、これはBの遺産を構成するものであるから、これをBの共同相続人であるX及び相手方らに分属させるには、遺産分割手続を経る必要があり、共同相続人の中にBから特別受益に当たる贈与を受けた者があるときは、その持戻しをして各共同相続人の具体的相続分を算定しなければならない」として、原決定を破棄し、本件を原審に差し戻した。

Ⅶ その他

1 行政事件訴訟法

【46】16(行ｲ)5（◎三小、平17・3・29、破棄・自判、民集59・2・477、判時1890・43。原審東京高決平16・7・30、原々審長野地命平16・5・6)

(1) 本件は、貼用印紙の不足を理由に訴状一部却下命令を受けたXが、これに不服で抗告をしたところ、抗告を棄却する原決定がされたので、抗告の許可を申し立てた事案である。

(2) Xは、固定資産評価審査委員会に対し、X所有の21棟の建物につき固定資産課税台帳登録価格の審査を申し立てたが、棄却する旨の審査決定（以下「本件審査決定」という。）を受けた。Xは、固定資産評価審査委員会を被告として、固定資産課税台帳登録価格のうち、Xが主張する適正価格を超える部分の取消しを求めて、本件行政訴訟を提起した。Xは、本件行政訴訟の訴額を算定するに当たり、1棟ごとに請求の価額を計算し、これを合算した金額を訴額として貼用印紙額を算定し、訴状に同額の印紙を貼付した。これに対し、第1審裁判所裁判長は、1棟ごとの請求の価額について、それぞれ貼用すべき印紙額を計算すべきであり、Xが貼付した印紙の額は一部の物件に充当されるものとして、不足分について、補正命令を発し、追納を命じた。しかし、Xが追納しなかったので、第1審裁判所裁判長は、印紙額が充当されなかった物件について、訴状を却下した。原決定は、①Xは21棟の建物について審査の申出をし、これを棄却した決定の取消しを求める趣旨であり、本件は21件分を1通の訴状に記載したものと解される、②行政事件訴訟法16条1項（平成17年法律第82号による改正前のもの、以下同じ）は、取消訴訟を提起する場合、これと関連請求の関係にない訴えについては、併合することを許容しない趣旨と解される、③したがって、1通の訴状により取消訴訟とこれと関連請求

の関係にない訴訟等を提起しても民訴法9条1項本文の適用はないから、原則にもどって、各個の訴訟の目的の価額により算出された手数料を納付すべきであるなどとして、抗告を棄却した。
(3) Xが、行政事件訴訟法13条の解釈の誤り等を理由として、抗告の許可を申し立てた。
(4) 本決定は、①は正当として是認したが、「本件訴訟に係る各請求の基礎となる社会的事実は一体としてとらえられるべきものであって密接に関連しており、争点も同一であるから、上記各請求は、互いに行政事件訴訟法13条6号所定の関連請求に当たるものと解するのが相当である。したがって、上記各請求に係る訴えは、同法16条1項により、これらを併合して提起することができるものというべきである。このように解することが、審理の重複や裁判の矛盾抵触を避け、当事者の訴訟提起・追行上の負担を軽減するとともに、訴訟の迅速な解決にも役立つものというべきである」と判示して、原決定を破棄し、第1審裁判所裁判長がした訴状一部却下命令を取り消した。

【47】16(行ツ)7（〇二小、平17・6・24、棄却、集民217・277、判時1904・69。原審東京高決平16・10・5、原々審横浜地決平16・6・23）
(1) 本件は、Y市は、建築基準法6条の2第1項の指定を受けた指定確認検査機関であるAのした上記建築確認につき行訴法21条1項の「当該処分又は裁決に係る事務の帰属する国又は公共団体」に当たるか否かが争われた事案である。
(2) Aは、Bが建築を計画していた建築物につき建築確認をした。Xらは、上記建築物の周辺に居住する者であるが、景観利益等の侵害を主張して、Aを被告とする建築確認の取消しの訴えを提起した。Xらは、上記事件の係属中に上記建築物の完了検査が終了し、上記事件の訴えの利益が消滅したことから、行訴法21条1項に基づき、上記事件をYに対する損害賠償請求に係る訴えに変更することを許可するように申し立てた。これが、本件の原々審である。原々決定は、Xらの申立てをいずれも認容し、上記事件をYに対する損害賠償請求に係る訴えに変更することを許可した。Yから抗告があり、原決定は、「指定確認検査機関の建築確認事務は、地方公共団体に帰属し、指定確認検査機関は、その機関として事務を処理するものであって、上記建築確認に係る事務が帰属するのはYである」として、Yの抗告をいずれも棄却した。
(3) Yが、抗告の許可を申し立てた。
(4) 本決定は、「指定確認検査機関の確認に係る建築物について確認をする権限を有する建築主事が置かれた地方公共団体は、指定確認検査機関の当該確認につき行政事件訴訟法21条1項所定の「当該処分又は裁決に係る事務の帰属する国又は公共団体」に当たるというべきであって、Yは、本件確認に係る事務の帰属する公共団体に当たる」として、抗告を棄却した。

【48】17(行ツ)1 (△三小、平17・2・22、棄却。原審東京高決平16・11・26、原々審東京地決平16・9・22)

(1) 退去強制令書の収容部分の執行により被収容者が受ける損害について、これを避けるため行政事件訴訟法（平成16年法律第84号による改正前のもの。以下同じ。）25条2項に規定する「緊急の必要」があるかどうかが問題となった事案である。

(2) Xは、出入国管理及び難民認定法24条4号ロの退去強制事由に該当するとの容疑により、同法39条に基づく収容をされた上、東京入国管理局主任審査官Yから、退去強制令書を発付された（本件退令発付処分）。Xは、本件退令発付処分の取消し等を求める本案事件の訴えを提起し、併せて、本件退令発付処分に係る執行（収容部分及び送還部分）の停止を求める本件申立てをした。原々審は、本件退令発付処分に係る執行（収容部分及び送還部分）を第1審判決の言渡しの日から起算して15日後まで停止する限度で本件申立てを認容した。Yがこれを不服として即時抗告をした。原審は、Xの妻子は、Xが収容された後も飲食店の営業を継続している上、仮に営業の継続が困難となっても、公的扶助制度の利用等を考慮すると、内縁の妻らの生活が直ちに困難となるとはいい難いから、現時点において回復困難な損害を避けるための緊急の必要があるとは認められないとして、原々決定中収容部分を停止した部分を取り消し、この部分に係る申立てを理由がないとして却下した。

(3) Xが、原決定は「回復困難な損害の現実化」を執行停止の要件とするものであり、行政事件訴訟法25条2項の解釈適用を誤ったものであるとして、抗告の許可を申し立てた。

(4) 本決定は、「本件事実関係の下では、本件退去強制令書発付処分の収容部分の執行により抗告人が被ると主張する損害について、これを避けるため上記執行を停止すべき緊急の必要があるものということはできない。これと同旨の原審の判断は、正当として是認することができる。」として、抗告を棄却した。損害を避けるため「緊急の必要がある」（行政事件訴訟法25条2項）とは、執行停止を現在直ちにしなければならないだけの必要性があることをいうものであると解され、回復困難な損害が発生する可能性が認められただけでは、それを避けるための「緊急の必要がある」とはいえないと考えられる（藤田耕三ほか「行政事件訴訟法に基づく執行停止をめぐる実務上の諸問題」54頁）。本決定も、このような考え方に沿った判断をしたものと思われる。

【49】17(行ツ)6 (△二小、平17・10・7、棄却。原審東京高決平17・7・15、原々審東京地決平17・4・26)

(1) 本件は、行政事件訴訟法25条2項の「処分…により生ずる重大な損害を避けるため緊急の必要がある」か否かが争われた事案である。

(2) Xは、産婦人科を専門とする医師であり、夫であるAが理事長を務める医

療法人が開設していた産婦人科病院の院長であったものである。同病院の患者は、X、A及び同病院の勤務医であった者等に対し、無資格医療に基づくでたらめな治療行為により損害を被ったと主張して、その賠償を求める訴えを提起した。上記病院の患者は、Xを傷害罪で告訴したが、不起訴処分がされ、Xは、産婦人科医院を開設し、医業を再開した。裁判所は、Xが慎重な検討をすることなく手術適応とならない病態でない患者3名に対して子宮摘出手術等を、不妊症と診断していない患者1名に対して不妊症の治療をそれぞれ行ったなどと認定し（本件行為）、X、A及び上記病院の勤務医であった者の不法行為責任を認めて、賠償金の支払を命ずる判決を言い渡した。X及びAの破産管財人は控訴をしなかったが、上記病院の勤務医であった者は控訴をした。高等裁判所は控訴を棄却する判決を言い渡し、この判決は確定した。Yは、医道審議会の答申に従い、本件行為が医師法4条4号の「医事に関し…不正の行為」に該当することを理由として、同法7条2項に基づいて、Xに対し、医師免許を取り消す旨の処分（本件取消処分）をした。Xは、Yに対し、本件取消処分の取消しを求める訴え（本案）を提起するとともに、行政事件訴訟法25条に基づいて、本件取消処分の効力の停止を求めた。これが、本件の原々審である。原々決定は、本件申立てを却下した。Xから抗告があり、原決定は、本件申立ては理由がないから却下すべきものであるとして、抗告を棄却した。

(3) Xが、抗告の許可を申し立てた。

(4) 本決定は、「本件事実関係の下においては、所論の点に関する原審の判断は、正当として是認することができる」として、抗告を棄却した。本件においては、Xがしていた診療行為は余人をもって代え難いものではなく、Xに代わって診療行為をする医師を手配すれば上記産婦人科医院を再開し倒産を免れることができることなどから、本件取消処分により生ずる重大な損害を避けるため緊急の必要があるということはできないとされたものと思われる。

2 商 法

【50】17(許)13（△一小、平17・5・30、棄却。原審東京高決平17・3・15、原々審東京地決平17・2・9）

(1) 本件は、Y会社の株主であるXが、Y会社に対し、株式会社の監査等に関する商法の特例に関する法律（商法特例法。なお、平成17年法律第87号により廃止される前のもの。）18条の3第2項、商法260条ノ4第6項（平成17年法律第87号による改正前のもの、以下同じ）に基づき、監査役会議事録の閲覧謄写の許可を求めた事案である。

(2) Xは、Y会社の次回定時株主総会における質問の準備として必要であると主張して、監査役会発足後現在までに開催されたすべての監査役会の議事録の閲覧及びそのうち監査役監査要綱等の制定と改正の履歴を確かめ、最近の監査役監査に適用された内容及び最新の内容を確認するのに必要な議事録を選んで謄写することの許可を求めた。原々審及び原審とも、Xの主張を認めて、最近の監査役監査に適用

された監査役監査要綱等が制定された際の監査役会議事録を閲覧謄写することの限度で申請を許可した。原決定の理由の要旨は、次のとおりである。Xは、次回総会において、監査役に対し、その監査の内容について質問するために、監査役がどのような基準に従って監査を行ったのか、その基準がどのようにして制定されたものであるかを知ることが必要である。

(3) Yが、概要、次のとおり主張して、商法260条ノ4第6項の「株主の権利行使のために必要があるとき」との要件の解釈に誤りがあるとして、抗告の許可を申し立てた。①株主総会における株主の質問権は、株主総会の席上で初めて具体的に行使できる権利であり、監査役会議事録の閲覧謄写の根拠とはならない。②本件閲覧謄写許可申請は、株主の質問権の範囲を明らかに超えるものである。

(4) 本決定は、「原審の判断は正当として、是認できる」として、抗告を棄却する。商法260条ノ4第6項の「権利」は、自益権、共益権を問わず、およそ株主の権利すべてを含むと解されており、株主の質問権がこれに含まれることに問題はないと思われる。また、商法260条ノ4第6項、第7項は、企業秘密の漏洩等をおそれての議事録の形骸化や、総会屋等による悪用の弊害が指摘されていたことから、閲覧謄写に一定の要件を設けるとともに裁判所の許可にかからしめることにより、これらの弊害を防止しようとする趣旨で設けられたものである。本件は、上記のような商法260条ノ4第6項、7項の趣旨に照らし、許可を与えた原審の判断が正当として是認されたものであろう。

3　市町村長の処分に対する不服申立て

【51】17(許)25（△一小、平17・11・24、棄却。原審大阪高決平17・5・20、原々審神戸家明石支審平16・8・12）

(1) 夫の精子と第三者Aから提供を受けた卵子を用いて体外受精し、第三者Bが出産した、いわゆる代理懐胎により出生した子について、妻との間で母子関係が認められるかが争点となった事案である。

(2) 日本人夫婦（夫X_1、妻X_2）の依頼により、X_1の精子と外国人女性Aから提供された卵子を用いて実施された体外受精、体内着床術により、別の外国人女性Bにより分娩された子について、Xらが、市長に対して、同人らを父母とする出生届をしたところ、同市長は、本件子とX_2との間に母子関係が認められないとして不受理処分をした（本件処分）ので、Xらが戸籍法118条に基づいて出生届の受理を命ずることを申し立てた。なお、Xらは、Bが本件子を懐胎中に、B及びその夫を被告として、外国の裁判所に本件子との父子関係及び母子関係の確認を求める訴えを提起したところ、同裁判所は、X_1を本件子の法的なそして遺伝学的な父であり、X_2を法的な母親であるとする旨の判決を言い渡した。原々審及び原審とも、X_2と本件子との間に母子関係があるとは認められず、これを理由としてされた本件処分は適法であるとして、本件申立てを却下した。原決定の要旨は次のとおりである。分娩の事実により母子関係を決するという従前の基準は、生殖補助医療の発

Ⅶ その他

展を考慮に入れてもなお維持されるのが相当であって、少なくとも、生殖補助医療により出生した子の親子関係について特別の法制が整備されていない本件子の出生時においては、その例外を認めるべきではないと解するのが相当である。

(3) Xらは、本件子の法律上の母は、親になることを意図したX$_2$と解するべきであり、原決定には法令解釈の誤りがあるなどとして、抗告の許可を申し立てた。

(4) 本決定は、「原審の判断は、是認できる」として、抗告を棄却した。現行民法上、嫡出推定及び嫡出否認の制度の前提となる嫡出母子関係は、子の懐胎及び出産の事実から発生し、子を分娩出産した者が法律上の母であることは当然のことと考えられてきた（民法772条）。また、非嫡出母子関係については、条文上は、認知を要すると規定されているが（民法779条）、判例（最二小判昭37・4・27民集16・7・1247）及び学説上、父子関係と異なり、母子関係は原則として母の認知という意思の要素を介在せずに、分娩という客観的な事実により、当然に、発生すると解されてきた。ところで、生殖補助医療技術の発達に伴い、従前の判例、学説の想定していなかったであろう、不妊夫婦の妻に代わって妻以外の女性に懐胎・出産してもらう代理懐胎や、妻以外の者から提供された卵子を用いた体外受精などにより子が出生するという事態が生ずることになった。このような場合にも、従前の判例、学説の考えがそのまま妥当するのかが問題となる。本件は、第三者から提供された卵子を用いた代理懐胎であり、X$_2$は、懐胎・出産も、卵子の提供もしていないという事案であって、X$_2$と本件子との間に母子関係があるとは認められないとした原審の結論は相当なものと思われる。

平成18年度

福田剛久／溝上 真

I 民事訴訟法
1 裁判官の忌避【1】
2 特別代理人【2】
3 訴訟費用【3】【4】
4 証言拒絶【5】【6】
5 文書提出命令【7】～【11】
6 上告【12】
7 再審【13】～【15】

II 人事訴訟法
移送【16】

III 民事執行法
1 競売取消し【17】
2 不動産競売申立て【18】～【20】
3 債権差押命令【21】～【23】
4 転付命令【24】
5 間接強制【25】
6 担保権の実行【26】

IV 民事保全法
仮処分【27】～【31】

V 破産法
免責【32】【33】

VI 民事再生法
1 担保権消滅許可決定【34】
2 再生計画認可決定【35】

VII 家事審判法
1 婚姻費用分担【36】～【38】
2 財産の付与に関する処分【39】
3 遺産の分割に関する処分【40】～【42】
4 名の変更【43】
5 保護者責任【44】
6 就籍届出の許可【45】
7 戸籍訂正の許可【46】
8 市町村長の処分不服申立て【47】

VIII その他
1 行政事件訴訟法【48】～【51】
2 非訟事件手続法【52】
3 配偶者からの暴力の防止及び被害者の保護に関する法律【53】【54】

はじめに

1　平成18年度における許可抗告の実情を紹介する。

新受件数は、平成10年が10件、平成11年が42件、平成12年が59件、平成13年が34件、平成14年が50件、平成15年が54件、平成16年が42件、平成17年は48件、平成18年は55件であった。一時減少したが、再度増加傾向にある。

各年中に決定された事件のうち最高裁判所民事判例集又は最高裁判所裁判集民事に登載されたものの数と割合を年度別にみてみると、平成10年は、2件中登載1件（50パーセント）、平成11年は、32件中登載6件（19パーセント）、平成12年は、51件中登載12件（23パーセント）、平成13年は、53件中登載12件（23パーセント）、平成14年は、42件中登載7件（17パーセント）、平成15年は、53件中登載9件（17パーセント）、平成16年は、44件中登載10件（23パーセント）、平成17年は、51件中登載11件（22パーセント）、平成18年は、54件中登載6件（11パーセント）であった。

2　許可抗告（民訴法337条）は、特別抗告（同法336条）と同様に、決定に対する本来の不服方法に加えて特に認められた不服方法であるが、特別抗告が憲法違反を抗告事由とするのに対して、許可抗告は、法令解釈に関する重要な事項を含む事件であると高等裁判所が認めて許可したことを申立ての要件とするものである。現行民事訴訟法で許可抗告制度が設けられたのは、民事執行法や民事保全法の制定等に伴い、決定で判断される事項に重要なものが増え、かなり重要な法律問題について高等裁判所の判断が分かれているという状況が生じていたので、最高裁判所の負担が過重にならないように配慮した上で、重要な法律問題についての判断の統一を図ろうしたものである（法務省民事局参事官室編「一問一答新民事訴訟法」374頁）。上告受理制度のように最高裁判所自らが受理するか否かの判断をする制度が採用されなかったのは、そのような制度を採用すれば最高裁判所の負担が過重になるおそれがあったためであり（ジュリスト増刊1999年11月「研究会新民事訴訟法」440頁〔柳田幸三発言〕）、その意味では、許可抗告の制度は、高等裁判所において、適切に許可の判断がされることを信頼して設けられた制度であるということができる。そして、最高裁判所が許可に値しないと判断したとしても、高等裁判所が許可した以上、最高裁判所は当該論点への応答をする負担を負うことになるのであるから、高等裁判所には、自らの判断に判例と異なる点がある場合又は真に法令解釈に関する重要な事項を含む場合に抗告を許可し、そのような場合でなければ許可しないという制度の趣旨に沿った運用が求められている。

許可抗告決定のうち最高裁判所民事判例集（民集）又は最高裁判所裁判集民事（集民）に登載されたものの割合は、冒頭に紹介したとおりであり、許可された事件のうち法令解釈に関する重要な事項を含んでいた事件は、5分の1程度にとどまっているということができる。許可された事件の中には、単なる事実認定に関す

る事項又は専ら受訴裁判所の訴訟上の裁量に属すると考えられる事項について許可をしたものも少なくなく、上記のような制度の趣旨に沿わない運用が多く見受けられる。そのような観点から、これまでも、「許可抗告事件の実情」において次のような指摘を繰り返してきたが、本稿でも更にこれを指摘しておきたい。

(1) 法令解釈に関する見解が明らかである場合に、個別事件における事実認定、要件への当てはめの判断は、通常は、法令解釈に関する重要な事項とはいえない。

また、判例により示された解釈の実務上の運用にかかわる事項は、当該実務を担当する下級裁における事例集積にこそ意味がある場合が多い。このような場合、下級裁での事例集積、要件の類型化に関する実務的検討が十分にされていない段階で、個別事案に関する要件該当性の争いを法律審である最高裁判所に判断させることは、相当ではない。

(2) 判例がない論点について新解釈を展開した場合、その実務的検証、学説での批評等もなく、論点が未成熟な段階で、直ちに抗告を許可することに対しても一考の余地がある。決定、命令手続に関する論点について法律審の判断が示されれば、実務の運用が容易になるといえるが、判断材料の少ない段階で、しかも、簡易迅速な判断を求められる手続で法律審の判断を示すことには、実務の運用を硬直化するおそれがあることも否定できないからである。高等裁判所は、最高裁判所への抗告の相当性の判断を託されているのであるから、最高裁判所が現時点において当該論点について判断を示すことが相当かどうかという観点からも、許否の判断をすることが求められているといえよう。

(3) 論点自体としては法令解釈に関する重要な事項に当たるが、当該事案の解決に影響しない論点については、許可は不相当となるものと考えられる。許可抗告は、法令の解釈に関する重要な事項について、解釈統一の機能を有する特別な抗告であるが、当該事案の解決を目的とするものであることはいうまでもなく、抽象的な法令解釈のために許可することは、当事者を具体的事件の解決を離れた論争に巻き込むことになり、事案の解決を目的とする制度の趣旨に反するからである。

3 本稿は、溝上元最高裁判所調査官室付書記官が平成18年中に決定のあった許可抗告事件を整理したものである。

事件見出しに◎を付したものは**民集登載事件**、○を付したものは**集民登載事件**、△を付したものはいずれにも**登載**されなかったものである。

平成18年中の決定による既済件数54件のうち民集登載件数は6件、集民登載件数はなし、基本事件の種類としては民事訴訟事件15件、人事訴訟事件1件、民事執行事件10件、民事保全事件5件、破産事件2件、民事再生事件2件、家事審判事件12件、その他が7件であり、このうち、原決定が破棄されたものは3件であった。

なお、事案の概要等は、許可抗告事件の実情を紹介するのに必要な範囲で適宜省略し、事案の骨子のみを記載した。

掲載の順序は、原決定に関する手続法規ごとに分け、その中で、決定日の順に掲

載した。

I 民事訴訟法

1 裁判官の忌避

【1】 18(行フ)2（△二小、平 18・6・23、棄却。原審東京高決平 18・4・14、原々審千葉地決 18・2・7）

(1) 差戻し前の取消訴訟の訴えを却下した合議体の裁判長と差戻し後の同訴訟の合議体の裁判長が同一であることが、裁判の公平を妨げるべき事情があるときに該当するかが問題となった事案である。

(2) Xらは、Y県教育委員会に対し公文書の開示請求を行い、Yが非開示決定（旧決定）（処分根拠は旧条例 11 条 2、7、8 号）をしたため、取消訴訟（旧訴）を提起した。Yは、前記決定を取り消し、旧条例 11 条 2 号該当部分のみ非開示とし、その余を開示する決定をした（新決定）。Xらは、新決定に対する取消訴訟を提起し（新訴）、旧訴を取り下げた。A裁判長を含む合議体が、新訴は出訴期間経過後に提起されており不適法であるとして、訴えを却下する判決を言い渡した（第 1 審判決）。Xらが控訴し、控訴審は次のとおり判示して第 1 審判決を取り消し、事件を第 1 審に差し戻した。①Yは、新決定において旧決定の全部を取り消したが、旧条例 11 条 7 号及び 8 号の非公開部分を取り消すことで足りた。②Yが①のような処理をしていれば、Xらは請求の趣旨を変更するだけで足り、新たな訴えを提起する必要はなかった。したがって、Yが旧決定を全部取り消し、改めて新決定をしたことの妥当性には疑問の余地がある。③そうすると、旧訴は出訴期間の遵守に欠けるところはなかったのであるから、新訴についても出訴期間の不備はないというべきである。差戻し後の合議体はA裁判長を含むものであったことから、Xらは、A裁判官の訴訟指揮及び新訴の却下判決は、明らかにYに味方し、肩入れしており、その事実が、「通常人が判断して、裁判官と事件との関係から見て、偏ぱ・不公平な裁判がなされるであろうとの懸念を当事者に起こさせるに足りる客観的事情」ということができるとして、A裁判長の忌避を申し立てた。原々審は、本件忌避申立てを理由がないとして却下し、Xらが即時抗告を申し立てたが、原審も、第 1 審判決は、単に新訴の提訴が出訴期間を徒過したか否かについての判断をしたにとどまり、本案についての判断をしたものではないし、取消訴訟の出訴期間をめぐる解釈いかんが、直ちに当該行政処分の取消しの可否に関する忌避の原因となるものではないから、A裁判官が合議体の裁判長として第 1 審判決をしたことをもって、「裁判の公平を妨げるべき事情」があるとは認められないなどとして、Xらの抗告を棄却すべきものとした。

(3) Xらが、抗告の許可を申し立てた。

(4) 本決定は、「所論の点に関する原審の判断は、正当として是認することがで

きる。論旨は採用することができない。」と判示して、抗告を棄却した。上告裁判所が原判決を破棄した場合、原判決に関与した裁判官は、差戻しを受けた裁判所の裁判に関与することができない（民訴法325条4項）が、控訴審が原裁判を取り消した場合には同様の規定は置かれておらず、差戻し前の裁判官が差戻し後の事件の審理をすることを妨げる法令上の根拠は存在しない。控訴審のした差戻し判決にも前記規定を類推適用するべきであるという見解もあるが、①控訴審は続審であって、原審の訴訟資料を控訴審で新たに提出された資料も含めて判断する点において、上告審が控訴審までで確定した資料によってのみ判断するのとは基本的に訴訟構造を異にしていることからすると、前記の立法上の取扱いの差異も意識的なものとみられること、②実際上も、控訴審では必要的差戻し、すなわち、原審が不適法却下したものを取り消し、進んで実体審理をすべきことを理由として差し戻す場合がほとんどであり、原裁判に関与した裁判官にとっても新たな実体審理に入ることになるのであるから、特段公平な審理を危ぶむ必要はないこと（通説）から、前記規定を控訴審のした差戻し判決に類推適用するべきではないと思われる。

2 特別代理人

【2】18（許）26（△一小、平18・7・6、棄却。原審福岡高決平18・4・5、原々審熊本地決17・12・5）

(1) 病気療養中であり訴訟活動が事実上困難な基本事件の被告に代わって訴訟を追行するために、その配偶者が自らを特別代理人として選任されるよう求める申立てが、民訴法35条1項の要件を充たすか否かが問題となった事案である。

(2) Xは、境界確定請求事件（基本事件）の被告Aの夫であるが、Aが病気療養中であり、弁論期日に出頭するなどの訴訟活動が事実上困難であることを理由に、基本事件の係属裁判所（原々審）に、「訴訟追行人設定承認申立書」と題する書面を提出して、Aの代わりに自らが訴訟を追行することの承認を求めた。原々審は、この申立てを特別代理人選任の申立てと解した上で、Xの申立てを却下した。これに対し、Xが抗告を申し立て、原審も、本件は、Xが特別代理人に選任されるように申立てをしたものと理解されるとした上で、Xの申立ては、民訴法35条1項に定める特別代理人選任の要件を欠いていることは明らかであるとして、Xの抗告を棄却した。

(3) Xが、抗告の許可を申し立てた。

(4) 本決定は、「所論の点に関する原審の判断は、正当として是認することができる。論旨は採用することができない。」と判示して、抗告を棄却した。Xの申立てが認められないことは明らかであるから、本件は、許可抗告の申立てに法律解釈に関する重要な事項が含まれているかどうか疑問があり、抗告の許可が許可抗告の制度の趣旨に沿うものであるか検討の余地もあるように思われる（以下、このような場合、「許可には検討の余地もあるように思われる。」とのみ記述する。）。

3 訴訟費用

【3】18(許)22（△三小、平18・6・23、棄却。原審東京高決平18・3・22、原々審東京地決18・2・2）

(1) 訴訟上の救助の付与申立て事件において、本案について勝訴の見込みがないとはいえないかが問題となった事案である。

(2) Xは、不動産（本件不動産）の元所有者であったが、本件不動産に係る担保権の実行としての不動産競売事件（本件競売手続）の買受人として売却許可決定を得て代金納付したYに対し、本件競売手続開始の原因となった根抵当権の設定契約は無効であるから、Yが本件不動産の所有権を取得しないにもかかわらず不動産引渡命令を取得し、執行したことは不法行為に当たると主張して損害賠償を求めた（本案事件）。なお、本案事件については、Xは、当初Yが申し立てた不動産引渡命令に対して請求異議訴訟を提起したが、請求異議に伴う執行停止の申立てが却下され、その後、前記不動産引渡命令の執行が完了したため、前記請求異議の訴えを損害賠償を求める訴えに変更した。Xは、本件不動産に係る抵当権の設定契約は無効であり、この場合には、競売手続の買受人は競売物件の所有権を取得しないから、Xには、本案事件について勝訴の見込みがあるなどと主張して、訴訟上の救助の付与を申し立てた。原々審、原審とも、担保不動産競売では、代金の納付による買受人の不動産の取得については、担保権の不存在又は消滅によって妨げられない旨定められているから、買受人の代金納付によって、Xが本件不動産の所有権を喪失していることは明らかである。したがって、Xが、本件不動産の所有権を有していることを理由として、不動産引渡命令に対して民事執行法35条による請求異議の訴えを提起することは理由がない。Xは、請求異議を損害賠償請求に変更しているが、Xには、Yが本件不動産を取得したことを争うことが許されていないのであるから、Yが本件不動産を取得したことを理由として損害賠償を請求することができないことが原則である。そして、本件では、Xにおいて、損害賠償を求める根拠となる事実も、条文上の根拠も明らかにしていないから、主張自体失当というべきである。したがって、Xの請求は、いずれにしても勝訴の見込みがあると認めることはできないとして、Xの申立てを却下すべきものとした。

(3) Xが、抗告の許可を申し立てた。

(4) 本決定は、「所論の点に関する原審の判断は、正当として是認することができる。論旨は採用することができない。」と判示して、抗告を棄却した。民事執行法184条は、代金の納付による買受人の不動産の取得は、担保権の不存在又は消滅により妨げられないと規定する。本件については、Xが、買受人であるYの代金納付によって本件不動産に対する所有権を喪失していることは明らかであり、Xは、Yが本件不動産の所有権を取得したことを争い得ないのであるから、本案事件について勝訴の見込みがあるとは認められないであろう。

【4】 18(許)20（△一小、平18・7・6、棄却。原審東京高決平18・3・31）

(1) 控訴審における訴訟上の救助の付与申立て事件において、第1審で全部敗訴した控訴人らについては控訴審において勝訴の見込みがないとはいえないか、また第1審で一部勝訴した控訴人らについては仮執行金を得ていることから資力要件を欠くか、それぞれ問題となった事案である。

(2) Xらは、昭和62年4月1日の国鉄の分割・民営化の際、JR各社に採用されず、日本国有鉄道改革法15条により国鉄から移行した日本国有鉄道清算事業団（事業団）の職員となり、日本国有鉄道退職希望職員及び日本国有鉄道清算事業団職員の再就職の促進に関する特別措置法（再就職促進法）1条、日本国有鉄道清算事業団法1条2項に規定する「再就職を必要とする者」に指定されたが、平成2年3月31日までに再就職しなかった。そこで、事業団は、同年4月1日、日本国有鉄道清算事業団就業規則22条4号所定の「業務量の減少その他経営上やむを得ない事由が生じた場合」に当たるとして、Xらを解雇した（本件解雇）。Xらは、本件解雇は無効であるなどと主張して、事業団を承継したYを被告として雇用関係存在確認、未払賃金及び不法行為に基づく損害賠償の支払等を求める訴えを提起した（本案事件）。本案事件の第1審判決は、本件解雇は有効であるとしつつ、Xらが主張する不法行為のうち、国鉄がXらをJR各社の採用候補者名簿に記載せず事業団に振り分けた行為に基づく損害賠償請求について、X_1ないしX_5を除くその余のXらにつき1人当たり500万円の慰謝料及び遅延損害金の各支払を求める限度において認容したが、X_1ないしX_5については、JR各社の従業員の採用における採用基準に従って国鉄が採用候補者名簿に記載しなかったことは適法であるとして、請求をすべて棄却した。第1審判決に対し、Xら及びYがそれぞれ控訴した。Xらは、控訴状の「控訴の趣旨」記載の各請求に係る訴訟費用について、訴訟救助の付与を申し立てた。原審は、次のとおり判示してXらの申立てを却下した。①X_1ないしX_5の申立てについてみると、訴訟救助の要件である民訴法82条1項ただし書の「勝訴の見込みがないとはいえない」こと（勝訴の見込みの要件）について、第1審で全部敗訴した者が尽くすべき疎明の程度は、第1審の場合と同一ではなく、証拠関係からして、逆に、控訴審では勝訴の見込みがないとはいえないこと、第1審判決に含まれる事実上、法律上の瑕疵のため、同判決の取消しの蓋然性がなくはないこと、控訴審で提出する新たな主張が新たな証拠によって裏付けられることになり、勝訴の見込みがないとはいえないこと等を、具体的に明示して疎明しなければならない。X_1ないしX_5の請求については、第1審判決が同人らを除くXらについて認容した不法行為にかかる国鉄の不法行為責任すら否定して請求を全部棄却していること、第1審判決の理由説示に照らせば、第1審記録に加えて控訴理由を検討してみても、現段階においては、前記の各点の具体的疎明があるとはいえず、勝訴の見込みの要件を欠いている。②X_1ないしX_5を除くXら（一部勝訴のXら）の申立てについて、第1審判決の仮執行により既に1人当たり約886万円が支払われていること、本件控訴に必要な印紙貼付額が1人当たり30万円に満たな

いこと、控訴審における訴訟追行等のための費用がことさら多額に及ぶとはいえないことが一応認められ、前記仮執行金は、一部勝訴のXらが自由に処分し得るものであり、訴訟追行等に要すると見込まれる費用相当額までも残さずに費消したとの疎明はない。一部勝訴のXらは、民訴法82条1項所定の「訴訟の準備及び追行に必要な費用を支払う資力がない者又はその支払により生活に著しい使用を生ずる者」の要件を欠くものである。

(3) Xらが、抗告の許可を申し立てた。

(4) 本決定は、「本件事実関係の下においては、所論の点に関する原審の判断は、いずれも正当として是認することができる。論旨は採用することができない。」と判示して、抗告を棄却した。X_1ないしX_5の勝訴の見込みの要件については、証拠関係からして、逆に、第2審では勝訴の見込みがなくはないこと、第1審判決に含まれる事実上、法律上の瑕疵のため、上記判決の取消しの蓋然性がなくはないこと、控訴人が第2審で提出する新たな主張が新たな証拠によって裏付けられることにより、控訴人勝訴の見込みがないとはいえないことなどを具体的に明示して、これを疎明しなければならないとした裁判例（東京高決昭52・3・18判時851・185）があり、本決定もこの裁判例の趣旨に沿ったものと思われる。また、一部勝訴のXらの資力要件については、「申立人の資産・収入から必要な生活費を控除したうえで、当該訴訟に要すると考えられる裁判費用、調査費用、弁護士費用等の諸経費を支出することが可能かどうかを、全体的に判断する」べきであり、「仮執行金は、将来返還を要する可能性があっても、処分可能な資産として資力の有無の判断に当たり考慮される」（秋山幹男ほか「コンメンタール民事訴訟法Ⅱ（第2版）」113～114頁）。一部勝訴のXらには、1人当たり約886万円の仮執行金が支払われており、これが既に費消され、現時点で本案訴訟の準備等に必要な費用も残存していないとの具体的な疎明はなく、その費用を支払うことにより生活に著しい支障を生ずるとの疎明もないこと、控訴審では法律解釈や事実の法的評価を中心に審理されるものと見られ、個々の抗告人らが要する費用はさほどでもないと思われることから資力要件を欠くとした原決定の判断を支持したものと思われる。

4 証言拒絶

【5】18(許)19（◎三小、平18・10・3、棄却、民集60・8・2647、判時1954・34。原審東京高決平18・3・17、原々審新潟地決平17・10・11）

(1) 記者であった証人の取材源に係る証言拒絶について、取材源は民訴法197条1項3号の「職業の秘密」に属する（含まれる）か否か、属するとしても、証言拒絶が許されない場合があるか否か、証言拒絶が許されない場合があるとすれば、どのような場合かなどが問題となった事案である。

(2) A（放送局）は、Xらの関係する企業グループの日本における販売会社が所得隠しをし、日本の国税当局から多額の追徴課税を受けたなどの報道をした。Yは、その報道当時、記者として、A報道局社会部に在席し、同報道に関する取材

活動をした。Xらは、アメリカ合衆国の国税当局の職員が、日本の国税庁の税務官に対し、国税庁が日本の報道機関に違法に情報を漏えいすると知りながら、無権限でしかも虚偽の内容の情報を含む税務情報を開示したことにより、国税庁の税務官が情報源となって本件報道がされ、その結果、Xらが、株価の下落、配当の減少等による損害を被ったなどと主張して、アメリカ合衆国を被告として、アリゾナ州地区連邦地方裁判所に対し、損害賠償請求の訴えを提起した（本件基本事件）。本件基本事件の開示（ディスカバリー）の手続中、同連邦地方裁判所は、2国間共助取決めに基づく国際司法共助により、我が国の裁判所に対し、Yの証人尋問を実施することを嘱託した。この嘱託に基づき、Yの住所地を管轄する原々審においてYに対する証人尋問が実施されたが、Yは前記質問事項のうち、前記報道の取材源の特定に関する質問事項について、職業の秘密に当たることを理由に証言を拒絶した（本件証言拒絶）。原々審、原審とも、本件証言拒絶に正当な理由があるとすべきものとした。

(3) Xらが、抗告の許可を申し立てた。

(4) 本決定は、次のとおり判示して、抗告を棄却した。

民訴法は、公正な民事裁判の実現を目的として、何人も、証人として証言をすべき義務を負い（同法190条）、一定の事由がある場合に限って例外的に証言を拒絶することができる旨定めている（同法196条、197条）。そして、同法197条1項3号は、「職業の秘密に関する事項について尋問を受ける場合」には、証人は、証言を拒むことができると規定している。ここにいう「職業の秘密」とは、その事項が公開されると、当該職業に深刻な影響を与え以後その遂行が困難になるものをいうと解される（最高裁平成11年(許)第20号同12年3月10日第一小法廷決定・民集54巻3号1073頁参照）。もっとも、ある秘密が前記の意味での職業の秘密に当たる場合においても、そのことから直ちに証言拒絶が認められるものではなく、そのうち保護に値する秘密についてのみ証言拒絶が認められると解すべきである。そして、保護に値する秘密であるかどうかは、秘密の公表によって生ずる不利益と証言の拒絶によって犠牲になる真実発見及び裁判の公平との比較衡量により決せられるというべきである。報道関係者の取材源は、一般に、それがみだりに開示されると、報道関係者と取材源となる者との間の信頼関係が損なわれ、将来にわたる自由で円滑な取材活動が妨げられることとなり、報道機関の業務に深刻な影響を与え以後その遂行が困難になると解されるので、取材源の秘密は職業の秘密に当たるというべきである。そして、当該取材源の秘密が保護に値する秘密であるかどうかは、当該報道の内容、性質、その持つ社会的な意義・価値、当該取材の態様、将来における同種の取材活動が妨げられることによって生ずる不利益の内容、程度等と、当該民事事件の内容、性質、その持つ社会的な意義・価値、当該民事事件において当該証言を必要とする程度、代替証拠の有無等の諸事情を比較衡量して決すべきことになる。そして、この比較衡量にあたっては、次のような点が考慮されなければならない。すなわち、報道機関の報道は、民主主義社会において、国民が国政に関与する

につき、重要な判断の資料を提供し、国民の知る権利に奉仕するものである。したがって、思想の表明の自由と並んで、事実報道の自由は、表現の自由を規定した憲法21条の保障の下にあることはいうまでもない。また、このような報道機関の報道が正しい内容を持つためには、報道の自由とともに、報道のための取材の自由も、憲法21条の精神に照らし、十分尊重に値するものといわなければならない（最高裁昭和44年(し)第68号同年11月26日大法廷決定・刑集23巻11号1490頁参照）。取材の自由の持つ前記のような意義に照らして考えれば、取材源の秘密は、取材の自由を確保するために必要なものとして、重要な社会的価値を有するというべきである。そうすると、当該報道が公共の利益に関するものであって、その取材の手段、方法が一般の刑罰法令に触れるとか、取材源となった者が取材源の秘密の開示を承諾しているなどの事情がなく、しかも、当該民事事件が社会的意義や影響のある重大な民事事件であるため、当該取材源の秘密の社会的価値を考慮してもなお公正な裁判を実現すべき必要性が高く、そのために当該証言を得ることが必要不可欠であるといった事情が認められない場合には、当該取材源の秘密は保護に値すると解すべきであり、証人は、原則として、当該取材源に係る証言を拒絶することができると解するのが相当である。これを本件についてみるに、本件の報道は、公共の利害に関する報道であることは明らかであり、その取材の手段、方法が一般の刑罰法令に触れるようなものであるとか、取材源となった者が取材源の秘密の開示を承諾しているなどの事情はうかがわれず、一方、本件基本事件は、株価の下落、配当の減少等による損害の賠償を求めているものであり、社会的意義や影響のある重大な民事事件であるかどうかは明らかでなく、また、本件基本事件はその手続が未だ開示（ディスカバリー）の段階にあり、公正な裁判を実現するために当該取材源に係る証言を得ることが必要不可欠であるといった事情も認めることはできない。したがって、Yは、民訴法197条1項3号に基づき、本件の取材源に係る事項についての証言を拒むことができるというべきであり、本件証言拒絶には正当な理由がある。本決定は、民事事件において証人となった報道関係者が、民訴法197条1項3号に基づいて取材源に係る証言を拒絶することができるかどうかを判断する基準とともに、どのような場合に証言の拒絶が許容されるかについて、最高裁として初めての判断を示したものであり、実務の参考になるものと思われる。

【6】 18(許)29（△三小、平18・10・17、棄却。原審東京高決平18・6・14、原々審東京地決平18・3・14）

(1) 前記【5】と同様、記者であった証人の取材源に係る証言拒絶について、取材源は民訴法197条1項3号の「職業の秘密」に属する（含まれる）か否か、属するとしても、証言拒絶が許されない場合があるか否か、証言拒絶が許されない場合があるとすれば、どのような場合かなどが問題となった事案である。

(2) 前提となる事実及び抗告人らは、【5】と同様である。A（新聞社）は、【5】の報道と同様の内容の記事を新聞に掲載した。Yは、本件記事が報道された当時、

I 民事訴訟法

Aの新聞記者として、同記事に関する取材活動をした。【5】と同様にYの住所地を管轄する原々審においてYに対する証人尋問が実施されたが、Yは、本件記事の取材源の特定に関する質問事項について、職業の秘密に当たることを理由に証言を拒絶した。原々審は、取材源による新聞記者に対する秘密の漏えいが刑罰法令に違反する場合には、当該取材源の開示により生ずると予測される取材活動への悪影響は法的保護に値しないなどとして、証言の拒絶に正当な理由がないとした。これに対しYが原審に抗告した。原審は、取材源による秘密の漏えいが刑罰法令に触れることがあったとしても、そのことから直ちに取材源を秘匿する必要がないということはできないこと、いわゆる間接的な質問（直接取材源が誰かを問う質問ではなく、取材源の所属する組織名、取材源の数、取材源が信頼できる理由等を問う質問）に対しても、証言の拒絶が許されることなどを説示して、証言の拒絶に正当な理由があるとした。

(3) Xらが、抗告の許可を申し立てた。

(4) 本決定は、「原審の適法に確定した事実関係の下においては、相手方による証言の拒絶には正当な理由があるとした原審の判断は、是認することができる（最高裁平成18年(許)第19号同年10月3日第三小法廷・裁判所時報1421号登載予定参照）。論旨は採用することができない。」と判示して、抗告を棄却した。

5 文書提出命令

【7】17(許)39（◎二小、平18・2・17、棄却、民集60・2・496、判時1930・96。原審東京高決平17・9・30、原々審横浜地決平17・7・6）

(1) 銀行の本部から営業店長にあてて、融資一体型変額保険の勧誘による顧客獲得を推進するとの業務遂行方針を指示するなどした社内通達文書が、民訴法220条4号ニの「専ら文書の所持者の利用に供するための文書」（自己利用文書）に該当するか否かが問題となった事案である。

(2) 株式会社X（銀行）は、Yらに対し、消費貸借契約（本件取引）及び連帯保証契約に基づき貸金及び連帯保証金の返還等を求める訴えを提起した。本案訴訟において、Yらは、①本件取引は、融資一体型変額保険に係る融資契約により貸金債務を旧債務とする準消費貸借であり、錯誤により無効である、②融資一体型変額保険に係る融資契約は錯誤により無効であり、同契約に関してYらがXに支払った金員について、Yらは、不当利得返還請求権を有するところ、同請求権と貸金債務を対当額で相殺すると主張して争い、融資一体型変額保険の勧誘をXが保険会社と一体となって行っていた事実を証明するためであるとして、Xが所持する社内通達文書（本件文書）につき文書提出命令の申立て（本件申立て）をした。原々審は、民訴法220条4号によりYらの申立てを相当と認めて、Xに対し、本件文書の提出を命じた。Xが即時抗告をしたが、原審も本件文書は、民訴法220条4号ニ所定の「専ら文書の所持者の利用に供するための文書」に当たらず、本件申立てには理由があるとして、Xの抗告を棄却した。

(3) Xが、抗告の許可を申し立てた。

(4) 本決定は、ある文書が、その作成目的、記載内容、これを現在の所持者が所持するに至るまでの経緯、その他の事情から判断して、専ら内部の者の利用に供する目的で作成され、外部の者に開示することが予定されていない文書であって、開示されると個人のプライバシーが侵害されたり個人ないし団体の自由な意思形成が阻害されたりするなど、開示によって所持者の側に看過しがたい不利益が生ずるおそれがあると認められる場合には、特段の事情がない限り、当該文書は民訴法220条4号ニ所定の「専ら文書の所持者の利用に供するための文書」に当たると解するのが相当である（最二小決平11・11・12民集53・8・1787、判時1695・49）とし、「本件各文書は、いずれも銀行であるXの営業関連部、個人金融部等の本部の担当部署から、各営業店長等にあてて発出されたいわゆる社内通達文書であって、その内容は、変額一時払終身保険に対する融資案件を推進するとの一般的な業務遂行上の指針を示し、あるいは、客観的な業務結果報告を記載したものであり、取引先の顧客の信用情報やXの高度なノウハウに関する記載は含まれておらず、その作成目的は、上記の業務遂行上の指針等をXの各営業店長等に周知伝達することにあることが明らかである。」とした上で、「このような文書の作成目的や記載内容等からすると、本件各文書は、基本的にはXの内部の者の利用に供する目的で作成されたものということができる。しかしながら、本件各文書は、Xの業務の執行に関する意思決定の内容等をその各営業店長等に周知伝達するために作成され、法人内部で組織的に用いられる社内通達文書であって、Xの内部の意思が形成される過程で作成される文書ではなく、その開示により直ちにXの自由な意思形成が阻害される性質のものではない。さらに、本件各文書は、個人のプライバシーに関する情報やXの営業秘密に関する事項が記載されているものでもない。そうすると、本件各文書が開示されることにより個人のプライバシーが侵害されたりXの自由な意思形成が阻害されたりするなど、開示によってXに看過し難い不利益が生ずるおそれがあるということはできない。」としてXの抗告を棄却した。本決定は、最二小決平11・11・12の判示を引用し、いわゆる社内通達文書であって一般的な業務遂行上の指針等が記載されているという本件文書の特質を踏まえて、民訴法220条4号ニ所定の自己利用文書該当性についての判断を示したもので、実務に与える影響は大きいと思われる。

【8】 18(許)14（△一小、平18・5・22、棄却。原審福岡高決平18・2・6、原々審福岡地決平17・12・21）

(1) 文書提出命令の申立てを証拠調べの必要性がないとして却下した決定に対して、独立の不服申立てができるか否かが問題となった事案である。

(2) Xら（刑事施設の被収容者2名及び支援者）は、Y（国）に対して、面会や差入れを拒否されたなどとして、慰謝料の支払を求める訴訟を提起した（基本事件）。Xらは、基本事件の第一審において、国が所持する接見不許可処分取消等請

求事件（本件判決）の判決書について、その提出を求める文書提出命令の申立て（本件申立て）をした。本件申立ては、XらがYに対し、Yの準備書面において言及されていた本件判決の判決書の提出を求めたところ、Yが乙第1号証として本件判決の判決書の写しを提出したが、それには合計57箇所の墨塗りがされていたことから、墨塗りのしていない本件判決の判決書の提出を求めたものである。原々審は、口頭弁論期日において、「本件申立ては証拠調べの必要性がないので、これを却下する」旨の決定をし、口頭で告知した。この決定に対しXらが即時抗告を申し立てた。原審は、「文書提出命令の申立て（民訴法221条）は、証拠の申出（同法219条）の一方法であるところ、当事者が申し出た証拠に関する証拠調べの必要性の有無は、本案の受訴裁判所の裁量による判断に委ねられているから（同法181条1項）、その判断の当否について、本案の審理を離れて独立の不服申立てをすることはできない。当該判断が終局判決の結論に影響したとする場合には、上訴を提起し、上訴審における審理の際に判断を受けるべきである（同法283条）。」と説示して、Xらの即時抗告を却下した。

(3) Xらが、原決定には民訴法223条7項の解釈の誤りがあるとして抗告の許可を申し立てた。

(4) 本決定は、「所論の点に関する原審の判断は、正当として是認することができる。論旨は採用することができない。」と判示して、抗告を棄却した。証拠調べの必要性を欠くことを理由として文書提出命令の申立てを却下する決定に対しては、必要性があることを理由として独立に不服の申立てをすることはできないというのが確立した最高裁の判例であり（最一小決平12・3・10民集54・3・1073、判時1708・115）、本決定も前記判例の考え方に従ったものである。許可には検討の余地もあるように思われる。

【9】 18(許)24（△二小、平18・7・7、棄却。原審東京高決平18・4・27、原々審横浜地決平18・3・14）

(1) 所得証明書（課税証明書（一般）に加えて総所得の内訳が記載された証明書）及び土地家屋総合名寄帳が、民訴法220条4号ロの文書に該当するか否かが問題となった事案である。

(2) Xは、その父親の「相続させる」遺言に基づき遺産を取得した兄弟らに対し、遺留分減殺を求める訴え（本案事件）を提起した。Xは、本案事件において、兄弟らは遺留分算定に当たって持ち戻すべき生前贈与を父親から受けているはずであるなどと主張していた。そして、Xは、このことを立証するためには、兄弟らの所得証明書等の証拠調べが必要であるところ、区役所であるYが所持者であるとして、所得証明書等の文書提出命令の発令を求めた。原審は、以下のとおり判示して、Xの申立てを却下すべきものとした。所得証明書は、納税者個人の秘密に属する所得金額、税額等を記載したものであり、また、土地家屋総合名寄帳も、納税者個人の秘密に属する固定資産の内訳、価格等を記載したものであって、これらは公務員が

職務上知ることのできた私人の秘密を記載した文書であるから、民訴法220条4号ロにいう「公務員の職務上の秘密に関する文書」に当たる。そして、Yが、私人間の訴訟において必要とされる限り、一般的に前記各文書の提出を義務付けられるとするならば、結果的に納税者の信頼を裏切ることになり、そのため今後の税務調査や地方税の賦課徴収の執行が困難となる事態も予想されるのであって、前記各文書の提出により、公務の遂行に著しい支障が生じるおそれがあるというべきである。

(3)　Xが、抗告の許可を申し立てた。

(4)　本決定は、「文書提出命令の申立てを却下すべきものとした原審の判断は、結論において是認することができる。論旨は採用することができない。」と判示して、抗告を棄却した。

【10】 18(許)44（△二小、平18・12・6、棄却。原審東京高決平18・9・12、原々審東京地決平18・6・9）

(1)　文書提出命令の申立て事件において、文書の特定が問題となった事案である。

(2)　Xは、昭和61年1月29日から平成15年11月6日までのY株式会社との継続的な金銭消費貸借取引により過払金が生じたと主張して、Yに対し、不当利得返還請求権に基づき、400万円の支払等を求める訴えを提起した（基本事件）。Xは、Yとの取引関係が基本事件訴状添付の取引履歴のとおりであり、不当利得返還請求権を有していることを証明するためとして、民訴法220条3号、同条4号及び会社法434条に基づき、Yの所持する商業帳簿等の文書（本件各文書。昭和61年1月29日から平成10年4月13日までの期間内における金銭消費貸借取引に関する事項が記載された部分）につき、文書提出命令の申立てをした。Yは、平成10年3月23日借入分以降の取引履歴に関する文書は開示済みであるし、それより前の取引履歴に関する文書については廃棄して、所持していないと主張した。原々審は、XとYとの間には、平成10年3月23日以前にも金銭消費貸借取引があり、また、Yが取引履歴に関する書面ないし電磁的記録を作成し、所持していたことが明らかである以上、Yにおいて、その所持を喪失したことを立証しない限り、いまだ、同書面等を所持していると推認されるとする一方、XとYとの金銭消費貸借取引の開始日が昭和61年1月29日であると認めるに足りないとして、本件各文書のうち、取引開始日から平成10年3月23日までの期間内における金銭消費貸借取引に関する事項が記載された部分についてこれを提出すべきものとした。これに対し、Yが抗告したところ、原審は、一般に、業務帳簿等は日々作成されるものであるから、業務帳簿等の提出を命ずるに当たっては、特段の事情のない限り、文書の表示としてその作成日付を特定することが必要であるとした上で、基本事件の審理において、XとYとの間の取引が存在した具体的期間を特定することが著しく困難であり、業務帳簿等のうち提出すべき期間につき、その始期を取引開始日とすることがやむを得ないものというべき特段の事情はうかがわれず、原々決定は、提出

Ⅰ　民事訴訟法

すべき業務帳簿等の具体的期間の起算点を取引開始日とした点において、文書の表示が不十分で文書の特定に欠け、民訴法221条に反する違法があるとして、原々決定を取り消し、文書の表示を具体的日付をもって特定し、それに基づいて文書提出の必要性を判断するために、本件を原々審に差し戻すべきものとした。

(3)　Xが、抗告の許可を申し立てた。

(4)　本決定は、「原々決定を取り消し、本件を原々審に差し戻すべきものとした原審の判断は、その結論において是認することができる。論旨は採用することができない。」と判示して、抗告を棄却した。文書提出命令の申立ては、文書の表示（文書の種別、作成者、作成日付）、文書の趣旨等を明らかにし、対象文書を特定しなければならないが（民訴法221条）、これは、文書の所持者にどの文書のことであるかを認識させるとともに、裁判所において取調べの必要性や文書提出義務の有無を判断するためのものであるから、対象文書の特定はある程度概括的なものでも足りるとされている。ただし、対象文書の特定自体は概括的なもので足りるとしても、審理の結果により取調べの必要性がないと判断された文書や存在しないと判断された文書については、当該申立てを却下せざるを得ない。本件において、原々審は、XとYとの金銭消費貸借取引の開始日が、昭和61年1月29日であると認めるに足りる証拠はないとし、また、取引開始日より前の本件各文書については取調べの必要性がない（対象文書が存在しない。）とするのであるから、審理の結果により認められる具体的な取引開始日以降の本件各文書について提出を命ずるべきであったといえる。原々決定は、この点について審理することなく、抽象的な「取引開始日」以降の本件各文書について提出を命じているのであって、その意味において、原々決定を取り消し、取引開始日及び取調べの必要性について審理を尽くすため本件を原々審に差し戻すべきものとした原決定は正当といえよう。

【11】18(許)41（△二小、平18・12・8、棄却。原審東京高決平18・8・10、原々審東京地決平18・5・16）

(1)　文書提出命令申立て事件において、提出を求められた文書につき、相手方に保管義務があったか否かが問題となった事案である。

(2)　Xは、その夫である亡Aが財団法人Yの設置・運営するBクリニックで定期健康診断を受け、レントゲン撮影をされたが、担当医師がレントゲン写真の読影に際し右肺腫瘤による異常陰影を見落とし、肺がんの早期発見を怠り、治療を行わなかったため、Aが死亡したと主張して、Yに対し、債務不履行又は不法行為に基づき、損害賠償を求めている（本件基本事件）。本件は、Xが、Yに対し、前記レントゲン撮影に係る写真の複製（本件X-Pコピー）を所持するとして、民訴法231条、220条1号及び3号に基づき、文書提出命令の申立てをしている事案である。なお、前記レントゲン写真の原本（本件X-P原本）は、Xがこれを借り出して保管中に紛失している。Xの文書提出命令申立ての理由は次のとおりである。本件X-P原本は、Aが平成15年ころBから借り受けて保管していたものである。

X代理人弁護士は、これを平成16年5月以降協力医に預けていたが、平成18年1月、協力医から本件X-P原本は手元にないとの回答を受けた。本件X-P原本は紛失した可能性が高いため、Xは、本件X-Pコピーにより、異常陰影が認められる事実を立証する必要がある。X代理人弁護士は、平成15年、当時のY事務局長であるCに本件X-Pコピーを預けており、捨てない限りこれがなくなることはおよそ考えられないから、現在でもYが所持しているはずである。これに対し、原々審は、平成17年7月にY事務局の移転があったことからすれば、Yが本件X-PコピーをYが所持していることを認めるに足りる証拠はないとして、Xの申立てを却下した。これに対しXから抗告の申立てがあり、原審は、①Cが本件X-Pコピーを受け取った後、Y事務局が移転し、それに伴いCの机及び周辺荷物も移動したこと、②Cは、Xが本件X-P原本を所持していることもあって、本件X-Pコピーの所在については関心を持っていなかったこと、③Cは、資料が保管されているB倉庫等に確認したが、その所在が不明であること等の事実によれば、Yが本件X-Pコピーを現に所持しておらず、これを紛失したことを推認し得る。Yが本件X-Pコピーを所持していることを認めるに足りないから、原々決定は正当である。Xは、Yは本件X-Pコピーの紛失について過失がなかったことまで立証すべきであると主張するが、前記事実に加え、訴訟手続においては、書証の申出は、当該書証の取調べを求める当事者が原本を提出して行うのが原則であることを併せて考慮すると、前記の経緯の下では、Yには、本件X-Pコピーの保管義務があったということはできない。そのほか、Xは、Yが過失により本件X-Pコピーを紛失したものであり、YがXの使用を妨げる目的で文書を使用することができないようにしたものである（民訴法224条2項）と主張するが、当事者が過失によって文書を滅失した場合には、同条項は適用されないのみならず、Yには本件X-Pコピーの保管義務がないから、Xの主張は採用することができないとして、本件文書提出命令の申立てを却下すべきものとした。

(3) Xが、抗告の許可を申し立てた。

(4) 本決定は、「所論の点に関する原審の判断は、正当として是認することができる。論旨は採用することができない。」と判示して、抗告を棄却した。

6 上　告

【12】18(許)30（△二小、平18・9・8、棄却。原審名古屋高決平18・4・28）

(1) 原裁判所がした上告却下決定の当否が問題となった事案である。

(2) Xは、Y大学の平成14年度の前期一般入試に合格して入学金、授業料等及び諸会費等の学納金を納付した後に入学を辞退し、Yに対して前記学納金の返還を求めて訴えを提起した（基本事件）。基本事件については、第1、2審とも、Xが入学辞退したのが4月25日ころであると認定した上で、Xの請求を全部棄却すべきものとした。Xは、上告及び上告受理申立てをし（上告状には理由の記載はない。）、

理由書提出期間内に上告理由書（本件理由書）及び上告受理申立て理由書を提出した。本件理由書は、上告受理申立て理由書と事実上同文であり、原判決の判断が経験則に違背する、あるいは法令の解釈について誤りがある旨の理由が記載されていた。原審は、「上告状には上告理由の記載がなく、また、上告人が提出した上告理由書には民事訴訟法312条1項及び2項に所定の事由の記載がない」として、Xの上告を却下した。

(3) Xは、本件理由書には民訴法312条1項及び2項所定の事由の記載があるのに、これを看過し、同条項所定の事由の記載がないとして、Xに補正の機会を与えることなく直ちに上告を却下した原審の決定は、最二小決平12・7・14集民198・457、判時1723・49及び民訴規則196条1項及び2項に違反するとして抗告の許可を申し立てた。

(4) 本決定は、「所論の点に関する原審の判断は、正当として是認することができる。論旨は採用することができない。」と判示して、抗告を棄却した。論旨が引用する前記判例は、上告状及び上告理由書提出期間内に提出された書面のいずれにも民訴法312条1項及び2項に規定する事由の記載がない場合には、その不備を補正する余地はないから、原裁判所は、民訴規則196条1項所定の補正命令を発すべきではなく、直ちに決定で上告を却下すべきであるとしている。他方、前記書面に民訴法312条1項及び2項に規定する事由の記載があるが、その方式が民訴規則190条の規定に違反するときは、原裁判所は、相当の期間内に不備を補正すべきことを命じ、その期間内に不備の補正がされなかったときは民訴法316条1項2号により上告を却下することになる。本件においては、原審は補正命令を発することなく上告を却下している。本件理由書が、経験則違反及び単なる法令違反を上告理由として主張する趣旨と解さざるを得ないもの以上、民訴法312条1項及び2項6号に規定する事由の記載があるとはいえないであろう。

7 再 審

【13】18(許)3（△一小、平18・2・16、棄却。原審大阪高決平17・11・8、原々審大津地決平17・7・20）

(1) 訴状副本等が有効に送達されておらず、訴訟に関与する機会が与えられなかったとして、再審の訴えを提起した事案において、民訴法338条1項3号の再審事由に当たるとして再審開始決定をした原決定の当否が争われた事案である。

(2) X株式会社は、有限会社Yを被告として、工事請負代金の支払を求める前訴を大津地裁に提起した。前訴の訴状副本、期日呼出状は、Yの本店所在地においてAに交付され、送達方法を「従業者Aに渡した。」とする郵便送達報告書が作成された。Yは、前訴の第1回口頭弁論期日に出頭せず、弁論は終結され、判決言渡し期日において、Xの請求を認容する旨の判決が言い渡された。前訴判決正本は、Yの本店所在地においてAに交付され、送達方法を「従業者Aに渡した。」とする郵便送達報告書が作成された。その後、同判決は確定した。Aは、Yと本

店所在地を同じくする株式会社Bの従業員であり、Yの従業員ではない。YとBの本店所在地は同一となっており、郵便受けにはYとBの名称が併記されていた。Yの本店に勤務するYの従業員はC一人であったところ、Cは事務所に不在がちであり、Yあての郵便物は、事実上、Bの従業員が受領していた。前訴の訴状副本、判決正本等は、Cが不在のため、Aが受け取り、その後、Cの机の上に置いたが、Cは、他の書類と共に机の引き出しに入れ、そのまま放置してしまった。Yは、別訴の書証として前訴判決が提出されたことから、調査をしたところ、前記事実が判明し、本件再審の訴えを提起した。原々審及び原審とも、Yの主張を認め、前訴について再審を開始する旨の決定をした。原審の理由の要旨は、「①AはBの従業員であって、Yの従業員ではないから、Yの『使用人その他の従業者又は同居者』（民訴法106条1項）には当たらない。②YがAに対してYあての郵便物を受領する権限を授与していた場合には、YとAとの間に直接的な雇用関係が存在しなくても、AがYの『使用人その他の従業者又は同居者』に当たるか、又はこれと同視することができるものという余地はある。しかし、本件において、YがAに対してYあての郵便物を受領する権限を授与していたことを認めるに足りる的確な証拠はない。また、YとBは、同一建物に本店を有し、YからBに対して営業譲渡がされ、BからYに金銭が貸し付けられるなど、緊密な関係にあることがうかがわれるが、YとBが役員構成、資本関係等について同族会社や親子会社であるとか、Yの法人格が形骸化しているとまで認めるに足りる証拠はない。③①及び②によれば、前訴の訴状副本、判決正本の送達は、受領権限のない者に対してされた瑕疵ある補充送達であるから、無効であり、また、Cには、机の上に置かれた訴状副本等を机の引き出しに入れたまま失念してしまったという落ち度があるが、Cが机の上に置かれた書類につき、裁判所から特別送達された書類であるという認識を持たなかったとしても不自然ではないから、Yが送達の瑕疵を主張することが信義則上許されないとはいえない。」というものである。

(3) Xが、抗告の許可を申し立てた。

(4) 本決定は、「所論の点に関する原審の判断は、正当として是認することができる。論旨は採用することができない。」と判示して、抗告を棄却した。訴状の有効な送達がないため、被告とされた者が訴訟に関与する機会が与えられないまま判決がされて確定した場合には、旧民訴法420条1項3号（現行法338条1項3号）の再審事由があるものと解するのが判例である（最一小判平4・9・10民集46・6・553、判時1437・56）。本決定は、前記判例に従ったものであると考えられる。

【14】18(許)8（△三小、平18・2・24、棄却。原審東京高決平17・12・27）

(1) 再審請求の適否が問題となった事案である。

(2) Xは、強制競売開始決定に対する再審申立てを却下した決定に対する抗告棄却決定を基本事件として準再審の申し立てをした。原審は、Xの申立ての理由には、民訴法349条2項で準用する同法338条1項各号に定める準再審事由の主張が

なく、独自の見解を主張しているものにすぎないといわざるを得ないとして、Xの準再審の申立てを棄却した。
(3) Xが、抗告の許可を申し立てた。
(4) 本決定は、「所論の点に関する原審の判断は、正当として是認することができる。論旨は採用することができない。」と判示して、抗告を棄却した。なお、所論は、採用の余地のない独自見解による法律論を述べるものであって、強制競売開始決定に対する再審申立てを却下した決定に関して法令の解釈に関する重要な問題を主張するものではないものであった。許可には検討の余地もあるように思われる。

【15】 18(許)18（△二小、平18・5・29、棄却。原審大阪高決平17・12・27）
(1) 保険金請求再審事件において、新証拠の入手が判決確定後である場合に、確定判決に判断遺脱があるといえるか否かが問題となった事案である。
(2) X株式会社は、同社が稼働させていた織物工場（本件工場）で発生した火災（本件火災）を理由として、保険契約に基づき火災保険金の支払を求めて訴えを起こしたが、請求を棄却されたため控訴した（基本事件）。基本事件においては、Xの請求を棄却した第1審判決を支持してその控訴を棄却する旨の判決が言い渡された。Xは、上告受理申立てをしたが、同申立ては却下され、前記判決が確定した。基本事件では、本件火災がXの代表者の故意又は重過失によって生じたものか否かが争われ、Xは、電気配線のショートが出火原因であると主張したが、確定判決は、Xの主張を直接裏付ける証拠はないこと、本件工場の燃焼状況等により少なくとも7箇所でほぼ同時に出火したと認められることなどから、出火原因は放火であり、Xの代表者又はその指示を受けた者によって本件火災が生じたと認定した。Xが主張する再審事由は、基本事件において、Xが出火原因と主張する電線（当該電線）の取寄せと証拠調べを求めたが警察署に留置中であったためこれがされないまま確定判決がされたが、その後当該電線がXに返還され、現段階ではこれを証拠資料とすることができるから、これについて判断していない確定判決には判断遺脱（民訴法338条1項9号）があるというものである。原審は、民訴法338条1項9号の再審事由となる判断遺脱とは、判決の結果に影響を及ぼすべき事項で、当事者が口頭弁論において主張し又は裁判所の職権調査を促して判断を求めたにもかかわらず、これを遺脱した場合をいう（大判昭7・5・20民集11・1005）、確定判決にXの主張につき判断を遺脱したところがないことは明らかであり、確定判決の確定後に生じた事情によってその判断の遺脱の有無が左右されるものではないとして、本件再審の訴えを棄却すべきものとした。
(3) Xが、抗告の許可を申し立てた。
(4) 本決定は、「所論の点に関する原審の判断は、正当として是認することができる。論旨は採用することができない。」と判示して、抗告を棄却した。

Ⅱ 人事訴訟法

移　送

【16】 18(許)9 （△一小、平18・3・30、棄却。原審東京高決平17・12・9、原々審静岡家裁浜松支決平17・10・20）

(1) 人訴法31条を根拠として同法7条に基づく移送申立てを認めるのは相当か否かが問題となった事案である。

(2) 妻Yは、平成17年6月、夫Xの同意を得ることなく長男を連れて実家（東京都北区）に戻り、その後、長男とともに実家近くのマンションに転居した。Xは、同年9月、Yとの離婚等を求める訴訟（本件訴訟）を静岡家裁浜松支部に提起した。本件訴訟は、Xの住所地を管轄する静岡家裁浜松支部及びYの住所地を管轄する東京家裁の競合的専属管轄である（人訴法4条1項）。Yは、本件訴訟の第1回期日前、長男の親権者の指定について争いがあるところ、長男は東京都北区で生活しているため、本件訴訟が静岡家裁浜松支部で審理されれば、親権者の指定や養育費について家裁調査官による調査に付された場合に、その調査に重大な支障が生じ、調査官が浜松から東京へ出張して調査を行うことが必要となり、調査官の交通費、日当等、当事者にも多大な負担が生じるなどと主張して、本件訴訟につき、東京家裁への移送を求める申立て（本件申立て）をした。原々審は、本件申立てには理由があるとして、本件訴訟を東京家裁に移送する旨の決定をした。これに対し、Xが即時抗告をした。原審は、①本件において、人訴法7条にいう当事者及び尋問を受けるべき証人の住所等の事情については、静岡家裁浜松支部と東京家裁の間に有意な差はない、②人訴法31条は、離婚訴訟にかかる婚姻の当事者間に未成年の子がある場合には、同訴訟についての同法7条の規定の適用に当たっては、その子の住所又は居所（住居所）を考慮しなければならないと定めるところ、これは、上記場合には親権者の指定が必要となり、家裁調査官の調査が円滑かつ実効的に実施される必要性が類型的に認められることから、調査等の便宜を図り、子の利益にかなった審理が十分に行われるようにするため、離婚訴訟を移送するか否かの判断要素として、未成年の子の住居所を考慮すべきことを定めたものと解することができる、③被告の一方的な別居のわずか3ヶ月後に提起された本件訴訟においては、未成年である長男の居所は東京都北区にあるとしても、その住所はいまだ静岡県浜松市にあると解することができ、また、仮に長男の住所が既に東京都北区にあると解した場合でも、上記別居の状況等に照らすと、長男の親権者を決定するためにXの居住状況を調査すべきことも考えられ、人訴法7条により本件訴訟を東京家裁に移送することは相当でないというべきであり、このような事案において移送を認めることは、人訴法31条を根拠として同法7条の適用を求めるため、特段の事情もないのに未成年者を実力で他の住所に伴うという事態を容認することにもなりかねず、

相当ではない、として原々決定を取り消し、本申立てを却下した。

(3) Yが、抗告の許可を申し立てた。

(4) 本決定は、「本件事実関係の下において、抗告人の移送申立てを却下した原審の判断は、結論において是認することができる。論旨は採用することができない。」と判示して、抗告を棄却した。本件訴訟の審理はこれから始まるところであり、Xの居住状況については、陳述書等の書証の提出や本人尋問など訴訟手続での証拠調べによって資料を入手することで足りる可能性もあり、家裁調査官による事実の調査が必要となると断定することはできないのではないかと思われる。したがって、原決定の理由のうち、Xの居住状況についての調査の必要性があることを前提にして東京家裁への移送が相当でないとした部分については、議論の余地があろう。しかし、家裁調査官による事実の調査の必要性があるとは断定できないとしても、その可能性はあるのであり、原審の判断が裁量の範囲を逸脱しているとまでいうことはできないと思われる。

III 民事執行法

1 競売取消し

【17】18(許)23（△一小、平18・7・6、棄却。原審東京高決平18・3・24、原々審東京地決平17・12・8）

(1) 相続財産法人が申し立てたいわゆる形式的競売（民法957条2項、932条）について、民事執行法63条2項の無剰余による競売手続取消しの規定が準用されるかが問題となった事案である。

(2) Aの相続が開始し、その相続財産として不動産（マンションの占有部分2戸及び敷地の共有部分。本件不動産）があったが、相続人のあることが明らかでなかったため、その相続財産は法人とされた。Y信用金庫は、本件不動産の先順位根抵当権者であるが、亡A相続財産（X）につき管理人の選任を申し立て（管理人選任事件）、Bが管理人に選任された。Yが本件不動産に設定した根抵当権の被担保債権は、株式会社Cに対する貸付けについての保証債務履行請求権であるところ、Yは、本件不動産にかかる賃料債権について、物上代位による債権差押手続を執った。Xは、Yに対して本件不動産の任意売却への協力を申し入れるなどしたが、Yが応じなかったため、本件不動産の売却が難航していた。そこで、Xは、本件不動産を競売手続により換価して清算を終了させるため、本件不動産につき競売の申立てをし（土地・建物担保競売事件。本件競売）、競売開始決定がされた。競売裁判所は、本件不動産の買受可能価格（民事執行法60条3項）を5759万2000円とした上、同価格は手続費用及び差押債権者の債権に優先する債権の見込額の合計額3億6125万円に満たないと認め、その旨をXに通知した（民事執行法195条、188条、63条1項2号）。これに対して、Xは、前記通知を受けた日から1週間以

内に民事執行法63条2項所定の申出及び保証の提供をせず、かつ、同項ただし書所定の証明もしなかった。そこで、競売裁判所は、本件競売手続を取り消す旨の決定（原々決定）をした。Ｘは、本件のような形式的競売手続においては、民事執行法63条2項を準用すべきではなく、Ｙは先順位根抵当権者として無剰余取消しにより保護されるべき正当な利益を有しないなどと主張して、執行抗告を申し立てた。原審は、形式的競売の中には各種の目的の競売が含まれているから、民事執行法195条、188条により原則として不動産強制競売に関する規定を準用するとしても、当該形式的競売が認められた趣旨に応じてどのような規定を準用するかを個別に判断する必要があるところ、本件のような形式的競売手続についても、強制競売手続と同じく不動産上に存する抵当権等の負担は売却により消滅すると解され、先順位担保権者を保護するために、換価代金をもって差押債権者の債権に優先する不動産上の負担及び手続費用を弁済して剰余が得られないのであれば、その不動産の換価を許さないとするのが相当であるなどと判示してＸの執行抗告の申立てを棄却した。

(3) Ｘが、抗告の許可を申し立てた。

(4) 本決定は、「所論の点に関する原審の判断は、正当として是認することができる。論旨は採用することができない。」と判示して、抗告を棄却した。論旨は、先順位根抵当権者（Ｙ）が、管理人選任事件を申し立てておきながら、本件不動産の任意売却に協力せず、本件不動産にかかる賃料債権に対する物上代位権の行使によって債権回収を図っていることをもって、民事執行法63条2項によって保護されるべき正当な利益を有しないと主張し、また、Ｙが管理人選任事件を申し立てたことを理由に、本件不動産の換価・清算を認容していたとか、民事執行法63条2項ただし書所定の同意があったものとみなすべきであるなどと主張するものであるが、これら本件に固有の事情は、民事執行法63条の準用を否定すべき事情には当たらないというべきであろう。

2　不動産競売申立て

【18】17(許)41（△一小、平18・2・9、棄却。原審東京高決平17・11・11、原々審長野地松本支決平17・10・31）

(1) 同一人が、入札人として入札をするとともに、他の入札人の代理人として入札をした場合における当該各入札の効力が問題となった事案である。

(2) 14人の入札があった不動産競売事件において、株式会社Ａは、入札価格を205万6800円とする入札をするとともに、Ｘの代理人として入札価格を902万9999円とする入札（本件入札）をした。Ａ及びＸを除く入札で最も高い入札価格は、Ｂの730万円であった。執行官は、開札期日において、本件入札を代理人として行ったＡが自らを入札人とする入札を別途行っていたことを理由として、本件入札及びＡの入札のいずれも無効としてこれらを開札に加えないこととし、Ｂを最高価買受申出人と定め（本件執行官の措置）、執行裁判所は、Ｂに対して売却許

可決定をした。Xは、本件執行官の措置は違法であり、Xが最高価買受申出人であると主張して、本件売却許可決定を取り消し、Bに対する売却を不許可とするよう求めて執行抗告をした。原審は、入札人と他の入札人の代理人とが同一人である場合、当該入札人は自己の入札額と同時に委任を受けた他人の入札額も知り得る立場にあり、この限度で入札の秘密保持が害されており、このような入札を認めると、同一人による二重、三重の入札がされるのと実質的に変わらないこととなるほか、いったんした入札の変更、取消しを許さないとする民事執行規則38条7項の趣旨を潜脱することになって、入札制度の公正を阻害するおそれがあるというべきであること、入札が公正競争を阻害するかどうかについては、競売制度の迅速性、明確性の要請からすると、個々の事案の実態を調査して個別に検証するのは相当でなく、形式的に本件のような入札を排除するのはやむを得ないというべきであることからすると、本件執行官の措置に違法はないとして、Xの抗告を棄却した。

(3) Xが、抗告の許可を申し立てた。

(4) 本決定は、「所論の点に関する原審の判断は、正当として是認することができる。論旨は採用することができない。」と判示して、抗告を棄却した

【19】18(許)10（△二小、平18・3・17、棄却。原審名古屋高決平17・12・1、原々審名古屋地豊橋支決平17・9・28）

(1) 不動産競売手続の売却許可決定に対する執行抗告事件において、売却基準価格に重大な誤りがある場合でも、最高価買受申出の額が適正であれば、売却基準価格決定についての瑕疵は治癒されるかが問題となった事案である。

(2) 基本事件である不動産競売事件の執行裁判所は、売却許可決定の対象となる土地（本件不動産）の売却基準価額を公簿面積を前提に6388万円（本件売却基準価格）と定めて期間入札を実施し、Aから8625万円（本件申出額）の、Bから7011万1000円の各買受申出額に基づく入札を受け、Aに対し、売却許可決定をした（本件売却許可決定）。競売物件の債務者Xは、本件売却許可決定に対し、本件不動産の実測面積は公簿面積より広いとし、本件売却基準価額の決定に重大な誤りがあるなどと主張して、執行抗告を申し立てた。原審は、「仮に、本件不動産の実測面積がX主張のとおりである場合には、想定される売却基準価額は7796万円（想定売却基準価額）となるはずであり、本件売却基準価額6388万円は想定売却基準価額を約18.1％下回るから、本件売却基準価額の決定に重大な誤りがあることになる。もっとも、Aの本件申出額8625万円は、想定売却基準価額を約10％上回っており、社会通念上、競売という売却の方法における不動産の適正な価格に達していると認められ、また、本件の入札の経緯等から見て、想定売却基準価額で本件不動産の売却を実施したとしても、本件申出額を上回る価格での申出がされた可能性は低いと認められる。本件では、仮に、本件不動産の実測面積がX主張のとおりであったとしても、本件申出額8625万円による買受申出があったことにより、本件売却基準価額の決定に関する瑕疵は治癒されたというべきである。」として、

Xの抗告を棄却した。

(3) Xが、抗告の許可を申し立てた。

(4) 本決定は、「所論の点に関する原審の判断は、正当として是認することができる。論旨は採用することができない。」と判示して、抗告を棄却した。平成16年改正前の民事執行法60条の「最低売却価額」については、これが不当に低廉であっても、最高価買受申出の額が適正であれば、原則として瑕疵が治癒されると解するのが一般的な見解であった（近藤崇晴「注釈民事執行法 第4巻」41頁ほか）。また、高裁段階でも、面積の誤差の事案ではないものの、最低売却価額の決定に重大な誤り（適正な最低売却価額を30％下回る瑕疵）があるが最高価買受申出の額が適正な最低売却価額を約15％上回っていた場合に、前記と同様の見解に基づいて瑕疵の治癒を認めたものがある（名古屋高決平7・8・14判時1567・109）。この見解は、平成16年改正後の「売却基準価額」についても同様に当てはまると考えられることから、本決定もこの見解に基づいたものと思われる。

【20】 18(許)33（△三小、平18・10・6、棄却。原審福岡高決平18・7・19、原々審福岡地決平18・6・5）

(1) 不動産競売手続の売却許可決定に対する執行抗告事件において、評価人の評価や売却基準価格の相当性が争われた事案である。

(2) 担保権実行による不動産競売の申立てに基づき、5筆の土地及び同土地上の建物（本件建物）が一括して売却に付されたところ、Xが買受申出をし、執行裁判所はXを最高価買受申出人とする売却許可決定をした。Xは、本件建物について、福岡県西方沖地震により床のたわみ、土間のタイルの目地のひび、布基礎部分のコンクリートのクラック等が生じているにもかかわらず、評価人は、前記地震の影響が見受けられないものとして本件建物を評価しているほか、執行官の現況調査報告書にも前記地震の影響についての記載はなく、売却基準価格の決定に違法があるなど、民事執行法71条6号、7号に該当する売却不許可事由が存在する旨主張し、売却許可決定の取消し及び売却不許可の裁判を求めて執行抗告を申し立てた。原審は、次のとおり判断して、本件執行抗告を棄却した。そもそもXの主張する本件建物の床のたわみ等の不具合の有無及び程度を正確に認定する資料はないが、仮に、本件建物にXが主張するような不具合が存在するとしても、福岡県西方沖地震発生前の本件建物の状況が把握されていない以上、前記の不具合が同地震によって生じたものと断ずることはできない。むしろ、本件建物が平成3年4月に新築されたものであり、評価人が現地調査をした平成17年7月までに既に14年の歳月が経過していることからすると、一定の経年劣化が生じていたとも考えられる上、評価人は、前記地震の影響の有無にも思いを巡らし、そのような観点からの調査もした上で、「保守状況は普通。福岡県西方沖地震の影響は見受けられない。」との判断を導いているから、この点についての評価人の評価、ひいては売却基準価格の決定に誤りはなく、前記地震の影響に関する記載がないことも問題とはならない。他に

Ⅲ 民事執行法

売却許可決定を取り消さなければならないような事由は見当たらない。
　(3)　Xが、抗告の許可を申し立てた。
　(4)　本決定は、「所論の点に関する原審の判断は、正当として是認することができる。論旨は採用することができない。」と判示して、抗告を棄却した。

3　債権差押命令

【21】17(許)38（△一小、平18・1・19、棄却。原審福岡高決平17・9・12、原々審福岡地久留米支決平17・6・22）
　(1)　建物の抵当権者が、物上代位権の行使として、建物賃借人（転貸人）たる抗告人を債務者とし、第三債務者（転借人）に対する転貸賃料債権の債権差押命令を得たところ、抗告人が、民法304条1項所定の「債務者」には抵当不動産の賃借人（転貸人）は含まれないとして、執行抗告申立てをした事案において、抵当不動産の賃借人である抗告人を所有者である抗告人の代表者個人と同視して、賃借人が取得すべき転貸賃料債権について物上代位権を行使することができるかが問題となった事案である。
　(2)　Aは、有限会社Xの取締役であり、Xには他に役員はいない。本件建物は平成2年3月ころ建築され、同年4月にA名義で所有権保存登記がされた。B株式会社は、Aとの間で保証委託契約に基づく求償債権1億5000万円及び遅延損害金を担保するため、本件建物に抵当権を設定する旨の契約を締結し、同年4月その旨登記がされた。Bから委託を受けたY株式会社は、本件抵当権に基づく物上代位権の行使として、平成17年6月福岡地裁久留米支部に対し、賃借人であるXを債務者とし、転借人である第三債務者らに対する転貸賃料債権の差押命令の申立てをした。原々審は、Yの申立てを認容し、差押命令を発令した。Xは、最高裁判例（最二小決平12・4・14民集54・4・1552、判時1714・61、以下「12年最決」という。）からすると転貸賃料債権に対する物上代位が認められる場合については極めて限定的に解釈すべきであり、本件は、例外的に物上代位が認められる場合には当たらないとして執行抗告を申し立てた。原審は、Xは実質的にはAの個人会社と認めるのを相当とするから、抵当不動産の賃借人であるXを所有者であるAと同視することを相当とする場合に当たるということができるとして、前記執行抗告を棄却した。
　(3)　Xが、抗告の許可を申し立て、原審は、抗告許可申立て理由のうちXが民法304条1項に規定する債務者に当たるとした原決定が最高裁判例の解釈を誤っていると主張した点についてのみ抗告を許可した。
　(4)　本決定は、「所論の点に関する原審の判断は、正当として是認することができる。論旨は採用することができない。」と判示して、抗告を棄却した。12年最決は、「抵当不動産の賃借人を所有者と同視することを相当とする場合」の具体例として、「所有者の取得すべき賃料を減少させ、又は抵当権の行使を妨げるために、法人格を濫用し、又は賃貸借を仮装した上で、転貸借関係を作出したものであるな

ど」という詐害的又は執行妨害的な事例を挙げているが、「など」という表現が使われているところを見ても、物上代位が認められる要件として「抵当不動産の賃借人を所有者と同視することを相当とする場合」であれば、常に詐害的又は執行妨害的であることを求めているとまではいえないと解される。そして、12年最決がいう「抵当不動産の賃借人を所有者と同視することを相当とする場合」の一類型として、所有者と賃借人とが特別な人的関係にあり、実質的に同一視できる場合が挙げられるのであり、具体的には、自然人である所有者が代表者である、又は実質的に経営する小規模閉鎖的法人が転貸人である場合がこれに含まれるものと解される。
　したがって、Ｘが民法304条1項に規定する「債務者」に当たるとする原審の判断は妥当であろう。

【22】18(許)13（◎二小、平18・9・11、棄却、民集60・7・2622、判時1952・92。原審東京高決平18・2・14、原々審東京地決平18・1・5)
　(1) 債権差押命令及び転付命令を受けた債務者が、債権者との間でいわゆる不執行の合意があることを、上記各命令に対する執行抗告の理由とすることができるかが問題となった事案である。
　(2) 東京地方法務局公証人Ａは、Ｘ、Ｂ株式会社及びＣの嘱託に基づき、「ＢがＸに対し、平成10年7月30日付旅客取扱代理店契約に基づく航空券販売代金1億6295万8995円の支払義務があることを認めた上で、分割して支払う。ＣはＸに対し、前記Ｂの債務の保証をし、Ｂと連帯して支払う。Ｂが分割金の支払を1回でも怠ったときは、Ｂ及びＣは期限の利益を失う。」旨の執行力ある債務弁済契約公正証書（本件公正証書）を作成した。Ｃは、平成13年8月5日に死亡し、ＹらがＣを相続した。その後本件公正証書にＹらを承継人とする承継執行文が付された。Ｘは、本件公正証書に基づき、Ｙらを債務者、本件公正証書に表示された前記1億6295万8995円の残元金1億4645万8995円（ただし、Ｙらについてそれぞれその承継分）を請求債権、Ｙらの預金債権を差押債権として東京地方裁判所に対し債権差押命令及び転付命令を求める申立てをし、同裁判所は、平成17年12月20日、前記申立てに基づき債権差押命令及び転付命令（本件各命令）を発し、その後、本件各命令の執行がされた。Ｙらは、Ｘは、Ｂ及びＣないしＹらに対し、本件公正証書に基づく強制執行を行わない旨の意思を表明しており、明示又は黙示に、Ｃ又はＹらに対し前記の強制執行を行う権利を放棄しているか、又はＣ若しくはＹらとＸとの間で強制執行を行わない旨の不執行の合意が成立していると主張し、本件各命令の取消しと本件各命令の申立ての却下を求めて執行抗告をした。
　原々審は、Ｙらの主張はいずれも実体上の事由であって、執行抗告の理由とはなり得ないものであり、Ｙらの執行抗告は手続を不当に遅延させることを目的としてされたものと認められるとして、民事執行法10条5項4号に基づきこれを却下する決定をした。これに対してＹらが執行抗告を申し立てた。原審は、「『不執行の合意』の存在は、民事執行法施行前の旧民事訴訟法の『執行の方法に関する異議』

(544条)の事由に当たると解されていたものであるが、旧民事訴訟法544条による執行の方法に関する異議は現行の民事執行法の執行異議の制度として改訂されたものと解されるのであって、Yらの主張は失当である。また、そもそも、迅速性が求められる執行手続において、強制執行を行う権利の放棄又は強制執行を行わない旨の合意の存否についてまで執行裁判所が調査・判断をすることは相当でないのであり、Yらの抗告事由は執行抗告の理由とはなり得ない。」と判断し、原々審の判断は相当であるとして、Yらの抗告をいずれも棄却した。

(3) Yらが、抗告の許可を申し立てた。抗告の論旨は、「公正証書に基づく強制執行を行う権利の放棄及び不執行の合意は、執行抗告事由に該当すると解すべきである。少なくとも、不執行の合意に関しては、最高裁判所の判例は存在しないものの、大審院の判例及び抗告裁判所である高等裁判所の判例は、不執行の合意が請求異議の事由ではなく、執行方法に関する異議の事由と解している(大判大15・2・24民集5・235、大判昭2・3・16民集6・187、大判昭10・7・9新聞3869・12、東京高決昭31・5・15判タ59・69、福岡高決昭39・12・22金法401・15、東京高決昭41・11・14判タ199・137)。ところが、原審は、これを執行抗告事由に当たらないとし、それのみを理由に結論を導いている。」などというものである。

(4) 本決定は、「抗告人らの主張する不執行の合意等は、債権の効力のうち請求権の内容を強制執行手続で実現できる効力(いわゆる強制執行力)を排除又は制限する法律行為と解されるので、これが存在すれば、その債権を請求債権とする強制執行は実体法上不当なものとなるというべきである。しかし、不執行の合意等は、実体法上、債権者に強制執行の申立てをしないという不作為義務を負わせるにとどまり、執行機関を直接拘束するものではないから、不執行の合意等のされた債権を請求債権として実施された強制執行が民事執行法規に照らして直ちに違法になるということはできない。そして、民事執行法には、実体上の事由に基づいて強制執行を阻止する手続として、請求異議の訴えの制度が設けられており、不執行の合意等は、上記のとおり、債権の効力の一部である強制執行力を排除又は制限するものであって、請求債権の効力を停止又は限定するような請求異議の事由と実質を同じくするものということができるから、その存否は、執行抗告の手続ではなく、請求異議の訴えの訴訟手続によって判断されるべきものというべきである。抗告人らは、執行抗告によって不執行の合意等の存在を主張することができるというが、執行抗告は、強制執行手続においては、その執行手続が違法であることを理由とする民事執行の手続内における不服申立ての制度であるから、実体上の事由は執行抗告の理由とはならないというべきである。なお、不執行の合意等の存否が執行異議の手続で判断されるべきでないことは、上記検討によって明らかである。以上によれば、強制執行を受けた債務者が、その請求債権につき強制執行を行う権利の放棄又は不執行の合意があったことを主張して裁判所に強制執行の排除を求める場合には、執行抗告又は執行異議の方法によることはできず、請求異議の訴えによるべきものと解するのが相当である。これと見解を異にする大審院の判例(大審院大正14年(オ)

第970号同15年2月24日判決・民集5巻235頁、大審院大正15年(オ)第1122号昭和2年3月16日判決・民集6巻187頁、大審院昭和10年(オ)第952号同年7月9日判決・法律新聞3869号12頁）は、変更すべきである。」と判示し、「以上と同旨の原審の判断は、正当として是認することができる。論旨は採用することができない。」として、抗告を棄却した。本決定は、不執行の合意の存否について判断する手続について、大審院の判例を変更して最高裁判所として初めての判断を示したものであり、事実上も理論上も重要な意義を有するものと思われる。

【23】 18(許)42（△三小、18・11・21、棄却。原審札幌高決平18・9・4、原々審釧路地根室支決平18・8・10）

(1) 執行停止決定がされた後に執行裁判所に債権差押命令の申立てがされ、執行裁判所が債権差押命令を発令したところ、「執行裁判所が債務者において執行停止決定を得ており、いつでも裁判所にその決定正本を提出することが可能であることを知りながら、債権差押命令の申立てを受理し、債務者からその要望があったにもかかわらず、債務者にこの申立てがあった旨を連絡しないまま、差押命令を発し、同命令の正本を第三債務者らに送達して同命令の効力を発生させたことが、著しく手続的正義を欠き、違法である」として、債務者が執行抗告の申立てをした事案である。

(2) Xは、平成18年7月4日、釧路地裁根室支部において、賃金請求事件について仮執行宣言付きの請求認容判決の言渡しを受け、同年8月4日、本件判決につき執行文の付与を受けた。株式会社Yは、同年7月27日、本件判決につき札幌高裁に控訴を提起し、同年8月2日、釧路地裁根室支部において、担保を立てて本件判決に基づく強制執行の停止決定（本件停止決定）を得た。一方、Xは、同月8日、執行裁判所である釧路地裁根室支部（原々審）に、本件判決を債務名義として、債権差押命令の申立てをし、原々審は、同月10日、債権差押命令（本件差押命令）を発令し、同命令の正本は、同月11日及び12日に第三債務者らにそれぞれ送達された。Yは、同月14日、原々審に本件停止決定の正本を提出し、原々審の書記官は、同月15日付け書面をもって、Xと第三債務者らに対し、Xによる取立て、第三債務者らによる支払をしてはならない旨の通知をした。Yは、同月22日、本件差押命令に対する執行抗告の申立てをした。原審は、「執行裁判所は、債務者からいわゆる執行停止文書が提出されない限り、事実上債務者が同文書を所持していることを知っているからといって、債権差押命令の申立てに対する判断を留保したり、同申立てを却下すべきであるとは解されないし、仮に、債務者から債権差押命令の申立てがあった際には、その旨債務者に連絡してほしいとの要望を受けたとしても、執行裁判所はその要望に応ずべきではないから、抗告人の主張は理由がない。」として、前記執行抗告の申立てを棄却した。

(3) Yが、抗告の許可を申し立てた。

(4) 本決定は、「所論の点に関する原審の判断は、正当として是認することがで

きる。論旨は採用することができない。」と判示して、抗告を棄却した。執行裁判所は執行停止決定がされたことをたまたま知っていたとしても、手続の安定の見地からは、執行停止文書が提出されていない以上、差押命令の発令を拒むことはできないと解するのが通説的な見解であり、執行裁判所において執行停止決定がされたことをたまたま知っていた場合に債務者にその提出を促すべく債権差押命令の申立てがあったことを通知することは、手続の安定や公平を害することになろう。

4 転付命令

【24】 17(許)33（◎二小、平18・4・14、破棄・自判、民集60・4・1535、判時1931・44。原審東京高決平17・7・21、原々審さいたま地熊谷支決16・12・28）

(1) 債務整理事務処理のため弁護士に預託された「預かり金」の返還請求権に対する転付命令が有効であるか否かが問題となった事案である。

(2) A有限会社は、弁護士であるYに対してAの債務整理事務を委任していたところ、同社の債権者であるXが、Aに対する求償金債権についての確定判決を債務名義として、Xとの間の委任契約に基づきAがYに対して有する預かり金返還請求権（本件請求権）について、差押命令及び転付命令を申し立てた。原々審は、前記返還請求権を差押債権とする転付命令を発し、これに対しYが執行抗告を申し立てた。原審は、本件請求権について、債権として現に存在していることはいうまでもなく、また、弁済に充てられる金額を確定することもできるのであるから、本件請求権は、民事執行法159条にいう券面額を有するものというべきであり、転付命令の対象となる適格があるとして、原々審の判断を支持してYの抗告を棄却した。

(3) Yが、抗告の許可を申し立てた。

(4) 本決定は、次のとおり判示して原決定を破棄し、原々決定中転付命令の部分を取り消し、本件転付命令の申立てを却下した。

Yは、Aから、債務整理事務の委任を受け、同事務を処理するための費用を管理しているところ、これは、民法649条の規定する前払費用に当たるものと解される。前払費用は、委任事務の処理のための費用に充てるものとして交付されたものであるから、受任者が委任事務を処理するために費用を支出するたびに当該費用に充当されることが予定されており、受任者は、当該委任事務が終了した時に、前払費用から支出した費用を差し引いた残金相当額を委任者に返還すべきこととなる。したがって、委任者の受任者に対する前記前払費用についての返還請求権は、当該委任事務の終了時に初めてその債権額が確定するものというべきである。そして、同請求権が委任者の債権者によって差し押さえられた場合であっても、受任者は、当該委任事務が終了しない限り、委任事務の遂行を何ら妨げられるものではなく、委任事務の処理のために費用を支出したときは、委任者から交付を受けた前払費用をこれに充当することができるものと解される。以上によれば、委任者の受任者に対する前払費用についての返還請求権は、当該委任事務の終了前においては、その

債権額を確定することができないのであるから、民事執行法159条1項にいう券面額を有するものとはいえず、転付命令の対象となる適格を有しないものと解すべきである。本件債権は、上記前払費用についての返還請求権に当たるものであり、YがAから委任を受けた債務整理事務が終了していない以上、転付命令の対象となる適格を有しないというべきである。

　券面額の有無が問題とされる債権については、最高裁判例（最二小決平12・4・7民集54・4・1355、判時1716・65）が、質権が設定されている金銭債権について、券面額ある債権として被転付適格を有すると判示したが、本件請求権については、差し押さえられても債権額は確定せず、委任事務の終了により初めて確定するという特殊な性質を有するものであることを明らかにし、このような債権自体の性質に着目して、委任事務終了前においては、券面額を有するとはいえないとして被転付適格を否定したものである。

5　間接強制

【25】18(許)36（△二小、平18・10・27、棄却。原審東京高決平18・8・7、原々審横浜地川崎支決平18・7・12）

（1）子の面接交渉を命ずる債務名義に基づいて間接強制の申立てがされた事案において、当該債務名義が強制執行の債務名義になるか否かが問題となった事案である。

（2）X（もと夫）とY（もと妻）は、夫婦であったが、Yが離婚訴訟を提起し、離婚訴訟の第1審裁判所は、離婚請求を認容し、X及びY間の子（長男及び二男）の親権者をYと定め、Yの申立てにかかる附帯処分として監護費用の支払及び財産分与の支払を認容し、慰謝料請求を棄却した。Xは、第1審判決に対し控訴するとともに、離婚、慰謝料の支払等を求める予備的反訴を提起し、また、子の面接についての裁判等を求める予備的附帯処分の申立てをした。控訴審は、第1審の判断を概ね是認するとともに、主文第6項において、面接交渉につき「Yは、Xに対し、Xが長男及び次男と月2回程度の面接をすることを許さなければならず、X及びYは、その具体的な日時、場所、方法について、事前に協議しなければならない。」とする内容を命ずる判決を言い渡し、この判決は確定した（本件確定判決）。本件確定判決の確定後も、Xは2人の子供たちと事実上会っており、Yもそれについて特に異議を述べたりしていなかった。ところが、Xは書面により月2回の宿泊面接を求める要求をし、これに対しYは、A弁護士を通じて、月2回の面接は構わないが、泊まりがけの面接は夏休みと冬休みにしてほしい等と伝えた。Xはこれに反発し、A弁護士を代理人として認めないなどの対応をとるとともに、面接交渉の持ち方についての意見の対立が生じるようになった。Yは、面接交渉についての調停を申し立て、調停期日の席上、面接交渉は基本的に隔週土曜日曜の半日、ゴールデンウィーク中に1回1泊の面接を実施するという提案をしたが、Xがこの提案を直ちに拒否し、それ以上の話し合いが困難となったため、Yは調停申立てを取り下

げた。Xは、原々審に対し、本件確定判決を債務名義とする間接強制の申立てをした（本件申立て）。

　原々審、原審とも以下の理由で本件申立てを却下すべきものとした。本件確定判決の主文第6項は、面接交渉の具体的日時、場所、方法などの詳細を特定していない。これは、当事者双方に対し、これら細目を事前に協議することを任意の履行にゆだねる趣旨で命じたものと解するのが相当であり、強制執行の債務名義になるものではない。離婚判決中で、附帯処分として、面接交渉に関する給付内容を強制執行の可能な程度に特定し、具体的な法的関係を形成することができることは当然であるが、他方、本件確定判決の主文第6項のように、面接交渉のおおよその頻度のみを定めて抽象的な法律関係を形成するにとどめ、具体的な内容を当事者の協議にゆだねることも許されるというべきである。

　(3)　Xが、抗告の許可を申し立てた。
　(4)　本決定は、「所論の点に関する原審の判断は、正当として是認することができる。論旨は採用することができない。」と判示して、抗告を棄却した。面接交渉の間接強制の可否については、肯定説が多数説であるが、肯定説の論者の多くも、間接強制の積極的な活用には懐疑的というのが実際のところであり、少なくとも債務名義において面接交渉の内容が具体的に特定されていることが前提となると指摘するものが少なくない。強制執行である以上、債務名義としての給付内容の特定が要求されることは当然であるが、本件確定判決の主文第6項のような内容のまま間接強制決定を発令した場合、どの程度の対応をすれば命令の履行となり、あるいは違反となるのか判然とせず、かえって新たな紛争の種を作る可能性がある。本件において、間接強制決定を却下した原々審、原審の判断は正当であろう。

6　担保権の実行

【26】18(許)21（◎二小、平18・10・27、破棄・自判、民集60・8・3234、判時1951・63。原審東京高決平18・4・5、原々審東京地決平18・1・11）

　(1)　留置権による競売において、債権の給付判決の理由中で当該債権が目的物に関する債権であることが示された判決が、民事執行法181条1項1号所定の「担保権の存在を証する確定判決」に該当するかどうかが問題となった事案である。

　(2)　Xは、Yは平成17年6月19日にXの店舗の駐車場（本件駐車場）にYの所有に係る自動車（本件自動車、民事執行規則86条所定の自動車（登録自動車）に該当する。）を駐車することによって、Xとの間で本件駐車場の使用契約を締結したが、同年6月20日から同年10月19日までの間、本件駐車場の駐車料金87万8400円を支払わないと主張して、Yに対し、上記契約に基づき、上記駐車料金及びこれに対する遅延損害金の支払を求める訴訟を東京簡易裁判所に提起した。同裁判所は、同年12月6日、Xの主張に係る前記事実を認定し、Xの請求を全部認容する判決を言い渡し、同判決は確定した（本件確定判決）。Xは、本件確定判決の正本を提出し、本件自動車について、前記駐車料金等の支払請求権を被担保債権と

する民法上の留置権による競売を申し立てた（本件申立て）。Xは、留置権による競売は担保権の実行としての競売の例によるところ（民事執行法195条）、本件確定判決は民事執行規則76条2項により登録自動車を目的とする担保権の実行としての競売に準用される民事執行法181条1項1号所定の「担保権の存在を証する確定判決」に当たると主張している。

　原々審は、留置権に基づく競売を開始するには、民事執行法181条1項1ないし3号の法定文書の提出が必要であり、一般の先取特権の実行の例によって、何らかの文書によって留置権を証明するということ（同項4号）では足りないとした上、同項1号所定の「担保権の存在を証する確定判決」については、判決理由中において担保権の存在が認定されている判決でもよいが、その場合、少なくとも当該主文を導く論理的前提となる事実、すなわち、要件事実についての判断としてされている必要があり、いわゆる事情として担保権の存在に言及されているに過ぎない場合には、「担保権の存在を証する確定判決」に該当しないと判示した。そして、本件において、留置権の成立要件である物の占有は、本件駐車料金請求訴訟の訴訟物との関係では要件事実に該当せず、駐車料金請求が認められたからといって当然に留置権も認められるという関係にはないから（Xとしては、給付請求と併せて留置権確認請求をすることができたはずである。）、本件判決書は、同項1号所定の「担保権の存在を証する確定判決」には該当しないとして、Xの本件申立てを却下した。原審は、本件判決書においては、留置権が訴訟物、請求権の発生原因事実、請求権の発生障害事由又は変更消滅事由（抗弁事実）とされているものではなく、留置権の発生原因事実を特定して認定しつつ、この認定事実に対し民法295条の規定の該当性を肯定的に解釈適用する判断形式のものではないから、留置権の存在を「証する」までの判断を明示しているとはいえず、民事執行法181条1項1号所定の「担保権の存在を証する確定判決」には該当しないとして、Xの競売申立てを却下すべきものとした。

　(3)　Xが、抗告の許可を申し立てた。

　(4)　本決定は、次のとおり判示して、原決定を破棄し、原々決定を取り消した上、東京地方裁判所に差し戻した。

　民事執行法181条1項は、担保権の存在を同項所定の法定文書によって証すべき旨を規定するところ、民法上の留置権の成立には、①債権者が目的物に関して生じた債権を有していること（目的物と牽連性のある債権の存在）及び②債権者が目的物を占有していること（目的物の占有）が必要である。留置権の成立要件のうち目的物の占有の要件については、債権者が目的物と牽連性のある債権を有していれば、当該債権の成立以後、その時期を問わず債権者が何らかの事情により当該目的物の占有を取得するに至った場合に、法律上当然に民法295条1項所定の留置権が成立するものであって、同要件は、権利行使時に存在することを要し、かつ、それで足りるものである。そして、登録自動車を目的とする留置権による競売においては、執行官が登録自動車を占有している債権者から競売開始決定後速やかにその引

渡しを受けることが予定されており、登録自動車の引渡しがされなければ、競売手続が取り消されることになるのであるから（民事執行法195条、民事執行規則176条2項、95条、97条、民事執行法120条参照）、債権者による目的物の占有という事実は、その後の競売手続の過程においておのずと明らかになるということができる。留置権の成立要件としての目的物の占有は、権利行使時に存在することが必要とされ、登録自動車を目的とする留置権による競売においては、前記のとおり、競売開始決定後執行官に登録自動車を引き渡すときに債権者にその占有があることが必要なのであるから、民事執行法181条1項1号所定の「担保権の存在を証する確定判決」としては、債権者による登録自動車の占有の事実が主要事実として確定判決中で認定されることが要求されるものではないと解すべきである。したがって、登録自動車を目的とする民法上の留置権による競売においては、その被担保債権が当該登録自動車に関して生じたことが主要事実として認定されている確定判決であれば、民事執行法181条1項1号所定の「担保権の存在を証する確定判決」に当たると解するのが相当である。これを本件についてみると、本件確定判決においては、Xが本件自動車を占有していることは主要事実として認定されていないものの、上記駐車料金等の支払請求権が本件自動車に関して生じたことが認定されているから、本件確定判決は、「担保権の存在を証する確定判決」に当たり、その正本の提出によって競売手続を開始することができるというべきである。

　本決定は、登録自動車を目的とする民法上の留置権による競売において、民事執行法181条1項1号所定の「担保権の存在を証する確定判決」に該当するための要件を示したものであり、実務上参考となるものと思われる。

IV　民事保全法

仮処分

【27】18(許)2（△三小、平18・3・17、棄却。原審福岡高那覇支決平18・1・10、原々審那覇地決平17・5・10）

(1)　ビラの配布を禁止する仮処分の認可決定に対する保全抗告において、ビラの配布差止めの必要性があるか否かが問題となった事案である。

(2)　Xは、歯科医院を開業するY及び同医院で治療技術を指導していたAを被告として、Aからセクハラ行為を受けたことに基づく損害賠償請求（Yに対しては使用者責任に基づくもの）を提起（本案訴訟）し、本案訴訟の第1回口頭弁論（平成17年3月）の傍聴を呼びかけるビラ（本件文書）を同医院の玄関前など数カ所で配布した。Yは、Xに対し、本件文書及びこれに類するY及び同医院の名誉、信用を毀損する内容を記載した書面（本件類似文書）の頒布を禁じる仮処分を求め、これらの文書の頒布を禁じる仮処分がされた。これに対し、Xが異議を申し立てたが、異議審は、仮処分決定を認可した（本件認可決定）ので、Xが、保全抗告を申

し立てた。原審は、次のとおり判示して、本件認可決定を取り消した。本件文書の頒布について、その違法性は阻却されないが、本件文書は、平成17年3月の本案訴訟の第1回口頭弁論期日の傍聴を呼びかけるもので、今後Xが本件文書を頒布する必要性はない。Xは、本件文書を頒布するつもりはないと表明しており、Xが前記期日経過後に本件文書を頒布したとは認められない。したがって、本件文書は今後頒布されるおそれがなく、本件文書の頒布差止めを求める必要性はなくなっている。本件類似文書については、裁判傍聴を呼びかけるビラの頒布行為は、Yの名前を匿名にするなどの工夫をすることによって表現の自由として許容される余地がある。本件文書に類似するY及び同医院の名誉、信用を毀損する内容を記載した書面という限定では、Xに当該文書がYの名誉を毀損するものであるか否かの判断についての危険を負担させて、Xの表現の自由を必要以上に制限するおそれがある。したがって、本件類似文書の頒布禁止は、差止めの範囲が広範に過ぎ、認められない。

 (3) Yが、抗告の許可を申し立てた。
 (4) 本決定は、「所論の点に関する原審の判断は、正当として是認することができる。論旨は採用することができない。」と判示して、抗告を棄却した。

【28】【29】17(許)15、16（△一小、平18・5・22、棄却。原審大阪高決平17・3・30、原々審大阪地岸和田支決平16・3・18）
 (1) 地位保全及び賃金仮払の仮処分を求めた保全事件において、子会社を解散させて従業員を解雇させた親会社は、①法人格否認の法理に基づき、雇用主としての責任を負うか、②不法行為を理由とする損害賠償義務を負うかが問題となった事案である。
 (2) Y株式会社は、北九州市に本店を置き、タクシー事業等を目的とする株式会社であり、全国各地で約130社のタクシー会社を次々と買収してきた。A株式会社は、大阪府泉佐野市を中心とする泉州交通圏においてタクシー事業等を行ってきたタクシー会社であり、B株式会社は、神戸市に本店を置き、神戸市域交通圏を事業区域とするタクシー会社であったが、いずれもYに買収された。Xらは、タクシー又はバスの運転手としてAに勤務してきており、労働組合（労組）の組合員である。Aは、Yによる買収後間もなく労組にタクシー乗務員の賃金減額を内容とする新賃金体系案を提案したが、労組がこれに反対したため、前記提案を就業規則として策定し、労組の反対意見を付して労働基準監督署に届け出た。Aは、タクシー乗務員に対し、新賃金体系に基づいて算出した賃金の支給を実施し、旧賃金体系の基礎をなす労働協約を破棄する旨の意思表示をした。労組所属の従業員らは、Aに対し、旧賃金体系に基づいて算出した賃金額と実際の支給額との差額の支払を求める訴訟を提起し、Aが差額の全額を支払う旨の和解が成立したり、認容判決がされたりした。Aでは、管理職が主導して、会社再建に協力する従業員の集まりとして交友会が発足して以降、労組を脱退して交友会に加入する者が続出

して、労組の組合員が大幅に減少し、また、Aが労組の中央執行委員長等を解雇したため、地位確認及び賃金支払に関する仮処分命令申立てや本訴が提起されるなどの労使紛争が多発した。Yは、派遣していた取締役を引き揚げることとし、労組との間で新賃金体系導入について合意が成立しないときには、Aに対する援助を中止し、泉州地域を事業区域とする新会社を設立して（ないしは他のグループ会社に事業区域を拡大させて）、その会社に同地域でタクシー事業をさせるとの方針を確立した。Bは、泉州交通圏への事業区域の拡大及び営業車両の増車の認可を受け、泉州交通圏においてタクシー事業を開始した。B泉南営業所の運転手は、その大半が交友会員であるAの元従業員が移籍したものであった。Yは、取締役会を開き、Aの100％株主として、Aを解散することを決定した。これを受けて、Aは、Xら労組の組合員のみとなっていたAの全従業員に対し、就業規則所定の事由（事業の譲渡・廃止その他業務の都合によるとき）に基づき解雇する旨の意思表示をした（本件解雇）。Aは、そのころ営業を停止し、臨時株主総会を開いて解散決議をした（株主はYのみ）。Xらは、Aの親会社であるYに対し、本件解雇は、YがAの唯一の株主としてAを解散させてXらを解雇させたものであり、法人格否認の法理に基づき、YがXらに対し雇用主としての責任を負うと主張し、地位保全及び賃金仮払の仮処分を求めた。原々審は、将来の賃金仮払を求める申立てのうち本案第1審判決に至るまでの分の限度で仮処分を発令し（その余の申立ては却下）、異議審もこれを認可したため、Yが抗告し、他方、Xらは、原審において、YがAの唯一の株主としてAを解散し、AをしてXらを解雇させた行為は不法行為に当たるとして、予備的に不法行為に基づく損害賠償請求権を被保全権利として追加主張した。原審は、①Aの解散はA及びBを完全子会社として支配しているYにより法人格を濫用された偽装解散であり、Aの従業員Xらは、Aと同一事業を行っているBに対し雇用が継続している旨を主張することはできるが、親会社Yに対して雇用の継続を求めることはできないとして、Yに対する賃金仮払の申立てを却下する一方、②YがAを解散しBにAと同一の事業を行わせることによりXらの雇用機会を失わせたとして、追加的に予備的被保全権利とされた不法行為に基づく損害賠償請求権を認め、Yに解散後3年間の賃金相当額（旧賃金体系による賃金の平均額又は現実の支給額の平均額の低い方の額）の仮払を命じた。

(3) Xらが前記①の判断の当否を問題として抗告の許可を申し立て（【28】）、Yが同②の判断の当否を問題として抗告の許可を申し立てた（【29】）。

(4) 本決定は、「原審の適法に確定した事実関係の下においては、所論の点に関する原審の判断は、正当として是認することができ、その過程に所論の違法はない。論旨は採用することができない。」（【28】）、「原審の適法に確定した事実関係及び記録によれば、所論の点に関する原審の判断は、いずれも是認することができ、その過程に所論の違法はない。論旨はいずれも採用することができない。」（【29】）として、Xら及びYの抗告をいずれも棄却した。

【30】【31】18(許)34、35（△一小、平18・11・30、棄却。原審東京高決平18・7・31、原々審東京地決平18・4・28）

(1) 営業譲渡等禁止仮処分命令申立て事件において、取締役会決議に基づいて行った営業等の譲渡が取締役の善管注意義務・忠実義務に違反するか、同営業等の譲渡を決定した取締役会議決が特別利害関係のある取締役が関与したものとして無効となるかが問題となった事案である。

(2) A株式会社及びその関連会社は、業績不振に陥ったことから、株式会社産業再生機構（機構）に支援を申請し、機構は、株式会社産業再生機構法22条3項の支援決定をし、Aに対する債権の買取決定（同法25条1項）をした。その後、機構は、Aグループの株式の相当数を取得し、その事業再生を進めていたが、B有限責任事業組合、株式会社C及びD株式会社（この3者を併せて「スポンサー会社」という。）及びE株式会社をいわゆるスポンサーに定め、機構が保有するAの株式及び機構が金融機関から買い取ったAに対する債権をスポンサー会社が運営に携わるファンド（ファンド）が出資するF株式会社に譲渡することを決定した。Fは、機構からAの株式及びAに対する債権を譲り受け、以後スポンサー会社の主導でAの事業再生が図られることとなり、Aの臨時株主総会において、いずれもスポンサー会社のパートナーであるG、H、I及びDのマネジメントアドバイザーであったY_1が取締役に選任された。Aグループは、その後、厚生労働大臣及び経済産業大臣から、産業活力再生特別措置法（平成17年法律第87号による改正前のもの。以下同じ。）2条6項に基づく事業再構築計画の認定を受けた。同計画の骨子は、Aの本社機能をファンドの出資するJ株式会社に移管した上で、ホームプロダクツ事業（トイレタリー商品の製造・販売）及び薬品事業をファンドの100％子会社であるK株式会社及びL株式会社にそれぞれ営業譲渡し、事業部制から完全独立会社制へ移行するというものである。なお、この認定により、産業活力再生特別措置法12条の3第2項に規定する簡易営業譲渡に関する特例が適用され、前記営業譲渡につき株主総会決議を経る必要はないこととなった。Aの取締役会は、前記認定を受け、平成18年4月14日、ホームプロダクツ、薬品、食品の中核3事業を既存事業体から分離・独立させることを目的として、①ホームプロダクツ事業を譲渡価額233億8000万円でKに、薬品事業を譲渡価額120億1000万円でLに、コーポレートスタッフ部門を譲渡価額1億597万9000円でJにそれぞれ譲渡する、②M株式会社及びN株式会社の株式並びにMに対する貸付金債権を、譲渡価額96億7870万8000円でJ、投資事業有限責任組合O外9社等に譲渡する、との内容の営業譲渡及び株式等の譲渡の決議をし（本件決議）、同日各譲受人との間で譲渡契約を締結した（本件営業等の譲渡）。なお、各譲渡契約においては、譲渡の効力発生日（クロージング）は、同年5月1日とされ、買主の代金支払は、別途合意する方法により行うものとされていた。Aと前記3事業の譲受人らは、同年4月28日、営業譲渡等の代金債務についてFが免責的債務引受けをすることに合意し、AとFは、前記代金債務につきFの有するAの株式を担保として準消費

貸借契約を締結した。Yら（Y_1及びY_2）は、同年5月1日付で、J及び前記3事業の譲受会社の各代表取締役に就任した。Aの株主であるXら（X_1ないしX_4）は、同年4月21日、Aの代表執行役であるYらに対し、本件営業等の譲渡につき、「その対価が不当に廉価である上、株主に対して十分な情報開示がされないまま行われたものである。また、Aは、3事業の譲受会社に対し有する譲渡代金債権につき延べ払いないし期限の猶予を認め、さらに、何らの合理的な理由なくFが前記代金債務につき免責的債務引受けを承認した。これらの行為は、Yらの善管注意義務・忠実義務違反を構成する。」「本件決議をした取締役会には、特別利害関係のある取締役が参加していたから、同決議は無効である。」などと主張して、商法272条に基づき、その履行行為の差止めを求める仮処分を申し立て、Aは、Yらに補助参加した。

　原々審及び原審はいずれも次のとおり判示して、Xらの申立てを却下すべきものとした。(i)本件営業等の譲渡は、経営不振に陥っていたA及びその関連会社の事業をどのように再生するかという経営戦略の根幹に関わり、また、同事業に関わる従業員等の雇用維持等各種の利害関係人の利害をも総合考慮した上でなされる経営上の高度の政策判断であるから、取締役の意思決定には大幅な裁量が認められるというべきであり、差止めが認められるためには、意思決定の前提とする事実の認識に重要かつ明らかな誤りがある場合か、又は意思決定の過程・内容が明らかに不合理ないし不適切である場合であることが必要である。Aは、本件営業譲渡等の譲渡に先立ち、譲渡対象となる3事業の評価をP証券株式会社に依頼し、同証券からは、DCF法（将来のフリーキャッシュフローを予測し、これを一定の割合率で割り戻した現在価値をベースに事業の価値を算定する手法）によれば382億3000万円、類似会社比較法によれば259億2200万円になるとの報告を受け、これを参考に、譲渡価格を前記評価を上回る450億6870万8000円と設定したものである。そして、前記評価結果について明確な誤りや格別不合理な点を見出すことはできず、これを上回る金額で譲渡契約を締結したYらに善管注意義務があったとは認めがたい。(ii)本件営業等の譲渡は、Aグループが産業活力再生特別措置法による事業再構築計画の認定を受けたことに基づく同法12条の3第2項に定める手続を履践し、株主総会決議を経ることなく行われたものであり、取締役に、株主総会が開かれた場合と同様の情報を開示すべき法的義務があるとはいえないから、それをしなかったYらに善管注意義務・忠実義務違反があったとはいえない。(iii)Xらが問題としているのは、本件営業等の譲渡の意思決定後の履行の過程の（しかもその一部に関わる）問題であり、それは、直ちに本件営業等の譲渡そのものの違法を招来し、その履行の差止めを求める根拠たり得ないというべきである。(iv)Aの取締役であるG、H、Iの3名はスポンサー会社のパートナーであり、Y_1はスポンサー会社であるDのマネジメントアドバイザーである（Aの取締役に就任する直前まではJの代表取締役でもあった。）。また、Yらは、本件営業等の譲渡の後に3事業の譲受会社の各代表取締役に就任している。しかし、特別利害関係とは、当該取締

役に対し、一切の私心を去って、会社に対して負担する忠実義務に従い公正に議決権を行使することが必ずしも期待し難く、かえって自己個人の利益を図って行動するおそれがある場合のような、特に重大な利害関係がある場合をいうと解すべきところ、本件営業等の譲渡は取締役の個人的利益に直接関係しないものであり、その理解の内容、程度からして、一切の私心を捨て去ってその負担する忠実義務に従い公正に議決権を行使することが期待し難いとまではいえない。したがって、本件決議が無効であるとはいえない。

(3) Xらが、抗告の許可を申し立てた（X_1ないしX_3の申立てが【30】、X_4の申立てが【31】）。

(4) 本決定（【30】及び【31】）は、「所論の点に関する原審の判断は、正当として是認することができ、論旨は採用することができない。」と判示して、抗告をいずれも棄却した。

V 破産法

免　責

【32】18(許)2（△三小、平18・2・24、棄却。原審東京高決平17・11・22、原々審さいたま地決平17・5・20）

(1) 平成16年法律第75号による改正前の破産法（改正前破産法）366条ノ9第1号の免責不許可事由があり、かつ、同法366条ノ9第5号の免責不許可事由があるか否かが問題となった事案である。

(2) X（公認会計士・税理士）の債権者であるA株式会社は、平成10年6月13日、原々審にXについて破産の申立てをした。原々審は、同年11月6日、Xを破産者とする旨の破産開始決定をし、破産管財人として弁護士Bを選任した。Bの報告によれば、Xは、昭和59年ころから平成2年ころまで金融機関からの借入金をもって不動産を次々と購入していったが、いわゆるバブルの崩壊によって借入金の返済に窮し、債務超過に陥ったとされる。破産手続における債権調査の結果、異議のない破産債権の元利金等合計額が68億1444万2363円、これとは別に別除権のある債権の元利金等合計額が114億1210万4361円とされた。他方、破産宣告時までにXが所有していた不動産はすべて競売等により売却されており、ゴルフ会員権等のわずかな資産が残されていたに過ぎなかった。このため、破産財団を構成できる財産がないとして、平成16年12月16日、破産廃止決定がされた。Xは、同年11月24日、免責の申し立てをした。これに対し、破産債権者であるYは、Xは従前と変わらない豊かな生活を送っており、住む家や事務所も継続して保有し、ゴルフ三昧の生活で、海外旅行にもひんぱんに行っているなどとして異議を申し立てた。またBは、免責の可否に関する調査結果として、Xの関係会社が所有する不動産は、Xが買い戻して隠匿しているに等しいものであること、他の関係会社も

V 破産法

実質的にXが全面的な支配力を有し、同社の所有する不動産はXの隠匿財産である疑いが濃厚であることから、Xには改正前破産法374条1号所定の「財産の隠匿」の疑いがあり、免責を許すべきでないとの意見を提出した。原々審は、平成17年5月20日、不動産については、破産財団に属する財産の隠匿で、改正前破産法366条ノ9第1号、374条1号所定の免責不許可事由に当たり、ひんぱんな海外渡航については、同法366条ノ9第5号の免責不許可事由に当たるとして、本免責を許可しない旨の決定をし、Xが抗告したが、原審は抗告を棄却した。

(3) Xが、抗告の許可を申し立てた。

(4) 本決定は、「所論の点に関する原審の判断は、正当として是認することができる。論旨は採用することができない。」と判示して、抗告を棄却した。

【33】 18(許)31（△一小、平18・9・28、棄却。原審東京高決平18・7・7、原々審さいたま地決平18・3・6）

(1) 破産法252条1項2号の免責不許可事由の存する破産者につき、同条2項に基づいて裁量による免責を認めることの可否が問題となった事案である。

(2) Xは、平成11年ころから低収入や病気が原因で生活費が不足し、サラ金各社から借入れをするようになり、勤務先飲食店の経営者であるYからも合計125万円を借り受けた。Xは、債務合計が約525万円となり返済が不能になったので、平成17年7月破産手続開始の申立てをし、同年10月、破産手続開始決定を受けた（同時廃止）。Xからの免責許可申立てに対し、原々審は、次のとおり判断して免責を許可すべきものとした。Xは、平成16年11月ころ、新幹線回数券9万円分をカードで購入し、金券ショップに7万2000円で売却しており、これは破産法252条1項2号の免責不許可事由に該当する。しかし、Xには精神的疾患があって日常生活に一定の制約があること、破産申立て後も生活が安定していないこと、反省し今後は浪費せず倹約するよう努力していることがうかがえることなどを総合考慮し、裁量免責を認めるのが相当である。これに対し、Yが、Xには免責不許可事由があり、不誠実な債務者であるから裁量による免責も相当ではないと主張して、前記免責許可決定に対して即時抗告を申し立てたが、原審は、Yの即時抗告を棄却した。

(3) Yが、抗告の許可を申し立てた。

(4) 本決定は、「所論の点に関する原審の判断は、正当として是認することができる。論旨は採用することができない。」と判示して、抗告を棄却した。本件の争点は裁量免責の当否であり、許可には検討の余地もあるように思われる。

VI 民事再生法

1 担保権消滅許可決定

【34】18(許)25（△三小、平18・8・9、棄却。原審福岡高決平18・3・28、原々審福岡地決平17・12・1）

(1) 民事再生法148条の担保権消滅許可の要件として、再生債務者に属する不動産について、再生手続開始の時に再生債務者が登記を有していることが必要であるかが問題となった事案である。

(2) 株式会社Xは、平成17年6月21日、原々審裁判所に再生手続開始の申立てをし、同年8月8日、再生手続開始決定を受けた。その当時、Xに属する不動産（本件不動産）のうち、一部の土地（本件土地）については、Xの代表取締役であるAが所有者として登記されていた。本件各不動産は、そのうちの一部の土地（本件土地を含む。）をX及びAが取得する際に、金融機関からの借入金債務を担保するために共同担保とする根抵当権を設定し、その旨の登記を了し、その後、Xが経営するパチンコ店及びその立体駐車場として一体的に利用されてきた。Xは、金融機関に対する再建計画書や債権譲渡に関する要望書において、本件各不動産はX所有である旨説明していた。Aは、平成16年9月24日にXの代表取締役を辞任した後、平成17年5月30日破産手続開始決定を受け、本件土地にそれぞれ同年6月2日、同月14日その旨の登記がされた。一方、同年1月21日、本件各不動産に設定されていた極度額20億円の根抵当権が、元本確定後の被担保債権の譲渡によってY有限会社に移転し、同月27日その登記がされた。同年7月27日、Yの申立てにより本件各不動産に関して担保不動産競売開始決定がされ、同月28日に差押登記がされた。本件土地については、同年11月10日、Aの破産裁判所の許可の下、AからXへ真正な登記名義の回復を原因とする所有権移転登記がされた。Xは、同年10月12日、原々審裁判所に対し、本件各不動産について担保権消滅許可の申立てをし、原々審は同年12月1日、この申立てを許可する決定をした。Yは、この決定に対し、本件土地は、再生手続開始当時、Xの所有に係る不動産ではなかった。少なくとも、Xは、再生手続開始後かつYの根抵当権実行による差押え後に所有権移転登記を得ているから、Yの有する担保権の設定登記及び差押登記に後れていること又は民法94条2項の類推適用により、Yに対抗できないとして即時抗告を申し立てた。原審は次のとおり判示して抗告を棄却する旨の決定をした。担保権消滅許可（民事再生法148条）の「再生債務者の財産」という要件が、当該財産の実体的な所有権が再生債務者に帰属していることを前提としているのはいうまでもない。他方、この担保権消滅許可の制度そのものが、再生債務者が当該担保権の有効な設定を承認していることを前提としているのも同様である。そうである以上、この担保権消滅許可を求める所有者である再生債務者と担保権者との関

Ⅵ　民事再生法

係はいわゆる対抗問題とはならないことになるから、この消滅許可を求められている担保権者には、所有者である再生債務者の登記の欠缺を主張する利益はないことになる。すなわち、再生債務者が担保権消滅の許可を申し立ててこれを受けるためには、その所有権について必ずしも対抗要件としての登記を備えていることを要しないというべきである。同様に、当該要件は、あくまで再生手続開始の時における所有権の帰属を問題とするものであり、登記の外観を信頼して利害関係を有するに至った第三者の保護が要請される場面ではないから、民法94条2項の類推適用の余地もないと解される。

　(3)　Yが、抗告の許可を申し立てた。
　(4)　本決定は、「所論の点に関する原審の判断は、正当として是認することができる。論旨は採用することができない。」と判示して、抗告を棄却した。担保権消滅許可を求める所有者である再生債務者と担保権者との関係については、当該不動産の物権変動が問題になっているのではなく、その本来的な所有権の帰属が問題になっているにすぎないのであるから、民法177条の対抗問題であるとはいえないと思われる。また、担保権消滅許可の制度そのものが、再生債務者が当該担保権の有効な設定を承認していることを前提としているのであるから、その点からしても、担保権消滅許可を求める所有者である再生債務者との関係は対抗問題とはならないと考えられる。

2　再生計画認可決定

【35】18(許)37（△三小、平18・10・31、棄却。原審東京高決平18・8・11、原々審東京地決平18・4・18）

　(1)　原々審が、再生計画案に、将来、否認等により財産が増加した場合は追加弁済を行うとの追加弁済条項を追加する旨の変更を許可した上、同変更計画を認可したことについて、民事再生法174条2項1号又は3号に該当する事由があるか否かが問題となった事案である。

　(2)　再生債務者である株式会社Xは、平成17年9月5日、原々審に再生手続開始の申立てをし、同月9日、再生手続開始決定を受けた。平成18年2月7日、債権者集会において再生計画案（本件計画案）が可決され、原々審は、前記再生計画案を認可する旨の決定をした。原々審は、同年3月9日、債権者集会の呼出手続に瑕疵があったとして、再度の考案により前記認可決定を取り消し、再度本件計画案を決議に付する旨、債権者集会を同年4月18日に招集する旨の決定をした。Xは、かねて、生命保険会社との間で、Xの旧代表者亡A（平成17年11月18日死亡）を被保険者とし、Xを受取人とする生命保険契約（本件保険契約）を締結していたが、平成17年2月28日、本件保険契約の契約者兼受取人をXから関連会社であるB株式会社に変更していたところ、同事実は、再度の付議決定をした平成18年3月9日の時点では、原々審及び監査委員の知るところではなく、本件計画案にも記載がなかった。同年4月10日、前記事実を知ったYから原々審に対し、前記保

険金受取人等の変更が否認対象行為に当たるとして、監督委員に否認権限を付与すべき旨の申立てがされた。原々審は、監督委員において事実関係を調査した上、その調査結果や債権者集会での再生債権者の反応を踏まえて否認権限を付与するか否かを検討することとし、他方、将来、否認請求等が認容されてXの財産が増えることもあり得ることを考慮し、再生計画案にこれを盛り込むことにより対応することとした。同年4月18日、本件債権者集会が行われ、監督委員から、Yが問題とする否認対象行為の有無につき調査に着手した旨の報告がされた。Xからは、「否認等により受戻財産を得たときは、右取得財産を弁済原資として追加弁済を行う」旨の条項（本件追加弁済条項）を追加する旨の本件計画案の変更の申立てがされ、原々審は、再生債権者に不利な影響を与えないものとして民事再生法172条の4に基づき変更を許可した。投票の結果、変更後の再生計画案（本件変更計画案）は法定の要件を満たして可決された。これを踏まえて、原々審は、本件再生計画に民事再生法174条2項所定の事由がないと判断し、同日、これを認可した。原々審は、同年5月25日、監督委員に対し、前記保険金受取人等を変更した行為につき否認権を行使する権限を付与する決定をした。これとは別に、Aは、平成17年10月21日、唯一の資産であるXに対する貸金債権等を娘であるCに譲渡した。同貸金債権等について、Yは、同年11月21日、CのXに対する債権につき異議を申し立てた。原々審は、平成18年1月30日、Cの債権を認める査定決定をし、Yは、同年2月23日、Cを相手方として、同査定決定の取消し、詐害行為取消権に基づく債権譲渡の取消等を求めて訴訟を提起した。本件再生計画では、再生債務者の代表者一族の債権が全額免除を受けることが予定され、Cの上記債権が確定したときは、全額免除を受け、Cに対して全く弁済されない内容となっている。Yは、原々審が同年4月18日に認可した本件再生計画につき、「本件保険契約の契約者兼受取人をBに変更した行為は否認権行使の対象となる行為であるのに、このことが知らされないまま債権者集会が開催され、本件再生計画案が可決されたことは、公正さを著しく欠き、民事再生法174条2項1号又は3号の不認可事由がある。」、「AのCに対する債権譲渡は、Aの債権者であるYに対する関係で詐害行為に該当し、債権譲渡の対象である貸金債権等は、本来はAの相続人Dに帰属すべきものであるのに、詐害行為取消訴訟等を提起してそれが確定する前に本件再生計画が認可されると、Dの債権者であるYは債権回収の手段がないことになってしまう。したがって、本件再生計画を認可することは法の趣旨に反し、民事再生法174条2項1号の不認可事由がある。」と主張して、原々審決定を取り消して本件再生計画を不認可とするよう求める抗告を申し立てた。

　原審は次のとおり判示してYの抗告を棄却した。(i)生命保険の受取人等の変更について、原々審が本件計画案の変更を許可したことは、民事再生法172条の4の要件を満たしており、再生手続が法律の規定に違反する場合には当たらない。本件変更計画案の決議の時点でも、本件保険契約の受取人等の変更が否認対象行為であることが未だ客観的に明らかになっていなかったから、本件変更計画案等にこの点

の記載を欠くことが再生計画に必要な記載事項を欠いたものとして再生計画の内容を不適法ならしめるものではない。原々審は、本件債権者集会において、監督委員から否認に係る調査に着手した旨の報告をさせ、今後否認等によって財産が増えた場合に備えて本件追加弁済条項を加える旨の本件計画案変更の申立てを許可したものであり、本件変更計画案は、そのような経緯を経て決議に付されたのであって、再生計画が法律の規定に違反したとは認められない。また、議決権の行使に当たって、Y が指摘する情報を開示することを法が要求しているとは解されないから、本件債権者集会に出席しなかった債権者にそれらの情報が伝わらなかったとしても、議決権行使の意思表示の過程に法の容認しない不当な影響力が作用したとはいえず、再生計画の決議が不正の方法によって成立するに至ったとは認められない。(ii) C に対する債権譲渡については、未だ詐害行為取消の判決が出されていない以上、C を再生債権者として再生計画案を認可することに問題はなく、民事再生法174条2項1号の「再生手続又は再生計画が法律の規定に違反」する場合には当たらないとして、Y の抗告を棄却した。

(3) Y が、抗告の許可を申し立てた。

(4) 本決定は、「所論の点に関する原審の判断は、正当として是認することができる。論旨は採用することができない。」と判示して、抗告を棄却した。

VII 家事審判法

1 婚姻費用分担

【36】18(許)4（△二小、平 18・2・24、棄却。原審仙台高決平 17・11・8、原々審仙台家審平 17・6・10）

(1) 婚姻破綻の有責性が専ら申立人に存することが顕著とまではいうことができないから、婚姻費用分担義務を免除又は減ずべき事情があるとはいえないとした原決定の当否が問題となった事案である。

(2) X（夫）と Y（妻）は、夫婦関係が悪化し、平成 14 年 7 月に Y が家を出て、以後は別居しており、X は、平成 16 年、仙台家裁に離婚訴訟を提起した。Y は、X に対し、婚姻費用の分担を求める申立てをした。X と Y は、相互に相手が不貞行為を行ったなどと主張している。原審は、婚姻関係の破綻の有無や有責性といった事由は、本来離婚訴訟で審理判断されるべき問題であり、迅速な判断の要請される婚姻費用請求申立て事件においては、婚姻関係破綻の原因が専ら婚姻費用の分担を求める側にあると明らかに認定できる場合に限り、考慮することができるというべきである。本件では、婚姻関係が破綻している可能性は大きいといえるが、その原因については、双方に不貞行為が認められ、その主張が対立しているところ、いずれかにのみ顕著に有責性があることが明らかに認定できるとはいえない。したがって、Y に婚姻関係破綻の責任があるから婚姻費用分担請求はできないとの X

の主張は理由がないとし、XがYに対して支払うべき婚姻費用の分担金を算出して、Xに対して支払を命じた。
　(3)　Xが、抗告の許可を申し立てた。
　(4)　本決定は、「所論の点に関する原審の判断は、正当として是認することができる。論旨は採用することができない。」と判示して、抗告を棄却した。

【37】18(許)5（△三小、平18・4・26、棄却、判時1930・92。原審広島高決平17・11・2、原々審広島家審平17・8・19)

　(1)　婚姻費用分担申立て審判事件において、いわゆる標準的算定方式によって婚姻費用の分担額を算定した原決定の当否が問題となった事案である。
　(2)　X（妻）とY（夫）は、3人の子を有する夫婦であるが、平成16年12月にXが単身で自宅を出て、以来別居中である。Xは、Yに対し、平成17年3月からの婚姻費用の分担を求める申立てをした。原々審は、Yの婚姻費用分担額について、東京・大阪養育費等研究会「簡易迅速な養育費等の算定を目指して—養育費・婚姻費用の算定方式と算定表の提案—」によって算定した。Yは、税金や学資保険、現金回収不可能な不良債権等を控除していないため、婚姻費用を支払うと最低限必要な生活も営めなくなると主張して、即時抗告を申し立てた。原審は、①所得税については、94万8972円が還付されているのであって、所得から控除することはできない。住民税50万200円、事業税29万1000円を控除することについては理由があるが、これらの合計額を上回る所得税94万円余りが還付されていることにかんがみると、結局、所得を算定する際にこれらの税金を控除する必要はない、②学資保険については、Yにおいて解約することが可能である以上、所得から控除すべきものに当たらない、③不良債権については、これらの債権が確実に回収不能になったと認めるに足りる証拠はないから、所得から控除するのは相当ではない、と判示して抗告を棄却した。
　(3)　Yが、抗告の許可を申し立てた。
　(4)　本決定は、原審が算定した婚姻費用分担額は、「合理的なものであって是認することができる。」とした上で、原審の説示が適切を欠く点を指摘（「①原審は、源泉徴収税額が所得税額を上回っていることを理由に94万8972円が還付されているのであるから、所得税を控除することはできないとも説示している。しかし、原審は、……総収入から基礎収入を推計する過程において所得税を控除しているものであって、原審の上記説示は、適切を欠くものといわざるを得ないが、その結論に影響するものではない。②また、原審は、住民税50万200円及び事業税29万1000円については、これを所得から控除すべきであるという抗告人の主張は理由があるが、これらの税の合計額を上回る所得税94万8972円が還付されているので、結局、所得算定の際にこれらの税金を控除する必要はないというべきである旨をも説示している。しかし、住民税については、原審は、上記のとおり総収入から基礎収入を推計する過程においてこれを控除しているものであり、事業税について

は、総収入の認定の基礎とされるYの所得金額の算出の際に必要経費として控除されているはずのものであって、いずれも織り込み済みのものである。したがって、原審の上記説示もまた適切を欠くものといわなければならないが、その結論に影響するものではない。」し、その余の抗告理由については、「所論の点に関する原審の判断は、正当として是認することができる。論旨は採用することができない。」と判示して、抗告を棄却した。

【38】18(許)38（△二小、平18・11・24、棄却。原審東京高決平18・7・11、原々審千葉家市川出審平18・2・28）

(1) 妻が夫に対し、既に確定審判により支払を命じられた金額のほかに、新たに婚姻費用の分担を求める審判を申し立てた事件について、確定審判により支払を命じられた金額のほかに夫に負担させるべき婚姻費用があるとは認められないとした原決定の当否が問題となった事案である。

(2) X（妻）とY（夫）は、平成5年1月生の長男を有する夫婦であるが、平成11年2月ころYが単身で自宅マンションを出て、以来別居中である。Xは主婦であり、自宅マンション（前記の自宅マンションを売却し、X名義で新たに購入したもの）に居住して長男を監護している。Xは、平成11年12月、東京家裁に婚姻費用分担の審判を申し立てた。同家裁は、平成16年1月、X及びY双方の生活状況、経済状況等を認定した上、いわゆる「労研方式」によりYが負担すべき婚姻費用を算出し、Yに対し、平成11年6月から平成15年6月までの婚姻費用の未払分464万7000円、平成15年7月以降離婚又は同居に至るまで毎月末日限り46万9000円の支払を命じる審判（16年審判）をした。これに対し、Xは、東京高裁に即時抗告を申し立てた。Xは抗告理由として、長男が中学受験をするため、通塾費用、受験費用及び入学手続金が必要であるなどの事情を考慮すべきである旨をも主張した。東京高裁は、東京家裁による婚姻費用の分担額の算定は、X主張のような種々の事情を類型的総合的に考慮した上で行ったものであるとして、Xの抗告を棄却した。Xは、許可抗告及び特別抗告を申し立てたが、許可抗告については許可されず、特別抗告については最高裁において抗告棄却決定がされ、結局、16年審判が確定した。その後、Xは、平成16年9月、東京家裁に、新たに、①長男の通塾費、受験費用及び入学手続金の支払、②平成10年12月から平成11年2月までの期間（別居前の期間）の婚姻費用の分担を求めて、本件申立てをした。なお、Yの給与については、平成11年5月まで、マンションのローンの返済額を控除した残金が、Xが預金通帳及びカードを管理していた銀行口座に振り込まれていた。東京家裁は、同年21月、本件を千葉家裁市川出張所（原々審）に移送する審判をした。

原々審は、Xに対し、本件申立ての趣旨に係る①長男の通塾費、受験費用及び入学手続金、②婚姻費用の金額を具体的に記載した書面を提出するよう再三指示した。しかし、Xは、長男の学校におけるトラブル処理や、転居準備等で忙しいとして、書面を提出しなかった。原々審は、①長男の通塾費、受験費用及び入学手続金

については、Xは、裁判所からその具体的内容を明らかにするよう再三求められたにもかかわらずこれを明らかにせず、Yも、16年審判により支払を命じられた月額46万9000円を超える金額を負担する意思はない旨を表明しており、記録に表れた一切の事情にかんがみても、16年審判により支払を命じられた婚姻費用を増額すべき事情の変化があるということはできない、②平成10年12月から平成11年2月までの婚姻費用については、Yの給与のうちマンションのローン返済分を控除した残額をXが管理していたことからすると、Yに負担させるべき婚姻費用があるとは認められないと判断し、本件申立てを却下した。Xは、原審に即時抗告を申し立てたが、その申立書の理由欄に「追って提出する」としながら何も提出せず、また、必要な郵便切手を郵送してこなかったため、原審はそれらを指摘した上、原々審決定の理由を引用して、本件申立ては理由がなく、却下すべきものであるとした。

(3)　Xが、抗告の許可を申し立てた。

(4)　本決定は、「所論の点に関する原審の判断は、正当として是認することができる。論旨は採用することができない。」と判示して、抗告を棄却した。本件の経過、原審の判断からすれば、本件は、法令の解釈に関する重要な事項を含むとは認められず、許可には検討の余地もあるように思われる。

2　財産の分与に関する処分

【39】18(許)27（△二小、平18・9・6、棄却。原審東京高決平18・5・25、原々審前橋家高崎支審平18・2・9）

(1)　財産分与申立て事件において、相手方が共有不動産の処分に非協力的であったために、抗告人の負担において住宅ローンの立替払を継続せざるを得なかったという事情がある場合、これを財産分与の額を算定するに当たり考慮すべきか否かが問題となった事案である。

(2)　X（もと夫）とY（もと妻）は、婚姻中に土地を購入し、同土地上に自宅を建築して、持分各2分の1の共有とした（共有不動産）。XとYは、Yの不貞行為を原因として夫婦関係が悪化し、Yは自宅の鍵を置いたまま家を出て、交際相手の男性宅に宿泊した。Yは、Xが自宅の鍵を交換し、家に入ることができなくなったため、自宅とは別のアパートに居住するようになった。Xは、勤務先を退職し、退職金として221万4000円を受領した。XとYは、未成年者の子ら（長男及び長女）の親権者をいずれもYと定めて、裁判上の離婚をした。Xは本件財産分与の調停を申し立てた（後に審判に移行）。また、Xは共有不動産にかかる共有物分割訴訟を提起し、Yとの間で、双方が協力して共有不動産を売却することとし、その売却代金と住宅ローンの間に差額が生じた場合には、その差額について財産分与の申立て事件の中で解決する旨の訴訟上の和解を成立させた。XとYは、前記和解における合意に基づいて、共有不動産を代金1500万円で売却し、その代金で住宅ローン1530万6064円を返済したが、差額の30万6064円については、Xが立て替えて

支払った。Xは、前記の差額とは別に、Yが家を出て以降、前記売却までの間、単独で、共有不動産に関する住宅ローン2口、固定資産税等の合計924万630円を支払った。Xは、Yが共有不動産の売却に関して非協力的な態度を続けたため、その任意売却が遅れ、その結果共有不動産の処分価格が低下したにもかかわらず、Yが家を出て以降の住宅ローン等についてそのすべてをXの負担とするのは不当である、Xが共有不動産に居住することにより受ける利益は月額5万円程度であり、住宅ローンや固定資産税等の支払に見合う程度の利益を得ていたものではないと主張し、これに対しYは、Xは共有不動産を一時無人のままに放置し、Yが共有不動産に居住することを拒否した、Xは、自ら共有不動産を管理して、早く、高い値で売却したいとのYの申出を拒絶したのであり、Yが共有不動産の任意売却に非協力的であったものではないと反論した。原々審、原審とも、Xが支払った住宅ローン等の924万630円については、全額Xが負担すべきものであるとした上で、YのXに対する分与額は15万3032円（共有不動産売却価格と住宅ローン返済額の差額の2分の1の金額）であり、XのYに対する分与額は、長男及び長女の学資保険の解約金の2分の1に相当する額である169万6473円とXが受け取った退職金のうち婚姻期間に応じた額の2分の1に相当する額である86万4843円を合計した256万1316円であるとした。

(3) Xが、抗告の許可を申し立てた。

(4) 本決定は、「所論の点に関する原審の判断は、正当として是認することができる。論旨は採用することができない。」と判示して、抗告を棄却した。財産分与の額の算定は家庭裁判所の裁量判断であり、許可には検討の余地もあるように思われる。

3 遺産の分割に関する処分

【40】18(許)7（△二小、18・3・10、棄却。原審福岡高決平17・11・22、原々審福岡家審平17・10・19）

(1) 遺産が金銭債権のみである場合に、遺産分割申立て事件を本案として申し立てられた債権の仮差押え等を求める本案前の保全処分申立て事件において、本案認容の蓋然性があるか否かが争われた事案である。

(2) 交通事故により死亡したAの母親であるXは、Aの養父及び実父（Xの前夫）であるYを相手方として、加害車両運転者とその使用者兼車両運行供用者である第三債務者らに対するAの損害賠償請求権を唯一の遺産として遺産分割事件を申し立てるとともに、審判前の保全処分として、Yが第三債務者らに対して有する損害賠償請求権の差押えを申し立てた。なお、Xは上記遺産分割事件において、Yと離婚した後、長年にわたり幼いAを1人で養育したことなどから、寄与分があると主張した。原々審、原審とも、金銭債権は、相続開始とともに、法定相続分により当然に分割されるところ、Aの遺産となるのは損害賠償債権のみであるし、本件においては、Yにおいて前記債権を遺産分割の対象とする旨の明示ないし黙示

の同意があることを一応認めるに足りないから、遺産分割の対象とする余地はない。したがって本案認容の蓋然性があるということはできないとして、Xの申立てを却下すべきものとした。

(3) Xが、抗告の許可を申し立てた。

(4) 本決定は、「所論の点に関する原審の判断は、正当として是認することができる。論旨は採用することができない。」と判示して、抗告を棄却した。金銭債権については、相続開始と同時に当然に相続分に応じて分割されて各共同相続人の分割単独債権となり、分割は終了しているから、当然には遺産分割の対象とならないことは明らかであるとするのが判例である（最一小判昭29・4・8民集8・4・819）。また、その後の判例では、共同相続人甲が相続財産中の可分債権につき権限なく自己の相続分以外の債権を行使した場合には、他の共同相続人乙は、甲に対し、侵害された自己の相続分につき、不法行為に基づく損害賠償又は不当利得の返還を求めることができると判示し（最三小判平16・4・20集民214・13、判時1859・61）、遺産分割前の共同相続人間の紛争の事案において、可分債権の相続につき、改めて分割債権説に立つことを明らかにした。本決定は、前記判例を踏まえ、金銭債権を遺産分割協議の対象とするためには共同相続人の同意を要するとする実務の考え方を前提として原決定を支持したものと考えられる。

【41】18(許)15（△二小、平18・6・9、棄却。原審東京高決平18・3・6、原々審横浜家横須賀支審平17・11・30）

(1) 遺産分割審判について、相手方に期限の利益喪失条項や抵当権設定を伴わない分割払による代償金の支払を命じた上、不動産を全部取得させることの適否が争われた事案である。

(2) XとYはいずれも被相続人Aの養子であるが、Aの遺産（不動産（土地、建物及びアパート）及び預金）について、Xは遺産分割を、Yは寄与分を定める処分をそれぞれ求めた。原審は、Yの寄与分を20％と認めるのを相当とした上で、不動産をYが単独で取得し、YがXに対し、代償金として1764万円余りを、毎年6月末日及び22月末日に各100万円を支払うことを命じた。

(3) Xが、Yには、年間200万円の代償金を支払う意思も能力もないことは明らかであるのに、抵当権の設定や期限の利益喪失約款を付すことなく代償金の支払による分割を命じた原審の判断は、著しくXに不利益なものであって、原決定には遺産の分割方法の決定についての裁量の範囲を逸脱した違法があるとして、抗告の許可を申し立てた。

(4) 本決定は、「所論の点に関する原審の判断は、正当として是認することができる。論旨は採用することができない。」と判示して、抗告を棄却した。

Ⅶ 家事審判法　　　　　　　　　　　　　　　　　　　　　　　　　319

【42】 18(許)17（△一小、平 18・6・22、棄却。原審福岡高決平 18・2・23、原々審福岡家審平 17・10・19）

(1) 遺産が金銭債権のみである場合に、遺産分割審判の対象となる遺産があるか否かが争われた事案であり、【40】の本案である。

(2) 当事者及び事実の経過は【40】と同一であり、Xは、Aの養父及び実父（Xの前夫）であるYを相手方として、加害車両運転者とその使用者兼車両運行供用者である第三債務者らに対するAの損害賠償請求権を唯一の遺産として遺産分割事件を申し立てるとともに、寄与分を定める処分の申立てをした。原々審、原審とも、遺産分割及び寄与分を定める審判のいずれも却下すべきものとした。原審決定の理由の要旨は、次のとおりである。遺産が金銭債権である場合、それは当然に分割されるのであって、他にも遺産があり、相続人らが合意した場合に限り、遺産分割の対象となると解すべきである。本件がそのような例外的な場合に該当しないことは明らかである。Xが被相続人の養育を専ら担当したからといって、法定相続分が当然に変わるものではないし、自ら監護養育義務のある被相続人を養育したことが「特別の寄与」（民法 904 条の 2 第 1 項）に当たるともいえない。そうすると、前記金銭債権は既に分割済みであるというほかなく、本件遺産分割審判の申立ては、その対象を欠くことに帰するから不適法なものとして却下を免れない。寄与分の審判の申立ても、その前提を欠くことになるから同様に却下を免れない。

(3) Xが、抗告の許可を申し立てた。

(4) 本決定は、「所論の点に関する原審の判断は、正当として是認することができる。論旨は採用することができない。」と判示して、抗告を棄却した。【40】と同様の考え方により原決定を支持したものと思われる。

4　名の変更

【43】 18(許)32（△二小、平 18・10・13、棄却。原審東京高決平 18・7・20、原々審東京家審平 18・5・19）

(1) 名の変更許可申立て事件において、戸籍法 50 条 1 項の規定が市民的及び政治的権利に関する国際規約（B 規約）24 条 2 項及び 27 条に反するか否かが問題となった事案である。

(2) Xは、片仮名を含む平仮名書の名前である「しょう‥」を「鍾‥」に変更することの許可（戸籍法 107 条の 2）の申立て（親権者である父母が法定代理人として申立て）をした。原々審は、「鍾」の字が常用平易な字に当たらないなどとして本件申立てを却下し、原審も、次のとおり判断して本件申立てを却下すべきものとした。

戸籍法施行規則（施行規則）60 条が、社会通念上、常用平易であることが明らかな文字を子の名に用いることのできる文字として定めなかった場合には、同条が委任を受けた戸籍法 50 条 1 項が許容していない文字使用の範囲の制限を加えたことになり、施行規則 60 条は、その限りにおいて、違法、無効と解すべきであり（最

三小決平15・12・25民集57・11・2562、判時1846・11)、これは、出生児の命名の際のみならず、出生後に名を変更する場合も同様である。しかし、「錘」の字は、施行規則60条に定める常用漢字表に掲げる漢字にも別表二に掲げる漢字にも該当しない。「錘」の字は、「鍾乳洞」以外に使用される場面は多くなく、国民に広く知られている字とは言い難い。また、日本国内において人の名や地名に「錘」の字が多く使われたり、日常多用されているということもできない。したがって、「錘」の字が、社会通念上明らかに常用平易な文字であるということもできない。戸籍法50条1項の立法趣旨（従来、子の名に用いられた漢字には極めて複雑難解なものが多く、命名された本人や関係者に、社会生活上、多大の不便や支障を生じさせたことから、子の名に用いられるべき文字を常用平易な文字に制限し、これを簡明ならしめることを図った）には合理性があるから、一審の審判がB規約24条2項に反するとはいえないし、戸籍法50条による制限は日本国民に等しく課された合理的な制限にとどまるから、B規約27条にも反しない。

(3) Xが、抗告の許可を申し立てた。

(4) 本決定は、「所論の点に関する原審の判断は、正当として是認することができる。論旨は採用することができない。」と判示して、抗告を棄却した。B規約が国内立法の措置を要しないでそのまま国内裁判所で適用され得るものであるか否かについての議論はとりあえず置いて検討しても、B規約24条2項及び27条が前記のような立法趣旨に基づく戸籍法50条の規制を許容しない趣旨とは解されないであろう。

5 保護者選任

【44】18(許)28（△一小、平18・9・14、棄却。原審東京高決平18・5・31、原々審東京家審平18・3・29）

(1) 保護者選任審判の取消申立て事件において、「本件につき職権を発動しない。」とした原々審の判断を支持した上、これに不服を申し立てることは許されないとして抗告を却下した原決定の当否が問題となった事案である。

(2) Xの実兄であるAは、Xが妄想型人格障害を有する精神障害者であるとして、東京家裁に保護者選任の申立てをし、同家裁は、Xの保護者としてAを選任した（本件審判）。Xは、Xの実父B及びAがXを逮捕、拉致し、病院に強制入院させようとしているなどとして、Aらに対し、逮捕監禁等の禁止を求める仮処分の申立て（本件仮処分）をし、更には、保護者改任の申立てをしたが、東京地裁は、仮処分の必要性を認めるに足りる的確な疎明資料がないとして、本件仮処分の申立てを却下し、東京家裁も、XがAらに対して本件仮処分の申立てをしたことで、Aは保護者たる地位を失っており（精神保健及び精神障害者福祉に関する法律20条1項2号）、保護者選任の審判を取り消す余地もないとして、前記保護者改任の申立てを却下した。Xは、改めて本件審判の取消しの申立てをしたところ、原々審は、XがAを相手方として本件仮処分の申立てをしたことによりAは保護

Ⅶ　家事審判法　　　　　　　　　　　　　　　　　　　　　　　　　321

者たる地位を失ったとし、本件につき職権を発動しないとした。これに対し、Xが抗告の申立てをしたところ、原審は、非訟事件手続法19条1項に基づく取消しの裁判は、同条2項に規定する場合を除いて職権で行うこととされ、取消しの裁判の申立てを受けた裁判所は、裁判の取消しの申立てがあったからといって、これに応答しなければならない義務はなく、当該申立てにかかる審判に対して不服を申し立てることはそもそも許されないとして、本件抗告は不適法であり却下すべきものとした。

(3)　Xが、抗告の許可を申し立てた。
(4)　本決定は、「所論の点に関する原審の判断は、正当として是認することができる。論旨は採用することができない。」と判示して、抗告を棄却した。本件は、職権を発動しない旨の審判に対するものであり、許可には検討の余地もあるように思われる。

6　就籍届出の許可

【45】18(許)40（△一小、平18・11・16、棄却。原審東京高決平18・8・28、原々審東京家審平18・5・8）

(1)　出生の届出義務者による出生届が可能である場合に、就籍の届出の許可を求めることができるか否かが問題となった事案である。
(2)　韓国人であるX法定代理人親権者母Aは、平成12年8月、日本人であるBと婚姻したが、平成14年12月ころから、同人と別居した。Aは、平成15年3月ころ、日本人であるX法定代理人親権者父Cと同居するようになり、Xを懐胎した。Aは、平成16年8月、Bと協議離婚した。Aは、平成17年1月、Xを出産した。AとCは、同年3月、婚姻届出をした。Aは、同月、Xの法定代理人親権者母として、東京家裁に、Bを被告とし、BとXとの間の親子関係不存在確認訴訟を提起した。東京家裁は、同年6月、BとXとの間に親子関係が存在しないことを確認する旨の判決を言い渡し、同年7月、同判決が確定した。Aは、同月、東京都荒川区長あてに、Xの出生届を提出し、また、Cは、同時に、Xの認知届を提出した。Xは、平成18年1月、荒川区役所を監督する東京法務局の民事行政部戸籍課から、Xが出生により日本国籍を取得しないものとして出生届及び認知届を処理するとの連絡を受けた。荒川区役所戸籍吏員は、出生届と認知届を受理し、同月、Xを韓国人として戸籍関係の処理をし、その結果、Cの戸籍の身分事項欄に、「平成17年7月△△日国籍韓国X（西暦2005年1月○○日生母A）を認知届出」と記載された。戸籍を有しないXは、原々審に対し、筆頭者をC、父をC、母をA、続柄を長女等として、戸籍法110条所定の就籍の届出をすることの許可を求める申立てをした。原々審、原審とも就籍の届出は、出生の届出義務者がいない場合においてのみ許されるところ、本件については、Xの出生の届出義務者であるAがいることが明らかであるし、また、Xが日本国籍を有することについては、国籍確認訴訟によって確定するのが相当であるなどとして、Xの申立てを却下すべきものと

(3)　Xが、抗告の許可を申し立てた。

　(4)　本決定は、「所論の点に関する原審の判断は、正当として是認することができる。論旨は採用することができない。」と判示して、抗告を棄却した。就籍の届出は、出生の届出義務者がいない場合においてのみ許されると解するのが通説（谷口知平「戸籍法〔新版〕」263頁、野田愛子「就籍事件に関する2、3の問題」家族法と戸籍の諸問題192頁他）であり、また、戸籍先例（大正5・6・7民465号法務局長回答、昭和24・4・2民事甲第798号民事局長回答）である。原審の判断は、前記通説・戸籍先例の立場に立つものである。

7　戸籍訂正の許可

【46】18(許)46（△一小、平18・12・7、棄却。原審東京高決平18・10・3、原々審千葉家審平18・8・18）

　(1)　偽名による婚姻届出が、戸籍法114条の無効な行為に該当するか否かが問題となった事案である。

　(2)　XとA（フィリピン国籍を持ち、「B」という架空名義の旅券を用いて本邦に不法入国していた）は、知り合ってから交際をするようになり、平成15年12月、婚姻届出をした（本件婚姻）が、その際、Aは、偽造されたB名義の出生証明書と独身証明書を提出したため、戸籍上、XとBとが婚姻した旨の記載がされた。XとAは、共同生活を始めたが、不仲となり別居した。Aは、離婚届を作成してXの友人に託したが、実際には提出されなかった。Aは、その後、Cと婚姻した（Xと婚姻中であるが、今度は本名で届け出たために受理された。）。Xは、本件婚姻はBなる実在しない人物との婚姻であり無効であるところ、X及びAは本件婚姻が無効であることに異議がないとして、戸籍法114条に基づく戸籍訂正申請につき、家庭裁判所の許可を求めた。原々審及び原審は、いずれも、Xの申立てを却下すべきものとした。原審の理由の要旨は、次のとおりである。①本件において、XとAは婚姻意思があったものであり、ただ婚姻届におけるAの氏名が偽名であったというにすぎないから、そもそも民法742条所定の婚姻無効事由に該当するかはなはだ疑問であり、本件婚姻が無効であることが明らかとはいえない。②戸籍法114条による戸籍訂正の対象となるのは、創設的届出に基づいて戸籍の記載がされた後に、当該行為が無効であることが判明した場合であるが、創設的届出の無効は当事者だけでなく関係人にも身分法上重要な影響を及ぼすものであるから、同条による訂正が認められるのは、例えば当事者の一方が婚姻届時には死亡していたというように、創設的届出の無効であることが戸籍上において明らかな場合に限られるものであって、その届出の無効であることが戸籍上明らかでない場合には、同条による訂正は許されず、身分関係を確定する判決又は創設的届出の無効を確定する判決ないしは23条審判を得た上、戸籍法116条の訂正申請によって訂正すべきである。本件においては、届出の無効が戸籍上明らかであるとはいえないから、戸籍法114

条による戸籍訂正は許されない。
　(3)　Xが、抗告の許可を申し立てた。
　(4)　本決定は、「戸籍訂正許可の申立てを却下すべきものとした原審の判断は、是認することができる。論旨は採用することができない。」と判示して、抗告を棄却した。XとAの婚姻は、在留資格目当ての偽装婚などではなく、同居して生活するなど夫婦の実体を伴うものであり、真に社会観念上夫婦であると認められる関係の設定を求めて婚姻届を提出したものであることは明らかであるから、婚姻意思は認められる。これに対し、Xは、本件婚姻は「B」なる実在しない人物との婚姻であり無効であると主張するが、「B」とはAの偽名であって実在しない人物ではない。したがって、本件婚姻は、実在しない人物との婚姻ではなく、単に婚姻届に記載する当事者の氏名を誤っただけであるというべきところ、このような誤りは民法742条の無効事由（限定列挙）に該当せず、有効であると解されているので、戸籍法114条による戸籍訂正はできないということになろう。

8　市町村長の処分不服申立て

【47】18(許)43（△一小、平18・12・14、棄却。原審東京高決平18・9・11、原々審新潟家高田支審平18・7・10）
　(1)　未成年の子の親権と監護権が分属する場合に、子の監護者が民法791条3項の法定代理人として、戸籍法の定めるところによる届出（同条1項）をすることができるかが問題になった事案である。
　(2)　Xは、平成4年11月、前夫であるAと婚姻し、平成6年2月、長男Bをもうけたが、夫婦仲が悪くなり、平成14年3月、Bの親権者を父であるA、監護者を母であるXと定めて、調停離婚した。Xは、同月、戸籍法77条の2の届出をして離婚時の氏である「A」を称し、Bは、同年5月、Xの氏「A」を称する旨の届出が親権者父により行われた。Bは、遅くとも平成16年3月から母であるXのもとで同居して、養育されている。そして、Xは、平成17年12月、Cと再婚し、同18年2月、同人との間に長女Dをもうけ、現在は夫C、B及びDと同居している。Xは、同年3月、新潟家裁高田支部において、Bの氏を、母であるXの再婚前の氏「A」からXの現在の氏「C」に変更する旨の許可を得た（本件基本審判。XがBの法定代理人母として申し立てた。）。本件基本審判の審判書には、「子の氏変更の申立てに関する限り子の監護者が民法791条3項の法定代理人に該当し、単独で子を代理して審判の申立てをすることができると解し」との記載がある。Xは、同年4月、本件基本審判に基づき、新潟県上越市長（市長）に対し、Bの母の氏を称する入籍届（本件入籍届）を提出したところ、民法791条3項所定の法定代理人からの届出に該当しないとして不受理とされた（本件不受理処分）。Xは、戸籍法118条、119条に基づき、本件不受理処分につき、原々審に不服申立てをした。
　原々審、原審とも、本件基本審判は、入籍届についてまで、子の監護者であるXを民法791条3項の法定代理人に該当すると判断したものと解することはできず、

本件入籍届を法定代理人からの届出には該当しないとしてされた本件不受理処分に違法・不当な点はないと判断した。原審の理由の要旨は次のとおりである。①子の親権者と監護者が分離分属している場合には、子の氏の変更許可の申立ての代理権は、親権者に留保されており、監護者はこれらの権利義務を有しないと解するのが相当である。したがって、民法791条1項及び3項に基づく入籍届は、法定代理人である親権者又は後見人が届け出なければならないというべきである。②Xは、BをXの戸籍に入籍することが不可能となれば、学校生活等の社会生活上多大な不利益が生じると主張するが、前記入籍届の権限がBの親権者である父（A）にあることに照らし、やむを得ない結果である。この不都合を解消するには、親権者の変更の申立てをして、その変更の許可を得た上で、Xが新しく親権者となり、入籍届を了するなど、法律の範囲内で所期の目的を遂げるほかはない。

(3) Xが、抗告の許可を申し立てた。

(4) 本決定は、「所論の点に関する原審の判断は、正当として是認することができる。論旨は採用することができない。」と判示して、抗告を棄却した。親権と監護権が父と母に分属する場合、民法791条3項の「法定代理人」とは親権者又は後見人を指すものとする通説の立場によればもちろんのこと、子の氏の変更の申立てに関する限り、子の監護者が民法791条3項の法定代理人に該当し、単独で子を代理して審判の申立てをすることができると解する立場によっても、入籍の権限が親権者にある以上、親権者又は後見人が上記審判に基づく入籍届をしないときは、入籍届ができないということにならざるを得ないということであろう。

Ⅷ その他

1 行政事件訴訟法

【48】 17(行ﾌ)7（△三小、平18・4・7、棄却。原審福岡高決平17・10・26、原々審福岡地決平17・8・29）

(1) 産業廃棄物収集運搬業等の許可の各取消処分の効力停止申立て事件において、行政事件訴訟法（行訴法）25条所定の各要件の充足が問題となった事案である。

(2) Xは、産業廃棄物処理業等を業とする株式会社であり、Y県知事から、産業廃棄物収集運搬業許可等のほか、中間処理を行うことに事業の範囲を限定した産業廃棄物処分業許可を受けて事業を行っていた。Y県知事は、Xが、先に受けた改善命令の履行未了の間に上記事業の範囲を超え、産業廃棄物の最終処分（埋立）をしているのを現認したため、上記各許可の各取消処分（本件各取消処分）をした。Xは、本件各取消処分の取消訴訟を本案事件とし、Y県知事の所属する公共団体であるYを相手取り、行訴法25条2項に基づいて、本件各取消処分の効力の停止を求めた。原々審は、本件各取消処分の効力を本案判決の確定まで停止するとの決定をし、Yが即時抗告を提起した。原審は、本件は、本案について理由がないとみえる

とき（同条4項）に該当し、また、重大な損害の発生を避けるための執行停止の緊急の必要がある（同条2項）ということもできず、更に、本件各取消処分の効力を停止することには公共の福祉に重大な影響を及ぼすおそれがある（同条4項）として、原々決定を取り消して、本件申立てを却下した。

(3) Xが、抗告の許可を申し立てた。

(4) 本決定は、「本件執行停止申立てをいずれも却下した原審の判断は、結論において是認することができる。論旨は採用することができない。」と判示して、抗告を棄却した。一般に、期限付きの営業許可を取り消す処分の効力を停止すると、本案訴訟の進捗状況によっては、原告事業者が、当該営業許可の残余の期間の全部あるいは大部分について営業を続行することができ、権利利益の暫定的な保全にとどまらず、終局的な満足を享受する結果となる。こうした不当な結果を避けるため、本件のような取消処分の効力停止の申立てについては、「本案について理由がないとみえるとき」（行訴法25条4項）の該当性について十分な吟味が必要であるとされている。他方、営業許可の取消処分を受けた事業者が、事業継続が困難となることによって被る損害が多くの場合「重大な損害」に当たることは、一般に認められている（以上につき、藤田耕三ほか「行政事件訴訟法に基づく執行停止をめぐる実務上の諸問題」45、65頁）。本決定も、このような考え方に沿って、原審の確定した事実関係の下では、本件申立ては本案について理由がないとみえるときに当たると判断したものと思われる。本件は、執行停止の要件に関する個別な事実関係の認定、評価が専ら問題となっているものであり、許可には検討の余地もあるように思われる。

【49】 18(行ッ)1（△一小、平18・6・1、棄却。原審福岡高宮崎支決平18・2・28、原々審宮崎地決平18・1・23）

(1) 任用行為の仮の義務付けを求める仮の義務付け申立て事件において、償うことのできない損害を避けるべき緊急の必要があるか否かが問題となった事案である。

(2) Xは、Y県知事が平成7年4月1日付でXに対して行った人事異動（本庁の保健予防課の係長から県税事務所の係長への異動）は、地方公務員法28条1項等に違反する違法な降任人事であり、その後の人事異動も違法無効なものであるとして、Y県知事に対し、Xにつき、①平成16年4月1日から行政職給料表9級以上の職務の給料を適用し、本庁の次長又はそれに相当する職に任命する手続を完了し、その辞令を交付すること、②平成12年4月1日から行政職給料表8級以上の職務の給料を適用し、本庁の課長又はそれに相当する職に任命する手続を完了し、その辞令を交付することの各任用行為（本件各任用行為）を行うこと等を求める訴訟を提起した。Xは、平成18年3月31日に定年退職となる予定であり、本件本案訴訟の判決の確定が退職日以降となった場合にはその身分ないし名誉に関して取り返しのつかない重大な損害を被ることになるなどと主張して、平成17年7月27

日、行政事件訴訟法（行訴法）37条の5第1項の仮の義務付けの申立てとして、本件各任用行為を仮に義務付けることを求める本件申立てをした。原々審は、本件申立てについて、「償うことのできない損害を避けるため緊急の必要がある」とは認められず、また、「本案について理由があると見える」との要件も満たさないとして、本件申立てを却下した。これに対しXが即時抗告をしたが、原審は、本件申立てについて、「償うことのできない損害を避けるため緊急の必要がある」との要件につき疎明を欠くものであるとして、Xの抗告を棄却した。

(3) Xが、抗告の許可を申し立て、原審は、憲法違反をいう論旨を排除した上で、抗告を許可した。

(4) 本決定は、「本件事実関係の下においては、行訴法37条の5第1項所定の要件につき疎明を欠くものとして本件申立てを却下すべきものであるとした原審の判断は、是認することができる。論旨は採用することができない。」と判示して、抗告を棄却した。Xの主張に係る損害は、仮にそのような損害の発生が認められたとしても、事後的な金銭賠償によって損害を回復することとしても社会通念上相当性を欠くとはいえないものと考えられるので、行訴法37条の5第1項にいう「償うことのできない損害」には当たらないと判断したものであろう。

【50】18（行ク）3（△三小、平18・11・14、棄却。原審東京高決平18・6・30、原々審東京地決平18・4・7）

(1) 退去強制令書の収容部分の執行に関し、これにより生ずる「重大な損害を避けるため緊急の必要がある」（行政事件訴訟法（行訴法）25条2項）と認められるかどうかが問題となった事案である。

(2) Xは、外国貨物船の乗員として出入国管理及び難民認定法16条による乗員上陸の許可を受けて本邦に上陸したが、同許可の定める期間経過後も本邦に不法に残留し、同法24条6号所定の退去強制事由に該当するとの容疑により同法39条に基づく収容をされた上、東京入国管理局主任審査官Yから退去強制令書を発付された（本件退令発付処分）。Xは、本件退令発付処分の取消し等を求める訴え（本案事件）を提起するとともに、本件退令発付処分の執行の停止を求める本件申立てをした。原々審は、本件退令発付処分の送還部分についてのみ本案事件の第一審判決言渡しまで執行を停止し、収容部分に係る申立てを却下した。Xが即時抗告をしたが、原審も、退去強制令書に基づく収容に伴って、その名宛人が相当程度の期間身体の自由を制限されるとしても、それは、その者を送還するために身柄を確保するとともに、その者を隔離し、本邦におけるこれ以上の在留活動を禁止するなどの退去強制令書発付処分の行政目的の必要上、やむを得ないものであって、Xの収容期間が既に合理的な期間を超えているとか、収容のため本案事件の主張立証の準備ができないといった事実はなく、Xが収容により生ずる損害として指摘する日本人の妻との生活の分断、生活基盤の喪失、心身の健康への影響等も、一般的抽象的な主張にとどまり、具体的な事実関係を伴って主張されているものではないこと等を

考慮すると、本件令書の収容部分の執行によりXに重大な損害が生じるとまで認めることはできず、「重大な損害を避けるため緊急の必要がある」とはいえないとして、Xの抗告を棄却した。

(3) Xが、原決定は行訴法25条2項及び3項にいう「重大な損害」の解釈適用を誤ったものであるとして抗告の許可を申し立てた。

(4) 本決定は、「本件事実関係の下においては、所論の点に関する原審の判断は、正当として是認することができる。」として、抗告を棄却した。

【51】 18(行ツ)4（△一小、平18・12・14、棄却。原審東京高決平18・9・12、原々審東京地決平18・7・11）

(1) 【50】と同様、退去強制令書の収容部分の執行に関し、これにより生ずる「重大な損害を避けるため緊急の必要がある」（行政事件訴訟法25条2項）と認められるかどうかが問題となった事案である。

(2) Xは、出入国管理及び難民認定法（法）24条4号ロ（不法残留）に該当するとの容疑により、東京入管収容場に収容された上、法49条1項に基づく異議の申出に理由がない旨の裁決（本件裁決）を受け、東京入管主任審査官から退去強制令書（本件退去強制令書）を発付され（本件退令発付処分）、東日本入国管理センターに移収された。その後、Xは、かねてから内縁関係にあった日本人女性との婚姻届を提出し、また、本件退令発付処分の取消し等を求める本案訴訟を提起するとともに本件退去強制令書の執行停止を申し立てた。原々審は、本件退去強制令書に基づく執行のうち、送還部分については本案訴訟の第1審判決言渡しまでの執行停止を認めたが、収容部分に係る申立てを却下した。Xが即時抗告をしたが、原審も、収容部分の執行に関しては「重大な損害」が生ずるとはいえないと判断して、Xの抗告を棄却した。原審の判断の要旨は次のとおりである。①法は、在留資格を有しない外国人が本邦において活動することを認めていないのであるから、退去強制手続の対象となった外国人が本邦において活動することができないことや、その活動を阻止するために身柄を拘束されることはやむを得ない側面があることも否定し難いところであって、このような事情を考慮することなく、身柄拘束の不利益性のみに着目して、それを「重大な損害」に当たると解することは相当ではない。したがって、「重大な損害」に当たるといえるためには、身柄の拘束に通常伴う損害を超えた特別の損害が生じているとか、Xに関しては本邦における活動が認められるべき特段の事情があることなどの事情が存することが必要である。②Xの主張する損害のうち、人身の自由の侵害や、生活、健康、就業上の損害をいう点は、収容に通常伴う人身の自由の制限や精神的苦痛の域を出ないものというべきである。また、訴訟進行上の障害をいう点も、被収容者は、その訴訟代理人である弁護士と面会することが可能であり、通信文の発受をすることもできることなどからすれば、収容部分の執行がXの訴訟活動に著しい制限を加えるもので本案訴訟の迅速な進行への妨げになるということはできない。③一件記録上、現段階において本件裁決及び

本件退去強制令書の発付が明らかに違法であるといった事情も認められないことからすれば、本件退去強制令書の収容部分の執行に伴うXの損害が重大な損害に当たるものとは認められず、他にXに身柄の拘束に伴う通常の損害を超えた特別の損害が生じているとか、本邦におけるXの活動が認められるべき特段の事情をうかがわせるに足りる事情を見いだすこともできない。

(3) Xが、抗告の許可を申し立てた。

(4) 本決定は、「本件事実関係の下においては、本件退去強制令書の収容部分の執行により重大な損害が生じ、これを避けるため上記執行を停止すべき緊急の必要があるということはできない。これと同旨の原審の判断は、正当として是認することができる。論旨は採用することができない。」と判示して、抗告を棄却した。

2 非訟事件手続法

【52】18(許)12（◎一小、平18・9・28、破棄・差戻、民集60・7・2634、判時1950・163。原審東京高決平18・2・2、原々審東京地決平17・9・28）

(1) 商法（平成17年法律第87号による改正前のもの。以下同じ。）294条1項に基づき裁判所に検査役選任の申請をした株主が、手続の途中で、新株発行によって所定の株式保有要件を満たさなくなった場合に、当該申請を却下すべきか否かが問題となった事案である。

(2) Xらは、平成17年7月29日、Y株式会社の業務の執行に関し不正の行為等があることを疑うべき事由があるとして、商法294条1項に基づき、裁判所に検査役の選任を申請した（本件申請）。本件申請がされた当時、Xらは、Yの総株主の議決権の約3.2%を有する株主であった。Yは、平成12年3月24日、当該新株引受権付社債を発行していたが、当該新株引受権付社債を有していた者の一部が、新株引受権を行使したことから、Yは、平成17年8月、新株を発行した（本件新株発行）。その結果、Xらは、Yの総株主の議決権の約2.97%を有する株主となった。原々審は、検査役選任を裁判所に請求した者が、請求時点において商法294条1項の「総株主の議決権の100分の3以上を有する」という要件（株式保有要件）を満たしている場合であっても、その後会社が新株を発行したことにより、株式保有要件を欠くに至った場合には、特段の事情のない限り、検査役選任の請求権を失うところ、本件では、Xらは株式保有要件を欠くに至っているが、YがXらの権利行使をことさら妨害する意図で新株を発行したとの特段の事情はうかがわれないから、Xらは検査役選任の請求権を失ったとして本件申請を却下した。原審は、検査役選任の請求権の帰すうが、その後の新株の発行といった請求者の関与しない事情によって左右されるのは不合理であり、少数株主権を認めた法の趣旨に沿わないことから、商法294条1項の株式保有要件は、検査役選任の請求時点において満たされていれば足り、その後に新株の発行がされたことにより満たされていないことになっても、検査役選任の請求権は消滅しないとして原々審の決定を取り消した。

(3) Yが、抗告の許可を申し立てた。

Ⅷ その他   329

　(4) 本決定は、次のとおり判示して、原決定を破棄し、原審に差し戻した。株式会社の株主が商法294条1項に基づき裁判所に当該会社の検査役選任の申請をした時点で、当該株主が当該会社の総株主の議決権の100分の3以上を有していたとしても、その後、当該会社が新株を発行したことにより、当該株主が当該会社の総株主の100分の3未満しか有しないものとなった場合には、当該会社が当該株主の前記申請を妨害する目的で新株を発行したなどの特段の事情のない限り、前記申請は、申請人の適格を欠くものとして不適法であり却下を免れないと解するのが相当である。本決定は、商法294条1項の解釈適用について最高裁としての法律論を示したものであるが、会社法358条1項の法律論としても妥当するもののように思われる。

3　配偶者からの暴力の防止及び被害者の保護に関する法律

【53】18(許)1（△二小、平18・2・24、棄却。原審東京高決平17・11・30、原々審甲府地決平17・9・2）

　(1) 配偶者からの暴力の防止及び被害者の保護に関する法律（DV防止法）10条における被害者には、心身に有害な影響を及ぼす言動を受けた者が含まれるか否かが問題となった事案である。

　(2) 申立人（妻）Xは、相手方（夫）Yから身体に対する暴力及び心身に有害な影響を及ぼす言動を受けたとして、DV防止法10条に基づき、保護命令の申立てをした。原々審は、本件申立ては理由があるとして、申立ての趣旨どおりXの申立てを認容した。Yが即時抗告をした。原審は、Xが主張する身体的暴力があったことを認めることができる証拠がないことや、Xから具体的な事実についての説明がなく、裏付けもないことから、YがXに対して身体的暴力に及んだという事実は認められないとし、原々決定を取り消し、本件申立てを却下すべきものとした。

　(3) Xは、DV防止法1条に規定する配偶者からの暴力とは、身体に対する暴力にとどまらず、これに準ずる心身に有害な影響を及ぼす言動をも含めているから、同法10条における被害者には身体に対する暴力に準ずる心身に有害な影響を及ぼす言動を受けた者も当然含まれるところ、本件は心身に有害な影響を及ぼす言動によるドメスティック・バイオレンス事件であり、XがYの言動により追いつめられ隷属的な精神状態となり、別居に至ったというものであるから、同条の要件を満たしていると主張して抗告の許可を申し立てた。

　(4) 本決定は、「所論の点に関する原審の判断は、正当として是認することができる。論旨は採用することができない。」と判示して、抗告を棄却した。DV防止法は、①「配偶者からの暴力」を「配偶者からの身体に対する暴力（身体に対する不法な攻撃であって生命又は身体に危害を及ぼすものをいう。）又はこれに準ずる心身に有害な影響を及ぼす言動」と、②「被害者」を「配偶者からの暴力を受けた者」と、それぞれ定義している（1条）。一方、同法10条の文言からすれば、保護命令発令の要件は、①被害者（申立人）が「配偶者からの身体に対する暴力」を受

けたこと、②被害者（申立人）が配偶者（相手方）から「更なる身体に対する暴力」によりその生命又は身体に重大な危害を受けるおそれが大きいことである（同条1項柱書き）。このように、条文の文言上、DV防止法が一般的にその適用対象とする「配偶者からの暴力」のうち「配偶者からの身体に対する暴力」すなわち「身体に対する不法な攻撃であって生命又は身体に危害を及ぼすもの」を受けたことが保護命令発令の要件とされており、「これに準ずる心身に有害な影響を及ぼす言動」（いわゆる精神的暴力等）を受けたというだけでは、これに該当しないことになる。

【54】 18（許）6（△一小、平18・2・2、棄却。原審広島高決平17・12・2、原々審広島地決平17・8・4）

(1) 配偶者暴力に関する保護命令事件において、妻が夫の暴力により危害を受けるおそれが大きいといえるか否かが問題となった事案である。

(2) 申立人（妻）Xは、相手方（夫）Yからの暴力により医師の治療を要する傷害を負ったこと、Yからの更なる身体的暴力により生命や身体に重大な危害を受けるおそれが大きいことなどを主張して、配偶者からの暴力の防止及び被害者の保護に関する法律10条1項1号所定の接見禁止命令を求めた。原々審、原審とも、本件申立ては理由があるとして、申立ての趣旨どおりXの申立てを認容した。

(3) Yが、抗告の許可を申し立てた。

(4) 本決定は、「所論の点に関する原審の判断は、是認することができる。論旨は採用することができない。」と判示して、抗告を棄却した。本件は、専ら妻が夫の暴力により生命、身体に重大な危害を受けるおそれがが大きいといえるか否かについての認定問題であり、許可には検討の余地もあるように思われる。

平成19年度

福田剛久／溝上　真

Ⅰ　民事訴訟法
　1　訴訟費用【1】～【3】
　2　文書提出命令【4】～【17】
　3　証拠保全【18】【19】
　4　再審【20】～【25】

Ⅱ　民事執行法
　1　売却許可決定【26】【27】
　2　債権差押命令【28】
　3　間接強制【29】

Ⅲ　民事保全法
　仮処分【30】～【32】

Ⅳ　家事審判法
　1　相続放棄【33】
　2　婚姻費用分担【34】【35】
　3　子の監護者の指定その他子の監護に関する処分
　　【36】【37】
　4　祭祀に関する権利の承継者の指定【38】
　5　遺産分割及び寄与分を定める処分【39】
　6　名の変更【40】
　7　市町村長の処分不服申立て【41】

Ⅴ　その他
　1　借地借家法【42】【43】
　2　行政事件訴訟法【44】

はじめに

1　平成19年度における許可抗告の実情を紹介する。

新受件数は、平成10年が10件、平成11年が42件、平成12年が59件、平成13年が34件、平成14年が50件、平成15年が54件、平成16年が42件、平成17年は48件、平成18年は55件、平成19年は45件であった。平成18年まで増加傾向であったが、平成19年は前年の新受件数を大きく下回った。

各年中に決定された事件のうち最高裁判所民事判例集又は最高裁判所裁判集民事に登載されたものの数と割合を年度別にみてみると、平成10年は、2件中登載1件（50パーセント）、平成11年は、32件中登載6件（19パーセント）、平成12年は、51件中登載12件（23パーセント）、平成13年は、53件中登載12件（23パーセント）、平成14年は、42件中登載7件（17パーセント）、平成15年は、53件中登載9件（17パーセント）、平成16年は、44件中登載10件（23パーセント）、平成17年は、51件中登載11件（22パーセント）、平成18年は、54件中登載6件（11パーセント）、平成19年は、44件中登載11件（25パーセント）であった。

2　許可抗告（民訴法337条）は、特別抗告（同法336条）と同様に、決定に対する本来の不服方法に加えて特に認められた不服方法であるが、特別抗告が憲法違反を抗告事由とするのに対して、許可抗告は、法令解釈に関する重要な事項を含む事件であると高等裁判所が認めて許可したことを申立ての要件とするものである。現行民事訴訟法で許可抗告制度が設けられたのは、民事執行法や民事保全法の制定等に伴い、決定で判断される事項に重要なものが増え、かなり重要な法律問題について高等裁判所の判断が分かれているという状況が生じていたので、最高裁判所の負担が過重にならないように配慮した上で、重要な法律問題についての判断の統一を図ろうしたものである（法務省民事局参事官室編「一問一答新民事訴訟法」374頁）。上告受理制度のように最高裁判所自らが受理するか否かの判断をする制度が採用されなかったのは、そのような制度を採用すれば最高裁判所の負担が過重になるおそれがあったためであり（ジュリスト増刊1999年11月「研究会新民事訴訟法」440頁〔柳田幸三発言〕）、その意味では、許可抗告の制度は、高等裁判所において、適切に許可の判断がされることを信頼して設けられた制度であるということができる。そして、最高裁判所が許可に値しないと判断したとしても、高等裁判所が許可した以上、最高裁判所は当該論点への応答をする負担を負うことになるのであるから、高等裁判所には、自らの判断に判例と異なる点がある場合又は真に法令解釈に関する重要な事項を含む場合に抗告を許可し、そのような場合でなければ許可しないという制度の趣旨に沿った運用が求められている（詳しくは、福田剛久ほか「最高裁判所に対する民事上訴制度の運用」判例タイムズ1250号5頁参照）。

許可抗告決定のうち最高裁判所民事判例集（民集）又は最高裁判所裁判集民事（集民）に登載されたものの割合は、冒頭に紹介したとおりであり、許可された事

はじめに

件のうち法令解釈に関する重要な事項を含んでいた事件は、5分の1程度にとどまっているということができる（ただし、平成19年は4分の1まで増えている。）。平成18年までに許可された事件の中には、単なる事実認定に関する事項又は専ら受訴裁判所の訴訟上の裁量に属すると考えられる事項について許可をしたものも少なくなく、上記のような制度の趣旨に沿わない運用が多く見受けられたが、平成19年に許可された事件では、そのような運用が減少し、制度の趣旨が浸透しつつあるようにもうかがわれる。しかし、制度の趣旨に沿わない運用も未だに後を絶たないため、これまで「許可抗告事件の実情」において繰り返してきた次のような指摘を本稿でもしておきたい。

(1) 法令解釈に関する見解が明らかである場合に、個別事件における事実認定、要件への当てはめの判断は、通常、法令解釈に関する重要な事項とはいえない。

また、判例により示された解釈の実務上の運用にかかわる事項は、当該実務を担当する下級裁における事例集積にこそ意味がある場合が多い。このような場合、下級裁での事例集積、要件の類型化に関する実務的検討が十分にされていない段階で、個別事案に関する要件該当性の争いを法律審である最高裁判所に判断させることは、相当ではない。

(2) 判例がない論点について新解釈を展開した場合、その実務的検証、学説での批評等もなく、論点が未成熟な段階で、直ちに抗告を許可することに対しても一考の余地がある。決定、命令手続に関する論点について法律審の判断が示されれば、実務の運用が容易になるといえるが、判断材料の少ない段階で、しかも、簡易迅速な判断を求められる手続で法律審の判断を示すことには、実務の運用を硬直化するおそれがあることも否定できないからである。高等裁判所は、最高裁判所への抗告の相当性の判断を託されているのであるから、最高裁判所が現時点において当該論点について判断を示すことが相当かどうかという観点からも、許否の判断をすることが求められているといえよう。

(3) 論点自体としては法令解釈に関する重要な事項に当たるが、当該事案の解決に影響しない論点については、許可は不相当となるものと考えられる。許可抗告は、法令の解釈に関する重要な事項について、解釈統一の機能を有する特別な抗告であるが、当該事案の解決を目的とするものであることはいうまでもなく、抽象的な法令解釈のために許可することは、当事者を具体的事件の解決を離れた論争に巻き込むことになり、事案の解決を目的とする制度の趣旨に反するからである。

3　本稿は、溝上元最高裁判所調査官室付書記官が平成19年中に決定のあった許可抗告事件を整理したものである。

事件見出しに◎を付したものは**民集登載事件**、○を付したものは**集民登載事件**、△を付したものはいずれにも**登載**されなかったものである。

平成19年中の決定による既済件数44件のうち民集登載件数は8件、集民登載件数は3件、基本事件の種類としては民事訴訟事件25件、民事執行事件4件、民事保全事件3件、家事審判事件9件、その他が3件であり、このうち、原決定が破棄

されたものは6件であった。

なお、事案の概要等は、許可抗告事件の実情を紹介するのに必要な範囲で適宜省略し、事案の骨子のみを記載した。

掲載の順序は、原決定に関する手続法規ごとに分け、その中で、決定日の順に掲載した。

I 民事訴訟法

1 訴訟費用

【1】19(行ツ)1（△二小、平19・4・20、棄却。原審東京高決平18・11・24、原々審東京地決18・9・15）

(1) 訴えの取下げにより終了した訴訟に関し、民訴法73条に基づく訴訟費用負担決定の申立てがされた場合に、同訴訟の被告に訴訟費用を全部負担させることができるかが問題となった事案である。

(2) Xらは、第二次世界大戦の終結前の日本統治下における台湾に設置されたハンセン病療養所に入所していた。Xらは、ハンセン病療養所入所者に対する補償金の支給等に関する法律（平成18年法律第2号による改正前のもの。改正前ハンセン病補償法）に基づく補償金の支給を請求したが、厚生労働大臣は、改正前ハンセン病補償法2条所定の「国立ハンセン病療養所……その他の厚生労働大臣が定める国立ハンセン病療養所」に入所していた事実を確認できないという理由により、不支給決定をした。Xらは、同不支給決定に対して、国に対して取消訴訟を提起した（基本事件）ところ、東京地裁は、Xらが入所していた療養所は、少なくとも昭和9年10月1日以前は、改正前ハンセン病補償法2条により厚生労働大臣が定めた告示1号所定の「国立癩療養所」に該当するとして、同請求を認容する旨の判決をした。国は同判決を不服として控訴したが、平成18年2月10日、改正前ハンセン病補償法を改正する平成18年法律第2号（改正法）が公布され、同日施行された。Xらは、改正法により補償金800万円の支給を受けたので、基本事件の訴えを取り下げ、国はこれに同意した。その後、Xらは、訴訟費用負担決定の申立てをした。

原々審及び原審とも、基本事件の訴訟費用は第1、2審とも国の負担とすべきものとした。原審の判断の要旨は次のとおりである。①民訴法73条2項が準用する同法61条は、訴訟費用は敗訴当事者の負担とすると規定するところ、訴えの取下げの場合には、特段の事情がない限り、訴訟追行の不成功という結果において敗訴と同様に解される。しかし、訴訟進行の経緯や訴え取下げに至った具体的事情によっては、敗訴と同様に解すべきでない特段の事情が認められる場合があり得るのであり、このような場合は、同法64条を類推して、訴えを取り下げた者の相手方に訴訟費用の全部又は一部を負担させるのが相当である。②これを本件についてみると、Xらの請求に理由があるとして認容し、裁判所が本件不支給決定を取り消し

たところ、国が控訴した後、Xらの請求が満足される内容の改正前ハンセン病補償法及び本件改正前告示の改正がされた結果、Xらが基本事件の訴えを取り下げるに至ったというのであり、このような経緯にかんがみれば、基本事件については敗訴と同様に解すべきではない特段の事情があるというべきであり、実質的にはXらの全部勝訴と同視できる。

(3) 国が、抗告の許可を申し立てた。

(4) 本決定は、「本件の基本事件が訴えの取下げに至った経緯からすると、基本事件の訴訟費用を第1審、第2審とも抗告人の負担とすることとした原審の判断は是認することができ、原決定に所論の違法はない。論旨は採用することができない。」と簡潔に判示して、抗告を棄却した。

【2】18(許)48（△三小、平19・12・4、棄却。原審大阪高決平18・10・25、原々審大阪地決18・8・21）

【3】19(許)7（◎三小、平19・12・4、棄却、民集61・9・3274、判時1994・34。原審大阪高決平18・12・26、原々審大阪地決18・10・17）

(1) 訴訟上の救助の決定を受けた者の全部敗訴が確定し、かつ、その者に訴訟費用の全部を負担させる旨の裁判が確定した場合において、裁判所が、同決定を民訴法84条の規定に従って取り消すことなく（同決定を受けた者の資力を問題とすることなく）、その者に対し猶予した費用の支払を命ずることの許否が問題となった事案である。

(2)ア 【2】について

Xは、原告として大阪地裁に提起した訴訟（基本事件）及びこれに付随する抗告事件につき救助決定を受けたが、大阪地裁は、基本事件につき、Xの請求を全部棄却し、訴訟費用の全部をXの負担とする旨の判決を言い渡した。Xは、同判決に対し、控訴したが、前記判決は、控訴状却下命令により確定した。

原々審は、基本事件につき訴訟費用の全部をXの負担とする旨の裁判が確定したとして、Xに猶予費用の支払を命じた。これに対し、Xが抗告をしたが、原審は、おおむね次のとおり判示して、Xの抗告を棄却した。①訴訟救助の制度は、手数料等の納付を猶予することにより訴え等を提起しようとする者の負担を軽減し、訴訟費用の最終的な負担者の確定後に、国等が直接その者から猶予した訴訟費用を取り立てることとし、救助者に訴訟費用の負担が生じないようにして、裁判を受ける権利と機会を保障しようとしたものである。したがって、受救助者の敗訴が確定し、その者が訴訟費用の負担者であることが確定した場合には、訴訟救助（救助決定）の効力は当然に失われ、その者は猶予費用を支払わなければならない。その場合の手続につき明文規定はないが、通常の訴訟費用の納付に準じて、その金額を確定して裁判所が支払を命ずるのが相当であり、その前提として救助決定を取り消す必要はない。②民訴法84条は、受救助者につき資力回復等の要件があるときは、いつでも（訴訟係属中であっても）、訴訟記録の存する裁判所が、救助決定を取り消し、

猶予費用の支払を命ずることができることを定めた特別の規定であり、受救助者の敗訴が確定し、その者が訴訟費用の最終的な負担者に確定したような場合を対象とするものではない。そのような場合にもなお、訴訟費用を負担する資力のない者が費用の支払を猶予されるとすることは、訴訟救助の制度趣旨を超える。
　イ　【3】について
　大阪地裁は、Xが原告として提起した訴訟（基本事件）につき、Xに対する救助決定をした。同地裁は、基本事件（1審）につき、Xの請求を全部棄却し、訴訟費用全部をXの負担とする旨の判決を言い渡した。Xは大阪地裁の同判決に対し控訴し、大阪高裁は、基本事件（2審）につき、Xに対する救助決定をしたが、控訴を棄却し、控訴費用の全部をXの負担とする旨の判決を言い渡した。Xは大阪高裁の同判決に対し上告及び上告受理の申立てをし、同高裁は、基本事件（上告審）につき、Xに対する救助決定をしたが、最高裁は、上告棄却兼不受理決定（上告費用及び申立費用は全部Xの負担）をした。
　原々審は、基本事件につき訴訟費用の全部をXの負担とする旨の裁判が確定したとして、Xに猶予費用の支払を命じた。これに対し、Xが抗告をしたが、原審は、「訴訟上の救助付与決定は、裁判費用等の支払を一時猶予するにすぎず、訴訟の結果により最終的な裁判費用等の負担者が確定した場合には、それに従ってその費用を負担しなければならないところ、Xは、基本事件において、全部敗訴し、各審級における訴訟費用はXの負担とするとの判決・決定が確定したのであるから、訴訟上の救助決定は、すでに裁判費用等の支払を一時猶予するとの目的を達成してその効力は消滅した…。Xの資力の回復の有無を問うことなく、支払を命じた原決定に違法はない」として、Xの即時抗告を棄却した。
　(3)　Xが、【2】及び【3】の原決定に対して、各抗告の許可を申し立てた。
　(4)　本決定（【2】及び【3】とも）は、「民事訴訟において、訴訟上の救助の決定（以下「救助決定」という。）を受けた者の全部敗訴が確定し、かつ、その者に訴訟費用を全部負担させる旨の裁判が確定した場合には、救助決定は当然にその効力を失い、裁判所は、救助決定を民訴法84条の規定に従って取り消すことなく、救助決定を受けた者に対し、猶予した費用の支払を命ずることができると解するのが相当である。なぜなら、訴訟上の救助の制度は、民事訴訟においては原則として敗訴の当事者が訴訟費用を負担すべきこと（同法61条）を前提として、訴訟の準備及び追行に必要な費用を支払う資力がない者等に対し、勝訴の見込みがないとはいえないときに限り、救助決定により、訴訟及び強制執行につき裁判費用等の支払いの猶予等をするものであって（同法82条1項、83条1項）、その支払を免除するものではないのであるから、少なくとも、訴訟の完結により、救助決定を受けた者の全部敗訴が確定して勝訴の見込みが完全に失われ、その者が訴訟費用の全部を負担すべきことが確定した場合にまで救助決定の効力が維持されることは予定されていないというべきだからである。」と判示して、抗告をいずれも棄却した。
　本決定は、救助決定を受けた者の全部敗訴が確定し、かつ、その者に訴訟費用の

I 民事訴訟法

全部を負担させる旨の裁判が確定した場合において、同決定を民訴法84条の規定に従って取り消すことなく（救助決定を受けた者の資力を問題とすることなく）、猶予した費用の支払を命ずることができるかについて、最高裁として初の判断を示したものであり、訴訟完結後の猶予費用の取立てに関する実務において、重要な意義を有するものと思われる。

2 文書提出命令

【4】18(許)50（△二小、平19・2・9、棄却。原審福岡高決平18・10・31、原々審大分地決平18・9・22）

(1) 貸金業者の業務に関する帳簿を対象とした文書提出命令申立て事件において、完済により消滅した貸付金債務に係る帳簿が存在するか否かが問題となった事案である。

(2) X_1及びX_2は、貸金業者である株式会社Yを被告として過払金返還請求事件（本案事件）を提起した。本案事件において、Xらは、民訴法220条3号（法律関係文書）又は同条4号に基づき、Yに対し、X_1とYとの間の昭和63年3月10日から平成元年7月5日までの顧客元帳及びX_2とYとの間の平成3年8月29日から平成6年2月24日までの顧客元帳の提出を命ずることを求める申立てをした。

原々審は、Xらの申立てを認めたが、原審は、申立てにかかる期間の取引経過に関するデータは既に廃棄・消去されたことが認められ、本件各文書は存在しないものと認められるとして、Xらの申立てを却下した。原審の理由の要旨は次のとおりである。①文書提出命令の対象となる文書の存在及び所持は、本来申立人において立証すべきであるが、当該文書を保存すべき法律上の義務が課せられている場合には、当該保存義務を負う者において文書の不存在ないし不所持を立証しなければならないと解すべきである。本件各文書は、いずれも貸金業の規制等に関する法律において作成・保存義務の課せられているものであるから、Yにおいてその不存在ないし不所持を立証すべきである。②X_1とYの間の取引は、平成元年7月6日以前に既に完済されていたことが認められる。そして、Yは、顧客情報の電磁的データを平成8年から同10年にかけて、3回にわたり、法定保存期間（3年間）を経過したデータのうち古いものから順次削除し、完済から約10年が経過したX_1関係分に係るデータも、その際に廃棄されたものと認められ、X_1関係文書は現存しないことが認められる。③X_2は、Yとの間で平成6年2月25日に初めて取引を行ったものであって、同月24日以前には取引履歴がないことが認められ、X_2関係文書は存在しなかったことが認められる。

(3) Xらが、文書の廃棄を認めた原審の判断が違法であるとして、抗告の許可を申し立てた。

(4) 本決定は、「所論の点に関する原審の判断は、正当として是認することができる。論旨は採用することができない。」と判示して、抗告を棄却した。

【5】19(許)12（△三小、平19・4・24、棄却。原審名古屋高決平19・1・30、原々審名古屋地決平18・12・19）
【6】19(許)15（△三小、平19・4・24、棄却。原審名古屋高決平19・2・15、原々審名古屋地決平18・12・19）
【7】19(許)16（△三小、平19・4・24、棄却。原審名古屋高決平19・2・15、原々審名古屋地決平18・12・19）

(1) 文書を所持する第三者に対する文書提出命令の申立てが認められた場合に、文書の提出を命じられた所持者以外の者は、本案の当事者であっても、即時抗告をすることができないかが問題となった事案である。

(2) Xらは、Yを被告として、原々審裁判所に遺留分減殺請求事件を提起した（本案事件）。Xらは、本案事件において、YがXらや被相続人亡Aの預金通帳からほしいままに金員を引き出して自己の預金口座に入金し着服したと主張して、これを立証するために、B信用金庫、C銀行及びD銀行（文書所持者ら）がそれぞれ所持するYとの間の取引明細表につき文書提出命令の申立てをした。B及びCは平成9年以降の、Dは平成5年以降の取引履歴明細書（本件各文書）をそれぞれ所持しており、いずれも文書提出義務があることは争わないと述べたため、原々審は、文書所持者らに対し、本件各文書の提出を命じた（本件各文書提出命令）。文書所持者らは本件各文書提出命令に対していずれも即時抗告をしなかったが、Yは、本件各文書提出命令によりYのプライバシーや営業上の秘密が侵害されると主張して、本件各文書提出命令に対してそれぞれ即時抗告をした。

原審は、次のとおり判示して、Yの即時抗告は、いずれも抗告の利益がなく不適法なものとして却下した。文書提出命令が発せられた場合には、これに従わない所持者は、文書の記載に関する相手方の主張を真実と認められるなどの不利益を受け、あるいは過料の制裁を受けることがある。そこで、民訴法223条7項は、文書提出命令の申立てについての決定に対しては、申立人とその名宛人である所持者との間で文書提出義務の存否について争う機会を付与したものと解される。そうすると、文書提出命令の申立てについての決定に対しては、文書の提出を命じられた所持者及び申立てを却下された申立人以外の者は、抗告の利益を有せず、本案事件の当事者であっても、即時抗告をすることができないと解するのが相当である（最一小決平12・12・14民集54・9・2743、判時1737・34。平成12年決定）。本件においては、Yは文書の提出を命じられた所持者ではなく、本案事件の当事者にすぎないから、即時抗告の利益を有しない。

(3) Yが、抗告の許可を申し立てた（Bの関係が【5】、Cの関係が【6】、Dの関係が【7】）。

(4) 本決定（【5】、【6】及び【7】）は、「所論の点に関する原審の判断は、正当として是認することができる。論旨は採用することができない。」と判示して、抗告をいずれも棄却した。文書提出命令の申立てについての決定に対して抗告できる者の範囲について、民訴法223条7項に明文の規定はないが、文書提出命令の申立人

I 民事訴訟法　　　　　　　　　　　　　　　　　　　　　339

でも対象文書の所持者でもない本案事件当事者が抗告の利益を有するかについては、平成12年決定が否定説を採ることを明らかにしており、本決定も平成21年決定の考え方に従ったものと思われる。

【8】19(許)6（△三小、平19・4・27、棄却。原審東京高決平18・12・28、原々審宇都宮地決平18・5・8）

(1) 監査法人が作成した金融機関の監査調書が、公務文書、自己利用文書に当たるか否かが問題となった事案である。

(2) Xらは、株式会社A銀行の平成11年8月及び平成14年1月の第三者割当増資の際に、Aの株式を購入した。Xらは、前記2回の増資の時点において、既にA銀行は、債務超過又は自己資本比率4％を割り込んだ資本状態であったから、本来増資を行うことが許されなかったにもかかわらず、Aが各事業年度の有価証券報告書に、繰延税金資産を過大に計上したり、貸倒引当金を過小に計上するなどして、虚偽の記載をし、これをYが適正である旨の監査意見を付したことにより、増資が行われ、XらがAの株式を購入したところ、その後Aが預金保険法に基づく特別危機管理銀行となって事実上経営が破綻し、購入した株式が無価値になり損害を被ったとして、A、Aの役員ら及びYに対し、証券取引法上の虚偽記載による損害賠償責任又は民法上の不法行為による損害賠償責任等に基づき、株式購入代金相当額の賠償を求める訴訟を提起した（本案事件）。Xらは、本案事件において、YがAに対する監査証明を行うに当たって、証券取引法193条の2の規定を実施するための財務諸表等の監査証明に関する内閣府令（旧財務諸表等の監査証明に関する省令）6条に基づき作成し、所持しているAの平成11年3月期に係る監査調書、平成13年3月期に係る監査調書及び同年9月期に係る監査調書並びにその添付資料一式について、民訴法220条4号の文書に当たると主張して、Yに対し、文書提出命令の申立てをした。

原審は、①本件各監査調書中の「金融検査に関する文書」、「日銀考査に関する文書」及び「金融等に提出した監査概要書」は、いずれも金融庁検査や日銀考査に関するやりとりを内容としたり、金融庁に提出したという事情があるものの、AまたはYが作成した上で、Yが所持しているものであって、これらが公務文書に当たるということはできない。②監査意見の表明に先立ち、Aの監査を行ったY所属公認会計士らの報告を下に、Y内部の地区審議会及び本部審議会において、前記会計士ら以外のYの社員らが検討、審議した結果を記録した「議事録」についても、内閣府令に基づいて保存が義務付けられており、証券取引法上監督官庁に対する提出も予定されていることに照らすと、専ら内部の者の利用に供する目的で作成され、外部の者に開示することが予定されていない文書とはいえ、公認会計士の集団たる相手方の自由な意思形成が阻害されるおそれも乏しいなどとして、前記「金融検査に関する文書」等や「議事録」を含めて、監査調書の一部の提出を命じた。

(3) Yが、抗告の許可を申し立てた。
(4) 本決定は、「所論の点に関する原審の判断は、結論において是認することができる。論旨は採用することができない。」と判示して、抗告を棄却した。

【9】【10】 19(行ツ)3、19(許)13 (△一小、平19・5・9、棄却。原審福岡高決各平19・1・16)

(1) 市立学校の教員に対してされた懲戒処分の取消等の請求を本案事件とする各文書提出命令の申立てについて、状況報告書等の書面は懲戒処分を行うにつきその手続の過程で作成され処分の前提資料となっているものと解されるから民訴法220条3号（法律関係文書）に該当するとして申立てを一部認容した原決定の当否が問題となった事案である。

(2)ア 【9】事件に関する事実関係及び訴訟経過

X_1ほか15名の者は、市立の小学校等に勤務する教員又は用務員であり、学校の式典における国歌斉唱の際起立せず又は退場し、市教育委員会（市教委）から戒告の懲戒処分等を受けた。【9】の本案事件は、前記16名が、各自の受けた懲戒処分等が違法であると主張し、市教委に対する請求として戒告処分等の取消しを求めるとともに、市及び校長個人に対し慰謝料の支払を求めたものである。同事件の第1審において、前記16名は、市教委を文書の所持者とし、提出義務の原因を民訴法220条1号（引用文書）として、校長作成の各状況報告書等の文書提出命令を申し立て、第1審裁判所はこれを採用して提出命令をし、市教委が即時抗告を申し立てたが、抗告期間を徒過していたため却下決定がされた。市教委は、各状況報告書を提出した。X_1は、控訴審において、新たにされた戒告の取消請求及びその違法を原因とする国家賠償請求を追加し、市教委を文書の所持者とし、提出義務の原因を民訴法220条3号として、上記戒告に係る校長作成の状況報告書等の文書提出命令を申し立てた。

イ 【10】事件に関する事実関係及び訴訟経過

X_2及びX_3は、市立の小学校に勤務する教員であり、学校の式典における国歌斉唱の際起立すべき旨の職務命令を受け、X_3がこれに従わなかったことにつき厳重注意の指導を受けた。【10】の本案事件は、X_2及びX_3が上記の職務命令及び厳重注意が違法であると主張して、市に対し、慰謝料の支払を求めたものである。同事件の第1審において、X_2及びX_3は、市教委を文書の所持者とし、民訴法220条1号として、X_3に対する上記厳重注意に係る校長作成の状況報告書等の提出命令を申し立てたが、却下された。X_2及びX_3は、控訴審において、新たにされた戒告等につき、同戒告の取消請求及びそれぞれの違法を原因とする各国家賠償請求を追加し、市を文書の所持者とし、提出義務の原因を民訴法220条3号として、上記戒告等に係る校長作成の各状況報告書等の文書提出命令を申し立てた。

ウ 両事件の原決定

原審は、【9】、【10】事件共に、要旨次のとおり判示して、申立てに係る前記各文

書（本件各文書）を全部提出すべきものとした。すなわち、各本案事件における市教委及び市の主張によれば、前記戒告等について、市教委は、各校長作成の状況報告書の提出を受けそれを基に戒告等をしたものと認められるから、これらに係る状況報告書等は、市教委が前記戒告等をするにつきその手続の過程で作成され、その前提資料となっている文書であると解されるので、民訴法220条3号に該当するものというべきである。

(3) 市教委及び市が、それぞれ抗告の許可を申し立てた。

(4) 本決定（【9】及び【10】）は、「本件の事実関係及び訴訟経過の下では、原決定主文第1項掲記の各文書を提出すべきものとした原審の判断は、是認することができる。論旨は採用することができない。」と判示して、抗告をいずれも棄却した。本件の事実関係及び訴訟経過を前提にする限りでは、前記の状況報告書等は、前記戒告等に関するXら各自と所持者である市教委との間の各法律関係の発生を基礎付け又は裏付ける事実関係を明らかにする目的で作成されたものであるということができると判断されたものと思われる。

【11】 19(許)19（△一小、平19・6・28、棄却。原審名古屋高決平19・2・15、原々審名古屋地決平18・5・8）

(1) 証券会社の従業員が作成した営業日誌及び行動記録が、自己利用文書に当たるか否かが問題となった事案である。

(2) Xは、証券会社であるYを通じて継続的に証券投資取引を行っていたが、Yの担当者の説明義務違反により損害を被ったなどと主張して、Yに対し損害賠償を求める訴えを提起した（本案事件）。本案事件において、Xは、①債権（ベアボンド4）の購入を勧誘した際、Yが投機的性格について説明しなかった事実、②Yが次々とベアボンド4の購入を勧めた事実、③ベアボンド4の価格が急落した際にYがすぐにXに知らせなかった事実を証するためであるとして、Yが所持する担当者作成の平成10年3月から平成15年3月までの営業日誌、行動記録及び行動記録(B)（営業日誌、行動記録及び行動記録(B)を併せて「本件行動記録等」という。）、顧客カードにつき文書提出命令を申し立てた。

原審は、本件行動記録等のうちXに関する記載のある部分（ただし、Xの妻、Xがこれまで取引関係のあった証券会社名、取引対象商品に関する会社名以外の者の氏名・名称部分を除く。）及びXの顧客カード（除外部分は本件行動記録等と同じ。）に限定して本件申立てを一部認容すべきものとした。原審の判断の要旨は次のとおりである。①民訴法220条4号ニの自己利用文書に該当するためには、その作成目的、記載内容、これを現在の所持者が所持するに至までの経緯、その他の事情から判断して、(ア)専ら内部の者の利用に供する目的で作成され、外部の者に開示することが予定されていない文書であって、(イ)開示によって所持者の側に看過し難い不利益が生ずるおそれがあると認められることが必要である（最二小決平11・11・12民集53・8・1787、判時1695・49）。②Yの説明によれば、本件行動記

録等には、営業担当者の顧客に対する行動内容や結果の記録、その過程などで得られた様々な顧客情報、その情報に基づく判断や営業方針を含む指示事項などが記載され、他方、それらを役員間で回覧・共有することで会社内部における意思形成のために利用されるというのであるから、本件行動記録等は、専ら内部の者の利用に供する目的で作成され、外部の者に開示することが予定されていない文書であるということができる。③開示によるプライバシー侵害の問題は、開示部分を限定することにより対処可能である。本件行動記録等は、担当者の勧誘行動とその結果を記録して、それを報告することを基本とするもので、情報収集、担当者と上司との意見交換の端緒、管理者等が何らかの指示等をする際の判断材料の一つになるという程度を越えるものではない。したがって、本件行動記録等の開示により、多少の不利益はあるにしても、看過し難い不利益の程度にまで達するものではない。④顧客カードには当該顧客の基礎的な情報（口座開設日、顧客名、住所、生年月日、投資目的その他）が記載されているところ、その開示によるプライバシー侵害の問題は、開示対象を限定することで対処可能である。

(3) Yが、抗告の許可を申し立てた。

(4) 本決定は、「所論の点に関する原審の判断は、正当として是認することができる。論旨は採用することができない。」と判示して、抗告を棄却した。

【12】19(許)18（○二小、平19・8・23、破棄・自判、集民225・345、判時1985・63。原審福岡高決平19・2・21、原々審佐賀地唐津支決平18・12・26)

(1) 指定居宅サービス事業者が介護給付費等の請求のためにコンピューターに入力した情報を基に、その一部を独自の形式の帳票とした文書が、いわゆる自己利用文書に該当するか否かが問題となった事案である。

(2) 有限会社Yの代表者であるAは、Xの取締役であったが、Yを設立してXと同種の事業（指定居宅サービス事業等）を開始した。Xは、その際、Aにおいて、Xの従業員の引き抜き、顧客名簿の利用、虚偽の風説の流布などにより不当に顧客を奪ったと主張し、Aを被告として、不法行為に基づく損害賠償を提起した（本案事件）。Xは、本案事件において、所持者をYとする文書（顧客103名に関する平成16年3月のYの設立から同年12月までの「サービス種類別利用チェックリスト」（本件リスト））につき、AがXの顧客名簿を利用して顧客を奪った旨の主張事実を立証するために必要であり、かつ、民訴法220条3号又は4号に当たるとして、文書提出命令の申立てをした。なお、本件リストは、指定居宅サービス事業者が介護給付費等を請求する場合に作成されるもので、審査支払機関のコンピューターと電気通信回線で接続されたコンピューターを使用して、厚生労働大臣が定める事項をその定める方式に従って伝送する方式を採用しており、その請求事務に使用しているコンピューターソフトにおいては、介護給付費等を請求するために必要な情報を入力すると、本件リストが作成される仕組みになっている。本件リストのデータは、審査支払機関に電送される介護給付費等請求データから、利用者の生年

月日、性別等の情報を除いたものである。

　原々審は、本件リストは、審査支払機関に提出することが予定されている介護給付費請求書（いわゆるレセプト）と実質的に同一の文書といえるから民訴法220条4号ニ所定の「専ら文書の所持者の利用に供するための文書」に該当しないとした上、同号ハ該当性も否定して、前記申立てに係る顧客103名中Yが本件リストを保有していると認めることのできない7名を除いた96名の顧客に関する本件リストにつき、Yに対して提出を命じた（以下、この命令の対象となった本件リストを「本件対象文書」という。）。

　Yが抗告したところ、原審は、本件リストは、Yが指定居宅サービスの利用者について介護給付費等の請求内容を確認、記録するために作成しているものであり、その作成目的、記載内容、作成経緯等に照らし、専らY内部の利用に供する目的で作成され、外部に開示することが予定されていない文書であって、外部に開示されると個人のプライバシーが侵害され、Yと利用者及びその家族との信頼関係が損なわれ、Yの事業の遂行に重大な支障を来すおそれがあるなどとして、本件対象文書の文書提出命令の申立てを却下した。

　(3)　Xが、抗告の許可を申し立てた。
　(4)　本決定は、最二小決平11・11・12民集53・8・1787、判時1695・49を引用した上、次のとおり判示して、原決定を破棄し、原々決定に対する抗告を棄却した。本件リストは、相手方が指定居宅サービス事業者として介護給付費等を審査支払機関に請求するために必要な情報をコンピューターに入力することに伴って、自動的に作成されるものであり、その内容も、介護給付費等の請求のために審査支払機関に伝送される情報から利用者の生年月日、性別等の個人情報を除いたものにすぎず、審査支払機関に伝送された情報とは別の新たな情報が付加されているものではなく、介護給付費等の請求のために審査支払機関に伝送した情報の請求者側の控えというべき性質のものにほかならない。そうすると、本件リストに記載された内容は第三者への開示が予定されていたものということができ、本件リストは、民訴法220条4号ニ所定の「専ら文書の所持者の利用に供するための文書」に当たらないというべきである。なお、Yは、本件対象文書は同法197条1項3号所定の「職業の秘密」に関する事項が記載されているものであって同法220条4号ハに該当するとも主張しているが、本件対象文書は本案事件において取調べの必要性の高い証拠であると解される一方、本件対象文書に係る前記96名の顧客はいずれもXにおいて介護サービスの利用者として現に認識されている者であり、本件対象文書を提出させた場合にYの業務に与える影響はさほど大きなものとはいえないと解されること等を考えると、Yの前記主張を採用することはできない。

　本決定は、コンピューター内で管理されている情報について、プリントアウトされた帳票としての形式、体裁よりも、情報それ自体に着目していわゆる自己利用文書該当性を判断したもので、実務の参考になるものと思われる。

【13】19(許)9（△二小、平19・9・26、棄却。原審福岡高決平18・12・28、原々審長崎地佐世保支決平18・11・28)

(1) 交通事故に基づく損害賠償請求訴訟において、争点である被害者（原告）の後遺障害の内容・程度等に関する被告らの立証活動の一環として、被告ら代理人弁護士の依頼に基づき医師が作成した私的鑑定書を対象文書とする原告の文書提出命令の申立てにつき、文書提出義務を否定してこれを却下した原々決定を、証拠調べの必要性なしとの判断をしたものととらえた上、原々決定に対する即時抗告を却下することなく棄却した原審の判断の当否が問題となった事案である。

(2) Xは、道路を横断中に、Y_1が所有しY_2が運転する自動車と衝突した交通事故により、後遺障害等が生じたとして、Y_2に対しては民法709条に基づき、Y_1に対しては自動車損害賠償保障法3条に基づき、損害賠償の支払を求める訴えを提起した（本案事件）。本案事件では、Xの後遺障害の内容・程度が争点となっている。Yら訴訟代理人は、本案事件の弁論準備手続期日において、医師の意見書を提出する旨陳述したが、その後の弁論準備手続期日で、「医師（A）の意見書は作成されたが、Yらの加入する保険会社が提出に同意しないので、別の医師の意見書を提出する。」旨陳述した。Xは、Yら訴訟代理人が当初提出を予定していたA医師の意見書（本件意見書）について、文書提出命令の申立て（本件申立て）をした。Yら訴訟代理人は、本件申立てを受けて、本件意見書の一部を新たな意見書として作成し、書証として裁判所に送付した。

原々審は、次のとおり判断して、本件申立てを却下した。本件意見書には、Xの主張に沿う所見が記載された部分があるものと推測されるが、そうであれば、Xとしては、A医師又は別の医師に依頼して、同様の内容の意見書を作成してもらうことは可能であるし、鑑定によってXの主張を裏付けることも可能と考えられる。本件では、Xにとって、文書提出命令の申立て以外の方法により本件意見書と同一内容の証拠を容易に入手することが可能であるといえるから、文書提出命令の方法により文書を入手する必要性を欠くものとして、民訴法221条2項の趣旨を類推し、Yらは本件意見書の提出義務を負わないものと解するのが相当である。

原々決定に対して、Xが即時抗告をしたところ、原審（判タ1247・337）は、本件意見書については、民訴法220条4号所定の除外事由はないとした上で、次のとおり判断して、Xの抗告を棄却した。民訴法221条2項は、自ら当該証拠を取得して提出することができる場合にまで、文書提出命令を利用して証拠を収集することは、文書の所持者との間で公平を欠くことになることを慮った規定であり、安易に類推解釈するべきではない。それゆえ、原々審としては、端的に本件意見書を証拠として取り調べる必要性があるかどうかという判断をすべきであったが、見方を変えれば、原々決定は、実質的には証拠調べの必要性なしと判断したものにほかならないということができる。そうすると、Xは、前記判断に対して、訴訟手続を離れて抗告を申し立てることはできず、本件抗告は不適法として却下を免れないことになるが、原々決定は、表面上は、民訴法221条2項の要件を欠くとして本件申立て

I　民事訴訟法

を却下したものであるから、その実質を前記のように解するからといって、Xの抗告がそもそも不適法であったものとして処理すべきではない。

(3)　Xが、民訴法331条が準用する同法302条2項の解釈適用の誤りを理由に許可抗告の申立てをした。

(4)　本決定は、「本件文書提出命令の申立てを却下した原々決定を是認した原決定は、結論において相当である。論旨は採用することができない。」と判示して、抗告を棄却した。本件意見書は、訴訟の当事者（正確には訴訟代理人弁護士）が訴訟の準備のために専門家である医師に依頼して作成させたものであって、アメリカ法の「ワーク・プロダクトの法理」と同様の考え方により、所持者は文書提出義務を負わないと解することはできないかが問題となり得るところである。原々審は、本件意見書の文書提出義務の存否について判断を加え、民訴法221条2項の趣旨を類推することによりその提出義務を否定したが、原審は、前記の原々審の判断内容は実質的には証拠調べの必要性に関するものであるととらえたため、最高裁においては、「本件意見書の文書提出義務」は論点となっておらず、本決定においてもその点の判断はなされなかったものと思われる。

【14】　19(行ツ)4（△二小、平19・11・7、棄却。原審東京高決平19・7・13、原々審東京地決平19・3・23）

(1)　医師免許取消処分の取消しを求めた訴訟での文書提出命令申立て事件において、厚生労働省が医道審議会に提出した資料の一部及び同審議会医道分科会の議事録のうち同資料について同省の担当者が説明した部分は、民訴法220条4号ロに該当するか否かが問題となった事案である。

(2)　Xは、医師であり、A産婦人科医院の院長であったが、同医院で4名の患者に対して子宮等の臓器摘出行為をしたことにつき、厚生労働大臣が、医道審議会に対して諮問を行い、その答申を得た上で、Xに対し、医師法4条4号に規定する「医事に関し不正の行為があった」ものとして医師免許を取り消す旨の処分（本件処分）を行ったため、Xがその取消しを求めて訴えを提起した（本案事件）。Xは、本案事件において、民訴法220条1号、3号、4号に基づき、医道審議会医道分科会（本件分科会）における審議の議事録等の提出を求めたところ、原々審は、申立てに係る文書の一部につき同条3号、4号に該当するものとしてその提出を命じた。これに対し、厚生労働大臣は、原々審が提出を命じた文書のうち、3つの文書（本件各文書）に限って抗告を申し立てた。

原審は、民訴法223条6項所定のイン・カメラ手続を行って、抗告の対象となった本件各文書を(1)のとおり認定した上、(2)のとおり判断し、本件各文書の提出を求めるXの申立ては理由がないとして、原々決定中本件各文書に係る部分を取り消し、同部分につきXの申立てを却下した。

ア　①第1文書は、本件分科会に厚生労働省が提出した資料の一部（「参考資料」）で、「民事判決において損害賠償請求が認められている」事例のうち、(ア)「民事判

決文のみからではなく、診療録等の原資料から事実が確認できるもの」で、どういう資料から医事に関する不正があると認定できるかについての例及びどうして医事に関する不正があったことを確認できないかについての例がそれぞれ具体的に示されている。(イ)「医療水準以前の問題として明らかに不適切な医療行為であると考えられるもの」で、明らかに不適切な医療行為であると考えられるものの例及びどうして不適切な医療行為であると言い切れないかについての例がそれぞれ記載されている。②第2文書は、①と同じ「参考資料」のうち、「行政処分の検討に当たって考慮すべき事項」として、医療行為の内容面において検討考慮すべき点、本件の特有な事情にかんがみ検討すべき点が具体的に指摘されている。③第3文書は、医道審議会医道分科会議事録のうち、本件分科会の厚生労働省の担当者が、行政処分を検討するに当たって考慮すべき論点について説明した部分であり、その内容は、第2文書とほぼ同じであるが、より詳細、具体的になっており、その説明の一部には、外部の行政機関から聴取した当該機関の意見等が含まれている。

イ ①厚生労働大臣による医道審議会への諮問、審議、答申のプロセスは、厚生労働大臣が、医師の免許取消処分等をするか否かを判断する過程の一部をなすものである。本件各文書は、このような行政内部の意思形成過程の一環をなす医道審議会の審議に当たって検討すべき点等を具体的に記載したものであるから、行政内部の意思形成過程に関する情報を記載したものということができる。また、本件各文書は、厚生労働省の機関である医道審議会において組織的に利用される内部文書であり、かつ、そのまま公表されることが予定されていないものである。そうすると、本件各文書の記載は、公務員の所掌事務に属する秘密として、実質的にも保護に値するものである。本件各文書が本案事件において提出されるとなると、担当者において、以後、記載ないし発言内容や表現を簡素化したり、意見にわたる部分の記載ないし発言を控えたりするといった萎縮効果が生じ、その結果適切な説明資料が医道審議会に提供されないことになって、医道審議会の適正な審議が妨げられ、ひいては厚生労働大臣の適正な判断が妨げられるおそれが具体的に存在すると認められる。また、第3文書には、外部の行政機関から提供された意見等の部分も含まれているところ、これが本案事件で提出されることになると、今後、外部の行政機関が率直な意見を提示することをためらうおそれがあることも具体的に認められる。そうすると、本件各文書が本案事件に提出されると、行政の自由な意思決定が阻害され、公務の遂行に著しい支障が生ずるおそれが具体的に存在するというべきである。したがって、本件各文書は、民訴法220条4号ロに該当する。②本件各文書が、前記のとおり、公務員の職務上の秘密に関する文書であって、その提出により公務の遂行に著しい支障を生ずるおそれがあるものと解される以上、民訴法191条、197条1項1号の各規定の趣旨に照らし、厚生労働大臣は、本件各文書の提出を拒むことができるというべきであるから、同法220条3号に基づく申立てもその理由はない。

(3) Xが、本件各文書が民訴法220条4号ロに該当するとした原審の判断につい

て、同条項の解釈の誤り及び判例違反（最二小決平 16・2・20 集民 213・541、判時 1862・154）を主張して、抗告の許可を申し立てた。

(4) 本決定は、「本件事実関係の下においては、所論の点に関する原審の判断は是認するに足りる。原決定に所論の判例違反はない。論旨は採用することができない。」と判示して、抗告を棄却した。

【15】 19(許)5（◎二小、平 19・11・30、破棄・差戻、民集 61・8・3186、判時 1991・72。原審東京高決平 19・1・10、原々審東京地決平 18・8・18）

(1) 金融機関の自己資料が、民訴法 220 条 4 号ニ所定の「専ら文書の所持者の利用に供するための文書」（いわゆる自己利用文書）に該当するか否かが問題となった事案である。

(2) 株式会社 X_1 及び X_2 株式会社は、A 株式会社に対し、継続的に商品を販売していたものであり、株式会社 Y 銀行は、A のメインバンクである。X らは、平成 16 年 3 月以降、Y が① A の経営破綻の可能性が大きいことを認識し、A を全面的に支援する意思を有していなかったにもかかわらず、全面的に支援すると説明して X らを欺罔したため、あるいは、② A の経営状態についてできる限り正確な情報を提供すべき注意義務を負っていたのにこれを怠ったため、X らは A との取引を継続し、その結果、A に対する売掛金が回収不能となる損害を被ったと主張して、Y に対し、不法行為に基づき、X_1 が約 2 億円の、X_2 が約 1 億 1000 万円の損害賠償及び遅延損害金を請求する訴えを提起した（本案事件）。X らは、Y の上記欺罔行為及び注意義務違反行為の立証のために、Y が当時 A の経営状況、再建可能性についていかなる資料等に基づきいかなる認識を有していたかが重要な問題になるとして、「Y が、平成 16 年 3 月、同年 7 月及び同年 11 月の各時点において、A の経営状況の把握、同社に対する貸出金の管理及び同社の債務者区分の決定等を行う目的で作成・保管していた自己査定資料一式」（本件文書）につき、民訴法 220 条 4 号に基づき、文書提出命令を申し立てた。これに対し、Y は、本件文書は自己利用文書及び民訴法 220 条 4 号ハ所定の文書（いわゆる職業秘密文書）に該当すると主張した。

原審は、本件文書は、専ら Y 内部の者の利用に供する目的で作成され、外部の者に開示することが予定されていない文書であって、開示されると Y 内部における自由な意見の表明に支障を来たし、Y の自由な意思形成が阻害されるおそれがあることなどを理由に、自己利用文書に該当するとして、本件申立てを却下した。

(3) X らが、抗告の許可を申し立てた。

(4) 本決定は、自己利用文書該当性の判断基準として、判例（最二小決平 11・11・12 民集 53・8・1787、判時 1965・49）を引用した上で、本件文書が自己利用文書に該当するとして Y の提出義務を否定した原審の判断には、裁判に影響を及ぼすことが明らかな法令の違反があり、原決定は破棄を免れないとし、本件文書が職業秘密文書に該当するかどうか等について更に審理を尽くさせるため、本件を原

審に差し戻した。本決定の理由の要旨は次のとおりである。Yは、法令により資産査定等報告書の作成が義務付けられているところ、本件文書は、Yが、融資先であるAについて、金融監督庁検査部長通達（平成11年金検第177号）において検査の手引書とされている「金融検査マニュアル」に沿って、同社に対して有する債権の資産査定を行う前提となる債務者区分を行うために作成し、事後的検証に備える目的もあって保存した資料であり、このことからすると、本件文書は、正確な資産査定のために必要な資料であり、監督官庁による資産査定に関する検査において、資産査定の正確性を裏付ける資料として必要とされているものであるから、Y自身による利用にとどまらず、Y以外の者による利用が予定されているものということができる。そうすると、本件文書は、専ら内部の者の利用に供する目的で作成され、外部の者に開示することが予定されていない文書であるということはできず、民訴法220条4号ニ所定の「専ら文書の所持者の利用に供するための文書」に当たらないというべきである。

　本決定は、金融機関の自己査定資料が、民訴法220条4号ニ所定の「専ら文書の所持者の利用に供するための文書」（いわゆる自己利用文書）に該当するか否かについて、判断したものであり、実務の参考になるものと思われる。

【16】19(許)23（◎三小、平19・12・11、破棄・自判、民集61・9・3364、判時1993・9。原審名古屋高決平19・3・14、原々審名古屋地決平18・12・19）

　⑴　金融機関が作成する取引明細表に記載された顧客との預金取引、貸付取引等の取引の履歴が、民訴法220条4号ハ、197条1項3号所定の「職業の秘密」に該当するか否かなどが問題となった事案である。

　⑵　XらはAを被告として、原々審裁判所に遺留分減殺請求事件を提起した（本案事件。【5】、【6】及び【7】の本案事件と同一である。）。Xらは、本案事件において、Aが被相続人亡Bの預金通帳からほしいままに金員を引き出して自己の預金口座に入金し着服したと主張して、これを立証するために、Y信用金庫が所持するAとの間の取引履歴が記載された取引明細表（本件明細表）につき文書提出命令の申立て（本件申立て）をした。Yは、本件明細表の内容が民訴法220条4号ハ、197条1項3号に規定する「職業の秘密」に該当するので提出義務を負わないなどと主張して争っている。

　原々審は、本件明細表が職業の秘密を記載した文書に当たると認めることはできないとして、Xらの本件申立てを認容した。これに対し、Yが即時抗告を申し立てた。原審は、次のとおり判示して、原々決定を取り消し、本件申立てを却下した。金融機関は、顧客との取引及びこれに関連して知り得た当該顧客に関する情報を秘密として管理することによって顧客との間の信頼関係を維持し、その業務を円滑に遂行しているのであって、これを公開すれば、顧客が当該金融機関との取引を避けるなど、業務の維持遂行に困難を来すことが明らかである。金融機関は、顧客との取引内容を明確にする目的で取引履歴を記載した明細表を作成するのであり、取引

Ⅰ 民事訴訟法

の当事者以外の者に取引履歴を開示することを予定しておらず、これについて顧客の秘密を保持すべき義務があるから、この義務に反したときには、顧客一般の信頼を損ない、取引を拒否されるなどの不利益を受け、将来の業務の維持遂行が困難となる可能性がある。本件において、Aとの取引の全容が明らかになるような本件明細表が職業の秘密を記載した文書に当たることは明らかである。また、文書の提出を拒否できるか否かを検討するに際しては、真実発見及び裁判の公正も考慮されるべきであるが、本件申立ては、探索的なものであるといわざるを得ないのであり、いまだ、本件明細表が真実発見及び裁判の公正を実現するために不可欠なものとはいえない。したがって、Yは、民訴法220条4号ハ、197条1項3号に基づき本件明細表の提出を拒否することができる。

(3) Xらが、抗告の許可を申し立てた。

(4) 本決定は、次のとおり判示して、原決定を破棄し、原々決定に対するYの抗告を棄却した。金融機関は、顧客情報につき、商慣習上又は契約上、当該顧客との関係において守秘義務を負い、その顧客情報をみだりに外部に漏らすことは許されない。しかしながら、金融機関が有する上記守秘義務は、上記の根拠に基づき個々の顧客との関係において認められるにすぎないものであるから、金融機関が民事訴訟において訴訟外の第三者として開示を求められた顧客情報について、当該顧客自身が当該民事訴訟の当事者として開示義務を負う場合には、当該顧客は上記顧客情報につき金融機関の守秘義務により保護されるべき正当な利益を有さず、金融機関は、訴訟手続において上記顧客情報を開示しても守秘義務には違反しないというべきである。そうすると、金融機関は、訴訟手続上、顧客に対し守秘義務を負うことを理由として上記顧客情報の開示を拒否することはできず、同情報は、金融機関がこれにつき職業の秘密として保護に値する独自の利益を有する場合は別として、民訴法197条1項3号にいう職業の秘密として保護されないというべきである。これを本件についてみるに、本件明細表は、Yとその顧客であるAとの取引履歴が記載されたものであり、Yは、同取引履歴を秘匿する独自の利益を有するものとはいえず、これについてAとの関係において守秘義務を負っているにすぎない。そして、本件明細表は、本案の訴訟当事者であるAがこれを所持しているとすれば、民訴法220条4号所定の事由のいずれにも該当せず、提出義務の認められる文書であるから、Aは本件明細表に記載された取引履歴についてYの守秘義務によって保護されるべき正当な利益を有さず、Yが本案訴訟において本件明細表を提出しても、守秘義務に違反するものではないというべきである。そうすると、本件明細表は、職業の秘密として保護されるべき情報が記載された文書とはいえないから、Yは、本件申立てに対して本件明細表の提出を拒否することはできない。

本決定は、金融機関の顧客情報につき、当該顧客が、民事訴訟の当事者となっている場合に、当該顧客との取引履歴を開示することが守秘義務に反するか否かについて最高裁としての判断を示したものであり、実務に与える影響は大きいものと思われる。

【17】19(許)22（◎二小、19・12・12、一部破棄・自判、一部棄却、民集61・9・3400、判時1995・82。原審東京高決平19・3・30、原々審東京地決平18・3・24）

(1) 検察官が強姦被疑事件の被害者の提出した告訴状及び被害者の供述調書に基づき被疑者を勾留請求し、被疑者が勾留された場合に、前記告訴状及び供述調書は、国と被疑者との間において、民訴法220条3号所定のいわゆる法律関係文書に該当するといえるか、また、同号所定のいわゆる法律関係文書に該当することを理由としてされた前記各文書の文書提出命令の申立てに対して、刑訴法47条に基づきその提出を拒否した検察官の判断が、その裁量の範囲を逸脱し、濫用したものといえるかが問題となった事案である。

(2) Aは、Xに強姦されたとして（本件被疑事実、この事実に係る被疑事件を「本件被疑事件」という。）司法警察員に対し告訴状（本件告訴状）を提出し、Aの司法警察員に対する供述調書（本件調書。本件告訴状と合わせて「本件各文書」という。）が作成された。Xは、本件被疑事実により通常逮捕され、検察官に送致された。Xは、Aとの性交渉の事実を認めた上で、これは同人との合意に基づくものであると弁解した。B検事は、本件被疑事実について、刑訴規則148条1項3号所定の「勾留の理由が存在することを認めるべき資料」として本件各文書等を提供して、地方裁判所の裁判官に、Xの勾留を請求した（本件勾留請求）。地方裁判所の裁判官は勾留状（本件勾留状）を発し、Xは、本件勾留状の執行により勾留された。Xの弁護人は、Xの勾留の裁判に対する準抗告を申し立てたところ、勾留の裁判が取り消され、本件勾留請求が却下されたため、Xは釈放された。検察官は、本件被疑事件につき公訴を提起しない処分をし、Xにこれを告知した。Aは、本件被疑事実が不法行為を構成するとして、Xに対する損害賠償請求訴訟（別件第1訴訟）を提起した。しかし、Xが本件告訴状の提出は虚偽の告訴であり不法行為を構成するとしてAに対する損害賠償請求訴訟（別件第2訴訟）を提起すると、同人は、別件第1訴訟の訴えの取下書を提出した。Xがその取下げに同意しなかったことから、Aは、別件第1訴訟の請求を放棄した。Xは、本件勾留請求が違法であるなどとして、国に対し、国家賠償法1条1項に基づき損害賠償を求める訴訟（本案事件）を提起した。Xは、本件勾留請求時に、Xには罪を犯したことを疑うに足りる相当な理由が存在しなかったなどと主張しており、これに対し、国は、本件各文書が存在し、これを裏付ける証拠としてAの破損したストッキングが存在する以上、本件勾留請求時に、Xには罪を犯したことを疑うに足りる相当な理由があったことが明らかであるなどと反論した上で、B検事が作成した陳述書（本件陳述書）を書証として提出した。本件陳述書は、本件各文書を含む本件被疑事件の記録を閲覧した上で作成されたものであり、そこには、司法警察員に対するAの供述内容として、本件被疑事実の態様が極めて詳細かつ具体的に記載されている。Xは、本件各文書等について文書提出命令の申立てをした。

原審は、本件各文書は、国とXとの間において、民訴法220条3号所定の「挙証者と文書の所持者との間の法律関係について作成されたとき」（法律関係文書）

に該当する、国が本件各文書の提出を拒否することは、その裁量権の範囲を逸脱し、又は濫用するものであるとして、本件各文書を含め、対象文書の一部の提出を命じた。

(3) 国が抗告の許可を申し立て、原審は、抗告理由のうち本件各文書に関する部分を除く部分を排除して、これを許可した。

(4) 本決定は、国の抗告を棄却した。

本決定の理由の要旨は次のとおりである。①本件勾留状及びこれに係る勾留請求書は、いずれも国とXとの間の法律関係文書に該当する（最二小決平17・7・22民集59・6・1837、判時1908・131）。そして、本件各文書は、本件勾留請求に当たって、刑訴規則148条1項3号所定の資料として、検察官が裁判官に提供したものであるから、本件各文書もまた国とXとの間の法律関係文書に該当する。②本件被疑事件は公訴を提起しない処分がされており、その公判は開廷されていないのであるから、本件各文書は、刑訴法47条により原則的に公開が禁止される「訴訟に関する書類」に当たる。(ｱ)本案事件において、Xは、本件勾留請求の違法を主張しているところ、Xの勾留の裁判は、準抗告審において取り消されており、国において、その取消しが本件勾留請求後の事情に基づくものであるとの主張立証はしていないのであるから、本件勾留請求時に、Xには罪を犯したことを疑うに足りる相当な理由が存在しなかった可能性があるというべきである。そうすると、本件勾留請求に当たって、検察官がXには罪を犯したことを疑うに足りる相当な理由があると判断するに際し、最も基本的な資料となった本件各文書については、取調べの必要性があるというべきである。(ｲ)本件においては、Aは、Xに対して別件第1訴訟を控起しており、その審理に必要とされる範囲において、本件被疑事実に関わる同人のプライバシーが訴訟関係人や傍聴人等に明らかにされることをやむを得ないものとして認容していたというべきである。また、国から書証として提出された本件陳述書は、B検事が本件各文書を閲覧した上で作成したものであって、そこには、Aの司法警察員に対する供述内容として、本件被疑事実の態様が極めて詳細かつ具体的に記載されている。このような本件の具体的な事実関係の下では、本案事件において本件各文書が開示されることによって、Aの名誉、プライバシーが侵害されることによる弊害が発生するおそれがあると認めることはできない。(ｳ)本件被疑事件については、本件勾留請求が準抗告審で却下され、検察官が公訴を提起しない処分をしており、また、前記のとおり、本案事件において国が既に書証として提出した本件陳述書には、Aの供述内容として、本件被疑事実の態様が極めて詳細かつ具体的に記載されているものであって、ほぼ本件調書の記載に従ったもののようにうかがわれる。このような本件の具体的な事実関係の下では本案事件において本件各文書が開示されることによって、本件被疑事件はもちろん、同種の事件の捜査や公判に及ぼす不当な影響等の弊害が発生するおそれがあると認めることはできない。以上の諸般の事情に照らすと、本件各文書の提出を拒否した国の判断は、裁量権の範囲を逸脱し、又はこれを濫用するものというべきである。

3　証拠保全

【18】【19】 19(許)32、33（△一小、平19・10・11、棄却。原審東京高決平19・8・2、原々審東京地決平19・6・13）

(1)　本案提起後に第三者所持に係る診療録等についての証拠保全を申し立てた事件において、証拠保全の手続をとる必要性があるか否かが問題となった事案である。

(2)　Xは、昭和62年1月、Y_1の運転する自動車に同乗していた際に発生した事故により顔面多発性裂傷等の傷害を負ったところ、その治療の際にC型肝炎ウィルスに汚染された血液製剤（フィブリノゲン製剤）を投与され、C型肝炎に罹患したと主張して、Y_1、Y_2株式会社（上記血液製剤を製造したAを吸収合併）、Y_3株式会社（Y_2の子会社）に対し不法行為に基づき、国に対し国家賠償法1条1項に基づき、それぞれ損害賠償を求めるとともに、Y_4損害保険株式会社に対し、自動車保険契約に基づく保険金の直接請求をした（本案事件）。本案事件の第1審第1回口頭弁論期日後の平成19年5月、Xは、所持者をB病院及びC病院とする2件の証拠保全の申立てをした（所持者をBとする証拠保全申立て事件が**【18】**であり、所持者をCとする証拠保全申立て事件が**【19】**である。）。本件申立ては、いずれも、Xが上記治療を受けた際の入院診療録等（本件診療録等）について、検証及び提示命令を求める内容であり、Xは、証拠保全の必要性として、本件診療録等は既に法定の保存期間が経過しており、廃棄される可能性が高いことを上げている。

原々審及び原審は、次のとおり判示して、Xの本件証拠保全の申立てをいずれも却下すべきものとした。Xの主張によれば、Xに対してフィブリノゲン製剤が投与されたのは昭和62年ころであるところ、診療録の法定の保存期間は5年間とされるから（医師法24条2項）、本件診療録等は、法定の保存期間が満了してから15年以上も経過しているのであり、早晩廃棄される可能性が高いということはできない（廃棄されているものであればとうに廃棄されているであろうし、今日まで廃棄されていないものであれば、今後間もなく廃棄される可能性が高いものとはいえない。）。そして、本件においては、既に本案訴訟が係属しており、本件診療録等は、送付嘱託等の手続によっても取り調べることが可能であり（本案事件裁判所は、送付嘱託の申立てがされればこれを採用する意向であることをXに示している。）、証拠保全によるべき必要性に乏しいといわざるを得ない。しかも、文書の所持者である医療機関は本案訴訟の被告となっている者ではないところ、Xは、改ざんのおそれや証拠隠滅的な廃棄の可能性について一般的な可能性を指摘するのみで、具体的な保全の必要性の疎明はない。

(3)　Xが、それぞれ抗告の許可を申し立てた。

(4)　本決定（**【18】**及び**【19】**）は、「所論の点に関する原審の判断は、正当として是認することができ、論旨は採用することができない。」と判示して、抗告をいずれも棄却した。

I 民事訴訟法   353

4 再 審

【20】 19(行ツ)2（△三小、平19・2・9、棄却。原審大阪高決平18・9・26）

(1) 判断遺脱を理由とする上告、上告受理申立てについて最高裁が上告棄却決定兼不受理決定をした後に提起された確定控訴審判決に対する再審の訴えについて、民訴法338条1項9号の再審事由（判決に影響を及ぼすべき重要な事項についての判断の遺脱）があるか否かが問題となった事案である。

(2) Xは、市が市営住宅の敷地内に駐車場を設置し当該住宅の入居者によって組織された会に無償で使用させてきたことについて「会は駐車場を不法占有しているのであって、市には駐車料金相当額の損害が発生しているにもかかわらず、市の住宅管理課長は損害賠償の請求をしておらず、財産の管理を怠るものである」と主張して、地方自治法242条の2第1項4号に基づいて市に対し、主位的に住宅管理課長に対する駐車料金の賠償命令を、予備的に同課長に対する同額の損害賠償請求を求める住民訴訟を神戸地裁に提起した。神戸地裁は、「住宅管理課長は、地方自治法243条の2第1項の出納職員又は予算執行職員に当たらないし、同法242条の2第1項4号の当該職員にも当たらない」と判示して、Xの訴えを却下する判決を言い渡した。Xが控訴したが、大阪高裁も神戸地裁と同様の理由でXの控訴を棄却する判決を言い渡した。Xは、「原判決は住宅管理課長の当該職員性等についての判断を遺脱しており、理由の不備がある」旨いう上告及び「原判決が住宅管理課長は当該職員に当たらないとしたこと等は法令及び判例に違反するものである」旨いう上告受理申立てをした（本件上告審）。最高裁は上告棄却決定兼上告不受理決定（本件決定）をし、前記高裁判決は確定した（本件確定判決）。Xは、本件確定判決には民訴法338条1項9号の再審事由があると主張して、原審に対し、本件確定判決を取り消した上、1審判決を取り消し、市に対し住宅管理課長に対する駐車料金の賠償命令を命ずるよう求めて再審の訴えを提起した。

原審は、「再審原告が主張する再審事由の内容は、上告及び上告受理申立ての理由と同一であって、本件再審の訴えは、民訴法338条1項ただし書により不適法なものというべきである」として、Xの再審の訴えを却下した。

(3) Xが、抗告の許可を申し立てた。

(4) 本決定は、「所論の点に関する原審の判断は、正当として是認することができる。論旨は採用することができない。」と判示して、抗告を棄却した。

【21】 18(許)39（◎三小、平19・3・20、破棄・差戻、民集61・2・586、判時1971・125。原審東京高決平18・8・23、原々審横浜地川崎支決平18・5・12）

(1) 前訴において、被告に対して訴状副本等が有効に送達されなかったため、被告に訴訟に関与する機会が与えられないまま判決が言い渡され確定したことが、民訴法338条1項3号の再審事由に当たるとして再審の訴えが提起された事案において、訴状副本等の送達が補充送達として有効であることのみを理由に再審請求を棄

却すべきものとした原決定の当否が争われた事案である。

(2) Xは、横浜地裁川崎支部に、Y_1及びY_2（Yら）を被告とする貸金請求訴訟を提起した（前訴）。同訴訟において、Xは、A及びBからY_2に対してY_1を連帯保証人として各500万円を貸し付けたことによる貸金債権の譲渡を受けたと主張して、Yらに対し、貸金元金合計1000万円及び約定遅延損害金の連帯支払を求めた。横浜地裁川崎支部は、第1回口頭弁論期日を指定し、同支部の書記官は、訴状副本、第1回口頭弁論期日呼出状及び答弁書催告状（訴状副本等）を、Yらの各住所地にあてて、特別送達の方法により発送した。なお、Y_1は、Y_2の娘婿であり、Y_2と同居しており、Y_1とY_2の住所地は同じであった。Y_2は、自らを受送達者とする訴状副本等の交付を受けるとともに、Y_1を受送達者とする訴状副本等についても、Y_1の同居者として受領した。Y_1及びY_2は、第1回口頭弁論期日に出頭せず、答弁書その他の準備書面も提出しなかったため、横浜地裁川崎支部は、同期日に口頭弁論を終結し、第2回口頭弁論期日において、Xの請求を全部認容する判決（前訴判決）を言い渡した。前訴判決の判決書に代わる調書の正本の送達事務を担当した同支部の書記官は、Y_1及びY_2の住所における送達が受送達者不在によりできなかったため、書留郵便に付する送達を実施した。前記調書正本は、いずれも、受送達者不在のため配達できず、郵便物の保管期間が満了したとして、郵便局から横浜地裁川崎支部に返還された。前訴判決に対してはYらのいずれからも控訴提起がなく、前訴判決は確定した。

Y_1は、「前訴の請求原因は、Y_1がY_2の債務を連帯保証したというものであるが、Y_1は、自らの意思で連帯保証人になったことはなく、Y_2が、自己の債務につき、Y_1の氏名及び印章を冒用してAらとの間で連帯保証契約を締結したものであるから、前訴に関し、Y_1とY_2は利害が対立していたものというべきである。したがって、Y_2がY_1あての訴状副本等を同居者として受領したとしても、それが遅滞なくY_1に交付されることを期待できる状況にはなく、現に、Y_2は受領した訴状副本等をY_1に交付しなかったのであるから、Y_1に対する訴状副本等の送達は、補充送達としての効力を生じていない。そうすると、前訴では、訴状副本等の有効な送達がないため、Y_1に訴訟に関与する機会が与えられないまま前訴判決が言い渡されたのであるから、前訴判決には民訴法338条1項3号の再審事由がある。」と主張して、再審の訴えを提起した。

原々審及び原審とも、本件の再審請求を棄却すべきものとした。原決定の理由の要旨は、次のとおりである。①有効に訴状の送達がされず、そのために被告とされた者が訴訟に関与する機会を与えられないまま判決がされた場合には、当事者の代理人として訴訟行為をした者が代理権を欠いた場合と別異に扱う理由はないから、民訴法338条1項3号の事由があるものと解するのが相当である（最一小判平4・9・10民集46・6・553、判時1437・56）。②民訴法106条1項は、相当のわきまえのある者に書類を交付することができるとするのみであって、書類の名宛人に交付されることを期待できる者に送達すべきとはしていない。また、送達受領権限の有

無は、当該送達の効力に直接結びつくものであるから、それは外形からみて客観的に判定できるものでなくてはならず、送達書類受領者の動機や目的に関する事情は、送達機関にとってその存否が明らかでないし、そのような事情の有無によって送達の効力が左右されることは、手続の安定を著しく欠く結果となる。したがって、Y_1 の同居者である Y_2 が訴状副本等の交付を受けたのであるから、前訴における Y_1 に対する訴状副本等の送達は、補充送達として有効に行われており、訴状副本等の有効な送達がなかったことを前提とする Y_1 の再審事由の主張は理由がない。

(3) Y_1 が、抗告の許可を申し立てた。

(4) 本決定は、原審の判断のうち、Y_1 に対する訴状副本等の送達は補充送達として有効であるとした点は是認することができるが、前訴判決に民訴法 338 条 1 項 3 号の再審事由がある旨の Y_1 の主張は理由がないとした点は是認することができないとして、原決定を破棄し、原審に差し戻した。本決定の理由の要旨は次のとおりである。①受送達者あての訴訟関係書類の交付を受けた同居者等が、その訴訟において受送達者の相手方当事者又はこれと同視し得る者に当たる場合は別として（民法 108 条参照）、その訴訟に関して受送達者との間に事実上の利害関係の対立があるにすぎない場合には、当該同居者等に対して上記書類を交付することによって、受送達者に対する送達の効力が生ずるというべきである。そうすると、前訴において、訴状副本等は Y_1 に対して有効に送達されたものということができる。②しかし、受送達者あての訴訟関係書類の交付を受けた同居者等と受送達者との間にその訴訟に関して事実上の利害関係の対立があるため、同居者等から受送達者に対して訴訟関係書類が速やかに交付されることを期待することができない場合において、同居者等から受送達者に対して訴訟関係書類が実際に交付されず、そのため、受送達者が訴訟が提起されていることを知らないまま判決がされたときに、当事者の代理人として訴訟行為をした者が代理権を欠いた場合と別異に扱う理由はないから、民訴法 338 条 1 項 3 号の再審事由があると解するのが相当である。本件では、Y_1 の主張するとおりの事実関係が認められるのであれば、前訴に関し、Y_1 とその同居者である Y_2 との間には事実上の利害関係の対立があり、Y_2 が Y_1 あての訴訟関係書類を Y_1 に交付することを期待することができない場合であったというべきである。したがって、実際に訴状副本等が、Y_2 から Y_1 に交付されず、そのために Y_1 が前訴が提起されていることを知らないまま前訴判決がされたのであれば、前訴判決には民訴法 338 条 1 項 3 号の再審事由が認められるというべきである。

本決定は、補充送達自体は有効であるとしながら、実際には受送達者に訴訟手続に関与する機会が与えられなかった点について、民訴法 338 条 1 項 3 号の再審事由があると判断したものであり、実務の参考になるものと思われる。

【22】 19(許)14 （△三小、平 19・5・29、棄却。原審大阪高決平 19・2・15）

(1) 再審事件において、再審原告が主張する確定判決後の新証拠の発見等が民訴法 338 条 1 項 9 号所定の再審事由（判断遺脱）の存在を基礎付けるものであるか否

かが問題となった事案である。

(2) X合資会社は、Y_1株式会社に対し、株式会社AのY_1に対する債務の弁済又は担保の提供として、16筆の土地（本件土地）の共有持分2分の1を売却するとともに、残り持分2分の1（本件持分）を譲渡担保に供した。その後、Y_1は、本件土地の一部をY_2市に売却した（本件売却）。Xは、Y_1が本件土地を売却するに当たり、その条件についてXの了解を得ることが合意されており、したがって、同合意に基づき適正な評価額による売却代金が決定されて、譲渡担保の被担保債権額を超過する余剰が出れば、Xがこれを取得できたはずであるのに、Y_1は前記合意に反し、Y_2に対し不当な廉価で本件売却をした旨を主張し、Yらに対し損害賠償を求める訴えを提起した（前訴）。前訴の第1審において、Y_1は、Y_1とXとの間で、所定の鑑定業者による本件土地価格の鑑定結果を踏まえ、その2分の1相当額をもって前記譲渡担保を清算し、Y_1はAに対する被担保債権残額を放棄する一方、本件土地の完全な所有権を取得するという清算手続を行うとの合意（本件清算合意）が成立した旨主張した。第1審判決は、本件清算合意の成立を認めた上、同合意に基づき清算手続が行われた結果、Y_1は、譲渡担保に供されていた本件持分を含む本件土地の完全な所有権を取得するから、Yらの債務不履行や不法行為は成立しないとして、Xの請求を棄却した。Xは控訴したが、控訴審は控訴を棄却する旨の判決（本件控訴審判決）を言い渡した。さらに、Xは、上告及び上告受理申立てをしたが、手数料を納付しなかったため、上告状兼上告受理申立書却下命令がされ、本件控訴審判決が確定した。これに対し、Xは、再審事由として、判断遺脱の存在を主張し、その存在を基礎付ける事情として、本件控訴審判決の確定後にXが入手した新証拠には、本件清算合意が確定的な合意ではないことを示す記載があることなどを指摘し、本件控訴審判決に対する再審の申立てをした。

原審は、民訴法338条1項9号の再審事由は、当事者が適法に訴訟上提出した攻撃防御方法で、判決の主文に影響があるものについて、判決理由中で判断を示さなかった場合を指すものであって、判断がされている以上、その判断自体に誤りがあったとしても遺脱があったとはいえないし、主要事実について判断がされている以上、当事者が主張するさ末な間接事実について逐一判断を示さなくても、遺脱はないというべきであり、本件控訴審判決に判断遺脱は認められないとして、決定により、Xの再審請求を棄却した。

(3) Xが、抗告の許可を申し立てた。

(4) 本決定は、「所論の点に関する原審の判断は、正当として是認することができる。論旨は採用することができない。」と判示して、抗告を棄却した。再審制度は確定判決の既判力についての例外として設けられたものであり、再審事由を緩やかに解することは法的安定性を大きく害することになる。民訴法338条1項9号の解釈として、単に確定判決の判断を左右する可能性のある新証拠が発見されたことをもって、判断遺脱が基礎付けられるとする立場は採用することができないであろう。

【23】 19(許)4（△一小、平19・6・14、棄却。原審名古屋高決平18・12・27、原々審名古屋地一宮支決平18・9・27）

(1) 差押債権者が、差押債権を同じくする先行の差押命令及び転付命令について準再審の申立てをした再審事件において、差押債権者に申立適格があるか否かが問題となった事案である。

(2)ア　Y外7名は、それぞれ、有限会社Aから、土地及び同土地上にAが建築した建物を買い受け又は注文し、代金を支払い、所有権移転登記を了した。Y外7名が購入した各土地（本件各土地）は、もともとB（寺）を所有者とする登記がされていたが、その後、真正な登記名義の回復を原因としてC（Bの代表役員）へ所有権移転登記がされ、さらに売買を原因としてAへ所有権移転登記がされていた。

イ　Xは、D（Aの取締役で、代表者の父であり、Aの実質的経営者である。自らも不動産売買の仲介等を業としている。）から土地を買い受け、代金を支払い、所有権移転登記を了した。同土地は、もともとBを所有者とする登記がされていたが、その後、真正な登記名義の回復を原因としてCへ所有権移転登記がされ、さらに売買を原因としてDへ所有権移転登記がされたものであった。

ウ　Bは、Y外7名及びXに対し、前記各土地は、Cが無断で自己名義に所有権移転登記をした上でAらに売却したものであるなどと主張して、前記各所有権移転登記の抹消登記手続等を求める訴訟（別件訴訟1）を提起し、Bの請求を認容する旨の判決（別件判決1）が確定した。

エ　Y外7名は、E弁護士らを訴訟代理人として、①Dは、Bの責任役員らから本件各土地がBの所有であること等の事情の通知を受けたにもかかわらず、Cの関係者から迷惑をかけないとの回答を得たことに満足して他に十分な調査を行わず、また、このような経緯をY外7名に告げず、そのまま本件各土地及び地上建物の売買等を行った、②これにより、Y外7名は、別件判決1の確定に伴い、本件各土地の所有権を失い、地上建物を撤去することを余儀なくされ、土地建物の売買代金ないし請負代金相当額の損害を被ったと主張して、Dに対しては不法行為に基づき、Aに対しては民法561条、債務不履行又は民法715条に基づき損害賠償を請求する訴訟（別件訴訟2）を提起した。別件訴訟2については、Y外7名のA及びDに対する請求を全部認容する旨の仮執行宣言付判決が言い渡された（別件判決2）。

オ　Xは、別件判決1の確定によりDから購入した土地の所有権を取得することができなくなったとして、Dに対して損害賠償を請求する訴訟（別件訴訟3）を提起した。別件訴訟3については、請求認容判決（別件判決3）が言い渡され、その後確定した（別件判決3）。

カ　A及びDは、別件判決2及び3により、AがY外7名に対して損害賠償債務を負い、DがY外7名及びXに対して損害賠償債務を負うに至ったのは、Bの代表役員C及びその親族が、不動産につき、虚偽の登記名義を作出してA及びDに売却したものであるなどとして、Bに対し、宗教法人法11条、民法715条に基

づき、損害賠償の一部請求及び遅延損害金の支払を求める訴訟（別件訴訟4）を提起した。別件訴訟4については、Bの宗教法人法11条に基づく責任を肯定し、A及びDの損害額は土地購入のために支払った売買代金相当額にとどまるとした上で、4割の過失相殺をして、A及びDのBに対する請求をそれぞれ一部認容する旨の仮執行宣言付判決（別件判決4）が言い渡された。

キ　E弁護士らは、平成18年7月4日、Yの代理人として、YのDに対する債務名義（別件判決2）に基づき、Yを債権者とし、Dを債務者とし、Bを第三債務者とし、差押債権をDのBに対する前記損害賠償請求権とする差押命令（本件差押命令）及び転付命令（本件転付命令）を名古屋地裁一宮支部に申し立てた。その際、申立書の添付書類として提出されたYのEらに対する委任状（本件委任状）には、「相手方A」、「裁判所名古屋地方裁判所」と記載されていた。なお、Dの住所地の管轄裁判所は、名古屋地裁一宮支部であり、Aの住所地の管轄裁判所は名古屋地裁であった。本件差押命令及び本件転付命令は、同年7月5日に発令され、債務者Dには同月12日に、第三債務者Bには同月7日に、それぞれ送達された。本件転付命令は、同月19日の経過により確定した。他方、Xは、同月11日、Dを債務者とし、第三債務者をBとする債権差押命令（別件差押命令）の申立てをし、同月14日、別件差押命令が発令された。本件差押命令と別件差押命令の差押債権は、一部重複する。

ク　Xは、別件差押命令に先行する本件差押命令及び本件転付命令について、準再審の申立て（本件準再審の申立て）をした。本件準再審申立ての理由は次のとおりである。①本件差押命令及び本件転付命令の申立てに当たり、Yの代理人弁護士Eらは必要な授権を欠いていた。すなわち、本件委任状によれば、委任の趣旨は、Aに対する差押命令及び転付命令の申立てを名古屋地裁にするというものであり、EらのDに対する本件差押命令及び本件転付命令の申立てを名古屋地裁一宮支部にするという代理行為は、授権の範囲を逸脱している。②本件転付命令は、差押債権が係争中の損害賠償請求権であり、転付命令の要件である券面性を欠く。これに対し、Yは、次のとおり反論した。①確かに、本件委任状には「相手方A」、「裁判所名古屋地方裁判所」と記載されているが、これは単なる誤記であり、Yは、本件差押命令及び本件転付命令の申立てに当たり、Eらに対する委任の意思はあったものであり、Eらは申立代理権を欠くものではない。②損害賠償請求権は、客観的には損害の発生及び金額が確定した現在債権であり、その存否及び額について当事者間に争いがあって事実上確定していないだけと解されるから、券面性を有するものである。

ケ　原々審は、Xの理由①については民訴法338条1項3号所定の再審事由を主張するものといえるが、本件差押命令及び本件転付命令には同再審事由は認められず、また、理由②は民訴法338条1項各号所定のいずれの再審事由にも該当せず、本件準再審の申立ては理由がないとして、これを棄却した。原審は、再審（準再審）の訴えは、確定判決（決定）の取消しを求めるものであるから、その当事者適格を

有する者は、確定判決（決定）の既判力によって不利益を受ける者と解するのが相当である。しかるに、Xは、本件差押命令及び本件転付命令の存在により別件差押命令が功を奏さないとの事実上の不利益を受けるにすぎず、本件差押命令及び本件転付命令の既判力が及ぶものではないから、本件準再審の申立てにつき当事者適格を欠くものというべきであると判断し、原々決定を取り消し、本件準再審の申立てを却下した。

(3) Xは、「確定判決に表示された当事者以外に確定判決の既判力によって不利益を受ける特定承継人も、再審の訴えの当事者適格を有するところ（大判昭8・7・22民集12・2244）、差押債権者も特定承継人と同様の関係にある。さらに、転付命令については、被転付債権に対する他の差押債権者も執行抗告（民事執行法159条4項）をすることができると解されている。そうすると、Xも本件転付命令に対する抗告権者であり、民事執行法10条10項により本件転付命令に対する準再審申立てについて当事者適格があることになる。原決定は、民事執行法10条10項、159条4項の解釈を誤っている。」として、抗告の許可を申し立てた。

(4) 本決定は、「所論の点に関する原審の判断は、正当として是認することができる。論旨は採用することができない。」と判示して、抗告を棄却した。論旨は、Xが、本件差押命令及び本件転付命令に関して特定承継人と同様の関係にあるとして、Xに本件準再審の申立適格があると主張するが、独自の見解であり、採用することはできないと思われる。民事執行法10条10項は、執行抗告をすることができる裁判が確定した場合にも民訴法349条が準用されることを明らかにしたものであって、準再審の申立適格については民訴法の解釈によることになる。したがって、被転付債権に対する他の差押債権者も転付命令に対して執行抗告を提起することができる旨の前記解釈を採用したとしても、それだけでXについて本件転付命令に対する本件準再審の申立適格が肯定されることになるわけではない。民訴法に規定する再審の訴えは、確定判決の取消し及び確定判決に係る請求の再審理を目的とする一連の手続であって、再審原告は確定判決の本案についても訴訟行為をなし得ることが前提となるが、Xは、本件転付命令に対して執行抗告を提起すれば執行抗告事件の当事者となるというにすぎず、本件差押命令及び本件転付命令申立て事件において裁判行為をすることができないことは明らかである。

【24】19(許)20（△一小、平19・7・13、棄却。原審大阪高決平19・3・6）

(1) 再審事件において、民訴法338条1項1号、5号、7号及び9号所定の再審事由の存否が問題となった事案である。

(2) Xは、Yから同人所有の建物の一部（本件建物）を賃借していた（本件賃貸借契約）が、Yは、前記建物を取り壊してその敷地を含む土地上に特別養護老人ホームを建設することを計画し、Xに対し、本件賃貸借契約の解約を申し入れ、本件建物の明渡しを求めた。これに対し、Xは、高額な立退料の支払を要求するなどして明渡しを拒んだ。Yは、Xを債務者として、占有移転禁止の仮処分を申し立て、

仮処分決定を得た。Yは、本件賃貸借契約の終了に基づく本件建物の明渡しを求めて訴えを提起し、立退料（Xが要求する立退料の約18分の1の額）の支払と引換えに本件建物の明渡しを認容する判決が言い渡され、同判決は確定した。Yは、立退料を供託し、執行官により本件建物の明渡しの強制執行がされた。その後、Yは本件建物部分を解体した。Xは、Yに対し、前記明渡訴訟が虚偽の事実に基づくものであるなどとして民法709条に基づき、国に対し、前記仮処分決定及びこれに基づく仮処分執行並びに前記明渡訴訟の判決に基づく強制執行は、民事保全法、民事執行法の規定に違反するなどとして国家賠償法1条1項に基づき、それぞれ損害賠償を求める訴えを提起した。Xの訴えに対して、1、2審ともにXの請求を全部棄却すべきものとした。Xは、2審判決（本件確定判決）に対し、再審の訴えを提起した（本件再審請求）。

原審は、次のとおり判断して本件再審請求を棄却する決定をした。Xは、民訴法338条1項1号、5号、7号、9号の事由があると主張するが、①1号については、これに該当する具体的事由につき何ら主張立証していない。②5号、7号については、罰すべき行為について、有罪の判決若しくは過料の裁判が確定したこと、又は証拠がないという理由以外の理由により有罪の確定判決若しくは過料の確定裁判を得ることができないことが立証される必要があるところ、これに沿う的確な主張立証をしていない。③9号については、本件確定判決がXの主張する主要事実について判断していることは明らかである。

(3)　Xが、抗告の許可を申し立てた。

(4)　本決定は、「所論の点に関する原審の判断は、正当として是認することができる。論旨は採用することができない。」と判示して、抗告を棄却した。本件は、許可抗告の申立てに法律解釈に関する重要な事項が含まれているかどうか疑問があり、抗告の許可が許可抗告の制度の趣旨に沿うものであるか検討の余地もあるように思われる（以下、このような場合、「許可には検討の余地もあるように思われる。」とのみ記述する。）。

【25】　19(許)25　（△二小、平19・9・26、棄却。原審大阪高決平19・3・30）

(1)　再審事件において、民訴法338条1項10号所定の再審事由の存否が問題となった事案である。

(2)　Xは、Y株式会社に対し、YがX方で実施した電話配線工事により、X宅の電話が盗聴され、Xのプライバシーが侵害されているなどと主張して、損害賠償を求める訴訟を提起した。第1審裁判所は、請求棄却の判決を言い渡し、控訴審裁判所も、Xの控訴を棄却し、控訴審において追加されたXの請求を棄却する判決を言い渡し、この判決は確定した（確定判決）。Xは、確定判決とは当事者を異にする最高裁判決等を引用した上で、確定判決には、民訴法338条1項10号の再審事由があると主張して、原審に再審の訴えを提起したが、原審は、Xの主張は、確定判決の判断が同判決と当事者を異にし、既判力の抵触を生じない裁判例の判断と

相反することをいうものにすぎないなどとして、Xの再審請求を棄却する旨の決定をした。

(3) Xは、①原審がXのした文書提出命令の申立てについて許否の判断をしなかったことが違法である、②原決定が再審の趣旨及び理由として再審訴状を引用したのは決定書の必要的記載事項である「事実及び理由」の記載を満たさず、原決定には理由不備の違法がある、③Xが再審訴状で引用した確定判決（本件の確定判決とは当事者を異にするもの）は、「前に確定した判決」（民訴法338条1項10号）に当たるなどとして、抗告の許可を申し立てた。

(4) 本決定は、抗告理由①については、「記録によれば、原審は所論の文書提出命令の申立てにつきその必要性がないものと認めて黙示に却下したものと認められるから、上記申立てについて何らの裁判をしなかったとの論旨は理由がなく、また、上記提出命令の申立てを容れなかった原審の判断に、所論の違法は認められない。」、抗告理由②については、「原決定の理由には、決定書の事実及び理由として必要な事項が記載されているものというべきである。原決定に所論の違法はなく、論旨は採用することができない。」、抗告理由③については、「所論の点に関する原審の判断は、正当として是認することができる。論旨は採用することができない。」とそれぞれ判示して、抗告を棄却した。本件は、法令に関する重要な事項を含むようには思われず、許可には検討の余地もあるように思われる。

II 民事執行法

1 売却許可決定

【26】18(許)49（△一小、平19・2・15、棄却。原審福岡高宮崎支決平18・10・3、原々審宮崎地決平18・8・31）

(1) 担保不動産競売申立て事件における不動産売却許可決定に対する執行抗告申立て事件において、最高価買受申出人に次いで高額の買受けの申出をしたものの、次順位買受けの申出は行っていない者が、民事執行法188条において準用される同法74条1項に規定する「その決定により自己の権利が害される」者に該当するか否かが問題となった事案である。

(2) 基本事件である担保不動産競売申立て事件において、原々審は、有限会社Yに対する本件不動産の売却を許可する旨の決定をした。有限会社Xは、基本事件の売却手続において、最高価買受申出人であるYに次いで高額の買受けの申出をした（なお、Xは、次順位買受けの申出の条件（民事執行法188条、67条）を満たしていなかったため、次順位買受けの申出はしていない。）。Xは、Yが基本事件の債務者の計算において買受けの申出をした者であり、民事執行法188条において準用される同法71条3号所定の売却不許可事由があったにもかかわらず、これを看過してされた原々決定は違法である旨主張し、原々決定の取消しを求めて執行抗

告を申し立てた。
　原審は、買受申出人は、他の買受申出人に対する売却許可決定が取り消された場合においても、当然には、自己に対して売却許可決定をすることを求めることはできず、新たに実施されるであろう売却手続に参加し得るにとどまるのであるから、Xは、民事執行法188条において準用される同法74条1項にいう売却許可決定により自己の権利が害される者には該当しないとして、Xの執行抗告を却下した。
　(3)　Xが、抗告の許可を申し立てた。
　(4)　本決定は、「所論の点に関する原審の判断は、正当として是認することができる。論旨は採用することができない。」と判示して、抗告を棄却した。一般に、売却許可決定により事実上の不利益を受けるにすぎない者は、民事執行法74条1項にいう自己の権利を害される者に該当しないことに争いはなく、売却許可決定が取り消されて新たに売却が実施された場合に、再び買受けの申出をすれば今度は買受人となる可能性があったとしても、その可能性がなくなることをもって権利侵害ということはできないとされている。Xに抗告の申立権がないとした原審の判断は相当であろう。

【27】19(許)21（△一小、平19・6・7、棄却。原審福岡高決平19・3・16、原々審福岡地決平19・2・26）
　(1)　担保不動産競売手続における不動産売却許可決定に対する執行抗告事件において、最高価買受申出人が主張する建物の白アリ被害が、民事執行法71条6号所定の売却不許可事由に該当するか否かが問題となった事案である。
　(2)　原々審は、Aの申立てにより木造セメント瓦葺2階建居宅（本件建物）について、担保不動産競売開始決定をし、株式会社Bの申立てにより、本件建物及びその敷地について、担保不動産競売開始決定をし、その後両事件を併合し、これに伴い本件建物及びその敷地について一括売却の決定をした。本件建物の現況調査報告書には、白アリ被害がある旨の記載はない。一括売却決定後の評価書（補充）には、本件建物の経済的全耐用年数は約25年であるところ、約22年が経過していることが記載され、また、本件建物の保守管理の状況について、「普通」「内壁に一部変色あり」「2階洋室の天井一部に雨漏り跡と見られる部分がある。（現在雨漏りしているかどうかは不明）」と記載されている。そして、前記評価書において、本件建物は、①現在の建物建築費の推移動向・消費税の課税等も考慮した上、標準的な建築費に比準して、再調達原価を861万8100円と算出した上で、②これに耐用年数法に基づく方法のうち定率法（最終残価率5％）を採用し、それにより求めた原価率を基本として、空き家であることから観察原価法（維持管理状態）による補正（10％減価）を施して、建物の価格を51万7000円と評価し、③さらに、競売市場性減価として40％の減価をして、最終的には31万200円と評価されている。これは、再調達原価の4％にすぎず、一括評価額357万6000円の約8.7％にすぎない。Xは、本件建物及びその敷地につき520万円で買い受ける旨の申出をしたところ、

Ⅱ 民事執行法   363

最高価買受けの申出であったことから、売却許可決定を得た。Xは、「競売入札結果を受けて現地を観察したところ、本件建物は、白アリの被害が建物の構造部分にまで及んでおり、使用できる状態ではなかった。以上の状況は、現況調査報告書に一切記載されていなかった。以上の状況では、自己が考えていた本件建物の利用が不可能であるから、売却許可決定の取消を求める。」と主張して、執行抗告（本件執行抗告）をした。

原審は、Xは執行抗告の理由として民事執行法71条6号所定の売却不許可事由の存在を主張する趣旨であると解釈した上で、要旨次のとおり判断して本件執行抗告を棄却した。本件建物にXが主張するような白アリ被害があるかどうかは一件記録上明らかではない。仮にそのような事実があり、抗告人が予想外の修理費用を要するということがあるとしても、現況調査報告書の記載に照らしても、本件建物が良好な状態にあってその価値も高いとはいえないことは誰の目にも明らかである。また、競売手続において競売市場性減価という評価方法がとられているのは、通常の不動産売買ではないような危険を買主に負担してもらわなければならない場合もあるからにほかならない。したがって、本件において、執行裁判所の売却基準価額の決定や物権目録明細書の作成に重大な誤りがあるとして原決定を取り消さなければならないとはいえない。

(3) Xが、抗告の許可を申し立てた。
(4) 本決定は、「所論の点に関する原審の判断は、正当として是認することができる。論旨は採用することができない。」と判示して、抗告を棄却した。

2 債権差押命令

【28】19(許)31（△三小、平19・9・25、棄却。原審福岡高決平19・6・26、原々審福岡地小倉支決平19・5・23）

(1) 債権差押命令に対する執行抗告事件において、債務名義についての違法事由が、債権差押命令に対する違法事由になるか否かが問題となった事案である。

(2) 本件は、【29】の間接強制申立て事件（本件間接強制申立て事件）の執行力ある決定正本（本件間接強制決定）に基づき、Xが、Yの勤務先である第三債務者に対して、Yが有する給与債権の差押えを申し立てた事件であり、当事者及び本件間接強制決定までの事実経過は【29】に記載のとおりである。

Xは、本件間接強制決定を債務名義として、本件間接強制決定の正本送達の日から10日を経過した日の翌日から、債権差押の申立日まで（205日）1日につき2万円の割合による金員（410万円）及び執行費用を請求債権とし、Yの勤務先を第三債務者として、Yが第三債務者から支給される給与債権の差押えを申し立てた。原々審は、Xの本件差押命令の申立てを認容した。Yが、本件間接強制決定は、児童虐待の防止等に関する法律に違反すること、本件間接強制申立て事件については抗告が許可されているから本件間接強制決定は違法であること、その他同事件に係る決定の判断等に対する不服をるる主張して執行抗告を申し立てたが、原審は、①

債務名義についての違法事由は、債権差押命令に対する違法事由とならない、②本件間接強制決定は、高裁が執行抗告を棄却したことで確定しており、抗告を許可されたからといって、当然には執行停止の効力が生ずるものでもない、③その他、一件記録を精査しても原々決定を取り消すべき事由は認められない、として、Yの抗告を棄却した。

(3) Yが、原審における抗告理由と同一の主張をして、抗告の許可を申し立てた。

(4) 本決定は、「所論の点に関する原審の判断は、正当として是認することができる。論旨は採用することができない。」と判示して、抗告を棄却した。

3 間接強制

【29】 19(許)8（△一小、平19・3・29、棄却。原審福岡高決平18・12・19、原々審福岡家小倉支決平18・10・17）

(1) 子の引渡しの間接強制申立て事件において、子の引渡しを命ずる確定判決があっても、子の引渡しについて条件を付することができるか及び間接強制の当否が問題となった事案である。

(2) X（もと妻）とY（もと夫）は、夫婦であったが、Xが離婚訴訟を提起し、控訴審を経て、Xの附帯処分の申立てにより、Yは、Xに対し、長女Aを引き渡せ等の内容の判決が確定した（Aの親権者はXと指定。確定判決）。Xは、原々審に対し、①確定判決に基づき、Yは、Xに対し、Aを引き渡せ、②Yが本決定送達の日から10日以内に①の債務を履行しないときは、Yは、Xに対し、前記期間経過の翌日から履行済みまで1日につき2万円の割合による金員を支払えとの趣旨の間接強制を申し立てた。これに対し、Yは、①子の引渡しに応じる意思はあるが、子の環境を変えることによって子に悪影響がないか、子が乳児期にXから虐待を受けた事実はないのかについて納得のいく説明を受けたい、②強制措置として莫大な金を支払い続けなければならないのは不当であると主張したが、原々審及び原審ともに、Xの申立てを認容すべきものとした。原審の理由の要旨は次のとおりである。既に子の親権者をXと指定し、Yに子の引渡しを命ずる判決が確定している以上、Xからの説明を受けることを引渡しの条件にすることは許されない。また、原々決定が、前記債務の履行をするまで1日につき2万円の支払を命じたことについても、履行の確保を間接的に強制するためであることを考えれば、これが違法に高額とまでは解されない。

(3) Yが、抗告の許可を申し立てた。

(4) 本決定は、「所論の点に関する原審の判断は、正当として是認することができる。論旨は採用することができない。」と判示して、抗告を棄却した。

Ⅲ 民事保全法

仮処分

【30】19(許)2（△二小、平19・2・16、棄却。原審広島高岡山支決平18・12・8、原々審岡山地倉敷支決平18・8・11）

(1) 同族会社における取締役兼代表取締役の職務執行停止等仮処分申立て事件において、被保全権利の存在及び保全の必要性の有無が問題となった事案である。

(2) 有限会社Y_1の平成17年10月20日当時の社員は、X（45口）とA（15口）の2名であった。登記簿によると、Y_1の取締役は、B（代表取締役）とCの2名であったが、同日付けで、Aにつき代表取締役及び取締役辞任の登記がされ、Y_2につき代表取締役及び取締役就任登記がされた。Xは、Y_2を取締役に選任する旨の同日付けの社員総会決議（本件総会決議）が不存在であると主張し、Y_2の代表取締役兼取締役の職務執行停止及び職務代行者選任の仮処分を求める申立てをした。Yらは、本件総会決議が開催された事実がないことは認めているが、①Y_2を取締役兼代表取締役に選任することにつき社員全員（X及びA）並びに取締役（B）の事前の合意があったから実質的な社員総会決議が存在する（被保全権利の不存在）、②本件につきY_2の職務執行停止等をすべき必要性がない（保全の必要性の不存在）旨を主張した。保全裁判所は、Y_2の取締役兼代表取締役の職務執行を停止し、Cを職務代行者に選任する旨の仮処分決定（本件仮処分）をした。Yらは異議を申し立てたが、異議審（原々審）及び抗告審（原審）とも、本件仮処分決定を認可すべきものとした。原審の理由の要旨は次のとおりである。①Y_2を取締役に選任することにつき、Xの事前の合意を示す書面等はなく、他方、Y_2は、異議審以前の審尋期日では、社員総会が開催されたなどと事実と異なる供述をしていたこと、XとY$_2$は夫婦であるが、平成16年9月ころまでには、完全に別居していたことなどからすると、Xの事前の合意があったとの事実は認められない。したがって、Y_2の取締役及び代表取締役の選任、就任が有効にされたとは認められないから、被保全権利の存在は認められる。②Y_2は、Y_1の業務に携わったことも取締役に就任したこともなく、Xと対立関係にあることが認められ、Y_2がY_1を運営することによってY_1が著しい損害を受けるおそれがあると一応認められるので、保全の必要性も認められる。

(3) Yらが、抗告の許可を申し立てた。

(4) 本決定は、「所論の点に関する原審の判断は、正当として是認することができる。論旨は採用することができない。」と判示して、抗告を棄却した。本件の争点は、個別事案における被保全権利及び保全の必要性の有無の認定判断に尽きるものであり、許可には検討の余地もあるように思われる。

【31】19(許)26（△一小、平19・9・20、棄却。原審福岡高決平19・4・27、原々審福岡地小倉支決平19・2・15）

(1) 建築材料を提供して建物を完成させた請負人が注文者へ当該建物を引き渡した結果、当該建物の所有権が請負人から注文者に移転した場合において、請負人が注文者による詐欺を理由として、当該引渡しによって徴表された所有権移転の意思表示を取り消すことができるかが問題となった事案である。

(2) Xは、平成18年5月29日ころAからホテルとして利用する予定の建物（本件建物）の建設工事を請負代金額3億7800万円で請け負った（本件請負契約）。請負代金については、着工時に7560万円（現金で50％、約束手形で50％）、上棟時に1億1340万円（現金で50％、約束手形で50％）、竣工引渡時（平成18年11月10日の予定）に1億8900万円（平成18年12月29日を支払期日とする約束手形で50％、平成19年3月30日を支払期日とする約束手形で50％）の3回で支払う合意ができていた。なお、契約書及びこれに添付された約款には、完成後の建物の所有権の帰属や所有権移転の方法や時期につき何らの定めもなく、XとAとの間で特段の合意もされなかった。Aは、着工時、上棟時の支払を約定どおり行い、約束手形も決済された。XとAは、工事の完成引渡を平成18年11月20日に変更する旨合意するとともに、Aは、第3回の支払のために、前記約定どおりの約束手形2通をXに交付した。Xは、平成18年11月20日、Aによる施主検査を受けた上で、竣工書類、建物引渡証明書、鍵その他引渡に関する一式をAに引き渡し、これにより、本件建物が引き渡された。XとAとの間では、本件請負契約を締結したころに、追加工事をする旨の合意がされていたところ、平成18年12月11日、追加工事の代金を3000万円とし、その50％については平成19年1月31日を支払期日とする約束手形を、残り50％については同年4月30日を支払期日とする約束手形で支払うことが合意された。そして、Aは、平成18年12月20日、追加工事の代金支払いのための約束手形をXに交付し、Xは、同月21日、Aの求めに応じて、建物引渡証明書を差し替え、Aに交付した。Aは、平成18年12月27日、会社更生手続開始を申し立て、Yが保全管理人に選任された。そして、平成19年1月31日、Aにつき会社更生手続開始決定がされ、Yが管財人に選任された。Xは、平成19年1月11日、Yに対し、建物の所有権移転の意思表示を取消す旨の意思表示をした。Xは、AはXに交付した手形が資金繰りの悪化により決済できないことを知りながら、決済できるかのように装って手形を交付し、建物の引渡しをさせたから、建物の引渡し又は引渡しによって徴表される建物所有権移転の意思表示を詐欺を理由として取り消したなどと主張して、建物所有権に基づく引渡請求権を保全するため、Yに対し、占有移転及び、保存登記の各禁止を求めて仮処分を申し立てた。

原審は、本件建物の所有権がXに帰属している事実が疎明されていないとして、仮処分の申立てを却下すべきものとした。原審の理由の要旨は次のとおりである。①本件請負契約において、完成後の建物の所有権は、請負人であるXにいったん

帰属し、平成18年11月20日にXからAへ建物が引き渡されたことにより、XからAに移転した。本件請負契約と別にXからAに対する所有権移転の意思表示があり、その徴表として引渡しがあるというわけではなく、本件請負契約の合理的意思解釈として、XからAへの所有権の移転時期が引渡しという事実行為にかかっているため、何らの意思表示なく引渡しにより所有権が移転すると解すべきであるから、本件において、引渡し時に所有権移転の意思表示があったと認めることはできない。したがって、引渡し時において、建物の所有権移転合意ないし所有権移転の意思表示があることを前提として、民法96条1項により、同合意を取り消したり、引渡しそのものを取り消したりすることはできない。②請負人は、注文者に対し、請負契約に基づく債務として建物引渡義務を負っているのであり、引渡しはその履行にすぎないところ、請負契約上の義務の履行である引渡しをするために、当事者において請負契約とは別個に所有権移転の合意ないし所有権移転の意思表示が必要であると解するのは不合理であり、本件請負契約を含めた請負契約一般の当事者の意思に合致しない。

　(3)　Xが、抗告の許可を申し立てた。

　(4)　本決定は、「所論の点に関する原審の認定判断は、正当として是認することができる。論旨は採用することができない。」と判示して、抗告を棄却した。

【32】 19(許)30（◎二小、平19・8・7、棄却、民集61・5・2215、判時1983・56。原審東京高決平19・7・9、原々審東京地決平19・6・28）

　(1)　Y株式会社（東証2部上場）の株主であるXが、Yに対し、Yによる新株予約権の無償割当て（会社法277条）を仮に差し止めることを求める仮処分事件において、YがXによる株式公開買付けに対応するために新株予約権の無償割当てをすることが、株主平等の原則等に反し法令等に違反するか否か、著しく不公正な方法により行われる場合に該当するか否かが問題となった事案である。

　(2)　Xは、関連法人と併せて発行済株式総数の約10.25％を保有するYの筆頭株主である。Xがそのすべての持分を有する有限責任会社Aは、平成19年5月18日（以下、すべて平成19年である。）、Yの発行済株式のすべてを取得することを目的として、証券取引法所定の株式公開買付け（本件公開買付け）を開始した（当初の買付価格は、Yの株式の平均市場価格に約12.82～18.56％程度のプレミアムを加算した1株1584円であったが、Yが買収防衛策の導入を株主総会に付議したことに伴い、同買付価格は1株1700円に引き上げられた。）。Yは、5月25日、Aに対する質問事項を記載した意見表明報告書を関東財務局長に提出し、これを受けて、Aは、6月1日、対質問回答報告書を同財務局長に提出した。Y取締役会は、Aの対質問回答報告書に、経営支配権取得後の経営計画や投下資本の回収方針に係る具体的な記載がなかったことから、6月7日、本件公開買付けに反対する旨決議するとともに、本件公開買付けに対する対応策として、①新株予約権の無償割当てに関する事項を株主総会の特別決議事項とする旨の定款変更議案、②この議案の

可決を条件として、新株予約権の無償割当て（本件新株予約権無償割当て）を行う旨の議案を、6月24日開催の定時株主総会（本件総会）に付議することを決定し、これらの議案は、本件総会において、出席株主の議決権の約88.7％、議決権総数の約83.4％の賛成を得て可決された。ちなみに、本件新株予約権無償割当ては、株主に対し、その有する株式1株につき3個の割合で新株予約権を割り当てるというものであるが、これにはX及びその関係者（Xら）以外の株主は割り当てられた新株予約権を行使するなどして株式の交付を受けることができるが、Xらは、割り当てられた新株予約権を行使することができない旨の差別的行使条件や、Yは金員を交付することによってXらの新株予約権を取得することができる旨の差別的取得条項が付されている。Xは、本件総会に先立つ6月13日、会社法247条に基づき本件新株予約権無償割当ての差止めを求めて本件仮処分命令の申立てをした。原々審は、株主に対する新株予約権の無償割当てをする場合においても、当該無償割当てが株主の地位に実質的変動を及ぼすときには、会社法247条の規定が類推適用され、株主平等の原則の趣旨が及ぶとした上、本件新株予約権無償割当ては、株主平等の原則の趣旨に反するものではなく、著しく不公正な方法によるものともいえないとして、Xの申立てを却下した。また、原審も、本件新株予約権無償割当ては企業価値の毀損防止のために必要かつ合理的なものである、Xらはいわゆる濫用的買収者であり、Yのする本件新株予約権無償割当てを株主平等の原則に反するとも、著しく不公正な方法によるものともいえないとして、Xの抗告を棄却した。

（3）Xが、抗告の許可を申し立てた。

（4）本決定は、①会社法109条1項に定める株主平等の原則の趣旨は、新株予約権の無償割当ての場合についても及ぶ、②株主の共同の利益等が害されることになるような場合に、これを防止するために特定の株主を差別的に取り扱うことは、衡平の理念に反し、相当性を欠くものでない限り、株主平等の原則の趣旨に反しない、③株主の共同の利益等が害されることになるか否かの判断は最終的には株主自身により判断されるべきもので、判断の正当性を失わせるような重大な瑕疵が存在しない限り、当該判断が尊重されるべきであるとした上で、Xら以外のほとんどの株主がXによる経営支配権の取得が株主の共同の利益を害することになると判断したこと、当該判断にその正当性を失わせるような重大な瑕疵はないこと、本件新株予約権無償割当てが衡平の理念に反し、相当性を欠くものではないことなどから、Xらの濫用的買収者該当性について判断することなく、本件新株予約権無償割当ては株主平等の原則の趣旨に反せず、法令等に違反しないとし、また、本件新株予約権無償割当てが株主平等の原則の趣旨に反するものではないこと、本件新株予約権無償割当てが本件総会における判断により行われた緊急の事態に対処するための措置で、Xらには割り当てられた新株予約権の価値に見合う対価が支払われること、本件新株予約権無償割当てが取締役等の経営支配権の維持を目的とするものではないことから、これは著しく不公正な方法により行われる場合に該当しないと判示して、Xの抗告を棄却した。

本決定は、Xらの本件公開買付に対応するため急きょ防衛策を講ずることになり、しかも、この防衛策につき定時株主総会において株主の圧倒的な多数の賛成が得られ、更にはXらに多額の対価が支払われるというやや特殊な事例について、当該防衛策の是非を判示するものである。本決定は、防衛策の導入、発動に係る株主総会決議（普通決議、特別決議）の要否、防衛策により不利益を被る買収者に対する経済的補償の要否、程度等について具体的、一般的な基準を示すものではなく、これらの問題点については事例の集積を待つほかないが、株主平等の原則の適用範囲、その審理判断方法のみならず、いわゆる買収防衛策の是非について、初めて最高裁の判断を示したものであり、実務に与える影響は大きいものと思われる。

Ⅳ　家事審判法

1　相続放棄

【33】19(許)1（△一小、平19・2・8、棄却。原審東京高決平18・11・22、原々審東京家審平18・9・19）

(1)　相続放棄申述に先立ってされた遺産分割の調停の申立てをもって、単純承認の意思表示と解することができるか否か、また、民法915条1項所定の3か月の熟慮期間の起算点はいつかが争われた事案である。

(2)　Aは平成18年1月30日に死亡し、配偶者であるBと父であるXが相続した。Xは、Aの死亡当日、その死亡を知り、自己のために相続が開始したことを知った。また、Xは、Aから、生前、被相続人の銀行預金及び有価証券の存在を知らされており、その大体の金額を認識していた。また、Xは、Aから、Aには負債がたくさんあることも聞かされていた。Aの死亡後、Bは、Xに相続放棄をするように求め、Xの要請にもかかわらずAの財産状況を明らかにしなかった。そこで、Xは、平成18年4月11日、東京家裁に対し、遺産分割の調停を申し立てた。平成18年4月8日、Xは、Cからの内容証明郵便により、同人はAに対して2300万円の求償金債権を有していたとして、その支払の請求を受けた。Xは、平成18年7月6日、原々審に相続放棄の申述受理の申立てをした。この申立ては、Aの死亡から3か月以上を経過した後に行われたものであるが、この点につき、Xは、積極財産を上回る多額の債務の存在を知ったのは、前記Cからの通知を受けた同年4月8日であるから同日を熟慮期間の起算点と解すべきであると主張した。原々審、原審とも、前記相続放棄の申述は不適法であり、却下すべきものとした。原審の理由の要旨は次のとおりである。①Xは、Aの死亡という相続開始の原因たる事実を知り、しかも、遅くとも遺産分割調停の申立て時において、Aの遺産につき、預金及び有価証券がある程度存在すること及び債務も少なくともある程度存在する可能性があることを知った上で、Aの相続人として、遺産分割の調停を申し立てたのであるから、相続財産を包括的に承認する旨の意思表示、すなわち単純承認す

る旨の意思表示をしたものと認めるのが相当である。②Xは、民法915条1項所定の3か月の熟慮期間の起算点は債権者から相続債権の弁済を求められた平成18年4月8日と解すべき旨主張するが、独自の解釈に基づくものであって採用できない上、そもそも、Xは、前記のとおり相続財産を包括的に承認する旨の意思表示を積極的にしているのであるから、Xの相続放棄の申述が不適法であることは明らかである。

(3) Xが、抗告の許可を申し立てた。

(4) 本決定は、「所論の点に関する原審の判断は、正当として是認することができる。論旨は採用することができない。」と判示して、抗告を棄却した。本件では、Xにおいて、Aの遺産につき、積極財産及び消極財産がそれぞれ相当程度存在することを認識していたなどの具体的な事情があり、遺産分割調停の申立てを法定単純承認の意思表示に当たると認めた原審の判断は妥当なものと思われる。

2 婚姻費用分担

【34】18(許)51（△三小、平19・1・30、棄却。原審名古屋高決平18・10・26、原々審津家松阪支審平18・3・31）

(1) 婚姻費用分担申立て事件において、申立人が自己及び子名義の定期預金通帳を持ち出したことをもって、相手方が婚姻費用の支払を拒否することができるかどうかが問題となった事案である。

(2) X（妻）とY（夫）は、夫婦であるが、平成16年8月にXが長男及び二男を連れて家を出て、以後は別居状態にある。Xは、平成17年5月、原々審に離婚訴訟を提起するとともに、婚姻費用の支払を求める調停の申立てをした。Yは、平成17年8月、長男及び二男について監護権者指定の審判を申し立て、同年9月、長男及び二男の監護権者をYとし、それ以降Yにおいて監護養育する旨の調停が成立し、長男及び二男がXからYに引き渡された。Xは、X名義で370万円の定期預金を有しているほか、別居の際、184万7000円の長男名義の定期預金及び55万8000円の二男名義の定期預金の通帳を持ち出している。しかし、Xが前記定期預金を引き出した事実を認めるに足りる証拠はない。原々審は、Xからの過去の婚姻費用の分担については、離婚訴訟における財産分与において解決するのが相当であるなどとして、Xの婚姻費用分担の申立てを却下した。

これに対し、Xが即時抗告を申し立て、原審は、要旨次のとおり判断して、原々審判を取り消し、Yに対し、103万円（平成16年10月～平成17年8月は月額7万円、同年9月～平成18年9月は月額2万円の合計）及び平成18年10月1日以降離婚又は別居解消まで月額2万円を毎月末日限りXへ支払うよう命じた。①婚姻費用の分担請求の始期は、請求時であり、本件においてXがYに婚姻費用の支払を求めたのは、遅くとも平成16年10月14日と認められるから、Yは、同日以降の婚姻費用について分担すべき義務を負う。②Xが長男及び二男を監護養育していた平成16年10月～平成17年8月については、Yが分担すべき婚姻費用は月

額7万円、平成17年9月以降については、Yが負担すべき婚姻費用は月額2万円とするのが相当である。③Xが前記定期預金を引き出したという事実を認めるに足りる証拠はない。また、Yが、Xにおいて前記定期預金を一部解除して婚姻費用に充てることを認めているわけではないことを考慮すると、Xが前記定期預金の通帳等を所持していることをもって、Yは婚姻費用の支払を拒否することはできない。

　(3)　Yが、抗告の許可を申し立てた。

　(4)　本決定は、「所論の点に関する原審の判断は、正当として是認することができる。論旨は採用することができない。」と判示して、抗告を棄却した。婚姻費用の分担額は、実務上双方の収入に基づいて算定されるのが通例であること、預貯金の持ち出しについては、財産分与額の算定に当たって考慮することが通常可能であることからすると、原則として、婚姻費用分担額の決定に当たり持ち出しあるいは費消した預貯金を考慮することにはならないと思われる。

【35】19(許)29（△一小、平19・9・20、棄却。原審福岡高決平19・5・31、原々審福岡家久留米支審平19・3・29）

　(1)　本件は、妻Xが、別居中の夫Yに対し、婚姻費用の分担を求める事案であり、自営業者であるYの総収入の認定に当たり、確定申告書上の「課税される所得金額」に「専従者給与額の合計額」を加算し、Yの負債を特別経費として控除しないこととした上、婚姻費用の分担額を算定した原決定の当否が問題となった事案である。

　(2)　XとYは、2人の子を有する夫婦であるが、婚姻関係が悪化したため、Xが2人の子を連れて実家に戻り、以来別居中である。Xは、Yに対し、婚姻費用の分担を求める申立てをした。原々審は、Yの総収入を531万円〔課税される所得金額（37万7000円）＋専従者給与の合計額（234万円）＋青色申告特別控除額（65万円）＋(所得から差し引かれる金額合計（221万2296円）－社会保険料控除額（26万9296円))〕、Xの収入を0円とそれぞれ認定した上、東京・大阪養育費等研究会の作成に係るいわゆる標準的算定方式により、月額15万円の婚姻費用の支払義務があると判断した。

　これに対してYが、①Yの総収入の認定に当たり、Yが実際に支払っていた専従給与の合計額を加算し、また、Yの負担する負債を考慮に入れなかったことは誤りである、②Xの主張する生活費が高すぎる、③Xの婚姻費用分担請求は権利の濫用であると主張して抗告を申し立てたが、原審は次のとおり判示してYの抗告を棄却した。①については、Yが、当時家計を一にしていたXに専従者給与を支払っていたことを認めるに足りる証拠はなく、Yの負担する負債は、課税される所得金額の計算上、経費として考慮済みである。②については、個々の必要な費用を積算して婚姻費用額を算定するのではなく、XとYとの収入等を基準としていわば統計的に平均的な婚姻費用額を確定している。③については、原々審の認定事実

を前提とした場合、Xの婚姻費用分担請求が権利の濫用に当たるとはいえない。
　(3)　Yが、抗告の許可を申し立てた。
　(4)　本決定は、「所論の点に関する原審の判断は、正当として是認することができる。論旨は採用することができない。」と判示して、抗告を棄却した。

3　子の監護者の指定その他子の監護に関する処分

【36】19(許)10（△一小、平19・4・12、棄却。原審福岡高決平19・1・10、原々審福岡家久留米支審平18・5・24）
　(1)　妻であるXが、夫であるYに対し、子（未成年者）の監護者の指定を求める審判申立て事件において、子をXに仮に引き渡す旨の審判前の保全審判がその執行後に取り消されたからといって、当然にXの下における監護が違法となるものではないとした原決定の当否が問題となった事案である。
　(2)　XとYは婚姻して、Aを出生した。Yは医師であり、Xは大学卒業後、研修医として大学病院で勤務している。Xは、A出生後、育児・家事と研修医としての勤務の両立にストレスを感じるようになり、育児の優先を主張してXのフルタイム勤務やXの母親に育児・家事をゆだねることを快諾しょうとしないYに不満を募らせていた。Xは、別居を決意し、Aを連れて自宅を出ようとしたが、Yに拒絶されたため、Aを残して自宅を出た。Xは、原々審に子の監護者指定の審判の申立て（本件申立て）をするとともに、審判前の保全処分の申立てをしたが、その一方で、保育園に登園途中のAを連れ去ろうとして、付き添っていたYの母親とAの奪い合いをし、保育士から制止されるという事態を引き起こした。Y代理人からこの事態の報告を受けた原々審判官は、家裁調査官に包括調査を命じ、AをXに引き渡すことを相当とする調査報告書に基づき、審問期日の指定を取り消した上、AをXに引き渡す旨の審判（本件保全審判）をした。Xは、執行官に対し、同審判に基づき仮処分（子の引渡し）の執行の申立てをした。執行官は、Yに対し、本件保全審判書正本を送達した上、X代理人及び警察官の立会いを得て、鍵を開錠するなどして当該執行を終了した。Yは、本件保全審判の取消し及び同審判に基づく執行処分の取消しを求めて即時抗告の申立てをした。福岡高裁は、本件保全審判の手続に違法があるとはいえないものの、当該審理が適正かつ十分なものであったか疑問である上、Yのもとにおける監護が不適切で、審判に先立ち直ちに監護者を変更しなければ子の福祉等に著しい支障が生じるほどの必要性、緊急性は存在しないとして、本件保全審判を取り消し、Xの同申立てを却下すべきものとした。しかし、同高裁は、Yの執行処分の取消しに係る申立てについては、既に終了した執行処分を取り消すことはできず、これを原状回復の裁判（家事審判法15条の3第7項、民事保全法33条）の申立てと解するとしても、その裁判の執行によりAの福祉が更に害されるおそれがあるとして、これを却下すべきものとした。
　本件申立てについては、原審、原々審とも、XをAの監護者として定めるべきものとした。原審の理由の要旨は以下のとおりである。①Xは、Aの監護養育よ

りも研修医としての勤務を全うすることを優先する態度を示していた上、Aを実力で奪取しようとするなど社会性を欠いた思慮浅薄な行動をしている。しかし、Xが残余の研修期間を活用したいとの焦燥感にかられたことを非難するのは酷であるし、XがAの育児を放棄したということもできない。Xの上記奪取行為は、親権を有する母親の行為であるとしても正当化することはできないが、これはAへの強い愛情・思慕から抑制を欠いたことによるものであり、Xを監護者として不適格ということはできない。②本件保全審判の申立ては、保全の必要性・緊急性を欠き、却下されるべきもので、同審判に基づく執行もされるべきではなかったが、YとXはAの共同親権者であり、同審判が取り消されたからといって、当然にXの下における監護が違法となるものではない。③Y及びXに監護者としての不適格事由はないところ、Aが3歳4か月の幼児で、その監護養育には日々の母性的関与が不可欠であること、AがXの下において監護養育され、順調に育成していること、Yの監護補助者の年齢や立場を考慮すると、現時点において、AをXの監護下からYの監護下に移すのは相当ではなく、Xの下において、引き続き監護養育することがAの福祉に最も沿う。

(3) Yが、抗告の許可を申し立てた。

(4) 本決定は、「所論の点に関する原審の判断は、正当として是認することができる。論旨は採用することができない。」と判示して、抗告を棄却した。

【37】 19（許）11（△二小、平19・6・8、棄却。原審東京高決平19・1・26、原々審長野家諏訪支審平18・12・7）

(1) 非監護親と子の面接交渉を認める基準が問題となった事案である。

(2) X（もと夫）とY（もと妻）は婚姻して、長男（平成11年生）及び長女（平成13年生）を出生した。XとYは、Yを未成年者らの親権者として、裁判により平成16年に離婚をした。Xは、Yに対し、未成年者らとの面接を求めたが、Yから了解が得られなかったことから、本件面接交渉の申立てをした。Yは、子の福祉という観点からすれば、未成年者らとYとの良好な関係がまず第1であり、Yの気持ちが大切であるところ、未成年者らはXについての記憶もなく、Xとの面接交渉を許さなくても特に問題がないのに対し、面接交渉を許すと、Yの精神状態、体調を悪化させるとともに、Xがパニック状態になったり、未成年者らが情緒不安定となったりする可能性があり、Yと未成年者らの関係が悪くなるおそれがあるなどと主張して争った。原々審、原審とも、3か月に1回、本件審判確定の日から1年間は午前11時から午後3時の間の2時間、本件審判確定の日から1年を超えて以降は午前11時から午後3時まで、Xが未成年者らと面接交渉することを認めるべきものとした。原審の判断の概要は、次のとおりである。①両親の離婚が子に対して与える影響を最小限にし、もって子の健全な育成を図るために、子と親権者とならなかった親との面接の機会を与える必要がある。本件では、Xと未成年者らとの面接交渉について、子の福祉を害するような事情は認められない。②Xが面接

交渉中に未成年者らに暴力を振るわないとも限らないという Y の不安については、X が未成年者らと同居していた当時、未成年者らを虐待するなど子の福祉を害するような行状があったわけではなく、Y の抽象的な可能性の域を出るものではない。③ X と未成年者らの面接交渉により、Y が情緒不安定となる可能性については、Y の気持ちの切り替えや努力によって解消され得るものであるし、仮に未成年者らに情緒不安定が見受けられるようになったとしても、それは一時的なものにすぎないと予想される。④ X と Y には激しい対立感情が残っており、X と未成年者らとを会わせても、未成年者らによい影響を与えるとは考え難いとの Y の主張については、Y が未成年者らに対し X についての自己の感情を吹き込むようなことをしなければ予想し難い。⑤ X と未成年者らの面接交渉の実施により、Y が強い精神的ストレスを感じるという点については、子の福祉を重視することと面接交渉の拒否を監護親の気持ちに任せるということとは直接関係がないことである。

(3) Y が、子を監護していない親と子との面接交渉は、それを認めた方がそれを認めないときに比べて子の利益、子の幸せが増進すると認められたときに、初めて許されるというべきであると主張して、抗告の許可を申し立てた。

(4) 本決定は、「所論の点に関する原審の判断は、正当として是認することができる。論旨は採用することができない。」と判示して、抗告を棄却した。

4 祭祀に関する権利の承継者の指定

【38】19(許)17（△一小、平19・6・7、棄却。原審福岡高決平19・2・5、原々審大分家審平18・10・20）

(1) 祭祀承継者の指定について、被相続人による指定も慣習もない場合における家庭裁判所による指定の基準が問題となった事案である。

(2) X は、夫との間に二男 A（被相続人）ほか3人の子供（長男 B、長女 C 及び二女 D）をもうけた。A は妻との間に長女 Y_1 及び長男 Y_2 をもうけたが、妻とは協議離婚した。A は、離婚直前に、全遺産を X に包括遺贈し、遺言執行者に X を指定する旨の公正証書遺言（本件遺言）をしている。既に成人していた Y_1、Y_2 は、父母の離婚後、母の氏に変更し、A との交流も途絶えていた。A は、肺がんのため入院し、入院2か月後に死亡した。Y_1、Y_2 は A の入院中に A に2日間面会している。X は、A が死亡した場合、喪主となって A の葬儀を主宰するつもりであったが、C 及び D の反対でそれがかなわず、葬儀にも出席しなかった。Y_1 は、A の臨終には立ち会ったが、喪主になるのは断り、Y_2 は、臨終には間に合わなかったが、Y_1 と共に葬儀に出席し、A の位牌と遺骨を持ち帰った C から、これらの引渡しを受けた。Y_2 は、霊園に墓地を購入し墓を建立して A の遺骨を埋葬し法要を行っている。X は、A の祭祀について、自らが墓地使用権を有する市営墓地に A のみを埋葬し、X が死亡した後は、B 及びその子孫が祭祀を承継することを予定していると述べている。Y_1、Y_2 は、X を相手方として、遺留分減殺請求の調停を申し立て、他方、X は、Y_1、Y_2 に対し、A の遺骨の引渡しを求める調停を申し立て

たが、いずれも不調となった。Y_1とY_2との間においては、Y_2を祭祀承継者とすることで合意している。Xは、Y_1、Y_2を相手取って、Aの祭祀承継者の自己への指定を申し立てた。

　原々審、原審（判時1980・93）とも、Y_2をAの祭祀承継者に指定すべきものとした。原審の判断の要旨は次のとおりである。①Aが明示的に祭祀承継者を指定した事実はなく、Aの祭祀承継者指定についての意思は不明というほかない。②祭祀を主宰すべきものについて格別の慣習があることは記録上明らかでない。③Aとの密接な生活関係という点からすればXに分があるが、祭祀の将来的な継続性という観点からすれば、既に高齢のXよりもY_2の方が優っているのは明らかである。
　(3)　Xが、抗告の許可を申し立てた。
　(4)　本決定は、「所論の点に関する原審の判断は、正当として是認することができる。論旨は採用することができない。」と判示して、抗告を棄却した。

5　遺産分割及び寄与分を定める処分

【39】19(許)27（△二小、平19・11・30、棄却。原審仙台高決平19・5・30、原々審仙台家古川支審平17・3・7）
　(1)　分割対象財産等の分割時の評価額及び遺産分割の方法が問題となった事案である。
　(2)　A（昭和59年12月に死亡）の相続人であるXら16名が、Aの長男（昭和63年11月死亡）の妻及び子であるYら5名を相手方とし、Aの遺産について遺産分割の審判を、他方、Yら各自が、寄与分を定める処分の審判をそれぞれ申し立てた。
　原審は、Aの遺産（土地、建物のみ）について、当事者双方が原々審で合意した各土地建物の評価額を前提として、これに時点修正を加えることなく、各人の具体的相続割合を算定した上、その具体的相続割合を踏まえて、Aの遺産である複数の土地建物をXらグループとYらグループに振り分け、振り分けられた個別の土地建物を各グループの者らでそれぞれ共有する形で、分割すべきものとした。
　(3)　Yらが、原審の遺産の評価（評価額を合意した時点から審判時までに5年以上の期間が経過しているにもかかわらず、合意された評価額をそのまま採用していること等）や遺産分割の方法（Yらが希望した土地建物をYらに分割しなかったこと）を不服として、抗告の許可を申し立てた。
　(4)　本決定は、「所論の点に関する原審の判断は、正当として是認することができる。論旨は採用することができない。」と判示して、抗告を棄却した。遺産対象不動産が多数にわたる場合などにおいては、本件のように、合意によって、評価額が定められることがある。しかし、その合意の際、当事者は、審判が合意の時点から、それほど隔たりのない時点で行われることを前提にしているものと解され、審判が合意の時点から相当期間経過し、価格に変動が生じたような場合には、時点修

正等を考慮したり、改めて合意することが必要となる場合も生じる。ただ、本件の原審のような分割方法が採られる場合、各対象不動産の価格変動は、必ずしもYらに一方的に不利に作用するものではない。原審が当事者の合意した評価額をそのまま採用したことには疑問がないではないが、それが結論に与える影響は明らかではないことや、Yらの不服の核心部分は、希望した不動産の分割を受けられなかったことにあるところ、分割の方法については原審の裁量事項であって、その判断に裁量権の逸脱等は認められないこと等から、本決定の結論になったものと思われる。

6　名の変更

【40】19(許)28（△三小、19・9・18、棄却。原審東京高決平19・5・30、原々審東京家審平19・3・16）

(1)　名の変更許可申立て事件において、戸籍法107条の2の「正当な事由」の有無の判断に当たって、同法50条1項の規定を参酌するべきか否かが問題となった事案である。

(2)　Xは、戸籍上の名である「○重」を15年以上継続的に通称として使用してきた「○梛」に変更することの許可（戸籍法107条の2）の申立てをした。原々審及び原審ともに、「梛」の文字は常用平易な文字（戸籍法50条1項）であるとは認められないとして、Xの申立てを却下すべきものとした。原審の判断の要旨は次のとおりである。①戸籍法107条の2の「正当な事由」は、名の変更に関する諸事情を幅広くしんしゃくすることを予定した規定であって、その諸事情の中には戸籍法の他の条文の趣旨も当然に含まれるものと解される。②名の変更に正当事由を要求する趣旨は、名が氏とともに個人の同一性を識別する重要な機能を有し、これがみだりに変更されると社会的にも国家的にも不都合が生じることにかんがみ、正当事由がある場合にのみ名の変更を許すというものと解され、その意味では名の変更についても、当該個人の利益保護のみならず、社会、国家にも重大な利害があるから、国の個人に対する公権的役割という観点のみで正当事由を判断することはできない。したがって、常用平易な文字を用いた「○重」から常用平易とはいえないと解される「○梛」に名の変更を求める申立ては理由がない。

(3)　Xが、抗告の許可を申し立てた。

(4)　本決定は、「所論の点に関する原審の判断は、正当として是認することができる。論旨は採用することができない。」と判示して、抗告を棄却した。子の名に用いる文字を常用平易な文字に制限しながら、名の変更の際にはその制限を考慮しないとすれば、前記制限を定めた趣旨が没却されることになりかねないから、戸籍法50条の趣旨は名を変更するについても類推されるべきものであることは、通説・判例の一貫した解釈である。許可には検討の余地もあるように思われる。

IV 家事審判法

7 市町村長の処分不服申立て

【41】 18(許)47 (◎二小、平19・3・23、破棄・自判、民集61・2・619、判時1967・36。原審東京高決平18・9・29、原々審東京家審平17・11・30)

(1) 市町村長の処分に対する不服申立て事件において、夫の精子と妻の卵子を人工的に受精させた上で外国の代理母によって出産させた子につき、夫と妻が法律上の父親と母親であるとした外国裁判所の裁判は、公序良俗に反するとはいえず、民訴法118条の適用ないし類推適用により、承認の効果が生じる結果、子を夫と妻の嫡出子とする出生届は受理されるべきであるとした原審の判断が問題となった事案である。

(2) X_1 と X_2 は、平成6年に婚姻した夫婦であるが、X_2 は、平成12年、子宮がんの治療のため、子宮摘出手術を受け、Xらは、X_2 の卵子を用いた生殖補助医療により他の女性に子を懐胎し出産してもらう、いわゆる代理出産の方法によりXらの遺伝子を受け継ぐ子を得ることを考えるようになった。Xらは、平成15年、X_2 の卵巣から採取した卵子に、X_1 の精子を人工的に受精させ、その中から2個の受精卵を、米国ネバダ州在住の女性Aの子宮に移植し、同年5月、A及びその夫Bとの間で、生まれた子についてはXらが法律上の父母であり、AB夫婦は、子に関する法的権利又は責任を有しないことなどを内容とする有償の代理出産契約を締結した。同年11月、Aは、ネバダ州において、双子の子である本件子らを出産した。ネバダ州修正法126章45条によれば、婚姻関係にある夫婦は代理出産契約を締結することができ、有効な代理出産契約において親と定められたものは法的にあらゆる点で実親として取り扱われることとされており、同章には、親子関係確定のための裁判手続に関する諸規定が置かれている。Xらは、同年11月下旬、ネバダ州の裁判所に対し、親子関係確定の申立てをし、同裁判所は、Xらが本件子らの血縁上及び法律上の実父母であることを確認するとともに、本件子らの父母とする出生証明書の発行を命ずるなどの内容の「出生証明書及びその他の記録に対する申立人らの氏名の記録についての取決め及び命令」を出した (本件裁判)。Xらは、本件子らの出生後直ちに養育を開始し、帰国後、品川区長に対し、本件子らについて、X_1 を父、X_2 を母と記載した嫡出子としての出生届 (本件出生届) を提出したが、品川区長は、これを受理しなかった。これに対し、Xらは、原々審裁判所に、市町村長の処分に対する不服申立てをした。原々審は、我が国の民法の解釈上、子を出生した女性が母であるとして、本件の申立てを却下すべきものとした。

Xらは、原々審の却下審判に対し、抗告を申し立てた。原審は、原々審とは異なり、要旨以下のとおり判断して、本件出生届の受理を命ずべきものとした。民法の解釈上は出産した女性が母となるが、ネバダ州の裁判所による本件裁判は、民訴法118条にいう外国裁判所の確定判決に該当するところ、同法3号の要件については、裁判の効力を承認することが実質的に公序良俗に反するかどうかを個別的かつ具体的内容に則して判断すべきであり、Xらと本件子らとは血縁関係を有し、Xらの遺

伝子を受け継ぐ子を得るためには代理出産以外の方法はなく、代理出産した女性とその夫は、本件子らを養育することを望んでいないなどの本件の諸事情を考慮すると、本件子らがXらに養育されることが最もその福祉にかなうから、本件裁判は民訴法118条により効力を有し、本件子らはXらの嫡出子となるというものである。

(3) 品川区長が、抗告の許可を申し立てた。

(4) 本決定は、要旨、「①実親子関係は、身分関係の中でも最も基本的なものであり、様々な社会生活上の基礎となるものであって、単に私人間の問題にとどまらず、公益に深くかかわる事柄であり、子の福祉にも重大な影響を及ぼすものであるから、どのような者の間に実親子関係を認めるかは、その国における身分法秩序の根幹をなす基本原則ないし基本理念にかかわるものであり、実親子関係を定める基準は一義的に明確なものでなければならず、かつ実親子関係の存否はその基準によって一律に決せられるべきものである。したがって、我が国の身分法秩序を定めた民法は、同法に定める場合に限って実親子関係を認め、それ以外の場合は実親子関係の成立を認めない趣旨であり、民法が実親子関係を認めていない者の間にその成立を認める内容の外国裁判所の裁判は、我が国の身分法秩序の基本原則ないし基本理念と相いれず、民訴法118条3号にいう公の秩序に反するものとして、我が国において効力を有しない。②実親子関係が公益及び子の福祉に深くかかわるものであり、一義的に明確な基準により一律に決せられるべきことにかんがみると、現行民法の解釈としては、女性が自己以外の女性の卵子を用いた生殖補助医療により子を懐胎し出産した場合においても、出生した子の母は、その子を懐胎し出産した女性であり、出生した子とその子を懐胎、出産していない女性との間には、その女性が卵子を提供していたとしても、母子関係の成立を認めることはできない。」と判示した上で、①本件裁判は、我が国における身分法秩序を定めた民法が実親子関係の成立を認めていない者の間にその成立を認める内容のものであり、民訴法118条3号にいう公の秩序に反し、我が国において効力を有しない、②Xらと本件子らとの間の嫡出親子関係の成立については、Xらの本国法である日本法が準拠法となるところ（法の適用に関する通則法28条1項）、日本民法の解釈上、X_2と本件子らとの間には母子関係は認められず、Xらと本件子らとの間に嫡出親子関係があるとはいえないとして、原決定を破棄し、本件の申立てを却下すべきものとした原々決定は正当であるとして、Xらの抗告を棄却する旨の破棄自判の決定をした。

本決定は、実親子関係の存否に関する外国裁判所の裁判についての民訴法118条3号の解釈及び子を出産した女性とその子に係る卵子を提供した女性が異なる場合における子の母についての民法の解釈について、最高裁としての初判断を示したものであり、重要な意義を有するものと思われる。

V その他

1 借地借家法

【42】 18(許)45（◎三小・平19・12・4、棄却、民集61・9・3245、判時1996・32。原審東京高決平18・9・12、原々審東京地決平18・6・19）

(1) 複数の借地にまたがって存在している建物を競売により取得した者が、賃借権の譲渡の承諾に代わる許可を申し立てた場合において、借地権設定者が自ら当該建物及びその敷地の賃借権の譲渡を受ける旨の申立てをすることが許されるかが問題となった事案である。

(2) Aは、Yから土地（本件土地）を賃借するとともに、Bから同土地に隣接する土地（本件隣接土地）を賃借し、両土地上に「またがって」建築されている建物（本件建物）を所有していた。Xは、Aが所有していた本件建物を競売により買い受けた。Xは本件土地の借地権設定者であるYに対し賃借権の譲渡の承諾を求めたところ、Yがこれを承諾しなかったため、東京地裁に対し、その承諾に代わる許可を求める旨の申立てをした（競公売に伴う賃借権譲受許可申立て事件。甲事件）。これに対し、Yは、自ら本件建物の譲渡及び本件土地の賃借権の譲渡を受ける旨の申立てをした（建物及び土地賃借権譲受申立て事件。乙事件）。なお、Xは、本件隣接土地の借地権設定者であるBとの関係でも、賃借権の譲渡に代わる許可を求める旨の申立てをしていたが、Bがこれを承諾する旨の和解が成立している。

原々審は、①甲事件については、Xが本件土地の賃借権の譲渡を受けることを許可するとともに、Xに対し、財産上の給付として2378万5000円をYへ支払うよう命じ、②他方、乙事件については、「Yの申立てを認めると、本件建物のうち本件隣接土地に係る部分については、Yに占有権原がなく、かつ、同部分の利用について、今後BとYとの協議に委ねることは、本件建物の権利関係を複雑かつ不安定なものとする」などとして、Yの申立ては相当でないとして、これを却下した。

Yは、原々審の判断を不服として抗告し、乙事件について、本件建物の譲受け及び本件土地の賃借権の譲受けに加え、さらに「本件隣接土地の賃借権」の譲受けをも許可するようその申立てを拡張した。原審は、原々審の決定は正当であるとして、Yの抗告を棄却した。乙事件についての理由の要旨は次のとおりである。①Yが譲渡を受けることができるのは、Yが賃借権を設定した本件土地上に存する建物部分と本件土地の賃借権に限られる。②Yが所有していない本件隣接土地の上にある建物部分についてまでYが譲渡を受けることを許容し、競売により本件建物全体を買い受けたXの賃借権譲受許可の申立てを認めないのは、YとXの利害調整の観点から妥当なものとはいい難く、借地借家法の予定しているところではない。③Yとしては、Bと共に介入権を行使するか、又は、本件隣接土地の賃借権をYが譲り受けることについてBの承諾を得ない限り、本件建物全体の譲渡を受ける

旨の裁判を求めることは許されず、本件では、Bと共に介入権を行使しておらず、かつ、Bの承諾もない。

(3) Yが、抗告の許可を申し立てた。

(4) 本決定は、次のとおり判示して、Yの抗告を棄却した。賃借権の目的である土地と他の土地とにまたがって建築されている建物を競売により取得した第三者が、借地借家法20条1項に基づき、賃借権の譲渡の承諾に代わる許可を求める旨の申立てをした場合において、借地権設定者が、同条2項、同法19条3項に基づき、自ら当該建物及び賃借権の譲渡を受ける旨の申立てをすることは許されないものと解するのが相当である。なぜなら、裁判所は、法律上、賃借権及びその目的である土地上の建物を借地権設定者へ譲渡することを命ずる権限を付与されているが（同法20条2項、19条3項）、賃借権の目的外の土地上の建物部分やその敷地の利用権を譲渡することを命ずる権限など、それ以外の権限は付与されていないので、借地権設定者の前記申立ては、裁判所に権限のない事項を命ずることを求めるものといわざるを得ないからである。

本決定は、いわゆるまたがり建物が存在する場合に介入権を行使することができるかについて、最高裁として初めての判断を示したものであり、借地非訟の実務において、重要な意義を有するものと思われる。

【43】19(許)3（〇三小、平19・12・4、棄却、集民226・387、判時1996・32。原審東京高決平18・12・15、原々審東京地決平18・9・7）

(1) 借地上の建物を第三者に譲渡しようとする借地権者が、裁判所に対し、賃借権の譲渡の承諾に代わる許可を申し立てた場合において、当該建物が当該借地と借地権者の自己所有地とにまたがって建っているものであったとしても、借地権設定者は、自ら当該建物及び当該借地の賃借権の譲渡を受ける旨の申立てをすることが許されるかが問題となった事案である。

(2) Xは、Yから賃借したY所有地とこれに隣接するX所有地上にまたがって建っている建物（本件建物）を所有している。Xは、本件建物を、その敷地であるY所有地の借地権（本件借地権）及びX所有地の所有権付でAに売却することとし、Aとの間において、本件借地権の譲渡についての承諾または許可を条件とする停止条件付売買契約を締結した。Xは、Y所有地の借地権設定者であるYに対し本件借地権の譲渡の承諾を求めたが、Yはこれを承諾しなかった。そこで、Xは、東京地裁に対し、その承諾に代わる許可を求める旨の申立てをした（甲事件）。これに対し、Yは、自ら本件建物及び本件借地権の譲渡を受ける旨の申立てをした（乙事件）。

原々審及び原審は、甲事件については、XがYに対し3283万2000円を支払うことを条件として、XがAに本件借地権を譲渡することを許可し、他方、乙事件に係る申立てを却下すべきものとした。原審が、乙事件の申立てを却下した理由の要旨は次のとおりである。①本件建物をY所有地とX所有地との境界線に沿って

物理的に分離して、2個の建物にすることも、本件建物を同境界線に沿って区分して、それぞれを区分所有権の対象にすることも、経済合理性の観点を加えて考えれば、建築技術上及び法令上、不可能である。これを前提とすると、本件建物全部をYに譲渡するように命ずるときは、1個の建物の半分強の部分について、その敷地の所有権も利用権もない違法占有の状態により、結局は、当該部分を分離しての収去が必要となり、当該部分が無駄になる上、分離及び収去の費用を考えると、社会経済上、極めて不相当であるし、また、Y所有地上の建物部分のみの譲渡を命ずるときは、分離されておらず、区分所有権の対象にもされていない1個の建物の各一部につきX及びYの各所有権を認めるか、あるいは建築技術上及び法令上不可能と評価すべき本件建物の分離または区分所有のための工事を強制することになり、いずれも極めて不相当である。②Xにおいて投下資本を回収済みであったり、本裁判において相当な対価の支払を受けて投下資本を回収することができるとしても、本件建物の全部又は一部の譲渡を命ずることによる前記のような不相当な結果を招く事態が解消されるわけではない。③Yが本件建物を買い受けた後、速やかに本件建物全部を取り壊す予定であるとしても、本件建物の取得後現にX所有地をXに明け渡すまでの間は、違法占有の状態になり、裁判所が係る違法状態を作出するよう命ずることはできない。④当該借地上にない建物まで含めて、賃貸人と賃借人の利害の調整を図ることまで制度の予定するところではない。

(3) Yが、抗告の許可を申し立てた。

(4) 本決定は、次のとおり判示して、Yの抗告を棄却した。借地権者が、賃借権の目的である土地と他の土地とにまたがって建築されている建物を第三者に譲渡するために、借地借家法19条1項に基づき、賃借権の譲渡の承諾に代わる許可を求める旨の申立てをした場合において、借地権設定者が、同条3項に基づき、自ら当該建物及び賃借権の譲渡を受ける旨の申立てをすることは許されないものと解するのが相当である。なぜなら、裁判所は、法律上、賃借権及びその目的である土地上の建物を借地権設定者へ譲渡することを命ずる権限を付与されているが（同項）、賃借権の目的外の土地上の建物部分やその敷地の利用権を譲渡することを命ずる権限など、それ以外の権限は付与されていないので、借地権設定者の前記申立ては、裁判所に権限のない事項を命ずることを求めるものといわざるを得ないからである。

本決定は、【42】と同様、借地非訟の実務において、重要な意義を有するものと思われる。

2 行政事件訴訟法

【44】 19(行ツ)5（〇三小、平19・12・18、棄却、集民226・603、判時1994・21。原審東京高決平19・7・19）

(1) 弁護士会が行った懲戒処分について、被懲戒者が被る損害の性質及び程度から、その効力を停止することにつき、行政事件訴訟法25条2項の「重大な損害を避けるため緊急の必要があるとき」に該当するか否かが問題となった事案である。

(2)　Xは、A弁護士会に所属する弁護士である。同弁護士会の懲戒委員会は、Xに非行があるとして、業務停止3月の懲戒処分が相当である旨の議決をし、同弁護士会は、これに基づき、Xに対し、業務停止3月の懲戒処分（本件懲戒処分）をした。Xは、日本弁護士連合会（Y）に審査請求をしたが、Yは、日本弁護士会連合会懲戒委員会の議決に基づき、審査請求を棄却する裁決（本件裁決）をした。Xは、本件裁決の取消しの訴えを提起する（本案事件）とともに、本件懲戒処分の効力の停止を求めて執行停止の申立てをした。

　原審は、本件懲戒処分の効力を停止することにつき、行政事件訴訟法25条2項に規定する「重大な損害を避けるため緊急の必要があるとき」に当たるとして、本件懲戒処分につき本案事件の判決が確定するまでその効力を停止することとした。原決定の理由の要旨は次のとおりである。

　本件懲戒処分の内容は業務停止3月であり、Xは、Yが定める「被懲戒弁護士の業務停止期間中における業務規制等について弁護士会及び日本弁護士会連合会のとるべき措置に関する基準」（平成4年1月17日理事会議決）に従い、依頼者との委任契約の解除、訴訟代理人等の辞任手続、顧問契約の解除を行わなければならないのであって、これにより、弁護士としての社会的信用が低下し、それまでに培われた依頼者との業務上の信頼関係も損なわれる事態が生ずると認められる。このような依頼者との委任契約の解除等によって生ずる弁護士としての社会的信用の低下、業務上の信頼関係の毀損は、本件懲戒処分によって生ずるX自身の被る損害であり、その損害の性質から、本案事件で勝訴しても完全に回復することは困難であり、損害を金銭賠償によって完全に補填することも困難である。このような損害の性質に加え、Xが業務停止期間中に期日が指定されているものだけで31件の訴訟案件を受任していることから推認することができる損害の程度を勘案すれば、いったん生じた損害の回復は困難で、本件懲戒処分によって重大な損害が生ずると認められる。そうすると、本件懲戒処分の効力を停止することにつき、重大な損害を避けるため緊急の必要があるというべきである。本案事件は、現時点において、Yから答弁書も提出されておらず、本案について理由がないとみえるとまでは断じることはできない。また、執行停止により公共の福祉に重大な影響を及ぼすおそれについての主張及び疎明はない。

　(3)　Yが、抗告の許可を申し立て、原審は、申立ての理由中「本案について理由がないとみえるとき」の要件に関する部分を排除した上で抗告を許可した。

　(4)　本決定は、Xは当該業務停止期間中に期日が指定されているものだけで31件の訴訟案件を受任していたなど本件事実関係の下においては、行政事件訴訟法25条3項所定の事由を考慮し勘案して、本件懲戒処分によってXに生ずる社会的信用の低下、業務上の信頼関係の毀損等の損害が同条2項に規定する「重大な損害」に当たるものと認めた原審の判断は、正当として是認することができると判示して、Yの抗告を棄却した。

I 民事訴訟法
1 移送【1】【2】
2 裁判所職員の除斥及び忌避【3】〜【5】
3 補助参加【6】
4 訴訟費用【7】
5 訴訟上の救助【8】
6 証言拒絶権【9】
7 文書提出命令【10】〜【20】
8 証拠保全【21】
9 上告【22】【23】
10 再審【24】【25】

II 民事執行法
1 売却のための保全処分【26】
2 売却許可決定【27】
3 債権差押命令【28】【29】

III 民事保全法
1 仮差押命令【30】【31】
2 仮処分命令【32】

IV 破産法【33】

V 民事再生法【34】

VI 家事審判法
1 後見開始の審判【35】
2 親権の喪失の宣告【36】
3 相続の放棄の申述の受理【37】【38】
4 遺言執行者の解任【39】
5 遺留分の放棄についての許可【40】
6 夫婦の同居に関する処分【41】
7 婚姻甘楽生ずる費用の分担に関する処分【42】
8 遺言による推定相続人の廃除【43】
9 氏の変更（戸籍法）【44】
10 離婚時年金分割（厚生年金保険法）【45】〜【47】

VII その他
1 行政事件訴訟法【48】〜【50】
2 商事非訟【51】【52】
3 私的独占の禁止及び公正取引の確保に関する法律【53】

平成20年度

綿引万里子／宮城 保

はじめに

1　平成20年度における許可抗告の実情を紹介する。

新受件数は、平成10年が10件、平成11年が42件、平成12年が59件、平成13年が34件、平成14年が50件、平成15年が54件、平成16年が42件、平成17年が48件、平成18年が55件、平成19年が45件、平成20年が58件であった。平成19年は前年の新受件数を下回ったものの、平成20年の新受件数は再び増加に転じた。

各年中に決定された事件のうち最高裁判所民事判例集又は最高裁判所裁判集民事に登載されたものの数と割合を年度別にみてみると、平成10年は2件中登載1件（50パーセント）、平成11年は32件中登載6件（19パーセント）、平成12年は51件中登載12件（23パーセント）、平成13年は53件中登載12件（23パーセント）、平成14年は42件中登載7件（17パーセント）、平成15年は53件中登載9件（17パーセント）、平成16年は44件中登載10件（23パーセント）、平成17年は51件中登載11件（22パーセント）、平成18年は54件中登載6件（11パーセント）、平成19年は44件中登載11件（25パーセント）、平成20年は53件中登載4件（8パーセント）であった。

2　許可抗告（民訴法337条）は、特別抗告（同法336条）と同様に、決定に対する本来の不服方法に加えて特に認められた不服方法であるが、特別抗告が憲法違反を抗告事由とするのに対して、許可抗告は、法令解釈に関する重要な事項を含む事件であると高等裁判所が認めて許可したことを申立ての要件とするものである。現行民事訴訟法で許可抗告制度が設けられたのは、民事執行法や民事保全法の制定等に伴い、決定で判断される事項に重要なものが増え、かなり重要な法律問題について高等裁判所の判断が分かれているという状況が生じていたので、最高裁判所の負担が過重にならないように配慮した上で、重要な法律問題についての判断の統一を図ろうとしたものである（法務省民事局参事官室編「一問一答新民事訴訟法」374頁）。上告受理制度のように最高裁判所自らが受理するか否かの判断をする制度が採用されなかったのは、そのような制度を採用すれば最高裁判所の負担が過重になるおそれがあったためであり（ジュリスト増刊1999年11月「研究会新民事訴訟法」440頁〔柳田幸三発言〕）、その意味では、許可抗告の制度は、高等裁判所において、適切に許可の判断がされることを信頼して設けられた制度であるということができる。そして、最高裁判所が許可に値しないと判断したとしても、高等裁判所が許可した以上、最高裁判所は当該論点への応答をする負担を負うことになるのであるから、高等裁判所には、自らの判断に判例と異なる点がある場合又は真に法令解釈に関する重要な事項を含む場合に抗告を許可し、そのような場合でなければ許可しないという制度の趣旨に沿った運用が求められている（詳しくは、福田剛久ほか「最高裁判所に対する民事上訴制度の運用」判例タイムズ1250号5頁参照）。

はじめに

　許可抗告決定のうち最高裁判所民事判例集（民集）又は最高裁判所裁判集民事（集民）に登載されたものの割合は、冒頭に紹介したとおりであり、許可された事件のうち法令解釈に関する重要な事項を含んでいた事件は、5分の1程度にとどまっているということができる。平成18年までに許可された事件の中には、単なる事実認定に関する事項又は専ら受訴裁判所の訴訟上の裁量に属すると考えられる事項について許可をしたものも少なくなく、平成19年に許可された事件では、そのような運用が減少したものの、平成20年に許可された事件では上記のような制度の趣旨に沿わない運用も相当数見受けられた。そこで、制度の趣旨に沿わない運用も未だに後を絶たないため、これまで「許可抗告事件の実情」において繰り返してきた次のような指摘を本稿でも改めてしておきたい。

　(1)　法令の解釈自体は既に明確になっている場合に、個別事件における事実認定、要件への当てはめの判断は、通常は、法令解釈に関する重要な事項とはいえない。

　また、最高裁判所の判例により示された法令解釈の基準の具体的適用にかかわる事項は、当該実務を担当する下級裁における事例集積にこそ意味がある場合が多い。このような場合、下級裁での事例集積、要件の類型化に関する実務的検討が十分にされていない段階で、個別事案に関する要件該当性の争いを法律審である最高裁判所に判断させることは、相当ではない。

　(2)　最高裁判所の判例がない論点について高等裁判所が新解釈を展開した場合、その当否の実務的検証、学説による批評等もなく、論点が未成熟な段階で、直ちに抗告を許可することに対しても一考の余地がある。決定、命令手続に関する論点について法律審の判断が示されれば、実務の運用が容易になるといえるが、判断材料の少ない段階で、しかも、簡易迅速な判断を求められる手続で法律審の判断を示すことには、実務の運用が硬直化するおそれのあることも否定できないからである。高等裁判所は、最高裁判所への抗告の相当性の判断を託されているのであるから、最高裁判所が現時点において当該論点について判断を示すことが相当かどうかという観点からも、許否の判断をすることが求められているといえよう。

　(3)　論点自体としては法令解釈に関する重要な事項に当たるが、当該事案の解決に影響しない論点については、許可は不相当となるものと考えられる。許可抗告は、法令の解釈に関する重要な事項について、解釈統一の機能を有する特別な抗告であるが、当該事案の解決を目的とするものであることはいうまでもなく、抽象的な法令解釈のために許可することは、当事者を具体的事件の解決を離れた論争に巻き込むことになり、事案の解決を目的とする制度の趣旨に反するからである。

　(4)　以上のような観点から、平成20年中に決定のあった許可抗告事件を考察すると、少なくともその半数については、許可抗告の申立てに法令の解釈に関するものが含まれているといえるかに疑問があり、許可が許可抗告の制度の趣旨に沿うものであったかについて、検討の余地があるように思われる（特に、【3】～【5】、【8】、【31】など）。

3　本稿は、宮城元最高裁判所調査官室付書記官が平成20年中に決定のあった許可抗告事件を整理したものである。
　事件見出しに◎を付したものは**民集登載事件**、○を付したものは**集民登載事件**、△を付したものはいずれにも登載されなかったものである。
　平成20年中の決定による既済件数53件のうち民集登載件数は3件、集民登載件数は1件、基本事件の種類としては民事訴訟事件25件、民事執行事件4件、民事保全事件3件、破産事件1件、民事再生事件1件、家事審判事件13件、その他6件であり、このうち、原決定が破棄されたものは3件であった。
　なお、事案の概要等は、許可抗告事件の実情を紹介するのに必要な範囲で適宜省略し、事案の骨子のみを記載した。
　掲載の順序は、原決定に関する手続法規ごとに分け、その中で、決定日の順に掲載した。

I　民事訴訟法

1　移　送

【1】20(許)21（◎二小、平20・7・18、破棄・自判、民集62・7・2013、判時2021・41。原審大阪高決平20・4・10、原々審大阪地決平20・3・10）
【2】20(許)46（△三小、平20・12・16、破棄・自判。原審大阪高決平20・7・25、原々審神戸地尼崎支決平20・6・6）
　⑴　いずれも、地方裁判所にその管轄区域内の簡易裁判所の管轄（専属的合意管轄）に属する訴訟が提起され、被告から同簡易裁判所への移送の申立てがあった場合における、地方裁判所の判断のあり方が問題となった事案である。
　⑵　【1】について
　ア　Xは、貸金業者であるYとの間で利息制限法1条1項所定の利息の制限利率を超える利息の約定で金銭の借入れと返済を繰り返した結果、過払金が発生したなどと主張して、Yに対し、不当利得返還請求権に基づき、過払金664万円余りの支払等を求める訴訟（本件訴訟）をXの住所地を管轄する大阪地方裁判所に提起した。Yは、Xとの間で、大阪簡易裁判所を専属的管轄とする合意が成立していると主張して、民訴法16条1項に基づき、本件訴訟を大阪簡易裁判所に移送することを求める申立てをした。これに対し、Xは、上記専属的管轄の合意の成立及び効力を争った上、本件訴訟においては期限の利益喪失の有無及び悪意を否定する特段の事情の有無等が争点となることが予想されるから、地方裁判所において審理及び裁判をするのが相当であると主張した。
　イ　原々審は、Y主張の専属的管轄の合意の成立及びその効力が過払金の返還等を求める本件訴訟にも及ぶことを認めた上、本件訴訟が、その訴額において簡易裁判所の事物管轄に属する訴額をはるかに超えるものであり、その判断にも相当の困

Ⅰ 民事訴訟法　　　　　　　　　　　　　　　　　　　　　　　387

難が伴うものであること等を理由に、本件訴訟は、民訴法16条1項本文の適用に当たり、地方裁判所において審理及び裁判をするのが相当と認められると判断してYの移送申立てを却下した。

　原審は、専属的管轄の合意により簡易裁判所に専属的管轄が生ずる場合に地方裁判所において自庁処理をするのが相当であると認められるのは、上記合意に基づく専属的管轄裁判所への移送を認めることにより訴訟の著しい遅滞を招いたり当事者の衡平を害することになる事情があるときに限られ、本件訴訟においては上記事情があるとはいえないとして、原々決定を取り消し、本件訴訟を大阪簡裁に移送する旨の決定をした。

　ウ　Xが、抗告の許可を申し立てた。

　エ　本決定は、「民訴法16条2項の規定は、簡易裁判所が少額軽微な民事訴訟について簡易な手続により迅速に紛争を解決することを特色とする裁判所であり（裁判所法33条、民訴法270条参照）、簡易裁判所判事の任命資格が判事のそれよりも緩やかである（裁判所法42条、44条、45条）ことなどを考慮して、地方裁判所において審理及び裁判を受けるという当事者の利益を重視し、地方裁判所に提起された訴訟がその管轄区域内の簡易裁判所の管轄に属するものであっても、地方裁判所が当該事件の事案の内容に照らして地方裁判所における審理及び裁判が相当と判断したときはその判断を尊重する趣旨に基づくもので、自庁処理の相当性の判断は地方裁判所の合理的な裁量にゆだねられているものと解される。そうすると、地方裁判所にその管轄区域内の簡易裁判所の管轄に属する訴訟が提起され、被告から同簡易裁判所への移送の申立てがあった場合においても、当該訴訟を簡易裁判所に移送すべきか否かは、訴訟の著しい遅滞を避けるためや、当事者間の衡平を図るという観点（民訴法17条参照）からのみではなく、同法16条2項の規定の趣旨にかんがみ、広く当該事件の事案の内容に照らして地方裁判所における審理及び裁判が相当であるかどうかという観点から判断されるべきものであり、簡易裁判所への移送の申立てを却下する旨の判断は、自庁処理をする旨の判断と同じく、地方裁判所の合理的な裁量にゆだねられており、裁量の逸脱、濫用と認められる特段の事情がある場合を除き、違法ということはできないというべきである。このことは、簡易裁判所の管轄が専属的管轄の合意によって生じた場合であっても異なるところはない（同法16条2項ただし書）。」と判示して、原決定を破棄し、本件訴訟の事案の内容に照らして自庁処理を相当と認め、相手方の移送申立てを却下した原々審の判断は正当であるとして、Yの抗告を棄却する旨の破棄自判の決定をした。

　本決定は、地方裁判所にその管轄区域内の簡易裁判所の管轄に属する訴訟が提起され、被告から同簡易裁判所に移送することを求める申立てがあった場合において、当該事件を簡易裁判所に移送すべきか否かは、民訴法16条2項の規定の趣旨にかんがみ、広く当該事件の事案の内容に照らして地方裁判所における審理及び裁判が相当であるかどうかという観点から判断されるべきであり、その判断は、地方裁判所の合理的な裁量にゆだねられていること、このことは簡易裁判所の管轄が専

属的管轄の合意によって生じた場合であっても異ならないことについて、最高裁が初めて判断を示したものであり実務の参考になるものと思われる。

(3) 【2】について

ア　Xは、貸金業者であるYとの間で利息制限法1条1項所定の制限利率を超える利息の約定で金銭の借入れと弁済を繰り返した結果過払金が発生したなどと主張して、不当利得返還請求権に基づき、過払金452万円余りの支払等を求める訴訟（本件訴訟）をXの住所地を管轄する神戸地方裁判所尼崎支部に提起した。Yは、Xとの間で神戸簡易裁判所を専属的管轄とする合意（本件合意）が成立していると主張して、民訴法16条に基づき、本件訴訟を同簡易裁判所に移送することを求める申立てをした。

イ　原々審は、本件合意の成立は認められるが、本件訴訟は、事案の性質、予想される争点及び審理内容等に照らすと、民訴法16条2項により地方裁判所において自らが審理及び裁判をすることが相当であるとして、Yの申立てを却下した。

原審は、本件合意の成立を認めた上で、本件訴訟は、簡易裁判所の審理に適さないほど複雑困難な事案であるとも、簡易裁判所で審理することによって訴訟の著しい遅延を招くものであるともいえず、他に自庁処理をすることを相当とする事情も見当たらないとして、本件訴訟を神戸簡易裁判所に移送する旨の決定をした。

ウ　Xが、抗告の許可を申し立てた。

エ　本決定は、「地方裁判所にその管轄区域内の簡易裁判所の管轄に属する訴訟が提起され、被告から同簡易裁判所への移送の申立てがあった場合において、当該訴訟を簡易裁判所に移送すべきか否かは、訴訟の著しい遅滞を避け、又は当事者間の衡平を図るという観点（民訴法17条参照）からのみではなく、同法16条2項の規定の趣旨にかんがみ、広く当該事件の事案の内容に照らして地方裁判における審理及び裁判が相当であるかどうかという観点から判断されるべきものであり、簡易裁判所への移送の申立てを却下する旨の判断は、自庁処理をする旨の判断と同じく、地方裁判所の合理的な裁量にゆだねられており、裁量の逸脱、濫用と認められる特段の事情がある場合を除き、違法ということはできないというべきである。このことは、簡易裁判所の管轄が専属的管轄の合意によって生じた場合であっても異なるところはない（以上につき、最高裁平成20年(許)第21号同年7月18日第二小法廷決定・民集62巻7号2013頁）。前記のとおり、原々審は、本件訴訟について、事案の性質、予想される争点及び審理内容等に照らして相手方の移送の申立てを却下する旨の決定をしたものであって、その判断に裁量の逸脱、濫用を認められる特段の事情があるといえないことは明らかであるから、これを取り消した原審の判断には、裁判に影響を及ぼすことが明らかな法令違反がある。論旨は、理由があり、原決定は破棄を免れない。そして、原々決定は正当であるから、これに対する相手方の抗告を棄却することとする。」と【1】事件と同じ争点の事案について、【1】事件を引用して、同旨の判示をして、原決定を破棄した。

2 裁判所職員の除斥及び忌避

【3】 20(許)1（△二小、平20・2・1、棄却。原審名古屋高決平19・11・5、原々審岐阜地決平19・10・2）

【4】 20(行フ)2（△一小、平20・5・26、棄却。原審名古屋高決平20・1・28）

【5】 20(許)37（△一小、平20・9・25、棄却。原審名古屋高決平20・6・27、原々審名古屋家決平20・5・27）

(1) いずれも、裁判官等に裁判の公正を妨げるべき事情がある（民訴法24条1項）か否かが問題となった事案である。

(2) 【3】は、基本事件の担当裁判官が、①予断、偏見を抱いている、②別件におけるXの証拠保全申立てを却下したと主張して、【4】は、基本事件を担当する合議体の各裁判官が、①口頭弁論期日においてXの証人尋問申請及び刑事事件記録の送付嘱託の申立てを却下した、②上記期日において、Xが上記却下決定に対して異議申立てをしたにもかかわらず民訴法150条（訴訟指揮等に対する異議）に規定する裁判をしなかったなどと主張して、【5】は、基本事件において、裁判所ではなく裁判所書記官が調査嘱託の手続を行ったことや調査嘱託書に理由が付されていなかったことなどにつき、調査嘱託を採用する旨の決定をした担当裁判官が、調査嘱託手続は裁判所書記官名で行うことができると虚偽の説明を行ったなどと主張して、それぞれ、上記各裁判官等につき、裁判の公正を妨げるべき事情があるとして、Xらが忌避の申立てをした。

(3) 原々審及び原審は、いずれも上記事情はないとして、本件忌避申立てを却下すべきものと判断した。

(4) Xらが、抗告の許可を申し立てた。

(5) 上記【3】～【5】の各決定は、「所論の点に関する原審の判断は、正当として是認することができる。論旨は採用することができない。」と判示して、抗告を棄却した。

【3】～【5】の事件は、いずれも抗告許可の申立てに法令解釈に関するものが含まれているといえるのか甚だ疑問であり、許可が許可抗告の制度の趣旨に沿うものであったのかについては検討の余地があるように思われる（以下、抗告許可の申立てに法令解釈に関するものが含まれているのかにつき疑問があるものについては、「許可には検討の余地があるように思われる。」旨指摘する。）。

3 補助参加

【6】 20(許)33（△三小、平20・12・16、棄却。原審名古屋高決平20・5・29、原々審津地決平20・3・31）

(1) 地方公務員の職務上の行為が違法であるとして当該公務員個人を被告として提起された損害賠償請求訴訟において、当該公務員の属する地方公共団体が当該公務員を補助するためにした補助参加の申出が許されるか否かが問題となった事案で

ある。

(2) Xは、XがA市議会議員選挙に立候補した際に、同市選挙管理委員会の職員であったYの言動に違法な点があったと主張して、Yに対し、民法709条、710条に基づき損害賠償請求訴訟を提起した。Yから訴訟告知を受けたA市は、Yの責任が認められた場合、A市が損害賠償の代位責任を負うことになるため、本件訴訟の結果につき法律上の利害関係があるなどとして、補助参加の申出をしたところ、Xは、Y個人の責任は同人が果たすべき責任でありA市とは関係がないとしてA市の補助参加につき異議を述べた。

原々審は、XのYに対する損害賠償請求は、A市の職員としての職務行為についての損害賠償請求であると解されるから、本件訴訟の結果についてA市は法律上の利害関係があるとして補助参加の申出を許可した。

原審は、地方公務員が職務上の行為に関連して損害賠償請求の被告となった場合、当該地方自治体は、当該公務員の行為が違法であるとされると、実体法上、損害賠償義務を負担する関係に立つから、当該公務員を補助するため、上記損害賠償請求に参加する法律上の利益を有すると解するのが相当であり、A市は同事件に参加する利益を有するとして、補助参加の申出を許可すべきものとして、抗告を棄却した。

(3) Xが、抗告の許可を申し立てた。

(4) 本決定は、「本件補助参加の申出を許可すべきものとした原審の判断は、是認することができる。論旨は採用することができない。」と判示して、抗告を棄却した。

4 訴訟費用

【7】20(許)2（△三小、平20・6・10、棄却。原審仙台高決平19・11・30、原々審仙台地決平19・8・17）

(1) 訴訟費用額の確定手続において、訴訟費用償還義務の有無、範囲を判断することができるか否かが問題となった事案である。

(2) Xらが、Yに対して提起した損害賠償請求訴訟において、1審裁判所は、X_1の請求を一部認容し、訴訟費用の負担について、①X_1とYとの間に生じた分はこれを9分し、その1をYの、その余をX_1の各負担とし、②X_2とYとの間に生じた分はX_2の負担とするとの判決を言い渡した。これに対し、Xらは控訴し、Yは附帯控訴をしたが、控訴審裁判所は、本件各控訴と附帯控訴をいずれも棄却し、控訴費用はXらの、附帯控訴費用はYの各負担とするとの判決を言い渡し、Xらは上告及び上告受理の申立てをしたが、最高裁は上告棄却及び上告不受理の決定をした。Yは、一審裁判所の書記官に対し、訴訟費用額確定処分を申し立て、同書記官は、X_1はYに6万2356円を、X_2はYに10万5526円をそれぞれ支払うよう命じる処分をしたところ、Xらは、①X_1についての請求認容額の2倍近い訴訟費用額の支払を余儀なくされることになり、実質的に社会的弱者の裁判を受ける権利を剥

奪する結果をもたらすものである、②我が国の実務において、訴訟費用償還請求権は権利行使されないことが慣行であり、本件確定処分の申立ては、このような慣行に反するばかりか、社会的弱者であるXらの裁判を受ける権利を封じ込めることを企図してされたものであり、明らかに権利の濫用に当たる、③本案裁判所は、Xらが実質的に勝訴したというべき判断を示したにもかかわらず、Yに訴訟費用の全部を負担させなかったのであり、その趣旨を合理的に解釈すれば、訴訟費用とは印紙代のみを意味するものと限定的に解釈するのが合理的であるのに原処分はこの解釈に反している、④原処分は頭割りの方法で訴訟費用の負担額を定めているが、本件訴訟費用の裁判の表現方法では、Xらが負担すべき訴訟費用の割合を確定することはできない、⑤訴訟費用額の確定手続ないし同処分に対する異議の申立てにおいて、当事者は訴訟費用負担の裁判の内容自体を争い、不服の理由とすることができるのに、裁判所は当該主張に対する裁判を怠っているとして異議の申立てをした。

　原々審及び原審は、①裁判所書記官による訴訟費用額確定処分は、訴訟費用負担の裁判によって確定した費用償還請求権の内容を具体的に補充する性質を有するにすぎないものであるから、上記確定処分に対する異議の申立ては、裁判所書記官が行った訴訟費用の具体的な数額の決定内容に不服がある場合にこれを争う余地を与えたものであって、この異議の申立てにおいて、訴訟費用負担の裁判の内容自体を不服の理由とすることは許されない、②本件確定処分の申立ては民訴法71条1項の規定に基づく適法なものであり、Xらが権利濫用の根拠として挙げる事情は、本案の訴訟費用の裁判の内容に対する不服を述べるにすぎないものであって、権利の濫用を基礎付けるには足りない、③訴訟費用が印紙代や郵券代のみに限られないことは民事訴訟費用等に関する法律2条の規定に照らしても明らかである、④本件訴訟費用の裁判の内容が訴訟費用の額を確定することができないほどに不明確であるということはない、⑤訴訟費用の確定手続は、訴訟費用の負担の裁判を前提として、具体的な費用償還を定める補充的手続であるにとどまり、訴訟費用額の確定を書記官権限化した法改正（平成8年法律第109号）の経緯に照らしても、同手続において、訴訟費用償還義務自体の存否、範囲を判断することは予定されていないのであるから、その審理の対象事項は、同手続の申立人及び相手方が提出した費用計算書記載の費用の項目及び額が民訴費用法2条各号に規定する当事者等が負担すべき費用の範囲及び額に該当するか否かに限定されるのであり、そうである以上、異議審ないし抗告審における判断対象も上記範囲に限定されるとして、上記申立てを却下すべきものと判断した。

　(3)　Xらが、抗告の許可を申し立てた。
　(4)　本決定は、「所論の点に関する原審の判断は、正当として是認することができる。論旨は採用することができない。」と判示して、抗告を棄却した。本件許可には検討の余地があるように思われる。

5 訴訟上の救助

【8】20(許)5（△三小、平20・3・25、棄却。原審大阪高決平20・1・16）

(1) 訴訟救助申立て事件において、「勝訴の見込みがないとはいえない」（民訴法82条1項）に該当するか否かが問題となった事案である。

(2) Xは、Yに対し、賃料不払による解除を理由として建物の明渡し等を求める訴訟を提起した（本訴）。これに対し、Yは、Xに対し、①本訴の取下げ及び「緊急命令」が出るまでの間本訴に係る請求権の行使を留保して話合いに応諾することなどを求める反訴を提起した。第1審は、Xの本訴請求を認容し、Yの反訴を不適法として却下する判決を言い渡した。Yは、Yの反訴を却下した判決を不服として控訴するともに、訴訟救助の申立てをした。

原審は、本件事案の内容及びYの原審における主張等に照らすと、「勝訴の見込みがないとはいえないとき」には該当しないとして、上記申立てを却下した。

(3) Yが、抗告の許可を申し立てた。

(4) 本決定は、「所論の点に関する原審の判断は、正当として是認することができる。論旨は採用することができない。」と判示して、抗告を棄却した。本件許可には検討の余地があるように思われる。

6 証言拒絶権

【9】20(許)10（△二小、平20・7・16、棄却。原審福岡高宮崎支決平20・2・6、原々審鹿児島地決平19・11・7）

(1) 証人尋問手続において、証人が、訴訟代理人のした反対尋問に対して職業の秘密に関する事項に該当するとして民訴法197条1項3号に基づき証言拒絶をしたことについて理由があるか否かが問題となった事案である。

(2) 姶良町が総合体育館に設置するトレーニング器具（本件トレーニング器具）の購入に当たって、平成18年に実施した指名競争入札（本件入札）において落札したスポーツ用品の販売等を業とするX株式会社は、代理店であるA株式会社から本件トレーニング器具を仕入れようとしたところ、Aの仕入先であるY株式会社が、本件入札からXを排除し、又はXの落札を妨害するために、Aに対して他の代理店に対するよりも不当に高額な見積額を提示したため、Xが同額以上でAから購入せざるを得なくなり、これにより損害を被ったと主張して、Yに対し、不法行為に基づく損害賠償請求を提起した。Xは、Yの行為は、独占禁止法2条9項1号、昭和57年公正取引委員会告示15号「不公正な取引方法」（一般指定）3項（差別対価）に該当し、同法91条に違反する違法なもので、また、平成17年の入札（平成17年入札）においてもYは同様にXを入札から排除するためにAに高額の見積りを提示した経緯があると主張した。これに対し、Yは、Aに対する販売価格と他の代理店に対する販売価格との間に差異があることは認めるが、それはAが他の代理店と比べてYとの取引額が著しく少ないことによるものであり、不当な

差別対価を用いるものではないと反論した。Xは、XがAから仕入れたY取扱いに係る他のスポーツ用品（別件商品）についての見積金額のほかに小売価格が記載された見積書を提出し、これらの価格の小売価格に対する割合（56.5～65.5％）が、本件入札においてYがAに本件トレーニング器具を販売した価格の小売価格に対する割合（87.9％）よりも低いことをもって、本件トレーニング器具について、Yが本件入札からXを締め出す目的で不当な差別対価を用いたと主張した。Y申請に係るB（Yの営業所の課長で、本件入札及び平成17年入札に係る取引の担当者）が証人として採用され、第2回口頭弁論期日において尋問された。Bは、上記見積書を示してのYの代理人の尋問に対して、別件商品は、水泳関係のスポーツ用品であり、Aは水泳関係に強い代理店で別件商品について拡販したいという意向があったため、通常のAに対する卸売価格より安い仕切りで卸した旨供述した。Xの代理人は、反対尋問において、Bに対し、別件商品について通常のAに対する仕切りよりも何％くらい安くなっているかを質問した（本件尋問事項）ところ、Bは営業秘密に属することを理由に証言を拒絶した。

原々審は、本件証言拒絶には理由があると認めた。

原審は、本件証言拒絶には理由があるとして、抗告を棄却した。その理由の概要は次のとおりである。①民訴法197条1項3号所定の『職業の秘密』とは、その事項が公開されると、当該職業に深刻な影響を与え以後その遂行が困難となるものと解するのが相当である。②本件尋問事項は、YとAとの別件商品の取引（別件取引）における卸値について、Aとの通常の取引と比較して、どの程度安くしたか（別件割引率）を問うものである。別件取引においてAがXに示した見積書には、小売価格と代理店の販売単価が記載されているところ、少なくとも同種業者間においては、業界の慣行として、代理店が仕入値（メーカーの卸値）に上乗せする利幅は一律ではないとしても、その一般的な割合についてはある程度の共通認識があるものと考えられるから、上記見積書に記載された販売単価から代理店の利益分を控除すれば、別件取引におけるYの卸値や小売価格に対する卸値の割合（卸値率）を推知することができる。そうすると、別件割引率が明らかになることで、YとA間の通常の取引における卸値率もまた推定することが可能となる。そして、特定の代理店との取引に関する一般的な卸値率が他のメーカー、代理店又は小売業者に知られることは、競合商品を取り扱う他のメーカーとの競争上不利となるだけでなく、各代理店との間の取引にも支障が生ずるおそれがある。仮に、Xが主張するように、Aが乗せる利幅が具体的には明らかにならないとしても、少なくとも、それが各取引ごとに大きく異なるとは考えにくく、ほぼ一定の割合であるものと推認されるところ、別件割引率が明らかとなれば、別件取引における小売価格に対する代理店の販売価格の割合（約56％）に当該割引率を上乗せすることによって、「通常の取引における合理的な販売価格の割合」を算出して、XがこれをAとの価格交渉における有利な材料として援用することは十分に考えられる。そうすると、別件割引率の開示自体がAのYに対する信頼関係を損なうことは十分に考えられ

る。さらに、そもそも、別件割引率は、Xが主張するとおり、取引の時期、量、当該商品に関するAの競争力、Yの経営戦略等々の諸般の事情を踏まえて決定されたものと考えられるが、同様に別件商品を取り扱う他の代理店としては、大きな関心を有するであろう事項であることは疑いがなく、これが他の代理店に明らかになれば、その割引率の程度いかんによっては、同種商品の取引において、当該代理店がそれを有利に援用してYとの価格交渉を行うことも当然予想され、Yの事業の遂行に少なからぬ影響を与えるものと考えられる。以上を総合すると、本件尋問事項が公開されると、Yの業務に深刻な影響を与え、以後その遂行が困難になると認めるのが相当であって、本件尋問事項は、「職業の秘密に関する事項」に当たるというべきである。

(3) Xが、抗告の許可を申し立てた。

(4) 本決定は、「本件事実関係の下において、本件証言拒絶に正当な理由があるものとした原審の判断は、結論において是認することができる。」と判示した上で、原決定が証言拒絶に正当な理由がある旨の決定に対する抗告の相手方を基本事件の被告とした点につき、「なお、証言拒絶に正当な理由があるものとした決定に対する抗告においては、当該証言拒絶に係る証人が相手方となるものと解されるが、原決定には証言拒絶に係る証人Bではなく、基本事件の被告であるYを相手方とした誤りがある。しかし、この誤りは原決定の結論に影響を及ぼすものではない。」と判示して、抗告を棄却した。

7 文書提出命令

【10】19(許)36（△二小、平20・1・16、棄却。原審名古屋高決平19・9・27、原々審名古屋地決平19・7・13）

(1) 個人の所持する手帳が、民訴法220条4号ニ所定のいわゆる「自己利用文書」に該当するか否かが問題となった事案である。

(2) Xは、株式会社Yに対し、解雇事由がないにもかかわらずYから懲戒解雇されたなどと主張して、労働契約に基づく地位確認、解雇後の賃金及び慰藉料の支払並びに名誉回復処分の実施を求める訴訟を提起した（第1事件）。これに対し、Yは、Xは勤務時間中にモラロジー（道徳科学）活動等を行ったり、自己が代表を務める会社を取引に介入させるなどしてYに損害を与えたから、懲戒解雇事由が存在する旨を抗弁として主張するとともに、Xに対し、同損害につき、不法行為に基づき損害賠償を求めて訴訟を提起した（第2事件）。Yは、Xが勤務時間中にモラロジー活動を行っていたことや、その活動のために出張して旅費を不正に請求していたことなどを証明するためであるとして、民訴法220条4号（文書提出の一般義務）に基づき、Xの所持する平成14、15、17年の各手帳（本件各手帳）につき、文書提出命令を申し立てた。Xは、本件各手帳は、個人的な手帳であり、同号ニ所定のいわゆる「自己利用文書」に当たるから、提出義務を負わないと主張した。

原々審及び原審は、「自己利用文書」該当性の判断基準につき、判例（最二小決

平11・11・12民集53・8・1787、判時1695・49）を引用した上で、次のとおり判断して本件文書提出命令の申立てを却下すべきものと判断した。本件各手帳は、いずれもXが専ら備忘の目的で作成した個人的な文書であって、その内容は、Xのモラロジー事務所の代表世話人や商工会議所の会員としての活動の予定等、Xの社会生活、個人生活における予定や出来事等が記載され、休日等の勤務時間外における私的活動など個人のプライバシーにかかわる事項も記載されていることが推認される。このような作成目的や記載内容等からすると、本件各手帳は、専らX個人の利用に供する目的で作成され、外部の者に開示することが予定されていない文書と認められ、かつ、開示によってXのプライバシーが侵害されるなど、Xに看過し難い不利益が生ずるおそれがあると認めることができる。本件において、本件各手帳が自己利用文書に該当しないという特段の事情はうかがわれないから、いずれも自己利用文書に該当するというべきである。

(3) Yが、抗告の許可を申し立てた。

(4) 本決定は、「本件事実関係の下では、所論の点に関する原審の判断は、正当として是認することができる。論旨は採用することができない。」と判示して、抗告を棄却した。本件許可には検討の余地があるように思われる。

【11】 20(許)4（△二小、平20・4・16、棄却。原審広島高決平19・12・7、原々審広島地決平19・6・5）

(1) 約束手形金請求事件を本案とする文書提出命令申立事件において、訴訟当事者である会社が会社法434条、443条に基づき、会計帳簿、計算書類等、株主名簿、株主総会議事録及び取締役会議事録（本件各文書）の提出義務を負うか否か、また、本件文書が、民訴法220条4号ニ所定のいわゆる「自己利用文書」に該当するか否かが問題となった事案である。

(2) Xは、Y_1が振り出した約束手形8通の所持人であり、Y_1に対して上記約束手形金を請求するとともに、Y_1は休眠会社であるY_2を買い取った上、Y_2に資産を移転しているなどと主張して、法人格否認の法理に基づき、Y_2及びY_1の代表者であるY_3に対しても上記約束手形金を請求した。Xは、本案事件において、①Yらは会社法434条、443条に基づき会計帳簿及び計算書類等の提出義務を負う、②本件各文書は民訴法220条4号イ～ホ所定の文書には該当しないなどと主張して、本件各文書につき文書提出命令の申立てをした。これに対し、Yらは、本件各文書は民訴法220条4号ニの「自己利用文書」に該当するなどと主張した。

原々審は、Yらは会社法434条、443条に基づき会計帳簿及び計算書類等の提出義務を負うなどとして、本件各文書の提出を命じた。

原審は、①本件各文書は「自己利用文書」には該当しない、②取締役会の議事の内容によっては、訴訟当事者が取締役会議事録の提出を求めることが権利濫用として許されないことは考え得るが、Yらは、取締役会議事録の開示による不利益を具体的に主張立証しないとして、本件各文書を提出すべきものと判断して抗告を棄却

した。
　(3)　Yらが、抗告の許可を申し立てた。
　(4)　本決定は、「所論の点に関する原審の判断は、正当として是認することができる。論旨は採用することができない。」と判示して、抗告を棄却した。本件許可には検討の余地があるように思われる。

【12】 19(許)37（△三小、平20・4・22、棄却。原審大阪高決平19・10・19、原々審大津地決平19・7・19）

　(1)　覚せい剤取締法違反被疑事件の捜索差押許可状請求書、情報提供者の供述調書等が、民訴法220条3号後段所定の「法律関係文書」に該当することを理由とする文書提出命令の申立てに対し、刑訴法47条の「訴訟に関する書類」に該当するとして、文書の所持者がその提出を拒否することがその裁量の範囲を逸脱、濫用するものといえるかが問題となった事案である。
　(2)　滋賀県警長浜警察署所属の警察官は、Xらに覚せい剤取締法違反の嫌疑があるとして、捜索差押許可状の発付を請求し、その発付を受けた上、上記捜索差押許可状に基づいて、Xらの居宅等を捜索し、X_1の居宅において携帯電話1個を押収し、また、Xらから尿の任意提出を受けたが、その尿から覚せい剤反応は認められなかった。Xらは、Xらには何らの犯罪の嫌疑もなく、上記令状請求及び令状発付は違法であり、これにより精神的損害を被ったと主張して滋賀県及び国に対し、国家賠償法1条1項に基づき損害賠償訴訟を提起した。滋賀県は、同訴訟において、捜索差押許可状請求書、情報提供者の供述調書等につき、その記載の一部を墨塗り抹消したものを、書証として提出したため、Xらは捜索差押許可状請求書に添付された疎明資料の内容が虚偽であり、同令状請求をすべきではなく、また、令状請求に対して令状を発付すべきではなかったことを証明すべき事実とし、民訴法220条3号、4号所定の提出義務を原因として、滋賀県に対し、上記捜索差押許可状請求書、情報提供者の供述調書等のうち墨塗り抹消された部分の提出を求める文書提出命令の申立てをした。
　原々審は、捜索差押許可状請求書の墨塗り抹消部分については、その記載自体が概括的なものにとどまっていると推測され、これを開示したとしても、それによって情報提供者等の関係者の身元が明らかになり、あるいは容易に推測されるなど、捜査上の秘密や関係者のプライバシーを不当に害するおそれが具体的に発生するとまでいうことは困難であり、その提出を拒否した滋賀県の判断は、裁量の範囲を逸脱し、又はこれを濫用したものであるなどとして、滋賀県にその提出を命じた。他方、情報提供者の供述調書等の抹消部分については、その提出を拒否した滋賀県の判断が裁量の範囲を逸脱し、又はこれを濫用したものということはできないなどとして、本件文書提出命令の申立てを却下した。
　原審は、捜索差押許可状請求書の抹消部分については、覚せい剤取締法違反の事犯においては、犯罪が限られた者の間でひそかに行われることが通常であるから、

Ⅰ　民事訴訟法　　　　　　　　　　　　　　　　　　　　　　　　　397

捜索差押許可請求書の犯罪事実の要旨に記載された犯行の具体的な日時や場所の詳細を公開すること自体、同犯罪事実の要旨には記載されていない関係者や情報提供者の特定につながるおそれが多分にあるといえ、その抹消部分の記載自体が概括的なものにとどまっていると推測されるものの、それを公開することによって、情報提供者等の身元が明らかになり、あるいは容易に推測されるなど、捜査上の秘密や関係者のプライバシーを不当に害する具体的なおそれがあることは否定できず、その提出を拒否した滋賀県の判断が裁量の範囲を逸脱し、又はこれを濫用したものとまで認めることは困難であるとして、本件文書提出命令の申立てを却下した。また、情報提供者の供述調書等の抹消部分については、原々審と同様、本件文書提出命令の申立てを却下すべきものと判断し、抗告を棄却した。

　(3)　Xらが、抗告の許可を申し立てた。

　(4)　本決定は、「所論の点に関する原審の判断は、正当として是認することができる。論旨は採用することができない。」と判示して、抗告を棄却した。

【13】20(許)8（△三小、平20・6・17、一部却下、一部棄却。原審福岡高決平20・1・16）

　(1)　海上自衛隊が作成した勤務調査表、班長手帳及び一般事故調査結果報告書の一部について、民訴法220号4号ロ所定のいわゆる「公務秘密文書」に該当するか否か、とりわけ民訴法223条4項所定のいわゆる「高度の公務秘密文書」に該当するか否かが問題となった事案である。

　(2)　海上自衛官であったAが護衛艦乗艦中に自殺したことについて、Aの両親であるX₁、X₂は、Aの上官らにAの自殺を防止すべき安全配慮義務違反があった、海上自衛隊が作成したAの自殺原因についての調査結果は事実に反し、かつ、妥当性を欠く見解を表明するものであり、その公表によりXらの名誉権を侵害したなどと主張して、国に対し、不法行為に基づく謝罪、損害賠償等を求める訴えを提起した。第1審は、Xらの主張する違法行為は認められないとしてXらの請求を棄却した。Xらはこれを不服として控訴し、原審において、国が所持するAの勤務調査表、班長手帳、Aに関する一般事故調査報告書の各文書の一部（本件各文書）について、民訴法220条3号及び4号に基づき文書提出命令の申立てをした。原審は、同法223条3項に基づき、当該監督官庁である防衛大臣に意見聴取を行ったところ、本件各文書はその提出により「国の安全が害されるおそれ」（民訴法223条4項3号）があり民訴法220条4号ロに掲げる文書に該当する旨の意見が述べられた。

　原審は、インカメラ手続により本件各文書の記載内容を確認した上で、本件各文書のうち、証拠調べの必要性がない部分に係る申立てを却下したほか、①海上自衛隊の艦艇の任務行動等に関する記載がある部分については、その具体的記載に照らし、これが公になれば海上自衛隊の行動態様が推察されることとなって国の安全が害されることとなるとの防衛大臣の意見に相当の理由があると認めるに足りないと

はいえない（民訴法223条4項1号、220条4号ロ）として、また、②隊員本人にも開示されない人事系統上の上司による人物評価資料については、これらが公になったときは、評価を行う者と評価を受ける者ないしその関係者の間の信頼関係が害され、人事担当者による忌たんのない評価、所見等を得ることが困難となり、ひいては以後の適正な人事管理が困難になるなど、具体的な公務支障が認められる（民訴法220条4号ロ）として、上記①及び②に係る部分の申立てを却下し、③その余部分については、相当程度客観的な心理適性検査の結果であること、他の証拠により既に明らかになっている内容のものであること、賞罰等は本人に告知されるものであること、既に調査結果としてその結論部分を公表していることなどから、秘密とは認められない、あるいは、具体的な公務支障があるとは認められないとして、その提出を命じた。

(3) Xらが、抗告の許可を申し立てた。

(4) 本決定は、原審で証拠調べの必要性なしとして上記申立てを却下した部分の抗告を却下するとともに（最一小決平12・3・10民集54・3・1073、判時1708・115参照）、「所論の点に関する原審の判断は、正当として是認することができる。論旨は採用することができない。」と判示して、その余の抗告を棄却した。

【14】20(許)16（△三小、平20・6・24、棄却。原審仙台高決平20・3・28）

(1) 家事調停委員作成のメモが、民訴法220条4号ニ所定のいわゆる「自己利用文書」に該当するか否かが問題となった事案である。

(2) Xは、XとYとの離婚等請求控訴事件において、Yの虚言癖を証明するために離婚調停事件で仙台家裁家事調停委員が作成したメモ（本件メモ）が必要であり、本件メモの所持者は仙台家裁であるとして本件メモにつき文書提出命令の申立てをした。

原審は、①法令によって家事調停委員によるメモの作成や家庭裁判所への備付けが義務付けられているわけではなく仙台家裁を本件メモの所持者ということはできない、②家事調停委員が担当事件において作成するメモは、紛争当事者や第三者への開示・交付が予定されているものではなく、これが開示されると家事調停委員としての自由かつ十分な活動が阻害されるなどの看過し難い不利益が生ずるおそれのあるもので、民訴法220条4号ニ所定の「自己利用文書」に該当するとして、本件申立てを却下した。

(3) Xが、抗告の許可を申し立てた。

(4) 本決定は、「所論の点に関する原審の判断は、正当として是認することができる。論旨は採用することができない。」と判示して、抗告を棄却した。なお、本件文書提出命令申立事件の相手方は文書の所持者である仙台家裁であり、基本事件の被控訴人であるYを相手方として表示した原決定を更正した。

【15】 20(許)20（△一小、平20・7・3、棄却。原審札幌高決平20・1・10、原々審旭川地留萌支決平19・10・11）

(1) 貸金業の規制等に関する法律19条に定める帳簿又はこれに代わる同法施行令16条3項、17条1項に定める書面若しくはこれらの書面により作成された取引経過を記載した書面について、相手方が文書を所持していると認めることができるかが問題となった事案である。

(2) Xは、貸金業者であるYに対し、利息制限法所定の制限利率を超える利息の支払を長期間にわたって継続してきた結果、過払金が発生したなどと主張して、不当利得返還請求権に基づき過払金の返還等を求める訴えを提起した。Xは、Yから開示された取引明細書の記載が昭和63年11月25日の返済金額及び借入残高から始まっていることから、同日以前の取引が存在するとして、Yに対し、民訴法220条3号に基づき同日以前の取引経過が記載された文書についての文書提出命令の申立てをした。

原々審は、Yが本件文書を所持していると認められるとして上記文書の提出を命じた。

原審は、①Yが昭和63年以前の取引状況のデータをコンピュータに取り込んでいないと認められること、②昭和63年当時は取引明細書等を長期的に保存しておかなければならないとは一般には考えられてはいなかったこと、③XとYとの取引は、いったん平成9年に終了しているが、Yは、それ以前の取引明細も開示していること、④本件文書を保存していることをうかがわせる資料が存在しないことなどから、Yが本件文書を所持していると認めることはできないとして本件申立てを却下した。

(3) Xが、抗告の許可を申し立てた。

(4) 本決定は、「所論の点に関する原審の判断は、正当として是認することができる。論旨は採用することができない。」と判示して、抗告を棄却した。

【16】 20(許)22（△三小、平20・7・8、棄却。原審東京高決平20・3・31、原々審前橋地決平19・10・11）

(1) 被疑者の刑事事件記録（不起訴事件記録）が、民訴法220条3号後段所定の「法律関係文書」に該当するといえるか否か、また、同号所定の「法律関係文書」に該当することを理由とする文書提出命令の申立てに対し、刑訴法47条の「訴訟に関する書類」に該当するとして、文書の所持者が提出を拒否することがその裁量の範囲を逸脱、濫用するものといえるか否かが問題となった事案である。

(2) 平成16年2月16日、当時群馬県警太田警察署勤務の警察官であったXが偽造ナンバープレートを付けて乗用車（本件乗用車）を運転していたことについて、群馬県警の警察官らが道路運送車両法違反の被疑事実で本件乗用車についての差押許可状等を得て現場に赴いた。その際、Xは、警察官に体当たりするなどの暴行を加えた（本件被疑事件）などとして、同日、公務執行妨害罪の被疑事実（本件被疑

事実）で現行犯逮捕され、引き続き同月17日に勾留され、同年3月5日、処分保留のまま釈放された。同日、Xは、道路運送車両法違反容疑で再逮捕され、勾留された後の同月17日、前記容疑で略式起訴されて、罰金50万円に処せられたが、本件被疑事件については、同月30日、起訴猶予となった。なお、Xは、同月17日時点で、本件被疑事件などを理由に、群馬県警察本部長から懲戒免職処分を受けた。Xは、①群馬県警は本件被疑事件をねつ造して、Xを逮捕し、これを記者発表し、また、ねつ造した本件被疑事件を理由の一つとしてXを懲戒免職処分にしたことを記者発表して、これらを報道機関に報道させた、②前橋地検の検察官は本件被疑事件がねつ造であることを知りながら勾留請求をし、嫌疑なしの不起訴とせずに起訴猶予にしたなどと主張して、群馬県及び国に対し、国家賠償法1条1項に基づく損害賠償の支払を求める訴訟を提起した。Xは、「Xが本件公務執行妨害を行っていない事実」を立証するため、国が所持する本件被疑事件に係る刑事記録（本件各文書）について、民訴法220条3号後段の「法律関係文書」に該当することを理由として、文書提出命令の申立てをした。

原々審は、①本件各文書は、本件被疑事件に関する法律関係それ自体又はその法律関係に関連のある事項を記載した文書であって、上記法律関係それ自体又はその法律関係の基礎となったり、裏付けとなる事項を明らかにする目的で作成されたものと認められる、②本件各文書は、本件被疑事実の有無を判断するため、取調べの必要性が認められ、本件被疑事実は、Xが公務執行中の警察官に対し、単独で敢行した犯罪と構成されており、起訴猶予処分となっていること、その後現在に至るまで捜査が再起されていないことが認められるから、本件各文書の開示による被告人、被疑者及び関係者の名誉、プライバシーの侵害、捜査や公判に及ぼす不当な影響等の弊害発生のおそれは低いものと考えられ、本件各文書の提出を拒否した国の判断は、裁量の範囲を逸脱し、又はこれを濫用したものというべきであるなどとして、Xに係る現行犯人逮捕手続書、Xの司法警察職員に対する弁解録取書及び供述調書、写真及びビデオ撮影報告書、X逮捕時の実況見分調書、Xの検察官に対する弁解録取書及び供述調書、Xの勾留質問調書、Xから暴行を受けた警察官の司法警察職員に対する供述調書、司法警察職員作成の捜査報告書等の文書の提出を国に命じた。

原々審の決定に対し、国は、現行犯人逮捕手続書、司法警察職員及び検察官に対する各弁解録取書、勾留質問調書以外の各文書の提出を命じた部分を不服として抗告し、原審は、原々審が上記不服申立てに係る各文書の提出を命じた部分を取り消して、Xの申立てを却下した。原審の判断の概要は次のとおりである。①Xの司法警察職員面前調書・検察官面前調書については、Xが主張事実を立証するためには、上記各文書が提出されなくても、Xの本人尋問や逮捕現場にいた警察官らの証人尋問の申出をすること等が可能であって、本件においては、既に、群馬県から、本件被疑事件に関するXの逮捕当日及びその直後の供述調書が提出されており、Xは、逮捕から釈放されるまで、逮捕現場にいた警察官に体当たりによる暴行を加え

た事実を一貫して否認していることも考慮すると、提出された供述調書のほかに、上記各文書を証拠として取り調べることが、Xの主張事実の立証に必要不可欠なものとはいえないし、国の主張によれば、Xの家族の身上関係記載や、現場に居合わせたAの言動についても記載されており、これらの文書が開示されることにより、Xの家族やAの名誉、プライバシーが侵害されるという弊害が発生するおそれがないとはいえない。②Xが負傷させられたと主張する部位に係る写真撮影報告書は、Xの立証趣旨と上記文書との関連性が明確でなく、Xの主張事実を立証するために上記文書が必要なものであるかどうかは疑問であるし、Xの本人尋問や逮捕現場にいた警察官らの証人尋問の申出をすること等により、逮捕当時の状況を明らかにすることが可能であって、上記文書を証拠として取り調べることが、Xの主張事実の立証に必要不可欠なものとはいえない。③Xの現行犯逮捕現場で撮影されていたビデオの撮影現場及び撮影内容が記載されたビデオ撮影報告書は、ビデオの撮影内容については、既に、Xから、群馬県警警務部監察官室警部作成の「Xに関わる道路運送車両法違反事件捜査時に撮影したビデオ撮影内容について」と題する書面が提出されており、この書面のほか、同文書に該当するものとして国が保管するものは、ビデオの撮影日時及び場所等の撮影状況等が記載され、撮影された画像の添付はされていない文書しかないというのであり、ビデオの撮影内容については、Xにおいても、当該ビデオの内容を分析した「ビデオ画像報告書」を作成し、書証として既に提出している。そうすると、これらの既に書証として提出されている文書のほかに、撮影された画像が添付されていない文書を証拠として取り調べることは、Xの主張事実の立証に必要不可欠なものとはいえないし、ビデオの撮影日時及び場所等の撮影状況等が記載されている文書が開示されると、今後の捜査、公判に不当な影響が及ぶおそれがないとはいえない。④本件逮捕現場において、Xの立会いの下に行われた実況見分に関する実況見分調書、現場に関する実況見分調書、写真撮影報告書は、Xが主張事実を立証するためには、上記各文書が提出されなくても、Xの本人尋問や逮捕現場にいた警察官らの証人尋問の申出をすること等が可能であり、本件においては、群馬県から、既に、捜査段階におけるXの供述については、司法警察職員面前調書が提出され、また、本件被疑事件の現場の状況については、抗告代理人作成の「再現写真撮影報告書」と題する書面が提出されていることも考慮すると、上記各文書を証拠として取り調べることが、Xの主張事実の立証に必要不可欠なものとはいえない。⑤本件被疑事実に関する逮捕現場に臨場した警察官の司法警察職員面前調書及び検察官面前調書並びに各警察官の作成に係る捜査報告書は、Xが主張事実を立証するためには、上記各文書が提出されなくても、Xの本人尋問や逮捕現場にいた警察官らの証人尋問の申出をすること等が可能であって、既に、群馬県から、Xから暴行を受けた警察官らから事情を聴取した結果をまとめた「Xを公務執行妨害で現行犯逮捕した状況について」と題する報告書が提出されていることも考慮すると、上記各文書を証拠として取り調べることが、Xの主張事実の立証に必要不可欠なものとはいえないし、上記各文書には、供述者である

各警察官の身上・経歴にかかわる記載のほか、当時、現場に居合わせたAの言動についても記載されているというのであり、これらの文書が開示されることによって、警察官やAの名誉・プライバシーが侵害されるおそれがないとはいえない。また、文書を開示することにより、本件被疑事件はもちろん、同種の事件の捜査や公判に及ぼす不当な影響等の弊害が発生するおそれがあると認められる。⑥本件においては、本件訴訟における当該文書を取り調べる必要性の有無、程度、当該文書が開示されることによる関係者の名誉、プライバシーの侵害、捜査や公判に及ぼす不当な影響等の弊害発生のおそれの有無等の諸般の事情に照らし、本件文書を開示することが相当でないとして提出を拒否した国の判断が、その裁量の範囲を逸脱し、又はこれを濫用したものであるということはできないというべきであり、これらの文書が法律関係文書に該当するか否か判断するまでもなく、民訴法220条3項後段の規定に基づく申立てに理由のないことが明らかであり、本件申立ては却下されるべきである。
　(3)　Xが、抗告の許可を申し立てた。
　(4)　本決定は、「所論の点に関する原審の判断は、正当として是認することができる。論旨は採用することができない。」と判示して、抗告を棄却した。

【17】20(行ツ)3（△二小、平20・10・8、棄却。原審大阪高決平20・1・24）

　(1)　市が行った市有地の買受人の募集、選考に際して応募者から提出を受けた文書について、「その提出により公務の遂行に著しい支障を生ずるおそれ」（民訴法220条4号ロ）が具体的に存するか否かが問題となった事案である。
　(2)　神戸市の住民であるXらは、神戸市長に対し、市有地であるA高校跡地（本件土地）が違法な方法により売却されたため市に損害が生じたなどと主張して、地方自治法242条の2第1項に基づき、市長個人に損害賠償請求をすること等を求める住民訴訟を提起した。Xらは、本件土地は市が買受人を公募し、応募者の提示した土地利用計画案及び買受価格を審査するいわゆるコンペを行い、最高点を取得した者を買受人として売却されたものであるが、当選者の提示した買受価格が応募者中最低額であったことなどから、上記審査は恣意的で不公正なものであり、本件土地の売買契約は適正な対価により本件土地を売却したものとはいえないなどと主張した。Xらは、控訴審において、上記審査が恣意的で不公正なものであったことを証明するため、①第三者である神戸市の所持する当選者以外の応募者5者が提出した応募関係書類（提案趣意書、土地利用ゾーニング図、建築・外構計画図、動線計画図、広場整備計画図、等時間日影図、事業実施の仕組み、運営体制・スケジュールを記載した文書、収支計画書）、②当選者が提出した収支計画書、選考審査の結果次点となった応募者が提出した応募関係書類（ただし、収支計画書及び当該応募者が建設する商業施設に出店を計画している企業名、店舗形態に関する情報に係る部分を除く。）（本件文書）について文書提出命令の申立てをした。
　原審は、本件文書は、民訴法220条4号ロに掲げる文書に該当しないとして神戸

市にその提出を命じ、その余の文書については証拠調べの必要性がないとして申立てを却下した。原審の判断の概要は次のとおりである。①本件文書は、次点者が提出した応募関係資料であって、私人の創案した私的な情報、アイディアを記載したものといえる。市は、従前から落選者の提案内容を外部に公表しないことを前提に募集を行っており、次点者もその取扱いの下で応募しており、本件文書が本案事件に提出されることには同意しない旨の意思を示しているものと推認され、本件文書は本来公表を予定しないことが認められ、本件文書は、公務員が職務を遂行する上で知ることができた私人の秘密が記載されたものであり、これが本案事件に提出されることにより、応募者との信頼関係が損なわれ、公務の公正かつ円滑な運営に支障を来すこととなる面があるから、民訴法220条4号ロの「公務員の職務上の秘密に関する文書」に当たる。②しかし、本件文書は、その記載事項中に応募者として秘匿すべき思想的な分析、評価、意見等が記載されるたぐいのものではなく、本案事件に提出されれば、これに記載された建物の設計、デザイン等のうち非公知の部分が同種事業者に知らされて利用されることもあり得ないではないが、応募者が、いったん地方公共団体の公募に応じて応募関係資料を提出、デザイン等を表明した以上、地方自治に対する種々の法的コントロールを受けることはやむを得ないというべきであるし、そのことは応募者も了解していると考えられるから、本件各文書が本案事件に提出されても、関係者の信頼を著しく損なうことになるとはいえない。また、本件各文書が本案事件に提出されることによって、利潤を追求して活動する企業体のすべてが、今後市が行う事業の募集から撤退するとは考えられず、市が応募者を確保することが著しく困難になるともいえない。そうすると、本件文書が本案事件に提出されることによって、公務の遂行に著しい支障が生ずるおそれが具体的に存在するということはできず、本件文書は、民訴法220条4号ロの「その提出により公共の利益を害し又は公務の遂行に著しい支障を生ずるおそれがあるもの」に該当しないというべきであるから、提出義務が認められなければならない。

なお、原審は第三者である神戸市に対し民訴法223条2項所定の第三者の審尋を行っておらず、民訴法220条4号ロの文書に当たるかにつき、監督官庁である神戸市長の意見を聴取する手続も行っていない。

(3) 神戸市が、抗告の許可を申し立てた。

(4) 本決定は、「本件事実関係及び訴訟経過の下においては、所論の点に関する原審の判断は是認するに足り、所論の各手続を経ていないことについては裁判に影響を及ぼすことが明らかな法令の違反があるとはいえない。論旨はいずれも採用することができない。」と判示して、抗告を棄却した。

【18】 20(許)23（△一小、平20・11・4、棄却。原審広島高決平20・2・22）

(1) 地方法務局長が、土地家屋調査士に対してした文書による厳重注意に係る関係書類が、民訴法220条4号ロに該当するか否かが問題となった事案である。

(2) 本案訴訟の原告Xは、Yに対し、Xが共有持分を有する土地及びXが使用

借権を有する土地（原告所有地等）に含まれる土地（本件係争地）にYが瓦の破片等の廃棄物を投棄してXの通行を妨害していると主張して、Yに対し、本件係争地からの瓦の破片等の撤去及びXが本件係争地の共有持分又は使用借権を有することの確認等を求める訴訟を提起した。Yは、本件係争地はYが所有する土地に含まれ、公図の形状等には誤りがあると主張し、その理由として原告所有地等の分筆登記手続（本件分筆）を行った土地家屋調査士AがXと共に不正な手続で内容にも誤りがある地積測量図を作成し、これが上記公図作成の際の基礎資料とされたと主張した。

　本件文書提出命令申立てに至るについては、以下のような経緯があった。原告所有地等の隣地を買い受けてその所有権を取得したYは、広島法務局に対し、Aが本件分筆の登記手続をした際に作成された土地の地積測量図の申請で原告所有地等の前所有者であるBの署名捺印は虚偽のものである、土地測量に際し隣接する土地の所有者の立会いがされていない、隣接地との境界を越えて測量がなされたなどとして、Aの業務違反について調査を求める申出をした。広島法務局長は、土地家屋調査士法44条2項に基づく調査（本件調査）を行った結果、Aは本件分筆のために土地の測量を行うに当たり、登記名義人に境界の確認をしたり隣接所有者の立会いを求めずに、分筆前の土地を買い受けた買主側からの境界の説明を聞いたのみであったとして、Aに対して文書による厳重注意をした。Yは、広島法務局長に対し、行政機関の保有する情報の公開に関する法律4条1項に基づき、Aに対する上記注意に係る関係書類の開示を求め、同法9条1項に基づき文書の一部の開示を受けた。開示の対象となった文書は、本件調査の過程で作成されたものであり、①広島法務局総務課長が、本件調査の結果をまとめ、文書による厳重注意が相当である旨報告し、広島法務局長の決裁を仰ぐ書面（本件決裁文書）、②Aその他関係者からの事情聴取の内容を問答形式で記載した聴取調書及び聴取書（本件各聴取書）で（本件各文書）、一部が墨塗りされていた。Yは本案訴訟の第1審で墨塗りされた本件各文書を提出するとともに、本件墨塗りがされる前の状態の本件各文書について、民訴法220条2号及び3号に該当するとして文書提出命令の申立てをしたが、原々審は民訴法220条4号ロに該当するとして上記申立てを却下した。Yは、控訴審において、改めて本件墨塗りがされる前の状態の本件各文書について、民訴法220条2号、3号に該当し、同条4号ロに規定する除外文書に該当しないと主張して文書提出命令の申立てをした。

　原審は、本件各文書は、民訴法220条4号ロに該当せず、他に同号に掲げる事由は認められないとして、広島法務局長に対しその提出を命じた。原審の判断の概要は次のとおりである。本件各文書は、いずれも公務員作成に係る文書であって、民訴法220条4号ロ所定の「公務員の職務上の秘密に関する文書」に該当するが、同号ロの文書の提出により「公務の遂行に著しい支障を生ずるおそれがある」とは、その文書の記載内容から見てそのおそれのあることが具体的に認められることが必要であるところ、本件調査の対象となったAに対する懲戒処分申立事件は9年前

に終了しており、現段階において本件各文書を本件訴訟に提出したとしても、それによって今後の懲戒処分事案の調査において率直な供述を得ることが期待できなくなるほど、懲戒に係る調査事務等の適正な遂行に著しい支障を生ずる具体的なおそれがあるものとは認め難い。

(3) 広島法務局長が、抗告の許可を申し立てた。

(4) 本決定は、「本件各文書は、広島法務局長が土地家屋調査士の懲戒事由の存否等を調査する過程で、担当職員が当該土地家屋調査士や参考となる情報を有する者等（以下、併せて「関係者」という。）から聴取した供述内容等が記載されたものである。土地家屋調査士に対する懲戒手続の一環として法務局長又は地方法務局長が行う土地家屋調査士の懲戒事由の存否等についての調査は、事柄の性質上、土地家屋調査士が業務上取り扱った事件について知ることのできた秘密に該当する事項や、第三者に知られることにより関係者の利益を侵害するおそれのある事項に及ぶこともあり得るが、同調査は強制的なものではなく、関係者の任意の協力を得て行われるものであり、関係者はその供述内容が土地家屋調査士の懲戒事由の存否等の判断資料以外の用途で公にされることはないとの信頼の下に任意にこれに応じているものと解される。したがって、関係者の供述内容が記載された文書が民事訴訟において提出されると、多くの場合、上記信頼が損なわれ、今後上記調査への関係者の協力を得ることが著しく困難になると考えられるので、一般的には、上記文書が民事訴訟において提出されることにより公務の遂行に著しい支障が生ずる具体的なおそれがあるというべきである。しかしながら、本件においては、記録によれば、①本件各文書は、昭和47年に行われた土地の分筆登記申請に当たり、土地家屋調査士が、分筆登記の申請名義人の申請意思を確認せず、隣接地所有者の立会いを求めずに調査及び測量を行ったなどとして、Yから調査を求める申出がされたことを受けて、広島法務局において平成10年に行われた調査の過程で作成された文書であり、分筆登記申請の事件からはもとより、本件各文書が作成された時点から見ても、長期間が経過し、上記申請名義人等の関係者の一部には既に死亡している者もいること、②上記調査の結果、上記土地家屋調査士に対しては、隣接所有者の立会いを求めず調査及び測量を行ったことについてのみ広島法務局長から文書による厳重注意がされたにとどまり、懲戒処分はされていないこと、③本件各文書は、一部に墨塗りがされた状態では既に本案事件において書証として提出されており、墨塗りがされた部分に記載された関係者の氏名やその供述内容の概要は、その余の部分や本案事件で提出された他の証拠等から容易に推測できることなどが認められるのであり、以上に照らせば、本件各文書が本案事件において提出されても、関係者の信頼を著しく損なうことになるとまでいうことはできず、以後土地家屋調査士の懲戒事由の存否等に関する調査の遂行に著しい支障が生ずる具体的なおそれがあるということはできない。そうすると、本件各文書が民訴法220条4号ロ所定の文書に該当しないなどとして、これを提出すべきものとした原審の判断は、結論において是認できる。論旨はいずれも採用することができない。」と判示して、抗告を棄却

した。

【19】20(許)18(◎三小、平20・11・25、棄却、民集62・10・2507、判時2027・14。原審東京高決平20・4・2、原々審東京地決平18・8・18)

(1) 訴訟当事者である金融機関が所持する自己査定資料（当該金融機関が、訴訟外の第三者である顧客から守秘義務を負って取得した顧客情報を含む。）（本件文書）が、民訴法220条4号ハ所定のいわゆる「職業秘密文書」に該当するか否かが問題となった事案である。

なお、本件は、金融機関の自己査定資料が、民訴法220条4号ニ所定の専ら文書の所持者の利用に供するための文書（いわゆる「自己利用文書」）に該当するか否かが問題となった19(許)5事件（◎二小、19・11・30、破棄差戻し、民集61・8・3186、判時1991・72及び本書347頁【15】事件）の差戻し後の決定に対する再度の許可抗告事件である。

(2) Aと取引をしていたX_1及びX_2は、AのメインバンクであるY銀行に対し、Yが、平成16年3月以降、Aの経営破綻の可能性が大きいことを認識し、Aを全面的に支援する意思は有していなかったにもかかわらず、全面的に支援すると説明してXらを欺罔するなどしたため、XらはAとの取引を継続し、同年12月にAが民事再生手続開始決定を受け倒産した結果、同社に対する売掛金が回収不能となり損害を受けたなどと主張して、不法行為に基づき損害賠償金として約3億1000万円を請求する訴訟を提起した。これに対し、Yは、平成16年3月の時点では、Aの再建は困難ではないと認識しており支援を行う意向であった、Aの倒産の原因は同年11月に社長が急死したためであるなどとして、Xらを欺罔した事実はないと主張した。争点は、YがAの経営破綻の可能性を認識した時期がいつかである。Xらは、Yの欺罔行為等の立証をするために必要があるとして、Yが所持する自己査定資料（本件文書）について文書提出命令の申立てをしたところ、Yは、本件文書は民訴法220条4号ハ（職業秘密文書）又はニ（自己利用文書）に該当する旨主張した。

原々審は、本件文書は「職業秘密文書」にも「自己利用文書」にも該当しないとして、本件文書の提出を命じたが、第1次抗告審は、本件文書は「自己利用文書」に該当すると判断して、本件申立てを却下し、Xらが抗告の許可を申し立てた第1次許可抗告審は、本件文書が「自己利用文書」に該当するとしてYの提出義務を否定した原審の判断には、裁判に影響を及ぼすことが明らかな法令違反があり、原決定は破棄を免れないとし、本件文書が「職業秘密文書」に該当するかどうか等について更に審理を尽くさせるため、本件を原審に差し戻した。

第2次抗告審は、Yに対し、本件文書の一部の提出を命じた。第2次抗告審は、所持者であるYに本件文書を提示させたところ（インカメラ手続）、本件文書に記載されている情報は、①公表することを前提として作成されるAの貸借対照表、損益計算書等の会計帳簿に含まれる財務情報、②Yが守秘義務を負うことを前提

にAから提出された非公開の同社の財務情報、③Xらが外部機関から得たAの信用に関する情報、④Aの財務情報等を基礎としてY自身が行った財務状況、事業状況についての分析、評価の過程及びその結果並びにそれを踏まえた今後の業績見通し、融資方針等に関する情報に大別される。本件文書のうち、上記③の情報並びに上記②及び④の情報のうちAの取引先等第三者に関するものが記載されている部分は、民訴法220条4号ハ所定の文書（職業秘密文書）に該当するが、その余はこれに該当せず、他に同号所定の事由を認めることもできないとして、上記部分を除く本件文書の提出を命じた。

(3) Yが、Aの取引先等の第三者に関するものを除く上記②及び④の情報（以下、それぞれ「本件非公開財務情報部分」、「本件分析評価情報部分」という。）も、民訴法220条4号ハ所定の文書に該当すると主張して、抗告の許可を申し立てた。

(4) 本決定は、次のとおり判示して抗告を棄却した。

「(1) 本件非公開財務情報部分の提出義務について

金融機関は、顧客との取引内容に関する情報や顧客との取引に関して得た顧客の信用にかかわる情報などの顧客情報について、商慣習上又は契約上の守秘義務を負うものであるが、上記守秘義務は、上記の根拠に基づき個々の顧客との関係において認められるにすぎないものであるから、金融機関が民事訴訟の当事者として開示を求められた顧客情報について、当該顧客が上記民事訴訟の受訴裁判所から同情報の開示を求められればこれを開示すべき義務を負う場合には、当該顧客は同情報につき金融機関の守秘義務により保護されるべき正当な利益を有さず、金融機関は、訴訟手続において同情報を開示しても守秘義務には違反しないと解するのが相当である（最高裁平成19年(許)第23号同年12月11日第三小法廷決定・民集61巻9号3364頁参照）。民訴法220条4号ハにおいて引用される同法197条1項3号にいう「職業の秘密」とは、その事項が公開されると、当該職業に深刻な影響を与え以後その遂行が困難になるものをいうが（最高裁平成11年(許)第20号同12年3月10日第一小法廷決定・民集54巻3号1073頁参照）、顧客が開示義務を負う顧客情報については、金融機関は、訴訟手続上、顧客に対し守秘義務を負うことを理由としてその開示を拒絶することはできず、同情報は、金融機関がこれにつき職業の秘密として保護に値する独自の利益を有する場合は別として、職業の秘密として保護されるものではないというべきである。本件非公開財務情報は、Aの財務情報であるから、Yがこれを秘匿する独自の利益を有するものとはいえない。そこで、本件非公開財務情報についてAが本案訴訟の受訴裁判所からその開示を求められた場合にこれを拒絶できるかをみると、Aは民事再生手続開始決定を受けているところ、本件非公開財務情報は同決定以前のAの信用状態を対象とする情報にすぎないから、これが開示されても同社の受ける不利益は通常は軽微なものと考えられること、XらはAの再生債権者であって、民事再生手続の中で本件非公開財務情報に接することも可能であることなどに照らせば、本件非公開財務情報は、それが

開示されても、Aの業務に深刻な影響を与え以後その遂行が困難になるとはいえないから、職業の秘密には当たらないというべきである。したがって、Aは、民訴法220条4号ハに基づいて本件非公開財務情報部分の提出を拒絶することはできない。また、本件非公開財務情報部分は、少なくともY等の金融機関に提出することを想定して作成されたものと解されるので、専ら内部の者の利用に供する目的で作成され、外部の者に開示することが予定されていない文書とはいえないから、Aは民訴法220条4号ニに基づいて同部分の提出を拒絶することもできず、他に同社が同部分の提出を拒絶できるような事情もうかがわれない。そうすると、本件非公開財務情報は、Yの職業の秘密として保護されるべき情報に当たらないというべきであり、Yは、本件非公開財務情報部分の提出を拒絶することはできない。

(2) 本件分析評価情報部分の提出義務について

文書提出命令の対象文書に職業の秘密に当たる情報が記載されていても、所持者が民訴法220条4号ハ、197条1項3号に基づき文書の提出を拒絶することができるのは、対象文書に記載された職業の秘密が保護に値する秘密に当たる場合に限られ、当該情報が保護に値する秘密であるかどうかは、その情報の内容、性質、その情報が開示されることにより所持者に与える不利益の内容、程度等と、当該民事事件の内容、性質、当該民事事件の証拠として当該文書を必要とする程度等の諸事情を比較衡量して決すべきものである（最高裁平成18年(許)第19号同年10月3日第三小法廷決定・民集60巻8号2647頁参照）。一般に、金融機関が顧客の財務状況、業務状況等について分析、評価した情報は、これが開示されれば当該顧客が重大な不利益を被り、当該顧客の金融機関に対する信頼が損なわれるなど金融機関の業務に深刻な影響を与え、以後その遂行が困難になるものといえるから、金融機関の職業の秘密に当たると解され、本件分析評価情報もYの職業の秘密に当たると解される。しかし、本件分析評価情報は、前記のとおり民事再生手続開始決定前の財務状況、業務状況等に関するものであるから、これが開示されてもAが受ける不利益は小さく、Yの業務に対する影響も通常は軽微なものであると考えられる。一方、本案訴訟は必ずしも軽微な事件であるとはいえず、また、本件文書は、YとXらとの間の紛争発生以前に作成されたもので、しかも、監督官庁の事後的検証に備える目的もあって保存されたものであるから、本件分析評価情報部分は、Aの経営状態に対するYの率直かつ正確な認識が記載されているものと考えられ、本案訴訟の争点を立証する書証としての証拠価値は高く、これに代わる中立的・客観的な証拠の存在はうかがわれない。そうすると、本件分析評価情報は、Yの職業の秘密には当たるが、保護に値する秘密には当たらないというべきであり、Yは、本件分析評価情報部分の提出を拒絶することはできない。

(3) 民訴法223条6項の手続について

Yは、本件文書には査定方法におけるY独自の工夫が記載されていることを前提に、これは職業の秘密に当たるとも主張する。この点、原審は、民訴法223条6項に基づいて本件文書を提示させた上でこれを閲読し、本件文書に記載された査定

I 民事訴訟法　　　　　　　　　　　　　　　　　　　　　　　409

方法におけるYの工夫の独自性、価値は限定的なものであって、特別な保護を与えるべきノウハウとはいえないと認定したものであるところ、同項の手続は、事実認定のための審理の一環として行われるもので、法律審で行うべきものではないから、原審の認定が一件記録に照らして明らかに不合理であるといえるような特段の事情がない限り、原審の認定を法律審である許可抗告審において争うことはできないものというべきである。Yの上記主張は、上記特段の事情を主張するものではなく、採用することができない。

　以上によれば、所論の点に関する原審の判断は是認することができる。論旨は採用することができない。」

　本決定は、金融機関の自己査定資料に記載された情報が民訴法220条4号ハ所定の「職業秘密文書」に該当するか否か等について判断したものであり、実務の参考になると思われる。

【20】 20(許)50（△二小、平20・12・17、棄却。原審高松高決平20・10・1）

(1) 取引履歴を記載した書面を、信販会社であるYが所持しているか否かが問題となった事案である。

(2) Xは、貸金業登録を受けた信販会社であるYとの間で、利息制限法の制限利率を超える利息の約定で金銭の借入れと返済を繰り返した結果、過払金が発生したなどと主張して、Yに対して不当利得返還請求権に基づき過払金返還請求訴訟を提起した。Yは、平成11年6月10日以降分の取引履歴については開示したが、それ以前の部分は保存期間経過により廃棄済みであり現存していないと主張したため、Xは、控訴審において、昭和62年11月6日から平成11年6月9日までの取引履歴を記載した文書（本件文書）について、文書提出命令の申立てをした。

原審は、①YはAとの間で業務委託契約を締結し、取引履歴を含めた顧客の情報管理をしている、②取引履歴情報のデータベースでの保存期間は7年間とされ、キャッシング伝票控え、口座振込情報の記載されたファクシミリ用紙等の保存期間も7年間とされている、③平成10年10月以降、Aが作成したプログラムにより最後の返済から7年を経過した取引データは自動削除されるようになり、本件文書は保存期間を経過し、廃棄されたものと認められるなどとして本件申立てを却下した。

(3) Xが、抗告の許可を申し立てた。

(4) 本決定は、「所論の点に関する原審の判断は、正当として是認することができる。論旨は採用することができない。」と判示して、抗告を棄却した。本件許可には検討の余地があるように思われる。

8 証拠保全

【21】20(許)32（△一小、平20・12・18、棄却。原審福岡高決平20・5・19、原々審福岡地小倉支決平20・1・16）

(1) 生活保護記録に係る検証物提示命令申立事件において、生活保護記録が、民訴法220条4号ロに該当するか否かが問題となった事案である。

(2) 亡Aの相続人X_1、X_2、X_3は、①Xらは、北九州市の福祉事務所長らが違法にAの生活保護の申請を受理せず、生活保護の決定を行わなかったことなどを理由とする国家賠償請求訴訟の提起を予定している、②当該訴訟における最重要の証拠であるAに係る生活保護記録（本件保護記録）が改ざんされると、北九州市の責任を立証することは不可能となるが、従前の対応に照らすと、北九州市が本件保護記録を改ざんする具体的なおそれがあるとして、本件保護記録につき検証の方法による証拠保全の申立てをするとともに、検証物提示命令の申立てをした。

原々審は、証拠保全の申立てを相当として、本件保護記録を検証する旨の決定をし、民訴法223条3項に基づき監督官庁である北九州市長に対し求意見をした上で、本件保護記録のうち、北九州市から任意の提示を受けた部分については検証を実施したが、北九州市が任意の提出を拒否したAの態度、性格に係るケースワーカー等の印象、所見が記載された部分、Aの就労開始及び自立の見込みに係るケースワーカーの意見が記載された部分、保護の開始に関する民生委員の意見が記載された部分（本件不提示部分）については、民訴法220条4号ロの公務秘密文書に該当するとして検証物提示命令の申立てを却下し、これらにつき検証不能とした。

原審は、本件不提示部分の提示を命じた。その理由の概要は、次のとおりである。相手方は、本件不提示部分を要保護者等に開示しない取扱いをし、公表を予定していないのであるから、これは公務員が職務上知り得た非公知の事実であって、実質的にも秘密として保護に値するといえる。しかし、本件保護記録は、生活保護の開始の要否に係る審査や処遇方針等の修正のために用いられる資料で、保護の的確性の根拠を客観的に明らかにし、不服申立て等があった場合の重要な根拠資料となるものであるから、客観性を有すべきものである。本件不提示部分は、客観的な事実を前提として、ケースワーカー等や民生委員が、専門的な知見に基づき、その評価、所見等を記載したもので、これが開示されたからといって、直ちに要保護者等が誤解や不信感を抱くとはいえないし、その記載内容からすると、民事訴訟で争われることにより、ケースワーカー等や民生委員が、自らの率直な評価、所見等の記載を差し控えることになるとも考えられない。したがって、本件不提示部分について、その提示により公共の利益を害し、又は公務の遂行に著しい支障を生ずる具体的なおそれがあるとはいえない。仮にそうでないとしても、本件保護記録の対象者であるAは既に死亡しているのであり、Aとの間で相手方の懸念するような事態が生ずるおそれは全くなく、いずれにしても、本件不提示部分の提示により公共の利益を害し、又は公務の遂行に著しい支障を生ずる具体的なおそれがあるとはいえな

I　民事訴訟法　　　　　　　　　　　　　　　　　　　　　　　411

い。
　(3)　北九州市が、原決定は、民訴法220条4号ロの解釈を誤り、判例（最三小決平17・10・14民集59・8・2265、判時1914・84）に違反するとして、抗告の許可を申し立てた。
　(4)　本決定は、「本件事実関係の下においては、所論の点に関する原審の判断は、結論において是認することができる。原決定に所論の判例違反はない。論旨は採用することはできない。」と判示して、抗告を棄却した。

9　上　告

【22】19(許)34（△二小、平20・3・26、破棄・自判。原審東京高決平19・10・3）
　(1)　上告受理申立て理由書に民訴法318条1項所定の事由の記載がないとして上記申立てを却下した原審の判断の当否が問題となった事案である。
　(2)　Xは、Yとの間で、利回りに応じて一定の成功報酬をXに分配することなどを内容とする投資組合契約を締結し、合計300万円を出資したが、その際、Yはその意思がないのに元本の90％までを保証すると説明して欺罔したなどと主張して、Yに対し、不法行為（詐欺）に基づき損害賠償330万円を請求する訴訟を提起した。第1、2審とも、上記不法行為に基づく損害賠償請求を一部認容し、Yは控訴審判決に対して上告受理の申立てをし、法定の期間内に上告受理申立て理由書を提出した。理由書には、「原審の判断は、『自由心証主義』の枠組みを逸脱した違法なもので、経験則違反、理由不備の誹りを免れない」との記載があった。原審は、「本件上告受理申立て理由書には、原判決に判例違反がある場合にはその判例を具体的に示した記載、その他法令の解釈に関する重要な事項を含むことを理由とする場合には法令の条項又は内容を掲記しこれに該当する事実を示した記載がいずれもない。」として、民訴法318条5項、316条1項2号により、本件上告受理申立てを却下する旨の決定をした。
　(3)　Yが、抗告の許可を申し立てた。
　(4)　本決定は、「記録によれば、上告受理申立て理由書に、原判決に自由心証主義の枠組みを逸脱した違法、経験則違反があるとの記載があり、原判決に法令の違反がある旨の具体的な記載があることが認められるから、Yの上告受理の申立てを却下した原審の判断には、裁判に影響を及ぼすことが明らかな法令の違反がある。論旨は理由があり、原決定は破棄を免れない。」と判示し、原決定を破棄した。
　経験則違反が法令違反として上告受理申立て理由となることは、実務上確立した取扱いであり、本決定もその趣旨を踏まえて判断したものと思われる。

【23】20(許)9（△一小、平20・4・24、棄却。原審広島高決平19・12・19）
　(1)　原告2人の連名による1通の上告受理申立書が提出された場合において、原告の1人につき上告受理申立期間の経過及び訴訟行為の追完事由の有無が問題となった事案である。

(2)　被相続人Aの非嫡出子であるX_1及びX_2が、Aの妻及び嫡出子であるYらに対し、Aの財産についてのYらへの死因贈与契約の不存在確認及び死因贈与契約公正証書の無効確認を求めた訴訟において、X_1は平成19年11月7日に、X_2は同月9日に、控訴棄却の原判決正本の送達を受けた。X_1及びX_2は、X_1を基準とすれば民訴法318条5項、313条、285条の上告受理申立期間経過後である同月22日、連名による1通の上告受理申立書を原審に提出した。
　原審は、X_1の上告受理申立てが上告受理申立期間を経過した後に申し立てられた不適法なものであり、訴訟行為の追完に当たる事由も認められないから、その不備を補正することができないとして、上記申立てを却下する旨の決定をした。
　(3)　X_1が、抗告の許可を申し立てた。
　(4)　本決定は、「所論の点に関する原審の判断は、正当として是認することができる。論旨は採用することができない。」と判示して、抗告を棄却した。

10　再　審

【24】　20(許)7（△二小、平20・4・11、棄却。原審広島高決平19・12・28）
　(1)　裁判の基礎とされた公正証書の効力が、後の訴訟で否定された場合に、民訴法338条1項8号が適用又は準用されるか否かが問題となった事案である。
　(2)　Xは、Y_1の仲介により、Y_2との間で、Xが亡Aから相続した土地についての売買契約を締結したが、他の共同相続人の同意を得ておらず、その履行ができなかった。Xは、Yらからその債務不履行について損害賠償を求められ、交渉の上、Yら各自との間で、それぞれXが損害金を支払う旨の和解契約を締結し、各和解契約に係る執行認諾文言付公正証書が作成された。しかし、Xは上記各和解契約に基づく債務を履行しなかったため、Yらは上記各公正証書に記載された和解債権を破産債権として、Xを破産者とする破産宣告の申立てを行った。Xは、上記各公正証書の効力を争い、各破産債権の不存在を主張したが、破産裁判所は、その存在を認めて、Xにつき破産宣告をした。これに対し、Xは即時抗告をしたが、抗告は棄却された（本件決定）。Xは、上記破産宣告に先立ち、上記各和解契約に基づく債務の不存在確認を求める訴えを提起しており、破産宣告後、破産管財人がその訴訟を承継したところ、同訴訟において、上記各和解契約が、Yらの各代表者においてXを畏怖させ、その窮迫に乗じて不当な利益を獲得する目的で締結されたものであり、公序良俗に反し無効であるとして、上記和解契約に基づく債務の不存在を確認するとともに、上記各公正証書に基づく強制執行を許さない旨の控訴審判決が確定した。なお、本件破産手続においてYらのほかには届出債権者はいない。Xは、本件決定の基礎とされた上記各公正証書の効力が後の訴訟において否定されたから、民訴法338条1項8号の適用又は準用により、再審を開始すべき旨主張して準再審の申立てをした。
　原審は、①民訴法338条1項各号の再審事由は限定的に列挙されているものであり、その文言に照らしても、判決や決定の基礎とされた公正証書についての効力が

I 民事訴訟法・II 民事執行法　　　　　　　　　　　　　　　　　　　　413

後の裁判によって否定された場合について同条項を適用又は準用することが法の予定しているところであると解することは困難である、②公正証書は民事執行手続上、確定判決と同様に債務名義にはなるけれども、これは適用の場面を異にするものであり、上記の点をもって、公正証書を上記条項所定の裁判と同視することはできないなどとして上記準再審請求を棄却した。

(3) Xが、抗告の許可を申し立てた。

(4) 本決定は、「所論の点に関する原審の判断は、正当として是認することができる。論旨は採用することができない。」と判示して、抗告を棄却した。

【25】20(許)31（△三小、平20・9・16、棄却。原審大阪高決平20・5・16)

(1) 損害賠償請求事件の確定判決に対する再審請求事件において、再審請求の適法性が問題となった事案である。

(2) Xは、建物の賃貸人であるYから賃借していた建物の明渡しを求められたが、その明渡請求は不当であり、かつ、Yによって賃借建物に置いてあった商品や家財道具、工業製品を持ち出され、住居を破壊されたなどと主張して、Yに対し損害賠償請求の訴えを提起したが、控訴審においてXの請求を棄却する判決が確定した。Xは、上記確定判決には、民訴法338条1項4号ないし7号、9号所定の各再審事由があると主張して再審の訴えを提起した。

原審は、民訴法338条1項4号ないし7号に基づく再審請求は同条2項所定の事由についての主張、立証がなく、同条1項9号に基づく再審請求は判決確定後再審の事由を知った日から30日経過後に提起されたとして、Xの再審の訴えを却下した。

(3) Xが、抗告の許可を申し立てた。

(4) 本決定は、「所論の点に関する原審の判断は、正当として是認することができる。論旨は採用することができない。」と判示して、抗告を棄却した。本件許可には検討の余地があるように思われる。

II　民事執行法

1　売却のための保全処分

【26】20(許)3（△一小、平20・4・24、棄却。原審広島高決平19・12・21、原々審広島地決平19・11・12)

(1) 商業施設の全面改装工事に伴い建物の一部を取り壊すことが、民事執行法55条1項の価格減少行為に当たるか否かが問題となった事案である。

(2) Yは本件土地建物の所有者であり、本件建物で商業施設を開設し、運営している。Xは、Yから本件建物の一部を賃借し、スーパーマーケットを出店し、本件土地建物に同賃貸借契約の敷金返還請求権及び本件建物の建設協力金返還請求権を

被担保債権とする抵当権（本件抵当権）を設定していた。Yは、本件商業施設の競争力を高めるために、本件建物の増改築による全面改装工事を計画して工事業者との間で工事請負契約を締結し、本件建物の増築部分の敷地の基礎工事及び撤去部分の解体工事が開始された。本件土地建物については、上記抵当権に基づく担保不動産競売の開始決定がされていたが、Xは、Yの増改築工事は明らかに本件抵当権を侵害する行為であり民事執行法188条、55条1項に規定する価格減少行為に該当すると主張して、売却のための保全処分を申し立てた。原々審は、本件増改築工事により、本件建物の一部は取り壊されるが、他方では増築がされるのであり、工事の完成により、本件土地建物全体の価格は工事前と比較して増加することが明らかであるなどとして、本件増改築工事が価格減少行為に該当することを否定し、Xの売却のための保全処分の申立てを却下した。

原審も、価格減少行為であるか否かは、差押時点における対象不動産の交換価値と問題となった行為がなされた場合のそれとを比較して判断すべきであることはXの指摘するとおりであるが、その判断に当たっては、判断の対象となる行為を区々に細分化して評価すべきではなく、社会通念上一連一体の行為と認められるものについては、全体を通じて当該行為が価格減少行為に当たるか否かを見極めるべきものであり、全体計画の一部に既存建物の取壊しなど一時的な価値減少を伴うような行為が含まれていることを理由として、民事執行法55条1項により、当該行為を価値減少行為としてその中止等を命じるためには、具体的事情によって、その計画が途中で頓挫する現実的な可能性が認められることが必要であるとして、Xの抗告を棄却した。

(3) Xが、抗告の許可を申し立てた。

(4) 本決定は、「所論の点に関する原審の判断は、正当として是認することができる。論旨は採用することができない。」と判示して、抗告を棄却した。

2 売却許可決定

【27】20(許)26（△一小、平20・7・17、棄却。原審東京高決平20・4・7、原々審東京地決平20・2・13）

(1) 担保不動産競売手続における売却許可決定前に賃料不払を理由として売却建物の敷地の賃貸借契約を解除する旨の意思表示がされていた場合に、民事執行法75条1項を類推適用して、売却許可決定を取り消すことができるか否かが問題となった事案である。

(2) Xは、A所有建物（本件建物）について有する根抵当権に基づいて担保不動産競売の申立てをし、執行裁判所は、平成19年2月7日、担保不動産の競売開始決定をした。本件建物の敷地については、Bとの間で建物所有を目的とする賃貸借契約が締結されていたが、Aが地代を支払わないため、Xは地代の一部をBに支払うとともに地代代払許可の申立てをし、執行裁判所は、同年3月12日、売却許可決定に基づく代金納付までの間、同年3月分以降の本件土地の地代をXがA

に代わって弁済することを許可した。Xは、Bの代理人的な立場にあったCに対し、上記地代代払許可決定に基づく支払の意思があることを伝え、代払をした地代等が競売手続における共益費用として認定されるために必要なBの実印の押捺された口座振込指定書、印鑑登録証明書などの送付を要請したが、Xには送付されず、結果的に、XはBに地代を弁済することも、弁済供託をすることもなかった。本件現況調査報告書には、地代滞納欄に何らの記載もなく、本件土地の権利関係についての照会に対してBから回答がない旨記載されていたが、本件建物の評価に当たり、Aの地代の支払が遅滞していること、Bから賃貸借契約を解除する旨の意思表示がなされる可能性があることなどは考慮されなかった。物件明細書には、本件建物のための借地権が存し、買受人は地主の承諾又は裁判等を要すること、地代の滞納があること、地代代払の許可があることが記載されていた。執行裁判所は、平成19年12月21日、最高価買受人であるYに売却許可決定をした。他方、Bは、同年11月20日、Aに対し、未払の地代を支払うよう催告するとともに、支払のないときは本件賃貸借契約を解除する旨の意思表示をしたが、期限までに地代の支払はされなかった。また、執行裁判所は、同年12月3日、本件建物の順位2番の抵当権を有するDの申立てに基づき、平成19年3月分以降、売却許可決定に基づく代金納付の日までの地代をAに代わって弁済することを許可し、Dは、平成20年2月12日になって、未払の地代を第三者供託した。Yは、上記売却許可決定がされた後に、BがAに対し本件建物の賃貸借契約解除の意思表示をしたことを知り、上記売却許可決定の取消しの申立てをし、執行裁判所は、同年2月13日、本件建物につきした売却許可決定を民事執行法188条、75条1項により取り消す旨の決定（原々決定）をした。これに対し、Xは、未払の地代はBが受領遅滞の状況にあり賃貸借契約解除の効果が生ずるものではないことなどを理由として民事執行法75条1項が規定する状況には該当しないとして、原々決定の取消しを求めて執行抗告をした。

原審は、①不動産の交換価値が著しく損なわれたような価値的損傷の場合でも、また、損傷が買受けの申出前に生じた場合でも、買受人が善意であり、売却基準額の決定に同損傷が反映されていないときには、民事執行法75条1項を類推適用することができる、②本件建物についての賃貸借契約の解除が有効であるならば、価値的損傷は軽微なものではなく、Yは入札の際に上記解除等の事実を知らず、また、本件建物の売却基準価額の決定において本件土地の賃貸借契約が地代の未払により解除される可能性があることなど法的な紛争が存在することが考慮されたことはなかったから、本件は民事執行法75条1項を類推適用することができる場合に該当するとして、本件執行抗告を棄却した。

(3) Xが、抗告の許可を申し立てた。
(4) 本決定は、「所論の点に関する原審の判断は、正当として是認することができる。論旨は採用することができない。」と判示して、抗告を棄却した。

3 債権差押命令

【28】20(許)15（△一小、平20・7・17、棄却。原審名古屋高決平20・3・11、原々審名古屋地決平20・2・13）

(1) 免責許可決定確定前の債権差押命令の申立てについて、破産法249条1項の破産債権に非免責債権も含まれるか否かが問題となった事案である。

(2) Yは、平成19年8月8日、破産手続の開始決定とともに破産手続を廃止するとの決定を受けた。Yは平成20年1月10日免責許可決定を受けたが、即時抗告がされたため同決定は確定していなかった。債権者Xは、不法行為に基づく損害賠償請求事件の執行力ある判決正本に基づき、債務者Yに対し、給料債権等を差押債権とする債権差押命令の申立てをし、同月31日、債権差押命令が発出されたが、Yの上申に基づき、執行裁判所は、同年2月7日、破産法249条1項の破産債権には非免責債権も含まれ、上記差押命令は免責許可決定確定前のものであるとして本件差押命令を取り消した。Xはこれを不服として抗告した。

原審は、①非免責債権であるか否かについては、一義的に明白であるとはいえず、執行裁判所において強制執行等について、他の債権と異なる取扱いをすることは困難であると考えられるから、強制執行等の禁止及び中止の効力の点では免責の対象となる債権と非免責債権とを区別して取り扱わないとすることには合理的な根拠があること、②破産法249条1項は、法文上、その破産債権が免責債権か非免責債権かについての区別なく個別執行を禁止し、また、中止された強制執行等の手続をすべて失効させると規定していること、③破産法249条3項1号は、非免責債権について免責許可決定が確定した日から2か月を経過する日までは時効は完成しないと規定し、非免責債権についても個別執行が禁止され、中止された強制執行等の手続が失効することを前提にして、その結果、強制執行等の申立てをする方法による消滅時効の中断ができなくなることに対して債権者を保護するために設けられた規定と解されることなどから、破産法249条1項の破産債権には非免責債権も含まれるとして抗告を棄却した。

(3) Xが、抗告の許可を申し立てた。

(4) 本決定は、「所論の点に関する原審の判断は、正当として是認することができる。論旨は採用することができない。」と判示して、抗告を棄却した。

【29】20(許)25（△三小、平20・10・7、棄却。原審東京高決平20・3・19、原々審東京地決平20・2・6）

(1) 債権差押命令申立事件において、差押債権の特定を欠くか否かが問題となった事案である。

(2) XはYに対する貸金債権を請求債権として、Yの第三債務者Zに対する貸金債権（本件差押債権）の差押えの申立てをし、申立書には差押債権として、「債務者が第三債務者に対して、昭和62年1月1日から昭和62年12月31日までに貸

Ⅱ 民事執行法

し付けた貸金元本債権に対して、支払期の早いものから頭書金額に満つるまで」と記載されていた。

　原々審は、本件差押債権は、第三債務者において格別の調査の負担を伴わずに当該債権が他の債権と誤認混同することなく認識し得る程度に明確に表示されていることが必要であり、本件で第三債務者は、昭和62年中のYからの貸付けのすべてについて支払期をいちいち調査して順序付けをしなければならず、その負担は重く、第三債務者において格別の調査の負担を伴わずに他の債権と誤認混同することなく認識し得る程度に表示されているということはできないとしてXの申立てを却下した。

　原審は、本件差押命令申立ては、差押えの目的物となる債権の特定を欠くというべきであるなどとして、Xの執行抗告を棄却した。その理由の概要は、次のとおりである。民事執行規則133条2項に規定する差押えの目的物となる債権の特定とは、本来的には、申立書に記載された差押債権の表示から、差押えの目的物となる債権を他の債権と混同することなく識別することが可能であることを意味するものと解される。もっとも、第三債務者は、実体法上、債務者への弁済義務を負担するが、それ以上の義務を負うものではなく、差押えの執行を含め、執行への協力義務も社会的に相当な範囲であることが期待されること、差押命令が第三債務者に送達された時点で、第三債務者は債務者への弁済を禁止され、陳述を求められたときは、差押命令送達の日から2週間以内に差押えに係る債権の存否その他の事項について陳述をしなければならないことを考慮すれば、第三債務者の職業、能力等に照らし、社会通念上合理的と認められる時間と負担の範囲内で、第三債務者において差押えの目的物となる債権を確定することが困難であると認められる場合においては、当該債権差押命令申立ては、差押えの目的物となる債権の特定を欠くこととなると解するのが相当である。本件の差押債権は、YがZに対し、昭和62年ころ外国の大学に入学するための留学費用として貸し付けたものと考えられる貸金債権であって、他の目的によるものを含め、複数の貸付けがされている可能性が高い上、一般の私人であるZが20年以上も前に発生した貸金債権について、現時点においてその貸付日、貸付金額、弁済期、各貸金債務の残額等を正確に把握し得る資料を有していることは一般的には期待し難いというほかない。そうすると、貸付目的の限定もなく、各月ごとの金額を限定して差押えの効力の及ぶ対象を明らかにすることもないまま、第三債務者において、複数の貸金債務のうち支払期の早いものから正確に順序を付けた上、貸金債務の残額を正確に算出して上記順序に従って充当し、差押えによる弁済禁止の効力が及ぶ範囲を正確に把握することは相当の困難を伴うというべきであり、第三債務者に二重払の危険を負担させながら、上記の調査を要求することは、第三債務者の職業、能力等に照らし、社会通念上合理的と認められる時間と負担の範囲を超えるというべきであるから、本件差押命令の目的物となる債権は、第三債務者において差押えの目的物となる債権を確定することが困難であると認められる。

(3) Xが、抗告の許可を申し立てた。

(4) 本決定は、「所論の点に関する原審の判断は、正当として是認することができる。論旨は採用することができない。」と判示して、抗告を棄却した。

III 民事保全法

1 仮差押命令

【30】 20(許)24 (△二小、平20・8・27、棄却。原審名古屋高決平20・4・14、原々審岐阜地決平19・10・24)

(1) A銀行株式会社のB株式会社（代表取締役C）に対する貸金債権（本件貸金債権）を譲り受けたX（債権者）が、Y株式会社（債務者）は法人格否認の法理によりBと同視されるべきであるなどと主張して、上記貸金債権を被保全権利とする仮差押えを申し立てた事案である。

(2) Aは、Bに対し、D株式会社（代表取締役C）やB及びDの関連会社所有の土地に係る大規模宅地開発プロジェクトの資金を貸し付け、D所有の土地の一部に担保権を設定した。この資金は、BからDに貸し付けられ、Dを中心とするCの関連会社が進めていた同プロジェクトの費用に充てられた。Cは、平成14年ころから追加融資を求めてAと交渉する一方、Dが所有していた上記プロジェクトに係る土地の開発許可権者の地位のみをDから関連会社の一つに譲渡するとともに、B、Dを含む関連会社の銀行口座を用いて資金を環流させるようになった。A、C間の上記交渉は、平成15年3月に決裂し、本件貸金債権を上記担保権と共に譲り受けたXが、Cに対し、同年12月、返済を強く求めたところ、Cは、その直後に、第三債務者E銀行に開設された有限会社Y（本店所在地はDと同じ）の銀行口座に出資金の振り込みをし、Yが設立された。Yは、上記プロジェクトに係る土地の一部をCの関連会社から買い受けた上、Xによる担保権の実行を事実上困難にする行為をし、また、Yの銀行口座も、上記のような資金の環流に利用されていたが、営業実態はなかった。Xは、上記のとおり主張して、YのEに対する預金債権の仮差押えを申し立て、保全裁判所はこれを認容する決定（本件仮差押決定）をした。

原々審は、Yからの保全異議の申立てに基づき、本件仮差押決定を取り消したが、原審は、Y及びBはいずれもCが執行妨害の目的で道具として支配する会社であるというべきことなどからすれば、法人格否認の法理に基づき、YとBとを同視して、Xは、Yに対し、本件貸金債権の支払を求めることができる旨判示して、本件仮差押決定を認可した。

(3) Yが、BからYに責任財産が移動した事実のない本件においては法人格否認の法理の適用はない旨主張して、抗告の許可を申し立てた。

(4) 本決定は、「所論の点に関する原審の判断は、正当として是認することができる。論旨は採用することができない。」と判示して、抗告を棄却した。本件許可

Ⅲ 民事保全法

には検討の余地があるように思われる。

【31】20(許)40（△三小、平20・10・7、棄却。原審名古屋高決平20・7・2、原々審津地決平20・3・28）
(1) 債権仮差押命令申立事件において、被保全権利を基礎づける疎明を欠くか否かが問題となった事案である。
(2) 債権者Xは、平成6年から平成12年まで毎月一定金額をA農業集落下水道事業のために積み立てた、Xはこれに先立つ平成5年に130万円をかけて浄化槽を設置したが、上記下水道事業についての説明を受けていなかった、Xは、上記下水道事業の推進協議会の組合に加入しなければ同事業が進行しないなどと協力を要請されて、上記の積立てを行った、しかし、X方においては下水道に接続する必要はなく浄化槽の使用にも何ら支障はない、したがって、Xは同組合を脱退するので上記積立金の返還を求める権利を有していると主張して、上記下水道事業に係る金員を管理している債務者Yの第三債務者Z銀行に対する預金債権の仮差押えの申立てをした。
　原々審及び原審は、XがYに対し上記積立金の返還請求権を有していると認めることはできず、被保全権利の存在についての疎明を欠くとして、本件申立てを却下すべきものと判断した。
(3) Xが、抗告の許可を申し立てた。
(4) 本決定は、「所論の点に関する原審の判断は、正当として是認することができる。論旨は採用することができない。」と判示して、抗告を棄却した。本件許可には検討の余地があるように思われる。

2　仮処分命令

【32】19(許)35（△三小、平20・2・5、棄却。原審広島高決平19・9・27、原々審広島地決平19・6・22）
(1) 地位保全仮処分命令申立事件において、債務者の債権者に対する整理解雇が、解雇権の濫用に当たるか否かが問題となった事案である。
(2) Yは、Y県町村議会の円滑な運営を図り地方自治の振興確立に寄与することを目的とする任意団体であり、県内の町議会により組織されている。その具体的な業務は、政務活動、町議会の運営に関する助言、議員及び町職員の研修業務、国に対する陳情等である。Yには役員4名のほか、平成16年末以降はA事務局長（嘱託職員）、B係長及びXの3名の事務局職員が勤務していた。Xは、平成9年2月にYの臨時職員として採用され、同年4月に正職員となった。Yの収入は、主として、Yを組織する町村の負担金と県の助成金を原資とするところ、Yを組織する町村議会は、平成15年以降の急速な町村合併により激減し、これに伴い、Yの事務量及び収入源の一つである各町村の拠出する負担金が減少した。また、Yは町村議会議員共済会（共済会）の県支部として共済事務を行い、共済本部から交付金を

受けていたが、共済会は、町村合併による町村数及び議員数の大幅な減少に伴って事務体制の見直しを行い、平成19年3月末に県支部を廃止することとした。これによりYは、その事務の相当部分を占めていた共済事務がなくなり、共済会本部からの交付金収入も得られないこととなった。このような事情により、Yは、議長会議において、平成19年4月から職員1名を減員し必要に応じて臨時職員を雇用して対応することなどを協議した。Yは、Xが主に共済事務を担当し、それ以外の事務の比重は軽いものであったことから、Xを解雇することを予定し、Xに対し、転職を打診するとともに、再就職のため資格取得等をするのであれば1年間給与を支給する案を提案した。また、職員1名の減員が決まった平成18年10月ころには、民間会社への転職（給与は増額となることが予定されていた。）をXに打診したが、Xはこれを受け入れなかった。Yの会長は、平成18年12月、Xに対し、平成19年3月31日付けをもって整理退職とする旨の人事発令通知書を交付して、本件解雇をする旨の意思表示をした。Xは、①Yには平成18年3月31日時点で1億1165万円の財政調整積立金があり、これを取り崩しながら他団体との事務局統合化を図れば収支バランスをとることができるから、人員削減の必要性はない、②Yは、他団体との事務局統合化を図らず、Xが再就職するための協力等をほとんどしていないから、解雇回避努力義務を尽くしたとはいえない、③40代であり、妻と3人の子の扶養義務を負うXよりも、定年退職後に嘱託職員として勤務している高齢のAを解雇すべきであり、Yは解雇対象者の選定を誤っている、④解雇に至る手続が透明性を欠き不当であるなどと主張して、Yのした整理解雇は解雇権の濫用に当たるとして、Yに対し、正職員としての雇用契約上の地位を仮に定め、解雇時以降の賃金の支払を命ずる旨の仮処分命令の申立てをした。

原々審、原審とも、本件解雇が解雇権の濫用に当たるかは、人員削減の必要性、解雇回避努力の有無、人選の合理性、解雇手続の相当性を検討して総合的に判断すべきであるとし、これらの事情を検討した上、本件解雇は解雇権の濫用に当たらず有効であり、被保全権利の疎明を欠くとしてXの本件申立てを却下すべきものと判断した。

(3) Xが、抗告の許可を申し立てた。

(4) 本決定は、「本件事実関係の下においては、所論の点に関する原審の判断は、正当として是認することができる。論旨は採用することができない。」と判示して、抗告を棄却した。本件許可には検討の余地があるものと思われる。

Ⅳ　破産法

【33】20(許)38（△二小、平20・9・24、棄却。原審名古屋高決平20・6・30、原々審名古屋地決平18・3・24）

(1)　免責取消申立事件において、破産者が説明義務違反の免責不許可事由（旧破産法366条の9第5号）が存在したにもかかわらず、これを破産裁判所に判明させ

ないまま免責許可決定を得たことについて、不正の方法により免責を得たもの（同法366条の15後段）か否かが問題となった事案である。

(2) Yは、平成16年2月6日、破産宣告を受けた。Yの債務総額約14億円の大部分はYが代表取締役を務めていたB株式会社の借入金債務を主債務とする保証債務であったが、Y自身が行った株価指数オプション取引（本件オプション取引）の損失を挽回するための借入債務も約2億円あった。Yの破産申立書添付の資産目録には上記オプション取引を委託したC証券に対する損害賠償請求権につき触れた記載はなかったが、破産管財人Aは、Cに対する損害賠償請求の可否を検討するため、Cから取引経過資料を入手するとともにYから事情を聴取したところ、Yは、本件オプション取引以前に株式の信用取引の経験があり、それなりに本件オプション取引を理解した上で売買の指示を出していたなどと供述し、Cの担当者が過当取引を勧誘した形跡は認められないことなどから、Cの不法行為責任を追及することは困難であると判断し、その旨の報告書を破産裁判所に提出した。同年11月30日、破産裁判所はYの破産手続について廃止決定をするとともに、平成17年1月7日、Yを免責する旨の決定をし、同決定は同年2月5日確定した。ところが、Yは、同年9月26日、C及び同社の担当者を被告として、本件オプション取引において適合性原則違反、説明義務違反、断定的利益判断の提供、過当取引があったなどと主張して不法行為に基づき3億8000万円の損害賠償を求める訴えを提起した（別件訴訟）。Xは、平成18年1月5日、本件免責許可決定の取消しの申立てをした。

原々審及び原審は、破産者の説明義務はこれが誠実に履行されることによって破産手続の円滑・適正な進行、目的の完遂が図られるものであるところ、Yは配当の可否に直結するCに対する損害賠償請求権の成否に関する判断材料を過不足なく破産管財人に提供すべき義務があったにもかかわらず、破産管財人に対しCに対する不法行為責任を追及することが困難であるとの判断を招く供述をしたものであり、これにより破産手続の適正な進行を阻害したものというほかなく、上記説明義務違反の内容及び程度は極めて重大であり、免責の判断をするに際して上記免責不許可事由の存在が判明していたとすれば、破産裁判所が免責許可決定をすることはなかった可能性があって、Yは、不正の方法により免責を得たものというべきであり、免責決定は取り消されるべきであるとして、破産免責許可を取り消すべきであると判断した。

(3) Yが、抗告の許可を申し立てた。

(4) 本決定は、「所論の点に関する原審の判断は、正当として是認することができる。論旨は採用することができない。」と判示して、抗告を棄却した。本件許可には検討の余地があるように思われる。

V　民事再生法

【34】19(許)24（◎一小、平20・3・13、棄却、民集62・3・860、判時2002・112。原審東京高決平19・4・11、原々審東京地決平18・12・5）

(1)　民事再生手続における再生計画について、民事再生法172条の3第1項1号のいわゆる頭数要件を具備するために再生債権の一部譲渡がされたことが同法174条2項3号にいう「不正の方法」に該当するか否かが問題となった事案である。

(2)　再生債務者Xは不動産の賃貸及び管理業等を目的とする株式会社であり、X所有の建物（本件建物1）及びこれに隣接するXの代表取締役A所有の建物（本件建物2）を賃貸していた。本件再生手続開始申立時の役員は、代表取締役A、取締役D、同Eであり、D及びEはAの子である。Xの主な資産は、本件建物1のみであり、同建物にはY_2のために、根抵当権が設定されていた。Xは、Y_2との間で債務の弁済方法について協議したが合意に至らず、本件建物1、本件建物2及び各建物の敷地の任意売却交渉を優先させるというY_2の意見を受け入れなければ上記各根抵当権を実行されることが避けられない状況に陥った。D及びEは、Xに対する債権を有していなかったが、Dは、平成18年1月31日、回収可能性が全くないことを認識しながら、Xの連帯保証が付されたFのCに対する貸金債権をFから譲り受け、これによりXに対する保証債務履行債権を取得し、さらに、同年2月10日、Eにその一部を譲渡し、D及びEはXに対する債権を有することになった。Xは、同年3月9日、東京地裁に再生手続開始の申立てをし、同月14日、同裁判所は再生手続を開始する旨の決定をした。届出再生債権者は、①Y_2（貸付金、6億6480万円）、②Y_1（敷金・保証金、8614万円）、③B（敷金・保証金2120万円）、④A（304万円）、⑤D（貸付金、6億8747万円）、⑥E（貸付金、2億9648万円）、⑦C（貸付金、3279万円）である。

同年12月5日の債権者集会において、①別除権者には、再生債権から本件建物1についての担保権消滅請求制度による配当額を差し引いた残額の1%を、別除権不足額の確定又は再生計画認可決定確定のいずれか遅い日から3か月以内に弁済する、②賃借人債権者には、債権のうち約定賃料の6か月分相当額を共益債権として扱い、これを賃貸部分明渡し完了後に支払う、③X関係者には、個別の同意を得ることを条件に再生債権につき一切の弁済をしないこととする再生計画案が、上記届出債権者7名のうち賛成4名（上記X関係者④〜⑦、議決権割合63.69%）、反対3名で可決され、原々審は、同日、上記再生計画を認可する旨の決定をした。

Y_1、Y_2はこれを不服として即時抗告し、原審は、次のとおり判断して、原々審の決定を取り消し、本件再生計画を認可しないとの決定をした。原審の判断の概要は次のとおりである。①民事再生法172条の3第1項が、再生計画案可決の要件として、いわゆる議決権額要件に加えて頭数要件を置いた趣旨は、議決権額要件のみでは議決に反映されない可能性のある少額債権者の意向を議決に反映する要件を設

けることにより少額債権者を保護しようとするものであり、このような議決要件を定めておきながら、他方で再生債権を自分の息のかかった者に一部譲渡することにより頭数要件を具備することを許すのでは、頭数要件の趣旨がないがしろにされる結果となることは明らかである。また、同法174条2項3号所定の「不正の方法」とは、詐欺、強迫、贈収賄及び再生債権者に対する特別な利益の供与に限られるものではなく、再生計画の決議の結果を左右する、法が容認しない不公正方法をいうものと解するのが相当であり、民事再生手続開始申立て後又は申立て直前の再生債権の一部譲渡により譲渡前の状態では頭数要件を具備しなかったものを頭数要件を具備するものとすることも、「不正の方法」に該当するものというべきである。本件においては、根抵当権者で大口債権者である Y_2 と任意弁済についての協議が合意に至らないまま交渉が途絶えるや、代表取締役Aの子で取締役のDが回収見込みのないXの連帯保証付きのFのCに対する債権を譲り受け、その10日後にDの弟で取締役のEにその一部を債権譲渡し、その1か月後に本件再生手続開始申立てがされたもので、Eへの債権譲渡がなければ債権者集会における再生計画案についての議決は過半数に達せず頭数要件を具備しなかったはずところ、Eへの債権譲渡がされたことにより頭数要件を具備したものであり、このようにして成立した議決は、不正の方法により成立するに至ったものに該当する。②本件再生計画の内容はX関係者を除く再生債権者全員についてXが破産した場合に受ける利益を下回るものであり、X関係者4名については個別の同意を条件として弁済しないものとされていることを併せ考えると、再生債権者の一般の利益に反するというべきである。

(3) Xが、抗告の許可を申し立てた。

(4) 本決定は、「法（民事再生法）174条が、再生計画案が可決された場合においてなお、再生裁判所の認可の決定を要するものとし、再生裁判所は一定の場合に不認可の決定をすることとした趣旨は、再生計画が、再生債務者とその債権者との間の民事上の権利関係を適切に調整し、もって当該債務者の事業又は経済生活の再生を図るという法の目的（法1条）を達成するに適しているかどうかを、再生裁判所に改めて審査させ、その際、後見的な見地から少数債権者の保護を図り、ひいては再生債権者の一般の利益を保護しようとするものであると解される。そうすると、法174条2項3号所定の『再生計画の決議が不正の方法によって成立するに至ったとき』には、議決権を行使した再生債権者が詐欺、強迫又は不正な利益の供与等を受けたことにより再生計画案が可決された場合はもとより、再生計画案の可決が信義則に反する行為に基づいてされた場合も含まれるものと解するのが相当である（法38条2項参照）。前記事実関係によれば、①Xの債権者のうち Y_2、Y_1 及びBにとっては、Xが民事再生手続を利用する方がXにつき破産手続が進められるよりもXに対する債権の回収に不利であり、Xが再生手続開始の申立てをして本件再生計画案を提出しても、届出再生債権者のうちXの代表取締役であるA及び同人が代表取締役を務めるCの同意しか得られず、本件再生計画案は可決され

ないことが見込まれていたこと、②Xが再生手続開始の申立てをする直前に、Xの取締役であってそれまでXに対する債権を有していなかったDが、回収可能性のないFのCに対する債権及びXに対する保証債務履行請求権を譲り受け、その一部を同じくXの取締役であってそれまでXに対する債権を有していなかったEに譲渡したこと、③DとEは、それぞれ、債権譲渡を受けたXに対する債権を再生債権として届け出て、本件再生計画の決議において、その有する議決権を本件再生計画案に同意するものとして行使したこと、④DとEによる上記議決権の行使がなければ議決権者の過半数の同意を求める法172条の3第1項1号の要件が充足することはなかったが、上記議決権の行使により同要件が充足し、本件再生計画案が可決されたことが明らかである。そうすると、本件再生計画案は、議決権者の過半数の同意が見込まれない状況にあったにもかかわらず、Xの取締役であるDから同じくXの取締役であるEへ回収可能性のない債権の一部が譲渡され、Xの関係者4名がXに対する債権者となり議決権者の過半数を占めることによって可決されたものであって、本件再生計画の決議は、法172条の3第1項1号の少額債権者保護の趣旨を潜脱し、再生債務者であるXらの信義則に反する行為によって成立するに至ったものといわざるを得ない。本件再生計画の決議は不正の方法によって成立したものというべきであり、これと同旨をいう原審の判断は是認することができる。したがって、本件再生計画を認可しないとした原決定は正当であるというべきである。」と判示して、抗告を棄却した。

本決定は、民事再生法174条2項3号の不認可事由について最高裁が初めて判断を示したものであって実務の参考になると思われる。

VI 家事審判法

1 後見開始の審判

【35】20(許)41（△一小、平20・11・4、棄却。原審広島高決平20・8・1、原々審広島家福山支審平20・6・17）

(1) 後見人選任の審判について不服申立てが許されるか否かが問題となった事案である。

(2) Xは、自己を成年後見人候補者として、Aについての後見開始の審判を申し立て、原々審は、Aについて後見を開始し、成年後見人には弁護士Bを選任する旨の審判をした。Xは、Bが成年後見人に選任されたことを不服として即時抗告をした。

原審は、家事審判に対しては最高裁判所の定めるところにより即時抗告のみをすることができ（家事審判法14条）、後見開始の審判に対して即時抗告をすることができる旨の規定は存するが（家事審判規則27条1項）、成年後見人選任の審判に対して即時抗告をすることができる旨の規定は置かれていないことから、後見開始の

審判と同時にされた後見人選任の審判のみについての不服申立ては許されない、上記の即時抗告の趣旨は、Aに対する後見開始と後見人選任とを不可分一体とした上、後見人選任の不当を理由として原々審の審判全体の取消しを求めるものと解されるが、Aについて後見開始の要件があるとした原々審の判断は相当と認められ、後見人選任の当否については、上記のとおり不服の理由とすることができず、抗告審がその判断をすることはできないから、結局、上記即時抗告は理由がないなどとしてXの即時抗告を棄却した。
　(3)　Xが、抗告の許可を申し立てた。
　(4)　本決定は、「所論の点に関する原審の判断は、正当として是認することができる。論旨は採用することができない。」と判示して、抗告を棄却した。

2　親権の喪失の宣告

【36】20(許)29（△一小、平20・9・25、棄却。原審東京高決平20・4・28、原々審東京家八王子支審平19・10・17）
　(1)　親権喪失宣告申立事件において、民法834条所定の親権の濫用が認められるか否かが問題となった事案である。
　(2)　妻Y_2の実子であるAと養子縁組したY_1は、Y_2及びAと一緒に暮らすようになって、Aに対するしつけ、教育として理不尽な要求をしては、これに従わないと殴る蹴るなどの暴力を加えて外傷を生じさせたり、食事を与えないなどの虐待を加えるようになり、Y_2も、Y_1の養育方針に同調するようになった。その後児童相談所等が関与するようにもなったが、A自身には知的能力を含めて大きな問題はないと認められるにもかかわらず、Yらは、依然として虐待を続けたため、Aは、何度も助けを求めて施設に逃げ込むなどし、Yらに対して強い恐怖心、不信感、絶望感を抱くようになった。Y_2の両親であるX_1、X_2が、Yらに対する親権喪失宣告の申立てをした。
　原々審及び原審は、YらのAに対する体罰は相当なもので、Aの人格を尊重しない態度は甚だしく、AをYらの親権に服させることはAの福祉に沿わず不相当であり、Yらについて民法834条所定の親権の濫用が認められると判断し、YらのAに対する親権をいずれも喪失させるべきものと判断した。
　(3)　Yらが、抗告の許可を申し立てた。
　(4)　本決定は、「所論の点に関する原審の判断は、正当として是認することができる。論旨は採用することができない。」と判示して、抗告を棄却した。

3 相続の放棄の申述の受理

【37】20（許）19（△二小、平20・7・16、棄却。原審仙台高決平20・4・8、原々審仙台家大河原支審平20・3・3）

【38】20（許）39（△二小、平20・10・24、棄却。原審福岡高決平20・7・2、原々審長崎家審平20・5・12）

(1) いずれも、相続放棄の申述受理申立事件において、熟慮期間の起算点が問題となった事案である。

(2) 【37】について

ア　Aとその夫であるBは、Bが代表者であるC有限会社で稼働して生計を維持していた。Xは大学進学に伴い、平成9年4月以降、A、Bと別居したが、その別居期間中である平成10年12月から平成11年10月までの間にCは経営資金として金融機関から多額の融資を受け、その際、A及びBはCの債務を連帯保証した。平成14年4月、Xは大学卒業と同時に実家に戻り、再びA、Bと同居するようになったが、そのころCは営業不振から廃業した。Aは平成18年8月15日死亡し、Xは同日Aの死亡を知るとともに、自己がAの相続人となったことを知った。Xは、平成19年12月10日ころに信用保証協会からCを主債務者とするAの連帯保証債務の履行を求められたことを契機として、平成20年2月4日、相続放棄の申述をした。原々審及び原審は、民法915条1項所定の熟慮期間は、相続人が相続開始の原因となる事実及びこれにより自己が法律上相続人となった事実を知った時から起算すべきものであるが、相続人が、上記各事実を知った場合であっても、その時から3か月以内に限定承認又は相続放棄をしなかったのが、被相続人に相続財産が全く存在しないと信じたためであり、かつ、被相続人の生活歴、被相続人と相続人との間の交際状態その他諸般の状況からみて当該相続人に対し相続財産の有無の調査を期待することが著しく困難な事情があって、相続人がこのように信ずるにつき相当な理由が認められるときには、相続人が相続財産の全部若しくは一部の存在を認識した時又は通常これを認識し得べかりし時から起算すべきものと解するのが相当である（最二小判昭59・4・27民集38・6・698、判時1116・29）とした上、本件においては、XはCの経営状態をある程度知り得る状況にあり、Cが営業不振のため廃業したことからすると、Xは、Cが経営資金として借り入れた債務が存在し、その債務につきAが連帯保証しているであろうことを十分想定でき、Aの葬儀の機会などにBやその親戚からAの遺産の有無等を調査する機会も存在したから、Xに熟慮期間中に相続財産の有無の調査を期待することが著しく困難であったことを肯定すべき事情はうかがわれないとして、本件申立てを却下すべきものと判断した。

イ　Xが、抗告の許可を申し立てた。

ウ　本決定は、「所論の点に関する原審の判断は、正当として是認することができる。論旨は採用することができない。」と判示して、抗告を棄却した。

(3) 【38】について

ア Aは、平成19年11月21日死亡した。その相続人は、配偶者B並びに子である C、X_1 及び X_2 の4名であり、Xらは同日、被相続人Aの死亡を知った。被相続人の積極財産として不動産があることをXらは知っていたが、上記不動産には根抵当権設定登記及び抵当権設定登記が経由されていた。上記相続人間で平成20年2月中旬ころ、不動産のすべてをBが相続する旨の遺産分割協議が成立した。Xらは平成20年2月末ころ、Cが亡Aから引き継いだ会社の倒産によりB及びCが破産することを知り、同年3月20日ころ被相続人に消極財産があることを知った。Xらは、平成20年3月31日、被相続人に消極財産があることを知ったのは同月20日であるとして相続放棄の申述をした。

原々審及び原審は、熟慮期間の起算点につき、最二小判昭59・4・27民集38・6・698が示した上記見解（【37】参照）に立った上、Xらは、平成19年11月21日に被相続人の死亡を知ったことにより相続開始の原因たる事実及びこれにより自己が法律上相続人となったことを知ったものであり、また被相続人死亡時に被相続人に積極財産があることも認識しており、被相続人に相続財産が全く存在しないと信じたものではないから、熟慮期間の起算点は平成19年11月21日であり、Xらの相続放棄の申述は熟慮期間経過後になされた不適法なものであるとして却下すべきものと判断した。

イ Xらが、抗告の許可を申し立てた。

ウ 本決定は、「所論の点に関する原審の判断は、正当として是認することができる。論旨は採用することができない。」と判示して、抗告を棄却した。

(4) 【37】、【38】は、いずれも許可には検討の余地があるように思われる。

4 遺言執行者の解任

【39】19(許)38（△一小、平20・3・13、棄却。原審東京高決平19・10・23、原々審横浜家川崎支審平19・7・17）

(1) 遺言執行者に任務懈怠があるほか、相続人の1人の利益のためにのみ行動するという偏頗性、不公平性があり、その解任を求める正当な事由があるか否かが問題となった事案である。

(2) 亡Aと先妻Bとの間には、長女C、長男 X_1、二男 X_2 及び三男 X_3 の4人の子がいる。Aは、昭和54年にオートバイ等の販売を目的とする株式会社Dを設立し、Aの引退後は X_1 が代表取締役となり、参加人 X_2 が取締役、参加人 X_3 が監査役となっており、Aの相続財産を構成する建物（本件店舗建物）の1階部分は、その販売店舗の一つである。Aは、Bの死亡後は1人住まいをし、Eが身辺の世話をしていた。平成18年2月8日、司法書士である Y_2 及び Y_3 を証人として、AとEとの婚姻の届出がされたが、A存命中は、AもEもそのことをC及びXらには明らかにしておらず、Eは婚姻届出後も旧姓を名のり、家政婦と称していた。Aは、平成18年12月25日、遺言公正証書をもって、Aの相続財産（本件相続財産）を

すべてEに相続させる旨の遺言（本件遺言）をし、遺言執行者としてY₂、Y₃及び司法書士法人であるY₁（Y₂が代表者を務め、Y₃が所属している。）を指定した。Y₂及びY₃は本件遺言の証人でもある。Aは本件遺言書の付言事項として、①当初、子であるX₁らにはDを運営する上で必要な分配をし、Eには将来の生活を考えた分配をすることを考えたが、だれに何を分配すればよいかを決めかねていることから、相続財産の分配をEに託そうとして本件遺言書を作成したこと、②したがって、全相続財産をEに残して同女が自由に財産を処分することを望んでいるものではないこと、③Eの生活に何が必要なのか、Dの運営にどうしたら相続財産が役立つのかについて、Eを中心によく話し合ってほしいこと、④本件遺言があっても遺産分割や遺留分減殺の方法で話し合うことも可能であるから、具体的な手続は本件遺言書の原案を作成し遺言執行者にもなっているYらに相談して承継方法を考えてほしいこと、⑤何よりもDの発展を願っていることなどを詳細に記述しており、本件遺言書3条2項には、Yらは各種相続財産を相続人又は受遺者に引き渡すべきことが明記されている。Aは、平成19年1月23日に死亡した。同年2月1日、YらはXらに対して本件遺言書写しを交付した上で、遺言執行者に就任したことを説明した。Xらは、このとき初めてAとEが婚姻の届出をしていたことを知り、E及びYらに対し、遺留分減殺の意思表示をした。Yらは、Xらから遺留分減殺請求を受けた後、亡A名義の預貯金や投資信託等の金融資産の全部又は大部分について、遺留分減殺請求によって共有持分権を有するに至ったXらの了解を得ることなく、金融機関に払戻しを請求して受領したり、名義変更の手続をしたりし、さらに、Eの代理人として、同年3月23日、書面をもってDに対し、代表者であるX₁との信頼関係が破綻していることを理由に本件店舗建物1階部分の使用貸借契約を解除する旨告知し、同書面到達後1週間以内に明け渡すよう求めるとともに、今後の連絡はすべて代理人であるYらに対して行うべきこと及び任意の明渡しがされないときには法的手段に移行する旨通告した上、同年4月、Eの訴訟代理人として、Dに対し、本件店舗建物1階部分の明渡しを求める訴えを簡裁に提起し、同訴訟は地裁に移送され、Y₂らは司法書士であるため訴訟代理人ではなくなった。Xらは、同年3月30日、Yらの遺言執行者の解任を求める申立てをし、同年6月、相続財産に含まれる預貯金等の管理方法など現在の事務処理状況の報告を求める趣旨の書面をYらに送付したが、Yらから報告ないし説明はなかった。

　原々審は、Yらに解任事由たる任務の懈怠があるとまでいうことはできないが、YらにはEの利益にのみ偏して行動していると疑われてもやむを得ない事情があり、遺言執行者として相続人全員に対して公平に任務を行うかについては多大な疑念があるというべきであるとして、Yらを解任した。

　原審も、Yらの解任を相当として、Yらの抗告を棄却した。その理由の概要は次のとおりである。遺言執行者のする財産管理については、委任に関する規定が準用されるから、遺言執行者には、相続人から請求があるときはいつでも事務処理状況を報告する義務があるが、Yらが、Xらの請求にもかかわらず、預貯金等の管理方

法についてXらに報告ないし説明をしていないという事実に照らすと、Yらには任務の懈怠があるというべきである。また、Xらが本件遺言書の効力に疑問を持っているほか、EとXらとの間で激しい感情的な対立があり、Yらとしては職務の遂行に難渋を来していることがうかがわれるが、そのような事情を考慮しても、①遺留分減殺請求が適法にされた以上、その権利は当然に保護されるべきものであるから、遺言執行者としても、遺留分権利者の権利に配慮してその職務を遂行しなければならないのであって、遺留分権利者に配慮する必要はないとのYらの主張は採用できないこと、②現実に価額弁償をし、又はそのための弁済の提供をしなければ、本件相続財産についてのXらの共有持分権は消滅しないのであって（最三小判昭54・7・10民集33・5・562、判時942・46）、そのような処置に出ることなく相続財産を処分することは、Xらの遺留分を侵害する行為であり、相続財産の処分がEのする価額弁償を準備するためのものであるとすれば、このような処分行為はEの利益にのみ偏し不公平であるとの誇りを免れないこと、③Xらの了解を得ることなく、金融資産の全部又は大部分の払戻しをしたり名義変更の手続をしたりした行為は、Xらの遺留分に関する権利を侵害するばかりではなく、一方的にEの利益にのみ偏したものであって、遺言執行者としての職務遂行の適正性、公平性を欠くものといわざるを得ないこと、④Dとの間の使用貸借契約についてEが主張する解除原因は、Dの代表者であるX_1との信頼関係が破壊されているというものであって、Aの相続人間の対立が基礎にあることが明らかであり、YらにおいてEの訴訟代理人としてDに対して共有建物の明渡しを求める訴訟を提起することは、Eと対立するX_1に対して遺言執行者としての職務遂行の公平性に重大な疑念を抱かせるものであり、一方的にEに加担し、その利益に偏した行為といって過言ではないことなどを考慮すると、Yらは、遺言執行者として相続人間の取扱いに公平を欠き、Eの利益にのみ偏した不適切な事務処理を行っているものというべきである。

(3) Yらが、抗告の許可を申し立てた。

(4) 本決定は、「所論の点に関する原審の判断は、正当として是認することができる。論旨は採用することができない。」と判示して、抗告を棄却した。本件許可には検討の余地があるように思われる。

5 遺留分の放棄についての許可

【40】20(許)35（△二小、平20・12・24、棄却。原審東京高決平20・6・12、原々審東京家審平19・11・1）

(1) 遺留分放棄許可審判の取消審判に対する即時抗告権が認められるか否かが問題となった事案である。

(2) 昭和60年7月5日、Aは被相続人の相続について相続開始前の遺留分の放棄の許可を求める審判を申し立て（基本事件）、同月12日許可の審判がされたが、Aは、上記審判の申立ては自分がしたものではないなどと主張して、裁判所の職

権による同審判の取消審判（家事審判法7条、非訟事件手続法19条1項）を求めた。

原々審は、基本事件の申立てがAの自由な意思に基づいてされたとは認め難いなどとして、基本事件の審判を取り消した。

この審判に対し他の相続人X_1、X_2、X_3が即時抗告したところ、原審は、家事審判法14条は、「審判に対しては、最高裁判所の定めるところにより、即時抗告のみをすることができる。」と規定するところ、家事審判規則には遺留分放棄許可の取消審判に対する即時抗告を許容する定めはなく、他にこれを許容する定めもないから、Xらに原々審に対する抗告権を認めることはできないとして抗告を却下した。

(3) Xらが、Xらに即時抗告権を認めなかった原審には家事審判規則14条の解釈、適用の誤りがある旨主張して、抗告の許可を申し立てた。

(4) 本決定は、「所論の点に関する原審の判断は、正当として是認することができる。論旨は採用することができない。」と判示して、抗告を棄却した。

6　夫婦の同居に関する処分

【41】20(許)14（△三小、平20・6・10、棄却。原審名古屋高決平20・2・26、原々審名古屋家半田支審平19・8・1)

(1) 夫が妻に対して夫との同居を命じることを申し立てた事件において、円満な同居生活を期待できるような状況にあるか否かが問題となった事案である。

(2) X（夫）とY（妻）は、平成13年に婚姻した夫婦であり、両者間には長男がいる。平成18年、YはXに対し離婚訴訟を提起し、平成19年7月、婚姻関係は破綻しているとして、Yの請求を認容する判決が言い渡され、高裁もXの控訴を棄却する判決を言い渡した。Xは上告受理の申立てをし、民法752条に基づき、Yに対してXとの同居を命じる審判を申し立てた。

原々審及び原審は、XとYとの間の離婚訴訟が継続中であるところ、1審判決及び控訴審判決のいずれにおいても、両者間の婚姻関係が破綻しているものと認定された上で、Yの離婚請求が認容されていることを踏まえ、たとえYにXとの同居を命じたとしても、円満な同居生活は到底期待し得ないとして、Xの申立てを却下すべきものと判断した。

(3) Xが、抗告の許可を申し立てた。

(4) 本決定は、「所論の点に関する原審の判断は、正当として是認することができる。論旨は採用することができない。」と判示して、抗告を棄却した。本件許可には検討の余地があるように思われる。

7　婚姻から生ずる費用の分担に関する処分

【42】20(許)6（△一小、平20・3・27、棄却。原審名古屋高決平19・12・28、原々審名古屋家審平19・10・19)

(1) 婚姻費用分担額を定める審判を求める事件において、同分担額について当事

者間に協議が成立しているか否かが問題となった事案である。
　(2)　X（夫）とY（妻）は婚姻した夫婦であり、その間に長男及び長女がいるが、平成16年4月にXが単身で家を出て以来、XとYは別居している。X、Y間においては、XがYに対し、別居中の婚姻費用として月額20万円（毎年7月及び12月は50万円）を支払う旨の協議（本件協議）が成立したとして、Xに対し、平成18年9月から離婚まで月額20万円（毎年7月及び12月は各50万円）の婚姻費用をYに支払うべきことを命ずる判決が確定している。Xは、①主位的に、当事者間において婚姻費用分担に関する協議が整っていないなどとして、相当な婚姻費用の分担を定めることを求め（民法760条）、②予備的に、婚姻費用分担に関する協議成立後に事情の変更が生じたため、協議によって定めた婚姻費用分担金額の減額（民法880条類推適用）を求める審判の申立てをした。
　原々審及び原審は、X、Y間においては、別居期間中の婚姻費用の分担につき本件協議が成立したとして、Xの主位的申立てを排斥すべきものと判断する一方、XがYとの別居後、婚外子を認知し扶養義務を負うに至ったことは、民法880条の類推適用により、本件協議による婚姻費用分担義務を変更すべき事情に当たるとして、XがYに対して支払うべき分担金の額を月額17万円（毎年7月及び12月は42万円）に変更すべきものと判断した。
　(3)　Xが、X、Y間においては婚姻費用の分担の対象となる費用の一部について協議が調ったにすぎないから、上記協議にかかわらず、民法760条に従って婚姻費用の分担内容を定めるべきであるなどと主張して、抗告の許可を申し立てた。
　(4)　本決定は、「所論の点に関する原審の判断は、正当として是認することができる。論旨は採用することができない。」と判示して、抗告を棄却した。本件許可には検討の余地があるように思われる。

8　遺言による推定相続人の廃除

【43】　20(許)13（△二小、平20・7・16、棄却。原審東京高決平20・3・6、原々審さいたま家審平18・7・11）

　(1)　遺言執行者による公正証書遺言に基づく推定相続人廃除申立てにおいて、民法892条所定の廃除事由が認められるか否かが問題となった事案である。
　(2)　亡Aは、平成11年12月9日、Aの子で遺留分を有するY_1、Y_2が、Y_1についてはAに対する虐待行為があり、Y_2についてはAから預かった金員等の返還を拒絶してAを著しく侮辱したとして、Yらを推定相続人から廃除する旨の公正証書遺言をし、平成16年5月1日、死亡した。Aの遺言執行者であるXは、民法893条に基づき、Yらに対して推定相続人廃除の審判の申立てをした。
　原々審は、Yらが民法892条所定の廃除事由に該当する行為をしたとは認められないとして、本件申立てを却下した。
　原審は、①Y_1については、民法892条にいう虐待とは被相続人と相続人との間の相続的共同関係を破壊する程度のものでなければならないところ、被相続人に対

してその意に反する行為があった可能性は否定できないが、他の証拠を総合すると同条所定の虐待といえる行為が存在したとまでいうことはできない、②Y_2については、同条所定の廃除事由は相続的共同関係を破壊し、その修復を困難ならしめるような重大な事由をいうと解されるところ、Y_2はAによる金員の返還を求める別件訴訟において金員の授受について贈与であると主張していたにすぎず、AのY_2に対する悪感情も別件訴訟において和解が成立したことにより相当程度軽減されたものと推測されるから、相続的共同関係を修復困難なまでに破壊するような事由は認められないとして、抗告を棄却した。

(3) Xが、抗告の許可を申し立てた。

(4) 本決定は、「所論の点に関する原審の判断は、正当として是認することができる。論旨は採用することができない。」と判示して、抗告を棄却した。

9 氏の変更（戸籍法）

【44】20(許)27（△二小、平20・8・27、棄却。原審名古屋高決平20・4・23、原々審岐阜家審平19・5・29）

(1) 氏の変更許可申立事件において、戸籍法107条1項の「やむを得ない事情」（戸籍法107条1項）が認められるかどうかが問題となった事案である。

(2) Xは、昭和29年6月、AとBの子として出生したが、AとBは婚姻していなかったため母親であるBの氏である「甲」を称していた。Xは、昭和60年2月にCと婚姻し、両者はXの氏である「甲」を称することとした。その後AとBは、平成2年6月、婚姻届を提出してAの氏である「乙」を称し、AはXを認知した。そのころ、XとC夫婦は、一家で「乙」の氏を名乗ってほしいとのBの希望などから「乙」の氏を称する入籍届をし、「乙」姓の新戸籍が編成され、以後「乙」姓を呼称するようになった。その後Bが平成5年に死亡し、XがAの面倒をみるようになったが、平成8年にCが倒れてXとCが自己破産の申立てをすると、AはXとCに対し「恥さらし」などと暴言を吐くようになった。XとCは、平成10年10月離婚したが、その後も一緒に生活していた。Cは、平成19年1月死亡し、その葬儀にAは参列しなかった。Xは、自己の氏を以前の「甲」に変更するよう求める氏の変更許可の申立てをした。

原々審及び原審は、戸籍法107条1項の「やむを得ない事情」とは、当人にとって当該氏がその社会生活上不当な不利益を与え、これを継続使用させることが社会観念上著しく不当であり、呼称秩序の安定性を犠牲にしてもやむを得ないと認められるような事由をいい、単に当該氏の使用が精神的に苦痛であるとか、旧姓に対する愛着というような主観的なものでは足りず、社会的、客観的にみても是認される場合をいう、Xは出生後約35年間にわたって「甲」姓を呼称していたものの、「乙」姓を呼称するようになってからも16年が経過し、「乙」姓はXの呼称として社会的に定着し、新たな呼称秩序が既に形成されていること、「乙」姓を名のることはBの強い希望等によるものであったとしても、Xもその自由意思により「乙」姓を

選択したものであること、Xが「乙」姓を使用することにより社会生活上客観的な不利益を被っているとの事情は認められないこと、Xが述べる理由はいずれも主観的なものにとどまること等を総合考慮すると、本件においては、呼称制度の安定性を犠牲にしてまでXの氏を変更すべき「やむを得ない事情」があるとは認められないなどとしてXの申立てを却下すべきものと判断した。

(3) Xが、抗告の許可を申し立てた。

(4) 本決定は、「所論の点に関する原審の判断は、正当として是認することができる。論旨は採用することができない。」と判示して、抗告を棄却した。本件許可には検討の余地があるものと思われる。

10 離婚時年金分割（厚生年金保険法）

【45】20(許)11（△三小、平20・5・27、棄却。原審名古屋高決平20・2・1、原々審岐阜家審平19・12・17）

【46】20(許)28（△三小、平20・9・2、棄却。原審広島高決平20・3・14、原々審広島家審平20・2・18）

(1) いずれも厚生年金保険法78条の2第2項に基づき、年金分割についての請求すべき按分割合を定めるように求めた事案において、原則的按分割合0.5を変更すべき特段の事情が認められるか否かが問題となった事案である。

(2) 【45】について

ア X（妻）とY（夫）は、昭和54年に婚姻届出をしたが、Yが、昭和63年6月から平成元年6月までと、平成5年3月から平成16年2月までの2回にわたり単身赴任をした後、XとYは、平成17年1月から別居し、平成19年7月、YがXに解決金100万円を支払うこと、年金分割については別途解決することなどを合意して、和解離婚した。Xは、年金分割についての請求すべき按分割合を定める審判を申し立てた。

原々審及び原審は、①Yが長期間単身赴任をしていたことは、そもそも別居とは異なること、②夫婦関係悪化後の別居期間は31か月と婚姻期間の332か月に照らして短期間であり、原則的按分割合に変更を加えるべき特段の事情は見当たらないこと、③婚姻期間中にYが借金を負ったことのみでは上記特段の事情には該当しないことを理由として、按分割合を原則よりもXに有利に定めるべき特段の事情は認められないとして、按分割合を0.5と定めるべきものと判断した。

イ Xが、抗告の許可を申し立てた。

ウ 本決定は、「所論の点に関する原審の判断は、正当として是認することができる。論旨は採用することができない。」と判示して、抗告を棄却した。

(3) 【46】について

ア X（妻）とY（夫）は、平成12年2月に婚姻届出をしたが、平成17年4月から別居し、平成18年には双方から離婚訴訟が提起され、平成19年8月に和解離婚が成立した。その後、当事者間で年金分割割合についての合意が成立しなかった

ため、Xが年金分割についての請求すべき按分割合を定める審判を申し立てた。
　原々審及び原審は、対象期間における保険料納付に対する夫婦の寄与は、特別の事情がない限り、互いに同等と見るのを原則とすべきであるとした上、①別居していたことから直ちに事実上の離婚状態になっていたとはいえず、記録を精査しても、按分割合を定めるに当たり斟酌しなければ不相当というべきまでの明白な破綻別居期間の存在を認定することはできない、②Yが主張するXによる浪費又は財産の隠匿の事実があったとしても、当該事項は財産分与等で解決すべき問題であるとして、これらの事情はいずれも例外を認めるべき特段の事情に当たらず、本件按分割合を0.5と定めるべきものと判断した。
　イ　Yが、抗告の許可を申し立てた。
　ウ　本決定は、「所論の点に関する原審の判断は、正当として是認することができる。論旨は採用することができない。」と判示して、抗告を棄却した。

【47】20(許)34（△一小、平20・9・18、棄却。原審東京高決平20・6・11、原々審横浜家審平20・2・27）
　(1)　厚生年金保険法78条の2第2項に基づき、年金分割についての請求すべき按分割合を定めるように求めた事案において、離婚時年金分割制度の対象となるために故意に協議離婚届の交付、届出を遅らせたことが信義則に反するか否かが問題となった事案である。
　(2)　X（妻）とY（夫）は昭和46年に婚姻届出をしたが、Yが不貞関係を持った後別居した。Yは離婚訴訟を提起したが、婚姻関係破綻の原因はYの不貞行為や暴力であって、Yは有責配偶者でその離婚請求は信義則に反する旨の請求棄却判決がされ、確定した。その後、Yは、夫婦関係調整の調停を申し立て、慰謝料を分割して支払うなどの調停が成立し、さらにXとYは、Yが慰謝料全額を完済したときはXは速やかに離婚届をYに交付する旨の公正証書を作成した。Yは、平成19年1月までに慰謝料を全額完済し、Xに離婚届の交付を求めたが、Xは、離婚時年金分割制度が施行された平成19年4月1日より後の同年6月になって離婚届を交付し、協議離婚が成立した。Xは、同年8月、請求すべき按分割合に関する審判の申立てをした。
　原々審は、Yが慰謝料を完済した後、Xが速やかに離婚届を交付していれば離婚時年金分割制度施行前に協議離婚が成立し、Xは本件申立てをすることができなかったはずであり、Xが公正証書の離婚届の交付についての約定を遵守しなかったことにつき履行遅滞と評価されないような特別の事情がない限り、本件申立ては信義則に反して許されないなどとして本件申立てを却下した。
　原審は、公正証書の条項をみてもXとYとの間で早期に慰謝料を完済すれば年金分割審判の申立てをしない旨の合意があったとは認められない、公正証書中の早期支払に努める旨の条項は離婚時年金分割制度の施行を意識したというよりも早期の支払に主眼を置いたものである、Xが離婚届を速やかに交付しなかったのはY

とXが経営する会社との貸金の返済に関する交渉も関係していることが認められるとして、本件申立てが信義則に反するとか、権利の濫用ということはできないとして、原々審判を取り消して本件を原々審に差し戻す旨の決定をした。
　(3)　Yが、抗告の許可を申し立てた。
　(4)　本決定は、「所論の点に関する原審の判断は、正当として是認することができる。論旨は採用することができない。」と判示して、抗告を棄却した。

Ⅶ　その他

1　行政事件訴訟法

【48】　19(行ﾌ)7（△二小、平20・2・15、棄却。原審名古屋高決平19・11・12、原々審名古屋地決平19・10・1）
　(1)　隣地に建設中の共同住宅の建築確認の執行停止申立事件において、行政事件訴訟法25条2項の「重大な損害を避けるため緊急の必要がある」との要件を充たすか否かが問題となった事案である。
　(2)　Aは、X居宅の隣接地に3階建てのマンション（本件建築物）を建築するに際し、指定確認検査機関であるYに対し、建築確認を申請し、建築確認（本件確認処分）を得た。Xは、本件確認処分につき審査請求をした上、Yに対し、本件確認処分は、①建築基準法53条1項所定の建ぺい率規制に関する違反がある、②同法55条1項所定の高さ規制及び同法56条の2第1項所定の日影規制に関する違反があると主張して、その取消しを求める訴えを提起した（本案事件）。本案事件の第1審裁判所は、原告の主張①の一部を認め、本件建築物の建ぺい率は50.95%であり、規制値を超える違法なものであると判断して、本件確認処分を取り消す旨の判決をした。これに対し、Yが控訴した。
　Xは、本案事件の第1審判決言渡し後、本件建築物の完成により、①本件建築物から受ける圧迫感で息苦しさや重苦しさを感じること、②日照、採光及び通風を阻害されること、③ビル風による影響を受けること、④至近距離にある窓から見下ろされることによりプライバシーを侵害されること、⑤火災が発生した場合に延焼する可能性があることをその被る損害と主張して、行政事件訴訟法25条2項に基づき、本件確認処分の執行停止の申立てをした。Xが本件申立てをした当時、本件建築物は、3階の軀体部分及び外装工事が完成していた。
　原々審及び原審は、本件確認処分の違法性に関して、本件確認処分については、建築基準法53条1項所定の建ぺい率規制違反が存在するということができるが、同法55条の高さ規制及び同法56条の2の日影規制違反が存在するとは認められないとした上で、本件確認処分による損害等に関して次のとおり判示して、本件申立てを却下すべきものと判断した。①本件建築物は、かなりの圧迫感があるが、本件建築物は、建築基準法55条1項の高さ規制に違反していないし、建ぺい率違反の

点は規制値を 0.95％上回っているにすぎず、建ぺい率違反が上記圧迫感に及ぼす影響はわずかなものであると考えられることからすると、本件確認処分の行政目的が違法な建築物の出現を防止することにあることを考慮しても、本件確認処分のうち違法な部分によってXの被る損害が、原状回復若しくは金銭賠償による填補が不能であるか、又は社会通念上、そのような原状回復、金銭賠償等で損害を回復させるのが容易ではなく、若しくは相当でないとみられる程度に達しているとは認められない。そして、本件建築物の3階躯体部分及び外装工事が完成しており、上記の圧迫感は既に生じているものであることを考慮すると、本件確認処分の執行を停止すべき緊急の必要性もないというべきである。②本件建築物の建ぺい率違反が日照、採光及び通風に及ぼす影響はわずかなものであると考えられることなどからすると、その点を理由として、「重大な損害を避けるため緊急の必要があるとき」に当たるということはできない。本件建築物は日影規制に違反しておらず、Xの主張する日照被害は本件では考慮の対象とはならないものである。③ビル風による影響、プライバシー侵害については、Xが主張する建築基準法違反に起因して生じるものか否か明らかではなく、それが生ずるとしても、「重大な損害」に当たるような性質及び程度のものとは認められない。④本件建築物が完成することにより本案事件の訴えの利益が消滅するとしても、そのこと自体をとらえて、本件確認処分による重大な損害があり、これを避けるため緊急の必要があると解することはできない。

(3) Xが、抗告の許可を申し立てた。

(4) 本決定は、「本件事実関係の下においては、所論の点に関する原審の判断は、是認することができる。論旨は採用することができない。」と判示して、抗告を棄却した。

【49】 20(行フ)1（△三小、平 20・3・11、棄却。原審広島高決平 19・12・19、原々審山口地決平 19・11・1）

(1) 地方公営企業法7条の2第7項に基づく罷免処分の効力停止申立事件において、行政事件訴訟法25条2項の「重大な損害を避けるため緊急の必要があるとき」との要件を充たすか否かが問題となった事案である。

(2) 山陽小野田市は、財政再建のため、平成18年4月1日から当分の間、全職員を対象として給与を5％減額することとし、これを受けて、水道局職員についても同日から当分の間給与を5％減額する旨の給与規程の改正（附則の新設）が行われた。平成19年3月末ころ、Xの前任の水道事業管理者であったAは、上記改正による規程の附則を削除する旨の改正（本件改正）を行い、これが同年4月1日から施行され、Xもその決裁に関与した。山陽小野田市長は、同年10月11日付けで、Xに対し、①Xは、本件改正当時、水道局副局長でありながら、本件改正に反対しなかったばかりか、かえってこれをほう助し、かつ、水道事業管理者に就任した後も本件改正の事実を同市長に報告しなかった、②勤務時間中に職場のパソコンを

Ⅶ　その他

使用して業務とは直接関係のないインターネットサイトを閲覧していたとして、地方公営企業法7条の2第7項に基づく罷免処分（本件処分）を行った。

原々審及び原審は、本件処分が明らかに違法、不当な処分であるとは認め難く、本件処分によってXが被る名誉、信用の失墜等の損害は処分に通常伴う損害であって「重大な損害」には当たらないとし、本件申立てを却下すべきものと判断した。

(3)　Xが、抗告の許可を申し立てた。

(4)　本決定は、「本件について、行政事件訴訟法25条2項に規定する『重大な損害を避けるため緊急の必要があるとき』に該当するとは認められないとした原審の判断は、是認することができる。論旨は採用することができない。」と判示して、抗告を棄却した。本件許可には検討の余地があるように思われる。

【50】20(行フ)4（△三小、平20・7・15、棄却。原審広島高岡山支決平20・4・25、原々審岡山地決平20・1・30）

(1)　指定居宅サービス事業者及び指定介護予防サービス事業者の指定を取り消す処分の執行停止申立事件において、行政事件訴訟法25条2項の「重大な損害を避けるため緊急の必要があるとき」との要件を充たすか否か等が問題となった事案である。

(2)　X株式会社は通所介護の居宅サービス事業等を目的とする有限会社であるところ、平成18年10月1日、岡山県知事（処分行政庁）から、A、B事業所（本件各事業所）において、指定居宅サービス事業者及び指定介護予防サービス事業者の各指定（本件各指定）を受け事業を行っていた。処分行政庁は、平成19年5月から11月までの間にA、B事業所を監査したところ、①本件各指定の申請に際し、法に定められた看護職員、機能訓練指導員等の人員を満たしていないのに、これを満たしているかのように事実と異なる申請をした、②その後も人員基準を満たしていないことを認識しながら運営を継続し、居宅介護サービス費等を不正に請求したという違法が認められたとして、聴聞手続を経た上、平成20年1月21日、Xに対し、同月31日をもって各指定を取り消す本件各処分をした。Xは処分行政庁の所属する岡山県に対し、本件各処分の取消訴訟を提起するとともに、本案判決確定まで本件各処分の効力の停止を求める執行停止の申立てをした。

原々審及び原審は、本件取消処分が効力を生ずることによって、本件各事業所は、介護に係るサービス費に該当する金員の請求をすることができなくなり、実質的に介護サービスの提供を継続することが不可能となる。その結果、Xは本件各事業所の初期投資の回収が困難となる上、同事業所の平成19年1月から同年11月の収入はXの収入の約12.8%に当たることを考慮すると、本件各処分はXの経営に多大な影響を与えるものと認められる。また、本件各処分に伴い、いったん同事業所が閉鎖されることになれば、利用者は当然に他の施設に移動することとなり、仮に本案判決によって本件各処分が取り消されたとしても、利用登録者を再び獲得するこ

とが困難になることが予測される。将来本件各処分が本案判決によって取り消された場合にXに発生するこれらの損害は、理念的には金銭賠償が可能であるといえるとしても、その回復のためには、国家賠償請求等による事後的な訴訟を提起しなければならない可能性が大きい上、国家賠償が過失責任主義をとっていることからすれば、本件各処分が違法であれば常に金銭賠償を受けることができるということもできない。したがって、本件各処分によってXの被る損害は重大であり、「処分によって生ずる重大な損害を避けるための緊急の必要があるとき」に該当する。

また、本件各処分の原因となった人員基準違反がその後解消されていることに照らせば、本案判決が確定するまでの間、Xが介護サービスを継続することになっても、利用者の日常生活や健康状態に重大な支障が生ずることは防止することができ、また、Xの経営規模等からすれば、Xが再び人員基準違反や不正請求を犯す可能性は乏しいということができるから、本件各処分の効力を停止しても、公共の福祉に重大な影響を及ぼすおそれがあるとはいえない。

本件各処分の根拠法文の内容には価値的規範的要素が含まれており、Xの一連の行為が本件各指定の取消事由に該当するか否か、仮に該当するとして取消処分が適切であったか否かについては本案訴訟において更に審理を尽くすべき事項であるから、本件申立ては「本案について理由がないとみえるとき」には該当しない、として本件申立てを認容すべきものと判断した。

(3) 岡山県が、抗告の許可を申し立てた。
(4) 本決定は、「所論の点に関する原審の判断は、正当として是認することができる。論旨は採用することができない。」と判示して、抗告を棄却した。

2 商事非訟

【51】20(許)12（△一小、平20・6・19、棄却。原審名古屋高決平20・2・28、原々審名古屋地決平19・1・18）

(1) 親会社の株主がした平成17年法律第87号による改正前の商法260条の4第6項に基づく子会社の取締役会議事録等の閲覧等許可申請事件において、閲覧等により会社に著しい損害を生ずべきおそれがあるか否かが問題となった事案である。

(2) Yの親会社であるA株式会社の株主であるX_2とその子であるX_1が、株主としての権利を行使するため、商法（平成17年法律第87号による改正前のもの）260条の4第6項に基づき、Yの取締役会議事録等の閲覧及び謄写の許可を求めた。X_2は親会社であるA株式会社の株式の約3.6％を保有する株主であり、X_1は同社の株式の約21.5％を保有する株主である。X_1はAと競合するB株式会社の30％以上の株式を有する株主監査役でもある。Aは、青果、促成、仲買業等を目的としており、その100％の子会社であるYは青果仲卸業務の受託等を目的としている。AはC市の開設する卸売市場の北部市場の青果部に属する仲卸業者としてC市長の許可を得ており、現在は野菜類を取り扱っているが、果実を取り扱っていた時期もあった。Bは青果物の仲卸等を目的とする会社であり、C市卸売市場本

場の青果部に属する仲卸業者としてC市長の許可を得ており、専ら果実類を取り扱っている。

原々審は、X_1については、Yと競業する会社の株主であると認められ、Yに著しい損害を生ずるおそれがあるとして上記申請を却下したが、X_2については、X_1と一定の身分関係にあることは争いがないが、Bの株主であるとは認められず、取締役会議事録の閲覧等という重要な権利が制限されることは相当でないとして上記申請を認容した。

原審は、株主が会社と競業関係にある他の会社の株主等でもある場合には、取締役会議事録等の閲覧謄写により会社の秘密を探り、これを自己の競業に利用し、又は他の競業者に知らせることを許せば会社に甚大な被害を生じさせるおそれがあるといえること、A社とB社は、いずれもC市卸売市場の青果物の仲卸業者であり、取扱商品も過去に競合していた時期がある上、今後とも競合する可能性は少なくないこと、X_1はBの株式を30％以上保有する大株主であり、X_2はX_1の親であって、X_1と一緒に本件許可申請をしたものであることなどからすれば、両者の請求については、実質において一体のものと考えられることなどを指摘して、X_1及びX_2のいずれの請求についても本件議事録等の閲覧謄写によりYに著しい損害を生ずるおそれがある場合に該当するとして、本件許可申請を却下した。

(3) X_2が、抗告の許可を申し立てた。

(4) 本決定は、「所論の点に関する原審の判断は、正当として是認することができる。論旨は採用することができない。」と判示して、抗告を棄却した。

【52】20(許)20（△二小、平20・8・20、棄却。原審名古屋高決平20・5・12、原々審名古屋地決平19・6・28）

(1) 譲渡制限のある株式についての株式売買価格決定申請事件において、純資産価格方式、収益還元方式及び配当還元方式を併用して価格を決定するに当たり、当該会社に関しては配当金がかなり抑えられてきたことを重視して、配当還元方式を相対的に重視することなく収益還元方式を相対的に重視して株式売買価格を決定することの可否が問題となった事案である。

(2) A株式会社の株式の譲渡については、取締役会の承認を要するものとされていたが、A社の株式（議決権比率5.6％）を有するYらは、A社に対し、同株式をBに譲渡することの承認を求めた。A社は、これを承認せず、同株式の譲渡の相手方としてXを指定したが、XとYらとの間で、同株式の売買価格について、協議が調わなかったことから、Xは、Yらを被申請人として、裁判所に対し、上記株式の売買価格の決定を求めた。

原々審及び原審は、①A社の継続性が強いこと、②上記株式の譲渡によってA社の支配権が移転するわけではないが、実質的にはA社の創業者一族の支配が強化されること、③A社は、これまで、配当を抑えて、多くの内部留保を有していることなどに照らすと、A社の株式の価格については、純資産価格方式を0.3、収

益還元方式を 0.45、配当還元方式を 0.25 の割合でウエイト付けして売買価格を決めるのが相当であると判示して、A 社の株式 1 株当たりの価格を 2345 円と決定すべきものと判断した。

(3) X が、抗告の許可を申し立てた。

(4) 本決定は、「所論の点に関する原審の判断は、正当として是認することができる。論旨は採用することができない。」と判示して、抗告を棄却した。

3 私的独占の禁止及び公正取引の確保に関する法律

【53】 19(行フ)6（○一小、平 20・3・6、棄却、集民 227・503、判時 2003・36。原審東京高決平 19・10・23）

(1) 不当景品類及び不当表示防止法違反審判事件につき、公正取引委員会から排除措置を命じる旨の審決を受けたにもかかわらず、その履行を懈怠していたため、公正取引委員会が私的独占の禁止及び公正取引の確保に関する法律 97 条に基づき被審人を過料に処すべき旨の通知をした事案において、被審人を処罰しないことが相当かどうかが問題となった事案である。

(2) Y は A がイタリアから輸入したズボン（本件商品）を購入して、平成 12 年 2 月ころから平成 16 年 7 月ころまでの間小売店舗を通じて一般消費者向けに販売を行った。本件商品には「イタリア製」との品質表示タックなどが取り付けられていたが、実際にはルーマニアで縫製されたものであった。公正取引委員会は、平成 19 年 1 月 30 日付けで審判審決を行い、主文において一般消費者の誤認を排除するための措置として「平成 12 年 2 月ころから平成 16 年 7 月ころまでの間に Y が行った、当該ズボンの原産国がルーマニアであるにもかかわらず、あたかも、原産国がイタリア共和国であるかのように示した表示は、事実と異なるものであり、かかる表示は、当該商品の原産国について一般消費者に誤認される表示である」旨速やかに公示し、その内容を速やかに公正取引委員会に報告することが命じられていた。これに対し、Y は審決取消訴訟を提起したが、独占禁止法（平成 17 年法律第 35 号による改正前のもの）58 条 1 項の規定により、審決は執行力を有するものとなっており、Y には審決主文に記載された排除措置を履行する義務が生じていた。また、Y は、同法 62 条 1 項に基づく執行免除の申立てを裁判所にすることもなかった。公正取引委員会は、Y に対し、審決の履行を求めるとともに、平成 19 年 4 月 26 日付け公正取引委員会事務総長名の警告書において同年 5 月 11 日までに審決主文に基づく措置を執ったことについての報告がなければ、私的独占の禁止及び公正取引の確保に関する法律 97 条に基づき応分の処置を執らざるを得ないことを通告した。しかし、Y はその後も何らの対応又は回答もしなかったため、公正取引委員会は、同年 6 月 21 日、東京高裁に対し、Y を同条による過料に処すべき旨の通知を行った。

原審は、Y が上記審決主文で命じられた事項を速やかに履行する旨陳述していることを理由として、Y を処罰しない旨の決定をした。

(3) 検事総長が、抗告の許可を申し立てた。
(4) 本決定は、「私的独占の禁止及び公正取引の確保に関する法律第97条の規定は、排除措置命令に違反したものは50万円以下の過料に処する旨を定めており、同条の趣旨に照らせば、裁判所は、審理の結果、排除措置命令に違反する行為が認められる場合には、原則として、当該行為をした者を過料に処すべきであるが、違反行為の態様、程度その他諸般の事情を考慮して、処罰を必要としないと認めるときは、上記の者を処罰しない旨の決定をすることもできるものと解するのが相当である。これを本件についてみると、Yは、公正取引委員会から、一般消費者の誤認を排除するための措置として、本件商品の原産国についてYが行った表示が事実と異なるものであり、一般消費者に誤認される表示である旨を速やかに公示すること等を命じる旨の審決を受けたにもかかわらず、同審決の履行をけ怠していたものであるが、Yが本件商品の不当表示を同審決を受ける約2年半前に取り止めた上、ウェブサイトや店頭告知で不当表示をしていた事実を公表し、商品の回収や代金の返還にも応じて、一般消費者の誤認やその結果の排除に努めていたことなど本件記録上うかがわれる事情に照らせば、Yを処罰しないこととした原審の判断は、結論において是認することができる。論旨は採用することができない。」と判示して、抗告を棄却した。

平成21年度

綿引万里子／宮城　保

I　民事訴訟法
1　移送【1】【2】
2　訴訟費用【3】
3　訴訟上の救助【4】【5】
4　文書提出命令【6】〜【10】
5　上訴【11】【12】
6　再審【13】〜【15】

II　民事執行法
1　財産開示手続【16】
2　売却許可決定【17】
3　債権差押命令【18】
4　間接強制【19】

III　民事保全法
1　仮差押【20】
2　仮処分【21】〜【24】

IV　破産法　【25】
V　民事再生法　【26】〜【29】
VI　家事審判法
1　相続の承認・放棄の期間伸長、相続放棄【30】〜【32】
2　遺産分割【33】〜【35】
3　婚姻費用分担【36】【37】
4　子の監護に関する処分【38】【39】
5　財産分与【40】
6　親権者変更【41】
7　扶養料免除【42】
8　戸籍訂正【43】

VII　その他
1　行政事件訴訟法【44】〜【46】
2　借地非訟【47】
3　商事非訟【48】【49】
4　過料【50】【51】

（参考）　抗告不許可決定に対する特別抗告【52】

はじめに

1 平成21年度における許可抗告の実情を紹介する。

新受件数の推移は、表1のとおりである。平成21年は、前年に比べやや減少した。

各年中に決定された事件のうち、最高裁判所民事判例集（民集）又は最高裁判所裁判集民事（集民）に登載された件数とその割合は、表2のとおりである。

2 許可抗告（民訴法337条）は、特別抗告（同法336条）と同様に、決定に対する本来の不服申立て方法に加えて特に認められた不服申立て方法であるが、特別抗告が憲法違反を抗告事由とするのに対して、許可抗告は、法令解釈に関する重要な事項を含む事件であると高等裁判所が認めて許可したことを抗告の要件とするものである。現行民事訴訟法で許可抗告制度が設けられたのは、民事執行法や民事保全法の制定等に伴い、決定で判断される事項に重要なものが増え、かなり重要な法律問題について高等裁判所の判断が分かれているという状況が生じていたので、最高裁判所の負担が過重にならないように配慮した上で、重要な法律問題についての判断の統一を図ろうとしたものである（法務省民事局参事官室編「一問一答新民事訴訟法」374頁）。上告受理制度のように最高裁判所自らが受理するか否かの判断をする制度が採用されなかったのは、そのような制度を採用すれば最高裁判所の負担が過重になるおそれがあったためであり（ジュリスト増刊1999年11月「研究会新民事訴訟法」440頁〔柳田幸三発言〕）、その意味では、許可抗告の制度は、高等裁判所において、適切に許可の判断がされることを信頼して設けられた制度であるということができる。そして、最高裁判所が許可に値しないと判断したとしても、高等裁判所が許可した以上、最高裁判所は当該論点への応答をする負担を負うことになるのであるから、高等裁判所には、自らの判断に判例と異なる点がある場合又は真に法令解釈に関する重要な事項を含む場合に抗告を許可し、そのような場合でなければ許可しないという制度の趣旨に沿った運用が求められている（詳しくは、福田剛久ほか「最高裁判所に対する民事上訴制度の運用」判例タイムズ1250号5頁参照）。

許可抗告決定のうち最高裁判所民事判例集（民集）又は最高裁判所裁判集民事（集民）に登載されたものの割合は、上記のとおりであり（表2）、平成21年は、許可された事件のうち法令解釈に関する重要な事項を含まない事件の割合は、決して小さくないものといえる。許可された事件の中には上記のような制度の趣旨におよそ沿わない運用も相当

表1

年度（平成）	新受件数
10	10
11	42
12	59
13	34
14	50
15	54
16	42
17	48
18	55
19	45
20	58
21	46

はじめに

数見受けられるので、これまで「許可抗告事件の実情」において繰り返してきた次のような指摘を改めて本稿でもしておきたい。

(1) 法令の解釈自体は既に明確になっている場合に、個別事件における事実認定、要件への当てはめの判断は、通常は、法令解釈に関する重要な事項とはいえない。

表2

年度	決定件数	うち民集又は集民登載件数	割合（％）
10	2	1	(50％)
11	32	6	(19％)
12	51	12	(24％)
13	53	12	(23％)
14	42	7	(17％)
15	53	9	(17％)
16	44	10	(23％)
17	51	11	(22％)
18	54	6	(11％)
19	44	11	(25％)
20	53	2	(4％)
21	51	5	(10％)

また、最高裁判所の判例により示された法令解釈の基準の具体的適用にかかわる事項は、当該実務を担当する下級裁における事例集積にこそ意味がある場合が多い。このような場合、下級裁での事例集積、要件の類型化に関する実務的検討が十分にされていない段階で、個別事案に関する要件該当性の争いを法律審である最高裁判所に判断させることは、相当ではないことが多い。

(2) 論点自体としては法令解釈に関する重要な事項に当たるが、当該事案の解決に影響しない論点については、許可は不相当となるものと考えられる。許可抗告は、法令の解釈に関する重要な事項について、解釈統一の機能を有する特別な抗告であるが、当該事案の解決を目的とするものであることはいうまでもなく、抽象的な法令解釈のために許可することは、当事者を具体的事件の解決を離れた論争に巻き込むことになり、事案の解決を目的とする制度の趣旨に反するからである。

(3) 以上のような観点から、平成21年中に決定のあった許可抗告事件をみてみると、少なくともその半数について許可抗告の申立てに法令の解釈に関するものが含まれているといえるか疑問であり、許可が許可抗告の制度の趣旨に沿うものであったかについては検討の余地があるように思われる。中でも【4】、【17】、【24】、【25】事件などは、許可抗告制度の趣旨からすると、許可の相当性には疑問があるといわざるを得ないと思われる。

3 なお、許可抗告事由が存在するにもかかわらず抗告不許可の決定がされたとして、憲法31条違反等を理由に特別抗告がされた事件（【52】事件）において、抗告理由は原決定の単なる法令違反を主張するもので民訴法336条1項に規定する事由に該当しないとの理由により抗告を棄却する決定がされたが、補足意見が付された。その中で、抗告許可の要件である「法令の解釈に関する重要な事項を含むと認められる場合」（民訴法237条2項）に係る解釈が示されており、許可抗告事件における抗告許否の判断を行うにつき、参考になると思われるので、本稿末尾において紹介する。

4　本稿は、宮城元最高裁判所調査官室付書記官が、平成21年中に決定のあった許可抗告事件を整理したものである。

事件見出しに◎を付したものは民集登載事件、○を付したものは集民登載事件、△を付したものはいずれにも登載されなかったものである。

平成21年中の決定による既済件数46件のうち、判例集登載の内訳は、民集登載件数が4件（【20】【21】【44】【48】）、集民登載件数が1件（【12】）である。また、基本事件の種別としては、民事訴訟事件が15件、民事執行事件が4件、民事保全事件が4件、破産事件が1件、民事再生事件が4件、家事審判事件14件、その他8件であり、このうち、原決定が破棄されたものは4件であった。

事案の概要等は、許可抗告事件の実情を紹介するのに必要な範囲で適宜省略し、事案の骨子のみを記載した。掲載の順序は、原決定に関する手続法規ごとに分け、その中で、決定日の順に掲載した。

I　民事訴訟法

1　移　送

【1】21(許)28（△二小、平21・7・23、棄却。原審仙台高決平21・5・19、原々審仙台地決平21・3・23）

(1)　専属的合意管轄があること又は訴訟の著しい遅滞を避ける必要があることを理由とする移送の可否が問題となった事案である。

(2)　X_1は、Yから本件建物の一部を賃借し、X_2は、X_1の従業員として本件建物内の店舗で稼働していたところ、① X_1は、本件建物は耐震性に問題があり、通常の使用収益に耐えられないものであるとして、民法606条等に基づき、Yに対し、本件建物の耐震補強工事を求めるとともに、賃料の2割が減額されるべきであるとして不当利得金及びこれに対する遅延損害金の支払を求める訴えを（第1事件）、② X_2は、Yが本件建物の耐震補強工事を実施しないことにより不安や恐怖にさらされているとして、Yに対し、慰謝料の支払を求める訴えを（第2事件）、一つの訴えをもって仙台地裁に訴訟を提起した。Yは、第1事件については東京地裁を専属管轄とする合意があるから東京地裁において審理すべきであり、そうすると、争点を共通にする第2事件についても東京地裁で審理されるべきであるとして、主位的に本件訴訟全部を、予備的に第1事件のみを東京地裁に移送することを求める申立てをした。なお、本件建物の賃貸借契約書には、本契約に関し、賃貸人、賃借人間に紛争が生じたときは、東京地方裁判所を専属管轄裁判所とすることを両者は合意した旨の条項がある。

原々審及び原審は、第1事件については、仙台地裁に管轄がないことを理由として東京地裁に移送すべきものとし、第2事件についても、審理に著しい遅滞が生じるおそれがあるから、これを避けるため、民訴法17条により、東京地裁に移送す

るのが相当であると判断した。その理由の概要は次のとおりである。
　第1事件について、X_1とYとの間の賃貸借契約に東京地裁を専属的合意管轄とする条項があることは明らかであり、第1事件は本件賃貸借契約に係る義務の履行を求めるものであるから、東京地裁が専属管轄を有し、専属管轄の合意がある裁判所以外の裁判所に訴えが提起されたときは、原則として、事件を専属管轄合意裁判所へ移送すべきである。Xらは、第2事件につき管轄を有している仙台地裁は、民訴法7条、38条により、第1事件についても管轄を有しているから、第1事件につき管轄違いによる移送はできない旨主張するが、本件につき、民訴法7条ただし書、38条前段の要件が具備されているかは疑問である。この点を措くとしても、複数の法定管轄裁判所のうちの一つを専属管轄裁判所とする合意がある場合に、同裁判所以外の法廷管轄裁判所に訴えが提起されたときは、原則として、事件を専属管轄合意裁判所へ移送すべきである。専属的合意管轄については、民訴法17条の適用が肯定されているところ（同法20条1項）、事件を専属管轄合意裁判所において審理した場合には訴訟に著しい遅滞をもたらしたり、当事者間の衡平を害するおそれがあると認められるときは、同法17条の趣旨を類推して、事件を専属管轄合意裁判所に移送しないこともできると解するのが相当であるが、本件において、専属管轄合意裁判所における審理が訴訟に著しい遅滞をもたらすとまではいえず、当事者間の衡平を害するとも認められないので、同条の趣旨を類推して東京地裁に移送しないことが相当であるとはいえない。
　第2事件については、Yの主たる事務所の所在地を管轄する東京地裁に原則的管轄があるところ（民訴法4条4項、1項）、第2事件は、第1事件の審理の進行に影響され、第2事件の審理に著しい遅滞が生ずるおそれがあるから、これを避けるためには、両事件は同一の裁判所において審理されることが必要であり、民訴法17条により、第1事件の審理をするのが相当である東京地裁に移送するのが相当である。
　(3) Xらが、第1事件につき、専属的合意管轄は、法定の専属管轄ではなく、任意管轄で、民訴法7条の適用は排除されないなどと主張して、抗告の許可を申し立てた。
　(4) 本決定は、「所論の点に関する原審の判断は、正当として是認することができる。論旨は、独自の見解に立って原決定を非難するか、又は原決定の結論に影響のない説示部分を論難するものにすぎず、採用することができない。」と判示して、抗告を棄却した。

【2】21(許)36（△一小、平21・10・26、棄却。原審大阪高決平21・7・31、原々審大阪地決平21・5・29）
　(1) 相続人が、被相続人の債権者であると主張する被告に対し、債務不存在確認を求める事案において、相続開始時における被相続人の普通裁判籍の所在地を相続関係訴訟の特別裁判籍と定める民訴法5条15号が適用されるか否かが問題となっ

た事案である。

(2) Yが、Aの相続人であるXらに対し、XらはAのYに対する貸金債務を共同相続したと主張したため、Xらは、Yを被告として、Yの主張に係る上記の貸金返還債務が存在しないことの確認を求める訴えを大阪地裁に提起した（本件）。Aの相続開始時における住所は大阪府である。Yは宮城県に居住しているが、本件提起後、Xらを被告として、上記の貸金返還債務の支払を求める訴えを仙台地裁に提起した。Yは、民訴法17条に基づき、本件を仙台地裁に移送するよう求める旨の申立てをした。

原々審は、民訴法17条に基づき、本件を仙台地裁に移送する旨の決定をした。

原審は、民訴法16条1項に基づき、職権により本件を仙台地裁に移送すべきものであり、原々審の決定は結論において是認することができるとして、Xらの抗告を棄却した。その理由の概要は次のとおりである。

本件は、民訴法4条1項、5条1号により、仙台地裁のみの管轄に属する。民訴法5条15号は、その相続財産の所在要件（同号括弧書き）にかんがみると、相続債権者のじ後の執行の便宜のための規定であり、相続人を被告とする訴えにつき同号所定の管轄を認めても当事者に格別不利益は生じないが、相続債権者を被告とする訴えについてまで同号所定の管轄を認めると相続債権者に理由のない不利益を甘受させることになるから、同号は相続人を被告とする訴えに限り適用される。したがって、本件については、応訴管轄が生じない限り、大阪地裁の管轄には属しない。

(3) Xらが、民訴法5条15号は相続債権者を被告とする訴えについても適用されるなどと主張して、抗告の許可を申し立てた。

(4) 本決定は、「所論の点に関する原審の判断は、正当として是認することができる。論旨は採用することができない。」と判示して、抗告を棄却した。

2 訴訟費用

【3】21(許)32（△一小、平21・9・24、棄却。原審大阪高決平21・6・8、原々審大阪地決平21・3・31）

(1) 訴訟費用額確定処分に対する異議申立事件において、訴状の提出のための旅費及び日当が訴訟費用として認められるか否か、相手方の控訴が棄却された場合の控訴費用は相手方が負担すべきか否かが問題となった事案である。

(2) Xは、Yらに対し、賃料減額確認訴訟を提起した（基本事件）。控訴審判決において、訴訟費用は1、2審を通じて2分し、その1をXの、その余をYらの各負担とするものとされていた。Xが、同判決の確定後、1、2審の訴訟費用の合計額は21万3220円であるとした上で、Yらは6万4610円をXに支払うべきである旨主張して、訴訟費用額確定処分の申立てをしたのが本件である。

大阪地裁裁判所書記官は、Yらに対し、Xに1万8835円を支払うことを命じる旨の訴訟費用額確定処分をした。

Xは、上記処分を不服として異議申立てをしたが、原々審は、上記異議申立てを

却下する旨の決定をした。
　Xは、原審において、①原々審が訴状を提出するための旅費及び日当を訴訟費用として認めなかった点、②基本事件ではYらの控訴は棄却されたのに、原々審がYらの控訴費用（控訴提起手数料、控訴状作成費用、控訴状送達費用）を訴訟費用として認めた点等につき、民事訴訟費用等に関する法律（民訴費用法）等の解釈の誤りを主張した。原審は、Xの上記①及び②の主張はいずれも理由がないとした上で、原々審の決定を一部変更し、Yらに対し、Xに2万7210円の支払を命じる旨の決定をした。上記①及び②に関する原決定の理由の概要は次のとおりである。
　①訴状提出のための旅費及び日当は、民訴費用法2条4号、5号の「口頭弁論又は審問の期日その他裁判所が定めた期日に出頭するための旅費、日当」には当たらず、同条6号に規定する訴状その他の準備書面の「作成及び提出の費用」に含まれていると解すべきである。②Yらの提起した控訴費用も訴訟費用に含まれるところ、基本事件の控訴審の確定判決は、Yらの支出した控訴費用について特段の記載をせずに訴訟費用の負担割合を定めていることにかんがみれば、同判決はYらの支出した控訴費用についても他の訴訟費用と同様の負担割合を定めたものと解するのが相当である。
　(3)　Xが、原審の上記①、②の判断を争って、抗告の許可を申し立てた。
　(4)　本決定は、相手方ら（Yら）は抗告人（X）に対し2万7210円を支払うべきものとした原審の判断は、結論において是認することができる。論旨は、独自の見解に立って原決定を非難するものにすぎず、採用することができない。」と判示して、抗告を棄却した。
　なお、上記決定は、原審の判断を「結論において是認」するものであり、これは、原決定の計算過程に誤りがあるが、それが結論に影響を及ぼすものではないため、原審の判断を是認するとの趣旨をいうものと思われる。

3　訴訟上の救助

【4】20(許)51（△三小、平21・1・20、棄却。原審名古屋高決平20・10・14、原々審名古屋地決平20・8・6）
　(1)　訴訟救助付与申立事件において、「勝訴の見込みがないとはいえないとき」（民訴法82条1項ただし書）の要件の有無が問題となった事案である。
　(2)　Xは、勤務先において、他の従業員から暴行を受けるなどして外傷後ストレス障害（PTSD）にり患したなどと主張して、勤務していた会社らを被告として損害賠償請求訴訟（別件訴訟）を提起し、一部勝訴の判決が確定した。Xは、別件訴訟と同時期に、親族とも紛争状態にあったところ、親族の代理人と称する弁護士Yから、犯罪者呼ばわりされるなどした結果、別件訴訟において6割の素因減額をされたから、Yはその減額分を賠償すべきであるなどと主張して、Yに対し、損害賠償請求訴訟を提起し、同訴訟につき本件訴訟上の救助の付与を申し立てた。
　原々審及び原審は、「勝訴の見込みがないとはいえないとき」の要件を充足しな

いとして、Xの本件申立てを却下すべきものと判断した。
　(3)　Xが、民訴法82条1項の解釈適用に誤りがあるなど主張として、抗告の許可を申し立てた。
　(4)　本決定は、「所論の点に関する原審の判断は、正当として是認することができる。論旨は採用することができない。」と判示して、抗告を棄却した。
　本件は、「勝訴の見込みがないとはいえないとき」の要件へのあてはめが問題になったにすぎない事件であり、許可抗告の申立てに法律解釈に関する重要な事項が含まれているかどうか疑問がある。抗告の許可が、許可抗告の制度趣旨に沿うものであるか検討の余地があるように思われる（以下、このような場合、「許可には検討の余地があるように思われる。」とのみ記述する場合がある。）。

【5】21(許)5（△二小、平21・6・3、棄却。原審名古屋高決平20・11・19、原々審津地決平20・4・30）

　(1)　訴訟上の救助申立事件について、利害関係人から費用を調達する方法等を用いることにより必要な費用を支払う資力があるとうかがわれ、資力がないとの疎明がされたとはいえないか否かが問題となった事案である。
　(2)　Xは、Xの関連会社が所有する紀北町内の土地（本件土地）において産業廃棄物中間処理施設（本件施設）の建設を計画したところ、計画を知った旧紀伊長島町が本件施設の設置を阻止するため町水道水源保護条例を制定し、旧紀伊長島町長が本件施設を同条例の規制対象事業場と認定する処分をしたため、本件施設の設置が全面的に禁止され、損害を被ったと主張して、旧紀伊長島町を承継した紀北町に対し、国家賠償法に基づき160億円余の損害賠償の支払を求める訴え（本件訴訟）を津地裁に提起した。Xは、上記請求額に対応する訴え提起手数料2200万3000円から納付済みの360万円を控除した1840万3000円について、訴訟上の救助を求める申立てをした。
　原々審及び原審は、無資力要件について疎明がなされたとはいえないとした上、「なお」として、勝訴の見込みの有無についても請求額のかなりの部分について請求を認容するに足りる資料があるかに関し、少なからず疑問があるとして、本件申立てを却下すべきものと判断した。その理由の概要は次のとおりであり、法人の無資力要件の認定に当たり、その背後にいる個人が自己の計算において事業を行っているといえるような実態にあることに着目し、そこから資金調達可能性を考慮したものである。
　①民訴法82条所定の無資力要件の有無を判断するに当たっては、訴訟救助の申立人のほか、訴訟の遂行に経済的利害関係を有する者がある場合、その資力をも加味して判断すべきである。②Xの当初の代表取締役で、Xの株式の半分近くを単独で保有する筆頭株主であるAは、Xの実質的経営者であるだけでなく、自らが債務者となって本件土地の購入費用等を借り入れ、Xの経費を負担するなど、いわば、自己の計算において行うのと極めて近い形で本件事業の遂行に当たっていて、

Ⅰ　民事訴訟法　　　　　　　　　　　　　　　　　　　　　　　　　451

本件訴訟についても、その遂行につきXに準ずる立場で利害関係を有する。③A並びにAと共同でXの全株式を保有する株主で、Xの取締役であるAの母B、姉C及び弟Dの資産、収入等に照らすと、Xには、利害関係人の1人又は複数人から調達する方法等を用いることにより、本件訴訟の遂行に必要な費用を支払う能力があるとうかがわれ、無資力との疎明がされたとはいえない。

　(3)　Xが、抗告の許可を申し立てた。その論旨は、①無資力要件について、当事者だけでなく、利害関係人からの調達可能性を考慮することの相当性、②無資力要件の判断に当たり、利害関係人の債務を考慮しなかったことの相当性、③訴訟上の救助における勝訴の見込みの程度、④一定額について勝訴の見込みがないとはいえないときの一部の訴訟救助の可否の4点である。

　(4)　法人の無資力要件の認定に当たり、その資金調達可能性を考慮し得ることは当然ともいえ、本決定は、上記①及び②の論旨については、「所論の点に関する原審の判断は、正当として是認することができる。論旨は採用することができない。」と、上記③及び④の論旨については、「論旨は、原決定の結論に影響しない説示部分を非難するものであって、採用することができない。」とそれぞれ判示して、抗告を棄却した。

4　文書提出命令

【6】21(許)29（△一小、平21・8・12、棄却。原審大阪高決平21・5・15、原々審大阪地決平20・10・17）

　(1)　銀行稟議書の自己利用文書の該当性が問題となった事案である。

　(2)　Xは、Y銀行に対し、Yが優越的地位を濫用してXに金利スワップ取引契約（本件契約）を締結させて損害を与え、また、適合性の原則に違反しているから本件契約は不存在ないし無効であるなどと主張して、損害賠償又は不当利得返還の支払を求める訴訟を提起した（本件）。本件の争点は、Xが、金利スワップ取引契約を行うにつき必要な知識、経験、資力等を備えているか否かであり、Xは、これを立証するため、Yが所持する本件契約に係る稟議書（①Xの知識、経験、資産、意向などの属性が記載された稟議書等（第1文書）、②Xの本件取引に関する適合性についてYが審査した内容が記載された稟議書等（第2文書））につき、文書提出命令の申立てをした。

　原々審は、銀行稟議書は、特段の事情がない限り自己利用文書に当たり提出義務はないと解されるところ、本件各文書において特段の事情は見当たらないとして、本件申立てを却下した。

　原審は、第1文書について、自己利用文書には該当せず文書提出義務があるとして、原々決定を取り消し、原々審に差し戻す旨決定した。その理由の概要は次のとおりである。

　ある文書が、その作成目的、記載内容、これを現在の所持者が所持するに至るまでの経緯、その他の事情から判断して、専ら内部の者の利用に供する目的で作成さ

れ、外部の者に開示することが予定されていない文書であって、開示されると個人のプライバシーが侵害されたり個人ないし団体の自由な意思形成が阻害されたりするなど、開示によって所持者の側に看過し難い不利益が生ずるおそれがあると認められる場合には、特段の事情がない限り、当該文書は民訴法220条4号ハ所定の自己利用文書に当たる（最二小決平11・11・12民集53・8・1787、判時1695・49）（平成11年判例）。Yが、顧客との間で金利スワップ取引を行う場合には、上部組織の稟議を求めるため稟議書が作成され、稟議書及び附属書類には、顧客の知識、経験、収入や資産・負債といった財産状況、契約締結目的等の顧客の属性に関する事実関係が記載される部分（顧客の属性記載部分）と当該顧客に対する評価、当該顧客と取引を行うことについて行内の担当者等の意見等が記載される部分（審査内容記載部分）があり、第1文書は前者を、第2文書は後者を指すものと解され、文書の作成目的や記載内容等からすると、本件各文書は、銀行内部において、金利スワップ取引案件についての意思形成を円滑、適正に行うために作成される文書であって、専ら銀行内部の者の利用に供する目的で作成され、外部の者に開示することが予定されていない文書であるというべきである。このうち、第1文書には、顧客であるXの属性に関する事実関係が記載されているにすぎず、Y内部における意思形成過程は何ら記載されていないのであるから、その開示によってY内部における自由な意見の表明に支障を来し、自由な意思形成が阻害されるおそれがあるとは認められない。また、X自身が開示を求めている以上、その開示によってXのプライバシーが侵害されるおそれを考慮する必要はない。したがって、第1文書の開示によって、所持者であるYの側に看過し難い不利益が生ずるおそれがあるとは認められない。これに対し第2文書は、その性質上忌たんのない評価や意見が記載されることが予定されているものであり、開示されるとY内部における自由な意見の表明に支障を来し、自由な意思形成が阻害されるおそれがある。以上によれば、第1文書は民訴法220条4号ニに該当せず、文書提出義務があるが、第2文書は同号ニに該当し、文書提出義務はない。文書に提出義務があると認めることができない部分があるときは、その部分を除いて提出を命ずることができるところ（民訴法223条1項後段）、これは1通の文書の記載中に提出義務があると認めることができない部分がある場合でも同様に解するのが相当である（最一小決平13・2・22集民201・135、判時1742・89）から、本件において文書提出命令を発するに当たっては、いわゆるインカメラ手続（民訴法223条6項）による審理を行って本件各文書中第1文書に該当する部分を特定し、該当分についてのみ提出を命じることが考えられる。証拠調べの必要性の判断については、受訴裁判所の専権に属するところ、原決定は証拠調べの必要性につき判断をしていないので、本件を原々審に差し戻し、インカメラ手続による審理も原々審にゆだねるのが相当である。

（3）　Yが、上記の平成11年判例などは、銀行稟議書につき、顧客の属性の記載された部分と、審査内容が記載された部分とを区別することなく、全体として自己

利用文書該当性を肯定しているから、原決定は判例に違反するなどと主張して、抗告の許可を申し立てた。
　(4)　本決定は、「所論の点に関する原審の判断は、正当として是認することができる。論旨は採用することができない。」と判示して、抗告を棄却した。本決定により、平成11年判例等が、銀行稟議書の一部提出をおよそ否定する趣旨のものではないことが明らかになったといえよう。

【7】【8】21(許)23、24（△三小、平21・9・29、棄却。原審仙台高決平21・3・24、原々審福島地郡山支決平20・3・31）

【9】【10】21(許)25、26（△三小、平21・9・29、棄却。原審仙台高決平21・3・24、原々審福島地郡山支決平20・3・31）

　(1)　文書提出命令申立事件において、法律関係文書、職業秘密文書及び自己利用文書の該当性等が問題となった事案である。
　(2)　コンビニエンスストアのフランチャイズチェーンを運営するX株式会社は、加盟店契約の解除を主張して、加盟店経営者及びその連帯保証人であるY_1、Y_2及びY_3（【7】【8】事件の基本事件の被告）並びにY_4及びY_5（【9】【10】事件の基本事件の被告）に対し、それぞれ加盟店契約に基づく清算金の支払等を請求する訴訟を提起した（基本事件）。Yらは、基本事件において、Xが高額な仕入代金を請求したり、商品仕入先等から受領したリベートを自ら取得したりしているとしてこれに係る不当利得返還請求権と上記清算金との相殺を主張するとともに、Xの不当利得を証明するため、①宅配便取扱業者であるA株式会社の所持するXとAとの間の取扱手数料を定めた契約書等又は電磁的記録〔文書1〕、②Xの所持する加盟店経営者に対するリベートの配分基準及び計算方法が記載された文書又は電磁的記録〔文書2〕、③Xの所持するXが仕入先であるB株式会社から受領するリベートの額が記載された現金出納帳等又は電磁的記録〔文書3〕につき民訴法220条に基づく文書提出命令の申立てをした。
　これに対し、X及びAは、①文書1〜3につき、証拠調べの必要性はない、②文書2は存在しない、③文書1は特定性に欠けるなどと主張するとともに、文書提出義務の有無について、④文書1〜3は民訴法220条3号所定の文書に当たらない、⑤文書1〜3は、営業上の秘密又はXが守秘義務を負う事項を含むもので、同条4号ハ又はニ所定の除外文書に当たるなどと主張した。
　原々審は、上記文書の存在を認めた上で、①文書1は民訴法220条4号ハ、ニ所定の除外文書に当たらない、②文書2、3は、同条3号所定の文書に当たらず、同条4号ハ、ニ所定の除外文書に当たるとして、Aに対して文書1の提出を命じた。
　原審は、文書1〜3の存在を認めた上で、Xに対して文書2、同3の提出を命じた。その理由の概要は次のとおりである。
　①AとXとの間における宅配便の取扱手数料が開示され、これが他のフライチャイザーに知れた場合には、Aが他のフランチャイザーから取扱手数料の増額

を要求されたりするなど、Aの経営に重大な打撃を与え、その業務遂行が困難になることが考えられるのであって、文書1は民訴法197条1項3号所定の「職業の秘密」に関する事項が記載されているものとして、同法220条4号ハ所定の「職業秘密文書」に当たる。Aは、Xとの間で宅配便の取次事務に係る委託契約を締結しているのであり、加盟店経営者との間に契約関係があるわけではなく、文書1は、同条3号所定の文書に当たらない。②加盟店経営者からリベートの一括受領及びその配分事務の委託を受けたXは、加盟店経営者に対し、リベートを適正に配分しているかどうかを明らかにするため、その配分基準等につき報告義務を負うのであるから、文書2、3の記載内容は、民訴法197条1項3号所定の「職業の秘密」に当たらず、同文書は同法220条4号ハ所定の文書に当たらない。また、文書2、3は、専らX内部の者の利用に供する目的で作成され、外部に開示することが予定されていない文書にも、開示によってXに看過し難い不利益が生ずるおそれがある文書にも当たらず、同号ニ所定の文書にも当たらない。

(3) Yらが、文書1につき文書提出義務を否定した原決定は、民訴法220条3号、4号に違反し、経験則に違反するなどと主張して、抗告の許可を申し立てた（【7】【8】事件）。一方、Xは、文書2、同3を提出すべきものとした原決定は同条4号ニ、ハに違反し、判例に違反するなどと主張して、抗告の許可を申し立てた（【9】【10】事件）。

(4) 本件各許可抗告に対し、本決定は、「所論の点に関する原審の判断は、正当として是認することができる。論旨は採用することができない。」と判示して、いずれの抗告も棄却した。

5 上 訴

【11】 21(許)4（△一小、平21・3・19、棄却。原審福岡高決平20・11・20、原々審福岡地決平20・4・21）

(1) 刑事施設に収容されている被収容者が、控訴提起期間内に第1審裁判所に控訴状を提出できなかったことについて、民訴法97条1項の「当事者がその責めに帰することができない事由により不変期間を遵守することができなかった場合」に該当し、訴訟行為の追完が許されるか否かが問題となった事案である。

(2) 刑事施設に収容されているXは、A県警察本部長に対し、公文書の開示を求める請求をしたが不開示決定を受けたことについて慰謝料の支払を求める訴訟を提起した。A地裁は、Xの請求を棄却する旨の判決をし、その判決正本は、平成20年4月1日、A刑務所長に送達された。Xは、上記判決に対する控訴状を作成し、同月14日、A刑務所長に提出して、第1審裁判所への発信を依頼したが、上記控訴状は、控訴提起期間後である同月18日にA地裁に到着し、受け付けられた。

原々審及び原審は、Xの控訴は控訴提起期間経過後にされた不適法なものであり、民訴法97条1項所定の事由に該当するものともいえないから、補正することができないことは明らかであるなどとして、Xの控訴を却下すべきものと判断し

た。その理由の概要は次のとおりである。

　①刑訴法336条は、刑事施設にいる被告人の上訴に関する特則であり、身柄を拘束されている被告人の上訴の便宜を図る趣旨で、その準用範囲は、刑事訴訟手続内における救済を目的とする行為に限られると解すべきであり、民事訴訟手続に準用される余地はない。②郵便の遅延がその当時の国内事情の下で通常予想される程度のものであったときは訴訟行為の追完は許されないものと解すべきところ（最一小判昭23・5・6民集2・5・109参照）、XがA刑務所長に控訴状を提出し、第1審裁判所であるA地裁に到着するのに4日間を要したとしても、この程度の遅延は通常予想される程度で追完は許されないし、仮に、4日間を要したことが通常予想される程度でないとしても、2日間を要することは通常予想される程度であって、控訴状の提出から2日間を要した場合でも控訴提起期間を経過して控訴は不適法なものとなるから、やはり追完は許されない。

　(3)　Xが、刑訴法366条1項は民事訴訟手続においても準用される、民訴法97条1項の訴訟行為の追完に関する規定の解釈適用に誤りがあると主張して、抗告の許可を申し立てた。

　(4)　本決定は、「所論の点に関する原審の判断は、正当として是認することができる。論旨は採用することができない。」と判示して、抗告を棄却した。

【12】21(許)9（〇三小、21・6・30、破棄、集民231・153、判時2052・48。原審名古屋高決平21・1・8)

　(1)　特別抗告の理由として形式的には憲法違反の主張があるが、それが実質的には法令違反の主張にすぎず、法336条7項に規定する事由に該当しないことが明らかである場合には、同条3項、法327条2項、316条1項により原裁判所が特別抗告却下できるか否かが問題となった事案である。

　(2)　Xは、原審に訴訟上の救助を申し立てたところ、裁判所は、Xに訴訟上の救助を付与すべき事由は認められないとして、上記申立てを却下する旨の決定をした。Xは、上記決定は、憲法25条1項、32条及び76条に違反すると主張して特別抗告を提起した。

　原審は、高等裁判所の決定に対する特別抗告は、その裁判に憲法の解釈の誤りがあること、その他憲法の違反があることを理由とする場合に、最高裁判所に特に抗告をすることができるというもので、抗告人のいう特別抗告の理由は、原決定が憲法に違反するというものであるが、その実質は民訴法に違反する旨の法令違反を主張するにすぎないから、同法336条1項の規定する事由に該当しないとして、Xの特別抗告を原審却下した。

　(3)　Xが、抗告の許可を申し立てた。その論旨は、民訴法316条1項の原裁判所の権限は形式的審査権にとどまり、原裁判所は実施的審査権を有しないにもかかわらず、抗告人の違憲の主張の実質に踏み込んで特別抗告を原審却下したのは、本来最高裁のみが有する権限を原裁判所が行使した違法な決定であるというものであ

(4) 本決定は、次のとおり判示して、原決定を破棄する旨の決定をした。

「特別抗告の理由として形式的には憲法違反の主張があるが、それが実質的には法令違反の主張にすぎない場合であっても、最高裁判所が当該特別抗告を棄却することができるにとどまり（民訴法336条3項、327条2項、317条2項）、原裁判所が同法336条3項、327条2項、316条1項によりこれを却下することはできないと解すべきであるから、抗告人の特別抗告を却下した原審の上記判断には、裁判に影響を及ぼすことが明らかな法令の違反がある（上告の場合につき、最高裁平成10年(ク)第646号同11年3月9日第三小法廷決定・裁判集民事192号99頁参照）。論旨は理由があり、原決定は破棄を免れない。」

本決定は、特別抗告の理由として憲法違反の主張があるが、それが実質的には法令違反の主張にすぎない場合であっても、原裁判所が民訴法336条3項、327条2項、316条1項により特別抗告を却下することは、上告事件同様許されず（上記引用判例参照）、最高裁判所のみが特別抗告に理由があるか否かを判断できることを明確に判示したものであり、特別抗告の原裁判所における実務の参考になるものと思われる。特別抗告の原裁判所においては、本決定を踏まえ、民訴法所定の特別抗告の理由の記載があると判断したときは、速やかに事件を最高裁判所に送付するべきである。

6 再審

【13】21(許)1（△一小、21・2・5、棄却。原審名古屋高決平20・10・7）

(1) 再審の訴えについて、再審事由についての補正命令を発することなく、再審の訴えを棄却した原審の措置が問題となった事案である。

(2) Xは、国に対し、損害賠償請求訴訟を提起し、平成20年2月1日、Xの請求を棄却する旨の控訴審判決（対象判決）が確定した。Xは、同年3月3日、対象判決について民訴法338条1項9号に基づく再審の訴えを提起したが、その申立書には再審事由についての具体的記載はなかった。

原審は、再審事由についての補正を命ずることなく、再審事由についての具体的な事実の主張を欠く不適法なものであると判断して、本件再審の訴えを却下した。

(3) Xは、再審訴状の必要的記載事項に不備がある場合、裁判長が相当の期間を定めて補正命令を発することなく、本件再審の訴えを却下した原決定には法令違反がある（民訴法341条、137条1項前段、133条2項2号）として、抗告の許可を申し立てた。

(4) 本決定は、「所論の点に関する原審の判断は、正当として是認することができる。論旨は採用することができない。」と判示して、抗告を棄却した。

判断遺脱を再審事由とする本件においては、再審の訴えの出訴期間内に再審事由

の具体的事実が記載された書面が提出されなかったときは、再審の訴えは、その不備を補正する余地のないものというべきであり、許可には検討の余地があるように思われる。

【14】20(許)53（△三小、平21・2・24、棄却。原審大阪高決平20・10・14、原々審大阪地決平20・7・9）

(1) 民訴法338条1項3号所定の再審事由が認められるか否かが問題となった事案である。

(2) X（再審被告）は、Y（再審原告）に対し、手形訴訟（対象事件）を提起した。Yの代表者Aは、同訴訟の訴状副本の送達を受けたが、Yの取締役であるBが、Bにおいて同訴訟に対応するとして訴状副本を持っていったため、同訴訟について特段の対応をしなかったところ、同訴訟の受訴裁判所には、C弁護士に同訴訟の追行を委任する旨のY代表者A作成名義の委任状（名下の代表者印は、Bが勝手に作成したもの）が提出され、C弁護士がYの代理人として訴訟活動を行った結果、Yの一部敗訴の判決が言い渡され、その判決正本がC弁護士に送達され、同判決が確定した。なお、Cは、BからYのための訴訟代理を依頼されたが、Aとは直接連絡を取っておらず、判決正本もBに交付した。Yは、Xに対し、対象事件については、第三者が偽造したY名義の訴訟委任状による代理人の訴訟行為によって判決がされ、確定したものであり、民訴法338条1項3号の所定の再審事由があるとして、再審の訴えを提起した。

原々審及び原審は、再審を開始すべきものと判断した。その理由の概要は次のとおりである。

①対象事件において提出されたY名義の訴訟委任状は偽造されたものであり、Cは対象事件について有効な代理権を有していない。身に覚えがない手形金請求の訴状を受領したAの、Bから訴訟対応すると申し述べられた以降何もしなかったという対応をもって、Bに対象事件の対応をゆだねたとか、代表印作成の権限を与えたということは困難である。②Aは有効に訴状の送達を受けながら何もしなかったのであるから、本件において再審を認めるのは、欠席により請求原因を自白したものとみなされて敗訴判決を受けることとの対比において均衡を欠くようにも思えるが、民訴法338条1項3号自体は訴状が送達されていないことを要件としていないし、実質的にも、本件のように代表者以外の者が委任状を偽造し、その委任状により選任された訴訟代理人が訴訟追行して敗訴判決正本の送達を受け、それを代表者以外の者に交付してしまった場合には、控訴を申し立てる機会が付与されていないから、再審を認めることが直ちに欠席判決との対比において均衡を失することになるとはいい難い。また、Aが、訴訟の結果について裁判所に問い合わせるなどして訴訟の帰すうを調査すべきであるとまではいえない。

(3) Xが、民訴法338条1項3号の解釈適用に誤りがあるとして、抗告の許可を申し立てた。

(4)　本決定は、「所論の点に関する原審の判断は、正当として是認することができる。論旨は採用することができない。」と判示して、抗告を棄却した。

【15】21(許)3（△三小、平21・3・10、棄却。原審名古屋高決平20・11・14、原々審名古屋家決平20・7・11)

　(1)　民訴法338条1項3号所定の再審事由が認められるか否かが問題となった事案である。

　(2)　X（再審被告）は、Y（再審原告）に対し、離婚訴訟（対象事件）を提起した。Yと同居しているXは、Yを受送達者とする訴状副本及び第1回口頭弁論期日呼出状の補充送達を受けたが、受訴裁判所は上記の補充送達を無効として第1回口頭弁論期日を延期した。裁判所書記官は、再度、Yに対して訴状副本及び第2回口頭弁論期日呼出状の送達を試みたところ、Yの長男AがYの住所地で補充送達を受けた。第2回口頭弁論期日が開かれたが、Yは欠席し、答弁書その他準備書面も提出しなかった。Yに対し、第3回口頭弁論期日呼出状の送達が試みられたが、不在により奏功しなかったため、書留郵便に付する送達（民訴法107条1項）による送達がされた。Yは、第3回口頭弁論期日も欠席し、第4回口頭弁論期日において、XとYとの離婚などを命じる判決が言い渡され、Yに対し、書留郵便に付する送達により判決正本が送達され、上記判決が確定した。Yが、住民票の写しの交付を受けた際に姓が変更されていたことが判明し、対象事件の存在を知ったとして、再審の訴えを提起した。

　原々審及び原審は、①Yを受送達者とする送達書類の送達は、Yの同居者であるAが受けたものであり、補充送達として有効である、②XとYの長男であるAが本件書類を受領した時点において、YとAとの間に事実上利害の対立関係が存在していたことや、AがXの道具として利用されていたことをうかがわせる資料はないから、本件は、送達書類がAからYに速やかに交付されることが期待できない場合に該当するとはいえない、③送達書類をXが持ち去ったためYが受領できなかったとは認められないとし、Yは対象事件の手続に関与する機会を与えられていなかったとはいえず、対象事件の確定判決には民訴法338条1項3号の再審事由があるとは認めるに足りないとして、再審の請求を棄却すべきものと判断した。

　(3)　Yが、民訴法338条1項3号の解釈適用の誤りを主張して、抗告の許可を申し立てた。

　(4)　本決定は、「所論の点に関する原審の判断は、正当として是認することができる。論旨は採用することができない。」と判示して、抗告を棄却した。

　訴訟に関して事実上の利害関係がある同居者等が補充送達を受けた場合の効力等について判示した最三小決平19・3・20民集61・2・586、判時1971・125は、「①受送達者あての訴訟関係書類の交付を受けた民訴法106条1項所定の同居者等と受送達者との間に、その訴訟に関して事実上の利害関係の対立があるにすぎない場合には、当該同居者等に対して上記書類を交付することによって、受送達者に対する

補充送達の効力が生ずる。②受送達者あての訴訟関係書類の交付を受けた民訴法106条1項所定の同居者等と受送達者との間に、その訴訟に関して事実上の利害関係の対立があるため、同居者等から受送達者に対して上記書類が速やかに交付されることを期待することができない場合において、当該同居者等から受送達者に対して上記書類が実際に交付されず、そのため、受送達者が訴訟が提起されていることを知らないまま判決がされたときには、民訴法338条1項3号の再審事由がある。」と判示しているところ、本件事案は、上記判例に照らして、民訴法338条1項3号の再審事由があるとはいえないと判断したものと思われる。

II 民事執行法

1 財産開示手続

【16】 20(許)52（△一小、平21・5・28、棄却。原審東京高決平20・10・31、原々審東京地決平20・9・4）

(1) 民事執行法190条2項に基づいて執行裁判所がした動産競売の開始の許可が、同法197条1項柱書きにいう「執行力ある債務名義」に当たり、その決定正本を有する金銭債権の債権者は、同項に基づき財産開示手続の実施の申立てをすることができるか否かが問題となった事案である。

(2) Xは、株式会社Aに対し、婦人靴を継続的に販売していたところ、Aが破産手続開始決定を受け、Yが破産管財人に選任された。その後、Xは、民事執行法190条2項により、上記販売に係る動産売買の先取特権に基づき、動産競売開始許可の申立てをし、その許可決定を得た。Xは、上記許可決定は、民事執行法197条1項柱書きにいう「執行力のある債務名義」に当たるなどと主張して、Yに対し、同条所定の財産開示手続の実施の申立てをした。

原々審及び原審は、民事執行法197条に基づく財産開示手続の実施は、同条1項所定の執行力のある債務名義の正本を有する金銭債権の債権者及び債務者の財産について一般の先取特権を有することを証する文書を提出した債権者に限り、これを申し立てることができるところ、同法190条2項に基づいて執行裁判所がした動産競売の開始の許可に係る決定を有する金銭債権の債権者は、上記決定が動産売買先取特権に基づく不動産競売の開始を許可するものにすぎず、給付を命ずる内容を持つものとはいえないので、上記の執行力のある債務名義の正本を有する金銭債権の債権者に当たらず、これと同視することができるものということもできないなどとして、本件申立てを却下すべきものと判断した。

(3) Xが、原決定には民事執行法197条1項柱書きにいう「執行力のある債務名義の正本」の解釈に誤りがあると主張して、抗告の許可を申し立てた。

(4) 本決定は、「所論の点に関する原審の判断は、正当として是認することができる。論旨は採用することができない。」と判示して、抗告を棄却した。

2 売却許可決定

【17】21(許)34（△一小、平21・10・22、棄却。原審福岡高宮崎支決平21・7・15、原々審鹿児島地決平21・6・10）

(1) 担保不動産競売申立事件の売却許可決定に対する目的物の賃借人からの執行抗告について、抗告の利益があるか否かが問題となった事案である。

(2) 債務者A所有の土地及び建物につき申し立てられた担保不動産競売申立事件において、売却許可決定がされた。Aが代表者を務める有限会社Xは、XがAから上記建物の附属建物を賃借していたにもかかわらず、その賃借権について、現況調査報告書には債権回収目的と考えられる旨、物件明細書には正常なものとは認められない旨、それぞれ記載され、上記建物の評価及び売却基準額の決定において、Xによる賃貸借契約締結の事実が考慮されていないから、上記売却許可決定には民事執行法71条6号の売却不許可事由があり、Xの権利も侵害されているなどと主張して、同法74条1項に基づき、上記売却許可決定に対する執行抗告を申し立てた。

原審は、Xが主張する附属建物に係る賃借権については、現況調査報告書及び物件明細書の記載によって、実体上の権利関係が確定されるものではないし、また、Xは、債務者兼所有者でも、買受人でもないから、民事執行法74条1項にいう自己の権利が害される場合には当たらず、Xに抗告の利益がないことは明らかであり、本件抗告は不適法であるとして、本件執行抗告を却下した。

(3) Xが、Xの抗告の利益を否定した原決定は民事執行法74条1項に違反する旨主張して、抗告の許可を申し立てた。

(4) 本決定は、「所論の点に関する原審の判断は、正当として是認することができる。論旨は採用することができない。」と判示して、抗告も棄却した。

本件については、抗告の利益が認められないことは異論のないところであって、許可には検討の余地があるように思われる。

3 債権差押命令

【18】21(許)8（△二小、平21・3・23、棄却。原審大阪高決平21・1・23、原々審大津地決平20・12・12）

(1) 簡易生命保険法の一部を改正する法律（改正法、平成2年法律第50号、平成3年4月1日施行）による改正前の簡易生命保険法（平成2年改正前の簡易生命保険法）の施行前に効力が生じた簡易生命保険契約に基づく還付金請求権については、差押えが禁止されているところ（郵政民営化法等の施行に伴う関係法律の整備等に関する法律〔整備法〕附則17条1項9号、改正法附則2条5項、平成2年改正前の簡易生命保険法50条）、上記請求権を差押債権とする債権差押命令の申立ての可否が問題となった事案である。

Ⅱ 民事執行法

〈参考〉
【平成2年改正前の簡易生命保険法50条】
　保険金又は還付金を受け取るべき権利は、差し押さえることができない。
【改正法本文（抜粋）】
　50条を削る。
【改正法附則2条（経過措置）5項】
　この法律の施行前に効力の生じた保険契約については、この法律による改正前の簡易生命保険法（中略）50条の規定は、なおその効力を有する。
【整備法2条（法律の廃止）7項4号】
　次に掲げる法律は、廃止する。
　④　簡易生命保険法（昭和24年法律第68号）
【整備法附則77条（簡易生命保険法の廃止に伴う経過措置）1項9号】
　次の各号に掲げる旧簡易生命保険契約については、当該各号に定める法律の規定は、なおその効力を有する。
　（中略）
　⑨　簡易生命保険法の一部を改正する法律（平成2年法律第50号）の施行前に効力が生じた旧簡易生命保険契約同法附則2条、5条から8条まで及び9条1項

(2) X（債権者）は、仮執行宣言付判決正本に基づき、損害賠償請求債権5208万円余を請求債権として、Y（債務者）の独立行政法人郵便貯金・簡易生命保険管理機構（第三債務者）に対する、平成3年4月1日以前に締結された簡易保険生命契約（終身保険）に基づく還付金支払請求権を差押債権とする債権差押命令の申立てをした。
　Xは、平成3年4月1日以前に締結された簡易生命保険契約に基づく還付金請求権については差押禁止債権とされているけれども、それは、保険金受取人の最低生活を保障する趣旨であるところ、保険契約者が、贈与の趣旨で、保険契約者兼保険金受取人を別の者に変更した場合には、上記の趣旨が妥当しないのであるから、最二小判昭60・11・15民集39・7・1487、判時1179・73の考え方に沿って、上記還付金請求権であっても、差押えが認められるべきであるとした上で、本件については、元の保険契約者が、平成18年4月以降に、保険契約者兼保険金受取人を別の者に変更しているのであるから、本件還付金請求権の差押えは認められるべきであると主張した。
　原々審は、本件還付金請求権は差押禁止債権に該当すると判断して、上記申立てを却下した。
　原審は、①所論引用の判例は、保険金受取人が破産宣告を受けた場合、それが自然人であるときには、その最低生活を保障するために破産法6条3項（現34条3項2号）を適用して還付請求権を自由財産として残すことが要請されるのに対し、それが法人であるときには、還付請求権を破産財団から除外して破産法人の自由な

管理処分にゆだねるべき合理的根拠がもはや存在しないことから、同項は適用されないことを理由として、簡易生命保険の保険金受取人である法人が破産宣告を受けて解散した場合には、簡易生命保険契約に係る還付金請求権が破産財団に属する旨を判示したものであり、この判断を、保険契約者や保険金受取人を自然人とする本件に当てはめることはできない。②平成2年改正前の簡易保険法においても、保険契約者と保険金受取人の変更は認められていたのであるから（同法36、38条）、改正法附則2条5項は、本件のように、これらに変更があった場合にも、なお平成2年改正前の簡易生命保険法が適用されることを念頭に置いていたと解さざるを得ないから、本件について、元の保険契約者が、平成18年4月以降に保険契約者兼保険金受取人を別の者に変更したとしても、本件還付金請求権の差押えは認められるべきではないとして、Xの執行抗告を棄却した。

(3) Xが、原審の判断は上記の判例に反すると主張して、抗告の許可を申し立てた。

(4) 本決定は、「所論の点に関する原審の判断は、正当として是認することができる。論旨は採用することができない。」と判示して、抗告を棄却した。

4 間接強制

【19】21(許)10（△二小、平21・4・8、棄却。原審福岡高決平20・12・18、原々審大分地決平20・10・29）

(1) マンション補修工事の妨害禁止を命ずる執行力のある仮処分決定正本に基づく間接強制の申立ての当否が問題となった事案である。

(2) Xは、Yが作業員等の工事場所への立入りを妨害するなどしてマンション（本件マンション）の補修工事（本件工事）を妨害したことから、本件工事の妨害禁止を求める仮処分の申立てをし、平成20年8月1日、「Yは、Xの従業員及びXから委託を受けた者が、本件マンションにおいて、本件工事をすることを、工事場所への立入りを妨害したり、ゴンドラを揺するなどして妨害してはならず、また、第三者をして妨害させてはならない。」（このYの義務を「本件義務」という。）とする仮処分決定がされた。

Xは、同年10月6日、Yが本件義務に違反したときは、Yは、Xに対して、当該違反をした1日につき200万円を仮に支払うよう求める間接強制の申立てをした。

原々審は、Yを書面審尋の方法により審尋した上、同月29日、Yが本件義務に違反して本件工事を妨害し、又は第三者をして妨害させたときは、YはXに対して、当該違反をした1日につき100万円を支払うよう命ずる決定をした。

原審は、①民事執行法172条3項に規定する審尋を、審尋期日を設定する方法で行うか、書面審尋の方法で行うかは、裁判所の裁量に属するところ、本件の経過に照らすと、原々審において書面審尋の方法が採られたことについて、裁量の逸脱があるとはいえない、②本件義務は間接強制によってしか実現し得ないものである、

③ Yによる妨害の態様等を総合考慮すると、Yが支払うべき金額を1日100万円と定めた原々決定を不当とはいえないとして、Yの執行抗告を棄却した。

(3) Yが、本件義務に違反したときに支払うべき金額を1日100万円とした原審の判断は高裁判例に違反するなどと主張して、抗告の許可を申し立てた。

(4) 本決定は、「所論の点に関する原審の判断は、正当として是認することができる。論旨は採用することができない。」と判示して、抗告を棄却した。

Yの論旨は、原審の裁量事項の不当をいうものにすぎず、許可には検討の余地があるように思われる。

Ⅲ 民事保全法

1 仮差押

【20】 20(許)49（◎一小、平 21・8・12、破棄・差戻、民集 63・6・1406、判時 2059・61。原審広島高岡山支決平 20・10・8、原々審岡山地決平 20・3・24）

(1) Xが、Aから、AのYに対する金銭債権（本件債権）を譲り受けたとして、同債権を被保全権利として、Yの預金債権の仮差押えを求めた事案である。本件において、債権を譲り受けたXが弁護士であったことから、弁護士法28条との関係で本件債権の譲受けの私法上の効力が否定されるべきであるか否かが争われた事案である。

(2) Aから本件債権を譲り受けたXは、本件債権の執行を保全するため、Yの預金債権の仮差押えを求める旨の申立てをした。保全裁判所は、上記申立てを相当と認め、仮差押命令を発令したところ、Yは保全異議を申し立てた。

原々審（保全異議審）及び原審（保全抗告審）は、本件債権の譲受けが、弁護士法28条に違反する行為であるとはいえないが、同条の趣旨に照らせば、訴訟の提起や保全命令の申立てをすることを目的としてされた弁護士による本件債権の譲受けは、特段の事情がない限り、その私法上の効力が否定されるので、Xが本件債権を有しているとはいえないとして、本件仮差押えの申立てを却下すべきものと判断した。

(3) Xが、弁護士法28条の「係争権利」は、「現に訴訟その他の紛争処理手段に係属中の権利」であると限定的に解されているのに、本件債権の譲受けの私法上の効力を否定した原決定は、同条の解釈適用を誤るものであるなどと主張して、抗告の許可を申し立てた。

(4) 本決定は、次のとおり判示して、原決定を破棄し、本件を原審（広島高裁）に差し戻す旨決定した。

「債権の管理又は回収の委託を受けた弁護士が、その手段として本案訴訟の提起や保全命令の申立てをするために当該債権を譲り受ける行為は、他人間の法的紛争

に介入し、司法機関を利用して不当な利益を追求することを目的として行われたなど、公序良俗に反するような事情があれば格別、仮にこれが弁護士法28条に違反するものであったとしても、直ちにその私法上の効力が否定されるものではない（最高裁昭和46年(オ)第819号同49年11月7日第一小法廷判決・裁判集民事113号137頁参照）。そして、前記事実関係によれば、弁護士である抗告人は、本件債権の管理又は回収を行うための手段として本案訴訟の提起や本件申立てをするために本件債権を譲り受けたものであるが、原審の確定した事実のみをもって、本件債権の譲受けが公序良俗に反するということもできない。」

宮川裁判官の補足意見は次のとおりである。
「事案にかんがみ、弁護士法（以下「法」という。）28条に関連する弁護士倫理上の問題に関し、付言しておくこととする。本件のような取立てを目的とする債権譲受行為の私法上の効力が否定されない、さらには法28条に違反しないとされる場合であっても、その行為は、弁護士倫理上の評価を受ける。弁護士職務基本規程（平成16年日本弁護士連合会会規第70号。以下「基本規程」という。）17条は、『弁護士は、係争の目的物を譲り受けてはならない。』と定めている。基本規程は、日本弁護士連合会が、会規として、その自治機能に基づいて弁護士がその職務遂行に当たって、自律的に遵守すべき行為規範・義務規定及び目標として努力すべき職務行動指針を定めたものである。そして、基本規程17条は、弁護士の行為規範・義務規定を定めたものであり（基本規程82条）、広く争いがある場合においてその目的物を譲り受ける行為を禁じており、これに違反する行為は、『品位を失うべき非行』（法56条1項）に該当するとして、懲戒の対象となり得るものというべきである。もっとも、懲戒判断は、弁護士の職務の多様性と個別性にかんがみ、事案に即した実質的な判断がなされなければならないが（日本弁護士連合会弁護士職務基本規程解説起草検討会『解説弁護士職務基本規程』135頁）、取立てを目的とする債権譲受行為は、債権を譲り受けなければ、当該権利の実行に当たり支障が存在するなど、行為を正当化する特段の事情がない限り、『品位を失うべき非行』に該当するものといわなければならない。」

本決定は、債権の管理又は回収の委託を受けた弁護士がその手段として本案訴訟の提起や保全命令の申立てをするために当該債権を譲り受ける行為の私法上の効力について最高裁が判断を示したものであり、宮川裁判官の補足意見も含め、実務の参考になるものと思われる。

2 仮処分

【21】20(許)36（◎三小、平21・1・27、破棄・自判、民集63・1・271、判時2035・127。原審知財高決平20・7・7、原々審東京地決平20・4・14）
　(1) 特許権の侵害差止めを求める仮処分命令事件において、特許法105条の4第

1項に基づく秘密保持命令の申立てをすることができるか否かが問題となった事案である。

(2) Y株式会社は、X株式会社を債権者、Yを債務者とし、Xが、Yによる液晶テレビ及び液晶モニターの輸入・販売等がXの特許権を侵害すると主張してその差止め等を求める特許権仮処分命令申立事件において、提出を予定する準備書面には、液晶テレビないし液晶モニターに登載された液晶モジュールの構造、形状及び駆動方法を内容とする情報が含まれるところ、それらは、①秘密管理性、②有用性、③非公知性の要件を満たすYの営業秘密であると主張して、同事件におけるXの代理人ら5名を相手方として、特許法105条の4第1項に基づき、秘密保持命令の申立てをした。

原々審は、民事保全法1条に規定する「民事保全」は、特段の事情のない限り、特許法105条の4第1項の「特許権又は専用実施権の侵害に係る訴訟」に該当しないと解するのが相当であり、上記仮処分命令申立事件において、Y主張の本件各情報について秘密保持命令を認めなければ、著しく不合理な結果を招くことになるなどの特段の事情は認められないなどとして、本件秘密保持命令の申立てを却下した。

原審は、秘密保持命令に係る特許法105条の4の規定は民事保全手続に適用することはできないと解すべきであるとして、抗告を棄却した。その理由の概要は次のとおりである。

①特許法105条の4第1項は「特許権又は専用実施権の侵害に係る訴訟」という表現を用いており、これに民事保全法という、民事訴訟法とは別個の手続法で運営される仮処分手続を含むと解することは、法の名あて人である国民の立場からすると、相当の困難を伴うと考えられる。民事保全手続においては、非公開で審理されるのが通例であり（民事保全法3条）、債務者を審尋せずに発令する例外が設けられ（同法23条4項）、証拠方法及び心証の程度は疎明であり（同法13条）、裁判所は、即時に取り調べることができる証拠調べしかすることができず（同法7条）、仮処分命令は暫定的な命令であることを前提に、債権者に担保を立てさせて発令することを通例としている等の、本案訴訟とは異なる事情がある。②立法者において、秘密保持命令制度を民事保全手続にも適用があると考えたのであれば、特許法168条2項が規定するように「訴えの提起又は仮差押命令若しくは仮処分命令の申立てがあった場合」等と、仮処分手続においても秘密保持命令を発することができるような規定を設けることが十分に可能であったと考えられる。③秘密保持命令の制度は、懲役刑を含む刑罰による抑止力をもって秘密保持の実効性を担保するものであるところ、特許権侵害訴訟のみならず民事保全手続にも特許法105条の4の適用を肯定することは、これを否定した場合に比し処罰範囲の拡大を招来することになるところ、刑罰法規の謙抑性及び明確性の趣旨にかんがみれば、実質的に処罰範囲の拡大を招来する法解釈は差し控えるべきである。

(3) Yが、特許法105条の4第1項の解釈の誤りを主張して、抗告の許可を申し

(4) 本決定は、次のとおり判示して、原決定を破棄し、原々決定を取り消し、本件を原々審に差し戻す旨決定した。

「特許権又は専用実施権の侵害に係る訴訟において、提出を予定している準備書面や 証拠の内容に営業秘密が含まれる場合には、当該営業秘密を保有する当事者が、相手方当事者によりこれを訴訟の追行の目的以外の目的で使用され、又は第三者に開示されることによって、これに基づく事業活動に支障を生ずるおそれがあることを危ぐして、当該営業秘密を訴訟に顕出することを差し控え、十分な主張立証を尽くすことができないという事態が生じ得る。特許法が、秘密保持命令の制度（同法105条の4ないし105条の6、200条の2、201条）を設け、刑罰による制裁を伴う秘密保持命令により、当該営業秘密を当該訴訟の追行の目的以外の目的で使用すること及び同命令を受けた者以外の者に開示することを禁ずることができるとしている趣旨は、上記のような事態を回避するためであると解される。

特許権又は専用実施権の侵害差止めを求める仮処分事件は、仮処分命令の必要性の有無という本案訴訟とは異なる争点が存するが、その他の点では本案訴訟と争点を共通にするものであるから、当該営業秘密を保有する当事者について、上記のような事態が生じ得ることは本案訴訟の場合と異なるところはなく、秘密保持命令の制度がこれを容認していると解することはできない。そして、上記仮処分事件において秘密保持命令の申立てをすることができると解しても、迅速な処理が求められるなどの仮処分事件の性質に反するということもできない。

特許法においては、『訴訟』という文言が、本案訴訟のみならず、民事保全事件を含むものとして用いられる場合もあり（同法54条2項、168条2項）、上記のような秘密保持命令の制度の趣旨に照らせば、特許権又は専用実施権の侵害差止めを求める仮処分事件は、特許法105条の4第1項柱書き本文に規定する『特許権又は専用実施権の侵害に係る訴訟』に該当し、上記仮処分事件においても、秘密保持命令の申立てをすることが許されると解するのが相当である。」

本決定は、特許権又は専用実施権の侵害差止めを求める仮処分事件は、特許法105条の4第1項柱書き本文に規定する「特許権又は専用実施権の侵害に係る訴訟」に該当し、上記仮処分事件においても、同項に基づく秘密保持命令の申立てをすることが許されることについて、最高裁が初めて判断を示したものであり、実務の参考になるものと思われる。

【22】21(許)18（△一小、平21・8・12、棄却。原審名古屋高決平21・2・26、原々審岐阜地多治見支決平20・11・28）

(1) 占有移転禁止仮処分申立事件において、被保全権利及び保全の必要性の疎明がされているか否かが問題となった事案である。

Ⅲ　民事保全法

(2)　Aは、土地（本件土地）を所有し、本件土地上に2階建ての店舗居宅建物及び2階建ての駐車場建物を所有していた。Aは、平成10年3月26日、Yとの間で、上記建物のうち店舗居宅建物の1階部分及び駐車場建物の2階部分（以下、これらを「本件建物」という。）を賃貸する旨の賃貸借契約を締結した。AとX（市）は、平成20年3月24日、「Aは平成20年8月31日までにXに本件土地を明け渡す。Aは本件土地に建物及び工作物が存するときは引渡日の前日までに消滅させる」内容の本件土地の売買契約を締結した。Aは、平成20年3月24日、Yに対し、上記賃貸借契約を解除する旨通知した。Xは、同年4月2日、Aから本件土地の所有権移転登記を受けた。Yは、同年5月29日、Aを被告として、本件建物につきYが賃借権を有することの確認を求める訴えを提起した。保全裁判所は、Xの申立てに基づき、同年9月20日、XのYに対する建物退去土地明渡請求権を被保全権利として、Yが本件建物の占有を他人に移転することを禁止することなどを命じる仮処分決定をした。

原々審（保全異議審）は、（同年11月28日）本件仮処分決定を認可する旨決定した。

原審は、被保全権利及び保全の必要性の疎明がされていると判断して、Yの抗告を棄却した。その理由の概要は次のとおりである。

①（被保全権利について）Xは、Aが本件土地上の本件建物を収去して引き渡すとの前提で本件土地を買い受けたのであって、Xが本件建物の賃借人であるYをしてその敷地である本件土地を占有使用せしめることを当然に予想し認容していたような事情はないから、最一判昭38・2・21民集17・1・219、判時331・23は前提事情を異にしており、上記判例に基づきYが本件土地の使用収益権を主張し得ることにはならない。Xが、上記売買契約当時、Yが本件建物において店舗を営業していた事実を知っていたことを勘案しても、本件の事情からみて、XのYに対する建物退去土地明渡請求が権利濫用等により許されないと解する余地はない。②（保全の必要性について）XがYに対して建物退去土地明渡請求訴訟を提起して使用料相当損害金を請求する予定である旨新聞報道されたことなどから、Yが第三者に占有を移転するおそれがないとはいえない。

(3)　Yが、原決定は、上記判例の解釈を誤ったものであると主張して、抗告の許可を申し立てた。

(4)　本決定は、「所論の点に関する原審の判断は、正当として是認することができる。論旨は採用することはできない。」と判示して、抗告を棄却した。

【23】21(許)11（△三小、平21・9・29、棄却。原審福岡高決平21・2・2、原々審熊本地決平20・12・26）

(1)　動産売買先取特権を被保全権利とする転売代金債権の処分禁止の仮処分の申立ての可否が問題となった事案である。

(2)　Xは、A株式会社に売り渡した商品がZらに転売されたとして、動産売買

先取特権の物上代位に基づき、AのZらに対する転売代金債権の差押えを求める申立てをしたが、執行裁判所は、本件商品がZらに転売され、これが引き渡された事実を認めることはできないとして、上記申立てを却下した。Xは、転売代金の差押えをするには、本件先取特権の存在を証する文書が必要であるところ（民事執行法193条1項、181条1項3号）、本件先取特権の存在を確認する内容の判決を取得するまでに相当の時間を要するから、本件先取特権を保全することが必要であるとして、被保全権利を本件先取特権、債務者をA破産管財人Y、第三債務者をZらとする、債務者Yが転売代金債権の取立て、譲渡、質権の設定その他一切の処分をすることの禁止及び第三債務者Zらが債務者Yに対し転売代金を支払うことの禁止を求める内容の仮処分の申立てをした。

原々審及び原審は、本件申立てを却下すべきものと判断した。その理由の概要は次のとおりである。

①動産売買の先取特権ないしはこれに基づく物上代位権は、買主が当該動産を他に転売した場合において、転売代金債権の取立てや他への譲渡を禁止したり、転売人が転売代金を買主に支払うことを禁止したりする権能を含むものではなく、当該動産が転売された場合、売主としては、転売代金債権の取立て、処分又は払渡しが行われる前に、先取特権の存在を証する文書を執行裁判所に提出し転売代金債権に対する差押命令を得ることにより、上記物上代位権を実行することができることになっている（民法304条、民事執行法193条、143条）。したがって、民事執行法193条1項所定の証明文書を有しない先取特権者が、物上代位権に基づく将来の差押えを保全するため、仮処分により、買主の転売代金債権の取立て、処分又は転買人の払渡しの禁止を求めることができるとすることは、結局、上記先取特権者に実体法上の地位を超える権能を認めることになるから、相当ではなく、本件申立ては被保全権利を欠く。②債権者は、動産売買先取特権には、民事執行法による目的物の買主に対する差押請求権が基本的権能として内在しているから、これを保全する仮処分を動産売買先取特権の内容及び本質をはみ出す過剰なものということはできないと主張するが、債務者が差押えの承諾義務までも負い、差押承諾請求の認容判決をもって差押承諾書に代わるものと解することは、結局、先取特権者による所有者の占有に対する干渉を是認する結果となるから、民事執行法の趣旨に沿わず、したがって、動産先取特権の目的である動産につき差押承諾請求権を有しないから、動産売買先取特権に差押請求権が内在するという主張は理由がない。

(3) Xが、動産売買先取特権が法律により認められている以上、動産売買先取特権存在確認判決を得るまでの間、これを保全することが認められるべきであり、その方法としては、転売代金債権の処分権を奪うとともに、第三債務者の弁済を禁止するのが適切であるなどと主張して、抗告の許可を申し立てた。

(4) 本決定は、本件申立てを却下すべきものとした原審の判断は、是認することができる。論旨は採用することができない。」と判示して、抗告を棄却した。

【24】21(許)39（△二小、平21・12・16、棄却。原審福岡高決平21・9・24、原々審福岡地小倉支決平21・7・21）

(1) 所有する区分所有建物に工事を施工している債権者が、同建物の前所有者から同建物を賃借した債務者に対し、区分所有権に基づき区分所有建物への立入り及び工事の妨害禁止を命ずる仮処分を求めた事件において、保全の必要性の有無が問題となった事案である。

(2) Y株式会社は、A株式会社からAが所有する複合商業施設であるビル（本件ビル）内の飲食店2店舗（本件係争部分）を賃借し（本件賃貸借契約）、本件係争部分で飲食店の営業をしていた。Aは破産宣告を受け、本件ビル内のテナントの多くは、破産管財人の意向を受け賃貸借契約の解除に応じたが、Yは、これに応じず、本件賃貸借契約は有効に存続していると主張した。他方、X株式会社は、Aから本件ビルを買い受け、本件ビルを再生するために、本件ビル内の既存の造作の撤去及び造作新設等の工事に着手したため、Yとの間に上記工事の施工をめぐって紛争を生じ、Xは、Yを債務者として、本件係争部分の区分所有権に基づき本件係争部分への立入禁止、上記工事の妨害禁止を命ずる仮処分を申請した。

原々審及び原審は、本件仮処分申請は、保全の必要性に欠け、被保全権利について判断するまでもなく理由がないとして、本件仮処分の申立てを却下すべきものと判断した。

(3) Xが、保全の必要性は債権者側の事情と債務者側の事情の比較衡量等もあわせた総合考慮によって判断すべきであり、本件においては保全の必要性は認められるなどと主張して、抗告の許可を申し立てた。

(4) 本決定は、「所論の点に関する原審の判断は、正当として是認することができる。論旨は採用することができない。」と判示して、抗告を棄却した。

本件では、個別事案における保全の必要性が争われたにすぎず、許可には検討の余地があるように思われる。

Ⅳ　破産法

【25】21(許)31（△二小、平21・10・28、棄却。原審福岡高宮崎支決平21・5・29、原々審宮崎地都城支決平21・5・8）

(1) 破産事件における予納命令の可否が問題となった事案である。

(2) Xは、自己破産の申立てをし、破産裁判所（原々審）から破産手続費用として3か月以内に21万円を予納すべき旨の予納命令を受けたが、これを不服として即時抗告した。

原審は、原々審がその合理的な裁量に基づき本件予納命令をしたことが明らかであるし、本件において破産手続の費用を仮に国庫から支弁するのが特に必要であると認めるに足りる事情もない、破産手続の費用の予納を命じる決定書に事実及び理由を記載しなかったとしても、それをもって予納に関する決定が直ちに違法となる

(3) Xが、原決定は違法であるとして、抗告の許可を申し立てた。
(4) 本決定は、「所論の点に関する原審の判断は、正当として是認することができる。論旨は採用することができない。」と判示して、抗告を棄却した。

破産手続における裁判所の予納命令については、破産裁判所の広範な裁量にゆだねられているものと解されており、本件において予納を命じた金額も実務上定着した一般的な金額を逸脱するとはいえないものであり、許可には検討の余地があるように思われる。

V 民事再生法

【26】20(許)45（△二小、平21・3・11、棄却。原審東京高決平20・7・3、原々審東京地決平19・2・28)

(1) 民事再生法174条2項1号の不認可事由の存否が問題となった事案である。
(2) 株式会社A銀行は、Yに対する銀行取引に基づく債権をBに譲渡し、その旨Yに通知し、Bは、上記債権の管理回収業務をXに委託し、その旨Yに通知した。Xは、Yについて破産手続開始の申立てをしたが、Yは再生手続開始の申立てをし、再生手続開始決定がされたが、上記再生手続の申立てに当たって添付された債権者一覧表にはXが再生債権者として掲げられていなかった。Xには再生手続開始通知がされず、Xは再生債権の届出をしないまま、債権者集会でYの再生計画案が可決された。このため、Xは、本件再生手続が違法である旨の上申書を提出したが、再生裁判所は、再生計画に民事再生法174条2項各号に該当する事由はないとして、再生計画を認可する旨の決定をした。

Xは、自らに民事再生法35条3項1号所定の通知がされず、そのためXが再生債権の届出をすることがないまま本件再生計画が認可されたものであり、同法174条2項1号に該当する旨主張して、本件再生計画を認可する旨の上記決定の取消しと本件再生計画を認可しない旨の裁判を求めた。

原々審は、民事再生法174条2項各号に該当する事由はないとして本件再生計画を認可した。

原審は、本件再生計画を認可する旨の原々決定を取り消し、本件再生計画を認可しない旨の判断をした。その理由の概要は次のとおりである。

Xが再生債権者であったことはY及び再生裁判所にとって明らかであり、Xに、民事再生法35条3項1号所定の通知がされなかったことは、同法174条2項1号の場合に該当する。そして、XのYに対する債権額は3億6700万円余りであって、別除権不足額は3億3700万円であり、土地建物の換価によってYの保証債務等が消滅することになったとしても債務額は1億9000万円を下回ることはなく、Xが再生債権の届出を行っていれば、少なくとも1億9000万円程度の議決権を行使できたものと認められる。これは本件再生手続における総議決額の94パーセントに

達し、X が議決権を行使しなかったであろうことはほぼ確実であると認められるから、本件再生計画は否決された可能性は極めて高い。したがって、本件再生手続における法律違反は、その程度が軽微とは到底いえず、再生計画不認可の決定をすべき場合に該当する。

(3) Y が、X は民事再生法 35 条 3 項 1 号の「知れている再生債権者」には該当せず、原審の判断には同号の解釈適用の誤りがあるなどと主張して、抗告の許可を申し立てた。

(4) 本決定は、「所論の点に関する原審の判断は、正当として是認することができる。論旨は採用することができない。」と判示して、抗告を棄却した。

【27】 20(許)42（△二小、平 21・6・3、棄却。原審名古屋高決平 20・8・12、原々審名古屋地決平 20・5・1）

(1) 修正後の再生計画について、民事再生法 174 条 2 項 1 号、4 号の不認可事由の存否が問題となった事案である。

(2) X は、パチンコ店の経営等を目的とする会社であるが、再生手続開始決定を受け、X が経営するパチンコ店の一部を存続させ、リース会社が所有権を留保している存続店舗に係る遊技機のリース料債権等につき、再生手続開始時の残額の 2 分の 1 を共益債権とする旨の別除権協定を締結することを前提とする再生計画案を提出した。その後、存続店舗に係る遊技機のリース契約のうちの一部につき、現実の必要額（遊技機の本来の価格）を上回る信用供与を得る不正取引が行われていたことが判明したことから、これらの事情を踏まえ、X は、存続店舗数を減らした上、上記不正取引に係るリース料債権については、再生手続開始時の残額全額を共益債権とし、その余のリース料債権については、残額の 2 分の 1 を共益債権とする旨の処理方針を前提として、修正した再生計画案を提出し、同再生計画案は、債権者集会において可決され、再生裁判所は、本件再生計画案に民事再生法 174 条 2 項各号に該当する不認可事由はないものと認められるとして、これを認可した。その際、再生裁判所は、本件処理方針案に従った別除権協定を締結することは実質的な和解に当たることから、その監督のため、監督命令を変更し、原々決定後における和解及び仲裁契約等を、監督委員の同意を得なければ相手方がすることができない行為として付加した。

Y は、上記処理方針の内容が不平等であり、上記再生計画案には民事再生法 174 条 2 項 1 号及び 4 号に該当する不認可事由があると主張して抗告を申し立てたところ、原審は、抗告を棄却した。その理由の概要は次のとおりである。

①本件処理方針案は、別除権協定の内容についての方針を示したものであり、また、別除権協定は、再生計画とは別途に、別除権付債権の債権者との間で個別に合意することによって初めて成立するものである。したがって、本件再生計画の効力によって、X に対するリース料債権等の内容が本件処理方針案に沿って変更されるものではない。そうすると、本件処理方針案の内容が不平等であることを理由と

して、本件再生計画が民事再生法155条1項に反するということはできない。②民事再生法174条2項4号は、再建型手続におけるいわゆる清算価値保障原則を定めたものと解するのが相当であるところ、清算価値保障原則が満たされているか否かの判断は、再生計画に基づく弁済額と破産手続による場合の予想配当額のほか、手続に要する時間の長短、費用の多寡、財産の換価の難易、履行の確実性などと総合的に考慮して行うべきであり、この観点からすると、本件再生計画案が民事再生法174条2項4号に該当するとは認められない。③本件処理方針案の内容は、上記不正取引に係るリース料債権等をそれ以外のリース料債権等よりも優遇するものであるといえるが、上記不正取引に係るリース料債権等とその他のリース料債権等との間において、別除権協定の内容につき本件処理方針案のとおりの差を設けることに合理性がないとはいえない。④Xの債権者説明会や債権者集会における説明内容には、少なくとも本件再生計画案に対する可否の判断の前提となる情報として、特に欠けるところがあったとは認められない。

(3) Yが、本件再生計画に不認可事由はないとした原審の判断には、民事再生法155条1項、38条2項の解釈適用の誤りがあるなどと主張して、抗告の許可を申し立てた。

(4) 本決定は、「所論の点に関する原審の判断は、正当として是認することができる。論旨は採用することができない。」と判示して、抗告を棄却した。

【28】21(許)20（△三小、平21・9・29、棄却。原審東京高決平21・4・9、原々審横浜地川崎支決平21・3・12）

【29】21(許)30（△三小、平21・9・29、棄却。原審東京高決平21・5・18、原々審横浜地川崎支決平21・3・12）

(1) いずれも小規模個人再生ではない再生手続における再生計画について、民事再生法229条3項が適用又は類推適用されるか否かが問題となった事案である。

(2) X_1、X_2は、Aの相続人である。Y_1、Y_2は、Bと共にC銀行のAの定期預金の解約及び払戻しを行い、また普通預金の払戻しを行って、合計2740万円余を取得した。横浜地裁川崎支部は、平成20年10月3日、Y_1（【28】事件）、Y_2（【29】事件）について、それぞれ再生手続開始の決定をした。X_1、X_2は、Aの相続人として、Yらの再生手続において前記2740万円余について債権の届出を行った。Yらは、平成21年1月19日、Xらの届出に係る上記債権（本件債権）を確定再生債権として掲載した再生計画案を提出した。Yらの再生計画案は、いずれも、本件債権についても、他の債権者と同率の弁済を行い、その余は免除を受けるという内容であった。

上記各再生計画案は可決され、原々審は、Yらについての本件各再生計画認可決定をした。

Xらは、本件債権は、Yらが悪意で加えた不法行為に基づく損害賠償請求権であるから、民事再生法229条3項1号所定の再生債権に該当し、同項が同法174条の

決定にも適用されることから、本件債権に係る債務の減免を定めることはできず、同減免を行った本件各再生計画認可決定は同法229条3項に違反すると主張して、抗告した。

　原審は、①民事再生法229条3項1号では、小規模個人再生手続において、非減免債権の拡大を図ったものであって、通常の再生手続においては、非減免債権は、同法155条4項により、再生手続開始前の罰金等（同法97条）に限定されているものであり、同法229条3項1号に相当する規定はない、②本件は通常の再生手続の開始決定であり、小規模個人再生手続に関する同法229条3項1号が適用されるものと認めることはできず、再生計画案に、再生債務者が悪意で加えた不法行為に基づく損害賠償請求債権を減免する内容が含まれていたとしても、同法174条2項各号の再生計画案の不認可事由に該当するとはいえないとして、各抗告を棄却した。

　(3)　X_1、X_2 が、それぞれ、原審の判断には民事再生法229条3項の法令解釈の誤りがあるなどと主張して、抗告の許可を申し立てた。

　(4)　本決定は、「所論の点に関する原審の判断は、正当として是認することができる。論旨は採用することができない。」と判示して、抗告を棄却した。

VI　家事審判法

1　相続の承認・放棄の期間伸長、相続放棄

【30】21(許)22（△二小、平21・7・15、棄却。原審名古屋高決平21・4・1、原々審名古屋家審平20・12・24）

【31】【32】21(許)13、14（△二小、平21・5・20、棄却。原審広島高松江支決平21・2・23、原々審鳥取家倉吉支審平20・11・18）

　(1)　相続の承認・放棄の期間伸長の申立て（【30】事件）、相続放棄の申立て（【31】【32】事件）において、いずれも相続放棄の熟慮期間の起算日が問題となった事案である。

　(2)　【30】事件について

　ア　被相続人Aは、かつて会社を経営していたが、B銀行から1630万円を借り入れ、分割返済を継続していたが、平成10年以降、返済が滞るようになった。Aは、平成12年に交通事故に遭い、上記交通事故に関し、訴訟を提起し、平成18年9月29日、損害賠償金1030万円の支払を命ずる勝訴判決を受け、その後、Aの妻であるXが上記損害賠償金を受領した。Aは、同年10月27日、住所地で死亡し、Xが死亡届を提出した。Xは、平成20年7月28日ころ、E債権回収株式会社からの通知により、Aに1479万円余の借入金債務があることを知ったことから、Aの相続につき承認又は放棄する期間（熟慮期間）を伸長することを求める申立てをした。

原々審及び原審は、既に熟慮期間を経過しているからXは申立ての利益を欠くとして、本件申立てを却下すべきものと判断した。その理由の概要は次のとおりである。

熟慮期間は、遅くとも相続人が相続すべき積極又は消極財産の全部又は一部の存在を認識したとき、又は、通常これを認識し得べきときから起算すべきと解されるところ、Xは、遅くともAの死亡後間もないときまでに、相続財産として1030万円の損害賠償金があることを知っていたから、そのときまでに相続財産の一部の存在を認識していたものと認められ、そのときから3か月の熟慮期間が経過していることは明らかである。Xは、相続人が消極財産の存在を知らずかつ調査を尽くしてもその存在を容易に知ることができず積極財産しか存在しないと信じたときは、熟慮期間の起算点の繰下げを認めるべきであるというが、本件の事実経緯に照らすと、Aの妻であるXがAの負債状況について何ら知らなかったというのは不自然であり、むしろ、Xにおいて、Aについての積極財産のみならず消極財産があることを知り、又は知り得たというべきであるから、上記主張は前提を欠く。

イ Xが、相続人において積極財産が存在すると信じた場合には相続放棄を期待することができないから、消極財産を知り、又は知り得た日を熟慮期間の起算日とすべきであるなどと主張して、抗告の許可を申し立てた。

ウ 本決定は、「所論の点に関する原審の判断は、正当として是認することができる。論旨は採用することができない。」と判示して、抗告を棄却した。

(3) 【31】【32】について

ア 被相続人Aは、自動車の整備等の会社を経営し、10筆の土地を所有していたところ、平成19年5月20日死亡した。Aの相続人は、B（妻）、C（長男）、X_1（二男）及びX_2（長女）であり、X_1及びX_2は、同日、Aの死亡を知った。Xらは、Aが上記土地を所有していることを知っており、Aの生前に、いずれも、Aの所有地に自宅を建築した。X_1が自宅を建てた土地には、Aが経営していた上記会社を債務者とする極度額2000万円の根抵当権設定登記がされていた。X_2は、上記の会社の経理を担当し、Aが上記会社のために個人保証をしていたことを認識していたが、同年7月及び10月、X_2に対し、銀行からAの個人保証についての話があり、X_2の夫DがAに代わって保証人となった。Xらは、Aの死亡の数か月後、Cから、被相続人の遺産である上記土地等を取りあえずBの所有とすると言われ、必要書類に押印するなどして、同年11月27日、これらの土地の相続登記を了した。X_1及びX_2は、上記の会社の債権者である金融機関から個人保証に係る債務の請求を受け、相続放棄ができなければ破産手続をとるしかない状況となったことなどから、平成20年9月25日、被相続人に係る相続の放棄を申述した。

原々審及び原審は、Xらの本件各申述は、民法915条1項本文所定の熟慮期間経過後にされたものであるとして、本件各申立てを却下すべきものと判断した。その理由の要旨は次のとおりである。

①民法915条1項本文の熟慮期間は、原則として、相続人が相続開始の原因と

なった事実及びこれにより自己が法律上相続人となった事実を知った時から3か月以内に相続放棄をしなかったのが、被相続人に相続財産が全く存在しないと信じたためであり、かつ、当該相続人に対し相続財産有無の調査を期待することが著しく困難な事情があって、相続人において上記のように信ずるについて相当な理由があると認められるときは、熟慮期間は相続人が相続財産の全部又は一部の存在を認識した時又は通常これを認識し得べかりし時から起算すべきである（最二小判昭59・4・27民集38・6・698）。②Xらは、被相続人の積極財産の存在を知っていたものであり、消極財産についても、知っていたか、容易に知り得たというべきであるから、相続放棄の熟慮期間の起算日は、被相続人の死亡を知った日である。

イ　Xらが、相続開始の原因となった事実及びこれにより自己が法律上相続人となった事実を知った時から3か月以内に相続債務の存在を認識しなかったことにつき相当な理由があるとして、抗告の許可を申し立てた。

ウ　本決定は、「所論の点に関する原審の判断は、正当として是認することができる。論旨は採用することができない。」と判示して、抗告を棄却した。

(4)　熟慮期間の期間の起算日に関しては、最二小判昭59・4・27民集38・6・698、判時1116・29（相続人において相続開始の原因となる事実及びこれにより自己が法律上相続人となった事実を知った時から3か月以内に限定承認又は相続放棄をしなかったのが、相続財産が全く存在しないと信じたためであり、かつ、このように信ずるについて相当な理由がある場合には、民法915条1項所定の期間は、相続人が相続財産の全部若しくは一部の存在を認識した時又は通常これを認識しうべかりし時から起算するのが相当である）による基準が実務上も定着しているものと思われる。そうすると【30】及び【31】【32】事件における抗告の許可には検討の余地があるように思われる。

2　遺産分割

【33】21(許)21（△一小、平21・8・12、棄却。原審名古屋高決平21・3・9、原々審名古屋家審平19・9・18）

(1)　被相続人の妻に2分の1の相続分を認めて遺産分割の審判をしたことが、民法906条の解釈適用を誤ったか否かが問題となった事案である。

(2)　被相続人Aは、平成18年2月28日死亡し、Aの妻であるXは、AとBとの間の子であるYらに対し、Aの相続財産につき、遺産分割の申立てをしたが、Yらは、その審判において、AとXは長期間にわたり婚姻生活の実態がなかったから、Xが相続権を行使することは許されないと主張した。

原々審及び原審は、①民法890条は、配偶者の相続権を認め、同法900条1ないし3号は、配偶者が一定割合の法定相続分を有することを規定しているのであって、このような配偶者の相続権及び法定相続分については、原則として、画一的固定的に運用するのが相当である、②そのような画一的運用の弊害を避けるために、民法は、推定相続人の廃除の制度や、寄与分の制度を設けているが、そのような例

外的な事情が認められない場合にまで、配偶者の相続権を否定し、あるいはその法定相続分を減額したりすることは相当でない、③ＡとＸの実質的な婚姻期間が約10年間にすぎず、ＸがＡ方を出奔して以来Ａと没交渉の生活をしていたとの事実を前提としても、Ｘの遺産分割の申立てが権利濫用に該当するということはできないとして、Ｘに２分の１の相続分を認めて遺産を分割する旨判断した。

(3) Ｙらが、原決定は民法906条の解釈適用を誤ったとして、抗告の許可を申し立てた。

(4) 本決定は、「所論の点に関する原審の判断は、正当として是認することができる。論旨は採用することができない。」と判示して、抗告を棄却した。

【34】21(許)17（△三小、平21・12・1、棄却、家月62・3・47。原審東京高決平21・3・31、原々審さいたま家審平20・7・23）

(1) 遺産分割審判等に対する即時抗告事件において、即時抗告の相手方に即時抗告申立書の副本の送達又は写しの送付をすることなく、原々審の審判を相手方に不利益なものに変更した原審の手続の当否が問題となった事案である。

(2) 被相続人Ａ及びＢの共同相続人の１人であるＸは、他の共同相続人であるＹに対し、Ａが所有していた土地及び建物（本件遺産）につき、遺産分割及びＸの寄与分を定める処分の申立てをした。Ｙは、本件遺産の単独取得を希望するとともに、Ｙの寄与分を定める処分の申立てをした。

原々審は、Ｘの寄与分を定める処分の申立てを却下した上、Ｙの寄与分をＹの購入に係る農機具の代金相当額60万円を含めた1023万円余と定め、本件遺産のすべてをＹの単独取得とし、Ｙに対し、その遺産の取得の代償として3534万円余をＸに支払うことを命じる旨の審判をした。Ｘは、原々審の審判に対して即時抗告をした。上記即時抗告の申立てがあったことを知ったＹは、原々審の代理人に対し、上記即時抗告事件を委任し、その旨の委任状を原審に提出した。

原審は、Ｙ及びＹの代理人のいずれにも本件即時抗告申立書の副本の送達又は同申立書の写しの送付をしないまま、原々審の審判を一部変更し、Ｘの寄与分を定める処分の申立てを却下した上、Ｙの寄与分を上記の農機具の代金相当額を控除した963万円余と定め、本件遺産の土地の一部をＸが取得し、その余の土地及び建物をＹの取得とし、Ｙに対し、その遺産取得の代償として1095万円余の支払を命じる旨の決定をした。

(3) Ｙは、遺産分割事件は非訟事件の中でも争訟的性格の強い乙類審判事件であるにもかかわらず、Ｙに本件即時抗告申立書の副本を送達せず、攻撃防御の機会を一切与えることなく原々審の審判をＹに不利益なものに変更した原決定は法令に違反するなどと主張して、抗告の許可を申し立てた。

なお、Ｙは、原決定は憲法31条及び憲法32条に違反すると主張して、特別抗告もした（平成21(ク)470）。

(4) 本決定は、次のとおり判示して、抗告を棄却した。

「1　抗告代理人の抗告理由第1について
本件記録によれば、即時抗告の相手方であるYは、即時抗告審における事件の追行を弁護士に委任するなど、即時抗告があったことを既に知っていたことがうかがわれる上、即時抗告の抗告状に記載された抗告理由も抽象的なものにとどまり、上記抗告状にはYに攻撃防御の機会を与えることを必要とする事項は記載されていなかったものというべきであるから、上記抗告状の副本の送達又はその写しの送付がなかったことによってYが攻撃防御の機会を逸し、その結果として十分な審理が尽くされなかったとまではいえない。論旨は、結局、採用することができない。
2　その余の抗告理由について
所論の点に関する原審の判断は、正当として是認することができる。論旨は採用することができない。」

那須裁判官の反対意見は次のとおりである。
「私は、最高裁平成19年(ク)第1128号同20年5月8日第三小法廷決定・裁判集民事228号1頁の中の反対意見において述べたとおり、家事審判規則、家事審判法及び非訟事件手続法に基づく手続にも憲法32条の理念が及ぶ場合があり、少なくとも、争訟性の強い乙類審判手続については、憲法32条の趣旨に照らし、即時抗告により不利益変更を受ける即時抗告の相手方に対して反論の機会を与えるために即時抗告の抗告状等の送達ないし送付をする必要があると解するのが相当と考えるものである。本件では原審において即時抗告の抗告状の送達も送付もないままに即時抗告の相手方であるYに不利益に変更がなされたというのであるから、原審の手続には裁判に影響を及ぼすことが明らかな法令違反があり、原決定が維持されるようなことがあれば、憲法32条違反の疑念が生ずることになるものといわざるを得ない。そして、原審の手続の法令違反が上記のとおり憲法32条の趣旨に反する極めて重大なものであることにかんがみると、Yが即時抗告があったことを既に知っていたことや、上記抗告状に記載された抗告理由が抽象的なものにとどまることなど、多数意見の指摘するような事情があるとしても、それだけでは即時抗告により不利益変更を受けるYに対して反論の機会を与えるために即時抗告の抗告状等の送達ないし送付をする必要がなかったということはできないというべきである。
原決定はその手続に裁判に影響を及ぼすことが明らかな法令違反があるものとして破棄を免れず、Yの代償金の支払能力等について更に審理を尽くさせるため、本件を原審に差し戻すのが相当であると考える。」

なお、本件許可抗告と並行して申し立てられた特別抗告事件については、次のとおり判示して、抗告を棄却した。
「原審が、Yに対し、抗告状の副本の送達をせず、攻撃防御の機会を与えることなく不利益な判断をしたことが、憲法32条に違反するものではないことは、当裁

判所の判例（最高裁昭和26年(ク)第109号同35年7月6日大法廷決定・民集14巻9号1657頁、最高裁昭和37年(ク)第243号同40年6月30日大法廷決定・民集19巻4号1114頁）の趣旨に照らして明らかである（最高裁平成19年(ク)第1128号同20年5月8日第三小法廷決定・裁判集民事228号1頁参照）。本件抗告理由のうち憲法32条違反の主張には理由がない。本件抗告理由のその余の部分については、原審の手続が憲法31条に違反する旨をいう点を含めて、その実質は原決定の単なる法令違反を主張するものであって、民訴法336条1項に規定する事由に該当しない。」

特別抗告事件の決定における那須裁判官の意見は、次のとおりである。
「私は、原審がYに即時抗告の抗告状等の送達ないし送付をせず、攻撃防御の機会を与えることもなしに審判をYに不利益に変更したことについては、単に家事審判規則、家事審判法及び非訟事件手続法の法令に反するだけでなく、憲法32条違反の疑いもあると考える（その理由につき、前記最高裁平成20年5月8日第三小法廷決定中の私の反対意見参照）。しかし、本件では許可抗告事件も併せて係属しているため、同許可抗告事件において法令違反を理由として原決定を破棄すれば足り、本特別抗告事件において重ねて破棄の判断をするまでの必要もないと考えるので、主文のとおりの結論とすることについては反対しない。」

家事審判事件につき、抗告審が相手方に対し抗告状及び抗告理由書の副本を送達せず、反論の機会を与えることなく不利益な判断をすることについては、最三小決平20・5・8集民228・1、判時2011・116が、家事審判手続の特質を損なわない範囲でできる限り相手方にも攻撃防御の機会を与えるべきであり、少なくとも実務上一般に行われているように即時抗告の抗告状及び抗告理由書の写しを相手方に送付するという配慮が必要である旨を説示しており、その趣旨に照らすならば、家事審判事件についての即時抗告の審理を行う高等裁判所にあっては、審判を相手方に不利益に変更する場合には、抗告状及び抗告理由書の写しを相手方に送付する手続を執るのが相当であり、その旨の留意を要するものと思われる。

【35】21(許)37（△三小、平21・12・15、棄却。原審名古屋高決平21・7・8、原々審名古屋家岡崎支審平17・3・31）
(1) 韓国国籍を有する被相続人に係る遺産分割申立事件において、預貯金及び遺産から発生する賃料債権を遺産分割の対象とすることの可否が問題となった事案である。
(2) 韓国籍を有する被相続人Aの相続人であるX₁、X₂は、共同相続人であるY₁〜Y₆を相手方として、遺産分割の申立てをした。Aの遺産は、土地、株式、預貯金（本件預貯金）、現金及び上記土地から発生する賃料（本件賃料）である。
原々審及び原審は、本件預貯金及び本件賃料を遺産分割の対象に含めて、各相続

人の取得財産を決定すべきものと判断した。原審が、本件預貯金及び本件賃料を遺産分割の対象に含めることとした理由の概要は次のとおりである。

①預貯金や相続開始後に遺産から生じた果実及び収益は、当然に遺産分割の対象となるものではないが、相続人全員が遺産分割の対象とすることに合意する場合に遺産分割の対象とすることに問題はない。② Y_6 は、原々審の、「預貯金が遺産であることに合意できるか」、「遺産から生じた果実及び収益について、遺産分割の対象とする旨合意できるか」との意見照会に対し、いずれも合意できる旨回答した。③ Y_6 は、原審において、準備書面で本件預貯金及び本件賃料を遺産分割の対象とすることについて認めていない旨の主張をするまでは、これらを遺産分割の対象とすることに異議を示すことはなかった。

(3) Y_6 が、本件預貯金及び本件賃料を遺産分割の対象に含めた原審の判断は、相続財産のうち可分債権は相続開始と同時に当然に相続分に応じて分割されて各共同相続人の分割単独債権となると判示した最三小判平16・4・20集民214・13、判時1859・61、相続開始から遺産分割までの間に遺産である賃貸不動産から生ずる賃料債権は遺産とは別個の財産というべきであって各共同相続人がその相続分に応じて分割単独債権として確定的に取得すると判示した最一小判平17・9・8民集59・7・1931、判時1913・62の各判例に反するなどと主張して、抗告の許可を申し立てた。

(4) 本決定は、「所論の点に関する原審の判断は、正当として是認することができる。論旨は採用することができない。」と判示して、抗告を棄却した。

本決定は、預貯金等の債権も相続人全員が遺産分割の対象とすることを合意すれば遺産分割の対象となるとする家庭裁判所の実務を是認したものと思われる。

3 婚姻費用分担

【36】20(許)43（△三小、平21・1・13、棄却。原審名古屋高決平20・8・14、原々審岐阜家大垣支審平20・4・15）

(1) 婚姻費用分担審判に対する即時抗告事件において、抗告の趣旨を超え、審判を抗告人に有利に変更することができるか否かが問題となった事案である。

(2) X（妻）とY（夫）は、平成11年に婚姻し、両者の間には平成13年生の子Aがいる。Yは、平成17年12月、Aを連れて家を出て、それ以後別居状態が続いていた。Xは、平成19年2月、Yに対し、相当額の婚姻費用の分担を求める調停を申し立てたが不調となり、審判に移行した。Yは、別居後も、Xの居住する建物の賃料6万1200円を支払っている。

原々審は、Yに対し、婚姻費用の分担として、平成20年4月1日以降当事者の離婚又は別居の解消まで、毎月6万1200円をXに支払うことを命じる旨の審判をした。

Xは、原々審判を不服として、Yに対し、平成20年4月1日以降毎月18万円の支払を求める旨の抗告を申し立てた。原審は、原々審判を変更し、Yに対し、65

万9600円及び平成20年8月以降当事者の離婚又は別居の解消まで毎月10万円をXに支払うことを命じる旨の決定をした。その理由の概要は次のとおりである。

　YがXに支払うべき婚姻費用の分担額は月額10万円が相当であり、その始期は審判手続移行前の調停事件の申立ての直後である平成19年3月とするのが相当である。そうすると、平成19年3月から平成20年7月までの婚姻費用分担金170万円からYが支払った賃料104万400円を控除した65万9600円及び平成20年8月から毎月10万円の支払を命じるのが相当である。

　(3)　Yが、抗告の許可を申し立てた。原審は、原決定において平成20年3月以前の婚姻費用の分担を認めた部分に関する、「家事審判には非訟事件手続法第一編が準用され、非訟事件手続法には民事訴訟法304条が準用されるので、Xの抗告審における申立てを超え、始期をさかのぼって原々審判を変更した原決定には法令の解釈を誤った違法がある。」とする論旨以外の部分を上記抗告の理由から排除した。

　(4)　本決定は、「所論の点に関する原審の判断は、正当として是認することができる。論旨は採用することができない。」と判示して、抗告を棄却した。

【37】 21(許)6 （△三小、平21・5・29、棄却。原審大阪高決平20・12・18、原々審大阪家審平20・9・30）

　(1)　婚姻費用分担申立事件において、支払義務の始期を調停申立て時ではなく、それ以前の別居開始時とすることの可否が問題となった事案である。

　(2)　X（妻）とY（夫）は婚姻した夫婦であり、両者の間にはA、B及びCの子がいるが、平成18年10月以降、XとYは別居するようになった。平成19年5月、Xは、Yに対し、婚姻費用として、別居時以降月額44万円余及びXが負担した子の学費のうち1236万円余の支払を求める調停を申し立てた。

　原々審は、Yに対し、調停申立て時以降月額35万円、上記の学費の精算分として1050万円余の支払を命じた。

　原審は、Yの年収からみて、Yに対し別居時に遡って婚姻費用を負担させても過酷とはいえず、これまで十分な費用の分担をせず、相当の貯蓄をしてきたことからみて、その負担を免れることは著しく公平を害するものといえるから、Yは婚姻費用を別居時に遡って支払うべきであると判断して原々審の審判を変更し、Yに対し、別居時以降28万円余、上記の学費の精算分として1050万円余の支払を命じた。

　(3)　Yが、抗告の許可を申し立て、原審は、婚姻費用の支払義務の始期の点を除く部分を排除した。

　(4)　本決定は、「所論の点に関する原審の判断は、正当として是認することができる。論旨は採用することができない。」と判示して、抗告を棄却した。

4　子の監護に関する処分

【38】21(許)2（△二小、平21・2・18、棄却。原審広島高松江支決平20・11・21、原々審松江家出雲支審平19・12・28）

(1) 子の福祉の観点から、直接的な面接交渉ではなく、写真の送付という間接的な面接交渉を命じることの相当性が問題となった事案である。

(2) X（夫）とY（妻）は婚姻の届出をした夫婦であり、XとYとの間には子Aがいた。Yは離婚調停を申し立て、調停手続の中でXはAとの面接交渉を求めたが、調停は不成立で終了した。Xは、Aとの面接交渉を求める調停の申立てをしたが不成立となり、審判に移行した。

原々審及び原審は、①Aは、Xとの試験的面接交渉後、約2か月にわたってチック症等の症状を発症したことからすれば、試験的面接交渉が結果的にAにかなりの心理的負担になったことは否定できない、②XとYとの間では別件離婚訴訟が係属中で、親権者の指定をはじめ、離婚原因や慰謝料をめぐって争っており、双方の葛藤は激しいものがあり、心理状態が不安定なYがXによるAの連れ去りを心配している状況の下では面接交渉を実現させるための双方の協力態勢を築くことは不可能である、③別件離婚訴訟の判決の確定もさほど遠くはないことなどを理由として、Yに対し、XとYの離婚又は別居状態の解消に至るまで、毎月1回、YがXに対しAの写真を送付することを命じる旨判断した。

(3) Xが、原審の判断は子どもの権利条約9条3項、民法820条の解釈適用の誤りがあるなどと主張して、抗告の許可を申し立てた。

(4) 本決定は、「所論の点に関する原審の判断は、正当として是認することができる。論旨は採用することができない。」と判示して、抗告を棄却した。

本件抗告は、法令の解釈に関する重要な事項を格別含むものではなく、原決定がされた日に、原決定と同一の裁判体により、子の親権者をYと定めてXとYを離婚する旨の控訴審判決が言い渡されており、本件申立て自体実質的には実益を失っているということもできる（原決定も、離婚の成立が事情の変更に当たり得ることを示唆している。）ことからも、許可には検討の余地があるように思われる。

【39】21(許)16（△一小、平21・5・25、棄却。原審福岡高決平21・2・25、原々審福岡家久留米支審平20・8・27）

(1) 別件離婚訴訟により子の親権者となった父から母に対する子の引渡し申立事件において、申立人が親権者として不適格であるなど子の福祉上看過できない特別の事情が認められるか否かが問題となった事案である。

(2) X（父）とY（母）は婚姻して長女A及び二女Bをもうけたが、Yの不貞が原因で別居するに至り、XがBを、YがA（11歳）をそれぞれ監護する状態となった。Xは、Yとの離婚及びA、Bの親権をXとすること等を求める訴訟を提起し、一方、Yも離婚及びA、Bの親権をYとすること等を求める反訴を提起し

た。また、Yは、A、Bの監護者をYと指定することを求める監護者の指定の申立てをし、離婚判決確定に至るまでの間について、Aに係る申立てが認容され、Bに係る申立ては却下された。上記訴訟については、離婚及びA、Bの親権をいずれもXと指定する第1審判決が確定した。Xは、Yに対し、Aの引渡しを求める申立てをした。Yは、親権者がXとなったことをAに伝えたところ、Aが心因反応を発症したなどと主張している。

原々審及び原審は、親権者であるXへのAの引渡しは、Xが親権者として不適格であるなどAの福祉上看過できない特別の事情がない限り、原則として認められるべきものであるところ、本件において、XにAの福祉上看過できない特別の事情は認められないとして、Xの申立てを認容すべきものと判断した。

(3) Yが、経験則違反などを主張して、抗告の許可を申し立てた。

(4) 本決定は、「所論の点に関する原審の判断は、正当として是認することができる。論旨は採用することができない。」と判示して、抗告を棄却した。

本件の争点は、子の引渡しの申立てを否定すべき上記の特別の事情があるか否かという認定問題に尽きるものであり、抗告の許可には検討の余地があると思われる。

5 財産分与

【40】21(許)19（△二小、平21・12・16、棄却。原審名古屋高決平21・3・6、原々審名古屋家岡崎支審平18・9・22）

(1) 韓国籍を有する夫婦の離婚に伴う財産分与につき、清算的分与に関する韓国民法の解釈適用が問題となった事案である。

(2) XとYは韓国籍を有し、韓国において婚姻し、昭和48年以降日本において同居を始めたが、平成13年に別居し、平成16年に離婚した。XとYは特別永住者の在留許可を得ている。XとYの別居時点における資産状況は、XとYとの同居中に双方の協力によって形成された財産（土地及び預金）が3157万円余（本件共有財産）、YがXとの同居前から保有していた財産（土地及び建物）が2961万円余（本件特有財産）である。XとYは、同居当初は、本件特有財産の一つである建物で生活していたが、平成6年以降は転居し、Yは同建物を賃貸して賃料収入を得るようになった。Yは、平成元年ころ、事業を子に譲って引退し、そのころから厚生年金を受給している。XとYとの間においては、平成16年に離婚判決が確定し、離婚した。Xは、法例16条により、両当事者の本国法である韓国民法が適用され、Xは韓国民法839条の2及び843条により財産分与請求権を有し、韓国大法院の判例によれば、特有財産であっても、他方配偶者がその維持に協力して減少を防止したり、増殖に協力したと認められる場合には、財産分与の対象となると主張して、Yに対し、財産分与として2417万円余の支払を求める旨の申立てをした。

原々審は、Yに対し、本件共有財産の五割に相当する1578万円余の支払を命じる旨の審判をし、Xの主張に対しては、Xの貢献は小さくはないものの、本件特有

財産の維持に協力して減少を防止したり、増殖に協力したと認められる場合には当たらず、本件特有財産を分与することは相当でない旨の判断をした。

原審は、平成19年に死亡したYを承継したZらに対し、本件共有財産及び本件特有財産の価額の合計額（6119万円余）の約3割に相当する1800万円の支払を命じる旨の決定をした。その理由の概要は次のとおりである。

①Xは、同居した約28年間、Yとその先妻との間の子らの養育、Yの事業の手伝い等によって本件特有財産の維持に協力し、その減少を防止したものと認めるのが相当であり、本件特有財産も清算の対象となる。②分与割合については、本件特有財産を含めて、概ねYが営んできた事業の収益によって取得されたものであるが、この事業に対するXの貢献度は補佐的なものであること、本件特有財産の維持などに対するXの貢献は間接的なものにとどまること、Xの貢献が認められるまでの期間は約15年であることを考慮すると、本件共有財産及び本件特有財産の合計の価額の約3割が相当である。③Xは、分与額の算定に当たっては、Yの受給した厚生年金も考慮されるべきであると主張するが、韓国民法上、年金受給権は財産分与の対象とはならない。また、Xは、Yの賃料収入も考慮されるべきであると主張するが、上記賃料は、本件特有財産から生じた法定果実であって、これが清算の対象となるとは解しがたい。

(3) Xが、原審が、①Xに対する財産分与割合を3割とした点、②韓国民法上、年金受給権は財産分与の対象とはならないとした点、③上記賃料は財産分与の対象とはならないとした点は、いずれも韓国民法839条の2の解釈適用を誤るものであると主張して、抗告の許可を申し立てた。

(4) 本決定は、「所論の点に関する原審の判断は、正当として是認することができる。論旨は採用することができない。」と判示して、抗告を棄却した。

6 親権者変更

【41】21(許)12（△一小、21・4・23、棄却。原審名古屋高決平21・1・21、原々審津家四日市支審平20・12・8）

(1) いわゆる連れ子養子により子が共同親権に服している場合に、民法819条6項に基づき親権者の変更が許されるか否かが問題となった事案である。

(2) X（父）は、Y_1（母）と交際し、その間に未成年者Aが出生し、XはAを認知した。XとY_1との間で、父を親権者とする旨の協議等はされていないので、Y_1がAの単独親権者である（民法819条4項）。Y_1は、Y_2と婚姻し、Y_2はAとの間で養子縁組をした。Xは、Aの親権をYらからXに変更することを求める申立てをした。

原々審及び原審は、本件申立てを不適法として、却下すべきものと判断した。その理由の概要は次のとおりである。

民法は、親権は父母の共同行使を原則としており、共同親権に服している子を単独親権に変更することを容認しているとは考えられず、親権者の変更という観念及

び手続は、子が一方の単独親権に服している場合に限っていると解するのが相当である。本件のように、子が、単独親権者であった実母と、実母と婚姻し子と養子縁組をした養父との共同親権に服するに至った場合は、子は、親権制度本来の姿である共同親権に服することとなったのであるから、これを実父の単独親権に変更する余地はない。したがって、民法819条6項の適用又は類推適用により申立人に親権者変更の申立権を認めることはできず、本件申立ては不適法である。

(3) Xが、単独親権者の配偶者と子が養子縁組をし共同親権に服している場合における、単独親権者ではない親への親権者変更の申立てをすることを否定した原審の判断は、民法819条6項の解釈適用を誤るものであるとして、抗告の許可を申し立てた。

(4) 本決定は、「所論の点に関する原審の判断は、正当として是認することができる。論旨は採用することができない。」と判示して、抗告を棄却した。

本件の争点に関する原審の判断は、実務上及び学説上異論のないところと思われる。

7 扶養料免除

【42】21（許）33（△二小、平21・12・9、棄却。原審名古屋高決平21・5・12、原々審名古屋家審平21・2・24）

(1) 審判で支払を命じられた扶養料について、事情変更による支払義務の免除の可否及び免除の時期が問題となった事案である。

(2) Xの子であるYは、職場の上司から暴行を受け、左手指機能障害、外傷後ストレス障害等にり患して、障害等級1級の障害者手帳の交付を受け、就労ができない状況が続いたため、平成17年、XからYに対する月額13万円の扶養料の支払を命じる旨の審判がされ、確定した（前審判）。前審判においては、当時のXの年収は900万円余であり、自宅マンション以外に格別の資産はないこと、Yの1か月の賃料、食費等の生活費の実費は13万円程度であることが認定されている。その後、Xは、退職し、扶養料の支払はできない旨の書面をYに対して送付して、支払を打ち切った。平成20年7月、Xは、上記扶養料の支払の免除を求める申立てをした。Xは、現在無職で、月額14万円程度の年金を受給しているが、退職金は借入金の返済に充てるなどしてほとんど残存していない状況にある一方、Yは、生活保護を受給している。

原々審及び原審は、平成20年7月以降の扶養料の支払の免除を認めるべきものと判断した。その理由の概要は次のとおりである。

① Yは未成熟子ではないから、XがYに対して具体的に扶養義務を負うのは、Yが要扶養状態にあって、かつ、Xが自己の地位に相応な生活を犠牲にすることなく扶養料等を給付し得る余裕があると判断される場合、すなわち、いわゆる生活扶助義務を負う能力があると判断される場合に限られ、月額14万円程度の収入を得るのみのXには、現状において扶養能力があるとはいえず、前審判以後に大きく

事情が変更している。②平成20年7月の申立て当時、Xは400万円程度の預貯金を有していたものと認められるが、預貯金の原資である退職金は基本的にはXの老後の生活資金となるべきものであることなどの事情を総合すると、Xが保有している預貯金等の蓄えがなくなるまでYに対して扶養料の支払義務を負うとするのはXに酷であり、支払免除の時期は平成20年7月以降とするのが相当である。

(3) Yが、原決定はYが障害者であることを考慮していないなどと主張して、抗告の許可を申し立てた。

(4) 本決定は、「所論の点に関する原審の判断は、正当として是認することができる。論旨は採用することができない。」と判示して、抗告を棄却した。

本件は、事情変更等の有無等の認定問題に尽きるものであり、許可には検討の余地があるように思われる。

8 戸籍訂正

【43】21(許)27（△一小、平21・11・19、棄却。原審名古屋高決平21・4・14、原々審名古屋家審平21・1・7）

(1) ロシア国の方式による胎児認知をした旨の戸籍の記載の訂正の可否が問題となった事案である。

(2) 日本国籍を有するXは、平成14年10月15日付けで、ロシア国籍を有するAが平成15年1月7日に出産する予定である胎児について、自己が実父であることを認める旨のロシア語の文書（本件文書）を作成するとともに、その翻訳文を作成し、これらに署名し、平成14年10月21日、在大阪ロシア連邦総領事館に赴き、副領事から、本件文書の署名がXのものであること、本件文書の翻訳文が正確であることを証明する旨の付記を受けた。Aは、同年12月28日、日本国内において、Bを出産し、平成15年1月6日、名古屋市千種区長に、Bの出生の届出をした。Bは、同年12月25日、ロシア国籍として、我が国の外国人登録証明書の交付を受けた。Xは、平成17年7月4日、名古屋市千種区長に、Aの胎児を任意認知する旨の認知届出をした。その認知届には、平成14年10月21日にロシア国の方式による認知が成立した旨及びAがその認知を承諾する旨の記載がされ、本件文書、上記の翻訳文、ロシア家族法において胎児認知制度があるとする日本国の弁護士作成の報告書、XとBの父子関係は確認されている旨のロシア国の弁護士事務所作成の回答書及びその訳文が添付された。Aは、平成17年7月4日、Bについて、平成14年10月21日ロシア国の方式による胎児認知が成立し、Xによって市民登録局に登録されたこと、Xによる胎児認知がされたので、Bは日本国籍を取得し、新戸籍を編成されたことがそれぞれ記載された出生届の追完届出をした。その後、Bの戸籍が編成され、X及びBの各戸籍に、BについてXがロシア国の方式により胎児認知をし、平成17年7月にその証書を提出した旨の記載がされた。

Xは、在大阪ロシア連邦総領事館はロシア国の身分証書登記機関ではなく、本件文書が身分証書登記機関に提出されることもあり得ず、したがって、本件胎児認

は、ロシア国の方式に違反するから、不存在であって、上記の各戸籍の記載は、認知届の添付書類の評価の過誤によってされたものであるとして、戸籍法113条に基づき戸籍訂正の許可を申し立てた。

　原々審及び原審は、本件申立ては、戸籍法113条によるべきではなく、同法116条によるべきであるとして、本件申立てを却下すべきものと判断した。その理由の概要は次のとおりである。

　戸籍の記載は、多方面にわたる法律上の身分関係の基礎となるものであって、その記載に公信力は認められないものの、一応真実であるという事実上の推定を受ける。このような戸籍記載の重要性、その変更によって法律上不利益を被る者の実体法上手続法上の権利利益を考慮すると、相手方の手続関与を伴わない戸籍法113条の手続による戸籍の訂正は、①戸籍の記載自体から訂正すべき事項が明白な場合、②戸籍の記載自体から明白でないにしても、関係者の同意がある等、訂正すべき事項が軽微で、訂正が法律上重大な影響を及ぼすおそれのない場合に限って許されると解すべきであり、このことは、従来から我が国の判例が判示してきたところである。本件において、Xが訂正を求める戸籍の記載事項は、XによるBの胎児認知、これに基づくXとBとの間の父子関係の存否という重大な法律関係に関する事項であるが、その訂正に対するBやAからの同意の存否について何らの疎明がなく、また、本件胎児認知の記載は、Bの日本国籍の取得の可否にも影響を及ぼすおそれがあると考えられる。

　(3)　Xが、戸籍法113条に基づく戸籍訂正が、戸籍の記載自体から訂正すべき事項が明白な場合、又は、訂正すべき事項が軽微で、訂正が法律上重大な影響を及ぼすおそれのない場合に限って認められるとしても、本件胎児認知については、その事実が存在しないことが明らかである。人事訴訟は、認知不存在確認訴訟という訴訟形態を認めていないから、戸籍法113条に基づく戸籍訂正をする必要があると主張して、抗告の許可を申し立てた。

　(4)　本決定は、「所論の点に関する原審の判断は、正当として是認することができる。論旨は採用することができない。」と判示して、抗告を棄却した。

Ⅶ　その他

1　行政事件訴訟法

【44】20(行ツ)5（◎一小、平21・1・15、破棄・自判、民集63・1・46、判時2034・24。原審福岡高決平20・5・12）

　(1)　行政機関の保有する情報の公開に関する法律（情報公開法）に基づく開示請求に対する不開示決定の取消しを求める訴訟において、実質的にインカメラ審理を行う目的で不開示文書について検証物提示命令を発することの許否が問題となった事案である。

(2) Xは、情報公開法に基づき、外務省の保有する米軍ヘリコプター墜落事故に関する行政文書の開示を請求したところ、外務大臣から、情報公開法5条1号（個人に関する情報）、3号（国の安全等に関する情報）又は5号（審議、検討等に関する情報）に該当するとして、不開示とする旨の決定を受けたため、Y（国）を被告として、その取消しを求める訴訟を提起した。Xは、控訴審において、本件不開示文書の検証の申出をするとともに、これを目的物として、Yに対する検証物提示命令の申立てをした。なお、Xは、本件検証の申出等をするに当たり、検証への立会権を放棄し、検証調書の作成についても、本件不開示文書の記載内容の詳細が明らかになる方法での検証調書の作成を求めない旨陳述した。

原審は、本件検証物提示命令の申立てを一部認容する旨の決定をした。その理由の概要は次のとおりである。

①本件検証の申出等は、立会権の放棄等を前提とするものであり、実質的にはいわゆるインカメラ審理を意図したものにほかならない。情報公開法はインカメラ審理を全く許容しない趣旨ではなく、行政文書の開示・不開示に関する最終的な判断権者である裁判所が、その職責を全うするために当該文書を直接見分することが不可欠であると考えた場合にまで、実質的なインカメラ審理を否定するいわれはない。②本件不開示文書のうち、情報公開法5条3号（国の安全等に関する情報）及び5号（審議、検討等に関する情報）に該当することを理由に不開示とされた文書については、上記各号該当性の判断を適正に行うためには、当該文書の微妙なニュアンスまで酌み取れるように、細部にまでわたってその内容を正確に把握する必要性が極めて高いといわなければならず、裁判所が直接これを見分する必要がある。③監督官庁である外務大臣が、本件不開示文書につき民訴法220条4号ロ（公務員の職務上の秘密に関する文書）に該当する旨の意見を有していることは明らかであり、また、本件不開示文書のうち、情報公開法5条3号に該当することを理由に不開示とされた文書については、民訴法223条4項1号（国の安全等が害されるおそれ）に該当するとの意見を有しているものと解されるが、本件では、Xが立会権を放棄する形式で検証を行い、検証調書の作成においても十分な配慮をすることが可能であって、このような方法によれば、同号所定の危険性が顕在化することは考えられないのであるから、外務大臣の上記意見につき同項所定の「相当の理由」があると認めるには足りない。

(3) Yが、本件検証物提示命令の申立ては、文書の記載内容を証拠資料として得ることを目的とした検証手続の利用であり、不適法な申立てであり、原審の判断は民訴法232条1項、223条の解釈を誤った違法があるなどとして、抗告の許可を申し立てた。

(4) 本決定は、次のとおり判示して、原決定のうちYに検証物の提示を命じた部分を破棄し、同部分につき、本件検証物提示命令の申立てを却下する旨の自判をした。

「(1) 情報公開法に基づく行政文書の開示請求に対する不開示決定の取消しを求める訴訟（以下「情報公開訴訟」という。）において、不開示とされた文書を対象とする検証を被告に受忍させることは、それにより当該文書の不開示決定を取り消して当該文書が開示されたのと実質的に同じ事態を生じさせ、訴訟の目的を達成させてしまうこととなるところ、このような結果は、情報公開法による情報公開制度の趣旨に照らして不合理といわざるを得ない。したがって、被告に当該文書の検証を受忍すべき義務を負わせて検証を行うことは許されず、上記のような検証を行うために被告に当該文書の提示を命ずることも許されないものというべきである。立会権の放棄等を前提とした本件検証の申出等は、上記のような結果が生ずることを回避するため、事実上のインカメラ審理を行うことを求めるものにほかならない。

(2) しかしながら、訴訟で用いられる証拠は当事者の吟味、弾劾の機会を経たものに限られるということは、民事訴訟の基本原則であるところ、情報公開訴訟において裁判所が不開示事由該当性を判断するために証拠調べとしてのインカメラ審理を行った場合、裁判所は不開示とされた文書を直接見分して本案の判断をするにもかかわらず、原告は、当該文書の内容を確認した上で弁論を行うことができず、被告も、当該文書の具体的内容を援用しながら弁論を行うことができない。また、裁判所がインカメラ審理の結果に基づき判決をした場合、当事者が上訴理由を的確に主張することが困難となる上、上級審も原審の判断の根拠を直接確認することができないまま原判決の審査をしなければならないことになる。このように、情報公開訴訟において証拠調べとしてのインカメラ審理を行うことは、民事訴訟の基本原則に反するから、明文の規定がない限り、許されないものといわざるを得ない。

(3) この点、原審は、情報公開法にはインカメラ審理に関する明文の規定は設けられていないものの、裁判所が情報公開訴訟において不開示事由該当性の判断を適正に行うために不開示とされた文書を直接見分することが必要不可欠であると考えた場合には、インカメラ審理をすることができるとする。しかしながら、平成8年に制定された民訴法には、証拠調べとしてのインカメラ審理を行い得る旨の明文の規定は設けられなかった。なお、同法には、文書提出義務又は検証物提示義務の存否を判断するためのインカメラ手続に関する規定が設けられ（平成13年法律第96号による改正前の民訴法223条3項、232条1項）、その後、特許法、著作権法等にも同様の規定が設けられたが（特許法105条2項、著作権法114条の3第2項等）、これらの規定は、いずれも証拠申出の採否を判断するためのインカメラ手続を認めたものにすぎず、証拠調べそのものを非公開で行い得る旨を定めたものではない。そして、平成11年に制定された情報公開法には、情報公開審査会が不開示とされた文書を直接見分して調査審議をすることができる旨の規定が設けられたが（平成13年法律第140号による改正前の情報公開法27条1項）、裁判所がインカメラ審理を行い得る旨の明文の規定は設けられなかった。これは、インカメラ審理については、裁判の公開の原則との関係をめぐって様々な考え方が存する上、相手方当事者に吟味、弾劾の機会を与えない証拠により裁判をする手続を認めること

は、訴訟制度の基本にかかわるところでもあることから、その採用が見送られたものである。その後、同13年に民訴法が改正され、公務員がその職務に関し保管し又は所持する文書についても文書提出義務又は検証物提示義務の存否を判断するためのインカメラ手続を行うことができることとされたが（民訴法223条6項、232条1項）、上記改正の際にも、情報公開法にインカメラ審理に関する規定は設けられなかった。以上に述べたことからすると、現行法は、民訴法の証拠調べ等に関する一般的な規定の下ではインカメラ審理を行うことができないという前提に立った上で、書証及び検証に係る証拠申出の採否を判断するためのインカメラ手続に限って個別に明文の規定を設けて特にこれを認める一方、情報公開訴訟において裁判所が不開示事由該当性を判断するために証拠調べとして行うインカメラ審理については、あえてこれを採用していないものと解される。

(4) 以上によれば、本件不開示文書について裁判所がインカメラ審理を行うことは許されず、相手方が立会権の放棄等をしたとしても、国に本件不開示文書の検証を受忍すべき義務を負わせてその検証を行うことは許されないものというべきであるから、そのために抗告人に本件不開示文書の提示を命ずることも許されないと解するのが相当である。」

泉裁判官の補足意見は次のとおりである。

「1 原決定は、インカメラ審理によって、裁判所のみが本件不開示文書を見分し、本件不開示文書に情報公開法5条各号に掲げる情報（以下「不開示情報」という。）が記録されているか否かを判断しようとするものである。

民事（行政）訴訟においては、当事者は、証拠調べに立ち会って、自ら取調べに当たり、証拠に関する見解を述べ、更には証拠に基づいた主張を展開する権利を有する。当事者に弁論の機会を与えなかった証拠調べの結果は、判決における証拠資料とすることができない。インカメラ審理においては、行政文書の開示請求者は、当該行政文書を見分することができず、その具体的内容について弁論を行うことができないのであるから、裁判所がそのような行政文書を判決の証拠資料とすることは、上記のような民事訴訟の基本原則に抵触するといわざるを得ない。

開示請求者が証拠調べにおいて当該行政文書を見分する権利を放棄した場合であっても、インカメラ審理が民事訴訟の基本原則に抵触することに変わりはない。不開示決定をした行政機関の長の側においても、裁判所がインカメラ審理による証拠調べの結果に基づき本案の判断をするにもかかわらず、自らは、当該行政文書の具体的内容を援用しながら当該証拠調べの結果につき弁論を行ったり、あるいは訴訟上の主張を展開することができない。そして、インカメラ審理により裁判所が見分した行政文書の具体的内容は調書に記録されないから、上級審裁判所も、当該行政文書を見分しないまま原審判決の審査をしなければならないことになる。このようなことは、民事訴訟の基本原則に抵触するから、独り開示請求者が見分の権利を放棄すれば済むということにはならない。

したがって、上記のような民事訴訟の基本原則に例外を設ける明文の規定を欠いたままで、インカメラ審理を行うことは許されないと考える。

2　ところで、新たな立法によって情報公開訴訟にインカメラ審理を導入することは、以下に述べるように、裁判の公開を保障する憲法82条に違反するものではなく、訴訟制度構築に係る立法裁量の範囲に属すると考える。

情報公開訴訟は、開示請求に係る行政文書を開示しない旨の行政機関の長の決定が違法であるか否かを判断するためのものであって、その訴訟手続の途中で当該行政文書の内容を法廷で公開するということは、もともと予定されていないことである。ただ、現在の情報公開訴訟においては、裁判所は、当該行政文書を見分することなく、周辺資料から当該行政文書に不開示情報が記録されているか否かを間接的に推認するほかないため、裁判所が請求を棄却した場合に、開示請求者の納得を得にくい面があることは否定できない。

インカメラ審理は、裁判所が当該行政文書を直接見分し、自ら内容を確認して実体判断をするための手続であるから、国民の知る権利の具体化として認められた行政文書開示請求権の司法上の保護を強化し、裁判の信頼性を高め、憲法32条の裁判を受ける権利をより充実させるものということができる。

裁判を受ける権利をより充実させるものである以上、情報公開訴訟におけるインカメラ審理は、憲法82条に違反するものではないと解すべきである。」

宮川裁判官の補足意見は次のとおりである。

「1　本件は、平成16年8月、沖縄県宜野湾市において米軍海兵隊のヘリコプターが墜落した事故をめぐる日米両政府の協議等の関連文書の開示請求に対し、外務大臣がした不開示決定等の取消しを求める訴訟である。原決定によると、本件は、①原々審では、相手方は当初ヴォーン・インデックスの方法による審理を提唱したが採用されなかった、②原審では、本件不開示文書のうち、文書の体裁及び文書の中身を推測させる文言のみを明らかにした書類を抗告人において作成し、これを裁判所にのみ開示することが検討されたが、抗告人は受け入れなかった、③これとは別に、相手方から行政事件訴訟法23条の2第1項に基づく釈明処分としてインカメラ審理を経ている情報公開・個人情報保護審査会の当該審理に関する『調書』資料を入手することの申し出がなされたが、そうした文書は存在しない旨抗告人から報告がなされて見送られたという経緯をたどっている。原決定は、情報公開法5条3号又は5号に該当するかどうかを判断するには、本件では『インカメラ審理に代わり得る有効適切な手段は見当たらないものというほかない』としている。

原決定は、法解釈の枠を超えた判断を行ったものであり、破棄を免れないが、原決定が『当該文書を所持する国又は公共団体等の任意の協力が得られない以上、およそ裁判所がこれを直接見分する術はないというのでは、裁判所は、事実上、一方当事者である国又は公共団体、あるいはその諮問機関である情報公開・個人情報審査会等の意見のみに依拠してその是非を判断せざるを得ないということにもなりか

ねず、これでは、行政文書の開示・不開示に関する最終的な判断権を裁判所に委ねた制度趣旨にもとること甚だしいものがある。』と述べているところは理解できる。本件は、情報公開訴訟にインカメラ審理を導入することを考えさせる事例とみることができる。

　2　情報公開訴訟においては、裁判所が当該文書を見ないで不開示事由の該当性について適正な判断をすることができるかについては著しく困難な場合があり、また、周辺資料から判断するという迂遠な方途によらざるを得ないため、審理は迅速には行われ難い場合がある。こうしたことから、情報開示の申立てを行う当事者の側には、インカメラ審理を導入して少なくとも裁判所には当該文書を直接見分して適正に判断してもらいたいという要望がある。また、インカメラ審理の存在は、行政機関の適切な対応を担保する機能を果たすとも考えられる。

　情報公開訴訟にインカメラ審理を導入することが憲法82条（裁判の公開）に違反しないことは泉裁判官の補足意見のとおりであるが、適正な裁判を実施するために対審を公開しないで行うということは、既に人事訴訟法22条、不正競争防止法13条、特許法105条の7等にある。開示を求める当事者がインカメラ審理を求めるのは、それが知る権利を実現するためにより実効的であるという判断があるのであり、行政機関の側には審理に先立って不開示とした理由等について説明する機会が与えられるのであれば手続保障の上でも問題はない。そして、情報公開・個人情報保護審査会設置法9条1項、2項で同審査会の手続にインカメラ審理を導入する一方で情報公開訴訟においてこれを欠いていることは、最終的には司法判断によることとした情報公開制度の趣旨にそぐわないとも考えられる。情報公開訴訟へのインカメラ審理の導入に関しては、ヴォーン・インデックス手続（情報公開・個人情報保護審査会設置法9条3項参照）と組み合わせ、その上でインカメラ審理を行うことの相当性・必要性の要件について慎重に配慮すべきであるが、情報公開制度を実効的に機能させるために検討されることが望まれる。」

　本決定は、情報公開訴訟におけるインカメラ審理の許否について最高裁判所としての初めての判断を示したものであり、実務の参考になると思われる。

【45】21（行フ）1（△二小、平21・3・11、棄却。原審大阪高決平20・12・1、原々審大阪地決平20・10・30）

　(1)　高速道路建設のための土地の明渡裁決に基づく明渡義務の代執行の執行停止申立事件において、対象土地を農地として使用できなくなる等の損害が、行政事件訴訟法25条2項の「重大な損害」に当たるか否かが問題となった事案である。

　(2)　Xらは、その所有土地（本件土地）の全部を畑として野菜等を作付けしていたところ、土地収用法20条に基づき事業認定を受けた一般国道改築工事等の各事業の起業者である国土交通大臣及びA株式会社は、本件土地につき、大阪府収用委員会に対し、収用裁決の申請をし、平成20年3月25日、権利取得の時期を同年

4月24日とする権利取得裁決及び明渡しの期限を同日とする明渡裁決がされた。国土交通大臣及びAは、大阪府知事に対し、同年5月27日、本件土地の明渡しの代執行を請求し、府知事は、土地収用法102条の2第2項に基づき、行政代執行法の定めるところに従い、同年9月5日付けで履行期限を同月25日と定めて本件代執行の戒告をした。Xらは、上記権利取得裁決及び明渡裁決の取消訴訟を提起し、本件代執行が行われると本件土地における畑及び植物の効用が失われ、Xらの愛着が損なわれると主張して、上記明渡裁決をした府収用委員会の所属する公共団体である大阪府に対し、行政事件訴訟法25条2項に基づき、本件明渡裁決の手続の続行としての本件代執行の停止を求める申立てをした。

　原々審及び原審は、Xらの主張する損害は行政事件訴訟法25条2項所定の「重大な損害」と評価することはできないとして、本件申立てを却下すべきものと判断した。その理由の概要は次のとおりである。

　①Xらが本件土地を使用できなくなることによる損害は、財産上の損害として土地収用法に基づく損失補償ないし損害賠償により塡補されることが予定されているものであり、特段の事情がない限り、行政事件訴訟法25条2項所定の「重大な損害」には当たらない。②Xらが、本件土地に抱いている愛着は極めて主観的なものであって、客観的には本件土地を不可欠とするものではなく、これを上記特段の事情を基礎付けるとすることはできない。③本件土地について上記工事が行われたとしても、原状回復自体が不可能又は困難となるとはいえないから、損害賠償等と併せた事後的な救済をもって不相当とするだけの事情は認められない。

　なお、平成21年1月15日、府知事は、本件代執行を実施し、これを完了した。

　(3)　Xらが、本件土地を畑として使用収益することができなくなることによって財産的損害を被るなどと主張して、抗告の許可を申し立てた。

　(4)　本決定は、「記録によれば、本件執行停止申立てにおいて停止の求められている代執行は、既に完了したことが認められるから、その停止の余地がなくなったものというべきである。したがって、本件執行停止申立ては、申立ての利益が失われ、不適法なものとなったから、これを却下すべきものとした原審の判断は、各抗告理由についてみるまでもなく是認することができる。」と判示して、抗告を棄却した。

【46】21(行ツ)2（△一小、平21・7・2、棄却、判自327・79。原審東京高決平21・2・6）

　(1)　建築確認の取消しを求める本案訴訟において、請求を認容する控訴審判決後に申し立てられた執行停止申立事件において、行政事件訴訟法25条2項の「重大な損害を避けるため緊急の必要があるとき」に該当するか否かが問題となった事案である。

　(2)　A株式会社及びB株式会社は、C土地上に、鉄筋コンクリート造地上3階地下1階建ての長屋を建築することを計画し（本件建築物）、新宿区建築主事に対

Ⅶ その他

し、建築基準法6条1項に基づく建築確認を申請し、その確認（本件建築確認）を受けて工事を開始した。Xらは、本件建築物の周辺の建物に居住し、又はこれを所有する個人であり、本件建築確認は違法であると主張して、Y（新宿区）に対し、その取消しを求める訴訟を提起した。1審は、本件建築確認は適法であるとしてXらの請求を棄却する旨の判決を言い渡したが、控訴審は、1審判決を取り消し、本件建築確認を取り消す旨の判決を言い渡し、Xらは、本件執行停止の申立てをした。

　原審は、上告受理申立事件の裁判があるまで本件建築確認の効力を停止する旨決定した。その理由の概要は次のとおりである。

　①本件建築物とXらの居住地との位置関係をみると、Xらは、火災その他の災害時に、本件建築物の倒壊、炎上等により直接的な被害を受けることが予想される。本件建築物の建築工事は、現在は仕上げ工事がされており、平成21年4月末に完了検査、5月末に引渡しが予定され、完了間近の段階にある。②上記①の事実によると、Xらは、本件建築確認の取消しを求める原告適格を有するから、本件執行停止の申立人適格を有する。③前記①の事実によると、このまま建築工事が続行され、本件建築物が完成すると、本件建築物の倒壊、炎上等により、申立人らはその生命又は財産等に重大な損害を被るおそれがある。しかも、本件建築物の建築等の工事が完了すると、本件建築確認の取消しを求める訴えの利益は失われ、上告審において同訴えは不適法なものとして却下されることとなり（最二小判昭59・10・26民集38・10・1169、判時1136・53参照）、Xらにおいて建築確認に係る本件建築物の倒壊、炎上等により損害を被ることを防止することができなくなる。このような事態は、法が、Xらに対し建築確認取消訴訟の原告適格を認め、当該建築確認に係る建築物により損害を被ることを防止する手段を与えていることと実質的に適合しない結果をもたらす。このような点を斟酌すると、Xらは、本件建築確認により生ずる重大な損害（本件建築確認に係る本件建築物の倒壊、炎上等による自己の生命、財産等の侵害）を避けるため、本件建築確認の効力を停止する緊急の必要があると解するのが相当である。④本件執行停止の申立てが本案について理由がないとみえるときに該当しないことは明らかである。

　(3)　Yが、①Xらは、行政事件訴訟法25条2項の「重大な損害を避けるため緊急の必要があるとき」について具体的な主張をしておらず、その「疎明」（同条5項）もしていない、②建築基準法6条1項の建築確認の効果は、確認を受けなければ適法に建築物に係る工事を行うことができないということにすぎず、建築確認の効力の停止も、当該工事を適法にすることができないという効果を生ずるものにすぎないのに、本件建築確認の効力を停止しなければ、「重大な損害」が生ずるなどとする原決定は、建築確認制度についての誤った認識、理解に立つものであるとして、抗告の許可を申し立てた。

　(4)　本決定は、「本件事実関係の下においては、所論の点に関する原審の判断は、正当として是認することができる。論旨は採用することができない。」と判示して、

抗告を棄却した。

2 借地非訟

【47】20(許)47（△二小、平21・2・18、棄却。原審東京高決平20・7・7、原々審東京地決平19・12・27）

(1) 借地借家法20条2項、19条3項に基づき、介入権が行使された場合に、賃借人と賃貸人との利害を比較考量してその許否を決するべきか否かが問題となった事案である。

(2) Xは、Aに対し、契約の種類を普通賃借権、目的を堅固建物所有、残存期間を平成37年3月28日まで、賃料を1か月17万700円として、本件土地を賃貸し、Aは本件土地上に本件建物を所有していた。Yは、平成18年4月17日、競売により、本件建物を代金1億3888万円で買い受けたが、Xが本件賃借権の譲渡を承諾しなかったため、Yは、Xの承諾に代わる許可を求めた。これに対し、Xは、裁判所が定めた期間である平成18年10月20日、自ら本件建物及び本件賃借権の譲渡を受ける旨の申立て（介入権の行使）をした。

原々審は、①借地借家法19条の申立てと20条の申立てについて、賃貸人の側からみれば、いずれの場合も、自己の承諾なく契約の相手方が変更されることに変わりはなく、むしろ同法20条1項によるほうが、どのような新賃借人となるかについて、賃貸人による交渉や関与の道が乏しいとさえいえること、②同法19条1項と20条1項の裁判所の許可は、契約の一方当事者の承諾のない契約変更は無効であるという原則を政策的理由から覆して、借地人又は借地権譲受人を借地非訟手続により特に保護したものであり、いわばその見返りとして介入権を賃貸人側に与えて双方の利害のバランスを図ったものであって、両者の申立てに何ら変わるところはないことなどを理由として、両者の取扱いを変えるべきであると解することはできないから、Xによる介入権行使の申立ては適法として認容すべきであるとし、鑑定委員会の鑑定意見を相当として、Yに対し、本件建物及び本件借地権を代金1億3855万円でXに譲渡すること、同額の支払を受けるのと引換えに所有権の負担となる一切の登記の抹消登記手続をした上、Xに対し、所有権移転登記手続をし、かつ、本件建物を引き渡すことを命じた。

原審は、競売により借地権付建物を取得した場合においても介入権の行使は所定の要件があれば原則として申立ては許容されるなどとして、借地借家法20条の解釈適用を誤るものであることなどを理由とするYの抗告を棄却した。その理由の概要は次のとおりである。

①介入権行使の制度は、土地の賃借権の譲渡又は転貸の場合について借地権設定者の承諾に代えて裁判所の許可を得ることができるとして借地権者及び買受人を保護する一方、借地権設定者との利害を調整する見地から借地権設定者が土地賃借権の譲渡又は転貸を阻止するための対抗手段として設けられたものである。借地権設定者に土地賃借権譲受けの申立てを認めることによって、土地所有権の完全性を回

復させる機能を有し、借地権者にとっては、投下資本の回収としての機能を有するものである。確かに、法19条の場合と20条の場合とでは、借地権者あるいは買受人の置かれた状況や利害が異なるが、法は準用という形式を採った上、両方の場合の取扱いに差異を設けてはいないし、上記のとおり介入権は借地権設定者の対抗手段として設けられた制度であり、借地権設定者にとってはいずれの場合も借地権者が変更されようとしていることに変わりはないから、法が両方の場合に差異を設けなかったからといって不当であるともいえない。Yは、法20条の場合の介入権を認めることは、買受人がいったん取得した物の所有権を強制的に奪うことになるとも主張するが、もともと競売又は公売の対象物件である借地権付建物の借地権の譲渡について借地権設定者の同意が必要であることは法令上明らかであり、また、当該手続中で明らかにされているのであるから、同手続に参加する者としては、法令に定められたところにより賃貸人から介入権の行使がされることがあり得ることを念頭に置いた上で当該手続に参加すべきである。したがって、競売の場合の介入権の行使についても、所定の手続があれば、原則として申立ては認容されるべきであり、Yが主張する賃借権設定者が買受人の借地権保有を拒むことを正当と認めることが相当と認められる事情がない限り介入権の行使が許されないとの解釈論を採ることはできない。②もっとも、民法612条の趣旨に照らして、賃借権譲渡又は転貸が無断でされても、賃借権設定者に対する背信行為と認められない特段の事情がある場合は、本来法19条1項、20条1項の許可を得る必要がないのであるが、借地権者が紛争予防のため慎重を期して上記条項に基づく申立てをした場合は、そのような申立てをしたばかりに介入権の申立てが認容されて借地権者がその目的を達することができなくなるというのでは不合理である。そこで、借地権者が無断で賃借権の譲渡又は転貸をしたとしても、それが契約解除の原因になり得ないような場合については、例外的に介入権の申立てを棄却する場合があり得るが、本件においては上記例外に該当するような事情は認められない。

(3) Yが、原審の判断は、介入権行使の可否について賃借人と賃貸人の利害の調整を判断基準としている下級裁の裁判例（東京高決昭55・2・13東高事報31・2・13、判時962・71）と相反するなどと主張して、抗告の許可を申し立てた。

(4) 本決定は、「所論の点に関する原審の判断は、正当として是認することができる。論旨は採用することができない。」と判示して、抗告を棄却した。

3 商事非訟

【48】20(許)44（◎一小、平21・1・15、棄却、民集63・1・1、判時2031・159。原審名古屋高決平20・8・8、原々審名古屋地決平19・1・18）

(1) 親会社の株主による子会社の会計帳簿等の閲覧謄写許可申請において、平成17年法律第87号による改正前の商法（旧商法）293条の7第2号に掲げる事由があるというためには、当該株主に閲覧謄写によって知り得る情報を自己の競業に利用するなどの主観的意図があることを要するか否かが問題となった事案である。

(2) Yは、青果仲卸業務の受託等を目的とする株式会社であり、その発行済株式5000株はすべて青果の仲買業等を目的とする親会社であるA株式会社が有している。Aは、名古屋市中央卸売市場北部市場において、青果部に属する仲卸業者として名古屋市長の許可を得ており、A及びYは、過去に果実類を取り扱っていた時期もあったが、平成17年6月以降はその取扱いを中止し、現在は専ら野菜類を取り扱っている。A及びYが近い将来において果実類を取り扱う予定はない。本件は、Aの株主であるXが、同じくAの株主である子のCと共に、旧商法293条の8第1項に基づき、Yの、①総勘定元帳、②補助簿（現金出納帳、売掛金明細補助簿、手形・小切手元帳）、③法人税の確定申告書控え、④経費（固定資産に関する支出を含む。）に関する請求書・領収証、⑤賃金台帳、源泉徴収簿、⑥所有する船艇の売買契約書等の契約書類、⑦固定資産台帳、⑧福利厚生施設船舶等利用規定・同利用申込書の閲覧許可申請をした事案であるが、Cは、名古屋市中央卸売市場本場において、青果部に属する仲卸業者として名古屋市長の許可を得ているBの株式の30％以上を有し、同社の監査役に就任していた。なお、XはBの株式を有しておらず、また、Bの取扱商品は専ら果実類であり、近い将来において野菜類を取り扱う予定はない。

原々審は、Xに対しては、上記①、②、④、⑥の一部、⑦の限度で閲覧、謄写を許可した。他方、Cに対しては、同法293条の7第2号に掲げる事由があるとして同法293条の8第2項に基づき閲覧許可申請を却下する旨の決定がされ、確定した。原審は、Xに対し、上記①、②、④、⑦（ただし、所有する船艇に関するものに限る）の閲覧謄写を許可した。その理由の概要は次のとおりである。

Xは、Cの母親で同人と同居し、同人と同一の手続で本件許可申請をしたもので、代理人弁護士も共通であるから、両名の請求はその実質において一体のものと認められ、Cにつき商法293条の7第2号に規定する拒絶事由がある場合は、Xについても同一の拒絶事由があると認めるのが相当である。旧商法293条の7第2号の趣旨は、会社株主である競業者等が、会計帳簿等の閲覧等により会社の秘密を探り、これを自己の競業に利用し、又は他の競業者に利用させることを許せば、会社に甚大な被害を生じさせるおそれがあることから、この危険を未然に防止することにある。この趣旨からすれば、閲覧等を求める株主が競業者等であるという客観的事実があれば、原則として同号の拒絶事由が存在するというべきであるが、実質的にみて上記危険がない場合もあり得るから、閲覧等を求める株主が、閲覧等によって知り得る事実を自己の競業に利用し、又は他の競業者に利用させようとする主観的意図がないことを立証した場合は、閲覧等を許可できると解するのが相当である。AとBは、いずれも名古屋中央卸売市場の青果物の仲卸業者であって業務内容も同種であるが、現在、Aは北部市場で専ら野菜額を、Bは本場で専ら果実類を取り扱い、近い将来において取扱商品が競業する可能性はないこと、したがって、Cが本件帳簿等の閲覧等により得られたAの野菜類についての営業秘密をBの果実類の商取引に利用することはあり得ないことなどからすると、本件帳簿等の閲覧等によ

Ⅶ　その他

りA及びYに損害を与えようとする意図はない旨のCの供述は信用することができる。そうすると、Cには上記の主観的意図が存在しないことが立証されたといえるから、Cには同号の許否事由が存在せず、したがって、Xにも同号の拒否事由が存在しない。

(3)　Yが、いわゆる主観的意図推定説を採用してC及びXに拒否事由がないとした原審の判断は、旧商法293条の7第2号の解釈適用の誤りがあるなどと主張して、抗告の許可を申し立てた。

(4)　本決定は、次のとおり判示して、抗告を棄却した。

「相手方には商法293条の8第2項において不許可事由とされている同法293条の7第2号に掲げる事由がないとして、本件許可申請の一部につきこれを許可した原審の判断は、結論において是認することができる。その理由は、次のとおりである。

商法293条の7第2号は、会計帳簿等の閲覧謄写を請求する株主が会社と競業をなす者であること、会社と競業をなす会社の社員、株主、取締役又は執行役であることなどを閲覧謄写請求に対する会社の拒絶事由として規定するところ、同号は、『会社ノ業務ノ運営若ハ株主共同ノ利益ヲ害スル為』などの主観的意図を要件とする同条1号と異なり、文言上、会計帳簿等の閲覧謄写によって知り得る事実を自己の競業に利用するためというような主観的意図の存在を要件としていない。そして、一般に、上記のような主観的意図の立証は困難であること、株主が閲覧謄写請求をした時点において上記のような意図を有していなかったとしても、同条2号の規定が前提とする競業関係が存在する以上、閲覧謄写によって得られた情報が将来において競業に利用される危険性は否定できないことなども勘案すれば、同号は、会社の会計帳簿等の閲覧謄写を請求する株主が当該会社と競業をなす者であるなどの客観的事実が認められれば、会社は当該株主の具体的な意図を問わず一律にその閲覧謄写請求を拒絶できるとすることにより、会社に損害が及ぶ抽象的な危険を未然に防止しようとする趣旨の規定と解される。したがって、会社の会計帳簿等の閲覧謄写請求をした株主につき同号に規定する拒絶事由があるというためには、当該株主が当該会社と競業をなす者であるなどの客観的事実が認められれば足り、当該株主に会計帳簿等の閲覧謄写によって知り得る情報を自己の競業に利用するなどの主観的意図があることを要しないと解するのが相当であり、同号に掲げる事由を不許可事由として規定する同法293条の8第2項についても、上記と同様に解すべきである。

そこで、Xについて、商法293条の7第2号に掲げる客観的事実の有無を検討する。前記認定事実によれば、Xは、Bの株主であり監査役でもあるCの母であって、Cと共に本件許可申請をしたものであるが、XとCは、いずれもYの親会社であるAの総株主の議決権の100分の3以上を有する株主として、それぞれ各別にYの会計帳簿等の閲覧謄写請求をする資格を有するものである。したがって、同号に

掲げる客観的事実の有無に関しては、X及びCの各許可申請につき各別にこれを判断すべきであって、XとCが親子であり同一の手続で本件会計帳簿等の閲覧謄写許可申請をしたということのみをもって、一方につき同号に掲げる不許可事由があれば当然に他方についても同一の不許可事由があるということはできない。そして、前記の事実によれば、XはBの株主ではなく、Bの役員であるなどの事情もうかがわれないから、BがYと競業をなす会社に当たるか否かを判断するまでもなく、相手方については同号に掲げる事由がないというべきである。

　以上によれば、Xにつき商法293条の7第2号に掲げる事由がないとして本件許可申請の一部につきこれを許可した原審の判断は、結論において是認することができる。論旨は採用することができない。」

　本決定は、旧商法293条の7第2号の事由該当性の判断に当たり、見解が分かれていた主観的要件を要するかという論点について、最高裁判所として初めて判断を示したものとして、実務の参考になるものと思われる。

【49】 20(許)48（△三小、平21・5・29、棄却、金判1326・39。原審東京高決平20・9・12、原々審東京地決平19・12・19）

　(1)　裁判所のした全部取得条項付種類株式の取得の価格の決定（会社法172条1項）の当否が問題となった事案である。

　(2)　Yに吸収合併された株式会社Aは、フランチャイズシステムによる飲食店、コンビニエンスストア及びスーパーマーケットの経営等を営む会社の株式を保有して、当該会社の事業活動を支配・管理することなどを目的とする株式会社であり、平成19年4月29日の上場廃止まで、その株式を株式会社ジャスダック証券取引所に上場していた。XらはAの全部取得条項付種類株式（会社法171条1項、108条1項7号）を保有していた株主である。Xらは、Aの株主総会に先立ちAによる全部取得条項付種類株式の取得に反対する旨の通知をし、当該株主総会において、上記取得に反対した上で、会社法172条1項に基づき、Xらの保有するA発行に係る全部取得条項付種類株式（本件株式）の取得価格の決定を求めた。

　原々審は、本件株式の取得価格を1株23万円とする決定をした。その理由の概要は次のとおりである。

　①裁判所が決定すべき取得価格とは、取得日における全部取得条項付種類株式の公正な価格をいう。そして、法は取得価格の決定を裁判所の裁量にゆだねているものと解される。②譲渡制限の付されていない株式を保有する株主は、当該株式を即時売却するか、それとも継続保有するかの選択肢を有し、即時売却により実現される株式の客観的な時価を把握しているほか、継続保有により実現する可能性のある株価上昇に対する期待権を有する。全部取得条項に基づき株式の強制的取得が行われると、株主は上記期待権をも喪失するのであるから、取得価格の決定に当たっては、取得日における当該株式の客観的な時価に加えて、強制的取得により失われる

今後の株価上昇に対する期待権を評価した価額をも考慮することが相当である。③本件株式の取得日における市場株価は存在しないが、本件においては、当該市場株価がその企業の客観的価値を反映していないと認められる特別の事情のない限り、取得日にできる限り近接した市場株価を基本として本件株式の客観的な時価を評価することが相当である。④上記特別の事情がないと認められるＡの業績予想の下方修正等の発表の翌日から公開買付け公表日の前日までの間の株価の終値の平均値によれば本件株式の客観的な時価は１株20万2000円を超えるものではない。⑤強制的取得により失われる期待権に係る確立された評価方法は存在せず、また、鑑定の実施されていない本件においては、これにつき専門的知見を反映した具体的な金額を算出することもできないが、公開買付けにおいて示されたプレミアムは一定の合理性を有するものであり、強制的取得により失われる期待権を評価した価額は、上記プレミアム分に相当する２万8000円を超えるものとはいえない。⑥したがって、本件株式の取得価格は１株23万円と定めるのが相当である。

　原審は、本件株式の取得価格を１株33万6966円とする決定をした。その理由の概要は次のとおりである。

　①取得価格の決定の申立てがされた場合、裁判所は、当該株式の取得日における公正な価格をもって、その取得価格を決定すべきである。一般に、譲渡制限の付されていない株式を保有する株主は、当該株式を即時売却するか、それとも継続して保有するかを選択することができ、各時点において、これを売却した場合に実現される株式の客観的価値を把握しているだけでなく、これを継続して保有することにより実現する可能性のある株価の上昇に対する期待を有し、この期待は、株式の有する本質的な価値として法的保護に値する。株式の強制的取得が行われると、株主は、自らが望まない時期であっても株式の売却を強制され、株価の上昇に対する期待を喪失する結果となるのであるから、裁判所が当該株式の公正な価格を定めるに当たっては、取得日における当該株式の客観的価値に加えて、強制的取得により失われる今後の株価の上昇に対する期待を評価した価額をも考慮すべきである。そして、会社法は、取得価格の決定を裁判所の合理的な裁量にゆだねたものと解するのが相当である。②取得日と上場廃止日がわずかにしか離れていない本件株式の評価に当たっては、異常な価格形成がされた場合など、市場株価がその企業の客観的価値を反映していないと認められる特別の事情のない限り、取得日に近接した一定期間の市場株価を基本とし、その平均値をもって本件株式の客観的価値とみるのが相当である。公開買付けが公表日の前日からさかのぼって６か月間の市場株価（終値）を単純平均すると、本件株式の客観的価値は、１株28万805円と認めることができる。③強制的取得により失われる今後の株価上昇に対する期待を評価するに当たっては、当該企業の収益力や業績の見通しについて検討し、マネージメントバイアウト（MBO）の際に実現される、(i)MBOを行わなければ実現できない価値、及び、(ii)MBOを行っても実現可能な価値を考慮し、裁判所が合理的な裁量によって決するのが望ましい。Ｙが事業計画も株価算定評価書も提出しない状況の下では、

近接した時期に MBO を実施した各社の例などを参考にして、本件株式の客観的価値（28万805円）に、20％を加算した額（33万6966円）をもって、株価の上昇に対する評価額を考慮した本件株式の取得価格と認めるのが相当である。
　(3)　Y が、原審の判断は、①会社法 172 条 1 項の解釈適用に誤りがある、②高裁判例に違反すると主張して抗告許可の申立てをした。
　(4)　本決定は、「本件事実関係の下においては、所論の点に関する原審の判断は、その裁量の範囲内にあるものとして是認することができる。原決定に所論の判例違反はない。論旨は採用することができない。」と判示して、抗告を棄却した。

　田原裁判官の補足意見は次のとおりである。
　「本件は、会社法 172 条 1 項に定める株式会社による全部取得条項付種類株式の取得の価格（以下、単に「取得価格」という。）の決定が裁判所に申し立てられた初めての事案であることにかんがみ、取得価格の意義等に関して若干の意見を補足して述べる。
　1　取得価格の意義
　取得価格とはいかなる価格を意味するかについて、法は何らの規定も設けてはいない。
　ところで、会社法上、株主が株式買取請求権を行使する場合における買取価格は、公正な価格と定められている（469 条 1 項、785 条 1 項、797 条 1 項、806 条 1 項）ところ、上記の場合において、当事者間で協議が調わないときは、当事者の申立てにより裁判所がその価格を決定することとされている（470 条 2 項、786 条 2 項、798 条 2 項、807 条 2 項）。そして、裁判所が決定する上記価格は、上記各条に定める公正な価格をいうものと一般に解されており、取得価格も、裁判所が決定するものである以上、上記の株式買取請求権行使の場合と同様、公正な価格を意味するものと解すべきである。もっとも、その公正な価格を算定する上での考慮要素は、必ずしも株式買取請求権行使の場合と一致するとは限らないが、その点は次項で検討する。
　2　取得価格の決定
　(1)　会社法 172 条 1 項各号に定める株主により取得価格の決定が申し立てられると、裁判所は、取得日（173 条 1 項）における当該株式の公正な価格を決定する。
　その決定は、取得価格決定の制度の趣旨を踏まえた上での裁判所の合理的な裁量によってされるべきものである。すなわち、取得価格決定の制度が、経営者による企業買収（MBO）に伴いその保有株式を強制的に取得されることになる反対株主等の有する経済的価値を補償するものであることにかんがみれば、取得価格は、①MBO が行われなかったならば株主が享受し得る価値と、②MBO の実施によって増大が期待される価値のうち株主が享受してしかるべき部分とを、合算して算定すべきものと解することが相当である。
　原決定が、『公正な価格を定めるに当たっては、取得日における当該株式の客観

的価値に加えて、強制的取得により失われる今後の株価の上昇に対する期待を評価した価額をも考慮するのが相当である』とする点は、後の『株価の上昇に対する期待の評価』の項において説示するところからすれば、実質的には上記と同旨をいうものと解することができる。

(2) ところで、MBO の実施に際しては、MBO が経営陣による自社の株式の取得であるという取引の構造上、株主との間で利益相反状態になり得ることや、MBO においては、その手続上、MBO に積極的ではない株主に対して強圧的な効果が生じかねないことから、反対株主を含む全株主に対して、透明性の確保された手続がとられることが要請されている（経済産業省の委嘱による企業価値研究会の「企業価値の向上及び公正な手続確保のための経営者による企業買収（MBO）に関する報告書」〔平成19年8月2日付け。以下「MBO 報告書」という。〕参照）。それゆえ、裁判所が取得価格を決定するに際しては、当該 MBO において上記の透明性が確保されているか否かとの観点をも踏まえた上で、その関連証拠を評価することが求められる。

3 原決定と裁判所の裁量

(1) 株式公開買付制度については、その透明性を図ること等を目的として、平成18年内閣府令第86号により発行者以外の者による株券等の公開買付けの開示に関する内閣府令等の、同年政令第377号により証券取引法施行令（平成19年政令第233号により題名が「金融商品取引法施行令」と改められた。）の改正がされている（施行日は、いずれも平成18年12月13日）。本件 MBO に関連するものとしては、次のとおりである。

ア 公開買付届出書の添付書類として、『買付け等の価格の算定に当たり参考とした第三者による評価書、意見書その他これらに類するものがある場合には、その写し（公開買付者が対象者の役員、対象者の役員の依頼に基づき当該公開買付けを行う者であって対象者の役員と利益を共通にする者又は対象者を子会社とする会社その他の法人である場合に限る。）』が追加された（発行者以外の者による株券等の公開買付けの開示に関する内閣府令13条1項8号）。

イ 公開買付期間が『20日以上60日以内』から『20営業日以上60営業日以内』に改正された（証券取引法施行令8条1項）。

(2) 上記施行日は、本件公開買付期間の最終日の翌日であって、本件 MBO は、上記改正による規制の対象外であり、法令上その義務を負うものではないものの、本件 MBO においては、『買付け等の価格の算定に当たり参考とした第三者による評価書、意見書等』は公開されなかった。なお、MBO 報告書によれば、事業計画や株価算定評価書等を開示した上で、買付価格の合理性について株主らに検討する機会を与えることが望ましいとされている。

(3) また、MBO の実施に際しては、株主に適切な判断機会を確保することが重要であり、MBO に積極的ではない株主に対して強圧的な効果が生じないように配慮することも求められるところ、本件 MBO における公開買付者のプレス・リリー

スや抗告人に吸収合併された旧株式会社A（以下「A」という。）の株主あてのお知らせには、公開買付けに応じない株主は、普通株式の1株に満たない端数しか受け取れないところ、当該株主が株式買取請求権を行使し価格決定の申立てを行っても、裁判所がこれを認めるか否かは必ずしも明らかではない旨や、公開買付けに応じない株主は、その後の必要手続等に関しては自らの責任にて確認し、判断されたい旨が記載されており、MBO報告書において避けるべきであるとされている『強圧的な効果』に該当しかねない表現が用いられている。

(4) 原決定は、本件MBOにおける上記の事実経過を踏まえた上で、取得日における本件株式の価値を評価するに際し、①抗告人の主張する市場株価方式と純資産方式（修正簿価純資産法）及び比準方式（類似会社比準法）とを併用すべきであるとの点については、抗告人主張の純資産方式及び比準方式による各試算額が、本件公開買付価格と著しく乖離していることや、Aが様々な事業を展開しており、その業態、事業形態に照らし、その企業価値は収益力を評価して決せられる部分が多いことなどから適切ではないとし、②Aが平成18年8月21日に公表した『同年12月期の業績予想の下方修正は、企業会計上の裁量の範囲内の会計処理に基づくものとはいえ、既に、この段階において、相当程度の確実性をもって具体化していた本件MBOの実現を念頭において、特別損失の計上に当たって、決算内容を下方に誘導することを意図した会計処理がされたことは否定できない』とした上で、本件公開買付けが公表された前日の六か月前である平成18年5月10日から同公表日の前日である同年11月9日までの市場株価の終値の平均値をもって取得日における本件株式の価値とした。

また、原決定は、相手方らの度重なる要請にもかかわらず、抗告人が、MBO後の事業計画や、公開買付者においてAにつきデューディリジェンスを実施した上で作成した株価算定評価書を提出しなかったことを踏まえ、本件MBOに近接した時期においてMBOを実施した各社の事例を参考に、上記の本件株式の価値に、本件MBOにおいて強制取得の対象となる株主に付加して支払われるべき価値部分として、その20%を加算し、これをもって取得価格と定めるのが相当であるとした。

(5) 原決定の認定判断は、本件MBOの経緯や原審までの審理経緯をも踏まえてされたものであり、本件記録に表れた証拠関係から肯認することができ、また、その取得価格の算定方法に裁量権の逸脱は認められないものというべきである。」

4 過料

【50】21(許)7（△一小、平21・5・8、棄却。原審大阪高決平21・1・14、原々審大阪地決平20・11・12）

(1) 代表取締役が複数ある場合における、「取締役等の会社に対する責任の免除に関する規定の設定」及び「社外取締役等の会社に対する責任の制限に関する規定の設定」の登記の懈怠行為について、各代表取締役に異なる額の過料の制裁を課すことの当否が問題となった事案である。

Ⅶ　その他

(2)　Xは、Aと共に、株式会社Bの代表取締役の地位にあったが、平成18年6月29日から2週間以内にすべき「取締役等の会社に対する責任の免除に関する規定の設定」及び「社外取締役等の会社に対する責任の制限に関する規定の設定」の各登記を平成20年7月4日まで怠った（本件登記懈怠行為）。神戸地裁尼崎支部は、登記官の通知に基づき、本件登記懈怠行為について、平成20年8月29日、Aに対し、過料1万円に処する旨の決定をした。

　大阪地裁は、同登記解怠行為について、同年9月26日、Xに対し、過料6万円に処する旨の決定をし、Xが異議を申し立てたところ、同地裁（原々審）は、同年11月12日、上記過料決定を認可する旨の決定をした。

　原審は、①登記懈怠行為による過料の制裁は、代表者が個人として受けるものであり、代表者が複数ある場合、代表者個人がいずれも登記義務を負っている以上、すべての代表者に過料の制裁を受ける違反行為があるというべきであるから、複数ある代表者のうち1人が過料に処せられたからといって、他の代表者が制裁を免れる理由はない、②XとAについて異なる金額の過料が命じられるという事態が生じることは、会社法の許容するところであり、命じられる過料の額が異なる結果になっても、それが著しく公平の原則や正義に反するなどの特段の事情のない限り、裁判所の裁量の範囲内にあるものとして許容される。本件において、過料の上限額が100万円であることなどからすれば、Xに命じられた過料の額が著しく公平の原則や正義に反するなどの特段の事情があるとまでいうのは困難であるとして、抗告を棄却した。

(3)　Xが、原審の判断には、会社法976条の解釈適用の誤りがあると主張して、抗告の許可を申し立てた。

(4)　本決定は、「所論の点に関する原審の判断は、正当として是認することができる。論旨は採用することができない。」と判示して、抗告を棄却した。

【51】21(許)15（△三小、平21・9・8、棄却。原審東京高決平21・2・19、原々審長野地諏訪支決平20・7・10）

(1)　取締役選任手続の懈怠による過料決定がされた後もその職務懈怠が続いていた場合に、処罰対象期間を異にしてされた2回目の過料決定が、二重処罰に当たるか否かが問題となった事案である。

(2)　Xは、株式会社であるAの代表取締役を務めていたところ、平成9年12月31日、Xを含む取締役全員が退任し、その際に取締役の選任手続がされず、取締役についての法定の員数を欠く状態が続いた。長野地裁諏訪支部は、平成15年3月13日、Xについて、平成17年法律第87号による改正前の商法498条1項18号に基づき、平成14年12月2日までの上記取締役選任懈怠を理由として、過料9万円に処する旨の決定をした（前過料決定）。その後もAの取締役の欠員状態は平成20年4月21日まで継続した。

　長野地裁諏訪支部は、平成20年5月22日、Xについて、会社法976条22号に

基づき、平成14年12月3日から平成20年4月21日までの上記取締役選任懈怠を理由として、過料11万円に処する旨の決定をした（本件過料決定）。
　Xは異議を申し立てたが、原々審は、本件過料決定を認可する旨の決定をした（本件認可決定）。
　原審は、会社法976条22号は、取締役等の選任を怠り、欠員状態を継続させたことを処罰対象としているものと解されるから、いったん過料に処せられても、その後も欠員状態を継続させているのであれば、これを別途処罰の対象とすることは許されるなどとして、Xの抗告を棄却した。
　(3)　Xが、会社法976条22号の処罰対象は、取締役の欠員状態が生じた時点で適宜に選任手続を行わなかったことそれ自体であり、一度過料に処せられれば、その後選任手続を怠っていても、二度目の過料に処せられることはないはずであるのに、欠員状態を継続したことについて本件認可決定により過料に処せられたことは二重処罰に当たるなどと主張して、抗告の許可を申し立てた。
　(4)　本決定は、「所論の点に関する原審の判断は、正当として是認することができる。論旨は採用することができない。」と判示して、抗告を棄却した。

（参考）

抗告不許可決定に対する特別抗告

【52】21(ク)1005（△三小、平22・2・23、棄却。原審大阪高決平21・9・28（原決定（抗告不許可決定））
　（なお、原審大阪高決平21・9・1（抗告審決定）、原々審大阪地決平20・9・11（第1審決定））
　(1)　本件は特別抗告事件であるが、会社法172条1項に基づく全部取得条項付種類株式の株式取得価格決定申立事件における、抗告審決定に対する抗告不許可決定を原決定とする特別抗告であり、抗告を許可するか否かの判断を行う上で、実務の参考となると思われるので本稿において紹介することとしたい。
　(2)　Y株式会社は、親会社であるA株式会社がマネージメントバイアウト（MBO）を目的としてYの株式公開買付け（本件公開買付け）を実施するに当たり、普通株式に全部取得条項を付した株式（本件株式）1株について、1株当たり650円を対価にYが取得することのできる取得条項付株式1株と引換えに取得できることを定め、取得日を平成19年8月1日として、これを実行した。Yの普通株式1000株を保有していたXは、上記事項を決議した定時株主総会及び種類株主総会に先立って本件株式の取得に反対することを相手方に通知し、かつ、同株主総会において当該取得に反対した上、会社法172条1項に基づき本件株式の取得価格の決定を求める申立てをした。
　第1審は、本件株式の取得価格を1株につき650円と定める旨の決定（第1審決定）をしたが、抗告審は、第1審の決定を変更し、本件株式の取得価格を1株につ

き840円と定める旨の決定をした（抗告審決定）。

(3) Yが、抗告審決定に対し、①本件公開買付け発表前1年間の市場価格を株式の「客観的価値」を算定する基礎から排除し、YにおけるMBOの準備開始期間（平成18年11月上旬ころ）とも全く異なる時期における市場価格を「客観的価値」の基準とした原審の判断には、会社法172条1項の解釈に重大な誤りがあり、また、東京高決平20・9・12（【49】事件の原決定）にも反するものである、②会社法172条1項の「取得の価格」を決定するに当たって、株主がMBOのための公開買付けの公表後に申立人の株式を取得した者である場合に、同項の価格は当該取得価格を上限とすべきか否か争われた初めての事案であるなどと主張して、抗告の許可を申し立てたが、抗告を許可しない旨の決定がされた（原決定）。

(4) Yが、原決定に対し、①憲法32条に基づき認められたYの審問請求権を侵害し、また、攻撃防御を行う機会を最終的に奪うものであるとともに、抗告許可事由が存在するにもかかわらず不許可としたもので、憲法31条及び32条に違反するなどとして特別抗告をした。

(5) 本決定は、「民事事件について特別抗告をすることが許されるのは、民訴法336条1項所定の場合に限られるところ、本件抗告理由は、違憲をいうが、その実質は原決定の単なる法令違反を主張するものであって、同項に規定する事由に該当しない。」と判示して、抗告を棄却した。

田原裁判官の補足意見は次のとおりである。

「許可抗告制度は、高等裁判所がなした決定や命令（以下「決定等」という。）が、最高裁判所の判例（これがない場合にあっては、大審院又は上告裁判所若しくは抗告裁判所である高等裁判所の判例）と相反する判断がある場合その他の法令の解釈に関する重要な事項を含むと認められる場合に、最高裁判所による法令解釈の統一の機会を確保するべく、現行民事訴訟法で新たに設けられた制度である（民訴法337条）。抗告許可の申立てがなされた場合に抗告を許可するか否かは、原決定等をなした高等裁判所の専権に委ねられており、許可の可否に関する不服申立制度は設けられていない。それは、判例違反その他法令の解釈に関する重要な事項を含む場合には、抗告を許可しなければならない（民訴法337条2項）とされているところ、その要件に該当するか否かの判断は容易になすことができ、その可否につき最高裁判所に対する不服申立制度を設けることは、最高裁判所に別途負担をかけることとなり、また、その他の不服申立制度を設けることは、一般に判決手続に比してより迅速な判断が求められる決定等の手続にそぐわないとされたことによるものである。

このように、許可抗告制度は、原決定等をなした高等裁判所において、適正にその権限の行使がなされることを前提とする制度である。それゆえ、抗告許可の申立て理由が、実質は原決定等の事実認定に対する不服にすぎないものである等、法令の解釈に関する重要な事項を含むものではないにもかかわらず、その許可をなすこ

とは、ただでさえ大量の事件処理に追われている最高裁判所に、更なる負担を強いるものであって、その制度趣旨に反するものである。他方、原決定等の内容が、法令の解釈に関する重要な事項に関するものであるにもかかわらず不許可とすることは、この制度を設けた趣旨を無にするものであって、許されるものではない。なお、原決定等の内容が法令の解釈に関する重要な事項に関するものではあっても、裁判例の集積が少なく、あるいは、学界での論議が未だ十分にはなされていないところから、最高裁判所が当該法令の解釈につき判断を下すには未だ熟していないと認められる場合には、許可をするべきでないとの考え方があるが、法令の解釈に関する重要な事項と認められる場合には、最高裁判所がかかる点をも含めて判断をすべきである。」

平成22年度

綿引万里子／宮城 保

Ⅰ 民事訴訟法
　1　訴訟費用【1】
　2　移送【2】【3】
　3　訴訟参加【4】
　4　訴状却下命令【5】
　5　文書提出命令【6】～【12】
　6　上訴【13】

Ⅱ 民事執行法
　1　売却許可決定【14】
　2　債権差押命令【16】～【18】
　3　授権決定【19】

Ⅲ 民事保全法【20】

Ⅳ 破産法
　　破産手続の開始【21】【22】

Ⅴ 会社更生法【23】

Ⅵ 家事審判法
　1　相続放棄【24】
　2　婚姻費用分担、夫婦同居に関する処分【25】～【27】
　3　扶養料【28】
　4　市町村長の処分に対する不服申立て【29】
　5　離婚年金分割（厚生年金保険法）【30】

Ⅶ その他
　1　人身保護法【31】～【33】
　2　検察審査会法【34】【35】
　3　商事非訟【36】～【39】
　4　配偶者からの暴力の防止及び被害者の保護に関する法律【40】【41】
　5　私的独占の禁止及び公正取引の確保に関する法律【42】
　6　不正競争防止法【43】

はじめに

1 平成22年度における許可抗告の実情を紹介する。

新受件数の推移は、表1のとおりである。平成21年は前年の新受を下回ったものの、平成22年の新受は、再び増加に転じた。

各年中に決定された事件のうち、最高裁判所民事判例集（民集）又は最高裁判所裁判集民事（集民）に登載された件数とその割合は、表2のとおりである。

2 許可抗告（民訴法337条）は、特別抗告（同法336条）と同様に、決定に対する本来の不服方法に加えて特に認められた不服申立ての方法であるが、特別抗告が憲法違反を抗告事由とするのに対して、許可抗告は、法令解釈に関する重要な事項を含む事件であると高等裁判所が認めて許可したことを申立ての要件とするものである。現行民事訴訟法で許可抗告制度が設けられたのは、民事執行法や民事保全法の制定等に伴い、決定で判断される事項に重要なものが増え、かなり重要な法律問題について高等裁判所の判断が分かれているという状況が生じていたので、最高裁判所の負担が過重にならないように配慮した上で、重要な法律問題についての判断の統一を図ろうとしたものである（法務省民事局参事官室編「一問一答新民事訴訟法」374頁）。上告受理制度のように最高裁判所自らが受理するか否かの判断をする制度が採用されなかったのは、そのような制度を採用すれば最高裁判所の負担が過重になるおそれがあったためであり（ジュリスト増刊1999年11月「研究会新民事訴訟法」440頁〔柳田幸三発言〕）、その意味では、許可抗告の制度は、高等裁判所において、適切に許可の判断がされることを信頼して設けられた制度であるということができる。そして、最高裁判所が許可に値しないと判断したとしても、高等裁判所が許可した以上、最高裁判所は当該論点への応答をする負担を負うことになるのであるから、高等裁判所には、自らの判断に判例と異なる点がある場合又は真に法令解釈に関する重要な事項を含む場合に抗告を許可し、そのような場合でなければ許可しないという制度の趣旨に沿った運用が求められている（詳しくは、福田剛久ほか「最高裁判所に対する民事上訴制度の運用」判例タイムズ1250号5頁参照）。

許可抗告に対する決定のうち最高裁判所民事判例集（民集）又は最高裁判所裁判集民事（集民）に登載されたものの割合は、上記のとおりであり（表2）、抗告が許可された事件のうち法令解釈に関する重要な事項を含まない事件の割合は決して少なくないものといえる。抗告が許可された事件の中には上記のような制度の趣旨におよそ沿わない運用も

表1

年度（平成）	新受件数
10	10
11	42
12	59
13	34
14	50
15	54
16	42
17	48
18	55
19	45
20	58
21	46
22	58

はじめに

相当数見受けられるので、これまで「許可抗告事件の実情」において繰り返してきた次のような指摘を本稿で改めてしておきたい。

(1) 法令の解釈自体は既に明確になっている場合に、個別事件における事実認定、要件への当てはめの判断は、通常は、法令解釈に関する重要な事項とはいえない。

表2

年度	決定件数	うち民集又は集民登載件数	割合（％）
10	2	1	(50％)
11	32	6	(19％)
12	51	12	(24％)
13	53	12	(23％)
14	42	7	(17％)
15	53	9	(17％)
16	44	10	(23％)
17	51	11	(22％)
18	54	6	(11％)
19	44	11	(25％)
20	53	2	(4％)
21	51	5	(10％)
22	43	6	(14％)

また、最高裁判所の判例により示された法令解釈の基準の具体的適用にかかわる事項は、当該実務を担当する下級裁における事例集積にこそ意味がある場合が多い。このような場合、下級裁での事例集積、要件の類型化に関する実務的検討が十分にされていない段階で、個別事案に関する要件該当性の争いを法律審である最高裁判所に判断させることは、相当ではないことが多い。

(2) 論点自体としては法令解釈に関する重要な事項に当たるが、当該事案の解決に影響しない論点については、許可は不相当となるものと考えられる。許可抗告は、法令の解釈に関する重要な事項について、解釈統一の機能を有する特別な抗告であるが、当該事案の解決を目的とするものであることはいうまでもなく、抽象的な法令解釈のために抗告を許可することは、当事者を具体的事件の解決を離れた論争に巻き込むことになり、事案の解決を目的とする制度の趣旨に反するからである。

以上のような観点から、平成22年中に決定のあった許可抗告事件をみてみると、少なくともその半数について許可抗告の申立てに法令の解釈に関する争点が含まれているといえるかに疑問があり、許可が許可抗告の制度の趣旨に沿うものであったかについては検討の余地があるように思われる。中でも【21】、【23】、【24】、【25】、【26】、【30】、【41】事件などは、許可抗告制度の趣旨からすると、許可の相当性には疑問があるといわざるを得ないと思われる。

(3) 他方、原決定が、法令の解釈に関する重要な事項についての判断を含むものであり、その判断の当否が争われているにもかかわらず、抗告を不許可とするようなことは、許可抗告制度が設けられた趣旨を没却することにもなりかねないことにも留意する必要があると思われる。

3 いずれにしても、許可抗告制度が設けられた趣旨に沿って同制度を適切に運用していくためには、高等裁判所における適切な許否の判断が不可欠であることを改めて指摘しておきたい。

4 本稿は、今福元最高裁判所調査官室付書記官が、平成22年中に決定のあった許可抗告事件を整理したものである。

事件見出しに◎を付したものは**民集登載事件**、○を付したものは**集民登載事件**、△を付したものはいずれにも登載されなかったものである。

平成22年中の決定による既済件数43件のうち、判例集登載の内訳は、民集登載件数が4件、集民登載件数が2件である。また、基本事件の種別としては、民事訴訟事件が13件、民事執行事件が6件、民事保全事件が1件、破産事件が2件、会社更生事件が1件、家事審判事件が7件、その他13件であり、このうち、原決定が破棄されたものは2件であった。

事案の概要等は、許可抗告事件の実情を紹介するのに必要な範囲で適宜省略し、事案の骨子のみを記載した。掲載の順序は、原決定に関する手続法規ごとに分け、その中で、決定日の順に掲載した。

I 民事訴訟法

1 訴訟費用

【1】22(行ア)1（△三小、平22・6・29、棄却。原審東京高決平22・4・2、原々審新潟地決平20・10・2）

(1) 手数料還付申立事件において、地方自治法242条の2第1項4号に基づき、一つの訴えで数個の損害賠償の請求をすることを求めた訴訟における訴額の算定方法が問題となった事案である。

(2) Xは、新潟県知事に対し、違法又は不当な旅費の支出があったとして、3件の旅費支出行為に関し、それぞれ損害賠償を請求するよう求める住民訴訟を一つの訴えをもって新潟地裁に提起した。Xは、新潟地裁が、各請求の訴額をそれぞれ算定不能である160万円とし、これを合算して本件訴えの訴額を480万円としたことに対し、3件の請求は利益が共通であるから一括して160万円とすべきである、又は住民訴訟においても訴額の累積を行うべきであり、請求を求める金額の合計である9万7320円を超えることはない等と主張して、既に納付した訴額480万円に対応する訴え提起手数料の一部の還付を求める申立てをした。

原々審及び原審は、本件申立てを却下すべきものと判断した。その理由の概要は次のとおりである。

①住民訴訟については、「訴えで主張する利益」は実質的に理解し、地方公共団体の損害が回復されることによってその訴えの原告を含む住民全体の受けるべき利益がこれに当たるとみるべきであり、このような住民全体の受けるべき利益は、その性質上、勝訴判決によって地方公共団体が請求することになる額と同一ではあり得ず、他にその価額を算定する客観的、合理的基準を見いだすことも極めて困難である（最一小判昭53・3・30民集32・2・485、判時884・22）。したがって、地方

自治法242条の2第1項4号に基づく請求については、その訴額は算定することが極めて困難なものとして160万円というべきであり（民事訴訟費用等に関する法律4条2項後段）、求めている損害賠償請求の金額を基礎とすべきではない。②訴額については、一の訴えで数個の請求をする場合にはその価額を合算するのが原則であるが、その訴えで主張する利益が各請求について共通である場合におけるその各請求については、合算をしないものとされている（民訴法9条1項）。しかるに、本件各請求は、それぞれ異なる違法事由を主張して損害賠償を請求するよう求めるものであるから、これを訴えで主張する利益が各請求について共通である場合とみることはできない。また、住民訴訟の趣旨が、地方公共団体の違法な財務会計上の行為を是正して地方公共団体の住民全体の公共の利益を保護する点にあることから、違法事由が異なる以上、Xを含む住民全体が受ける利益も別個になるというべきである。

(3) Xが、原決定は、上記判例の解釈を誤ったものであるなどと主張して、抗告の許可を申し立てた。

(4) 本決定は、「所論の点に関する原審の判断は、正当として是認することができる。論旨は採用することができない。」と判示して、抗告を棄却した。

2 移 送

【2】22(許)1（△三小、平22・3・23、棄却。原審東京高決平21・11・5、原々審千葉地松戸支決平21・9・18）

(1) 一の訴えで数個の請求をする場合の事物管轄を判断するに当たり、民訴法9条が適用されるか否かが問題となった事案である。

(2) Xは、貸金業者であるY_1及びY_2を共同被告として、Y_1に対しては77万円余、Y_2に対しては386万円余の過払金の返還等を求める訴訟をXの住所地を管轄する千葉地裁松戸支部に提起した。Y_1は、本件訴訟のうち、Y_1に係る部分を、Xの住所地を管轄する松戸簡易裁判所に移送することを求める申立てをした。なお、Y_2に係る訴訟は、第1回口頭弁論期日の指定前に取り下げられた。

原々審及び原審は、Y_1に係る訴訟について、松戸簡易裁判所に移送すべきものと判断した。その理由の概要は次のとおりである。

民訴法38条後段の共同訴訟について、民訴法7条ただし書により同条本文は適用されず、受訴裁判所に併合請求による管轄が生ずることなく、併合請求が可能であることを前提とする民訴法9条を適用する余地はないから、Y_1に係る訴訟は簡易裁判所の事物管轄に属する。

(3) Xが、民訴法7条は土地管轄に関する規定であるから、事物管轄の有無を判断するに当たっては、同条ただし書の適用の余地はなく、民訴法9条が適用されると主張して、抗告の許可を申し立てた。

(4) 本決定は、「所論の点に関する原審の判断は、結論において是認することができる。論旨は採用することができない。」と判示して、抗告を棄却した。

民訴法7条は、同法4条から6条の2までを受けている文理及び条文が置かれている位置に照らし、土地管轄について規定するものであって事物管轄について規定するものではないと解するのが通説であり、原決定の上記解釈は、このような通説に反するものということができよう。本決定が、「結論において、」と述べるのも、原決定の上記解釈自体を正当とは考えていないことを示唆するものと思われる。もっとも、本決定は、原決定の結論を是認した理由を明らかにしておらず、その理由とするところが不分明であったことは否定できない。なお、この論点については、最二小決平23・5・18民集65・4・1755、判時2120・3が、民訴法38条後段の要件を満たす共同訴訟であって、いずれの共同訴訟人に係る部分の受訴裁判所が土地管轄権を有しているものについて、同法7条ただし書により同法9条の適用が排除されることはない旨を明らかにしている。

【3】22(許)20（△二小、平22・9・29、棄却。原審名古屋高決平22・5・28、原々審津地決平22・4・23）

(1) 雇用契約上の地位確認及び未払賃金の支払を求める事案において、管轄違いによる移送（民訴法16条1項）の適用が問題となった事案である。

(2) Xは、Yのグループ会社が経営する三重県津市内のカラオケ店（本件店舗）に勤務していたが、別のグループ会社への出向を命じられ、これを拒否したため、Yから懲戒解雇処分を受けた。Xは、本件解雇は無効であると主張し、Yに対し、雇用契約上の地位確認及び未払賃金の支払を求める訴え（本件）を津地裁に提起し、その後福島県内に転居した（Xの訴訟代理人の事務所は津市内にある。）。Yは、本店を東京都内に置いていることから、民訴法16条1項に基づき、本件を東京地裁に移送することを求める申立てをした。

原々審は、津地裁に管轄がないとして、民訴法16条1項に基づき、本件を東京地裁に移送する旨の決定をした。

原審は、津地裁には管轄があるとして、原々決定を取り消し、本件移送申立てを却下した。その理由の概要は次のとおりである。

Xは、雇用契約上の地位確認及び未払賃金の支払を求めるものであるが、これらはいずれも民訴法5条1号所定の財産権上の訴えであり、Xは、本件解雇当時、津市内の本件店舗の店長として、同店において労務を提供していたことが認められる。そうすると、雇用契約上のYの義務履行地は本件店舗であると解されるから、津地裁はYを被告とする本件の管轄を有するというべきである。

(3) Yは、原審が、即時抗告状をYに送達せず、反論の機会を与えることなく原々決定をYに不利益に変更したことは民訴法331条に違反し、また、雇用契約上の義務履行地についての原審の判断は法令の解釈を誤ったものであると主張して、抗告の許可を申し立てた。

(4) 本決定は、「本件事実関係の下においては、津地方裁判所に本案の管轄があるとした原審の判断は、是認することができ、他に裁判に影響を及ぼすことが明ら

かな法令の違反があるともいえない。論旨は採用することができない。」と判示して、抗告を棄却した。

　最三小決平 20・5・8 集民 228・1、判時 2011・116 は、傍論ながら、抗告審において第 1 審決定を相手方に不利益なものに変更するのであれば、即時抗告の抗告状及び抗告理由書の写しを相手方に送付するという配慮が必要である旨を説示していたところ、本決定後において、最二小決平 23・4・13 民集 65・3・1290、判時 2119・32 は、即時抗告申立書の写しを即時抗告の相手方に送付するなどして相手方に攻撃防御の機会を与えることなく、相手方の申立てに係る文書提出命令を取り消し、同申立てを却下した抗告審の決定を、その審理手続に違法があるとして職権で破棄しているところである。本決定も、原裁判所が、即時抗告状を Y に送付せず、Y に反論の機会を与えることなく第 1 審決定を Y に不利益に変更した措置について、これを全く問題のないものとして是認したのではなく、当該事案の争点が専ら法令の解釈に関わり、即時抗告状を送付しなかったことが原決定の結論に影響を及ぼすおそれがないことから、上記のように決定したものであることは、本決定が、「他に裁判に影響を及ぼすことが明らかな法令の違反があるともいえない。」と説示していることからもうかがえる。少なくとも、抗告審において第 1 審決定を相手方に不利益に変更する場合には、相手方に攻撃防御の機会を与えるように十分に配慮をすることが求められよう。

3　補助参加

【4】22（許）37（△三小、平 22・12・21、棄却。原審高松高決平 22・9・28、原々審徳島地決平 22・2・18）

(1)　遺言の無効確認の訴えにおいて、当該遺言が有効であっても被相続人の遺産を取得できるわけではなく、遺留分減殺請求権を行使することができるにすぎない相続人が、受遺者である被告を補助するためにした補助参加の申出が許されるか否かが問題となった事案である。

(2)　被相続人 A については、「遺産全部を B（二男）及びその妻である X_1 に譲る」旨記載された遺言（前遺言）（なお、B は A に先立って死亡した。）と、「全財産を Y（A の亡妻の弟）に譲る、X_1 には 3 分の 1 程度渡してほしい」旨等が記載された遺言（本件遺言）が存在する。X_1 とその子である X_2 は、Y に対し、本件遺言についての無効確認の訴えを提起した（基本事件）。A の三男である Z が、Y を補助するため補助参加の申立てをしたところ、X らは、本件遺言が有効であっても、Z が A の遺産を取得できることになるわけではないなどとして Z の補助参加につき異議を述べた。

　原々審は、Z の補助参加の申出を許可し、原審は X らの抗告を棄却した。その理由の概要は次のとおりである。

　①本件遺言が有効の場合、Z は Y に対し遺留分減殺請求をすることができ、②本件遺言が無効の場合、前遺言が有効であれば、Z は X_1 に対し遺留分減殺請求を

することができ、前遺言が無効であれば、法定相続分に従って遺産分割を受けることが可能であるから、Zは、基本事件の結果につき法律上の利害関係を有する。

(3) Xらが、原審の判断には民訴法42条、44条の解釈適用の誤りがあると主張して、抗告の許可を申し立てた。

(4) 本決定は、「所論の点に関する原審の判断は、正当として是認することができる。論旨は採用することができない。」と判示して、抗告を棄却した。

4 訴状却下命令

【5】 22(許)21（△三小、平22・9・28、棄却。原審東京高決平22・6・10、原々審東京地決平22・4・21）

(1) 訴え提起手数料の不納付を理由とする訴状却下命令の当否が問題となった事案である。

(2) 株式会社Aを破産者とする破産手続において、破産裁判所がした役員責任査定決定（破産法178条1項）に対し、Aの代表者であったXが、同人を破産者とする破産手続開始決定があった後に、上記査定決定の取消しを求める異議の訴えを提起し、同訴訟につき、訴訟上の救助の付与を申し立てた。

原々審は、破産手続開始決定により破産財団に属する財産の管理処分権を失ったXは、同訴訟につき、当事者適格を有しないので、同訴訟は不適法で却下を免れず、「勝訴の見込みがないとはいえないとき」に該当しないとして、Xの訴訟救助申立てを却下し、同決定確定後に、Xに対し訴え提起手数料を納めるよう補正命令を発したが、Xがこれを納付しなかったので、命令で訴えを却下した。

原審は、手数料の不納付を理由としてされた本件訴状却下命令は相当であり、これを取り消す理由は認められないとしてXの抗告を棄却した。

(3) Xが、本件訴状却下命令は、実質的にはXの当事者適格を否定して本件訴えを却下したものであることが明らかであり、これを是認した原審の判断には破産法30条2項の法令解釈の誤りがあるなどと主張して、抗告の許可を申し立てた。

(4) 本決定は、「所論の点に関する原審の判断は、正当として是認することができる。論旨は採用することができない。」と判示して、抗告を棄却した。

5 文書提出命令

【6】 21(行フ)3（〇二小、平22・4・12、破棄・自判、集民234・1、判時2078・3。原審名古屋高決平21・9・30、原々審名古屋地決平21・1・13）

(1) 市議会の会派が市から交付された政務調査費を所属議員に支出する際に各議員から提出を受けた報告書とこれに添付された領収書の「自己利用文書」該当性が問題となった事案である。

(2) 名古屋市の住民であるXらは、市議会の会派Aが、市から交付を受けた平成16年度の政務調査費のうち所属議員らに支出したとする金額に相当する額を不当に利得しているとして、地方自治法242条の2第1項4号に基づき、市長に対し、

Ⅰ　民事訴訟法　　　　　　　　　　　　　　　　　　　　　　515

　Aに不当利得の返還請求をすることを求める住民訴訟を控起した。Aは市を補助するために訴訟に参加した。Xらは、Aにおける平成16年度の政務調査費の個人支給分の支出に関して、支出の実態と収支報告書の記載とが異なっていること、Aが政務調査費を政務調査活動以外に支出していることを立証するためとして、Aが政務調査費を所属議員に支出する際に各議員から提出を受けた平成16年度分の政務調査費報告書（本件報告書）とこれに添付された領収書（併せて、本件各文書）につき、文書提出命令の申立てをした。

　原々審及び原審は、「自己利用文書」該当性の判断基準につき、判例（最二小決平11・11・12民集53・8・1787、判時1695・49）を引用した上で、本件各文書は自己利用文書に当たらないとして、Aに本件各文書の提出を命ずべきものと判断した。その理由の概要は次のとおりである。

　市において会派の経理責任者に対し会計帳簿の調製、領収書等の証拠書類の整理及びこれらの書類の保管を義務付けているのは、議長が、市の条例所定の調査権限に基づき、収支報告書の内容が適正か否かを調査するに当たり、会派の経理責任者から会計帳簿及び領収書等の提出を受け、これらを基に収支報告書の内容の適正性を判断することが予定されているためであると解される。Aが平成16年度の収支報告書の内容の適正性を裏付ける書類として保管しているのは本件各文書のみであり、その保管状況等からすれば領収書のみでは収支報告書の内容の適正性を判断することが著しく困難であるから、本件報告書は、上記の会計帳簿に代わるものとして、議長に対して提出することが予定されているものと解するのが相当である。また、本件各文書が外部に開示された場合に、A及びその所属議員の調査研究活動が執行機関等からの干渉によって阻害され、又は第三者のプライバシーが侵害されるおそれがあるとは認められない。

　(3)　Aが、原審の判断には民訴法220条4号ニの解釈適用の誤りがあるなどと主張して、抗告の許可を申し立てた。

　(4)　本決定は、次のとおり判示して、原決定を破棄し、原々決定を取り消して本件文書提出命令の申立てを却下する旨の自判をした。

　「(1)　ある文書が、その作成目的、記載内容、これを現在の所持者が所持するに至るまでの経緯、その他の事情から判断して、専ら内部の者の利用に供する目的で作成され、外部の者に開示することが予定されていない文書であって、開示されると個人のプライバシーが侵害されたり個人ないし団体の自由な意思形成が阻害されたりするなど、開示によって所持者の側に看過し難い不利益が生ずるおそれがあると認められる場合には、特段の事情がない限り、当該文書は民訴法220条4号ニ所定の「専ら文書の所持者の利用に供するための文書」に当たると解するのが相当である（最高裁平成11年(許)第2号同年11月12日第二小法廷決定・民集53巻8号1787頁、最高裁平成17年(行フ)第2号同年11月10日第一小法廷決定・民集59巻9号2503頁等参照）。

(2) これを本件各文書についてみると、次のとおりである。

ア　地方自治法100条13項は、「普通地方公共団体は、条例の定めるところにより、その議会の議員の調査研究に資するため必要な経費の一部として、その議会における会派又は議員に対し、政務調査費を交付することができる。」と規定し、同条14項は、「政務調査費の交付を受けた会派又は議員は、条例の定めるところにより、当該政務調査費に係る収入及び支出の報告書を議長に提出するものとする。」と規定している。

これらの規定による政務調査費の制度は、議会の審議能力を強化し、議員の調査研究活動の基盤の充実を図るため、議会における会派又は議員に対する調査研究の費用等の助成を制度化し、併せて政務調査費の使途の透明性を確保しようとしたものである。もっとも、これらの規定は、政務調査費の使途の透明性を確保するための手段として、条例の定めるところにより政務調査費に係る収入及び支出の報告書を議長に提出することのみを定めており、地方自治法は、その具体的な報告の程度、内容等については、各地方公共団体がその実情に応じて制定する条例の定めにゆだねることとしている。

イ　本件条例によれば、政務調査費の交付を受けた会派の代表者は所定の様式による収支報告書を議長に提出しなければならず、提出された収支報告書は5年間保存されて何人もその閲覧を請求することができるとされているが、その収支報告書の様式は、概括的な記載が予定されており、個々の支出の金額や支出先、当該支出に係る調査研究活動を行った議員の氏名、当該活動の目的や内容等を具体的に記載すべきものとはされていない。また、本件条例によれば、議長は、政務調査費の適正な運用を期すため、収支報告書が提出されたときは、必要に応じ調査を行うことができるとされているが、その具体的に採ることのできる調査の方法は、本件条例及び本件規則において定められていない。これらの趣旨は、政務調査費は議会による市の執行機関に対する監視等の機能を果たすための調査研究活動に充てられることも多いと考えられるところ、会派による個々の政務調査費の支出について、その具体的な金額、支出先等を逐一公にしなければならないとなると、当該支出に係る調査研究活動の目的、内容等を推知され、その会派及び所属議員の活動に対する執行機関や他の会派等からの干渉を受けるおそれを生ずるなど、調査研究活動の自由が妨げられ、議員の調査研究活動の基盤の充実という制度の趣旨、目的を損なうことにもなりかねないことから、政務調査費の収支に関する議長への報告の内容等を上記の程度にとどめることにより、会派及び議員の調査研究活動に対する執行機関や他の会派等からの干渉を防止しようとするところにあるものと解される。

このような本件条例及び本件規則の規定並びにそれらの趣旨に照らすと、本件規則が会派の経理責任者に会計帳簿の調製、領収書等の証拠書類の整理及びこれらの書類の保管を義務付けているのは、政務調査費の適正な使用についての各会派の自律を促すとともに、各会派の代表者らが議長等による事情聴取に対し確実な証拠に基づいてその説明責任を果たすことができるようにその基礎資料を整えておくこと

を求めたものであり、議長等の会派外部の者による調査等の際にこれらの書類を提出させることを予定したものではないと解するのが相当である。そうすると、これらの規定上、上記の会計帳簿や領収書等の証拠書類は、専ら各会派の内部にとどめて利用すべき文書であることが予定されているものというべきである。

　なお、本件条例は、平成20年名古屋市条例第1号により改正され、政務調査費の交付を受けた会派の代表者は、収支報告書を議長に提出する際、1件につき1万円以上の支出に係る領収書その他の証明書類の写しを添付しなければならず、当該領収書等の写しは、収支報告書と共に保存及び閲覧の対象になるものとされている。しかし、この改正は、改正前の本件条例の下での取扱いを改め、政務調査費によって費用を支弁して行う調査研究活動の自由をある程度犠牲にしても、政務調査費の使途の透明性の確保を優先させるという政策判断がされた結果と見るべきものであり、上記改正前の本件条例の下における領収書等の性質を左右するものではない。

　ウ　本件各文書のうち、領収書は、本件規則所定の領収書に該当する。本件報告書も、政務調査費の個々の出納の状況を記録したものではないから、これをもって会計帳簿に代わるものと見ることはできず、また、市において整理、保管等を義務付けている書類であったとしても、せいぜい本件規則所定の証拠書類に該当し得るにとどまるものというべきである。そうすると、本件各文書はいずれも、専ら会派内部の者の利用に供する目的で作成され、外部の者に開示することが予定されていない文書であると認められる。

　また、本件各文書は、個々の政務調査費の支出について、当該支出に係る調査研究活動をした議員の氏名、当該議員が用いた金額やその使途、主な調査内容等が具体的に記載されるものであり、これが開示された場合には、所持者である会派及びそれに所属する議員の調査研究活動の目的、内容等を推知され、その調査研究活動が執行機関や他の会派等からの干渉によって阻害されるおそれがあるものというべきである。加えて、本件各文書には、調査研究活動に協力するなどした第三者の氏名等が記載されているがい然性が高く、これが開示されると、以後の調査研究活動への協力が得られにくくなって支障が生ずるばかりか、その第三者のプライバシーが侵害されるなどのおそれもあるものというべきである。そうすると、本件各文書の開示によって所持者の側に看過し難い不利益が生ずるおそれがあると認められる。

　(3)　以上によれば、前記(1)の特段の事情のうかがわれない本件各文書は、民訴法220条4号ニ所定の「専ら文書の所持者の利用に供するための文書」に当たるというべきである。」

　須藤裁判官の反対意見は、次のとおりである。

　「1　私は、多数意見と異なり、本件各文書は、民訴法220条4号ニ所定の「専ら文書の所持者の利用に供するための文書」(以下「自己利用文書」という。)には

当たらないと考える。その理由は、次のとおりである。
　(1)　政務調査費は、地方公共団体から交付されるものである以上、その使途については一定の透明性が要求され、審査や監視の対象となるべきものである。そこで、本件条例及び本件規則は、政務調査費の交付を受けた会派に対し、議長への収支報告書の提出、会計帳簿、領収書等の保管等を義務付けるとともに、議長に対し、自らが定める使途基準によって政務調査費が市政に関する調査研究に必要な経費のために使われているか否かを調査する権限を与えている（以下、この権限に基づく議長の調査を「使途調査」という。）。使途調査の方法については明示的に定められていないが、議長は、会派に対して、まず領収書等の証拠書類の提示を求め、更に必要に応じて、これを補足する口頭又は文書での説明を求めるのが通常であろう。一方、会派の方でも、政務調査費が公的資金としての税金が投入されたものであることから、住民（納税者）への説明責任を果たさなければならないという自らの立場を自覚し、使途調査における議長の行動を予期して、収支報告書の作成や領収書等の保管に加え、議長に提示して説明するために体裁形式を整えた説明文書等を用意するのが通常であると思われる。もっとも、このような説明のための使途記述文書には、当該会派及びその所属議員が執行機関や他の会派等から干渉を受けたり、調査研究に協力した第三者のプライバシーが侵害されたりするなどのことがないように、一般的に、調査研究の目的、内容、第三者の氏名などの直接的具体的記述（以下「直接記述」という。）や、間接的にせよこれらのことを推知させるような記述（以下「間接記述」という。）を避け、概括的、抽象的な記載をするのが普通であると考えられる。議長の使途調査の権限も、調査研究の目的や内容等会派の政治活動の根幹に関わる事項にまでは及ばないと解されるから、会派としても上記の程度の説明文書を用意しておけば足りるであろう。そうすると、このような議長の使途調査に対する説明資料として作成される文書は、一般的に、会派の外部の者への開示を予定し、かつ、その記載内容からして、開示しても所持者の側に看過し難い不利益を生ずるおそれがないものであるから、自己利用文書に当たらないといえる。
　なお、会派は、議長への説明とは別に、その所属議員に調査研究の内容を報告させ、併せてその場合の経費をも報告させるための文書を作成させることもある。このような文書やその添付書類には、当然のことながら、会派の政治活動の根幹に関わる事項についての直接記述や間接記述がされるがい然性が高い。このような記述がされた文書は、一般的に、会派の外部の者に開示することを予定せず、かつ、開示によって所持者の側に看過し難い不利益が生ずるものと認められるであろうから、自己利用文書に当たるといえる。多数意見が引用する最高裁平成17年（行ツ）第2号同年11月10日第一小法廷決定・民集59巻9号2503頁は、このような性質を有する調査研究報告書及びその添付書類に関するものであって、前記のような説明のための使途記述文書に関するものではない。
　(2)　そこで、以上の視点から、本件各文書についてみるに、本件報告書の様式は、議長の定める本件使途基準に基づいており、議長の使途調査を受けるのに適した定

型のものとなっている。また、その記載内容をみても、本件報告書中の「主な調査内容（行先・会場等）」の記載欄は手書きでの概括的、抽象的な記述にとどめさせるようなスペースしか設けていないともいえるし、記載すべき調査内容の例示も「行先・会場等」とあるのみで「氏名」、「会社名」、「団体名」といった文言は注意深く避けられているともいえるのであって、直接記述や間接記述を避け、開示に支障のない程度の記載をすることが予定されているものと推認される。本件会派において、直接記述や間接記述をわざわざ本件報告書に記載する利益や必要性があるとも思えない。これらのことに照らせば、本件報告書は、議長の使途調査に組織的に対応し提示して説明するための資料とすることをも目的として作成された文書であると見ることができる。そうすると、本件報告書及びこれに添付されていた領収書（本件各文書）は、一般的に、会派の外部の者に開示することを予定したものであると認められ、また、開示しても抗告人の側に看過し難い不利益を生ずるおそれがあるとは認められないから、自己利用文書に当たらないというべきである。

　もっとも、本件各文書が一般的に自己利用文書に当たらないとしても、本件会派の所属議員が、例外的であるにせよ、不用意に直接記述又は間接記述をすることはあり得る。そのような場合にまで文書提出命令を発することは妥当ではない。民訴法223条6項のいわゆるインカメラ手続は、そのような不当な事態を避けるのに有効適切な方法と思われる。裁判所がインカメラ手続において文書の提示を求め、裁判所限りで開示がされたときに、直接記述又は間接記述がされているならば、裁判所は、その全部又は一部を自己利用文書として、文書提出命令の申立てを却下すると見られるからである。ところが、記録によれば、本件では、原々審でこの手続が採られ、本件会派に提示を求めたのに対し、本件会派はこれを拒否し、しかもこれについて何ら合理的な説明をしておらず、原審において抗告人も同様の態度を維持していることがうかがわれる。インカメラ手続では、提示された文書は裁判所以外の何人にも開示されず、しかもその提示によって直接記述又は間接記述がされていることが明らかとなれば文書提出命令の申立ての全部又は一部が却下されるであろうという状況を十分に承知していると思われるのに、提示を拒否することには不自然さを覚えざるを得ない。このような事情は、本件各文書は開示に支障のない記載に終始する文書であるとの推認を強めるものであり、この観点からしても、本件各文書を自己利用文書に当たるものということはできない。

　2　以上と同旨の原審の判断は正当であり、また、相手方らの文書提出命令の申立てにおける「証明すべき事実」が特定されているとした原審の判断も正当として是認することができるから、本件抗告は棄却されるべきである。」

　本決定が示した判断手法は、全国の政務調査費関連の訴訟において参考となるものと思われる。

【7】21(許)43（△三小、平22・1・19、棄却。原審大阪高決平21・10・16、原々審大阪地岸和田支決平21・7・28）

(1) 文書提出命令申立事件において、対象文書の存在についての主張立証責任が問題となった事案である。

(2) Xは、貸金業者であるYに対し、平成6年1月20日から平成15年3月6日まで金銭消費貸借取引を行っていたが、利息制限法の制限利率を超過した利息を元本に充当すると過払金が発生していると主張して、過払金の返還等を求める訴訟を提起した。Xは、Yに対し、取引経過の立証のため、上記金銭消費貸借取引に係る、①契約書又はその控え、②領収証控え、③貸金業法19条、同法施行規則16条所定の事項が記載された帳簿等の文書について、民訴法220条3号に基づく文書提出命令の申立てをした。

原々審及び原審は、上記各文書は存在すると認定して、Yに対し、上記各文書の提出を命じる旨判断した。その理由の概要は次のとおりである。

①対象文書は、貸金業法により作成が義務付けられている文書であり、Yは上記各文書を作成し、保管していた。②Yは、貸金業の規制等に関する法律施行規則17条で定められた保存期間である取引後3年間を経過した書類は廃棄しており、対象文書も廃棄済みであると主張するが、対象文書の存在は、文書提出命令の申立人が立証すべき事項であるところ、所持者がいったん当該文書を作成、保存した場合は、当該文書が滅失、廃棄されたなどの特段の事情が認められない限り、現時点においても当該文書が存在することが推認される。③Yは、廃棄の具体的事実を主張、立証しない。

(3) Yが、①Yは個人で行う貸金業者であって商人には該当しないから、商法19条3項に基づく帳簿保管義務を負わない、②文書存在の主張立証責任は、文書提出命令を申し立てたXが負担するものであり、原審の判断は主張立証責任の配分を誤った法令違反があると主張して、抗告の許可を申し立てた。

(4) 本決定は、「所論の点に関する原審の判断は、結論において是認することができる。論旨は採用することができない。」と判示して、抗告を棄却した。

【8】22(許)3（△三小、平22・5・25、棄却。原審大阪高決平21・12・1、原々審大阪地決平21・7・30）

(1) 文書提出命令申立事件において、「自己利用文書」該当性が問題となった事案である。

(2) 小売業者の組合Aの年金に加入していたXらが、Aの事務局長は年金資金をリスクの高い私募債への投資に充てたが、上記私募債が償還不能となり年金を受給できなくなったと主張して、上記事務局長のほか、私募債の保護預かり業務を担当したY及びその従業員らに対し、債務不履行ないし不法行為に基づき、損害賠償を求める訴訟を提起した。Xらは、Yが私募債の危険性、違法性を認識していた事実又は容易に認識し得た事実を証明するため、Yによる私募債購入に関する審査

I　民事訴訟法

結果を記載した文書（本件文書）につき、文書提出命令の申立てをした。Yは、本件文書は民訴法220条4号ニ所定のいわゆる「自己利用文書」に当たるから、提出義務を負わないと主張した。

原々審及び原審は、「自己利用文書」該当性の判断基準につき、判例（最二小決平11・11・12民集53・8・1787、判時1695・49）に沿って、本件文書は自己利用文書に当たると認め、本件申立てを却下すべきものと判断した。その理由の概要は次のとおりである。

本件文書は、Yが他社の金融商品の保護預かり業務を実施するに当たり、Y内部において、当該取引に関与することのリスク等の審査を円滑、適切に行うために作成される文書であって、Y内部によるきたんのない評価や意見が具体的に記載されることが予定されているものであり、専らY内部の利用に供する目的で作成され、外部に開示することが予定されていない文書である。これが開示されると、Yの自由な意思形成が阻害され、所持者の側に看過し難い不利益が生じるおそれがある。他方、本件文書が自己利用文書に当たるとはいえない特段の事情は認められない。

(3)　Xらが、原審の判断には民訴法220条4号ニの解釈適用の誤りがあると主張して、抗告の許可を申し立てた。

(4)　本決定は、「所論の点に関する原審の判断は、正当として是認することができる。論旨は採用することができない。」と判示して、抗告を棄却した。

【9】22(許)13（△一小、平22・7・22、一部却下、一部棄却。原審広島高松江支決平22・3・17、原々審松江地決平22・2・17）

(1)　貸金業者に対する不当利得返還請求事件を基本事件とする文書提出命令申立事件において、提出を求める文書である金銭消費貸借取引の基本契約書等を相手方が所持しているか否かが主に問題となった事案である。

(2)　Xは、貸金業者であるYに対し、継続的な金銭消費貸借取引による弁済金のうち、利息制限法所定の制限を超えて利息として支払われた部分を元本に充当すると過払金が発生していると主張して、過払金の返還等を求める訴訟を提起した。Xは、Yに対し、上記取引が基本契約に基づくものであることなどを立証するため、①上記取引の基本契約書、②個別の貸付けに当たって作成された借用書及び③平成12年10月2日までの交渉履歴について、民訴法220条3号に基づく文書提出命令の申立てをした。

原々審及び原審は、Yが上記各文書を所持していると認めるに足りる証拠はないとして、本件申立てを却下すべきものと判断した。その理由の概要は次のとおりである。

①XとYとの間で基本契約を締結した事実を認めるに足りる証拠はなく、Xに会員番号があることやYの内部文書である「再貸受付調書」に貸付限度額の記載があることによっても基本契約書が作成されたことが認められるものではないから、①の基本契約書が作成された事実を認めることはできない。②個別の貸付けに

当たって作成された借用書のうち、既に証拠として提出されているものについては、必要性がなく、その他の借用書については、すべて返却し、又は破棄しているとのYの主張は合理的であり、Yが所持しているとは認められない。③交渉履歴について最終の返済期日から10年間の保存を義務付けた貸金業法施行規則の規定は、平成15年に設けられたものであり、平成12年10月2日までの交渉履歴について存在していないとのYの主張に不合理な点はなく、その他、Yが上記文書を所持していると認めるに足りる証拠はない。

(3) Xが、上記各文書の所持の事実を認めなかった原決定は、高度の蓋然性をもって証明責任の程度であることを示した判例(最二小判昭50・10・24民集29・9・1417、判時792・3)に相反し、経験則に違反するなどと主張して、抗告の許可を申し立てた。

(4) 本決定は、交渉履歴の文書提出命令申立てに係る部分については、抗告理由を記載した書面を提出しないとして、抗告を却下し、その余の部分については、「所論の点に関する原審の判断は、正当として是認することができる。論旨は採用することができない。」と判示して、抗告を棄却した。

【10】 22(行フ)2 (△一小、平22・9・13、棄却。原審東京高決平22・4・26、原々審新潟地決平22・1・15)

(1) 文書提出命令申立事件において、「法律関係文書」及び「自己利用文書」の該当性が問題となった事案である。

(2) Y(新潟県)の職員であったXは、減給処分及び免職処分を受けたことについて、人事委員会に審査請求をしたが、いずれの処分も承認する裁決を受けたので、Yに対し、上記裁決の取消しと慰謝料の支払を求める訴訟を提起した。Xは、人事委員会における上記審査請求の審理の違法性を立証するため、同審査請求事件において開催された準備手続及び公開口頭審理を録音した録音媒体(MD)につき、文書提出命令の申立てをした。これに対し、Yは、準備手続の内容を録音したものは消去した、公開口頭審理の内容を録音したものについては、残存するが、審理調書を作成するための内部文書たるメモ書であるから提出義務を負わないなどと主張した。

原々審は、証人尋問期日の公開口頭審理の録音媒体についてのみ、民訴法220条4号ニの自己利用文書に該当せず、同条3号後段の法律関係文書に該当するとして、Yに対し、当該文書の提出を命じ、その余の文書についてはその存在自体又は証拠調べの必要性が認められないとして申立てを却下した。

原審は、①証拠調べの必要性を欠くことを理由とする却下決定に対するXの抗告については、証拠調べの必要性があることを理由とする不服申立てはできず不適法であるとして却下し、②文書の存在が認められないとして却下した決定に対するXの抗告については、録音を消去したことの証拠(陳述書)が虚偽であることをうかがわせる特段の事情は認められないとして棄却し、③文書の提出命令に対するY

の抗告については、XとYとの間には、減給処分及び免職処分の当否等について実体法上の法律関係が存在するから、審査請求事件の審理調書のみならず、当該審理を録音した媒体である文書も、この法律関係形成過程で作成されたものというべきであり、これが開示されることにより、証人のプライバシーが侵害されるなどのYの側に看過し難い不利益が生ずるおそれがあるとも認められないから、対象文書は、自己利用文書に該当せず、法律関係文書に該当するとして、抗告を棄却した。

(3) Yが、原審の判断には民訴法220条3号後段、4号ニの解釈適用の誤りがあるなどと主張して、抗告の許可を申し立てた。

(4) 本決定は、「所論の点に関する原審の判断は、正当として是認することができる。論旨は採用することができない。」と判示して、抗告を棄却した。

本件の事実関係によれば、原審は、民訴法220条4号ニの括弧書き部分についても検討する必要があったという見解もあり得よう。本件の最高裁の決定は例文による棄却決定であり、民訴法220条3号後段と4号ニの関係等については、なお検討すべき点が残されているように思われる。

【11】 22(行ツ)6（△二小、平22・12・22、棄却。原審福岡高決平22・10・5、原々審大分地決平22・6・14）
【12】 22(行ツ)7（△二小、平22・12・22、一部破棄・自判、一部却下。原審福岡高決平22・10・5、原々審大分地決平22・6・14）

(1) 文書提出命令申立事件において、公務員の職務上の秘密に関する文書につきその所持の有無及びその提出により著しい支障を生ずるおそれがあるか否か等が問題となった事案である。

(2) Xは、平成20年度大分県公立学校教員採用選考試験（本件選考試験）を経て、Y（大分県）の正規教員に採用されたが、大分県教育委員会から、本件選考試験において不正な点数操作が行われており、Xは本来合格圏内に入っていなかったとして、教員採用決定を取り消す旨の処分を受けたことから、その取消しを求める訴訟を提起した。Xは、本件選考試験においてXに係る不正な点数操作がなかったこと、平成19年度の選考試験においても不正な点数操作があったのに平成20年度の合格者のみに対し教員採用決定の取消処分をしたのは平等原則に反することなどを証明するため、Yに対し、①公用パソコンのハードディスク（第1文書）、②県教育委員会が上記不正に関する事実関係等の調査をした結果をまとめた文書（第2文書）、③平成19年度選考試験及び本件選考試験の答案用紙（第3文書）、④平成19年度選考試験及び本件選考試験に係る「口利きリスト」と称される文書（第4文書）、⑤平成19年度選考試験に関する実施要項及び試験結果に係るファイル（第5文書）等につき、文書提出命令の申立てをした。

原々審は、第1及び第2文書は民訴法220条4号ロ所定の「公務員の職務上の秘密に関する文書で……その提出により著しい支障を生ずるおそれがあるもの」に当たる、第3及び第4文書はYが所持しているとは認めがたいとして当該申立てを

却下した。第5文書のうち、文書提出命令によらなくても入手可能な実施要項及びYが任意に書証として提出していると認められる文書、そして、受験者の受験番号及び氏名が特定できる部分を除いた文書については、Xの主張する上記平等原則違反に対し、Yがデータ再現の確実性等が異なり合理的な区別であるとして争っていることから、当該文書の証拠調べの必要性が認められるとして、Yに対し、当該文書の提出を命じた。

原審は、原々審の決定を次のとおり変更した。第5文書のうち、①実施要項はYが現に所持しており証拠調べの必要性があるとして当該文書の提出を命じ、②原々審が提出を命じた文書の一部について、Yが現に所持しているものとは認められないとして当該命令を取り消し、③受験番号及び氏名のほか、年齢、出身大学等、学部、学科、専門、卒年、出身高校、現在の勤務先、現在の職及び職歴が記載されている部分については、その開示により、受験者個人が特定され、公務の遂行に著しい支障を生ずるおそれがあるから提出義務を認めるのは相当でないとして当該部分の提出命令を取り消した。

(3) Xが、文書提出義務を否定した原審の判断に判例違反、法令違反があると主張して、抗告の許可を申し立てた（【11】事件）。一方、Yは、原審が提出を命じた文書の中には、受験者の出身地や保有する資格名を記載した部分が含まれており、これらの部分も受験者個人が特定され、「公務員の職務上の秘密に関する文書で……その提出により著しい支障を生ずるおそれがあるもの」に該当するとして、抗告の許可を申し立てた（【12】事件）。

(4) 本件各許可抗告に対し、本決定は、【11】事件については「所論の点に関する原審の判断は、正当として是認することができる。論旨は採用することができない。」と判示して、抗告を棄却し、【12】事件については、次のとおり判示して、原決定の一部を破棄し、同部分につき原々決定を取り消し、同取消部分に係るXの文書提出命令の申立てを却下し、その余の抗告をした部分を却下した。

「原々決定別紙文書目録記載5(11)の文書中には、受験者の出身地及び保有する資格名を記載した部分の存することが認められ、同部分は、民訴法220条4号ロ所定の「公務員の職務上の秘密に関する文書でその提出により（中略）公務の遂行に著しい支障を生ずるおそれがあるもの」に当たるというべきであるから、その提出義務が抗告人にあるものとした原審の判断には、裁判に影響を及ぼすことが明らかな法令の違反がある。なお、抗告人は、原決定中上記文書のうちその余の部分（受験者の受験番号、氏名、年齢、出身大学等、学部、学科、専門、卒年、出身高校、現在の勤務先、現在の職及び職歴を記載した部分を除く。）の提出を命じた部分についても抗告をしたが、その理由を記載した書面を提出しないから、同部分に関する抗告は却下することとする。」

I　民事訴訟法・II　民事執行法　　525

6　上　訴

【13】22(許)26（△二小、平22・10・6、棄却。原審福岡高決平22・5・31）
　(1)　上告受理申立事件において、原裁判所がした申立期間徒過を理由とする上告受理申立て却下決定の当否が問題となった事案である。
　(2)　基本事件について、控訴審は、Xの請求をすべて認容した第1審判決に対するYの控訴を棄却する判決をした上、Yの主たる事務所所在地に宛てて判決正本の特別送達を実施したが（民訴法104条3項1号）、不奏功となったので、平成22年5月10日に、民訴法107条1項3号による書留郵便に付する送達（本件付郵便送達）を実施した。Yは、上告受理申立書を同日から2週間経過後の同月25日に控訴審裁判所に提出した。
　原審は、Yの上告受理申立ては、法定期間を経過した後に申し立てられた不適法なものであり、民訴法97条1項所定の追完事由も認められず、その不備を補正することができないとして、Yの上告受理申立てを却下した。
　(3)　Yが、①本件付郵便送達の直前に行われて不奏功となった特別送達は、Y代表者の就業場所に宛てて行われたものであるが、就業場所送達が許される事情はなく、また、配達が行われた日は休日であり、就業場所に人員がいない状況で、送達書類を受領しなかったことにつきY代表者に過失はない、②本件付郵便送達につき、Y代表者に送付された通知書は、民訴規則44条所定の通知書とはいえないから、本件付郵便送達は無効であり、本件付郵便送達が有効であることを前提とした原決定は違法であるなどと主張して、抗告の許可を申し立てた。
　(4)　本決定は、「所論の点に関する原審の判断は、正当として是認することができる。論旨は採用することができない。」と判示して、抗告を棄却した。

II　民事執行法

1　売却許可決定

【14】22(許)2（◎一小、平22・8・25、棄却、民集64・5・1482、判時2089・77。原審東京高決平21・11・26、原々審甲府地決平21・8・27）
　(1)　担保不動産競売事件の期間入札において、①自らが最高の価格で入札をしたと主張する入札人が他の者の受けた売却許可決定に対して執行抗告をすることの許否、②上記入札を無効とした執行官の判断の当否などが問題となった事案である。
　(2)　甲府地方裁判所平成20年(ケ)第117号担保不動産競売事件において、入札期間が平成21年8月6日から同月13日まで、開札期日が同月20日午前10時と定められた。Xは、入札書を入れて封をした封筒（いわゆる内封筒。本件封筒）を上記入札期間内に執行官に提出したが（本件入札）、本件封筒には「開札期日平成21年8月20日午前10時」、「物件番号1、3～7」との記載のほか、本件競売事件の事件

番号とは異なる「平成21年(ケ)第117号」との記載があった。なお、Xが本件封筒と共に提出した入札保証金振込証明書（本件証明書）には、本件競売事件の事件番号である「平成20年(ケ)第117号」との記載がされており、物件番号及び開札期日についても本件競売事件と一致する記載がされていた。執行官は、上記開札期日において、本件封筒に記載された事件番号が本件証明書に記載された事件番号と一致しないことを理由に、本件封筒を開封しないまま、本件入札を無効と判断し、入札価額を1900万100円として入札していたYを最高価買受申出人と定め、原々審（執行裁判所）は、Yに対する売却許可決定（本件売却許可決定）をした。Xは、本件封筒に封入された入札書には入札価額として2250万円と記載されており、本件入札が最高の価額での入札であったのに、執行官がこれを無効と判断したのであるから、売却の手続に重大な誤りがあると主張して、本件売却許可決定に対する執行抗告を申し立てた。

原審は、Xは、民事執行法74条にいう「自己の権利が害されることを主張する」者に該当し、執行抗告をすることができると解した上で、本件封筒を開封することなく、本件入札を無効と判断してされた本件売却手続には重大な誤りがあり、同188条、71条7号の売却不許可事由があるとして、原々決定を取り消して、Yに対する売却を不許可とする旨の決定をした。その理由の概要は次のとおりである。

民事執行規則47条は、入札書を封入する内封筒には開札期日以外に記載事項を定めていない。これは、開札期日さえ記載されていれば、封入された入札書の記載事項等は、開封後に入札書により判明し、開札には支障がないからである。この理は、当該内封筒に、同時に提出される入札保証金振込証明書等の事件番号と異なる事件番号が記載されていたとしても、開封後に入札書に記載された事件番号と照合し、入札の効力を判断することができるのであるから、同様に当てはまる。したがって、当該内封筒に開札期日が記載されていれば、執行官は、当該封筒を開封の上、封入された入札書自体の効力を判断すべきであって、およそ当該封筒を開封することなく、当該入札を無効と判断することは許されない。

民事執行法74条1項は、「売却の許可又は不許可の決定に対しては、その決定により自己の権利が害されることを主張するときに限り、執行抗告をすることができる。」と規定するが、Xは、執行官が適法な手続によりXの入札を有効と判断した場合には、Xが最高価買受人となり、Xに対する売却許可決定がされるべきであったと主張するのであるから、違法な執行官の手続を是認した原決定により自己の権利が害されることを主張する者に該当し、執行抗告をすることができる。

（3）　Yが、原審の判断は、①自己が最高価買受申出人であったと主張してする執行抗告を不適法とする高裁判例（東京高判平14・12・11金法1673・51、福岡高決平2・8・15判時1367・37）に反し、②入札書の記載は解釈の余地を入れない一義的なものであることを要するとした高裁判例（広島高岡山支決昭59・5・9判タ532・171）に反するなどと主張して、抗告の許可を申し立てた。

（4）　本決定は、次のとおり判示して、抗告を棄却した。

「(抗告代理人の抗告理由第2の1について)
(1) 所論は、最高価買受申出人と定められなかった入札人が、自己が最高価買受申出人と定められるべきであったと主張してする執行抗告は、それが認められたとしても、新たな売却の手続が執られるだけで、上記入札人は再び買受けの申出をすることができるという事実上の利益しか有しないから、相手方は抗告の利益を有せず、執行抗告は不適法であるというのである。
(2) 担保不動産競売事件の期間入札において、執行官が、最高の価額で買受けの申出をした入札人の入札を誤って無効と判断し、他の者を最高価買受申出人と定めて開札期日を終了した場合、売却の手続に重大な誤りがあることは明らかである。この場合、執行裁判所は、誤って最高価買受申出人と定められた者に対する売却を不許可とすることとなるが、その後は、改めて期間入札を実施するほかはなく、上記入札人は再び買受けの申出をすることができるにすぎないと解することは、最高価買受申出人と定められ売却許可決定を受けられるはずであった上記入札人の保護に欠けることになり、相当でない。他方、執行官による上記の誤りがあるからといって、既に行われた売却の手続全体が瑕疵を帯びると解する理由はなく、当該瑕疵が治癒されれば当初の売却の手続を続行するのに何ら支障はない。
そうすると、上記の場合には、執行裁判所は、誤って最高価買受申出人と定められた者に対する売却を不許可とした上で、当初の入札までの手続を前提に改めて開札期日及び売却決定期日を定め、これを受けて執行官が再び開札期日を開き、最高価買受申出人を定め直すべきものと解するのが相当である。このことは、当初の開札期日において開札されないまま無効と判断された入札があるため、当該入札が最高の価額での入札である可能性を否定することができない場合についても、同様である。そして、執行裁判所は、再度の開札期日を経て最高価買受申出人と定められた入札人について、売却不許可事由がない限り、売却許可決定をすべきこととなる。なお、法及び民事執行規則(以下「規則」という。)には、入札人に対し買受けの申出の保証を再度提供させることを予定した規定は置かれていないが、執行裁判所は、改めて開札期日を定めるに当たり、期限を定めて買受けの申出の保証を提供させ、執行官はその提供をした入札人の入札のみを有効なものと扱えば足りるのであるから、この点は上記のように解する妨げにはならない。
したがって、自らが最高の価額で買受けの申出をしたにもかかわらず、執行官の誤りにより当該入札が無効と判断されて他の者が最高価買受申出人と定められたため、買受人となることができなかったことを主張する入札人は、法188条、74条1項に基づき、この者が受けた売却許可決定に対し執行抗告をすることができるというべきである。
(3) これを本件についてみると、相手方は、自らが抗告人の入札額を上回る最高の価額で本件入札をしたにもかかわらず、執行官が誤ってこれを無効と判断した上、抗告人を最高価買受申出人と定めたため、抗告人に対し売却を許可する旨の原々決定がされ、これにより本件不動産を買い受けることができなかったと主張し

ていることは前記1(4)のとおりであるから、相手方は、原々決定に対し執行抗告をすることができるというべきである。前記2①の原審の判断は、是認することができる。論旨は採用することができない。
　(同第2の2について)
　(1)　所論は、本件入札は、本件封筒に記載された事件番号と本件証明書に記載されたそれとが一致していないから、無効であるというのである。
　(2)　規則173条1項、47条は、期間入札における入札は、入札書を入れて封をし、開札期日を記載した封筒を執行官に提出することによってするものと定めている。規則が上記封筒に開札期日の記載を求めるのみで、事件番号や物件番号の記載を求めていないのは、開札期日の記載があれば当該封筒を開封すべき開札期日を特定することができるため、入札書の記載から判明する事件番号や物件番号については記載の必要がないからであると解される。
　そうすると、当該封筒を開封すべき開札期日を特定することができるのであれば、当該封筒に記載された事件番号がその添付書類に記載されたそれと一致していないとしても、当該入札が無効であるということはできず、執行官は開札期日において当該封筒を開封することを要するものというべきである。
　(3)　これを本件についてみると、相手方が提出した本件封筒には、開札期日として「平成21年8月20日午前10時」と明記されていたところ、同日時には本件競売事件の開札期日が指定されており、その事件番号と本件封筒に記載されていたそれとは、年の記載を除き一致していたこと、本件証明書に記載された事件番号、物件番号及び開札期日は、いずれも本件競売事件のそれと一致していたことは、前記1のとおりであることに加え、本件封筒に記載されていた事件番号に対応する事件の開札期日が平成21年8月20日又はこれに近接する日に指定されていたことはうかがわれない。
　以上の事情に照らすと、本件封筒を開封すべき開札期日は平成21年8月20日午前10時と特定することができるから、本件封筒に記載された事件番号が本件証明書に記載されたそれと一致しなくても、本件入札が無効であるということはできない。しかるに、執行官は、本件入札を無効と判断した上で、抗告人を最高価買受申出人と定めたのであるから、本件不動産の売却の手続には重大な誤りがあり、法188条、71条7号所定の売却不許可事由があるというべきである。これと同旨の前記2②の原審の判断は、正当として是認することができる。論旨は採用することができない。」

　金築裁判官の補足意見は、次のとおりである。
　「1　私は、執行官が、最高の価額で買受けの申出をした入札人の入札を誤って無効と判断し、他の者を最高価買受申出人と定めて開札期日を終了した場合（以下「執行官が入札を誤って無効と判断した場合」という。）には、執行裁判所は、当初の入札までの手続を前提に改めて開札期日等を定め、これを受けて執行官が再び

Ⅱ 民事執行法

開札期日を開くべきであるとする法廷意見に賛成するものであるが、このような手続の具体的な内容については、これまであまり論じられていなかったところであるので、この点について補足して意見を述べておくこととしたい。

2 執行官が入札を誤って無効と判断した場合に改めて行われる売却の手続は、飽くまで当初の手続の瑕疵を治癒するために、その限度で行われるものであって、当初の入札までの手続を前提に改めて開札期日を開いて最高価買受申出人を定め直すものにすぎない。そうだとすると、新たに売却実施処分（法188条、64条3項参照）を経る必要はなく、改めて開札期日及び売却決定期日が指定されれば足りると解するのが相当である。なお、通常の売却の手続においては、売却決定期日は、裁判所書記官が売却実施処分と同時に指定するものとされ（法188条、64条4項）、開札期日も裁判所書記官が定めるものとされているが（規則173条1項、46条1項）、これは定型的に行われる売却の手続を前提とするものである。執行官が入札を誤って無効と判断した場合に改めて行われる売却の手続は、通常の売却の手続と異なる非定型的なものであるから、売却決定期日の変更や取消しの権限が執行裁判所にあると解されているのに準じて、再度の開札期日及び売却決定期日を指定する権限は、執行裁判所にあると解するのが相当である（法20条、民訴法93条参照）。

また、当初の開札期日の終了に伴い、買受けの申出の保証は、誤って最高価買受申出人と定められた入札人等の提供したものを除き、入札人に返還されているのが通常であろうから、執行裁判所は改めて開札期日を定めるに当たって、買受けの申出の保証を再度提供する期限を定めるのが相当である。

3 次に、裁判所書記官は、規則37条各号に掲げる者に対し、開札期日及び売却決定期日を開く日時及び場所を通知するとともに（規則173条1項、49条、37条参照）、当初の売却の手続において適法な入札をした入札人のうち、最高の価額で買受けの申出をしたもの及びこの価額を前提とすれば次順位買受けの申出をすることができる価額で買受けの申出をしたものに対しては、上記日時等に加え、買受けの申出の保証を再度提供するために必要な事項（提供の期限、方法等）を通知して、再度の売却の手続に参加する機会を与える必要があると解される。

4 他方、執行官が入札を誤って無効と判断した場合に改めて行われる売却の手続においては、当初の入札を有効なものと扱い、新たな入札は予定されていないのであるから、公告（法188条、64条5項、規則173条1項、49条、36条1項）、公示等（規則173条1項、49条、36条2項）は、いずれも不要である。

5 執行官は、当初の入札のうち、上記2のとおり執行裁判所が定めた期限までに買受けの申出の保証を再度提供した入札人の入札を有効と扱った上で、再び開札期日を開くことになる。執行官が、開札期日において、入札の適法性を審査し、最高価買受申出人を定めなければならないこと、執行裁判所が、売却決定期日において、売却不許可事由の有無を審査し、売却の許可又は不許可を言い渡さなければならないことなどは、通常の売却の手続と異なるところはない。

6 私の考える手続の概要は以上のとおりであるが、実務の実情に応じて柔軟な

運用が行われることが望まれよう。」

　本決定は、担保不動産競売事件の期間入札において、①執行官が最高の価額で買受けの申出をした入札人の入札を誤って無効と判断し、他の者を最高価買受申出人と定めて開札期日を終了した場合には、執行裁判所は、当初の入札までの手続を前提に（すなわち従前の入札の効力が維持され得ることを前提に）、改めて開札期日を開いて再度最高価買受申出人を定め直すべきであるとした上で、②自らが最高の価額で入札をしたと主張する入札人が他の者の受けた売却許可決定に対して執行抗告をすることができるとした。従来、学説・下級審裁判例において争われていた問題について最高裁が統一的判断を示したものであって、執行実務に与える影響は大きく、実務上重要な意義を有すると思われる。なお、金築裁判官の補足意見においては、改めて開札期日を開くための手続の概要について述べられており、今後の実務の指針となるものと思われる。また、本決定が、③内封筒に記載された事件番号が添付書類に記載されたそれと一致しなくとも当該入札を無効とすることはできないと判断した点についても、事例判断ではあるが、実務上参考となろう。

【15】22(許)29（△二小、平22・10・20、棄却。原審福岡高宮崎支決平22・6・30、原々審鹿児島地川内支決平22・6・2）
　(1)　担保不動産競売における売却許可決定に対し、売却対象不動産上を通行できる利益が損なわれると主張する者からの執行抗告について、抗告の利益の有無が問題となった事案である。
　(2)　Xを債務者兼所有者とする担保不動産競売申立事件において、売却許可決定がされた。Xは、売却許可決定の対象不動産に隣接する売却外の土地・建物を所有しているところ、その土地等の利用のため、対象不動産を、公道へ通じるための通路として利用しているから、売却により通路を失う不利益を被るなどと主張して、上記売却許可決定に対する執行抗告を申し立てた。
　原審は、Xが抗告理由として主張する「不利益」とは売却許可の対象となる不動産に関する不利益ではなく、売却対象外の不動産に関する不利益であることは明らかであり、このような事情をもって抗告の利益を基礎付けることはできないから、本件抗告は不適法であるとして、本件執行抗告を却下した。
　(3)　Xが、原決定は違法であるとして、抗告の許可を申し立てた。
　(4)　本決定は、「所論の点に関する原審の判断は、結論において是認することができる。論旨は採用することができない。」と判示して、抗告を棄却した。

2　債権差押命令

【16】22(許)14（◎一小、平22・12・2、棄却、民集64・8・1990、判時2102・8。原審福岡高決平22・3・17、原々審熊本地決平22・2・3）
　(1)　集合物譲渡担保権に基づく物上代位権の行使としての債権差押命令申立事件

Ⅱ 民事執行法

において、当該譲渡担保権の効力が、担保の目的である動産の滅失により担保権設定者が取得した金銭債権（損害保険金請求権）に及ぶか否かが問題となった事案である。

(2) 魚の養殖業を営んでいたYが、その所有する養殖いかだ等の養殖施設一式及び養殖魚を目的として、金融機関であるXを担保権者とする譲渡担保権（本件譲渡担保権）を設定していたところ、養殖魚の赤潮による死滅によって漁業共済契約に基づき漁業共済金請求権（本件共済金請求権）を取得したことから、Xは、本件譲渡担保権に基づき、Yに対する貸金請求権を被担保債権として、本件共済金請求権の差押命令の申立てをした。

原々審は、Xの申立てに基づき債権差押命令を発した。

原審は、Xの申立てを認めるべきものとして、Yの抗告を棄却した。その理由の概要は次のとおりである。

①一般に、譲渡担保が担保としての実質を有していることに照らし、譲渡担保の目的物が何らかの事情により金銭等に変形した場合には、譲渡担保権者の利益を保護するため、譲渡担保は、当該代替物である金銭や債権の上に存続するものと認めるのが相当であり、本件譲渡担保権は、目的物の売却により消滅したとは認められない。②集合物譲渡担保においては、集合物を構成する個々の動産につき、設定者によって通常の営業の範囲内で処分がされている限り、設定者には新たな動産の補充が義務付けられ、その動産に対して譲渡担保権の効力が及んで担保権者が担保価値の維持を図ることができるから、通常の営業の範囲内において処分された動産に対しては、譲渡担保権の効力は及ばなくなると解すべきであるが、集合物を構成する個々の動産について、通常の営業の範囲を超える処分が行われた場合には、当然に新たな動産が補充されるとは限らず、担保価値の維持を図るためには、個々の動産の代替物ないし派生物に対して譲渡担保の効力を及ぼす必要がある。③Yが、本件共済金請求権を取得したのは、通常の営業の範囲を超える処分というべきであり、赤潮被害発生後、新たに養殖魚を補充した形跡がないことを考慮すると、赤潮被害が発生した時点において、通常の営業が継続していたとは認め難いから、本件譲渡担保契約の目的物は、赤潮被害発生時に実質的に固定化したものということができる。よって、本件譲渡担保権の効力は、物上代位により本件共済金請求権の上に及ぶ上、その行使についても、上記固定化によって当然許されると解するのが相当である。

(3) Yが、原決定の判断の誤りを主張して、抗告の許可を申し立てた。

(4) 本決定は、次のとおり判示して、抗告を棄却した。

「構成部分の変動する集合動産を目的とする集合物譲渡担保権は、譲渡担保権者において譲渡担保の目的である集合動産を構成するに至った動産（以下「目的動産」という。）の価値を担保として把握するものであるから、その効力は、目的動産が滅失した場合にその損害をてん補するために譲渡担保権設定者に対して支払われる

損害保険金に係る請求権に及ぶと解するのが相当である。もっとも、構成部分の変動する集合動産を目的とする集合物譲渡担保契約は、譲渡担保権設定者が目的動産を販売して営業を継続することを前提とするものであるから、譲渡担保権設定者が通常の営業を継続している場合には、目的動産の滅失により上記請求権が発生したとしても、これに対して直ちに物上代位権を行使することができる旨が合意されているなどの特段の事情がない限り、譲渡担保権者が当該請求権に対して物上代位権を行使することは許されないというべきである。

　上記事実関係によれば、相手方が本件共済金請求権の差押えを申し立てた時点においては、抗告人は目的動産である本件養殖施設及び本件養殖施設内の養殖魚を用いた営業を廃止し、これらに対する譲渡担保権が実行されていたというのであって、抗告人において本件譲渡担保権の目的動産を用いた営業を継続する余地はなかったというべきであるから、相手方が、本件共済金請求権に対して物上代位権を行使することができることは明らかである。

　そうすると、抗告人の執行抗告を棄却した原審の判断は、結論において是認することができる。論旨は採用することができない。」

　本決定は、保険金請求権に集合物譲渡担保権に基づく物上代位権の行使が認められるか否か、認められるとして、どのような場合にその行使をすることができるかについて、最高裁が初めて判断を示したものであり、実務の参考になるものと思われる。

【17】22(許)17（△二小、平22・7・21、棄却。原審札幌高決平22・3・30、原々審札幌地決平21・8・5）

(1)　動産売買先取特権に基づく物上代位を主張して申し立てられた債権差押命令申立事件において、債権者Ｘが債務者Ｙに対して有する債権が動産先取特権の被担保債権たり得る売買代金債権といえるか否か、差押債権が最三小決平10・12・18民集52・9・2024、判時1663・107（平成10年決定）にいう全部又は一部を動産の転売による代金債権と同視するに足りる特段の事情があるかが問題となった事案である。

(2)　Ｙは、Ａが受注した学校の新校舎の建築工事のうち、金属製建具の設置工事をＡから請け負っていたが、上記設置工事の一部をＸに行わせることとして、Ｘに対し注文書を出し、ここにＸとＹとの間で契約（本件契約１）が締結された。Ｙは、更に、Ａから上記建築工事のうち金属製建具等の設置工事を請け負った（本件契約２）。Ｘは、①本件契約１は売買契約であるから、その代金債権は動産売買先取特権の被担保債権となる、②本件契約２に基づく請負代金債権につき、平成10年決定にいう全部又は一部を動産の転売による代金債権と同視するに足りる特段の事情があるから、動産売買先取特権に基づく物上代位権の対象となるなどと主張して、ＹのＡに対する本件契約２に基づく請負代金債権の差押え及び転付命令

Ⅱ 民事執行法

の申立てをした。
　原々審は、Xの申立てを相当と認め、債権差押及び転付命令を発した。
　原審は、原々決定を取り消し、Xの本件申立てを却下した。その理由の概要は次のとおりである。
　①Yは、Aから金属製建具等の工事を請け負い、Xは、そのうち上記注文書の範囲で本件金属製建具等の工事を下請けしたと認めるのが相当である。Xは、本件契約1は、汎用性がある商品の売買契約である旨主張するが、Xが製作した金属製建具等は、一定の規格はあるものの、現場に合わせて作成された図面に基づいて製作され、これを現場に設置するものであり汎用性のある商品であるとは認められない。また、本件契約1においては値引きの結果、個々の商品の代金額が明らかでなくなっており、この点からも特定の商品の売買であるとはいい難い。②Xは、平成10年決定を引用して動産売買先取特権に基づく物上代位権を行使することができると主張するが、本件契約2の請負代金には、X以外の業者による金属製建具工事代金額も含まれており、本件契約1の契約金額は、同請負代金額の21％にすぎず、請負代金債権のうちのどの部分が転売による代金債権に相当するのかが明らかでない。
　(3)　Xが、原審の判断は、民法321条及び平成10年決定の解釈を誤ったものであると主張して、抗告の許可を申し立てた。
　(4)　本決定は、「所論の点に関する原審の判断は、正当として是認することができる。論旨は採用することができない。」と判示して、抗告を棄却した。

【18】 22(許)31（△一小、平22・10・28、棄却。原審東京高決平22・8・17、原々審東京地決平22・6・2）

　(1)　債務者以外の名義の預金債権を差押債権とした債権差押命令申立事件において、上記預金債権が債務者の責任財産に属するといえるか否かが問題となった事案である。
　(2)　Yは、A弁護士ほか4名に対し、民事再生法に基づく再生手続を委任し、再生手続開始決定を受けた。Xは、再生債権者表正本に基づき、Yに対するリース債権及び割賦債権を請求債権として、「Y代理人弁護士A」名義の口座に係る預金債権につき差押及び転付命令の申立てをした。
　原々審及び原審は、上記預金債権がYの責任財産に帰属することの証明がないとして、本件申立てを却下すべきものと判断した。その理由の概要は次のとおりである。
　①債権者が債務者以外の名義の預金債権の差押えを求める場合には、当該預金が債務者の責任財産に帰属することを証明した場合に限り、差押えが認められる。②本件では、本件口座をYが管理し、その払戻し等の処分を行っていることを認めるに足りる証拠はなく、かえって、本件口座の管理者はYではなく、A弁護士らであることがうかがわれる。また、本件口座が開設された趣旨等については証拠上

必ずしも明らかではなく、個別の債権者から差押えを受けたりしないように配慮して、A弁護士に帰属する預り金を管理する趣旨で本件口座が開設されたものとも十分に考えられる。

(3) Xが、原審の判断は、判例違反及び法令違反の違法があるなどと主張して、抗告の許可を申し立てた。

(4) 本決定は、「本件差押命令及び転付命令の申立てを却下すべきものとした原審の判断は、是認することができる。論旨は採用することができない。」と判示して、抗告を棄却した。

3 授権決定

【19】21(許)38（△一小、平22・1・14、棄却。原審福岡高決平21・9・24、原々審長崎地五島支決平21・8・12）

(1) 建物収去の代替執行のための授権決定の許否が問題となった事案である。

(2) Xは、Yに対する建物収去土地明渡請求訴訟を提起し、請求認容の確定判決（本件判決）及び執行文を得て、本件判決に基づく建物収去につき、代替執行の申立てをした。

原々審及び原審は、本件判決が建物の収去を命じた範囲がその全体に及んでいないから強制執行は不能である旨のYの主張につき、上記判決が建物全体の収去を命じていることは明らかであるなどとして排斥し、Xの申立てを認容すべき旨判断した。

(3) Yが、本件判決が建物収去土地明渡しを命じた対象は、建物のうち一部であり、原決定によれば、訴訟の審理対象とならなかった事項について強制執行することになるなどと主張して、抗告の許可を申し立てた。

(4) 本決定は、「所論の点に関する原審の判断は、正当として是認することができる。論旨は採用することができない。」と判示して、抗告を棄却した。

Ⅲ 民事保全法

【20】22(許)23（△二小、平22・9・8、棄却。原審名古屋高金沢支決平22・6・24、原々審富山地決平22・3・25）

(1) 本案訴訟の不起訴による保全取消申立事件において、提起された訴訟が本案訴訟に該当するか否かが問題となった事案である。

(2) Xは、Yに雇用されていたところ、解雇されたので、地位確認と賃金及び賞与仮払の仮処分を申し立て、地位確認及び賃金仮払の限度で認容決定を受けた。Xは起訴命令に基づき地位確認の訴えは提起したが、賃金の支払を求める訴えは提起しなかったので、Yは本案訴訟の不起訴による保全取消しの申立て（本件申立て）をした。

原々審は、賃金仮払については本案訴訟の提起がないとして、仮処分命令のうち

Ⅱ 民事執行法・Ⅲ 民事保全法・Ⅳ 破産法   535

賃金仮払を命じた部分を取り消した。
　原審は、現実に提起された訴訟の訴訟物と保全命令の被保全権利は同一でなければならないというわけではなく、両者の間に請求の基礎の同一性があれば足りると解するのが相当であり（最一小判昭26・10・18民集5・11・600）、本件における賃金支払請求と雇用契約上の地位確認請求は請求の基礎を同一にするものと認められるから、地位確認の本案訴訟をもって賃金仮払を求める仮処分命令の本案訴訟というに妨げはないなどと判断して、原々決定を取り消し、本件申立てを却下すべきものとした。
　(3)　Yが、被保全権利は2個あり、そのうち、1個に対応する本案訴訟しか提起されなかったときまで、上記判例の射程は及ばないと主張して、抗告の許可を申し立てた。
　(4)　本決定は、「所論の点に関する原審の判断は、正当として是認することができる。論旨は採用することができない。」と判示して、抗告を棄却した。

Ⅳ　破産法

1　破産手続の開始

【21】21(許)40（△三小、平22・2・23、棄却。原審福岡高決平21・10・6、原々審佐賀地決平21・7・8）
　(1)　破産事件において、債務者が支払不能にあるか否かが問題となった事案である。
　(2)　Yは、ホテルの経営を目的とする株式会社であるが、ホテルの営業を廃止して、支払を停止し、自ら、破産手続開始決定の申立てをした。原々審は、平成21年7月8日午後3時に破産手続開始決定をしたが、平成21年7月の負債は12億3152万円余、資産は5億5030万円余であった。債権者（金融機関）であるXが、Yは支払不能又は債務超過ではないなどと主張して、抗告を申し立てた。
　原審は、①債務者は支払不能の状態にあると認められる、②仮にXが主張する架空リース契約締結の事実があったとしても、それによってYの代表者が不当な利益を得ていたとまでは認められないし、仮に何らかの利益を得ていたとすれば、破産管財人が否認権を行使するなどすればよいのであって、本件破産手続の申立て自体が不当な目的でされたか又は誠実にされたものでないとは認められないとして、Xの抗告を棄却した。
　(3)　Xが、①資産の評価は「取得価格」でされるべきであるのに「固定資産評価価額」を基礎とした原審の判断は不当である、②複数の債権者から事実上の弁済猶予を得ているなどの事情を考慮することなく支払不能と認定した原審の判断は判例に違反するなどと主張して、抗告の許可を申し立てた。
　(4)　本決定は、「所論の点に関する原審の判断は、正当として是認することがで

きる。論旨は採用することができない。」と判示して、抗告を棄却した。

　Yが支払不能であるか否かは、個別事案ごとの認定問題に尽きるものであり、許可抗告の申立てに法律解釈に関する重要な事項が含まれているかどうか疑問がある。抗告の許可が、許可抗告の制度趣旨に沿うものであるか検討の余地があったように思われる（以下、このような場合、「許可には検討の余地があったように思われる。」とのみ記述する場合がある。）。

【22】 22(許)19（△一小、平22・9・30、棄却。原審東京高決平22・4・16、原々審東京地決平22・4・2）

　(1)　債権者による破産手続開始申立て事件において、申立債権である連帯保証債権が主債務の消滅時効により消滅しているか否かが問題となった事案である。

　(2)　株式会社Aは、Xから、金銭を借り入れ（本件主債務）、Aの代表者であったYは、本件主債務につき連帯保証をした（本件連帯保証債務）。Xは、Yに対し、本件連帯保証債務の履行を求める訴えを提起し、勝訴判決を得て、同判決は平成12年2月29日に確定した。Xは、平成22年2月24日、Yにつき破産手続開始の申立てをしたところ、Yは、本件主債務につき5年の消滅時効を援用するとの意思表示をした。これに対し、Xは、上記確定判決によって、本件主債務の時効期間も10年に延長されたと解すべきであり、いまだ、本件主債務の時効期間は経過しておらず、本件主債務は消滅していないから、本件連帯保証債務も消滅していないなどと主張した。

　原々審及び原審は、本件連帯保証債務は消滅しているとして、本件申立てを却下すべきものと判断した。その理由の概要は次のとおりである。

　①民法174条の2の時効期間延長の効果は当該判決の当事者間においてのみ生じ、判決当事者でない主債務者との関係においては、上記効果は生じず、本件主債務は、依然として5年の短期消滅時効に服する（大判昭20・9・10民集24・82）（昭和20年判決）。②主債務の時効期間が10年に延長された場合、保証債務の時効期間も10年となるが、それは、保証債務が主債務に附従するからである。これに対し、主債務は保証債務に附従するものではないから、保証債務の時効期間が10年に延長されたからといって、主債務の時効期間も10年となると解することはできない。③保証人に対する債権の存在が判決で確定した場合でも、その判決の効力は主債務者には及ばないから（民訴法115条1項）、主債務者に対する債権の存在が公に確定され、強い証拠力が与えられたといえるわけではない。

　(3)　Xが、昭和20年判決に従った原審の判断には誤りがあるなどと主張して、抗告の許可を申し立てた。

　(4)　本決定は、「所論の点に関する原審の判断は、正当として是認することができる。論旨は採用することができない。」と判示して、抗告を棄却した。

V　会社更生法

【23】21(許)41（△一小、平22・3・4、棄却。原審福岡高宮崎支決平21・9・15、原々審鹿児島地決平21・5・28）

(1)　会社更生手続における更生計画の不認可事由の存否が問題となった事案である。

(2)　Yは、海運業・陸運業を営む会社であり、フェリー便の運航において、A（整備支援機構）から多額の融資を受け築造したフェリー（本件船舶）を新たに就航させたが、協業他社であるX及びBが高速船を就航させたことなどから、収益を悪化させ、会社更生手続の開始決定を受けた。更生管財人は、Aとの間で、AがYの本件船舶の共有持分に対して有する根抵当権を放棄し、Aの上記船舶の共有持分をBに譲渡する協議を整えた上、概ね次の内容の更生計画案を提出し、関係者集会で可決され、原々審は、本件更生計画案を認可する決定をした。一般更生債権者であるXは、本件更生計画の定める事業損益計画、債務の弁済計画は遂行可能性を欠き、更生計画の決議方法は誠実性・公正性を欠くなどと主張して抗告を申し立てた。

原審は、本件更生計画は、遂行可能であり、誠実・公正に議決されたものと認められるとして、Xの抗告を棄却した。

(3)　Xが、原審の判断は、更生計画の不認可事由に関する会社法199条2項の解釈適用の誤りがあるなどと主張して、抗告の許可を申し立てた。

(4)　本決定は、「所論の点に関する原審の判断は、正当として是認することができる。論旨は採用することができない。」と判示して、抗告を棄却した。

本件は、個別の事案限りの更正計画の遂行可能性等が争われた事案であり、許可には検討の余地があったと思われる。

VI　家事審判法

1　相続放棄

【24】22(許)15（△二小、平22・7・7、棄却。原審札幌高決平22・3・31、原々審札幌家審平21・12・10）

(1)　相続放棄の熟慮期間の起算点が問題となった事案である。

(2)　被相続人Aは、投資家であり、相当額の財産を有していたところ、平成21年3月9日に死亡した。Aの相続人4名（Xら）は、同日Aの死亡を知った。Xらは、相続財産の管理及び処分に関する一切の件を弁護士に委任し、Xら代理人は、相続財産の調査を開始した。Aの遺言書には、遺産として不動産、有価証券、預貯金等の記載があったほか、B銀行やC会社に対し債務を負っている旨の記載

があった。C会社及びその関連会社は、同年5月13日ころ、Xらの1人に対し、AのC会社等に対する借入金債務につき、期限の利益を喪失したとして、譲渡担保権を実行し、譲渡担保に供されていた株式の評価額により対当額で相殺するなどの内容の通知をした。同月28日、調査の結果、Aの相続財産の内容が把握されるに至り、相続財産目録が作成された。Xら代理人は、公認会計士に同目録を交付するなどして税額の算定を依頼し、同年6月3日に、上記株式の取得価格が4億9000万円であるとすると譲渡税額8億5000万円が発生するとの報告を受けた。Xら代理人は、C会社等から、同年7月6日付けの書面により担保権実行通知を受け、公認会計士からは、同月24日付けの書面で、譲渡税の支払を考慮した場合、相続する遺産の範囲内では約4億円が不足になるとの報告を受けた。Xらは、同年8月5日、札幌家裁に対し、相続放棄の申述をした。

原々審及び原審は、Xらの各申述は、熟慮期間を徒過した不適法なものであるとして、各申述を却下すべきものと判断した。その理由の概要は次のとおりである。

①民法915条1項所定の熟慮期間は、原則として、相続人が相続開始の原因たる事実及びこれにより自己が法律上相続人となった事実を知った時から起算すべきである。ただし、相続人が上記各事実を知った場合であっても、そのときから3か月以内に相続放棄をしなかったのが、被相続人に相続財産が全く存在しないと信じたためであり、かつ、そのように信じるについて相当な理由があると認められるときには、当該熟慮期間は、相続人が自己が相続すべき財産の全部又は一部の存在を認識した時又は通常これを認識しうべき時から起算すべきである（最二小判昭59・4・27民集38・6・698）。②Xらは、被相続人が死亡した時点で、死亡の事実及びXらが相続人であることを知っていた。そして、Xらにおいて、被相続人に相続財産が全く存在しないと認識していたとは認められないから、熟慮期間は同年3月9日から起算することになる。

(3) Xらが、熟慮期間の起算点は、「相続人が相続放棄をするか否かの判断に欠かせない主要な内容を知ること、すなわち、通常その事実を知り得たならば何人も相続放棄をすることになるとみられる相続によって承継される消極財産を含む全財産の有無や状況を知った時」であると解すべきであり、これによれば、Xらの各申述は適法であるのに、これを不適法であるとした原決定は、民法915条1項の解釈適用を誤っているなどと主張して、抗告の許可を申し立てた。

(4) 本決定は、「所論の点に関する原審の判断は、正当として是認することができる。論旨は採用することができない。」と判示して、抗告を棄却した。

熟慮期間の期間の起算点に関しては、最二小判昭59・4・27民集38・6・698、判時1116・29（相続人において相続開始の原因となる事実及びこれにより自己が法律上相続人となった事実を知った時から3か月以内に限定承認又は相続放棄をしなかったのが、相続財産が全く存在しないと信じたためであり、かつ、このように信ずるについて相当な理由がある場合には、民法915条1項所定の期間は、相続人が相続財産の全部若しくは一部の存在を認識した時又は通常これを認識しうべかり

Ⅵ 家事審判法 539

し時から起算するのが相当である）による基準が実務上も定着しているものと思われるから、本件における抗告の許可には検討の余地があったと思われる。

2 婚姻費用分担、夫婦同居に関する処分

【25】22(許)16（△一小、平22・9・27、棄却。原審福岡高決平22・3・17、原々審福岡家審平21・8・5）

【26】22(許)22（△一小、平22・9・27、棄却。原審福岡高決平22・5・21、原々審福岡家審平22・2・12）

(1) 婚姻費用分担申立事件（【25】事件）において、別居に係る申立人の有責性の有無等が、夫婦同居申立事件（【26】事件）において、相手方に同居を求めることの相当性が、それぞれ問題となった事案である。

(2) X（妻）とY（夫）は、平成15年に婚姻し、Yは、Xと前夫の間の子Aと養子縁組をした。Xは、平成19年12月ころ、Aを連れて自宅を出て、Yと別居状態となった。Yは、Xに対し、月額12万円の婚姻費用を支払っていたが、Xが同居に応じないことを理由に支払額を減額した。Xは、平成21年2月、婚姻費用の分担を求める調停を申し立てたが不調となり、審判に移行した。他方、Yは、平成21年6月、夫婦同居の調停を申し立てたが不調となり、審判に移行した。

【25】事件について

原々審及び原審は、Xには、別居生活を選択した後、Yに対して婚姻費用の分担を求めることが信義則に反するといえるほどの有責性は認められないなどとして、調停申立て時以降月額14万円の婚姻費用の支払を命ずべき旨判断した。

【26】事件について

原々審及び原審は、①YとXは、別居以来、対立関係が深刻で夫婦の実体がほとんどない状態にあること、②Xは離婚を希望し、Yと同居する意思がないこと、③別居を招いた原因は双方にあることなどから、Xに同居を求めるのは相当でないとして、Yの申立てを却下すべきものと判断した。

(3) Yが、【25】号事件について、原審の判断は民法760条に違反し、下級裁の裁判例に違反するなどと主張し、【26】号事件について、原審の判断は民法752条に違反し、判例に違反するなどと主張し、それぞれ抗告の許可を申し立てた。

(4) 本件各許可抗告に対し、本決定は、「所論の点に関する原審の判断は、正当として是認することができる。論旨は採用することができない。」と判示して、いずれの抗告も棄却した。

Yの論旨は、別居又は破綻につきXに有責性が認められるか否か、Xに同居を求めることが相当か否かなどの原審の裁量判断についての不当をいうものにすぎず、抗告の許可には検討の余地があったと思われる。

【27】22(許)25（△一小、平22・9・30、棄却。原審福岡高決平22・6・1、原々審福岡家審平22・3・16）

(1) 婚姻費用の分担額を定めるに当たって、同居中に蓄積した夫婦の共同財産等を考慮すべきか否かが問題となった事案である。

(2) X（妻）とY（夫）は、平成9年に婚姻し、Xの実家でXの両親と同居していたが、Yは、平成20年7月ころ、家を出て別居した。Xは、平成21年5月に婚姻費用の分担を求める調停を申し立てたが不調となり審判に移行した。Yは平成3年にマンションを取得して賃貸しているが、その賃料収入は、Xの口座に振り込まれ、別居後はXが生活費に充てている。

原々審及び原審は、調停申立て時以降月額6万円の婚姻費用の支払を命ずべきものと判断した。その理由の概要は次のとおりである。

①Yの収入650万円、Xの収入0円と推認し、これに上記マンションの賃料をXが生活費に充てていることを考慮して婚姻費用を定めるのが相当である。②Yは同居中に蓄積した夫婦の共同財産や別居後にXがY名義の口座から引き出した金員を婚姻費用分担額の算定において考慮すべきと主張するが、夫婦の共同財産は離婚の際の財産分与として清算するのが原則であり、また、XがY名義の口座から引き出した上記金員等について婚姻費用分担の先払いとすることは、扶養義務者において婚姻費用分担義務を免れる一方、扶養権利者が財産分与により取得できる夫婦共同財産の減少を招くことになり、相当ではないから、当事者の継続的な収入のみを基礎として婚姻費用分担金を定めるべきである。

(3) Yが、原審の判断は、夫が妻に多額の離婚給付金を支払ったことなどが婚姻費用を分担する必要がない特段の事情に当たるとした下級裁の裁判例（広島高決平4・6・26）に相反するなどと主張して、抗告の許可を申し立てた。

(4) 本決定は、「所論の点に関する原審の判断は、正当として是認することができる。論旨は採用することができない。」と判示して、抗告を棄却した。

3 扶養料

【28】22(許)32（△二小、平22・12・22、棄却。原審東京高決平22・8・19、原々審水戸家審平22・5・21）

(1) 未成年者である子から父に対する扶養料請求の可否が問題となった事案である。

(2) 未成年者Xの母Aと父Yは、平成14年12月（当時Xは1歳）、Xの親権者をAと定めて協議離婚したが、その際、YがAに対して和解金150万円の支払義務があることを認めるとした上で「YとA（Xも含む。）の間には、本書に定めるほか相互に何らの債権債務のないことを確認し、今後、名目の如何を問わず、互いに何らの請求もしないことを確約する。」との条項（本件清算条項）のある合意書を取り交わした。Xは、Yに対し、平成20年4月からの扶養料の支払を求める申立てをしたが、Yは、本件清算条項によりXに対する扶養料の支払義務はない

VI 家事審判法

と主張した。
　原々審及び原審は、扶養を受ける権利が処分し得ないものであることは民法881条の明定するところであるから、本件清算条項は、仮にAがXの法定代理人としてYに対する扶養請求権を放棄する趣旨を含むものとしても、Xが扶養義務者であるYに対する扶養請求権を行使することを妨げるものではないと解するのが相当であるなどとして、Yに対しXへの扶養料の支払を命ずる判断をした。
　(3)　Yが、原審の判断は、離婚に際し母が父に対して子の養育費を請求しないとする合意の趣旨について判断した下級裁の裁判例（札幌高決昭51・5・31判タ336・191、大阪高決昭56・2・16家月33・8・44）に相反し、民法880条、881条の解釈適用を誤っていると主張して、抗告の許可を申し立てた。
　(4)　本決定は、「所論の点に関する原審の判断は、正当として是認することができる。論旨は採用することができない。」と判示して、抗告を棄却した。

4　市町村長の処分に対する不服申立て

【29】21(許)42（△二小、平22・4・7、棄却。原審名古屋高決平21・10・27、原々審名古屋家審平21・1・26）
　(1)　戸籍法施行規則60条に定める文字以外の文字を用いて子の名を記載したことを理由としてされた出生届の不受理処分に対する不服申立事件において、当該文字が社会通念上明らかに常用平易な文字と認められるか否かが問題となった事案である。
　(2)　X_1（父）は、子の名を「玻南」とする出生届を名古屋市東区長に提出した。同区長は、「玻」の文字が戸籍法施行規則60条に定める文字でないことを理由に出生届を受理しなかった。そこで、X_1とX_2（母）は、戸籍法121条に基づく不服申立てをした。
　原々審及び原審は、Xらの申立てを却下すべきものと判断した。その理由の概要は次のとおりである。
　戸籍法50条1項及び同法施行規則60条各号に該当しない文字であっても、家庭裁判所は、当該文字が社会通念上、明らかに常用平易な文字と認められるときは、当該市町村長に対し、当該文字を子の名に使用した出生届の受理を命ずることができる（最三小決平15・12・25民集57・11・2562、判時1846・11）が、「玻」の文字は、明らかに常用平易な文字であると認めることはできない。なお、X_2は、本件不受理処分の名宛人ではないから、X_2の本件申立ては不適法である。
　(3)　Xらが、原決定には、戸籍法50条1項の解釈適用の誤りがあるなどと主張して、抗告の許可を申し立てた。
　(4)　本決定は、X_1の抗告について、「「玻」の字が、社会通念上明らかに常用平易な文字であるとはいえないとした原審の判断は、正当として是認することができる。論旨は採用することができない。」と判示し、X_2の抗告について、「X_2の本件申立ては不適法であり、これを却下すべきものとした原審の判断は、正当として是

認することができる。論旨は、結論に影響しない部分について不服をいうものであり、採用することができない。」と判示して、抗告を棄却した。

5　離婚年金分割（厚生年金保険法）

【30】22(許)28（△一小、平22・10・28、棄却。原審福岡高宮崎支決平22・6・18、原々審鹿児島家川内支審平22・4・13）

(1)　年金分割についての請求すべき按分割合に関する処分申立事件において、原則的按分割合0.5を変更すべき特段の事情があるか否かが問題となった事案である。

(2)　X（妻）とY（夫）は、昭和49年4月に婚姻届出をしたが、平成11年には別居し、平成20年11月に離婚した。Xは、年金分割についての請求すべき按分割合を定める審判を申し立てた。

原々審及び原審は、分割割合を0.5と定めるべきものと判断した。その理由の概要は次のとおりである。

①厚生年金保険等の被用者年金が、主として夫婦双方の老後の所得保障を同等に形成していくという社会保障的性質及び機能を有していることに照らせば、対象期間における保険料納付に対する当事者の寄与の程度その他一切の事情を考慮するに当たっても、特段の事情のない限り、その分割割合を0.5とするのが相当である。別居により夫婦間の具体的な協力関係が薄くなっている場合や事実上夫婦関係が破綻している場合でも、それぞれの老後等のための所得保障について、夫婦の一方又は双方の収入によって同等に形成される関係にある。②Yは、XはYに無断でY名義で借入れを行うなどYに多大な損害を与え、Yは別居後もXの生活費を援助するなどの多大な援助をしてきたから、別居期間中についても扶助を求めるのは信義則に反すると主張するが、平成20年11月に離婚するまでは、法律上の夫婦として、YがXを扶助する関係にあったから、Xが扶助を求めるのは信義則には反しない。③仮に②のYの主張する事実が認められたとしても、保険料納付に対する夫婦の寄与が互いに同等でないと見るべき特段の事情に当たるとはいえず、また、Xが既に年金受給権を有しているという事情も請求すべき按分割合を0.5とすることの障害とはならない。

(3)　Yが、原審の判断には厚生年金保険法78条の2第2項の解釈適用の誤りがあると主張して、抗告の許可を申し立てた。

(4)　本決定は、「所論の点に関する原審の判断は、正当として是認することができる。論旨は採用することができない。」と判示して、抗告を棄却した。

本件は、原則的按分割合0.5を変更すべき特段の事情の有無という個別性の高い裁量判断の当否を問題とするものであり、許可には検討の余地があったと思われる。

Ⅶ　その他

1　人身保護法

【31】22(許)7（○二小、平22・8・4、却下、集民234・379、判時2092・98。原審大阪高決平22・2・18）
【32】22(許)11（△二小、平22・8・4、棄却。原審大阪高決平22・3・17）
【33】22(許)12（△二小、平22・8・4、棄却。原審大阪高決平22・3・17）

　(1)　人身保護法による釈放の請求を棄却した高等裁判所の決定が許可抗告、上告及び上告受理申立ての対象となるか否か等が問題となった事案である。

　(2)　ニカラグア国籍を有するX（元夫）と日本国籍を有するY_1（元妻）は、平成14年2月にアメリカ合衆国ウィスコンシン州で婚姻し、同年8月に長女Aをもうけ、ウィスコンシン州で生活した。Xは、平成20年2月にウィスコンシン州の州裁判所に離婚訴訟を提起したが、Y_1は、上記訴訟係属中にAを連れて日本に帰り、Y_1の両親Y_2及びY_3と同居した。州裁判所は、XとY_1を離婚し、XをAの単独監護権者と定めることなどを内容とする判決を言い渡し、同判決は確定した。Xは、YらがAを不当に拘束しているとして、人身保護法に基づき、Aの釈放及び引渡しを求める人身保護請求を大阪高裁にした。

　大阪高裁は、Xの単独監護権は有効に生じているとしながらも、AをXの監護下に置くことは、Yらの監護の下に置くことに比べてAの幸福の観点から著しく不当な結果をもたらすと認められるから、YらによるAの拘束の違法性が顕著である場合には当たらないとして、人身保護法11条1項により請求を棄却する決定（本件決定）をした。

　(3)　Xは、本件決定に対し、本件請求を「理由がないことが明白」であるとして決定で棄却した原審の判断は、人身保護法11条の解釈適用に誤りがあるなどと主張して、抗告の許可を申し立てる（【31】事件）とともに、原審は判決をすべきであるにもかかわらず、誤って決定をもって本件請求を棄却したのであるから、本来認められるべき不服申立て方法である上告及び上告受理申立てが認められるべきであるとして、上告及び上告受理申立てをした。原審は、本件決定は、高等裁判所がした決定であり、人身保護規則46条、民訴法336条及び337条により、特別抗告又は許可抗告しか許されないとして上記上告及び上告受理申立てについてはいずれも却下した。Xは、上記各却下決定に対してもそれぞれ抗告の許可を申し立てた（【32】【33】事件）。

　(4)　本件各許可抗告に対し、本決定は、次のとおり判示して、【31】事件については抗告を却下し、【32】【33】事件については、いずれも抗告を棄却した。

【31】事件について

「人身保護法による釈放の請求を却下又は棄却した地方裁判所の決定については、これに対する不服申立てについて人身保護法及び人身保護規則に特段の規定が置かれておらず、人身保護法による釈放の請求を却下又は棄却した高等裁判所の決定は、許可抗告の対象とはならないというべきである（民訴法337条1項ただし書）。

したがって、本件請求を棄却した原決定に対する本件抗告は、不適法であって、却下を免れない。」

【32】事件について

「人身保護請求事件における請求棄却の決定に対しては、上告をすることは許されない。

したがって、本件上告は不適法であり、これを却下した原審の判断は正当として是認することができる。論旨は採用することができない。」

【33】事件について

「人身保護請求事件における請求棄却の決定に対しては、上告受理申立てをすることは許されない。

したがって、本件上告受理申立ては不適法であり、これを却下した原審の判断は正当として是認することができる。論旨は採用することができない。」

【31】事件についての上記決定は、人身保護法による釈放の請求を却下又は棄却した高裁の決定が許可抗告の対象となるか否かについて最高裁が初めて判断を示したものであり、実務の参考になるものと思われる。

なお、本件決定に対する許可抗告（【31】事件）と並行して申し立てられた特別抗告（22(ク)376）について、最二小決平22・8・4集民234・355、判時2092・96は、抗告理由はその実質は原決定の単なる法令違反を主張するものとしてこれを棄却したが、理由中のなお書きで次のとおり説示した。

「Xは外国裁判所の確定判決によりAの単独監護権者に指定され、同判決は民訴法118条各号所定の外国判決の承認の要件を満たしているから、その他の当事者の主張内容等に照らしても、AをXの監護の下に置くことがYらの監護の下に置くことに比べて子の幸福の観点から著しく不当なものであることが一見して明らかであるとはいえず、原審は、本件請求につき、決定によりこれを棄却するのではなく、審問手続を経た上で、判決により、その判断を示すべきであったといわざるを得ないが、原決定にこのような問題がある場合でも、上級審においてこれを是正するのではなく、改めて請求がされたときにこれを審理する裁判所において審問手続を経た判断が行われることが、法の予定するところである。」

Ⅶ その他

上記特別抗告に対する第二小法廷決定は、なお書きにおいてではあるが、人身保護請求事件において人身保護法11条1項に基づく請求棄却決定をすることができるのは限られた場合である旨を最高裁が示したものであり、実務上意義を有するものと思われるので念のため併せて紹介する。

2 検察審査会法

【34】 22(行ツ)4 (◎一小、平22・11・25、棄却、民集64・8・1951。原審東京高決平22・10・22、原々審東京地決平22・10・18)

【35】 22(行ツ)5 (△一小、平22・11・25、棄却。原審東京高決平22・10・22、原々審東京地決平22・10・18)

(1) 検察審査会法41条の6に基づく起訴議決に対し、同議決の取消し及び公訴提起等担当弁護士の指定の差止めを求める訴え提起とともにされた同議決の執行停止申立事件 (【34】事件) 及び公訴提起等担当弁護士の指定の仮の差止申立事件 (【35】事件) において、起訴議決に関する瑕疵を、行政事件訴訟によって争うことが許されるか否かが問題となった事案である。

(2) 衆議院議員Xを被疑者として告発された政治資金規正法違反の被疑事実について、東京地方検察庁検察官が公訴を提起しない処分 (不起訴処分) をし、東京第5検察審査会が上記処分の当否に関し起訴を相当とする議決をした後、上記検察官が再度不起訴処分を行い、上記検察審査会が、検察審査会法41条の6に基づき再度、上記処分の当否に関し起訴を相当と認めて起訴をすべき旨の議決 (本件起訴議決) をした。Xは、本件起訴議決の取消し及び検察審査会法41条の9第1項に基づいて行われる公訴の提起及びその維持に当たる者の指定 (公訴提起等担当弁護士の指定) の差止め等を求める訴えを提起するとともに、本件起訴議決の執行停止と公訴提起等担当弁護士の指定の仮の差止めを申し立てた。

原々審及び原審は、本案である本件起訴議決の取消しの訴え及び公訴提起等担当弁護士の指定の差止めの訴えが不適法であることを理由として、本件各申立ても不適法として却下すべきものと判断した。その理由の概要は次のとおりである。

公訴を提起する権限は原則として検察官にゆだねられ、その例外として、付審判請求制度 (公務員職権濫用罪等につき裁判所が付審判決定をした場合に公訴の提起があったものとみなす制度) 及び検察審査会の議決に基づく起訴強制の制度がある。このうち、検察官のした公訴の提起及び付審判請求制度における付審判決定については、刑事訴訟手続において争うことができる以上、行政事件訴訟や民事訴訟とは別個に刑事訴訟を認める我が国の司法制度の下において司法権の運営の機能性、効率性を損なわないようにするためには、それらの瑕疵等について、行政事件訴訟等によって争うことは許されない。

起訴強制の制度についてみると、起訴議決がされると、裁判所が検察官役となる指定弁護士を選任し、指定弁護士は、速やかに、かつ、ほぼ例外なく、公訴を提起しなければならず、検察審査会法上は不服申立ての定めもない。そうであれば、起

訴議決と指定弁護士による公訴の提起との間には強い一体性・関連性があるというべきであり、その制度設計に照らすと、起訴議決は、検察官の起訴や付審判決定に準ずるものとして、瑕疵があれば刑訴法338条4号等を根拠に刑事訴訟手続の中で争うことができる。そして、起訴強制の制度は、公訴権行使により直截に民意を反映させ、公訴権をゆだねられている検察官が独善に陥ることを防ぐとともに、公訴権行使をより適正なものとし、司法に対する国民の理解と信頼を深めることを期して導入されたものであるところ、仮に、起訴議決についてのみ刑事訴訟手続のほかに行政事件訴訟又は民事訴訟で争うことを許せば、起訴議決のみが二重のチェックを受けることになり、検察官の起訴や付審判決定よりも軽んじられているようにも映り、立法趣旨にそぐわない。また、行政事件訴訟又は民事訴訟で起訴議決の適否や当否を争い得るものとすると、並行して進む刑事事件訴訟との関係で、相互の手続の進行の調整や双方の判断が矛盾抵触した場合の取扱いなど複雑かつ困難な問題が生じることが予測されるが、それに関する規定は何ら定められていない。

そうすると、起訴議決に関する瑕疵についても検察官の起訴や付審判決定に準じて、刑事訴訟手続において争われるべきものであり、行政事件訴訟又は民事訴訟によって争うことは許されず、本件各申立ての本案訴訟は不適法である。

(3) Xが、【34】事件については、起訴議決は、無作為に抽出された市民からなる行政機関による行政処分であり、行政事件訴訟という司法判断に服すべきであるなどと主張し、【35】事件については、公訴提起等担当弁護士の指定は、裁判所が刑事訴訟の開始前に一方的に行うもので、行政処分と変わらないから、これに対する行政事件訴訟法上の救済を認めるべきであるなどと主張して、それぞれ抗告の許可を申し立てた。

(4) 【34】事件決定は、次のとおり判示して、抗告を棄却した。

「検察審査会法41条の6第1項所定の検察審査会による起訴をすべき旨の議決は、刑事訴訟手続における公訴提起（同法41条の10第1項）の前提となる手続であって、その適否は、刑事訴訟手続において判断されるべきものであり、行政事件訴訟を提起して争うことはできず、これを本案とする行政事件訴訟法25条2項の執行停止の申立てをすることもできない。したがって、上記議決の効力の停止を求める本件申立ては、不適法として却下を免れない。これと同旨の原審の判断は正当として是認することができる。論旨は採用することができない。」

【35】事件決定は、まず、抗告人が特別抗告状及び許可抗告申立書において、その申立てを検察審査会法41条の9第1項所定の公訴の提起及びその維持に当たる者の裁判所による指定の仮の差止めを求めるものから上記指定の効力の停止を求めるものに変更する旨を記載している点につき、次のように判示して、上記指定の仮の差止めを求める本件申立てを却下した原々決定に対する抗告を棄却した原決定についての不服を申し立てるものとして判断を示すべきことを明らかにした。

「抗告人は、特別抗告状及び許可抗告申立書において、本件申立てを上記指定の効力の停止を求める申立てに変更する旨の記載をしているが、特別抗告及び許可抗告は、不服を申し立てることができない決定又は命令に対して、その裁判に係る憲法違反の有無又は法令の解釈に関する重要な事項についての当審の判断を求めるために特に認められた抗告であるから、その抗告審である当審においてこのような申立ての変更をすることはできない。したがって、本件抗告については、本件申立てを却下した原々決定に対する抗告を棄却した原決定についての不服を申し立てるものとして判断をすべきである。」

次いで、次のとおり判示して、抗告を棄却した。

「検察審査会法41条の9第1項所定の公訴の提起及びその維持に当たる者の裁判所による指定は、刑事訴訟手続における公訴提起（同法41条の10第1項）の前提となる手続であって、その許否及び適否は、刑事訴訟手続において判断されるべきものであり、行政事件訴訟を提起して争うことはできず、これを本案とする行政事件訴訟法37条の5第2項の仮の差止めの申立てをすることもできない。したがって、上記指定の仮の差止めを求める本件申立ては、不適法として却下を免れない。これと同旨の原審の判断は正当として是認することができる。論旨は採用することができない。」

本決定は、起訴議決及び公訴提起等担当弁護士の指定に対する行政事件訴訟の提起の許否について、最高裁判所が初めて判断を示したものとして、実務の参考になるものと思われる。

3 商事非訟

【36】22(許)24（△三小、平22・9・14、棄却。原審名古屋高決平22・6・17、原々審名古屋地岡崎支決平22・3・29）

(1) 株主が、会社法125条に基づく株主名簿の謄写の仮処分を求めた事案において、保全の必要性が認められるか否かが問題となった事案である。

(2) Xは、Yの株主であるところ、Yが、金融庁から有価証券報告書等に虚偽記載があったとして多額の課徴金納付命令を受けた。Xは、Yに対し、会社法125条に基づき、株主名簿の謄写の仮処分を申し立て、謄写請求の目的として、①現在の取締役の再任拒否に賛同する株主を募る目的、②上記課徴金納付命令に関して、金融商品取引法21条の2第1項に基づく損害賠償義務をYの取締役が自主的に履行しない点につき、取締役を問責する決議に賛同する株主を募る目的、③②の損害賠償を求める訴訟の原告を募る目的、④会計帳簿閲覧謄写請求権の行使に賛同する株主を募る目的、⑤Xの選ぶ者をYの取締役に選任することに賛同する株主を募る目的の5つを主張した。Yは、Xに対し、上記目的①、②、④及び⑤（本件目的①等）に関しては、Xが「会社法125条3項1号の株主の権利の確保又は行使に関する調査の目的に限定して利用し、それ以外の目的には利用しない」旨の誓約書の提

出を条件に閲覧等に応じる旨の和解案を提示したが、Xはこれに応じなかった。

原々審及び原審は、保全の必要性が認められないとして、本件申立てを却下すべきものと判断した。その理由の概要は次のとおりである。

(ア)(被保全権利について) 上記目的③による謄写請求については、金融商品取引法上の損害賠償の権利を行使するには現に株主である必要はなく、株主名簿閲覧等請求権とは制度趣旨を異にするから、会社法125条3項1号の「株主の権利の確保又は行使に関する調査」に該当せず、Yはこれを拒否できるが、本件目的①等については、上記の「株主の権利の確保又は行使に関する調査」に該当することなどから、被保全権利は一応疎明がある。(イ)(保全の必要性について) Yとしては、株主名簿は株主の個人情報を含むものであり、開示によりX以外の株主との関係で不測の損害を被るおそれがある。また、定時株主総会の前に閲覧等がされなければ本件目的①等の目的達成が困難となるが、Yが提示した上記和解案は相当であり、これによってXに実害があるものとは認め難く、本案訴訟の結果を待たずに仮処分により謄写を認めるべき緊急の必要性は認められない。

(3) Xが、原審の判断には会社法125条の解釈適用の誤りがあるなどと主張して、抗告の許可を申し立てた。

(4) 本決定は、「所論の点に関する原審の判断は、正当として是認することができる。論旨は採用することができない。」と判示して、抗告を棄却した。

【37】22(許)6 (△三小、平22・12・7、棄却。原審東京高決平22・2・9、原々審東京地決平21・11・13)

【38】22(許)8 (△三小、平22・12・7、棄却。原審東京高決平22・2・18、原々審東京地決平21・11・13)

【39】22(許)9 (◎三小、平22・12・7、破棄・自判、民集64・8・2003、判時2102・147。原審東京高決平22・2・18、原々審東京地決平21・10・27)

(1) ①社債等振替法128条1項所定の振替株式についての会社法172条1項に基づく価格の決定の申立てを受けた会社が、裁判所における株式価格決定申立て事件の審理において、申立人が株主であることを争った場合に、社債等振替法154条3項所定の通知（個別株主通知）がされることを要するか否か、②仮に個別株主通知を要するとすれば、それはいつまでにすればよいのかが問題となった事案である。

(2) Yは、東京証券取引所マザーズに株式を上場していた会社であり、その発行済株式は普通株式のみであったが、平成21年1月に、株式等の取引に係る決済の合理化を図るための社債等の振替に関する法律等の一部を改正する法律（社債等振替法）が施行され、上記株式は社債等振替法128条1項の「振替株式」となった。Yは、2月にA（株式会社）との間で資本業務提携をし、Aの完全子会社化を目的とするAによる株式公開買付けが行われた。Yは、残る株式を取得するために6月29日開催の定時株主総会（本件総会）において、Yの株式を全部取得条項付種類株式とし、取得日を8月5日と定めて、その株式の全部を取得する等の決議をし

た。これに対し、X_1（【37】事件の申立人）、X_2（【38】事件の申立人）及び X_3（【39】事件の申立人）は、本件総会に先立ち、Y による全部取得条項付種類株式の取得に反対する旨を Y に通知し、かつ、本件総会において上記取得に反対した。X らは、それぞれ保有する Y の株式につき、Y による全部取得条項付種類株式の取得の価格の決定の申立てをした。Y は、本件の第 1 審における審理中に、X_1 及び X_2 の申出に係る個別株主通知を受けたが、X_3 の申出に係る個別株主通知は受けなかった。

原々審（【37】、【38】、【39】事件のいずれも同一裁判所によるものである。）は、会社法 172 条 1 項の価格決定申立権は社債等振替法 154 条 1 項所定の「少数株主権等」に該当し、個別株主通知は、対抗要件であるが、当該少数株主権等の申出期間内にされることを要するところ、Y が X_1、X_2 の申出に係る個別株主通知を受けたのは上記申出期間経過後であり、X_3 の申出に係る通知は受けなかったから、本件申立てはいずれも不適法であるとして却下した。

原審は、いずれも原々決定を取り消し、原々審に差し戻す旨の決定をしたが、その判断は次のとおり分かれた。

【37】事件（X_1 の抗告審）について

会社法 172 条 1 項の価格決定申立権は社債等振替法 154 条 1 項所定の「少数株主権等」に該当し、個別株主通知は、対抗要件であり、裁判所における価格決定申立事件の審理期間中にされれば足り、Y は X_1 の申出に係る個別株主通知を審理期間中に受けたから、本件申立ては適法である。

【38】【39】事件（X_2、X_3 の抗告審）について

会社法 172 条 1 項の価格決定申立権は会社法 124 条 1 項に規定する権利に該当するか、少なくとも同項に規定する権利に関する規定を類推適用すべき権利であって、社債等振替法 154 条 1 項所定の「少数株主権等」に該当せず、個別株主通知を要しないから、本件各申立ては適法である。仮に個別株主通知を要するとしても、背信的悪意者に準ずる Y が個別株主通知の欠缺を主張することは、信義則に反し、権利の濫用に当たり、許されない。

(3) Y が、原審の上記各判断には会社法 172 条 1 項、社債等振替法 152 条 2 項の解釈適用の誤りがあるなどと主張して、それぞれ抗告の許可を申し立てた。

(4) 本件各許可抗告に対し、本決定は、次のとおり判示して、【37】【38】事件についてそれぞれ抗告を棄却し、【39】事件については、原決定を破棄し、原々決定に対する抗告を棄却する旨の自判をした。

【37】事件について

「所論の点に関する原審の判断は、正当として是認することができる。論旨は採用することができない。」

【38】事件について

「本件価格の決定の申立てを却下した原々決定を取り消し、本件を原々審に差し

戻した原決定は、結論において是認することができる。論旨は採用することができない。」

【39】事件について
「(1) 会社法172条1項所定の価格決定申立権は、その申立期間内である限り、各株主ごとの個別的な権利行使が予定されているものであって、専ら一定の日（基準日）に株主名簿に記載又は記録されている株主をその権利を行使することができる者と定め、これらの者による一斉の権利行使を予定する同法124条1項に規定する権利とは著しく異なるものであるから、上記価格決定申立権が社債等振替法154条1項、147条4項所定の「少数株主権等」に該当することは明らかである。

社債等振替法154条が、振替株式についての少数株主権等の行使については、株主名簿の記載又は記録を株式の譲渡の対抗要件と定める会社法130条1項の規定を適用せず、個別株主通知がされることを要するとした趣旨は、株主名簿の名義書換は総株主通知を受けた場合に行われるものの、総株主通知は原則として年2回しか行われないため（社債等振替法151条、152条）、総株主通知がされる間に振替株式を取得した者が、株主名簿の記載又は記録にかかわらず、個別株主通知により少数株主権等を行使することを可能にすることにある。そして、総株主通知と異なり、個別株主通知において、振替口座簿に増加又は減少の記載又は記録がされた日等が通知事項とされているのは（社債等振替法154条3項1号、129条3項6号）、少数株主権等の行使を受けた会社が、振替株式の譲渡の効力発生要件（同法140条）とされている振替口座簿の上記記載又は記録によって、当該株主が少数株主権等行使の要件を充たすものであるか否かを判断することができるようにするためであるから、上記会社にとって、総株主通知とは別に個別株主通知を受ける必要があることは明らかである。同じ会社の振替株式であっても、株価の騰落等に伴ってその売買が短期間のうちに頻繁に繰り返されることは決してまれではないことにかんがみると、複数の総株主通知においてある者が各基準日の株主であると記載されていたということから、その者が上記各基準日の間も当該振替株式を継続的に保有していたことまで当然に推認されるものではないから、ある総株主通知と次の総株主通知との間に少数株主権等が行使されたからといって、これらの総株主通知をもって個別株主通知に代替させることは、社債等振替法のおよそ予定しないところというべきである。まして、これらの総株主通知をもって個別株主通知に代替させ得ることを理由として、上記価格決定申立権が会社法124条1項に規定する権利又は同項に規定する権利に関する規定を類推適用すべき権利であると解する余地はない。

また、社債等振替法154条2項が、個別株主通知がされた後の少数株主権等を行使することのできる期間の定めを政令に委ねることとしたのは、個別株主通知がされた後に当該株主がその振替株式を他に譲渡する可能性があるために、振替株式についての少数株主権等の行使を個別株主通知から一定の期間に限定する必要がある一方、当該株主が少数株主権等を実際に行使するには相応の時間を要し、その権利

行使を困難なものとしないためには、個別株主通知から少数株主権等を行使するまでに一定の期間を確保する必要もあることから、これらの必要性を調和させるために相当な期間を設定しようとすることにあるのであって、少数株主権等それ自体の権利行使期間が、社債、株式等の振替に関する法律施行令40条の定める期間より短いからといって、個別株主通知を不要と解することはできない。

　そして、個別株主通知は、社債等振替法上、少数株主権等の行使の場面において株主名簿に代わるものとして位置付けられており（社債等振替法154条1項）、少数株主権等を行使する際に自己が株主であることを会社に対抗するための要件であると解される。そうすると、会社が裁判所における株式価格決定申立て事件の審理において申立人が株主であることを争った場合、その審理終結までの間に個別株主通知がされることを要し、かつ、これをもって足りるというべきであるから、振替株式を有する株主による上記価格決定申立権の行使に個別株主通知がされることを要すると解しても、上記株主に著しい負担を課すことにはならない。

　以上によれば、振替株式についての会社法172条1項に基づく価格の決定の申立てを受けた会社が、裁判所における株式価格決定申立て事件の審理において、申立人が株主であることを争った場合には、その審理終結までの間に個別株主通知がされることを要するものと解するのが相当である。

　本件において、抗告人が裁判所における株式価格決定申立て事件の審理において相手方が株主であることを争っているにもかかわらず、その審理終結までの間に個別株主通知がされることはなかったから、相手方は自己が株主であることを抗告人に対抗するための要件を欠くことになる。

　(2) 次に、抗告人が相手方に対し会社法172条1項所定の価格決定申立権の行使に個別株主通知がされることを要すると主張することが、信義則に反し、権利の濫用に当たるか否かについて検討すると、上記(1)で説示したところによれば、抗告人が、相手方が株主総会の基準日及び取得の基準日の株主であると記載された総株主通知を2回にわたって受けるなどしていたことをもって、相手方が、その間抗告人の株式を保有し続けており、その価格決定申立権の行使を否定すべき実質的な理由がないことを抗告人が知っていたと断ずることは困難である。原審の指摘する事情をもって、抗告人が、自らが株券電子化会社であることを奇貨とするものであるとも、背信的悪意者に準ずるものであるともいうことはできず、他にその主張が信義則に反し、権利の濫用に当たると評価し得るような事情もうかがわれない。

　したがって、抗告人が上記のとおり主張することが、信義則に反し、権利の濫用に当たるということはできない。

　以上と異なる原審の判断には、裁判に影響を及ぼすことが明らかな法令の違反がある。上記の趣旨をいう論旨は理由があり、その余の抗告理由につき判断するまでもなく、原決定は破棄を免れない。そして、以上説示したところによれば、相手方の価格の決定の申立てを却下した原々決定は、結論において是認することができるから、原々決定に対する相手方の抗告を棄却することとする。」

会社法172条1項に基づく価格決定申立権の行使に際しての個別株主通知の要否及び時期の問題について、本決定前の高裁判例は、①会社法172条1項に基づく価格決定申立権は少数株主権等に該当しないから通知は要しないとする見解、②同申立権は少数株主権等に該当し、通知はその権利行使要件であるとして、当該株主総会の日から20日以内にされることを要するとする見解、③同申立権は少数株主権等に該当し、通知は対抗要件であるから、株式価格決定申立事件において申立人が株主であることを争った場合に、その審理終結までの間に通知されれば足りるとする見解の3つに分かれていたところ、本決定は、上記③の見解を採用した。本決定は、株式電子化の下で生じた新たな法律問題について法令解釈の統一を図ったものであり、理論的にも実務的にも重要な意義を有するものと思われる。

4　配偶者からの暴力の防止及び被害者の保護に関する法律

【40】22(許)10（△一小、平22・5・25、棄却。原審大阪高決平22・2・26、原々審京都地決平22・1・25）

(1)　配偶者暴力に関する保護命令に対する抗告について、原々審がした即時抗告期間経過を理由とする却下決定の当否が問題となった事案である。

(2)　申立人（妻）Xは、相手方（夫）Yに対し、配偶者からの暴力の防止及び被害者の保護に関する法律（DV防止法）10条の保護命令（接近禁止命令）の申立てをし、原々審は、保護命令を発し、Yへの保護命令謄本の送達手続として、平成21年12月21日にYの住所宛に特別送達郵便を発送したが、Yはこれを受領しなかった（平成22年1月4日に裁判所に返還）。原々審は、上記郵便物が返還される前に、執行官送達を試みたがこれも不奏功となったことから、上記執行官送達時の近隣住民からの聴き取り調査等に基づき、Yの居住の事実を確認し、平成21年12月28日書留郵便に付する送達（本件付郵便送達）を実施した。Yは、平成22年1月7日非訟事件手続法20条に基づく抗告（通常抗告）として、抗告状を原々審に提出した。

　原々審は、Yの上記抗告は、DV防止法21条が準用する民訴法332条に定める即時抗告期間が経過した後になされた不適法なものであり、民訴法97条1項所定の追完事由に該当するものともいえないから、その不備を補正することができないとして、上記抗告を却下した。

　原審は、原々審の上記抗告却下決定に対する抗告につき、①保護命令事件は、非訟事件に属するが、更に、DV防止法に特別の定めがある場合を除き、その性質に反しない限り民訴法の規定が準用され（DV防止法21条）、DV防止法16条は保護命令の申立てに関しては即時抗告をすることができると規定している。同法が即時抗告を認めたのは、保護命令が長く不確定な状態におかれることは適当でなく、通常抗告に適しないとの趣旨に基づくものと解されるから、即時抗告のほかに通常抗告の申立てを認めることはできない、②即時抗告の追完を認める余地があるとは認

められないとして、抗告を棄却した。

(3) Yが、①保護命令に関しては、通常抗告もすることができる、②保護命令の送達に当たっては、付郵便送達は許されず、仮にこれが許されるとしても、その発送の時に効力を生ずると解すべきでない、③Yの病状等に照らし、即時抗告期間経過後の抗告の追完が認められるべきであるなどと主張して、抗告の許可を申し立てた。

(4) 本決定は、「所論の点に関する原審の判断は、正当として是認することができる。論旨は採用することができない。」と判示して、抗告を棄却した。

【41】 22(許)33（△三小、平22・11・9、棄却。原審福岡高決平22・8・20、原々審長崎地大村支決平22・6・11）

(1) 配偶者からの暴力の防止及び被害者の保護に関する法律（DV防止法）10条に基づく保護命令申立事件において、①退去命令（同条1項2号）につき、被害者と配偶者が生活の本拠を共にしているといえるか否か、及び②被害者の親族への接近禁止命令（同条4項）につき、これを命ずる必要があるか否かが問題となった事案である。

(2) 申立人（妻）Xは、相手方（夫）Yからの暴力により治療を要する傷害を負ったこと、Yがその後も激昂して物を投げたり家具を倒すなどの行為に及んだことなどを主張して、DV防止法10条1項2号の退去命令、同項1号の接近禁止命令、同条4項の子らへの接近禁止命令の申立てをした。

原々審は、Xの生命又は身体に重大な危害を受けるおそれが大きいとは認められないとして、本件申立てを却下した。

原審は、XがYからの暴力によりその生命又は身体に重大な危害を受けるおそれが大きいものと認められるとして、接近禁止命令を発したが、退去命令及び子らへの接近禁止命令については次のとおり判断して、これを却下すべきものとした。①（退去命令について）Xは、Yと別居する際、周到な準備をして自宅を出たものと推認され、当面の生活に必要な品物は持ち出していることなどからすれば、本件申立ての時において、Xが、Yとの生活の本拠を共にしていたとは認め難い。②（子らへの接近禁止命令について）YがXとの面会を求めて子らへの執拗な接触を試みた形跡はなく、Yが子らの住居等に押し掛けるなどの可能性は低い。

(3) Xが、原審の判断には、DV防止法10条の解釈適用の誤りがあると主張して、抗告の許可を申し立てた。

(4) 本決定は、「所論の点に関する原審の判断は、正当として是認することができる。論旨は採用することができない。」と判示して、抗告を棄却した。

本件の争点は、XとYが生活の本拠を共にしているか否か、子らへの接近禁止を命ずる必要があるか否かという認定問題に尽きるものであり、抗告の許可には検討の余地があったと思われる。

5 私的独占の禁止及び公正取引の確保に関する法律

【42】22(行ﾌ)3（△三小、平 22・9・14、棄却。原審東京高決平 22・5・18）

(1) 平成 17 年法律第 35 号による改正前の私的独占の禁止及び公正取引の確保に関する法律（独占禁止法）63 条による保証金没取申立事件において、その没取の額が問題となった事案である。

(2) 公正取引委員会は、X ほか 4 社が、平成 6 年 4 月から平成 10 年 9 月までの間、地方公共団体が指名競争入札等の方法で発注するごみ焼却炉の建設工事において談合を行っていたと認定し（独占禁止法 2 条 6 号）、かつ、特に必要があると判断して（同法 54 条 2 項）、平成 18 年 6 月、X らに対し、上記工事について受注予定者を決定し受注予定者が受注できるようにしていた行為を平成 10 年 9 月 17 日以降行っていないことを確認するなどの措置を執ることを命ずる審決をした。X らは、本件審決の取消しを求め提訴したが、請求は棄却され、平成 21 年 10 月 6 日、上告棄却及び不受理で確定した。公正取引委員会は、X が、上記取消訴訟の提起の際に、審決の執行を免れるために供託していた保証金 3000 万円について、その全部の没取の申立てをした。

原審は、独占禁止法 63 条により、供託に係る上記保証金のうち 1500 万円を没取するのが相当とした。その理由の概要は次のとおりである。

X が上記保証金を供託したことにより、本件審決から取消訴訟確定までの 3 年以上の長期にわたり本件審決の執行が妨げられたことになり、その間、公益上の要請である競争秩序の迅速な回復が後退させられていたものといわざるを得ず、他方、X は、本件審決の命じた確認及び地方公共団体への周知徹底をしなかったため、良好な企業イメージを維持することができ、これに相当する営業上の利益を得ることができたものと推認できる。

そうすると、執行が妨げられていた期間に違反行為が行われたとは認められないことや、X が本件取消訴訟において濫用的なあるいは不当不適切な訴訟活動を行ったということはできないことを考慮しても、違反行為の速やかな排除という公益上の要請及び保証金制度の目的からすれば、供託をすることによってその運用利益を凍結させたことのみでこれが達成されたものとすることは相当ではない。

(3) X が、原審の判断には独占禁止法 63 条の解釈適用の誤りがあると主張して、抗告の許可を申し立てた。

(4) 本決定は、「所論の点に関する原審の判断は、正当として是認することができる。論旨は採用することができない。」と判示して、抗告を棄却した。

6 不正競争防止法

【43】22(許)18（△三小、平 22・7・20、棄却。原審福岡高那覇支決平 22・4・16、原々審那覇地決平 22・2・12）

(1) 不正競争防止法 2 条 1 項 13 号の原産地誤認惹起行為に当たるとして、同法

Ⅶ その他

4条に基づく損害賠償を求める場合において、同法5条2項（損害の額の推定規定）が適用されるか否かが問題となった事案である。

(2) 琉球ガラスの販売製造等を行うXらが、同業種のYらに対し、Yらがベトナム社会主義共和国で製造されたガラス製品に琉球ガラス等の表示をする行為は、一般消費者にその原産地を沖縄県であると誤認させるものであるから、不正競争防止法2条1項13号の原産地誤認惹起行為に当たるとして、同法3条及び4条に基づき、当該行為の差止め及び損害賠償を求める訴訟を提起した。Xらは、Yらの原産地誤認惹起行為により生じた損害を、同法5条2項の損害の額の推定規定を適用して立証するため、Yらが、ベトナム製ガラス製品を販売した数、額、利益等に関する帳簿等の会計書類について、同法7条1項に基づく文書提出命令の申立をした。これに対し、Yらは、原産地誤認惹起行為については、原則として、不正競争防止法5条2項の適用はなく、侵害者が得た利益につき不正競争行為がなければ、被侵害者がこれを得ることができたという関係が存在する場合に限り同項の適用を検討すべきであり、上記関係が認められるのは、市場におけるXらのシェアが高く、独占状態又は寡占状態にある場合に限られるなどと主張した。

原々審及び原審は、原産地誤認惹起行為についての不正競争防止法5条2項の適用を認め、上記文書の提出を命じる旨判断した。その理由の概要は次のとおりである。

①不正競争防止法5条1項は、同項の定める損害額の推定等を及ぼす不正競争の範囲を同法2条1項1号から9号まで又は15号と限定しながら、同法5条2項は、同項の定める損害額の推定等を及ぼす不正競争の範囲を限定していないから、原産地誤認惹起行為の適用対象行為を限定せずに適用される。②XらがYらの不正競争行為により営業上の利益が侵害されたという事実が認められる限り、同法5条2項を適用することは妨げられないというべきである。そして、YらとXらの各商品は市場において競合関係にあり、Yらがその商品にベトナム製である旨の打ち消し表示をするなどした時期に、Xらの売り上げが増加するなどしたことからすると、Yらの原産地誤認惹起行為によってXらに損害が発生したと認められる。

(3) Yらが、原審の判断には不正競争防止法5条2項の解釈適用の誤りがあると主張して、抗告の許可を申し立てた。

(4) 本決定は、「所論の点に関する原審の判断は、正当として是認することができる。論旨は採用することができない。」と判示して、抗告を棄却した。

平成23年度

綿引万里子／今福正己

Ⅰ 民事訴訟法
1 移送【1】～【5】
2 補助参加【6】【7】
3 文書提出命令（証拠保全申立事件における提示命令を含む）【8】～【17】
4 上訴【13】～【24】
5 再審【25】【26】

Ⅱ 民事執行法
1 不動産競売開始決定【27】
2 債権差押命令【28】～【38】

Ⅲ 民事保全法【39】【40】

Ⅳ 破産法
1 破産手続の開始【41】【42】
2 免責許可【43】

Ⅴ 家事審判法
1 後見開始【44】
2 相続放棄【45】
3 婚姻費用分担【46】【47】
4 子の引渡し【48】
5 財産分与【49】
6 扶養料【50】
7 遺産分割【51】～【53】

Ⅵ その他
1 民事非訟【54】
2 商事非訟【55】～【58】
3 配偶者からの暴力の防止及び被害者の保護に関する法律【59】【60】

はじめに

1 平成23年度における許可抗告の実情を紹介する。

新受件数の推移は、表1のとおりである。平成21年は前年の新受を下回ったものの、平成22年からは、再び増加に転じた。

各年中に決定された事件のうち、最高裁判所民事判例集（民集）又は最高裁判所裁判集民事（集民）に登載された件数とその割合は、表2のとおりである。

2 許可抗告（民訴法337条）は、特別抗告（同法336条）と同様に、決定に対する本来の不服方法に加えて特に認められた不服申立ての方法であるが、特別抗告が憲法違反を抗告事由とするのに対して、許可抗告は、法令解釈に関する重要な事項を含む事件であると高等裁判所が認めて許可したことを申立ての要件とするものである。現行民事訴訟法で許可抗告制度が設けられたのは、民事執行法や民事保全法の制定等に伴い、決定で判断される事項に重要なものが増え、かなり重要な法律問題について高等裁判所の判断が分かれているという状況が生じていたので、最高裁判所の負担が過重にならないように配慮した上で、重要な法律問題についての判断の統一を図ろうしたものである（法務省民事局参事官室編「一問一答新民事訴訟法」374頁）。上告受理制度のように最高裁判所自らが受理するか否かの判断をする制度が採用されなかったのは、そのような制度を採用すれば最高裁判所の負担が過重になるおそれがあったためであり（ジュリスト増刊1999年11月「研究会新民事訴訟法」440頁〔柳田幸三発言〕）、その意味では、許可抗告の制度は、高等裁判所において、適切に許可の判断がされることを信頼して設けられた制度であるということができる。そして、最高裁判所が許可に値しないと判断したとしても、高等裁判所が許可した以上、最高裁判所は当該論点への応答をする負担を負うことになるのであるから、高等裁判所には、自らの判断に判例と異なる点がある場合又は真に法令解釈に関する重要な事項を含む場合に抗告を許可し、そのような場合でなければ許可しないという制度の趣旨に沿った運用が求められている（詳しくは、福田剛久ほか「最高裁判所に対する民事上訴制度の運用」判例タイムズ1250号5頁参照）。

許可抗告に対する決定のうち最高裁判所民事判例集（民集）又は最高裁判所裁判集民事（集民）に登載されたものの割合は、上記のとおりであり（表2)、いわゆる例文で原審の結論が維持された事件の中にも、検討に値する法律問題が含まれていたものがあることを考慮しても、抗告が許可された事件の

表1

年度（平成）	新受件数
10	10
11	42
12	59
13	34
14	50
15	54
16	42
17	48
18	55
19	45
20	58
21	46
22	58
23	61

はじめに

うち法令解釈に関する重要な事項を含まない事件の割合は決して少なくないものといえる。抗告が許可された事件の中には上記のような制度の趣旨におよそ沿わない運用も相当数見受けられるので、これまで「許可抗告事件の実情」において繰り返してきた以下の指摘を本稿で改めてしておきたい。

表2

年度	決定件数	うち民集又は集民登載件数	割合（％）
10	2	1	(50%)
11	32	6	(19%)
12	51	12	(24%)
13	53	12	(23%)
14	42	7	(17%)
15	53	9	(17%)
16	44	10	(23%)
17	51	11	(22%)
18	54	6	(11%)
19	44	11	(25%)
20	53	2	(4%)
21	51	5	(10%)
22	43	6	(14%)
23	60	8	(13%)

(1) 法令の解釈自体は既に明確になっている場合に、個別事件における事実認定、要件への当てはめの判断は、通常は、法令解釈に関する重要な事項とはいえない。

また、最高裁判所の判例により示された法令解釈の基準の具体的適用にかかわる事項は、当該実務を担当する下級裁における事例集積にこそ意味がある場合が多い。このような場合、下級裁での事例集積、要件の類型化に関する実務的検討が十分にされていない段階で、個別事案に関する要件該当性の争いを法律審である最高裁判所に判断させることは、相当ではないことが多い。

(2) 論点自体としては法令解釈に関する重要な事項に当たるが、当該事案の解決に影響しない論点については、許可は不相当となるものと考えられる。許可抗告は、法令の解釈に関する重要な事項について、解釈統一の機能を有する特別な抗告であるが、当該事案の解決を目的とするものであることはいうまでもなく、抽象的な法令解釈のために抗告を許可することは、当事者を具体的事件の解決を離れた論争に巻き込むことになり、事案の解決を目的とする制度の趣旨に反するからである。

以上のような観点から平成23年中に決定のあった許可抗告事件をみてみると、少なくともその半数について、許可抗告の申立てに法令の解釈に関する争点が含まれているといえるかについての疑問があるように思われる。そこで、今年は、法令の解釈自体は既に明確になっており、個別事件における事実認定や要件への当てはめが問題になっているにすぎないと思われる事件についてはその旨を、その中でも、許可抗告制度の趣旨に照らし、抗告の許可には疑問があるといわざるを得ない事件についてはその旨を記載したので、参照されたい。

他方で、原決定が、法令の解釈に関する重要な事項についての判断を含むものであり、その判断の当否が争われているにもかかわらず、抗告を不許可とするようなことは、許可抗告制度が設けられた趣旨を没却することにもなりかねないことにも

留意する必要があると思われる。

3　いずれにしても、許可抗告制度が設けられた趣旨に沿って同制度を適切に運用していくためには、高等裁判所における適切な許否の判断が不可欠であることを改めて指摘しておきたい。

4　本稿は、今福元最高裁判所調査官室付書記官が平成23年中に決定のあった許可抗告事件を整理したものに、綿引元最高裁判所民事上席調査官が今後の同種事件の審理及び許可抗告制度の運用の参考とするために若干のコメントを付したものである。

事件見出しに◎を付したものは民集登載事件、○を付したものは集民登載事件、△を付したものはいずれにも登載されなかったものである。

平成23年中の決定による既済件数60件のうち、判例集登載の内訳は、民集登載件数が4件、集民登載件数が4件である。また、基本事件の種別としては、民事訴訟事件が26件、民事執行事件が12件、民事保全事件が2件、破産事件が3件、家事審判事件が10件、その他7件であり、このうち、原決定が破棄されたものは7件であった。

事案の概要等は、許可抗告事件の実情を紹介するのに必要な範囲で適宜省略し、事案の骨子のみを記載した。掲載の順序は、原決定の根拠法規、目次記載の手続ごとに分類し、その中で、論点が共通するものをまとめた上で、決定日の順に掲載した。

I　民事訴訟法

1　移　送

【1】23(許)4（◎二小、平23・5・18、破棄・自判、民集65・4・1755、判時2120・3。原審名古屋高決平22・11・25、原々審名古屋地一宮支決平22・10・13）

【2】23(許)13（○二小、平23・5・30、破棄・自判、集民237・1、判時2120・3。原審名古屋高決平23・1・21、原々審名古屋地決平22・9・15）

【3】23(許)14（△二小、平23・5・30、破棄・自判。原審名古屋高決平23・1・21、原々審名古屋地決平22・9・15）

(1)【1】ないし【3】の各事件は、いずれも、民訴法38条後段の要件を満たす共同訴訟につき、いずれも同法7条ただし書により同法9条の適用が排除されるか否かが問題となった事案である。

(2)　本件の【1】事件は、金銭消費貸借契約の借主であったXが、複数の貸金業者に対して過払金の返還を求め、【2】、【3】事件は、貸金業者であるXが、複数の金銭消費貸借契約の借主らに対して貸金の返還を求めたものである。いずれの事件においても、単数の原告が、複数の被告を共同被告とし、それぞれの被告に対して140万円を超えない額の請求をする訴えを地裁に提起したところ、原々審である受

訴裁判所（地裁）において、被告側の申立てにより（【1】事件）、又は職権で（【2】、【3】事件）、被告ごとに弁論が分離された上、各被告に係る訴訟は地裁ではなく簡裁の事物管轄に属するとして民訴法16条1項に基づき簡裁への移送決定がされた。

　【1】ないし【3】の各事件の原審は、民訴法38条後段の共同訴訟には、同法7条ただし書により同条本文は適用されず、受訴裁判所に併合請求による管轄が生ずることはなく、併合請求が可能であることを前提とする同法9条を適用して各請求の価額を合算して訴訟の目的の価額を算定することができないから、各被告に係る訴訟は簡裁の事物管轄に属すると判断し、地裁から簡裁への上記各移送決定を適法とした。

　(3)　【1】ないし【3】の各事件のXが、原審の判断には、民訴法7条、9条の解釈適用の誤りがあると主張して、それぞれ抗告の許可を申し立てた。

　(4)　本件各許可抗告に対し、第二小法廷は、次のとおり判示して、【1】事件については、原決定を破棄し、原々決定を取り消した上、本件移送申立てを却下する旨の、【2】、【3】事件については、原決定中、原々審の移送決定に対する抗告を棄却する部分を破棄し、原々決定を取り消す旨の決定をした。

　【1】事件決定
　「法38条後段の共同訴訟であって、いずれの共同訴訟人に係る部分も受訴裁判所が土地管轄権を有しているものについて、法7条ただし書により法9条の適用が排除されることはないというべきである。
　なぜなら、法7条は、法4条から法6条の2までを受けている文理及び条文が置かれた位置に照らし、土地管轄について規定するものであって事物管轄について規定するものではないことは明らかであり、また、法7条ただし書の趣旨は、法38条後段の共同訴訟において、一の請求の裁判籍によって他の請求についても土地管轄が認められると遠隔地での応訴を余儀なくされる他の請求の被告の不利益に配慮するものであると解されるのであり、簡易裁判所でなく当該簡易裁判所を管轄区域に置く地方裁判所において審理及び裁判を受けることにより被告が不利益を被ることがあり得るとしても、上記と同様の配慮を要するとはいえないからである。
　相手方は本件訴訟が法38条後段の共同訴訟に当たることを自認するところ、いずれの被告に係る部分も受訴裁判所である名古屋地方裁判所が土地管轄を有しているから、相手方に係る訴訟を含む本件訴訟は、訴訟の目的の価格が法9条1項本文により140万円を超えることになり、同裁判所の事物管轄に属するものというべきである。」

　【2】、【3】事件決定
　「法38条後段の共同訴訟であって、いずれの共同訴訟人に係る部分も受訴裁判所が土地管轄権を有しているものについて、法7条ただし書により法9条の適用が排除されることはないというべきである（最高裁平成23年(許)第4号同年5月18

日第二小法廷決定・裁判所時報1532号登載予定参照)。
　本件訴訟は法38条後段の共同訴訟に当たるところ、いずれの被告に係る部分も受訴裁判所である名古屋地方裁判所が土地管轄権を有しているから、相手方に係る訴訟を含む本件訴訟は、訴訟の目的の価額が法9条1項本文により140万円を超えることになり、同裁判所の事物管轄に属するものというべきである。」

　民訴法7条は土地管轄に関する規定であり、請求を併合提起する場合の事物管轄は民訴法9条によって定めるべきとする本決定の見解については、学説上も特段の異論のないところであると思われる。本決定は、民訴法7条が土地管轄のみならず事物管轄についても規定するものであるのかという点について、最高裁として初めて判断を明示したものであり、重要な意義を有するといえよう。
　なお、本件各訴訟が民訴法38条後段の要件を満たす共同訴訟に当たることについては、【1】事件においては、被告がこれを認めている旨が説示されているのに対し、【2】、【3】事件においては、これを肯定する最高裁の判断が示されている。共同訴訟が主観的併合の要件を満たしていることについては、被告が異議を述べない限り、裁判所が職権で調査すべき義務を負うわけではないと解されており、上記の相違は、上記要件を満たすことについての被告の応答の違いに起因するものと思われる。

【4】23(許)16 (△一小、平23・6・2、棄却。原審福岡高宮崎支決平23・1・21、原々審鹿児島地知覧支決平22・11・4)

　(1) 取引契約上の不作為義務違反を理由とする損害賠償債務が存在しないことを求める事案において、民訴法5条1号の「義務履行地」の解釈が問題となった事案である。
　(2) Xは、Yに対し、XのYに対する取引基本契約上の債務(不作為義務)不履行に基づく損害賠償債務が存在しないことの確認を求める本案訴訟を、Xの本店所在地を管轄する鹿児島地裁の知覧支部に提起した。Yは、取引基本契約において、広島地裁福山支部を専属管轄とする合意がある旨主張して、本案訴訟を同地裁に移送することを求める申立てをしたが、Xは、上記不作為義務の義務履行地を管轄する裁判所である鹿児島地裁も、民訴法5条1号に基づく法定管轄権を有するなどと主張してこれを争った。
　原々審は、①本件訴訟の法定管轄の基準となる「義務履行地」は、本件不作為義務の履行地となるXの本店所在地であるから、鹿児島地裁知覧支部に法定管轄がある、②同支部に関連訴訟が係属しており併合審理も見込まれること等からすると、同支部において審理を進めることが許されるとして、本件申立てを却下した。
　原審は、本件訴訟は、不作為義務違反を理由とする損害賠償債務の不存在を確認対象とするものであり、このような場合に「義務履行地」として観念すべきなのは、損害賠償債務という金銭債務の履行場所であるから、民訴法5条1号にいう義務履

行地はYの本店所在地(金銭債務の支払地)であり、鹿児島地裁知覧支部が法定管轄を有するとは認められないとして、原々決定を取り消し、本件訴訟を広島地裁福山支部に移送する旨の決定をした。
　(3)　Xが、原審の判断には民訴法5条1号の解釈適用の誤りがあると主張して、抗告の許可を申し立てた。
　(4)　本決定は、「所論の点に関する原審の判断は、正当として是認することができる。論旨は採用することができない。」と判示して、抗告を棄却した。
　契約上の債務不履行に基づく損害賠償請求について「義務履行地」となるのは、訴訟物である損害賠償請求債務の義務履行地、すなわち債権者の住所地であるとするのが判例であり(大判昭11・11・8民集15・2149)、裁判実務上もこの見解を採るものが一般的である。学説上若干の異論も見られるものの、原審の判断は、判例及び裁判実務上の一般的な見解に沿うものといえよう。

【5】23(許)20 (△一小、平23・8・24、棄却。原審福岡高宮崎支決平23・2・28、原々審宮崎地決平23・1・24)

　(1)　地裁が事物管轄違いを理由に民訴法16条1項により簡裁へ移送した事件について、同条2項の地裁の自庁処理の相当性の有無が問題となった事案である。
　(2)　Xは、貸金業者であるYとの間で、利息制限法所定の利息を超える利息の約定で金銭の借り入れと返済を繰り返していたが、制限超過部分を元本に充当すると、過払金115万2460円が発生していると主張して、上記過払金の返還を求める訴訟を宮崎地裁に提起した。
　原々審は、事物管轄違いを理由に民訴法16条1項により職権で基本事件を宮崎簡裁に移送する旨の決定をした。
　原審は、Xは、基本事件において、貸金業者AとXとの貸付取引に係る契約のYへの切替えにより、AのXに対する過払金返還債務もYに承継されるかという複雑な法律関係が争点になることが予想され、この争点に関する高裁の判断も分かれているから、地裁での審理・判断が相当であると主張するが、訴額、予想される争点、その認定・判断に至るまでの弁論の必要性及び証拠調べの必要性等に照らし、基本事件を地裁で審理・判断することが相当であるとは必ずしもいえないなどとして、抗告を棄却した。
　(3)　Xが、原審の判断は民訴法16条2項の趣旨に反すると主張して、抗告の許可を申し立てた。
　(4)　本決定は、「所論の点に関する原審の判断は、正当として是認することができる。論旨は採用することができない。」と判示して、抗告を棄却した。
　自庁処理相当性の判断は、民訴法16条2項の規定の趣旨に鑑み、広く当該事件の事案の内容に照らして地方裁判所における審理及び裁判が相当であるかどうかという観点からする地方裁判所の合理的な裁量にゆだねられており、裁量権の逸脱、濫用と認められる特段の事情がある場合を除き、これが違法とされることがないこ

とは、最二小決平 20・7・18 民集 62・7・2013、判時 2021・41 の説示するところであり、本件は、上記の判断基準のあてはめが問題になったにすぎない事案といえよう。

2 補助参加

【6】23(許)23（△三小、平 23・10・25、棄却。原審福岡高決平 23・2・28、原々審福岡地決平 22・12・16）

【7】23(許)24（△三小　、平 23・10・25、棄却。原審福岡高決平 23・2・28、原々審福岡地決平 22・12・9）

(1) 売買代金請求事件（【6】事件）及び貸金請求事件（【7】事件）において、被告の一般債権者が被告を補助するためにした補助参加の申出が許されるか否かが問題となった事案である。

(2) X は、① 医療法人である Y_1 に対し、売買代金 1 億円の支払を求める訴訟を、② Y_1 の理事長である Y_2 に対し、貸金 2600 万円余の支払を求める訴訟を、それぞれ提起した。Y らの一般債権者である Z が、上記各訴訟により X が Y らに対する債務名義を取得すると Y らの資産状態が悪化し、Z の債権回収額に影響を及ぼすなどと主張して、Y らを補助するため補助参加の申立てをしたところ、X 及び Y らが異議を述べた。

原々審及び原審は、本件各申立てを却下すべきものと判断した。その理由の概要は次のとおりである。

Z は、Y らの一般債権者であって、本件各訴訟の結果、債務者たる Y らの一般財産が減少する可能性があるという経済的利益を有するにすぎず、かかる利益は法律上の利益には含まれない。補助参加の要件としての法律上の利害関係は、訴訟の結果についてのものでなければならないから、Z において、債権者代位権に基づき X に対する契約解除権、相殺権等を行使することができるとしても、これを行使した結果としての実体的な権利・利益の喪失・変動を考慮することなく、法律上の利害関係を肯定することはできない。

(3) Z が、原審の判断には民訴法 42 条の解釈の誤り、判例違反があるなどと主張して、抗告の許可を申し立てた。

(4) 本件各許可抗告に対し、本決定は、「所論の点に関する原審の判断は、正当として是認することができる。論旨は採用することができない。」と判示して、いずれの抗告も棄却した。

被告の財産を引当てにしているにすぎない一般債権者は法律上の利害関係を有しないと解することについては学説上も異論がなく、原審の結論について異論はないものと思われる。

I　民事訴訟法

3　文書提出命令（証拠保全申立事件における提示命令を含む）

(1)　文書提出義務
ア　民訴法220条4号ロ該当性

　【8】ないし【10】の各事件は、いずれも、文書提出命令申立事件において、公務員の職務上の秘密に関する文書につきその提出により公務の遂行に著しい支障を生ずるおそれがあるか否か（民訴法220条4号ロ該当性）が問題となった事案である。民訴法220条4号ロ所定の除外文書の一般的解釈は、最三小決平17・10・14民集59・8・2265、判時1914・84によって既に明らかにされており、【8】ないし【10】の各事件は、その具体的なあてはめが問題になった個別性の高い事案であったように思われる。

【8】23(許)3（△一小、平23・3・3、棄却。原審大阪高決平22・11・16、原々審大阪地堺支決平22・2・9）

　(1)　Aの父母であるXらは、Aが自殺したのは、Aと同じ勤務先会社の寮に居住していたY_1及びY_2からのいじめを受けたことによるものであると主張して、Yらに対し、不法行為に基づく損害賠償を求める訴訟を提起した。Xらは、Yらからいじめを受けたことを立証するためとして、千葉県柏警察署長であるZが所持する柏警察署警察官作成の供述録取書、実況見分調書、捜査報告書及び警察官が作成したメモ等（本件文書）について、民訴法220条3号及び4号に基づく文書提出命令の申立てをした。
　原々審は、本件文書は民訴法220条3号に該当するものではなく、同条4号ホに該当するから、文書提出義務が認められないとして本申立てを却下した。
　原審においては、本件文書のうち死体発見報告書（本件報告書）が民訴法220条4号ロに該当するか否かが争点となり、同法223条3項に基づいてされたZの監督官庁に当たる千葉県警本部長に対する意見聴取では、本件報告書は、開示すると犯罪の予防、公共の安全と秩序の維持に重大な支障を及ぼすことになり民訴法220条4号ロに該当するとの意見が述べられた。
　原審は、本件報告書につき、民訴法220条3号に基づく提出義務を否定し、同条4号ロに該当しないと認めることはできないとして同号に基づく提出義務も否定し、Xらの抗告を棄却した。その理由の概要は次のとおりである。
　ア　本件報告書には、①Aの死体の発見者の住所等、②各種検査結果、③Aのサーフィン仲間、寮の管理人、Aの先輩及び同僚からの各聴取内容、④Aの死亡の原因が犯罪に起因しないと判断した理由等が記載されており、民訴法220条4号にいう「公務員の職務上の秘密に関する文書」に該当する。
　イ　民訴法220条4号ロにいう「その提出により公共の利益を侵害し、又は公務の遂行に著しい支障を生ずるおそれがある」とは、単に文書の性格から公共の利益を害し、又は公務の遂行に著しい支障を生ずる抽象的なおそれがあることが認めら

れるだけでは足りず、その文書の記載内容からみてそのおそれの存在することが具体的に認められることが必要である（最三小決平17・10・14民集59・8・2265、判時1914・84）。そして、当該文書の民訴法220条4号ロ該当性につき、監督官庁の意見聴取を要求し、その意見について相当な理由があると認めるに足りない場合に限り、当該文書の所持者に対し、その提出を命ずることができる旨定める民訴法223条3項、4項によれば、上記のような「おそれ」の有無を判断するについては、その性質上、防衛・外交政策上の、又は刑事政策上の将来予想を含む専門的・政策的判断を要するという特殊性が認められることから、裁判所としても監督官庁の第一次的判断を尊重するのが相当である。

ウ 以上の観点からすれば、民訴法220条4号ロに該当する旨の監督庁の意見には相当な理由があり、本件報告書は、いずれもその提出により公務の遂行に著しい支障を生じるおそれが具体的に存するというべきである。

(2) Xらが、原審の判断は上記判例に反すると主張して、抗告の許可を申し立てた。

(3) 本決定は、「所論の点に関する原審の判断は、正当として是認することができる。論旨は採用することができない。」と判示して、抗告を棄却した。

【9】23(許)26（△一小、平23・8・3、棄却。原審大阪高決平23・4・11、原々審大阪地決平22・6・30）

(1) 大阪府立高校の生徒であったAの父母であるXらは、Aが自殺したのは、上記高校の教員の安全配慮義務違反により部活動での交友関係が悪化したことなどが原因であると主張して、大阪府に対し、損害賠償を求める訴訟を提起した。Xらは、部活動での交友関係が悪化したことなどを立証するためとして、Aの自殺に関し、上記高校が全校生徒に実施したアンケートの回答書並びに部員に対して2度実施した聴取調査に基づき教員が作成した第1回及び第2回聴取書（本件各文書）について、民訴法220条4号等に基づく文書提出命令の申立てをした。

原々審は、本件各文書に記載されている情報を、(a)Aの自殺についての感想など生徒の精神状態に関する情報と、(b)生徒が知っているAの自殺原因に関する客観的事実に関する情報に区分した上、(a)の情報については、民訴法220条4号ロにいう「公務の遂行に著しい支障を生ずるおそれ」があるが、(b)の情報については、これがあるとはいえないとして、上記回答書については申立てを却下し、上記各聴取書については、(b)の情報に限って申立てを容認し、その提出を命じた。

原審は、原々決定を取り消し、本件申立てをいずれも却下すべきものとした。その理由の概要は次のとおりである。

①本件各文書に記載されている、(a)の情報及び(b)の情報のいずれも、公務員が職務を遂行する上で知ることができた私人の秘密が記載された文書であり、民訴法220条4号ロにいう「公務員の職務上の秘密に関する文書」に該当する。②本件各文書については、アンケートへの回答を求められ、又は事情聴取を受けた生徒は、

これがカウンセリングのための資料収集を目的として実施されるものと理解してアンケートに応じたものと推認されるから、その結果が公表されることが分かっていれば、調査に応じないなどのおそれがある上、教師にもその協力を強制する権限はないから、これを公開することは、生徒と教師との信頼関係を著しく破壊するおそれが高く、今後の同種の調査において生徒らの精神状態の正確な把握が著しく困難になるおそれも高い。本件各文書には、(b)の情報も記載されているが、生徒としては、これも非公開を前提として回答しているものと推認されるから、(b)の情報を公開することも上記のおそれが高いことに違いはない。そうすると、本件各文書はいずれも民訴法220条4号ロにいう「公務の遂行に著しい支障を生ずるおそれがあるもの」に当たらないとはいえない。

(2) Xらが、文書提出義務を否定した原審の判断には判例違反があると主張して、抗告の許可を申し立てた。

(3) 本決定は、「所論の点に関する原審の判断は、正当として是認することができる。論旨は採用することができない。」と判示して、抗告を棄却した。

【10】 23(行7)3 (△一小、平23・12・15、棄却。原審大阪高決平23・8・5、原々審神戸地決平22・8・18)

(1) 生活保護受給者であるXらは、生活保護基準において70歳以上の者の生活扶助基準額に付加されていた老齢加算を厚生労働大臣が廃止したことに基づきなされた生活保護変更処分の取り消しを求める訴訟を提起した。Xらは、老齢加算を廃止するに当たって根拠とされたデータ（特別集計の結果）が不合理であることを証明するためとして、平成11年及び同16年の各全国消費実態調査において被調査者中の単身世帯から提出された家計簿、年収・貯蓄等調査票及び世帯票に記載された調査票情報（統計法2条11項）を一部加工して電磁的に記録した媒体（磁気テープ若しくはCD－ROM）（本件各文書）につき、文書提出命令の申立てをした。

原々審は、本件各文書のうち、平成11年の全国消費実態調査において被調査者中の60歳以上の単身世帯から提出された上記各文書（世帯票については都道府県市区町村番号、調査単位区符号、一連世帯番号、性別、満年齢、就業・非就業の別が記載された部分のみ）については、証拠として取り調べる必要があり、文書提出義務も認められるとして、当該文書の提出を命じ、その余の文書については、証拠調べの必要性を欠くとして、申立てを却下した。

原審は、証拠調べの必要性を欠くことを理由とする上記却下決定に対するXらの抗告については、独立に不服申立てをすることができないとして却下し、上記提出命令に対する国の抗告は理由があるとして当該提出命令を取り消した。その理由の概要は次のとおりである。

①統計法上、調査票情報を扱う者は守秘義務を負っているところ、本件各文書のうち証拠調べの必要性がある部分には、私人の家計上の収入と支出、貯蓄・借入残高に関する事項等が記載されており、これらは、私生活上のプライバシーに関する

情報であるから、民訴法220条4号ロにいう「公務員の職務上の秘密」に当たる。②「公務の遂行に著しい支障を生ずるおそれがある」とは、単に文書の性格から公共の利益を侵害し、又は公務の遂行に著しい支障を生ずる抽象的なおそれがあることが認められるだけでは足りず、その文書の記載内容からみてそのおそれの存在することが具体的に認められることが必要である（最三小決平17・10・14民集59・8・2265、判時1914・84）。③平成11年の全国消費実態調査において、年齢や対象地域から特定の人が対象になったことが判明する危険は全く無視できるほど小さいとはいえず、消費にせよ貯蓄にせよ、調査票情報を開示すれば家計の情報が相当細部にわたり開示されることになる。④罰則の存在も、国民の任意の協力なしには正確な情報が申告され難いところからすれば、公務への支障を減殺する事由にはならない。⑤もともと調査への協力を得るのが困難なのであるから、調査票情報の開示によって公務の遂行に著しい支障を及ぼす可能性は高く、その取り調べについて上記のような支障を上回るほどの必要性不可欠性も認められない。

　(2)　Xらが、文書提出義務を否定した原審の判断に判例違反、法令違反があると主張して、抗告の許可を申し立てた。

　(3)　本決定は、「所論の点に関する原審の判断は、正当として是認することができる。論旨は採用することができない。」と判示して、抗告を棄却した。

イ　民訴法220条4号ニ該当性

　【11】は文書提出命令申立事件において、【12】ないし【14】の各事件は訴え提起前の証拠保全申立事件における提示命令の申立てにおいて、「自己利用文書」該当性（民訴法220条4号ニ該当性）が問題となった事案である。

【11】23(許)36（△二小、平23・11・30、棄却。原審札幌高決平23・6・2、原々審札幌地決平23・1・11）

　(1)　被相続人Aの共同相続人であるXは、Aの遺言や生前贈与によりAの財産を取得した他の共同相続人Y_1に対し、遺留分減殺請求をする旨の意思表示をしたとして、Y_1及び遺言執行者Y_2を被告として遺留分を侵害する部分につき所有権一部移転登記手続や株券の引渡し等を求めるとともに、株式会社Y_3を被告として遺留分減殺請求に係る株式について株主名簿の名義書換を求める訴訟を提起した。Xは、上記株式の適正評価額を証明するためとして、Y_3を相手方として、Y_3が所持する①法人税確定申告書控、②固定資産台帳及び減価償却費明細書、③一括償却資産台帳及び損金算入明細書、④決算（報告）書、⑤会社財産明細表等の法人税申告書一式（本件各文書）について、文書提出命令の申立てをした。

　原々審は、本件各文書を証拠として用いる必要性を否定することはできないとして、Y_3に対し、当該文書を提出するよう命じた。

　原審は、証拠調べの必要性がないことを理由として文書提出命令につき抗告をすることはできないとした上、なお書きにおいて、Y_3は、本件各文書が民訴法220

条4号ニに該当すると主張しているとも解し得るが、本件各文書は、法令によって作成が義務付けられ、法人税の確定申告の際に添付すべき文書であり、その作成目的に照らし、外部の者への開示を予定した文書であることを否定できないから、民訴法220条4号ニの自己利用文書に該当するとは認められないとして、Y₃の抗告を棄却した。

(2) Y₃が、本件各文書は、極めて機密性の高い文書であることが明らかであるのに、開示によって所持者の側に看過し難い不利益が生じるおそれがあるかについて具体的に判断することなく、また、法人税の確定申告の際に添付するものではない固定資産台帳及び一括償却資産台帳を添付すべき文書であるなどとして、提出を命ずるべきものとした原決定は、判例に相反し、民訴法220条4号ニの解釈適用の誤りがあると主張して、抗告の許可を申し立てた。

(3) 本決定は、「所論の点に関する原審の判断は、結論において是認することができる。論旨は採用することができない。」と判示して、抗告を棄却した。

民訴法220条4号ニ所定の除外文書（自己利用文書）の一般的解釈は、既に最二小決平11・11・12民集53・8・1787、判時1695・49によって明らかにされており、本件は、その具体的なあてはめが問題になった個別性の高い事案であり、本件各文書が、自己利用文書に該当するとは認められないとした原審の判断は結論的には是認し得るものと思われる。もっとも、原審が、固定資産台帳及び一括償却資産台帳をも法人税の確定申告書に添付すべき文書であるとした点は、論旨が指摘するとおり誤りであるといわざるを得ず、本決定が、原審の判断を「結論において」是認するとしたのは、この点の誤りを示唆するものであろう。

【12】23(許)27（△二小、平23・9・30、棄却。原審大阪高決平23・3・29、原々審京都地決平23・2・8）

(1) Xは、Yの運営する病院において、下肢静脈瘤に対するレーザー治療を受けた際、末梢神経を損傷され後遺症を負ったと主張して、Yに対する損害賠償訴訟を本案とする証拠保全の申立てをし、Yは本件医療事故に関する医師賠償責任保険事故・紛争通知書を作成しその写し（本件文書）を所持しているとして、提示命令の申立てをした。

原々審及び原審は、「自己利用文書」該当性につき、判例（最二小決平11・11・12民集53・8・1787、判時1695・49）に沿って、本件文書は「自己利用文書」に当たると認め、本件申立てを却下すべきものと判断した。その理由の概要は次のとおりである。

①本件文書の原本は、医療機関が自ら契約した保険契約の利益を受けるために作成したものであり、その内容は、患者側の態度や医療の専門家としての意見などにも及び、医療機関と保険会社が、保険契約に基づく権利義務関係を判断するために、忌たんのない評価や意見を記載することが予定されており、医療機関及び保険会社以外の外部者に開示されることは基本的に予定されていない。本件文書の原本作成

に当たって、保険会社は、医療機関にとって外部者ではなく内部者に当たる。②本件文書の記載は、将来提起される訴訟の訴訟戦略に関わる部分や医療の専門家としての意見であったりするため、開示によって、所持者の側に看過し難い不利益が生ずるおそれがある。

(2) Xが、原審の判断は、上記判例に相反し、民訴法220条4号ニの解釈適用の誤りがあるなどと主張して、抗告の許可を申し立てた。

(3) 本決定は、「相手方が所持する原決定別紙検証物目録11記載の物件の写しについての提示命令の申立てを却下すべきものとした原審の判断は、是認することができる。論旨は採用することができない。」と判示して、抗告を棄却した。

本件文書の原本については、原審のように、医療機関と保険会社を一体とみて、それ以外に開示することが予定されていないことをもって内部文書性を肯定することができると思われるが、上記の原本が、医療機関と保険会社との共同の作成文書ではなく、また、両者が全体として1つの組織として活動していると評価することもできないと考えると、これと異なる見解（作成者である医療機関にとっては、内部とはいえない保険会社への開示を予定した文書であると解する見解）も全くあり得ないわけではないように思われる。しかし、仮に、後者のような見解を採ったとしても、本件で提示命令の対象となっているのは、原本ではなく、写しであり、この写し自体については、専ら医療機関の内部的な必要に基づき作成されたものということができ、内部文書性を肯定することができることになる。本決定が「……の写しについての提示命令の申立てを却下すべきものとした原審の判断」を是認する旨判示しているのは、後者のような見解もあり得ることに配慮したものと思われる。

【13】23(許)33（△三小、平23・10・4、棄却。原審大阪高決平23・5・25、原々審神戸地尼崎支決平22・9・30）

(1) 株式会社Yに勤務していたAの父Xは、AがYの従業員寮の4階から落下して死亡した事故（本件事故）について、過重な業務の負荷やパワハラ、いじめ等が原因での自殺であると主張して、Yに対する損害賠償請求訴訟を本案とする証拠保全申立事件において、Yが所持するメール文書、メモ、報告文書、労働基準監督署の地図等合計45の文書について、提示命令の申立てをした。

原々審及び原審は、本件提示命令申立ての一部を認容し、その余を却下すべきものと判断した。原審は、「自己利用文書」該当性につき、判例（最二小決平11・11・12民集53・8・1787、判時1695・49）に沿って、Xが原審で提示を求めた本件文書の一部は、自己利用文書に当たるとした。その理由の概要は次のとおりである。

①本件文書には、Yが本件事故の原因についてAの同僚社員にヒヤリング調査した結果を報告した書面（第1文書）、労働基準監督署に対するYの対応を検討する過程等でY内部関係者の間でやりとりされたメールや書面（第2文書）、その他

の書面（第3文書）が含まれているところ、第3文書は本件事故と関連性が認められないから、提示義務を認めることはできない。②第1文書及び第2文書は、Y内部において、本件事故の原因を調査するために、後日これが外部に公表されないことを前提に、関係者らに忌たんのない意見、報告を求め、これをもとに、労働基準監督署への対応について内部で忌たんのない意見を交換することが予定されているものであるから、これが外部に開示されるとAの同僚社員のプライバシーが侵害されたり、Y内部における自由な意見の表明に支障を来しYの自由な意思形成が阻害されたりするおそれがあるものとして、特段の事情がない限り、「専ら文書の所持者の利益に供するための文書」に当たると解すべきである。③第1文書が開示されると、ヒヤリングに応じた社員とYとの信頼関係を著しく破壊するおそれが高く、今後の同種の調査において忌たんのない意見、報告を求めることが著しく困難となるおそれも高いし、また、第2文書についても、これが開示されるとY内部における忌たんのない意見交換を行うことが著しく困難となるおそれが高いことから、所持者の側に看過し難い不利益が生ずるおそれがないとはいえない。

(2) Xが、原審の判断は、上記判例に相反し、民訴法220条4号ニの解釈適用の誤りがあるなどと主張して、抗告の許可を申し立てた。

(3) 本決定は、「所論の点に関する原審の判断は、是認することができる。論旨は採用することができない。」と判示して、抗告を棄却した。

民訴法220条4号ニ所定の除外文書（自己利用文書）の一般的解釈は、最二小決平11・11・12民集53・8・1787、判時1695・49によって既に明らかにされており、本件も、その具体的なあてはめが問題になった個別性の高い事案であったように思われる。

【14】23(許)46（△一小、平23・12・15、棄却。原審東京高決平23・7・19、原々審宇都宮地決平22・10・12）

(1) Xは、Yの運営する病院において、脳腫瘍の摘出手術を受けた際、担当医師の過失により右顔面麻痺等の後遺障害を負ったことを理由とするYに対する損害賠償請求訴訟を本案として、Yが所持する医師賠償責任保険事故・紛争通知書（写し）（本件文書）の証拠保全（検証）及び提示命令の申立てをした。

原々審及び原審は、「自己利用文書」該当性の判断基準につき、判例（最二小決平11・11・12民集53・8・1787、判時1695・49）に沿って、本件文書は「自己利用文書」に当たると認め、本件申立てを却下すべきものと判断した。その理由の概要は次のとおりである。

①本件文書は、Xから損害賠償請求を受けたYが、保険会社との間の医師賠償責任保険契約に基づき、保険金の支払を受ける手続の一環として作成されるものであり、保険会社に上記損害賠償請求に対する検討資料を提供するため、Yの意見や反論等を記載して作成した書面であるから、専らYと保険会社との間で利用する目的で作成され、それ以外の第三者に開示することが予定されていない文書という

べきである。②本件文書には、Xからの損害賠償請求に対するYの意見や反論等、紛争の一方当事者であるXに開示するのは相当でない事項も記載されており、これが開示されると、損害賠償請求を受けたYによる自由な意思形成が阻害されるなど、開示によって本件文書の所持者であるYに看過し難い不利益が生じるおそれがある。

(2) Xが、本件文書は、保険会社という外部者に対して開示されることを予定されている、本件文書は、本案訴訟の争点との関係で極めて重要な文書であるなどとして、本件文書の「自己利用文書」該当性を肯定した原審の判断は、民訴法220条4号ニの解釈適用を誤っていると主張して、抗告の許可を申し立てた。

(3) 本決定は、「所論に関する原審の判断は、正当として是認することができる。論旨は採用することができない。」と判示して、抗告を棄却した。

本件は、【12】事件と同じく、医療機関が保険会社との間で締結した医師賠償責任保険契約に基づき保険金の支払を受ける手続の一環として作成される医師賠償責任保険事故・紛争通知書の写しの提出命令の申立事件であり、異なる小法廷において、同通知書の写しの「自己利用文書」該当性を肯定した原審の判断がいずれも是認されたことによって、その「自己利用文書」該当性については、決着をみたものといってよいであろう。

  ウ　その他
【15】23(行ツ)2（○三小、平23・10・11、棄却、集民238・35、判時2136・9。原審東京高決平23・4・15）

(1) 文書提出命令申立事件において、「法律関係文書」（民訴法220条3号後段）及び「自己利用文書」（同条4号ニ）該当性が問題となった事案である。

(2) A（東京弁護士会）に所属する弁護士Xは、Aから戒告の懲戒処分（本件懲戒処分）を受け、Y（日本弁護士連合会）に対してした審査請求が棄却されたため、本件懲戒処分は、懲戒事由がないのに、Yの会長選挙に立候補する意向を有していたXを懲戒してその被選挙権を失わせるという不当な目的で行われたなどと主張して、弁護士法61条に基づき、Yに対し上記裁決の取消し等を求める訴訟を提起した。Xは、Aの綱紀委員会における議論の経過を立証するためとして、綱紀委員会の議事録及び議事に関して委員に配布された議案書（本件各文書）につき、文書提出命令の申立てをした。

原審は、Aを審尋することなく、Yを相手方として本件申立てを却下する決定をした。その理由の概要は次のとおりである。

①本件議事録は、Xの懲戒手続において作成、保存が義務付けられているものであるから法律関係文書であるが、X以外の関係者のプライバシー保護や綱紀委員の自由な意見交換の保障が必要であるし、懲戒するかどうかの判断は懲戒委員会の権限であり、本件議事録を見ないと本件懲戒処分の適否を決することができないわけではないから、Aがその提出を拒むことに正当な理由がある。②本件議案書は、綱

紀委員会の審議に用いる資料、決議の草案等を指すものと理解され、上記委員会内部における審議のために使用するものであり、保存や外部への公表を予定したものではないから、法律関係文書に当たらない。
　(3)　Xが、原審の判断には民訴法220条3号後段、4号ニの解釈適用の誤りがあるなどと主張して、抗告の許可を申し立てた。
　(4)　本決定は、次のとおり判示して、抗告を棄却した。

　「(1)　ある文書が、その作成目的、記載内容、これを現在の所持者が所持するに至るまでの経緯、その他の事情から判断して、専ら内部の者の利用に供する目的で作成され、外部の者に開示することが予定されていない文書であって、開示されると個人のプライバシーが侵害されたり個人ないし団体の自由な意思形成が阻害されたりするなど、開示によって所持者の側に看過し難い不利益が生ずるおそれがあると認められる場合には、特段の事情がない限り、当該文書は民訴法220条4号ニ所定の「専ら文書の所持者の利用に供するための文書」に当たると解するのが相当である（最高裁平成11年(許)第2号同年11月12日第二小法廷決定・民集53巻8号1787頁参照）。
　(2)　弁護士法は、弁護士会の綱紀委員会又はその部会が議決をしたときは速やかに理由を付した議決書を作成しなければならないと規定しているが（70条の8、70条の9）、綱紀委員会の議事録の作成及び保存を義務付ける規定を置いていない。これは、弁護士会の自主性や自律性を尊重し、その議事録の作成及び保存に関する規律を弁護士会に委ねる趣旨であると解される。
　記録によれば、相手方の会則、綱紀委員会会規、懲戒委員会会規及び綱紀委員会細則は、次のとおり規定している。すなわち、相手方の綱紀委員会の議事は非公開とされ、特に綱紀委員会の承諾を得た者のみが傍聴することができる（会則62条、綱紀委員会会規8条1項）。綱紀委員会は議事録を作成し保存しなければならず、その記載事項は、①開催の日時及び場所、②出席した委員及び予備委員並びに立ち会った書記の氏名、③議事の順序及び重要な発言の要旨、④議決及び賛否の数、⑤その他委員長が必要と認める事項とされているが（会則63条、同会規5条、36条1項）、それは、非公開とされ、議事録以外の保存記録については閲覧、謄写又は録音の聴取等が許される場合があるのに対し、議事録はいかなる場合にもこれが許されない（同会規8条2項、36条2項）。さらに、相手方において、綱紀委員会の議決に基づき懲戒委員会に対し事案の審査を求めるに当たって提出すべき綱紀委員会の調査記録等にも、その議事録は含まれていない（懲戒委員会会規15条、綱紀委員会細則11条）。
　以上のような弁護士会の委任を受けて定められた相手方の内部規則の規定の内容等に鑑みると、本件議事録は、専ら相手方の内部の利用に供する目的で作成され、外部に開示することが予定されていない文書であると解するのが相当であり、綱紀委員会の審議の参考に供するためその議案を示すものとして委員に配布される文書

である本件議案書も、同様の目的及び性格を有する文書であると解するのが相当である。
　(3)　本件議事録のうち審議の内容である「重要な発言の要旨」に当たる部分は、相手方の綱紀委員会内部における意思形成過程に関する情報が記載されているものであり、その記載内容に照らして、これが開示されると、綱紀委員会における自由な意見の表明に支障を来し、その自由な意思形成が阻害されるおそれがあることは明らかである。綱紀委員会の審議の内容と密接な関連を有する本件議案書についても、これと別異に解すべき理由はない。
　(4)　そして、抗告人は、その立証趣旨に照らすと、本件議事録のうち審議の内容である「重要な発言の要旨」に当たる部分の提出を求め、これと関連する限りにおいてのみその他の記載事項の部分及び本件議案書の提出を求めているものと解されるのであって、以上によれば、前記の特段の事情のうかがわれない本件各文書は、民訴法 220 条 4 号ニ所定の「専ら文書の所持者の利用に供するための文書」に当たるというべきである。
　本件各文書が、「専ら文書の所持者の利用に供するための文書」に当たると解される以上、法律関係文書に該当しないことはいうまでもない。
　以上によれば、相手方は本件各文書の提出義務を負うものではなく、本件申立ては理由がないから、これを却下した原審の判断は結論において是認することができる。論旨は採用することができない。
　なお、文書の所持者が訴訟当事者以外の第三者である文書提出命令申立て事件において申立ての相手方となるのは、当該第三者であり、訴訟の相手方当事者ではない。本案訴訟の被告である日弁連を本件申立ての相手方とした原決定には当事者を誤った違法があるが、この誤りは原決定の結論に影響を及ぼすものではない。」

　本決定には、田原裁判官の補足意見がある。
　民訴法 220 条 3 号に基づく文書提出義務と同条 4 号に基づく文書提出義務とは選択的な関係にあると解されている（最二小決平 11・11・12 民集 53・8・1787、判時 1695・49 参照）。そして、上記最二小決が、①　開示が予定されていないことと、②　開示により看過し難い不利益が生ずるおそれがあることの 2 点を、民訴法 220 条 4 号ニ（自己利用文書）該当性を認める要件として挙げているのに対し、最一小決平 12・3・10 集民 197・341、判時 1711・55 が、同条 3 号後段の規定する「法律関係文書」には、専ら自己使用のために作成した「内部文書」は含まれないとしていることからすると、同条 4 号ニの「自己利用文書」に該当する文書は、「内部文書」にも該当し、同条 3 号後段の規定する「法律関係文書」には該当しないという関係にあるものといえる。したがって、同条 3 号後段該当性と同条 4 号ニ該当性が争われる事案においては、後者の該当性さえ認められれば、前者の該当性は否定されることになる。原審の判断は、上記の各最高裁決定の趣旨を正解せず、上記の関係についての理解にも欠けるものであったといわざるを得ないように思われる。

また、原審は、第三者である A の所持する文書について、訴訟当事者である Y を相手方として、X の文書提出命令の申立てを却下する決定をしているが、本決定も説示するように、第三者所持文書について文書提出命令の申立ての相手方となるのは当該第三者であり、原決定には、この点でも誤りがあったといえる。このため、本決定は、A に対する所定の文書の送達等の手続を追完した上で、原審の上記の誤りは結論に影響を及ぼすものではない旨を説示して、A を相手方として、X の抗告を棄却する決定をしたものである。上記の誤りは、実務上散見されるところであり、注意を要するものといえよう。

(2) その他

【16】 23(許)18 (△一小、平 23・4・28、棄却。原審大阪高決平 23・2・14、原々審大阪地決平 23・1・11)

(1) 文書提出命令申立てを時機に後れた攻撃防御方法の申出に当たるとして民訴法 157 条 1 項により却下した決定に対し、同法 223 条 7 項により即時抗告をすることができるか否かが問題となった事案である。

(2) 被相続人 A の共同相続人である X 及び Y_1〜Y_3 は、それぞれ、A 名義の預貯金が無断で払戻し又は解約されたことにより自己の相続分相当額の損害が生じたと主張して、X は Y_1〜Y_3 に対し、Y_1 は Y_2 及び Y_3 に対し、Y_2 及び Y_3 は Y_1 に対し、それぞれ損害賠償を求める訴訟を提起した。そして、Y_2 及び Y_3 は、Y_1 を相手として、Y_1 が上記預貯金を払い戻したことを立証するためとして、Y_1 名義の預金通帳につき、文書提出命令の申立てをした。

　原々審は、本件申立ては、基本事件について次回期日で口頭弁論終結が見込まれるときにされたものであることなどから、時機に後れた攻撃防御方法の申出に当たるとして、民訴法 157 条 1 項に基づき本件申立てを却下したところ、Y_2 及び Y_3 が即時抗告をした。

　原審は、民訴法 157 条 1 項により却下すべきか否かは、基本事件の受訴裁判所が判断すべきことであって、同法 223 条 7 項による即時抗告をすることはできないとして、Y_2 及び Y_3 の抗告を却下した。

(3) Y_2 及び Y_3 が、民訴法 157 条 1 項によるものであっても、文書提出命令の申立てを却下する決定に対しては、同法 223 条 7 項の文言に限定がないこと、同項は同法 157 条 1 項の特則であること、却下決定が誤りであった場合には、提出されるべきであった文書が提出されないまま第 1 審判決が出されるなど、不都合が生ずることなどから、即時抗告はできると解すべきであり、これと異なる原審の判断には法令解釈の誤りがあると主張して、抗告の許可を申し立てた。

(4) 本決定は、「所論の点に関する原審の判断は、正当として是認することができる。論旨は採用することができない。」と判示して、抗告を棄却した。

　民訴法 157 条 1 項に基づき文書提出命令の申立てを却下する決定は、文書提出義務の有無については何ら判断をするものではなく、同項の要件該当性を判断してい

るにすぎず、その判断の当否については、文書提出命令の申立て以外の攻撃防御方法の申出が同項に基づき却下された場合と同様に、終局判決に対する上訴によって、上訴審の判断を仰ぐべきことは明らかといえよう。

【17】23(許)32（△一小、平23・8・24、棄却。原審福岡高決平23・3・18、原々審福岡地決平23・2・15）

(1) 文書提出命令申立事件において、対象文書の存在の疎明がないこと等を理由に上記申立てを却下した原々審決定に対する即時抗告を棄却した原審の判断の当否が問題となった事案である。

(2) Xは、Yを仲介業者として株式会社Aとの間でマンション（本件物件）の賃貸借契約を締結したが、その際、Yに支払った仲介手数料は、宅地建物取引業法46条1項所定の制限額を上回るものであり、その支払の合意は無効であるとして、Yに対し、不当利得返還請求権に基づき、上記手数料の返還を求める訴訟を提起した。Xは、同訴訟の控訴審において、Yが法定上限を超える金員をだまし取ったことなどを証明するためとして、①YとAとの本件物件の入居者募集に関する契約書及び関連文書一式、②稟議書、③募集条件設定に関する文書、④Yと引っ越し業者との間の手数料契約、⑤Yと火災保険会社との間の代理店契約中報酬に関する部分、⑥YのXとの間の賃貸借契約に関する記録（本件各文書）につき、文書提出命令の申立てをした。

原々審は、①～③の各文書については、Y既提出の文書を除きその存在の疎明がない、④～⑥の各文書については、証拠調べの必要性が認められないとして本件申立てを却下した。

原審は、原々審の理由を引用した上、④～⑥の各文書については、証拠調べの必要性がないことを理由に文書提出命令の申立てを却下した決定に対しては、即時抗告をすることはできないとの説示を付加して、Xの即時抗告を棄却した。

(3) Xが、原審の判断には民訴法181条1項の解釈適用の誤りがあるなどと主張して、抗告の許可を申し立てた。

(4) 本決定は、「所論の点に関する原審の判断は、是認し得ないではない。論旨は採用することができない。」と判示して、抗告を棄却した。

証拠調べの必要性がないことを理由に文書提出命令の申立てを却下した決定に対する即時抗告は、不適法として却下すべきであるが（最一小決平12・3・10民集54・3・1073、判時1708・115)、原決定は、Xの即時抗告を単に棄却している。本決定は、敢えてこの点を問題として取り上げてはいないが、本決定が「是認し得ないではない。」と述べているのは、この問題点を示唆しているものと思われる。

4　上　訴

【18】22(許)38（△一小、平23・3・17、棄却。原審福岡高宮崎支決平22・8・26）

(1) 上告受理申立事件において、原裁判所がした申立期間徒過を理由とする上告

受理申立て却下決定の当否が問題となった事案である。

(2) 基本事件である土地及び建物の所有権移転登記手続請求訴訟において、原審は、Xらの請求を認容した第1審判決に対するYの控訴を棄却する判決をし、判決正本は、平成22年8月5日にYに送達された。上訴期間は同月19日の経過で満了するところ、Yは、上告受理申立書を原審宛てに郵送し、原審に同月23日に到着した。

原審は、Yの上告受理申立ては、法定期間を経過した後に申し立てられた不適法なものであり、民訴法97条1項所定の追完事由も認められず、その不備を補正することができないとして、Yの上告受理申立てを却下した。

(3) Yが、本件上告受理申立書は、平成22年8月13日午前0時半ころ、郵便局の夜間受付において、原審に同月16日必着とする配達日指定郵便で提出したが、郵便局の引き受けの際の行き違いにより郵便局員が誤った日を配達シールに記入したため、同月23日に配達されたものであり、Yには過失がないなどと主張して、抗告の許可を申し立てた。

(4) 本決定は、「所論の点に関する原審の判断は、正当として是認することができる。論旨は採用することができない。」と判示して、抗告を棄却した。

配達シールの記入に関する事情の詳細は不明であるが、論旨がいう(3)のような事情があったとしても、少なくとも、自ら正しく配達日指定がされたことを確認しなかった点において、Yに過失があったといわざるを得ず、追完事由は認められないとした原審の判断は正当ということができよう。

【19】23(許)5（△一小、平23・6・9、棄却。原審名古屋高決平22・11・22）
【20】23(許)6（△一小、平23・6・9、棄却。原審名古屋高決平22・11・22）

(1) 上告提起事件（【19】事件）及び上告受理申立事件（【20】事件）において、原裁判所がした上訴期間徒過を理由とする上告却下及び上告受理申立て却下決定の当否が問題となった事案である。

(2) 岐阜刑務所に収容されているXは、同刑務所で保護房に収容されたことの違法を主張して、国に対して国賠法に基づく損害賠償を求め訴訟を提起したところ、原審は、Xの請求を棄却した第1審判決に対する控訴を棄却する判決をした。原審の判決正本は平成22年10月30日、岐阜刑務所長に送達された。上訴期間は同年11月15日の経過で満了するところ、Xは、上告状及び上告受理申立書（本件上告状等）を刑務所側に提出し、その発信が許可され、本件上告状等は郵便により発送され、原審に同月17日に到着した。

原審は、Xの上告及び上告受理申立ては、法定期間を経過した後に申し立てられた不適法なものであり、民訴法97条1項所定の追完事由も認められず、その不備を補正することができないとして、Yの上告及び上告受理申立てをいずれも却下した。

(3) Xが、①刑務所側は本件上告状等を意図的に3、4日間留め置き発信を遅延

させた、②同種の事案では、訴訟行為の追完が認められたなどと主張して、それぞれ抗告の許可を申し立てた。

(4) 本件各許可抗告に対し、本決定は、「所論の点に関する原審の判断は、正当として是認することができる。論旨は採用することができない。」と判示して、いずれの抗告も棄却した。

【21】23(許)38（△一小、平23・9・15、棄却。原審東京高決平23・5・9）
【22】23(許)39（△一小、平23・9・15、棄却。原審東京高決平23・5・9）

(1) 上告提起事件（【21】事件）及び上告受理申立事件（【22】事件）において、原裁判所がした上告及び上告受理申立て理由書を提出期間内に提出しなかったことを理由とする上)

(2) Xは、妻Y_1に対して離婚を求め、養子縁組をしたY_2及びY_3に対し離縁を求める訴訟を提起した。原審は、Xの請求をいずれも認容すべきものとした第1審判決に対するYらの控訴を棄却する判決をしたところ、Yらは、これに対する上告及び上告受理申立てをした。Yらへの上告提起通知書及び上告受理申立て通知書（本件各通知書）は平成23年2月17日に送達された。理由書提出期間は同年4月8日の経過で満了するところ、Yらは、満了後の同月15日に上告理由書及び上告受理申立て理由書を提出するとともに、何者かが本件各通知書をいったん持ち去ったため、上記送達にしばらく気づかず、理由書の提出が遅れたと主張して、民訴法97条1項による訴訟行為の追完を求めた。

原審は、Yらの上告状及び上告受理申立書には上告及び上告受理申立ての理由の記載がなく、またYらは本件各通知書を受けた日から50日以内に理由書を提出しなかったものであり、なお、一件記録によっても上記期間内に理由書を提出できなかったことについてYらの責めに帰することができない事由があったものとは認められないとして、Yらの上告及び上告受理申立てをいずれも却下した。

(3) Yらが、原審の判断は、判例に違反するなどとして、それぞれ抗告の許可を申し立てた。

(4) 本件各抗告に対し、本決定は、「所論の点に関する原審の判断は、正当として是認することができる。論旨は採用することができない。」と判示して、いずれの抗告も棄却した。

論旨は、何者かがYらの訴訟活動を妨害するため本件各通知書を持ち去ったなどというにわかに採用し難い主張を、特段の裏付けもなく繰り返すものであり、抗告の許可が、許可抗告の制度趣旨に沿うものであるかについては疑問があるといわざるを得ないように思われる（以下、このような場合、「抗告の許可には疑問があるといわざるを得ないように思われる。」とのみ記述する場合がある。）。

【23】23(許)41（△二小、平23・11・30、棄却。原審東京高決平23・6・24）

(1) 上告提起事件において、原裁判所がした上告期間経過を理由とする上告却下

決定の当否が問題となった事案である。

(2) Xは、妹であるY₁及びY₂に対して、母の遺言は偽造されたものであるなどと主張して遺言無効確認を求める訴訟を提起した。原審は、Xの請求をいずれも棄却すべきものとした第1審判決に対するXの控訴を棄却する判決をし、原審の判決正本は、平成23年6月3日にXに送達された。上告期間は同月17日の経過により満了するところ、Xは、上告状を原審宛てに郵送し、原審に同月18日に到着した。

原審は、Xの上告は、上告期間を経過した後に申し立てられた不適法なものであり、民訴法97条1項所定の追完事由も認められず、その不備は補正することができないとして、Xの上告を却下した。

(3) Xが、原審が電話又は書面等により延着の事実を通知せず、追完事由の存在につきXに立証を促すこともなく、追完事由がないとして上告を却下したことは違法であると主張して、抗告の許可を申し立てた。

(4) 本決定は、「所論の点に関する原審の判断は、正当として是認することができる。論旨は採用することができない。」と判示して、抗告を棄却した。

論旨は、原審が電話又は書面等により延着の事実を通知しなかったことを非難するものにすぎず、抗告の許可には疑問があるといわざるを得ないように思われる。

【24】 23(行ヲ)1 (△三小、平23・7・27、破棄・自判。原審福岡高決平23・2・28)

(1) 普通地方公共団体を被告とする抗告訴訟につき、当該普通地方公共団体が上告の提起等をするに当たって、地方自治法96条1項12号に基づくその議会の議決を要するか否かが問題となった事案である。

(2) 産業廃棄物処分場の周辺地域に居住するXらが、福岡県を被告として、同処分場において廃棄物の処理及び清掃に関する法律の定める処理の基準に適合しない産業廃棄物の処分が行われ、生活環境の保全上支障が生じているなどと主張して、主位的に、福岡県知事が上記支障の除去等の措置を自ら講ずべきことを求め、予備的に、同知事が上記処分場の事業者に対し支障の除去等の措置を講ずることを命ずることを求めて、行政事件訴訟法3条6項1号所定の義務付けの訴えを提起した。

1審は、Xらの各請求を原告適格を欠くなどとしていずれも却下したが、原審は、Xらの請求のうち、予備的請求を認容する旨の判決をした。これに対し、福岡県が、上告及び上告受理の申立てをした。

原審は、地方自治法96条1項12号所定の「普通地方公共団体がその当事者である…訴えの提起」には、普通地方公共団体が被告とされた訴訟において敗訴した当該普通地方公共団体がする上訴の提起が含まれるところ、本件上告及び上告受理の申立ては、福岡県の議会の議決を欠いており、かえって、本件上告及び上告受理の申立てがされた翌日に同議会がこれらの取下げを求める旨の決議をしたことは公知の事実であり、本件上告及び本件上告受理の申立ては、いずれも不適法でその不備

を補正することができないとして、福岡県の上告及び上告受理申立てをいずれも却下した。

(3) 福岡県が、本件上告及び上告受理申立ては、地方自治法96条1項12号所定の議会の議決事項である「訴えの提起」からは除外されており、その議決は不要であるから、原審の判断は、地方自治法の解釈の誤りがあるなどと主張して、抗告の許可を申し立てた。

(4) 本決定は、次のとおり判示して、原決定を破棄する旨の決定をした。

「地方自治法96条1項12号は、「普通地方公共団体がその当事者である…訴えの提起」について、その議会の議決を要する事項と定めており、この「訴えの提起」には、控訴若しくは上告の提起又は上告受理の申立てが含まれるものと解される。その一方で、同号は、この「訴えの提起」のうち、普通地方公共団体の行政庁の処分又は裁決に係る当該普通地方公共団体を被告とする抗告訴訟に係るものについては、取消訴訟の被告適格を定める行政事件訴訟法11条1項の規定が同法38条1項により取消訴訟以外の抗告訴訟に準用される場合を含めて、抗告訴訟の類型の種別を問わず、その議会の議決を要する事項から除外している。

したがって、普通地方公共団体の行政庁の処分又は裁決に係る当該普通地方公共団体を被告とする抗告訴訟につき、当該普通地方公共団体が控訴若しくは上告の提起又は上告受理の申立てをするには、地方自治法96条1項12号に基づくその議会の議決を要するものではない。本件の本案訴訟は、行政事件訴訟法3条6項1号所定の義務付けの訴えに係る訴訟であり、上記の抗告訴訟の一類型であるから、抗告人が本件上告及び本件上告受理の申立てをするには、その議会の議決を要しない。

なお、上記の抗告訴訟につき当該普通地方公共団体が適法な控訴若しくは上告の提起又は上告受理の申立てをした場合には、その議会がこれらの取下げを求める旨の決議をしたとしても、これらの効力が左右されるものではない。このことは、本件上告及び本件上告受理の申立てについても同様である。

これと異なる原審の前記判断には、裁判に影響を及ぼすことが明らかな法令の違反がある。論旨は理由があり、その余の抗告理由について判断するまでもなく、原決定は破棄を免れない。」

5 再審

【25】及び【26】の各事件は、再審請求を棄却する原決定に対する抗告であるが、いずれも、確定判決に対する認定非難、法令違反の主張の域を出るものではなく、抗告の許可には疑問があるといわざるを得ないように思われる。例年、再審請求を棄却又は却下する原決定に対する抗告の許可には上記のような例が多く、許可抗告制度の趣旨に沿った許可の運用が強く期待されるところである。

【25】 22(許)46（△二小、平23・1・19、棄却。原審福岡高決平22・10・28）

(1) 民訴法338条1項9号所定の再審事由が認められるか否かが問題となった事

案である。

(2) Xは、信販会社Yとの間でカード契約を締結していた者であるが、YがXのカード利用を停止し、Xには未入金がある旨の情報を複数の個人情報機関に登録した行為が、不法行為を構成するなどと主張して、Yに対し、損害賠償等を求める訴訟を提起したものの、請求棄却の判決が確定した。Xは、確定判決には民訴法338条1項9号所定の再審事由があると主張して再審の訴えを提起した。

原審は、Xの主張する再審事由の実質は、確定判決の認定や判断を不服としてこれを非難するものにすぎず、一件記録を精査しても、上記判決に、その結論に影響を及ぼすべき重要な事項についての判断遺脱は見いだすことはできないとして、Xの本件再審の請求を棄却した。

(3) Xが、原審の判断は、判例違反及び法令の解釈適用の誤りがあるなどと主張して、抗告の許可を申し立てた。

(4) 本決定は、「所論の点に関する原審の判断は、正当として是認することができる。論旨は採用することができない。」と判示して、抗告を棄却した。

【26】 23(許)44（△二小、平23・10・12、棄却。原審福岡高決平23・6・29）

(1) 民訴法338条1項9号所定の再審事由等が認められるか否かが問題となった事案である。

(2) Xは、X宅の隣接地に自宅を所有しているY_1及びY_2がXの敷地内に排水を流入させたなどと主張して、不法行為に基づく損害賠償等を求める訴訟（本訴）を提起したところ、Y_1が、Xが廃材等を焼却したことによる煙等により健康被害を被ったとする損害賠償を、Yらが、本訴が不当提訴であるとする損害賠償をそれぞれ求める訴訟（反訴）を提起した。同訴訟については、Xの本訴請求を棄却し、Y_1の反訴請求を一部認容し、Yらの不当提訴を理由とする反訴請求を全部認容する控訴審判決が、上告審での上告棄却兼不受理決定により確定した。Xは、確定判決には民訴法338条1項9号及び同項7号所定の再審事由があると主張して再審の訴えを提起した。

原審は、Xが主張する判断遺脱を認めることはできず、当事者の虚偽の陳述が判決の証拠となったことについては、民訴法338条2項の主張立証がなく、また、この再審事由を認めることもできないとして、Xの本件再審の請求を棄却した。

(3) Xが、原審の判断は、判例違反及び法令の解釈適用の誤りがあるなどと主張して、抗告の許可を申し立てた。

(4) 本決定は、「所論の点に関する原審の判断は、正当として是認することができる。論旨は採用することができない。」と判示して、抗告を棄却した。

Ⅱ 民事執行法

1 不動産競売開始決定

【27】 23(許)8（○三小、平23・10・11、棄却、集民238・1、判時2136・36。原審東京高決平23・1・7、原々審東京地決平22・10・18）

(1) 建物の区分所有等に関する法律（区分所有法）59条1項に基づく訴訟の口頭弁論終結後の区分所有権及び敷地利用権の譲受人に対し同訴訟の判決に基づいて競売を申し立てることができるか否かが問題となった事案である。

(2) マンションAの管理組合法人の総会決議により、他の区分所有者全員のために訴訟を提起する区分所有者に選任されたXは、Aの1室（本件物件）の区分所有者であるBが多額の管理費や遅延損害金等の支払いを怠っていること等を理由として、Bに対して区分所有法59条に基づく競売の申立ての請求についての訴えを提起し、その認容判決（本件判決）を得た。Bは本件判決言渡し後に、その区分所有権の持分5分の4をY（株式会社）に譲渡した（本件譲渡）。Xは、B及びYに対し、本件判決に基づき本件物件の競売の申立て（本件申立て）をした。

原々審及び原審は、本件判決の効力はYには及ばず、Yが有する持分についての本件申立ては、却下すべきものと判断した。その理由の概要は次のとおりである。なお、Bの持分についてされた競売の開始決定に対して不服申立てはされなかった。

①区分所有法59条の競売は、いわゆる形式競売であり、民事執行法195条により、担保権の実行としての競売の例によるべきところ、不動産担保権の実行としての競売は、担保権の存在を証する確定判決等の債務名義や公正証書、登記事項証明書等の公文書が提出されたときに開始するものであることからすると、区分所有法59条の競売も競売請求権の存在を証する確定判決等が提出された場合に限り、開始すべきものと解される。本件申立てにおいては、Yの有する本件物件の持分権について競売請求権を認めた確定判決等は提出されていないから、Yに対する本件申立ては不適法である。②担保権の実行としての競売において、競売申立て時の所有者に対して申立てができるのは、実体法の効力として、対抗力を有する担保権には追及効があり、その権利が第三取得者に譲渡されても、担保権者は当該担保権を当該第三取得者に対抗できるからである。これに対し、区分所有法59条の競売請求権は、区分所有者の共同利益背反行為による共同生活上の障害が著しい場合に認められるものであるから、当該背反行為者以外の第三者に対して前主への競売請求権を対抗できるものとは解されない。③YはBが支配する会社であり、Xの本件申立てを妨害する目的で本件譲渡を仮装した可能性が高く、法人格の濫用が認められるというべきであるところ、法人格の濫用等が認められる場合には、競売請求権の債務者としての地位の承継があった場合と同視できると解したとしても、民事執行

法181条1項が、不動産担保権の実行としての競売の開始につき、確定判決等の債務名義その他の公文書の提出を求めているだけでなく、同条3項は、担保権の承継があった場合は、その承継を証する裁判の謄本その他の公文書の提出を求めているのであって、これは、競売手続の密行性、迅速性に鑑み、法が競売申立て段階における認定は、法定文書のみを資料として行うこととし、それ以外の証拠による認定を禁止したものと解される。そうすると、担保権の実行としての競売の例によるものとされている形式競売においても、法人格の濫用が認められるとして競売請求権の債務者としての地位が承継されたかどうかについて、これを証する確定判決等の債務名義その他の公文書を提出しなければ、不適法な申立てになるといわざるを得ない。

(3) Xが、原審の判断は、民事執行法181条3項の解釈適用の誤りがあるなどとして、抗告の許可を申し立てた。

(4) 本決定は、次のとおり判示して、抗告を棄却した。

「建物の区分所有等に関する法律59条1項の競売の請求は、特定の区分所有者が、区分所有者の共同の利益に反する行為をし、又はその行為をするおそれがあることを原因として認められるものであるから、同項に基づく訴訟の口頭弁論終結後に被告であった区分所有者がその区分所有権及び敷地利用権を譲渡した場合に、その譲受人に対し同訴訟の判決に基づいて競売を申し立てることはできないと解すべきである。これと同旨の原審の判断は、正当として是認することができる。論旨は採用することができない。」

本決定には、田原裁判官の補足意見がある。
本決定は、区分所有法59条1項の訴訟の口頭弁論終結後に区分所有権等が譲渡された場合の扱いに関して最高裁として初めての判断を判示したものであり、実務上重要な意義を有すると思われる。なお、田原裁判官の補足意見においては、上記訴訟係属中に被告が区分所有権等を譲渡した場合の手続等について補足的に述べられており、今後の議論の参考になるものと思われる。

2 債権差押命令

【28】 22(許)45（△一小、平23・4・28、棄却。原審名古屋高決平22・10・20、原々審名古屋地豊橋支決平22・5・10）

(1) 退職金や年金が振り込まれた預金口座に係る預金債権を差押債権とする債権差押命令申立事件において、当該預金債権に差押禁止の効力が及ぶか否かが問題となった事案である。

(2) Xは、Yに対する執行力のある判決正本に基づき、YのA信用金庫に対する預金債権につき差押命令及び転付命令の申立てをした。
原々審は、Xの申立てに基づき債権差押命令及び転付命令を発した。Yは、A

に開設した預金口座には退職金や年金が振り込まれており、当該預金口座に係る預金債権の原資は差押禁止債権であるから、上記差押命令等は民事執行法152条の趣旨に反し取り消されるべきであると主張して、執行抗告を申し立てた。

原審は、Yの抗告を棄却すべきものと判断した。その理由の概要は次のとおりである。

①預金債権は差押禁止債権には当たらず、仮に、当該預金債権が差押禁止債権の振込みによって生じたものであっても、それらが一旦預金口座に振り込まれた場合には、その法的性質は当該金融機関に対する預金債権に転化すると解される。②預金債権に係る差押えの申立てがあった場合、執行裁判所としては、債務者及び第三債務者を審尋することが予定されていない以上、当該預金債権の性質を調査することは極めて困難であるし、民事執行法153条1項の申立て等がないのに、差押命令発令の当初から当該預金債権が差押禁止債権の振込によるものかどうかなどを考慮の上、差押えの当否や範囲を制限することは相当でない。

(3) Yが、原審の判断は、判例違反及び法令違反の違法があるなどと主張して、抗告の許可を申し立てた。

(4) 本決定は、「所論の点に関する原審の判断は、正当として是認することができる。論旨は採用することができない。」と判示して、抗告を棄却した。

原決定は、執行実務の大勢に従ったものといえる。なお、最三小判平10・2・10金判1056・6参照。

【29】22(許)50（△三小、平23・3・22、棄却。原審東京高決平22・11・10、原々審東京地決平22・7・9）

【30】22(許)51（△三小、平23・3・22、棄却。原審東京高決平22・11・11、原々審東京地決平22・7・9）

(1) 【29】及び【30】の各事件は、いずれも更生会社に対する退職手当請求権を被担保債権とする一般先取特権に基づく債権差押命令申立事件において、会社更生手続開始後に定年退職した場合の上記請求権が会社更生法127条2号の共益債権に該当するか否かが問題となった事案である。

(2) 株式会社Aは、平成22年1月19日、会社更生手続開始の申立てを行い、同日同開始決定を受けた。Aの従業員であるX_1（【29】事件抗告人）とX_2（【30】事件抗告人）は、いずれも、会社更生手続開始後である同年2月28日にAを定年退職し、Aから、会社更生法130条2項に基づくとして、退職手当の3分の1に相当する額の支払を受けた。Xらは、更生手続において、退職手当につき一般の優先権のある更生債権として債権届出をし、上記既払分を除く部分につき異議なく確定した。Xらは、退職手当請求権のうち上記部分を被担保債権として、一般先取特権に基づく債権差押命令の申立てをした。原々審は、Xらの各申立てに基づきAの第三債務者に対する預金債権に対する債権差押命令をそれぞれ発した。Aの管財人Yは、Xらの退職手当請求権のうち被担保債権とされた部分は、共益債権

当たらず、優先的更生債権として扱われるべきものであって、これを被担保債権とした差押命令は違法であるから取り消されるべきであると主張して執行抗告を申し立てた。

原審は、Xらの退職手当請求権のうち被担保債権とされた部分は会社更生法127条2号にいう共益債権には該当しないと判断して、本件各差押命令を取り消した。その理由の概要は次のとおりである。

①退職手当請求権が共益債権に該当する場合としては、管財人が被用者を会社都合のため解雇したような場合や、被用者が管財人の求めに応じて早期に退職したような場合などが想定されており、被用者が自らの都合で退職した場合はこれに含まれないと解される。②定年退職は、自己都合の退職ではないが、更生会社が更生手続開始後に事業の維持更生を図るために被用者に退職を促す場合と異なり、雇用契約上の終了原因に基づくもので、更生手続前にその発生原因が生じていたことは明らかであり、更生手続とは関係なく予定されているものであるから、更生会社の更生に向けた事業の経営並びに財産管理及び処分に関する費用とはいい難い。また、定年退職によって発生する退職手当請求権であっても、更生手続の開始前に発生したものが未払の場合は、会社更生法130条2項の限度で共益債権となることと比較すると、更生手続開始後に定年退職したことにより発生した退職手当請求権について同法127条2号により全額が共益債権となるとして特に厚く保護する合理的な理由は見いだし難い。

(3) Xらが、原審の判断は、会社更生法127条の解釈適用の誤りがあると主張して、抗告の許可を申し立てた。

(4) 本件各許可抗告に対し、本決定は、「所論の点に関する原審の判断は、正当として是認することができる。論旨は採用することができない。」と判示して、いずれの抗告も棄却した。

東京地裁商事部においては、更生手続開始後の定年退職によって発生した退職手当請求権を法127条2号に規定する共益債権とは扱っていないとのことであり、原決定は、こうした更生実務の扱いに沿うものである。本決定は例文によるものではあるが、最高裁も上記の更生実務の扱いを是認することを明らかにしたものといえよう。

【31】23(許)28（△三小、平23・9・20、棄却、金判1376・26。原審仙台高秋田支決平23・5・18、原々審秋田地決平22・9・7）

【32】23(許)34（◎三小、平23・9・20、棄却、民集65・6・2710、判時2129・41。原審東京高決平23・6・6、原々審東京地決平23・4・28）

【33】23(許)37（△三小、平23・9・20、棄却、金判1376・29。原審東京高決平23・6・14、原々審千葉地決平22・8・19）

【34】23(許)50（△一小、平23・10・27、棄却。原審福岡高決平23・8・11、原々審福岡地飯塚支決平23・7・7）

【35】23(許)42（△三小、平23・11・1、一部破棄・自判、一部棄却。原審東京高決平23・6・30、原々審横浜地決平23・4・13）

【36】23(許)45（△三小、平23・11・1、棄却。原審札幌高決平23・6・24、原々審札幌地決平23・5・9）

【37】23(許)47（△三小、平23・11・1、棄却。原審札幌高決平23・6・24、原々審札幌地決平23・5・9）

【38】23(許)53（△二小、平23・11・30、棄却。原審福岡高那覇支決平23・8・23、原々審那覇地決平23・8・12）

(1) 【31】ないし【38】の各事件は、いずれも、債務者が大規模な金融機関に対して有する預金債権又はゆうちょ銀行に対して有する貯金債権の差押命令の申立てに当たり、差押えの目的となる預貯金債権の取扱店舗又は貯金事務センターを一切限定せずに「複数の店舗に預金債権があるときは、支店番号の若い順序による。」「複数の貯金事務センターに貯金債権があるときは、別紙貯金事務センター一覧の番号の若い順序による。」という順位付けをする方式（全店一括順位付け方式）により差押債権を表示した債権差押命令申立ての適否が問題となった事案である。

【32】、【34】、【35】の各事件では、いわゆるメガバンクの預金債権及びゆうちょ銀行の貯金債権の双方の特定が、【31】、【33】、【36】、【37】の各事件では、いわゆるメガバンクの預金債権の特定が、【38】では、地方銀行（琉球銀行、沖縄銀行、沖縄海邦銀行）の預金債権の特定が、それぞれ問題となった。

(2) 上記各事件の原々審及び原審は、いずれも、全店一括順位付け方式により差押債権を表示してする債権差押命令の申立ては、第三債務者らの調査及び支払停止の措置等に過度の負担がかかること、二重払いや債務不履行責任の追及のおそれが生じかねないことなどを指摘し、民事執行規則133条2項の求める差押債権の特定がされていると認めることはできず、不適法であるとして、上記申立てを却下すべきものと判断した。

(3) 上記各事件において、Xが、原審の判断は、民事執行規則133条2項の解釈の誤りがあると主張して、抗告の許可を申し立てた。

(4) 【32】事件決定

第三小法廷は、上記各事件のうち、いわゆるメガバンクの預金債権及びゆうちょ銀行の貯金債権の双方の特定が問題となっていた事件のうちの最先行事件である

【32】事件において、次のとおり判示して、Xの抗告を棄却した。
「(1) 民事執行規則133条2項は、債権差押命令の申立書に強制執行の目的とする財産を表示するときは、差押債権の種類及び額その他の債権を特定するに足りる事項を明らかにしなければならないと規定している。そして、債権差押命令は、債務者に対し差押債権の取立てその他の処分を禁止するとともに、第三債務者に対し差押債権の債務者への弁済を禁止することを内容とし（民事執行法145条1項）、その効力は差押命令が第三債務者に送達された時点で直ちに生じ（同条4項）、差押えの競合の有無についてもその時点が基準となる（同法156条2項参照）。
　これらの民事執行法の定めに鑑みると、民事執行規則133条2項の求める差押債権の特定とは、債権差押命令の送達を受けた第三債務者において、直ちにとはいえないまでも、差押えの効力が上記送達の時点で生ずることにそぐわない事態とならない程度に速やかに、かつ、確実に、差し押さえられた債権を識別することができるものでなければならないと解するのが相当であり、この要請を満たさない債権差押命令の申立ては、差押債権の特定を欠き不適法というべきである。債権差押命令の送達を受けた第三債務者において一定の時間と手順を経ることによって差し押さえられた債権を識別することが物理的に可能であるとしても、その識別を上記の程度に速やかに確実に行い得ないような方式により差押債権を表示した債権差押命令が発せられると、差押命令の第三債務者に対する送達後その識別作業が完了するまでの間、差押えの効力が生じた債権の範囲を的確に把握することができないこととなり、第三債務者はもとより、競合する差押債権者等の利害関係人の地位が不安定なものとなりかねないから、そのような方式による差押債権の表示を許容することはできない。
　(2) 本件申立ては、大規模な金融機関である第三債務者らの全ての店舗を対象として順位付けをし、先順位の店舗の預貯金債権の額が差押債権額に満たないときは、順次予備的に後順位の店舗の預貯金債権を差押債権とする旨の差押えを求めるものであり、各第三債務者において、先順位の店舗の預貯金債権の全てについて、その存否及び先行の差押え又は仮差押えの有無、定期預金、普通預金等の種別、差押命令送達時点での残高等を調査して、差押えの効力が生ずる預貯金債権の総額を把握する作業が完了しない限り、後順位の店舗の預貯金債権に差押えの効力が生ずるか否かが判明しないのであるから、本件申立てにおける差押債権の表示は、送達を受けた第三債務者において上記の程度に速やかに確実に差し押さえられた債権を識別することができるものであるということはできない。そうすると、本件申立ては、差押債権の特定を欠き不適法というべきである。
　以上と同旨をいう原審の判断は、正当として是認することができる。論旨は採用することができない。」

【32】事件決定には、田原裁判官の補足意見がある。
　全店一括順位付け方式により差押債権を表示した差押命令申立ての適法性を肯定

し、差押命令を発した原決定に対し、第三債務者が許可抗告の申立てをした事案はなかったため（第三債務者による許可抗告の申立ての適法性についての誤解があったようにもうかがわれる。）、最高裁に係属した抗告事件の原決定は、いずれも上記方式により差押債権を表示した差押命令申立ての適法性を否定したものであったが、【32】事件決定以前は、全店一括順位付け方式により差押債権を表示した預貯金債権の差押命令申立ての適否について、高裁の判断が完全に2分された状況にあった。最高裁は、【32】事件において、債権差押命令の申立てにおける差押債権の特定の有無の判断基準についての判断を示すとともに、全店一括順位付け方式による預貯金債権差押命令申立ての適否についての見解の対立に決着を付けたものであり、実務上極めて重要な意義を有するものと思われる。

(5) その他の事件の決定

【32】事件決定に引き続き、最高裁の各小法廷は、差押債権の特定に関する同事件決定を踏まえ、【31】、【33】、【34】、【36】ないし【38】の各事件において、「所論の点に関する原審の判断は、正当として是認することができる。論旨は採用することができない。」と判示して、抗告を棄却した。

なお、【35】事件では、Xが原審において、差押えの対象とする貯金債権について、東京貯金事務センター扱いのものに限定する訂正の申立てをしていたにもかかわらず、原審が、上記訂正申立てがあったことを看過し、全店一括順位付け方式により差押債権を表示した預金債権の差押命令申立てと上記のとおり事務センターを特定した貯金債権の差押命令申立てを分けて論ずることなく、Xの債権差押命令申立ては、差押債権の特定を欠き不適法であるとして、本件申立てを却下すべきものとしていたため、同事件決定は、上記申立てのうち、預金債権に関する部分については、「所論の点に関する原審の判断は、正当として是認することができる。論旨は採用することができない。」と判示して、抗告を棄却する一方で、貯金債権に関する部分については、次のとおり判示して、原決定の一部を破棄し、同部分につき原々決定を取り消し、同部分につき原々審に差し戻す旨決定した。

「記録によれば、抗告人は、原審において、差押えの対象を東京貯金事務センター扱いの貯金債権に限定する旨の訂正申立てをしている。そうすると、抗告人の債権差押及び転付命令申立てのうち、貯金債権に関する部分については、差押債権の特定に欠けるところはないというべきである。

以上と異なり、上記の訂正申立てにつき考慮することなく、貯金債権に関する部分についても、差押債権の特定を欠き不適法であるとして、抗告人の債権差押及び転付命令申立てを却下した原審の判断には、裁判に影響を及ぼすことが明らかな法令の違反がある。論旨は上記の趣旨をいうものとして理由があり、原決定は破棄を免れない。」

以上各事件において、第一小法廷及び第二小法廷においても、【32】事件決定を踏まえた上記の各決定がされたことによって、全店一括順位付け方式により差押債

権を表示した債権差押命令申立ての適法性をめぐる争点についての最高裁の判断は確立したものといえる。また、相当数の支店を有する地方銀行に対する預金債権の差押えが問題となった【38】事件においても、上記争点について最高裁が同様の結論を採ったことにも留意を要するものと思われる。

III 民事保全法

【39】 22(許)43（◎二小、平23・2・9、破棄・自判、民集65・2・665、判時2107・112。原審東京高決平22・11・5、原々審東京地決平22・9・3）

(1) 権利能力のない社団のために第三者がその登記名義人とされている構成員の総有不動産に対する仮差押命令の申立ての方法が問題となった事案である。

(2) 権利能力のない社団であるYを債務者とする金銭債権を有するXは、第三者であるAを登記名義人とする不動産（本件不動産）は、Yの構成員の総有不動産、すなわち、Yの資産であると主張し、Yを債務者として本件不動産に対する仮差押命令の申立て（本件申立て）をした。Xは、本件申立てに先立ち、Y及びAを被告として、本件不動産がYの構成員全員の総有に属することの確認を求める訴訟を提起し、勝訴判決を得たものの、いまだ上記勝訴判決が確定していないため、本件申立てに係る申立書（本件申立書）に本件不動産がYの構成員の総有不動産であることを証する書面として、上記訴訟において提出された主な書証及び上記勝訴判決の判決書等の各写しを添付した。

原審及び原々審は、本件申立書に添付された上記書面は、本件不動産がYの構成員全員の総有に属することを確認する旨のXとY及びAとの間の確定判決その他これに準ずる文書（最三小判平22・6・29民集64・4・1235、判時2082・65参照）には当たらないとして、本件申立てを却下すべきものとした。

(3) Xが、原審の判断は、上記第三小法廷判決の趣旨に相反するなどと主張して、抗告の許可を申し立てた。

(4) 本決定は、次のとおり判示して、原決定を破棄し、原々決定を取り消し、本件を原々審に差し戻す旨決定した。

「権利能力のない社団を債務者とする金銭債権を有する債権者が、構成員の総有不動産に対して仮差押えをする場合において、上記不動産につき、当該社団のために第三者がその登記名義人とされているときは、上記債権者は、登記記録の表題部に債務者以外の者が所有者として記録されている不動産に対する仮差押えをする場合（民事保全規則20条1号イ）に準じて、仮差押命令の申立書に、上記不動産が当該社団の構成員全員の総有に属する事実を証する書面を添付して、当該社団を債務者とする仮差押命令の申立てをすることができるものと解すべきであり（前掲最高裁平成22年6月29日第三小法廷判決参照）、上記書面は、強制執行の場合とは異なり、上記事実を証明するものであれば足り、必ずしも確定判決等であることを

要しないと解するのが相当である。なぜなら、上記債権者が、当該社団のために第三者がその登記名義人とされている構成員の総有不動産に対して仮差押えをする場合に、上記不動産に対して強制執行をする場合と同様に、確定判決等を添付することを要すると解すると、上記債権者は、確定判決等を取得するまでは、上記不動産に対して仮差押えをすることができず、上記金銭債権の実現を保全することが著しく困難になる一方、上記不動産に対して仮差押えがされたとしても、上記不動産に対して強制執行がされた場合とは異なり、当該社団の構成員が権利を喪失することも、上記登記名義人が登記を抹消されることもないのであって、これらの者の利益に配慮して、仮差押命令の発令を、上記不動産の権利関係が確定判決等によって証明されたような場合に限ることまでは必要でないからである。

そして、記録によれば、本件申立書に添付された書面は、本件不動産が相手方の構成員全員の総有に属する事実を証明するに足るものとみる余地が十分にあるものというべきである。

以上と異なる原審の判断には、裁判に影響を及ぼすことが明らかな法令の違反がある。論旨はこの趣旨をいうものとして理由があり、原決定は破棄を免れない。」

本決定は、権利能力のない社団のために第三者がその登記名義人とされている構成員の総有不動産に対する仮差押えの申立ての方法につき最高裁が新判断を示したものであり、仮差押えの場合には、強制執行の場合（上記最三小判参照）とは異なり、上記不動産が当該社団の構成員全員の総有に属することを確認する旨の確定判決等の添付までは要しないと判断したもので、実務上重要な意義を有するものと思われる。

【40】23（許）17（△三小、平23・6・7、棄却。原審東京高決平23・1・31、原々審東京地決平22・7・9）

(1) 不動産仮差押命令申立事件において、仮差押命令の執行が本執行に移行した後に、債務者が仮差押解放金を供託して仮差押えの執行の取消しを求めることができるか否かが問題となった事案である。

(2) Xは、Yに対する保証債務履行請求権（A請求権及びB請求権）を被保全権利として、Y所有の不動産の仮差押命令の申立てをし、仮差押命令に基づく仮差押登記がされた。Xは、本案訴訟において上記保証債務履行請求権に別の保証債務履行請求権（C請求権）も訴訟物に追加し、B請求権及びC請求権について認容の確定判決を得た。Xは、同判決を債務名義として本件不動産につき強制競売開始の申立てをし、開始決定に基づく差押登記がされた。Yは、仮差押登記と差押登記との間に、本件不動産の持分2分の1につき、妻であるAに対し所有権移転登記手続をし、また、Yの持分につき、子であるBを債権者とする根抵当権設定仮登記手続をした。Yは、差押登記がされた後、仮差押解放金を供託して本件仮差押えの執行の取消しを申し立てた（本件申立て）。

原々審は、本件申立てに基づき、本件仮差押えの執行を取り消す旨の決定をした。

原審は、本執行がされた以降は、解放金の供託による仮差押えの執行の取消しは認められないとして、原々決定を取り消して、本件申立てを却下した。その理由の概要は次のとおりである。

①本執行開始後に解放金供託による仮差押えの取消しを認めると、仮差押え後、本執行前に対象財産が処分された場合、その処分が本執行に優先することになり、本執行が第三者異議の訴えの対象となったり、優先する担保権の存在を理由に無剰余により取り消されたりする可能性が生じる。②債権者が被保全権利以外の債権に係る債務名義も併せて本執行をしている本件のような場合には、仮差押え後に抵当権設定登記がされ、仮差押えが取り消されると、仮差押えの被保全権利以外の債務名義に係る債権の配当を受ける可能性やその額につき大きな影響が生じる。

(3) Yが、原審の判断は、民事保全法51条1項の解釈の誤りがあるなどと主張して、抗告の許可を申し立てた。

(4) 本決定は、「所論の点に関する原審の判断は、正当として是認することができる。論旨は採用することができない。」と判示して、抗告を棄却した。

原審の判断は、学説の多数が採る見解に立ったものであり、東京地裁保全部も同様の見解に立った運用を行っているとのことである。本決定は例文によるものではあるが、最高裁も上記見解を是認することを明らかにしたものといえよう。

Ⅳ 破産法

1 破産手続の開始

【41】23(許)19（△三小、平23・5・31、棄却。原審福岡高決平23・2・17、原々審福岡地決平22・12・22）

(1) 破産事件において、①債務者が支払不能にあるか否か、②破産法30条1項2号に規定する破産障害事由があるか否かが問題となった事案である。

(2) ゴルフ場の建設・運営を目的とする株式会社Xは、ゴルフ場など多数の不動産を有する株式会社Aに対し、Aの代表取締役であったYを連帯保証人として12億円を貸し付けた。Xは、Aには支払能力がなく、Yも支払不能又は債務超過の状態であるとして、破産手続開始決定の申立てをした。

原々審は、Xの本件申立てに基づき、破産手続開始決定をした。Yは、①Xの債権は、A所有の不動産に設定された根抵当権で十分担保されているから、Yは支払不能の状態ではない、②Xは、Aの所有するゴルフ場等の支配権の奪取を意図して破産手続開始の申立てをしたから破産法30条1項2号に規定する破産障害事由があるなどと主張して、抗告を申し立てた。

原審は、①債務者は、催告、検索の抗弁を有せず、支払不能の状態にあると認められる、②Yが主張する破産障害事由を認める資料はない上、Xが債権回収を辛

抱強く続けてきた経緯等からしても認められないとして、Yの抗告を棄却した。

(3) Yが、原審の判断は、支払不能及び破産障害事由についての法令解釈の誤りがあるなどと主張して、抗告の許可を申し立てた。

(4) 本決定は、「所論の点に関する原審の判断は、正当として是認することができる。論旨は採用することができない。」と判示して、抗告を棄却した。

本件は、Yが支払不能であるか否か、破産障害事由があるか否かに係る事案限りの認定が問題になったにすぎない個別性の高い事案であり、抗告の許可には疑問があるといわざるを得ないように思われる。

【42】23(許)52（△一小、平23・10・27、棄却。原審福岡高那覇支決平23・8・23、原々審那覇地沖縄支決平23・6・15）

(1) 破産事件において、債務者が支払不能にあるか否かが問題となった事案である。

(2) Yは、平成21年11月9日、無保険車を運転中に被害者を死亡させる交通事故を起こした。国は、自賠法72条1項に基づき、被害者の法定相続人に損害をてん補したことにより、被害者のYに対する損害賠償請求権を代位取得した。Yは平成22年10月に勤務先を退職したが、雇用保険を受給しながら求職活動を続けた。平成23年3月2日、国は、Yとの間で「国の債権の管理等に関する法律」の範囲で即決和解を成立させ、長期の分割弁済に応ずる旨提案した。Yは、同年4月25日、破産手続開始の申立てをした（上記債務がYの唯一の債務である。）。その際、Yは、月額2、3万円程度であれば支払いたいとも述べていた。

原々審は、Yを支払不能の状態であると認めて、破産手続開始の決定をした。

原審は、Yは支払不能の状態にあるとはいえないと判断して、原決定を取り消し、本件申立てを棄却した。その理由の概要は次のとおりである。

①総債権者と債務者との間で合理的な内容の再建計画が成立した場合には、債務者が総債権者に無理なく分割弁済ができるから、「支払不能」の状態にあるとはいえない。このことは、上記の再建計画が（現に成立していなくても）成立する具体的な見込みが存在する場合であっても、異なるところはない。②Yのかつての収入額、その職務経験、健康状態、労働意欲及び求職活動に照らすと、即決和解が成立する具体的な見込みが存する。

(3) Yが、破産手続の原因である「支払不能」の要件充足性が債権者の一方的な提案に係る再建計画の内容に左右されるというに等しい原決定は、法令（破産法2条11項、15条1項）に反すると主張して、抗告の許可を申し立てた。

(4) 本決定は、「所論の点に関する原審の判断は、正当として是認することができる。論旨は採用することができない。」と判示して、抗告を棄却した。

一般に、債務者の「支払能力」は、債務者の財産、信用及び労務の3要素から構成されると解されており、財産が不足していても、信用や労務に基づき支払能力が認められることもある。最高裁決定においても、債務者が一部の貸金業者に対する

借入金債務の返済を遅滞していても、将来調停を成立させることにより債務を返済することはできなくもないとした原審の判断を是認した例がある（最二小決平14・11・8〔「許可抗告事件の実情—平成14年度—」本書119頁【23】事件〕）。本件は、上記のような一般的解釈の下において、Yが支払不能であるか否かについての当てはめの当否が問題になった個別性の高い事案であるように思われる。

2 免責許可

【43】 23(許)15（△三小、平23・6・21、棄却。原審福岡高決平23・2・4、原々審福岡地決平22・12・9）

(1) 破産事件における免責許可の申立てにおいて、破産者に免責不許可事由（特に財産隠匿行為等）が認められるか否かが問題となった事案である。

(2) 遊技場の経営を主たる目的とする株式会社Aは、平成19年4月ないし5月、その権利義務を新設する会社に承継させるなどした後、手形の不渡りを出し、Aの代表取締役であったYは、同年6月退任した。AとYの債権者であるXは、AとYにつき、破産手続開始の申立てをし、AとYは、それぞれ破産手続開始決定を受けた。Yは、免責許可の申立てをした。

原々審及び原審は、Yについて免責を許可すべきものと判断した。その理由の概要は次のとおりである。

①YのAからの収入についての当初の申告額は不正確であったが、その後修正されたこと等からすると財産隠匿行為とは認められない。定期預金、証券及び保険契約につき現金化されているが、隠匿されたものとは認められない。Xは、Yが違法な会社分割を主導し、僅かな対価で分割会社の株式を譲渡することにより、Aの財産を散逸させたことが、ひいてはAの株式の価値を減少させ、Aの株主であるYの財産隠匿行為に当たると主張する。しかし、同分割が違法であることやYがこれを主導したことを認めるに足りる資料はなく、財産隠匿行為と認めるのは困難である。②その他、免責不許可事由は認められない。

(3) Xが、Yは違法な会社分割を主導したものであり、これは財産隠匿行為に当たるから、免責不許可事由を認めなかった原審の判断は、違法であるなどと主張して、抗告の許可を申し立てた。

(4) 本決定は、「所論の点に関する原審の判断は、正当として是認することができる。論旨は採用することができない。」と判示して、抗告を棄却した。

本件は、破産者の行為が財産隠匿行為に該当するか否かについての当てはめの当否が問題になった極めて個別性の高い事案であったように思われる。

V　家事審判法

1　後見開始

【44】22(許)40（△一小、平23・1・13、棄却。原審福岡高決平22・10・8、原々審熊本家審平22・8・12）

(1)　後見開始の審判申立事件において、後見開始の相当性が問題となった事案である。

(2)　大正11年生まれのAは、熊本市内にマンションやタクシー会社の事業用車庫を所有し、月額百数10万円の賃料収入を得ており、Aの長男Xがこれらの資産の管理運用に当たっている。Aの長女Y_1、二女Y_2は、Aは事理弁識能力を失っており、Xの財産管理も不適切であるなどとして、平成22年5月にAについて後見開始の審判を求める申立てをした。

原々審は、Aは精神上の障害により事理を弁識する能力を欠く常況にあるとして、後見開始決定をし、後見人として弁護士を選任した。これに対し、Xが抗告をした。

原審は、医師の診断書や鑑定書の内容等を摘示した上で、鑑定は、精神科医である鑑定人が、問診及び検査を経た上で、客観的かつ総合的に観察して、専門家としての知見に基づいて鑑定したものであって、その内容において合理的なものということができる。Aは民法7条所定の事理を弁識する能力を欠く常況にあるとして、抗告を棄却した。

(3)　Xが、原審の判断は、民法7条の解釈の誤りがあると主張して、抗告の許可を申し立てた。

(4)　本決定は、「所論の点に関する原審の判断は、正当として是認することができる。論旨は採用することができない。」と判示して、抗告を棄却した。

本件は、本人の事理弁識能力の有無という極めて個別性の高い事項に係る判断の当否を問題とするものであり、抗告の許可には疑問があるといわざるを得ないように思われる。

2　相続放棄

【45】22(許)42（△一小、平23・1・13、棄却。原審福岡高決平22・10・20、原々審熊本家本家天草支審平22・9・13）

(1)　相続放棄の熟慮期間の起算点が問題となった事案である。

(2)　被相続人Aは、平成8年5月28日に死亡し、Aの子であるX_1、X_2、X_3は、同日、Aの死亡及びXらがその相続人となった事実を知った。X_1は平成20年5月16日、X_2は同月17日、X_3は同月20日に、B信用組合から、Aが生前に連帯保証債務を負担していた旨の通知（本件通知）を受けた。Xらは、平成22年8月

V　家事審判法　　　　　　　　　　　　　　　　　　　　　　　　　　595

10日Aについての相続を放棄する旨の申述をした。
　原々審及び原審は、Xらの本件各申述は、熟慮期間を徒過した不適法なものであるとして、各申述をいずれも却下すべきものと判断した。その理由の概要は次のとおりである。
　①Xらは、Bから本件通知を受けたことにより、Aの相続財産の少なくとも一部の存在を認識し、又は通常認識し得た。②Xらは、本件通知後、Aの担当者に対し、消滅時効が完成していると述べたところ、担当者から連絡する旨いわれたが、平成22年6月末にBから訴状が送達されるまで、何ら連絡がなかったので、債務はないと考えていた旨主張するが、それによって、Xらに対し相続財産の有無の調査を期待することが著しく困難な状態になったということはできない。③Xらの本件申述に係る熟慮期間の起算日は、遅くともXらが本件通知を受けた日である。
　(3)　Xらが、原審の判断は判例に反するなどと主張して、抗告の許可を申し立てた。
　(4)　本決定は、「所論の点に関する原審の判断は、正当として是認することができる。論旨は採用することができない。」と判示して、抗告を棄却した。
　熟慮期間の起算点については、最二小判昭59・4・27民集38・6・698、判時1116・29が判断を示しているところであり、本件は、これへの当てはめが問題となった個別性の高い事案であったと思われる。

3　婚姻費用分担

【46】22(許)34（△一小、平23・3・17、棄却、家月63・7・114。原審福岡高那覇支決平22・9・29、原々審那覇家審平22・7・15）
　(1)　婚姻費用の分担額を定めるに当たって、子ども手当及び公立高等学校の授業料の不徴収等を考慮すべきか否かが問題となった事案である。
　(2)　X（妻）とY（夫）は、平成6年6月に婚姻し、同年12月に長女Aを、平成8年6月に長男Bをもうけた。Xは、平成21年1月に、AとBを連れて実家に戻り、Yと別居した。Xは、平成21年11月に婚姻費用の分担を求める調停を申し立てたが不調となり審判に移行した。Xは、パート勤務をし、Yは、アパート2軒の賃料収入を得ている。
　原々審は、①XのパART収入とYの不動産収入から、Xの基礎収入を年額31万5107円、Yの基礎収入を年額163万1250円と推計し、②これに標準的な生計費の指数に応じて按分割合を算定し、Xの世帯に割り振られる婚姻費用を求め、YからXに対し、平成23年5月分まで月額8万9000円、同年6月分から月額9万3000円支払わせるのが相当だと判断した。これに対し、Yが、①Bへの子ども手当をXが受給していること、②Aが通う公立高校の授業料が無償化されたことを婚姻費用の算定に当たって考慮すべきであると主張して、抗告をした。
　原審は、①子ども手当制度は、次代を担う子どもの育ちを社会全体で応援するとの観点から実施されるものであるから、夫婦間の協力、扶助義務に基礎を置く婚姻

費用の分担の範囲に直ちに影響を与えるものではない。②高校の授業料はそれほど高額ではなく、Aの教育費ひいてはXの生活費全体に占める割合もさほど高くないものと推察されるから、Yが負担すべき婚姻費用の額を減額させるほどの影響を及ぼすものではないとして、Yの抗告を棄却した。

(3) Yが、原審の判断は、民法760条の解釈の誤りがあると主張して、抗告の許可を申し立てた。

(4) 本決定は、「本件事実関係の下において、子ども手当の支給及び公立高等学校に係る授業料の不徴収が婚姻費用分担額に影響しないとした原審の判断は、十分合理性があり、是認することができる。論旨は採用することができない。」と判示して、抗告を棄却した。

子ども手当の制度趣旨や婚姻費用分担金の算定問題が基本的には原審の裁量に属する事柄であること（最大決昭40・6・30民集19・4・1114、判時413・10参照）などからすれば、原審の判断の合理性は十分に肯定することができよう。

【47】23(許)40（△二小、平23・9・21、棄却。原審東京高決平23・6・3、原々審長野家伊那支審平22・9・22）

(1) 婚姻費用分担申立事件において、夫婦共有財産である預貯金等を管理している者から婚姻費用の分担を求めることができるか否かが問題となった事案である。

(2) X（妻）とY（夫）は、平成16年10月に婚姻し、平成17年2月に長女Aを、平成20年8月に二女Bをもうけた。Yは、平成21年9月に、単身で実家に戻り、Xらと別居した。Xは中学校の教諭、Yは高校の教諭として勤務している。Xは、平成22年1月に婚姻費用の分担を求める調停を申し立てたが不成立となり審判に移行した。Yは、①Xは約700万円もの夫婦共有財産である預貯金等を管理し、自由に支出できる状態にあるから、Yに婚姻費用分担義務はない、②別居の原因は専らXにあること等から、本件申立ては信義則に反し、権利の濫用に当たるなどと主張した。

原々審及び原審は、Yに、Xに対して、婚姻費用の分担金として、平成22年4月から月額6万円を支払うことを命ずべきものと判断した。その理由の概要は次のとおりである。

①Xが夫婦共有財産を持ち出してもそれは離婚時の財産分与において処理すべき問題であり、Yが婚姻費用の分担義務を免れることはできない、②夫婦の別居に至る原因と別居中の婚姻費用分担の要否とは直ちに結びつかない事柄であり、一件記録を検討しても、現に未成年の子2名を監護養育しているXがYに対して婚姻費用の分担金を請求することが権利の濫用であるとするまでの事情は認められない。

(3) Yが、原審の判断は、妻が夫婦共有財産である預金を持ち出したという事案において夫の婚姻費用の分担義務を否定した判例（札幌高決平16・5・31家月57・8・94）に反するなどと主張して、抗告の許可を申し立てた。

V　家事審判法

(4)　本決定は、「所論の点に関する原審の判断は、正当として是認することができる。論旨は採用することができない。」と判示して、抗告を棄却した。

婚姻費用の分担請求に係る権利者が夫婦共有財産を持ち出して、これを管理している場合に、義務者に対して婚姻費用分担金の支払を求めることができるか否かについては、一般に、持ち出された共有財産の清算は財産分与で処理されるべきであり、原則として婚姻費用の分担額算定に当たって考慮すべきではないと考えられているところであり、原審の判断は、上記の一般的な見解に沿うものである。同趣旨の原決定を是認した最高裁決定として最三小決平19・1・30〔「許可抗告事件の実情―平成19年度―」本書370頁【34】事件〕、最一小決平22・9・30〔「許可抗告事件の実情―平成22年度―」本書540頁【27】事件〕がある。

4　子の引渡し

【48】23(許)43（△一小、平23・10・13、棄却。原審札幌高決平23・6・28、原々審旭川家審平23・2・23）

(1)　審判前の保全処分（子の引渡）申立事件において、保全処分の必要性の有無が問題となった事案である。

(2)　X（妻）とY（夫）は、平成15年10月に婚姻し、平成16年4月に長女Aを、平成17年9月に二女Bをもうけた。XとYは、平成20年7月に和解離婚し、AとBの親権者はいずれもXと定められた。離婚後、YとA及びBとの宿泊を伴う面接交渉が継続的に行われていたが、Yは、平成22年9月に行われた面接交渉の際に、Bについては返したが、Aについては、Aが帰りたくないと言っているという理由で返さなかった。Xは、平成22年11月審判前の保全処分（子の引渡）（本件申立て）と本案である子の引渡審判の申立てをした。

原々審は、XはAの親権者であり、Aの福祉に反すると認めるに足りる特段の事情があったとは認められず、本案が認容される蓋然性及び保全処分の必要性がいずれも認められるとし、Yに対し、本案事件の審判確定に至るまでAをXに仮に引き渡すことを命ずる審判をした。

原審は、原々審の審判後に、本案事件においてXの申立てを認容する審判が確定し、AがXに引き渡されたことから、本件保全処分の必要性がなくなったと判断して、原々審の審判を取り消して、本件申立てを却下する旨決定した。

(3)　Xが、①1審の段階において保全処分の必要性が存在した場合には、申立人としては、なお、審判前の保全処分が維持される必要がある、②本件保全処分に基づいて間接強制の申立てをし、間接強制の決定がされていたのであるから、抗告審において原々審の審判を取り消すことは、既に発生していた間接強制金の帰趨を左右することになり許されないなどと主張して、抗告の許可を申し立てた。

(4)　本決定は、「所論の点に関する原審の判断は、正当として是認することができる。論旨は採用することができない。」と判示して、抗告を棄却した。

なお、間接強制は、債務者に対し、不履行に対する金銭（間接強制金）の支払に

よる制裁を予告し（いわゆる支払予告命令）、債務の履行を心理的に強制して履行を促す執行方法である。そして、保全命令発令後に生じた事情変更により保全取消しがされたとしても、保全処分の必要性が失われる前に生じていた間接強制金の請求ができなくなるわけではないこと、支払予告命令によって命じられた間接強制金の取立ては、間接強制手続とは別に支払予告命令の執行手続として行われるのであり、債務者は、支払予告命令を受けて債務を履行したとしても、既に発生した間接強制金の支払債務を免れることはできないことを付言する。

5　財産分与

【49】23(許)29（△一小、平23・9・1、棄却。原審名古屋高決平23・4・6、原々審名古屋家豊橋支審平21・5・7）

(1)　抗告審において提出された主張書面や書証が相手方に送付されなかったことの相当性が問題となった事案である。

(2)　X（夫）とY（妻）は、昭和61年10月に婚姻したが、Yは、平成18年8月に2人の子を連れて別居した。XとYは、平成19年10月に調停離婚したが、Xは、調停離婚の際に合意に達しなかった財産分与について、平成20年1月に審判の申立てをした（対象財産はほとんどが預貯金や生命保険等である）。

原々審は、財産分与の対象財産の有無及びその額を判断する基準時は別居時であるとした上で、XのYに対する婚姻費用の未払分を差し引いて、Yに約249万円の支払を命じた。これに対し、XY双方が抗告をした。

原審は、対象財産の内容につき原審と異なる認定をし、原審の審判を変更して、Yに対し約267万円の支払を命じた。

(3)　Xが、Yが提出した主張書面及び書証がXに送付されておらず、反論する機会がないまま、原審は上記書面及び証拠に基づいた判断をしており、民事訴訟規則83条及び99条に違反すると主張して、抗告の許可を申し立てた。

(4)　本決定は、「本件記録によれば、所論の点を考慮しても、原審の判断は結論において是認することができる。論旨は採用することができない。」と判示して、抗告を棄却した。

家事審判手続は職権主義に立つものではあるが、本件のように、争訟性が高い事件においては、適正手続の観点から、実質的に当事者の防御権の保障等に配慮することが望まれることは既に指摘されているところであり、その配慮に欠ける運用が違法の問題を生ずることもあり得る。本決定も、原審の手続運営の相当性について疑問を有していることがその判文からうかがわれるところであり、今後は、家事事件手続法、家事事件手続規則に則った適正な手続運営に十分に留意することが必要になろう。

6 扶養料

【50】23(許)2（△二小、平23・2・23、棄却。原審仙台高決平22・12・6、原々審盛岡家審平22・7・20）

(1) 未成年者である子から父に対する扶養料申立事件において、算定方法の相当性等が問題となった事案である。

(2) Xは、平成21年4月8日、その法定代理人親権者であるAを母として出生し、Aによって養育されている。Yは、整形外科医を自営する医師であるところ、平成22年1月29日、Xを認知した。XはAを法定代理人として、Yに対し、扶養料の支払を求める調停を申し立てたが不調となり審判に移行した。

原々審及び原審は、扶養料支払義務の始期をYがXを認知した日とした上、Xに対する扶養料として、月額25万円の支払を命ずべきものと判断した。その理由の概要は次のとおりである。

Aのパート収入は年額約121万円と推計されるのに対し、Yの収入は平成21年度の総所得金額（営業所得、不動産所得、年金所得等）である約1億3660万円と同程度の収入が見込まれるところ、Aの基礎収入を48万4000円、Yの基礎収入を2732万円とした上、標準的な生計費の指数に応じて按分割合を算定し、Yの負担すべき扶養料を算定した。

(3) Yが、原審の判断につき、父親の収入の増加に伴って扶養料が増加するという計算方法は相当でなく、民法877条の法令解釈の誤りがあると主張して、抗告の許可を申し立てた。

(4) 本決定は、「所論の点に関する原審の判断は、正当として是認することができる。論旨は採用することができない。」と判示して、抗告を棄却した。

本件は、扶養料の算定方法やその額について原審の裁量判断の不当をいうものにすぎず、抗告の許可には疑問があるといわざるを得ないように思われる。

7 遺産分割

【51】22(許)39（△三小、平23・6・7、棄却。原審仙台高決平22・10・14、原々審仙台家古川支審平22・7・29）

(1) 預貯金債権しか遺産のない場合において遺産分割及び寄与分を定める処分の申立てをすることの可否が問題となった事案である。

(2) 被相続人Aは、平成21年5月10日に死亡した。Aの相続人であるXは、共同相続人であるY_1〜Y_3を相手方として、遺産分割及び寄与分を定める処分の審判の申立てをした。

原々審及び原審は、本件各審判の申立てを却下すべきものと判断した。その理由の概要は次のとおりである。

① Aの遺産である銀行の普通預金債権及び郵便局の通常貯金債権は、法律上当然に分割され、相続人間で遺産分割の対象とする合意もないことから、遺産分割の

対象とはならず、Aには他に遺産分割の対象となる財産はないから、遺産分割審判をすることはできない。②寄与分は、遺産分割手続における分配の前提となるべき具体的相続分を算定するための手段であるから、遺産分割の対象財産がない以上、寄与分を定める意味はない。③寄与分の有無により債権が当然分割されるか否かが左右されるのでは、債務者の法的安定性を害することなどから、可分債権の当然分割は寄与分の有無に関わらないと解する。

(3)　Xが、分割すべき遺産の範囲は、寄与分の内容が定められて初めて確定するのであるから、寄与分が認められる相続人がいる場合には、金銭債権も遺産分割の対象とすべきであり、本件各審判の申立てをいずれも却下すべきものとした原審の判断には、法令の解釈の誤りがあると主張して、抗告の許可を申し立てた。

(4)　本決定は、「本件事実関係の下においては、所論の点に関する原審の判断は、是認することができる。論旨は採用することができない。」と判示して、抗告を棄却した。

【52】22(許)49（△二小、平23・2・16、棄却。原審福岡高決平22・10・28、原々審大分家審平22・7・15）

(1)　遺産分割申立事件において、遺産の評価、特別受益の有無等が問題となった事案である。

(2)　被相続人Aは、平成17年3月に死亡した。Aの相続人であるXは、共同相続人であるY_1〜Y_5を相手方として、遺産分割の調停の申立てをしたが不成立となり審判に移行した。上記審判手続において、平成20年7月に審判がなされたが、抗告審は、Aからその子である亡B（代襲相続人はY_2及びY_3）への特別受益につき更に審理を尽くすべきであるとして、原々審に差し戻した。

原々審（差戻し後の第1審）及び原審（第2次抗告審）は、争点について次のとおり判示した上で、Aの遺産である不動産及び預貯金につき、遺産分割の審判をすべきものとした。

①遺産のうち、土地区画整理事業施行区内にある建物（本件建物）については、建物移転料として補償料（本件補償料）が支払われる見込みがあるが、いつ同事業が施行され使用収益が開始されるか明らかではなく、撤去時期が遅れ補償額が下がることもあり得るし、本件補償料の支払を受けることが確実とまでは認め難いこと、鑑定の結果によれば、本件補償料の見込みを考慮して112万円と評価されていることから、本件建物は112万円と評価することが相当である。②XとY_1は、Bが昭和40年に第三者から所有権移転登記を得た土地2筆につき、「Aが第三者から同土地を取得し、それを中間省略登記の方法でBに贈与したものであり、特別受益に当たる」旨を主張するが、そのような贈与があったとは認められない。

(3)　XとY_1が、原審が、①本件補償料が入る見込みのある本件建物を低く評価したこと、②上記贈与（特別受益）を認めなかったことは不当であるなどと主張して、抗告の許可を申し立てた。

(4) 本決定は、「所論の点に関する原審の判断は、正当として是認することができる。論旨は採用することができない。」と判示して、抗告を棄却した。
　本件は、遺産である不動産の評価、特別受益となるべき贈与の有無という極めて個別性の高い事項に係る認定判断の当否を問題とするものであり、抗告の許可には疑問があるといわざるを得ないように思われる。

【53】23(許)51（△三小、平23・11・8、棄却。原審福岡高宮崎支決平23・7・20、原々審鹿児島家審平23・3・30）

　(1) 遺産分割申立事件において、遺産である不動産の評価方法が問題となった事案である。
　(2) 被相続人Aは、平成20年5月29日に死亡した。Aの相続人であるXは、共同相続人であるY_1及びY_2を相手方として、遺産分割の審判の申立てをしたところ、調停に付された。調停において、Y_2を除く相続人間で、遺産である不動産の評価額と分割の方法は法定相続分を概ね確保するとの点について合意（本件合意）が成立したが、Y_2が本件合意に基づく調停条項案を了承せず、調停は不成立となり、審判手続に移行した。
　原々審は、審判手続においてY_2が本件合意につき所定の期日までに意見書を提出しないときは、本件合意につき特段の意見がないものとして取り扱われることにつき了承しながら、上記期日経過後数か月経過しても何らの意見も述べなかったことから、Y_2には特段の意見がないものとして取り扱うのが相当であるとして、本件合意と同旨の内容で遺産分割の審判をした。これに対し、Y_2が、遺産のうち、X名義の建物（本件建物）がある宅地（本件不動産）の評価を、使用借権を考慮して30パーセント減額しているが、相続人の1人に土地の使用借権が設定されている場合に、当該相続人が、その土地を取得するという遺産分割がされるときは、上記使用借権による減額はすべきではないと主張して、抗告をした。
　原審は、原々審における手続の経緯等から、Y_2は、本件合意に従って遺産を分割することについて特段の異議はないものと取り扱うのが相当であり、また、原々審が本件不動産の評価を使用借権付きとして30パーセント減額したことには一応の合理性があるなどとして、Y_2の抗告を棄却した。
　(3) Y_2が、本件不動産の評価につき、使用借権を考慮して30パーセント減額すべきものとした原審の判断は、判例に反すると主張して、抗告の許可を申し立てた。
　(4) 本決定は、「所論の点に関する原審の判断は、正当として是認することができる。論旨は採用することができない。」と判示して、抗告を棄却した。
　本件は、遺産分割手続の経緯を踏まえた遺産である土地の評価額という極めて個別性の高い事項に係る認定判断の当否を問題とするものであり、抗告の許可には疑問があるといわざるを得ないように思われる。

VI その他

1 民事非訟

【54】23(許)35（△一小、平23・9・8、棄却。原審東京高決平23・6・6、原々審東京地決平23・2・16）

(1) 借地上の建物を競売により取得した第三者と借地権者との間に親族関係その他の特殊な関係があることを考慮して、借地権設定者の借地借家法19条3項に基づく申立てを却下できるか否かが問題となった事案である。

(2) Aは、Xから、同人所有の土地に賃借権の設定を受け（本件借地権）、建物（本件建物）を建築した。Aは平成17年2月18日に死亡し、妻Bとその子であるC及びYが相続人となった。B、C及びY間で、本件建物及び本件賃借権を競売に付し、その売却代金を取得する旨の遺産分割調停が成立し、競売手続（本件競売）において、Yが本件建物を競落して取得した。

Yは、Xに対し、借地借家法20条1項に基づき、本件賃借権の譲渡の承諾に代わる許可の申立てをし、これに対し、Xは、Yに対し、同法19条3項（同法20条2項による準用）に基づき、本件建物及び本件賃借権の譲受けの申立てをした。

原々審は、本件競売がAの遺産分割調停に基づくものであったとしても、Yが競売により取得できたのは偶々であり、これをもって実質的にAからYへの包括承継があるとはいえないとして、Xの本件申立てを認め、本件建物及び本件賃借権を代金5560万円で譲渡する旨命ずるとともに、その支払と本件建物の所有権移転登記手続及びその引渡しとの同時履行を命じた（Yの上記申立ては当然失効するものとされた。）。

原審は、原々決定を取り消し、Xの本件申立てを却下し、Yの上記申立てにつき、原々審に差し戻した。その理由の概要は次のとおりである。

①借地借家法19条3項の規定が同法20条2項により準用される場合であっても、裁判所は、建物譲渡の当事者間における親族関係その他の特殊な関係を考慮して、借地権設定者の同法19条3項の申立てを却下することも許されると解される。②YがAの相続人の1人であり、本件競売がAの遺産分割調停に基づくものであったことから、Yによる本件建物の取得が競売を経由するものであっても、実質的にはAからYへの包括承継の場合と異なるところはない。

(3) Xが、建物の譲渡が競売による場合でも、当事者間の親族関係その他の特殊な関係を考慮して、借地権設定者の借地借家法19条3項の申立てを却下できるとなると、競落人が誰かという偶然の事情によって借地権設定者の介入権が左右されることになり、法的安定性を欠くと主張して、抗告の許可を申し立てた。

(4) 本決定は、「所論の点に関する原審の判断は、正当として是認することができる。論旨は採用することができない。」と判示して、抗告を棄却した。

2 商事非訟

(1) 全部取得条項付種類株式の取得価格の決定

【55】22(許)41（△三小、平23・5・31、棄却。原審名古屋高決平22・10・13、原々審名古屋地決平22・3・3)

(1) 会社法172条1項に定める株式会社による全部取得条項付種類株式の取得価格の決定の当否が問題となった事案である。

(2) Yは、椅子の製造、販売等を営む株式会社であり、ジャスダック証券取引所にその株式を上場していたところ、A株式会社が、Yの普通株式の公開買い付けを実施し、その保有割合は発行済み株式総数の約96パーセントとなった。Yは、株主総会を開催し、同総会において、種類株式を発行する旨の定めの新設、普通株式に株主総会の決議によりYが全部取得できる条項を付す旨の定款の変更、Yが他の株主の保有する全部取得条項付種類株式を全て取得する等の各議案を上程し、いずれも可決された（本件決議）。本件株主総会における決議権行使の基準日後にYの株主となったXは、株主総会に先立ち、本件議決に反対する旨をYに通知した上、会社法172条1項に基づき、Xが保有する全部取得条項付種類株式（本件株式）の取得価格の決定の申立てをした。

原々審及び原審は、いずれも、本件株式の取得価格は、当該株式の取得日における公正な価格をもって決すべきであるとした上で、公開買付価格と同額をもって、本件株式の取得価格と定めるのが相当であると判断した。その理由の概要は次のとおりである。

ア 全部取得条項付種類株式の取得価格の決定の申立てがされた場合、既存株主を保護するという制度趣旨に照らし、当該株式の取得日における「公正な価格」をもって取得価格とすべきである。そして、上記価格は、①当該株式の客観的価値（本件公開買付けがなかったら株主が享受し得る価格）のほか、②強制的取得により失われる今後の株価の上昇に対する期待（プレミアム）をも考慮するのが相当であるが、具体的な価格の決定については、裁判所の合理的な裁量に委ねられたものと解するのが相当である。

イ 上記アの①の客観的価値は、上場廃止と本件取得日がわずかしか離れていないから、評価基準時に近接し、かつ、公開買付けの公表等による影響のない一定期間の市場価格の平均値をもって判断することが相当であり、公開買付け公表前一か月間の市場価格の終値による平均値で算定した価格を客観的価値とすることは不相当であるとは認められない。

ウ 上記アの②のプレミアムについては、MBOにおいては、対象企業の経営陣が株式を買い取ることから株主との間に構造的な利益相反関係が存在するが、この

ような利益相反関係を抑制する措置が講じられ、適正かつ公正なプレミアムを上乗せした買付価格が提示されている場合には、同買付価格において示されたプレミアムの額は、取得価格の決定に当たっても基本的に尊重すべきところ、本件公開買付けの買付価格は、独立当事者間において合理的な根拠に基づく交渉を経て合意に至ったものと認められる上、計算上、上記買付価格は、公開買付けの公表前の一か月間の市場価格の終値による平均値で算定した価格（本件株式の客観的価値）に48.03％のプレミアムを加算したものになることなどからすれば、本件株式の取得価格は、上記買付価格と同額を定めるのが相当である。

(3) Xが、公正な価格の判断に関しては会社法193条5項が類推適用されるべきであるなどと主張して、抗告の許可を申し立てた。

(4) 本決定は、「所論の点に関する原審の判断は、正当として是認することができる。論旨は採用することができない。」と判示して、抗告を棄却した。

会社法172条1項所定の株式の取得価格の決定については、レックス・ホールディングス事件の抗告審決定（東京高決平20・9・12金判1301・28）及び同決定に対する抗告を棄却した最三小決平21・5・29金判1326・35における田原裁判官の補足意見に示された枠組みに従って、これを決定するのが実務上一般的になっており（原決定ア）、本件事案においては、MBOの実施に際して経営陣と株主との間に構造上生ずる利益相反関係を抑制する一定の措置が講じられていたことなどについて事実認定を行った上で、公開買付けに当たって適正かつ公正なプレミアムが上乗せされたものとして、公開買付けの買付価格をもって「公正な価格」と判断したものである。レックス・ホールディングス事件は、公開買付けの買付価格算定の経過、根拠等について何らの主張立証もされていないという事実関係の下における判断であったのに対し、上記の利害相反関係を抑制する一定の措置等が明らかにされ、かつ、上記買付価格は、計算上、公開買付けの公表前の1か月間の市場価格の終値による平均値をもって算定された本件株式の客観的価値（原決定イ）に48.03％のプレミアムを加算した価格となっていることなどからすれば、同価格をもって「公正な価格」とすることは、裁判所の合理的裁量の範囲内にあるものということができよう。

【56】 23(許)1（△一小、平23・6・2、棄却。原審東京高決平22・10・27、原々審東京地決平21・9・18）

(1) 会社法172条1項に定める株式会社による全部取得条項付種類株式の取得価格の決定の当否が問題となった事案である。

(2) Yは、モバイル・コンテンツ事業等を営む株式会社であり、ジャスダック証券取引所にその株式を上場していたが、マネージメント・バイアウト（MBO）により、上場廃止となった。その過程で、Yは、臨時株主総会を開催し、発行済株式を全部取得条項付種類株式とし、Yがその全部を1株6万円相当で取得する旨の議案を可決したところ、Yの株主であったX_1～X_6は、会社法172条1項に基づき、

Xらが保有する株式（本件株式）の取得価格の決定の申立てをした。

原々審は、本件株式の取得価格を買付価格と同額の6万円と定めるのが相当としたが、その理由の概要は、次のとおりである。

ア　全部取得条項付種類株式の取得価格の決定の申立てがされた場合、既存株主を保護するという制度趣旨に照らし、当該株式の取得日における「公正な価格」をもって取得価格とすべきである。そして、上記価格は、①当該株式の客観的価値（本件公開買付けがなかったら株主が享受し得る価格）のほか、②強制的取得により失われる今後の株価の上昇に対する期待（プレミアム）をも考慮するのが相当であるが、具体的な価格の決定については、裁判所の合理的な裁量に委ねられたものと解するのが相当である。

イ　上記アの①の客観的価値については、原則として、評価基準時点にできる限り近接した市場株価を基本として、当該株式の客観的価値を評価することが相当であり、本件では、本件公開買付けの公表前1か月間の市場株価の終値による出来高加重平均をもって算定した価格である5万1133円と認めるのが相当である。

ウ　上記アの②のプレミアムについては、MBOの目的や実施後に予測される収益力や業績についての見通しのほか、MBOが、いわゆる独立当事者間において合意に至ったなどと評価し得る事情があるか、適切な情報開示が行われた上で、一般に公正と認められる手続によってMBOの一連の手続が行われたと認められるかなど、諸々の事情を総合考慮して算定するのが相当であるところ、本件MBOは、独立当事者間の交渉を経て合意に至ったと認められ、情報開示も行われ、一般に公正と認められる手続によって一連の手続が行われるなどして成立したと評価することができる。したがって、1株6万円という買取価格をもって、上記アの「公正な価格」と認めるのが相当である。

これに対し、原決定は、原々審の上記ア及びイの判断は基本的に引用した上で、上記ウの判断を次のとおり改め、原々決定が算定した本件株式の客観的価値に20％のプレミアムを付加した6万1360円をもって「公正な価格」と認めるのが相当であると判断した。

本件MBOの目的は、Yの代表者を中心として行ってきたYの事業の一層の拡大と展開を目指すための資金調達にあり、本件MBO実施後もYの経営に当たる上記代表者については、本件MBOにつき株主との間の利益相反関係が全くないとはいえないこと、本件MBOの当否等についての意見の提出を委託された第三者委員会の選出したアドバイザーがいずれもY取締役会の選出したアドバイザーと同一であること、Yの情報開示の内容に「強圧性」が全くないと評価することはできないこと等に照らすと、「公正な価格」を買付価格と同額の6万円と直ちに認めることはできず、平成19年におけるTOB（株式公開買付け）のプレミアムの平均値等を考慮すると、上記アの②のプレミアムは少なくとも20％を下ることはないと認められるから、本件株式の取得価格は、客観的価値である5万1133円に20％を加算した6万1360円と定めるのが相当である。

(3) Xらが、原審の判断は、裁量の範囲を逸脱して著しく低いプレミアムを算定した等の違法があると主張して、抗告の許可を申し立てた。

(4) 本決定は、「本件事実関係の下においては、所論の点に関する原審の判断は、その裁量の範囲内にあるものとして是認することができる。論旨は採用することができない。」と判示して、抗告を棄却した。

原決定も、会社法172条1項所定の株式の取得価格の決定について実務上一般的となっている前記の枠組みに沿った判断を示したものであるが（原決定が引用する原々決定ア）、本件事案においては、MBOの実施に際して経営陣と株主との間に構造上生ずる利益相反関係を抑制する措置が必ずしも十分ではないと評価されたことから（この点の判断の違いが、原審と原々審の結論を分けたものである。）、計算上、本件公開買付けの公表前1か月間の市場株価の終値による出来高加重平均をもって算定された本件株式の客観的価値（原決定が引用する原々決定のイ）に17.34％のプレミアムを付したことになる公開買付けの買付価格をもって直ちに「公正な価格」とすることはできず、上記客観的価値に20％のプレミアムを加算した価格をもって「公正な価格」と認めるのが相当であるとされたものである。本決定は、原審が付した上記のプレミアムが低額にすぎる旨の論旨に対し、これを排斥し、原審の認定する事実関係の下では、その判断に論旨の指摘する意味における裁量権の逸脱はないとの判断を示したものといえる。

(2) 反対株主の株式買取請求に係る買取価格の決定

【57】 22(許)30（◎三小、平23・4・19、棄却、民集65・3・1311、判時2119・18。原審東京高決平22・7・7、原々審東京地決平22・3・5）

(1) 吸収合併に反対した吸収分割株式会社の株主による株式買取請求に係る「公正な価格」（会社法785条1項）の意義及び算定の基準日が問題となった事案である。

(2) Xは、放送事業を営む会社の株式等を所有し、当該会社の事業の管理・支援等を行うことを目的とし、東京証券取引所の第1部に株式を上場する会社である。Xは、臨時株主総会（本件株主総会）において、Xのテレビ放送事業及び映像・文化事業に関して有する権利義務を、Xの完全子会社である株式会社Aに承継させ、Aがこれを承継することを内容とする吸収分割（本件吸収分割）の契約を承認する決議をした。Xの発行済株式総数の約2割の株式（本件株式）を有するYは、本件株主総会において、本件吸収分割に反対し、Xに対し、本件株式を公正な価格で買い取るよう請求したが（本件買取請求）、その価格の決定につき協議が整わなかったため、X及びYが、会社法786条2項に基づき、それぞれ価格の決定の申立てをした。

ア 原々審は、本件株式の買取価格を1株につき1294円とするのが相当であると判断した。その理由の概要は次のとおりである。

(ｱ) 本件買取請求に係る「公正な価格」は、株式買取請求が確定的に効力を生

Ⅵ その他

ずる「吸収分割の効力発生日」を基準日として、吸収分割がなければ同社株式が有していたであろう客観的価値、又は吸収分割によるシナジーを適切に反映した同社株式の客観的価値を基礎とするのが相当である。

(イ) 本件吸収分割によりXの企業価値又は株主価値が毀損されたとも、シナジーが生じたとも認めることはできないから、「公正な価格」は、本件吸収分割の効力発生日（本件効力発生日）を基準日として、本件吸収分割がなければ本件株式が有していたであろう客観的価値を基準とするのが相当であり、その価値としては、本件効力発生日にできるだけ近接した期間ないし時点の市場価格を参照するのが相当である。

(ウ) 以上によれば、本件効力発生日前1か月間の株価の終値による出来高加重平均値を持って算定した価格（1255円）をもって本件株式の「公正な価格」とみてよいが、Xがこれを上回る価格を提示していることから、同価格を買取価格とするのが相当である。

イ　原審は、原々審の判断を結論において相当とし、Yの抗告を棄却した。その理由の概要は次のとおりである。

(ア) 本件買取請求に係る「公正な価格」は、組織再編行為により、企業価値、株主価値が増加する場合は、相乗効果というべきシナジーを反映した価格を基礎とし、上記各価値が減少する場合は、当該組織再編行為の決議がなかったら有していたであろう価格を基礎とすべきである。

(イ) 本件のような吸収分割では、通常、吸収分割会社の企業価値や株主価値が毀損されることはなく、シナジーも生じない。本件においてもそういえることから、本件株式の「公正な価格」は、本件株主総会の決議がなかったら有していたであろう価格を基礎とすることになる。

(ウ) 「公正な価格」を定める基準日については、契約の成立時点における目的物の価格を基準に定めるのが自然であり、かつ、合理的であるから、買取請求行使時に接着した時期と解するのが相当であるが、裁判所に買取価格の決定の申立てがされた場合は、反対株主の平等の観点から、投機的行為の余地が制限される買取請求期間の満了時とするのが相当である。

(エ) 本件においては、買取請求期間の満了日におけるXの株式の市場価格（東京証券取引所におけるXの株式の終値）をもって、本件株式の買取価格としての「公正な価格」と認めるのが相当である。

(3) Yが、原審の判断には、「公正な価格」の基準時や算定に際して参照すべき価格等についての法令解釈の誤りがあるなどと主張して、抗告の許可を申し立てた。

(4) 本決定は、次のとおり判示して、抗告を棄却した。

「ア　吸収合併、吸収分割又は株式交換（以下「吸収合併等」という。）が行われる場合、会社法785条2項所定の株主（以下「反対株主」という。）は、吸収合

併消滅株式会社、吸収分割株式会社又は株式交換完全子会社（以下「消滅株式会社等」という。）に対し、自己の有する株式を「公正な価格」で買い取るよう請求することができる（同条1項）。このように反対株主に「公正な価格」での株式の買取りを請求する権利が付与された趣旨は、吸収合併等という会社組織の基礎に本質的変更をもたらす行為を株主総会の多数決により可能とする反面、それに反対する株主に会社からの退出の機会を与えるとともに、退出を選択した株主には、吸収合併等がされなかったとした場合と経済的に同等の状況を確保し、さらに、吸収合併等によりシナジーその他の企業価値の増加が生ずる場合には、上記株主に対してもこれを適切に分配し得るものとすることにより、上記株主の利益を一定の範囲で保障することにある。以上のことからすると、裁判所による買取価格の決定は、客観的に定まっている過去のある一定時点の株価を確認するものではなく、裁判所において、上記の趣旨に従い、「公正な価格」を形成するものであり、また、会社法が価格決定の基準について格別の規定を置いていないことからすると、その決定は、裁判所の合理的な裁量に委ねられているものと解される（最高裁昭和47年(ク)第5号同48年3月1日第一小法廷決定・民集27巻2号161頁参照）。

イ　上記の趣旨に照らせば、吸収合併等によりシナジーその他の企業価値の増加が生じない場合には、増加した企業価値の適切な分配を考慮する余地はないから、吸収合併契約等を承認する旨の株主総会の決議がされることがなければその株式が有したであろう価格（以下「ナカリセバ価格」という。）を算定し、これをもって「公正な価格」を定めるべきである。そして、消滅株式会社等の反対株主が株式買取請求をすれば、消滅株式会社等の承諾を要することなく、法律上当然に反対株主と消滅株式会社等との間に売買契約が成立したのと同様の法律関係が生じ、消滅株式会社等には、その株式を「公正な価格」で買い取るべき義務が生ずる反面（前掲最高裁昭和48年3月1日第一小法廷決定参照）、反対株主は、消滅株式会社等の承諾を得なければ、その株式買取請求を撤回することができないことになる（会社法785条6項）ことからすれば、売買契約が成立したのと同様の法律関係が生ずる時点であり、かつ、株主が会社から退出する意思を明示した時点である株式買取請求がされた日を基準日として、「公正な価格」を定めるのが合理的である。仮に、反対株主が株式買取請求をした日より後の日を基準として「公正な価格」を定めるものとすると、反対株主は、自らの意思で株式買取請求を撤回することができないにもかかわらず、株式買取請求後に生ずる市場の一般的な価格変動要因による市場株価への影響等当該吸収合併等以外の要因による株価の変動によるリスクを負担することになり、相当ではないし、また、上記決議がされた日を基準として「公正な価格」を定めるものとすると、反対株主による株式買取請求は、吸収合併等の効力を生ずる日の20日前の日からその前日までの間にしなければならないこととされているため（会社法785条5項）、上記決議の日から株式買取請求がされるまでに相当の期間が生じ得るにもかかわらず、上記決議の日以降に生じた当該吸収合併等以外の要因による株価の変動によるリスクを反対株主は一切負担しないことになり、相当

Ⅵ その他

ではない。
　そうすると、会社法782条1項所定の吸収合併等によりシナジーその他の企業価値の増加が生じない場合に、同項所定の消滅株式会社等の反対株主がした株式買取請求に係る「公正な価格」は、原則として、当該株式買取請求がされた日におけるナカリセバ価格をいうものと解するのが相当である。
　ウ　会社法が「公正な価格」の決定を裁判所の合理的な裁量に委ねていることは前記のとおりであるところ、株式が上場されている場合、一般に、市場株価には、当該企業の資産内容、財務状況、収益力、将来の業績見通しなどが考慮された当該企業の客観的価値が、投資家の評価を通して反映されているということができるから、上場されている株式について、反対株主が株式買取請求をした日のナカリセバ価格を算定するに当たっては、それが企業の客観的価値を反映していないことをうかがわせる事情があれば格別、そうでなければ、その算定における基礎資料として市場株価を用いることには、合理性が認められる。
　そして、反対株主が株式買取請求をした日における市場株価は、通常、吸収合併等がされることを織り込んだ上で形成されているとみられることからすれば、同日における市場株価を直ちに同日のナカリセバ価格とみることは相当ではなく、上記ナカリセバ価格を算定するに当たり、吸収合併等による影響を排除するために、吸収合併等を行う旨の公表等がされる前の市場株価（以下「参照株価」という。）を参照してこれを算定することや、その際、上記公表がされた日の前日等の特定の時点の市場株価を参照するのか、それとも一定期間の市場株価の平均値を参照するのか等については、当該事案における消滅株式会社等や株式買取請求をした株主に係る事情を踏まえた裁判所の合理的な裁量に委ねられているものというべきである。
　また、上記公表等がされた後株式買取請求がされた日までの間に当該吸収合併等以外の市場の一般的な価格変動要因により、当該株式の市場株価が変動している場合に、これを踏まえて参照株価に補正を加えるなどして同日のナカリセバ価格を算定するについても、同様である。
　もっとも、吸収合併等により企業価値が増加も毀損もしないため、当該吸収合併等が消滅株式会社等の株式の価値に変動をもたらすものではなかったときは、その市場株価は当該吸収合併等による影響を受けるものではなかったとみることができるから、株式買取請求がされた日のナカリセバ価格を算定するに当たって参照すべき市場株価として、同日における市場株価やこれに近接する一定期間の市場株価の平均値を用いることも、当該事案に係る事情を踏まえた裁判所の合理的な裁量の範囲内にあるものというべきである。
　エ　これを本件についてみるに、前記事実関係によれば、本件吸収分割によりXの事業がAに承継されてもシナジーが生じるものではないというのであり、また、本件吸収分割によりXの企業価値が増加したとの事実も原審において認定されていない。そうすると、本件買取請求に係る「公正な価格」は、本件買取請求がされた平成21年3月31日におけるナカリセバ価格をいうものと解するのが相当であ

る。
　前記事実関係によれば、Xの市場株価がXの客観的価値を反映していないとの事情はうかがわれないから、本件買取請求がされた日のナカリセバ価格を算定するに当たっては、その市場株価を算定資料として用いることは相当であるというべきであり、また、本件吸収分割はXの株式の価値に変動をもたらすものではないというのであるから、これを算定するに当たって、原審が、同日の市場株価を用いて同日のナカリセバ価格を算定したことは、その合理的な裁量の範囲内にあるものということができる。他にこの市場株価をもって同日のナカリセバ価格を算定することが相当でないことをうかがわせる事情はない。
　以上によれば、本件買取請求の日である平成21年3月31日の東京証券取引所におけるXの株式の終値（1株当たり1294円）をもって、本件株式の「公正な価格」であるとした原審の判断は、結論において是認することができる。論旨は採用することができない。」

　本決定には、田原裁判官の補足意見及び那須裁判官の反対意見がある。
　本決定は、会社法782条1項所定の吸収合併等によりシナジー（組織再編による相乗効果）その他の企業価値の増加が生じない場合における反対株主がした株式買取請求に係る「公正な価格」がいわゆる「ナカリセバ価格」であることを最高裁として初めて示した点に重要な意義があるものと思われる。
　そして、「ナカリセバ価格」の基準日については、①組織再編行為の承認決議がされた日、②株式買取請求権が行使された日、③株式買取請求期間の満了日、④組織再編の効力発生日、⑤裁判所が裁量的に基準日を定めるなど、学説及び下級審裁判例が分かれていたところ、本決定は、株式買取請求権が行使された日であることを明らかにした点でも重要な意義がある。
　また、本決定は、吸収合併等により企業価値の増加も毀損もないため、消滅株式会社等の株式の価値に変動をもたらすものでなかった場合、ナカリセバ価格を算定するに当たって参照すべき市場株価として、株式買取請求権が行使された日における市場株価やこれに近接する一定期間の市場株価の平均値を用いることが、裁判所の合理的な裁量の範囲内にある旨示した点でも重要な意義があり、実務上参考になるものと思われる。

【58】22(許)47（○三小、平23・4・26、破棄・差戻、集民236・519、判時2120・126。原審東京高決平22・10・19、原々審東京地決平22・3・29）
（1）　株式交換に反対した株式交換完全子会社の株主による株式買取請求に係る「公正な価格」（会社法785条1項）の意義及び算定の基準日が問題となった事案である。
（2）　Yは、人材紹介事業等を営む株式会社であり、ジャスダック証券取引所にその株式を上場していたところ、Yの株主総会（本件株主総会）において、カラオケ

VI その他　　　　　　　　　　　　　　　　　　　　　　　　　　　611

事業等を営む株式会社Aを株式交換完全親会社、Yを株式交換完全子会社とする株式交換を行うなどを内容とする株式交換契約（本件株式交換）を承認する決議（本件決議）がされた。Yの普通株式を保有するX_1～X_{10}は、本件株主総会に先立ち、本件株式交換に反対する旨をYに通知し、本件株主総会において本件決議に反対した上、本件株式交換の効力を生ずる日（効力発生日）の20日前から効力発生日までの間に、Yに対し、各保有する株式を公正な価格で買い取るよう請求したが、その価格の決定につき協議が整わなかったため、Xら及びYが、会社法786条2項に基づき、それぞれ価格の決定の申立てをした。

　原々審及び原審は、いずれも、株式交換完全子会社の株主による株式買取請求に係る「公正な価格」は、株式買取請求が確定的に効力を生ずる株式交換の効力発生日を基準日とし、事案に応じて、株式交換がなければ同社株式が有していたであろう客観的価値、又は株式交換によるシナジーを適切に反映した同社株式の客観的価値を基礎として算定するのが相当であるとした上で、本件株式交換によりYの企業価値が毀損されているから、本件株式交換がなければYの発行する株式が有していたであろう客観的価値を基礎として「公正な価格」を算定するのが相当であるとした。

　(3)　Xらが、原審の判断は、企業価値が毀損された場合における「ナカリセバ価格」の算定方法についての判例違反、法令違反があると主張して、抗告の許可を申し立てた。

　(4)　本決定は、次のとおり判示して、原決定を破棄し、本件を原審に差し戻した。

　「(1)　吸収合併、吸収分割又は株式交換（以下「吸収合併等」という。）が行われる場合、会社法785条2項所定の株主（以下「反対株主」という。）は、吸収合併消滅株式会社、吸収分割株式会社又は株式交換完全子会社（以下「消滅株式会社等」という。）に対し、自己の有する株式を「公正な価格」で買い取るよう請求することができる（同条1項）。このように反対株主に「公正な価格」での株式の買取りを請求する権利が付与された趣旨は、吸収合併等という会社組織の基礎に本質的変更をもたらす行為を株主総会の多数決により可能とする反面、それに反対する株主に会社からの退出の機会を与えるとともに、退出を選択した株主には、吸収合併等がされなかったとした場合と経済的に同等の状況を確保し、さらに、吸収合併等によりシナジーその他の企業価値の増加が生ずる場合には、上記株主に対してもこれを適切に分配し得るものとすることにより、上記株主の利益を一定の範囲で保障することにある。このような趣旨に照らせば、会社法782条1項所定の吸収合併等によりシナジーその他の企業価値の増加が生じない場合に、同項所定の消滅株式会社等の反対株主がした株式買取請求に係る「公正な価格」は、原則として、当該株式買取請求がされた日における、同項所定の吸収合併契約等を承認する旨の決議がされることがなければその株式が有したであろう価格（以下「ナカリセバ価格」という。）をいうものと解するのが相当である（最高裁平成22年(許)第30号同23

年4月19日第三小法廷決定・裁判所時報1530号登載予定参照)。

　以上と異なる原審の前記判断には、裁判に影響を及ぼすことが明らかな法令の違反がある。この趣旨をいう論旨は理由がある。

　(2)　なお、上場されている株式について、反対株主が株式買取請求をした日のナカリセバ価格を算定するに当たり、株式交換を行う旨の公表等がされる前の市場株価を参照することや、上記公表等がされた後株式買取請求がされた日までの間に当該吸収合併等以外の市場の一般的な価格変動要因により、当該株式の市場株価が変動している場合に、これを踏まえて参照した株価に補正を加えるなどして同日のナカリセバ価格を算定することは、裁判所の合理的な裁量の範囲内にあるものというべきである（前掲最高裁平成23年4月19日第三小法廷決定参照）。そして、このことは、株式買取請求期間中に当該株式の上場が廃止されたとしても、変わるところはない。

　以上によれば、その余の抗告理由につき判断するまでもなく、原決定は破棄を免れない。」

　本決定には、田原裁判官の補足意見及び那須裁判官の反対意見がある。

　本決定は、吸収合併等により企業価値の増加が生じない場合における「公正な価格」の判断枠組みにつき、最三小決平23・4・19民集65・3・1311、判時2119・18（【57】事件）と同旨の判断を示したものである。

　なお、原決定は、基準日における「ナカリセバ価格」につき、本件株式交換の計画公表前の株価を参照しつつ、回帰分析的手法を用いて本件株式交換の計画公表後における市場全体の動向等を踏まえた補正を加えるなどして算定したが、本決定は、上記算定の具体的な内容の当否について、直接判断を示したものではない。もっとも、「株式交換を行う旨の公表等がされる前の市場株価を参照することや、上記公表等がされた後株式買取請求がされた日までの間に当該吸収合併等以外の市場の一般的な価格変動要因により、当該株式の市場株価が変動している場合に、これを踏まえて参照した株価に補正を加えるなどして同日のナカリセバ価格を算定することは、裁判所の合理的な裁量の範囲内にある」との説示に照らせば、上記のような原決定の判断枠組みを否定するものではないことは明らかであろう。

3　配偶者からの暴力の防止及び被害者の保護に関する法律

【59】22(許)44（△三小、平23・1・18、棄却。原審福岡高決平22・10・18、原々審福岡地久留米支決平22・9・9）

　(1)　配偶者からの暴力の防止及び被害者の保護に関する法律（DV防止法）10条に基づく保護命令申立事件において、夫の暴力の有無等が問題となった事案である。

　(2)　申立人（妻）Xは、相手方（夫）Yからの暴力により打撲や擦過傷等の傷害を負い、更に生命、身体に重大な危害を受けるおそれがあると主張して、DV防止

Ⅵ その他　　　　　　　　　　　　　　　　　　　　　　　　　　　613

法10条1項1号の接近禁止命令、同条2項の面会、電話等の禁止命令、同条3項の子（長男A）への接近禁止命令の申立てをした。

原々審及び原審は、保護命令を発すべきものと判断した。その理由の概要は次のとおりである。

Yが、Xに対し、しばしば暴力を振るい、打撲、擦過傷等の傷害を負わせていること、YとXとの間で離婚の協議が行われたが、Aの親権をめぐって対立し、まとまらなかったこと、Yが、Xに対し、Aとの面会を求め、Aを連れて行くなどと述べていたことなどからすると、Yが、Xに対し、Aの親権者をXと定める旨を記載した離婚届用紙を送付したことを考慮しても、離婚の諸条件につき円満に協議が成立したとはいえない。今後、離婚問題が決着するまで、Xが、Yからの更なる暴力による生命、身体に重大な危害を受けるおそれは大きい。

(3) Yが、原審の判断には、誤りがあると主張して、抗告の許可を申し立てた。

(4) 本決定は、「所論の点に関する原審の判断は、正当として是認することができる。論旨は採用することができない。」と判示して、抗告を棄却した。

本件の争点は、YのXに対する暴力の有無、程度という極めて個別性の強い認定問題に尽きるものであり、抗告の許可には疑問があるといわざるを得ないように思われる。

【60】23(許)12（△一小、平23・4・7、棄却。原審福岡高決平23・1・26、原々審熊本地決平22・8・12）

(1) 配偶者からの暴力の防止及び被害者の保護に関する法律（DV防止法）10条に基づく保護命令申立事件において、夫の暴力の有無及びそのおそれがあるか否かが問題となった事案である。

(2) X（妻）は、Y（夫）とのけんか（本件けんか）の際、Yから胸部を拳で1回殴打される身体的暴力を受けたと主張した上、Yから更なる身体的暴力によりその生命又は身体に重大な危害を受けるおそれが大きいと主張して、DV防止法10条1項2号の退去命令、同条1号の接近禁止命令、同条2項の電話等禁止命令、同条3項の子らへの接近禁止命令の各申立てをした。

原々審は、Xの各申立てを相当と認め、いずれの申立ても認容する保護命令を発した。このうち、退去命令部分については、Yの申立てにより、原々審において取り消された。

原審は、本件けんかの際にYがXに暴力を加えた事実を認めることができないとして、原々決定を取り消し、Xの本件申立てをいずれも却下した。その理由の概要は次のとおりである。

Xが、本件けんかの6日後に病院でA医師の診察を受け、その際作成された診断書には「右乳房打撲にて右乳頭出血出現」と記載されているが、Aの陳述書によれば、本件診断書の「打撲にて」との記載は、Xの言うとおりに記載したものであることが認められ、これに双方の陳述等の信用性等を勘案すると、Yの暴力によ

り上記打撲痕が生じたものと認めることはできない。Xが問題とするYの暴力は、Xの主張によっても1回きりのものであり、「更なる身体に対する暴力により、その生命又は身体に重大な危害を受けるおそれが大きい」という保護命令の発令要件を到底満たすものとはいえない。

(3) Xが、原審の判断は、DV防止法10条の解釈適用の誤りがあるなどと主張して、抗告の許可を申し立てた。

(4) 本決定は、「所論の点に関する原審の判断は、正当として是認することができる。論旨は採用することができない。」と判示して、抗告を棄却した。

本件の争点も【59】事件と同様、YのXに対する暴力及びそのおそれの有無という極めて個別性の強い認定問題に尽きるものであり、抗告の許可には疑問があるといわざるを得ないように思われる。

平成24年度

尾島 明／宮下 修

Ⅰ 民事訴訟法
  1 移送【1】〜【14】
  2 訴訟上の救助【15】〜【17】
  3 送達【18】
  4 文書提出命令【19】【20】
  5 再審【21】〜【23】
  6 担保の取消し【24】【25】

Ⅱ 民事執行法
  1 不動産競売開始決定【26】
  2 競売取消し【27】
  3 収益執行開始決定【28】
  4 債権差押命令【29】〜【35】

Ⅲ 民事保全法
  1 仮差押え【36】
  2 仮処分【37】【38】

Ⅳ 民事再生法【39】【40】

Ⅴ 家事審判法
  1 相続の放棄【41】
  2 婚姻費用の分担【42】〜【45】
  3 子の監護に関する処分【46】【47】
  4 遺産の分割に関する処分【48】〜【51】

Ⅵ その他
  1 行政事件訴訟法【52】【53】
  2 商事非訟【54】〜【58】
  3 配偶者からの暴力の防止及び被害者の保護に関する法律【59】
  4 戸籍法【60】

はじめに

1 平成24年度における許可抗告事件の実情を紹介する。

新受件数の推移は、表1のとおりである。平成24年は、これまでの最高数であった前年に比べやや減少した。

各年中に決定のあった事件のうち、最高裁判所民事判例集（民集）又は最高裁判所裁判集民事（集民）に登載された件数とその割合は、表2のとおりである。

2 許可抗告（民訴法337条）は、特別抗告（同法336条）と同様に、決定に対して法が特に認めた最高裁判所に対する不服申立て方法である。特別抗告が憲法違反を抗告事由とするのに対して、許可抗告は、法令解釈に関する重要な事項を含む事件であると高等裁判所が認めて許可したことを申立ての要件とするものである。現行民訴法で許可抗告制度が設けられたのは、民事執行法や民事保全法の制定等に伴い、決定で判断される事項に重要なものが増え、重要な法律問題について高等裁判所の判断が分かれているという状況が生じていたので、最高裁判所の負担が過重にならないように配慮した上で、重要な法律問題についての判断の統一を図ろうしたからである（法務省民事局参事官室編「一問一答新民事訴訟法」374頁）。上告受理制度のように最高裁判所自らが受理するか否かの判断をする制度が採用されなかったのは、そのような制度を採用すれば最高裁判所の負担が過重になるおそれがあったためであり（ジュリスト増刊1999年11月「研究会新民事訴訟法」440頁〔柳田幸三発言〕）、その意味では、許可抗告の制度は、高等裁判所において、適切に許可の判断がされることを信頼して設けられた制度であるということができる。そして、最高裁判所が許可に値しないと判断したとしても、高等裁判所が許可した以上、最高裁判所は当該論点への応答をする義務を負うことになるのであるから、高等裁判所には、自らの判断に判例と異なる点がある場合又は真に法令解釈に関する重要な事項を含む場合に抗告を許可し、そのような場合でなければ許可しないという制度の趣旨に沿った運用が求められている（詳しくは、福田剛久ほか「最高裁判所に対する民事上訴制度の運用」判例タイムズ1250号5頁参照）。

許可抗告に対する決定のうち民集又は集民に登載されたものの割合は、上記のとおりであり（表2）、許可された事件のうち法令解釈に関する重要な事項を含まない事件の割合は決して少なくないものといえる。抗告が許可された事件の中には上記のような制度の趣旨におよそ沿わない運用も相当数

表1

年度（平成）	新受件数
10	10
11	42
12	59
13	34
14	50
15	54
16	42
17	48
18	55
19	45
20	58
21	46
22	58
23	61
24	56

見受けられるので、これまで「許可抗告事件の実情」において繰り返してきた以下の指摘を本稿で改めてしておきたい。

(1) 法令の解釈自体は既に明確になっている場合に、個別事件における事実認定、要件ないし法理への単純な当てはめの判断は、通常は、法令解釈に関する重要な事項とはいえない。

また、最高裁判所の判例により示された法令解釈の基準の具体的適用に

表2

年度	決定件数	うち民集又は集民登載件数	割合（%）
10	2	1	(50%)
11	32	6	(19%)
12	51	12	(24%)
13	53	12	(23%)
14	42	7	(17%)
15	53	9	(17%)
16	44	10	(23%)
17	51	11	(22%)
18	54	6	(11%)
19	44	11	(25%)
20	53	2	(4%)
21	51	5	(10%)
22	43	6	(14%)
23	60	8	(13%)
24	60	6	(10%)

関わる事項は、当該実務を担当する下級裁における事例集積にこそ意味がある場合が多い。このような場合、下級裁での事例集積、要件の類型化に関する実務的検討が十分にされていない段階で、個別事案に関する要件該当性の争いを法律審である最高裁判所に求めることは、相当ではないことが多い。

(2) 論点自体としては法令解釈に関する重要な事項に当たるが、当該事案の解決に影響しない論点については、許可は不相当となるものと考えられる。許可抗告は、法令の解釈に関する重要な事項について、解釈統一の機能を有する特別な抗告であるが、当該事案の解決を目的とするものであることはいうまでもなく、抽象的な法令解釈のために抗告を許可することは、当事者を具体的事件の解決を離れた論争に巻き込むことになり、事案の解決を目的とする制度の趣旨に反するからである。

3 以上のような観点から、平成24年中に決定のあった許可抗告事件をみてみると、少なくともその半数について、許可抗告の申立てに法令の解釈に関する重要な事項が含まれているといえるかについて疑問があるように思われる。そこで、今年は、法令の解釈自体は既に明確になっており、個別事件における事実認定や要件ないし法理への単純な当てはめだけが問題となっている事件についてはその旨を、その中でも、許可抗告制度の趣旨に照らし、抗告の許可には疑問があるといわざるを得ない事件についてはその旨を記載したので、参照されたい。

他方で、原決定が、法令の解釈に関する重要な事項についての判断を含むものであり、最高裁判所がその判断の当否を判断するのが相当であると思われる申立てであるにもかかわらず、抗告を不許可とするようなことは、許可抗告制度が設けられた趣旨を没却することにもなりかねないことにも留意する必要があると思われる。

いずれにしても、許可抗告制度が設けられた趣旨に沿って同制度を適切に運用し

ていくためには、高等裁判所における適切な拒否の判断が不可欠であることを改めて指摘しておきたい。

4　本稿は、宮下（元最高裁書記官）が平成24年中に決定があった許可抗告事件を整理したものに、尾島（元最高裁民事上席調査官）が今後の同種事件の審理及び許可抗告制度の運用の参考とするために若干のコメントを付したものである。

事件見出しに◎を付したものは**民集登載事件**、○を付したものは**集民登載事件**、△を付したものはいずれにも登載されなかったものである。

平成24年中の決定による既済件数60件のうち、判例集登載の内訳は、民集登載事件が3件、集民登載事件が3件である。また、基本事件の種別としては、民事訴訟事件が25件、民事執行事件が10件、民事保全事件が3件、再生事件が2件、家事審判事件が11件、その他9件であり、このうち、原決定が破棄されたものは8件であった。

事案の概要等は、許可抗告事件の実情を紹介するのに必要な範囲で適宜省略し、事案の骨子のみを記載した。掲載の順序は、原決定の根拠法規、目次記載の手続ごとに分類し、その中で論点が共通するものをまとめた上で、決定日の順とした。

I　民事訴訟法

1　移　送

【1】ないし【13】の各事件は、いずれも裁量移送に関する民訴法17条所定の要件の該当性が問題となった事案である。訴訟の著しい遅滞を生ずるかどうか、当事者間の衡平を害するかどうかという移送の要件の認定判断は、当該訴訟の内容や当事者双方の事情、当事者の主張立証の状況ないし見込み等を踏まえた訴訟の現状に基づく受訴裁判所による将来的予測という性格を持つものである。このような要件の個別具体的当てはめの判断に、法令解釈の統一の観点から法律審が介入すべき余地は少ないように思われ（富越和厚「許可抗告事件の実情―平成10年度、同11年度―」本書1頁、同「許可抗告事件の実情―平成12年度―」本書23頁参照）。抗告の許可が許可抗告制度の趣旨に沿うものであるか検討の余地があるように思われる。

Ⅰ　民事訴訟法

【1】24(許)16（△三小、平24・7・17、棄却。原審名古屋高決平24・4・9、原々審津地決平24・2・20）
【2】24(許)20（△三小、平24・7・17、棄却。原審福岡高決平24・4・13、原々審福岡地決平24・1・31）
【3】24(許)22（△三小、平24・9・4、棄却。原審福岡高決平24・4・19、原々審熊本地決平24・1・31）
【4】24(許)23（△三小、平24・9・4、棄却。原審福岡高決平24・4・19、原々審熊本地決平24・1・31）
【5】24(許)24（△三小、平24・9・4、棄却。原審福岡高決平24・5・11、原々審福岡地決平24・1・31）
【6】24(許)27（△二小、平24・9・19、棄却。原審仙台高決平24・6・15、原々審仙台地決平24・5・7）
【7】24(許)29（△二小、平24・9・19、棄却。原審大阪高決平24・6・13、原々審神戸地決平24・5・8）
【8】24(許)31（△二小、平24・9・19、棄却。原審福岡高決平24・6・19、原々審福岡地決平24・4・25）
【9】24(許)35（△二小、平24・10・24、棄却。原審札幌高決平24・8・2、原々審札幌地決平24・6・19）
【10】24(許)40（△三小、平24・12・11、棄却。原審高松高決平24・9・11、原々審高知地決平24・2・20）
【11】24(許)42（△三小、平24・12・18、棄却。原審札幌高決平24・9・18、原々審札幌地決平24・6・15）

(1)　各基本事件は、いずれもA社（平成22年10月31日に更生手続開始の決定を受けた。）との間で継続的な金銭消費貸借取引を行ったことによりA社に対して過払金返還請求権を有するとするXらが、A社の取締役には利息の違法な収受や倒産について任務懈怠があり、これにより損害を被ったとして、会社法429条1項に基づき、A社の取締役であったYらを被告として損害賠償を請求するものである。Yらは、同種の事件が東京地裁を含め全国の裁判所に係属しており、訴訟の著しい遅滞を避け、又は当事者間の衡平を図るため必要があると主張して、民訴法17条に基づき、各基本事件について東京地裁への移送を申し立てたところ、各原々審及び原審はいずれも上記申立てを却下すべきものと判断した。

(2)　Yらが、東京高決平成12年9月13日は、同種訴訟が全国各地に係属した等の場合に移送を認めているとして、原決定の法令違反、高裁判例違反を主張して、各原決定に対し抗告の許可を申し立てた。

(3)　各決定は、「所論の点に関する原審の判断は、正当として是認することができる。論旨は採用することができない。」と判示して、いずれの抗告も棄却した。

【12】24(許)33（△二小、平24・10・10、棄却。原審大阪高決平24・7・24、原々審大阪地決平24・6・11）

(1) Yの株主ないし元株主であったXらは、Yが虚偽記載のある有価証券報告書を作成、提出するなどしたことにより、Yの株価が下落して損害を被ったとして、Yに対し、損害賠償の支払を求めて大阪地裁に訴えを提起した。Yは、その本店所在地を管轄する東京地裁に上記訴訟を移送するよう申し立てた。原々審及び原審は、本件申立てを却下すべきものと判断した。その理由の概要は次のとおりである。

現時点では、基本事件について証人尋問ないし本人尋問が必要になるとまでは直ちに認められず、Y代理人の出頭にかかる旅費日当等の負担については、第1回口頭弁論期日における陳述擬制の制度や、弁論準備手続における電話会議システム、書面による準備手続を活用することで相当程度回避することができるのに対し、Xら代理人はいずれも大阪市内に事務所を置いており、Xらの住所地が必ずしも大阪地裁の管内にないからといって、本件申立てが認められた場合にYに生ずる負担に比べて極めて限定的であるとは認められないから、当事者間の衡平を図るため、基本事件を東京地裁に移送する必要性があるとまでは認められない。

Yは、基本事件を東京地裁に係属している同種事件と併合審理することにより訴訟遅滞を回避することができると主張するが、この主張は、東京地裁に係属中の同種事件及び今後同裁判所に提起が見込まれる同種事件が全て当然に併合されること及び大阪地裁に提起された同種事件5件及び今後同裁判所に提訴が見込まれる同種事件が全て当然に東京地裁に移送されて併合されるとの前提に立つものであるが、この前提自体が独自の見解であるから、ひいてはこれに依拠する上記主張も、Y独自の主張であって、採用することはできない（現に、東京地裁に係属中の同種事件は併合されていない。）。また、Xらが元役員等に訴訟告知したとしても、元役員等が訴訟参加するかどうかも不明である。以上によれば、訴訟の著しい遅滞を避けるため、基本事件を東京地裁に移送する必要性があると認めることもできない。

(2) Yが、不法行為に関する訴えが特別籍所在地において提起され、これが被告の普通裁判籍所在地と異なる場合には、被告の普通裁判籍の所在地を管轄する裁判所への移送をすべきであるなどと原審の判断の法令違反を主張して、抗告の許可を申し立てた。

(3) 本決定は、「所論の点に関する原審の判断は、正当として是認することができる。論旨は採用することができない。」と判示して、抗告を棄却した。

【13】24(許)45（△三小、平24・12・25、棄却。原審札幌高決平24・10・10、原々審釧路地網走支決平24・9・5）

(1) 亡Aの長男であるX（網走市在住）が、「亡Aの長女であるY$_1$（札幌市在住）と亡Aの身辺の世話等をしていたY$_2$（網走市在住）が、意を通じて、亡Aに無断で同人の預貯金を繰り返し払い戻していた」と主張し、亡AのYらに対する

損害賠償請求権ないし不当利得返還請求権を法定相続分に従って相続したなどとして、Yらに対し、払戻金相当額の支払を求めて釧路地裁網走支部に提起した訴えが基本事件である。Yらが民訴法17条に基づき、札幌地裁への移送を求めたところ、原審は移送申立てを却下した。その理由の概要は次のとおりである。

基本事件の審理においては、亡Aの預貯金が払い戻された経緯、亡Aの健康状態その他の一連の事情等が争点となることが予想され、これを知る者として、亡Aの妹であるB（札幌市在住）の証人尋問を実施する可能性はあるが、基本事件で予想される争点に鑑みると、釧路地裁管内に居住する亡Aの知人や金融機関関係者等の証人尋問を実施する可能性も否定できず、基本事件を釧路地裁（網走支部）で審理することにより、審理の著しい遅滞を招くとは認められないし、また、当事者の衡平に反するともいえない。Bの証人尋問については、電話会議システムを利用した弁論準備手続を行うことで、尋問事項及び尋問時間を協議することができるから、証人尋問による負担を軽減できるし、証拠調べにおけるテレビ会議システムを利用することにより、Bの身体的負担も回避できる。

(2) Yが、原審の判断には民訴法17条の解釈適用の誤り及び判例違反があると主張して抗告の許可を申し立てた。

(3) 本決定は、「所論の点に関する原審の判断は、正当として是認することができる。論旨は採用することができない。」と判示して、抗告を棄却した。

【14】 24(許)11（△一小、平24・6・21、棄却。原審高松高決平24・2・28、原々審徳島地阿南支決平24・1・20)

(1) 預金払戻請求訴訟において、ATM機等の設置場所が民訴法5条1号にいう義務履行地に当たるか否かが問題となった事案である。

(2) Xは、金融機関であるYらに対し、Xの母親である亡Aが死亡したとして、亡Aの預金のうち、法定相続分の割合による金銭の払戻し等を求める訴訟をXの住所地を管轄する徳島地裁に提起した。

Yらはいずれも徳島県内に支店を有しておらず、また亡Aの預金口座の取扱支店は大阪市内に店舗を有する支店であるとして、Y_1は、民訴法16条1項に基づき、大阪地裁への移送を申し立てた。原々審は、徳島県内にはYらの支店がないとして、大阪地裁へ移送する旨の決定をした。Xが即時抗告をしたが、原審は、①銀行の預金に関する債務の履行は預金業務の取扱場所である銀行店舗においてこれをすることは全国一般に行われている商慣習と解され、当事者においてこれに従わない意思を表示しないときは、上記慣習に従う意思があったものと認めるべきであって、本件では、預金者であった亡AやYらにおいて上記慣習に従わないという意思を表示したことをうかがわせる資料はない、②Y_1に対する基本事件の請求は、Y_1阿部野支店が取り扱う預金債権に基づく払戻請求であるところ、本件預金規定によれば、そのうち普通預金の払戻しについては、本支店のいずれかの店舗に対して払戻請求書を提出して請求するものとされており、また、定期預金の払戻しにつ

いてはY₁の取扱支店に所定の払戻請求書を提出して請求するものとされているから、義務履行地は上記店舗の所在地であるなどとして、移送決定を相当と認め、抗告を棄却した。

(3) Xが、①預金債権の払戻しの場所をATM機等の設置場所にするという慣習が生じているというべきであるのに、商慣習によれば銀行預金に関する債務の履行が預金業務を取り扱う銀行店舗においてされているとして、義務履行地をYらの店舗の所在地とした原審の認定判断には、民法92条についての法令解釈の誤り、経験則違反がある。②義務履行地を定めた本件預金規定は、十分にその意味を理解することなくしてなされたものと推測されるから、無効であるというべきであるのに、本件預金規定を根拠として義務履行地をYらの店舗の所在地とした原審の認定判断には、民訴法5条1号にいう「義務履行地」についての法令解釈の誤りがあると主張して抗告の許可を申し立てた。

(4) 本決定は、「所論の点に関する原審の判断は、正当として是認することができる。論旨は採用することができない。」と判示して、抗告を棄却した。

本件は、「義務履行地」に該当するか否かについて、商慣習ないし預金規定の当てはめの当否が問題になった個別性の高い事案であったように思われる。

2 訴訟上の救助

【15】24(許)19（△三小、平24・7・31、棄却。原審名古屋高決平24・3・2、原々審岐阜地決平23・12・2）

【16】24(許)36（△一小、平24・11・29、棄却。原審名古屋高決平24・6・29、原々審岐阜地決平23・12・19）

【17】24(行ク)6（△三小、平24・12・4、棄却。原審名古屋高決平24・6・29、原々審岐阜地決平23・12・7）

(1) 【15】ないし【17】の各事件は、いずれも訴訟上の救助付与の申立てが、訴訟上の救助制度を不当に濫用するものか否かが問題となった事案である。

(2) 各基本事件は、いずれもA刑務所に収容されているXが、自らを原告、国を被告として提起した国家賠償請求訴訟である。Xが、各基本事件につき、それぞれ訴訟上の救助の付与を申し立てた。

原々審及び原審は、いずれも上記申立てを、①Xは、これまでに少なくとも170件を超える訴訟を提起すると同時に訴訟上の救助付与の申立てを行い、多数回にわたり訴訟上の救助の決定を受けているところ、Xは実親から継続的に現金等の差入れを受けたほか、自らの提起した訴訟によって数回にわたり賠償金を得ているにもかかわらず、これまでの訴訟で猶予された訴訟費用を支払わず、上記賠償金については、短期間のうちに、必要性のない別の使途に費消していること、②Xは、正当な理由なく刑務作業を行わないことが多く、作業拒否を理由として20回もの懲罰を受けており、平成17年3月分〜平成23年6月分の作業報酬金は僅か2378円にとどまっていることを考慮し、Xの訴訟上の救助付与の申立ては、いずれも訴訟

Ⅰ　民事訴訟法

上の救助制度を不当に濫用するものであり許されないとして、Ｘの各申立てを却下すべきものとした。

(3)　Ｘが、原審の各判断は判例に違反すると主張して抗告の許可を申し立てた。

(4)　本件各許可抗告に対し、【15】及び【16】の各事件においては「所論の点に関する原審の判断は、正当として是認することができる。論旨は採用することができない。」、【17】事件においては「本件の事情の下においては、所論の点に関する原審の判断は、正当として是認することができる。論旨は採用することができない。」と判示して、各抗告を棄却した。

本件は、いずれも個別の事実関係における訴訟上の救助付与の可否が問題となった事案であり、いずれも各事件の事実関係の下での原審の判断を是認したものである。抗告の許可には検討の余地があるように思われる。

3　送　達

【18】24(許)7（△一小、平24・6・7、棄却。原審大阪高決平24・1・26）

(1)　補正命令の送達の効力が問題となった事案である。

(2)　医療法違反で過料決定を受けたＸが、過料決定の認可決定に対し即時抗告の申立てをしたが、印紙及び郵便切手を納付しなかったため、原審は、これらの納付を命ずる旨の補正命令をし、同補正命令はＸの住所地に宛てて送達された。Ａが同居者としてこれを受領したが、Ｘが期間内に印紙等の納付をしなかったため、原審は、命令で抗告状を却下した。

(3)　Ｘは、本件補正命令を受領したＡはＸの同居人ではなく、Ｘは補正命令の送達を受けていないとして抗告の許可を申し立てた。

(4)　本決定は、「本件抗告状を却下した原審の判断に所論の違法はなく、論旨は採用することができない。」と判示して、抗告を棄却した。

住居所など就業場所以外の送達をすべき場所において送達を受けるべき者に出会わないときは、使用人その他の従業者又は同居者であって、書類の受領について相当のわきまえのあるものに書類を交付することができる（民訴法106条1項）。同居者が受領したのと同時に送達の効力が生じ、その後、送達書類が送達名宛人に渡されたか否かは、送達の効力には関係がない。補充送達の要件の存否、殊に同居者に当たるか否かは、送達実施機関が一応判断するが、その要件の有無（送達の有効無効の判断）は、受訴裁判所が判断することとなる。論旨は、補正命令の送達に関する事実認定を非難するか、独自の見解に基づく主張をするものにすぎないものであって、重要な法律問題を含むものとはいえず、抗告の許可には検討の余地があると思われる。

4 文書提出命令

【19】24(行フ)1（△二小、平24・7・18、棄却。原審札幌高決平23・11・7、原々審札幌地決平22・12・22）

(1) 文書提出命令の申立てにおける「証明すべき事実」が特定されているか、政務調査費に係る人件費の支払に関する会計帳簿及び領収書の一部を開示することにより所持者の側に看過し難い不利益が生ずるおそれがあるか否かが問題となった事案である。

(2) 北海道の住民であるXが、北海道から北海道議会議員であるY_2らに交付された平成20年度の政務調査費のうちY_2らが人件費として支出した金員の少なくとも半分は目的外使用に当たり違法であると主張して、北海道知事（Y_1）に対し、地方自治法242条の2第1項4号に基づきY_2らに上記政務調査費の半分に相当する額の損害賠償請求をするよう求める住民訴訟を提起した。Y_2らは、Y_1を補助するため補助参加したところ、Xが、Y_2らの所持する平成20年度の政務調査費に係る人件費の支払に関する会計帳簿については民訴法220条4号に基づき、領収書その他の支出の事実を証明する書類については同条1号が類推適用されるとして文書提出命令の申立てをした。

原々審及び原審は、本件各文書のうち会計帳簿の「摘要」欄など第三者が識別される記載を除いた部分を提出すべきと判断した。その理由の概要は次のとおりである。

本件のような住民訴訟を地方自治法が認めている趣旨に鑑みれば、一般論として、訴えを提起した原告（住民）が、その立証のため、一定程度探索的な文書提出命令を申し立てることも許される場合があるというべきである。Xは、文書提出命令の対象として、平成20年度の政務調査費のうち人件費に係る文書（本件各文書）という限定を付しており、また、本件申立ての立証趣旨は、基本事件の内容からして、「本件各文書の中に使途が政務調査費以外の目的に使用された金員（その額は各議員が使用した金員の少なくとも半額である。）に係る文書が存在すること」という趣旨が含まれていることが明らかであり、本件申立ての立証趣旨が、抽象的で特定されていないとまでいうことはできない。また、本件会計帳簿の「摘要」欄が開示されることにより、その記載内容を手掛かりとして、議員の調査研究活動の目的、内容等を推知され、その調査研究活動が執行機関や他の会派等からの干渉により阻害されるおそれが高いといえるが、本件会計帳簿の「摘要」欄の記載を除くその余の部分については、その内容を開示されることにより、これらを推知され、その調査研究活動が執行機関や他の会派等からの干渉により阻害されるおそれがあるとは認め難い。また、本件会計帳簿には、支出先等の第三者の氏名、住所等が記載されている可能性がないとはいえず、これが開示されると、その第三者のプライバシーが侵害されるおそれがあるというべきであるが、そのような不利益は、第三者が識別される記載部分を除いて開示を命ずることにより回避することができる。

(3) Y_2 らが、原審の判断には判例違反があるとして、抗告の許可を申し立てた。
(4) 本決定は、次のとおり判示して、抗告を棄却した。

「本件事実関係の下においては、本件申立てにおける証明すべき事実が特定されていないとまでいうことはできず、本件各文書のうち原審が提出を命じた部分についてその開示により所持者に看過し難い不利益を生ずるおそれがあるとはいえないとした原審の判断は、いずれも是認することができないものではなく、他に裁判に影響を及ぼすことが明らかな法令の違反があるともいえない。」

本決定には、竹内裁判官の補足意見がある。
「政務調査費の支出の適法性が争われる住民訴訟において、提訴者が支出の違法の事由や範囲について概括的な主張をするにとどまり、かつ、その立証方法として当該支出に関係する広範な帳簿書類等につき提出命令を求める場合、仮にこのような申立てが無制限に認められるとすれば、支出の違法を主張する提訴者が何らの具体的な主張も証拠の提出もしないまま、支出の適法を主張する相手方が提訴者の立証に必要な全ての証拠の提出を求められることとなり、事実上、立証責任の転換に等しい結果を招き、ひいては、文書提出命令による帳簿書類等の開示それ自体を目的とする住民訴訟の提起を誘発して情報公開の手続の潜脱に至るおそれも危惧されるところである。上記の場合には、提訴者の主張や証明すべき事実の内容によっては、申立て自体が過度に探索的なもので特定性を欠くときは不適法とされることになるし、これを申立てとして不特定であるとまでは断じ難いときであっても、事実審における審理では、このような争訟の手法がいわば濫用的に用いられることのないよう、その申立てに係る「証明すべき事実」について裁判所が証拠調べの必要性を判断する上で必要な「証拠との関係」の具体的な明示(民訴規則99条1項)を求め、基本事件についても裁判所による十分な主張・証拠の整理や釈明等を経た上で、証拠調べの必要性に関する適切な判断を確保するための訴訟指揮における留意が必要になるものと考えられる。
本件申立てにおける申立事由の記載は、証明すべき事実と「証拠との関係」が具体的に明示されたものではない上、本件の基本事件における提訴者である相手方の主張も、既に提出された証拠等に照らしても、概括的にすぎるものといわざるを得ないから、基本事件の受訴裁判所としては、相手方の主張につき、釈明により支出の違法の範囲や事由をより具体的に特定させた上で、立証の方法についても、具体的な主張との関係で証拠調べの必要性の有無及び範囲を十分に吟味することが望まれるところである。これらの点は、本件の抗告理由となるものではないが、下級審における審理の在り方との関係においては重要な事柄であるので、以上を特に付言しておく。」

【20】24(行ツ)3（△一小、平24・10・11、棄却。原審高松高決平24・6・21、原々審高松地決平23・4・25）

(1) 文書提出命令申立事件において、公務員の職務上の秘密に関する文書につき、その提出により公務の遂行に著しい支障を生ずるおそれがあるか否かが問題となった事案である。

(2) Xは、香川県の市立中学校に勤務する教員であるところ、県教育委員会から平成19年12月支給の勤勉手当に係る成績率につき下位成績区分である0.51と認定されたため、県人事委員会に対し、地方公務員法46条に基づき、その認定の取消し及び勤務成績が良好と判定された職員との勤勉手当の差額の支給等の措置を執るよう要求したが、措置要求棄却判定を受けた。Xは、Y（香川県）を被告として、同棄却判定の取消し及び損害賠償（慰謝料）の支払を求める訴訟を提起し、下位成績区分決定の根拠とされた事由に事実誤認があることなどを証明するため、Yに対し、平成19年12月支給の勤勉手当に係る「勤務実績・指導状況報告書」（本件文書）につき、文書提出命令の申立てをした。

原々審は、本件文書は民訴法220条4号ロ所定の「公務員の職務上の秘密に関する文書」に当たるが、その提出により「公務の遂行に著しい支障を生ずるおそれ」があるとはいえず、同号ロの除外事由に該当しないとして、本件文書の提出を命じた。

原審は、本件文書の提出により「公務の遂行に著しい支障を生ずるおそれがあるもの」として、原々決定を取り消し、Xの文書提出命令の申立てを却下した。その理由の概要は次のとおりである。

本件文書は、勤勉手当に勤務成績を反映させるための資料として制度上開示されないことを前提として、評価者が、被評価者に不利益な評価を含め、事実、意見及び評価を具体的かつ率直に記載することを要するものである。その記載方法も、元来、評価者の意見、評価を総合的に記載することが予定されたものである。また、評価者は、保護者、生徒、同僚教員等の声を幅広く聞いた上で適切な評価を行うよう求められていることから、評価者が直接見聞した事実に限らず、必要に応じて、他の職員ないし保護者等の第三者が表明した意見、感想を含んだ所見が記載されることも予定されたものといえる。

このような文書の内容や性質からすると、文書中の評価、意見に関する表現や保護者等第三者の意見、感想等を含む所見については、被評価者に対する指導や人事評価制度の開示の目的に照らしても、必ずしも開示を予定すべきものとはいえず、少なくとも、記載内容がそのままの形で開示されることはないことを前提に率直な記載がされることが期待されたものともいえる。

そうすると、本件文書が本件訴訟において提出された場合、その表現等細部を含めた記載内容そのものが開示されることとなり、評価者が率直な意見、評価を記載するのを回避しがちになるなどの影響があることは否定できないし、制度上開示を予定しないものとして取得していた保護者、生徒、同僚教員等の第三者からの情報

I 民事訴訟法

が開示されることがあり得ることとなれば、緊密な信頼関係を前提とする教育現場が混乱するのみならず、評価者への信頼も損なわれることとなり、今後これらの者からの聴取等の場面において、正確かつ率直な情報を得ることが困難となることは避け難く、公正・適正な勤務成績の評定とこれを反映した勤勉手当の支給等の公務の遂行に著しい支障が生ずるおそれが具体的にあるものといえる。

(3) Xが、原審の判断には判例違反及び民訴法220条4号ロの解釈適用の誤りがあると主張して、抗告の許可を申し立てた。

(4) 本決定は、「所論の点に関する原審の判断は是認することができる。論旨は採用することができない。」と判示して、抗告を棄却した。

5 再 審

【21】【22】23(許)48、49（△二小、平24・4・25、破棄・自判、附帯抗告却下。原審大阪高決平23・7・14、原々審大阪地決平23・3・30）

(1) 民訴法338条1項3号に掲げる再審事由（3号事由）の有無及び再審の訴え提起から約5箇月後にした同項9号に掲げる再審事由（9号事由）の追加の主張が同法342条1項の期間制限に反するか否かが問題となった事案である。

(2) X（再審被告）は、Y（再審原告）に対し、2億5000万円の損害賠償請求訴訟を提起した。訴状副本等は、Yの肩書住所地でありYが自営するA（株式会社）において、Aの従業員が受け取り、補充送達の方法により送達されたが、Yは第1回口頭弁論期日に出頭せず、受訴裁判所は、同口頭弁論期日に口頭弁論を終結し、Xの請求全部認容の判決が平成20年2月8日に確定した。Yは、代理人Bに委任して、同年5月28日、3号事由があるとして、再審の訴えを提起した。その後、Yは、同年10月15日、代理人Bを解任して代理人Cに委任し、同代理人は、9号事由を主張した。

原々審は、Yが9号事由の存在を知ったのは、遅くとも代理人Bに本件の追行を委任した平成20年3月頃であり、9号事由を追加した時点では民訴法342条1項の期間を経過していたことは明らかであるとして、9号事由に基づく再審の訴えを却下し、3号事由に基づく再審請求を棄却した。

原審は、3号事由は認められないものの、9号事由を理由とする再審の訴えの追加的変更は、民訴法342条1項所定の再審期間内にされたものであるとした上で、前訴判決には判決に影響を及ぼすべき重要な事項についての判断の遺脱があることを理由に、再審開始の決定をした。

(3) Xが、前訴判決に判断の遺脱があるとし、再審の訴え提起から約5箇月後にした9号事由の追加の主張が民訴法342条1項の期間制限に反するものではないとした原審の判断には法令の解釈に関する重要な事項を含むとして許可抗告（【21】事件）を、Yが附帯許可抗告（【22】事件）を申し立てた。

(4) 本決定は、次のとおり判示して、原決定を破棄し、原々決定に対する抗告を棄却する旨の自判をした。

「判断の遺脱は、その事柄の性質上、判決書又はこれに代わる調書の送達を受けてこれを閲読することによりその存在を知り得るはずのものであるから、これを知り得なかったとする特段の事由の主張立証のない限り、当事者において判決書又はこれに代わる調書の送達を受けた時点でその存在を知ったものと推定される（最高裁昭和27年(オ)第3号同28年4月30日第一小法廷判決・民集7巻4号480頁、最高裁昭和33年(オ)第10号同36年9月22日第二小法廷判決・民集15巻8号2203頁、昭和43年(オ)第283号同45年12月22日第三小法廷判決・民集24巻13号2173頁参照）。

これを本件についてみると、Yは、訴訟代理人に委任するまで前訴判決に判断の遺脱があったことを知り得なかったなどと主張するものの、これをもって上記特段の事由を主張するものとはいえず、他に上記特段の事由の主張立証はない。

記録によれば、Yが平成20年1月24日に前訴判決の判決書に代わる調書の送達を受け、前訴判決が同年2月8日に確定したこと及びYが本件再審の訴えにおいて判断の遺脱を主張して訴えの追加的変更をしたのが同年10月27日であることは明らかである。したがって、判断の遺脱を理由とする再審の訴えは、〔民訴〕法342条1項所定の再審期間の経過後にされたものであって、不適法であり、却下を免れない（なお、Yの主張する事実関係によっても、前訴判決に判断の遺脱があると認められないことは、明らかである。）。論旨は、以上の趣旨をいうものとして理由がある。再審開始の決定をすべきものとした原審の判断には、裁判に影響を及ぼすことが明らかな法令の違反があり、原決定は破棄を免れない。

また、記録によっても、前訴判決につき、〔民訴〕法338条1項3号の再審事由があるとは認められないから、同号の再審事由を理由とする再審の請求は、理由がない。

以上説示したところによれば、〔民訴〕法338条1項9号の再審事由を理由とする再審の訴えを却下し、同項3号の再審事由を理由とする再審の請求を棄却した原々決定は正当であるから、Yの原々決定に対する抗告を棄却すべきである。」

また、附帯許可抗告について、次のとおり判示して却下した。

「原決定が再審開始の決定をすべきものとしたことは明らかであるから、本件附帯抗告は抗告の利益を欠き、不適法である。」

【23】24(許)30（△一小、平24・11・8、棄却。原審大阪高決平24・6・25、原々審大阪地決平24・5・7）

(1) 民訴法338条1項3号に掲げる再審事由が認められるか否かが問題となった事案である。

(2) Xは、Yを被告として、工事代金の支払を求める前訴を大阪地裁に提起した。担当書記官は、訴状記載のY住所（旧住所）に宛てて、訴状副本、第1回口頭弁論期日呼出状、答弁書催告状等（訴状副本等）につき特別送達を2度（2度目は休日配達指定）試みたが、いずれもYの「不在」を理由に不在留置期間経過後

I 民事訴訟法

返戻され、送達できなかった。そこで、Xは、平成23年11月8日、書留郵便に付する送達（付郵便送達）の上申書を提出した。この上申書には添付書類として、①旧住所が記載された同年9月8日付けのYの住民票、②Xの代理人弁護士作成の報告書が添付されていた。②の報告書には、Xの代理人が同年10月19日に旧住所の所在調査をしたところ、電気メーターは回っていなかったが、電気・ガス等の閉栓告知書等はなく、郵便ポストには郵便物等があふれている状態ではない旨が記載されていた。そこで、担当書記官は、同年11月11日、旧住所に宛てて訴状副本等を付郵便送達した。そして、前訴の口頭弁論期日が開かれ、Yが出頭しないまま弁論が終結され、Xの請求を認容する判決が言い渡されて、付郵便送達により判決書に代わる調書正本が送達され、上記判決が確定した。その後、Yが、同年10月1日付けで旧住所から新住所に移転したことが記載されたYの住民票を添付して、前訴における訴状副本等の送達時に、その場所にYは居住しておらず、上記送達は無効であり、前訴判決は、Yが訴訟に関与する機会が与えられないままにされたものであり、民訴法338条1項3号に掲げる再審事由があるとして、再審の訴えを提起した。

　原々審及び原審は、有効に訴状の送達がされず、それ故に被告とされた者が訴訟に関与する機会が与えられないまま判決がされた場合には、当事者の代理人として訴訟行為をした者に代理権の欠缺があった場合と別異に扱う理由がなく、民訴法338条1項3号に掲げる事由があるものと解すべきである（最一小判平4・9・10民集46・6・553、判時1437・56）とした上で、平成23年11月11日当時、Yは既に新住所に転居しており、旧住所宛てにされた訴状副本等の付郵便送達は、Yの当時の住所に宛てられたものではなく無効であり、同項3号に掲げる再審事由があると解されると判示して、再審の開始決定をした。

　(3)　Xが、原審の判断には判例違反等があると主張して、抗告の許可を申し立てた。

　(4)　本決定は、「所論の点に関する原審の判断は、正当として是認することができる。論旨は採用することができない。」と判示して、抗告を棄却した。

6　担保の取消し

【24】 24(許)10（△三小、平24・6・19、棄却。原審大阪高決平24・2・23、原々審奈良地決平24・1・4）

【25】 24(許)13（△三小、平24・6・19、棄却。原審大阪高決平24・3・16、原々審奈良地決平24・1・4）

　(1)　上訴に伴う強制執行停止のために供託した担保につき、「担保の事由が消滅した」（民訴法79条1項）といえるか否かが問題となった事案である。

　(2)　XのYに対する仮執行宣言付手形判決に対し、Yが異議申立てを行い、併せて民訴法403条1項5号に基づき強制執行停止の申立てをし、350万円の担保（①）を立てて同停止決定を得たところ、異議後の訴訟はXのYに対する売買代

金請求訴訟と併合されて審理され、奈良地裁は、上記仮執行宣言付手形判決を認可するとともに売買代金請求を認容し仮執行宣言を付した判決をした。Yは、同判決に控訴するとともに、改めて強制執行停止の申立てをし、1450万円の担保（②）を立てて同停止決定を得た。大阪高裁は、上記異議後の仮執行宣言付判決及び上記仮執行宣言付手形判決をいずれも取り消し、Xの請求を全て棄却する旨の判決をした。Xはこれに対し上告及び上告受理の申立てをした。本件は、Yが、上記高裁判決が未確定であるにもかかわらず、①（【23】事件）及び②（【24】事件）の各担保について、「担保の事由が消滅した」として、その取消しを申し立てた事案である。原々審及び原審は、要旨次のとおり判断して、Yの各申立てをそれぞれ理由がないとした。①民訴法405条が準用する同法79条1項における「担保の事由が消滅した」とは、担保供与の必要性が消滅したことをいい、上訴に伴う執行停止の場合については、その後の訴訟手続において担保提供者の勝訴判決が確定した場合又はそれと同視すべき場合をいうと解されるが、本件ではYの勝訴判決は確定していない。②法律上、仮執行宣言の取消しをもって担保取消事由と定められてはいない。

(3) Yが、各決定に対し、仮執行宣言が取り消された以上「担保の事由が消滅した」といえるなどと主張して抗告の許可を申し立てた。

(4) 本件各決定は、各事件について、「所論の点に関する原審の判断は、正当として是認することができる。論旨は採用することができない。」と判示して、抗告を棄却した。

　上訴に伴う執行停止決定について「担保の事由が消滅した」とは、上訴審の訴訟手続において担保提供者の勝訴判決が確定した場合又はこれと同視すべき場合をいうものとされており（最一小決平13・12・13民集55・7・1546、判時1773・26）、これを前提にすれば、Xの請求を全て棄却した高裁判決が未確定である以上、担保の事由が消滅したといえないことは明らかであろう。

II　民事執行法

1　不動産競売開始決定

【26】24(許)34（△一小、平24・12・13、棄却。原審名古屋高金沢支決平24・8・9、原々審富山地高岡支決平23・11・24）
(1) 建物の区分所有等に関する法律（区分所有法）59条1項に基づく競売請求訴訟の口頭弁論終結後に区分所有権及び敷地利用権を譲り受けた者に対し、同訴訟の判決に基づいて競売を申し立てることができるか否かが問題となった事案である。
(2) マンションAの管理組合法人の総会決議により、他の区分所有者全員のために訴訟を提起する区分所有者に選任されたXは、Aの1室（本件物件）の区分所有者であるBの管理費滞納を理由として、Bに対して区分所有法59条に基づく

競売の申立ての請求についての訴えを提起し、その認容判決（本件判決）を受けたが、Bは訴訟の口頭弁論終結後に、その区分所有権をYに譲渡した（本件譲渡）。Xは、Yに対し、本件判決に基づき本件物件の競売の申立て（本件申立て）をした。

原々審及び原審は、本件判決の効力はYには及ばず、本件申立ては却下すべきものと判断した。その理由の概要は次のとおりである。

①区分所有法59条1項の競売の請求は、特定の区分所有者が、区分所有者の共同の利益に反する行為をし、又はその行為をするおそれがあることを原因として認められるものであるから、同項に基づく訴訟の口頭弁論終結後に被告であった区分所有者がその区分所有権及び敷地利用権を譲渡した場合に、その譲受人に対し同訴訟の判決に基づいて競売を申し立てることはできないと解すべきである（最三小決平23・10・11集民238・1、判時2136・36）。②区分所有法59条1項は、共同利益背反者を団体の構成員から排除しようとするものであるから、同法46条1項を根拠として、区分所有権の譲渡があれば当然に競売請求権の債務者としての地位が譲受人に承継されたと解することはできない。

(3) Xが、①区分所有法59条4項の趣旨等を考慮すると、上記決定の「譲受人」には、同条による競売の対象物件に共同利益背反者と同居する親族は含まれないと解すべきであるから、本件は、上記決定の射程外である、②仮に、Yが上記決定の「譲受人」に当たるとしても、Yは、Bと共謀して、Xによる区分所有法59条による競売を妨害する目的で本件物件を譲り受けた者であり、現在も管理費の滞納が継続していることなどの事情に照らせば、本件物件の不動産競売開始決定に対する相手方の不服申立ては権利の濫用として許されないと主張して、抗告の許可を申し立てた。

(4) 本決定は、「所論の点に関する原審の判断は、正当として是認することができる。論旨は採用することができない。」と判示して、抗告を棄却した。

2 競売取消し

【27】23(許)31（○三小、平24・2・7、棄却、集民240・1、判時2163・3。原審東京高決平23・3・31、原々審前橋地高崎支決平22・11・22）

(1) 民法258条2項所定の競売を命ずる判決に基づく換価のための不動産競売の手続において、無剰余取消しについて定めた民事執行法63条2項が準用されるか否かが問題となった事案である。

(2) Xら及びYらが共有する本件不動産には、前所有者により金融機関のために極度額合計2億6500万円の根抵当権が設定されていたところ、Xらを原告、Yらを被告とする共有物分割請求訴訟において、本件不動産を競売に付し、その売却代金から競売手続費用を控除した金額を、共有持分の割合で分割することを命ずる判決が言い渡され、確定した。この判決に基づくXらの申立てにより本件不動産につき競売手続が開始されたが、執行裁判所は、Xらに対し、本件不動産の買受可能価額約3700万円が、手続費用及び差押債権者に優先する債権の見込額の合計約

2億6600万円に満たない旨の民事執行法63条1項2号に基づく通知をし、Xらが同条2項所定の対応をしなかったことから、競売手続を取り消す旨の原々決定をした。

Xらは、執行抗告をしたが、原審は、①民事執行法195条は、共有物分割のための不動産競売につき何らの留保なく同法63条を準用していること、②先順位抵当権者が本件不動産の価額の値上がりを待つなどする換価時期選択の利益を無視して、無剰余であるにもかかわらず、共有物の分割手続のための不動産競売の手続を続行させることは相当ではないとして、抗告を棄却すべきものとした。

(3) Xらが、共有物分割のための不動産競売に、民事執行法63条は準用されないと解すべきであるとして、抗告の許可を申し立てた。

(4) 本決定は、「民法258条所定の競売を命ずる判決に基づく不動産競売について、民事執行法59条が準用されることを前提として同法63条が準用されるものとした原審の判断は、正当として是認することができる。論旨は採用することができない。」と判示して、抗告を棄却した。

岡部裁判官の補足意見は、次のとおりである。
「1　本件競売手続に売却に伴う権利の消滅等に関する民事執行法59条の準用があるか否かに関して、準用があるとの法廷意見に賛意を表するものであるが、従前、いわゆる形式的競売を換価型と精算型とに分類し、前者については同条の準用を否定する引受主義を、後者については同条の準用を肯定する消除主義を採用すべきであるとする2分説を支持していた者として若干の補足をしておきたい。

競売手続における消除主義の利点は、買受人の地位を安定させることにより換価を容易にすることである。その根拠は売却の目的を達成するための必要性にあるのであり、その必要性は形式的競売も担保権実行としての競売と変わりはない。競売による売却により占有を伴わない担保権は消滅するが、順位に応じた配当がされることによって担保権は一応の目的を達することができる。消滅する担保権に劣後する用益権が何らの補償もなく買受人に対抗できなくなるのは、売却を促進するという公的な売却の目的を達するために設けられた制度であって、やむを得ないという外はない。担保権と用益権の対抗関係は登記簿等によって公示されていることに加え、少なくとも民法395条の保護は与えられる点において用益権にも最低限の保護は与えられているともいい得る。売却の必要性を重視して民事執行法59条の準用を認めることは根拠のあることと考える。

2　本件競売手続にいわゆる剰余主義に関する民事執行法63条の準用があるか否かについてもまた法廷意見に賛成するものであるが、その理由は以下のとおりである。

(1)　形式的競売に剰余主義を準用すると、物件上に担保権の負担がある場合には、競売権のみを有する差押債権者について無剰余となることが少なくなく、結局売却の目的を達し得ない事態が生じやすい。このような事態は、本件についていえ

ば共有物について競売を命じた判決の目的を達することができない上、紛争解決もできない点において、社会的にも好ましいこととはいえない。この点からは剰余主義を準用しないことが望ましいが、剰余主義を準用しない場合には、担保権者は、希望しない時期に満足を得ることもないままその担保権を強制的に消滅させられるという不利益を被ることになる。担保権者は、望むときに換価し、できるだけ多額の満足を得る利益を有しているのであるから、その利益を無視することはできない。

　(2)　そこで、形式的競売における物件を売却する必要性と、担保権者の利益とをどのように衡量するかという問題となる。実体法的には形式的競売における差押債権者は競売権という権利を有し、担保権者は換価して債権の満足を得るという物権的利益を有しているのであって、その比較衡量は困難である。そこで、形式的競売の差押債権者と担保権者それぞれに与えられている自己の利益を実現するための法的な手段の有無、方法という手続的側面について検討することが有用である。

　差押債権者について無剰余となる場合に、民事執行法は、差押債権者が競売手続を取り消されないための手段を用意しているが、現実的な手段は民事執行法63条2項ただし書により優先債権者の同意を得ることであろう。優先債権者には同意義務はないが、各種の方法により差押債権者が優先債権者と協議して同意を求めることは可能であると考えられる。

　これに対し、剰余主義の準用がない場合には、担保権者において売却を阻止する方法はない。ただ、担保権者は共有物分割のための競売であれば、それに先立つ共有物分割訴訟に参加して意見を述べることができ（民法260条）、そこで競売による分割に反対する旨の意見を述べることができようが、共有者はもとより、裁判所も参加者の意思に拘束されない。

　上記両者の法的手段を比較してみると、民事執行法63条の準用を認めた上で、差押債権者が競売手続の取消しを回避する手段を執ることを期待することの方が、実用的かつ実効的であり、利益調整という面で優れているということができる。

　(3)　ただ、自助売却のように緊急性を要する場合、あるいは建物の区分所有等に関する法律59条によって命ぜられた競売のように、売却の必要性が高い一方、所有者ではない差押債権者と優先債権者の接触が予定されておらず、差押債権者において目的物件上の優先債権者の同意を得るなどの方策を採ることが著しく困難な場合は、剰余主義の準用を排して良いものと考える。このように形式的競売のうちにおいても民事執行法63条準用の有無を異にする解釈は、民事執行法195条の「例による」との文言が、形式的競売に担保権の実行としての競売の諸規定を準用するか否かを解釈に委ねている趣旨であるところからも可能であると考える。」

　(5)　形式的競売の手続につき、民事執行法195条は、「担保権の実行としての競売の例による」と規定するのみであり、そのため共有物分割のための不動産競売において、目的不動産上に存する抵当権等の負担は売却により消滅すると定めた民事

執行法59条が準用されるかが問題となる。本決定は、結論を簡単に示すのみではあるが、民事執行法の施行以来問題とされてきた共有物分割のための不動産競売の手続の規律につき初めて明示的な判断を示したものであり、理論上及び実務上意義を有すると思われる。

3 収益執行開始決定

【28】24(許)25（△一小、平24・11・22、棄却。原審東京高決平24・5・14、原々審横浜地決平23・11・8）

(1) 担保不動産収益執行の開始決定に対する執行抗告について、その抗告期間を担保不動産収益執行手続の終了時までと解することができるか否かが問題となった事案である。

(2) 横浜地裁は、平成23年11月8日、Xの申立てにより、根抵当権に基づく担保不動産収益執行の開始決定をし、同正本は同年12月23日、債務者であるYに送達されたところ、Yは、平成24年2月11日、担保不動産収益執行の開始決定に対する執行抗告は、担保不動産収益執行手続の終了までできると解すべきであるとして執行抗告を申し立てた。

原審は、要旨次のとおり判示して、Yの執行抗告を却下すべきものとした。民事執行法は、担保不動産収益執行の申立てについての裁判に対し、執行抗告をすることができると定めるとともに（同法188条、93条5項）、執行抗告の抗告期間を、その裁判の告知を受けた日から1週間の不変期間と定めているから（同法10条2項）、同条項の適用を排除する明文の規定がない以上、収益執行手続の終了時まですることができると解する余地はない。担保不動産収益執行の開始決定に対する執行抗告と、担保不動産競売の開始決定に対する執行異議は、いずれも担保権の不存在又は消滅を理由とすることができる旨定められており（同法182条）、執行異議には執行抗告のような申立期間の制限はない。しかし、担保不動産収益執行と担保不動産競売とは、開始決定の後に続く手続上の構造が全く異なるものであり、担保権の存在又は消滅を理由とすることができる点が同じであることをもって、担保不動産収益執行の開始決定に対する執行抗告の抗告期間を手続の終了時までとすることはできない。

(3) Yが、担保不動産収益執行の開始決定に対する執行抗告は、開始決定後、手続の終了時まですることができると解するべきであると主張して、抗告の許可を申し立てた。

(4) 本決定は、「所論の点に関する原審の判断は、正当として是認することができる。論旨は採用することができない。」と判示して、抗告を棄却した。

執行抗告は、法に特別の定めがある場合に限って認められ、その申立ての手続も厳しく規制されているものであるから、担保不動産収益執行の開始決定に対する執行抗告において、抗告期間に関する民事執行法10条2項の適用を排除する明文の規定もないのに、例外を認めることは許されない。担保不動産収益執行の開始決定

Ⅱ　民事執行法　　　　　　　　　　　　　　　　　　　　635

に対する執行抗告は、担保権の不存在又は消滅を理由とすることができる点において、担保不動産競売の開始決定に対する執行異議と共通する部分があるが、開始決定に対する不服申立ての方法は、担保不動産収益執行と担保不動産競売における開始決定以降の手続構造の違い等により、明確に区別して定められたものである。担保不動産収益執行の手続の終了までに数年間以上を要する場合が少なくないことも考えれば、その終了時まで開始決定に対する上訴（執行抗告）ができるとの解釈を採るのは困難であると思われる。

4　債権差押命令

【29】23(許)54（△三小、平24・1・17、破棄・自判。原審高松高決平23・9・20、原々審徳島地決平23・8・10）

(1) 債務者が第三債務者（約100店舗の支店を有する金融機関）に対して有する預金債権の差押命令の申立てに当たり、差押えの目的となる預金債権の取扱店舗を一切限定せずに「複数の店舗に預金債権があるときは、支店番号の若い順による。」という順位付けをする方式（全店一括順位付け方式）により差押債権を表示した債権差押命令申立ての適否が問題となった事案である。

(2) 原々審は、全店一括順位付け方式により差押債権を表示してする債権差押命令の申立ては、第三債務者に不相応な負担を負わせることなどを指摘し、民事執行規則133条2項の求める差押債権の特定がされていると認めることはできず、不適法であるとして、上記申立てを却下したところ、原審は、本件第三債務者はCIF（Customer Information File）を中心とする総合オンラインシステムを導入しており、顧客の氏名等に基づき、当該顧客が有している全店舗の預金を速やかに検索できる機能を備えた顧客情報管理システムを有していると推認でき、全店一括順位付け方式による債権の特定であっても、通常想定される業務内容等に照らし、社会通念上合理的と認められる時間と負担の範囲内で差押債権を確定することができるとして、原々決定を取り消し、Xの申立てを認めた。

(3) Yが判例違反を主張して、抗告の許可を申し立てた。

(4) 本決定は、次のとおり判示して原決定を取り消し、原々決定に対する抗告を棄却する旨の自判をした。

「民事執行規則133条2項の求める差押債権の特定とは、債権差押命令の送達を受けた第三債務者において、直ちにとはいえないまでも、差押えの効力が上記送達の時点で生ずることにそぐわない事態とならない程度に速やかに、かつ、確実に、差し押さえられた債権を識別することができるものでなければならないと解するのが相当であり、この要請を満たさない債権差押命令の申立ては、差押債権の特定を欠き不適法である（最高裁平成23年(許)第34号同年9月20日第三小法廷決定・民集65巻6号2710頁）。

本件申立ては、約100店舗を有する金融機関である第三債務者の全ての店舗を対

象として順位付けをし、先順位の店舗の預金債権の額が差押債権額に満たないときは、順次予備的に後順位の店舗の預金債権を差押債権とする旨の差押えを求めるものであり、第三債務者において、先順位の店舗の預金債権の全てについて、その存否及び先行の差押え又は仮差押えの有無、定期預金、普通預金等の種別、差押命令送達時点での残高等を調査して、差押えの効力が生ずる預金債権の総額を把握する作業が完了しない限り、後順位の店舗の預金債権に差押えの効力が生ずるか否かが判明しないのであるから、本件申立てにおける差押債権の表示は、送達を受けた第三債務者において上記の程度に速やかに確実に差し押さえられた債権を識別することができるものであるということはできない。そうすると、本件申立ては、差押債権の特定を欠き不適法というべきである。

　以上と異なる原審の判断には、裁判に影響を及ぼすことが明らかな法令の違反がある。論旨は理由があり、原決定は破棄を免れない。」

【30】24(許)1（○三小、平24・7・24、一部破棄・差戻、一部棄却、集民241・29、判時2170・30。原審名古屋高決平23・12・8、原々審名古屋地決平23・11・9）

【31】24(許)4（△三小、平24・7・24、棄却。原審大阪高決平23・12・22、原々審京都地決平23・11・18）

【32】24(許)6（△三小、平24・7・24、棄却。原審東京高決平23・12・28、原々審宇都宮地決平23・11・15）

【33】24(許)21（△三小、平24・7・24、棄却。原審名古屋高決平24・4・26、原々審名古屋地決平24・3・12）

【34】24(許)26（△三小、平24・9・11、棄却。原審東京高決平24・5・30、原々審横浜地決平24・3・28）

【35】24(許)28（△一小、平24・9・20、棄却。原審大阪高決平24・6・8、原々審京都地決平24・3・28）

(1)　【30】ないし【35】の各事件は、いずれも、債権者が、債務者の第三債務者（金融機関）に対する普通預金債権の差押えを求めるに当たり、その申立書において、差押債権として、普通預金債権のうち差押命令送達時に現に存する部分（現存預金）だけでなく、同送達時後同送達の日から起算して1年が経過するまでの入金によって生ずることとなる部分（将来預金）も表示した債権差押命令の適否が問題となった事案である。

(2)　【30】事件について

　原々審及び原審は、差押債権の特定（民事執行規則133条2項）を欠くとして申立て全部を却下すべきものとした。

　【32】事件について

　原々審は、差押債権の特定を欠くとして申立て全部を却下した。原審は、申立てのうち、現存預金に関する部分を認容し、将来預金に関する部分については差押債権の特定を欠くとして却下すべきものとした。

【33】、【34】事件について

原々審及び原審は、申立てのうち、現存預金に関する部分を認容し、将来預金に関する部分については差押債権の特定を欠くとして却下すべきものとした。

【31】、【35】事件について

原々審は、申立てのうち、現存預金に関する部分を認容し、将来預金に関する部分については差押債権の特定を欠くとして却下した。原審は、原々審の判断を是認したが、その理由は、将来預金については、民事執行法151条の「継続的給付に係る債権」に当たらず、また、その発生が確実ではないから、債権差押えの対象とならないというものであった。

(3) それぞれの事件の債権者が、原審の判断には判例違反、高裁判例違反、民事執行法151条の解釈適用の誤り等があると主張して、抗告の許可を申し立てた。

(4) 【30】事件決定

第三小法廷は、上記各事件のうち、最先行事件である【30】事件において、次のとおり判示して、現存預金に関する部分について原決定を破棄し、同部分について原々決定を取り消し、名古屋地裁へ差し戻した。

「(1) 債権差押命令の申立てにおける差押債権の特定は、債権差押命令の送達を受けた第三債務者において、直ちにとはいえないまでも、差押えの効力が上記送達の時点で生ずることにそぐわない事態とならない程度に速やかに、かつ、確実に、差し押さえられた債権を識別することができるものでなければならないと解するのが相当である（最高裁平成23年(許)第34号同年9月20日第三小法廷決定・民集65巻6号2710頁参照）。

(2) これを本件についてみると、普通預金債権が差し押さえられた場合、預金残高のうち差押債権の額を超える部分については、第三債務者は預金者からの払戻請求に応ずるべき普通預金契約上の義務を負うものと解されるところ、本件申立ては、将来預金の差押えをも求めるものであり、この部分については、普通預金の性質上、預金残高を構成する将来の入出金の時期及び金額をあらかじめ把握することができないのであるから、本件申立てが認められたとするならば、第三債務者である群馬銀行において、差押命令送達の日から起算して1年の期間内に入出金が行われるたびに、預金残高のうち差押債権の額を超える部分と超えない部分とを区別して把握する作業を行わなければ、後者についての払戻請求に応ずる義務を履行することができない。

ところが、記録によれば、群馬銀行においては、普通預金口座の入出金は、窓口の営業時間外であっても、現金自動入出機（ATM）又はインターネットを通じていつでも行うことができるのに対し、特定の普通預金口座への入出金を自動的に監視し、常に預金残高を一定の金額と比較して、これを上回る部分についてのみ払戻請求に応ずることを可能とするシステムは構築されていないというのであり、他の方法により速やかにこれを実現することも期待することはできないとみられる。

そうすると、本件申立てにおける差押債権の表示のうち、将来預金に関する部分については、群馬銀行において、上記の程度に速やかに、かつ、確実に、差し押さえられた債権を識別することができるものということはできないから、本件申立てのうち当該部分は、差押債権の特定を欠き、不適法であるというべきである。
　(3)　他方、本件申立てにおいては現存預金と将来預金とが区別して表示されていると解されるところ、このうち現存預金に関する部分は、上記の識別が可能なものであって、差押債権の特定に欠けるところはないというべきである。
　4　以上によれば、本件申立てのうち、将来預金に関する部分について差押債権の特定を欠き不適法であるとした原審の判断は、以上と同旨をいうものとして是認することができる。この点に関する論旨は採用することができない。
　他方、本件申立てのうち、現存預金に関する部分について差押債権の特定を欠き不適法であるとした原審の判断には、裁判に影響を及ぼすことが明らかな法令の違反がある。この点に関する論旨は理由があり、原決定のうち現存預金に関する部分は破棄を免れない。そして、同部分について、原々決定を取り消した上、本件を原々審に差し戻すこととする。」

　田原裁判官の補足意見は、次のとおりである。
　「普通預金口座に係る普通預金債権について、将来預金に対する差押えの申立ては、差押債権の特定を欠くものであると解すべきことは、その理由をも含めて法廷意見にて指摘するとおりである。
　それに加えて、普通預金口座の場合（当座預金口座においても同様である。）、一般に公共料金等の自動引落し口座として利用されることが多く、また事業者たる債務者の場合には、従業員の給与の振替口座（従業員に給与を支給する3～5日前には口座からの振替手続がなされる。）やリース料債務等の振替口座として利用されるが、かかる場合に、第三債務者にて将来預金の入金状況を常に監視しながら差押えの効力の及ぶ部分を識別し、約定に係る自動引落しや振替の可否を速やかに判断することは困難である。また、普通預金取引と定期預金取引とを一体化して、普通預金口座の残高が不足しても定期預金残高の一定額の範囲で預金者に対して定期預金を担保として貸付けを行って普通預金の払戻しに応ずることを内容とする総合口座（当座預金の残高が不足しても一定額まで貸付けを行って、当座預金口座の支払に応ずる当座貸越契約の場合も同様）が普及し、この場合には、第三債務者は、将来預金の入金について、それに差押えの効力が及ぶのか総合口座に係る定期預金担保の貸付金の返済に充てられるかを、入金の都度確認して処理することが必要とされることとなるのであるが、かかる第三債務者の負担を考慮すると、将来預金についても差押えの効力が及ぶと解することは相当ではないというべく、したがって、将来預金の差押えは差押債権の特定を欠くものというべきである。
　なお、将来預金の差押えを肯定するとの立場に立った場合において、それに伴い生ずる諸問題について民法478条や481条により適切に対応することが困難である

ことについては、法廷意見引用の最高裁平成23年9月20日決定の私の補足意見を参照されたい。また、将来預金の差押えを肯定すると、差押え後にその普通預金口座に差押禁止債権に係る金員が振り込まれた場合にも差押えの効力が及ぶこととなって、法が差押禁止債権として定めた趣旨に反する結果が生ずるとともに、債務者がその解除を求めるには、差押禁止債権の範囲の変更の申立て（民事執行法153条）をなさねばならないなど、債務者に過大な負担を強いることになる。

　おって、本件の原決定では論点として取り上げられていないが、差押債権が将来生ずるべき債権である場合には、その発生の確実性が求められ、それが認められないときには差押債権の特定を欠くものと一般に解されているところ、差押えの対象たる普通預金口座は、将来生ずるべき債権発生の基礎となる法律関係として現に存在するものの、一般に、債権差押えの申立て時点において、将来、同預金口座に何時、幾らの金額が入金されるかは予測がつかないのであって、発生の確実性を欠くものともいえ、その点からしても差押債権の特定を欠いているのではないかとも解し得る。」

　(5)　普通預金債権のうち将来預金に関する部分に対する債権差押命令の申立てにつき差押債権の特定がされているかについては、下級審の判断が分かれ、学説上も議論があったところである。本件は、事例判断とはいえ、その点につき最高裁が判断を示したものであり、実務上重要な意義を有するものと思われる。

　(6)　その他の事件の決定
　【30】事件決定に引き続き、最高裁の各小法廷は、差押債権の特定関する同事件の決定を踏まえ、【31】、【35】の各事件において、「所論の点に関する原審の判断は、結論として是認することができる。論旨は採用することができない。」と、【32】、【33】、【34】の各事件において「所論の点に関する原審の判断は、正当として是認できる。論旨は採用することができない。」、と判示して、各抗告を棄却した。

Ⅲ　民事保全法

1　仮差押え

【36】24(許)14（△一小、平24・9・6、棄却。原審東京高決平24・3・9、原々審東京地決平24・2・23）
　(1)　債務名義を有する債権者がした仮差押命令申立てについて、権利保護の必要性の存否が問題となった事案である。
　(2)　Xは、Yに対し、損害賠償を求める訴訟を提起し、請求を一部認容する判決が確定したとして、これを債務名義にY所有の不動産に対する強制競売の申立てをしたが、執行裁判所は、本件不動産の買受可能価額が手続費用及び差押債権者に優先する債権の合計額に満たない旨を通知し、そして、民事執行法63条2項に定

める手続を執らなかったとして、強制競売手続を取り消した。その後、Ｘが、上記確定判決に表示された債権を保全するため、上記不動産についての仮差押命令の申立てをした。

原審は、本件申立ては権利保護の要件を欠くとして、Ｘの即時抗告を棄却した。その理由の概要は次のとおりである。

仮差押えの被保全債権について確定判決等の債務名義が存在する場合には、執行が条件や担保の提供にかかっているとか、債務名義等の送達に時間を要するような場合、あるいは執行停止決定があるような場合等、特別な事情がある場合のほかは、原則として、権利保護の必要性はないと解される。本件において、Ｘは、手続費用及び優先債権の見込額の合計額以上の額を定めて、申出額に達する買受けの申出がないときは、自ら申出額で不動産を買い受ける旨の申出及び申出額に相当する保証を提供することにより強制競売手続の続行を求めることができる（民事執行法63条2項本文）。資力がないなどの理由で同項本文の手続を執ることができないこともあり得るが、それは事実上の困難をいうにすぎない。Ｘは、買受可能価額は市場価格よりも低く、実際上は本件不動産に余剰があるにもかかわらず、強制競売手続上の制約によって弁済を受けられないことの不当性を指摘するが、このような事態は、民事執行法が買受可能価額を基に剰余の有無を判断する無剰余取消しの制度を採用したことによって不可避的に生ずるものであり、同法の容認するところである。抗告人は、不動産価額が上昇するなどして、余剰価値が生ずる可能性もあるから仮差押えの必要性があるとも主張するが、いつ上昇して余剰価値が生ずるのか、その見通しが立たないような恣意的な基準でいつまで存続するか分からないような仮差押えを認めることは、いたずらに相手方の負担を強いるものである。以上によれば、本件申立てに権利保護の必要性を認める特別の事情があるとは認められない。

(3)　Ｘが、原審の判断には保全の必要性について法令解釈の誤りがあると主張して、抗告の許可を申し立てた。

(4)　本決定は、「所論の点に関する原審の判断は、正当として是認することができる。論旨は採用することができない。」と判示して、抗告を棄却した。

2　仮処分

【37】22(許)48（△一小、平24・9・4、棄却。原審広島高決平22・9・9、原々審山口地岩国支決平22・3・31）

(1)　県知事から公有水面埋立免許を得た電力会社が、埋立免許によって取得した公有水面埋立権に基づく妨害予防請求権を被保全権利として、使用妨害行為を禁止する旨の仮処分を求めることができるか否かが問題となった事案である。

(2)　Ｘは、原子力発電所建設を計画し、県知事から、公有水面を含む区域（本件区域）を工事施工区域とし、同区域内の公有水面の一部の埋立てを行うことを内容とする免許を受けたが、Ｙらが、多数回にわたり、漁船多数隻によりＸによる工

Ⅲ 民事保全法

事の阻止行動に及んでいるなどと主張して、埋立免許によって取得した公有水面埋立権に基づく妨害予防請求権を被保全権利として、同免許に係る埋立工事施工区域内の公有水面部分における一切の妨害行為を禁止する旨の仮処分命令を求めた。

原審は、公有水面部分における埋立てに関する工事が竣功するまでの間に限定して申立てを認容すべきものとした。その理由の概要は次のとおりである。

公有水面の埋立ては、公共の用に供されている公有水面を埋め立てて、土地を造成し、公有水面に関して存在していた権利、利益の対象を物理的に消滅させるものであり、埋立ての免許は、このような埋立てについて法的権限を与えるとともに、認可を条件として埋立地の所有権を取得させるものであるから、公有水面の埋立てをする者は、一定の公有水面の埋立てを排他的に行って土地を造成すべき権利（埋立権）を付与され、その権利に基づき、自己の負担において埋立てを行うものというべきである。そして、工事が竣功したときは、遅滞なく竣功認可を申請し、これを受けた都道府県知事が竣功を認可し、これを告示すると、原則としてその日に当該埋立地の所有権を取得する（公有水面埋立法22条、24条）。

これを裏からいえば、公有水面の埋立てをしようとする者は、当該公有水面の埋立工事の着手、遂行、竣功、都道府県知事によるその認可及び告示という一連の過程を経ない限り、当該埋立地所有権を取得することができないのである。このような過程の進捗を妨げる者があるときに、埋立権者が司法手続を通じて能動的・自立的にこれを除去することができず、都道府県知事の除却命令その他による他律的救済を期待するしかないと解するならば、それは、特許の性質を有する公有水面埋立免許の意義を不当に空疎なものにする。

そうであるとすれば、公有水面埋立権は、上記一連の過程を平穏に進捗させ、当該埋立権者に埋立地所有権の終局的な確保を可能ならしめるため、埋立工事の竣功を妨害する者を排除し、あるいはそのような妨害行為を予防する権能（妨害排除又は予防請求権）を当然に内在させているものと解するのが相当である。

(3) Yらが、本件埋立免許に妨害予防請求権を認めたことには法令適用の誤りがあると主張して、抗告の許可を申し立てた。

(4) 本決定は、「論旨は、公有水面埋立法2条1項の免許を受けた者が妨害予防請求権を有するとした原審の判断を論難するが、同項の免許を受けた者は、当該免許に係る公有水面の埋立てを妨害しようとする者に対して妨害予防請求権を有するというべきである。この点に関する原審の判断は、正当として是認することができる。論旨は採用することができない。」と判示して、抗告を棄却した。

【38】 24(許)3（△二小、平24・3・28、棄却。原審名古屋高決平23・12・27、原々審名古屋地決平23・11・24）

(1) 拘置所の長による刑事収容施設及び被収容者等の処遇に関する法律（刑事収容施設法）120条に基づく面会不許可及び同法121条に基づく面会の立会人配置等の措置が行政事件訴訟法44条の「行政庁の処分その他の公権力の行為」に該当す

るか否かが問題となった事案である。

(2) 拘置所に収容されている死刑確定者であるAは、同拘置所の職員2名を被疑者とする国家公務員法違反事件（秘密漏えい罪）についての教唆又は幇助被疑事件の被疑者である。Xらは、上記被疑事件におけるAの弁護人又は弁護人になろうとする者であるが、刑訴法39条1項に定める弁護人接見をしようとしたところ、同拘置所から立会人を付しての面会しか認めない等の接見妨害をされていると主張し、国を債務者として、①主位的に、上記被疑事件に関するXらの刑訴法39条1項に基づくAとの接見を妨害することの禁止を求め、②予備的に、Aが上記被疑事件に関して刑訴法上の被疑者の地位にあることを仮に定める仮処分命令の申立てをした。

原審は、①主位的申立ては、拘置所の長による刑事収容施設法120条に基づく面会不許可及び同法121条に基づく面会の立会人配置等の措置の排除を求めるものであるところ、これらの措置は行政庁の処分その他公権力の行使に当たる行為に該当するから、行政事件訴訟法44条により仮処分をすることはできず、不適法な申立てであるとした。また、②予備的申立てについて、その実質は、Xらが、Aと刑訴法39条1項に規定する弁護人接見をするための抜本的解決手段として申し立てたものであって、XらとAとの面会について、拘置所長に対し、あらかじめ刑事収容施設法120条及び121条に基づく措置という公権力の行使の阻止を義務付ける結果となるような法律関係を形成する民事保全法上の仮処分にほかならないから、行政事件訴訟法44条に違反する不適法な申立てであるとして、主位的申立て及び予備的申立てをいずれも却下した。

(3) Xらが、原決定の法令違反を主張して、抗告の許可を申し立てた。

(4) 本決定は、「所論の点に関する原審の判断は、正当として是認することができる。論旨は採用することができない。」と判示して、抗告を棄却した。

刑事収容施設法120条に基づく面会不許可及び同法121条に基づく面会の立会人配置等の措置は、刑事収容施設への収容によって制限されている被収容者と面会者との交通権の一部について、拘置所長が上記制限を解除して被収容者及び面会者に権利を与えるかどうかを定める行為であり、公権力の主体たる国又は公共団体が行う行為のうち、その行為により直接国民の権利義務を形成し又はその範囲を確定することが法律上認められているもの（最一小判昭39・10・29民集18・8・1809、判時395・20参照）に該当するものとして、行政処分性が認められることは明らかであり、これらが違法に行われたことを理由にその排除を求めるには、公権力の行使に係る訴訟である抗告訴訟及びこれを本案とする仮の救済の手段を執らなければならず、行政処分について抗告訴訟を本案として執行停止等の仮の救済の制度を設けたことに対応して民事保全法に規定する仮処分（民事訴訟を本案とするもの）を排除した行政事件訴訟法44条の趣旨からして、これらの行政処分について仮処分を認めるべきではないと解される。

Ⅳ 民事再生法

【39】 24(許)9（△二小、平24・7・11、棄却。原審札幌高決平24・2・8、原々審札幌地室蘭支決平23・9・27）

(1) 民事再生法174条2項2号の不認可事由の存否が問題となった事案である。

(2) Yは、XとAが2500万円ずつ出資し、ホテル、喫茶店、レストランの経営等を目的として設立された会社（現在の株式もXとAとが2分の1ずつを保有する。）であるが、再生手続開始の決定を受けた。Yは、①X及びAのYに対する取締役報酬債権は、弁済率を元本の30％とし、最終年度（再生第10期）に一括弁済する、また、AのYに対する貸金債権は、弁済率を元本の50％とし、再生第10期までの10年間で分割して弁済する、②X及びAを除く再生債権者に対しては、元本100％を弁済するものとし、金額に応じ、再生第10期までに分割して支払うなどとする再生計画案を提出し、再生計画を認可する旨の原々決定を受けた。

Xは、原々決定に対して即時抗告をし、本件再生計画の不認可事由として、本件再生計画は、①Xを不当に不利益に扱うものであり平等原則に違反する、②Yが破産した場合の清算価値を下回るものであって、再生債権者一般の利益に反する、③債権者から大幅な債務免除を受けるため、債務免除益に多額の課税がされることなどを考慮すると、本件再生計画が遂行される見込みはないと主張した。これに対し、原審は、一件記録を検討しても、本件再生計画には、民事再生法174条2項各号に該当する事由があるとは認められないとして、即時抗告を棄却した。原決定のうち、③に対する理由の概要は次のとおりである。

債務免除益については、債務免除の時期を適正に配分することにより一時に多額の課税をされることを防ぐことが可能であると解され、実際にこのような調整のされた事例も存するところ、本件再生計画では、当初に債務免除を受けるほか、X及びAに対する免除益を10年間にわたり毎期に分けて計上する方法により一時に多額の課税をされることを防ぐ方針を採っていることが明らかであり、これによれば、債務免除益に対する課税の問題があるからといって、本件再生計画が遂行される見込みがないと認めることはできない。

(3) Xが、本件再生計画には、民事再生法174条2項各号に該当する事由があるとは認められないとした判断に法令解釈の誤りがあると主張して、抗告の許可を申し立てた。

(4) 本決定は、「所論の点に関する原審の判断は、正当として是認することができる。論旨は採用することができない。」と判示して、抗告を棄却した。

【40】 24(許)32（△一小、平24・9・27、棄却。原審東京高決平24・6・29、原々審静岡地浜松支決平24・3・28）

(1) 民事再生法174条2項3号の不認可事由の存否が問題となった事案である。

(2)　Yは再生手続開始の申立てを行い、保全処分及び監督命令を受け、その後、再生手続開始の決定がされた。上記保全処分においては、保全処分の前日までの原因に基づいて生じた債務の弁済が禁じられていたが、30万円以下の債務については、例外として弁済が許されていた。Y提出の再生計画では、①再生債権のうちの30万円以下の部分については、再生計画認可の決定確定日から2箇月以内に全額を一括弁済し、また、②再生債権のうちの30万円を超える部分については、同部分の0.6％に相当する額を同日から2箇月以内に一括弁済することとされており、③その余の部分（30万円を超える部分の99.4％）及び利息・損害金の全額については、免除されることとされていた。債権者集会における議決権行使の結果は、有効投票数61名のうち、賛成が44名、反対が17名であり、頭数の過半数の可決要件を満たし、原々審は民事再生法174条2項各号に該当する不認可事由はないとして、再生計画認可の決定をした。

　Xらは、いずれも再生債権者であり、上記債権者集会において反対票を投じた者であるが、賛成者のうち32名はいずれも1000円の債権を有するにすぎず、Yが保全決定の趣旨に従い、これらの者に早期に弁済していれば、これらの再生債権者が本件再生計画案の決議に参加することはなかったはずであるなどとして、即時抗告を申し立てた。これに対し、原審は、1000円の再生債権者が議決権を行使したからといって、議決が不正の方法によって成立したとはいえないとして抗告を棄却した。その理由の概要は次のとおりである。

　保全処分における弁済禁止から少額債権を除外するのは、主として少額債権者保護の趣旨に基づくところ、Yは、再生計画認可に先立ち少額債権者に弁済することを義務付けられるものではなく、再生計画中でその保護を図ることも可能であり、現に本件再生計画においては30万円以下の部分については全額弁済するとされている。そうすると、本件において、Yは、少額債権者について認可決定後に全額を弁済する方法を選択することもでき、かつ、その場合において少額債権者が決議に反対したはずであると推認することはできないから、少額債権について1000円を残してその余の部分を弁済したことをもって直ちに本件再生計画の決議が不正の方法によって成立したとすることはできない。

　なお、本件では、債権額が1000円である少額債権者らは、Yの事業に直接関わる取引先債権者らであることがうかがわれ、この取引先債権者や金融機関等の多くは本件再生計画に賛成していた。他方、Xらは、Yのスポンサー的な立場のものであり、Xらのうちの1人がY振出の約束手形を取立てに回したことが契機となり、Yが再生手続開始の申立てを行ったなどの経緯があった。

　(3)　Xらが、本件の保全処分においては30万円以下の債務の弁済が認められており、債権額が1000円の債権者は存在しないはずであって、このような債権者はYが意図的に働きかけて作り出された債権者というべきであり、原審の判断は判例違反（最一小決平20・3・13民集62・3・860、判時2002・112）、民事再生法174条2項3号違反があるとして、抗告の許可を申し立てた。

(4) 本決定は、「所論の点に関する原審の判断は、正当として是認することができる。論旨は採用することができない。」と判示して、抗告を棄却した。

V 家事審判法

1 相続の放棄

【41】23(許)58（△三小、平 24・3・27、棄却。原審高松高決平 23・10・26、原々審高知家安芸支審平 23・7・13）
(1) 相続放棄の熟慮期間の起算日が問題となった事案である。
(2) 被相続人 A は、平成 22 年 11 月 3 日に死亡し、A の兄である X は、同日あるいは翌日に A が死亡した事実を知った。X は、A の死亡当時から、A が土地建物を所有しており、また B 銀行に対し債務を有していたことを知っていたが、A が多重債務者であることを知ったのは、平成 23 年 4 月末に至ってからであるとして、民法 915 条 1 項ただし書に基づき、相続放棄の申述等についての 3 箇月の熟慮期間の伸長を求める申立てをした。
原審は、既に 3 箇月の相続放棄等を熟慮すべき法定期間が経過している以上、相続放棄を目的として相続放棄申述期間の伸長を求める申立ては不適法であるとして却下した。その理由の概要は次のとおりである。
民法 915 条所定の熟慮期間は、相続人が相続開始の原因となる事実を知り、自己が法律上相続人となることを覚知した上、相続すべき積極又は消極財産の全部又は一部の存在を認識しあるいは認識し得べかりし時から起算すべきところ（最二小判昭 59・4・27 民集 38・6・698 参照）、X は、A の死亡時である平成 22 年 11 月 3 日又は 4 日に相続開始の原因事実を覚知し、遺産である積極財産の存在を認識していたことが明らかであり、本件申立てがされた平成 23 年 5 月 18 日までに既に 3 箇月の熟慮期間は経過しているから、相続放棄を目的としてその期間の伸長を求める申立ては不適法である。
(3) X が、原審の判断には判例違反があると主張して、抗告の許可を申し立てた。
(4) 本決定は、「所論の点に関する原審の判断は、正当として是認することができる。論旨は採用することができない。」と判示して、抗告を棄却した。
熟慮期間の起算点については、最二小判昭 59・4・27 民集 38・6・698、判時 1116・29 が判断を示しているところであり、本件は、これへの当てはめが問題となった個別性の高い事案であったと思われる。

2 婚姻費用の分担

【42】 23(許)55（△一小、平24・6・28、破棄・差戻。原審大阪高決平23・9・29、原々審大阪家審平23・7・26）

【43】 23(許)56（△一小、平24・6・28、破棄・差戻。原審大阪高決平23・9・29、原々審大阪家審平23・7・26）

(1) **【42】【43】** 事件は、いずれも婚姻費用の分担額を定めるに当たって、自営業者の「総収入」の算定に事業収入から経費を控除した金額に社会保険料を加算すべきか否かが問題となった事案である。

(2) **【42】** 事件は、X（妻）がY（夫）に対し、婚姻費用の分担を求める事案であり、**【43】** 事件は、審判前の保全処分として、婚姻費用の仮払いを求める事案である。XとYは、昭和54年12月に婚姻し、昭和56年3月に長男Aを、昭和57年5月には長女Bをもうけた。Yは、平成22年3月から婚姻費用を支払わなくなり、Xは、同年4月に、Bを連れて家を出てYと別居した。Xは、平成23年3月、婚姻費用分担を求める審判及び審判前の保全処分を申し立てた。Xは無職であり、Yは設計業を自営している。

原審は、**【42】** 事件について、婚姻費用分担額の算定について標準的算定方式を用い、自営業者であるYがXに対し平成22年3月以降分担すべき婚姻費用につき、平成20年ないし平成22年の事業収入から経費を控除した金額に各年の社会保険料を加算して、これらを平均した金額をYの総収入とし、ここから、税法等に基づく標準的な割合による税金等を控除して、Yの婚姻費用分担額算定の基礎となるべき収入（「基礎収入」）を推計し、Yの分担すべき婚姻費用額を算定し、平成22年3月分については15万円、同年4月分から平成24年3月分までは月額11万円、同年4月分以降は月額8万円を支払うことを命ずべきものとした。また、**【43】** 事件についても同金員の仮払いを命じた。

(3) Yが、婚姻費用分担額を定めるに当たり「標準的算定方式」を用いる場合、個人事業主であるYの「総収入」は、「課税される所得金額」とされるべきものであり、これに「社会保険料」を加えることは許されないにもかかわらず、所得に対して、社会保険料を加えて「総収入」を算定し、それを基に婚姻費用分担額を定めた原決定には法令解釈の誤りがあると主張して、抗告の許可を申し立てた。

(4) 本決定は、いずれも次のとおり判示して、各原決定を破棄し、原審に差し戻す旨決定した。

「基礎収入を推計するために原審が用いた上記の標準的な割合は、自営業者については、事業収入から経費及び社会保険料等を控除した金額を総収入とすることを前提とするものである。したがって、事業収入から社会保険料を控除しない金額を総収入とし、上記の標準的な割合により税金等を控除して基礎収入を推計し婚姻費用分担額を算定した原審の上記判断は、上記の標準的な割合を使用して基礎収入を

推計する際の前提を誤ってされた不合理なものであって、その判断には、裁判に影響を及ぼすことが明らかな法令の違反がある。この点をいう論旨は理由があり、原決定は破棄を免れない。」

【44】23(許)57（△二小、平24・3・28、棄却。原審名古屋高決平23・9・12、原々審名古屋家審平23・6・22）
　(1)　別居後の婚姻費用の分担額を決定するに当たり、自動車ローン及び住宅ローンによる支出を控除すべきか否かが問題となった事案である。
　(2)　X（妻）とY（夫）は、平成13年3月に婚姻し、平成15年2月に長女Aをもうけたが、Xは、平成22年9月、Aを連れて自宅を出てYと別居した。Xは、平成22年9月、婚姻費用の分担を求めて調停を申し立てたが、不調となった。Xは、幼稚園に勤務し、平成22年の収入は約213万円である。Yは、会社員で、平成22年の収入は約735万円、平成23年の収入は約354万円であり、自ら使用する自動車のローン（月額約5万円）及び居住する自宅の住宅ローン（月額約11～12万円）を支払っている。
　原々審は、YがXに負担すべき婚姻費用の分担額について、平成22年は月額6万円、平成23年は月額2万5000円とした。これに対し、Yは、自動車ローン及び住宅ローンの支払額を按分負担とすべきであるなどと主張して、即時抗告をした。
　原審は、上記各ローンの支払は、Yの資産の維持形成のための支出という側面もあり、これらの支出を直ちに所得から控除したり按分して婚姻費用の分担額から差し引いたりするのは相当ではなく、上記各ローンの支払によりXの別居後の住宅費等の負担が軽減されているともいえないなどとし、上記各ローンの支払は、婚姻費用分担額を決定する際の一事情として考慮すれば足りるとして、Yの抗告を棄却した。
　(3)　Yが、原決定の法令解釈の誤り及び高裁判例違反を主張して、抗告の許可を申し立てた。
　(4)　本決定は、「所論の点に関する原審の判断は、正当として是認することができる。論旨は採用することができない。」と判示して、抗告を棄却した。

【45】24(許)37（△二小、平24・12・5、棄却。原審名古屋高決平24・8・24、原々審津家伊賀支審平24・4・9）
　(1)　婚姻費用分担申立事件において、支払義務の始期を調停申立時ではなく、それ以前とすることの可否が問題となった事案である。
　(2)　X（妻）とY（夫）は、平成8年に婚姻し、平成9年に長男Aを、平成12年に長女Bを、平成19年に二男Cをもうけた。Xは、平成23年8月下旬、子らを連れて実家に戻り、Yと別居した。Xは、平成23年10月に婚姻費用の分担を求める調停を申し立てたが不調となり、審判に移行した。Xは、平成22年に110万円の収入を得ており、別居後の平成23年9月から平成24年1月までは月額5万円

の給与収入を得ている。Yは、会社員として平成23年に約630万円の給与収入を得ている。
　原々審及び原審は、調停申立てがされた平成23年10月より前の同年9月以降月額13万円の支払を命ずるべきものとした。その理由の概要は次のとおりである。
　夫婦間の婚姻費用分担義務は、夫婦相互間の協力扶助義務に基づく生活保持義務によるものとして、一方の要扶養状態の発生により当然に発生するものであるが、権利者が要扶養状態となった時点以後の婚姻費用を当然に請求できるとすると、その期間によっては義務者が一時に支払うべき婚姻費用の額が非常に多額となり、義務者にとって酷な場合があることに加え、権利者においても義務者に対して婚姻費用を請求するまでの間は、その支払を受けることなく生活を維持してきている事実をも考慮すれば、原則として婚姻費用分担の始期を請求時以後とするのが相当である。しかし、本件についてみると、Xは、平成23年8月下旬、子らと共に自宅を出ており、その時点でのXの収入が月額10万円に満たなかったことからすれば、Yは、Xが要扶養状態にあったことを当然に認識すべきであったといえる。また、別居時から請求時（調停申立時）までの期間が僅か1箇月余りであることからすれば、Yに同年9月からの婚姻費用を負担させたとしても酷であるとはいえない。
　(3)　Yが、原審の判断は、婚姻費用分担の始期は請求時以後とすべきであるとした高裁判例（東京高決昭60・12・26判時1180・60など）に反するなどと主張して抗告の許可を申し立てた。
　(4)　本決定は、「所論の点に関する原審の判断は、正当として是認することができる。論旨は採用することができない。」と判示して、抗告を棄却した。

3　子の監護に関する処分

【46】24(許)17（△一小、平24・6・28、棄却。原審福岡高決平24・2・28、原々審福岡家久留米支審平23・12・8）
　(1)　別居中の夫婦間において、2人の子の監護者の指定等が争われた事案である。
　(2)　X（妻）とY（夫）は平成15年に婚姻し、平成16年2月に長男Aを、平成18年1月に二男Bをもうけ、Yの実家においてその両親と生活していたが、Yの不貞の疑惑が原因で別居することになり、XはA（当時7歳）及びB（当時5歳）を連れて別居しようとしたが、Yの両親らに拒否されたことから、単身で自宅を出て実家へ戻った。Xは、子らの監護者の指定、子の引渡しの申立てをした。
　XとYが同居していた間、A及びBの監護養育は、主として専業主婦のXが担当し、Y及びYの母は、両名の入浴等を補助することがあった。現在、Xは保育士として稼働して実家に居住しており、Yは会社員で、実家で両親並びにA及びBと居住し、AとBの養育は両親の協力を得ており、両名の生育状況に問題はない。子らはいずれもXとYのいずれにも親和しており、特に有意な差異は認められないが、AはY住所地での生活が継続することを望んでいるのに対し、BはX住所地に住みたい旨の希望をはっきりと伝えている。

原々審は、Yの同居期間中における監護養育への関与は、Xに比して格段に小さかったと評価せざるを得ず、しかも、別居直前においては、AとBとの数少ない交流時間である休日に外出して不貞を疑われる行為をしていたものであり、一方、Xは、別居までの約7年間もの長期にわたり、AとBの監護養育の大部分を担当し、両名と多くの時間を過ごしてきたのであり、監護養育の内容に問題があったことも認められないとして、Xの申立てを認容した。

原審は、原々審を取り消して、Xの各申立てを却下した。その理由の概要は次のとおりである。

双方の監護養育環境や監護姿勢について有意な差異は認められず、Yでの現状の監護状況に問題があるとも認められない。いずれにおいて生活するかについて、AとBの意向が異なっていると認められるが、原々審が、Aが現住所での生活継続を望む理由やこれに反する判断をした場合の影響につき十分検討したかについては、疑問が残る。子らの意向が明らかに異なる場合でも、兄弟を分離しないという原則を維持することが相当であるかについても、同様である。原々審の判断は、監護養育環境等につき特段の差異のない場合でも親権者の指定を義務付けられる離婚時においては、裁判所の合理的裁量に基づく判断とされる可能性もあるが、現状の監護状況に問題が見当たらず、監護者指定による影響等についてなお慎重な検討を要する本件において、現時点で当事者の一方を監護者と指定して子の引渡しを行うことは、拙速に過ぎる。Xと子らとが長期間引き離されることの弊害については、継続的な面会交流の実施により回避することが可能である。

(3) Xが、現時点での子らの監護状況に基づいて判断すると、従前に監護実績のなかった者の監護実績が作られてしまう不都合があるなどとして抗告の許可を申し立てた。

(4) 本決定は、「所論の点に関する原審の判断は、正当として是認することができる。論旨は採用することができない。」と判示して、抗告を棄却した。

【47】24(許)44（△二小、平24・12・19、棄却。原審札幌高決平24・10・3、原々審札幌家審平24・4・9）

(1) 子の監護に関する処分（面会交流）申立て事件において、面会交流に係る費用の負担等が問題となった事案である。

(2) X（夫）とY（妻）は、平成19年に婚姻し、両者の間に未成年者Aをもうけた。XとYは生活費について口論が絶えず、その際にXが物を投げたり、Y及びAに対し暴力を振るうことがあって、YはXの顔色を見ながら生活していくことに耐えられなくなっていたところ、Yは、平成22年2月にAを連れて仙台市の自宅を出て実家のある釧路市に戻り、Xと別居した。Yは同年夏頃、仙台家庭裁判所に調停を申し立て、XがYに婚姻費用分担金を支払う旨の調停が成立し、併せてXとAとの面会交流についても、①同年12月末日までに第1回目の面会交流を行う、②第2回目以降の面会交流については、別途協議するとの調停が成立した。

ところが、面会交流の場所について主張が対立し、合意が成立するに至らなかった。その後、XとYとの間で面会交流の実施に向けて協議が持たれたものの、面会交流の場所について折り合いがつかず、結局、面会交流は実現しなかった。その後、YがAと共に札幌市に転居したことから、Xは、平成23年5月、札幌家庭裁判所に面会交流の調停を申し立てたが、同年8月、同調停は不成立に終わり、本件審判に移行した。

　原々審は、要旨、①段階的に面会交流の回数及び時間を増加させ、②場所は札幌市内及びその周辺とし、③Y及びその親族等は面会交流に立ち会うことができる、④面会交流に係る費用は各自の負担とするとの内容の審判をした。これに対し、Xが、①面会交流の回数及び時間が制限的である、②Yの側だけに親族の立会いを認めるのは公平ではない、③仙台市に居住するXが多額の旅費を負担するのは不公平であるなどと主張して、即時抗告をしたところ、原審は、①面会交流の回数及び時間については、原々審よりも増加させたものの、②面会交流の場所は札幌市内及びその周辺とし、③当初の1年間は第三者機関を利用して、2年目からはYの立会いの下で、3年目以降は立会いなしで、面会交流をすべきものとし、④　面会交流に係る費用は各自の負担と判断した。その理由の概要は次のとおりである。

　面会交流を実施するに当たっては、監護親であるYの協力なしでは実施できないところ、XとYとの間には信頼関係がなく、感情的対立があることもうかがわれるから、XとAとの交流がしばらく途絶えている本件においては、直接的な面会交流を実現させるためには、面会交流の時間、回数を段階的に増加させ、また、第三者機関や監護親の立会いを介して、非監護親であるXがAに対する素直な愛情の気持ちを伝えることができるような態勢を構築する必要があるというべきである。また、面会交流がAの居住先から遠隔の地で行われるとなると、長距離を移動することによる肉体的精神的負担をAに強いることになるから、面会交流の場所を仙台市にすることは相当ではない。そして、その費用については、面会交流は子の福祉のために実施するものであって、面会交流に係る費用については、面会交流実現のためにそれぞれの親が支出したものについては、支出した者が負担すべき筋合いのものといえよう。Xは、仙台市に居住するXと札幌市に居住するYとでは、費用負担が公平ではないと主張するが、非監護親と未成年者との面会交流は、親と子の双方にとって親子間の自然な情愛に基づくものであり、未成年者の安定的で健全、幸福な成長を促すために実現されるものであるから、面会交流に係る費用は各自の負担とするのが公平である。また、Xは、従前の仙台市での生活環境から一方的にAを動かしたのはYであるから、面会交流に係る費用はYが負担すべきであると主張する。しかしながら、Yは生活費をめぐり口論等が続くXとの生活に耐えられずに、釧路市に戻ってXと別居するに至ったこと、主としてYが出生後からAの身の回りの世話をしてきたこと、Aは別居当時2歳であったことなどからすると、YがAを連れて別居したことを一方的な連れ去りと評価することはできない。

(3) これに対し、Xが①本件はYがAを連れ去った事案であるから、面会交流に要する費用は、Yが負担すべきである。②面接交流にYの親族の立会いだけ認めた原々審の判断が不当であるとの主張に対し、原審が何らの判断をしていないとして、抗告の許可を申し立てた。
(4) 本決定は、「所論の点に関する原審の判断は、正当として是認することができる。論旨は採用することができない。」と判示して、抗告を棄却した。
本件の争点とされたところは、いずれも事実審の裁量事項が問題になるものにすぎず、抗告の許可には検討の余地があるものと思われる。

4 遺産の分割に関する処分

【48】23(許)25(〇一小、平24・1・26、破棄・差戻、集民239・635、判時2148・61。原審大阪高決平23・2・21、原々審大阪家審平21・9・14)
(1) 本件は、相続分の指定に対する遺留分減殺の効果、相続人1人に対する特別受益につき持戻し免除の意思表示がされた場合における遺留分額算定の方法が問題となった事案である。
(2) Aの相続人は、前妻との間の子であるX_1ないしX_3、後妻Y_1及びAとY_1との間の子であるY_2及びY_3である。Aは、生前、Y_2に対して、民法903条1項の特別受益に当たる贈与(本件贈与)をし、持戻し免除の意思表示(本件持戻し免除の意思表示)をした。また、Aは、公正証書遺言(本件遺言)により、Y_1の相続分を2分の1、Y_2及びY_3の相続分を4分の1、Xらの相続分をいずれも零とする相続分の指定をしていたところ、Aの死後、Xらが、Yらに対して遺留分減殺請求(本件遺留分減殺請求)をした上、Aの遺産について遺産分割の審判を申し立てた。
原審は、①相続分の指定に対して遺留分減殺請求がされた場合には、法定相続分を超過する相続分の指定がされた相続人をして、遺留分を侵害された相続人に対し、法定相続分に応じて補填させるべきであるとして、各相続人の指定相続分を確定した上、②本件持戻し免除の意思表示は、民法903条の規定により、Xらの遺留分を侵害する限度で効力を失い、同条1項の規定により持戻し免除の意思表示が効力を失う限度で本件贈与に係る財産の価額を遺産総額に加えたものを相続財産とみなし、これに減殺後の指定相続分を乗じて、各相続人の具体的相続分を指定した。
(3) Xらが、原審の判断には民法903条3項の解釈を誤った違法があると主張して、抗告の許可を申し立てた。
(4) 本決定は、次のとおり判示して、原決定を破棄し、本件を原審(大阪高等裁判所)へ差し戻す旨決定した。

「(1) 前記事実関係によれば、本件遺言による相続分の指定がXらの遺留分を侵害することは明らかであるから、本件遺留分減殺請求により、上記相続分の指定が減殺されることになる。相続分の指定が、特定の財産を処分する行為ではなく、

相続人の法定相続分を変更する性質の行為であること、及び、遺留分制度が被相続人の財産処分の自由を制限し、相続人に被相続人の財産の一定割合の取得を保障することをその趣旨とするものであることに鑑みれば、遺留分減殺請求により相続分の指定が減殺された場合には、遺留分割合を超える相続分を指定された相続人の指定相続分が、その遺留分割合を超える部分の割合に応じて修正されるものと解するのが相当である（最高裁平成9年(オ)第802号同10年2月26日第一小法廷判決・民集52巻1号274頁参照）。

(2) ところで、遺留分権利者の遺留分の額は、被相続人が相続開始の時に有していた財産の価額にその贈与した財産の価額を加え、その中から債務の全額を控除して遺留分算定の基礎となる財産額を確定し、それに遺留分割合を乗ずるなどして算定すべきところ（民法1028条ないし1030条、1044条）、上記の遺留分制度の趣旨等に鑑みれば、被相続人が、特別受益に当たる贈与につき、当該贈与に係る財産の価額を相続財産に算入することを要しない旨の意思表示（以下「持戻し免除の意思表示」という。）をしていた場合であっても、上記価額は遺留分算定の基礎となる財産額に算入されるものと解される。したがって、前記事実関係の下においては、上記(1)のとおり本件遺言による相続分の指定が減殺されても、抗告人らの遺留分を確保するには足りないことになる。

本件遺留分減殺請求は、本件遺言により相続分を零とする指定を受けた共同相続人であるXらから、相続分全部の指定を受けた他の共同相続人であるYらに対して行われたものであることからすれば、Aの遺産分割においてXらの遺留分を確保するのに必要な限度でYらに対するAの生前の財産処分行為を減殺することを、その趣旨とするものと解される。そうすると、本件遺留分減殺請求により、Xらの遺留分を侵害する本件持戻し免除の意思表示が減殺されることになるが、遺留分減殺請求により特別受益に当たる贈与についてされた持戻し免除の意思表示が減殺された場合、持戻し免除の意思表示は、遺留分を侵害する限度で失効し、当該贈与に係る財産の価額は、上記の限度で、遺留分権利者である相続人の相続分に加算され、当該贈与を受けた相続人の相続分から控除されるものと解するのが相当である。持戻し免除の意思表示が上記の限度で失効した場合に、その限度で当該贈与に係る財産の価額を相続財産とみなして各共同相続人の具体的相続分を算定すると、上記価額が共同相続人全員に配分され、遺留分権利者において遺留分相当額の財産を確保し得ないこととなり、上記の遺留分制度の趣旨に反する結果となることは明らかである。

(3) これを本件についてみるに、本件遺留分減殺請求により本件遺言による相続分の指定が減殺され、Yらの指定相続分がそれぞれの遺留分割合を超える部分の割合に応じて修正される結果、Y_1の指定相続分が52分の23、その余のYらの指定相続分が各260分の53、Xらの指定相続分が各20分の1となり、本件遺産の価額に上記の修正された指定相続分の割合を乗じたものがそれぞれの相続分となる。

次いで、本件遺留分減殺請求により本件持戻し免除の意思表示がXらの遺留分

を侵害する限度で失効し、本件贈与に係る財産の価額を、上記の限度で、遺留分権利者であるXらの上記相続分に加算する一方、本件贈与を受けたY_2の上記相続分から控除して、それぞれの具体的相続分を算定することになる。

(4) 以上と異なる原審の前記判断には、裁判に影響を及ぼすことが明らかな法令の違反があるというべきである。論旨は上記の趣旨をいうものとして理由があり、原決定は破棄を免れない。そして、以上説示したところに従い、更に審理を尽くさせるため、本件を原審に差し戻すこととする。」

本決定は、相続分の指定に対して遺留分減殺請求がされた場合における効果及び持戻し免除の意思表示がされた場合における具体的相続分の算定方法を示したものであり、実務上参考になるものと思われる。

【49】 23(許)30（△二小、平24・1・25、棄却。原審東京高決平23・4・11、原々審東京家審平19・2・8）

(1) 代償金の支払能力があるか疑問がある相続人に対し、代償金支払債務を反対債権と相殺することができるとして、代償分割をすることが許されるか否かが問題となった事案である。

(2) Aの相続人は夫X_1、弟の代襲相続人であるY_1及びY_2である。Aは、その遺産の全てにつき、Y_1及びY_2に各2分の1の割合で相続させる、又は遺贈する旨の遺言をしていたが、X_1は、遺留分減殺請求権を行使し、修正された権利割合（X_1が2分の1、Y_1及びY_2が各4分の1）で遺産分割手続がされるべきであるとして、遺産分割の審判を申し立てた（X_1は原々審後に死亡し、X_2がX_1のYらに対する損害賠償請求権その他一切の請求権や本件遺産分割申立事件におけるX_1の地位を承継した。）。なお、Aは生前、5337万1655円の預金債権を有していたが、Yらは、Aの死亡後2箇月以内に、その全額の払戻しを受けた。

原々審及び原審は、Aの遺産である建物等をX_2に単独取得させ、X_2はその代償としてYらに各737万8575円を支払うことなどを内容とする遺産分割をすべきものとした。その理由の概要は次のとおりである。

① 本件建物がA及びX_1の居宅として長年利用され、A死亡後はX_1及びX_2が、X_1死亡後はX_2が居住していること等の事情を考慮すると、家事審判規則109条の「特別の事情」があるものと認められるから、本件建物等をX_1の承継人であるX_2の単独取得とする代償分割をするのが相当である。

② Y_1は、本件建物の敷地の所有権を取得しているが、その原資を明確にしておらず、Aが死亡した後2箇月以内に本件預金債権全額を払い戻していること等によれば、Y_1は、本件預金債権の払戻金を原資として本件土地を買い受けたのではないかとの疑問が残るのに加えて、現在、Yらは本件預金債権についてのAの持分割合2分の1に相当する金員を支払う資力を有していないことがうかがわれるから、本件建物等をYらに取得させ、その代償金をX_2に対し支払わせるという方

法を採ると、本件遺言により侵害された遺留分を回復する道を事実上閉ざすことになる。

　X_2 に代償金の支払能力があるかは疑問であるが、本件預金債権の払戻しに係る前後の事実関係からすると、本件預金債権の払戻しは Y らが共同して行ったものと認められるから、X_1 は、遺留分減殺請求権の行使により、Y らに対し、本件預金債権の払戻しにつき不法行為に基づく損害賠償請求又は不当利得返還請求をすることができ、X_1 の承継人である X_2 は、これらの債権を自働債権として代償金債務と相殺をすることができるから、X_2 に代償金の支払能力に問題があることは上記分割方法を採ることの障害とはならないというべきである。

　(3)　Y らが、原審の判断には、判例違反及び法令違反があると主張して、抗告の許可を申し立てた。

　(4)　本決定は、「所論の点に関する原審の判断は、正当として是認することができる。論旨は採用することができない。」と判示して、抗告を棄却した。

【50】24(許)12（△二小、平 24・9・12、棄却。原審東京高決平 24・2・29、原々審東京家審平 23・12・21）

　(1)　「相続させる」旨の遺言により特定の相続人が取得した遺産について、民法 903 条 1 項が類推適用されるか否かが問題となった事案である。

　(2)　A の相続人は兄妹である X 及び Y の 2 名である。A は、公正証書により、Y には甲土地及びその上に存在する旧建物を、X には乙土地、預貯金、有価証券その他一切の債権債務及び動産を、それぞれ相続させる旨の遺言をした。その後、A は、旧建物を取り壊し、甲土地上に本件建物を新築したが、本件建物に関する遺言はしなかった。A の死亡後、X が、本件建物を X が取得する旨の遺産分割審判を申し立てたところ、Y は、これを争い、寄与分を定める処分の申立てをした。

　原々審及び原審は、「相続させる」旨の遺言により特定の相続人に帰属した遺産については、みなし相続財産を計算するに当たり民法 903 条 1 項を類推適用し、持戻し計算の対象とするのが相当であるとした上、Y の寄与分は認められず、本件建物につき Y に具体的相続分は生じないから、X が本件建物を単独で取得すべきと判断した。

　(3)　Y が、抗告の許可を申し立てた。原審は、許可決定において「相続させる旨の遺言につき民法 903 条 1 項が類推適用されるとの原決定の判断は判例（最二小判平 3・4・19 民集 45・4・477、判時 1384・24）違反である。」とする論旨以外の部分を上記抗告の理由から排除した。

　(4)　本決定は、「所論の点に関する原審の判断は、正当として是認することができる。論旨は採用することができない。」と判示して、抗告を棄却した。

　上記判例は、特定の遺産を共同相続人の 1 人に「相続させる」旨の遺言がされた場合には、当該遺産は特段の事情のない限り遺産分割の協議又は審判を経ずに当該相続人に承継されるとしたものである。「相続させる」旨の遺言による特定の遺産

の承継は、相続開始時に相続財産から逸出している点において遺贈や生前贈与と異なるものではないから、残余の遺産を分割するに当たっては、共同相続人間の衡平を図るため、「相続させる」旨の遺言による特定の遺産につき民法903条1項を類推適用して持戻し計算の対象とすることが、裁判実務で定着した考え方であり、学説の多数説でもある。原審の判断は、このような裁判実務に沿うものといえよう。

【51】 24(許)18（△二小、平24・7・25、棄却。原審札幌高決平24・4・23、原々審札幌家審平21・4・30）

(1) 被相続人が契約者となっている生命保険金の受領が特別受益に当たるか否かが問題となった事案である。

(2) 本件は、亡Aの長男Xと長女Yとの間における遺産分割申立事件であり、Yが原審において寄与分を定める処分の申立てをした。亡Aの遺産の総額は1億3745万3533円であり、Yは亡Aから1930万円の、Xは亡Aから300万円の贈与をそれぞれ受けており、これらは特別受益に当たる。また、Yが被相続人が契約者となっている生命保険金等合計1億1131万8474円を受領していることから、これが特別受益に当たるか否かが問題となった。

被相続人を保険契約者及び被保険者とし、共同相続人の1人を保険金受取人とする死亡保険金請求権は、民法903条1項に規定する遺贈又は贈与に係る財産には当たらないが、保険金の額や保険金受取人である相続人及び他の共同相続人と被相続人との関係等の事情を総合考慮して、保険金受取人である相続人とその他の共同相続人との間に生ずる不公平が同条の趣旨に照らし到底是認することができないほどに著しいものであると評価すべき特段の事情が存する場合には、同条の類推適用により、持戻しの対象となるとするのが判例（最二小決平16・10・29民集58・7・1979、判時1884・41）である。

原審は、①特別受益分を除く亡Aの遺産総額とYが取得した保険金の総額はこれに匹敵する額であること、②亡Aは、自筆証書遺言の中でXとYとが遺産を等分に分配するよう求めていること、③亡Aとその妻は、X及びYに債権を贈与したり亡A名義で保険を掛けたりする場合には、できる限り両者を平等に扱うようにしていたこと、④亡Aの生前、YがXよりも特段に亡Aに貢献したという事情は見いだし難く、かえって、Yと亡A及びその妻との間が不和であった形跡があること、⑤亡Aの相続に先立つその妻の相続の際、同人の遺産の大半をYが取得したこと、⑥Yは医師であり、毎年高額の収入を得ていることを考慮すると、本件保険金を持戻しの対象としない場合には、XとYの間に民法903条の趣旨に照らし到底是認することができないほどに著しい不公平が発生するとした。そして、前記特段の事情を認めて前記保険金を持戻しの対象とし、それを前提に亡Aの遺産を分割した。

(3) Yが、前記保険金を持戻しの対象とすべきであるとした原審の判断に判例違反があるなどと主張して、抗告の許可を申し立てた。

(4) 本決定は、「所論の点に関する原審の判断は、正当として是認することができる。論旨は採用することができない。」と判示して、抗告を棄却した。

VI その他

1 行政事件訴訟法

【52】24(行ツ)2（△三小、平24・4・24、棄却。原審仙台高秋田支決平24・1・11、原々審秋田地決平23・3・31）

(1) 行政事件訴訟法37条の5第1項の「償うことのできない損害」の要件を満たすか否かが問題となった事案である。

(2) 本件の基本事件は、秋田港の港湾区域内の水域において小型船舶を係留する者らを会員とする団体であるXが、30年以上にわたり、港湾法37条1項1号に基づき、港湾区域内の一部（本件水域）について処分行政庁から許可を受けて占用してきたが、処分行政庁が平成23年度の占用を不許可とする処分（本件不許可処分）をしたため、同条2項に定める不許可事由はなく、また、本件不許可処分には裁量権の範囲の逸脱又は濫用があるとして、①本件不許可処分の取消し及び②本件水域の占用許可処分の義務付けを求める訴訟である。そして、本件は、Xが、Yに対し、行政事件訴訟法37条の5第1項に基づく占用許可処分（本件処分）の仮の義務付けを求める事案である。

原々審は、本件申立ての一部を認容したところ、原審は、要旨以下のとおり判断して、仮の義務付けの要件である「処分又は裁決がされないことにより生ずる償うことのできない損害を避けるため緊急の必要があ」ることの疎明がないとして、原々決定を取り消し、本件申立てを却下すべきものとした。

① 行政事件訴訟法37条の5第1項の「償うことのできない損害」とは、行政処分の執行停止や義務付けの訴え及び差止めの要件として定められている「重大な損害」（同法25条2項、37条の2第1項、37条の4第1項）よりも損害の性質及び程度が著しいものであり、事後的な金銭賠償によっては償うことができない損害のほか、金銭賠償のみによって損害を甘受させることが社会通念上著しく不相当と評価される損害がこれに当たると解される。

② Xは、Yが本件水域内でのXの船舶係留を不法係留とみなして秋田海上保安部に取締りを要請するとの強硬な態度を示しており、その要請があれば、秋田海上保安部としては、取締りに着手せざるを得ず、本件処分がされない場合、X会員には、逮捕勾留による身柄拘束の危険、刑事訴追、刑事罰を受ける危険が切迫しており、このような身体の自由の侵害、名誉の毀損を金銭賠償によって償うことはできない旨主張するが、X主張に係る逮捕勾留等の危険は、本件処分がされないことから直ちに生ずるものではなく、本件処分がされないにもかかわらずX会員が本件水域内に船舶を係留し続ける場合に生ずるものと解されるところ、X会員は、本

Ⅵ その他

件水域から他の場所へと船舶を移動させることが可能であると認められ、逮捕勾留等という危険から生ずるX会員の損害は、本件処分がされないことにより生ずる損害とはいえない。

　③　X代表者は陳述書において、X会員の中には漁業専従者等がおり、Yが恒久的係留保管施設としたマリーナは営業行為が禁じられており、そのため入艇できない旨陳述し、X会員の中には漁業あるいは遊漁船業を行う者がいることは一応認められるものの、主としてこれらの業により生計を維持している者がいるとの疎明はなく、また、処分行政庁が漁業を生業とする漁師が所有する漁船については個別に対応すると回答していたのに、具体的な個別対応が行われたことをうかがわせる疎明資料がないことに照らすと、X会員のうちの漁業従事者等に償うことのできない損害が生ずるとは認められない。

　(3)　Xが、原審の判断は行政事件訴訟法37条の5第1項の解釈を誤ったものであるなどと主張して、抗告の許可を申し立てた。

　(4)　本決定は、「本件事実関係の下においては、本件申立てに係る港湾法37条1項1号に基づく港湾区域内の水域の占用許可処分がされないことにより償うことができない損害が生じてこれを避けるため緊急の必要があることの疎明はないとした原審の判断は、是認することができる。論旨は採用することができない。」と判示して、抗告を棄却した。

【53】24(行フ)4（△二小、平24・10・10、却下。原審大阪高決平24・7・3、原々審大阪地決平24・4・27）

　(1)　許可抗告審の手続において、申立ての変更ができるか否かが問題となった事案である。

　(2)　滋賀県、京都府及び大阪府に居住するXらが、電気事業法54条所定の定期検査を実施中であった福井県おおい町所在の関西電力株式会社大飯発電所（大飯原発）第3号機及び第4号機の原子炉について、電気事業法施行規則93条の3に基づく経済産業大臣から同社への定期検査終了証の交付が行政処分に当たるとして、国を被告として定期検査終了証の交付の差止めを求める本案訴訟を提起するとともに、仮の救済として、定期検査終了証の交付の仮の差止めを求めた事案である。原々審及び原審は、定期検査終了証の交付は行政事件訴訟法3条7項にいう処分（行政処分）に当たらないから、定期検査終了証の交付の差止めを求める本案訴訟に係る訴えは不適法であり、本件申立ては適法な本案訴訟の係属を欠く不適法な申立てであるとして、申立てを却下すべきものとした。

　(3)　Xらは抗告の許可を申し立てたが、その後、定期検査終了証の交付が実施されたことに伴って本案訴訟（差止めの訴え）について取消訴訟への訴えの交換的変更が行われ、本件申立てについても申立ての趣旨の交換的変更の申立書が提出された。

　(4)　本決定は、まず、Xらが申立ての趣旨変更申立書において、その申立てを定

期検査終了証の交付の仮の差止めを求めるものから定期検査終了証の交付の効力の停止を求めるものに変更すると記載している点につき、次のとおり判示して、上記交付の仮の差止めを求める本件申立てを却下した原々決定に対する抗告を棄却した原決定についての不服を申し立てるものとして判断すべきことを明らかにした。

「本件申立ては、本件の本案事件において差止めの対象とされていた各行為につき、仮の差止めを求めるものである。Xらは、申立ての趣旨変更申立書において、本件申立てを上記各行為の効力の停止を求める申立てに変更する旨の記載をしているが、許可抗告は、不服を申し立てることができない決定又は命令に対して、その裁判に係る法令の解釈に関する重要な事項についての当審の判断を求めるために特に認められた抗告であるから、その抗告審である当審においてこのような申立ての変更をすることはできない（最高裁平成22年（行ト）第64号、同年（行7）第5号同年11月25日第一小法廷決定・公刊物未登載）。したがって、本件抗告については、本件申立てを却下した原々決定に対する抗告を棄却した原決定についての不服を申し立てるものとして判断すべきである。」

次いで、次のとおり判示して、抗告を却下した。
「本件記録によれば、本件の本案事件であった差止めの訴えは、既に上記裁判所において取消訴訟への訴えの交換的変更がされ、同裁判所に係属していないことが明らかである。したがって、同裁判所のした仮の差止めの申立て却下決定に対する抗告を棄却した原決定について、もはや抗告の利益はないというべきであり、本件抗告は、論旨について判断するまでもなく、却下を免れない。」

2　商事非訟

【54】23(許)7（◎二小、平24・3・28、棄却、民集66・5・2344、判時2157・104。原審高松高決平22・12・8、原々審徳島地決平22・3・29）
【55】23(許)9（△二小、平24・3・28、棄却。原審高松高決平22・12・8、原々審徳島地決平22・3・29）
【56】23(許)10（△二小、平24・3・28、棄却。原審高松高決平22・12・8、原々審徳島地決平22・3・29）

(1)　同一会社の株式に係る、株式買取請求があった場合の価格決定の申立て（会社法117条2項）の当否（【54】事件）及び全部取得条項付種類株式の取得の価格の決定（同法172条1項）の当否（【55】、【56】事件）が問題となった事案である。

(2)　Yは、大阪証券取引所の市場第2部にその株式を上場していたところ、その発行に係る普通株式は、平成21年1月5日、振替株式となった。

平成21年6月29日に開催されたYの株主総会における決議等によって、Yの普通株式を全部取得条項付種類株式とし、その取得対価としてA種種類株式を一定の割合をもって交付する旨定款を変更し、その効力発生日を同年8月4日とする

Ⅵ その他　　　　　　　　　　　　　　　　　　　　　　　　　　　　659

こと、取得日を同日と定めて、Yが、その株主から、保有する全部取得条項付種類株式の全部を取得することとされた。

　X_3 は平成21年7月7日、X_1 及び X_2 は同月11日、それぞれ会社法172条1項に基づき、全部取得条項付種類株式の取得の価格の決定の申立てをし（【55】【56】事件）、X_1 及び X_2 は同月30日、同法116条1項に基づく株式買取請求をし、同年9月30日に上記の買取請求の対象となる株式について、同法117条2項に基づき買取価格の決定の申立てをした（【54】事件）。Yは、Xらによる個別株主通知がされていないことを理由に、取得価格の決定の申立て及び買取価格の決定の申立てが不適法であると主張した。

　なお、Yの株式は、平成21年7月29日に上場廃止となり、同年8月4日、振替機関による取扱いが廃止された。同日までに、Xらは個別株主通知の申出をしておらず、Xらについて個別株主通知がされることはなかった。

　【54】事件について

　原々審は、X_1 及び X_2 は、平成21年7月30日に、普通株式の買取請求をしたが、買取りの効力が発生する前である同年8月4日に効力が発生した定款変更及び同日に行われた株式全部取得により、保有する普通株式に全部取得条項を付されるとともにYに全部取得され、その対価として交付されたA種種類株式はBへ売却したのであり、X_1 及び X_2 は、買取の対象である普通株式を保有しておらず、本件申立てを不適法であるとして却下した。

　原審は、Yの普通株式が全部取得条項付種類株式となったことを前提とする会社法172条1項に基づく取得の価格の決定の申立てをしたときは、これと相矛盾する行為であるから、当該株主はもはや同法116条1項に基づく株式買取請求をすることができないとして、本件買取価格の決定の申立ては不適法となると判断し、同申立てを却下すべきものとした。

　【55】【56】事件について

　原々審は、いずれもXらが個別株主通知の手続を経ていないとして、本件取得価格決定の申立てを却下した。

　原審は、本件取得価格決定の申立ての時点においては、Y株式は振替株式であったが、YがXらにおける、個別株主通知の欠缺を主張したのは、Y株式が振替株式ではなくなった後であるところ、そのような場合までXらに個別株主通知具備を厳格に求めることは、株主の権利行使に多大な支障を生じさせるから、本件取得価格決定の申立てをすることができるとして、取得価格を1株につき32円と定めた。

　(3)　これに対し、Xらが抗告の許可を申し立てた。

　(4)　【54】事件決定は、まず、本件株式買取請求について、

　「会社法116条1項所定の株式買取請求権は、その申立期間内に各株主の個別的な権利行使が予定されているものであって、専ら一定の日（基準日）に株主名簿に記載又は記録されている株主をその権利を行使することができる者と定め、これら

の者による一斉の権利行使を予定する同法124条1項に規定する権利とは著しく異なるものであるから、上記株式買取請求権が社債等振替法154条1項、147条4項所定の「少数株主権等」に該当することは明らかである。そして、会社法116条1項に基づく株式買取請求（以下「株式買取請求」という。）に係る株式の価格は、同請求をした株主と株式会社との協議が調わなければ、株主又は株式会社による同法117条2項に基づく価格の決定の申立て（以下「買取価格の決定の申立て」という。）を受けて決定されるところ、振替株式について株式買取請求を受けた株式会社が、買取価格の決定の申立てに係る事件の審理において、同請求をした者が株主であることを争った場合には、その審理終結までの間に個別株主通知がされることを要するものと解される（最高裁平成22年（許）第9号同年12月7日第三小法廷決定・民集64巻8号2003頁参照）。上記の理は、振替株式について株式買取請求を受けた株式会社が同請求をした者が株主であることを争った時点で既に当該株式について振替機関の取扱いが廃止されていた場合であっても、異ならない。なぜならば、上記の場合であっても、同株式会社において個別株主通知以外の方法により同請求の権利行使要件の充足性を判断することは困難であるといえる一方、このように解しても、株式買取請求をする株主は、当該株式が上場廃止となって振替機関の取扱いが廃止されることを予測することができ、速やかに個別株主通知の申出をすれば足りることなどからすれば、同株主に過度の負担を課すことにはならないからである。

　これを本件についてみるに、本件買取請求を受けたYにおいてX_1及びX_2が株主であることを争っているにもかかわらず、本件買取価格の決定の申立ての審理終結までの間に個別株主通知がされることはなかったのであるから、X_1及びX_2は自己が株主であることをYに対抗するための要件を欠くことになり、本件買取請求は不適法となる。」

　とし、次いで、原審の判断には会社法116条の解釈適用を誤った違法があるとする抗告理由に対し、

　「会社法172条1項が全部取得条項付種類株式の取得に反対する株主に価格の決定の申立て（以下「取得価格決定の申立て」という。）を認めた趣旨は、その取得対価に不服がある株主の保護を図ることにあると解され、他方、同法116条1項が反対株主に株式買取請求を認めた趣旨は、当該株主に当該株式会社から退出する機会を付与することにあるから、当該株主が取得対価に不服を申し立てたからといって、直ちに当該株式会社から退出する利益が否定されることになるものではなく、また、当該株主が上記利益を放棄したとみるべき理由もない。したがって、株主が取得価格決定の申立てをしたことを理由として、直ちに、当該株式についての株式買取請求が不適法になるものではない。

　しかしながら、株式買取請求に係る株式の買取りの効力は、同請求に係る株式の代金の支払の時に生ずるとされ（同法117条5項）、株式買取請求がされたことによって、上記株式を全部取得条項付種類株式とする旨の定款変更の効果や同株式の

取得の効果が妨げられると解する理由はないから、株式買取請求がされたが、その代金支払までの間に、同請求に係る株式を全部取得条項付種類株式とする旨の定款変更がされ、同株式の取得日が到来すれば、同株式について取得の効果が生じ（同法173条1項）、株主は、同株式を失うと解される。そして、株式買取請求及び買取価格の決定の申立ては、株主がこれを行うこととされており（同法116条1項、117条2項）、株主は、株式買取請求に係る株式を有する限りにおいて、買取価格の決定の申立ての適格を有すると解すべきところ、株式買取請求をした株主が同請求に係る株式を失った場合は、当該株主は同申立ての適格を欠くに至り、同申立ては不適法になるというほかはない。

これを本件についてみるに、X_1及びX_2の有する本件買取請求に係る普通株式は、平成21年8月4日、全部取得条項付種類株式となり、Yがこれを全部取得し、X_1及びX_2は、同日、同株式を失ったのであるから、同人らは、同株式の価格の決定の申立て適格を欠くに至り、同申立ては不適法というべきである。

そうすると、本件買取価格の決定の申立てが不適法であるとして同申立てを却下すべきものとした原審の判断は、結論において是認することができる。論旨は採用することができない。」

として、抗告を棄却した。

【55】【56】事件決定は、まず、本件取得価格決定の申立ての適法性について、

「振替株式についての会社法172条1項に基づく価格の決定の申立て（以下「取得価格決定の申立て」という。）を受けた株式会社が、取得価格決定の申立てに係る事件の審理において、申立人が株主であることを争った場合には、その審理終結までの間に個別株主通知がされることを要する（最高裁平成22年（許）第9号同年12月7日第三小法廷決定・民集64巻8号2003頁）のであり、この理は、振替株式について取得価格決定の申立てを受けた株式会社が申立人が株主であることを争った時点で既に当該株式について振替機関の取扱いが廃止されていた場合であっても、異ならない。

これを本件についてみるに、Yが本件申立てに係る事件の審理においてX_1ないしX_3が株主であることを争っているにもかかわらず、その審理終結までの間に個別株主通知がされることはなかったから、X_1ないしX_3は自己が株主であることをYに対抗するための要件を欠くことになり、本件申立ては不適法となる。」

とした上で、次のとおり判示して、【55】【56】事件各抗告をそれぞれ棄却した。

「本件申立てを却下した原々決定は正当であって、原審はこれに対する抗告を棄却すべきであったのであり、原々決定を取り消して本件申立ては適法であるとした上で取得の価格を決定した原審の判断には法令の解釈を誤る違法があるが、Yからの抗告がない本件において、原決定を抗告人に不利益に変更することは許されないから、当裁判所は原決定の結論を維持して抗告を棄却するにとどめることとする。」

【54】事件決定は、振替株式について会社法116条1項に基づく株式買取請求を受けた株式会社が、同法117条2項に基づく価格の決定の申立てに係る事件の審理において、同請求をした者が株主であることを争った場合には、その時点で既に当該株式について振替機関の取扱いが廃止されていたときであっても、その審理終結までの間に社債等振替法154条3項所定の通知がされることを要すると判断し、さらに、Xらの抗告理由について、会社法116条1項に基づく株式買取請求をした株主が同請求に係る株式を失った場合は、当該株主は同法117条2項に基づく価格の決定の申立ての適格を欠くに至り、同申立ては不適法になると判断し、本件買取価格の決定の申立てを却下すべきものとした原審の判断は、いずれにせよ結論において是認できるとして、Xらの抗告を棄却したが、いずれの論点についても最高裁として初めて判断が示されたものであり、実務上重要な意義を有すると思われる。

【57】23(許)21、【58】23(許)22（◎二小、平24・2・29、破棄・差戻、民集66・3・1784、判時2148・3。原審東京高決平23・3・1、原々審東京地決平22・3・31）

(1) 【57】【58】事件はいずれも、会社法806条に基づく反対株主による株式買取請求に係る「公正な価格」が問題となった事案である。

(2) 東京証券取引所の市場第一部にその株式を上場していたA（株式会社）とY（株式会社）は、A及びYを株式移転完全子会社とし、株式移転設立完全親会社としてB（株式会社）を設立する株式移転計画を作成し、市場取引終了後、これを公表した。同計画において、Yの株主に対し、その普通株式1株につきBの普通株式1株を、Aの株主に対し、その普通株式1株につきBの普通株式0.9株をそれぞれ割り当てることとされた。Aの株主総会（本件総会）における上記株式移転を承認する旨の決議を受けて、Aの株式は上場廃止となり、上記株式移転の効力が生じた。Xは、Aの株主であって、合計389万700株の株式を保有しているが、本件総会に先立ち、上記株式移転に反対する旨をAに通知し、本件総会における決議に当たり、これに反対した上、会社法806条5項所定の期間（株式買取請求期間）内にその保有する上記株式を公正な価格で買い取ることを請求した。なお、原々決定後、YがAを吸収合併してその権利義務を承継した。

原審は、上記事実関係の下で、Xの株式買取請求に係る株式の買取価格を1株につき747円と定めた。その理由の概要は次のとおりである。

Xの株式買取請求に係る「公正な価格」は、本件株式移転の効力発生日を基準として、AとYの経営統合による企業価値の増加を適切に反映したAの株式の客観的価値を基礎として算定すべきである。本件株式移転比率が上記経営統合による企業価値の増加を適切に反映しているのであれば、これを前提とすべきであるが、本件株式移転の計画が公表された翌日、Aの市場株価が制限値幅の下限まで下落し、その後も市場全体の株価の推移と比較して大きな下落率で推移したことなどからすると、本件株式移転比率は、経営統合による企業価値の増加を適切に反映したものとはいえない。そこで、本件の「公正な価格」は、本件株式移転の効力発生日を基

準として、本件株式移転比率に基づく本件株式移転がなかったら有していたであろうAの株式の客観的価値を基礎として算定すべきことになる。この客観的価値は、経営統合に向けた協議の開始の公表後であって、できる限り本件株式移転の効力発生日に近接し、かつ、本件株式移転の影響を排除できる、本件株式移転の内容が公表された前日までの市場株価を参照して算定するのが相当であり、さらに、一定の投機的思惑などの偶発的要素による株価の変動を排除するために、本件株式移転の内容が公表された平成20年11月18日より前の1箇月間のAの市場株価の終値の出来高加重平均値をもってAの株式の客観的価値とみるのが相当である。そうすると、本件における「公正な価格」は、1株につき747円となる。

(3) Xが原決定の経験則違反などを主張して抗告の許可を（【57】事件）、Yが原決定の「公正な価格」の決定方法に誤りがあると主張して抗告の許可を（【58】事件）、それぞれ申し立てた。

(4) 本件各許可抗告に対し、本決定は次のとおり判示して、原決定を破棄し、原審（東京高等裁判所）へ差し戻した。

「(1) ア 株式移転が行われる場合、会社法806条2項所定の株主（反対株主）は、株式移転完全子会社に対し、自己の有する株式を「公正な価格」で買い取るよう請求することができる（同条1項）。このように、反対株主に「公正な価格」での株式の買取りを請求する権利が付与された趣旨は、反対株主に会社からの退出の機会を与えるとともに、退出を選択した株主には、株式移転がされなかったとした場合と経済的に同等の状態を確保し、さらに、株式移転により、組織再編による相乗効果（シナジー効果）その他の企業価値の増加が生ずる場合には、これを適切に分配し得るものとすることにより、反対株主の利益を一定の範囲で保障することにある（最高裁平成22年(許)第30号同23年4月19日第三小法廷決定・民集65巻3号1311頁参照）。また、上記の「公正な価格」の額の算定に当たっては、反対株主と株式移転完全子会社との間に売買契約が成立したのと同様の法律関係が生ずる時点であり、かつ、株主が会社から退出する意思を明示した時点である株式買取請求がされた日を基準日とするのが合理的である（前記第三小法廷決定参照）。

イ これらのことに照らすと、株式移転によりシナジー効果その他の企業価値の増加が生じない場合には、株式移転完全子会社の反対株主がした株式買取請求に係る「公正な価格」は、原則として、当該株式買取請求がされた日における、株式移転を承認する旨の株主総会決議がされることがなければその株式が有したであろう価格をいうと解するのが相当であるが（前記第三小法廷決定参照）、それ以外の場合には、株式移転後の企業価値は、株式移転計画において定められる株式移転設立完全親会社の株式等の割当てにより株主に分配されるものであること（以下、株式移転設立完全親会社の株式等の割当てに関する比率を「株式移転比率」という。）に照らすと、上記の「公正な価格」は、原則として、株式移転計画において定められていた株式移転比率が公正なものであったならば当該株式買取請求がされた日に

おいてその株式が有していると認められる価格をいうものと解するのが相当である。

ウ　一般に、相互に特別の資本関係がない会社間において株式移転計画が作成された場合には、それぞれの会社において忠実義務を負う取締役が当該会社及びその株主の利益にかなう計画を作成することが期待できるだけでなく、株主は、株式移転完全子会社の株主としての自らの利益が株式移転によりどのように変化するかなどを考慮した上で、株式移転比率が公正であると判断した場合に株主総会において当該株式移転に賛成するといえるから、株式移転比率が公正なものであるか否かについては、原則として、上記の株主及び取締役の判断を尊重すべきである。そうすると、相互に特別の資本関係がない会社間において、株主の判断の基礎となる情報が適切に開示された上で適法に株主総会で承認されるなど一般に公正と認められる手続により株式移転の効力が発生した場合には、当該株主総会における株主の合理的な判断が妨げられたと認めるに足りる特段の事情がない限り、当該株式移転における株式移転比率は公正なものとみるのが相当である。

エ　株式が上場されている場合、市場株価が企業の客観的価値を反映していないことをうかがわせる事情がない限り、「公正な価格」を算定するに当たって、その基礎資料として市場株価を用いることには合理性があるといえる。そして、株式移転計画に定められた株式移転比率が公正なものと認められる場合には、株式移転比率が公表された後における市場株価は、特段の事情がない限り、公正な株式移転比率により株式移転がされることを織り込んだ上で形成されているとみられるものである。そうすると、上記の場合は、株式移転により企業価値の増加が生じないときを除き、反対株主の株式買取請求に係る「公正な価格」を算定するに当たって参照すべき市場株価として、基準日である株式買取請求がされた日における市場株価や、偶発的要素による株価の変動の影響を排除するためこれに近接する一定期間の市場株価の平均値を用いることは、当該事案に係る事情を踏まえた裁判所の合理的な裁量の範囲内にあるといえる。

(2)　これを本件についてみるに、前記事実関係によれば、ＡとＹは、相互に特別の資本関係がなく、本件株式移転に関し、株主総会決議を経るなどの一般に公正と認められる手続を経て、本件株式移転の効力が発生したというのであり、本件総会に先立つ情報の開示等に問題があったことはうかがわれない。そうであれば、本件総会における株主の合理的な判断が妨げられたと認めるに足りる特段の事情がない限り、本件株式移転比率は公正なものというべきところ、市場株価の変動には様々な要因があるのであって、専らＡの市場株価の下落やその推移から、直ちに上記の特段の事情があるということはできず、他に、本件において、上記特段の事情の存在はうかがわれない。したがって、本件株式移転比率は公正なものというべきである。

原審は、本件株式移転により企業価値が増加することを前提としながら、以上と異なり、本件株式移転比率は企業価値の増加を適切に反映したものではなく、公正

なものではないとして、本件株式移転の内容が公表された平成20年11月18日より前の1か月間の市場株価の終値を参照して「公正な価格」を算定した点において、その判断には、裁判に影響を及ぼすことが明らかな法令の違反がある。各抗告人の論旨はこの趣旨をいうものとして理由がある。

5 以上によれば、原決定は破棄を免れない。そこで、以上の見地に立って、更に審理を尽くさせるため、本件を原審に差し戻すこととする。」

須藤裁判官の補足意見は、次のとおりである。

「私は、法廷意見に賛同するものであるが、裁判所の株式買取価格の決定において、株式の市場価格が基礎資料として参照されることに関連して、企業の客観的価値やシナジー効果が生じるとされる企業再編での公正な株式移転比率などについて少しく補足して述べることとしたい。

1 (1) 会社法807条の買取価格の決定は、裁判所が合理的な裁量の下に株式の公正な価格を形成するものであって、客観的に定まっている過去のある一定時点の株価を確認するものではない（最高裁昭和47年(ク)第5号同48年3月1日第一小法廷決定・民集27巻2号161頁、同平成22年(許)第30号同23年4月19日第三小法廷決定・民集65巻3号1311頁参照）。もっとも、このように裁判所の合理的な裁量に委ねられるとはいえ、その決定価格は、客観的な企業価値と無関係ではなく、これを基礎に置くものでなければならないであろう。そうすると、共同株式移転による企業再編で正のシナジー効果が生じた場合、理論的には、例えば、各当事企業の再編前の客観的な企業価値及び再編による客観的な企業価値の増加分の合計を各当事企業の再編前の企業価値に応じるなどして各当事企業に分配し、その上で、それをそれぞれの発行済み株式総数で除して理論的な株式の価格を算定し、その価格を基礎として裁判所が「公正な価格」を形成するとの方法が考えられてくる。

(2) だが、企業の客観的価値は、理論的、分析的には、当該企業の将来のキャッシュ・フロー（フリー・キャッシュ・フロー。税引後当期純利益に減価償却費等非現金費用を加算し、その額から設備投資等必要な資本支出額を控除した額）の割引現在価値（割引率はリスクを考慮したもの）の総和から負債価値を控除したものとされるとしても、将来のキャッシュ・フローは未来の不確実な事象に基づく不確実な数字であるから、正確な企業価値を直接に測定することは不可能である。企業再編でシナジー効果が生ずる場合の客観的な企業価値の増加分については一層そのようにいえるだろう。そうすると、企業価値の増加分を分配した理論的な株式の価格等は、いずれも直ちには算出し得ないことになる。

ここで、企業の客観的価値やその増加分を可及的に正確に認識しようとするために、財務数値や経営政策などを手がかりにしつつ様々なシミュレーションや条件を組み合わせることによる評価算定方法がこれまで考案され、また、実際にも用いられているところである。しかしながら、これらの評価算定方法は、いずれも専門的であって、到底平易なものとはいえず、裁判所自らが、上記のうちの何らかの方法

を採用するなどして作業を行うことは、裁判所の性質、役割からしてもちろん不適切かつ非現実的であるし、また、専門家の鑑定によるということになればその費用は高額に達し、少なからぬ時間を要することにもなろう。のみならず、これらの評価算定方法も、所詮は不確定的な数値による予測等を基にするという性質は避けられず、不確実性を免れない。これらの点を考慮すると、少なくとも、買取価格の決定において、他に適切な評価方法があり、それで「公正な価格」を形成するに不足ないのであれば、それによることに加えてわざわざ上記の評価算定方法まで用いることは意味あることとは思われない。

(3) ところで、上場された株式の市場株価は、企業の客観的価値が投資家の評価を通して反映され得るとされる。また、法廷意見のとおり、相互に特別の資本関係がない会社間において、一般に公正と認められる手続により株式移転の効力が発生し、株式移転を承認する株主総会における株主の合理的判断が妨げられたと認めるに足りる特段の事情がないときは、株式移転比率は公正である。この場合、当然のことながら、市場株価にはその公正な株式移転比率も織り込まれ得る。そうすると、このような場合の市場株価は、シナジー効果等による企業価値増加分の公正な分配を反映した価格であるといえることになる。したがって、このような場合に、裁判所が株式の「公正な価格」を形成するに当たって、市場株価を基礎資料として参照することは十分に合理的なことといえる。しかも、それはさしたる困難を伴わず、かつ、高額な鑑定費用も要さず迅速な買取価格の決定に資するから、方法において適切であるということになる。

もっとも、市場株価は、相当の長い期間を通して観察すれば企業の客観的価値を忠実に反映するものであるとしても、市場ないしは投資家は、企業の経営状況や事業の見通し等について必ずしも十分に正確な情報を有しているわけではなく（情報の非対称性）、さまざまな思惑で行動したり、偶発的要素が生ずることなどの事由により、その評価（市場株価）は変動するとされている。特に、市場株価が企業の客観的価値を反映してないことをうかがわせる事情が認められる場合には、もはや市場株価を「公正な価格」を形成するに当たって基礎資料として用いることはできない。さらに、企業の客観的価値を反映していないことをうかがわせる事情があるとまではいえないとしても、市場株価の前記の特質からすれば、特定の時点の市場株価は企業の客観的価値を反映した価格と乖離しているのではないかと疑わしめるような場合もある。したがって、「公正な価格」の形成に当たって市場株価を基礎資料として用いるとしても、十分に慎重であるべきであり、市場株価はある程度の幅をもって捉えられることが必要であるとも思われる。当該企業に係る事情を踏まえた裁判所の合理的な裁量に委ねられるところではあるが、偶発的要素を排除するために、例えば、買取価格決定の基準日たる買取請求日という偶然の日の市場株価のみを参照するのではなく、それに近接する前後（株式移転が効力を生ずる日も含む。）の適宜の期間の終値出来高加重平均値を参照するなどのことが相当とされる場合も少なからずあると思われる。

Ⅵ その他

(4) これに対し、市場株価がある場合でもそれが企業の客観的価値を反映していないことをうかがわせる事情が生じているときは、前記のとおり、もはや「公正な価格」を形成するに当たって市場株価を基礎資料として用いることはできない。また、相互に特別の資本関係がない会社間における株式移転で、まれではあろうが、一方の当事会社の財務情報が虚偽であったり秘匿されるなどで一般に公正と認められる手続がされず、あるいは、株主総会における株主の合理的判断が妨げられたと認めるに足りる特段の事情があって株式移転比率が公正と認められないときは、市場株価は、シナジー効果等による企業価値増加分の公正な分配を反映したものとはいえないから、同様である。更に、市場に上場されていない会社の株式についてはそもそも用いるべき市場株価が存在しない。前記によれば、買取価格は、企業の客観的価値に基礎を置かなければならないであろうから、上記のような場合には、裁判所としては、「公正な価格」を形成するためには、企業の客観的価値の算定が前提として必要とされ、結局、一定の評価算定方法によって算出される企業価値により、かつ、これを基にした株式移転比率を新たに設定せざるを得ないと思われてくる。

この点については、今後の議論に委ねられている部分が大きいところではあるが、株式の評価算定方法が前記のような性質を有することに鑑みれば、できるだけ費用と時間を節約する簡易な方策が採られてしかるべきこと、会社法806条2項所定の反対株主に株式移転完全子会社等に対する「公正な価格」での株式買取請求権を付与した趣旨は、法廷意見のとおり、反対株主（少数株主）に退出の機会を与えるとともにその利益を一定の範囲で保障することにあるところ、そのことから、同条は、それを通じて株式移転等の当事会社を牽制し公正な株式移転比率を実現する（ひいては会社経営を健全化させる）ことを担保しようとするものでもあると解されること、基本的に当事会社が財務資料を有しており、また、株式移転についての交渉の過程で各当事会社が既にそれぞれ第三者算定機関等専門家に評価算定作業を行わしめていて、上記の資料の提出の負担は重くないことが多いであろうことなども考慮しながら、相当な方法が採られるべきであると思われる。

2 なお、原審が、専ら株式移転計画が公表された後のＡの市場株価の下落やその推移から、本件株式移転比率が経営統合による企業価値の増加を適切に反映したものではないとした点について付言しておきたい。一般に、市場ないしは投資家による株式の評価（市場株価）は、前記の事由のほかに、業績予想修正、決算短信など企業の開示する情報や株式の大量売買などによって変動するとされる。また、わが国では、企業再編に関して経営統合に向けた協議を開始することについて発表がなされ、その後に経営統合に関する条件が公表され、しかも、両者の間に相当な時間的な開きがあるというような例が少なくなく、そのような場合、協議開始から経営統合の条件の公表までの段階では市場の期待が高まって株価が高騰したり、その公表がなされた段階では市場が失望してその直後の株価が急落し得るともされている。

本件において、本件株式移転は、一般に公正と認められる手続を経ていることがうかがわれ、また、株主総会における株主の合理的な判断が妨げられたと認めるに足りる特段の事情があるということはできない。そうすると、Aの株価の下落やその推移は、上記の諸事情やその他の外在的要因が反映した可能性があるとはいえても、本件株式移転比率が公正でないということを示すものということはできない。」

(5) 本件は、株式移転において、反対株主の株式買取請求における「公正な価格」の意義やその基準日について述べるほか、株式移転比率が公正なものとされるのがどのような場合であるかや、「公正な価格」を算定するに当たり株式買取請求がされた日等の株価を参照することが裁量の範囲とされる場合を述べるなど、株式移転における反対株主の株式買取請求に係る「公正な価格」に関連して、最高裁が初めての判断を示したものであり、重要な意義があると考えられる。

3　配偶者からの暴力の防止及び被害者の保護に関する法律

【59】24(許)2（△一小、平24・3・1、棄却。原審高松高決平23・12・21、原々審松山地西条支決平23・11・18）

(1) 配偶者からの暴力の防止及び被害者の保護に関する法律（DV防止法）に基づく保護命令申立事件において、夫が子を連れ戻すと疑うに足りる言動を行っているか否かが問題となった事案である。

(2) 申立人（妻）Xは、相手方（夫）Yから複数回にわたって暴行を受けたとして、DV防止法10条3項に基づき、子ら（14歳及び12歳）への接近禁止等の申立てをした。原々審及び原審は、保護命令を発すべきものとした。その理由の概要は次のとおりである。

Yは、Xが子らと共に家を出た後、これをXによる誘拐であるとして非難し、子らを元に戻すようメールを複数回にわたってXに送り付けたほか、子らの在籍する学校の校長に何度も問い合わせてその状況を確認し、子らが通学を再開したことを突き止めており、Xの所在場所を知らないYが、同校に通学する子らを自宅に連れ戻すことによって、XがYと面会することを余儀なくされるおそれがあり、それを防ぐためには、子らへの接近禁止命令を発するべきである。

(3) Yが、原審の判断は、DV防止法10条3項の解釈適用の誤りがあると主張して抗告の許可を申し立てた。

(4) 本決定は、「所論の点に関する原審の判断は、正当として是認することができる。論旨は採用することができない。」と判示して、抗告を棄却した。

本件の争点は、子らを連れ戻すと疑うに足りる言動の有無という極めて個別性の強い認定問題に尽きるものであり、抗告の許可には疑問があるといわざるを得ない。

4 戸籍法

【60】24(許)8（△二小、平24・6・27、却下。原審札幌高決平23・11・9、原々審釧路地決平23・7・13）

(1) 再抗告を棄却した高等裁判所の決定が、許可抗告の対象となるか否かが問題となった事案である。

(2) Xは、平成18年6月から同年11月までの間に、合計64回にわたり、行政書士であった者から日本行政書士連合会統一用紙である「戸籍謄本・住民票の写し等職務上請求書」を有償取得し、それを使用して職務上の請求であるかのように装い、市町村長に対し、戸籍謄本等の交付申請をして、その交付を受けた。

網走簡易裁判所は、本件不正請求につき、平成23年3月3日、不正な手段により戸籍謄本等の交付を受けたとして、平成19年法律第35号による改正前の戸籍法121条の2に基づき、非訟事件手続法164条1項により、1件につき過料5000円が相当であるとして、過料32万円に処する旨の決定をした。Xが異議を申し立てたところ、網走簡易裁判所は、上記過料決定を認可する旨の決定をした。Xがそれに対し抗告したところ、釧路地方裁判所は抗告を棄却した。それに対しXが再抗告を申し立てたが、札幌高等裁判所は、本件認可決定は正当であるとして、再抗告を棄却する決定をした。

(3) Xが、抗告の許可を申し立てた。

(4) 本決定は、「前文記載の裁判（注：原決定のことである。）は、平成19年法律第35号による改正前の戸籍法121条の2の規定による過料決定の認可決定に対する抗告棄却決定に対する再抗告を棄却する旨の裁判であるところ、上記裁判に対しては、民訴法337条1項所定の抗告をすることは許されないから、本件抗告は、不適法である。」と判示して、抗告を却下した。

高等裁判所の決定に対しては、高等裁判所が許可したときに、最高裁判所に抗告をすることができるが（民訴法337条1項）、再抗告についての裁判は、抗告裁判所としての地方裁判所の判断を経た上で改めて高等裁判所の判断が行われており、既に三審制の保障が尽くされているため、許可抗告の対象から除外されている（同項柱書の括弧書）。したがって、本件は、許可抗告の対象とならない裁判に対して抗告の許可が申し立てられ、高等裁判所が誤って許可をしたものである。

平成25年度

尾島 明／宮下 修

Ⅰ 民事訴訟法
  1 移送【1】～【3】
  2 裁判官の忌避【4】
  3 補助参加【5】
  4 訴訟費用【6】【7】
  5 文書提出命令【8】～【13】
  6 再審【14】
  7 担保取消し【15】【16】

Ⅱ 民事執行法
  1 競売取消し【17】
  2 買受人のための保全処分【18】
  3 引渡命令【19】
  4 売却許可決定【20】～【22】
  5 債権差押命令【23】～【30】
  6 間接強制【31】～【34】

Ⅲ 民事保全法
  1 仮処分【35】～【37】
  2 保全取消し【38】

Ⅳ 破産法【39】

Ⅴ 家事審判法、家事事件手続法
  1 後見の開始【40】
  2 遺産の分割に関する処分【41】

Ⅵ その他
  1 会社法【42】
  2 戸籍法【43】
  3 児童福祉法【44】

はじめに

1 平成25年度における許可抗告事件の実情を紹介する。

新受件数の推移は、表1のとおりである。平成25年は、平成24年に続いて前年に比べやや減少した。

各年中に決定のあった事件のうち、最高裁判所民事判例集（民集）又は最高裁判所裁判集民事（集民）に登載された件数とその割合は、表2のとおりである。

2 許可抗告（民訴法337条）は、特別抗告（同法336条）と同様に、決定に対して法が特に認めた最高裁判所に対する不服申立て方法である。特別抗告が憲法違反を抗告事由とするのに対して、許可抗告は、法令解釈に関する重要な事項を含む事件であると高等裁判所が認めて許可したことを申立ての要件とするものである。現行民訴法で許可抗告制度が設けられたのは、民事執行法や民事保全法の制定等に伴い、決定で判断される事項に重要なものが増え、重要な法律問題について高等裁判所の判断が分かれているという状況が生じていたので、最高裁判所の負担が過重にならないように配慮した上で、重要な法律問題についての判断の統一を図ろうしたからである（法務省民事局参事官室編「一問一答新民事訴訟法」374頁）。上告受理制度のように最高裁判所自らが受理するか否かの判断をする制度が採用されなかったのは、そのような制度を採用すれば最高裁判所の負担が過重になるおそれがあったためであり（ジュリスト増刊1999年11月「研究会新民事訴訟法」440頁〔柳田幸三発言〕）、その意味では、許可抗告の制度は、高等裁判所において、適切に許可の判断がされることを信頼して設けられた制度であるということができる。そして、最高裁判所が許可に値しないと判断したとしても、高等裁判所が許可した以上、最高裁判所は当該論点への応答をする義務を負うことになるのであるから、高等裁判所には、自らの判断に判例と異なる点がある場合又は真に法令解釈に関する重要な事項を含む場合に抗告を許可し、そのような場合でなければ許可しないという制度の趣旨に沿った運用が求められている（詳しくは、福田剛久ほか「最高裁判所に対する民事上訴制度の運用」判例タイムズ1250号5頁参照）。

許可抗告に対する決定のうち民集又は集民に登載されたものの割合は、上記のとおりであり（表2）、許可された事件のうち法令解釈に関する重要な事項を含まない事件の割合は決して少なくないものといえる。抗告が許可された事件の中には制度の

表1

年度（平成）	新受件数
10	10
11	42
12	59
13	34
14	50
15	54
16	42
17	48
18	55
19	45
20	58
21	46
22	58
23	61
24	56
25	42

はじめに

趣旨におよそ沿わない運用も相当数見受けられるので、これまで「許可抗告事件の実情」において繰り返してきた以下の指摘を本稿で改めてしておきたい。

(1) 法令の解釈自体は既に明確になっている場合に、個別事件における事実認定、要件ないし法理への単純な当てはめの判断は、通常は、法令解釈に関する重要な事項とはいえない。

また、最高裁判所の判例により示された法令解釈の基準の具体的適用に関わる事項は、当該実務を担当する下級裁における事例集積にこそ意味がある場合が多い。このような場合、下級裁での事例集積、要件の類型化に関する実務的検討がまだ十分にされていない段階で、個別事案に関する要件該当性の争いを法律審である最高裁判所に求めることは、相当でないことが多い。

表2

年度	決定件数	うち民集又は集民登載件数	割合（％）
10	2	1	(50％)
11	32	6	(19％)
12	51	12	(24％)
13	53	12	(23％)
14	42	7	(17％)
15	53	9	(17％)
16	44	10	(23％)
17	51	11	(22％)
18	54	6	(11％)
19	44	11	(25％)
20	53	2	(4％)
21	51	5	(10％)
22	43	6	(14％)
23	60	8	(13％)
24	60	6	(10％)
25	44	9	(20％)

(2) 論点自体としては法令解釈に関する重要な事項に当たるが、当該事案の解決に影響しない論点については、許可は不相当となるものと考えられる。許可抗告は、法令の解釈に関する重要な事項について、解釈統一の機能を有する特別な抗告であるが、当該事案の解決を目的とするものであることはいうまでもなく、抽象的な法令解釈のために抗告を許可することは、当事者を具体的事件の解決を離れた論争に巻き込むことになり、事案の解決を目的とする制度の趣旨に反するからである。

また、移送や文書提出命令などの付随的な決定については、抗告に伴い、本案の手続が事実上進行できなくなることもあり、不相当な抗告により当事者が迷惑を被ることもあり得るので、この点にも留意が必要である。

3 以上のような観点から、平成25年中に決定のあった許可抗告事件をみてみると、少なくともその半数について、許可抗告の申立てに法令の解釈に関する重要な事項が含まれているといえるかについて疑問があるように思われる。そこで、今年は、法令の解釈自体は既に明確になっており、個別事件における事実認定や要件ないし法理への単純な当てはめだけが問題となっている事件についてはその旨を、その中でも、許可抗告制度の趣旨に照らし、抗告の許可には疑問があるといわざるを得ない事件についてはその旨を記載したので、参照されたい。

他方で、原決定が、法令の解釈に関する重要な事項についての判断を含むもので

あり、最高裁判所がその判断の当否を判断するのが相当であると思われる申立てであるにもかかわらず、抗告を不許可とするようなことは、許可抗告制度が設けられた趣旨を没却することにもなりかねないことにも留意する必要があると思われる。

　いずれにしても、許可抗告制度が設けられた趣旨に沿って同制度を適切に運用していくためには、高等裁判所における適切な拒否の判断が不可欠であることを改めて指摘しておきたい。

　4　本稿は、宮下（元最高裁書記官）が平成25年中に決定があった許可抗告事件を整理したものに、尾島（元最高裁民事上席調査官）が今後の同種事件の審理及び許可抗告制度の運用の参考とするために若干のコメントを付したものである。

　事件見出しに◎を付したものは**民集登載事件**、○を付したものは**集民登載事件**、△を付したものはいずれにも登載されなかったものである。

　平成25年中の決定による既済件数44件のうち、判例集登載の内訳は、民集登載事件が6件、集民登載事件が3件である。また、基本事件の種別としては、民事訴訟事件が16件、民事執行事件が18件、民事保全事件が4件、破産事件が1件、家事審判事件が2件、その他3件であり、このうち、原決定が破棄されたものは4件であった。

　事案の概要等は、許可抗告事件の実情を紹介するのに必要な範囲で適宜省略し、事案の骨子のみを記載した。掲載の順序は、原決定の根拠法規、目次記載の手続ごとに分類し、その中で論点が共通するものをまとめた上で、決定日の順とした。

I　民事訴訟法

1　移　送

【1】25(許)23（△一小、25・9・19、棄却。原審大阪高決平25・5・8）

(1)　意匠権侵害の訴えに係る基本事件について特許権侵害の訴えの追加的変更が許可されなかったとしても、当該基本事件が民訴法6条1項に規定する「特許権等に関する訴え」に当たるか否かが問題となった事案である。

(2)　Xは、Yが行う製品（Y製品）の製造販売等がXの「放電ランプ」についての意匠権を侵害するとして、意匠法37条1項及び2項に基づきY製品の製造販売等の差止め及び廃棄を求めるとともに、意匠権侵害の不法行為に基づき損害賠償等を請求する基本事件に係る訴えを1審（大阪地裁）に提起した。Xは、同訴訟の第1審において訴えの追加的変更（Y製品の製造販売等がXの「放電ランプ」についての12件の特許発明に係る特許権を侵害するとして、特許法100条1項及び2項に基づき、Y製品の製造販売等の差止め及び廃棄を求めるとともに、特許権侵害の不法行為に基づき損害賠償等を請求するもの）を申し立てたところ、大阪地裁は、その判決の理由中で、訴えの変更を許可しない旨判示した。Xは、1審において特許権侵害の訴えの追加的変更が許可されなかったとしても、基本事件が、民訴

法6条1項に規定する「特許権等に関する訴え」に当たり、同条3項により東京高等裁判所（知財高裁）の管轄に専属するとして、同法16条1項に基づき、同裁判所への移送を求めた。

　原審は、基本事件が民訴法6条1項に規定する「特許権等に関する訴え」に当たらないとして、Xの移送申立てを却下した。その理由の概要は次のとおりである。

　基本事件は、Xが意匠権を侵害されたとの主張に基づく訴えであるところ、1審において、Xが特許権侵害の主張を追加する訴えの変更の申立てを行ったが、1審裁判所により第1審判決中においてその申立ては不許とされている。したがって、現時点において、基本事件は、特許権侵害に係る請求・主張を含む訴訟ということはできず、民訴法6条1項に規定する特許権等に関する訴えに当たらない。控訴審の審理において訴えの変更の申立てに対する1審の決定を不当と認めて訴え変更を許すまでの間は、特許権侵害に基づく請求は審理の対象にならない。控訴審において、仮に、上記1審の判断を不当とし、審理の対象にすべきであるという判断に至った場合には、その時点において、訴えの変更を許し、基本事件を特許権等に関する訴えとして東京高裁へ移送すべきものになる。訴え変更の申立てに対する判断は、当該変更が従来の訴訟における請求の基礎に変更があるか否か、及び当該変更により著しく訴訟手続を遅滞させることになるかどうか等を判断するものであり（民訴法143条1項）、変更後の訴えが特許権等に関する訴え（民訴法6条1項）である場合においても、その判断は、民訴法6条1項の規定により特許権等に関する専属管轄権を有する裁判所でなくても可能であり、専属管轄の対象には該当しないと解される。民訴法20条の2第2項の規定は、一定の事由があると認めるときは、大阪地裁が第1審としてした特許権等に関する訴えについての終局判決に対する控訴につき、東京高裁は訴訟の全部又は一部を大阪高裁に移送することができるとしたものであるが、特許権等に関する訴えであるか否かの疑義がある全ての控訴を東京高裁の専属管轄として、そのような疑義の判断及び同項の移送の可否につき同高裁の判断に委ねるとする趣旨の規定ではない。

　(3)　これに対し、Xが、原審の判断には民訴法6条1項及び3項並びに20条の2第2項の法令解釈の誤りがあると主張して、抗告許可の申立てをした。

　(4)　本決定は、「所論の点に関する原審の判断は、正当として是認することができる。論旨は採用することができない。」と判示して、抗告を棄却した。

【2】25(許)13（△三小、平25・4・16、棄却。原審札幌高決平25・1・16、原々審札幌地決平24・9・28）

　(1)　裁量移送に関する民訴法17条所定の要件の該当性が問題となった事案である。

　(2)　Xは、Yに対し、Yの妻であるAに平成22年7月から平成23年1月までの間に24回にわたり合計312万円の貸付け（本件金銭消費貸借契約）をしたので、Yは民法761条所定の日常家事債務として連帯責任を負うと主張し、その支払を求

める基本事件を、Xの居住地を管轄する札幌地裁に提起した。Yは、本件金銭消費貸借契約の成立を争うとともに、これに基づく債務が日常家事債務に該当することを争い、民訴法17条に基づき、Y及びAの居住地を管轄するさいたま地裁への移送を求めた。

原々審及び原審は、基本事件の審理においては、X、Y及びAの尋問が必要となる可能性が高いが、Xの主張する札幌市在住の者数人の証人については、貸付けの態様等（平成22年7月の1箇月間に5回にわたり合計100万円を、同年8月の1箇月間に7回にわたり合計126万円を貸し付けたというもので、直ちに日常の家事といえるか疑問の残るもの）からすれば、尋問の必要性は必ずしも高いものとはいえないとし、訴訟の著しい遅滞を避け、当事者間の衡平を図るため、基本事件をさいたま地裁へ移送すべきものとした。

(3) これに対し、Xが、原審の判断には民訴法17条の解釈適用の誤りがあると主張して、抗告許可の申立てをした。

(4) 本決定は、「所論の点に関する原審の判断は、正当として是認することができる。論旨は採用することができない。」と判示して、抗告を棄却した。

訴訟の著しい遅滞が生ずるかどうか、当事者間の衡平を害するかどうかという移送の要件の認定判断は、当該訴訟の内容や当事者双方の事情、当事者の主張立証の状況ないし見込み等を踏まえた訴訟の現状に基づく受訴裁判所による将来予測という性格を持つものである。このような要件の個別具体的当てはめの判断に、法令解釈の統一の観点から法律審が介入すべき余地は少ないように思われる（富越和厚「許可抗告事件の実情―平成10年度、同11年度―」本書1、同「許可抗告事件の実情―平成12年度―」本書23参照）。抗告の許可が許可抗告制度の趣旨に沿うものであるか検討の余地があるように思われる。

【3】 25(行ツ)1（△二小、平25・3・6、棄却。原審札幌高決平24・11・21、原々審函館地決平24・8・6）

(1) 年金加入期間等の調査を行った年金記録確認地方第3者委員会が、行政事件訴訟法12条3項にいう「事案の処理に当たった下級行政機関」に該当するか否かが問題となった事案である。

(2) Xは、平成21年3月4日、旧函館社会保険事務所に対し、船員保険及び厚生年金保険の年金記録の訂正について総務大臣のあっせんを求める旨の年金記録に係る確認申立書を提出した。その申立ての趣旨は、Xは厚生年金保険法による老齢厚生年金の受給者であるところ、かつての船員保険加入期間、厚生年金の加入期間及び標準報酬月額がそれぞれ相違しているから、これを訂正してもらいたいというものであった。年金記録確認函館地方第三者委員会（本件第三者委員会）は、Xの年金記録に係る上記確認申立てにつき、調査審議したところ、Xの申立てのうち、平成2年7月から同年12月までの期間における標準報酬月額を社会保険庁の記録による9万2000円から9万8000円に訂正する必要がある旨のあっせん案を作成し

た。これを受けて、総務大臣は、平成21年12月1日付けで、社会保険庁長官（平成22年1月からは厚生労働大臣）に対し、総務省設置法4条21号に基づく年金記録の訂正をあっせんし、北海道管区行政評価局函館行政評価分室長は、平成21年12月2日付けで、Xに対し、年金記録の訂正に関するあっせんを行った旨の通知をした。厚生労働大臣は、上記あっせんを受けて、Xに対し、標準報酬月額の訂正に基づいて老齢厚生年金の再裁定を行い、平成22年4月15日付けで、年金支給額を変更する旨の処分（本件処分①）をした。

また、Xは、平成23年6月13日、日本年金機構函館年金事務所（旧函館社会保険事務所）において、厚生年金保険の年金記録のうち、申立期間に係る記録の訂正について総務大臣のあっせんを求める旨の確認申立書を提出した。総務大臣は、本件第三者委員会において調査審議した結果、Xの年金記録を訂正する必要があると認められたことから、同年11月15日付けで、厚生労働大臣に対し、年金記録の訂正に係るあっせんをし、北海道管区行政評価局函館行政評価分室長は、同月16日付けで、Xに対し、年金記録の訂正に係るあっせんを行った旨を通知した。厚生労働大臣は、上記あっせんを受けて、平成24年3月7日付けで、Xに対し、年金支給額を変更する旨の処分（本件処分②）をした。

Xは、国を被告とする本件各処分（本件処分①②）の取消しを求める訴訟（基本事件）を函館地裁に提起したところ、被告は、本件第三者委員会は本件各処分に関し行政事件訴訟法12条3項にいう「事案の処理に当たった下級行政機関」に該当しないとして、管轄違いを理由に札幌地裁へ移送することを申し立てた。

原々審は、本件第三者委員会は、原告の年金記録に係る確認申立てにつき調査審議した上で、あっせん案を作成し、このあっせん案に基づいて総務大臣が、社会保険庁長官に対し、年金記録の訂正のあっせんをし、これを尊重して、厚生労働大臣が、本件各処分を行ったものであるところ、①本件第三者委員会の関与の態様、程度は重大かつ実質的なものであること、②その作業は厚生労働大臣が本件各処分をするに当たり不可欠の前提となるものであること、③その関与が本件各処分に与える影響の度合いも大きいといえること等を総合考慮し、本件第三者委員会は、本件各処分に関し事案の処理そのものに実質的に関与したと解するのが相当であるとした。そして、本件第三者委員会は総務省に設置された組織であるが、「下級行政機関」は当該処分を行った行政庁の指揮監督下にある行政機関に限られないから、本件第三者委員会は「事案の処理に当たった下級行政機関」に該当するとして、被告の移送申立てを却下した。

これに対し、原審は、最三小決平13・2・27民集55・1・149（平成13年最決。判時1744・64）及び最二小決平15・3・14集民209・255（平成15年最決。判時1821・16）の説示を引用した上で、要旨次のとおり述べて、本件第三者委員会は「事案の処理に当たった下級行政機関」には該当しないとして、原々決定を取り消し、基本事件を札幌地裁へ移送すべきものとした。①総務大臣が行うあっせんは、苦情の申出を受けた総務大臣が自らこれを解決するというものではなく、国民からの苦

情申出に関するあっせん行為という、飽くまで総務大臣の権限の範囲内で行われるものであって、総務大臣が苦情の申出人と関係行政機関の間に介在して、苦情の原因が除去され、苦情が自主的に解決されるように促進する行為であるにすぎないこと、②総務大臣のあっせんの権限の行使の一態様にすぎない第三者委員会の意見が一般的なあっせんの性質を超えて厚生労働大臣の判断に対する法的拘束力を有するものではなく、基本事件において原告が取消しを求めている本件各処分は、厚生労働大臣の独自の権限と責任をもって別途行われた保険給付に関する処分であって、第三者委員会が本件各処分について年金支給額の変更の当否を独自に調査したり、変更手続そのものに関与したりしたものではないこと等からすると、本件第三者委員会は、本件各処分に関し事案の処理そのものに実質的に関与したと評価することはできないから、行政事件訴訟法12条3項にいう「事案の処理に当たった下級行政機関」に該当しないというべきである。

(3) これに対し、Xが、平成13年最決は下級行政機関の関与の程度が処分庁の判断に対して拘束力を有しているかどうかを重視していないにもかかわらず、原決定はこれを過度に重視しており、本件第三者委員会を「事案の処理に当たった下級行政機関」と認めなかった原決定は同判例に反しているなどと主張して、抗告の許可の申立てをした。

(4) 本決定は、「本件について、厚生労働大臣がした年金支給額変更処分に関し、年金記録に係る苦情の申出についての総務大臣のあっせんに関する調査審議を行った年金記録確認地方第三者委員会が行政事件訴訟法12条3項にいう「事案の処理に当たった下級行政機関」に該当しないとした原審の判断は、結論において是認することができる。論旨は採用することができない。」と判示して、抗告を棄却した。

論旨のとおり、平成13年最決は、下級行政機関の意見が処分庁の判断を法的に拘束するものであるかどうかは問題としていないが、年金記録確認地方第三者委員会は、総務大臣の補助機関として、同大臣のあっせん事務の処理のため、過去に社会保険庁が行った年金事務の適否を第三者的立場で審査するものにすぎず、処分行政庁（厚生労働大臣）の権限・所轄に属する「処分等に関し事案の処理そのものに実質的に関与した」ものとはいえず、そもそも処分行政庁（厚生労働大臣）の「下級行政機関」に該当するものともいえないと考えられる。本決定が原審の判断を「結論において」是認できるとしたのは、処分庁の判断に対する法的拘束力がない点を論拠の一つとした原審の判断には措辞に適切を欠く点があるものの、上記のとおり、その結論においては正当と解されることを示唆したものと思われる。

2 裁判官の忌避

【4】 25(行ツ)3（△一小、平25・6・13、棄却。原審札幌高決平24・12・28）

(1) 裁判官に裁判の公正を妨げるべき事情（民訴法24条1項）があるか否かが問題となった事案である。

(2) Xは、基本事件の裁判長（本件裁判長）に、①(ｱ) Xが本案事件の相手方

Yの主張に対する反論等を提出したい旨申し出たにもかかわらず弁論を強引に終結し、また、口頭弁論再開の申立てをして準備書面を提出するよう述べながら、弁論調書には何らの記載もさせなかったこと、(イ)Yの控訴の趣旨を訂正させ、またXの控訴の趣旨を訂正させようとしたこと（1審判決は一部認容で、双方が控訴した。）、②基本事件の関連事件（本件裁判長とは異なる裁判官が裁判長）に関してXがした裁判官忌避申立てにつき、忌避事由は当該裁判官と担当事件ないし当事者との関係など当該事件の手続外の要因に限られるとの理由でこれを却下したこと、③法務省訟務局や広島法務局（訟務部長）に在籍したことがあるとし、本件裁判長には民訴法24条1項にいう裁判の公正を妨げるべき事情があるとして忌避の申立てをした。

原審は、民訴法24条1項の「裁判の公正を妨げるべき事情」とは、裁判官が担当する事件又はその当事者との間に特別な関係を有するなど、その事件の手続外の要因により、担当する事件について公正で客観性のある裁判を期待し得ない客観的事情がある場合をいい、訴訟指揮又は訴訟手続内における訴訟上の措置は、原則として忌避の事由にならないと解されるとした上、①につき、本件裁判長が行った訴訟指揮等に違法不当な点は見当たらず、本件裁判長に裁判の公正を妨げるべき事情が存するということはできず、②については、関連事件における認定及び評価に対する不満にすぎず、③については、独自の見解であるとして、Xの申立てを却下した。

(3) これに対し、Xが、抗告許可の申立てをした。

(4) 本決定は、「所論の点に関する原審の判断は、正当として是認することができる。論旨は採用することができない。」と判示して、抗告を棄却した。

本件の原決定について法令解釈に関する重要な事項を含むと認められるかは疑問であり、許可が許可抗告の制度の趣旨に沿うものであったのかについては検討の余地があるように思われる。

3 補助参加

【5】25(許)2（△二小、平25・4・17、棄却。原審札幌高決平24・12・4、原々審旭川地平24・10・25）

(1) 民訴法42条にいう「訴訟の結果について利害関係を有する」か否かが問題となった事案である。

(2) 農業協同組合であるZは、Zの部長であったXに対し、Xの部下が取引先の従業員らと共にZに架空の売上げを請求するなどしたことによる損害につき、Xには職務上の義務違反があったなどと主張して、損害賠償請求訴訟を提起したところ、Zの請求は全部認容された。Xは、Zに対して同損害賠償請求訴訟において認められた損害の一部を支払った上で、架空売上げ等による損害は、当時のZの役員等であるYらの職務上の管理義務を怠った過失にも起因するなどと主張して、Yらに対し、求償権に基づき、その金銭の支払を請求する訴訟（基本事件）を提起し

たところ、Zが、架空売上等による損害については、Yらとの間で精算済みとする合意（本件精算合意）をしており、基本事件においてXが勝訴すると、本件精算合意はその前提を失い、Zは、Yらから、本件精算合意の錯誤無効を原因とする金銭支払請求を受ける関係にあるとして、Yらに対する補助参加の申出をしたところ、Xが補助参加申立てに異議を述べた。

原審は、Zには、補助参加の利益が認められないとして、補助参加の申出を却下すべきものとした。理由の概要は、次のとおりである。

民訴法42条の補助参加が認められるのは、補助参加人が訴訟の結果につき法律上の利害関係を有する場合に限られるところ、法律上の利害関係を有するとは、当該訴訟の判決が参加人の私法上又は公法上の法的地位又は法的利益に影響を及ぼすおそれがある場合をいうものと解される（最一小決平13・1・30民集55・1・30、判時1740・3）。

民訴法46条所定の効力は、判決主文に包含された訴訟物たる権利関係の存否についての判断だけでなく、判決の主文を導き出すために必要な主要事実に係る認定及び法律判断など（主論部分）にも及ぶから（最三小判平14・1・22集民205・93、判時1776・67)、Zの補助参加の申出の許否を判断するに当たっては、基本事件に関する判決の主論部分に関する判断が、Zの私法上又は公法上の法的地位又は法的利益に影響及ぼすおそれがあるかどうかについて検討を要することとなる。これを本件についてみると、基本事件に関する判決の主論部分に関する判断によって、本件精算合意の効力が決せられる関係にはないから、本件組合は基本事件の結果につき法律上の利害関係を有しているとはいえない。

(3) これに対し、Zが、原審の判断には民訴法46条の解釈適用の誤り等があると主張して、抗告許可の申立てをした。

(4) 本決定は、「本件の事実関係の下においては、Zの補助参加申出を却下すべきとした原審の判断は、結論において是認することができる。論旨は、原決定の結論に影響のない事項についての違法をいうか、又は独自の見解に基づいて原決定を非難するものであって、採用することができない。」と判示して、抗告を棄却した。

参加の利益は、訴訟についての判断が示される前において、当該訴訟とどのような関係があれば訴訟に参加し得るかという問題であるのに対し、上記平成14年判例は参加的効力の客観的範囲は、別件訴訟における傍論において示された判断には及ばない旨を示したものであるが、本件は訴訟についての判断が示された後において、訴訟に参加し、又は参加し得たことを前提に、その判断につきいかなる範囲で責任を負うべきか（＝不可争性を生ずるか）という問題であるから、補助参加の利益における「訴訟の結果」が、参加的効力の客観的範囲と論理的な照応関係をもって解釈されなければならないものではない。そうすると、補助参加の利益の有無を主論部分に関する判断について利害関係を有するか否かにより決せられるとした原審の判断は是認できないと考えるが、補助参加の利益における「利害関係を有する」とは、法律上の利害関係を有する場合、すなわち、当該訴訟の判決が参加人の私法

上又は公法上の法的地位又は法的利益に影響を及ぼす場合をいい（上記平成13年判例）、本件においては、Zは、基本事件の訴訟物たる権利関係及び判決理由中の判断のいずれについても法律上の利害関係を有するとはいえないから、Zの補助参加の利益を否定し、その補助参加申出を却下した原審の結論は是認できると考えられる。

4 訴訟費用

【6】 25(許)4（◎三小、平25・11・13、棄却、民集67・8・1483、判時2228・27。原審札幌高決平24・11・28、原々審札幌地決平24・4・5）

(1) 更生債権に関する訴訟が更生手続開始前に係属した場合において、当該訴訟が会社更生法156条又は158条の規定により受継されることなく終了したときは、当該訴訟に係る訴訟費用請求権が更生債権に当たるか否かが問題となった事案である。

(2) XがYを被告として提起した不当利得返還訴訟（本案訴訟）の係属中、東京地裁はYについて更生手続開始の決定（本件開始決定）をし、本案訴訟手続は中断した。Xは、Yの更生手続において、本案訴訟において請求していた金員を更生債権として届け出たが、訴訟費用請求権（本件訴訟費用請求権）は更生債権として届け出なかった。東京地裁はYについて更生計画の認可の決定（本件認可決定）をし、本案訴訟は、会社更生法150条1項の規定による更生債権の内容等の確定及び本件認可決定により同法156条又は158条の規定により受継されることなく当然に終了した。Xは、民訴法73条に基づいて訴訟費用の負担を命ずる決定の申立てをした。

原々審は、本案訴訟は、裁判及び和解によらないで完結したとして、訴訟費用をYの負担とする旨を決定した。これに対し、原審は、本件訴訟費用請求権は更生債権に当たり、更生債権として届け出がされなかったため、本件認可決定があったことによりYはその責任を免れたとして、本件申立てを却下した。

(3) Xが、本件の訴訟費用請求権は、本件開始決定前の原因に基づいて生じた債権ではなく、更生債権とはいえないはずであるのに、更生債権であるとし、Xが、更生債権としての届出をしていないから、同請求権は失権したとする原審の判断には、会社更生法2条8項、127条7号、134条1項、204条1項等の解釈適用を誤った違法があると主張して、抗告の許可を申し立てた。

(4) 本決定は、次のとおり判示して、本件抗告を棄却した。

「訴訟の当事者は、訴訟が完結したときは、その当事者に生じた訴訟費用につき、民訴法に規定する手続に従って、相手方当事者に請求をすることができる（民訴法第1編第4章第1節）。このように、訴訟の当事者に生じた訴訟費用については、民訴法に規定する要件及び手続に従って相手方当事者に対する請求権が発生するものとされている以上、その具体的な内容が更生手続開始後に当該訴訟が完結してか

ら確定されることになるとしても、更生手続開始前にその訴訟費用が生じていれば、当該請求権の発生の基礎となる事実関係はその更生手続開始前に発生しているということができる。そうすると、当該請求権は、「更生手続開始前の原因に基づいて生じた財産上の請求権」（会社更生法2条8項）に当たるものというべきである。

したがって、更生債権に関する訴訟が更生手続開始前に係属した場合において、当該訴訟が会社更生法156条又は158条の規定により受継されることなく終了したときは、当該訴訟に係る訴訟費用請求権は、更生債権に当たると解するのが相当である。

これを本件についてみると、前記事実関係によれば、本案訴訟は、更生債権に関するものであって、本件開始決定前に係属し、その訴訟が会社更生法156条又は158条の規定により受継されることなく終了しているのであるから、本件訴訟費用請求権は、更生債権であるといえる。そして、本件訴訟費用請求権は、更生債権として届出がされず、Yは本件認可決定があったことによりその責任を免れたのであるから、本件申立ては、申立ての利益を欠き、却下すべきものである。」

本決定は、更生債権に関する訴訟が更生手続開始前に係属した場合において、当該訴訟が会社更生法156条又は158条の規定により受継されることなく終了したときは、当該訴訟に係る訴訟費用請求権は更生債権に当たることを最高裁が初めて示したものであり、実務上意義のあるものである。

【7】 24（行ツ）7（△三小、平25・1・29、棄却。原審東京高決平24・10・4、原々審東京地決平24・7・5）

(1) 訴えの取下げにより終了した訴訟に関し、民訴法73条に基づく訴訟費用負担決定の申立てがされた事案である。

(2) 裁判所職員であるXは、公務上の災害に係る障害補償一時金の請求に関し、最高裁判所事務総長がXのした行政不服審査法49条に基づく異議申立て（本件異議申立て）につき同法50条に規定する措置を採らないことが違法であるとして、その違法確認を求める訴え（基本事件）を提起したところ、その後、障害補償一時金等を支給する旨の通知を受けたため、その訴えを取り下げた。そして、Xは、基本事件の訴訟費用は相手方である国が負担すべきであると主張して、訴訟費用負担決定の申立てをした。

原審は、基本事件の訴訟費用はXが負担すべきものとした。その理由の概要は次のとおりである。

基本事件は、行政事件訴訟法3条5項に規定する不作為の違法確認の訴えとして提起されたものであるところ、同法が訴えの取下げによって完結したときの訴訟費用の負担については、同法7条により行政事件訴訟に関してもその例によるものとされている民訴法73条2項により同法61条が準用されていることに照らし、原則

Ⅰ　民事訴訟法

として当該訴訟の原告にその訴訟費用の全部を負担させるのが相当である。

(3) これに対し、Xが原決定には民訴法61条の解釈適用の誤りがあるなどと主張して、抗告許可の申立てをし、原審は、これを許可した。

(4) 本決定は、「所論の点に関する原審の判断は、正当として是認することができる。論旨は採用することができない。」と判示して、抗告を棄却した。

　訴訟が裁判又は和解によらないで完結したときは、申立てにより、第1審裁判所が決定で訴訟費用の負担を命じなければならず（民訴法73条1項）、その申立てに係る決定については、訴訟費用の敗訴者負担を定める同法61条が準用されている（同法73条2項）。そして、訴訟が訴えの取下げによって終了した場合には、通常、訴訟追行の不成功という点において敗訴と同様に解されるから、当該訴訟の原告が訴訟費用を負担すべきである。もっとも、訴えを取り下げるに至った事情によっては、被告に訴訟費用の全部又は一部を負担させることもできると解する見解もあるが、本件では、基本事件において原告であるXが実質的に勝訴したものと同視し得るような事情はうかがわれないので、抗告には理由がないといわざるを得ない。

5　文書提出命令

【8】25(許)36（△二小、平25・12・25、棄却。原審大阪高決平25・9・19、原々審奈良地決平25・7・4）

(1) 文書提出命令申立事件において、「法律関係文書」（民訴法220条3号後段）該当性が問題となった事案である。

(2) Xは、奈良県奈良西警察署警察官から、公務執行妨害の被疑事実（本件被疑事実）で現行犯逮捕（本件逮捕）されたが（その後、略式命令が確定した。）、その際、殴る蹴るの暴行を受けた上、手錠を必要以上に強く締められるなど、逮捕行為に名を借りた暴行を受け、傷害を負ったと主張して、Y（奈良県）を被告として、国家賠償法1条1項に基づいて損害賠償の支払を求める訴訟を提起した。Xは、本件逮捕後の負傷状況、これに起因する留置施設内における身体の異常の有無及び状況、弁護人による援助の有無等を立証するため、奈良県生駒警察署が本件被疑事実に関し被留置者の留置に関する規則5条（平成19年国家公安委員会規則第11号）に基づき作成し、Yが所持する被留置者名簿、被留置者出入簿及び被留置者診療簿の3文書（本件対象文書）について、文書提出命令の申立てをした。

　原々審及び原審は、本件対象文書は民訴法220条3号後段の「法律関係文書」に該当するとして、その提出を命ずるべきとした。その理由の概要は次のとおりである。

　民訴法220条3号後段の法律関係文書とは、挙証者と所持者との法律関係に密接に関連して作成された文書も含まれると解すべきであるところ、本件対象文書は、Xが本件逮捕及びそれに引き続く勾留の際に、被留置者の留置に関する規則に基づき作成された文書であるから、法律関係文書に該当するというべきである。また、本件対象文書は、法令により作成・保管が義務付けられ、その簿冊の様式について

も訓令により具体的に定められているほか、被留置者の留置状況が問題となった場合に、少なくとも検察官等の捜査関係者に記載内容を報告することは想定されているといえるから、内部文書に当たると認めることはできない。

さらに、本件対象文書は、刑訴法47条所定の訴訟関係書類には当たらないが、最三小決平16・5・25民集58・5・1135、判時1868・56の趣旨が及ぶものと解するのが相当であるところ、これらを取り調べる必要性が認められる以上、Xが被留置者本人であり、その開示によりその名誉やプライバシー侵害といった弊害の発生は考えられず、本件被疑事件が確定済みでその捜査や公判に不当な影響を及ぼすなどの弊害が生ずるおそれも認め難い。

(3) Yが、原審の判断には民訴法220条3号後段の解釈適用の誤りがあるなどと主張して、抗告の許可を申し立てた。

(4) 本決定は、「所論の点に関する原審の判断は是認することができる。論旨は採用することができない。」と判示して、抗告を棄却した。

【9】25(行ツ)2（○三小、平25・4・19、破棄・自判、集民243・385、判時2194・13。原審広島高決平24・11・16）

(1) 全国消費実態調査に係る調査票情報の一部を記録した準文書が、民訴法220条4号ロにいう「その提出により……公務の遂行に著しい支障を生ずるおそれのあるもの」に該当するか否かが問題となった事案である。

(2) 生活保護受給者であるXらは、生活保護基準において70歳以上の者の生活扶助基準額に付加されていた老齢加算を厚生大臣が廃止したことに基づきされた生活保護変更処分の取消し及び差額の支払を求める訴訟（本案訴訟）を提起した。Xらは、老齢加算を廃止するに当たって根拠とされた特別集計の結果が不合理であることを証明するためとして、その資料となった平成11年及び同16年の全国消費実態調査における調査票情報に係る準文書の文書提出命令の申立てをした。

原審は、民訴法220条4号ロ所定の「公務の遂行に著しい支障を生ずるおそれがあるもの」（いわゆる公務秘密文書）に当たるかどうかについて、本件では公務遂行の著しい支障は個人情報の漏洩ないし被調査者の特定によるものに尽きるとした上で、平成11年度の全国消費実態調査の調査票情報のうち都道府県市区町村番号等の個人を特定し得る一定の情報等を除いたもの（本件準文書）につき公務秘密文書に該当しないとして、その提出を命じた。

(3) Yが、原審の判断には法令違反等があると主張して、抗告許可の申立てをした。

(4) 本決定は、全国消費実態調査に係る調査票の内容や調査結果について、次のとおり認定した。

「(5) 全国消費実態調査に係る調査票の内容は、次のとおりである。

ア　家計簿Aは10月分の、家計簿Bは11月分の収支等を記載するいずれも90

頁以上の用紙であり、月ごとの収入や日々の支出と物の入手（購入等）を漏れなく記載するものとされている。

　家計簿Ａは、支出に関して、口座自動振替による支払と現金支出とに分け、口座自動振替による支払については１か月分をまとめて公共料金等の支払とクレジットカード等の支払とに分けて記載し、現金支出については個々の品名や用途ごとに金額を記載するものとされている。物の入手に関しては、個々の品名や用途ごとに支払方法及び金額を記載し、いずれも日ごとに別の頁に分けて記載するものとされている。家計簿Ｂは、以上に加え、個々の品名や用途ごとに一般小売店など８項目に分けられた購入先の区分を記載するものとされている。

　イ　年収・貯蓄等調査票は、年間収入、貯蓄現在高及び借入金残高を記載するものであり、年間収入については、給与等の10種類の収入ごとに世帯員各自の収入を記載し、貯蓄現在高については、貯金、生命保険等、株式等の８種類につき世帯全員の現在高を記載し、借入金残高については、住宅購入等、それ以外、月賦・年賦の３種類に分けて記載するものとされている。

　ウ　世帯票は、世帯の状況等を記載するものであり、①世帯主の氏名、電話番号及び住所、②世帯員の氏名、続柄、性別、年齢、就業と非就業の別、勤務先等、③世帯員以外の家族の氏名、続柄、不在理由等、④単身世帯の形態、⑤現住居等に関する事項（所有関係、構造、設備、住宅の延べ床面積、敷地面積及び建築時期等）、⑥現住居以外の住宅及び土地に関する事項（所有関係、用途等）等を記載するものとされている。

　(6)　家計簿Ａ及び家計簿Ｂに記載された情報は、用途や品目の分類に従って二か月分を加重平均した数値が記録されているが、それ以外の情報は、その報告の内容のまま記録されており、これらの調査票情報は、いずれも磁気テープに記録されている。

　(7)　国の統計調査全般に関する世論調査において、統計調査に協力したくない旨の回答をした者の割合は、平成元年には11.3％であったが、同21年には23.1％に倍増し、協力する旨の回答をした者の割合は、同元年には83.4％であったが、同21年には73.4％に下落した。また、同年の上記世論調査においては、回答する際に困惑することとして、調査結果がどのように利用されるか分からないこと（42.0％）、個人情報が第三者に漏れてしまわないか不安があること（38.7％）などが挙げられていた。」

　そして、本決定は、次のとおり判示して、原決定の本件準文書の提出を命じた部分を破棄し、当該部分の申立てを却下する旨の決定をした。

　「(1)ア　平成19年法律第53号による改正後の統計法は、基本理念として、公的統計の作成に用いられた個人又は法人その他の団体に関する秘密は保護されなければならないと定め（３条４項）、統計調査によって集められた情報のうち文書、図画又は電磁的記録によって記録されているものである調査票情報の取扱いに関する

業務に従事する者等に対し、調査票情報等を適正に管理するために必要な措置を講ずる義務（39条、42条）及び守秘義務等（41条、43条）を課し、守秘義務等に違反した者に対する刑事罰を定めており（57条）、また、調査票情報の目的外利用を原則として禁止し（40条）、例外として二次利用が認められる場合を法定している（32条から36条まで）。このように、統計法は、公的統計が国民にとって合理的な意思決定を行うための基盤となる重要な情報であること（1条）に鑑み、正確な統計を得るために被調査者から真実に合致した正確な内容の報告を得る必要があることから、被調査者の統計制度に係る情報保護に対する信頼を確保することを目的として、様々な角度から調査票情報の保護を図っている。

イ　全国消費実態調査は、平成19年法律第53号による改正前の統計法における指定統計調査として指定されており、平成11年の全国消費実態調査によって集められた調査票情報は、上記改正後の統計法における基幹統計調査に係る調査票情報とみなされる（平成19年法律第53号附則9条）。基幹統計は、国勢統計及び国民経済計算のほか、全国的な政策を企画立案し又はこれを実施する上において特に重要な統計として総務大臣が指定するものであり（統計法2条4項）、公的統計の中核をなすものとして特に重要性が高い統計として位置付けられており、その基礎となる報告の内容の真実性及び正確性が担保されることが特に強く求められるものということができる。

このような観点から、基幹統計の作成を目的とする基幹統計調査について、統計法は、所轄行政庁に個人又は法人その他の団体に対する報告の徴収に加えて立入検査等の調査の権限を付与し（13条1項、2項、15条1項）、その報告や調査の拒否等につき罰金刑の制裁を科す（61条1号、2号）などの定めを置いているが、全国消費実態調査のように個人及びその家族の消費生活や経済状態等の詳細について報告を求める基幹統計調査については、事柄の性質上、上記の立入検査等や罰金刑の制裁によってその報告の内容を裏付ける客観的な資料を強制的に徴収することは現実には極めて困難であるといわざるを得ないから、その報告の内容の真実性及び正確性を担保するためには、被調査者の任意の協力による真実に合致した正確な報告が行われることが極めて重要であり、調査票情報の十全な保護を図ることによって被調査者の当該統計制度に係る情報保護に対する信頼を確保することが強く要請されるものというべきである。

(2)　全国消費実態調査に係る調査票情報である本件準文書に記録された情報は、個人の特定に係る事項が一定の範囲で除外されているとはいえ、前記一(5)及び(6)のとおり、被調査者の家族構成や居住状況等に加え、月ごとの収入や日々の支出と物の購入等の家計の状況、年間収入、貯蓄現在高と借入金残高及びそれらの内訳等の資産の状況など、個人及びその家族の消費生活や経済状態等の委細にわたる極めて詳細かつ具体的な情報であって、金額等の数値も一部が分類されて2か月分の加重平均となるほかは細目にわたり報告の内容のまま記録されており、被調査者としては通常他人に知られたくないと考えることが想定される類型の情報であるといえ

る。このような全国消費実態調査に係る情報の性質や内容等に鑑みれば、仮にこれらの情報の記録された本件準文書が訴訟において提出されると、当該訴訟の審理等を通じてその内容を知り得た者は上記(1)アのような守秘義務等を負わず利用の制限等の規制も受けない以上、例えば被調査者との関係等を通じてこれらの情報の一部を知る者などの第三者において被調査者を特定してこれらの情報全体の委細を知るに至る可能性があることを否定することはできず、このような事態への危惧から、現に前記一(7)の世論調査の結果からもうかがわれるように、被調査者が調査に協力して真実に合致した正確な報告に応ずることに強い不安、懸念を抱くことは否定し難く、こうした危惧や不安、懸念が不相当なものであるとはいい難い。

(3) 基幹統計調査としての全国消費実態調査における被調査者の当該統計制度に係る情報保護に対する信頼の確保に係る上記(1)の要請に加え、全国消費実態調査に係る調査票情報である本件準文書に記録された情報の性質や内容等に係る上記(2)の事情も併せ考慮すれば、仮に本件準文書が本案訴訟において提出されると、上記(1)及び前記一(5)ウのように調査票情報に含まれる個人の情報が保護されることを前提として任意に調査に協力した被調査者の信頼を著しく損ない、ひいては、被調査者の任意の協力を通じて統計の真実性及び正確性を担保することが著しく困難となることは避け難いものというべきであって、これにより、基幹統計調査としての全国消費実態調査に係る統計業務の遂行に著しい支障をもたらす具体的なおそれがあるものといわなければならない。

以上によれば、本件準文書は、民訴法231条において準用する同法220条4号ロ所定の「その提出により…公務の遂行に著しい支障を生ずるおそれがあるもの」に当たるものというべきである。」

本件には、基幹統計に係る調査票情報の重要性についての法廷意見を敷衍し、公務秘密文書に関する裁判例などを整理するなどした田原裁判官の補足意見及び本件における特定可能性等の点についての法廷意見を敷衍する大橋裁判官の補足意見が付されている。

本件は事例判断ではあるが、基幹統計に係る調査票情報が文書提出命令の対象となった珍しい事例であり、同種の文書提出命令の判断においても実務上参考となるものと思われる。

【10】25(許)25（△三小、平25・8・27、棄却。原審高松高決平25・5・10、原々審高松地決平24・4・27）

(1) 文書提出命令申立事件において、「職業秘密文書」（民訴法220条4号ハ）該当性が問題となった事案である。

(2) 本件の本案事件は、Xの元取締役らによるXの従業員の「引抜き」及びXの「営業秘密」の漏洩をめぐる紛争である。Xは、Xの取締役であったAとYの代表取締役であったBらが共謀の上、Xから従業員の引抜き（本件引抜き）を

行い、これらの者が、X 在職中に知り得た営業秘密を X 以外の者に開示しないという秘密保持義務を負っていたにもかかわらず、X を退職して Y に就職した後に、これに違反して X の顧客に対して営業活動を行ったとして、Y らに対し、会社法 350 条及び民法 715 条に基づいて損害賠償請求をし、本件引抜きによる損害を立証するために必要があるとして、Y の①顧客別売上台帳、②請求書控え、③取締役会議事録について文書提出命令の申立てをした。

原審及び原々審は、①及び③につき文書の存在の疎明がないとして、②につき「職業秘密文書」に当たるとして、本件各申立てをいずれも却下すべきものとした。原審において②を却下した理由の概要は次のとおりである。

Y における商品の単価表は取引の請求額等の情報が記載されているものであって、Y の経営戦略上、最も競合相手に知られたくない機密情報の一つであり、取引請求額についても、単価を基準に諸々の経営上の事項を考慮の上決定された営業秘密であり、当該取引先との信頼関係からしても公開を予定していない情報であって、いずれも民訴法 220 条 4 号ハ、197 条 1 項 3 号の「職業の秘密」に該当すると認められる。そして、X は、Y の競合会社であり、これらの情報が開示されれば、Y の商品の単価や請求金額、取引先を把握した上で Y と競合する営業を行うことが可能となるため、Y においては、前記単価表を基準とした営業活動の遂行が困難になるおそれや、顧客の私的な事柄である Y との取引内容を Y 以外のものから明らかにされることによって、顧客との信頼関係が損なわれるおそれなど、その営業に重大な影響が生ずるものと認められる。そうすると、当該情報の内容、性質、その情報が開示されることにより Y に及ぶ不利益の内容、程度、本案事件の内容、性質、②の立証趣旨や請求内容との関連性の程度、X の主張立証状況、証拠としての必要性の程度を比較衡量すれば、当該情報は保護に値する「職業の秘密」に該当し、Y に②の一般的提出義務はないというべきである。

(3) これに対し、X が、②に係る申立てを却下した原審の判断には判例（最二小決平 19・8・23 集民 225・345、判時 1985・63）違反があると主張して、抗告許可の申立てをした。

(4) 本決定は、「所論の点に関する原審の判断は、正当として是認することができる。論旨は採用することができない。」と判示して、抗告を棄却した。

論旨引用に係る判例は、本件とは対象文書の取調べの要否、対象文書の提出による相手方の営業に与える影響等の点において、事案を異にするものである。本件は、民訴法 220 条 4 号ハにおいて引用される同法 197 条 1 項 3 号にいう「職業の秘密」該当性という個別性の高い認定判断が問題とされ、その実質は、同該当性につき判示した最三小決平 20・11・25 民集 62・10・2507、判時 2027・14 の枠組みを前提に、その当てはめだけが問題とされているにすぎない事案であり、抗告の許可には検討の余地があるようにも思われる。

【11】25(許)6（◎一小、平25・12・19、棄却、民集67・9・1938。原審東京高決平24・11・16、原々審水戸地決平24・1・10）

(1) 国立大学法人が所持し、その役員又は職員が組織的に用いる文書についての文書提出命令の申立てに民訴法220条4号ニ括弧書部分が類推適用されるか否か及び同号ロにいう「公務員」には、国立大学法人の役員及び職員も含まれるか否かが問題となった事案である。

(2) 本件の本案訴訟は、Yの設置する大学の教授であるXらが、それぞれ学部長等からハラスメントを受けたとしてYに苦情を申し立てたところ、同大学に置かれたハラスメントの防止、対策又は調査に係る委員会（本件委員会）の運営及び調査の方法が不当であったために不利益を被ったなどと主張して、Yに対し、再調査の実施、損害賠償の支払等を求めるものであり、Xらが、同委員会の運営及び調査の方法が不当であったことを立証するために必要であるとして、Yの所持する文書（本件文書）について文書提出命令の申立てをした。

原々審は、本件文書は民訴法220条4号ニ所定の「専ら文書の所持者の利用に供する文書」に該当し、同条3号後段の文書に該当しないことは明らかであるとして、本件文書提出命令の申立てを却下したが、原審は、本件文書は同条4号ニ括弧書部分が適用されるか、又は類推適用されるとした上で、一部を除いて同号ロ所定の「職務上の秘密」を記載したものではないか、「その提出により公共の利益を害し、又は公務の遂行に著しい支障を生ずるおそれ」はないとして、その提出を命じた。

(3) Xが、国立大学法人は大学の自治の理念に基づく高度の自立権を有する団体であることからすれば、民訴法220条4号ニ括弧書の「国又は地方公共団体」には当たらず、又はこれが類推適用されることもないとして、これを肯定した判断には法令の解釈に関する重要な事項が含まれ、また、提出を命じられた部分は、同号ロの「公務員の職務上の秘密に関する文書」に該当しないとした判断は最三小決平17・10・14民集59・8・2265、判時1914・84に反すると主張して、抗告の許可を申し立てた。

(4) 本決定は、民訴法220条4号ニ括弧書部分の適用又は類推適用について

「国立大学法人は、国立大学を設置することを目的として設立される法人であるところ（国立大学法人法2条1項）、その業務運営、役員の任命等及び財政面において国が一定の関与をし（同条5項、同法7条、12条1項、8項等）、その役員及び職員は罰則の適用につき法令により公務に従事する職員とみなされる（同法19条）ほか、その保有する情報については、独立行政法人等の保有する情報の公開に関する法律が適用され（同法2条1項、別表第1）、行政機関の保有する情報の公開に関する法律の適用を受ける国の行政機関の場合とほぼ同様に開示すべきものとされている。これらを考慮すれば、国立大学法人は、民訴法220条4号ニの「国又は地方公共団体」に準ずるものと解される。

そうすると、国立大学法人が所持し、その役員又は職員が組織的に用いる文書についての文書提出命令の申立てには、民訴法220条4号ニ括弧書部分が類推適用さ

れると解するのが相当である。
　これと同旨の原審の判断は正当として是認することができる。論旨は採用することができない。」
　と判断し、次に民訴法220条4号ロの該当性について
　「国立大学法人の役員及び職員の地位等に関する国立大学法人法の規定に照らすと、民訴法220条4号ロにいう「公務員」には上記役員及び職員も含まれると解するのが相当であるところ、所論の点に関する原審の判断は正当として是認することができる。所論引用の判例（最高裁平成17年(許)第11号同年10月14日第三小法廷決定・民集59巻8号2265頁）は、事案を異にし、本件に適切でない。」
　と判断して、抗告を棄却した。

【12】25(許)8（△三小、平25・4・16、棄却。原審大阪高決平24・12・7、原々審神戸地決平24・5・8）

　(1)　文書提出命令申立事件において、「自己利用文書」（民訴法220条4号ニ）該当性が問題となった事案である。
　(2)　Zの株主であるXが、Zに対するマネジメント・バイアウト（本件MBO）において、その取締役であるYらが利益相反行為等をし、それが取締役の善管注意義務及び忠実義務に違反するとして損害賠償をZに支払うことを求める株主代表訴訟を提起した。Xは、Yらの利益相反行為等及び損害額を立証するためとして、Zの内部文書（本件内部文書）、出金伝票及び請求書について文書提出命令の申立てをしたところ、Zは自己利用文書（民訴法220条4号ニ）に該当するとして争った。
　原々審及び原審は、いずれも自己利用文書（民訴法220条4号ニ）に当たらないとして、これらを提出すべきものとした。その理由の概要は次のとおりである。
　本件内部文書については、Zが第三者委員会による調査結果及び社内調査結果等に基づき、公開買付けに賛同できない旨の最終意見を表明したため、本件MBOが頓挫したことや本件MBOが頓挫してから約4年が経過し、Zの経営体制や経営状態が変化していることなどが認められるところ、現時点においては、本件内部文書が開示されることにより、Zにおいて、自由な意見の表明に支障を来し、その自由な意思形成が阻害されるとは考えられない。また、本件内部文書に記載されている株価の算定方法、利益計画の作成、買付者側との交渉状況、本件MBOの実施方針、本件MBOの実施後の経営方針等の情報は、本件MBOが検討されていた平成20年当時のものであって、現時点のものでないことを併せると、本件内部文書が開示されることにより他社との競争上不利益を被るなどXの事業の遂行に支障が生ずるとは考えられない。そうすると、本件内部文書が開示されても、その所持者であるZに看過し難い不利益が生ずるおそれはなく、本件内部文書が民訴法220条4号ニ所定の文書に該当するとはいえない特段の事情があるということができる。
　出金伝票及び請求書は、いずれも法人税法や消費税法に基づいてZに保存が義

務付けられた帳簿書類であること、各取引の相手方との間で支払うべき金額の存否について争いが生じた場合には訴訟等の証拠として提出することが予定された文書と解されることからすると、専ら内部での利用を目的としたものということはできない。

(3) これに対し、Zが、原審の判断には判例違反等があると主張して、抗告許可の申立てをした。

(4) 本決定は、「所論の点に関する原審の判断は、正当として是認することができる。論旨は採用することができない。」と判示して、抗告を棄却した。

民訴法220条4号ニの該当性については、最二小決平11・11・12民集53・8・1787、判時1695・49が判断基準を示しており、本件はその枠組みを前提に、その当てはめだけが問題となっている個別性が高い事案にすぎず、抗告の許可には検討の余地があるようにも思われる。

【13】25(許)24（△二小、平25・8・8、棄却。原審大阪高決平25・5・13、原々審奈良地決平24・12・4）

(1) 文書提出命令申立事件において、「自己利用文書」（民訴法220条4号ニ）該当性が問題となった事案である。

(2) 日本司法支援センターに雇用され、その設置に係る法テラス法律事務所（本件事務所）において同事務所所属弁護士の補助業務等の職務に従事していたXが、非常勤職員として勤務した期間の賃金につき、任期付常勤職員と同額の賃金が支払われるべきであるなどと主張して、日本司法支援センターに対し、未払賃金の支払等を求める訴えを提起し、その立証のため、同センターが所持する本件事務所の常勤職員であったAのタイムカード（本件タイムカード）及び本件事務所に勤務する弁護士作成の事件管理表（本件事件管理表）について文書提出命令の申立てをした。

原審は、本件タイムカード並びに本件事件管理表のうち「整理番号」、「民事・刑事」の別及び「事件の種別」を記載した部分（整理番号等の部分）は民訴法220条4号ニ所定の「専ら文書の所持者の利用に供するための文書」（自己利用文書）に当たらないとして右各文書は提出すべきものであると判断した。その理由の概要は次のとおりである。

① ある文書が、その作成目的、記載内容、これを現在の所持者が所持するに至るまでの経緯、その他の事情から判断して、専ら内部の者の利用に供する目的で作成され、外部の者に開示することが予定されていない文書であって、開示されると個人のプライバシーが侵害されたり個人ないし団体の自由な意思形成が阻害されたりするなど、開示によって所持者の側に看過し難い不利益が生ずるおそれがあると認められる場合には、特段の事情がない限り、当該文書は民訴法220条4号ニ所定の自己利用文書に当たると解するのが相当である（最二小決平11・11・12民集53・8・1787、判時1695・49）。

② 本件タイムカードは、Yの常勤職員であったAに関する出勤日及び出退勤の時刻が記載（打刻）された文書であるところ、タイムカードについては、労働基準法により3年間保管することが義務付けられ、また、労働基準監督官が提出を求めた場合にはこれを提出することとされ、その不提出については罰則が設けられているのであるから、このような書類は、外部の者への開示が法令上当然に予定されているものというべきであり、自己利用文書に当たるとはいえない。

③ 本件事件管理表は、本件事務所に勤務していた弁護士が取り扱った事件に関するものであるが、その各記載欄のうち整理番号等の部分については各相談者並びに当該弁護士のプライバシーを侵害するおそれはなく、業務上の支障が生ずるとみることもできないから、本件事件管理表を整理番号等の部分の限度で開示することによって相手方に看過し難い不利益が生ずるおそれがあるということはできない。

(3) これに対し、Yが、原審の判断には判例違反があるなどと主張して、抗告許可の申立てをした。

(4) 本決定は、「所論の点に関する原審の判断は、正当として是認することができる。論旨は採用することができない。」と判示して、抗告を棄却した。

民訴法220条4号ニ所定の除外文書（自己利用文書）の一般的解釈は、既に前掲最二小決平11・11・12によって明らかにされており、本件は、その具体的な当てはめだけが問題となった個別性の高い事案であり、抗告の許可には検討の余地があるようにも思われる。

6　再　審

【14】24(許)43（◎一小、平25・11・21、破棄・差戻、民集67・8・1686、判時2218・31。原審東京高決平24・8・23、原々審東京地決平24・3・30）

(1) 株式発行を無効とする判決が確定した後、その判決の効力を受ける第三者が、手続保障がなかったことなどを理由に同判決について再審の訴えを提起することができるか否かが問題となった事案である。

(2) Xが新株予約権を行使したことによりY_2は、平成23年2月7日、普通株式1500株の発行（本件新株発行）をした。Y_2の株主であるY_1は、本件新株発行は払込みが仮装されたものであるなどと主張して、Y_2を被告とし、本件新株発行を無効とすることを求める訴えを提起し、本件新株発行を無効とする判決（前訴判決）が言い渡され、確定した。その後、Xが、既判力によってXの権利を制限しようとする訴訟が提起されたのに、これに関与して訴訟行為を行う機会を奪われたことにより、前訴判決には民訴法338条1項3号の再審事由があるとして、独立当事者参加の申出をするとともに、再審の訴え（本件再審の訴え）を提起した。

原審（判時2158・43）は、①Xは、前訴判決の効力を受ける者で共同訴訟的補助参加をすることができるから、本件再審の訴えの原告適格を有するということができるが、②前訴判決に民訴338条1項3号の再審事由があるということはできないとして、本件再審の訴えに係る請求を棄却すべきものとした。

(3) Xが、原審の判断は高裁判例と相反するとして抗告の許可を申し立てた。
(4) 本決定は、まず、職権により、本件再審の訴えについてのXの原告適格について次のとおり判示した。

「新株発行の無効の訴えに係る請求を認容する確定判決の効力を受ける第三者は、再審原告として上記確定判決に対する再審の訴えを提起したとしても、上記確定判決に係る訴訟の当事者ではない以上、上記訴訟の本案についての訴訟行為をすることはできず、上記確定判決の判断を左右できる地位にはない。そのため、上記第三者は、上記確定判決に対する再審の訴えを提起してもその目的を達することができず、当然には上記再審の訴えの原告適格を有するということはできない。

しかし、上記第三者が上記再審の訴えを提起するとともに独立当事者参加の申出をした場合には、上記第三者は、再審開始の決定が確定した後、当該独立当事者参加に係る訴訟行為をすることによって、合一確定の要請を介し、上記確定判決の判断を左右することができるようになる。なお、上記の場合には、再審開始の決定がされれば確定判決に係る訴訟の審理がされることになるから、独立当事者参加の申出をするために必要とされる訴訟係属があるということができる。

そうであれば、新株発行の無効の訴えに係る請求を認容する確定判決の効力を受ける第三者は、上記確定判決に係る訴訟について独立当事者参加の申出をすることによって、上記確定判決に対する再審の訴えの原告適格を有することになるというべきである。最高裁昭和59年(オ)第1122号平成元年11月10第二小法廷判決・民集43巻10号1085頁は、旧民訴法の下、確定判決の効力を受ける第三者が適法な独立当事者参加の申出をすることができなかった事案において、当該第三者の再審の訴えの原告適格を否定したものであり、本件との抵触が問題になる判例ではない。

記録によれば、原々審が、平成24年3月30日に本件再審の訴えに係る請求を棄却する決定をした後、本件独立当事者参加の申出に係る事件においては、同年4月3日、訴訟係属を欠くことを理由に同申出を却下する判決がされ、現在、同事件は、控訴審に係属している。しかるに、原審は、上記の観点から本件独立当事者参加の適法性について検討することなく、Xが前訴判決の効力を受ける者であって共同訴訟的補助参加をすることができるものであるとして直ちに本件再審の訴えについてのXの原告適格を肯定したものであり、原審の上記判断には、裁判に影響を及ぼすことが明らかな法令の違反がある。」

次いで、次のとおり判示して、原決定を破棄し、本件を原審（東京高裁）に差し戻す旨決定した。

「新株発行の無効の訴えは、株式の発行をした株式会社のみが被告適格を有するとされているのであるから（会社法834条2号）、上記株式会社によって上記訴えに係る訴訟が追行されている以上、上記訴訟の確定判決の効力を受ける第三者が、上記訴訟の係属を知らず、上記訴訟の審理に関与する機会を与えられなかったとし

ても、直ちに上記確定判決に民訴法338条1項3号の再審事由があるということはできない。

　しかし、当事者は、信義に従い誠実に民事訴訟を追行しなければならないのであり（民訴法2条）、とりわけ、新株発行の無効の訴えの被告適格が与えられた株式会社は、事実上、上記確定判決の効力を受ける第三者に代わって手続に関与するという立場にもあることから、上記株式会社には、上記第三者の利益に配慮し、より一層、信義に従った訴訟活動をすることが求められるところである。そうすると、上記株式会社による訴訟活動がおよそいかなるものであったとしても、上記第三者が後に上記確定判決の効力を一切争うことができないと解することは、手続保障の観点から是認することはできないのであって、上記株式会社の訴訟活動が著しく信義に反しており、上記第三者に上記確定判決の効力を及ぼすことが手続保障の観点から看過することができない場合には、上記確定判決には、民訴法338条1項3号の再審事由があるというべきである。

　本件において、Xは、前訴の係属前から、Y_2に対して内容証明郵便により本件株式発行の有効性を主張するなどしており、仮に前訴の係属を知れば、自らの権利を守るために前訴に参加するなどしてY_1による本件株式発行の無効を求める請求を争うことが明らかな状況にあり、かつ、Y_2はそのような状況にあることを十分に認識していたということができる。

　それにもかかわらず、Y_2は、前訴において、Y_1の請求を全く争わず、かえって、請求原因事実の追加立証を求める受訴裁判所の訴訟指揮に対し、自ら請求原因事実を裏付ける書証を提出したほか、前訴の係属を知らないXに対して前訴の係属を知らせることが容易であったにもかかわらず、これを知らせなかった。その結果、Xは、前訴に参加するなどして本件株式発行の無効を求める請求を争う機会を逸したものである。

　このような一連の経緯に鑑みると、前訴におけるY_2の訴訟活動は会社法により被告適格を与えられた者によるものとして著しく信義に反しており、Xに前訴判決の効力を及ぼすことは手続保障の観点から看過することができないものとして、前訴判決には民訴法338条1項3号の再審事由が存在するとみる余地があるというべきである。しかるに、原審は、上記の観点からの審理を尽くさず、上記の再審事由の存在を否定したのであるから、原審の上記判断には、裁判に影響を及ぼすことが明らかな法令の違反がある。論旨は、上記の趣旨をいうものとして理由がある。」

　本決定は、新株発行の無効の訴えに係る請求を認容する確定判決の効力を受ける第三者が、再審によってその確定判決の効力を争うことができるか否かに関し、右第三者の再審の訴えの原告適格や、民訴法338条1項3号の再審事由について判示したものであり、実務的にも理論的にも重要な意義を有するものと考えられる。

Ⅰ 民事訴訟法

7 担保取消し

【15】24(許)15（◎二小、平25・4・26、破棄・自判、民集67・4・1150、判時2186・36。原審札幌高決平24・4・12、原々審札幌地小樽支決平24・1・11）

【16】24(許)49（△二小、平25・4・26、棄却。原審高松高決平24・11・13、原々審高松地丸亀支決平23・12・26）

(1) 強制執行停止決定のために供託した担保について、被担保債権である損害賠償請求権が会社更生法204条1項の規定により失権した場合、これをもって担保の事由が消滅したといえるか否かが問題となった事案である。

(2) Yは、貸金業者である株式会社Aを被告として、過払金の返還を求める訴訟を提起し、全部認容の仮執行宣言付判決を得た。Aは、これに控訴を提起するとともに、担保（本件担保）を立てて、強制執行停止決定を得たところ、その後、更生手続開始の決定を受けた。Yは、Aの更生手続において過払金返還請求権については更生債権として届出をしたものの、本件担保の被担保債権である損害賠償請求権（本件賠償請求権）については、更生債権としても更生担保権としても届出をしなかったため、Aの更生計画認可の決定により本件賠償請求権は失権した。そこで、Aの管財人であるXが、本件賠償請求権が失権した以上は、担保の事由が消滅したとして、民訴法405条2項、79条1項により本件担保の取消しを申し立てた。

【15】事件の原々審は、担保の事由が消滅したとして、本件担保取消しの申立てを認容した。原審も、本件賠償請求権は更生担保権であるとした上で、担保の事由が消滅したというべきであるとして、Yの抗告を棄却した。一方、【16】事件の原々審は、担保の事由が消滅したとして、本件担保取消しの申立てを認容したが、Yが即時抗告したところ、原審は担保の事由が消滅したとはいえないとして、原々決定を取り消し、本件担保取消しの申立てを却下した。

(3) これに対し、【15】事件についてYが、【16】事件についてXが、それぞれ原審の判断には民訴法79条1項の解釈適用の誤りがあるなどと主張して、抗告許可の申立てをした。

(4) 【15】事件決定

次のとおり判示して、原決定を破棄し、原々決定を取り消した上、本件担保取消しの申立てを却下する旨決定した。

「(1) 仮執行宣言付判決に対する上訴に伴い、金銭を供託する方法により担保を立てさせて強制執行の停止がされた場合、債権者である被供託者は他の債権者に先立ち弁済を受ける権利を有するものとされている（民訴法405条2項、77条）。これは、被供託者が供託金につき還付請求権を有すること、すなわち、被供託者が、供託所に対し供託金の還付請求権を行使して、独占的、排他的に供託金の払渡しを受け、被担保債権につき優先的に弁済を受ける権利を有することを意味するものと

解するのが相当であって、これをもって被供託者に特別の先取特権その他の会社更生法2条10項所定の担保権を付与したものと解することはできない。したがって、仮執行宣言付判決に対する上訴に伴い、金銭を供託する方法により担保を立てさせて強制執行の停止がされた後に、債務者につき更生手続開始の決定がされた場合、その被担保債権である損害賠償請求権は、更生担保権ではなく、更生債権に当たるというべきである。

　(2)　そして、民訴法が、仮執行宣言付判決に対する上訴に伴う強制執行の停止に当たって、債務者に担保として金銭を供託させることができるものとした上、当該担保につき債権者である被供託者に上記の優先的な権利を与えているのは、供託金を債務者の責任財産から切り離し、債務者の資力等に影響されることなく、被供託者が強制執行の停止によって被る損害の填補を確実に得られるようにしたものであると解される。そうすると、被供託者の有する供託金の還付請求権が債務者の更生手続によって制約されると解することは、上記の趣旨に反し、被供託者の利益を損なうものであって、相当ではない。

　したがって、仮執行宣言付判決に対する上訴に伴う強制執行の停止に当たって金銭を供託する方法により担保が立てられた場合、被供託者は、債務者につき更生計画認可の決定がされても、会社更生法203条2項にいう「更生会社と共に債務を負担する者に対して有する権利」として、供託金の還付請求権を行使することができると解するのが相当である。このように解さなければ、仮に被供託者が被担保債権につき更生債権として届出をした場合であっても、上記被担保債権が更生計画認可の決定によって更生計画の定めに従い変更されるのに伴い、供託金の還付請求権もその影響を受けるものと解さざるを得ないが、この解釈は被供託者の利益を著しく損なうものであって、採り得ないというべきである。

　(3)　そして、債務者につき更生手続が開始された場合、被供託者は、更生手続外で債務者に対し被担保債権を行使することができなくなるが、管財人を被告として、被供託者が供託金の還付請求権を有することの確認を求める訴えを提起し、これを認容する確定判決の謄本を供託規則24条1項1号所定の書面として供託物払渡請求書に添付することによって、供託金の還付を受けることができると解される。このことは、被供託者が上記更生手続において被担保債権につき届出をせず、被担保債権が失権した場合であっても異なるものではない。

　(4)　したがって、本件認可決定により本件賠償請求権が失権したとしても、そのことから直ちに本件担保につき担保の事由が消滅したということはできない。」

　民訴法79条1項にいう「担保の事由が消滅したこと」の意義は、「担保提供の必要性が消滅したこと、すなわち、被担保債権が発生しないこと又はその発生の可能性がなくなったことをいい、上訴に伴う執行停止の場合については、その後の訴訟手続において担保提供者の勝訴判決が確定した場合又はそれと同視すべき場合をいう」（最一小決平13・12・13民集55・7・1546、本誌1773・26）とされているが、

これは本件のように債務者（供託者）につき更生手続が開始された場合を念頭に置いたものではない。本決定は、更生計画認可の決定によって被担保債権が失権した場合に、民訴法77条にいう「他の債権者に先立ち弁済を受ける権利」も失われ、被供託者が供託金還付請求権を失うこととなるのか否かという、民訴法、会社更生法及び供託法が交錯する、これまで判例・学説上十分に論じられていなかった論点について、最高裁が新判断を示したものであり、理論的に重要であるのみならず、倒産実務、供託実務等に与える影響も大きいものと思われる。

(5)　【16】事件については、「所論の点に関する原審の判断は、結論において是認することができる。論旨は採用することができない。」と判示して、抗告を棄却した。

II　民事執行法

1　競売取消し

【17】25(許)1（△三小、平25・3・19、棄却。原審福岡高決平24・11・9、原々審佐賀地武雄支決平24・9・27）

(1)　民事執行法63条2項2号にいう「差押債権者が不動産の買受人になることができない場合」の該当性が問題となった事案である。

(2)　Xは、債務者所有の不動産（本件不動産）について担保不動産競売の申立てをしたところ、執行裁判所から、本件不動産の買受可能価額から手続費用及びXの債権に優先する債権の見込額の合計額を弁済すると剰余を生ずる見込みがないとして、民事執行法63条1項2号の通知を受けたが、同条2項2号に掲げる場合に当たるとして、同号に定める差額負担の申立てをした。執行裁判所は、Xは不動産の買受人になることができるのに同項1号に定める申出及び保証の提供をせず、かつ、同項ただし書に定める証明をしなかったとして、上記担保不動産競売の手続（本件競売手続）を取り消す決定をした。Xが、XはA銀行の子会社であり、銀行及びその子会社は銀行法等により当該銀行の貸付債権その他の信用供与に係る債権の回収のため担保権を実行する場合以外の自己競落を禁止されているところ、本件競売手続の被担保債権はB銀行が貸し付けたものであるから、本件競売手続において本件不動産の買受人となることができず、Xが同項2号に定める申出をしたことは適法であると主張して、執行抗告を申し立てた。

原審は、Xが本件不動産の買受人になる資格がないとはいえないと判断して、本件競売手続を取り消すべきものとした。その理由の概要は次のとおりである。

A銀行は、子会社であるXにおいて、①同銀行の貸金の回収のために担保権を実行する必要がある場合に行う当該貸出金等に係る担保不動産の競落による取得、②A銀行がXに譲渡した担保付債権に係る担保不動産の競落による取得をする場合以外に担保不動産を取得することがないようにする旨の、金融庁による監督規制

を受けている。しかし、民事執行法63条2項2号に掲げる「差押債権者が不動産の買受人になることができない場合」とは、目的不動産が農地のように買受け申出資格が制限されている場合など、差押債権者に法律上の買受人となる資格がない場合をいうものと解される。その規制は、親会社である銀行に対する規制であって、子会社の業務の態様の在り方を規制するものであり、子会社が不動産の買受人となることの資格を直接に制限するものではない。そうすると、Xが本件不動産の買受人になる資格がないとはいえない。法令による明確な買受け禁止の規制がある場合でなくても同号に定める申出を許すことは、執行裁判所の迅速な処理にそぐわないことを考慮すれば、同号に定める手続は、差押債権者が法律上不動産の買受人になる資格がない場合に限っているものと解すべきであり、銀行法の規制が親会社に及ぶことから不動産の買受人になることができないというにすぎない場合にまで、同号に定める申出ができると解することは相当でない。

(3) Xが、民事執行法63条2項2号に掲げる「差押債権者が不動産の買受人になることができない場合」とは、社会通念によって定まるものであり、差押債権者による不動産の取得の私法上の効力が否定されなくても、狭義の取締規定により不動産の取得が禁止されている場合もこれに含まれると主張して、抗告の許可を申し立てた。

(4) 本決定は、「所論の点に関する原審の判断は、正当として是認することができる。論旨は採用することができない。」と判示して、抗告を棄却した。

民事執行法63条2項2号に掲げる「差押債権者が不動産の買受人になることができない場合」とは、差押債権者が不動産の買受人となることが法律上できない場合、具体的には、農地の競売で買受資格が制限され（農地法3条等）、あるいは外国人のように不動産を取得する能力を制限されている結果（外国人土地法1条）、買受人となり得ない場合をいうものと解される。「差押債権者が不動産の買受人になることができない場合」に当たるか否かを社会通念に基づき判断することは、迅速な処理を旨とする執行手続にそぐわないものと考えられ、原審の判断は合理的なものと思われる。

2　買受人のための保全処分

【18】25(許)16（△三小、平25・6・18、棄却。原審札幌高決平25・2・22、原々審札幌地決平24・8・17)

3　引渡命令

【19】25(許)17（△三小、平25・6・18、棄却。原審札幌高決平25・2・22、原々審札幌地決平24・8・27)

(1) 買受人のための保全処分（【18】事件）及び不動産引渡命令（【19】事件）において、法人の発起人による開業準備行為の効力（【18】事件及び【19】事件）及び不動産引渡命令発令に当たり審尋を経なかったことの当否（【19】事件）が問題

となった事案である。

(2) 担保権実行としての競売手続により最高価買受人となったYは、建物を占有するXに対して最高価買受人のための保全処分の申立て（民事執行法77条）をし、代金を納付して引渡命令の申立て（同法83条）をした。

本件建物はAが所有していたところ、平成18年12月1日、株式会社C（代表取締役はB）は、Aとの間で、使用目的をホテルとして本件建物の4～8階部分（本件専有部分）について賃貸借契約（本件賃貸借契約1）を締結した。そして、本件専有部分では、平成19年5月7日までにホテル（本件ホテル）の営業が開始された。合同会社Dは、平成19年7月27日、Aから本件建物を買い受けた上、債務者を合同会社Dとする抵当権（本件抵当権）を設定し、その旨の設定登記がされた。

Xは、平成19年9月14日、Bを発起人として設立され、同月26日、合同会社Dとの間で、使用目的をホテル等として、本件専有部分を賃借する旨の賃貸借契約（本件賃貸借契約2）が締結された。

Yは、本件抵当権に基づく競売手続により、最高価買受人となり、最高価買受人のための保全処分及び引渡命令を申し立てた。原々審は申立てをいずれも相当と認め、買受人のための保全命令及び引渡命令を発した。

これに対し、Xは、本件専有部分の占有は、本件賃貸借契約1に基づくものであり、本件抵当権に優先するものであるから、買受人であるYに対抗することができる賃借権を有すると主張して執行抗告をしたところ、原審は、Xによる本件専有部分の占有は本件賃貸借契約2に基づくものであり、本件抵当権に劣後するから、買受人であるYに対抗できないなどとして、本件保全命令及び本件引渡命令はいずれも適法なものであると判断して抗告を棄却した。その理由の概要は次のとおりである。

本件賃貸借契約1は、設立前のXの発起人であるBが、Xの開業準備のために締結したものであり、このような開業準備行為は、発起人の権限を逸脱するから、その効果は、Xに及ばない。また、本件ホテルは、平成19年5月7日には開業していたところ、会社設立の4箇月以上も前からXが本件ホテルの営業主体になっていたとは考え難く、本件ホテルの営業主体及び本件専有部分の賃借人は、株式会社Cであったと考えられる。

【18】事件について

XとAとの間には人的に密接な関係があることなどに照らすと、Xが、これまで執行妨害を行ってきたAに対し、本件専有部分について占有移転又は共同占有を行うおそれが存在するというべきである。

【19】事件について

本件引渡命令では、Xに対する審尋が行われていないが、①現況調査を行った執行官は、平成23年3月9日、Xの従業員と面談し、その結果を踏まえた現況調査報告書に、Xの本件専有部分の賃貸借契約締結日を平成20年10月1日（合同会社

DがAに転貸した日）と記載していること、②その後、Xから、同月19日付けで自身の賃借権の契約日及び使用開始日が平成20年10月1日である旨の回答書が提出されていることに照らせば、事件記録上、抗告人が買受人に対抗できる権原により占有している者でないことが明らかである（民事執行法83条3項ただし書）と判断して、審尋の手続を経ずに本件引渡命令を発したことは適法であるというべきである。

(3) Xが、【18】事件の原決定に対しては高裁判例違反を、【19】事件の原決定に対してはXに対する審尋を行わずに発せられた引渡命令の違法及び高裁判例違反を主張して抗告許可の申立てをした。

(4) 本件各決定は、いずれも「所論の点に関する原審の判断は、正当として是認することができる。論旨は採用することができない。」と判示して、各抗告を棄却した。原審の開業準備行為に関する判断は、従来の判例通説に従ったものであり、また、審尋の要否に関する判断も、個別事情の下における民事執行法83条ただし書の要件該当性についてのものにすぎず、抗告の許可には検討の余地があるように思われる。

4 売却許可決定

【20】25(許)15（△二小、平25・4・26、棄却。原審札幌高決平25・2・6、原々審札幌地決平24・8・1）

(1) 民事執行法71条6号所定の売却不許可事由該当性が問題となった事案である。

(2) Xは、平成4年5月、Yを債務者とし、被担保債権を保証委託契約に基づく求償権として、本件土地及び本件建物（本件土地の地上建物）につき抵当権を設定し（本件抵当権）、同年6月、その設定登記をした。Yは、平成23年頃、仲介業者を通じて本件建物の売却を図り、Aとの間で、その売買の交渉がされ、この交渉に参加していたB銀行（本件抵当権の被担保債権の原債権の債権者）の担当者は、「抵当権の解除は時間の問題なので、Aの希望する改修工事を進めて欲しい」旨発言し、Aの予定する本件建物についての改修工事を承諾した。そこでAは、平成23年6月、建築会社との間で、居宅であった本件建物を介護施設に改修する工事（本件工事）契約を締結した。同年9月、本件工事は完成し、Aは請負代金3675万円を支払った。

YとAは、本件建物につき売買契約が成立しなかったときに備え、本件建物につき、賃貸借契約（本件賃貸借契約）を締結していたところ、結局、売買契約は成立せず、Xは、平成24年4月、担保不動産競売申立てをした。同競売事件において、執行裁判所は、Aが有益費償還請求権2100万円を被担保債権とする留置権を有し、この被担保債権額を本件建物価額から控除するとマイナスになることを前提として、本件建物の売却基準価額を1万円（備忘価額）とする旨の決定（本件価額決定）をし、これを前提として、本件土地及び建物を一括売却して売却許可決定を

した。これに対し、Xは、留置権は成立せず、本件価額決定には重大な誤りがあるから、同売却許可決定には民事執行法71条6号の売却不許可事由があると主張して、同法74条1項に基づき、売却許可決定に対する執行抗告を申し立てた。

Xは、本件賃貸借契約では賃借人が賃貸人に対して有益費償還請求権を行使することができない旨を主張したが、原審は、本件賃貸借契約は有益費償還請求権が成立することを前提としていると解されるとした上で、本件工事により本件建物の価値が増加していること及びそれが現存していることが認められるから、賃借人は有益費償還請求権を有するものであるとし、本件賃貸借契約による賃借権は本件抵当権に劣後するが、本件工事は賃貸人の承諾の下にされたものであると判示して、本件執行抗告を棄却した。

（3）これに対し、Xが、原審の判断には判例違反等があると主張して、抗告許可の申立てをした。

（4）本決定は、「所論の点に関する原審の判断は、正当として是認することができる。論旨は採用することができない。」と判示して、抗告を棄却した。

【21】25(許)29（△一小、平25・10・3、棄却。原審仙台高決平25・6・18、原々審仙台地決平25・5・23）

（1）買受人が引き受けるべき賃借権が物件明細書に記載されていないことを理由とする債務者兼所有者からの執行抗告が、民事執行法74条1項にいう「自己の権利が害されることを主張するとき」に当たるか否かが問題となった事案である。

（2）Xを債務者兼所有者とする担保不動産競売申立事件において、目的物件（建物（本件建物）及び敷地）について売却許可決定がされたところ、Xが、抵当権設定（平成2年7月）前である同年4月から有限会社A（代表者はX）がXとの賃貸借契約に基づいて本件建物の1階部分を占有しており、本件建物には買受人が負担することとなる賃借権が存在するのに、物件明細書にその旨が記載されておらず、民事執行法71条7号の売却不許可事由があると主張して、上記売却許可決定に対する執行抗告を申し立てた。

原審及び原々審は、売却許可決定に対する執行抗告は、その決定により自己の権利が害されることを主張するときに限りすることができるが（民事執行法74条1項）、執行抗告の理由とする買受人の負担となる賃借権の存在の不記載は、本件建物の評価額を低下させる方法に働く事情が物件明細書に記載されていないというにすぎず、それにより債務者兼所有者であるXの権利が害されることはないから、本件執行抗告は、抗告の利益を欠き不適法であってその不備を補正することはできないとして、これを却下すべきものとした。

（3）Xが、債務者兼所有者は、物件の評価が低ければ親戚等に買い取ってもらって住み続けることもできるから、賃借権の存在が物件明細書に記載されることに利益がないとはいえないと主張して、抗告の許可を申し立てた。

（4）本決定は、「所論の点に関する原審の判断は、正当として是認することがで

きる。論旨は採用することができない。」と判示して、抗告を棄却した。

　担保不動産競売手続において、所有者は目的物件の所有権喪失を受忍すべき立場にあり、債務者はその売却代金により債務消滅の効果を得られる立場にあるから、債務者兼所有者は、より高額又は有利な条件で売却がされることに法律上の利益を有するものであって、買受人の引き受けるべき賃借権が物件明細書に記載されていない旨を債務者兼所有者が主張することは「自己の権利が害されることを主張するとき」（民事執行法 74 条 1 項）に当たらないというべきであり、原審の判断は当然のことをいうものであろう。執行実務上も上記の考え方に従った処理が定着しており（東京地裁民事執行実務研究会「改訂不動産執行の理論と実務（下）」455 頁等）、抗告の許可には検討の余地があるように思われる。

【22】 25(許)30 （△二小、平 25・10・30、棄却。原審名古屋高決平 25・8・9、原々審名古屋地決平 25・7・5）

　(1) 担保不動産競売申立事件において、買受けの申出をした後に、非正常な賃借人が現れ、同人及び所有者が反社会的集団の関係者であることが判明し、その事実が売却基準価額の決定に反映されていなかった場合、これが民事執行法 75 条にいう「損傷」に当たるか否かが問題となった事案である。

　(2) A を所有者とする担保不動産競売申立事件における期間入札の結果、X が最高価買受人となり、売却許可決定がされた。しかし、X は、代金納付前に「本件不動産の占有者と称する者らが現れて立退料を要求し、また、同人ら及び A が反社会的集団の関係者であることが判明した」と主張して、執行裁判所に対し、売却許可決定の取消しを求めた。これを受けて、執行裁判所は、民事執行法 75 条により、本件売却許可決定を取り消す旨の決定をした。

　原審は、本件売却許可決定を取り消すべきものとし、その理由として、上記の事実を認定したほか、次の点を述べた。

　①本件売却許可決定後に提出された補充評価書によれば、上記の事実を踏まえて本件不動産の評価額を算定した場合には、市場性修正率について 10％の減価をするのが相当である。②従前提出されていた現況調査報告書には、建物は所有者が住居（空き家）として使用している旨、及び執行官の意見として、建物は空き家の状態であり、第三者が占有している状況はうかがえなかった旨が記載されていた。③従前提出されていた評価書でも、同様の利用状況を前提として、市場性修正率について減価の必要性はないものとされていた。④以上によれば、売却基準価額の決定に反映されなければならない消極的事実が考慮されずに同決定がされ、X が買受けの申出をし、本件売却許可決定がされたものであり、民事執行法 75 条（同法 188 条において担保不動産競売に準用）所定の「損傷」があり、かつ、その程度は軽微とはいえない。

　(3) 担保不動産競売申立人が、原決定には民事執行法 75 条の解釈適用の誤りがあると主張して、抗告の許可を申し立てた。

Ⅱ 民事執行法

(4) 本決定は、「所論の点に関する原審の判断は、正当として是認することができる。論旨は採用することができない。」と判示して、抗告を棄却した。

5 債権差押命令

【23】24(許)46（△一小、平25・1・17、棄却、判時2176・29。原審東京高決平24・10・24、原々審東京地決平24・8・15）
【24】25(許)3（△三小、平25・3・5、棄却。原審福岡高決平24・12・7、原々審福岡地久留米支決平24・11・13）
【25】25(許)7（△二小、平25・3・27、棄却。原審東京高決平24・12・20、原々審横浜地決平24・11・15）
【26】25(許)9（△一小、平25・4・25、棄却。原審高松高決平24・12・28、原々審松山地決平24・11・16）
【27】25(許)10（△一小、平25・4・25、棄却。原審高松高決平24・12・28、松山地決平24・11・16）
【28】25(許)11（△三小、平25・5・7、棄却。原審東京高決平24・12・27、原々審横浜地決平24・9・10）
【29】25(許)12（△二小、平25・3・27、棄却。原審福岡高決平24・12・28、原々審福岡地飯塚支決平24・9・24）

(1) 【23】から【29】までの各事件は、いずれも、債務者が大規模な金融機関に対して有する普通預金債権の差押命令の申立てに当たり、差押えの目的となる預金債権の取扱店舗を限定せず、「複数の店舗に預金債権があるときは、預金債権額合計の最も大きな店舗の預金債権を対象とする。なお、預金債権額合計の最も大きな店舗が複数あるときは、そのうち支店番号の最も若い店舗の預金債権を対象とする。」という方式（預金額最大店舗指定方式）により差押債権を表示した債権差押命令申立ての適否が問題となった事案である。

(2) 各事件の原々審及び原審は、いずれも、預金額最大店舗指定方式による差押えを認めた場合には、第三債務者は、全ての店舗の全ての預金口座から該当顧客の有無を検索した上で、該当顧客を有する店舗における差押命令送達時点での各口座の預金残高及びその合計額等を調査して、当該店舗が預金額最大店舗に当たるかを判定する作業が完了しない限り、差押えの効力が生ずる預金債権の範囲が判明しないことになり、差押えの効力が差押命令送達の時点で生ずることにそぐわない事態とならない程度に速やかに、かつ、確実に、送達を受けた第三債務者が差押債権を識別することができるとはいえない（最三小決平23・9・20民集65・6・2710、判時2129・41参照）として、上記各申立てを却下すべきものとした。

(3) 各事件において、Xが、原審の判断は高裁裁判例に違反し、民事執行規則133条2項の解釈の誤りがあると主張して、抗告の許可を申し立てた。

(4) 本件各決定は、「所論の点に関する原審の判断は、正当として是認することができる。論旨は採用することができない。」と判示して、抗告を棄却した。

預金額最大店舗指定方式による差押債権の表示が許されるか否かについては、①これを許されないとする東京高決平24・10・10判タ1383・374、金判1405・16)と、②特定がされているとして、差押えを認めた高裁決定(東京高決平23・10・26判時2130・4、名古屋高決平24・9・20金判1405・16)とに分かれていたところ、本件各決定は、最高裁が、原審の判断を正当として是認することにより、預金額最大店舗指定方式による差押債権の表示は許されないという判断を示したものであり、実務に与える影響が大きいと思われる。

【30】 24(許)38 (△一小、平25・2・21、棄却。原審名古屋高決平24・7・27、原々審名古屋地決平24・6・27)

(1) 動産売買代金先取特権に基づく物上代位を主張して債務者の第三債務者に対する転売代金債権を差し押さえるに当たり、売買目的動産と転売目的動産の同一性が問題となった事案である。

(2) Yは、Xとの間で販売店契約を締結し、ガソリンスタンドを経営して顧客にガソリン等を販売していた。XのYに対するガソリン等の納入方法は、タンクローリーを用いて輸送し、Yの経営するガソリンスタンドの地下タンクに直接流し込むというものであった。Xは、Yが、平成24年3月以降に納入したガソリン等(対象動産)の代金を支払わないとして、Yを債務者、顧客を第三債務者として、対象動産の動産売買先取特権を主張して、転売代金債権の差押命令を申し立てた。なお、Xが対象動産をYに納入した当時、Y経営のガソリンスタンド地下タンクには、それ以前に納入されたガソリン等が残存していた。

原々審及び原審は、本件申立てを却下すべきものとした。その理由の概要は次のとおりである。動産先取特権は、当該特定の動産について生ずるものであり(民法311条5号)、動産の売主が先取特権に基づく物上代位権を行使して、買主の第三者に対する売買代金債権を差し押さえるためには、買主と第三者間の売買の目的となった動産が、売主と買主間で売買の目的となった動産そのものであること(同一性)を証明しなければならない。しかし、抗告人が対象動産をYに納入した当時、タンク内には以前納入されたガソリン等が残存していたのであるから、Yから第三者に販売されたガソリン等は、対象動産とそれ以前に仕入れたガソリン等とが混合したものというべきであって、これが対象動産そのものであることが証明されているとはいえない。

(3) Xが、①対象動産及びそれを納入したときに残存していたガソリン等は、いずれも同種の液体という混合しやすい動産の売買であるから、対象動産と転売された動産が同種同等の売買目的物であれば同一性を認めるべきであり、しかも、本件売買以前の販売・納入に係るガソリン等のタンク内割合は少なかったから、対象動産と転売された動産とがほぼ同一であると評価すべきである、②Yにガソリン等を販売・納入していたのはXだけであり、物上代位を認めても他の債権者の利益を害さないなどと主張して、抗告の許可を申し立てた。

(4) 本決定は、「所論の点に関する原審の判断は、正当として是認することができる。論旨は採用することができない。」と判示して、抗告を棄却した。

　動産売買先取特権に基づく物上代位権の行使としてする債権執行は、「担保権の存在を証する文書」が提出されたときに開始されるところ（民事執行法193条1項）、同先取特権は当該特定の動産について生ずるものであるから、担保権の存在に関して差押えの基礎となる物上代位権の存在を確定する必要があり、また、物上代位に名を借りた不当な執行を防止する（例えば、「担保権の存在を証する文書の提出」を要しないと解すると、種類物の場合、債務者が申立債権者以外の取引先から仕入れた同一種類の動産を転売した場合の転売代金債権に対する差押えを許すことになってしまう。）などの理由から、先取特権自体のほか、物上代位権の発生、すなわち、同一の動産に関する転売契約締結の事実についても立証を要するとする考え方が支配的である。そして、目的動産が種類物の場合、差押債権が先取特権の目的動産の代償物そのものであることの証明を要するものと解されており、実務上も、従来からそのように運用されている。本決定は、例文によるものであるが、それを是認したものといえよう。

6　間接強制

　【31】から【34】までの各事件は、いずれも監護親に対し非監護親が子と面会交流をすることを許さなければならないと命ずる審判ないし面会交流をすることを定める調停調書に基づき間接強制決定をすることができるか否かが問題となった事案である。

【31】24(許)48（◎一小、平25・3・28、棄却、民集67・3・864、判時2191・39。原審札幌高決平24・10・30、原々審札幌家審平24・9・12）
　(1)　XとYは、平成16年5月に婚姻の届出をし、平成18年1月に未成年者Aをもうけた。平成22年11月、XとYを離婚し、Aの親権者をY（母）とする判決が確定した。平成24年5月、札幌家庭裁判所において、Yに対し、X（父）がAと面会交流をすることを許さなければならないとする審判（本件審判）がされ、同審判は確定した。その審判には、①面会交流の日程等について、月1回、毎月第2土曜日の午前10時から午後4時までとし、場所は、Aの福祉を考慮してX自宅以外のXが定めた場所とすること、②面会交流の方法として、Aの受渡場所はY自宅以外の場所とし、当事者間で協議して定めるが、協議が調わないときは、所定の駅の改札口付近とすること、Yは、面会交流開始時に、受渡場所においてAをXに引き渡し、Xは、面会交流終了時に、受渡場所においてAをYに引き渡すこと、Yは、Aを引き渡す場面のほかは、XとAの面会交流には立ち会わないことなどが定められていた。Xは、平成24年7月、本件審判に基づき、間接強制決定を求める申立てをした。これに対し、Yは、AがXとの面会交流を拒絶する意思を示していることなどから、間接強制決定が許されないと主張した。

(2) 原審は、Yに対し、審判において定められたとおりXがAと面会交流をすることを許さなければならないと命ずるとともに、Yがその義務を履行しないときは、不履行1回につき5万円の割合による金員をXに支払うよう命ずる間接強制決定をした。
(3) Xが、原審の判断には民事執行法172条の解釈適用の誤りがあるなどと主張して抗告の許可を申し立てた。
(4) 本決定は次のとおり判示し、これと同旨の原審の判断は、正当として是認することができるとして抗告を棄却した。

「(1) 子を監護している親（以下「監護親」という。）と子を監護していない親（以下「非監護親」という。）との間で、非監護親と子との面会交流について定める場合、子の利益が最も優先して考慮されるべきであり（民法766条1項参照）、面会交流は、柔軟に対応することができる条項に基づき、監護親と非監護親の協力の下で実施されることが望ましい。一方、給付を命ずる審判は、執行力のある債務名義と同一の効力を有する（平成23年法律第53号による廃止前の家事審判法15条）。監護親に対し、非監護親が子と面会交流をすることを許さなければならないと命ずる審判は、少なくとも、監護親が、引渡場所において非監護親に対して子を引き渡し、非監護親と子との面会交流の間、これを妨害しないなどの給付を内容とするものが一般であり、そのような給付については、性質上、間接強制をすることができないものではない。したがって、監護親に対し非監護親が子と面会交流をすることを許さなければならないと命ずる審判において、面会交流の日時又は頻度、各回の面会交流時間の長さ、子の引渡しの方法等が具体的に定められているなど監護親がすべき給付の特定に欠けるところがないといえる場合は、上記審判に基づき監護親に対し間接強制決定をすることができると解するのが相当である。

そして、子の面会交流に係る審判は、子の心情等を踏まえた上でされているといえる。したがって、監護親に対し非監護親が子と面会交流をすることを許さなければならないと命ずる審判がされた場合、子が非監護親との面会交流を拒絶する意思を示していることは、これをもって、上記審判時とは異なる状況が生じたといえるときは上記審判に係る面会交流を禁止し、又は面会交流についての新たな条項を定めるための調停や審判を申し立てる理由となり得ることなどは格別、上記審判に基づく間接強制決定をすることを妨げる理由となるものではない。

(2) これを本件についてみると、本件要領は、面会交流の日時、各回の面会交流時間の長さ及び子の引渡しの方法の定めにより抗告人がすべき給付の特定に欠けるところはないといえるから、本件審判に基づき間接強制決定をすることができる。抗告人主張の事情は、間接強制決定をすることを妨げる理由となるものではない。」

本決定は、給付を命ずる審判は、執行力のある債務名義と同一の効力を有すること、また、監護親に対し、非監護親が子と面会交流をすることを許さなければなら

ないと命ずる審判は、少なくとも、監護親が、引渡場所において非監護親に対して子を引き渡し、非監護親と子との面会交流の間、これを妨害しないなどの給付を内容とするものが一般であること、そのような給付については、性質上、間接強制をすることができないものではないことを述べた。そして、面会交流の日時又は頻度、各回の面会交流時間の長さ、子の引渡しの方法等を挙げ、これらが具体的に定められていることなど監護親がすべき給付の特定に欠けるところがないといえる場合は、同審判に基づき監護親に対し間接強制決定をすることができるものとした。最高裁が面会交流に係る審判に基づき間接強制決定をすることができる場合を示したものとして重要な意義を有するとともに、審判に基づいて間接強制決定をすることができる具体的な事例を示したものとして実務の参考となると考えられる。

【32】24(許)41（○一小、平25・3・28、棄却、集民243・261、判時2191・46。原審高松高決平24・9・24、原々審高知家審平24・6・13）

【33】24(許)47（○一小、平25・3・28、棄却、集民243・271、判時2191・46。原審仙台高決平24・10・29、原々審福島家郡山支審平24・7・6）

(1) 【32】事件において、未成年者の父であるX_1と母であるY_1は、平成12年12月に婚姻の届出をし、平成14年9月に長男を、平成18年7月に二男をもうけた。平成24年2月、土曜日又は日曜日に、1回につき6時間面会交流をすることを許さなければならないなどとする審判がされた。

また、【33】事件では、X_2とY_2は、平成8年12月に婚姻の届出をし、平成13年4月に長男を、平成17年6月に二男をもうけた。平成21年12月、X_2とY_2との間で未成年者の面会交流について調停が成立したところ、その調停調書には、①Y_2は、X_2に対し長男と2箇月に1回程度、原則として第3土曜日の翌日に、半日程度（原則として午前11時から午後5時まで）面会交流をすることを認める。ただし、最初は1時間程度から始めることとし、長男の様子を見ながら徐々に時間を延ばすこととする、②Y_2は、前項に定める面会交流の開始時に所定の喫茶店の前で長男をX_2に会わせ、X_2は終了時間に同場所において長男をY_2に引き渡すことを当面の原則とする。ただし、面会交流の具体的な日時、場所、方法等は、長男の福祉に慎重に配慮して、協議して定めるなどの条項があった。

しかし、いずれの事件についても、面会交流が実現しなかったため、X_1、X_2が間接強制決定の申立てをしたところ、原審は、それら審判、調停調書において、監護親であるY_1、Y_2の義務内容の特定がない旨などを述べて、いずれも間接強制決定の申立てを却下すべきものとした。

(2) X_1、X_2が、それぞれ、どの程度の義務内容の特定があれば間接強制決定が認められるかという重要な法律問題を含んでいると主張して、抗告許可の申立てをした。

(3) 本件各許可抗告に対し、各決定は、次のとおり判示して、各事件について抗告を棄却した。

【32】事件決定

「(1) 子を監護している親(以下「監護親」という。)と子を監護していない親(以下「非監護親」という。)との間で、非監護親と子との面会交流について定める場合、子の利益が最も優先して考慮されるべきであり(民法766条1項参照)、面会交流は、柔軟に対応することができる条項に基づき、監護親と非監護親の協力の下で実施されることが望ましい。一方、給付を命ずる審判は、執行力のある債務名義と同一の効力を有する(平成23年法律第53号による廃止前の家事審判法15条)。監護親に対し、非監護親が子と面会交流をすることを許さなければならないと命ずる審判は、少なくとも、監護親が、引渡場所において非監護親に対して子を引き渡し、非監護親と子との面会交流の間、これを妨害しないなどの給付を内容とするものが一般であり、そのような給付については、性質上、間接強制をすることができないものではない。したがって、監護親に対し非監護親が子と面会交流をすることを許さなければならないと命ずる審判において、面会交流の日時又は頻度、各回の面会交流時間の長さ、子の引渡しの方法等が具体的に定められているなど監護親がすべき給付の特定に欠けるところがないといえる場合は、上記審判に基づき監護親に対し間接強制決定をすることができると解するのが相当である。

(2) これを本件についてみると、本件条項は、1箇月に2回、土曜日又は日曜日に面会交流をするものとし、また、1回につき6時間面会交流をするとして、面会交流の頻度や各回の面会交流時間の長さは定められているといえるものの、長男及び二男の引渡しの方法については何ら定められてはいない。そうすると、本件審判においては、相手方がすべき給付が十分に特定されているとはいえないから、本件審判に基づき間接強制決定をすることはできない。」

【33】事件決定

「(1) 子を監護している親(以下「監護親」という。)と子を監護していない親(以下「非監護親」という。)との間で、非監護親と子との面会交流について定める場合、子の利益が最も優先して考慮されるべきであり(民法766条1項参照)、面会交流は、柔軟に対応することができる条項に基づき、監護親と非監護親の協力の下で実施されることが望ましい。一方、給付の意思が表示された調停調書の記載は、執行力のある債務名義と同一の効力を有する(平成23年法律第53号による廃止前の家事審判法21条1項ただし書、15条)。監護親と非監護親との間における非監護親と子との面会交流についての定めは、少なくとも、監護親が、引渡場所において非監護親に対して子を引き渡し、非監護親と子との面会交流の間、これを妨害しないなどの給付を内容とするものが一般であり、そのような給付については、性質上、間接強制をすることができないものではない。そして、調停調書において、監護親の給付の特定に欠けるところがないといえるときは、通常、監護親の給付の意思が表示されていると解するのが相当である。したがって、非監護親と監護親との間で非監護親と子が面会交流をすることを定める調停が成立した場合において、調停調

書に面会交流の日時又は頻度、各回の面会交流時間の長さ、子の引渡しの方法等が具体的に定められているなど監護親がすべき給付の特定に欠けるところがないといえるときは、間接強制を許さない旨の合意が存在するなどの特段の事情がない限り、上記調停調書に基づき監護親に対し間接強制決定をすることができると解するのが相当である。

(2) これを本件についてみると、本件調停条項アにおける面会交流をすることを「認める」との文言の使用によって直ちに相手方の給付の意思が表示されていないとするのは相当ではないが、本件調停条項は、面会交流の頻度について「2箇月に1回程度」とし、各回の面会交流時間の長さも、「半日程度（原則として午前11時から午後5時まで）」としつつも、「最初は1時間程度から始めることとし、長男の様子を見ながら徐々に時間を延ばすこととする。」とするなど、それらを必ずしも特定していないのであって、本件調停条項イにおいて、「面接交渉の具体的な日時、場所、方法等は、子の福祉に慎重に配慮して、抗告人と相手方間で協議して定める。」としていることにも照らすと、本件調停調書は、抗告人と長男との面会交流の大枠を定め、その具体的な内容は、抗告人と相手方との協議で定めることを予定しているものといえる。そうすると、本件調停調書においては、相手方がすべき給付が十分に特定されているとはいえないから、本件調停調書に基づき間接強制決定をすることはできない。」

(4) 間接強制決定をすることができる場合について、【32】事件で示されている基準は、両事件の決定がされたのと同日に決定がされた【31】事件において示されているのと同じ基準であり、【33】事件で示されているのもそれと同旨の基準であるといえる。【31】事件及び【32】事件は、審判に基づく間接強制決定が問題となった事案であるのに対し、【33】事件は、調停調書に基づく間接強制決定が問題となった事案であるが、最高裁は、面会交流を定めた審判と調停調書を区別せず、同旨の基準により、間接強制決定の可否が問題となるとしたといえる。ただし、調停においては、具体的な定めをしつつも、間接強制をしない旨を合意することもあり得ないわけではなく、そのような合意がある場合を特段の事情がある場合として示している。間接強制決定ができる場合として【31】事件において示された「面会交流の日時又は頻度、各回の面会交流時間の長さ、子の引渡しの方法等が具体的に定められているなど監護親がすべき給付の特定に欠けるところがないといえる場合」の該当性について、最高裁は【32】事件、【33】事件それぞれの審判、調停調書の条項について、いずれも監護親がすべき給付が十分に特定されているとはいえないとした。いずれの事件においても、面会交流の内容の一部は特定しているともいえるものであったが、最高裁は、基準を比較的厳格に解し、監護親のすべき給付が十分に特定されていないとしており、最高裁が示した基準を適用し、面会交流に関する審判、調停調書に基づき間接強制決定をすることができない具体的な事例を示したものとして実務の参考となると考えられる。

【34】 25(許)19（△二小、平25・9・27、棄却。原審大阪高決平25・3・28、原々審京都家審平24・11・21）

(1) 未成年の子を仮に引き渡すよう命じた執行力ある審判正本に基づく間接強制の可否が問題となった事案である。

(2) 別居中のY（夫）、X（妻）間の子らの監護者指定及び子らの引渡しを求める審判の申立てと共に申し立てた審判前の保全処分について、京都家裁は、子らをXに引き渡すよう命ずる審判をした（本件審判）。しかし、Yは、長男の身体症状を理由にXへの子らの引渡しを拒絶したほか、京都地裁執行官による子らの引渡しの直接強制も、子らを他所へ移動させていたため執行不能となった。その後、Xが面会交流を希望したが、Yは面会交流のビデオ撮影を要求したため実現せず、その後も子らが拒否したため面会交流ができなかった。そこで、Xは、執行力ある本件審判正本に基づき、子らの仮の引渡し及び引渡しを履行しないときはそれぞれの子につき1日当たり3万円の支払を命ずる間接強制の申立てをした。

原審及び原々審は、Yに対し、子らの仮の引渡し及び引渡しを履行しないときはそれぞれの子につき1日当たり5000円の支払をすべきものとした。その理由の概要は次のとおりである。

子らは、Xへの引渡しを拒絶する態度を示しているが、子らの年齢（平成15年生まれ及び平成18年生まれ）や経過からすると、父であるYの影響下でXに対する拒絶感を表現している可能性が高いと考えられ、Yの働きかけにより拒絶状況を改善できる可能性はあるにもかかわらず、Yがその努力をしてきたものとは認められない。むしろ、Yが、本件審判等がされた直後、子らを自宅から他所に移動させ、母子関係の修復に向けた面会交流の実施についても、ビデオ撮影を要求するなどして円滑に進展していないことからすると、Yは、子らの引渡しや面会交流の実施について協力的でなかっただけでなく、子らの拒絶状況解消に向けて努力することにも消極的であって、Yには、Xが子らを引き取ることを妨害するおそれがあると認められる。

(3) これに対し、Yが、原審の判断には民事執行法172条1項及び家事事件手続法65条の法令解釈の誤り及び判例違反があると主張して、抗告許可の申立てをした。

(4) 本決定は、「所論の点に関する原審の判断は、正当として是認することができる。論旨は採用することができない。」と判示して、抗告を棄却した。

III 民事保全法

1 仮処分

【35】 25(許)18 (△一小、平25・7・18、棄却。原審札幌高決平25・3・21、原々審札幌地決平24・9・19)

(1) 法人の理事に委嘱する意思表示等を命ずる仮処分及び報酬の仮払を命ずる仮処分について、保全の必要性の存否が問題となった事案である。

(2) 社会福祉法人であるY_1の常務理事であったX_1及び理事であったX_2が、理事再任に関する定款所定の理事の同意、X_1については併せて常務理事再指名に関する定款所定の理事会の同意を得ていたにもかかわらず、Y_1の理事長であるY_2がXらに理事を委嘱せず、また、X_1を常務理事に指名しなかったのは違法であると主張して、Y_2に対し、理事の同意の下にXらに理事を委嘱し、X_2を理事会の同意の下に常務理事に指名するよう請求する権利に基づき、平成24年7月19日から本案確定までの間、Xらに仮に理事を委嘱し、X_1については併せて常務理事に指名する旨の意思表示を命ずる仮処分をそれぞれ申し立てるとともに、Y_1に対し、仮の理事の地位に基づく報酬請求権に基づき、Xらに報酬の仮払を命ずる仮処分をそれぞれ申し立てた。

原々審及び原審は、本件申立てをいずれも却下すべきものとした。その理由の概要は次のとおりである。

Xらにおいて、Y_1の理事(又は常務理事)としての職務を行い得ないことによりXら自身が被る損害は、その後の損害賠償によっても償えないものであるとは解し難い。実質的にはY_1に生ずる損害を保全の必要性の考慮要素とすることも許容されると解するのが相当であるが、Xらの業務が代替困難であり、Xらが不在であるためにY_1の運営に具体的な問題ないし支障が生じているとまで認めることは困難であり、Xらが理事としての職務を行い得ないからといって、Y_1が著しい損害を被るおそれがあると認めることはできない。そうすると、Y_2に対してXらを仮に理事に委嘱する旨の意思表示を求める仮処分命令については、保全の必要性を欠き発令することができず、同命令を前提とするXらについての仮の理事の地位発生をおよそ観念することができない以上、仮の理事の地位に基づく報酬の仮払を認める余地はない。なお、Xらはそれぞれ相当額の年金収入等が認められる上、貯蓄を行っている形跡があるにもかかわらず、預金通帳等の財産関係資料が一切提出されていないことなどに照らすと、報酬の仮払を受けなければXらの生活が直ちに困窮するとは認められず、金員仮払の必要性についての疎明もない。

(3) これに対し、Xらが、原審の判断には法令違反があると主張して、抗告許可の申立てをした。

(4) 本決定は、「所論の点に関する原審の判断は、正当として是認することがで

きる。論旨は採用することができない。」と判示して、抗告を棄却した。保全の必要性の有無を争点とする抗告の許可には、検討の余地があるように思われる。

【36】 25(許)20（△一小、平25・8・28、棄却。原審東京高決平25・4・10、原々審東京地決平25・4・9)

(1) 図書の印刷や出版等の禁止等を求めた仮処分の申立てを却下した原決定の当否が問題となった事案である。

(2) 札幌市内で歯科医院（本件医院）を開設する医療法人社団 X_1 とその理事長である X_2 が、Y_1 が出版し、Y_2 が印刷等する図書（本件図書。本件記事の内容は、X_1 において、X_2 が、一旦ある患者に使用したインプラントを後の別の患者に再使用していたというものである。）が、X らの名誉を侵害するものであるとして、人格権としての名誉権に基づき、Y_1 に対しては本件図書の出版等の禁止等を、Y_2 に対しては本件図書の印刷等の禁止等をそれぞれ求める内容の仮処分の申立てをした。

原々審及び原審は、本件申立てを却下すべきものとした。その理由の概要は、次のとおりである。

人格権としての名誉権に基づく出版物の印刷、製本、販売、頒布等の事前差止めは、その表現内容が真実でないか又は専ら公益を図る目的のものでないことが明白であって、かつ、被害者が重大にして著しく回復困難な損害を被るおそれがあるときに限り、例外的に許されるものである。これを本件についてみると、Y_1 が、X らがインプラントの再使用を行っているとまでは断定せず、そのような疑いを持たれていることなどを記載した記事を掲載したとしても、それ自体が、X らの名誉を直ちに低下させるものとなるかについては疑問があり、また、本件記事の内容は、本件医院に勤務する矯正歯科医師からの取材の結果に基づくものであることが一応認められることや、平成24年11月にはインプラントが再使用されているとの情報提供に基づき札幌保健所が本件医院の立入検査を実施していること、X ら代理人が作成した面談報告書にも、本件医院の歯科医師が、歯科助手から「患者の口腔から出たインプラントを、洗浄滅菌してまた使う。」と、歯科技工士から、「インプラントを使い回ししている。」とそれぞれ聞いたと述べた旨が記載されていることに照らすと、再使用の事実がなかったことが明らかであると解することはできない。また、そのような指摘によって、X らが重大にして著しく回復困難な損害を被るおそれがあると認めることもできない。さらに、X_1 は平成元年に開設され1箇月当たり約380名が受診し、X_2 も年間60～80本のインプラント施術を行っていることが一応認められることに照らすと、本件記事は、公共の利害に関するものであり、また、本件図書の出版は専ら公益を図る目的のものであると解するのが相当である。

(3) これに対し、X らが、原審の判断には判例違反、民事保全法23条2項の解釈適用の誤り等があると主張して、抗告の許可を申し立てた。

(4) 本決定は、「所論に関する原審の判断は、正当として是認することができる。

論旨は採用することができない。」と判示して、抗告を棄却した。

【37】25(許)22（△三小、平25・8・27、棄却。原審東京高決平25・3・29、原々審宇都宮地栃木支決平21・10・20）

(1) Yとの間で有期労働契約を締結し勤務していたXらが、Yに対し、休業期間中の賃金（Yから支給を受けた休業手当相当額を控除した額）の仮払を求める仮処分を求めた事件において、保全の必要性が問題となった事案である。

(2) Xらは、自動車メーカーであるYとの間で有期労働契約を締結し、その後、契約期間を平成20年10月8日～平成21年4月7日として契約を更新して、工場の製造現場に配属されて作業に従事していた。Yは、平成20年11月17日、Xらを含む期間労働者全員に対し、「急激な需要の冷え込みによる大幅な生産計画の見直し」を理由に、解雇日を契約期間途中の同年12月26日とする解雇予告をしたが、同月24日、同解雇予告を撤回し、全ての期間労働者に対し、労働契約の合意解約を申し入れ、これに応じない者について、同月27日以降、各人の労働契約の契約期間の満了日までの間の所定労働日について休業する扱いとして（本件休業）、労働基準法26条等に基づく平均賃金の6割の休業手当を支給した。これに対し、Xらは、本件休業について、民法536条2項により反対給付たる賃金請求権が失われていないとして、平成21年1月分～4月分の賃金から休業手当の額（平均賃金の6割相当額）を控除した金員の仮払を求める本件仮処分を申し立てた。なお、Xらは、雇止めとなった平成21年4月7日、満期慰労金として各25万円の支払を受けた。

原々審は、Xらの申立てを全て認容する本件仮処分決定をし、Yの保全異議を受けて、本件仮処分決定を認可する旨の原々決定をした。これに対してYが保全抗告をしたところ、原審は、Xらの申立ては保全の必要性を欠くとして、本件仮処分決定及び原々決定を取り消し、Xらの申立てを却下した。その理由の概要は次のとおりである。

Xらが本件休業により切り詰められた生活を余儀なくされ、このような状況は、雇止め以降においても継続していることを一応認めることができるが、XらがYに求めている仮払は、原々決定時においていずれも過去分となった差額賃金であるところ、Xらは、雇止めとなった際に、満期慰労金として各25万円の金銭を受け取っており、これはXらが本件仮処分において求めている仮払の金員とほぼ同額である。そして、Xらが生活を切り詰めているであろうことは推認できるが、Xらが本件仮処分において求めている差額賃金の仮払を受けられなければ、生活できないというような差し迫った状況にはないと認められるから、保全の必要性はない。

(3) これに対し、Xらが、原審の判断には民事保全法23条2項の法令解釈の誤りがあるなどと主張して、抗告許可の申立てをした。

(4) 本決定は、「所論の点に関する原審の判断は、正当として是認することができる。論旨は採用することができない。」と判示して、抗告を棄却した。本件も保全の必要性の有無を争点とするものであるが、抗告の許可には検討の余地があるよ

うに思われる。

2 保全取消し

【38】25(許)21（△二小、平25・9・25、棄却。原審高松高決平25・3・29、原々審徳島地阿南支決平24・11・2）

(1) 仮差押えの被保全債権に係る本執行が無剰余を理由に取り消されてから18年以上経過した場合に、それをもって仮差押えに民事保全法38条1項所定の「保全の必要性の消滅その他の事情の変更」があったといえるか否かが問題となった事案である。

(2) Yは、Aを債務者として、平成2年2月に締結した売買契約の解除に基づく売買代金返還請求権等を被保全債権（本件被保全債権）として、平成4年11月、A所有の本件建物につき不動産仮差押命令（本件仮差押え）を得た。また、Yは、本件被保全債権について本案訴訟を提起し、同月、和解が成立したが、Aが同和解金の支払を怠ったため、本件建物について強制競売（本件競売）を申し立てた。ところが、当時、本件建物には本件仮差押えに優先する抵当権（旧根抵当権）が存在したことから、平成6年4月、本件競売は民事執行法63条に基づいて取り消された。Xは、平成10年2月、旧根抵当権の債権者に対して代位弁済を行い、旧根抵当権の移転登記を受けたが、同年9月21日、同日の解除を原因として同登記の抹消登記手続を行った上、新たにXを抵当権者とする抵当権設定登記を受けた（本件抵当権）。Xは、Yが本件競売の無剰余取消し後、長期間にわたり本執行等を行わなかったことをもって保全の必要性は消滅した、また、本執行が申し立てられた上でこれが無剰余を理由として取り消された場合には、無剰余が確定した以上、仮差押えは効力を失うと解すべきであり、したがって仮差押えによる時効中断効も消滅するとして、無剰余取消しの日から10年の経過により被保全債権自体が時効消滅すると解すべきである旨主張して、民事保全法38条に基づき、A（平成19年12月死亡）の相続人に代位して、本件仮差押えについて取消しの申立てをした。

原審及び原々審は、仮差押えに優先する担保権が設定されている場合、同担保権の実行によって配当手続に参加することや、同担保権が何らかの事由によって消滅することを期待して仮差押えを維持しておく利益も無視できないのであり、債務名義を有する仮差押債権者が、本執行を行わない状態が継続したというだけで直ちに保全の必要性が消滅するとはいえない、また、仮差押えは被保全債権について満足を得ることを目的とするものであるところ、本執行が無剰余を理由として取り消された場合は保全の目的を達したとはいえず、仮差押えが効力を失うとはいえないとして、本件申立てを却下すべきものとした。

(3) これに対し、Xが、原審の判断には民事保全法38条1項の法令解釈の誤りがあると主張して、抗告許可の申立てをした。

(4) 本決定は、「所論の点に関する原審の判断は、正当として是認することができる。論旨は採用することができない。」と判示して、抗告を棄却した。

IV 破産法

【39】 25(許)28（△三小、平 25・10・1、棄却。原審福岡高決平 25・6・14、原々審福岡地飯塚支決平 25・2・20）

(1) 破産事件において、債務者が支払不能にあるか否か及び破産手続開始の申立てが不当な目的でされたものであるか否かが問題となった事案である。

(2) 和洋菓子の製造・販売等を行う株式会社 A を中心とする同族企業からなる A グループのメインバンクである株式会社 X は、A グループの実質的経営者であった Y を連帯保証人として A グループに対し 19 億 6000 万円を貸し付けたほか、Y に対し、自宅新築資金として 1 億 2000 万円を貸し付けた。その後、A グループの経営が悪化し、これらの債務については、期限の利益を失い、Y は、固有の債務として約 5100 万円（本件固有債務）を、保証債務として約 16 億円（本件保証債務）を一括して支払う義務を負うに至った。A グループは、その再建のため、事業再生 ADR（中立な第三者機関である ADR 事業者が、経済的に苦境に陥った企業について、債権者・債務者間の合意の成立を促し債務整理を図る裁判外紛争解決手続、本件 ADR）を申請した。A グループの新経営陣は、本件 ADR に供するため、Y に対し、求償権等の放棄と連帯保証契約の履行を求め、Y との間で、「Y は、A グループが、本件 ADR において、対象債権につき債務免除を受けたとしても、各対象債権の保証人たる Y に対する各対象債権者の権利には影響を及ぼさないことを承認する。」旨の条項がある合意書（本件合意書）を交わした。A グループは、本件 ADR において、X を含む金融機関が、対象債権 50 億円のうち 25 億円を将来において放棄し、残額については新たに期限の利益を付与するものとする内容を含む事業再生計画書案を提出し、本件 ADR においてこれが決議された。X は、同決議に従い、約 11 億 6500 万円の債権放棄を実行した。その後、X が、Y は本件固有債務及び本件保証債務により支払不能であるとして、破産手続開始の申立てをしたところ、Y は、本件 ADR の決議の効力が本件保証債務にも及ぶから Y は支払不能ではない、また同破産手続開始の申立ては不当な目的でされたものであるとして、これを争った。

原審及び原々審は、Y につき破産手続を開始すべきものとした。その理由の概要は次のとおりである。Y は、土地建物 12 件を有しているが、一部を除きほとんどオーバーローンの状態であり、他に Y が有する資産としては、預金債権が約 3000 万円程度であるのに対し、X に対し本件保証債務約 16 億円、本件固有債務約 5100 万円を負っているのみならず、A グループ全体の金融機関に対する借入残高は約 50 億円（実質債務超過額約 28 億 7000 万円）で、そのほとんどについて Y が連帯保証していることなどに鑑みると、Y は支払不能の状態にあるといわざるを得ない。そして、A の債務のうち 25 億円が放棄されているが、その効力は保証人である Y には及ばないものと解される。すなわち、保証債務の附従性は、例えば主債

務者において債権者から債務の免除を受けた場合であっても、保証人においてそれに服さず保証債務を負担する旨の意思表示をした場合は、その効力は及ばず、保証人において独立の債務を負担するものと解される（最三小判昭46・10・26民集25・7・1019、判時650・67参照）。また、債務免除を伴う私的整理スキームにおいては、金融機関が保証人に対し保証債務の履行請求をするのは債権者として当然の行為であるところ、保証人において、表明保証（開示内容が正確であり他に財産はないことを保証すること）付きの財産開示等に応じず、保有財産が明らかでない場合には、金融機関において破産手続開始の申立てをし、個人財産から債権回収を図ることもまた、主債務者の私的整理を進めるに当たっては必要な手段ともいい得る。

(3) これに対し、Yが、原審の判断には民法446条2項及び破産法30条1項2号の解釈の誤り等があると主張して、抗告許可の申立てをした。

(4) 本決定は、「所論の点に関する原審の判断は、正当として是認することができる。論旨は採用することができない。」と判示して、抗告を棄却した。

V 家事審判法、家事事件手続法

1 後見の開始

【40】25(許)27（△二小、平25・9・25、棄却。原審広島高決平25・5・21、原々審山口家船木出審平25・2・14）

(1) 任意後見契約が登記されている場合には、家庭裁判所は「本人の利益のために特に必要がある」と認めるときに限り、後見開始の審判をすることができる（任意後見契約に関する法律10条1項）。本件は、「本人の利益のため特に必要がある」と認めた原審の判断の当否が問題となった事案である。

(2) 1人暮らしのAは、平成22年2月以降、認知症の症状を呈するようになったところ、Aの養子で唯一の推定相続人であるXが、A宅を年に数回訪れ、平成24年4月にはA宅に転居し、同居を開始した。しかし、同年7月1日にはAの弟妹のYとBがA名義の預金通帳を引き取った上、同月5日にはBがAをB宅に連れ帰った。そして、同月11日、YはAと任意後見契約（本件任意後見契約）及び通帳、実印、キャッシュカード等を全て引き渡す内容の委任契約（本件委任契約）を締結した上、同月13日には本件任意後見契約の登記をし、同月20日にはXの不在中にA宅の鍵を交換してXを退去させた。なお、本件委任契約では、YがAに対し、事務処理の状況について3箇月ごとに報告書を提出することとなっているが、作成、提出された形跡はない。Xは、BがAを連れ帰った後しばらくはYやBが交替でAと生活を共にしていたが、平成25年に入ってからは、昼間だけAを1人にしたり、鍵を掛けて一昼夜1人にしたりしたとして、後見人選任を申し立てた。

原々審は、Aの状況や本件任意後見契約の内容等に照らせば、それに重ねてX申立てに係る後見開始の審判をすべき必要は認められないとして、後見開始の申立てを却下したところ、原審は、Aが平成24年11月から事理弁識能力を欠いているとした上、任意後見契約に基づいてAの身上監護及び財産管理を任意後見人に委ねることによりかえってAの保護に欠ける結果になることが明らかであるから、「本人の利益のため特に必要がある」として、後見開始の申立てを認容すべきとし、ただし、中立公正な立場の第三者を後見人として選任するのが相当であるが、その人選につき審理を尽くす必要があるとして、本件を第1審に差し戻すこととした。

(3) これに対し、Yが、原審の判断には判例違反があると主張して、抗告許可の申立てをした。

(4) 本決定は、「所論の点に関する原審の判断は、正当として是認することができる。論旨は採用することができない。」と判示して、抗告を棄却した。

2 遺産の分割に関する処分

【41】24(許)39（△二小、平25・1・16、棄却。原審高松高決平24・9・10、原々審高知家審平24・6・28）

(1) 損害賠償の和解金及び保険金が遺産分割の対象となるか否かが問題となった事案である。

(2) 交通事故（本件事故）で死亡したAの母であるXが、父である亡Yの相続財産を相手方として、本件事故に関する損害賠償の和解金（本件損害賠償和解金）及び搭乗者傷害保険金（本件保険金。事故車両につき締結されていた自動車総合保険の搭乗者特約条項には、契約に係る車両に搭乗中の者を被保険者とし、被保険者が事故により死亡した場合には、被保険者の法定相続人に法定相続分の割合により死亡保険金を支払う旨の約定がある。）を遺産として遺産分割を申し立てるとともに寄与分を定める処分の申立てをした。

原々審及び原審は、本件各審判の申立てを却下すべきものと判断した。その理由の概要は次のとおりである。まず、本件損害賠償和解金に関し、①損害賠償の和解金は、金銭債権であって、遺産分割手続を経ることなく共同相続人各人に当然に分割され、遺産分割の対象とならない。②民法904条の2第4項が、寄与分を定める処分の請求は遺産分割の請求があった場合にすることができる旨を定めて、寄与分を遺産分割の前提事項としてのみ規定していること等を考えると、遺産分割の対象たる相続財産のない場合には寄与分を定めることはできない。次に、本件保険金に関し、③搭乗者傷害保険金について、同保険の約款には、法定相続分の割合により死亡保険金を被保険者の法定相続人に支払う旨規定されているのであるから、同保険の死亡保険金は、被保険者の法定相続人が法定相続分の割合によりそれぞれ自己の固有の権利として取得するのであって、保険契約者又は被保険者から承継取得するのではなく、これらの者の相続財産を構成するものではないから、本件保険金は被相続人の遺産に当たらない。

(3) Xは、①可分債権も遺産分割の対象となる財産である、②仮に当然分割とするのであれば、寄与分及び特別受益を定める手続を経た後に定まる具体的相続分に応じて可分債権が分割されて相続人が権利を承継する、③本件保険金は相続財産として取り扱われるべきであるなどと主張して抗告許可の申立てをした。

(4) 本決定は、「所論の点に関する原審の判断は、正当として是認することができる。論旨は採用することができない。」と判示して、抗告を棄却した。

VI その他

1 会社法

【42】 25(許)14（△一小、平25・6・27、棄却。原審札幌高決平25・1・23、原々審札幌地決平23・11・25）

(1) 会社法144条2項に基づき裁判所が定めた譲渡制限株式の売買価格の当否が問題となった事案である。

(2) YがXの普通株式合計17万7760株（本件株式）を第三者から譲り受け、Xに対し譲渡承認請求をしたところ、Xは、譲渡を承認せず、本件株式を買い取ることを決定し、その旨Yに通知したが、XとYとの間で株式の売買価格につき協議が成立しなかったため、Xが、会社法144条2項に基づき、本件株式の売買価格の決定を求める申立てをした。

原々審及び原審は、類似会社比準方式（事業内容、収益状況等が類似する公開会社を選定し、その株価との比較で株式価値を算定する方法）及び配当還元方式（将来給付が予測される利益配当率を現在の価値に引き直して株式価値を算定する方法）を併用し、本件株式の売買価格を1株当たり1019円と定めるのが相当であるとした。

(3) これに対し、Yが、DCF方式（会社の将来のフリー・キャッシュ・フローに割引率を乗じて現在価値を算出し、株主が将来得られると期待できる利益を算定する方法）及び純資産方式（会社の純資産に着目して株式価値を評価する方法）を一切採用しなかった原審の判断は、これらを採用した高裁決定例と相反し、会社法144条3項等の解釈適用に誤りがあると主張して、抗告許可の申立てをした。

(4) 本決定は、「所論に関する原審の判断は、正当として是認することができる。論旨は採用することができない。」と判示して、抗告を棄却した。

本件は、個別会社の株式の価値を算定する種々の方式のうち、どのようなものを用いるかという裁判所の裁量的判断に属する事項を問題とするものにすぎず、抗告の許可には検討の余地があるように思われる。

2 戸籍法

【43】 25(許)5（◎三小、平25・12・10、破棄・自判、民集67・9・1847、判時2210・27。原審東京高決平24・12・26、原々審東京家審平24・10・31）

(1) 性同一性障害者の性別の取扱いの特例に関する法律（特例法）3条1項の規定に基づき男性への性別変更の審判を受けた者の妻が婚姻中に懐胎した子が嫡出の推定を受けるか否かが問題となった事案である。

(2) X_1 は、生物学的には女性であったが、特例法2条に規定する性同一性障害者であった。X_1 は、平成16年に性別適合手術を受け、平成20年に特例法の規定に基づき男性への性別取扱変更の審判を受けた。X_1 の戸籍には戸籍法13条8号及び戸籍法施行規則35条16号によりその審判発効日の記載がされた。X_1 は、平成20年に X_2 と婚姻をした。妻である X_2 は、夫である X_1 の同意の下、夫以外の男性の精子提供を受けて人工授精によって懐胎し、平成21年にAを出産した。X_1 は、平成24年、Aを X ら夫婦の嫡出子とする出生届を東京都新宿区長に提出した。これに対し、戸籍事務管掌者である新宿区長は、Aが民法772条による嫡出の推定を受けないことを前提に、出生届の父母との続柄欄等に不備があるとして追完するよう催告したが、X_1 がこれに従わなかったため、東京法務局長の許可を得て、Aの「父」の欄を空欄とし、X_2 の長男とする旨の戸籍の記載をしたところ、X らは、Aは同条による嫡出推定を受けるから、本件戸籍記載は法律上許されないものであると主張して、Aの「父」の欄に「X_1」と記載する旨の戸籍の訂正の許可を求めた。

原審は、戸籍の記載上、夫が特例法の規定に基づき男性への性別取扱変更の審判を受けた者であって当該夫と子との間の血縁関係が存在しないことが明らかであり、民法772条を適用する前提を欠くと判断した。

(3) X らが、民法772条の解釈適用を誤った違法があると主張して、抗告の許可を申し立てた。

(4) 本決定は、次のとおり判示して、原決定を破棄し、原々決定を取り消して、本件戸籍中、Aの「父」の欄に「X_1」と記載すること等を許可する旨の自判をした。

「(1) 特例法4条1項は、性別の取扱いの変更の審判を受けた者は、民法その他の法令の規定の適用については、法律に別段の定めがある場合を除き、その性別につき他の性別に変わったものとみなす旨を規定している。したがって、特例法3条1項の規定に基づき男性への性別の取扱いの変更の審判を受けた者は、以後、法令の規定の適用について男性とみなされるため、民法の規定に基づき夫として婚姻することができるのみならず、婚姻中にその妻が子を懐胎したときは、同法772条の規定により、当該子は当該夫の子と推定されるというべきである。もっとも、民法772条2項所定の期間内に妻が出産した子について、妻がその子を懐胎すべき時期に、既に夫婦が事実上の離婚をして夫婦の実態が失われ、又は遠隔地に居住して、

夫婦間に性的関係を持つ機会がなかったことが明らかであるなどの事情が存在する場合には、その子は実質的には同条の推定を受けないことは、当審の判例とするところであるが（最高裁昭和43年(オ)第1184号同44年5月29日第一小法廷判決・民集23巻6号1064頁、最高裁平成8年(オ)第380号同12年3月14日第三小法廷判決・裁判集民事197号375頁参照）、性別の取扱いの変更の審判を受けた者については、妻との性的関係によって子をもうけることはおよそ想定できないものの、一方でそのような者に婚姻することを認めながら、他方で、その主要な効果である同条による嫡出の推定についての規定の適用を、妻との性的関係の結果もうけた子であり得ないことを理由に認めないとすることは相当でないというべきである。
　そうすると、妻が夫との婚姻中に懐胎した子につき嫡出子であるとの出生届がされた場合においては、戸籍事務管掌者が、戸籍の記載から夫が特例法3条1項の規定に基づき性別の取扱いの変更の審判を受けた者であって当該夫と当該子との間の血縁関係が存在しないことが明らかであるとして、当該子が民法772条による嫡出の推定を受けないと判断し、このことを理由に父の欄を空欄とする等の戸籍の記載をすることは法律上許されないというべきである。
　(2)　これを本件についてみると、Aは、妻であるX_2が婚姻中に懐胎した子であるから、夫であるX_1が特例法3条1項の規定に基づき性別の取扱いの変更の審判を受けた者であるとしても、民法772条の規定により、X_1の子と推定され、また、Aが実質的に同条の推定を受けない事情、すなわち夫婦の実態が失われていたことが明らかなことその他の事情もうかがわれない。したがって、Aについて民法772条の規定に従い嫡出子としての戸籍の届出をすることは認められるべきであり、Aが同条による嫡出の推定を受けないことを理由とする本件戸籍記載は法律上許されないものであって戸籍の訂正を許可すべきである。」

　本決定は、特例法に基づき男性への性別取扱変更の審判を受けた者の妻が婚姻中に懐胎した子の嫡出推定について、最高裁が初めて判断を示したものであり、実務的にも理論的にも、重要な意義を有するものと考えられる。なお、本決定には寺田裁判官、木内裁判官の各補足意見、岡部裁判官、大谷裁判官の各反対意見が付されている。

3　児童福祉法

【44】25(行ツ)4（△二小、平25・11・13、棄却。原審広島高岡山支決平25・8・29、原々審岡山地決平25・6・24）
　(1)　行政事件訴訟法37条の5第1項の「償うことのできない損害」の要件を満たすか否かが問題となった事案である。
　(2)　本件の基本事件は、岡山県浅口郡里庄町が委託するA保育園において平成24年度の保育を受けていたCの保護者であるXが、Cについて平成25年度もA保育園における保育を受けることを希望してその旨の申込みをしたのに対し、里庄

VI その他

町長がA保育園ではなくB保育園への入所を承諾する処分（本件処分）をしたことから、A保育園への入所について不承諾処分を受けたと主張し、本件処分の取消し及びCのA保育園への入所承諾処分の義務付けを求める訴訟であり、本件は、Xが、行政事件訴訟法37条の5第1項に基づき、CのA保育園への入所承諾処分について仮の義務付けの決定を求める事案である。

原審は、本件処分による保育所選択権の制限は、行政事件訴訟法37条の5第1項の「償うことのできない損害」には当たらないとして、本件申立てを却下すべきものとした。その理由の概要は次のとおりである。

Xは、本件処分によって、A保育園に係る選択権を制限されたことが一応認められるが、XがA保育園の入所を希望した大きな理由として、Xの肩書住所地から近い（徒歩約5分）という点が上げられるところ、A保育園への送迎に比べ、Xの肩書住所地からB保育園への送迎によりXらの負担が増すと考えられるものの（距離が5kmを超えるものではない）、著しい支障があるとまで一応認めることはできず、上記増加分の負担が金銭賠償等により事後的に回復させることが困難又は著しく不相当な損害であるとはいえない。また、A保育園とB保育園とを比較すると、定数、保育目標にやや差異はあるものの、開園時間及び保育料は同じであり、経費（給食費等）に差異がある可能性はあるものの、保育内容についても明らかな差異を認めることができないことからすると、Xが送迎の負担以外の事項について、選択権を制限されたと一応認めることもできない。そうすると、本件処分による選択権の制限は、その性質及び内容に照らし、償うことのできない損害であるということはできない。

(3) Xが、原審の判断は行政事件訴訟法37条の5第1項の解釈を誤ったものであると主張して、抗告の許可を申し立てた。

(4) 本決定は、「本件事実関係の下においては、Xの申込みに係る保育園への入所承諾処分がされないことにより償うことのできない損害が生じてこれを避けるため緊急の必要があるとは認められないとした原審の判断は、是認することができる。論旨は採用することができない。」と判示して、抗告を棄却した。

平成26年度

尾島 明／宮下 修

Ⅰ 民事訴訟法
  1 移送【1】【2】
  2 専門委員の忌避【3】
  3 裁判所書記官の処分に対する異議【4】
  4 訴状却下命令【5】
  5 文書提出命令【6】〜【10】
  6 再審【11】【12】
  7 訴訟費用【13】【14】

Ⅱ 民事執行法
  1 売却許可決定【15】
  2 債権差押命令【16】【17】

Ⅲ 民事保全法
  1 仮処分【18】【19】
  2 保全取消し【20】

Ⅳ 家事審判法、家事事件手続法
  1 移送【21】
  2 成年後見【22】
  3 遺留分放棄【23】
  4 婚姻費用の分担【24】
  5 子の監護に関する処分【25】〜【31】
  6 扶養料【32】
  7 遺産分割【33】〜【36】

Ⅴ その他
  1 介護保険法【37】
  2 行政事件訴訟法【38】
  3 戸籍法【39】
  4 配偶者からの暴力の防止及び被害者の保護等に関する法律【40】

はじめに

1 平成26年度における許可抗告事件の実情を紹介する。

新受件数の推移は、表1のとおりである。平成26年は、平成25年に比べやや増加した。

各年中に決定のあった事件のうち、最高裁判所民事判例集（民集）又は最高裁判所裁判集民事（集民）に登載された件数とその割合は、表2のとおりである。

2 許可抗告（民訴法337条）は、決定に対して法が特に認めた最高裁判所に対する不服申立方法であって、法令解釈に関する重要な事項を含む事件であると高等裁判所が認めて許可したことを申立ての要件とするものである。現行民訴法で許可抗告制度が設けられたのは、民事執行法や民事保全法の制定等に伴い、決定で判断される事項に重要なものが増え、重要な法律問題について高等裁判所の判断が分かれているという状況が生じていたので、最高裁判所の負担が過重にならないように配慮した上で、重要な法律問題についての判断の統一を図ろうとしたからである（法務省民事局参事官室編「一問一答新民事訴訟法」374頁）。上告受理制度のように最高裁判所自らが受理するか否かの判断をする制度が採用されなかったのは、そのような制度を採用すれば最高裁判所の負担が過重になるおそれがあったためであり（ジュリスト増刊1999年11月「研究会新民事訴訟法」440頁〔柳田幸三発言〕）、その意味では、許可抗告の制度は、高等裁判所において、適切に許可の判断がされることを信頼して設けられた制度であるということができる。そして、最高裁判所が許可に値しないと判断したとしても、高等裁判所が許可した以上、最高裁判所は当該論点への応答をする義務を負うことになるのであるから、高等裁判所には、自らの判断に判例と異なる点がある場合又は真に法令解釈に関する重要な事項を含む場合に限って抗告を許可するという制度の趣旨に沿った運用が求められている（福田剛久ほか「最高裁判所に対する民事上訴制度の運用」判例タイムズ1250号5頁参照）。

許可抗告に対する決定のうち民集又は集民に登載されたものの割合は、前記のとおりであり（表2）、許可された事件のうち法令解釈に関する重要な事項を含まないものの割合は決して少なくない。抗告が許可された事件の中には制度の趣旨におよそ沿わない運用も相当数見受けられるので、これまで「許可抗告事件の実情」において繰り返してきた以

表1

年度（平成）	新受件数
10	10
11	42
12	59
13	34
14	50
15	54
16	42
17	48
18	55
19	45
20	58
21	46
22	58
23	61
24	56
25	42
26	47
27	29

はじめに

下の指摘を本稿でも改めてしておきたい。

(1) 法令の解釈自体は既に明確になっている場合に、個別事件における事実認定や要件ないし法理への単純な当てはめの判断は、通常は、法令解釈に関する重要な事項とはいえない。

また、最高裁判所の判例により示された法令解釈の基準の具体的適用に関わる事項は、当該実務を担当する下級裁における事例集積にこそ意味がある場合が多い。このような場合、下

表2

年度	決定件数	うち民集又は集民登載件数	割合（％）
10	2	1	(50%)
11	32	6	(19%)
12	51	12	(24%)
13	53	12	(23%)
14	42	7	(17%)
15	53	9	(17%)
16	44	10	(23%)
17	51	11	(22%)
18	54	6	(11%)
19	44	11	(25%)
20	53	2	(4%)
21	51	5	(10%)
22	43	6	(14%)
23	60	8	(13%)
24	60	6	(10%)
25	44	9	(20%)
26	40	6	(15%)

級裁での事例集積や要件の類型化に関する実務的検討が十分にされていない段階で、個別事案に関する要件該当性の争いを法律審である最高裁判所に求めることは、相当ではないことが多い。

(2) 論点自体としては法令解釈に関する重要な事項に当たるが、当該事案の結論に影響しない論点については、許可は不相当となるものと考えられる。許可抗告は、法令の解釈に関する重要な事項について、解釈統一の機能を有する特別な抗告ではあるが、当該事案の解決を目的とするものであることはいうまでもなく、抽象的な法令解釈のために抗告を許可することは、当事者を具体的事件の解決を離れた論争に巻き込むことになり、事案の解決を目的とする制度の趣旨に反するからである。

また、移送や文書提出命令などの付随的な決定については、抗告に伴い、本案の手続が事実上進行できなくなることもあり、不相当な抗告により当事者が迷惑を被ることもあり得るので、この点にも留意が必要である。

3 以上のような観点から、平成26年中に決定のあった許可抗告事件をみてみると、少なくともその半数について、許可抗告の申立てに法令の解釈に関する重要な事項が含まれているといえるかについて疑問があるように思われる。そこで、今年は、法令の解釈自体は既に明確になっており、個別事件における事実認定や要件ないし法理への単純な当てはめだけが問題となっている事件についてはその旨を、その中でも、許可抗告制度の趣旨に照らし、抗告の許可には疑問があるといわざるを得ない事件についてはその旨を記載したので、参照されたい。

他方で、原決定が、法令の解釈に関する重要な事項についての判断を含むもので

あり、最高裁判所がその判断の当否を判断するのが相当であると思われる申立てであるにもかかわらず、抗告を不許可とするようなことは、許可抗告制度が設けられた趣旨を没却することになりかねないことにも留意する必要があると思われる。

いずれにしても、許可抗告制度が設けられた趣旨に沿って同制度を適切に運用していくためには、高等裁判所における適切な許否の判断が不可欠であることを改めて指摘しておきたい。

4　本稿は、佐古（元最高裁書記官）が平成26年中に決定があった許可抗告事件を整理したものに、尾島（元最高裁民事上席調査官）が今後の同種事件の審理及び許可抗告制度の運用の参考とするために若干のコメントを付したものである。

事件見出しに◎を付したものは民集登載事件、○を付したものは集民登載事件、△を付したものはいずれにも登載されなかったものである。

平成26年中の決定による既済件数40件のうち、判例集登載の内訳は、民集登載事件が3件、集民登載事件が3件である。また、基本事件の種別としては、民事訴訟事件が14件、民事執行事件が3件、民事保全事件が3件、家事審判事件が16件、その他4件であり、このうち、原決定が破棄されたものは4件であった。

事案の概要等は、許可抗告事件の実情を紹介するのに必要な範囲で適宜省略し、事案の骨子のみを記載した。掲載の順序は、原決定の根拠法規、目次記載の手続ごとに分類し、決定日の順とした。

I　民事訴訟法

1　移　送

【1】26(許)7（△三小、平26・5・9、棄却。原審大阪高決平25・10・22、原々審大阪地決平25・8・29）

(1)　専属的管轄合意に反して法定管轄裁判所に訴えが提起された場合における移送申立てについて、自庁処理の許否が問題となった事案である。

(2)　大阪市内に本店を有する有限会社であるXは、株式会社であるY₂及び同Y₂（Yら）を被告として、大阪府内に所在するY₂の営業所・工場の改修工事等に関する請負契約（本件契約）に基づき、残代金及び遅延損害金の連帯支払を求める訴訟を大阪地裁に提起した（基本事件）。

Yらは、本件契約において、東京地裁又は東京簡裁を専属的管轄とする合意（本件専属的管轄合意）があるとして、民訴法16条1項に基づき、基本事件を東京地裁に移送することを求めた（本件移送申立て）。

(3)　原審は、要旨次のとおり判断して、Yらの本件移送申立てを却下すべきものとした。

ア　本件専属的管轄合意の成立は認められる。しかし、民訴法17条、20条1項の趣旨からすると、ある当事者が他の当事者との間の専属的管轄合意に反して法定

I 民事訴訟法

管轄裁判所に訴えを提起し、被告側から移送申立てがされた場合であっても、当該法定管轄裁判所は、訴訟の著しい遅滞を避け、又は当事者間の衡平を図るため必要があると認めるときは、訴訟の全部又は一部を前記合意によって定められた裁判所に移送することなく、自ら審理及び裁判をすること（自庁処理）ができると解すべきである。

イ　基本事件の審理に当たっては、追加工事の有無、工事の完成の有無、工事の目的物の瑕疵の有無等が主たる争点になるものと考えられるところ、Y_1の本店所在地が千葉県内であり、その関係者らが関東に居住することがうかがわれるものの、Y_2及びXの本店所在地が大阪府内であり、それらの関係者の多く及び下請業者らは大阪府内に居住しているとうかがわれること、本件契約による工事の目的物である工場等が大阪府内に所在していること等の事情を考慮すると、訴訟の著しい遅滞を避け、又は当事者間の衡平を図るため、基本事件について、本件専属的管轄合意に基づく管轄裁判所である東京地裁に移送せず、法定管轄裁判所である大阪地裁において自ら審理及び裁判をするのが相当である。

(4)　これに対し、Yらが、原審の判断は高裁判例（東京高決平22・7・27金法1924・103）に違反すると主張して、抗告許可の申立てをした。

(5)　本決定は、「所論の点に関する原審の判断は、正当として是認することができる。論旨は採用することができない。」と判示して、抗告を棄却した。

【2】26(許)18（△三小、平26・7・29、棄却。原審大阪高決平26・4・28、原々審大阪地決平26・1・29）

(1)　供託金還付請求権の取立権確認請求訴訟について、供託所の所在地が民訴法5条1号の「義務履行地」に当たるか否かが問題となった事案である。

(2)　甲ほか2社から貨物運送等の業務を請け負っていた破産会社A（本店所在地・大阪市）が、その請負代金債権につき、Y_1（本店所在地・東京都千代田区）に譲渡した旨の通知及びY_2（住所地・奈良県香芝市）に譲渡した旨の通知を甲らに対してしたため、甲らは、債権者不確知を理由に大阪法務局に弁済供託した。Aの破産管財人であるX（事務所所在地・大阪市）は、Yらへの債権譲渡はいずれも無効であるとして、Yらを共同被告として、前記供託に係る還付請求権の取立権をXが有することの確認請求訴訟を大阪地裁に提起した（基本事件）。

これに対し、Y_1が、大阪地裁には土地管轄がないなどとして、Y_1の普通裁判籍の所在地を管轄する東京地裁への移送の申立てをした。

(3)　原審（原々審同旨）は、要旨次のとおり判断して、Y_1の移送申立てを却下すべきものとした。

財産権上の訴えはその義務履行地を管轄する裁判所にも管轄が認められるところ（民訴法5条1号）、基本事件は、財産権上の訴えに当たり、供託金還付請求権は供託所に対して供託金の還付を請求する権利であるから、その義務履行地は供託所の所在地と解される。

Y₁は、民訴法5条1号の「義務」は、当該訴訟事件における「被告の原告に対する義務」をいうと主張するが、そのように限定して解すべき根拠はない。財産権上の訴えでも、所有権確認の訴えのようにその性質上義務の履行が観念できないものには同号は適用されないが、供託金還付請求権はそのような性質の権利とはいえない。
　また、民訴法5条1号の立法趣旨は、当事者は義務履行地での履行の提供及び受領をしなければならないため、その地に土地管轄を定めることは当事者のいずれにとっても便宜であるというものと解され、本件においても、義務の履行を受領するために大阪法務局に赴かなければならないから、同号の管轄を認めることは前記立法趣旨に反しない。
　(4)　これに対し、Y₁が、次のとおり主張して抗告許可の申立てをした。
　①民訴法5条1号が対象とするのは、財産権上の訴えでも「義務の履行」を前提とする訴えに限られるところ、供託金還付請求権（取立権）確認請求については、当事者相互間において「義務の履行」を前提としないから、同号の適用はない。②訴訟当事者ではない第三者の義務履行地に管轄が認められるとするのは、Y₁にとって著しく不利益であり、同号の立法趣旨に合致しない。③本件の基本事件は、確認の対象が債権ではあるが、当事者の義務の履行が観念できない点では所有権確認請求と同じであるから、この点でも同号の適用は認められない。④大阪法務局に対する供託金還付請求権は、所定の手続を経て初めて具体化するのであって、現時点では義務が発生していると解することができない。⑤供託金は、「隔地払の方法」又は「預貯金振込の方法」（供託規則22条2項5号）で還付を受けることができ、必要書類は全て郵送によることが可能であるから、義務の履行を受領するために大阪法務局に赴く必要はなく、同法務局に赴く必要があることを前提に同法務局を義務履行地とする解釈は誤りである。
　(5)　本決定は、「所論の点に関する原審の判断は、正当として是認することができる。論旨は採用することができない。」と判示して、抗告を棄却した。

2　専門委員の忌避

【3】26(許)34（△一小、平26・10・23、棄却。原審大阪高決平26・7・8）
　(1)　専門委員に忌避事由があるか否かが問題となった事案である。
　(2)　基本事件（請負代金、損害賠償請求控訴事件）の控訴人Yが、控訴審裁判所において選任された専門委員A（本件専門委員）について、忌避の申立てをし、本件専門委員は、従前、被控訴人Xからの依頼により、Xが建築した建物の安全性を検討する構造計算業務を行って報酬を得たことがあるから、忌避事由があると主張した。
　(3)　原審は、次のとおり、本件専門委員に忌避事由はないとして、本件申立てを却下した。
　ア　専門委員について、公正な職務執行を妨げるべき事情があるときは、当事者

I 民事訴訟法

は、その専門委員を忌避することができる（民訴法92条の6、24条）。前記事情とは、専門委員の提供する専門的情報の中立性、公平性を確保するという制度の趣旨に照らし、通常人が判断して、専門委員と事件及び事件当事者との関係からみて偏頗・不公正な説明等がされるであろうとの懸念を当事者に抱かせるに足りる客観的な事情をいうものと解される。

イ 専門委員と一方当事者との間において、専門委員の所属する組織や学歴、職歴等を通じて人的・物的な関係が存在するとか、基本事件の帰趨に利害関係を有し、又は基本事件について助言をしたり私的鑑定をしたことがあるなどの特別の事情が認められるような場合は別として、単に、過去に、専門委員が、当事者の一方から、通常の商取引として、基本事件に直接関係しない業務の依頼を受け、報酬を受領したことがあったとしても、そのことから直ちに当該専門委員につき、前記の公正な職務執行を妨げるべき事情があるものとは認められない。そして、本件では、前記の特別の事情の存在をうかがわせる証拠は見当たらない。

ウ Yは、本件専門委員が、過去にXから業務の依頼を受けたことがあり、本件専門委員とX間に人的関係が形成されているとみるのが自然であることや、Xが関西圏内で広く事業展開をしていることなどから、Xが本件専門委員に対して影響力を行使する可能性があり、又は、本件専門委員がX側に立った意見を述べて将来の取引先や収入を確保しようとする可能性があるなどと主張するが、いずれも抽象的な可能性を述べるものにすぎない。

(4) これに対し、Yが、専門委員の忌避事由については「通常人がその専門委員の公正さを信頼できないと感ずることが無理でない場合」と解するのが相当であるところ、専門委員が過去に一方当事者から業務の依頼を受けてその業務を行い、報酬を受け取ったことがあれば、その取引により専門委員と一方当事者との間に一定の人的関係が形成されていると感ずるのが通常であるから、そのような専門委員が裁判手続に関与することは、通常人であればその公正さを信頼できないと感ずることは無理からぬことであって「裁判の公正を妨げるべき事情」が存在するなどと主張して抗告許可の申立てをした。

(5) 本決定は、「所論の点に関する原審の判断は、正当として是認することができる。論旨は採用することができない。」と判示して、抗告を棄却した。

3 裁判所書記官の処分に対する異議

【4】26(許)5（△一小、平26・3・27、棄却。原審東京高決平25・11・25、原々審東京地決平25・7・19）

(1) 口頭弁論調書の記載について、民訴法160条2項の異議（160条2項異議）が述べられた場合に、裁判所書記官が異議のあった旨を調書に記載するにとどめ、記載の訂正をしなかったことが、民訴法121条の「裁判所書記官の処分」に当たるか否か等が問題となった事案である。

(2) 平成25年6月26日、基本事件の第4回口頭弁論期日（本件期日）において、

被告であるYの訴訟代理人らは、証人11名の尋問について証拠の申出をし、書面の提出による取調べ（書面尋問）を求めた。

原告らであるXらの代理人は、書面尋問を行うことに異議があると述べた（本件異議A）が、基本事件の裁判長は、「Yから申出のあった証人を全て採用し、書面尋問を行う」旨発言した。しかし、Xらの代理人が「異議があっても書面尋問ができるのか」などと発言した（本件異議B）ため、裁判長は、Yに対し、次回までに呼び出す証人の優先順位を検討するよう指示するとともに、「次回は、弁論準備手続期日として、証拠の採否について検討する」旨述べ、閉廷した。

担当の裁判所書記官は、本件期日の口頭弁論期日調書（本件期日調書）を作成し、証人等目録の「備考」欄には書面尋問につき異議がある（本件異議A）旨の記載をしたが、「採否の裁判」欄には何も記載しなかった。

これに対し、Xらは、同書記官に対し、平成25年7月2日付け「異議申立書」をもって、「本件期日調書には裁判長による証拠採用決定及びこれに対するXらの本件異議Bの記載がない」として、160条2項異議を述べた（本件異議C）。

これを受けた同書記官は、本件期日調書に、Xらから平成25年7月2日付け「異議申立書」の提出ありと付記したものの、本件期日調書の記載は訂正しなかった。

Xらは、受訴裁判所に対し、平成25年7月5日付け「異議申立書」をもって、概要、「裁判所書記官が本件期日調書を全く訂正せず、単に異議があった旨を記載するにとどめるという不当な処分を行った」として、民訴法121条の異議を申し立てた（本件異議D）。

(3) 基本事件の受訴裁判所である原々審は、「調書の記載について関係人が異議を述べたときは、裁判所書記官はその旨を調書に記載すれば足りるのであり、調書の記載を訂正しないことが裁判所書記官の処分に当たらないことは明らかである」として、本件異議Dの申立てを却下した。これに対しXらが抗告したが、原審は、次の理由により抗告を棄却した。

ア　民訴法121条の「裁判所書記官の処分」

160条2項異議に対し、裁判所書記官が調書に異議があった旨を記載するにとどめて、調書の記載を訂正しないことは、民訴法121条に定める「裁判所書記官の処分」には当たらないと解するのが相当である。

なぜならば、同条は、裁判所書記官による処分に対して当事者等の救済方法を定めているものであって、当事者等からされた訴訟記録の閲覧・謄写請求、証明書等の交付請求、判決の確定証明書付与請求等を書記官が拒絶した場合には、本条による救済を求める他に適切な方法がないから、同条の「裁判所書記官の処分」に該当するものと介するのが相当である。これに対して、民訴法160条2項は、調書が口頭弁論の方式に関する規定の遵守を証明するものである（同条3項）ことを踏まえて、当事者等が調書の記載について異議がある場合には、調書の作成権限を有する裁判所書記官に対して160条2項異議を述べる機会を与え、裁判所書記官がその異議の当否を判断して、異議を正当と認めるときは調書の記載を訂正し、異議に理由

がないと認めるときは調書の記載を訂正せず、当事者等から異議が述べられたことを調書に記載することによって、当事者等の救済を図ろうとするものである。そうすると、160条2項異議が述べられた場合に、裁判所書記官において、調書の訂正は必要ないものと判断して、当事者等から異議が述べられたことを調書に記載した場合には、同条による救済は図られたことになる。

　イ　本件における誤りの有無
　なお、民訴規則67条1項は、調書には「弁論の要領」を記載することを求めているのであって、口頭弁論期日におけるやりとり等を逐一記載することを求めているわけではない。そもそも口頭弁論期日はその開始から終了までが一体のものであるから、例えば、その途中で当事者等が何らかの主張をしても、その終了前であれば自由にその主張を撤回することができ、主張の効果は発生しない。同様に、期日において裁判長が一旦何らかの決定等を告げたとしても、その期日の終了までの間に取り消した場合には、その効果は消滅しており、結局、その期日において決定はされなかったことになるから、その決定に関して調書に何も記載しないのは当然のことであり、裁判所書記官が本件口頭弁論調書の記載を訂正しなかったことに誤りはない。

　(4)　これに対し、Xらが、原審の判断には判例違反及び法令違反があると主張して、抗告許可の申立てをした。

　(5)　本決定は、「本件事実関係の下においては、本件の裁判所書記官の対応に違法はないというべきであるから、Xらの民訴法121条に基づく異議申立てを却下すべきものとした原審の判断は是認することができる。論旨は採用することができない。」と判示して、抗告を棄却した。

　なお、本決定は、本件の裁判所書記官が本件期日調書の記載を訂正しなかったことに誤りはないとしたものであって、160条2項異議に対し、裁判所書記官が調書に異議があった旨を記載するにとどめて、調書の記載を訂正しないことが、民訴法121条に定める「裁判所書記官の処分」に当たるか否かという点について判断を示したものではない。

4　訴状却下命令

【5】26（許）11（△二小、平26・7・16、棄却。原審東京高決平26・3・14、原々審東京地命平26・1・8）

　(1)　電子メールで用いられたIPアドレス（グローバルIPアドレス）、発信者のメールアドレス及びメール送信先等により被告が表示された訴状に関し、民訴法133条2項1号所定の「当事者」の記載が適法にされたか否かが問題となった事案である。

　(2)　氏名不詳者（Xら主張被告1）は、①平成25年4月～6月の間、3回にわたり、原告である特定非営利活動法人 X_1（代表者は X_2）やその関係者を想起させるメールアドレスから、X_1〜X_3 の名誉を毀損する表現を含む内容の電子メールを関

係者等延べ84名に送信し、②これに先立つ同年3月30日までに、X_1の名誉を毀損する内容を含む文書をインターネット上に開設した2箇所のサイトで公開した。

Xらは、①のメールの宛先の一つであった特定非営利活動法人の事務局長Aの協力を得て、Xら主張被告1が、B株式会社が管理するIPアドレス「○○.△△△.□□□.▽▽」を一時取得した上、C株式会社が提供するいわゆるフリーメールサービスを使用して、平成25年0月0日午後0時00分00秒に、宛先に同特定非営利活動法人を含むメールを送信したことを突き止め、B社に対し、前記IPアドレスの利用者の氏名及び住所を求める弁護士法23条の2に基づく照会をしたが拒絶された。そこで、Xらは、Xら主張被告1を

「住所不詳

被告　平成25年0月0日午後0時00分00秒に、B株式会社が管理するIPアドレス「○○.△△△.□□□.▽▽」を利用して、「△△△@□□□.Co.jp」というメールアドレスからAに対して電子メールを送信した者」

と記載した訴状（本件訴状）を提出して各損害賠償を求める訴えを提起するとともに、Bを嘱託先とする調査嘱託（照会事項は、Xら主張被告1の氏名及び住所）を申し立てるなどした。

原々審裁判長は、Xらに対し、Xら主張被告1を特定すべき旨の補正命令（本件補正命令）を発したが、Xらがこれに応じなかったので、本件訴状を却下する旨の原々命令（本件訴状却下命令）をした。

(3)　本件訴状却下命令に対し、Xらが即時抗告をしたが、原審は、要旨次のとおり判断して、Xらの抗告をいずれも棄却した。

ア　訴えの提起に当たり、民訴法133条2項1号及び民訴規則2条1項1号は、訴状において、他人と区別できる程度に、氏名又は名称によって被告を特定することを求めているものというべきである（大判明39・4・18民録12・617）。

Xら主張被告1の表示は、「ある時点で、あるIPアドレスを利用して、あるメールアドレスから電子メールを送信した者」を被告とするというものであり、Xらの主張によれば、Xら主張被告1は、他の複数のメールアドレスからも同様の電子メールを送信しているというのであるから、Xら主張被告1が氏名又は名称によって被告を特定するものではないことは明らかであるし、特定の私人と結び付いた通称又はそれに類するものによって被告を特定するものでもない。Xらの責任ですべき被告の特定のために裁判所が調査嘱託を行うべき法的根拠はない。

イ　訴状における被告の表示が、本来漢字で表記されるべき氏名や名称が片仮名で表示されていた場合や、本名が不明なため通称や偽名を表記したような場合において、その呼称が特定の私人と結び付くものと認められるときは、前記アに反しないと解する余地もあるが、その場合に訴状等の送達のために調査嘱託を行うべきか否かは、本件とは異なる問題である。Xらの引用する高裁判例（名古屋高金沢支平16・12・28公刊物未登載）は前記問題に関するものと解され、本件とは事案を異にするというべきである。

Ⅰ　民事訴訟法　　　　　　　　　　　　　　　　　　　　　　　　　733

　ウ　以上のとおり、本件訴状（訴えの変更申立書を含む。）は被告の特定を欠く不適法なものであり、Xらは、被告の特定を求める本件補正命令に従わなかったのであるから、本件訴状却下命令は相当である。

　(4)　これに対し、Xらが、本件訴状記載の被告の表示によりXら主張被告1は特定されており、仮にそうでないとしても、訴えの提起と同時にXらが申し立てた被告の氏名及び住所の特定のための調査嘱託を実施せずに直ちに訴状を却下することは許されないと解すべきであるのに、これと異なる本件訴状却下命令を是認した原決定は、前掲高裁判例と相反し、民訴法133条2項1号の解釈適用を誤った違法があると主張して、抗告許可の申立てをした。

　(5)　本決定は、「所論の点に関する原審の判断は、是認することができる。所論引用の判例は、事案を異にし、本件に適切でない。論旨は採用することができない。」と判示して、抗告を棄却した。

　本件の実質はインターネット通信の仕組みを前提とした認定問題であったように思われる。

5　文書提出命令

【6】25(許)34（△一小、平26・1・16、棄却。原審高松高決平25・9・26、原々審徳島地決平25・7・3)

　(1)　文書提出命令申立事件において、文書提出義務（民訴法220条3号前段、4号）の存否が問題となった事案である。

　(2)　Xは、平成21年9月17日及び同月21日に、イタリアから日本国内のXの肩書住所地宛てに国際郵便小包2個を発送した（本件小包）。

　XがYに対し、Yの職員によって本件小包が特定の第三者（本件受領者）方に誤配達されたためXに配達されなかったとして、主位的には、誤配達という不法行為に基づき、予備的には、第三者に誤配達したことが明らかであるにもかかわらず、警察に被害届を出すなどの適切な対応をとらなかったため、Xが本件小包を取り戻すことができなくなったなどとして、不法行為に基づき、損害賠償を求めた。

　Yが本件小包を誤配達した事実及び誤配達を知りながらあえてXに知らせず、適切な措置をとらなかった事実を証明するためであるとして、Xが、Yに対し、その所持する各文書（本件小包に係る国際郵便小包の配達証及び同控え並びに本件小包の可能性がある小包と共に本件受領者に配達された国際郵便小包の配達証及び同控え。本件各文書）につき、民訴法220条3号前段、4号を根拠に提出を求めた。これに対し、Yは、本件各文書の写しを所持しているが、郵便法8条に基づく守秘義務に違反するおそれがあることから外部に開示することが予定されない自己利用文書であるなどと主張して提出義務を争った。

　(3)　原審は、本件申立てを却下すべきものとした。その理由の概要は次のとおりである。

　ア　本件各文書は民訴法220条3号前段に該当するか

本件各文書は、配達支店担当者が配達証控えに受取人氏名等を記載して配達証から剥がして保管し、配達担当者が配達先で配達証に受領印又は証明をもらうというものであって、その作成目的、記載内容、保管ないし使用の経緯等からして専らY内部での配達業務の過程の管理及び確認等のために作成されるものであり、追跡用番号が付され郵便事故の際の追跡調査に資する面はあるとしても、Xの法的地位、権利ないし権限を直接明らかにするものとはいえず、民訴法 220 条 3 号前段に該当する文書とは認められない。

　　イ　本件各文書につき同条 4 号ニの提出義務の除外事由があるか。
　(ｱ)　ある文書が、その作成目的、記載内容、これを現在の所持者が所持するに至るまでの経緯、その他の事情から判断して、専ら内部の者の利用に供される目的で作成され、外部の者に開示することが予定されていない文書であって、開示されると個人のプライバシーが侵害されたり個人ないし団体の自由な意思形成が阻害されたりするなど、開示によって所持者の側に看過し難い不利益が生ずるおそれがあると認められる場合には、特段の事情がない限り、当該文書は同号ニ所定の「専ら文書の所持者の利用に供するための文書」に当たると解するのが相当である（最二小決平 11・11・12 民集 53・8・1787）。
　(ｲ)　本件各文書は、いずれも Y 内での配達完了までの過程を管理し、最終的には配達完了を確認するために作成される文書であり、配達先の住所氏名、受領者の署名又は押印があることから、いずれも小包の受領者が何人であるかを特定するに足りる事項の記載がある文書といえる。そして、その作成目的、記載内容、所持に至る過程その他の事情からして、専ら内部の者の利用に供する目的で作成され、外部に開示することが予定されていない文書であって、開示されると通信の秘密や個人のプライバシーが侵害されるおそれがあるものといえるから、特段の事情がない限り、「専ら文書の所持者の利用に供するための文書」に当たるというべきである。そして、「特段の事情」に当たる事情は認められない。
　(4)　これに対し、X が抗告許可の申立てをした。
　(5)　本決定は、「所論の点に関する原審の判断は、正当として是認することができる。論旨は採用することができない。」と判示して、抗告を棄却した。

　本件は、民訴法 220 条 4 号ニの該当性に関する前掲最二小決平 11・11・12 民集 53・8・1787、判時 1695・49 の示した判断枠組みを前提に、その当てはめが問題となった個別性の高い事案であった。

【7】25(許)37（△三小、平 26・2・18、棄却。原審大阪高決平 25・10・11、原々審京都地決平 25・7・5）
　(1)　文書提出命令申立事件において、当該文書が提出を拒むことができる自己利用文書（民訴法 220 条 4 号ニ）、又は技術又は職業上の秘密を記載した文書（同号ハ）に該当するか否かが問題となった事案である。
　(2)　基本事件は、適格消費者団体（消費者契約法 2 条 4 項）である X が、消費

者契約(同条3項)である挙式披露宴実施契約を締結している事業者Yに対し、Yが使用する契約書用紙に係る違約金条項(本件条項)は、社団法人A協会が作成した報告書に取りまとめられた違約金の上限を定めるモデル約款に係る上限金額によるものであり、本件条項の違約金額は、当該消費者契約の解除に伴い当該事業者に生ずべき平均的な損害の額を超えている(同法9条1項)などと主張して、同法12条に基づき、キャンセル料につき本件条項を内容とする意思表示の差止めを求めるとともに、本件条項が記載された契約書用紙の破棄等を求める訴訟である。

Xが「平均的な損害」の算定に必要なYにおける挙式披露宴実施契約の解除後の再販率が、Xの主張する再販率を下回らないことを立証するため、一定期間内においてYが施行した全ての挙式披露宴についての施行日、開始時間、終了時間、施行会場名、施行業者名、契約締結日が記載された文書又はこれらの情報が記録された電磁的記録(本件文書)につき、本件文書提出命令の申立てをした。

(3) 原審は、本件文書の提出義務は認められないとして、本件申立てを却下すべきものとした。その理由の概要は次のとおりである。

ア 自己利用文書(民訴法220条4号ニ)該当性について

Yが保有するデータは、Yにおいて、経営戦略を策定するための分析資料として保存されたもので、顧客や第三者に開示・公表することを目的として保存されたものでないことが推認されるから、本件文書は専ら内部の者の利用に供する目的で作成され、外部の者に開示することが予定されていない文書に該当することは明らかである。本件文書が大量のデータからなり、経営戦略を策定する上で有用な情報を抽出し得る情報が盛り込まれたものであることなどからすると、Yが本件文書の開示を余儀なくされるとすれば、大量の情報の整理保存を制御せざるを得なくなり、こうした情報に基づいた客観的で的確な意思形成や事業の展開が困難になるから、開示により不利益が生ずるおそれがある。特段の事情の有無についても、Xによる疎明がされているとはいえない。

イ 職業の秘密が記載された文書(民訴法220条4号ハ、197条1項3号)該当性について

本件文書について、これを秘匿することについて客観的に保護に値する利益のある情報が記載されていると解すべきであり、これを開示したときは、Yが本件文書という大量のデータを保有できていること自体の価値が下落するだけでなく、本件文書に盛り込まれたデータを解析することにより得られる経営戦略上有益な情報の価値が下落し、同業他社との顧客獲得競争に深刻な影響が生ずることがうかがえるから、本件文書は職業の秘密が記載された文書に該当する。

(4) これに対し、Xが、原審の判断には、民訴法220条4号ハ、ニ及び197条1項3号の解釈を誤った法令違反があるなどとして、抗告許可の申立てをした。

(5) 本決定は、「所論の点に関する原審の判断は、正当として是認することができる。論旨は採用することができない。」と判示して、抗告を棄却した。

【8】26(許)16(△一小、平26・7・24、棄却。原審東京高決平26・3・27、原々審東京地決平25・9・30)

(1) ①文書提出義務の例外を定めた民訴法220条4号ニの「専ら文書の所持者の利用に供するための文書」に当たるか否か、②文書の一部についてその提出を命ずることができるか否かが問題となった事案である。

(2) 本件の基本事件は、A株式会社の株主であるXが、平成19年7月以降Aの取締役であるY（平成22年4月以降は代表取締役）に対し、Yが特定の政治家に対し、パーティー券の購入、接待、選挙応援等の利益供与を行ったことは法令に違反する任務懈怠行為に当たり、これによりAに損害を与えたなどとして、YにおいてAに損害賠償金を支払うことを求める株主代表訴訟である。

Xが、Aが出席予定人数を超える人数分のパーティー券を継続的に購入していた事実を証明すべき事実として、民訴法220条4号に基づき、平成19年7月1日から平成23年3月31日までに、Bほか12名からAが購入したパーティー券に対応する各政治資金パーティーにつき、その月に開催されたパーティーへの出席者が記載されたAの調査部の政治担当者作成に係る月次資料（本件文書）について、文書提出命令の申立て（本件文書提出命令申立て）をした。

(3) 原審は、要旨次のとおり判断して、本件文書提出命令申立てを却下すべきものとした。

ア ある文書が、その作成目的、記載内容、所持に至る経緯、その他の事情から判断して、専ら内部の者の利用に供する目的で作成され、外部の者に開示することが予定されていない文書であって（外部非公開性）、開示されると個人のプライバシーが侵害されたり個人ないし団体の自由な意思形成が阻害されたりするなど、開示によって所持者の側に看過し難い不利益が生ずるおそれがある（開示不利益性）と認められる場合には、特段の事情がない限り、当該文書は自己利用文書に当たると解される（最二小決平11・11・12民集53・8・1787）。

イ 本件文書を含む報告書（本件報告書）は、Aの調査部が1箇月間に行った政治的活動（選挙応援、パーティーへの参加等）や政界の動向について、調査部長が担当役員に報告する際の資料として調査部内で作成された文書である。また、本件報告書には、Aが関心を有している政治関連の事項（税制改正、規制改革等）についての動向や、Aが選挙応援のために訪問した国会議員の氏名等が記載されているとともに、政治資金パーティーに関しては、パーティーを主催した国会議員の氏名及びパーティーの日付と対応する形で、Aから出席した者の氏名及び役職（パーティーによっては、地方支社名）が記載されている。このような本件報告書の作成目的、記載内容に照らせば、本件報告書及びその一部である本件文書は、外部非公開性の要件を満たす。

Aが、特定の国会議員のパーティーに、どのような役職にある者を何名参加させるかは、Aが、パーティーを主催する国会議員との関係や当該国会議員のAにとっての重要度を踏まえて決定するものであるところ、本件文書が公開されてしま

うと、どの国会議員のパーティーにどのような役職にある者が何名参加したのかが明らかとなってしまい、その結果、国会議員との信頼関係を構築することが困難となって、今後Ａが国会議員から政治的事項に関する有用な情報を得ることが困難になることが予想される。そうすると、本件文書が公開されれば、Ａにおいて、パーティーへの参加を含む国会議員との交流に関する自由な意思決定をすることが妨げられるばかりでなく、Ａが関心を有する政治的事項に関する情報収集にも支障が生ずることが予測されるから、開示不利益性の要件も満たす。

　この点につき、Ｘは、本件文書の不開示によって守られるＡの利益は、特定の国会議員と癒着関係を構築する利益にすぎず、このような不当な利益は、開示不利益性の要件で保護されるべき利益ではない旨主張する。

　しかし、株式会社は、一定の営利事業を営むことを本来の目的とするものであるところ、事業を遂行する上で納税の義務を負担するほか、種々の規制を受ける立場にあることに鑑みると、国や政党の政策について、支持、推進を求めるもの、又は反対するものがあることは当然のことであり、これらの政治的行為をする自由を有することを否定することはできない。こうした観点からすると、Ａの前記利益は正当なものであって、Ｘの主張は採用できない。

　ウ　Ｘは、本件文書の全部開示を命ずることができなければ部分開示をすべきであるとして、例えば、国会議員の氏名やＡの参加者の役職名を非開示とし、参加人数のみが明らかになる形で開示を命ずるなど、開示不利益性の要件が問題とならないような部分開示を命ずるべきである、Ｘの立証趣旨との関係では、どの国会議員のパーティーについて、何名のＡ関係者が参加したかは開示される必要があり、Ｘの立証上必ずしも必要ではない情報についてはマスキング等をした上での開示も許容する旨を主張する。

　一通の文書の記載中に提出の義務があると認めることができない部分があるときは、特段の事情のない限り、当該部分を除いて提出を命ずることができる。Ｘは本件文書の具体的内容を見ていないから、Ｘに対してその内容を把握していることを前提とするような特定を求めることは相当でない場合があるといい得るが、本件文書はＡの調査部の政治担当者作成に係る月次資料であるところ、当該文書について、本件でＸが求める部分開示の対象は、同文書のうち除かれるべき部分を具体的に特定したものではないことによると、提出すべき対象が具体的には特定されていないと解さざるを得ない。特定の国会議員のパーティーについてＡ関係者が参加した人数の部分のみが対象であるとしても、提出を求められるＡとしては、Ｘの立証趣旨との関係をみた上で当該文書が存在するかどうかについて検討する必要があると考えられることによると、文書提出命令を求める文書の内容として十分に特定されているかどうか疑問であるといわざるを得ない。また、一通の文書の中で非開示とすべき部分が多岐にわたる場合には、Ａに対し、Ｘの立証上必要な形に編集することを求めることにつながりかねない。

　以上検討したところによると、本件において部分開示を求めるＸの主張は採用

(4)　これに対し、Xが、原審の判断には、①本件文書は、事実を報告するにすぎず、開示されてもAの自由な意思形成を阻害するものではない上、これが開示されないことによって得られる利益とされる政治的事項に関する情報収集の利益は、保護に値するものではないから、本件文書につき開示不利益性の要件が満たされるとした原審の判断は、最二小決平18・2・17民集60・2・496に反する、②本件文書が一般的・類型的には自己利用文書に当たるとしても、基本事件の審理の状況等に照らすと、本件文書が自己利用文書には当たらない特段の事情があるにもかかわらず、この特段の事情があると認めなかった原審の判断は、最二小決平13・12・7民集55・7・1411等に反する、③提出されるべき本件文書の部分が特定されていないとして本件文書の一部についての提出を命じなかった原審の判断は、Xに不可能を強いるものであり、最三小決平23・10・11民集238・35に反する（ただし、引用するのは田原裁判官の補足意見の部分である。）と主張して、抗告許可の申立てをした。

　(5)　本決定は、「所論の点に関する原審の判断は、正当として是認することができる。論旨は採用することができない。」と判示して、抗告を棄却した。

【9】 26(許)25（△一小、平26・9・25、棄却。原審高松高決平26・6・12、原々審高松地丸亀支決平25・12・19）

　(1)　文書提出命令申立てにつき、民訴法220条4号ロ該当性が問題となった事案である。

　(2)　A県B市の市議会議員であるXは、同じく市議会議員であるYに対し、Yが平成24年5月下旬から同年6月中旬にかけて、「Y市政報告」と題する文書（被告文書）を、同市内全域の一般世帯及び事業所に配布して、Xの名誉を毀損したとして、不法行為に基づく損害賠償金の支払を求めた（基本事件）。被告文書には、XがB市の税務課の職員を脅して課税されないようにしたなどの記載があるところ、Xは、その記載内容に虚偽があり、Xの社会的評価を著しく低下させると主張し、Yは、これは真実であると主張して、その記載内容の真実性が争点となっている。

　本件は、前記基本事件において、YがB市に対し、被告文書の内容の真実性を立証するため、文書1（本件文書1）及び2（本件文書2）の提出を求めたものである（本件文書提出命令申立て）。

　(3)　原審は、要旨次のとおり判断して、本件文書提出命令申立てを却下すべきものとした。

　　ア　本件文書1について

　いわゆるインカメラ手続（民訴法223条6項）の結果によれば、本件文書1は、建築物の固定資産税に係る課税・徴収手続におけるXの家屋評価等についての決裁文書である。同文書には、①Xの所有財産に関する事項、②Xからの聴取事項

等、③家屋評価等に関する調査経過、④家屋評価等の処理方針に関する判断事項、⑤上司による具体的な指示内容等が時系列に沿って事実経過を記載した部分を含めて、混然一体として記載されている。

前記①〜③は、公務員が職務遂行上知ることができた私人の秘密であり、その公表により、税務調査に協力してもその内容が公にされないという信頼を損ね、ひいては、税務調査に対する円滑な協力を得ることを困難にし、公務の公正かつ円滑な運営に支障を来すことになる。また、前記④及び⑤も公務員の所掌事務に関する秘密である。

本件文書1には前記①〜⑤が混然一体として記載されており、本件文書1は「公務員の職務上の秘密に関する文書」に該当する。

前記④及び⑤は、処理方針に関する判断事項や上司の指示等が記載された行政内部の意思形成過程に関する情報であり、これが公になった場合には、固定資産税の課税調査における判断の要点等が明らかとなり、納税義務者において適正な課税調査等を免れることが容易となり、また、行政内部の意思形成過程に関する情報が記載されているから、行政の自由な意思決定が阻害され、公務の著しい支障を生ずる具体的なおそれがある。

また、前記①〜③についても、調査結果等が具体的に記載されるなど、税務調査に関する具体的手法に関する情報が公にされるおそれがあり、これと、前記のような私人との信頼関係に係る問題を併せ考慮すれば、その提出により公務の遂行に著しい支障が生ずる具体的なおそれがある。

以上によれば、本件文書1は、民訴法220条4号ロに該当する。

イ　本件文書2について

インカメラ手続の結果によれば、本件文書2は、住民監査請求の監査手続において、関係人に対する事情聴取結果を議事録の形式で記録化したものである。

これには、前記建築物の固定資産税の賦課徴収手続に関する調査経過のみならず、内部での検討経過や判断結果等が、事情聴取対象者の認識、意見、さらには心情等と共に記載されており、全体として、「公務員の職務上の秘密に関する文書」に該当する。

本件文書2には、発言内容は全部非公開になるとの前提で、監査委員が事情聴取対象者から事情聴取を行った内容につき、事情聴取対象者ごとに作成された複数の議事録からなる文書であり、問答形式のままおおむね逐語的に記載され、事実関係のみならず、個人的な意見や心情等に関してもそのまま記載されている。そうすると、これが公にされた場合には、今後関係人からの協力が得られなくなったり、率直な供述が得られなくなったりすることにより、適正な監査を行う上で不可欠の前提となる事実の正確な把握が困難になるなど、公務の遂行に著しい支障が生ずる具体的なおそれがある。

以上によれば、本件文書2は、民訴法220条4号ロに該当する。

(4)　これに対し、Xが抗告許可の申立てをした。

(5)　本決定は、「所論の点に関する原審の判断は、正当として是認することができる。論旨は採用することができない。」と判示して、抗告を棄却した。
　民訴法220条4号ロ該当性については、最三小決平17・10・14民集59・8・2265がその判断基準を示しており、本件はその当てはめだけが問題となっている個別性の高い事案のように思われる。抗告の許可には検討の余地があったように思われる。

【10】 26(行フ)3（○二小、平26・10・29、破棄・自判、集民248・15。原審広島高岡山支決平26・5・29、原々審岡山地決平26・2・24）

　(1)　文書提出命令申立てについて、民訴法220条4号ニ所定の「専ら文書の所持者の利用に供するための文書」（自己利用文書）に当たるか否かが問題となった事案である。
　(2)　本件の経緯等は、次のとおりである。
　ア　岡山県に主たる事務所を有する特定非営利活動法人であるXは、地方自治法242条の2第1項4号に基づき、県知事に対し、県議会の議員であるAらが平成22年度に受領した政務調査費のうち使途基準に違反して支出した金額に相当する額について、Aらに不当利得の返還請求をすることを求める訴えを本案事件として提起している。
　本件は、Xが、Aらの所持する平成22年度分の政務調査費の支出に係る1万円以下の支出に係る領収書その他の証拠書類等及び会計帳簿（本件各文書）について、文書提出命令の申立てをした事案であり、Aらは、本件各文書は民訴法220条4号ニ所定の「専ら文書の所持者の利用に供するための文書」に当たると主張している。
　イ　県では、地方自治法（平成24年法律第72号による改正前のもの。以下同じ。）100条14項及び15項の規定を受けて、岡山県議会の政務調査費の交付に関する条例（平成13年岡山県条例第43号。本件条例）及び本件条例の委任に基づく岡山県議会の政務調査費の交付に関する規程（平成13年岡山県議会告示第1号。本件規程）が定められ、県議会の議員に対して政務調査費を交付することとされている。
　平成21年岡山県条例第34号による改正（平成21年条例改正）前の本件条例は、政務調査費の交付を受けた議員は、政務調査費に係る収入及び支出の報告書（収支報告書）を各年度ごとに所定の様式により議長に提出しなければならない旨（8条1項）、議長は、政務調査費の適正な運用を期すため、収支報告書が提出されたときは必要に応じ調査を行うものとする旨（9条）、議長は提出された収支報告書をその提出すべき期間の末日の翌日から起算して5年を経過する日まで保存しなければならず、何人も議長に対し収支報告書の閲覧を請求することができる旨（11条1項、2項）を規定し、平成21年岡山県議会告示第1号による改正（平成21年規程改正）前の本件規程は、議長は提出された収支報告書を知事に送付するものとする

旨（5条）を規定していた。しかるところ、平成21年4月1日以後に交付される政務調査費について適用される平成21年条例改正後の本件条例（ただし、平成24年岡山県条例86号による改正前のもの。以下同じ。）においては、収支報告書には、当該収支報告書に記載された政務調査費の支出（1件当たりの金額が1万円を超えるものに限る。）に係る領収書の写しその他の議長が定める書類（領収書の写し等、収支報告書等）を添付しなければならない旨定められ（8条3項）、前記の書類は、収支報告書と共に議長による保管及び議長に対する閲覧の請求の対象とされることとされ（11条1項、2項）、平成21年規程改正後の本件規程（ただし、平成24年岡山県議会告示第2号による改正前のもの。以下同じ。）においては、本件条例8条3項の議長が定める書類は、領収書の写しその他の支出を証すべき書面であって当該支出の相手方から徴したものの写し（社会慣習その他の事情によりこれを徴し難いときは、金融機関が作成した当該支出に係る振込みの明細書の写し又は支払証明書）とする旨定められ（5条1項）、議長は前記の書類（領収書の写し等）を含む収支報告書等の写しを知事に送付するものとされた（6条）。なお、平成21年規程改正の前後を通じて、本件規程は、議員は、政務調査費の支出について会計帳簿を調製するとともに証拠書類等を整理保管し、これらの書類を当該政務調査費に係る収支報告書等を提出すべき期間の末日の翌日から起算して5年を経過する日まで保存しなければならない旨を規定している（前記改正前の6条、同改正後の7条）。また、本件条例に基づき定められた収支報告書の様式を見ると、使途基準に従って支出した項目ごとにその支出額の合計と主たる支出の内訳につき概括的な記載が予定されており、個々の支出の金額や支出先、当該支出に係る調査研究活動の目的や内容等を具体的に記載すべきものとはされておらず、議長が収支報告書等について具体的に採ることのできる調査の方法も、本件条例及び本件規程において定められていない。

　(3)　原審は、要旨次のとおり判示し、本件各文書は民訴法220条4号ニ所定の「専ら文書の所持者の利用に供するための文書」に当たると判断して、これに当たらないとしてＡらに対し本件各文書の提出を命じた原々決定を取り消し、本件申立てを却下すべきものとした。

　ア　本件規程により議員に調製及び整理保管が義務付けられている領収書その他の証拠書類等及び会計帳簿のうち、1万円を超える支出に係る領収書その他の証拠書類等については、平成21年条例改正後の本件条例により、その写しを収支報告書に添付して議長に提出しなければならないとされているものの、これを除く領収書その他の証拠書類等及び会計帳簿については、議長等による事情聴取に対し確実な証拠に基づいてその説明責任を果たすことができるようにその基礎資料を整えておくことを求めたものであり、議長等の第三者による調査等の際にこれらを提出させることまで予定したものではないと解するのが相当である。そうすると、1万円以下の支出に係る領収書その他の証拠書類等及び会計帳簿である本件各文書は、専ら所持者の利用に供する目的で作成され、外部の者に開示することが予定されてい

ない文書であると認められる。
　イ　本件各文書が外部に開示された場合に、県議会の議員であるＡらの調査研究活動が執行機関や他の会派等からの干渉によって阻害され、又は第三者のプライバシーが侵害されるおそれがあると認められる。
　(4)　これに対し、Ｘが、抗告許可の申立てをした。
　(5)　本決定は、次のとおり判示して、原決定を破棄し、原々決定に対する抗告を棄却した。

　「(1)　ある文書が、その作成目的、記載内容、これを現在の所持者が所持するに至るまでの経緯、その他の事情から判断して、専ら内部の者の利用に供する目的で作成され、外部の者に開示することが予定されていない文書であって、開示されると個人のプライバシーが侵害されたり個人ないし団体の自由な意思形成が阻害されたりするなど、開示によって所持者の側に看過し難い不利益が生ずるおそれがあると認められる場合には、特段の事情がない限り、当該文書は民訴法220条4号ニ所定の「専ら文書の所持者の利用に供するための文書」に当たると解するのが相当である（最高裁平成11年（許）第2号同年11月12日第二小法廷決定・民集53巻8号1787頁、最高裁平成17年（行ツ）第2号同年11月10日第一小法廷決定・民集59巻9号2503頁、最高裁平成21年（行ツ）第3号同22年4月12日第二小法廷決定・裁判集民事234号1頁等参照）。
　(2)　これを本件各文書についてみると、次のとおりである。
　ア　地方自治法100条14項は、「普通地方公共団体は、条例の定めるところにより、その議会の議員の調査研究に資するため必要な経費の一部として、その議会における会派又は議員に対し、政務調査費を交付することができる。」と規定し、同条15項は、「政務調査費の交付を受けた会派又は議員は、条例の定めるところにより、当該政務調査費に係る収入及び支出の報告書を議長に提出するものとする。」と規定している。
　これらの規定による政務調査費の制度は、議会の審議能力を強化し、議員の調査研究活動の基盤の充実を図るため、議会における会派又は議員に対する調査研究の費用等の助成を制度化し、併せて政務調査費の使途の透明性を確保しようとしたものである。もっとも、これらの規定は、政務調査費の使途の透明性を確保するための手段として、条例の定めるところにより政務調査費に係る収入及び支出の報告書を議長に提出することのみを定めており、地方自治法は、その具体的な報告の程度、内容等については、各地方公共団体がその実情に応じて制定する条例の定めに委ねることとしている。
　イ　本件条例においては、平成21年条例改正により、政務調査費の交付を受けた議員は収支報告書に1万円を超える支出に係る領収書の写し等を添付して議長に提出しなければならず、何人も議長に対して当該領収書の写し等の閲覧を請求することができることとされたものである。

議員による個々の政務調査費の支出について、その具体的な金額や支出先等を逐一公にしなければならないとなると、当該支出に係る調査研究活動の目的、内容等を推知され、当該議員の活動に対して執行機関や他の議員等からの干渉を受けるおそれが生ずるなど、調査研究活動の自由が妨げられ、議員の調査研究活動の基盤の充実という制度の趣旨、目的を損なうことにもなりかねず、そのような観点から収支報告書の様式も概括的な記載が予定されているものと解されるが、上記のような改正後の本件条例の定めに鑑みると、平成 21 年条例改正は、従前の取扱いを改め、政務調査費によって費用を支弁して行う調査研究活動の自由をある程度犠牲にしても、政務調査費の使途の透明性の確保を優先させるという政策判断がされた結果と見るべきものである。

そして、平成 21 年条例改正後の本件条例の定めは、1 万円を超える支出に係る領収書の写し等につき議長への提出を義務付けており、1 万円以下の支出に係る領収書の写し等についてまでこれを義務付けてはいないが、議員が行う調査研究活動にとっては、一般に、1 万円以下の比較的少額の支出に係る物品や役務等の方が 1 万円を超えるより高額の支出に係る物品や役務等よりもその重要性は低いといえるから、前者の支出に係る金額や支出先等を公にされる方が、後者の支出に係る金額や支出先等を公にされるよりも上記の調査研究活動の自由を妨げるおそれは小さいものといえる。そうすると、平成 21 年条例改正後の本件条例における領収書の写し等の提出に係る上記の定めは、1 万円以下の支出に係る領収書その他の証拠書類等につきおよそ公にすることを要しないものとして調査研究活動の自由の保護を優先させたものではなく、これらの書類に限って議長等が直接確認することを排除する趣旨に出たものでもないと解されるのであって、領収書の写し等の作成や管理等に係る議員や議長等の事務の負担に配慮する趣旨に出たものと解するのが相当である。

また、本件条例の委任を受けた本件規程においては、政務調査費の支出につき、その金額の多寡にかかわらず、議員に対して領収書その他の証拠書類等の整理保管及び保存が義務付けられているところ、以上のような平成 21 年条例改正の趣旨に鑑みると、同改正後の本件条例の下では、上記領収書その他の証拠書類等は、議長において本件条例に基づく調査を行う際に必要に応じて支出の金額の多寡にかかわらず直接確認することが予定されているものと解すべきである。

そして、本件規程においては、議員に対して会計帳簿の調製及び保存も義務付けられているところ、会計帳簿は、領収書その他の証拠書類等を原始的な資料とし、これらの資料から明らかとなる情報が一覧し得る状態で整理されたものであるといえるから、上記領収書その他の証拠書類等と同様に、平成 21 年条例改正後の本件条例の下では、議長において本件条例に基づく調査を行う際に必要に応じて直接確認することが予定されているものと解すべきである。

そうすると、上記の領収書その他の証拠書類等及び会計帳簿である本件各文書は、外部の者に開示することが予定されていない文書であるとは認められないとい

うべきである。

(3) 以上によれば、本件各文書は、民訴法220条4号ニ所定の「専ら文書の所持者の利用に供するための文書」に当たらないというべきである。

これと異なる原審の前記判断には、裁判に影響を及ぼすことが明らかな法令の違反がある。論旨は理由があり、原決定は破棄を免れない。そして、以上説示したところによれば、相手方らに対し本件各文書の提出を命じた原々決定は正当であるから、原々決定に対する抗告を棄却することとする。」

本件は、自己利用文書該当性の要件に関する前掲最二小決平11・11・12民集53・8・1787の判断枠組みを前提に、本件の領収書その他の証拠書類及び会計帳簿は、「専ら内部の者の利用に供する目的で作成され、外部の者に開示することが予定されていない文書」に当たるものとはいえないとしたものであり、内部文書性が否定される場合の具体例を示したものとして実務上参考になると思われる。

6 再 審

【11】26(許)10（△一小、平26・6・26、棄却。原審大阪高決平26・2・17）

(1) 民訴法338条1項7号の再審事由の有無等が問題となった事案である。

(2) Aの相続人であるXは、AとBとの間で昭和42年3月に締結された交換契約（本件交換契約）により、AがBから甲土地を譲り受けたと主張して、Bの相続人であるYに対し、本件交換契約に基づき、甲土地から分筆された土地2筆（本件土地）の引渡し及びXへの所有権移転登記手続を求めた（前訴）。前訴における争点は、本件交換契約が締結されたか否かであり、平成2年6月、本件交換契約によりAからBに譲渡されたはずの乙土地を担保にXが6000万円の融資を受けたことについて、Xは、Yの依頼によるもので、6000万円はAからC（Yの親族）を通じてYに交付された旨主張したが、Yは、Xの主張を全面的に争い、1審における本人尋問で、宣誓の上、「平成2年6月頃にYがCを通じて6000万円を受領したことはない」旨陳述した（本件陳述）。前訴においては、前記Xの主張を排斥するなどして、Xの請求を棄却する旨の判決（前訴判決）が言い渡され、その後確定した。ところが、Xは、前訴の控訴審判決の言渡し直前に発見したというY名義の「領収書」の原本（本件領収書）によれば、本件陳述は虚偽であるとして、「過料の裁判の申立書」と題する書面を前訴の1審裁判所に提出した。同裁判所は、本件領収書は真正に成立したものであるから、本件陳述は虚偽の陳述であるとして、職権により、Yを過料10万円に処する旨の決定をし、同決定はその後確定した。そこで、Xが、前訴判決につき、民訴法338条1項7号の再審事由（宣誓した被告の虚偽の陳述が判決の証拠となったこと）があるとして、再審の訴えを提起した。

(3) 原審は、本件領収書が偽造文書であるとは認められず、本件陳述は虚偽のものと認められるから、前訴には民訴法338条1項7号の再審事由があるとして、前訴につき再審を開始する旨の決定をした。

I 民事訴訟法

(4) これに対し、Yが、原審の判断には判例（最三小判平6・10・25集民173・189）違反がある（本件領収書は前訴の判決確定前に収集されているから、民訴法338条1項ただし書により再審請求は許されない。）、本件領収書は偽造文書であると主張して、抗告許可の申立てをした。

(5) 本決定は、「所論の点に関する原審の判断は、是認することができる。論旨は採用することができない。」と判示して、抗告を棄却した。

論旨引用に係る判例は、民訴法338条2項後段の要件を主張する場合についてのものであり、同項前段の要件を主張する本件とは事案を異にする。同項前段の要件を主張する場合についての最三小判昭47・5・30民集26・4・826によれば、虚偽の供述につき前訴の判決確定後に過料の裁判が確定した本件には、同条1項ただし書の適用はないといえよう。なお、本件領収書が偽造文書であるか否かは、個別性の高い認定判断の問題であるが、本決定後の本案訴訟では、本件領収書が真正に成立したとは認められないなどとして、Xの請求を棄却する旨の判決が言い渡され、その後確定している。

【12】25(許)35（○一小、平26・7・10、破棄・自判、集民247・49。原審東京高決平25・9・27、原々審新潟地高田支決平25・5・2）

(1) 再審の訴えと共にした独立当事者参加の申出の適否が問題となった事案である。

(2) 相手方Yらを原告とし、相手方Z株式会社を被告として提起された株式会社の解散の訴えに係る請求を認容する確定判決につき、Z会社の株主であるXが、前記訴えに係る訴訟の係属を知らされずその審理に関与する機会を奪われたから、前記確定判決につき民訴法338条1項3号の再審事由があるなどと主張して、前記訴訟について独立当事者参加の申出をするとともに、再審の訴えを提起した。再審訴状には、前訴について独立当事者参加の申出をする旨の記載はあるものの、独立の請求の記載はなく、単に前訴に係る請求の棄却を求めるにすぎないものであった。

(3) 原々審及び原審は、Xは前訴の確定判決につき再審の訴えの原告適格を有するというべきであると判断した上で、本件再審請求には理由がないとしてこれを棄却すべきものと判断した。その理由の概要は次のとおりである。

ア Xの当事者適格

Xは、前訴の訴え提起前から、Z会社の株主であり、株主として前訴判決の効力（対世効）を受ける立場にあるところ、株式会社が解散するかどうかは、当該株式会社の株主に重要な影響を及ぼす事項であるから、Xは、前訴判決の取消しにつき固有の利益を有する第三者に当たるというべきであり、本件再審の訴えの原告適格を有するというべきである。

イ 再審事由の有無

前訴判決は、会社法838条により第三者に対してもその効力を有し、これによっ

て、Xのいうように第三者の権利が害されることがあり得る。しかし、その場合に、民訴法338条1項各号の規定に当たるときは格別、その限度を超えて、前訴判決の確定により権利を害された第三者であること自体をもって、同項3号の代理権欠缺ないしこれに準じた再審事由に当たると認めることはできない。

(4) これに対し、Xが、効力が第三者に及ぶ会社の組織に関する訴えについて、訴訟の当事者でない者の関与なしに当該第三者の権利を害する詐害判決がされた場合に、民訴法338条1項3号に準じた再審事由があるということはできないとした原審の判断には、判例違反があると主張して、抗告許可の申立てをした。

(5) 本決定は、本件再審の訴えの適否について、職権により次のとおり判示して、原決定を破棄し、原々決定を取り消した上で、本件再審の訴えを却下する旨の自判をした。

「新株発行の無効の訴えに係る請求を認容する確定判決の効力を受ける第三者は、上記確定判決に係る訴訟について独立当事者参加の申出をすることによって、上記確定判決に対する再審の訴えの原告適格を有することになる（最高裁平成24年(許)第43号同25年11月21日第一小法廷決定・民集67巻8号1686頁参照）。この理は、新株発行の無効の訴えと同様にその請求を認容する確定判決が第三者に対してもその効力を有する株式会社の解散の訴えの場合においても異ならないというべきである。

そして、独立当事者参加の申出は、参加人が参加を申し出た訴訟において裁判を受けるべき請求を提出しなければならず、単に当事者の一方の請求に対して訴え却下又は請求棄却の判決を求めるのみの参加の申出は許されないと解すべきである（最高裁昭和42年(オ)第867号同45年1月22日第一小法廷判決・民集24巻1号1頁参照）。

これを本件についてみると、Xは、YらとZ会社との間の訴訟について独立当事者参加の申出をするとともに本件再審の訴えを提起したが、YらのZ会社に対する請求に対して請求棄却の判決を求めただけであって、Yら又はZ会社に対し何らの請求も提出していないことは記録上明らかである。そうすると、Xの上記独立当事者参加の申出は不適法である。なお、記録によれば、再審訴状の「再審の理由」欄には、Z会社との関係で解散の事由が存在しないことの確認を求める旨の記載があることが認められる。しかし、仮にXが上記独立当事者参加の申出につきこのような確認の請求を提出していたと解したとしても、このような事実の確認を求める訴えは確認の利益を欠くものというべきであって、上記独立当事者参加の申出が不適法であることに変わりはない。

したがって、Xが本件再審の訴えの原告適格を有しているということはできず、本件再審の訴えは不適法であるというべきである。

以上によれば、本件再審の訴えを適法なものであるとした原審の判断には、裁判に影響を及ぼすことが明らかな法令の違反があり、原決定は破棄を免れない。そし

I 民事訴訟法

て、以上に説示したところによれば、原々決定を取り消して、本件再審の訴えを却下すべきである。」

　なお、本決定には、独立当事者参加の申出に当たり請求の定立が必要かという点につき、詐害防止参加については常に請求の定立が必要であるとしなければならないかについては疑問があるとしつつ、会社法834条20号が株式会社の解散の訴えの被告適格を当該株式会社と法定していることに鑑み、請求を定立しない被告の立場で独立当事者参加の申出をすることは許されないとして、結論において多数意見に賛同する金築裁判官の意見があるほか、Xが本件再審の訴えの原告適格を有しており、本件再審の訴えは適法であるとした上で、本件確定判決には民訴法338条1項3号の再審事由があるとみる余地があるというべきであるとする山浦裁判官の反対意見がある。

　本決定は、株式会社の解散の訴えに係る請求を認容する確定判決に対する再審の訴えについても、前掲平成25年決定と同様、同判決の効力を受ける第三者が原告適格を有するためには、再審の訴えと併せて独立当事者参加の申出が必要であることを明らかにするとともに、独立当事者参加の申出に当たり請求の提出（定立）を要するかにつき、現行民訴法の下においても、請求の提出が必要であるとの前掲昭和45年判決の立場を維持することを最高裁が明らかにしたものであり、実務上意義のあるものである。

7　訴訟費用

【13】26(許)19（◎一小、平26・11・27、棄却、民集68・9・1486。原審東京高決平26・4・7、原々審東京地決平26・2・21）

　(1)　当事者が準備書面の直送をするために支出した郵便料金が、訴訟費用に含まれるか否かが問題となった事案である。

　(2)　東京地裁が、XとY間の本案訴訟につき平成25年12月6日に言い渡した判決について、Xが訴訟費用額確定処分の申立てをしたことから、裁判所書記官は、平成26年2月10日付けで「YはXに対し5195円を支払え。」との訴訟費用額確定処分（本件訴訟費用額確定処分）をした。これに対し、Xが、民訴規則83条1項により当事者が準備書面の直送をするために要した支出が含まれていないなどとして異議を申し立てた。

　原々審及び原審は、いずれもXの異議を却下すべきものとした。原決定の理由の概要は次のとおりである。

　(3)　民訴規則83条1項による直送のための支出については、民事訴訟費用等に関する法律（費用法）2条2号の類推適用はされず、民訴法所定の訴訟費用には当たらない。

　民訴規則83条1項による直送のための支出が、費用法2条2項の定める民事訴訟の費用に該当するか否かは、文理上明らかではないところ、当事者による準備書

面の直送は、裁判所による送達に代わるものとして設けられた制度であると解される面があることからすると、前記の費用法の規定を類推適用して訴訟費用に該当するものと考える余地もないではない。

しかしながら、送達の場合はその実施方法及び費用が明確であるのに対して、当事者による準備書面の直送の場合は、その具体的な実施方法が民訴法及び民訴規則等において定められておらず、普通郵便又は書留郵便による郵送、ファクシミリによる送信及び手渡しなど、様々な方法を当事者が任意に選択し得る上、それぞれの方法を用いた場合の費用をどの範囲で認めるかについても困難な問題を生じ得るところであり、直送のための支出について当事者間に疑義や紛争を生じかねないといわざるを得ない。裁判所書記官が訴訟費用の負担の額を定めるに当たっては、明確な基準の下でする必要があり、これによって迅速に処理されることは、当事者の利益にも資するものであることに鑑みると、準備書面の直送をするための支出は訴訟費用に含まれないものと解するのが相当である。

準備書面は、民事訴訟において当事者が相互に提出し合うものであることからすると、準備書面の相手方への直送のための支出を訴訟費用に含めず、当事者各自の負担とすることにしても、直ちに当事者間の衡平を失するものとはいえない上、このように解することは、当事者間の準備書面の送付を簡便な手続で行えるようにするために直送を原則とした趣旨に合致するものといい得る。

(4) これに対し、Xが、当事者が準備書面の直送をするために要した支出も費用法2条2号の類推適用により訴訟費用に当たると解されると主張して、抗告許可の申立てをした。

(5) 本決定は、次のとおり判示して、本件抗告を棄却した。

「費用法2条2号は、裁判所が民事訴訟等における手続上の行為をするために行う必要な支出について、当事者等に予納義務を負わせるとともに、その支出に相当する金額を費用とすることにより、費用の範囲及び額の明確化を図ったものである。

これに対し、当事者が準備書面の直送をするために行う支出は、裁判所が何らかの手続上の行為を追行することに伴うものではなく、当事者が予納義務を負担するものでもない。そして、当事者が行う支出については、費用法2条4号ないし10号が、費用となるべきものを個別に定型的、画一的に定めているところ、直送は、多様な方法によることが可能であって、定型的な支出が想定されるものではない。直送をするためにした支出が費用に当たるとすると、相手方当事者にとって訴訟費用額の予測が困難となり、相当とはいえない。

したがって、当事者が準備書面の直送をするためにした支出については、費用法2条2号の規定は類推適用されないと解するのが相当である。

そうすると、抗告人が支出した本件郵便料金は、費用法2条2号の類推適用により費用に当たると解することはできず、訴訟費用には含まれないことになる。

以上と同旨の原審の判断は、正当として是認することができる。論旨は採用することができない。」

本件は、当事者が準備書面の直送をするためにした支出については、費用法2条2号の規定は類推適用されないことを最高裁が初めて示したものであり、実務上重要な意義を有するものである。

【14】26(許)35（△二小、平26・12・17、棄却。原審札幌高決平26・6・25、原々審札幌地決平26・3・31)

(1) 代表者ないし代理人が電話会議の方法による弁論準備手続期日に出頭しないで関与した期日の「日当」（民事訴訟費用等に関する法律（費用法）2条4号、5号）が訴訟費用として認められるか否か、また、代理人が同一日に他の事件の期日に出頭した場合に「旅費」（費用法2条5号）を全期日数で按分すべきか否かが問題となった事案である。

(2) 基本事件は、札幌地裁に提起されたX（借主）のY（貸金業者）に対する過払金返還請求訴訟である。第1審判決（一部認容）において、訴訟費用は5分し、その4をXの負担とし、その余をYの負担とするものとされた。

Yは、基本事件の第1審判決の確定後、Xが負担すべき訴訟費用額を10万1412円（内訳は、第1審の訴訟費用として5万8672円、第2審の訴訟費用として4万1690円、その他の費用として1050円）と確定するよう求める訴訟費用額確定処分の申立てをした。

札幌地裁の裁判所書記官は、Xに対し、Yに8万3823円を支払うことを命ずる旨の訴訟費用額確定処分（本件処分）をした。本件処分においては、第1審でY代表者ないし代理人が電話会議の方法による弁論準備手続期日に出頭しないで関与した期日の「日当」、第1、2審でY代理人が裁判所に現実に出頭した期日の「旅費」が、訴訟費用として認められた。

Xは、本件処分を不服として異議申立てをしたが、原々審及び原審は、異議申立てには理由がないとしたため、Xが抗告許可の申立てをした。

(3) 原決定の理由の概要は次のとおりである。

費用法2条4号、5号は、当事者等又は代理人が期日に出頭するための「日当」が、当事者等又はその他の者が負担すべき民事訴訟等の費用の範囲であり、その額は「出頭…に現実に要した日数」に応じて最高裁判所が定める額である旨定めているところ、電話会議の方法による弁論準備手続期日に出頭しないでその手続に関与した場合でも、「期日に出頭しないで同項（注：民訴法170条3項）の手続に関与した当事者は、その期日に出頭したものとみなす」とされており（同条4項）、費用法は、前記の場合を「日当」の対象から除外していない。そうすると、前記の場合においても「日当」を訴訟費用額として認めた本件処分は相当である。

また、訴訟費用額確定処分は、基本事件について、その訴訟記録に基づき、訴訟

費用の負担の額を費用法等で定められた算定方法により確定するものであり、基本事件ごとに算定されるものである。したがって、基本事件の代理人が基本事件の期日を利用して他の事件の期日に出頭している可能性がある場合であっても、基本事件の「旅費」を算定するに当たり、基本事件の訴訟記録及び当事者が提出した訴訟費用額の疎明に必要な書面において基本事件の期日を利用した他事件への出頭状況を示す証拠資料があるなど特段の事情がない限り、これを考慮する必要はないというべきである。そして、本件において前記特段の事情は認められない（また、訴訟費用額確定処分においては特別な証拠調べが予定されていない上、異議審ないし抗告審において調査嘱託等の証拠調べをすることが許されるとしても、本件において代理人が同一日に他の事件の期日に出頭したことの有無に関する調査嘱託等の証拠調べを行う必要は認められない。）。そうすると、Ｙ代理人が出頭した期日の「旅費」の全額を訴訟費用額として認めた本件処分は相当である。

(4)　本決定は、「所論の点に関する原審の判断は、正当として是認することができる。論旨は採用することができない。」と判示して、抗告を棄却した。

II　民事執行法

1　売却許可決定

【15】26(許)15（○三小、平26・11・4、棄却、集民248・39。原審東京高決平26・5・12、原々審東京地決平26・3・24)

(1)　不動産強制競売事件の期間入札において、執行官が無効な入札をした者を最高価買受申出人と定めたとして売却不許可決定がされ、これが確定した場合に、当初の入札までの手続を前提に再度の開札期日を開くこととした執行裁判所の判断の当否等が問題となった事案である。

(2)　平成24年7月、東京都千代田区所在の土地建物（本件不動産）につき、債権者をＸ、債務者をＹとして、強制競売開始決定がされた（本件競売事件）。本件競売事件では、売却基準価額を26億6826万円として、1回目の期間入札が実施され、平成25年3月に売却許可決定がされたものの、代金不納付となったため、同年10月、2回目の期間入札が実施された。2回目の期間入札には、Ａが22億1000万円、Ｂ（外国法人）が50億1000万円で入札をし、他に入札者はいなかった。執行官は、当初の開札期日において、より高額であるＢの入札を有効と判断して、Ｂを最高価買受申出人と定め、執行裁判所は、Ａに買受けの申出の保証を返還した。ところが、執行裁判所は、平成26年1月、Ｂの入札は代表者の資格を証する文書の提出がないため無効であり、Ｂを最高価買受申出人と定めた執行官の売却の手続には重大な誤り（民事執行法71条7号）があるとして、Ｂに対する売却不許可決定をし、同決定はその後確定した。その後、執行裁判所は、Ａが、執行裁判所からの照会に対し、本件不動産の買受けを希望し、買受けの申出の保証を再度提供す

II　民事執行法

る旨回答したことを踏まえ、2回目の入札までの手続を前提に再度の開札期日を開くこととし、その期日を定めるとともに、買受けの申出の保証を再度提供する期限を定め、Aは、これを期限までに再度提供した。そこで、執行官は、再度の開札期日において、Bの入札を排除した上で開札を行い、Aを最高価買受申出人と定め、執行裁判所は、平成26年3月、Aに対する売却許可決定をした。これに対し、Yが執行抗告をした。

(3)　原審は、①本件競売事件において、当初の入札までの手続を前提に再度の開札期日を開くという方法を選択した執行裁判所の判断が不合理で違法なものということはできない、②再度の開札期日においてBの無効な入札は排除されるほかなく、執行裁判所がBの入札の瑕疵を治癒させなかったことが違法となる余地はないとして、Yの執行抗告を棄却した。

(4)　これに対し、Yが、売却不許可決定の確定後、当初の入札までの手続を前提に再度の開札期日を開くこととした執行裁判所の判断は、競落価格の適正らしさを欠き、より高額で売却されることに対する債務者（Y）の利益を一方的に侵害するもので、違法である（論旨①）、再度の開札期日において、執行裁判所がBの入札の瑕疵を治癒させなかったことは違法である（論旨②）と主張して、抗告許可の申立てをした。

(5)　本決定は、次のとおり判示して、抗告を棄却した。

　ア　論旨①について

　「所論は、（中略）原審の判断は、競落価格の適正らしさを欠き、本件不動産がより高額で売却されることに対する債務者（Y）の利益を一方的に侵害するものであって、違法であるというのである。

　上記（中略）事実関係によれば、本件競売事件の期間入札において入札をしたのは、AとBのみであり、当初の開札期日において、執行官がBの入札を誤って有効と判断したという瑕疵（以下「本件瑕疵」という。）がなければ、当初の開札期日において、Bの入札は排除され、Aの入札を無効とすべき事情がない限り、Aが最高価買受申出人と定められるべきであったといえる。そして、Aは、Bに対する売却不許可決定が確定した後、当初の入札までの手続を前提に再度の開札期日が指定される場合には、なお本件不動産の買受けを希望し、執行裁判所の定める期間内に買受けの申出の保証を再度提供する旨を明らかにしていたところであり、他にAの入札を無効とすべき事情があったことはうかがわれない。

　このような場合に、本件瑕疵があるからといって、既に行われた入札までの手続を含む売却の手続全体が瑕疵を帯びると解すべき理由はないから、再度の開札期日においてBの無効な入札が排除されれば、当初の入札までの手続を前提に売却の手続を続行するのに何ら支障はない。当初の入札までの手続を前提に再度の開札期日を定めてその後の手続を続行することは、本件競売事件における公正かつ迅速な手続による売却の実現に資するものとして合理的なものということができる。この

ことは、新たに売却実施処分をした場合には、Aの入札価額より高額での買受けの申出がされる可能性があったとしても、何ら異なるものではない。
　以上の事情に照らせば、本件競売事件において、Bに対する売却不許可決定が確定した後、当初の入札までの手続を前提に再度の開札期日を開くこととした執行裁判所の判断に違法があるということはできない（最高裁平成22年（許）第2号同年8月25日第一小法廷決定・民集64巻5号1482頁参照）。上記（中略）原審の判断は、是認することができる。論旨は採用することができない。」
　　イ　論旨②について
　「所論の点に関する（中略）原審の判断は、正当として是認することができる。論旨は採用することができない。」

　(6)　最高価の入札が有効であるのに執行官が誤ってこれを無効と判断し、他の入札人を最高価買受申出人と定めた場合（高額入札人型）については、前掲最一小決平22・8・25民集64・5・1482が、執行裁判所は、この最高価買受申出人に対する売却不許可決定をした上で、当初の入札手続を前提に改めて開札期日等を定め、執行官が最高価買受申出人を定め直すべきである旨判示しているが、その射程は、本件のように、最高価の入札が無効であるのに執行官が誤ってこれを有効と判断し、その入札人を最高価買受申出人と定めた場合（低額入札人型）に当然及ぶものではなく、なお残された課題とされていた。
　本決定は、期間入札において入札したのはAとBのみであった、Aが、Bに対する売却不許可決定の確定後、なお買受けを希望し、執行裁判所の定める期間内に買受けの申出の保証を再度提供する旨を明らかにしていた、他にAの入札を無効とすべき事情があったことはうかがわれないなどの本件の事情の下における事例判断としてではあるが、低額入札人型の場合であっても、当初の入札までの手続を前提に再度の開札期日を開くことができる旨の判断を示したものであり、実務上参考となるものと思われる。

2　債権差押命令

【16】26(許)3（△二小、平26・2・19、棄却。原審名古屋高決平25・12・10、原々審名古屋地決平25・11・12）
　(1)　成年被後見人が高齢であることを理由に、成年被後見人の財産の返還請求権が「近い将来にその発生が確実に見込まれる債権」といえるか否かが問題となった事案である。
　(2)　Xは、甲地方裁判所に対し、債務者Yに対する債務名義に基づき、Aの成年後見事件の終了（Aの死亡を原因とする。）及びAの公正証書遺言（本件公正証書遺言）によりYが第三債務者（Aの成年後見人）に対して取得することになる第三債務者管理に係るAの現金及び預貯金の返還請求権（本件差押債権）の差押えの申立て（本件申立て）をした。

(3) 原審は、本件申立ては不適法であるとして、これを却下すべきものとした。その理由の概要は次のとおりである。

執行裁判所は、債権差押命令申立てにおける被差押債権の適格性の審査においては、申立て内容の有理性の有無の観点から、それが債務者の責任財産に属すること等が肯定される限り、その存否を考慮することなく、債権差押命令を発するべきものである一方、申立て内容から、それが債務者の責任財産に属しないことが明らかな場合のほか、申立人がその申立てに関連して執行裁判所に提出した資料からそのことが明らかとなった場合にも、当該債権差押命令申立ては不適法なものとして、これを却下すべきものである。けだし、このように被差押債権の適格が認められない場合においても債権差押命令を発するべきものとすることは、執行裁判所に対して無益な差押命令を発令させ、第三債務者に対して無用な負担を強いることとなるのであり、民事執行法がこのような無益で不当な債権差押命令の発令を許容しているものとは解されないからである。

本件差押債権は、将来、Aが死亡した場合、Aに係る成年後見が終了するとともに、Yを受遺者とする本件公正証書遺言に基づき、Yが取得することになる第三債務者（Aの成年後見人）に対する請求権であるから、Aが存命である現時点では、Yの責任財産に属しないことは、その申立て内容から明らかである。

もっとも、現時点では債務者の責任財産に属しない請求権であっても、既に発生の基礎となる法律関係が存在し、近い将来における発生が確実に見込まれるものであれば、その債権を特定できる限り、将来の債権として、債務者の責任財産を構成するものとして、執行対象とすることができるものと解される。

そこで検討すると、Xの申立て及び提出資料によれば、Aは、大正6年生まれで現在96歳であること、本件公正証書遺言は、Aの有する全財産をY（昭和16年生まれの72歳）に相続させるとの内容であること、Aは平成21年8月に脳梗塞を発症し、その後高度の認知症状態となり、同年10月に要介護5の認定を受け、平成22年6月17日に成年後見開始を受け、弁護士である第三債務者がAの成年後見人に選任されたことが認められるから、本件差押債権は、Aが死亡し、A死亡時にYが生存していること（民法994条1項）に加え、現在Aの成年後見人である第三債務者についても、Aが死亡するまでの間に辞任等（同法844条ないし846条）によりその地位を失うことのない場合に限って発生する債権であるから、Aが96歳と高齢であること及びAが前記認定の病状にあるため、本件公正証書遺言が有効に撤回される可能性はほとんどないことを考慮しても、本件差押債権が近い将来においてその発生が確実に見込まれるものとまではいうことができない。

そうすると、本件差押債権は、Xの申立ての内容や提出資料から、Yの責任財産を構成しないことが明らかであるといえるから、その余の点を判断するまでもなく、本件申立ては、不適法であり、却下を免れない。

(4) これに対し、Xが、本件差押債権が「近い将来にその発生が確実に見込まれる債権」に当たるというべきであるのに、同該当性を否定し本件申立てを不適法却

下すべきものとした原審の判断には判例（最三小判平11・1・29民集53・1・151）違反があると主張して、抗告許可の申立てをした。

(5) 本決定は、「所論の点に関する原審の判断は、正当として是認することができる。論旨は採用することができない。」と判示して、抗告を棄却した。

Xの引用する判例は、本件とは明らかに事案を異にするものであり、その主張の実質は、本件差押債権が近い将来においてその発生が確実に見込まれるか否かについての個別の当てはめだけをいうものと思われる。このようなことからすると、抗告の許可には検討の余地があるように思われる。

【17】 26(許)29（△二小、平26・11・26、棄却、金判1476・15。原審大阪高決平26・7・11、原々審大阪地決平26・5・20）

(1) 被担保債権の一部につき担保権の実行としての競売を申し立てて目的不動産の売却代金から弁済金の交付を受けた根抵当権者が、残余の部分を被担保債権として根抵当権設定者の有する剰余金交付請求権を目的として債権差押命令の申立てをした場合に、当該剰余金交付請求権が民法372条において準用する同法304条による物上代位の対象になるか否かが問題となった事案である。

(2) X（債権者）は、大阪市内所在の地下1階付き8階建て建物及びその敷地6筆（本件不動産）につき、Y（債務者）から極度額4億9000万円の根抵当権の設定を受けていたものであるが（本件根抵当権）、被担保債権4億9000万円の一部である3億5000万円を請求債権として担保不動産競売開始を申し立てた。

執行裁判所は、平成25年3月、本件不動産を目的とする担保不動産競売手続の開始決定をした（本件競売事件）。本件競売事件において、執行裁判所は、有限会社A（訴外会社）への本件不動産売却を許可する旨の売却許可決定をし、同決定は確定した。これにより本件不動産の買受人となった訴外会社は、平成26年4月、執行裁判所に残代金4億円余を納付して本件不動産の所有権を取得した。

執行裁判所は、売却代金の交付計算書を作成して、請求債権に優先する滞納処分による差押えないし参加差押えに係る租税債権各全額、Xの請求債権額（3億5000万円）全額につき各弁済金を交付し、剰余金5000万円余はYに交付することとし、Yは執行裁判所（国）に対して同額の剰余金交付請求権を取得した。

Xは、Yが国（第三債務者）に対して有する前記剰余金交付請求権は「目的物の売却（中略）によって債務者が受けるべき金銭その他の物」（民法372条において準用する同法304条）に当たり抵当権に基づく物上代位の対象となると主張して、執行裁判所に債権差押命令を申し立てた（本件債権差押命令申立て）。

(3) 原審は、要旨次のとおり判断して、本件債権差押命令申立てを却下すべきものとした。

ア　抵当権（根抵当権を含む。）の被担保債権の一部のみにする担保権の実行としての競売においても、売却により抵当権は消滅し、当該抵当権者は残部の被担保債権に対する優先弁済請求権を喪失すると解される（最一小判平15・7・3集民

210・217)。本件競売事件においても、本件不動産の売却により剰余金交付請求権が発生する以前にXの本件根抵当権は既に消滅しており、目的物の売却等の時点で抵当権が存在していたことを前提として目的物の交換価値にも抵当権の効力を及ぼすことを内容とする物上代位の基礎が失われているというべきであり、剰余金交付請求権について物上代位が許されるとする根拠はない。

イ 競売代金についての配当等は、抵当権の優先弁済権を実現する手続内でのみ実現されるべきものであり、抵当権者が競売代金について物上代位をすることはできないと解される。Xは、目的物滅失の場合の損害賠償請求権を例示して目的不動産の売却等が抵当権消滅前であることは要件でないなどと主張するが、競売代金が納付されたことにより抵当権が消滅するものであることは前記のとおりであり、剰余金交付請求権について物上代位を許容する根拠はない。

(4) これに対し、Xが、原決定には法令違反及び判例(最三小判平11・11・30民集53・8・1965、東京高決平22・6・25等)との相反があると主張して、抗告許可の申立てをした。

(5) 本決定は、「所論の点に関する原審の判断は、正当として是認することができる。所論引用の判例は、事案を異にし、本件に適切でない。論旨は採用することができない。」と判示して、抗告を棄却した。

III 民事保全法

1 仮処分

【18】26(許)6 (△二小、平26・3・19、棄却。原審東京高決平25・10・21、原々審東京地決平25・9・19)

(1) 建築基準法42項1項の道路を通行することについて「日常生活上不可欠の利益を有する者」といえるか否かが問題となった事案である。

(2) Y株式会社は、平成18年11月に設立された、不動産の売買等を目的とする株式会社である。Yは、A土地(本件債務者土地)を所有し、その上に存する2階建ての居宅兼作業所(本件債務者建物、昭和49年11月新築)を所有している。

本件債務者土地は、昭和49年2月当時、甲(債権者X_1の父)が所有していたところ、乙は、甲からこれを買い受け、本件債務者土地上に本件債務者建物を建築した。そして、乙の死後である平成24年10月以降、本件債務者土地及び本件債務者建物は転々譲渡されて、同年12月にYが購入するに至ったものである。

X_1～X_4及びYは、本件債務者土地に続くB土地(本件土地1)を共有し、本件土地1に東隣するC土地及びD土地をX_1が、同じく本件土地1に東隣し、本件債務者土地に接続するE土地をX_2がそれぞれ所有している(以下、C、D、E土地をまとめて「本件土地2」という。)。X_5は、本件土地1に西隣する土地上にあるマンションの管理者(理事長)である。

本件土地1及び本件土地2の一部は、通路（本件通路）となっており、遅くとも昭和46年12月までに、建築基準法42条2項に規定する指定により、同条1項の道路とみなされている。本件通路は、幅員約4mの舗装された道路であり、地下にはガス管及び水道管が設置されている。
　Yは、平成25年2月、Xらに対し、本件債務者建物を解体する必要があるとして、本件通路の通行を求める書面を送付した。これに対し、Xらは、これを承諾しない旨回答するとともに、本件通路上に金属製の杭を設置した。
　これに対し、Yは、平成25年6月、丙地裁に対し、Xらを相手方として、本件通路の通行妨害禁止等を求める仮処分命令を申し立てた。他方、Xらも、Yが本件通路を自動車及び建設機械によって通行すること等を禁止することを求める仮処分命令（本件仮処分命令）を申し立てた。
　Yは、本件債務者建物を解体するためには、重機及び運搬車両を使用して本件通路を40日間通行する必要があるとして、最一小判平9・12・18民集51・10・4241（平成9年判決）及び最一小判平12・1・27集民196・201（平成12年判決）を根拠に、本件通路の通行の妨害を排除する権利（人格権的権利）を有すると主張し、これに対し、Xらは、Yは株式会社であるから、平成9年判決にいう「人格権的権利」の享有主体とはなり得ず、Yには、平成9年判決にいう「日常生活上不可欠の利益」は認められないなどとして、Yには人格権的権利としての妨害排除請求権はないなどと反論した。
　(3)　原審は、平成9年判決及び平成12年判決を引用した上、Yは前記各最高裁判決がいう「日常生活上不可欠の利益を有する者」と同視し得る立場にあり、人格権的権利を享有し得るなどとして、Xらの本件仮処分命令の申立てを却下すべきものとした。その理由の概要は次のとおりである。
　建築基準法42条1項5号の規定による位置の指定を受け現実に開設されている道路を通行することについて日常生活上不可欠の利益を有する者は、前記道路の通行をその敷地所有者によって妨害され、又は妨害されるおそれがあるときは、敷地所有者が前記通行を受忍することによって通行者の通行利益を上回る著しい損害を被るなどの特段の事情のない限り、敷地所有者に対して前記妨害行為の排除及び将来の妨害行為の禁止を求める権利（人格権的権利）を有するものというべきである。そして、このことは、同条2項の指定を受け現実に開設されている道路の場合であっても、何ら異なるものではないと解するのが相当である（平成9年判決、平成12年判決）。
　そこで、Yが本件通路を重機等で通行することについて「日常生活上不可欠の利益を有する者」といえるか否かについて検討すると、本件通路は、長年、乙を含む近隣住民等の徒歩による通行の用に供されるとともに、本件通路は、遅くとも昭和49年頃から自動車による通行の用に供され、現時点において、X_2等の自動車による通行の用に供されていることが認められる。そして、Yによる本件通路の通行が阻害されることとなれば、本件債務者建物の解体工事は事実上不可能となるので

Ⅲ　民事保全法

あって、Yに生ずる不利益は甚だしいものがある。加えて、乙は、本件債務者建物を建築するに際し、本件通路を自動車の通行の用に供する方法で使用したものと推認することができ、Xらも乙のこうした利用を黙示に受忍していたものと評価することもできる。Yは、本件債務者土地を経済的に活用して利益を上げようとしているものと推認できるが、そうした経済的目的のための利用も、従前行われていた生活上の利用の範囲内であるならば、保護されない理由はない。

そうすると、Yは、本件通路の通行について、平成9年判決及び平成12年判決がいう「日常生活上不可欠の利益を有する者」そのものではないとしても、これと同視し得る立場にあり、前記人格権的権利を享有し得るものというべきである。Yが法人であることをもって、直ちに前記「人格権的権利」を享有することができないことにはならない。

(4)　これに対し、Xらが、平成9年判決及び平成12年判決にいう「人格権的権利」を享有することができるのは自然人に限られるから、法人であるYは、人格権的権利の享有主体とはなり得ない、仮に享有主体となり得るとしても、Yは、本件債務者建物を解体して経済的利益を上げようという目的のために本件通路を通行しようとしているにすぎず、こうした利益は平成9年判決及び平成12年判決にいう「日常生活上不可欠の利益」には当たらないと主張して、抗告許可の申立てをした。

(5)　本決定は、「本件仮処分命令の申立てを却下すべきものとした原審の判断は、是認することができる。論旨は採用することができない。」と判示して、抗告を棄却した。

本件は、前記平成9年判決の示した判断枠組みを前提に、その当てはめだけが問題となっている個別性の高い事案にすぎず、このような判断に、法令解釈の統一の観点から法律審が介入すべき余地は少ないように思われる。

【19】26(許)1（△三小、平26・5・13、棄却。原審広島高決平25・11・11、原々審広島地決平25・7・25）

(1)　占有権に基づく妨害予防請求権を被保全権利とする仮処分申立てについて、被保全権利の有無（占有権）及び保全の必要性の有無等が問題となった事案である。

(2)　Yが所有するA市B区の山林（本件山林）上に高圧送電線を架設している電力会社Xが、本件山林の樹木が生育し高圧送電線と接近しており、閃落事故防止のためには本件山林上の樹木のうち一定の範囲の距離（必要離隔距離7.28m）を確保できなくなった24本（本件樹木）の一部を伐採する必要があるとして、占有権に基づく妨害予防請求権を被保全権利とする伐採妨害禁止の仮処分の申立て（本件申立て）をした。

(3)　本件申立てを認容した仮処分決定（本件仮処分決定）に対し、Yが申し立てた保全異議審では本件仮処分決定を認可するとの決定がされ（原々決定）、保全抗告審でもYの抗告が棄却された（原決定）。その理由の概要は次のとおりである。

ア　本件山林上の一定の範囲の空間につきXの占有権を認めることができるか否かについて

　一定の範囲の空間の占有は、区分地上権（民法269条の2）が設定された場合のほか、空間の範囲を定めた賃貸借や使用貸借によっても生じ得るものであり、それらに基づき引渡しを受けた権利者は、一定の範囲の空間につき占有権を取得するものと解される。本件において、Xは、Yの承諾を得て本件山林上の空間に送電線路（本件送電線路）を架設したものであり、これによってXとYは、本件送電線路を設置所有することを目的とする使用貸借契約（本件使用貸借）を締結し、Xは一定の範囲の空間につき引渡しを受け、以後、これを占有している。したがって、Xは当該空間につき占有権を取得したものと認められる。

　そして、本件送電線路のような50万ボルトの特別高圧架空送電線路については、電気設備に関する技術基準を定める省令29条及び経済産業省原子力安全・保安院の定める「電気設備の技術基準」103条（省令等）により、安全のため、植物との間に7.28m以上の離隔（必要離隔距離）が確保されなければならないとされていることに照らすと、Xが取得した占有権の範囲は、本件送電線路から必要離隔距離を確保できる範囲であると認めるのが相当である。

　イ　Xの占有権の行使が信義則違反であるか否かについて

　本件において、Xが本件送電線路下には迷惑を掛けないようにし、樹木の伐採もしないことを約束したことを認めるに足りる証拠はない。本件送電線路の架設を目的として本件使用貸借が締結された以上、これを安全かつ合法的に架設、保持することが可能な範囲の空間の占有使用を認めることは当然の前提になっていたというべきであるから、Xがこれと抵触するような約束をするとは考え難い。Yの前記主張は採用できない。

　ウ　保全の必要性について

　省令等による必要離隔距離を確保することは、高圧送電線における万一の閃落事故等の発生を防ぐために必要なものとして定められたものであり、送電の安全確保の見地から、電気事業者として厳守すべき義務であることは明らかである。本件樹木が生育して必要離隔距離が保てなくなった部分について、早急に必要な措置を取る必要があり、Yの任意の協力が期待できない状況である以上、直ちに必要な伐採措置を取るため、Yに対し、これに対する妨害の禁止を求める保全の必要性は高い。

　(4)　これに対し、Yが、原審の判断には判例違反及び法令違反（経験則違反を含む。）があるなどと主張して、抗告許可の申立てをした。

　(5)　本決定は、「所論の点に関する原審の判断は、正当として是認することができる。論旨は採用することができない。」と判示して、抗告を棄却した。

2 保全取消し

【20】 26(許)12（△三小、平26・10・14、棄却。原審知財高決平26・3・26、原々審東京地決平25・11・11）

(1) 外国判決についての執行判決請求訴訟が民事保全法37条の「本案の訴え」に当たるか否かが問題となった事案である。

(2) 事実関係の概要等は次のとおりである。

ア Yは、日本において、液晶表示装置及びその製造方法等に関する特許権（本件特許権）の設定登録を受けていたところ、韓国法人であるXは、平成18年10月11日、本件特許権を無償で譲渡する旨のYとの合意（本件合意）に基づくXのYに対する本件特許権の移転登録手続請求権を被保全権利として、本件特許権について処分禁止の仮処分の申立てをした（本件仮処分事件）。東京地方裁判所は、同月31日、本件仮処分事件につき、Yに対し、本件特許権について、譲渡、質権及び専用実施権の設定、通常実施権の許諾その他一切の処分を禁ずる旨の本件仮処分決定をした。

イ 東京地方裁判所は、平成23年9月9日、本件仮処分事件につき、Xに対し、当該決定送達の日から2箇月以内に、本案の訴えの提起又は係属を証する書面を提出しなければならない旨の決定（本件起訴命令）をし、本件起訴命令は、同年12月16日、Xに送達された。

ウ Xは、韓国において、Yを被告として、本件合意によるXのYに対する本件特許権の移転登録手続請求権に基づき、本件特許権の移転登録手続等を求める訴訟（本件韓国訴訟）を提起し、第2審であるソウル高等法院は、平成21年1月21日、Xの請求を全部認容する判決（本件韓国判決）をし、その後、本件韓国判決は確定した。

エ Xは、平成23年7月27日、Yを被告として、本件韓国判決のうち、Yに対し本件特許権の移転登録手続を命じた部分等について執行判決を求める訴訟（本件執行判決請求訴訟）を名古屋地方裁判所に提起したところ、同裁判所は、平成24年11月29日、本件韓国判決は、韓国の裁判所に国際裁判管轄が認められないとして、Xの請求を棄却する旨の判決をした。
Xは、これを不服として控訴したが、名古屋高等裁判所は、平成25年5月17日、本件韓国判決は、韓国の裁判所に国際裁判管轄が認められず、民訴法118条1号の要件を欠き、効力を有しないとして、Xの請求を棄却する旨の判決をした。Xは、敗訴部分につき、上告受理の申立てをした。

オ Xは、平成24年2月1日、本件起訴命令に対応して、東京地方裁判所に対し、名古屋地方裁判所において本件執行判決請求訴訟が係属中である旨の上申書を、その係属証明書と共に提出した。

Yは、平成24年11月14日、東京地方裁判所に対し、本件仮処分決定の取消しを求める本件保全取消申立てをした。東京地方裁判所（原々審）は、平成25年11

月11日、本件仮処分決定を取り消す旨の決定（原々決定）をした。

(3) 前記のような事実関係の下、原審は、本件執行判決請求訴訟は、民事保全法37条の「本案の訴え」に当たると判断して、原々決定を取り消し、Yの本件保全取消申立てを却下した。その理由の概要は次のとおりである。

ある訴えが民事保全法37条の「本案の訴え」に該当するためには、当該訴えが訴訟要件を備え、その請求に理由があることまで要件とされるものではない。当該訴えが訴訟要件を備えているか否か、その請求に理由があるか否かは、本案裁判所の審理・判断すべき事項であるから、保全取消事件の裁判所（保全取消裁判所）がこれを審理・判断することはできず、保全取消裁判所は、前記の訴えが提起又は係属することを証する書面が起訴命令で定められた期間内に提出されているかを審理・判断することができるにとどまる。

そうすると、外国判決を言い渡した外国裁判所に国際裁判管轄が認められるかどうかは、本案である執行判決請求訴訟の係属裁判所が執行判決請求に理由があるか否かを判断するに際し、当該外国判決に民訴法118条1号の承認要件が認められるかどうかという形で審理・判断すべき事項であり（民事執行法24条3項）、これを保全取消裁判所が審理・判断することは相当でないというべきであるから、本件保全取消しの申立てのされた原々審において本件執行判決請求訴訟が「本案の訴え」に該当するかを判断するに当たり審理の対象とすべきものではない。

執行判決は、確定すれば民訴法118条各号所定の承認要件の存否の判断に既判力が生じ、外国の給付判決に係る執行判決請求訴訟の請求認容判決が確定した場合には、もはや我が国において、同一当事者間において当該外国の給付判決に表示された給付請求権の存在を争うことはできなくなるから、本件韓国判決について執行判決を求める本件執行判決請求訴訟は、当該被保全権利の存否等を終局的に確定するための手続に当たるということができる。したがって、一般的に執行判決請求訴訟については請求棄却判決がされる可能性があるからといって、それだけでは、本件執行判決請求訴訟が既判力をもって終局的に被保全権利の存否等を確定させるための手続であるという前記性質が失われるものではない。

(4) これに対し、Yが、原審の判断には法令解釈の誤り及び経験則違反があると主張して、抗告許可の申立てをした。

(5) 本決定は、「所論の点に関する原審の判断は、是認することができる。論旨は採用することができない。」と判示して、抗告を棄却した。

Ⅳ 家事審判法、家事事件手続法

1 移 送

【21】 26(許)22（△一小、平26・9・25、棄却。原審福岡高決平26・6・4、原々審福岡家決平26・5・1）

(1) 事件の移送に関し、家事事件手続法9条2項2号の「事件を処理するために特に必要があると認めるとき」の当否が問題となった事案である。

(2) 基本事件は、元夫であるXが、離婚した妻であるYに対し、XとYの子である長女（未成年者）との面会交流の条件の変更を求める調停を、平成25年5月、Yの当時の住所地を管轄する福岡家裁に申し立てた事案である。しかし、Yは、その後の同年8月、未成年者と共に大阪府に転居した。

本件は、基本事件を大阪家裁に移送することを求めるYの上申書の提出を受けて職権によりされたものである。なお、基本事件には、Yが再婚し、未成年者と養子縁組をしたAが当事者参加をしている。

(3) 原審は、基本事件を大阪家裁に移送すべきものとした。その理由の概要は次のとおりである。

ア 本件は、申立ての時点では福岡家裁の管轄に属していたものの、その後、Y及び未成年者が転居したことにより、福岡家裁の管轄区域内にはX、Y及び未成年者のいずれも居住しない状況となっており、もはや本件を福岡家裁に係属させておくべき必然性は失われたものである。

そして、Y、A及び未成年者が裁判所に出頭する場合や、未成年者について家庭裁判所調査官による調査を行う場合の便宜を考慮すると、本件は、大阪家裁において手続を進行するのが最適である。

イ 家事事件手続法9条2項2号の「事件を処理するために特に必要があると認めるとき」とは、本来の管轄に従えば申立人あるいは当事者双方にとって不便であるなど、管轄の原則を緩めても事件の適正迅速な処理のために必要である場合をいうところ、原審における調停の経過からすれば、調停期日が今後とも複数回にわたって開催されることも予想され、大阪府在住のY、A及び未成年者が福岡家裁に出頭する負担を軽視することはできないこと、また、未成年者との面会交流事件においては家裁調査官の調査により未成年者の心情を的確に把握することが適正な事件処理のために重要であるところ、調査の回数についても現時点で複数回に及ぶことが考えられないとまで断定し難いこと等に鑑みると、本件においては、同号の「事件を処理するために特に必要があると認めるとき」に該当する事情があるものと解するのが相当である。

(4) これに対し、Xが、管轄権を有しない家裁での審理が極めて例外であり、家事事件手続法9条2項2号の「事件を処理するために特に必要があると認めると

き」については限定的に解釈すべきであるなどと主張して、抗告許可の申立てをした。

(5) 本決定は、「所論の点に関する原審の判断は、正当として是認することができる。論旨は採用することができない。」と判示して、抗告を棄却した。

本件は、管轄権を有する家裁から管轄権を有しない家裁への職権による移送を認めた家事事件手続法9条2項2号の「事件を処理するために特に必要があると認めるとき」に該当するか否かという当てはめだけが問題となる事案であって、抗告の許可には検討の余地がある。

2 成年後見

【22】26(許)9（△二小、平26・5・19、棄却。原審東京高決平26・2・5、原々審東京家審平25・9・27)

(1) 後見開始審判事件において、老人福祉法32条の「その福祉を図るため特に必要があると認めるとき」の要件が問題となった事案である。

(2) 東京都A区長Xは、老人福祉法32条に基づき、Yの母であるB（本人）について、後見開始の審判の申立てをした。

原々審のした後見開始の審判に対し、Yが即時抗告をしたところ、原審は、原々審の判断を相当として、抗告を棄却する決定をした。その理由の概要は次のとおりである。

(3) Yが鑑定の結果について指摘する点（①本人の身体機能の低下及び身体疾患が簡易知能検査の結果に影響している、②本人が鬱状態にあるため一時的な知能低下が引き起こされた可能性が高い、③本人が検査に対し拒否的な態度をとっていたため、実際の能力より低い成績となったなど）は鑑定の結果の信用性を否定するものではなく、鑑定の結果及び記録に表れた一切の事情を総合的に判断すれば、本人は、精神上の障害により事理を弁識する能力を欠く常況にあると認められる。また、Yのこれまでの対応等から、Yが本人について成年後見開始等の審判を申し立てることは期待できない状況であるから、老人福祉法32条の「その福祉を図るため特に必要があると認めるとき」の要件を満たす。

(4) これに対し、Yが、老人福祉法32条の「その福祉を図るため特に必要があると認めるとき」の要件は、①例えば民法7条に規定する申立権者のいない高齢者が重度の認知症等の影響によって成年後見人による保護を必要としているにもかかわらず、全く保護を受けることができずに放置され、将来にわたっての保護も全く期待できないような、真にやむを得ない例外的・補充的場合を指すものと解釈されなければならない。また、②後見開始の審判の申立てがされた時点で前記要件を満たす必要がある。本件では、Yは、申立ての前月時点では、自宅介護にはこだわらずに本人を施設入所させて介護を継続することに納得していたから、前記①②を満たさないにもかかわらず、原審は、Xによる後見開始の審判の申立てを適法としており、老人福祉法32条の解釈を誤るものであるなどと主張して、抗告許可の申立

Ⅳ　家事審判法、家事事件手続法　　　　　　　　　　　　　　　　　　763

てをした。
　(5)　本決定は、「所論の点に関する原審の判断は、正当として是認することができる。論旨は採用することができない。」と判示して、抗告を棄却した。
　本件は、老人福祉法32条の「その福祉を図るため特に必要があると認めるとき」に該当するか否かという当てはめだけが問題となる事案であって、抗告の許可には検討の余地がある。

3　遺留分放棄

【23】26(許)28（△一小、平26・10・23、棄却。原審大阪高決平26・7・3、原々審京都家審平26・5・13）
　(1)　遺留分放棄許可の審判の取消しの申立てを却下した審判に対し即時抗告をすることができるか否かが問題となった事案である。
　(2)　Xは、昭和59年に、家庭裁判所に、Xの父母に関して相続開始前における遺留分放棄の許可の審判の申立てをしてその許可の審判を受けていたところ、平成26年に、前記遺留分放棄の許可の審判は、当初より不当であるか、又は審判後の事情変更により不当になったと主張して、前記遺留分放棄の許可の審判をした家庭裁判所に対し、同審判の取消しを申し立てた。
　原々審は、①Xが遺留分放棄の申立てに至った経緯は、被相続人らの意図に従ったものであることがうかがわれるが、Xは自らこの申立てを行ったものである、②遺留分放棄の許可を求めた当時の事情に何かしらの変化があったものとはいい難いなどとして、同申立てを却下する審判をした。
　これに対し、Xが即時抗告をしたところ、原審は、「遺留分放棄の許可審判がされた後、その審判が前提とした事実が変更するなどしたため、これを存続させておくことが不適当である場合には、家庭裁判所は、廃止前の家事審判法7条の定める平成23年法律第51号による改正前の非訟事件手続法19条1項の準用によってその審判を取り消し、又は変更することができると解される。しかし、同項による審判の取消し又は変更については、当事者等に取消し等の申立権が認められているものではなく、家庭裁判所の職権によってされるものであるから、これが申立てによるものであっても、その申立ては職権発動を促すものにすぎない。したがって、審判の取消し又は変更の申立てが却下されたとしても、これに対して即時抗告をすることはできないというべきである。」として、Xの即時抗告を却下した。
　(3)　これに対し、Xが、抗告許可の申立てをした。
　(4)　本決定は、「所論の点に関する原審の判断は、正当として是認することができる。論旨は採用することができない。」と判示して、抗告を棄却した。
　なお、現行法（家事事件手続法78条1項）においては、審判の取消し又は変更は「職権」で行うことが明記されている。

4　婚姻費用の分担

【24】26(許)33（△二小、平26・10・29、棄却。原審東京高決平26・7・11、原々審さいたま家審平26・4・23）

(1)　婚姻費用分担申立事件について、別居の原因が妻であるXの不貞行為にあることを理由に婚姻費用を減額した原審の認定・判断の当否が問題となった事案である。

(2)　原審は、婚姻費用分担金は、夫婦としての同居・協力等の義務があること（民法752条）を前提としているものであるから、夫婦の一方が、一方的に信頼関係を破壊しておきながら、他方に前記分担金の支払を求めることは、信義則に照らして相当ではなく、権利の濫用として、その全部又は一部が認められないことがあるというべきであるなどとして、婚姻費用の額を減額し、これを定めた。

(3)　これに対し、Xが、不貞行為の開始時期について誤った事実を前提にするなどして、XとYの別居の原因をXの不貞行為と認定したことは経験則に反する、平成25年12月以降不貞関係が解消されたか不明であるとするのは審理不尽である、婚姻費用分担事件の最近の実務では、別居の原因に深入りせず、標準的な算定方法により額が決定されているのに、信義則違反・権利濫用により婚姻費用を減額したのは違法であると主張して、抗告許可の申立てをした。

(4)　本決定は、「所論の点に関する原審の認定判断は、是認することができる。論旨は、結論に影響のない説示部分についての違法をいうか、原審の専権に属する事実の認定を非難するもの又は独自の見解に立って原決定を非難するものにすぎず、採用することができない。」と判示して、抗告を棄却した。

本件の抗告の許可が許可抗告制度の趣旨に沿うものであるか検討の余地があるように思われる。

5　子の監護に関する処分

【25】25(許)33（△三小、平26・1・21、棄却。原審高松高決平25・9・4、原々審徳島家審平25・4・9）

(1)　別居中の夫婦間において、子の監護者の指定及び子の引渡しが争われた事案である。

(2)　夫であるXは、別居中の妻であるYに対し、両者間の長女（5歳）の監護者の指定及び長女の引渡しを求めた（本件における個別具体的な事情及び事実関係の経緯は省略する。）。

(3)　原審は、長女の監護者をYと指定し、長女の引渡しの申立てを却下すべきものとした。その理由の概要は次のとおりである。

①長女についての監護養育実績は、XよりYの方が大きいこと、②長女の愛着心は、Xに対するよりもYに対するものの方が大きいこと、③XとYとで長女の監護環境に大差はないが、Xの事業経営が不安定であるなど、Xの監護環境はやや

不安定であること、④Yのコミュニケーション能力等にXが主張するような問題は認められないこと、⑤「本件連れ帰り（Yが幼稚園に赴き、虚偽の理由を告げて長女を早退させ、そのままY宅へ連れ帰ったこと）によって長女の発達障害が悪化した」とのXの主張は認められず、XとYの別居後本件連れ帰りに至る経緯に照らすと、本件連れ帰りを決意したYの心情も長女に対する愛情の発露として理解できないものではなく、本件連れ帰りをもってYが長女の監護者として不適格であるとすることはできないこと、⑥Yが交代監護を中止したのは、交代監護が長女の発達障害等に悪影響を与えることを憂慮してのことであって、その後は交代監護に応じているから、交代監護の中止をもってYが長女の監護者としての適格を欠くとは認められないこと、以上の事情からすると、長女については、Yの母性の下で日常生活を営ませてその情緒の安定を図り、適当な面会交流によってXの父性と接触させるのが相当である。

(4) これに対し、Xが、原審の判断には判例違反等があると主張して、抗告許可の申立てをした。

(5) 本決定は、「所論の点に関する原審の判断は、正当として是認することができる。論旨は採用することができない。」と判示して、抗告を棄却した。

本件は、父母のいずれを子の監護者と指定するのが相当かという事実審の裁量事項が問題となるものにすぎず、抗告の許可には検討の余地があるように思われる。

【26】 26(許)2（△一小、平26・3・27、棄却。原審福岡高決平25・10・30、原々審福岡家審平25・6・25）

(1) 子の監護者の指定及び子の引渡しの是非が問題となった事案である。

(2) 夫婦であるX（妻）とY（夫）は、平成24年7月以降別居状態になり、合意の上で、長男（未成年者）を、平日はXの実家で、週末はYの下で監護養育していたところ、Yは、同年9月24日以降、未成年者をXに引き渡さずに監護養育している。そこで、Xが、Yには未成年者を監護する適格がないとして、未成年者の監護者をXと指定すること及び未成年者をXに引き渡すことを求めた。

(3) 原審は、要旨次のとおり判断して、未成年者の監護者をXと指定するなどした原々審判を取り消した上で、Xの申立てを却下した。

ア 平成24年9月24日の経緯について

YとXは、平成24年7月に別居し、同年8月中旬以降は、本件約束に従って未成年者を監護していたところ、Yが、同年9月24日、本件約束に反して未成年者をXに引き渡さず、その後、Xからの面会交流の求めにも応じず、未成年者とXとの接触を約8箇月間遮断していたことが認められるのであって、このような対応は不当なものであったといわざるを得ない。

イ 監護者の指定

しかしながら、未成年者は、平成24年9月24日以降、Yの下で格別の問題もなく監護養育されていて、その環境や生活に馴染んでいることが認められるのであっ

て、このような監護状況を直ちに変更するのは未成年者の生活環境を急激に大きく変えてしまうことになるから、未成年者の福祉の観点からすると相当でない。未成年者の年齢（3歳）等を考えると、未成年者の健全な成長を図る上で母であるXとの交流が必要であるが、平成25年5月以降は面会交流が実施されるようになるなど母子間の交流が図られており、Yは今後もXが希望すれば面会交流に応じる意向を示している。

　未成年者を強制的にXに引き渡すのは、未成年者に大きな精神的打撃を与えることになるのであって、この点に係る環境整備の措置を講じないまま、未成年者の養育環境を大きく変化させるのは相当でない。また、Xと未成年者との母子間の交流については、面会交流により徐々に図っていくことが未成年者のために好ましいから、未成年者の親権者が最終的に定められるまでの間は、未成年者の監護者をYと定めるのが相当である。

　(4) これに対し、Xが、原審の判断は「子の利益」に関する下級審の判断基準と異なるなどと主張して、抗告許可の申立てをした。

　(5) 本決定は、「所論の点に関する原審の判断は、正当として是認することができる。論旨は採用することができない。」と判示して、抗告を棄却した。

　本件は、XとYのいずれを監護者に指定することが「子の利益」に資するか（民法766条1項）という点の具体的な当てはめだけが問題となる事案であって、抗告の許可には検討の余地がある。

【27】26(許)4（△三小、平26・5・9、棄却。原審福岡高決平25・11・15、原々審福岡家柳川支審平25・7・8）

　(1) 別居中の夫婦間における、未成年の子の監護者の指定及び子の引渡しの是非が問題となった事案である。

　(2) X（母）は、Y（父）に対し、Yと生活している長男の監護者をXと定めることを求め（第1事件）、Yは、Xに対し、Xと生活している長女の監護者をYと定めることを求める（第2事件）とともに長女の引渡しを求めた（第3事件）。

　原審は、要旨次のとおり判断して、長男の監護者をYと、長女の監護者をXとそれぞれ定め、Yの長女引渡しの申立てを却下した。

　ア　第1事件について

　長男は、YとXが別居状態となったことにより生活環境が変わったが、その後も大きな支障が生ずることなく日常生活を送っている。別居状態となった後のYの監護養育の方法等に不適切な面があったと認めるに足りる証拠もない。長男はXとの交流が必要な年齢であるが、現在の生活環境等に格別の不平を言うこともなくYの下で生活している。以上のような長男の生活状況等を考慮すると、長男の監護者をYと定めるのが相当である。

　イ　第2事件及び第3事件について

　XがYとの面会交流の合意に反して長女を連れ帰ったことは適切さを欠く行為

Ⅳ 家事審判法、家事事件手続法　　767

であったといわざるを得ないが、Xが長女を連れ帰った経緯やその後のXによる長女の監護状況等を考慮すると、長女をXと引き離すことなく現状の監護状況を継続することが長女の福祉に資するものと認められるから、長女の監護者をXと定めるのが相当である。

(3) これに対し、Yが、原審の判断には判例（最二小判平17・12・6刑集59・10・1901、仙台高秋田支決平17・6・2家月58・4・71、札幌高決平17・6・3家月58・4・84、大阪高決平17・6・22家月58・4・93、東京高決平17・6・28家月58・4・105）違反がある、また、国際的な子の奪取の民事上の側面に関する条約（ハーグ条約）を根拠として、現在の監護状態の安定を返還拒否の理由にはできないなどと主張して、抗告許可の申立てをした。

(4) 本決定は、「所論の点に関する原審の判断は、正当として是認することができる。論旨は採用することができない。」と判示して、抗告を棄却した。

Yの挙げる判例等は、本件とは事件の性質又は事案を異にするものであると思われるほか、ハーグ条約を本件解決のための法的根拠とすることができないことも明白であろう。抗告の許可には検討の余地がある。

【28】26(許)8（△一小、平26・6・26、棄却。原審東京高決平25・12・27、原々審千葉家八日市場支審平25・4・26）

(1) 子の監護者の指定及び子の引渡しの是非が問題となった事案である。

(2) 家を閉め出されて平成23年10月から別居状態となっているX（妻）が、Y（夫）が両者間の長女（17歳）及び二女（13歳）（未成年者ら）を長期間にわたり不登校とさせるなどして未成年者らの教育を受ける機会を妨げるとともに、過剰な管理支配によりその健全な発達や成長等を阻害しているなどと主張して、未成年者らの監護者をXと指定することを求めるとともに、未成年者らの引渡しを求めた。

(3) 原審は、家裁調査官による事実の調査を行い、本件の個別具体的な事実関係の下、要旨次のとおり判断して、未成年者らの監護者をXと定め、未成年者らをXに引き渡すべきものとした。

ア　Yは、未成年者らをYの下に置き、Xから隔離しようとの意図の下に、Xが重篤な精神的疾患により未成年者らに危害を加える可能性があると主張し、そのことを未成年者らや未成年者らが通学している学校関係者等にも強調して、Xと未成年者らを面会させず、結果的に、Xと未成年者らとの母子関係の修復の機会を故意に奪い、未成年者らの健全な精神的な発達をも阻害しているものといわざるを得ないから、未成年者らの将来を考えるならば、このままの状態で未成年者らをYの監護下に置くことは相当ではないというべきである。

イ　Yの問題のある一連の行動等によって、Xのみならず、未成年者らの精神状態にまで一定の影響が及んでおり、健全な母子関係や健全な父子関係を回復することは容易ではないと考えられるが、このままの状況では、思春期を迎えている未成年者らの福祉にとって、後に回復することが著しく困難な事態に陥ってしまう蓋然

性が認められるから、早急に未成年者らをYの養育監護から離脱させるため、未成年者らの監護者をXと指定し、Yに対して、未成年者らをXに引き渡すよう命ずるのが相当である。

(4) これに対し、Yが、原審の定判断には法令解釈の誤り及び経験則違反があると主張して、抗告許可の申立てをした。

(5) 本決定は、「所論の点に関する原審の判断は、正当として是認することができる。論旨は採用することができない。」と判示して、抗告を棄却した。

本件は、XとYのいずれを監護者に指定することが「子の利益」に資するか（民法766条1項）という点の当てはめだけが問題となる個別性の高い事案であって、抗告の許可には検討の余地がある。

【29】26(許)13（△一小、平26・7・24、棄却。原審東京高決平26・3・26、原々審千葉家審平25・11・19）

(1) 子の引渡し及び子の監護者の指定の当否が問題となった事案である。

(2) 離婚訴訟の第1審判決において、離婚後の未成年者の親権者と指定されたX（父）が、Y（母）に対し、未成年者の引渡しを求め（甲事件）、これに対し、Yが、Xに対し、未成年者の監護者をYと指定することを求めた（乙事件）。

(3) 原審は、甲事件につき、Yに対し、未成年者をXに引き渡すべきものとし、乙事件につき、Yの申立てを却下すべきものとした。

(4) これに対し、Yが、監護者の指定（乙事件）に係る審理に際し、Xと同居していた未成年者が、平成25年1月以降、Xの下に帰ることを嫌がりYと同居するようになったにもかかわらず、Xとの同居時点での家庭裁判所調査官による調査に依拠して、未成年者の心情、意思、感情を改めて十分に調査しなかった原審の判断には家事事件手続法65条の趣旨に反する違法があるなどとして、抗告許可の申立てをした。

(5) 本決定は、「所論の点に関する原審の判断は、正当として是認することができる。論旨は採用することができない。」と判示して、抗告を棄却した。

本件は、子の意向確認という裁判所の裁量的判断に属する事項を問題とするものにすぎず、抗告の許可には検討の余地がある。

【30】26(許)32（△一小、平26・10・9、棄却。原審高松高決平26・6・30、原々審高松家審平25・1・31）

(1) 子の監護者を変更する必要があるか否かが問題となった事案である。

(2) X（夫）が、Y（妻）に対し、Yが自宅を出てXと別居するに際し、両者間の子である長男A（別居開始当時7歳）を連れ去り、現に監護しているのは不適当であるとして、Aの監護者をXと定めるとともに、その引渡しを求めた。

(3) 原審は、監護者を変更する必要はないとして、これを却下すべきものとした。その理由の概要は次のとおりである。

ア　別居前のAの監護養育は、自宅において、Aの出生以来、主にYが行っていたものであり、夫婦間における主たる監護者はYであった。Xは、休日にAと触れあう時間を持っていた程度であり、Xの両親は、客観的にはYの監護を援助する監護補助者的立場にあった。

Aは、現在小学生であり、安定した監護親の下で、集団生活への適応、基礎的な学力・能力の向上、円滑な交友関係の構築を通じたセルフコントロールや社会性の獲得等の諸課題を克服すべき時期にあるということができ、Aの過去の監護状況、監護態勢・監護環境を考慮しても、現時点におけるAの監護者は、主たる監護者であるYと定めて、Yの姉夫婦を含む家族の監護補助を得て監護態勢を構築させるのがAの福祉に適すると認められる。

イ　Xは、Yによる当初のAを連れ出しての別居は合理的理由のない単なる連れ去りにすぎず、面会交流にも拒否的な態度を示しており、別居後のYの監護環境下で、XとAとの関係性は著しく損なわれており、このことはYの監護に問題があることの証左であるという。

確かに、違法な連れ去りによって子の監護者の決定に際して有利な地位を獲得することを許すことは、違法行為を助長することとなるし、法律や社会規範を無視する態度に出る者については監護者の適格性が疑われることになる。

しかし、子の監護者の決定に当たっては、子の福祉が優先して考慮されるのであり、子の連れ去り等による監護の開始の違法を主たる理由として、監護者の決定や原状回復としての子の引渡しが認められるのは、子の福祉を考慮しても不問に付することができないほどの違法性が強い場合に限られるというべきである。

YとXとの婚姻関係は、十分に円満であったとはいい難く、特に、Aの監護方針について、YとXの両親との間では考え方が異なり、Xは、Yから相談を受けても取り合わず、隣家のXの両親がAの監護に関与することについては何ら問題にすることなくむしろ任せておけばよいと考えていたもので、別居の準備を進めていた頃の口論で、XがYと離婚する意思を明らかにしたことから、Aを連れて別居したものである。Yとしては、Xが深夜に帰宅し、早朝に出勤するのが常態であり、Aを置いていけば、自らとは監護方針の異なるXの両親が主として監護を行うことになることを懸念して、Aを連れて別居したと認めることができ、その後のAに対する監護状況が安定していることも考慮すれば、YによるAの連れ去りが監護者変更や子の引渡しを認めるべき違法に当たるとまではいえない。

ウ　Xは、YがAとXの面会交流に拒否的な態度を示していることは、監護者としての不適格性を示すものであるという。

しかし、別件の面会交流審判事件の審判の前後においても、当事者間で協議した上、相互に了解した範囲内で面会交流が実施されており、その実施状況のみからYが監護者として不適格であるとまでは認められない。

(4)　これに対し、Xが、①原審の判断は、国際的な子の奪取の民事上の側面に関する条約（ハーグ条約）及び国際的な子の奪取の民事上の側面に関する条約の実施

に関する法律（実施法）の解釈適用を誤るものである、②Yが未成年者を連れ去った点やYが虚偽の保護命令申立てをするなど、虚偽の主張を用いて未成年者の親権を取得しようとしていることを看過ないし無視してされた原審の判断は、民法766条の解釈適用を誤るものであるなどと主張して、抗告許可の申立てをした。

(5) 本決定は、「所論の点に関する原審の判断は、正当として是認することができる。論旨は採用することができない。」と判示して、抗告を棄却した。

本件にハーグ条約及び実施法が適用される余地がないことは明らかである。また、子の監護者指定及び子の引渡しの適否という原審の裁量判断に属する事項について、解釈統一を図る観点から法律審が介入すべき余地は少ないように思われ、抗告の許可には検討の余地がある。

【31】 26(許)21（△三小、平26・10・14、棄却。原審札幌高決平26・5・16、原々審札幌家室蘭支審平26・2・24）

(1) 子の監護者を父又は母のいずれに指定すべきかが問題となった事案である。

(2) 別居中の夫婦の妻であるXは、夫であるYに対し、Yの実家で生活している両者間の長女及び長男（未成年者ら）について、①未成年者らの監護者をXと指定すること及び②未成年者らをXに引き渡すことを求めた。

(3) 原審は、未成年者らの監護者としてはXを指定するのが相当であるとして、Xの申立てを認容した。その理由の概要は次のとおりである。

ア　XとYは、それぞれの実家で生活しており、父母（未成年者らの祖父母）の協力も得ながら未成年者らを監護養育する態勢を整えており、いずれも現在の監護環境に特段の問題はうかがわれない。

また、本件では、家裁調査官による事実の調査が行われ、Xと未成年者らとの試行的面会交流が4回にわたり裁判所で実施されたほか、約2週間に1回の面会交流も行われているところ、その様子からは、未成年者らがXに親和している様子がうかがわれる。他方、未成年者らはYにも親和しており、XとYのいずれも、未成年者らに対し、十分な愛情を持って接していることが認められる。

イ　もっとも、従前の監護状況をみると、未成年者らの出生後、育児家事の中心的な役割を担っていたのはXであり、保育所等への調査を踏まえても、これまでの監護に特に問題があったことはうかがわれない。未成年者らの年齢（3歳と1歳）に照らし、出生時から多くの時間を過ごしてきた母親（X）との情緒的な結び付きが保たれることが最も子の利益になると考えられる。これに対し、Yは、現在未成年者らがYの実家で安定した生活を送っているとして、その監護の継続性を主張するが、Yの実家はもともと未成年者らが生活していた場所ではなく、生活期間も特に長いわけではない上、そもそも現在のYの実家での生活は、XとYとの協議に基づいて始まったものではない。未成年者らが未就学児であり、転校等の不利益もないことを考慮すれば、現在Yの実家で生活しているとの事情をもって、その継続性を重視すべきとはいえない。

Ⅳ　家事審判法、家事事件手続法

　ウ　また、監護者の指定をするに当たり、子の意思も考慮すべき要素ではあるが、本件では、長女は3歳、長男は1歳にすぎないので、子からの直接聴取やその発言内容から子の真意を適切に把握することは困難である。そうすると、本件においては、4回にわたる試行的面会交流の過程で未成年者らの態度を観察するなどの方法によってうかがわれる未成年者らの意思を考慮するのが相当であり、その結果は、前記アのとおり、Xとはおおむね問題なく交流が行われ、親和した様子がうかがえたというものである。これに対し、Yは、長女がXよりもYとの生活を望んでいることは明らかであるとして、長女の発言を録音、録画したデータ等を提出するが、未成年者らがYの下で監護養育されている状況でのものであり、Xとの試行的面会交流の際にはXと親和している様子がうかがえることを考慮すれば、Y主張の長女の言動を重視して監護者の指定を決することは相当でないというべきである。

　(4)　これに対し、Yが、監護者の指定に当たり、子は自らの意思を自由に表明する機会を与えられるべきであり、「子の意思」を把握する方法としては、未成年者らからの直接聴取やその発言内容を重要な資料とすべきであるから、これを否定した原審の判断は、家事事件手続法65条に反し、また、「子供がその子供に影響を及ぼすすべての事項について自由に自己の意見を表明する権利を確保する。」と定める児童の権利に関する条約12条、「(子は)手続に参加しかつ自己の意見を述べる機会を有する」などと定める同条約9条に反する違反があると主張して、抗告許可の申立てをした。

　(5)　本決定は、「所論の点に関する原審の判断は、正当として是認することができる。論旨は採用することができない。」と判示して、抗告を棄却した。

　本件の争点は、結局のところ、XとYのいずれを監護者に指定することが「子の利益」(民法766条1項)に資するかということに帰着するものであり、子の意思を把握する方法を含め、その具体的当てはめの問題であると考えられ、抗告の許可には検討の余地がある。

6　扶養料

【32】26(許)14（△二小、平26・8・27、棄却。原審広島高決平26・3・13、原々審広島家審平25・10・25）
　(1)　過去の扶養料について、その求償の範囲等が問題となった事案である。
　(2)　亡Aの兄であるXは、昭和54年11月からAの死亡した平成22年9月までAの扶養料を負担したとして、民法878条及び879条に基づき、Aの姉であるY$_1$及びY$_2$（Yら）に対し、Yらの分担額（Xの負担額の3分の1相当額）の支払を求めた。
　(3)　原審は、Xが請求できる過去の扶養料は、調停申立時から5年遡った時期以降のものに限られるとした上、その期間の扶養料は、Aの遺産分割調停においてXの寄与分として評価済みであるなどとして、Xの申立てを却下すべきものとした。その理由の概要は次のとおりである。

ア　過去の扶養料の求償を求める審判が申し立てられたときに、過去のどの時点まで遡って求償を認めるかについては、裁判所は、関係当事者間の負担の衡平を図る見地から、要扶養者及び扶養義務者の生活状況等の事情を総合的に考慮して定めることができると解すべきである。

　そして、Aは父母の生前は父母と、母の生前は母と実家で同居していたこと、Yらが父母の遺産を全く相続していないのに対し、Xは父の遺産を相続し、Aは母の遺産を相続したこと、要扶養者たるAは既に死亡していること、本件以前にXがYらに対してAの過去の扶養料の求償を求めた形跡がないことなどの本件の諸事情に照らすと、XがYらに対して過去の扶養料の求償を求めることができるのは、本件の調停を申し立てた平成24年12月から5年を遡った時期以降の分（平成19年12月以降の分）に限られると認めるのが相当である。

　イ　Xの請求する扶養料のうち平成19年12月以降の分につき、住居費及び生活費（住居費を除くもの）に分けて検討すると、①Xは、平成18年12月以降、母の遺産から毎月10万円をAの銀行口座に振り込んでいたところ、平成19年12月以降のAの生活費が月額10万円を超えるとは認められない。したがって、平成19年12月以降、Aは、自らの資産をもって生活費を賄っていたというべきであり、Xの扶養料の請求のうち生活費に関する部分は理由がない。②前回の遺産分割調停においては実質的にXの寄与分が認められており、これは、XがAを自ら所有する実家に居住させたことを内容とするものであるが、平成19年12月以降におけるAの住居費に係る扶養料が前記の寄与分を超えるものとは認められない。したがって、Xの扶養料の請求のうち住居費に関する部分も理由がない。Xは、前回の遺産分割調停において認められた寄与分は、Aの相続財産のうちの定額郵便貯金4口についての寄与分であり、前記の寄与分が認められたからといって、過去の扶養料の求償が全て許されなくなるものではないと主張する。しかし、XがYらに求償し得る過去の扶養料の全額が前記の寄与分を超えると認められないのであるから、Xの前記主張は採用できない。

　(4)　これに対し、Xが、①過去の扶養料の支払の始期については、権利者からの請求時などとする審判例があり、要扶養者及び扶養義務者の生活状況等の事情を総合的に考慮して過去の扶養料の求償範囲を定めることができるとした原審の判断には違法がある、②YらがAの遺産である銀行預金を分割取得していることを考慮せず、XがYらに過去の扶養料の求償を求めた形跡がないことを考慮して過去の扶養料の求償範囲を調停申立時から5年遡った時期以降の分に限っており、このような原審の判断には裁量を逸脱した違法があると主張して、抗告許可の申立てをした。

　(5)　本決定は、「所論の点に関する原審の判断は、正当として是認することができる。論旨は採用することができない。」と判示して、抗告を棄却した。

　扶養義務者間における過去の扶養料の求償範囲が裁判所の合理的裁量に委ねられていることは判例（最大決昭40・6・30民集19・4・1114、最二小判昭42・2・17

民集21・1・133）から明らかである。過去の扶養料は扶養権利者の請求時以後について認めるのが学説及び下級審判例の多数であるものの、これは、扶養権利者と扶養義務者との間の利益衡量などを理由とするものであり、本件のように扶養義務者間における過去の扶養料の求償の場面に直ちに妥当するものではないと考えられる。むしろ、扶養義務者間における過去の扶養料の求償の場面において、求償の範囲を権利者からの請求時以後のものに限るとすることは扶養義務者間の衡平を欠く結果となることとなろう。これらのことからすると、原審の判断は合理的裁量の範囲内のものとして是認し得るものと思われる。

7　遺産分割

【33】25(許)31（△三小、平26・3・4、棄却。原審広島高岡山支決平25・9・24、原々審岡山家倉敷支審平24・12・5）

(1)　遺産分割に当たり、相続人のうちの1人が他の相続人にした株式の準共有持分の贈与の効力が問題となった事案である。

(2)　被相続人Aの長男であるX_1及びAの妻であるX_2は、Aの二男であるYを相手方として、Aの遺産について、遺産分割の申立てをした。

Aは、平成21年5月16日に死亡し、相続が開始したところ、相続人は前記3名のみであり、法定相続分は、X_2が2分の1、X_1及びYがそれぞれ4分の1である。

遺産分割の対象となる遺産中には、株式会社B商会の非公開株式4670株があるが、X_2は、平成22年2月28日、「夫Aの遺産である株式会社B商会の株式に対する私の共有持分については、これを二等分し、その一（1株に満たない端数を生じる場合は端数を切り捨てる）をX_1に、残りをYに贈与いたします。」との記載のある「株式譲渡証書」と題する書面に署名押印している。Yはこの内容について受諾しているが、X_1がこれを受諾したことを認めるに足りる証拠はない。

(3)　原審は、前記贈与（本件贈与）を有効であるとし、本件贈与後の準共有割合によって遺産分割をすべきものとした。その理由の概要は次のとおりである。

ア　株券発行会社の株式の譲渡は、株券を交付しなければ、その効力が生じない（会社法128条1項）ところ、株式の共有持分の譲渡について、この効力要件を緩和することはできない。しかしながら、B商会は、商業登記簿上は株券発行会社でありながら、実際には、株券を発行していなかったことが認められるから、株券の交付がないことを理由に本件贈与契約が無効であるということはできない。また、会社法106条は、株式の共有者が、会社に対して、当該株式についての権利を行使する場合について定めたものであって、株式の共有者が共有持分を処分する場合について定めたものではないから、この規定を根拠にして株式の共有持分が譲渡できないと解することもできない。

イ　B商会の株式4670株については、X_1が4分の1、X_2が4分の1、Yが4分の2の各共有持分を有する準共有状態にある。同株式について、X_1及びX_2は、法

定相続分に従い、X_2 に2分の1、X_1 及びYに各4分の1相当の株式がそれぞれ帰属するよう分割されるべき旨の希望を述べているが、このように分割することは、有効に成立した本件贈与契約の効力を実質的に無にするものであって相当ではない。B商会の株式については、現在の準共有持分割合に従って分割するのが相当であるから、X_1 及び X_2 がそれぞれ1167株を、Yが2335株をそれぞれ取得し、残りの1株については X_1 及び X_2 の共有とする。

(4) これに対し、X_1 が、本件贈与後の準共有割合によって遺産分割をすべきものとした原審の認定判断には、判例（最大判昭47・11・8民集26・9・1489）違反、又は法令違反（会社法128条1項、2項等）があると主張して、抗告許可の申立てをした。

(5) 本決定は、「所論の点に関する原審の判断は、是認することができる。論旨は採用することができない。」と判示して、抗告を棄却した。

【34】 25(許)38（△二小、平26・4・23、棄却。原審仙台高秋田支決平25・11・18、原々審秋田家大曲支審平25・3・29）

(1) 遺産分割の審判において、民法900条4号ただし書後段（平成25年法律第94号による改正前のもの。以下同じ。）にいう「父母の一方のみを同じくする兄弟姉妹」の解釈適用が問題となった事案である。

(2) 被相続人Aの二男である亡Bが平成11年に死亡した（二次相続）際の兄弟姉妹の相続につき、X、Y_1～Y_3 が亡Bと父母を同じくするのに対し、亡Cは亡Bと母（母とは亡D（亡Cの実母で亡Bの養母）、亡E（亡B、亡Cの養母）である。）のみを同じくする。原審（原々審同旨）は、亡B（被相続人Aの共同相続人の1人）が死亡した際の兄弟姉妹の相続につき、亡C（Y_4 は亡Cの代襲相続人である。）の相続分はX、Y_1～Y_3 の2分の1とすべきであるとした上で、遺産分割方法を定めるべきものとしたため、Y_4 が、抗告許可の申立てをした。

（相続関係図）

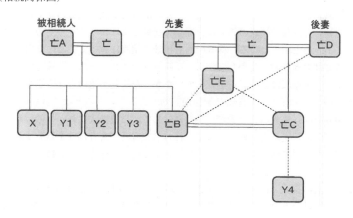

(3) 原決定の理由の概要は次のとおりである。

　Y_4 は、民法900条4号ただし書後段にいう「父母の一方のみを同じくする兄弟姉妹」に母（養母を含む。）2人を同じくする場合を含むと解すると、この場合と養母及び養父を同じくする場合とで法定相続分を差別することになり、性別及び社会的身分による不合理な差別として憲法14条1項に反するから、「父母の一方のみを同じくする」とは親のうちどちらか1人のみを同じくする場合を指し、父母の一方であっても2人を同じくする場合を含まないものと限定解釈すべきであると主張する。しかし、民法900条4号ただし書後段の趣旨は、傍系親族である兄弟姉妹にも第三順位の相続資格を認めるに当たり、子の出生には生物学的に父と母の双方を要することを踏まえ、父母の双方を同じくする兄弟姉妹と父母の一方のみを同じくする兄弟姉妹とでは、父母を介した被相続人との血縁の濃淡に明らかな差があるとの合理的根拠を欠くものとはいえない。そして、その文言解釈としては、父母の一方を複数同じくする場合が「父母の双方を同じくする兄弟姉妹」に当たらないことは明らかである。また、戸籍実務においても同様に解されている。養親2人が養父と養母であった場合でも、文言上は「父母の双方を同じくする兄弟姉妹」に該当し得るところ、このような場合にも他の通常の父母を同じくする兄弟姉妹と同一の相続割合が認められるとすれば、養父2人又は養母2人を同じくする場合と相続分が異なることになるが、民法900条4号ただし書後段の趣旨に照らせば、父2人又は母2人を同じくする兄弟姉妹と父母を同じくする兄弟姉妹とではなお血縁の意味合いが異なると評価することも不合理とはいえない。そうすると、前記のように取扱いに違いが生ずる場合があり得るからといって、民法900条4号ただし書後段の規定が相続制度に関する立法府の合理的裁量を超えた性別又は社会的身分による不合理な差別ということはできず、憲法14条1項に反するとはいえないから、限定解釈すべきであるとする Y_4 の主張も採用できない。

　Y_4 は、仮に亡Cが民法900条4号ただし書後段の「父母の一方のみを同じくする兄弟姉妹」に当たるとしても、亡Cが、亡Bとの関係で、母亡Dを同じくする妹の立場と母Eを同じくする妹の立場という二重の立場を有しており、それぞれの立場を合算すれば、他の兄弟姉妹と同じ相続分を取得することになり、他の兄弟姉妹の2分の1にはならないと主張する。しかし、Y_4 は、亡Bの兄弟姉妹である亡Cの代襲相続人としての一つの相続資格を有するにすぎず、親を異にする兄弟姉妹が複数の相続資格を有するものではない。すなわち、民法889条1項2号、900条4号は、相続資格としては「兄弟姉妹」という以上に区別していないのであり、父母の一方のみを2人以上同じくする兄弟姉妹に父又は母の数に応じた兄弟姉妹としての相続資格が複数あると解して法定相続分を合算することを予定していないというべきである。したがって、亡Cの代襲相続人である Y_4 は、亡Bの相続については、亡Bと亡Cの共通する母の数にかかわらず、「兄弟姉妹」という一つの相続資格のみを有する者である亡Cの代襲相続人として一つの相続資格を有するにすぎない。

(4) 本決定は、「所論の点に関する原審の判断は、正当として是認することができる。論旨は採用することができない。」と判示して、抗告を棄却した。

【35】26(許)23（△二小、平26・9・24、棄却。原審大阪高決平26・6・12、原々審神戸家審平26・1・10）

(1) 遺産分割及び寄与分を定める申立てにおいて、相続人のうち1名が死亡保険金受取人として受領した被相続人の死亡生命保険金が、特別受益に準じて持戻しの対象となるか否かが問題となった事案である。

(2) 被相続人Aの相続人であるX（法定相続分2分の1）は、他の相続人Y_1及びY_2（法定相続分各4分の1）を相手方として遺産分割及び寄与分を定める申立てをし、Y_1及びY_2は、寄与分を定める申立てをした。

Aは生前、被保険者をA、保険金受取人をY_1とする生命保険を掛けており、Y_1はAの死後に生命保険金5000万円を受領している。

(3) 原審（原々審同旨）は、本件の生命保険金5000万円は持戻しの対象となると判断した上で、Aの遺産を分割すべきものとした。原審の理由の概要は次のとおりである。

Aの遺産総額は2億円余りであり、本件の生命保険金はこれのほぼ4分の1に相当する多額のものである。また、XとY_2を保険金受取人とするAの生命保険はなく、Aから両名に対し遺産の前渡しといえるような財産の贈与もない。さらに、Y_1だけが他の親族よりも突出してAの家業を手伝ったり療養看護に当たったとまではいえず、そもそも同居していたわけでもない。そして、Xは公務員として勤務しており、Y_1及びY_2はそれぞれ家庭を持ち夫も健在であって、いずれも生活に困窮している様子はうかがえない。

以上に加え、本件に現れた諸般の事情を総合考慮すると、Y_1の受領した生命保険金5000万円については、XやY_2との間に生ずる不公平を是認し難い特別の事情があるといわざるを得ず、これをY_1の特別受益とみて持戻しの対象に含めるのが相当である。

(4) Y_1及びY_2が、原審の判断には法令違反があると主張して、抗告許可の申立てをした。

(5) 本決定は、「所論の点に関する原審の判断は、正当として是認することができる。論旨は採用することができない。」と判示して、抗告を棄却した。

相続人の1人が受領した保険金については、最二小決平16・10・29民集58・7・1979が、要旨「保険金の額、この額の遺産の総額に対する比率、保険金受取人である相続人及び他の共同相続人と被相続人との関係、各相続人の生活実態等の諸般の事情を総合考慮して、保険金受取人である相続人とその他の共同相続人との間に生ずる不公平が民法903条の趣旨に照らし到底是認することができないほどに著しいものであると評価すべき特段の事情が存する場合には、同条の類推適用により、特別受益に準じて持ち戻しの対象となる」としており、本件の実質は、この確立し

た判例による判断基準への当てはめだけが問題となっているにすぎない事案であり、抗告の許可には検討の余地がある。

【36】26(許)24（△三小、平26・10・28、棄却。原審高松高決平26・6・4、原々審高松家審平26・1・17）
(1) 原審においてされた特別受益の主張を時機に後れたものであるとして採用しなかったことの当否が問題となった事案である（家事審判法適用事件）。
(2) Xは、Y_1及びY_2を相手方として、被相続人の遺産について遺産分割の審判を求めた（原々審）。そして、原々審の審判に対してY_2が抗告し、原審において、Y_2は、Y_1が相続財産である土地A・B（本件土地A・B）上にY_1名義の建物を建築して無償使用してきたことを特別受益として考慮すべきと主張した。
(3) 原審は、①原々審において、遺産の評価につきX及びY_1が固定資産評価額での評価を主張したのに対して、Y_2が専ら本件土地Aの評価を問題として鑑定による評価を希望したことから、原々審が職権で鑑定したこと、②Y_2は、原々審において、本件土地Aの鑑定評価額についてのみ減額を主張し、審判移行後、最終期日までの約7箇月にわたり、本件土地A・Bの使用によるY_1の特別受益分の減額はもとより、鑑定において本件土地Bが建付地ではなく更地として評価されていることについて何ら異議を述べなかったことからすると、被相続人の遺産中、本件土地A以外の不動産については、更地価格での評価による分割をすることで当事者間に手続上の合意が成立したと評価するのが相当であり、Y_2が、原審に至って初めて本件土地A・Bについて、Y_1の特別受益という形にせよ、遺産分割の前提として当事者間で手続上の合意が成立していた評価額について異議を述べるのは、家事審判手続上の信義則に反し、時機に後れたものとして採用できないと判断して、抗告を棄却した。
(4) これに対し、Y_2が、原審の判断には明らかな法令違反（民法の相続規定違反、経験則違反等）があると主張して、抗告許可の申立てをした。
(5) 本決定は、「所論の点に関する原審の判断は、是認することができる。論旨は採用することができない。」と判示して、抗告を棄却した。

Ⅴ その他

1 介護保険法

【37】26(行ツ)1（△三小、平26・11・25、却下。原審広島高松江支決平25・12・20、原々審鳥取地決平25・7・30）
(1) 介護保険法（法）70条2項3号及び115条の2第2項3号（本件各規定）の解釈等が問題となった事案である。
(2) 本件の基本事件は、一般社団法人Xが、処分行政庁に対し、法に基づく指

定居宅サービス事業者及び指定介護予防サービス事業者の指定の申請（本件申請）をしたが，処分行政庁においてその後10箇月以上にわたって指定をするか否かの処分をしなかったため，処分行政庁が所属する行政主体であるY県を被告として，処分行政庁がXを指定居宅サービス事業者及び指定介護予防サービス事業者に指定することの義務付けを求める訴えと，処分行政庁が本件申請に対して処分をしないことにつき不作為の違法確認を求める訴えを提起したところ，Xを指定居宅サービス事業者及び指定介護予防サービス事業者に指定しない旨の処分がされたため（本件処分），前記不作為の違法確認の訴えを取り下げるとともに，本件処分が違法であるとして，本件処分の取消しを求める訴えを追加した事案である。

　Xが，前記の訴訟（本件本案事件）を本案として，行政事件訴訟法37条の5に基づく仮の義務付けの申立てをした（本件申立て）。

　(3)　原々審は，Xの申立てを認容すべきものとしたが，原審は，これを却下すべきものとした。事実関係及び原決定の概要等は次のとおりである。

　ア　事実関係

　(ｱ)　Yは，処分行政庁が所属する行政主体たる地方公共団体である。

　Y県中部総合事務所は，Yが地方自治法155条1項に基づいて定めたY県総合事務所設置条例により，Yの事務のうち，A市の福祉保健に関する事務等を所掌することとされており，中部総合事務所の長である処分行政庁は，A市における法41条1項本文及び53条1項本文が定める指定処分をY県知事に代わってする権限を有している。

　Xは，平成23年4月，デイサービスセンターの経営等を目的として設立された一般社団法人であり，Y県A市において通所及び居所の介護サービスを提供することが可能な介護施設を管理運営している。

　Bは，Xの代表理事であり，社会福祉法人Cの元理事長であったDの子である。

　(ｲ)　Yが，Cに対し，平成22年7月以降，社会福祉法に基づく特別監査を実施したところ，DがCの理事長を務めていた時期に，総額1億1210万円余の不適正な支出があることが明らかとなった。そこで，Yは，Cに対し，平成23年1月6日付け及び同年9月28日付けで，社会福祉法に基づく改善措置命令を発した。

　Xは，平成23年12月2日付けで，処分行政庁に対し，本件申請をした。

　Xは，平成24年10月4日，Yを被告として，義務付けの訴え及び不作為の違法確認の訴えを内容とする本件本案訴訟を提起するとともに，本件申立てをした。

　(ｳ)　処分行政庁は，平成25年1月29日付けで，本件申請について，要旨，①Xは，その説明に虚偽等があり，本件申請内容が信ぴょう性に欠けることから，指定居宅サービス事業者として適正な介護サービスを提供することが期待できず，本件各規定の欠格事由に該当すること，②社会福祉法違反があるとしてYから2度の改善措置命令を受けたCの元理事長であるDがXの運営に深く関与しており，これは法70条2項10号及び115条の2第2項10号の欠格事由に該当することを理由として，Xを居宅サービス事業者及び指定介護予防サービス事業者に指定しな

い処分（本件処分）をした。

　Xは、本件処分を受けて、本件本案訴訟において、不作為の違法確認の訴えを取り下げると同時に、本件処分の取消しを求める訴えを提起した。

　（エ）　なお、Xは、本件抗告が許可された後の平成26年10月、本件本案事件を取り下げ、Yもこれに同意したため、本件本案訴訟は終了した。

　イ　本件の争点

　本件の争点は、①法所定の欠格事由の有無の判断における処分行政庁の裁量権、②Xの本件各規定該当性、③Xの法70条2項10号及び115条の2第2項10号該当性、④「償うことのできない損害を避けるため緊急の必要」（行政事件訴訟法37条の5第1項）の有無、⑤「公共の福祉に重大な影響を及ぼすおそれ」（行政事件訴訟法37条の5第3項）の有無である。

　ウ　原決定の概要

　原決定は、Xに本件各規定の欠格事由のあることを理由に本件処分をしたことは適法であり、本件には「本案について理由があるとみえるとき」との要件は認められないから、その余の点を判断するまでもなく本件申立てには理由がないとした。

　(4)　前記原決定に対し、Xが、処分行政庁との信頼関係が破壊されている事業者には本件各規定に定める欠格事由が存在するとした原審の判断は、本件各規定の解釈を誤るとともに高裁判例（名古屋高裁金沢支判21・7・15）に相反すると主張して、抗告許可の申立てをした。

　(5)　本決定は、「本件記録によれば、本件の本案事件であった処分の義務付け等を求める訴えは、既に上記裁判所において訴えの取下げがされ、同裁判所に係属していないことが明らかである。したがって、同裁判所のした仮の義務付けの申立てを認容する決定を取り消し、同申立てを却下すべきものとした原決定について、もはや抗告の利益はないというべきであり、本件抗告は、論旨について判断するまでもなく、却下を免れない。」と判示して、抗告を却下した。

2　行政事件訴訟法

【38】26(行ツ)2（◎一小、平26・9・25、破棄・差戻、民集68・7・781。原審高松高決平26・5・9、原々審徳島地決平26・3・27）

　(1)　厚生労働大臣による障害基礎年金に係る裁定請求の当否の判断に当たり、その審査をした、特殊法人である日本年金機構（機構）の下部組織である徳島事務センターについて、行政事件訴訟法12条3項所定の「事案の処理に当たった下級行政機関」に当たるか否かが問題となった事案である。

　(2)　本件の本案訴訟は、厚生労働大臣が徳島県内に居住するXに対して国民年金法による障害基礎年金の裁定請求（本件裁定請求）を却下する旨の処分（本件処分）をしたため、XがY（国）を相手にその取消しを求めて徳島地方裁判所に提起したものであり、本件は、Yが、本案訴訟につき、管轄違いを理由に、行政事件訴訟法12条4項により、Xの普通裁判籍の所在地を管轄する高松高等裁判所の所在

地を管轄する高松地方裁判所に移送することを申し立てた事案である。

(3) 国民年金法上の年金の給付を受ける権利の裁定については、原則として、請求者が所轄の年金事務所に裁定請求書を提出して裁定請求をし、当該年金事務所から回付を受けた事務センターにおける裁定請求に係る審査を経て、機構の本部を経由してその結果の報告を受けた厚生労働大臣が前記裁定請求に対する判断をすることとされている。本件でも、Xは、左下肢の疾病を理由として、障害基礎年金の裁定請求を機構の徳島北年金事務所に提出して本件裁定請求をしたところ、同年金事務所から前記請求書の回付を受けた徳島事務センターにおける本件裁定請求に係る審査を経て、機構の本部を経由してその結果の報告を受けた厚生労働大臣は、Xに対して本件処分をした。

(4) 原審は、要旨、徳島事務センターは行政機関に当たらないから行政事件訴訟法12条3項にいう「事案の処理に当たった下級行政機関」に該当せず、本案訴訟は徳島地方裁判所の管轄に属しない旨を判示して、同法7条、民訴法16条1項により、本案訴訟を高松地方裁判所に移送すべきものとした。

(5) これに対し、Xが、抗告許可の申立てをした。論旨は、行政事件訴訟法12条3項の「下級行政機関」についての解釈適用の誤りをいうものと考えられる。

(6) 本決定は、次のとおり判示して、原決定を破棄し、本件を原審に差し戻した。

「4(1) 行政事件訴訟法12条3項において、処分又は裁決（以下「処分等」という。）に関し「事案の処理に当たった下級行政機関」の所在地の裁判所にも当該処分等の取消訴訟の管轄を認めている趣旨は、当該下級行政機関の所在地の裁判所に管轄を認めることにつき、被告の訴訟追行上の対応に支障が生ずることはないと考えられ、他方で原告の出訴及び訴訟追行上の便宜は大きく、また、当該裁判所の管轄区域内に証拠資料や関係者も多く存在するのが通常であると考えられるから証拠調べの便宜にも資し、審理の円滑な遂行を期待することができることにあると解される。このような同項の趣旨からすれば、同項にいう「事案の処理に当たった下級行政機関」とは、当該処分等に関し事案の処理そのものに実質的に関与した下級行政機関をいうものと解される（最高裁平成12年(行ツ)第2号同13年2月27日第三小法廷決定・民集55巻1号149頁、最高裁平成14年(行ツ)第10号同15年3月14日第二小法廷決定・裁判集民事209号255頁参照）。

このような行政事件訴訟法12条3項の趣旨等に鑑みると、処分行政庁を補助して処分に関わる事務を行った組織は、それが行政組織法上の行政機関ではなく、法令に基づき処分行政庁の監督の下で所定の事務を行う特殊法人等又はその下部組織であっても、法令に基づき当該特殊法人等が委任又は委託を受けた当該処分に関わる事務につき処分行政庁を補助してこれを行う機関であるといえる場合において、当該処分に関し事案の処理そのものに実質的に関与したと評価することができるときは、同項にいう「事案の処理に当たった下級行政機関」に該当するものと解するのが相当である。

(2) 機構は、機構法に基づき、役員の任命又はその認可や解任等（13条、16条）、業務運営の計画に係る認可や業務改善命令（35条、49条）などによる厚生労働大臣の監督の下で、年金に関する広範な事務を行う特殊法人であるところ（1条、3条、27条等）、前記（中略）のとおり、政府が管掌する国民年金事業等に関し、国民年金法等に基づいて年金の給付を受ける権利の裁定に係る事務の委託を受けている。そして、前記（中略）のとおり、厚生労働大臣が年金の給付を受ける権利の裁定を行うに当たっては、上記の裁定に係る事務の委託を受けた機構の下部組織である事務センターが機構法等の定めに従って裁定請求の審査を行い、機構の本部を経由して同大臣にその結果が報告されるものであること等に照らせば、事務センターは、法令に基づき機構が委託を受けた上記の裁定に係る処分に関わる事務につき同大臣を補助してこれを行う機関であるということができる。

したがって、機構の下部組織である事務センターは、機構法等の定めに従って厚生労働大臣による年金の給付を受ける権利の裁定に係る処分に関わる事務を行った場合において、当該処分に関し事案の処理そのものに実質的に関与したと評価することができるのであれば、行政事件訴訟法12条3項にいう「事案の処理に当たった下級行政機関」に該当するものと解される。

(3) そして、当該処分に関し事案の処理そのものに実質的に関与したと評価することができるか否かは、前記の行政事件訴訟法12条3項の趣旨に鑑み、当該処分の内容、性質に照らして、当該組織の関与の具体的態様、程度、当該処分に対する影響の度合い等を総合考慮して決すべきである。このような観点からすれば、当該組織において自ら積極的に事案の調査を行い当該処分の成立に必要な資料を収集した上意見を付してこれを処分行政庁に送付ないし報告し、これに基づいて処分行政庁が最終的判断を行った上で当該処分をしたような場合などは、当該組織の関与の具体的態様、程度等によっては、当該組織は当該処分に関し事案の処理そのものに実質的に関与したと評価することができるものというべきである（前掲最高裁平成13年2月27日第三小法廷決定参照）。

しかるところ、原審は、上記のような観点から本件事務センターが本件処分に関し事案の処理そのものに実質的に関与したと評価することができるか否かについて、何ら審理判断していない。

したがって、上記の点について審理を尽くすことなく、本件事務センターが行政事件訴訟法12条3項にいう「事案の処理に当たった下級行政機関」に該当しないとして本案訴訟がその所在地の裁判所の管轄に属しないものとした原審の判断には、審理不尽の結果、法令の解釈適用を誤った違法がある。

以上のとおり、原審の判断には裁判に影響を及ぼすことが明らかな法令の違反がある。論旨はこの趣旨をいうものとして理由があり、原決定は破棄を免れない。そして、上記4(3)の点に関し、本件事務センターによる本件裁定請求の審査の方法及び内容や厚生労働大臣に対する審査結果の報告の内容等について審理を尽くさせるため、本件を原審に差し戻すこととする。」

本決定は、行政事件訴訟法12条3項の「下級行政機関」の意義に関し、同項の趣旨を実質的に解釈した上で、行政組織法上の行政機関に限られるものではないとする判断を示し、かつ、「事案の処理に当たった下級行政機関」該当性についての一般的な判断枠組みを示したものであり、機構のような特殊法人又はその下部組織であっても同項の「事案の処理に当たった下級行政機関」に該当し得ることを明らかにしたものであって、実務上重要な意義を有するものと思われる。

3 戸籍法

【39】25(許)26（◎一小、平26・4・14、破棄・自判、民集68・4・279。原審仙台高決平25・6・25、原々審福島家審平24・12・25）

(1) 本件は、①子が実親の一方及び養親の共同親権に服する場合、民法819条6項の規定に基づき、子の親権者を他の一方の実親に変更することができるか、②仮に、①の変更を認めた審判が同項の解釈を誤っていた場合、戸籍事務管掌者は、当該審判に基づく親権者変更の届出を不受理とする処分をすることができるかが争われた事案である。

(2) Aの実父であるXは、Aの親権者をその実母であるB及び養親であるCからXに変更する審判（別件審判）に基づき親権者変更の届出（本件届出）をしたところ、戸籍事務管掌者である福島市長Yは、本件届出を不受理とする処分（本件処分）をした。Xは、本件処分は不当であるとして、戸籍法121条に基づき、Yに本件届出の受理を命ずることを申し立てた（本件申立て）。

(3) 原々審は、本件申立てを認容し、Yは本件届出を受理しなければならない旨の審判をしたが、原審は、後記(5)のとおり判断して、原々審判を取り消し、本件申立てを却下した。

(4) これに対し、Xが、①実親と養親の共同親権に服する場合に民法819条6項に基づく親権者変更を行うことはできないとした原審の判断は、同項の解釈を誤るものである、②別件審判が明らかに実体法規に抵触するとして不受理とした本件処分の違法性を認めなかった原審の判断は、市町村長の審査権に係る法令の解釈を誤るものであるなどと主張して、抗告許可の申立てをした。

(5) 本決定は、次のとおり判示して、原決定を破棄し、原々審判に対するYの抗告を棄却した。

「3 原審は、次のとおり判断して、本件申立てを認容した原々審判を取り消し、本件申立てを却下した。

(1) 離婚して親権者となった実親の一方が再婚し、子がその再婚相手と養子縁組をして当該実親と養親の共同親権に服する場合、民法819条6項に基づく親権者の変更をすることはできないから、B及びCから抗告人への親権者の変更を認めた別件審判は同項の解釈を誤った違法なものである。

(2) 別件審判は、民法の予定しない申立てを認容したもので、実体法規に反するものであることが形式上明らかであるから、相手方が本件届出を不受理とする処分をしたことに違法はない。

4 しかしながら、原審の上記3(1)の判断は是認することができるが、同(2)の判断は是認することができない。その理由は、次のとおりである。

(1) 民法819条は、1項から5項までにおいて、子の父母が離婚する場合等には、子は父又は母の一方の単独の親権に服することを前提として、親権者の指定等について規定し、これらの規定を受けて、6項において、親権者の変更について規定して、親権者を他の一方に変更することができるとしている。このような同条の規定の構造や同条6項の規定の文理に照らせば、子が実親の一方及び養親の共同親権に服する場合、子の親権者を他の一方の実親に変更することは、同項の予定しないところというべきである。他方、上記の場合において、親権者による親権の行使が不適切なもので子の保護の観点から何らかの措置をとる必要があるときは、親権喪失の審判等を通じて子の保護を図ることも可能である。

そうすると、子が実親の一方及び養親の共同親権に服する場合、民法819条6項の規定に基づき、子の親権者を他の一方の実親に変更することはできないというべきである。

したがって、別件審判には、民法819条6項の解釈適用についての法令違反があり、これと同旨の原審の上記3(1)の判断は是認することができる。この点に関する論旨は採用することができない。

(2) しかし、審判による親権者の変更は、その届出によって親権者変更の効力が生ずるのではなく、審判の確定によって形成的に親権者変更の効力が生ずるのであるから、たとえ当該審判が誤った法令の解釈に基づくものであったとしても、当該審判が無効であるためその判断内容に係る効力が生じない場合を除いては、確定審判の形成力によって、親権者変更の効力が生じ、当該審判によって親権者とされた者は子の親権者として親権を行使することができることになる。しかるに、このような親権者の変更が戸籍に反映されないとすると、子の親権に関し無用の紛争を招いて子の福祉に反することになるおそれがあるほか、身分関係を公証する戸籍の機能を害する結果ともなるものである。また、戸籍事務管掌者は、戸籍の届出について法令違反の有無を審査する権限を有するが、法令上裁判所が判断すべきものとされている事項についての確定審判に基づく戸籍の届出の場合には、その審判に関する審査の範囲は、当該審判の無効をもたらす重大な法令違反の有無に限られるものと解される。

そうすると、戸籍事務管掌者は、親権者変更の確定審判に基づく戸籍の届出について、当該審判が無効であるためその判断内容に係る効力が生じない場合を除き、当該審判の法令違反を理由に上記届出を不受理とする処分をすることができないというべきである。

これを本件についてみると、別件審判は、民法819条6項について上記(1)とは異

なる解釈を採って、CがAに対してしつけの名の下に体罰を繰り返してきたことなどからAの親権者をB及びCから他方の実親である抗告人に変更したものであるところ、このような解釈を採ったことをもって直ちに別件審判が無効となるものということはできない。

したがって、相手方は、本件届出を不受理とすることができないにもかかわらず、これを不受理とする処分をしたのであるから、相手方による上記処分は違法というべきである。しかるに、原審は、上記処分に違法はないとして本件申立てを却下したのであるから、原審の上記判断には、裁判に影響を及ぼすことが明らかな法令の違反がある。論旨は、上記の趣旨をいう限度で理由がある。

5 以上によれば、その余の抗告理由について判断するまでもなく、原決定は破棄を免れない。そして、以上説示したところによれば、本件申立てを認容した原々審判は、結論において是認することができるから、原々審判に対する抗告を棄却することとする。」

本決定は、確定審判の形成力を根拠にして、親権者変更の審判に法令の解釈適用を誤った違法があったとしても、親権者変更の効力は当該審判の確定によって生じており、その確定審判に基づく戸籍の届出について、戸籍事務管掌者は、当該審判が無効であって効力が生じない場合を除き、審判の法令違反を理由に当該届出を不受理とする処分をすることはできないことを最高裁が初めて示したものであり、理論上も実務上も重要な意義を有するものと思われる。

4 配偶者からの暴力の防止及び被害者の保護等に関する法律

【40】26(許)20（△二小、平26・9・17、棄却。原審広島高松江支決平26・5・30、原々審松江地益田支決平26・5・13）

(1) 平成13年に婚姻した夫婦の妻Xが、夫Yを相手方として、配偶者からの暴力の防止及び被害者の保護等に関する法律10条の保護命令（退去命令（1項2号）、接近禁止命令（1項1号）、子らへの接近禁止命令（3項）、Xの両親への接近禁止命令（4項）、電話等禁止命令（2項））の申立てをした事案である。

(2) 原々審は、本件申立てを全部認容したため、Yが抗告した。原審は、Xが本件申立ての時においてYと生活の本拠を共にしていたとは認められないとして、退去命令の申立てを却下した（同法10条1項ただし書）ため、Xが敗訴部分につき抗告許可の申立てをした。

(3) 本決定は、「所論の点に関する原審の判断は、正当として是認することができる。論旨は採用することができない。」と判示して、抗告を棄却した。

本件の争点は、XとYが生活の本拠を共にしているか否かという認定問題に尽きるものであり、抗告の許可には検討の余地がある。

平成27年度

尾島 明／佐古智昭

Ⅰ 民事訴訟法
1 訴額【1】
2 訴状等却下命令【2】
3 文書提出命令【3】～【7】
4 上訴【8】
5 再審【9】【10】

Ⅱ 民事執行法
1 移送【11】
2 債権差押命令【12】【13】
3 間接強制【14】～【17】

Ⅲ 破産法
免責【18】

Ⅳ 家事審判法、家事事件手続法
1 管理権の喪失【19】
2 婚姻費用の分担【20】
3 子の監護に関する処分【21】【22】
4 財産分与【23】
5 遺産分割【24】～【28】
6 年金分割【29】

Ⅴ その他
1 行政事件訴訟法【30】
2 会社法【31】～【34】
3 配偶者からの暴力の防止及び被害者の保護等に関する法律【35】
4 私的独占の禁止及び公正取引の確保に関する法律【36】
5 国際的な子の奪取の民事上の側面に関する条約の実施に関する法律【37】

はじめに

1　平成27年度における許可抗告事件の実情を紹介する。

新受件数の推移は、表1のとおりである。平成27年は、平成26年に比べて新受件数が大きく減少した（許可抗告制度が新たに創設された平成10年度を除き、最も少ない数である。）。

各年中に決定のあった事件のうち、最高裁判所民事判例集（民集）又は最高裁判所裁判集民事（集民）に登載された件数とその割合は、表2のとおりである。

2　許可抗告（民訴法337条）は、決定に対して法が特に認めた最高裁判所に対する不服申立て方法であって、法令解釈に関する重要な事項を含む事件であると高等裁判所が認めて許可したことを申立ての要件とするものである。現行民訴法で許可抗告制度が設けられたのは、民事執行法や民事保全法の制定等に伴い、決定で判断される事項に重要なものが増え、重要な法律問題について高等裁判所の判断が分かれているという状況が生じていたので、最高裁判所の負担が過重にならないように配慮した上で、重要な法律問題についての判断の統一を図ろうとしたからである（法務省民事局参事官室編「一問一答新民事訴訟法」374頁）。上告受理制度のように最高裁判所自らが受理するか否かの判断をする制度が採用されなかったのは、そのような制度を採用すれば最高裁判所の負担が過重になるおそれがあったためであり（ジュリスト増刊1999年11月「研究会新民事訴訟法」440頁〔柳田幸三発言〕）、その意味では、許可抗告の制度は、高等裁判所において、適切に許可の判断がされることを信頼して設けられた制度であるということができる。そして、最高裁判所が本来許可に値しないと考えたとしても、高等裁判所が許可した以上、最高裁判所は当該論点への応答をする義務を負うことになるのであるから、高等裁判所には、自らの判断に判例と異なる点がある場合又は真に法令解釈に関する重要な事項を含む場合に限って抗告を許可するという制度の趣旨に沿った運用が求められている（福田剛久ほか「最高裁判所に対する民事上訴制度の運用」判例タイムズ1250号5頁参照）。

許可抗告に対する決定のうち民集又は集民に登載されたものの割合は前記のとおりであり（表2）、許可された事件のうち法令解釈に関する重要な事項を含まないものの割合は、依然として決して少なくない。今年度分についても、抗告が許可された事

表1

年度（平成）	新受件数
10	10
11	42
12	59
13	34
14	50
15	54
16	42
17	48
18	55
19	45
20	58
21	46
22	58
23	61
24	56
25	42
26	47
27	29

はじめに

件の中には制度の趣旨におよそ沿わない運用も相当数見受けられるので、これまで「許可抗告事件の実情」において繰り返してきた以下の指摘を本稿でも改めてしておきたい。

(1) 法令の解釈自体は既に明確になっている場合に、個別事件における事実認定や要件ないし法理への単純な当てはめの判断は、通常は、法令解釈に関する重要な事項とはいえない。

また、最高裁判所の判例により示された法令解釈の基準の具体的適

表2

年度	決定件数	うち民集又は集民登載件数	割合（％）
10	2	1	(50％)
11	32	6	(19％)
12	51	12	(24％)
13	53	12	(23％)
14	42	7	(17％)
15	53	9	(17％)
16	44	10	(23％)
17	51	11	(22％)
18	54	6	(11％)
19	44	11	(25％)
20	53	2	(4％)
21	51	5	(10％)
22	43	6	(14％)
23	60	8	(13％)
24	60	6	(10％)
25	44	9	(20％)
26	40	6	(15％)
27	37	5	(14％)

用に関わる事項は、当該実務を担当する下級裁における事例集積にこそ意味がある場合が多い。このような場合、下級裁での事例集積や要件の類型化に関する実務的検討が十分にされていない段階で、個別事案に関する要件該当性の争いを法律審である最高裁判所に求めることは、相当ではないことが多い。

(2) 論点自体としては法令解釈に関する重要な事項に当たるが、当該事案の結論に影響しない論点については、許可は不相当となるものと考えられる。許可抗告は、法令の解釈に関する重要な事項について、解釈統一の機能を有する特別な抗告ではあるが、当該事案の解決を目的とするものであることはいうまでもなく、抽象的な法令解釈のために抗告を許可することは、当事者を具体的事件の解決を離れた論争に巻き込むことになり、事案の解決を目的とする制度の趣旨に反するからである。

また、特に移送や文書提出命令などの付随的な決定については、抗告に伴い、本案の手続が事実上進行できなくなることもあり、不相当な抗告により当事者が迷惑を被ることもあり得るので、この点にも留意が必要である。

3 以上のような観点から、平成27年中に決定のあった許可抗告事件をみてみると、少なくともその半数について、許可抗告の申立てに法令の解釈に関する重要な事項が含まれているといえるか否かについて疑問があるように思われる。そこで、今年も、法令の解釈自体は既に明確になっており、個別事件における事実認定や要件ないし法理への単純な当てはめだけが問題となっている事件についてはその旨を、その中でも、許可抗告制度の趣旨に照らし、抗告の許可には疑問があるとい

わざるを得ない事件についてはその旨を記載したので、参照されたい。

　他方で、原決定が、法令解釈に関する重要な事項についての判断を含むものであり、最高裁判所がその判断の当否を判断するのが相当であると思われる申立てであるにもかかわらず、抗告を不許可とするようなことは、許可抗告制度が設けられた趣旨を没却することになりかねないことにも留意する必要があると思われる。

　いずれにしても、許可抗告制度が設けられた趣旨に沿って同制度を適切に運用していくためには、高等裁判所における適切な許否の判断が不可欠であることを改めて指摘しておきたい。

　4　本稿は、佐古（元最高裁書記官）が平成27年中に決定があった許可抗告事件を整理したものに、尾島（元最高裁民事上席調査官）が今後の同種事件の審理及び許可抗告制度の運用の参考とするために若干のコメントを付したものである。

　事件見出しに◎を付したものは民集登載事件、○を付したものは集民登載事件、△を付したものはいずれにも登載されなかったものである。

　平成27年中の決定による既済件数37件のうち、判例集等登載の内訳は、民集登載事件が2件、集民登載事件が3件である。また、基本事件の種別としては、民事訴訟事件が10件、民事執行事件が7件、破産事件が1件、家事審判事件が11件、その他8件であり、このうち、原決定が破棄されたものは8件であった。

　事案の概要等は、許可抗告事件の実情を紹介するのに必要な範囲で適宜省略し、事案の骨子のみを記載した。掲載の順序は、原決定の根拠法規、目次記載の手続ごとに分類し、根拠条文、決定日の順とした。

I　民事訴訟法

1　訴　額

【1】26(許)36（◎三小、平27・5・19、破棄・自判、民集69・4・635。原審大阪高決平26・7・24、原々審大阪地決平26・5・22）

　(1)　労働基準法114条の付加金の請求の価額が同条所定の未払金の請求に係る訴訟の目的の価額に算入されるか否かが問題となった事案である。

　(2)　本件の事実経過等は次のとおりである。

　ア　Xは、大阪地方裁判所に対し、使用者である株式会社Yを被告として、雇用契約上の地位確認や賃金の支払等を求める本案訴訟を提起したが、その1審係属中に、労働基準法26条の休業手当及びこれに係る同法114条の付加金（遡って2年分に相当する1595万500円）の支払を求める請求を追加する訴えの変更をした。上記訴えの変更に当たり、Xは、付加金の請求に係る請求の変更の手数料として4万8000円を追加して納付した。

　イ　本案訴訟の1審判決は、Xの雇用契約上の地位を確認するとともに、賃金請求の一部を認容し、その余の請求の一部に係る訴えを却下し、付加金請求を含む残

部を棄却した。

　これに対し、X及びYが控訴した。Xは、前記付加金請求の一部を減縮した上で、1審において請求していた期間後の期間に係る付加金の請求を追加するなどの訴えの変更をした。

　なお、控訴提起の際、Xは、付加金についても訴額に算入した上で手数料を納付した。

　控訴審判決は、1審判決と同旨のものであり、付加金請求についても棄却した。

　上記控訴審判決に対し、Xは、上告受理申立てをし、付加金に係る請求は訴額に含まれないものとして上告受理手数料を納付した。

　ウ　Xは、本案訴訟の判決確定後の平成26年4月4日、大阪地方裁判所に対し、付加金に係る請求は訴額に含まれないとして、訴え提起手数料及び控訴提起手数料の一部の還付を求める申立てをした。

　原々審は、控訴提起手数料の還付を求める申立てはその手数料が納められた本案訴訟の控訴審裁判所にすべきであるとして、また、訴え提起手数料の還付を求める申立てについては、付加金に民訴法9条2項の適用はなく付加金に係る請求は訴額に含まれるとして、前記申立てをいずれも却下すべきものとした。

　Xは、訴え提起手数料の還付を求める申立てを却下した部分につき即時抗告を申し立てたところ、原審も、原々審と同様の理由により、その申立てを却下すべきものとした（原決定）。

　(3)　原決定の理由の概要は次のとおりである。

　ア　民訴法及び民事訴訟費用等に関する法律（民訴費用法）にいう「訴訟の目的の価額」は、訴えで主張する利益によって算定するとされており（民訴法8条1項、民訴費用法4条1項）、訴えで主張する利益とは、その訴訟物についての訴え提起をした原告が全部勝訴の判決を受け、その内容が実現した場合にもたらされる経済的利益のことをいうと解されるところ、Xは、本案訴訟において1595万500円の付加金の支払を命ずることを求めており、Xが勝訴すれば同額の利益を得ることになるのであるから、訴えで主張する利益は1595万500円となる。そして、前記付加金請求と利益が共通する他の請求はないから、その全額を訴訟の目的の価額に算入するのが相当である。

　イ　民訴法9条2項は、果実、損害賠償、違約金又は費用の請求が訴訟の附帯の目的であるときは、その価額は、訴訟の目的の価額に算入しない旨定めているところ、その趣旨は、同項に列挙されたものが、訴訟中も発生するもので、履行に至るまでの分を請求することが多いから、訴額算定の煩雑さを回避するためであり、したがって、同項にいう「損害賠償」及び「違約金」は、遅延損害金の性質を有するものをいうと解される。

　労働基準法114条にいう付加金は、同法により使用者に課せられた義務の違背に対して裁判所により命ぜられる制裁であり、その制裁を労働者の利益に帰せしめようとするにすぎず、本来損害の補塡としての性質を持つものではない。また、付加

金は、判決において所定の未払金を上限とする一定額の支払を命ぜられるものであるから、付加金の価額を不算入とすることは、訴額算定の煩雑さを回避するという民訴法9条2項の趣旨にもそぐわない。

したがって、付加金は、民訴法9条2項の損害賠償又は違約金に当たるとは解されず、また、果実及び費用に当たらないことは明らかであるから、同項の果実、損害賠償、違約金又は費用のいずれにも当たらない。

(4) これに対し、Xが、付加金については、民訴法9条2項が適用され、訴訟の目的の価額に算入されないと主張して、抗告許可の申立てをした。

(5) 本決定は、次のとおり判示して、原決定を破棄し、X（抗告人）に対し4万8000円を還付する旨の自判をした。

「3 （中略） 訴訟の目的の価額は管轄の決定や訴えの提起等の手数料に係る算定の基準とされているところ、民訴法9条2項は、果実、損害賠償、違約金又は費用（以下、併せて「果実等」という。）の請求が訴訟の附帯の目的であるときは、その価額を訴訟の目的の価額に算入しない旨を定めている。同項の規定が、金銭債権の元本に対する遅延損害金などのように訴えの提起の際に訴訟の目的の価額を算定することが困難な場合のみならず、それ以外の場合を含めて果実等の請求をその適用の対象として掲げ、これらの請求が訴訟の附帯の目的であるときはその価額を訴訟の目的の価額に算入しないものとしているのは、このような訴訟の附帯の目的である果実等の請求については、その当否の審理判断がその請求権の発生の基礎となる主たる請求の当否の審理判断を前提に同一の手続においてこれに付随して行われることなどに鑑み、その価額を別個に訴訟の目的の価額に算入することなく、主たる請求の価額のみを管轄の決定や訴えの提起等の手数料に係る算定の基準とすれば足りるとし、これらの基準を簡明なものとする趣旨によるものと解される。

しかるところ、労働基準法114条は、労働者に対する休業手当等の支払を義務付ける同法26条など同法114条に掲げる同法の各規定に違反してその義務を履行しない使用者に対し、裁判所が、労働者の請求により、上記各規定により使用者が支払わなければならない休業手当等の金額についての未払金に加え、これと同一額の付加金の労働者への支払を命ずることができる旨を定めている。その趣旨は、労働者の保護の観点から、上記の休業手当等の支払義務を履行しない使用者に対し一種の制裁として経済的な不利益を課すこととし、その支払義務の履行を促すことにより上記各規定の実効性を高めようとするものと解されるところ、このことに加え、上記のとおり使用者から労働者に対し付加金を直接支払うよう命ずべきものとされていることからすれば、同法114条の付加金については、使用者による上記の休業手当等の支払義務の不履行によって労働者に生ずる損害の塡補という趣旨も併せ有するものということができる。そして、上記の付加金に係る同条の規定の内容によれば、同条所定の未払金の請求に係る訴訟において同請求とともにされる付加金の請求につき、その付加金の支払を命ずることの当否の審理判断は同条所定の未払金

の存否の審理判断を前提に同一の手続においてこれに付随して行われるものであるといえるから、上記のような付加金の制度の趣旨も踏まえると、上記の付加金の請求についてはその価額を訴訟の目的の価額に算入しないものとすることが前記の民訴法9条2項の趣旨に合致するものということができる。

以上に鑑みると、労働基準法114条の付加金の請求については、同条所定の未払金の請求に係る訴訟において同請求とともにされるときは、民訴法9条2項にいう訴訟の附帯の目的である損害賠償又は違約金の請求に含まれるものとして、その価額は当該訴訟の目的の価額に算入されないものと解するのが相当である。

4 これを本件についてみるに、抗告人は、本案訴訟の第1審において、労働基準法26条の休業手当の請求とともにこれに係る同法114条の付加金の請求をしたのであるから、本件付加金請求の価額は当該訴訟の目的の価額に算入されないものというべきである。したがって、本件付加金請求に係る請求の変更の手数料として納付された4万8000円は過大に納められたものであるといえるから、これを抗告人に還付すべきこととなる。

5 以上と異なる原審の判断には、裁判に影響を及ぼすことが明らかな法令の違反がある。論旨は、上記の趣旨をいうものとして理由があり、原決定は破棄を免れない。そして、以上説示したところによれば、抗告人の手数料還付の申立ては理由があるから、これを却下した原々決定を取り消し、抗告人に対し4万8000円を還付することとする。」

(6) 本決定は、労働基準法114条の付加金については、同条所定の未払金の請求に係る訴訟において同請求とともにされるときは、民訴法9条2項の損害賠償又は違約金に含まれるものとして、訴訟の目的の価額に算入されないことを最高裁判所が示したものであり、理論的にも実務的にも重要な意義を有するものである。

2 訴状等却下命令

【2】 27(行ツ)1（○一小、平27・12・17、破棄、集民251・121。原審大阪高命平26・7・3）

(1) 抗告提起の手数料の納付を命ずる補正命令に従わないことを理由とする抗告状却下命令の送達を受けた抗告人が、これが送達される前に同手数料を納付した場合の当該抗告状の効力が問題となった事案である。

(2) Xは、基本事件につき訴訟救助の申立てをしたが、訴訟救助申立て却下決定を受けたため、これを不服として、大阪高等裁判所に対し即時抗告を申し立てた。

その後、Xは、原審裁判長から、抗告提起手数料1000円の納付を命ずる補正命令を受けたが、その期限内（同命令送達後14日以内）にこれを納付しなかったため、同裁判長は、民訴法137条2項（同法331条、288条において準用）に基づき、平成26年7月3日付けで抗告状却下命令（原命令）をし、その謄本をXに宛てて発送した（同月14日到達）。

Xは、その送達を受ける前の同月12日、大阪高等裁判所に前記手数料を納付した。

(3) 原命令に対し、X（抗告人）が、抗告提起手数料の不納付の瑕疵は治癒されているなどと主張して、抗告許可の申立てをした。

(4) 本決定は、次のとおり判示して、原命令を破棄した。

「抗告提起の手数料の納付を命ずる裁判長の補正命令を受けた者が、当該命令において定められた期間内にこれを納付しなかった場合においても、その不納付を理由とする抗告状却下命令が確定する前にこれを納付すれば、その不納付の瑕疵は補正され、抗告状は当初に遡って有効となるものと解される（最高裁昭和29年(オ)第858号同31年4月10日第三小法廷判決・民集10巻4号367頁、最高裁昭和35年(オ)第1065号同37年11月30日第二小法廷判決・裁判集民事63号365頁等参照）。

記録によれば、抗告人は、訴訟救助却下決定に対する即時抗告の抗告状に所定の印紙を貼付していなかったため、原審裁判長から、抗告提起の手数料を命令送達の日から14日以内に納付することを命ずる補正命令を受けたが、当該命令で定められた期間内に上記手数料を納付しなかったこと、そのため、原審裁判長は、抗告人に対して抗告状却下命令（原命令）を発することとし、その告知のため、原命令の謄本が抗告人に宛てて発送されたが、抗告人は、その送達を受ける前に上記手数料を納付したことが認められる。そして、上記手数料の納付前に原命令が抗告人に告知された事実は記録上認められない。

以上によれば、抗告人は、原命令が確定する前に上記手数料を納付したものであるから、その不納付の瑕疵は補正され、抗告人の上記抗告状は当初に遡って有効となったものであり、これを却下した原命令は失当であることに帰する。論旨は理由があり、原命令は破棄を免れない。」

(5) 本決定は、抗告提起の手数料の納付を命ずる裁判長の補正命令を受けた者が、当該命令において定められた期間内にこれを納付しなかった場合においても、その不納付を理由とする抗告状却下命令が確定する前にこれを納付すれば、その不納付の瑕疵は補正され、抗告状は当初に遡って有効となることを最高裁判所が初めて示したものであり、実務上意義がある。

3 文書提出命令

【3】26(許)27（△三小、平27・1・20、破棄・自判。原審名古屋高決平26・6・17、原々審名古屋地決平26・2・5）

(1) 文書提出命令申立事件において、民訴法220条1号所定の「引用」の意義が問題となった事案である。

(2) 本件の本案訴訟は、Xが、A県青少年保護育成条例違反の被疑事実で逮捕されたことについて、Y_1が放送したテレビ番組における報道（本件報道）により

名誉を毀損されたなどと主張して、Y_1 及び吸収分割により Y_1 からテレビ放送事業を承継した Y_2（Y ら）に対し、不法行為に基づく損害賠償等を求めるものである。X は、本件報道によって X に対する名誉毀損等の不法行為がされた事実及びその具体的な態様を証明するために必要であるとして、民訴法231条、220条1号に基づき、Y_2 が所持する本件報道を録画したビデオテープ等の記録媒体（本件媒体）について文書提出命令の申立てをした。

(3) 原々審及び原審は、本件媒体は「当事者が訴訟において引用した文書」（民訴法220条1号）に準ずる物件（同法231条）に該当するとして、その提出を命ずべきものとした。原決定の理由の概要は次のとおりである。

民訴法220条1号にいう「当事者が訴訟において引用した」とは、当事者が口頭弁論ないし弁論準備手続においてその主張を基礎付けるために当該文書の存在と内容に言及して主張する場合であれば、その言及の目的が主張の明瞭化であるか立証であるかは問わないし、言及者が現に当該文書を証拠として援用する意思を有することも必要としないと解すべきである。Y らの準備書面における Y_2 の認否・反論の内容に照らせば、Y_2 は、本件媒体を視聴してその映像や音声を確認した上で、本件報道の正確な内容を主張するとともに、X が主張する個々の報道内容の相違点を指摘するなどして、本件報道が X の名誉を毀損していない旨などを主張しているのであるから、本件媒体の内容を自己の主張の裏付けとして主張していることは明白である。

(4) これに対し、Y_2 が、原審の判断には民訴法220条1号の解釈適用の誤りがあるなどと主張して、抗告許可の申立てをした。

(5) 本決定は、次のとおり判示して、原決定を破棄し、原々決定を取り消して、本件申立てを却下した。

「2 記録によれば、X が請求原因事実である本件報道の内容についてどの部分が名誉毀損等に当たるかを整理した主張をし、Y_2 が同主張に対する具体的かつ詳細な認否及び反論を記載した準備書面を陳述しているが、Y_2 は、同準備書面の記載を含むこれまでの主張において、本件媒体と Y_2 の主張事実との関係について明示していないことが認められる。

上記事実関係の下においては、本件媒体が民訴法220条1号の「当事者が訴訟において引用した文書」に準ずる物件に当たるということはできない。Y_2 が本件媒体を視聴してその内容を確認した上で上記のような具体的かつ詳細な主張をしたという事実があったとしても、この判断は左右されない。

3 以上によれば、本件媒体が民訴法220条1号の「当事者が訴訟において引用した文書」に準ずる物件に当たるとしてその提出を命ずべきものとした原審の判断には、裁判に影響を及ぼすことが明らかな法令の違反がある。論旨は、上記の趣旨をいうものとして理由があり、原決定は破棄を免れない。そして、以上説示したところによれば、民訴法220条1号のみを文書提出義務の原因として主張する X の

文書提出命令の申立ては理由がないから、これを認容した原々決定を取り消し、上記申立てを却下することとする。」

【4】 26(許)42（△一小、平27・1・22、棄却。原審高松高決平26・9・19、原々審高松地決平26・3・20）
 (1) 文書提出命令申立事件において、当該文書につき引渡・閲覧請求権があるか否か（民訴法220条2号該当性）並びに公務員の職務上の秘密に関する文書に当たるか否か及びその提出により公務の遂行に著しい支障を生ずるか否か（同条4号ロ該当性）が問題となった事案である。
 (2) 本件の本案訴訟は、当時中学2年生であったX_1及びその両親であるX_2、X_3が、X_1は、A町立の中学校（本件中学校）において継続的にいじめを受け、本件中学校2年生のY_1から暴行を受け重傷を負ったと主張して、Y_1及びその両親に対し、不法行為に基づく損害賠償を求めるとともに、本件中学校の校長及び教諭にはX_1に対するいじめを未然に防止する義務違反があり、A町の教育委員会の教育長には前記校長らに対する監督義務違反があると主張して、Y_2（A町）に対し、国家賠償法1条1項に基づく損害賠償を求めるものである。Xらは、本件中学校においてX_1がいじめられている事実を証明するために必要であるとして、Y_2がX_1に対するいじめを調査した際の事実調査報告書、アンケート用紙、アンケート結果及びそれらをまとめた書面並びにX_1に対するいじめに言及されている生徒に対する生活調査書、生徒の生活ノート等の文書、電子データ一切（本件文書）について、文書提出命令の申立てをした。
 (3) 原々審及び原審は、本件文書はいずれも民訴法220条2号所定の文書に該当するものではなく、同条4号ロに該当するとして、本件申立てを却下すべきものとした。その理由の概要は次のとおりである。
 ア 民訴法220条2号該当性について
 いじめ防止対策推進法23条、28条等がXらのY_2に対する具体的な文書の開示請求権を認めたものと解することはできない。また、公立中学校と在学する生徒との間には在学契約関係類似の法律関係が存在し、公立中学校の校長等は前記法律関係の付随義務として教育活動につき生徒の安全に配慮すべき義務を負うと解されるが、安全配慮義務を負うからといって、直ちに報告義務を負うことになるものとは解されない。加えて、民訴法220条2号による提出義務の根拠となる文書の引渡請求権又は閲覧請求権は、私法上の請求権に限られ、公法上の請求権は含まれないと解すべきである。
 イ 民訴法220条4号ロ該当性について
 本件文書のうち、本件中学校が、X_1に対する加害行為等に関し、回答内容や回答者氏名を秘密にすることを前提として実施した調査における生徒の回答を記載した書面、本件中学校の教諭等が調査や報告等のために作成した文書のうちX_1とトラブルを起こすなどした生徒の氏名が記載された部分、内容を秘密にすることを前

提に生徒に書かせた作文は、公務員が職務を遂行する上で知ることができた私人の秘密が記載されたものであり、これが本案訴訟において提出されることにより、調査等に協力した生徒との信頼関係が損なわれ、公務の公正かつ円滑な運営に支障を来すこととなるといえる。また、本件文書のうち、本件中学校の教諭等の職員が、適切な生徒指導を行うために、X_1の問題点や他の生徒との関係、X_1と他の生徒との間のトラブルに関する事実関係、これらに関する生徒指導の内容、職員の意見や感想等をありのまま記載した生徒指導書面及び日誌は、公務員の所掌事務に属する秘密が記載されたものであり、これが本案訴訟において提出されることにより、本件中学校内部における生徒指導に関する自由な意思形成が阻害され、公務の遂行に著しい支障を生ずるおそれが認められる。したがって、本件文書は、いずれも「公務員の職務上の秘密に関する文書」でその提出により「公務の遂行に著しい支障を生ずるおそれがあるもの」に当たる。

(4) これに対し、Xらが、原審の判断には民訴法220条2号、4号ロの解釈適用の誤りがあると主張して、抗告許可の申立てをした。

(5) 本決定は、「所論の点に関する原審の判断は、正当として是認することができる。論旨は採用することができない。」と判示して、抗告を棄却した。

民訴法220条4号ロ所定の除外文書の一般的解釈は、最三小決平17・10・14民集59・8・2265、本誌1914・84によって既に明らかにされており、本件は、その具体的な当てはめが問題となった個別性の高い事案であり、同号ロ該当性についての抗告の許可には検討の余地があるように思われる。

【5】 27(許)5 （△三小、平27・4・24、棄却。原審大阪高決平26・12・10）

(1) 文書提出命令申立てについて、民訴法220条4号ロ、ハ該当性が問題となった事案である。

(2) Xは、Aと亡B間の子らであるYらに対し、①XとAとが内縁関係にあることの確認を求めるとともに、②Yらが、XとAとの共同生活及び面会を妨害しているなどとして、共同不法行為に基づく損害賠償の連帯支払を求め、更に、③人格権に基づく面会等の妨害の排除を求めた（基本事件）。

基本事件において、Xは、第三者であるC（後期高齢者医療広域連合）に対し、証明すべき事実を、Aが治療を受けている保険医療機関名、疾病名、治療状況等として、Cの保管する平成23年5月から直近の年月までの分のAに関する診療報酬明細書（本件対象文書）の提出を求めた。

(3) 原審は、本件対象文書のうち、直近の年月分の入院に係る保険医療機関の所在地及び名称に関する情報（Aの所在情報）が記載されている部分（本件認定文書）について、Cに提出を命じた。その理由の概要は次のとおりである。

ア 民訴法220条4号ロ該当性について

本件対象文書に記載されたAの所在情報は、それによってAがいつ、どこの保険医療機関等で療養の給付を受けたかが特定できる情報ではあるが、被保険者が療

養の給付を受けた保険医療機関等の所在地及び名称が判明しただけで、一般的に公共の利益が害されるおそれや、Cを含めて公務の遂行に著しい支障が生ずるおそれが具体的にあるとはいえない。

また、本件では、Xが弁護士に委任して法的手続を執るとともに、Aの治療の妨害や医療機関に迷惑を掛けることは絶対にしないとする誓約書を提出しているほか、Xが基本事件の訴え提起以降、公共の利益を害する言動をしているとは認められない。

そして、保険医療機関等は、高齢者医療制度の適切な運営に協力し、高齢者の医療の確保に関する法律の基準に基づく療養の給付について取り扱わなければならない責務があり、また、厚生労働大臣や都道府県知事には、保険医療機関等に対し、診療録等の提示を求めるなどの調査権が付与されていて、保険医療機関等はこれを拒むことができないとされていること（同法6条、61条、170条）からすると、文書提出命令によって被保険者の所在情報が民事訴訟手続で明らかになる場合があるとしても、以後、後期高齢者医療制度の公正かつ円滑な運営に支障を来す具体的なおそれがあるとも認められない。

したがって、Aの所在情報は、民訴法220条4号ロに該当しない。

イ　民訴法220条4号ハ該当性について

一般的に、被保険者の傷病名や療養の給付の具体的内容といった情報と比べると、被保険者が入院をしている医療機関の所在地及び名称といった情報は、秘匿につき客観的に保護に値する利益が相対的に低い。

また、Aの所在情報が明らかになったとしても、公共の利益を害するおそれ又は公務の遂行に著しい支障を生ずるおそれがあると具体的に認められないのに対し、本件では、重要な証人であるAの所在が長期間不明であるため、証人尋問を実施できない状況が続いており、他にAの所在情報を明らかにする容易かつ有効な手段がなく、基本事件の審理に重大な影響が生じているから、Aの所在情報については、その秘匿についてAに客観的にみて保護に値するような利益があるとはいえない。

したがって、Aの所在情報は、民訴法220条4号ハに該当しない。

(4)　これに対し、Cが、原決定には、①民訴法220条4号ハの解釈の誤り及び判例（最二小決平16・11・26民集58・8・2393。平成16年決定）違反並びに②同号ロの解釈の誤り及び判例（最三小決平17・10・14民集59・8・2265。平成17年決定）違反があるとして、抗告許可の申立てをした。

(5)　本決定は、「所論の点に関する原審の判断は、正当として是認することができる。論旨は採用することができない。」と判示して、抗告を棄却した。

本件は、民訴法220条4号ハ、197条1項2号にいう「黙秘すべきもの」の意義に関する平成16年決定の判断及び民訴法220条4号ロにいう「その提出により公共の利益を害し、又は公務の遂行に著しい支障を生ずるおそれがある」の意義に関する平成17年決定の判断の単純な当てはめが問題となるにすぎない事案であり、

抗告の許可には検討の余地があるように思われる。

【6】 27(許)1（△三小、平27・3・3、棄却。原審東京高決平26・7・23、原々審東京地決平26・3・4）
　(1)　文書提出命令申立事件において、対象文書が民訴法220条4号ニの「専ら文書の所持者の利用に供するための文書」に当たるか否かが問題となった事案である。
　(2)　株式会社AがY$_1$銀行に対し、総額300億円の転換社債型新株予約権付社債（本件転換社債）を発行したが、これに付随して、Aに払い込まれた300億円を想定元本とするスワップ契約（本件スワップ契約）が両者間で締結されたため、本件転換社債発行によりAが調達できる資金が変動することになるにもかかわらず、証券会社Y$_2$の働き掛けにより、Aの有価証券報告書等に本件スワップ契約の記載はされなかった。これについて、本件転換社債発行後にAの株式（A株）を取得したXが、前記有価証券報告書に本件スワップ契約締結の事実が記載されていればA株を購入することはなかったなどとして、Y$_1$及びY$_2$に対し、民法709条、715条1項及び会社法817条4項に基づき損害賠償を求めた（基本事件）。
　基本事件において、Xが、本件転換社債により払い込まれる資金を本件スワップ契約に基づく当初支払金としてY$_1$に支払うことを開示する意向をAが有していたのに、Yらが、前記有価証券報告書等において、本件転換社債発行によって得る資金の使途に関し、本件スワップ契約の存在を秘匿するよう働き掛け、その結果としてAがこれを秘匿した前記有価証券報告書等を提出するに至った旨主張し、これを証明すべき事実として、Yら外3名（相手方ら）に対し、各種文書（本件文書1～3。詳細省略）の提出を求めたが、相手方らは、本件文書1及び2については、取り調べの必要性を欠く旨及び提出義務を負わない（民訴法220条4号ハ（197条1項ニ、3号）、同法220条4号ニの除外文書に当たる。）旨を主張し、本件文書3については、提出義務を負わない（同号ロの除外文書に当たる。）旨を主張して、これを争った。
　(3)　原々審は、本件文書1の一部（本件認定事実部分）について、Y$_2$に提出を命じ、本件文書1のその余の部分及び本件文書2、3については、申立てを却下したところ、原審は、本件認定事実部分についても、民訴法220条4号ハ（197条1項2号）、同法220条4号ニの除外文書に当たるとして、申立てを却下した。同法220条4号ニに関する原決定の理由の概要は次のとおりである。
　ある文書が、その作成目的、記載内容、これを現在の所持者が所持するに至るまでの経緯、その他の事情から判断して、専ら内部の者の利用に供する目的で作成され、外部の者に開示することが予定されていない文書であって、開示されると個人のプライバシーが侵害されたり個人ないし団体の自由な意思形成が阻害されたりするなど、開示によって所持者の側に看過し難い不利益が生ずるおそれがあると認められる場合には、特段の事情がない限り、当該文書は民訴法220条4号ニ所定の

「専ら文書の所持者の利用に供するための文書」に当たる（最二小決平 11・11・12 民集 53・8・1787）。

　Y₂の外部検討委員会（本件委員会）は、Y₂が自らの費用負担において任意に設置した外部調査委員会であり、その設置目的は、事実調査を行い、Y₂の内部管理態勢や諸規範の遵守状況等の問題点の有無を調査することである。したがって、本件委員会が作成した本件文書 1（調査報告書）は、自社において今後いかなる内部管理態勢を構築するかを検討する際の参考とするための文書といえ、本件認定事実部分は、専ら内部の者の利用に供する目的で作成され、外部の者に開示することが予定されていない文書に当たる。また、本件認定事実部分は、幹部以外の者については仮名が用いられているものの、被聴取者から直接聴取した内容や意見が詳細に記載されており、これが開示されると調査に協力した者のプライバシーが侵害されたり、個人ないし団体の自由な意思形成が阻害されるおそれが大きい。

　したがって、本件認定事実部分は、「専ら文書の所持者の利用に供するための文書」に当たる。

　(4)　これに対し、Xが、本件文書 1 に内部文書性があるとした原審の判断は、判例（最二小決平 11・11・12 民集 53・8・1787、最二小決平 16・11・26 民集 58・8・2393）に違反するなどと主張して、抗告許可の申立てをした。

　(5)　本決定は、「所論の点に関する原審の判断は、正当として是認することができる。論旨は採用することができない。」と判示して、抗告を棄却した。

　本件の争点は、本件文書 1（本件認定事実部分）が民訴法 220 条 4 号ニの「専ら文書の所持者の利用に供するための文書」に当たるか否かという個別性の高い認定問題であり、抗告の許可には検討の余地があるように思われる。

【7】27(許)16（△三小、平 27・8・4、棄却。原審広島高決平 27・3・27、原々審広島地決平 26・7・14）

　(1)　文書提出命令申立てについて、文書の存在の有無が争われた事案である。

　(2)　基本事件は、土地区画整理事業の対象とされた宅地上に建築物等を有していたXらが、土地区画整理法 77 条 2 項に基づく建築物等の移転に係る通知等を受け、曳家工法による仮換地への移築工事（本件直接施行）を実施されたことにつき、前記通知等や本件直接施行の違法を主張して、前記事業の施行者であるY市に対し、国家賠償を求めるものである。

　Xらが、基本事件における立証のため、本件直接施行に関する工事の写真や業者に対する指示書等の文書（本件各文書）をYが所持しており、民訴法 220 条 4 号、231 条により提出義務が認められるとして、文書提出命令の申立てをした。Yは、本件各文書の存在を争っている。

　(3)　原審は、本件各文書の一部につきXらの申立てを認容すべきものとし、その余の申立ては却下すべきものとした。

　(4)　これに対し、Xらが、抗告許可の申立てをした。

I 民事訴訟法

本決定は、「所論の点に関する原審の判断は、正当として是認することができる。論旨は採用することができない。」と判示して、抗告を棄却した。
　本件申立ては、文書の存在に関する原審の事実認定だけを問題としているものであり、抗告の許可には検討の余地がある。

4 上　訴

【8】27(許)3（△二小、平27・3・4、破棄。原審名古屋高決平26・12・11）
　(1)　上告受理申立て理由書に民訴法318条1項所定の事由の記載がないとして上告受理申立てを却下した原審の判断の当否が問題となった事案である。
　(2)　Xは、控訴審の敗訴判決を不服として、上告受理の申立て（本件上告受理申立て）をし、理由書提出期間内に上告受理申立て理由書を提出した。同理由書には、原審の認定は経験則に違反する旨の記載があり、その目次にも、「経験則の違背」との記載があった。
　(3)　原審は、上告受理申立書及び上告受理申立て理由書には民訴法318条1項に規定する事由の記載がないことを理由に、同条5項（316条1項2号）により本件上告受理申立てを却下した。
　(4)　これに対し、X（抗告人）が、抗告許可の申立てをした。
　(5)　本決定は、「記録によれば、上記上告受理申立て理由書に、原判決が経験則に違背しているとの記載があり、原判決に法令の違反がある旨の具体的な記載があることが認められるから、抗告人の上告受理の申立てを却下した原審の前記判断には、裁判に影響を及ぼすことが明らかな法令の違反がある。論旨はこの趣旨をいうものとして理由があり、原決定は破棄を免れない。」と判示して、原決定を破棄した。
　経験則違反も上告受理申立て理由としての法令違反の主張になることは実務上確立した取扱いであり、理由書等に原判決の事実認定に対する不満を述べた上で「経験則違反がある」などと記載してあれば、その主張する経験則の内容が明らかでないなど曖昧なものであっても、形式的には法令違反がある旨の具体的な記載があるとして扱うのが通例である。本件と同種の事案は過去にも複数回紹介されているところであり（本書195頁【17】【18】事件、同411頁【22】【23】事件）、控訴審としては、このような誤りのないよう十分留意すべきであろう。

5 再　審

【9】27(許)21（△二小、平27・12・16、棄却。原審東京高決平27・8・25）
　(1)　民訴法338条1項6号及び7号所定の再審事由の存在を主張した再審の訴えについて、同条2項所定の場合に当たることが証明されていないとして却下することの当否が問題となった事案である。
　(2)ア　株式会社Xは、かつて取引のあったY株式会社に対し、Xの全額出資に係るA社（中国法人）の現地総支配人であるBがXに無断で中国において競業を

行うC社を設立した際、YがC社に出資したこと及びBの背任行為を知りながらそのビジネスパートナーとして活動し協力したことが、Xに対する不法行為に当たるとして、損害賠償を請求した（前訴）。

イ　前訴の高裁判決は、YがC社の設立時に出資したと認めることはできず、また、YがBの背任行為を知っていたとも認められないと判断して、前訴請求を棄却すべきものとした（本件確定判決）。

ウ　Xが、本件確定判決は、①判決の証拠となった文書が偽造されたものであった（民訴法338条1項6号）、②証人の虚偽の陳述が判決の証拠となった（同項7号）と主張して、再審の訴えを提起した（本件再審の訴え）。

(3)　原審は、要旨次のとおり判断して、本件再審の訴えを却下した。

ア　Xは、罰すべき行為について有罪の判決又は過料の裁判が確定したこと（民訴法338条2項前段）について何ら主張立証しない。

また、同項後段についても、Bが行った背任行為を捜査することが、我が国の警察の捜査が及ばない中国での証拠収集になることから困難であるなどと主張し、証拠についても、その主張に係る偽証について警察署に出向いて警察官と相談した経緯を示す書類を書証として提出するにとどまる。他方、証人の偽証については何らの立件もされていない。

イ　そうすると、本件においては、偽造又は偽証については、民訴法338条2項に該当することについて証明がされていないといわざるを得ず、本件再審の訴えは不適法である。

(4)　これに対し、Xが、民訴法338条1項6号の「偽造」には文書の有形偽造のみならず無形偽造が含まれるところ、私文書の無形偽造の場合は犯罪を構成せず、同条2項後段の有罪の判決を受けることができない場合に当たるから、この場合には有罪の判決を受けなくとも再審の訴えを提起することができるなどと主張して、抗告許可の申立てをした。

(5)　本決定は、「所論の点に関する原審の判断は、正当として是認することができる。論旨は採用することができない。」と判示して、抗告を棄却した。

Xの主張は、採用の余地のない独自の法律解釈を述べるにすぎないものであるように思われ、抗告の許可には検討の余地がある。

【10】　27(行ツ)4　（△一小、平27・12・3、棄却。原審東京高決平27・8・25）

(1)　民訴法338条1項8号及び9号所定の再審事由の有無が問題となった事案である。

(2)　Xは、平成25年7月21日施行の参議院議員通常選挙における比例代表選出議員選挙（本件比例代表選挙）においてA県B市開票区で作成された同選挙に係る開票録にXがした署名捺印が錯誤により無効であることの確認等を求める訴えを提起した（基本事件）。

これに対し、基本事件の原審は、前記訴えのうち前記無効確認の訴え及び再開票

I 民事訴訟法

を求める訴えをいずれも却下し、本件比例代表選挙の無効確認請求を棄却する旨の判決を言い渡した。

Xは、基本事件の原判決に対し上告及び上告受理の申立てをしたが、最高裁判所は、上告棄却及び上告不受理決定をし、同判決は確定した。

(3) これについて、Xが再審の訴えを提起したところ、原審は、これを棄却等すべきものとした。その理由の概要は次のとおりである。

ア 民訴法338条1項8号について

Xは、C地方検察庁がC市選挙管理委員会事務局長等を公職選挙法違反で起訴したことが、8号の「判決の基礎となった民事若しくは刑事の判決その他の裁判又は行政処分が後の裁判又は行政処分により変更されたこと。」に該当する旨を主張するが、Xが主張するC地方検察庁の起訴に係る刑事事件は、基本事件の原判決の基礎とされていないことが明らかであるから、Xの前記主張は理由がない。

イ 民訴法338条1項9号について

Xは、基本事件の原判決が、Xの主張する事実を行政事件訴訟法等に当てはめていないため、9号の「判決に影響を及ぼすべき重要な事項について判断の遺脱があったこと。」に該当する旨を主張する。

しかし、基本事件の原判決は、訴えのうち、本件比例代表選挙においてA県B市開票区で作成された本件比例代表選挙に係る開票録にXがした署名押印が錯誤により無効であることの確認を求める訴え及び本件比例代表選挙の再開票を求める訴えをいずれも却下しているところ、その理由として、国及び地方公共団体の選挙に関する訴訟は、行政事件訴訟法5条所定の民衆訴訟に当たり、同法42条により、法律の定める場合に限り訴えを提起することができるが、Xの提起した前記各訴えについては、公職選挙法にこれらの訴え提起を認める規定がないことなどを理由に不適法であると判示し、同選挙を無効とする旨の請求については、同法所定の選挙無効の要件に該当しないことを理由にこれを棄却しているのであるから、X主張に係る判断の遺脱があると認めることはできず、その他、9号の「判決に影響を及ぼすべき重要な事項について判断の遺脱があったこと」に該当する事由があることを認めるに足りる証拠はない。

(4) これに対し、Xが、原決定には①民法95条の解釈を誤った違法がある、②公職選挙法205条1項の解釈を誤った違法がある、③行政事件訴訟法3条6項の解釈を誤った違法がある、④行政事件訴訟法4条の解釈を誤った違法があるなどと主張して、抗告許可の申立てをした。

(5) 本決定は、「所論の点に関する原審の判断は、正当として是認することができる。論旨は採用することができない。」と判示して、抗告を棄却した。

Xの主張は、採用の余地のない独自の法律解釈を述べるにすぎないものであるように思われ、抗告の許可には検討の余地がある。

Ⅱ　民事執行法

1　移　送

【11】27(許)7（△三小、平 27・6・16、棄却。原審広島高決平 27・2・13、原々審広島地福山支決平 26・12・26）
　(1)　作為又は不作為を命ずる保全処分についての間接強制申立てにおける民事執行法 33 条 2 項 1 号の「第 1 審裁判所」の意義が問題となった事案である。
　(2)　事実関係の概要は次のとおりである。
　ア　X は、Y を債務者として、広島地方裁判所福山支部に、神戸市に所在する土地上の墓地（本件墓地）についての墓地永代使用権の販売の禁止等を求める仮地位仮処分の申立てをした（本件仮処分事件）。
　本件仮処分事件については、平成 26 年 11 月、Y に対して、①Y は、本件墓地に関して、墓地永代使用権の販売を行ってはならない、②Y は、本件墓地に関して、X による墓地永代使用権の販売を妨害してはならない、③Y は、本件墓地上に存在する事務所等について、X による使用及び占有を妨害してはならない、④Y は、本件墓地上に存在する事務所等を使用又は占有してはならないことを命ずる仮処分決定（本件仮処分決定）がされた。
　イ　X は、平成 26 年 12 月、本件仮処分決定を債務名義として、広島地方裁判所福山支部に間接強制の申立てをした（基本事件）。これに対し、Y は、基本事件の神戸地方裁判所への移送申立てをした（本件移送申立て）。
　ウ　Y は、X を被告として、本件仮処分決定に先立つ平成 26 年 10 月、神戸地方裁判所に地位確認等を求める訴訟（本件本案訴訟）を提起した。これに対して、X は、専属的合意管轄違反を理由として移送申立てをし、神戸地方裁判所は、本件本案訴訟を広島地方裁判所福山支部に移送する旨を決定し、同決定は、本件移送申立て後に確定した。
　(3)　原審は、基本事件は、その基礎となった仮処分決定をした第 1 審裁判所が管轄裁判所となるものと解され、当該仮処分の本案事件の第 1 審裁判所に管轄があるものと解することはできない。民事執行法 33 条 2 項 1 号が第 1 審裁判所を管轄裁判所としているのは、同号に掲げる債務名義に係る訴訟記録が第 1 審裁判所に保管されているのが原則とされているためであると解されるが、民事保全事件に係る記録は、同事件が係属した裁判所に保管されているのが原則であり、同事件の本案訴訟が係属した後であっても同様であるから、本案事件の受訴裁判所を同号に定めるの第 1 審裁判所と解すべき理由はないと判断して、本件移送申立てを却下すべきものとした。
　(4)　これに対し、Y が、民事執行法 33 条 2 項 1 号が管轄裁判所を「第 1 審裁判所」とした立法趣旨は、当該裁判所が、債務名義の形成に至った過程につき記録の

点検等が容易にできるためであって、本案審理において提出された裁判記録を検証することを前提にした規定であるところ、保全執行において、既に本案訴訟が提起されていれば、本案裁判所にも、保全事件の係属した裁判所と同様に訴訟資料が集積することが考えられるので、第1審の受訴裁判所に管轄を認めなければならない。既に本案訴訟が提起されている場合に、民事保全事件の第1審裁判所に管轄があるとの解釈は、民事執行法制定前には「第1審の受訴裁判所」に管轄を認めていた沿革にも反するものであると主張して、抗告許可の申立てをした。

(5) 本決定は、「所論の点に関する原審の判断は、正当として是認することができる。論旨は採用することができない。」と判示して、抗告を棄却した。

2 債権差押命令

【12】27(許)4（△三小、平27・3・17、棄却。原審名古屋高決平26・12・3、原々審名古屋地決平26・10・20)

(1) 債権差押命令について、被差押債権の被差押適格が問題とされた事案である。

(2) 差押債権者Xが、差押債務者Y（柔道整復師）に対して有する債務名義に基づき、Yが第三債務者Z（公益社団法人A県柔道整復師会）から支払を受けるYの施術に係る柔道整復施術療養費（本件被差押債権）につき差押命令（本件差押命令）を得てこれを差し押さえたところ、Zが本件被差押債権の被差押適格を争い、本件差押命令の取消しを求めた。Zの主張の概要は次のとおりである。

ア 柔道整復師ないしその開設する施術所は保険医療機関ではないため、柔道整復師から施術を受けた患者は、その施術が保険診療に該当する場合であっても、施術費を自ら全額施術者に支払った上、改めて、健康保険組合等の保険者に自己負担分を除いた保険給付（療養費）を請求し、その給付を受けることとされている（健康保険法52条1号、74条1項、87条1、2項）。

しかし、これでは患者の手続的負担が大きいことから、柔道整復師、地方厚生局長及び都道府県知事の間において受領委任の取扱いの合意をすることにより、「受領委任支払制度」を利用することができるようになっている。この制度は、患者が、施術者に自己負担分を支払うとともに、施術者に療養費の支給申請手続の代行と療養費の代理受領権限を与える制度であり、保険者から療養費を受領した施術者は、患者に対する当該療養費の返還債務と、患者に対する未払施術費債権とを相殺することにより、施術費全額の支払を受けることとなるものである。

Zは、地方厚生局長と県知事との三者協定に基づき、Zの会員のうち受領委任支払制度に登録している者（登録会員）について、療養費支給申請書の提出を受け、これを各保険者に一括して提出することで、登録会員の保険者に対する療養費支給申請手続を一括代行しており、各保険者からの療養費については、Zが一括支給を受けて、これを登録会員に分配している。

イ YはZの登録会員であるところ、以上のような受領委任支払制度の下にお

いては、Zが保険者から受領しているのも、Zが登録会員に引き渡しているのも、患者の療養費であり、その給付を受ける債権者は患者で、債務者は保険者であるから、本件被差押債権は「Yの施術に係る柔道整復施術療養費」ではない。Zは、本件被差押債権の債務者ではなく、第三債務者としての適格を欠くとともに、Yは、本件被差押債権の債権者ではなく、差押債務者としての適格を欠くから、本件差押命令は違法である。

(3) 原審は、被差押債権の不存在は、執行が功を奏しないことになるだけであって、このような債権について債権差押命令が発付されても第三債務者が法律上の不利益を被ることはないから、債権差押命令に対する執行抗告においては、被差押債権の不存在を執行抗告の理由とすることはできない(最一小決平14・6・13民集56・5・1014)として、Zの執行抗告を棄却した。

(4) これに対し、Zが、本件被差押債権につき債権者・債務者としての適格を欠くとの主張をしている本件と前記判例とは事案を異にするなどと主張して、抗告許可の申立てをした。

(5) 本決定は、「所論の点に関する原審の判断は、正当として是認することができる。論旨は採用することができない。」と判示して、抗告を棄却した。

被差押債権の不存在を債権差押命令の違法事由として主張し得ないものであることは前掲判例により解決済みであるといえ、抗告の許可には検討の余地があるように思われる。

【13】 27(許)6 (△一小、平27・5・8、棄却。原審福岡高決平27・1・23、原々審福岡地小倉支決平26・7・24)

(1) 債権差押命令申立てにおいて、差押債権の特定及び将来債権の差押えが認められる「継続的給付に係る債権」(民事執行法151条)該当性の有無が問題となった事案である。

(2) 債権者有限会社Xは、債務者をY株式会社(ゴルフ場経営)、第三債務者をZ_1株式会社及びZ_2株式会社として、執行力のある債務名義の正本に基づき、「債務者と第三債務者間の継続的取引に基づき、債務者が第三債務者に対して有する売掛代金債権(プレー代金、施設使用料、レンタル料、商品代、会費含む)」を差押債権として、債権差押命令を申し立てた。

(3) 原々審は、債権者の申立てを認容して債権差押命令を発したが、原審は、これを取り消し、債権者の申立てを却下した。原決定の理由の概要は次のとおりである。

ア 差押債権の特定について

差押債権の特定(民事執行規則133条2項)とは、債権差押命令の送達を受けた第三債務者において直ちにとはいえないまでも、差押えの効力が送達の時点で生ずることにそぐわない事態とならない程度に速やかに、かつ、確実に、差し押さえられた債権を識別することができるものでなければならない(最三小決平23・9・20

民集65・6・2710)。

　債権者は、「本件差押債権(債務者と第三債務者間の継続的取引に基づき、債務者が第三債務者に対して有する売掛代金債権(プレー代金、施設使用料、レンタル料、商品代、会費含む))は、各第三債務者が債務者の経営するゴルフ場のゴルフクラブの会員であることから、ゴルフ場の施設利用という基本契約に基づき、債務者が各第三債務者に対して有する会費及びゴルフ場の施設利用に伴って生ずる債権であり、特定されている」旨主張する。しかし、次のとおり債権者の主張には理由がなく、本件差押債権の特定が十分であるとはいえない。

　(ｱ)　本件差押債権において「継続的取引」の具体的な内容が明記されておらず、この債権が本件ゴルフ場の施設利用という基本契約に基づく債権である旨の記載はない。

　(ｲ)　「継続的取引に基づく売掛代金債権」という文言は、本件ゴルフ場の施設利用に関する債権に限定することを識別できるような特徴的な事項が記載されたものではない。

　(ｳ)　「プレー代金、施設使用料、レンタル料、商品代、会費含む」との括弧書きがあることからすれば、列挙されたもの以外にも債権が存在する可能性があると解されるため、本件差押債権が、本件ゴルフ場の施設利用に伴って生ずる債権に特定されているとはいい難い。

　(ｴ)　「会費」(年間4万3200円)は、本件ゴルフクラブの会員としてこれを納付する義務を負うものであり、これを「売掛代金」といえるかにつき疑問がある。

　イ　将来債権の差押えの可否(本件差押債権が「継続的給付に係る債権」に該当するか否か)について

　将来債権の差押えについては、差押えの時点では存在していない債権であっても、既にその発生の基礎となる法律関係が存在して、近い将来における発生が確実に見込まれるため財産価値を有するものであれば、執行対象とすることが相当である。民事執行法151条は、「給料その他継続的給付に係る債権」について将来債権の差押えを認めている。「継続的給付に係る債権」とは、賃料債権、給料債権、取締役等の役員報酬債権、議員報酬債権、保険医の診療報酬債権のように、債務者・第三債務者間の法律関係が明確かつ安定的で、当該法律関係に基づきある程度定期的に発生する債権であると解される。

　次のとおり、本件差押債権は、明確かつ安定的な法律関係に基づき定期的に発生する債権といえず、「継続的給付に係る債権」に該当しない。

　(ｱ)　本件差押債権は、ゴルフクラブ会員契約に基づくものであると特定されていない上、預託金会員制ゴルフ会員権においては各会員の利用頻度も態様も様々であり会員が一定の期間に反復継続的に本件ゴルフ場の施設を利用するわけではない。

　(ｲ)　不確実なゴルフ場施設の利用について、「継続的取引」という概念を用いることは不相当である。プレー代金等が近い将来発生することが確実な債権とはいえ

ない。レンタル料及び商品代については、必要に応じて個別的にレンタル契約や売買契約をすることにより発生する支払請求債権であって、本件ゴルフ場の施設の利用に伴って発生する債権に含めることはできない。

(4) これに対し、Xが、①本件差押債権が特定されていないとした原審の認定判断は、継続的利用を前提とした「売掛代金債権」との表示により特定が十分にされていることを看過した点で、判例（最二小判昭53・12・15集民125・839、最三小判平11・1・29民集53・1・151）等に違反する、②本件差押債権が「継続的給付に係る債権」に該当しないとした原審の認定判断は、ゴルフ会員は継続的契約である会員契約に基づきゴルフ場施設を優先的に利用することができることを看過した点で、前記判例等に違反すると主張して、抗告許可の申立てをした。

(5) 本決定は、「所論の点に関する原審の判断は、正当として是認することができる。論旨は採用することができない。」と判示して、抗告を棄却した。

本件は、原決定の事実認定を問題とするものにすぎず、抗告の許可には検討の余地があるように思われる。

3 間接強制

【14】26(許)17（○二小、平27・1・22、棄却、集民249・43。原審福岡高決平26・6・6、原々審佐賀地決平26・4・11）

【15】26(許)26（○二小、平27・1・22、棄却、集民249・67。原審福岡高決平26・7・18、原々審長崎地決平26・6・4）

(1) 【14】は、確定判決により干拓地の潮受堤防の排水門を開放すべき義務を負った者が第三者の申立てに基づく仮処分決定により前記排水門を開放してはならない旨の義務を負ったという事情があっても、執行裁判所は前記確定判決に基づき間接強制決定をすることができるか否かが問題となった事案であり、【15】は、仮処分決定により干拓地の潮受堤防の排水門を開放してはならない旨の義務を負った者が第三者の提起した訴訟の確定判決により前記排水門を開放すべき義務を負っているという事情があっても、執行裁判所は前記仮処分決定に基づき間接強制決定をすることができるか否かが問題となった事案である。

(2) 事案の概要及び本件の経緯等は次のとおりである。

ア(ｱ) X_1 らは、国に対し諫早湾干拓地潮受堤防（本件潮受堤防）の北部及び南部各排水門（本件各排水門）の開放を求めた訴訟において、平成22年12月21日から3年を経過する日までに、防災上やむを得ない場合を除き、本件各排水門を開放し、以後5年間にわたってその開放を継続することを国に命ずる確定判決（本件確定判決。【15】では「別件確定判決」ともいう。）を得ている。

(ｲ) 一方、X_2 らは、平成25年11月12日、本件潮受堤防の内側にある調整池から諫早湾海域への排水を行う場合を除き、本件各排水門を開放してはならない旨を国に命ずる仮処分決定（本件仮処分決定。【14】では「別件仮処分決定」ともいう。）を得た。

イ(ア)　X_1らは、平成25年12月24日、佐賀地方裁判所に対し、本件確定判決に基づき、防災上やむを得ない場合を除き、本件各排水門を開放し、以後5年間にわたってその開放を継続することを国に対して命ずるとともに、その義務を履行しないときは国がX_1らに対し一定の金員を支払うよう命ずる間接強制決定を求める申立てをした【14】。

これに対し、国は、別件仮処分決定により本件各排水門を開放してはならない旨の義務を負うなどしたため、本件各排水門の開放という本件確定判決に基づく債務を履行するに当たり、債務者である国の意思では排除することができない事実上の障害があり、国の意思のみでこれを履行することができないから、間接強制決定は許されないと主張した。

(イ)　一方、X_2らは、平成26年2月4日、長崎地方裁判所に対し、本件仮処分決定に基づき、本件各排水門を開放してはならない旨を国に対して命ずるとともに、その義務を履行しないときは国がX_2らに対し一定の金員を支払うよう命ずる間接強制決定を求める申立てをした【15】。

これに対し、国は、別件確定判決により本件各排水門を開放すべき義務を負うなどしたため、本件各排水門を開放してはならないという本件仮処分決定に基づく債務を履行するに当たり、債務者である国の意思では排除することができない事実上の障害があり、国の意思のみでこれを履行することができないから、間接強制決定は許されないと主張した。

(3)　原審の判断
ア　【14】について

原審（原々審佐賀地方裁判所）は、本件確定判決に基づく債務は債務者である国が自己の意思のみで履行することができる債務であるとして、国に対し、原々決定の送達を受けた日の翌日から2箇月以内に、防災上やむを得ない場合を除き、本件各排水門を開放し、以後5年間にわたってその開放を継続することを命ずるとともに、前記2箇月の期間内にその義務を履行しないときは、X_1ら各自に対し、前記期間経過の翌日から履行済みまで、1日につきそれぞれ1万円の割合による金員を支払うよう命ずる間接強制決定をすべきものとした。

イ　【15】について

原審（原々審長崎地方裁判所）は、本件仮処分決定に基づく債務は債務者である国が自己の意思のみで履行することができる債務であるとして、国に対し、本件各排水門を開放してはならない旨を命ずるとともに、その義務を履行しないときは、X_2らに対し、1日につき49万円の割合による金員を支払うよう命ずる間接強制決定をすべきものとした。

(4)　【14】【15】の各原決定に対し、国（抗告人）が、それぞれ抗告許可の申立てをした。

(5)　本各決定は、次のとおり判示して、各抗告をいずれも棄却した。

ア 【14】について

「4 本件確定判決に基づき抗告人が負う債務の内容は、防災上やむを得ない場合を除き一定期間本件各排水門を開放することだけであるから、それ自体、性質上抗告人の意思のみで履行することができるものである。このことは、抗告人が別件仮処分決定により本件各排水門を開放してはならない旨の義務を負ったことにより左右されるものではない。民事訴訟においては、当事者の主張立証に基づき裁判所の判断がされ、その効力は当事者にしか及ばないのが原則であって、権利者である当事者を異にし別個に審理された確定判決と仮処分決定がある場合に、その判断が区々に分かれることは制度上あり得るのであるから、同一の者が仮処分決定に基づいて確定判決により命じられた行為をしてはならない旨の義務を負うこともまたあり得るところである。本件確定判決により本件各排水門を開放すべき義務を負った抗告人が、別件仮処分決定により本件各排水門を開放してはならない旨の義務を負ったとしても、間接強制の申立ての許否を判断する執行裁判所としては、これら各裁判における実体的な判断の当否を審理すべき立場にはなく、本件確定判決に基づき間接強制決定を求める申立てがされ、民事執行法上その要件が満たされている以上、同決定を発すべきものである。

以上によれば、抗告人が別件仮処分決定により本件各排水門を開放してはならない旨の義務を負ったという事情があっても、執行裁判所は本件確定判決に基づき抗告人に対し間接強制決定をすることができる。

抗告人主張のその余の事情も間接強制決定をすることを妨げる理由となるものではない。

5 これと同旨の原審の判断は、正当として是認することができる。論旨は採用することができない。

なお、本件各排水門の開放に関し、本件確定判決と別件仮処分決定とによって抗告人が実質的に相反する実体的な義務を負い、それぞれの義務について強制執行の申立てがされるという事態は民事訴訟の構造等から制度上あり得るとしても、そのような事態を解消し、全体的に紛争を解決するための十分な努力が期待されるところである。」

イ 【15】について

「4 本件仮処分決定に基づき抗告人が負う債務の内容は、本件各排水門を開放してはならないということだけであるから、それ自体、性質上抗告人の意思のみで履行することができるものである。このことは、抗告人が別件確定判決により本件各排水門を開放すべき義務を負っていることにより左右されるものではない。民事訴訟においては、当事者の主張立証に基づき裁判所の判断がされ、その効力は当事者にしか及ばないのが原則であって、権利者である当事者を異にし別個に審理された確定判決と仮処分決定がある場合に、その判断が区々に分かれることは制度上あり得るのであるから、同一の者が仮処分決定に基づいて確定判決により命じられた

行為をしてはならない旨の義務を負うこともまたあり得るところである。本件仮処分決定により本件各排水門を開放してはならない旨の義務を負った抗告人が、別件確定判決により本件各排水門を開放すべき義務を負っているとしても、間接強制の申立ての許否を判断する執行裁判所としては、これら各裁判における実体的な判断の当否を審理すべき立場にはなく、本件仮処分決定に基づき間接強制決定を求める申立てがされ、民事執行法上その要件が満たされている以上、同決定を発すべきものである。

以上によれば、抗告人が別件確定判決により本件各排水門を開放すべき義務を負っているという事情があっても、執行裁判所は本件仮処分決定に基づき抗告人に対し間接強制決定をすることができる。

抗告人主張のその余の事情も間接強制決定をすることを妨げる理由となるものではない。

5　これと同旨の原審の判断は、正当として是認することができる。論旨は採用することができない。

なお、本件各排水門の開放に関し、本件仮処分決定と別件確定判決とによって抗告人が実質的に相反する実体的な義務を負い、それぞれの義務について強制執行の申立てがされるという事態は民事訴訟の構造等から制度上あり得るとしても、そのような事態を解消し、全体的に紛争を解決するための十分な努力が期待されるところである。」

(6)　本各決定は、権利者である当事者を異にする別個の裁判によって、排水門の開放をすべき義務と、排水門の開放をしてはならない旨の義務を同時に負っている状況において、それぞれの裁判に基づく間接強制決定をすることができるか否かというほとんど議論のない点について、最高裁判所が間接強制決定をすることができると判断した事例として、実務上参考になるものと思われる。

【16】27（許）17（△一小、平27・12・21、棄却。原審福岡高決平27・6・10、原々審佐賀地決平27・3・24）

(1)　【14】でされた間接強制決定について、事情の変更を理由とする変更（増額）の可否が問題となった事案である。

(2)　【14】でされた間接強制決定（本件間接強制決定）について、X_1らが、国は同決定の確定後も諫早湾干拓地潮受堤防の北部及び南部各排水門（本件各排水門）の開放義務（本件開放義務）を履行するに至っておらず、同決定が奏功していないから、国に対し本件開放義務の履行を心理的に強制するためには増額決定が不可欠であるとして、国がX_1らに対し1日につき1億円（主位的申立て）又はX_1ら各人に対し1人当たり1日222万2222円（予備的申立て）の金員を支払うよう命ずる間接強制決定の変更を申し立てた。

(3)　原審は、要旨次のとおり判断して、国に対し、本件間接強制決定に基づき

X_1らに対して遅延の期間中1日につき国が支払うべき金員の額を、平成27年3月25日（原々決定の送達の日の翌日）から1人当たり2万円の割合による金員に変更（増額）すべきものとした。

　ア　民事執行法172条2項の「事情の変更」の有無

　(ｱ)　民事執行法172条2項の「事情の変更」があった場合に同条1項所定の間接強制決定の変更を認めることとした趣旨からすれば、前記「事情の変更」については、間接強制決定確定後に生じた事情の変更に限らず、既に発した間接強制決定の不奏功の場合も含まれると解するのが相当であり、国が本件間接強制決定によっても本件開放義務を履行しなかったという事実は、前記「事情の変更」に該当するものというべきである。

　(ｲ)　国は、関係自治体等の強硬な反対に遭い、対策工事（本件潮受堤防が果たしている洪水時の防災機能及び排水不良の改善機能等を代替するための工事）の実施ができないなど、本件開放義務を任意に履行することが事実上不可能な事情が存すると主張する。しかし、本件開放義務の内容は、防災上やむを得ない場合を除き一定期間本件各排水門を開放することだけであるから、それ自体、性質上国の意思のみで履行することができるものであり、国の指摘する前記の事情によって本件開放義務を履行することが不可能であるということはできない。そうすると、本件開放義務を履行することができるにもかかわらず、これを履行しない事実をもって「事情の変更」に当たるといわざるを得ない。

　イ　間接強制金の変更額の相当性

　(ｱ)　本件開放義務の不履行によりX_1らが生活の基盤に関わる漁業行使権の侵害という不利益を受けていること、本件確定判決の確定後及び本件間接強制決定の送達の前後を通じた国の本件開放義務の履行に関する対応も併せ考慮すると、国が仮処分決定によって実質的に相反する実体的な義務を負っていることなどの事情を踏まえても、本件間接強制決定における強制金の金額は本件開放義務の履行の確保のためにはもはや不相当といわざるを得ない。

　(ｲ)　民事執行法172条所定の間接強制金の額とは、債務の履行を確保するために相当と認める一定の額であり、それは、債務名義上の執行債権の実現のために執行裁判所が合理的裁量により決するものと解され、単に不履行によって債権者が受ける損害額のみによって決せられるものではない。

　不履行により相手方らが受ける損害、債務者の不履行の態度、履行の難易等に加え、本件間接強制決定がX_1ら1人につき1日1万円の間接強制金の支払を命じたにもかかわらず本件開放義務が履行されないことに照らせば、間接強制金は、X_1ら1人につき1日2万円に変更するのが相当であり、同金額が履行の目的に比して過大であるとはいえない。

　(4)　これに対し、国が、①民事執行法172条2項の「事情の変更」は、間接強制決定の発令後に生じ、又は発令前に生じていたが発令後に判明した事情の変更で間接強制金又は支払期間等を変更すべきものを指すと解されているところ、国の履行

の可能性に関する事情は本件間接強制決定における間接強制金の額の決定に際し既に十分考慮されているから、国の履行の可能性に関し特段の事情の変更がない以上、国が本件間接強制決定の確定後に本件開放義務を履行しないという事情は「事情の変更」に含まれない、②仮に間接強制決定の不奏功が「事情の変更」に含まれるとしても、関係自治体等の強硬な反対により対策工事を実施することができず、国が任意に本件開放義務を履行することが事実上不可能であるという事情のある本件においては、国による本件開放義務の不履行をもって「事情の変更」があるということはできないと解すべきであるのに、本件間接強制決定確定後の国による本件開放義務の不履行が「事情の変更」に当たるとした原審の判断には、同項の解釈を誤る違法があると主張して、抗告許可の申立てをした。

(5) 本決定は、「所論の点に関する原審の判断は、正当として是認することができる。論旨は採用することができない。」と判示して、抗告を棄却した。

【17】 26(許)37（△二小、平27・6・3、破棄・自判、金判1471・20。原審東京高決平26・9・3、原々審東京地決平26・4・16）

(1) 建物退去土地明渡請求の目的物を債務名義に表示された債務者以外の第三者が占有している場合に、間接強制決定ができるか否かが問題となった事案である。

(2) 債務者株式会社Ｙに対し、居宅及び倉庫（本件各建物）を退去してその敷地である土地（本件土地）を明け渡すことを命ずる債務名義を有する債権者Ｘが、その強制執行として債務者に対する民事執行法（法）173条1項所定の間接強制を申し立てた（本件申立て）。

事実関係の概要は次のとおりである。

ア　本案訴訟

本件土地はＸが所有している。Ｙは、平成19年8月頃、本件各建物の所有者であるＡから本件各建物を賃借し、更に、関連会社であるＢ株式会社に転貸した。

Ｘは、東京地方裁判所に、Ｙ及びＢを被告として、本件土地の所有権に基づき、本件各建物退去土地明渡し等を求める訴訟（本案訴訟）を提起した。

東京地方裁判所は、平成25年1月、Ｙ及びＢに本件各建物から退去して本件土地を明け渡すこと等を命ずる仮執行宣言付きの判決をした（本件判決）。

イ　本件各建物の占有の変遷

Ｂは、平成23年10月、株式会社Ｃとの間で、本件各建物の再転貸借契約（本件再転貸借契約）を締結し、本件各建物はＣに引き渡された。さらに、本件各建物は、その後、ＣからＤ株式会社に再々転貸され、本件各建物はＤに引き渡された。

Ｂは、本件判決を受けて、平成25年5月、Ｃ及びＤを被告として、東京地方裁判所に、Ｃに対しては本件再転貸借契約の終了による目的物返還請求権に基づき、Ｄに対してはＣとＤとの間の再々転貸借契約の終了による目的物返還請求権の代位行使又はＢの転貸借権に基づく妨害排除請求権に基づき、本件各建物の明渡し

等を求める訴訟を提起した（別件訴訟）。東京地方裁判所は、平成26年1月、BのC及びDに対する明渡請求を認容する判決をし、同年7月の同事件の控訴審判決では、仮執行宣言が付された。

　ウ　その後の経緯

　Xは、平成26年2月、本件判決についてYに対する執行文を得て（本件債務名義）、同年3月、本件申立てをした。

　なお、Bは、別件訴訟の控訴審で付された仮執行宣言に基づき、C及びDへの明渡執行を申し立て、同年9月4日、明渡執行の断行が着手された。

　(3)　原々審は、本件申立てを却下したため、Xが執行抗告したところ、原審は、本件申立てを認容した（強制金の額は1日当たり5万円）。

　原々決定及び原決定の理由の概要は次のとおりである。

　ア　原々決定

　平成15年法律第134号により法173条1項が新設された趣旨は、それまで直接強制又は代替執行が可能であるために間接強制が許されなかった場合について、間接強制を許したところにあり、これを超えて、それまで直接強制又は代替執行によることができない場合につき新たに間接強制を可能とするものではない。そうすると、同条項に基づく間接強制は、法168条から171条までの規定に基づく強制執行が可能な場合に限って許されると解するのが相当である。建物退去土地明渡請求の目的物である建物を債務者以外の第三者が占有している場合、債権者は、債務者に対する債務名義のみでは法168条1項に基づく引渡し又は明渡しの執行をすることができないから、法173条1項に基づく間接強制も認められない。

　本件においては、少なくとも現時点においては、XがC及びDに対し直接本件各建物の明渡しを求める債務名義を得ておらず、かつ、Xが本件各建物につき占有移転禁止仮処分又は処分禁止仮処分の決定も得ていない以上、XがC及びDに対し法168条1項に基づく本件各建物の明渡しの強制執行をすることができないことは明らかである。

　したがって、本件申立ては、その要件を欠く。

　イ　原決定

　本件判決は、Yを間接占有者、Bを直接占有者と認めて、両者に対し、本件各建物から退去して本件土地を明け渡すことを命じたものであることが認められ、また、本件債務名義がYに送達されていることが認められるから、法172条1項、173条1項所定の間接強制決定をする要件に欠けるところはない。

　本件判決は、Bを占有代理人とするYの本件各建物を介しての本件土地の占有について、本件各建物を退去して本件土地を明け渡すことを命ずるものであるから、本案訴訟の事実審の口頭弁論終結時の占有関係においては、本件判決の命ずる債務が、債務者とは無関係の第三者が本件土地を直接占有している場合のように、債務者の意思だけでは履行することができないものということはできず、本件判決が強制執行の許されないものであると解することはできない。本案訴訟の事実審の

口頭弁論終結後の占有関係の変更については、それが本件判決の執行力に影響するものであれば、請求異議訴訟において判断されるべきものであり、訴訟と異なり、実体的な権利関係を判断する手続ではない間接強制の申立て手続においてこれを判断することは、手続の内容からしても無理があり、制度の趣旨に反するというべきである。

(4) 原決定に対し、Yが、法172条1項及び173条1項についての解釈の誤り及び大審院判例（大決昭5・11・5新聞3203・7）違反を主張して、抗告許可の申立てをした。

(5) 本決定は、「本件において間接強制決定を求める債務名義が間接占有者に対する建物退去土地明渡しの請求権を表示したものであることや、原決定別紙物件目録記載2及び3の各建物（本件各建物）の当初及び現時点の占有状況等記録からうかがわれる事実によれば、本件において、間接強制決定をすることはできないというべきである。

これと異なる原審の判断には、裁判に影響を及ぼすことが明らかな法令の違反がある。論旨はこの趣旨をいうものとして理由があり、原決定は破棄を免れない。そして、Xの本件申立てを却下した原々決定の結論は、是認することができるから、これに対するXの抗告を棄却することとする。」と判示して、原決定を破棄し、原々決定に対する抗告を棄却した。

本決定は、間接強制決定ができない法的根拠について説示をしていないが、本件の事実関係の下においては、結論が明らかであるとして自判している。

Ⅲ 破産法

免責

【18】 27(許)9（△二小、平27・7・1、棄却。原審東京高決平27・2・23、原々審千葉地決平26・11・20）

(1) 破産事件の免責許可の申立てにおいて、破産者に破産法252条1項1号、5号の免責不許可事由が認められる場合に、裁量免責の可否が問題となった事案である。

(2) Bの経営する会社Cと共同でカラオケ事業を行っていた株式会社Aは、平成22年の設立当初から、店舗が入居していた建物の賃料を滞納するなどしていた。Aは、Bらに勧められ、平成24年10月、実際には、Aの代表者であるYの両親への返済やAやCの資金繰り等に使用する目的であったにもかかわらず、資金使途を「カラオケ機器等の購入」と告げて、X信用保証協会の信用保証付きで、D信用金庫から3000万円を借り入れた（本件借入れ。なお、Yが連帯保証した。）。また、Yは、同月、所有する区分所有建物（本件建物）を妻Eに無償譲渡した。A及びYは、平成25年8月、破産手続開始及びYについて免責許可の申立てをし、同年

9月，それぞれ破産手続開始の決定を受け，両手続について弁護士が破産管財人に選任された。なお，破産管財人作成の財産目録及び収支計算書によると，Yについては，一般債権は15件で約8300万円，Aについては，一般債権は14件で約7700万円であった。

その後，Yにつき，簡易配当を経て，平成26年7月に破産手続終結の決定がされ，Aにつき，同年9月に異時廃止決定がされた。

(3) Yの免責に関する原審の判断の概要は次のとおりである。

ア　Yについての免責不許可事由の有無について

(ｱ)　Yは，Aが賃料その他の経費の支払を遅滞している状況であったにもかかわらず，Dを誤信させるために，積極的にカラオケ機器等の購入という虚偽の資金使途を申告し，Aの代表者として，破産申立ての日の1年前以内に本件借入れをした。そして，借り入れた資金の一部を自分の両親に渡すなどしていた。このような事情に照らすと，本件借入れは，実質的には，Y個人がDから3000万円を取得したものと認められ，Yについては，破産法252条1項5号（詐術による信用取引）の免責不許可事由がある。

(ｲ)　Yは，本件建物に設定されていた根抵当権を消滅させた上で，無償でこれをEの所有名義としていることから，Yについては，破産法252条1項1号（債権者詐害目的の破産財団価値減少行為）の免責不許可事由がある。

イ　裁量免責の可否について

(ｱ)　確かに，本件借入れは，破産手続との関係においてYの不誠実性を示すものではあるが，Bらに勧められて行ったものであり，Yの発意により積極的にDやXをだまして資金を詐取しようという態様であったとはいえない。

(ｲ)　本件借入れの際，DにおいてAの業績が不振であることは容易に知ることができ，融資が極めて危険なものであることが判明したはずであるのに，それが見落とされているということは，Dの貸付態度にも問題がある。

(ｳ)　破産債権者（債権総額8300万円）のうち，Yを免責することについて積極的に反対意見を述べているのは，X（破産債権額約3000万円）のみである。

(ｴ)　Yの債務の多くはA関係の連帯保証債務である。また，カラオケボックスの経営も実質的にはBが仕切っており，Yが積極的に事業展開をして負債を拡大させたものでもない。

(ｵ)　仮に，XとyとのYの行為が悪意で加えた不法行為に該当すると評価されるなら，XのYに対する損害賠償請求権はいわゆる非免責債権となるから，一般的にYが免責されても，制度として著しくXの保護に欠けるとはいえない。

(ｶ)　確かに，本件建物の名義をE名義にしたことは，破産手続との関係においてYの不誠実性を示すものではあるが，Eが250万円をYの破産財団に組み入れることによって財産減少の不利益は一応回避されている。

(ｷ)　Yの破産債権者に対しては低率であるものの一定の配当が実施された。また，Yは，破産管財人の調査に協力した。

(ク) 以上の点に加え、Ｙの年齢、就業状況、反省状況に照らせば、破産管財人がＹの免責に反対する旨の意見を述べていることを考慮しても、Ｙについて破産免責を認めることがＹの真の経済的更生を妨げ、かつ、社会公共的見地から許されないとはいえないから、Ｙについて裁量免責をすることが相当である。

(4) これに対し、Ｘが、①免責不許可事由がある場合には免責を不許可とすることを原則とし、特段の事情がある場合に例外的に裁量免責を認めるという破産法252条1項及び2項の原則・例外の関係を逆転させている点において、同条1項及び2項の解釈適用の誤りがある、②本件借入れに当たり、Ｙは自らＤやＸに対して詐術を用いているにもかかわらず、Ｙの発意により積極的にＤやＸから資金を詐取したものではないということをＹの背信性を低める事情として勘案している点において、債権者に対する債務者の行為態様のみに着目して裁量免責の可否を判断している高裁判例と相反すると主張して、抗告許可の申立てをした。

(5) 本決定は、「所論の点に関する原審の判断は、正当として是認することができる。論旨は採用することができない。」と判示して、抗告を棄却した。

本件における原審の前記判断が、裁判所に与えられた裁量を明らかに逸脱しているものとはいえないであろう。Ｘの主張の本質は、原審の裁量に属する事項の不当をいうにすぎないものであるように思われ、抗告の許可には検討の余地がある。

Ⅳ 家事審判法、家事事件手続法

1 管理権の喪失

【19】26(許)41（△三小、平27・3・17、棄却。原審広島高決平26・9・30、原々審山口家周南支審平26・3・24）

(1) 未成年者に対する管理権の喪失を認めるか否かが主に問題となった事案である。

(2) 児童相談所長であるＸは、事件本人Ｙがその子である未成年者3名（未成年者ら）の遺族年金を自己の用途に費消しており、親権あるいは管理権の行使が不適当であることにより未成年者らの利益を害しているとして、民法834条の2、835条及び児童福祉法33条の7に基づき、Ｙの未成年者らに対する親権の停止又は管理権の喪失の審判を求めた（本件申立て）。

事実関係の概要は次のとおりである。

ア Ｙは、亡夫であるＡとの間で、未成年者らをもうけ、共に生活していたが、平成16年11月にＡが死亡した後、未成年者らはＹの元を離れて、社会福祉法人Ｂ（本件社会福祉法人）が経営する児童福祉施設（本件施設）に入所し、以後、本件施設において生活している。

イ Ｙ及び未成年者らは、Ａの死亡により、遺族基礎年金及び遺族厚生年金（併せて遺族年金）の受給資格を取得し、Ｙが平成18年7月に4名分の遡求支払分を

受領し、同年8月以降は2箇月に1回、4名分の遺族年金がY名義の口座（Y名義口座）に振り込まれるようになった。

ウ　Yは、平成23年6月、Cと再婚し、これにより、遺族年金の受給資格を失った。Yは、それまで社会福祉協議会（社協）にY名義口座の通帳の管理を委託していたが、Y及びC（Yら）の意向により、社協との契約を解除して、通帳等の返還を受けた。以後、Yらは、未成年者らの遺族年金（本件遺族年金）が振り込まれるたびに、ほぼその全額を引き出して生活費等に費消した。

なお、年金事務所からの指導を受けて、本件遺族年金は、平成24年12月振込分からは、未成年者ら名義の口座（未成年者ら名義口座）に振り込まれるようになったが、その後もYらがこれを引き出して費消した。

Yらからは、その後、前記費消分についての弁済はされていない。

エ　Xは、平成25年12月、本件及びこれに伴う審判前の保全処分（親権者の職務執行停止及び職務代行者の選任）の申立てを行い、平成26年1月、仮に、Yの親権者としての職務の執行が停止され、本件社会福祉法人が職務代行者に選任された。これに基づき、本件社会福祉法人は、同年2月分以降の本件遺族年金の振込先を、本件社会福祉法人が児童手当を受領するために開設し、管理する未成年者ら名義の口座（本件施設管理口座）に変更した。以後、本件遺族年金は本件施設管理口座に振り込まれている。

(3)　原審は、要旨次のとおり判断して、本件申立てを却下すべきものとした。

ア　本件遺族年金を、Yらが費消したことは違法・不当なものであって、その費消した分を補填すべきであるのは当然である。しかし、親権の停止（管理権の喪失も同様）は、その趣旨を考慮すると、将来的にその必要があるかどうかを検討して、決定されるべきものである。

イ　本件において、平成26年2月分以降の本件遺族年金は、本件施設管理口座に入金されて、本件施設がこれを管理しており、この状態が継続する限り、過去において費消されたものを除き、未成年者らのために確保されているものといえる。本件施設管理口座は、今後も従前どおり、本件施設が管理を継続することになるものと考えられる。Yらが、本件施設に対し、今後直ちに本件施設管理口座あるいは児童手当分の引渡しを求める蓋然性があるとまでは認められない。

ウ　各事情を総合すると、現状において、本件遺族年金は本件施設によって適切に管理されている上、Yの言動等を踏まえると、Yによる親権の行使によって、本件遺族年金が更に費消される具体的なおそれがあるとはいえないから、未成年者らの利益が今後害されるおそれがあるとはいえない。

エ　以上によれば、Yの未成年者らに対する身上監護については、親権を停止すべき事情が認められないのみならず、財産管理についても、未成年者らの利益が今後害されるおそれがあるとはいえないから、本件申立ては要件を欠く。

なお、Yが今後、本件遺族年金を再度取得しようとする行動に出たときに、改めて、管理権喪失等の審判を申し立て、それに付随して審判前の保全処分を申し立て

ることにより、Yによる本件遺族年金の費消の大部分を阻止することが可能である。

(4) これに対しXが、①改正前の民法835条においては「子の財産を危うくしたとき」に管理権の喪失が認められ、改正法はその適用範囲を拡張する趣旨のものであることに鑑みると、子らの財産が侵害された場合には「子の財産を危うくしたとき」に原則として該当し、既に害されている利益が回復されたなどの特段の事情がある場合に限って例外的にこれに該当しない場合もあると解釈すべきであるから、改正後における本件でも、現に未成年者らの財産が侵害され、これが回復されたという特段の事情もないから、法の要件は充足されると解すべきである、②子の利益を「今後」害するおそれがあるかどうかという観点から判断するとしても、本件について「おそれがある」と認めなかったことについて原審の認定判断には経験則違反があるなどと主張して、抗告許可の申立てをした。

(5) 本決定は、「所論の点に関する原審の判断は、是認することができる。論旨は採用することができない。」と判示して、抗告を棄却した。

本件は、民法834条の2及び835条の当てはめが問題となるにすぎない事案であり、抗告の許可には検討の余地があるように思われる。

2　婚姻費用の分担

【20】27(許)13（△三小、平27・7・28、棄却。原審広島高決平27・4・21、原々審広島家審平26・9・25）

(1) 別居中の夫婦間において婚姻費用分担額の増減額が争われた事案である。

(2) 夫であるXが、別居中の妻Yに対し、確定した審判により定められた月額31万円の婚姻費用分担額の10万円への減額を求め、一方で、YがXに対し、同分担額を42万円へ増額するよう求めた。前記審判の確定後、Yと同居していた長男及び長女は大学進学等により現在はYと別居するに至っており、Yは二女のみと同居している。

(3) 原審は、いわゆる標準的算定方式を用い、要旨次のとおり判断して、婚姻費用分担額を19万円に減額変更すべきものとした。

ア　Xの収入は、給与収入と賃料収入の合計で2200万円余りであり、基礎収入はその34％相当額の約750万円である。一方、Yは現在無職で、その体調等にも照らし、基礎収入は0円である。

イ　長男及び長女の授業料、家賃等はXが負担しており、今後はYを通さずに長男及び長女に直接支払うことを希望していることなどを考慮すると、長男及び長女に関する生活費等は、Xが長男及び長女を監護しているものと仮定して生活費の割当てを検討するのが相当である。

ウ　二女はYとの同居を継続しているが、二女の大学授業料はXが負担しており、今後の教育費の負担も約していることなどに照らすと、同教育費等はXが二女に直接支払う方法に変更し、XがYに支払うべき婚姻費用分担額とは区別する

ことが相当である。
　エ　そして、X及びYの生活費指数は各100、子らの生活費指数は各90と認めるのが相当であり、X、Y及び子らが同居しているものと仮定した場合、Y及び二女の生活費は305万円余りとなる。これから二女に充てられる教育費相当分50万円余りを控除した約255万円（月額21万円）が婚姻費用分担額の試算額となるが、現在及び将来の子らの教育費を負担し、長男及び長女に対する仕送りをYに代わって行っているなどのXの負担は、Xが負担すべき婚姻費用分担額を決定するに当たり考慮するのが相当であり、婚姻費用の分担額は月額19万円（前記試算額の約9割相当）が相当である。
　(4)　これに対し、Yが、婚姻費用分担額を減額した原審の判断には法令違反がある（長男及び長女をXが監護することを前提としている点で民法820条に違反するなどというもの）と主張して、抗告許可の申立てをした。
　(5)　本決定は、「所論の点に関する原審の判断は、正当として是認することができる。論旨は採用することができない。」と判示して、抗告を棄却した。
　本件は、個別性の高い事案における原審の裁量事項に関する不当をいうにすぎないものであって、このような事項について解釈統一を図る観点から法律審が介入すべき余地は少ないように思われ、抗告の許可には検討の余地がある。

3　子の監護に関する処分

【21】27(許)2（△一小、平27・3・12、棄却。原審広島高松江支決平26・12・17、原々審松江家浜田支審平26・9・12）
　(1)　子の監護者の指定及び子の引渡しの是非が問題となった事案である。
　(2)　夫であるXが、別居中の妻Yに対し、両者間の子らでYがその実家で監護養育している長女（別居時7歳）及び長男（別居時4歳）について、自己への監護者指定及び子らの引渡しを求めた。
　(3)　原審は、本件における具体的事実関係（詳細省略）の下、要旨次のとおり判断して、子らの監護者を母親であるYと指定し、子らの自己への引渡しを求めるXの申立てについては却下すべきものとした。
　ア　Yは、Xとの同居期間中、一部期間を除き、主として子らの監護を行い、Xとの別居後も、実父母の協力を得ながら子らの監護を行ってきているところ、その監護に格別問題はうかがわれず、子らの心身の状況にも特段の問題はなく、家庭裁判所における試行的面会交流時にもXと子らとの関係が良好であったことなどを考慮すると、子らについてYによる適切な監護が行われていると認められる。
　イ　Xは、国際的な子の奪取の民事上の側面に関する条約（ハーグ条約）及びその実施法である国際的な子の奪取の民事上の側面に関する条約の実施に関する法律（ハーグ条約実施法）を援用するが、ハーグ条約及びハーグ条約実施法の施行前後を通じて、本邦内における子の監護に関する処分の判断は、職権的、後見的な家庭裁判所において、いずれの親に監護させた方が子の福祉に適するかという判断が基

本とされるべきである。
　ウ　Xは、YがXの同意を得ずに子らを連れて実家に戻る形で別居を始めたこと（子連れ里帰り）の態様は欺罔手段によるもので違法性が極めて高い旨主張するが、Yの行為自体が欺罔手段によるものといえないことは明らかであり、子らの親権にこだわっていたXが円満に子らを連れてYの実家に戻ることに同意することを期待できる状況になかったことが容易に推察されるなど本件事情の下では、離婚協議継続中における子連れ里帰りの違法性が格別高かったとはいえず、これによる別居が子らに対する適切な監護が行われている現状を変更すべき程度に違法性の高い行為であったとまでは評価できない。
　エ　Xの、Yが統合失調症に罹患しているとの主張は認められず、家庭裁判所調査官による調査が子らの転校から1箇月程度の落ち着かない状況下で実施された不十分なものであるとか、Yが面会交流を不当に拒否しているなどの主張も、いずれも前提を欠くものである。
　(4)　これに対し、Xが、子連れ里帰りの方法で別居を開始したYの行為は違法性が強く、原則的に原状回復されるものであるにもかかわらず、子らの監護者をYと指定すべきものとした原審の判断は民法766条の解釈適用を誤った違法があるなどと主張して、抗告許可の申立てをした。
　(5)　本決定は、「所論の点に関する原審の判断は、正当として是認することができる。論旨は採用することができない。」と判示して、抗告を棄却した。
　本件にハーグ条約及びハーグ条約実施法が適用される余地がないことは明らかであるほか、子の監護者の指定及び子の引渡しの適否という原審の裁量判断に属する事項について、解釈統一を図る観点から法律審が介入すべき余地は少ないように思われる。

【22】　27(許)8（△一小、平27・6・11、棄却。原審広島高決平27・2・13、原々審山口家岩国支審平26・10・9）

　(1)　子の監護者の指定及び子の引渡しの是非が問題となった事案である。
　(2)　平成20年に婚姻した夫婦の妻であるXが、別居中の夫Yに対し、両者間の長男（平成21年生まれ）について、子の監護者をXと指定するとともに、子の引渡しを求めた。
　(3)　原審は、本件における具体的事実関係（詳細省略）の下、要旨次のとおり判断して、子の監護者をXと定め、子をXに引き渡すべきものとした。
　ア　本件では、XとYが同居していた当時、子の監護養育に当たってきたのは主としてXであり、Yは、一定程度その監護に協力することはあったものの、子と関わる時間は相対的に少なく、補助的な立場で監護に関わっていたものであり、子の出生からXとYの別居に至るまで、子の監護者は母であるXであったと認められる。そうすると、Xによる前記期間の子の監護養育に不相当な点がないのであれば、監護の継続性の観点からして、特段の事情がない限り、Xを監護者と指定す

ることが子の利益に沿うというべきである。

　イ　本件では、Xが、一時期元暴力団員との関わりがあったことなど、乳幼児を監護する者として好ましいものではない行動があったことは否定できないが、記録からうかがわれるXの反省や同居時のXによる子の監護姿勢は未成年者の福祉を害するまでのものではなかったとの家庭裁判所調査官の意見を考慮すると、Xによる前記期間の子の監護養育に不相当な点はなかったと認めるのが相当である。これに、子の発達状況を直接確認した家庭裁判所調査官の意見や、Xの生活状況も現在は安定していると認められることを併せ考慮すると、これまで主たる監護者として子の監護養育に当たってきたXを子の監護者と指定することを妨げる特段の事由はないというべきであり、子の監護者を母であるXに指定することが子の福祉に沿うというべきである。

　(4)　これに対し、Yが、子をXに引き渡すよう命じた原審の判断には、①別居後2年近くにわたるYによる監護について考慮しておらず、子の現状尊重の原則を考慮していない、②母性優先の原則を過度に重視している、③Xの規範意識の低さを斟酌していない点で、民法766条の解釈の誤りがあると主張して、抗告許可の申立てをした。

　(5)　本決定は、「所論の点に関する原審の判断は、正当として是認することができる。論旨は採用することができない。」と判示して、抗告を棄却した。

　本件の争点は、XとYのいずれを監護者に指定することが「子の利益」に資するか（民法766条1項）という点であり、Yの主張の実質は、その具体的当てはめに関する認定非難をいうものであるように思われ、抗告の許可には検討の余地がある。

4　財産分与

【23】27(許)19（△三小、平27・11・17、棄却。原審東京高決平27・7・7、原々審さいたま家越谷支審平27・3・31）

　(1)　破産管財人が破産者による行使前の財産分与請求権を行使できるか（調停の当事者適格があるか）否かが問題となった事案である。

　(2)　破産者AとYは、昭和40年に婚姻したが、平成25年7月に協議離婚（本件離婚）をした。

　Aは、同年11月に破産手続開始の決定を受け、Xが破産管財人に選任された。

　Xが、Yに対し、本件離婚に伴う財産分与を求める調停（本件調停）を申し立てた（本件調停申立て）。

　(3)　原審は、Xに本件調停を申し立てる権限はなく、本件調停の当事者適格を欠くとして、Xの本件調停申立てを却下すべきものとした。その理由の概要は次のとおりである。

　ア　権利の性質上差押えの対象とならない財産は、破産財団に属しないものであり（破産法34条3項2号）、一身専属権はこれに当たる。

財産分与請求権の性質等に照らせば、財産分与請求権を行使するか否かは権利者の自律的意思に委ねるべきであり、権利者が行使する前の財産分与請求権は、行使上の一身専属権（民法423条1項ただし書）に当たるというべきであり、権利の性質上差押えの対象とならないから、破産財団に属しない。

AがYに対し財産分与請求権を行使していない本件においては、前記財産分与請求権は破産財団に属しないものであり、Xにその管理処分権は認められない。したがって、Xは、本件調停の当事者適格を欠き、本件調停申立ては不適法である。

イ Xは、前記財産分与請求権のうち清算的財産分与を求める部分は、行使上の一身専属権ではないなどと主張するが、財産分与請求権は、清算的要素、扶養的要素、慰謝料的要素を含む1個の権利であり、そのうち清算的要素のみの財産分与請求権なるものが分離独立して存在し得ると解することはできない。そして、仮に家庭裁判所が清算的財産分与に限定して分与の要否並びに分与の額及び方法を定める権限を有し、そのような判断をすることが不可能ではないとしても、それをもって、行使前の財産分与請求権の一身専属性を否定する根拠とならない。

(4) これに対し、Xが、Xは本件調停の当事者適格を欠く旨の原決定の判断は誤りであり、法令の解釈に関する重要な事項を含むと主張して、抗告許可の申立てをした。

(5) 本決定は、「所論の点に関する原審の判断は、正当として是認することができる。論旨は採用することができない。」と判示して、抗告を棄却した。

本人による行使前における財産分与請求権が行使上の一身専属性を有し、差し押さえることができないことを直接示した裁判例（なお、最二小判昭55・7・11民集34・4・628、判時977・62は、協議又は審判等によって具体的内容が形成される前の財産分与請求権を保全するために債権者代位権を行使することは許されないとするものであって、前記の財産分与請求権が債権者代位の目的とならない、すなわち、行使上の一身専属性を有するとするものではない。）は見当たらないが、学説上少なくとも本人による行使前においてはおおむね異論がないようである。

5 遺産分割

【24】26(許)30（△三小、平27・3・17、破棄・差戻。原審広島高決平26・7・7、原々審広島家審平25・12・17）

【25】26(許)31（△三小、平27・3・17、破棄。原審広島高決平26・7・10）

(1) 【24】は、相続人間において遺産分割及び寄与分が争われた事案であり（家事審判法適用事件）、【25】は、遺産の価額を更正する等した更正決定が更正の限度を超える違法なものであるか否かが問題となった事案である。

(2) 本件の経緯の概要は次のとおりである。

ア X及びYは、平成23年2月11日に死亡したAの子であり、その相続人である。本件において遺産の分割の対象となるAの遺産は、原決定別紙遺産目録記載1から10までの財産（本件遺産。このうち、同目録記載1から5までの各土地

は、その番号に従い「本件土地1」などといい、同目録記載6の建物は「本件建物」という。）である。本件土地1は、本件土地2に隣接する土地であり、本件建物の敷地となっている。

イ　Yは、原審において、本件土地1及び2並びに本件建物の取得を希望し、本件土地1の価額は本件建物の修繕費を考慮して0円とすべきであるなどと述べた上、本件土地1及び2並びに本件建物の不動産鑑定評価書（本件鑑定評価書）を提出した。本件鑑定評価書は、本件土地1及び2を一体の土地として評価した上で、その評価額を、相続開始時である平成23年2月11日時点で1101万円、評価時である平成26年6月1日時点で807万円とするものであった。

(3)　原審は、本件土地1の価額及び代償金の支払について、次のとおり判断し、Xの寄与分を310万円と定めるとともに、遺産の分割の審判として、Xが本件土地3から5までを取得し、Yがその余の遺産を取得する旨の決定（本件更正前決定）をした。

ア　本件鑑定評価書によれば、本件土地1の価額は、相続開始時において1101万円、遺産分割時において807万円であると認められる。

イ　Xが本件土地3から5までを取得し、Yがその余の遺産を取得した場合には、Yにおいて取得する遺産の価額がその具体的相続分を約5000円上回ることになるが、本件に現れた一切の事情を考慮すると、YがXに代償金を支払うよう命ずることは不要である。

(4)　その後、原審は、本件更正前決定に明白な誤りがあるとして、職権により、本件更正前決定の本件土地1の価額及び代償金の支払に関する部分を次のように訂正し、XがYに代償金115万円を支払うよう命ずる主文を付加する旨の更正決定（本件更正決定）をした。

ア　本件鑑定評価書によれば、本件土地1の価額は、本件鑑定評価書における本件土地1及び2を合わせた評価額をこれらの各面積に応じて案分して得た額として算定するのが相当であるから、相続開始時において620万5403円、遺産分割時において454万8374円であると認められる。

イ　Xが本件土地3から5までを取得し、Yがその余の遺産を取得した場合には、Xにおいて取得する遺産の価額がその具体的相続分を114万8870円上回ることになるから、XがYに代償金115万円を支払うよう命ずるのが相当である。

(5)　本件更正前決定及び本件更正決定に対し、Xが、それぞれ抗告許可の申立てをした【24】【25】。

(6)　本決定は、次のとおり判示して、【24】及び【25】のいずれについても原決定を破棄し、【24】について原審に差し戻す旨決定した。

ア　【25】について

「第2（中略）　前記第1の事実関係によれば、本件更正決定は、本件鑑定評価書における本件土地1及び2を合わせた評価額をもって本件土地1の価額とした本

件更正前決定を、同評価額を本件土地1及び2の各面積に応じて案分して得た額をもって本件土地1の価額とする内容のものに訂正し、これに伴って、現物分割の方法により本件遺産を分割する本件更正前決定を、いわゆる代償分割の方法により本件遺産を分割する内容のものに訂正するものである。しかし、更正決定は、裁判書の記載内容の同一性を阻害することなく計算違い、誤記その他これらに類する明白な誤りを訂正することを目的とするものであるところ、以上のような本件更正前決定の内容と本件更正決定により訂正された内容とは、本件土地1の価額の算定過程及び遺産の分割の方法において大きく異なっており同一性を認めることができないものであって、本件における審理の経過に照らしても、上記の訂正が本件更正前決定の計算違い、誤記その他これらに類する誤りを訂正したものにとどまらず、本件更正前決定の内容を実質的に変更するものであることは明らかである。そうすると、本件更正決定は、更正の限度を超えた違法なものであり、その効力を生じないと解するのが相当である（最高裁昭和39年(オ)第156号同42年7月21日第二小法廷判決・民集21巻6号1615頁参照）。

以上のとおり、本件更正決定には、裁判に影響を及ぼすことが明らかな法令の違反がある。論旨は理由があり、本件更正決定は破棄を免れない。」

イ 【24】について

「第3（中略）1 前記第1の事実関係によれば、本件更正前決定は、本件土地1及び2を一体の土地として評価する本件鑑定評価書に基づき、本件土地1及び2を合わせた評価額をもって本件土地1の価額と認定するものであるが、記録上、そのような認定を首肯させるに足りる証拠はない。そして、上記認定を訂正する本件更正決定が効力を生じないものであることは前記第2に説示したとおりである。したがって、本件更正前決定には、証拠に基づかずに本件土地1の価額を認定した違法があるといわざるを得ず、この違法が裁判に影響を及ぼすことは明らかである。論旨のうちこの趣旨をいう点は理由があり、本件更正前決定のうち遺産の分割の審判に関する部分は、その余の点につき判断するまでもなく、破棄を免れない。

2 そして、寄与分を定める審判の申立ては、遺産の分割の審判事件が係属している家庭裁判所にしなければならないとされているほか（家事審判規則（平成24年最高裁判所規則第9号による廃止前のもの。以下同じ。）99条2項）、遺産の分割の審判の申立て及び寄与分を定める審判の申立てがあったときは、これらの事件の審判手続及び審判は併合してしなければならないとされ（同規則103条の3）、遺産の分割の審判と寄与分の定めに関する審判とが併合してされたときは、寄与分の定めに関する審判についてのみ即時抗告をすることはできないとされている（同規則103条の5第3項）。これらの規定の趣旨は、寄与分が遺産の分割の前提問題であることから寄与分を定める審判と遺産の分割の審判との合一処理を確保するところにあると解される。したがって、本件更正前決定の遺産の分割の審判に係る部分に違法があるため同部分を破棄して原審に差し戻す場合には、本件更正前決定の

寄与分を定める審判に係る部分についての違法の有無にかかわらず、同部分をも破棄して共に原審に差し戻すのが相当である。」

【26】【27】 26(許)43、44（△二小、平27・2・25、棄却。原審福岡高決平26・10・10、原々審福岡家審平25・3・29）

(1) 遺産分割事件において、当事者らの特別受益の額及び不動産の分配方法等が争われた事案である（家事審判法適用事件）。

(2) 事実関係の概要は次のとおりである。

ア　Aは、平成3年9月に死亡した。その法定相続人は、夫であるB（法定相続分2分の1）並びに子であるX、Y_1、Y_2及びC（法定相続分各8分の1）である。

イ　次いで、Bが平成10年7月に死亡し、その法定相続人は、子であるX、Y_1、Y_2及びC（法定相続分各4分の1）である。

ウ　さらに、Cが平成15年7月に死亡した。Cに妻子はなく、その法定相続人は、兄弟姉妹であるX、Y_1及びY_2（法定相続分各3分の1）である。

エ　Xが、Y_1及びY_2を相手方として、A、B及びCの遺産について各遺産分割調停を申し立て、その後、審判に移行した。

オ　当事者らはいずれも、Bの遺産中の甲・乙土地（営業用店舗の敷地として賃貸されている土地）の取得を希望している。また、各当事者について、特別受益がある旨が主張されている。

(3) 原審は、特別受益に関し、Xについては、土地購入代金のBからの贈与に関して、土地の評価額からXが負担した金額を控除した残額である1063万円余りが、XのBからの特別受益であると認め、Y_1については、Y_1名義の定額貯金1598万円余りに関して、その同額をY_1のBからの特別受益と認め、Y_2については、特別受益はないと判断した。そして、各相続人の遺産ごとに、具体的相続分を算定した上で、A、B及びCの各遺産を一括して、遺産の分割をした（甲・乙土地はY_2が取得することとされた。）。

(4) これに対し、Xが、①Xの土地購入代金の多くはBではなくAから支払われたものであるにもかかわらず、原審が、これをBとの関係で特別受益と捉え、3名の被相続人の遺産について一括して分割をしたのは、高裁判例（広島高岡山支決昭53・7・6家月31・4・76）に違反する、②原審は、Xの特別受益の算定に当たって土地の購入代金と土地そのものの評価を混同し、Bが当該土地を利用していたことを一切評価しておらず、Y_1名義の定額貯金のみを特別受益の対象としている点で民法903条1項の解釈の誤りがある、と主張して抗告許可の申立てをし（平成26年(許)第43号事件【26】）、Y_1が、③原審は、BやCの特別受益について判断していないから、判例（最三小判平17・10・11民集59・8・2243）違反がある、④Y_1にBからの特別受益があるとした原審の判断には、判例（最一小判昭29・4・8民集8・4・819）違反並びに民法903条及び民訴法247条の解釈の誤りがある、と主張して、抗告許可の申立てをした（平成26年(許)第44号事件【27】）。

(5) 本各決定は、【26】及び【27】それぞれについて、いずれも「所論の点に関する原審の判断は、正当として是認することができる。論旨は採用することができない。」と判示して、各抗告を棄却した。

X及びY_1の主張の実質は、独自の見解をいうもの又は認定非難の域を出るものではないように思われ、抗告の許可には検討の余地がある。

【28】 27(許)10（△三小、平27・9・15、棄却。原審名古屋高決平27・3・12、原々審名古屋家岡崎支審平25・3・22）

(1) 遺産分割審判において、遺産の分割方法等が問題となった事案である。

(2) 事実関係の概要等は次のとおりである。

ア 被相続人は、平成19年3月に死亡した。被相続人には、妻及び子7人（C_1〜C_7）があるところ、C_2〜C_4が、他の者を相手方として、遺産分割を申し立てた。

イ 被相続人の国籍は韓国であり、法の適用に関する通則法36条により、準拠法は、被相続人の本国法である韓国法になる。

韓国民法によれば、相続人は、妻及びC_1〜C_7であり（同法1000条、1003条）、法定相続分は、妻につき17分の3、子らにつき各17分の2（同法1009条）、遺留分はいずれも法定相続分の2分の1である（同法1112条）。

ウ 被相続人の遺産は、積極財産としては不動産（A_1、A_2…）、預貯金等（B_1、B_2…）、上場株式、非上場株式、出資金、現金その他絵画があり、消極財産としては債務があった。

エ 被相続人の平成14年12月4日付け遺言書（本件遺言）では、C_1には不動産A_1（甲県乙市所在の宅地で、同土地上にC_1の建物がある。）の持分2分の1を相続させ、その他の子らには、不動産A_1の持分2分の1の時価相当額を、妻には、残余の財産全てを与えるものとされていた。

オ C_1〜C_6は、それぞれ妻に対し、遺留分返還請求の意思表示（韓国民法1115条。我が国の遺留分減殺請求の意思表示に相当）をした。なお、C_7のみ、遺留分返還請求の意思表示をしなかった。

(3) 原々審及び原審は、概略次のとおり判断して、具体的な遺産の分割方法を定めた。

ア 原々審

(ｱ) 本件遺言の趣旨は、不動産A_1の持分2分の1をC_1に単独で相続させるものであるから、当該部分は遺産分割審判の対象とはならない。

また、遺言者の意思としては、不動産A_1の持分2分の1の価額相当額の遺産を他の子に取得させ、それ以外の遺産を全て妻に取得させようとする相続分指定を伴う分割の方法の指定を定めたものと解される。

(ｲ) 遺産分割時の遺産評価額を相続開始時における具体的取得分額の割合に応じて割り付けた上、本件遺言に表れた被相続人の意向を踏まえ、妻以外の相続人には換価が容易なものを取得させ、残余を妻に取得させるのが相当である。

(ウ) $C_1 \sim C_5$ は（中略）を取得し、妻は残余の財産を取得し、C_6 及び C_7 は特別受益が超過しているので、いずれも遺産を取得できない。
　エ　これに対し、妻及び C_7 が、遺産評価額及び分割方法が不公平であるなどとして即時抗告をした。また、C_6 も、預貯金 $B_4 \sim B_6$ の遺産性、C_6 の特別受益、持戻し免除の意思表示の有無の認定などを不服として、即時抗告をした。
　イ　原審
(ｱ) 遺産分割時の遺産評価額（1審とは異なる金額を認定）を相続開始時における具体的取得分額（内容省略）の割合に応じて割り付ける。
(ｲ) 不動産、会社の株式については妻に取得させ、その他の財産は、妻を含めた相続人間の公平を害さぬよう、現実の管理占有状態をも考慮しながら、換価が容易な遺産をできるだけ平等に配分するのが相当である。
(ｳ) 預貯金 $B_4 \sim B_6$（韓国ウォン建ての預貯金）は C_6 名義の口座で保管されているから、これを C_6 に取得させ、C_6 から C_2 及び C_3 に代償金を支払わせるのが相当である（論旨に関係しない部分については省略する。）。
(4) これに対し、C_6 が、C_6 には（特別受益のみで指定相続分を超えるため）具体的相続分がないところ、取得を希望しない C_6 に預貯金 $B_4 \sim B_6$ を取得させた上、当該遺産相当額の代償金の支払義務を課したことが、我が国の民法903条2項に反し違法であると主張して、抗告許可の申立てをした。
(5) 本決定は、「所論の点に関する原審の判断は、是認することができる。論旨は採用することができない。」と判示して、抗告を棄却した。
　本件における被相続人に係る相続の準拠法は韓国法であるから、遺産分割の方法も韓国民法に従う必要があるところ、論旨は、我が国の民法903条2項の解釈の誤りをいうものであり、これを文字どおり解すると失当で、不適法なものとなる。本決定は、本件許可抗告の申立てが許可されていることも踏まえ、論旨は韓国民法における同趣旨の条文の解釈問題をいうものとあえて善解した上で、原審の判断を是認するにとどめたもののように思われる。

6　年金分割

【29】26(許)40（△二小、平27・1・21、棄却。原審東京高決平26・9・30、原々審千葉家松戸支審平26・7・30）
(1) 離婚した夫婦間において、年金分割に関する按分割合が争われた事案である。
(2) 元夫であったXは、離婚した元妻Yに対し、「年金分割のための情報通知書」（本件通知書）記載の情報に係る年金分割についての請求すべき按分割合を 0.5 と定めることを求めた（本件における個別具体的な事実関係の詳細は省略する。）。
(3) 原審は、要旨次のとおり判断して、請求すべき按分割合を 0.4 と定めた。
　ア　厚生年金保険法78条の2第2項は、裁判所が対象期間における保険料納付に対する当事者の寄与の程度その他一切の事情を考慮して請求すべき按分割合を定

めることができる旨規定しているところ、厚生年金保険等の被用者年金が婚姻期間中の保険料納付により夫婦双方の老後の所得保障を同等に形成していくという社会保障的性質及び機能を有していることに鑑みれば、年金分割における被扶養配偶者の請求すべき按分割合を定めるに当たっては、保険料の納付につき同等の寄与があったものとは認められないような特別の事情がない限り、婚姻期間中に納付された厚生年金の保険料につき、夫婦の貢献を原則として同等と評価しているものと解される。

　イ　そして、以下の事情等を総合考慮すると、本件通知書記載の情報に係る年金分割についての請求すべき按分割合を 0.4 と定めるのが相当である。

　(ｱ)　X は、Y との婚姻期間中就労していた時期があり、本件通知書に記載された按分割合の範囲は、30.794％～50％とされている。

　(ｲ)　X は、司法試験の勉強のため就労していなかったときにも、一定期間は、平日の昼間、長男の育児その他の家事を担当していた。

　(ｳ)　X と Y との婚姻期間約 89 箇月のうち、X が就労又は家事等を行っていた期間は約 58 箇月で、その割合は約 65％である。前記アのとおり本件通知書に記載された按分割合の範囲は約 20％の幅があるところ、その 65％は 13％となるから、前記按分割合の最低値（30.794％）に 13％を加算すると約 43％となる。

　(4)　原決定に対し、Y が、本件通知書記載の情報に係る年金分割についての請求すべき按分割合を 0.4 と定めた原審の認定判断につき、①X が Y との婚姻期間中に一定期間就労し、厚生年金の保険料を納付していたとした点に事実誤認があるほか、厚生年金保険法 78 条の 20 第 3 項、78 条の 4、78 条の 2 第 2 項の解釈適用の誤りがある、②Y が厚生年金に加入していなかった 6 箇月間を年金分割の対象期間に含めている点に同項の解釈適用の誤りがある、③本件通知書の按分割合の範囲の最低値である 30.794％は、いわゆる 3 号分割がされた場合に X が得る標準報酬額を反映したものであるところ、その額が適切か否かを審理せず、前記按分割合の範囲を請求すべき按分割合を定めるに当たって当然の前提とした点に同項の解釈適用の誤りがある、④X の寄与の程度が著しく低いにもかかわらずこれを考慮しなかった点に同項の解釈適用の誤りがあると主張して、抗告許可の申立てをした。

　(5)　本決定は、「所論の点に関する原審の判断は、是認することができる。論旨は採用することができない。」と判示して、抗告を棄却した。

　Y の主張の実質は、原審の裁量判断に対する不当をいうものにすぎないように思われ、抗告の許可には検討の余地がある。

Ⅴ　その他

1　行政事件訴訟法

【30】27(行ツ)2（△二小、平27・11・25、棄却。原審大阪高決平27・7・30、原々審奈良地決平27・3・20）

(1)　抗告訴訟における原告適格（行政事件訴訟法9条）の有無が問題となった事案である。

(2)　奈良県A市は、金剛生駒紀泉国定公園の第2種特別地域内の複数の土地（本件土地）において一般廃棄物処理施設であるA市クリーンセンターを整備するため、奈良県知事に対し、自然公園法20条3項に基づき、造成工事として擁壁を新築することの許可を申請し、その許可（本件許可）を受けた。

これについて、本件土地の周辺に居住するXら9名（Xら）が、奈良県を被告として本件許可の取消しを求める抗告訴訟（本案訴訟）を提起した上で、同訴訟の判決確定まで本件許可の効力を停止することを求めた（本件執行停止の申立て）。

Xらは、特別地域の近隣に居住して「自然公園法が保護の対象とする国立公園等の特別地域の優れた自然の風致景観の恵沢を享受する利益」（自然風致景観利益）を日常的に享受しているとして、本案訴訟の原告適格を有すると主張した。

(3)　原審は、Xらにつき本案訴訟の原告適格を否定し、本件執行停止の申立ては不適法な本案訴訟に付随する申立てであるとして、これを却下すべきものとした。その理由の概要は次のとおりである。

ア　Xらの本案訴訟における原告適格の有無について

(ｱ)　Xらの主張する利益

Xらは、自然公園における特別地域の純粋な自然環境（自然環境に起因する音、香り、清浄な空気等を含む。）や当該地域における歴史的、文化的な風致景観があいまって構成された「自然の風致景観」の恵沢を享受する利益を「自然風致景観利益」と呼び、自然公園法で個別的利益が保護されている旨主張する。

(ｲ)　自然公園法の規定

自然公園法は、優れた自然の風景地を保護するとともに、その利用の増進を図ることにより、国民の保健、休養及び教化に資するとともに、生物の多様性の確保に寄与することを目的とし（1条）、そのために、地方公共団体等は、環境基本法3条から5条までに定める環境の保全についての基本理念にのっとり、優れた自然の風景地の保護とその適正な利用が図られるように努めなければならず（3条1項）、また、環境大臣が国定公園等の自然公園を指定することになっている（5条）。国定公園については、環境大臣が、関係都道府県の申出により、審議会の意見を聴いて、公園計画を決定し（7条2項）、都道府県知事が公園事業を決定して（9条2項）、都道府県が執行する（16条）。都道府県知事は、国定公園の風致を維持するため、

V その他

公園計画に基づいて、その区域内に特別地域を指定することができ（20条1項）、特別地域内で工作物の新築及び木竹の伐採等をするためには、都道府県知事の許可を要し、その許可に当たっては環境省令で定める基準に適合しないものについては、その許可をしてはならないものとされている（20条3項、4項）。

しかしながら、自然公園法には、都道府県知事が、特別地域内での行為の許可に当たって、特別地域の周辺の景観やXらが主張する自然風致景観利益の保全を考慮すべきものとする規定はない（なお、同法20条3項18号、4項は、特別地域における風致の維持に影響を及ぼすおそれのある行為で政令で定めるものについて、環境省令で定める基準に適合しないものについては、同条3項の許可をしてはならない旨を定めており、これを受けて、同法施行規則（平成27年環境省令第21号による改正前のもの）11条36項は、当該行為による風致又は景観の維持上の支障を軽減するため必要な措置が講じられていると認められるものであること（1号）、申請に係る場所又はその周辺の風致又は景観の維持に著しい支障を及ぼす特別な事由があると認められるものではないこと（2号）を求めており、風致又は景観の維持を考慮する規定を設けているものの、同法20条3項18号の文言等を勘案すれば、前記規定で風致又は景観の維持が考慮されるのは、当該行為が行われる特別地域内に限られると解され、特別地域の周辺までもが含まれると解することはできない（同法施行規則11条36項2号が規定する「周辺」も申請に係る場所の周辺であって、特別地域の周辺ではない。）。）。また、自然公園法には、特別地域の近隣に居住する者を前記自然風致景観利益の帰属主体として位置付けた規定、国定公園の指定、公園計画の決定、公園事業の決定及び執行、特別地域の指定に際して、特別地域の周辺の景観や前記自然風致景観利益を考慮すべきものとする規定、特別地域の近隣に居住する者の意見を聴取する手続を行うべきものとする規定、それらの指定等がされなかった場合において特別地域の近隣に居住する者にこれに対する不服申立てを認める旨を定めた規定などは存在しない。

また、自然公園法には、特別地域内の景観ないし風致に配慮すべき規定はあるものの、景観法との関係をうかがわせる規定はなく、特別地域の近隣の住民の景観ないし風致に配慮する規定はない。

さらに、自然公園法には、特別地域の近隣に居住する者に対する騒音、悪臭ないし粉じん等の被害を防止することを目的とする規定もない（風景地保護協定も特別地域内の土地所有者等との間で締結することとされている。）。

(ｳ) 景観法の規定

景観法は、我が国の都市、農山漁村等における良好な景観の形成を促進するため、景観計画の策定その他の施策を総合的に講ずることにより、美しく風格のある国土の形成、潤いのある豊かな生活環境の創造及び個性的で活力ある地域社会の実現を図り、もって国民生活の向上並びに国民経済及び地域社会の健全な発展に寄与することを目的とし（1条）、景観計画の作成又は変更について、近隣に居住する住民又は近隣の土地について所有権や利用権を有する者が関与する規定（9条1項、11

条 1 項）が存在する。
　しかしながら、景観法に、X らが主張する自然風致景観利益の保護を目的ないし基本理念とする規定はなく、一定の景観に係る利益ないし前記自然風致景観利益の帰属主体となる「住民」ないし「地域住民」の範囲を定めた規定、及び、「住民」ないし「地域住民」を前記自然風致景観利益の帰属主体として位置付ける規定は存在しない。
　　(エ)　小括
　前記イ及びウによれば、本件許可の根拠法令である自然公園法及びこれと目的を共通にする関係法令であると X らが主張する景観法の趣旨及び目的を参酌し、X らの主張する自然風致景観利益の内容及び性質並びにこれが害される態様及び程度を勘案しても、自然公園法 20 条 3 項の規定が、前記自然風致景観利益の確保ないし保全をその趣旨及び目的としていると解することは困難であるし、前記自然風致景観利益を個々人の個別的利益としても保護すべきものとする趣旨をも含むと解することはできない。また、自然公園法 20 条 3 項の規定が、特別地域の近隣に居住し、土地を所有する X らの騒音、悪臭ないし粉じん等を被らないとの人格的利益等の保全をその趣旨及び目的としていると解することもできない。
　したがって、X らは、本案訴訟について、原告適格を有しないというべきである。
　　イ　結論
　本案訴訟の係属は執行停止の手続的要件であり（行政事件訴訟法 25 条 2 項）、執行停止は原告勝訴判決による権利利益の実現を実効的なものにすることを目的とする制度であることから、本案訴訟は適法なものであることが必要であり、これが訴訟要件を欠いて不適法である場合には、執行停止の申立ても不適法なものとなる。
　そして、前記ア(エ)で判示したとおり X らは本案訴訟について原告適格を有しないから、本案訴訟は訴訟要件を欠いた不適法なものであり、本件執行停止の申立ても不適法なものになる。
　(4)　これに対し、X らが、高裁判例違反を主張して、抗告許可の申立てをした。
　(5)　本決定は、「所論の点に関する原審の判断は、正当として是認することができる。論旨は採用することができない。」と判示して、抗告を棄却した。

2　会社法

【31】27(許)12（△二小、平 27・7・8、棄却。原審名古屋高金沢支決平 27・4・28、原々審金沢地決平 25・9・20）
　(1)　譲渡制限株式の売買価格の決定における株式の評価方法の当否が問題となった事案である。
　(2)　生コンクリートの製造・販売等を目的とする Y 株式会社（発行済株式の総数 10 万株）の譲渡制限株式 2 万株余り（本件株式）を保有する X が、その譲渡承認を Y に請求したところ（会社法 136 条）、Y がこれを不承認とした上で（同法 139 条）、自ら買い取る旨の決議（同法 140 条）をしたことから、X 及び Y の双方

が株式の売買価格の決定を申し立てた（同法144条2項）。

(3) 原々審は、原々審における鑑定の結果（DCF法、配当還元法及び時価純資産法により算定した各価格を一定の割合で加重平均したもの）を踏まえ、本件株式の売買価格を1株1950円と定めたが、原審は、原審における鑑定の結果（収益還元法により算定した買主の買取価格と純資産法（再調達時価法）により算定した売主の売却価格を1対1の割合で加重平均したもの）に合理性があるとして、本件株式の売買価格を1株3109円と定めた。原決定の理由の概要は次のとおりである。

ア 買主の買取価格の算定方法

Xが支配し、経営していた有限会社Aは、Yから車両のリースを受け、Yの運送業務を受託していたのであるから、Yとの間で強い業務上の関連性を有し、実質的にはYとの共同事業として展開されていたといえる。このように、Xは、Aの経営を通じて、Yとの間で事業上の密接な関連性を有していたのであるから、少数株主であるとはいえ、配当による経済的利益を得ることを主眼としてではなく、事業上のシナジーを期待して本件株式を保有していたものと見るのが相当であり、配当還元法を採用する理由はない。

他方、Yにおいては、本件基準日の10年以上前から、生コンの共同販売や製造委託等のビジネスモデルが確立し、毎期おおむね利益を計上しており、これが今後も継続する見通しであるなどの事情からすれば、収益方式のうち過年度の実績値である平均利益に基づいて評価を行う収益還元法の採用には十分合理性がある。

イ 売主の売却価格の算定方法

Yの事業と密接な関係にあるXの立場からみれば、Xによる本件株式の売却は、共同事業の一部解消に伴う共同事業体からの脱退の意義を有すると解されるのであり、経済的な意味合いにおいて会社財産の清算・払戻しに等しいといえるから、純資産法（再調達時価法）を採用すべきである。

(4) これに対し、Yが、継続企業の少数非支配株主が得られるのは原則として利益配当のみであるから、その株式の評価は配当還元法によるべきであるのに、これを採用せず、将来の収益予測が困難であるにもかかわらず、収益還元法を採用した原審の判断には法令違反があるなどと主張して、抗告許可の申立てをした。

(5) 本決定は、「所論の点に関する原審の判断は、正当として是認することができる。論旨は採用することができない。」と判示して、抗告を棄却した。

【32】 26(許)38（△三小、平27・2・17、棄却。原審広島高岡山支決平26・9・25、原々審岡山地決平26・3・31）

(1) 会計帳簿の閲覧及び謄写許可申請について、会社法433条3項にいう「その権利を行使するため必要があるとき」に該当するか否かが問題となった事案である。

(2) X_1〜X_4（Xら）は、自動車教習所を運営するY株式会社の親会社であるA株式会社の株主であるところ、Yの取締役がYの犠牲の下に別会社Bグループ（Y

の元代表者Ｃの営む会社を含む関連会社）の利益を図る背任行為等を行い、違法、不当な会計処理を行っているため、Ａの株主であるＸらとしてはＡに対してＹの経営陣に対する責任追及を促したり、Ａの取締役らの任務懈怠責任を追及する必要があるとして、会社法433条3項、1項に基づき、Ｙの会計帳簿及びこれに関する資料の閲覧並びに謄写の許可を申請するなどした（本件許可申請）。

(3) 原審は、Ｙの取締役がＹの犠牲の下にＢグループの利益を図っていることや、Ｙが違法、不当な会計処理を行っていることを疑うに足りる相当な理由があり、Ｙの親会社の株主であるＸらが取締役の責任追及を行うなど「その権利を行使するため必要があるとき」（会社法433条3項）といえるとして、会計帳簿等の一部につき閲覧謄写を許可した。その理由の概要は次のとおりである。

　ア　株主の権利行使の必要性の有無

(ア)　会社法433条3項所定の「権利を行使するため必要があるとき」とは、権利行使の対象となり得、又は権利行使の要否を検討するに値する特定の事実関係が存在し、閲覧謄写の結果によっては、権利行使をすると想定することができる場合であって、かつ、当該権利行使に関係のないものの閲覧謄写を求めているということができないときをいうものと解される。

(イ)　①Ｙは、原々審において閲覧謄写許可申請の対象期間とされた総勘定元帳のうち長期借入金等の勘定科目を提出したが、この総勘定元帳は会計上問題のある処理や疑問点のあるものであったところ、Ｙは、原々審の審理中に会計帳簿の訂正を行い（本件訂正）、関係書類を証拠として提出するとともに、訂正後の会計帳簿に基づき、取締役会決議及び株主総会決議によりこれらの訂正を承認したが、本件訂正前の会計処理は、違法、不当なものであったと認められること、②Ｙの取締役が、ＹとＢグループ各社との財貨の移動において、Ｙの犠牲の下、Ｂグループ各社の利益を図っていると疑うに足りる相当な理由があること（Ｙが金融機関から借り入れた資金をＢグループ各社に対して不当に有利な条件で融通している。）、③Ｙが疎明資料として提出した本件訂正後の総勘定元帳以外の部分においても、違法、不当な会計処理が存在すると疑うに足りる相当な理由がある（本件訂正の理由は不明であり、金額も多額である。）。

(ウ)　以上によれば、Ｙの取締役に対する責任追及等の権利行使の要否を検討するに値する特定の事実関係が存在するといえる。

そして、ＹとＢグループ各社との財貨の移動について、正確かつ詳細に把握するためには、Ｙが疎明資料として提出していない本件訂正後の総勘定元帳部分や会計資料を閲覧謄写する必要性があると認められ、これらを閲覧謄写した結果、ＹとＢグループ各社との財貨の移動につき違法、不当な会計処理が行われており、Ｙの取締役がＹの犠牲の下にＢグループ各社の利益を図っていることが判明した場合には、Ｘらとしても、①持株会社であるＡに対し、Ｙの取締役に対する損害賠償請求や解任請求等の責任追及を促すためにＡの株主総会において質問権や株主提案権を行使する、②Ａの責任追及の懈怠につきＡの取締役の責任追及を行う可能

V その他

性が想定される。したがって、閲覧謄写等の結果によっては、Xらが権利行使をすると想定することができる。

なお、Yは、本件許可申請が別訴の証拠収集等を目的としていて「権利を行使するため必要があるとき」との要件を欠く旨主張するが、かえって、Yの犠牲の下にBグループ各社の利益を図っていると疑うに足りる相当な理由があるから、Xらが本件許可申請をすることには合理性がある。

イ 閲覧謄写の対象となる会計帳簿等の範囲

本件許可申請における株主の権利行使の必要性は、Yの取締役が、YとBグループ各社との財貨の移動において、Yの犠牲の下にBグループ各社の利益を図っていると疑うに足りる相当な理由があり、Aの株主総会において、AがYの取締役に対する適切な責任追及を行っているかに関して質問権や株主提案権を行使するというものであるから、閲覧謄写の対象となる会計帳簿等の範囲については、YとBグループ各社との財貨の移動に係る部分に限定される。

そして、Yが本件許可申請の手続において疎明資料として本件訂正後の総勘定元帳や会計資料の一部を提出しているが、本件訂正前には、違法、不当な会計処理がされていたこと、本件訂正後も、YがBグループ各社から適切に貸金等の回収をしているのかは提出されている疎明資料だけでは十分に把握できず、正確かつ詳細に把握するためには提出されていない総勘定元帳や記録材料となった契約書等の会計資料を閲覧謄写する必要性がある。

(4) これに対し、Yが、①本件は会社法433条3項にいう「権利を行使するため必要があるとき」とはいえない、②総勘定元帳についても閲覧謄写の許可をする対象を「YとBグループ各社との財貨の移動に係る部分」に限定するべきであったと主張して、抗告許可の申立てをした。

(5) 本決定は、「所論の点に関する原審の判断は、正当として是認することができる。論旨は採用することができない。」と判示して、抗告を棄却した。

本件の争点は、会社法433条3項にいう「その権利を行使するため必要があるとき」に該当するかという当該事案限りの具体的な当てはめの問題であり、抗告の許可には検討の余地があるように思われる。

【33】26(許)39（◎一小、平27・3・26、破棄・自判、民集69・2・365。原審札幌高決平26・9・25、原々審札幌地決平26・6・23）

(1) 非上場会社において株式買取請求権が行使され、裁判所が株式買取価格を決定する場合に、「非上場会社の株式は流動性が低い」ことを理由とする減価（いわゆる非流動性ディスカウント）を行うことができるか否かが問題となった事案である。

(2) 事案の概要及び本件の経緯等は次のとおりである。

ア Yを吸収合併存続株式会社、Aを吸収合併消滅株式会社とする吸収合併（本件吸収合併）に反対したAの株主であるXが、Aに対し、Xの有する株式を公正

な価格で買い取るよう請求したが、その価格の決定につき協議が調わないため、Xが、会社法786条2項に基づき、価格の決定の申立てをした。

　Aは非上場会社であるところ、非上場会社において会社法785条1項に基づく株式買取請求がされ、裁判所が収益還元法（将来期待される純利益を一定の資本還元率で還元することにより株式の現在の価格を算定する方法）を用いて株式の買取価格を決定する場合に、当該会社の株式には市場性がないことを理由とする減価（非流動性ディスカウント）を行うことができるか否かが争われた。

　イ　Aは、平成24年6月当時、発行済株式の総数338万7000株の非上場会社であり、株式の譲渡につき取締役会の承認を要する旨の定款の定めがあった。

　ウ　Aは、平成24年6月6日、Yとの間で、効力発生日を同年10月1日として本件吸収合併をする旨の合併契約を締結した。

　エ　平成24年8月8日に開催されたAの株主総会において、前記契約を承認する旨の決議がされた。

　Aの株式32万5950株を有するXは、前記株主総会に先立ち、本件吸収合併に反対する旨をAに通知した上、前記株主総会において本件吸収合併に反対し、同年9月12日、Aに対し、前記株式を公正な価格で買い取ることを請求した。

　オ　平成24年10月1日、本件吸収合併の効力が発生し、AはYに吸収合併された。

　Xは、同年11月21日、原々審に対し、前記株式の買取価格の決定の申立てをした。

　カ　鑑定人（公認会計士）は、原々審において、本件では収益還元法を用いるのが相当であるところ、Aにおいて将来期待される純利益を予測し、その現在価値を合計すると、約3億6158万3000円となる。そして、非上場会社の株式は上場会社の株式のように株式市場で容易に現金化することが困難であるため、非流動性ディスカウントとして前記金額から25％の減価を行い、その結果を発行済株式の総数338万7000株で除すると、Aの株式の公正な買取価格は、1株につき80円となる旨の鑑定意見を述べた。

　(3)　原審は、次のとおり、収益還元法を用いて株式の買取価格を決定する場合であっても非流動性ディスカウントを行うことができると判断して、Xが有していた株式の買取価格を1株につき80円と定めた原々決定に対するXの抗告を棄却した（原決定）。

　吸収合併に反対して会社からの退出を選択した株主には、吸収合併がされなかったとした場合と経済的に同等の状況を確保すべきところ、Aの株式の換価は困難であり、このことは株式の経済的価値自体に影響を与えているというべきであるから、株式の換価の困難性を考慮することが裁判所の合理的な裁量を超えるものということはできない。Xは収益還元法を採用する限りは非流動性ディスカウントを行うことはできないと主張するが、Xの享受していた財産的地位は換価の困難性を反映したものというべきであり、前記主張は理由がない。

V その他　　　　　　　　　　　　　　　　　　　　　　　　　　835

(4)　これに対し、Xが、抗告許可の申立てをした。
(5)　本決定は、次のとおり判示して、原決定を破棄し、原々決定を取り消した上で、Xが有していたA発行に係る株式の買取価格を1株につき106円とする旨の自判をした。

「4（中略）　会社法786条2項に基づき株式の価格の決定の申立てを受けた裁判所は、吸収合併等に反対する株主に対し株式買取請求権が付与された趣旨に従い、その合理的な裁量によって公正な価格を形成すべきものであるところ（最高裁平成22年（許）第30号同23年4月19日第三小法廷決定・民集65巻3号1311頁参照）、非上場会社の株式の価格の算定については、様々な評価手法が存在するが、どのような場合にどの評価手法を用いるかについては、裁判所の合理的な裁量に委ねられていると解すべきである。しかしながら、一定の評価手法を合理的であるとして、当該評価手法により株式の価格の算定を行うこととした場合において、その評価手法の内容、性格等からして、考慮することが相当でないと認められる要素を考慮して価格を決定することは許されないというべきである。
　非流動性ディスカウントは、非上場会社の株式には市場性がなく、上場株式に比べて流動性が低いことを理由として減価をするものであるところ、収益還元法は、当該会社において将来期待される純利益を一定の資本還元率で還元することにより株式の現在の価格を算定するものであって、同評価手法には、類似会社比準法等とは異なり、市場における取引価格との比較という要素は含まれていない。吸収合併等に反対する株主に公正な価格での株式買取請求権が付与された趣旨が、吸収合併等という会社組織の基礎に本質的変更をもたらす行為を株主総会の多数決により可能とする反面、それに反対する株主に会社からの退出の機会を与えるとともに、退出を選択した株主には企業価値を適切に分配するものであることをも念頭に置くと、収益還元法によって算定された株式の価格について、同評価手法に要素として含まれていない市場における取引価格との比較により更に減価を行うことは、相当でないというべきである。
　したがって、非上場会社において会社法785条1項に基づく株式買取請求がされ、裁判所が収益還元法を用いて株式の買取価格を決定する場合に、非流動性ディスカウントを行うことはできないと解するのが相当である。
　5　以上と異なる原審の判断には、裁判に影響を及ぼすことが明らかな法令の違反がある。論旨は理由があり、原決定は破棄を免れない。そして、以上説示したところによれば、Aにおいて将来期待される純利益の現在価値の合計は約3億6158万3000円であり、発行済株式の総数は338万7000株であるから、株式の買取価格はXの主張するとおり1株につき106円となるものというべきである。したがって、原々決定を取り消し、Xが有していたAの株式の買取価格を1株につき106円とし、鑑定人に支払った鑑定料120万円については当事者の合意に照らして鑑定結果と各当事者の主張金額とのかい離額に応じて分担させることとする。」

(6) 本件は、非上場会社において会社法785条1項に基づく株式買取請求がされ、裁判所が収益還元法を用いて株式の買取価格を決定する場合には、非流動性ディスカウント（当該会社の株式には市場性がないことを理由とする減価）を行うことができないことを最高裁判所が示したものであり、実務上重要な意義がある。

【34】27(許)14（△一小、平27・9・17、棄却。原審大阪高決平27・3・27、原々審大阪地決平25・4・12）

(1) 吸収合併等に反対する株主の株式買取価格決定（会社法786条2項）について、株式の評価方法等が問題となった事案である。

(2) 事実関係の概要等は、次のとおりである。

ア 更生会社A株式会社管財人X_1は、Y（関西国際空港土地保有株式会社。旧商号：関西国際空港株式会社）の発行済株式（本件株式）80株を、X_2有限会社は本件株式240株を、それぞれ保有している。

イ Yは、関西国際空港用地の保有及び管理、関西国際空港用地の新関西国際空港株式会社への貸付け等を目的とする株式会社であり、関西国際空港及び大阪国際空港の一体的かつ効率的な設置及び管理に関する法律（平成23年法律第54号。統合法）12条1項1号にいう指定会社（関西国際空港の空港用地等を保有、管理する会社）である。

ウ 株式買取請求に関する経緯

Yは、統合法の施行に伴い、平成24年6月27日開催の定時株主総会（本件総会）において、①Yを吸収合併存続株式会社、関西空港用地造成株式会社を吸収合併消滅株式会社とする合併契約、②新関西国際空港株式会社を吸収分割承継株式会社、Yを吸収分割株式会社とする吸収分割契約について承認決議をした（以下、①②を併せて「本件経営統合」という。）。前記各契約の効力発生日は平成24年7月1日午前零時である。

Xらは、本件総会に先立ち、前記各契約の締結に反対するとの意思表示を行うとともに、本件総会において前記契約の締結の承認決議がされることを停止条件として、Yに対し本件株式を公正な価格で買い取ることを請求し、本件総会において、前記各契約の締結の承認決議に反対した。

(3) 原審は、本件経営統合が行われた場合の1株の価格をもって買取価格とすべきであるところ、Yは制度的に各年度のフリーキャッシュフローが零となり、各年度の収支の現在価値が零となるという一般企業ではあり得ない特殊な状況にあることなどから、ディスカウントキャッシュフロー法を用いるのは適当ではないとして、類似取引比較法や簿価純資産法を用いるなどした上、1株3万2171円を買取価格とするのが相当と判断した。

(4) 原決定に対し、Yが、株式の評価方法の採否及びその具体的算定内容の誤りなどを主張して、抗告許可の申立てをした。

(5) 本決定は、「所論の点に関する原審の判断は、結論において是認することが

できる。論旨は採用することができない。」と判示して、抗告を棄却した。

　本件は、関西国際空港の運営会社等に係る組織再編に関するもので、立法措置も伴うなど、個別性の極めて高い特殊な事案であって、法令解釈に関する重要な事項が争われたものではなかったものと思われる。

3　配偶者からの暴力の防止及び被害者の保護等に関する法律

【35】27(許)18（△二小、平27・9・16、棄却。原審東京高決平27・5・13、原々審静岡地決平27・2・4）

　(1)　配偶者からの暴力の防止及び被害者の保護等に関する法律（法）10条に基づく保護命令申立事件において、原々審の手続の適法性、夫の暴力の有無等が問題となった事案である。

　(2)　平成22年に婚姻した夫婦の妻であるXは、夫Yを相手方として、法10条の保護命令（接近禁止命令、電話等禁止命令）を申し立てた。

　(3)　原審（原々審同旨）は、本件における事実関係（詳細省略）を前提に、XがYから法10条1項所定の暴力を受けたことが認められるとともに、XがYからの更なる身体に対する暴力により、その生命又は身体に重大な危害を受けるおそれが大きいと認め、そのような危害が加えられることを防止するため、Yに対し、Xの住居等への接近を禁止するとともに、Xに対する面会の要求や夜間の電話等も禁止するのが相当であると判断して、Xの申立てを認容すべきものとした。また、Yに保護命令の裁判の引き延ばしの意図もうかがわれたこと等に照らせば、原々審がYの審尋期日を再度指定することなく保護命令を発したことは違法でないとした。

　(4)　これに対し、Yが、①審尋期日にYが出頭しなかったにもかかわらず期日を再度指定することなく保護命令を発した原々審の手続に違法はないとした原審の判断は、法14条1項の解釈適用を誤っている、②Yの暴力の事実を認めた原審の認定は、法10条1項の解釈適用を誤っているなどと主張して、抗告許可の申立てをした。

　(5)　本決定は、「所論の点に関する原審の判断は、正当として是認することができる。論旨は採用することができない。」と判示して、抗告を棄却した。

　本件の争点は、Yの審尋期日の再度指定の要否という審理上の措置の当不当の問題や、YのXに対する暴力の有無及び程度といった単なる事実認定の問題に尽きるものであり、抗告の許可には検討の余地がある。

4　私的独占の禁止及び公正取引の確保に関する法律

【36】27(行ツ)3（△三小、平27・12・8、棄却。原審東京高決平27・7・27）

　(1)　公正取引委員会がした排除措置命令の執行を免れるために供託した保証金の没取の是非が問題となった事案である。

　(2)　事実関係の概要は次のとおりである。

　ア　公正取引委員会（公取委）は、Xを含む24社がA市発注の下水管きょ工事

（本件工事）について、あらかじめ決定した受注予定者が受注できるようにすることにより、公共の利益に反して、本件工事の取引分野における競争を実質的に制限し、もって私的独占の禁止及び公正取引の確保に関する法律（平成25年法律第100号による改正前のもの）（法）2条6項所定の不当な取引制限に該当し、法3条の規定に違反する行為をしたとして、平成22年4月9日付けで、廃業した1社を除く23社に対し、前記違反行為をやめていることを確認し、今後これをしてはならないことなどを内容とする排除措置命令（本件排除措置命令）をするとともに、Xほか1社に対し、課徴金納付命令をした。

イ　Xは、平成22年6月9日、公取委に対し、前記各命令について審判請求をするとともに、同月25日、東京高等裁判所に対し、本件排除措置命令につき執行免除の申立てをしたところ、同裁判所は、同年8月6日、保証金として100万円を供託することにより本件排除措置命令の確定まで執行を免除する旨の決定をし、Xは、同月17日、東京法務局に保証金として100万円を供託した（本件保証金）。

ウ　公取委は、平成24年11月26日、Xの前記審判請求を棄却する旨の審決（本件審決）をしたことから、Xは、これを不服として、本件審決の取消しを求める訴えを提起した。

エ　東京高等裁判所は、平成26年1月31日、Xの請求を棄却する旨の判決をしたところ、Xは、上告及び上告受理申立てをしたが、上告は、上告理由書の不提出により同裁判所において却下され、上告受理申立てについては、平成27年4月16日、最高裁判所第一小法廷において不受理決定がされたことにより、本件排除措置命令は確定した。

オ　公取委は、平成27年5月14日付けで、東京高等裁判所に対し、本件保証金の全部を没取することを申し立てた（本件申立て）。

(3)　原審は、本件申立てを全部認容し、本件保証金の全部を没取する旨の決定をした。その理由の概要は次のとおりである。

Xの本件審判及び本件訴訟の追行につき権利の濫用とすべき点は存在しない。しかし、Xが本案訴訟で敗訴した場合には、執行免除により処分の即時執行の要請が害される一方、Xは時間の経過による利益（命じられた措置を講ずることなく事業活動を行い得た。）を得てきたことになるのであり、迅速な執行を確保するという法の趣旨に沿った運用を制度的に実現させるためには、執行が遅延した場合は、特段の事情がない限り、保証金等の全額を没取するのが相当である。

Xは、前記審判請求等の目的に不当性がないこと、本件排除措置命令後違反行為をやめていること、本件保証金の運用利益相当の不利益を受けていることを主張するが、失効免除の決定によって、本件排除措置命令の執行が5年以上も妨げられたのであるから、その速やかな執行という公益上の要請が害された程度は少なくなく、その他、本件排除措置命令の確定までに要した期間、本件保証金の金額等をも併せ考慮すると、前記主張に係る諸点を重視すべきとは考え難く、これをもって特段の事情があるということはできない。

V その他

(4) これに対し、Xが、保証金の没取の規定の適用に当たっては、排除措置命令の執行が妨げられた期間が比較的長期であることのみをもって機械的に全部没取と判断するのではなく、その余の事情、特に、現実には違反行為が速やかに解消されている点、安易な執行免除申立てとは認められない点を十分考慮し、没取の範囲を一部にとどめるべきであると主張して、抗告許可の申立てをした。

(5) 本決定は、「本件の事実関係の下において、所論の点に関する原審の判断は是認することができる。論旨は採用することができない。」と判示して、抗告を棄却した。

執行免除（保証金等の供託・没取を含む。）の制度趣旨は、排除措置命令を直ちに執行すべきであるという公益上の要請と、誤った排除措置命令であった場合の被審人の原状回復の困難性とを調整するとともに、安易な申立てを牽制することを目的とするものと解されており、供託された保証金等の没取の有無や程度については、排除措置命令をめぐる争訟の経過、そこでの名宛人の主張内容、排除措置命令の後その確定までに経過した期間、保証金等の額などの諸般の事情を総合考慮して判断すべきものとされていることは実務上定着したものである。原審は、本件における諸事情を総合考慮して判断していることがその判文から認められ、裁量を逸脱したものとするのは困難であろう。

5 国際的な子の奪取の民事上の側面に関する条約の実施に関する法律

【37】27(許)20（△一小、平27・10・1、棄却。原審東京高決平27・7・14、原々審東京家決平27・3・20）

(1) 国際的な子の奪取の民事上の側面に関する条約の実施に関する法律に基づく日本から外国への子の返還の是非が問題となった事案である。

(2) 事実関係の概略は次のとおりである。

ア　X（父親。トルコ国籍）とY（母親。日本国籍）は、平成24年2月に婚姻した夫婦である。

イ　XとYは、婚姻後、トルコにおいて同居生活を始め、同年12月、Aをもうけた。Aは、出生後、トルコにおいて、X及びYと共に生活していた。

ウ　Yは、平成26年12月頃、Aと共に、トルコを出国して、日本に入国し（本件連れ去り）、現在まで、日本国内において、Aと同居して生活している。

エ　トルコは、本件連れ去りの時点において、国際的な子の奪取の民事上の側面に関する条約（ハーグ条約）の締結国であった。

オ　本件連れ去りについて、Xが、国際的な子の奪取の民事上の側面に関する条約の実施に関する法律（ハーグ条約実施法）に基づき、Aのトルコへの返還を求めたところ、Yは、トルコにAを返還することによって、Aの心身に害悪を及ぼすことその他Aを耐え難い状況に置くこととなる重大な危険があり（本件返還拒否事由①。ハーグ条約実施法28条1項4号）、また、XがYによる本件連れ去り

の前にこれに同意していた(本件返還拒否事由②。同項3号)から、返還拒否事由があると主張してこれを争った。

(3) 原々審は、本件返還拒否事由①及び②があると認めることはできないと判断し、Aをトルコに返還することを命じたが、原審は、本件返還拒否事由①があることが認められると判断し、原々審の決定を取り消して、Xの申立てを却下した。原決定の理由の概要は次のとおりである。

XはAの性器を弄ぶなどしたことがあること、XがYに対して暴行を加えた際に巻き添えとなってAが怪我を負ったことがあること、XはYに対しAの出生後から頻繁に暴行を加えAは暴行を目の当たりにしてきたこと、Xは医師から軽度のアルコール依存症であるとの判断を示されたことがあること等が認められ、トルコにおいてAがXから心身に有害な影響を及ぼす言動を受けるおそれがあり、YがXからAに心理的外傷を与えることとなる暴力等を受けるおそれもある上、X及びYがトルコにおいてAを監護することが困難な事情もあると認めるのが相当である。したがって、本件については、本件返還拒否事由①があることが認められる。

(4) これに対し、Xが、原決定には、①ハーグ条約及びハーグ条約実施法の「重大な危険」の解釈の誤り、②ハーグ条約及びハーグ条約実施法が定める立証責任についての解釈の誤り、③ハーグ条約及びハーグ条約実施法から解釈上導かれる客観的な証拠による高度の証明を不要とするという解釈の誤りがあると主張して、抗告許可の申立てをした。

(5) 本決定は、「所論の点に関する原審の判断は、正当として是認することができる。論旨は採用することができない。」と判示して、抗告を棄却した。

本件は、ハーグ条約実施法に基づく子の返還申立てについて、最高裁判所に初めて係属した許可抗告事件であるが、個別的な認定問題が争われた事案にとどまるものであったように思われる。

Ⅰ 民事訴訟法
  1 裁判官の忌避【1】
  2 訴訟上の救助【2】
  3 証拠保全【3】
  4 更正決定【8】
  5 再審【5】～【7】
Ⅱ 人事訴訟法
  移送【8】
Ⅲ 民事執行法
  1 売却許可決定【9】
  2 間接強制【10】
Ⅳ 民事保全法
  仮処分【11】【12】
Ⅴ 破産法
  破産手続の開始【13】～【15】
Ⅵ 家事事件手続法
  1 子の監護に関する処分【16】
  2 遺産の分割【17】
Ⅶ その他
  1 会社法【18】～【21】
  2 配偶者からの暴力の防止及び被害者の保護等に関する法律【22】

平成28年度

小林宏司／後藤一章

はじめに

1　平成 28 年度における許可抗告事件の実情を紹介する。

新受件数の推移は、表 1 のとおりである。平成 28 年度は、例年よりやや多い件数であったが、論点を同じくする事件が 17 件あったことから、実質的には例年並みの件数といえよう。

各年度中に決定された事件のうち、最高裁判所民事判例集（民集）又は最高裁判所裁判集民事（集民）に登載された件数とその割合は、表 2 のとおりである。

2　許可抗告（民訴法 337 条）は、決定に対して法が特に認めた最高裁判所に対する不服申立て方法であって、法令解釈に関する重要な事項を含む事件であると高等裁判所が認めて許可したことを申立ての要件とするものである。現行民訴法で許可抗告制度が設けられたのは、民事執行法や民事保全法の制定等に伴い、決定で判断される事項に重要なものが増え、重要な法律問題について高等裁判所の判断が分かれているという状況が生じていたので、最高裁判所の負担が過重にならないように配慮した上で、重要な法律問題についての判断の統一を図ろうとしたからである（法務省民事局参事官室編「一問一答新民事訴訟法」374 頁）。上告受理制度のように最高裁判所自らが受理するか否かの判断をする制度が採用されなかったのは、そのような制度を採用すれば最高裁判所の負担が過重になるおそれがあったためであり（ジュリスト増刊 1999 年 11 月「研究会新民事訴訟法」440 頁〔柳田幸三発言〕）、その意味では、許可抗告の制度は、高等裁判所において、適切に許可の判断がされることを信頼して設けられた制度であるということができる。そして、最高裁判所が本来許可に値しないと考えたとしても、高等裁判所が許可した以上、最高裁判所は当該論点への応答をする義務を負うことになるのであるから、高等裁判所には、自らの判断に判例と異なる点がある場合又は真に法令解釈に関する重要な事項を含む場合に限って抗告を許可するという制度の趣旨に沿った運用が求められている（福田剛久ほか「最高裁判所に対する民事上訴制度の運用」判例タイムズ 1250 号 5 頁参照）。

許可抗告に対する決定のうち民集又は集民に登載されたものの割合は前記のとおりであり（表 2）、許可された事件のうち法令解釈に関する重要な事項を含まないものの割合は、依然として決して少な

表 1

年度（平成）	新受件数
10	10
11	42
12	59
13	34
14	50
15	54
16	42
17	48
18	55
19	45
20	58
21	46
22	58
23	61
24	56
25	42
26	47
27	29
28	55

はじめに

くない。今年度分についても、抗告が許可された事件の中には制度の趣旨におよそ沿わない運用も相当数見受けられるので、これまで「許可抗告事件の実情」において繰り返してきた以下の指摘を本稿で改めてしておきたい。

表2

年度	決定件数	うち民集又は集民登載件数	割合（％）
10	2	1	(50%)
11	32	6	(19%)
12	51	12	(24%)
13	53	12	(23%)
14	42	7	(17%)
15	53	9	(17%)
16	44	10	(23%)
17	51	11	(22%)
18	54	6	(11%)
19	44	11	(25%)
20	53	2	(4%)
21	51	5	(10%)
22	43	6	(14%)
23	60	8	(13%)
24	60	6	(10%)
25	44	9	(20%)
26	40	6	(15%)
27	37	5	(14%)
28	38	19	(50%)

(1) 法令の解釈自体は既に明確になっている場合に、個別事件における事実認定や要件ないし法理への単純な当てはめの判断は、通常は、法令解釈に関する重要な事項とはいえない。

また、最高裁判所の判例により示された法令解釈の基準の具体的適用に関わる事項は、当該実務を担当する下級裁における事例集積にこそ意味がある場合が多い。このような場合、下級裁での事例集積、要件の類型化に関する実務的検討が十分にされていない段階で、個別事案に関する要件該当性の争いを法律審である最高裁判所に求めることは、相当ではないことが多い。

(2) 論点自体としては法令解釈に関する重要な事項に当たるが、当該事案の結論に影響しない論点については、許可は不相当となるものと考えられる。許可抗告は、法令の解釈に関する重要な事項について、解釈統一の機能を有する特別な抗告ではあるが、当該事案の解決を目的とするものであることはいうまでもなく、抽象的な法令解釈のために抗告を許可することは、当事者を具体的事件の解決を離れた論争に巻き込むことになり、事案の解決を目的とする制度の趣旨に反するからである。

また、特に移送や文書提出命令などの附随的な決定については、抗告に伴い、本案の手続が事実上進行できなくなることもあり、不相当な抗告により当事者が迷惑を被ることもあり得るので、この点にも留意が必要である。

3 以上のような観点から、平成28年度中に決定のあった許可抗告事件をみてみると、その半数程度について、許可抗告の申立てに法令の解釈に関する重要な事項が含まれているといえるか否かについて疑問があるように思われる。そこで、今年も、前記観点に照らして、抗告の許可の当否につき検討の余地があるといわざるを得ない事件についてはその旨を記載したので、参照されたい。

他方で、原決定が、法令解釈に関する重要な事項についての判断を含むものであり、最高裁判所がその判断の当否を判断するのが相当であると思われる申立てであるにもかかわらず、抗告を不許可とするようなことは、許可抗告制度が設けられた趣旨を没却することになりかねないことにも留意する必要があると思われる。

いずれにしても、許可抗告制度が設けられた趣旨に沿って同制度を適切に運用していくためには、高等裁判所における適切な許否の判断が不可欠であることを改めて指摘しておきたい。

4 本稿は、後藤（元最高裁書記官）が平成28年度中に決定があった許可抗告事件を整理したものに、小林（最高裁民事上席調査官）が今後の同種事件の審理及び許可抗告制度の運用の参考とするために若干のコメントを付したものである。

事件見出しに◎を付したものは**民集登載事件**、△を付したものは**判例集等**に登載されなかったものである。

平成28年度中の決定による既済件数38件のうち、民集登載事件は19件（ただし、論点を同じくする17件を含む。）である。また、基本事件の種別としては、民事訴訟事件が7件、人事訴訟事件が1件、民事執行事件が2件、民事保全事件が2件、破産事件が3件、家事事件が2件、その他21件であり、このうち、原決定が破棄されたものは18件（ただし、論点を同じくする17件を含む。）であった。

事案の概要等は、許可抗告事件の実情を紹介するのに必要な範囲で適宜省略し、事案の骨子のみを記載した。掲載の順序は、原決定の根拠法規、目次記載の手続ごとに分類し、その中で論点が共通するものをまとめた上で、決定日の順に掲載した。

I 民事訴訟法

1 裁判官の忌避

【1】28(許)44（△三小、平28・11・1、棄却。原審東京高決平28・6・14、原々審東京地決平28・4・4）

(1) 裁判官に裁判の公正を妨げるべき事情がある（民訴法24条1項）か否かが問題となった事案である。

(2) Xは、基本事件の担当裁判官（本件裁判官）に対し忌避の申立てをしたが、却下され、不服として申し立てた即時抗告も棄却されたため、抗告許可の申立てをした（不許可）。

本件裁判官は、前記棄却決定後、基本事件について口頭弁論期日の指定をしたところ、Xは、前記抗告許可の申立てをしているにもかかわらず基本事件について口頭弁論期日を指定するのは違法であり、かかる訴訟指揮をする本件裁判官には裁判の公正を妨げるべき事情があるなどと主張して、忌避申立て（本件忌避申立て）をした。本件裁判官が、本件忌避申立て事件の配てん換えを受けた上で、自ら、本件忌避申立ては濫用的申立てに当たるとして、却下したため、Xが即時抗告した。

I 民事訴訟法

(3) 原審は、忌避申立てを却下する決定に対する即時抗告を棄却する決定は、その性質上、即時に効力が生じており、その効果は、抗告許可の申立てがされることにより左右されず、本件裁判官が基本事件について行った口頭弁論期日の指定は何ら民訴法に反するものではなく、裁判の公正に疑義を生じさせるような行為ではないことが明らかである、X は、理由となり得ない理由により本件忌避申立てを行っているのであって、いたずらに基本事件の手続進行を遅らせていると評価せざるを得ないから、本件忌避申立ては忌避権の濫用に当たるものというほかなく、本件裁判官が自ら本件忌避申立てを却下したことは何ら違法とはいえない、本件忌避申立て事件の配てん換えも適正に行われており、裁判の公正に疑義を生じさせるようなものではないなどとして、抗告を棄却した。

(4) これに対し、X が、抗告許可の申立てをした。

(5) 本決定は、「所論の点に関する原審の判断は、正当として是認することができる。論旨は採用することができない。」と判示して、抗告を棄却した。

本件の原決定について法令解釈に関する重要な事項を含むと認められるかは疑問であり、抗告の許可には検討の余地がある。

2 訴訟上の救助

【2】 28(行ツ)1 (△二小、平 28・6・29、棄却。原審東京高決平 27・12・4、原々審横浜地決平 27・9・18)

(1) 訴訟救助付与申立事件において、「勝訴の見込みがないとはいえないとき」(民訴法 82 条 1 項ただし書) の要件の有無が問題となった事案である。

(2) 生活保護法による生活扶助費等の支給を受けていた X が、Y (市) の福祉保健センター長から生活保護の停止をする旨の決定 (本件停止処分) を受けたため、本件停止処分が行政手続法 14 条に違反し違法である、本件停止処分の前提としての指導指示 (生活保護法 27 条) の内容が違法であるなどと主張して、Y に対し、本件停止処分の取消し等を求める訴え (基本事件) を提起し、同訴訟につき、本件訴訟上の救助の付与を申し立てた。

原審は、本件停止処分の行政手続法 14 条違反をいう X の主張は採用できない、本件各指導指示は適法であるから、その違法を前提とする本件停止処分の違法をいう X の主張はその前提を欠き採用することができない旨判断し、基本事件につき「勝訴の見込みがないとはいえないとき」との要件を充たさないとして、X の申立てを棄却すべきものと判断した。

(3) X は、原審の判断には、生活保護法及び民訴法 82 条 1 項の解釈適用の誤りがあると主張して、抗告許可の申立てをした。

(4) 本決定は、「所論の点に関する原審の判断は、正当として是認することができる。論旨は採用することができない。」と判示して抗告を棄却した。

本件は、「勝訴の見込みがないとはいえないとき」との要件への当てはめが問題になったにすぎない事件であり、抗告の許可には検討の余地がある。

3 証拠保全

【3】 28(許)25（△三小、平 28・8・30、棄却、訟月 63・1・20。原審仙台高決平 28・4・20、原々審仙台地決平 27・10・23）

(1) 起訴前の証拠保全申立事件に係る検証物提示命令の申立てに関し、文書の所持者は文書提出義務を負わない文書につき検証物提示義務を負うか否か、及び民訴法 220 条 4 号ロの該当性が問題となった事案である。

(2) A 刑務所の所長が必要な医療上の措置を懈怠したとして、Y（国）に対し、国家賠償法 1 条 1 項に基づく損害賠償を求める訴訟を提起することを検討している X（A 刑務所収容中の受刑者）が、起訴前の証拠保全手続により、Y が保管する X の診療に係る各文書等（本件検証物）につき、検証を求めるとともに、Y に対し、検証期日において提示するよう求めた。

検証期日において、Y は、医師及び看護師（医師等）並びに統括矯正処遇官未満の役職の職員の氏名及び印影部分（本件氏名等部分）などをマスキングの上、本件検証物を任意提出したが、原々審は、本件氏名等部分も含め、検証物提示命令の申立てにつき、全部認容した（本件提示命令）。

(3) 原審は、本件提示命令中、本件氏名等部分の提示を命じた部分を取り消し、同部分に係る X の検証物提示命令の申立てを却下すべきものとした。その理由の概要は次のとおりである。

ア 検証物提示義務の範囲につき、民訴法 232 条 1 項は文書提出義務の範囲を規定した同法 220 条を準用していないが、同法 232 条 2 項で正当な理由があるときは前記義務を免れることができるとされていること、文書を対象に検証を行う場合には書証の取調べを行う場合と実質的に異ならないことを考慮すると、文書の所持者が負う検証物提示義務の範囲は、文書提出義務の範囲を類推して確定すべきである。したがって、文書の所持者は文書提出義務を負わない文書につき検証物提示義務を負わないものというべきである。

イ 民訴法 220 条 4 号ロの「公務員の職務上の秘密」とは、公務員が職務上知り得た非公知の事項であり、実質的にもそれを秘密として保護するに値するものであると解され、「その提出により公共の利益を害し、又は公務の遂行に著しい支障を生ずるおそれがある」というためには、当該文書の記載内容から見て、そのおそれがあることが具体的に認められることが必要であると解される（最三小決平 17・10・14 民集 59・8・2265）。

A 刑務所において、医師等及び統括矯正処遇官よりも下位の刑務官（いずれも法務技官）の氏名及び印影を一切公表しておらず、これらの職員は施設内において名札を付けず、被収容者の面前での呼称の際には役職等で呼ぶことにしていることが認められ、前記職員の氏名及びこれを推知させる印影は非公知の情報であり、非公知の情報として管理されているものであるから、「公務員が職務上知り得た非公知の事項」に当たる。そして、元受刑者が受刑中に矯正指導を受けた刑務官に対し

て報復を行ったり、収容中の受刑者が刑務官に対して危害を加える旨を記載した封書を法務省に送付した事案も現に発生しており、刑務官の氏名が公表されれば、当該刑務官が、Ａ刑務所において矯正指導を受ける被収容者から報復等を受けるおそれが高まり、刑務官が萎縮するなどして被収容者に対する適正な処遇を行うことができなくなるおそれが存在することが具体的に認められる。また、医師等についても、同様のおそれが具体的に認められる。そうすると、Ａ刑務所の前記刑務官及び医師等の氏名及びこれを推知させる印影は実質的にも秘密として保護するに値するものでもあるから、「公務員の職務上の秘密」に当たり、その提出により、公共の利益を害し、又は公務の遂行に著しい支障が生ずるおそれがあることが具体的に認められる。したがって、本件氏名等部分は、民訴法220条4号ロにより提出義務を免れる公務秘密文書に当たる。

(4) これに対し、Ｘが、原審の判断には民訴法232条1項、220条4号ロの解釈適用を誤る違法があるとして、抗告許可の申立てをした。

(5) 本決定は、「所論の点に関する原審の判断は、正当として是認することができる。論旨は採用することができない。」と判示して、抗告を棄却した。

文書の所持者が文書提出義務を負わない文書（自己利用文書）についての検証物提示命令申立てを却下すべきものとした原決定を是認した許可抗告事案は過去にもあり、いずれも「原審の判断は、是認することができる」又は「原審の判断は、正当として是認できる」と判示されている（本書569頁以下【12】～【14】事件）。また、「公務員の職務上の秘密」該当性は、前記平成17年決定の判断の具体的な当てはめが問題となった個別性の高い問題である。本件における抗告の許可には検討の余地がある。

4 更正決定

【4】 28(許)23（△二小、平28・6・10、棄却。原審福岡高決平27・12・21）

(1) 控訴審判決が「その余の控訴を棄却する」旨の判断を主文で欠落させた場合において、この判断を付加する更正決定をすることの適否が問題となった事案である。

(2) 上記判決に係る訴訟事件は、Ｙらが、借地に建てられた長屋式建物の各区画を取得し、これに伴ってその敷地の賃借人の地位を承継したところ、当該土地の所有者兼賃貸人の地位を相続により承継したＸらが、土地の賃貸借契約の終了に基づき、Ｙらに対し、Ｙらの所有に係る区画部分の建物の収去及びその敷地の明渡し並びに賃料相当損害金の支払を求めたものである。第1審が、Ｙら全員について、建物収去土地明渡しの請求を認容し、賃料相当損害金の請求は棄却したところ、Ｘらが控訴した。控訴審は、賃料相当損害金の請求につき、Ｙらのうち2名についてのみ全部認容に変更したが、その余の者らとの関係では控訴は理由がない旨を理由中に記載したものの、その者らに対する控訴を棄却する旨を判決主文に記載しなかった。そこで控訴審裁判所は、同判決には、明白な誤りがあるとして、職権によ

り、主文に「控訴人らのその余の控訴をいずれも棄却する。」旨を付加する更正決定をした。

(3) Xらは、更正決定が許されるのは判決があった場合に限られるところ、前記判決は主文を欠落しており、理由中に賃料相当損害金支払請求権については理由がないものと判断するとの記載があっても、控訴審の判決があったとはいえず、それにもかかわらず更正をした原決定には、民訴法257条の解釈適用の誤りがあるとして、抗告許可の申立てをした。

(4) 本決定は、「所論の点に関する原審の判断は、正当として是認することができる。論旨は採用することができない。」と判示して抗告を棄却した。

5 再　審

【5】27(許)23（△一小、平28・1・21、棄却。原審東京高決平27・9・3）

(1) 民訴法338条1項9号所定の再審事由（判断遺脱）の有無が問題となった事案である。

(2) Xは、Yらに対し、本件マンションについて、建替え決議が成立し、Yらに対する売渡請求（建物の区分所有等に関する法律63条4項）によりXが各区分所有建物の所有権を取得したなどとし、各区分所有建物の明渡し及び所有権移転登記手続を求める訴えを提起した（前訴）ところ、本件建替え決議には重大な瑕疵があり無効であるとしてXの請求を棄却する判決がされ、同判決は確定した。ところが、Xは、Yらに対して、前訴と同じ事実を主張して、各区分所有建物の明渡し及び所有権移転登記手続を求める訴えを提起し、前訴の既判力等を理由にXの請求をいずれも棄却する判決がされ、Xはこれを不服として控訴を提起したが、いずれも棄却する判決がされ、同判決は確定した（本件確定判決）。

(3) Xが、本件確定判決について、判決に影響を及ぼす重大な事項について判断の遺脱があり、民訴法338条1項9号所定の再審事由があるとして再審を申し立てた。

(4) 原審は、一件記録を精査しても、同号にいう判断の遺脱があったということはできないとして、再審の請求を棄却した。

(5) これに対し、Xが、抗告許可の申立てをした。

(6) 本決定は、「所論の点に関する原審の判断は、正当として是認することができる。論旨は採用することができない。」と判示して、抗告を棄却した。

Xの主張は、従前の主張を繰り返し、独自の見解を述べるにすぎないもののようであるように思われ、抗告の許可には検討の余地がある。

【6】28(許)3（△三小、平28・4・5、棄却。原審広島高松江支決平27・12・21）

(1) 民訴法338条1項9号所定の再審事由（判断遺脱）の有無が問題となった事案である。

(2) 交差点の横断歩道上を進行していたX運転の自転車と、同一方向から右折

進入してきた Y_1 運転の自動車（本件車両）が衝突した（本件事故）。X は本件事故により左腓骨骨折等の傷害を負い、約半年間通院した。

　X は、Y_1 及び Y_2（本件車両の所有者）に対し、本件事故につき、民法 709 条や自動車損害賠償保障法 3 条に基づく損害賠償を求めた（前訴）。前訴における争点は、X の過失割合、休業損害額、慰謝料額の各点であり、前審では、X の過失割合を 5％ と認定し、休業損害につき、X 主張のものの一部を減額するのが相当とし、慰謝料につき、X の家族への影響を増額事由として評価することはできないなどとし、X の請求を一部認容する旨の判決（前審判決）が言い渡され、その後確定した。

　X は、以上の各点に関し、X が前訴で主張していたことの一部について前審判決は判断しておらず、民訴法 338 条 1 項 9 号の「判断の遺脱」があると主張して、再審の訴えを提起した。

　(3)　原審は、民訴法 338 条 1 項 9 号の「判断の遺脱」とは、請求原因、抗弁、再抗弁等の主要事実（要件事実）についての判断が漏れている場合をいい、当事者が主張した主要事実でない事実や証拠評価については判決が逐一採り上げて判断を示していなくとも、「判断の遺脱」に当たるものではない。X の主張は、いずれも前審判決の事実認定に対する不服をいうものであり、主要事実についての判断が漏れていることを主張するものではないから、適法な再審事由の主張とはいえず、本件再審の訴えは不適法であるとして、これを却下した。

　(4)　X は、主要事実でなくとも、判決に影響を及ぼす事項であれば、判決理由中で判断していない以上は判断の遺脱になるなどと主張して、抗告許可の申立てをした。

　(5)　本決定は、「所論の点に関する原審の判断は、正当として是認することができる。論旨は採用することができない。」と判示して抗告を棄却した。

　同様の主張がされた事案で再審を認めなかった原審について「正当として是認することができる」とした先例（本書 355 頁【22】事件、同 359 頁【24】事件）も存在するところであり、抗告の許可には検討の余地がある。

【7】 28（許）27（△三小、平 28・9・13、棄却。原審東京高決平 28・4・26）

　(1)　民訴法 338 条 1 項 9 号所定の再審事由（判断遺脱）の有無が問題となった事案である。

　(2)　X は、X の Y に対する損害賠償請求控訴事件の確定判決に対し、民訴法 338 条 1 項 6 号及び 7 号の再審事由がある旨主張して再審の訴えを提起したが、X は、罰すべき行為について、有罪の判決や過料の裁判が確定したことにつき何ら主張立証せず、同法 338 条 2 項後段に当たると認めるに足りる事由については立証がないとして不適法却下された（前件確定決定）。これについて、抗告許可の申立てがされ、原審がこれを許可したところ、第二小法廷は「原審の判断は、正当として是認できる。」と判示して抗告を棄却した（本書 799 頁【9】事件）。

　(3)　ところが、X は、前件確定決定には結論に影響を及ぼすべき重要な事項につ

いて判断の遺脱がある旨主張して、今度は本件準再審の申立てをした。

(4) 原審は、民訴法338条1項6号の「文書の偽造」とは、同条2項で「罰すべき行為について」とされていることに照らして可罰のものを意味すると解すべきところ、私文書については、虚偽診断書等作成を除き、Xの主張するいわゆる無形偽造は犯罪にならないとされている。不可罰とされる文書偽造を再審事由とする主張はおよそ同条1項6号に該当せず主張自体失当というべきであるから、その当否を検討する必要はなく、判断の遺脱があったとはいえない。また、Xの主張の一部は主張自体失当であり、その余は、前件確定決定がした認定・判断に対して不満を述べるものにすぎず、判断の遺脱があったとはいえないとして、本件準再審の申立てを棄却した。

(5) これに対し、Xが、抗告許可の申立てをした。

(6) 本決定は、「所論の点に関する原審の判断は、正当として是認することができる。論旨は採用することができない。」と判示して、抗告を棄却した。

Xの主張は、再審申立てに係る前件確定決定についての不服を蒸し返すもののように思われ、再び抗告の許可がされたことには検討の余地がある。

II 人事訴訟法

移　送

【8】 28(許)1（△一小、平28・2・18、棄却。原審東京高決平27・11・6、原々審横浜家決平27・10・6）

(1) 遅滞を避ける等のための移送の移送先である「他の管轄裁判所」（人事訴訟法7条）に、調停事件が係属していた家庭裁判所の自庁処理について定めた同法6条の規定する家事調停を行った家庭裁判所が含まれるか否か、含まれないとしても同法7条を類推適用して前記家庭裁判所に移送することができるか否かが問題となった事案である。

(2) 基本事件は、夫であるXが妻であるYに対し、婚姻を継続し難い重大な事由があると主張して、離婚を求める事案であるが、XはYと同居していた住所地を管轄する横浜家庭裁判所に提訴したのに対し、Yは、人事訴訟法7条に基づき、離婚調停事件が係属していた名古屋家庭裁判所への移送の申立てをした。

(3) 原審は、Yの移送の申立てを却下すべきものとした。その理由の概要は次のとおりである。

ア　基本事件の訴え提起時にYの住所が名古屋家庭裁判所の管轄にあったとは認めるに足りず、同裁判所は基本事件の管轄裁判所ではないから、人事訴訟法7条所定の「他の管轄裁判所」に当たらない。

イ　家事調停を行った家庭裁判所が人事訴訟法6条の規定に基づき自庁処理の決定をしない限り、同家庭裁判所に当該人事訴訟の管轄が生ずるものではないから、

同条の文言に照らして、同法7条の「他の管轄裁判所」に同法6条の規定する家事調停を行った家庭裁判所が含まれると解することはできない。また、同法6条の文言に照らし、家事調停を行った家庭裁判所以外の裁判所が、同家庭裁判所における自庁処理の判断をすることを認めたと解することはできない。加えて自庁処理の当否が当該調停事件の経過等を考慮して判断されることに鑑みると、自庁処理の判断の当否は、前記調停事件の経過を適切に把握することができる家庭裁判所が行うべきものであると考えられ、当該人事訴訟事件が提起された裁判所が家事調停を行った家庭裁判所における自庁処理の当否を判断することは予定されていないというべきである。

(4) これに対し、Yが、原審の判断は、管轄の硬直化を防ぎ、当事者の便宜を図るために、管轄裁判所ではないが、調停を経た家庭裁判所に自庁処理を認めた人事訴訟法6条の趣旨に反する、同条の文言上も、自庁処理をすることができるのは当該家庭裁判所に訴えが提起された場合に限ると解さなければならないものではなく、他の裁判所から移送を受けたことを契機として自庁処理の当否を判断し、自庁処理が不相当であると判断した場合には管轄違いにより再度移送決定をすることは排除されていないと主張して、抗告許可の申立てをした。

(5) 本決定は、「所論の点に関する原審の判断は、正当として是認することができる。論旨は採用することができない。」と判示して抗告を棄却した。

Ⅲ 民事執行法

1 売却許可決定

【9】28(許)47(△三小、平28・12・20、棄却。原審高松高決平28・9・20、原々審徳島地決平28・6・29)

(1) 不動産競売事件の期間入札において、入札書を宅配便で送付する方法が有効な入札方法であるか否かが問題となった事案である。

(2) Xは、土地・建物担保競売事件において、A社の宅配便で入札書を送付したが、執行官は、同社が民間事業者による信書の送達に関する法律(以下「信書便法」という。)に定める一般信書便事業者でも特定信書便事業者でもないことから、同社による送付は民事執行規則(以下「規則」という。)47条に違背するとして、Xの入札を有効なものとは認めず、Xの入札を加えずに開札手続をし、Xの入札金額より低い入札金額で買受けの申出をしたBを最高価買受申出人と定め、執行裁判所は、前記開札結果を踏まえ、Bに対する売却許可決定をしたが、Xは、自己の入札は有効であって自らが最高価買受申出人として落札することができた者であると主張し、執行抗告をした。

(3) 原審は、Xの抗告を棄却すべきものとした。その理由の概要は次のとおりである。

ア　規則47条では、入札書の執行官への送付方法として、従前は書留郵便による送付に限定していたが、信書便法の施行に伴い平成15年に郵便又は信書便による送付を認める形に改正されたものである。改正前の同条が送付方法を書留郵便によるものに限定していたのは、書留郵便は、郵便物の引受から配達に至るまでが記録されるため、万一執行官に到達しなかった場合には記録上明らかとなり、紛争を防止することができるとの趣旨に基づくものであったが、今日では、普通郵便であってもこれが配達されないような事態は極めてまれであるし、信書便の役務については、総務大臣の許可を受けた者に限定されており、一定程度到達の確実性が担保されていることから、規則47条が改正されたものである。加えて、担保不動産競売手続には多数の利害関係人が関与するため、一般に形式的、画一的な処理が求められることも考慮すると、入札書の送付方法を定める規則47条は、強行規定と解すべきである。

　イ　Xは、A社の宅配便で入札書を送付したところ、同社は信書便事業者の許可を得ていないから、Xの入札書の送付は、規則47条に定める方式に反するものであり、無効である。

　(4)　これに対し、Xが、原審の判断には、規則47条の解釈の誤りがあると主張して、抗告許可の申立てをした。

　(5)　本決定は、「所論の点に関する原審の判断は、正当として是認することができる。論旨は採用することができない。」と判示して抗告を棄却した。

2　間接強制

【10】27(許)22　(△三小、平28・3・1、棄却。原審大阪高決平27・8・18、原々審大津地決平27・5・20)

　(1)　仮処分決定を債務名義とする物の引渡義務の間接強制の申立てにおいて債務者が被保全権利を争うことの可否が問題となった事案である。

　(2)　X株式会社の社員であったYは、平成16年頃から、Xが業務提携していたA株式会社に出向し、同社の開発部門においてXの商品などの技術開発に従事していたが、平成17年に、Xに対し、Xの営業秘密情報等に関する資料類（文書、データ、図面等一切）について責任をもって保管し、退職時にはこれらの全ての資料をXに返還する旨が記載された「秘密情報保持に関する誓約書」（本件誓約書）を提出した。

　Yは、平成23年に、Aの開発部門がXに移管されたことに伴い、Xに復帰したが、平成25年2月ないし5月頃に、本件データを自らのUSBメモリ等にコピーし、上司に対し、同年6月末日をもってXを退職したい旨申し出た。Xは、同月、Yが営業秘密を領得したなどとしてYを懲戒解雇する旨の意思表示をした。YはXを退職後、Xと競業する会社に勤務している。

　Xは、Yに対し、本件誓約書に基づき、本件データの返還を求める旨の仮処分命令を申し立てたところ、Xの申立てを認容する旨の仮処分決定がされた（本件仮処

分決定)。

　Xは本件仮処分決定を債務名義として本件データの返還の強制執行としてYに対する民事執行法172条1項所定の間接強制を申し立てた（本件申立て）。

　(3)　原審は、Yは、本件データを既に破棄しているから、本件データの返還債務は履行不能である旨主張するが、本件仮処分決定において、本件データが廃棄済みであるとの主張は排斥されているところ、本件仮処分決定の認定判断の不当は保全異議等の保全命令に関する手続において争うべきものであって、本件申立てにおいて本件仮処分決定の認定判断を争うことはできないとして、本件申立てを認容した。

　(4)　Yは、本件申立てにおいて本件仮処分決定に係る被保全権利を争うことができないとする原審の判断には、民事執行法172条1項、3項の解釈適用の誤りがあると主張して、抗告許可の申立てをした。

　(5)　本決定は、「所論の点に関する原審の判断は、正当として是認することができる。論旨は採用することができない。」と判示して抗告を棄却した。

Ⅳ　民事保全法

仮処分

【11】27(許)24（△二小、平28・2・10、棄却。原審広島高決平27・8・10、原々審広島地福山支平27・2・6）

　(1)　工作物の撤去及び使用禁止を求める仮処分の申立てについて、工作物の設置者が誰か、及び保全の必要性が問題となった事案である。

　(2)　Y_1（寺）の檀信徒総会において有志によって設立された運営委員会が設置を決めた掲示板（本件工作物）が本件土地に設置されたところ、Y_1の元代表役員であったXが本件土地の占有権を被保全権利として、Y_1及びその住職であるY_2（以下両者を併せて「Y_1ら」という。）に対し、本件工作物の撤去等を求める仮処分の申立てをした。

　(3)　原審は、①本件工作物は、運営委員会において設置が決定されたものであり、運営委員会はY_1の檀信徒総会においてその設置が決議されたものであるから、運営委員会の決定が直ちにY_1らの決定と同視されるものではなく、Y_1らが本件工作物を設置したとはいえない、②本件土地を含めた本件土地建物については、Y_1のXに対する所有権に基づく明渡請求を認める判決が確定しており、Xは、Y_1に対し、直ちに本件土地を明け渡さなければならない関係にあり、本件工作物による本件土地の占有の範囲はわずかであることなどからすると、保全の必要性も認められないとし、Xの仮処分申立てを却下すべきものとした。

　(4)　これに対し、Xが、①Y_1らが本件工作物を設置したと認められるのに、これに反する認定をしており、民訴法247条を逸脱している、②被保全権利の疎明が

あるか否かについての判断が示されず、決定書に理由が示されていないものであり、同法253条に違反する、③本件工作物の掲示物の内容による影響を考慮しておらず、占有権の性質を誤って理解しており、民事保全法23条2項の解釈を誤っているなど原審の判断には法令解釈の誤りがあると主張して、抗告許可の申立てをした。

(5) 本決定は、「所論の点に関する原審の判断は、正当として是認することができる。論旨は採用することができない。」と判示して抗告を棄却した。

本件の実質は本件工作物の設置者が誰かの認定問題及び個別事案における保全の必要性の評価問題であったように思われ、抗告の許可には検討の余地がある。

【12】 27(許)15 (◎二小、平28・3・18、棄却、民集70・3・937。原審東京高決平27・4・17、原々審東京地決平27・2・12)

(1) 建物の区分所有等に関する法律 (以下「区分所有法」という。) 59条1項に規定する競売を請求する権利を被保全権利として民事保全法上の処分禁止の仮処分を申し立てることの可否が問題となった事案である。

(2) 本件マンションの管理組合の管理者であるXは、本件マンションの区分所有建物 (本件不動産) の所有者であるY株式会社において、管理費や修繕積立金の滞納を続け、区分所有者の共同の利益に著しく反する行為をしていると主張して、区分所有法59条1項に基づく区分所有権の競売請求権を被保全権利として、係争物に関する仮処分としての本件不動産の処分禁止の仮処分命令を求める申立て (本件申立て) をした。本件申立ては認められ、処分禁止の仮処分決定 (本件仮処分決定) がされた。

(3) 原審は、本件仮処分決定を取り消し、本件申立てを却下すべきものとした。その理由の概要は次のとおりである。

係争物に関する仮処分は、物の引渡・明渡請求権や登記請求権など、債務者に対して一定の給付を求める権利を有している者が、給付を求める相手方である債務者との間の当事者の恒定を図り、本案においてその者からの給付の実現を図るために認められるものである。民事保全法において不動産につき処分禁止登記をする方法による処分禁止の仮処分として明記されているのは、不動産に関する権利についての登記請求権を保全する場合 (同法53条) と建物収去土地明渡請求権を保全する場合 (同法55条) のみである。

Xが主張する被保全権利である区分所有法59条1項に基づく区分所有権の競売請求権は、特定の区分所有者が、区分所有者の共同の利益に反する行為をし、又はその行為をするおそれがあることを原因として、当該区分所有者を区分所有関係から排除することを実現するものであって、競売を請求する者に対象物についての何らかの給付を求める権利を与えるものではない。このような本案上の権利があるにすぎない債権者に対し、処分禁止の仮処分を認めることは、民事保全法が予定していない仮処分の類型を認めることになり相当でない。

以上のとおり、Xの主張する権利は、処分禁止の仮処分における被保全権利としては認められない。

(4) これに対し、Xは、原審の判断には、民事保全法23条1項の解釈について誤りがあると主張して、抗告許可の申立てをした。

(5) 本決定は、次のとおり判示して、本件抗告を棄却した。

「建物の区分所有等に関する法律59条1項に規定する競売を請求する権利を被保全権利として、民事保全法53条又は55条に規定する方法により仮処分の執行を行う処分禁止の仮処分を申し立てることはできないものと解するのが相当である。その理由は、次のとおりである。

民事保全法53条は同条1項に規定する登記請求権を保全するための処分禁止の仮処分の執行方法について、同法55条は建物の収去及びその敷地の明渡しの請求権を保全するためのその建物の処分禁止の仮処分の執行方法についてそれぞれ規定しているところ、建物の区分所有等に関する法律59条1項の規定に基づき区分所有権及び敷地利用権の競売を請求する権利は、民事保全法53条又は55条に規定する上記の各請求権であるとはいえない。上記の競売を請求する権利は、特定の区分所有者が、区分所有者の共同の利益に反する行為をし、又はその行為をするおそれがあることを原因として、区分所有者の共同生活の維持を図るため、他の区分所有者等において、当該行為に係る区分所有者の区分所有権等を競売により強制的に処分させ、もって当該区分所有者を区分所有関係から排除しようとする趣旨のものである。このことからしても、当該区分所有者が任意にその区分所有権等を処分することは、上記趣旨に反するものとはいえず、これを禁止することは相当でない。

以上と同旨の原審の判断は、正当として是認することができる。論旨は採用することができない。」

(6) 本決定は、区分所有法59条1項に規定する競売を請求する権利を被保全権利として民事保全法上の処分禁止の仮処分を申し立てることの可否という見解の対立があった問題について、現行の同法の枠組みからすると解釈論としてこれを可能とすることは困難であることを判示したものであり、実務上、理論上参考になるものと思われる。

V 破産法

破産手続の開始

【13】28(許)21（△二小、平28・4・13、棄却。原審東京高決平28・1・18、原々審東京地決平27・9・9）

(1) 破産事件において、申立債権者が債務者に対する債権を有しているか否か、

債務者は債務超過か否か、及び破産手続開始の申立てが不当な目的でされたものであるか否かが問題となった事案である。

(2) YはPFI事業のマネジメントを主な事業とする会社であり、Aは平成26年10月に辞任するまで、Yの代表取締役であったが、AはYを代表して、株式会社Bから7400万円を借り受けた。Xは、平成27年6月10日、BからBのYに対する前記貸金の残債権及びこれに対する利息の譲渡を受け、同月19日、Yについて破産手続開始を申し立てた。

(3) 破産手続開始決定をした原々審に対するYの即時抗告に対し、原審は、①XがBからYに対する本件貸金債権の譲渡を受けたものであり、申立債権を有している、②Yの資産のうち実質的な価値のないものを除外するとYは債務超過の状態にある、③Xが破産手続において、X又はその子会社がYの有する事業の譲渡を受け、その事業によって利益を上げることにより債権を回収すること等をXが意図していたことが認められるが、あくまで破産手続の中で申立債権の回収を図ることを目的とするものであるから申立てが破産法30条1項2号所定の事由（不当な目的でされた申立て）に直ちに該当するとまではいえないとし、抗告を棄却した。

(4) これに対し、Yが、①Xの申立債権には債務名義がなく、申立債権の存在につき合理的な疑義が複数指摘されているにもかかわらず、Xが申立債権を有するとしたのは誤りである、②Yが債務超過の状態であったとしたのは誤りである、③破産手続においてX又はその子会社がYの事業の譲渡を受け、その事業によって利益を上げることにより本件貸金債権を回収すること等をXが意図していたことを認定したにもかかわらず、本件申立てにつき、破産法30条1項2号所定の事由に直ちに該当するとまではいえないとするのは誤りであると主張して、抗告許可の申立てをした。

(5) 本決定は、「所論の点に関する原審の判断は是認することができる。論旨は採用することができない。」と判示して、抗告を棄却した。

Yの主張する点は、個別事案における認定又は評価の問題と思われ、抗告の許可には検討の余地がある。

【14】 28(許)41（△二小、平28・10・26、棄却。原審福岡高決平28・5・30、原々審福岡地決平28・2・1）

【15】 28(許)42（△二小、平28・10・26、棄却。原審福岡高決平28・5・30、原々審福岡地決平28・2・1）

(1) 【14】、【15】いずれも、業者からの金銭の借主らが当該業者の代表者を債務者として申し立てた破産手続開始申立事件において、当該業者が公的給付の受給者である借主らに対して行った高利による金銭の貸付行為が、質屋営業法1条1項にいう質屋営業には当たらず違法であるか否かが問題となった事案である。

(2) 株式会社A及び有限会社B（以下併せて「Aら」という。）は、質屋営業法

2条1項所定の質屋営業の許可を得ていたが、貸金業法3条1項所定の貸金業の登録を受けていない。Y_1（【14】）は、Aの代表取締役であり、Y_2（【15】）は、Bの代表取締役である。

Aは、顧客ら約5400人に対し、合計約37億500万円を貸し付け、Bは、顧客ら約4200人に対し、合計約37億6600万円を貸し付け、いずれも、顧客らから、その元本及び貸付時に定められた年利96％以上の利息の全部又は一部に相当する金員を取得した（本件金員取得行為）。

顧客らの大半は、年金、生活保護等の公的給付受給者であった。Aらは、貸付けに当たり質権設定契約を締結したが、質物として受け入れた物品のほとんどは、無価値又は貸付金額に比して著しく廉価のものであり、質物を受領する際にその査定をしたり顧客の主観的価値（個人的な思い入れ）を尋ねたりすることはなく、質物の査定ができる従業員もいなかった。また、Aらは、顧客らのうち大半の者との間で、銀行自動振替サービス（解約にはAらを経由した届出を要し、解約は事実上困難であった。）を利用して、顧客らの金融機関の口座（公的給付が入金される口座）から自動振替の方法により貸付金を回収する旨の契約を締結し、流質期限（貸付けの3か月後）前に到来する顧客らの公的給付金の受給日（2か月ごと）に、前記方法により貸付金を回収し、その総額は約12億円以上に及んだ。

顧客らから金融機関の口座利用により弁済として受領した金員は、Aが合計30億9700万円、Bが合計28億8100万円であり、いずれに対する弁済金名目であるか不明な金員が合計12億7200万円ある。

Aらについては、平成26年1月7日に破産手続開始決定がされ、同手続においてAらの顧客であったXらに対する債権額が確定されて配当が実施され、平成27年12月4日に同手続は終結した。

以上の事実関係において、Xらが、Y_1及びY_2（以下併せて「Y_1ら」という。）に対し、会社法429条1項又は民法709条に基づく損害賠償請求権を有し、Y_1らは支払不能の状態にあると主張して、Y_1らについてそれぞれ破産手続開始の申立てをしたところ、Y_1及びY_2の破産手続開始決定がされたため、Y_1らがそれぞれ即時抗告を申し立てた。

(3) 原審は、即時抗告をいずれも棄却すべきものとした。その理由の概要は次のとおりである。

質屋営業とは、物品を質に取り、流質期限までに当該質物で担保される債権の弁済を受けないときは、当該質物をもってその弁済に充てる約款（流質約款）を附して金銭を貸し付ける営業をいう（質屋営業法1条1項）ところ、Aらが受領した質物とされる物品は、実質的に見て質屋営業法が予定する担保としての価値（客観的又は主観的価値）を有せず、Aらの営んでいたとされる質屋業は、無担保又は無担保に等しい扱いをもって、金銭を貸し付けるものであったことに加え、銀行自動振替サービスを利用した本件顧客らの大半について、借主が有する流質選択の機会を、Aらによって制限される措置が講じられていた（借主には流質の選択権が

保障されておらず、流質約款が附されていたとは評価できない。）というべきであり、結局、Aらは、本件顧客らの大半に対し、前記物品の換価回収を想定せずに、金銭を貸し付けたものであって、年金等の公的給付を担保として貸付行為を行ったものであるといえることなどからすると、Aらの営業は無登録貸金業に該当し、Aらによる前記貸付けについては、利息につき出資の受入れ、預り金及び金利等の取締りに関する法律5条2項所定の上限金利を超えるとともに、厚生年金保険法等が禁止する年金担保貸付けに該当するものであって、違法なものであったというべきである。これらに照らすと、前記貸付けは、公序良俗に反し、無効であるというべきである。そして、Aらの本件金員取得行為は、違法であるとともに、多大な利益を得るという反倫理的な行為であって、Xらに対する不法行為が成立するというべきである。

(4) これに対し、Y_1らが、Aらの営業が質屋営業に該当しないとした原審の判断は、質屋営業法1条1項を合理的理由なく限定ないし縮小解釈するものである、本件顧客らが流質期限前の弁済期に債務を履行しない事態が観念できる限り、流質選択の機会は法律上保障されていたのであり、Aらの貸付けに流質約款が附されていたとはいえないとした原審の判断には法令違反があるとして、それぞれ抗告許可の申立てをした。

(5) 本件各決定は、「所論の点に関する原審の判断は、正当として是認することができる。論旨は採用することができない。」と判示して、各抗告をいずれも棄却した。

VI 家事事件手続法

1 子の監護に関する処分

【16】27(許)25（△三小、平28・2・2、棄却。原審広島高決平27・9・16、原々審山口家宇部支審平26・12・15）
(1) 別居中の夫婦間において、子の監護者の指定及び子の引渡しが問題となった事案である。
(2) 平成15年に婚姻した夫婦の妻であるXが、別居中の夫Yに対し、Yと同居している両者間の長男（平成16年生）及び二男（平成19年生）について、監護者をXと指定すること及び子の引渡しを求めた。
(3) 原審は、本件における具体的事実関係（子の状態やXの状態等）の下、Xに未子らを監護させることが、現在のYによる監護を継続することよりも子らの福祉に適するとは認められないから、子らの監護者をXと定めるのは相当でなく、子らをXに引き渡す必要性も認められないと判断して、Xの申立てをいずれも却下した。
(4) これに対し、Xが、原審の判断には、民法766条1項の「子の利益」の解釈

適用の誤りがあると主張して、抗告許可の申立てをした。

(5) 本決定は、「所論の点に関する原審の判断は、正当として是認することができる。論旨は採用することができない。」と判示して、抗告を棄却した。

本件の争点は、XとYのいずれを監護者に指定することが「子の利益」に資するかという点であり、Xの主張の実質は、その具体的当てはめに関する認定非難をいうものであるように思われ、抗告の許可には検討の余地がある。

2 遺産の分割

【17】27(許)11（◎大、平28・12・19、破棄・差戻、民集70・8・2121。原審大阪高決平27・3・24、原々審大阪家審平26・12・5）

(1) 共同相続された普通預金債権、通常貯金債権及び定期貯金債権は遺産分割の対象となるかが問題となった事案である。

(2) 亡Aの共同相続人の1人であるXが、亡Aの遺産の分割の審判を申し立てた。亡Aの相続人はXとYのみであり（法定相続分は各2分の1）、亡Aの遺産は、マンションの一室及びその敷地（本件不動産。評価額約258万円）並びに預貯金債権（普通預金、外貨普通預金、通常貯金、定期貯金。円建ての預貯金合計約255万円、外貨普通預金約36万4600ドル）のみであった。

原々審は、預貯金を遺産分割の対象とすることについての当事者の合意がないから、これを遺産分割審判において分割することはできないとした上で、Yの特別受益を考慮して、本件不動産をXに取得させるとの審判をしたところ、Xは、相続人全員の合意がなくても預貯金を遺産分割の対象とすべきである旨主張し、抗告した。

(3) 原審は、原々審判を引用した上、可分債権である預貯金については、預金者の死亡によって法定相続人が法定相続分に応じて当然に分割承継し、相続人全員の合意がない限り、これを遺産分割手続において分割の対象とすることはできないと解すべきであるとして、Xの抗告を棄却した。

(4) これに対し、Xは、原審の認定判断は、公平な遺産分割を妨げるもので、民法903条、906条等に違反するなどと主張して、抗告許可の申立てをした。

(5) 本決定は、原決定を破棄し、本件を原審に差し戻す旨決定した。本決定は、まず次のように判示している。

「……遺産分割の仕組みは、被相続人の権利義務の承継に当たり共同相続人間の実質的公平を図ることを旨とするものであることから、一般的には、遺産分割においては被相続人の財産をできる限り幅広く対象とすることが望ましく、また、遺産分割手続を行う実務上の観点からは、現金のように、評価についての不確定要素が少なく、具体的な遺産分割の方法を定めるに当たっての調整に資する財産を遺産分割の対象とすることに対する要請も広く存在することがうかがわれる。

ところで、具体的な遺産分割の方法を定めるに当たっての調整に資する財産であ

るという点においては、本件で問題とされている預貯金が現金に近いものとして想起される。……預貯金は、預金者においても、確実かつ簡易に換価することができるという点で現金との差をそれほど意識させない財産であると受け止められているといえる。

　共同相続の場合において、一般の可分債権が相続開始と同時に当然に相続分に応じて分割されるという理解を前提としながら、遺産分割手続の当事者の同意を得て預貯金債権を遺産分割の対象とするという運用が実務上広く行われてきているが、これも、以上のような事情を背景とするものであると解される。」

　その上で、本決定は、普通預金及び通常貯金について、次のように判示している。
　「普通預金契約及び通常貯金契約は、一旦契約を締結して口座を開設すると、以後預金者がいつでも自由に預入れや払戻しをすることができる継続的取引契約であり、口座に入金が行われるたびにその額についての消費寄託契約が成立するが、その結果発生した預貯金債権は、口座の既存の預貯金債権と合算され、一個の預貯金債権として扱われるものである。また、普通預金契約及び通常貯金契約は預貯金残高が零になっても存続し、その後に入金が行われれば入金額相当の預貯金債権が発生する。このように、普通預金債権及び通常貯金債権は、いずれも、一個の債権として同一性を保持しながら、常にその残高が変動し得るものである。そして、この理は、預金者が死亡した場合においても異ならないというべきである。すなわち、預金者が死亡することにより、普通預金債権及び通常貯金債権は共同相続人全員に帰属するに至るところ、その帰属の態様について検討すると、上記各債権は、口座において管理されており、預貯金契約上の地位を準共有する共同相続人が全員で預貯金契約を解約しない限り、同一性を保持しながら常にその残高が変動し得るものとして存在し、各共同相続人に確定額の債権として分割されることはないと解される。そして、相続開始時における各共同相続人の法定相続分相当額を算定することはできるが、預貯金契約が終了していない以上、その額は観念的なものにすぎないというべきである。預貯金債権が相続開始時の残高に基づいて当然に相続分に応じて分割され、その後口座に入金が行われるたびに、各共同相続人に分割されて帰属した既存の残高に、入金額を相続分に応じて分割した額を合算した預貯金債権が成立すると解することは、預貯金契約の当事者に煩雑な計算を強いるものであり、その合理的意思にも反するとすらいえよう。」

　また、本決定は、定期貯金につき、次のように判示している。
　「定期貯金の前身である定期郵便貯金につき、郵便貯金法は、一定の預入期間を定め、その期間内には払戻しをしない条件で一定の金額を1時に預入するものと定め（7条1項4号）、原則として預入期間が経過した後でなければ貯金を払い戻すことができず、例外的に預入期間内に貯金を払い戻すことができる場合には一部払戻しの取扱いをしないものと定めている（59条、45条1項、2項）。同法が定期郵

便貯金について上記のようにその分割払戻しを制限する趣旨は、定額郵便貯金や銀行等民間金融機関で取り扱われている定期預金と同様に、多数の預金者を対象とした大量の事務処理を迅速かつ画一的に処理する必要上、貯金の管理を容易にして、定期郵便貯金に係る事務の定型化、簡素化を図ることにあるものと解される。

　郵政民営化法の施行により、日本郵政公社は解散し、その行っていた銀行業務は株式会社ゆうちょ銀行に承継された。ゆうちょ銀行は、通常貯金、定額貯金等のほかに定期貯金を受け入れているところ、その基本的内容が定期郵便貯金と異なるものであることはうかがわれないから、定期貯金についても、定期郵便貯金と同様の趣旨で、契約上その分割払戻しが制限されているものと解される。そして、定期貯金の利率が通常貯金のそれよりも高いことは公知の事実であるところ、上記の制限は、預入期間内には払戻しをしないという条件と共に定期貯金の利率が高いことの前提となっており、単なる特約ではなく定期貯金契約の要素というべきである。しかるに、定期貯金債権が相続により分割されると解すると、それに応じた利子を含めた債権額の計算が必要になる事態を生じかねず、定期貯金に係る事務の定型化、簡素化を図るという趣旨に反する。他方、仮に同債権が相続により分割されると解したとしても、同債権には上記の制限がある以上、共同相続人は共同して全額の払戻しを求めざるを得ず、単独でこれを行使する余地はないのであるから、そのように解する意義は乏しい。」

　以上のとおり判示した上で、本決定は、共同相続された普通預金債権、通常貯金債権及び定期貯金債権は、いずれも、相続開始と同時に当然に相続分に応じて分割されることはなく、遺産分割の対象となるものと解するのが相当であるとした。
　なお、本決定には、岡部裁判官の補足意見、大谷裁判官、小貫裁判官、山﨑裁判官、小池裁判官及び木澤裁判官の補足意見、鬼丸裁判官の補足意見、木内裁判官の補足意見、大橋裁判官の意見が付されている。
　(6)　本決定は、預貯金債権が共同相続人間において当然に相続分に応じて分割される旨を判示した最三小判平 16・4・20 集民 214・13、判時 1859・61 を変更し、普通預金債権、通常貯金債権及び定期貯金債権が共同相続人全員の合意の有無にかかわらず遺産分割の対象となることを判示したものであり、実務上、理論上極めて重要な意義を有するものと思われる。

Ⅶ　その他

1　会社法

【18】 28(許)2（△二小、平28・3・23、棄却。原審福岡高決平27・11・13、原々審福岡地決平27・7・6）

(1)　取締役解任の訴えの前提として株主総会招集許可の申立てをする場合には会社法297条1項の「総株主」には解任の対象となる取締役は含まれないと解するべきか等が問題となった事案である。

(2)　Y_1はXが設立した株式会社である。設立当初の株主名簿によれば、Xが62株、Y_2が12株、他の株主が計26株を有していたが、その後、数次にわたり株主名簿の書換えが行われ、現在の株主名簿によれば、Xが2株、Y_2が67株、他の株主が計25株を有している。

Y_2は、平成26年9月30日にY_1の定時株主総会が開催されY_2が取締役に選任された旨の株主総会議事録及び同日に取締役会が開催されY_2が代表取締役に選任された旨の取締役会議事録をそれぞれ作成した上で、同日付でY_2がY_1の取締役及び代表取締役に選任された旨の登記手続を行った。しかし、前記株主総会及び取締役会はいずれも開催されていなかった。

Y_2は、平成27年3月7日、取締役及び代表取締役を辞任した。そして、同日、Y_1は、臨時株主総会を開催し、Y_2が取締役に選任され、同日、Y_2は代表取締役に選任された。

Xは、平成27年2月20日、裁判所に対し、Y_1におけるY_2の取締役解任等を目的とする株主総会招集許可の申立て（本件許可申立て）をしたが、同年4月20日、却下された。

以上のような事情の下で、Xは、取締役解任請求権を被保全権利として、Y_2の取締役及び代表取締役の職務執行停止並びに職務代行者の選任を求める仮処分を申し立てたものである（本件仮処分申立て）。

(3)　原々審は本件仮処分申立てを却下し、原審は、これに対する即時抗告を棄却した。原審の判断の理由の概要は次のとおりである。

ア　被保全権利について

(ｱ)　取締役解任の訴えは、当該取締役を解任する旨の議案が株主総会において否決されることが訴訟要件であるところ（会社法854条1項）、本件では、Y_2の解任を議題とする株主総会は開催されておらず、Y_2の取締役解任決議も否決されていない。

株主総会の招集手続の準備がされているなど、株主総会が招集され、当該取締役を解任する旨の議案が否決される具体的な見込みがある場合には、取締役解任決議が否決される前であっても取締役の職務執行停止仮処分における被保全権利が認め

られると解すべきである。

　本件においては、Xは、本件許可申立てをしたが、却下されている。この却下決定に対する即時抗告が認められてY_2の取締役解任を議題とする株主総会が招集される具体的見込みは乏しい。

　また、仮に、Xが改めてY_2の取締役解任を議題とする株主総会招集許可の申立てをしたとしても、Xは、2株を有する株主にすぎず、株主総会の招集を請求できる持株要件を満たしていない以上、再び却下されることが見込まれる（なお、本件の事実関係の下では、株主名簿記載のとおり各株主が株式を有しているといえる。）。

　（イ）Xは、取締役解任の訴えの前提として株主総会招集許可の申立てをする場合には、株主による招集の請求について定めた会社法297条1項の持株要件について、役員の解任の訴えについて定めた同法854条1項を類推適用し、株主総会から解任請求の対象となる取締役の持株数を控除すると、Xは会社法297条1項の持株要件を満たす旨主張する。

　しかしながら、この主張は、取締役の解任請求に取締役解任否決決議を前置することにより、国家機関たる裁判所の介入をいわば最後の手段として、まずは、取締役の違法行為の処理を株主総会の自治に委ね、その枠内で適当な解決が図られることを期待した会社法854条1項の制度趣旨を無視するに等しいものであって、到底採用することができない。

　（ウ）本件においては、Y_2について、職務の執行に関し不正の行為又は法令若しくは定款に違反する重大な事実があったことの疎明はない。

　イ　本件において、保全の必要性を根拠付ける具体的な事実についての疎明がないから、保全の必要性は認められない。

　(4)　Xは、原審の判断には、会社法297条1項の持株要件について、同法854条1項を類推適用し、総株主から解任請求の対象となる取締役の持株数を控除して算定すべきである、本件の事情の下では、株主名簿を基準として株式譲渡の有無を決すべきではないと主張して、抗告許可の申立てをした。

　(5)　本決定は、「所論の点に関する原審の判断は、正当として是認することができる。論旨は採用することができない。」と判示して抗告を棄却した。

　Xの主張は、会社法297条の解釈について独自の見解を述べるにすぎないもののようであるように思われ、また、他の点でも結論を維持し得る事案のように思われるところであって、抗告の許可には検討の余地がある。

【19】28(許)4〜20（◎一小、平28・7・1、破棄・自判、民集70・6・1445。原審東京高決平27・10・14、原々審東京地決平27・3・4）

　(1)　株式会社の株式の相当数を保有する株主が当該株式会社の株式等の公開買付けを行い、その後に当該株式会社の株式を全部取得条項付種類株式とし、当該株式会社が同株式の全部を取得する取引において、前記公開買付けが一般に公正と認め

られる手続により行われるなどとした場合における会社法（平成26年法律第90号による改正前のもの）172条1項にいう「取得の価格」が問題となった事案である。

(2) 本件の事実関係の概要は、次のとおりである。

ア　Z株式会社は、平成22年6月当時、その発行する普通株式（以下「本件株式」という。）を上場していたが、A株式会社及びB株式会社が合計してZの総株主の議決権の70％以上を直接又は間接に有していた。

イ　A及びBは、両社でZの株式を全部保有することなどを計画し、A、B外1社は、平成25年2月、買付価格を1株につき12万3000円（以下「本件買付価格」という。）として本件株式及びZの新株予約権（以下「本件株式等」という。）の全部の公開買付け（以下「本件公開買付け」という。）を行う旨、本件株式等の全部を取得できなかったときは、Zにおいて本件株式を全部取得条項付種類株式とすることを内容とする定款の変更を行うなどして同株式の全部を本件買付価格と同額で取得する旨を公表した。

Zは、前記の公表に先立ち、本件公開買付けに関する意思決定過程からA及びBと関係の深い取締役を排除し、両社との関係がないか、関係の薄い取締役3人の全員一致の決議に基づき意思決定をした。また、Zは、法務アドバイザーに選任した法律事務所から助言を受け、財務アドバイザーに選任したC株式会社から、本件買付価格は妥当である旨の意見を得ていた。さらに、Zは、有識者により構成される第三者委員会から、本件買付価格は妥当であると認められる上、株主等に対する情報開示の観点から特段不合理な点は認められないなどの理由により、本件公開買付けに対する応募を株主等に対して推奨する旨の意見を表明することは相当である旨の答申を受けて、同答申のとおり本件公開買付けに対する意見を表明した。

ウ　平成25年8月2日、前記定款変更の効力が生じ、Zは、同日、全部取得条項付種類株式の全部を取得した。Xらは、取得価格の決定の申立てをした。

(3) 原審は、本件買付価格が、基本的に株主の受ける利益が損なわれることのないように公正な手続により決定されたものであり、本件公開買付け公表時においては公正な価格であったと認められるものの、その後の各種の株価指数が上昇傾向にあったことなどからすると、取得日までの市場全体の株価の動向を考慮した補正をするなどして本件株式の取得価格を算定すべきであり、本件買付価格を本件株式の取得価格として採用することはできないとして、Xらが有していたZの全部取得条項付種類株式の取得価格をいずれも1株につき13万206円とすべきものとした。

(4) これに対し、Xら及びZが、抗告許可の申立てをした。

(5) 本決定は、次のとおり判示して、原決定を破棄し、原々決定を取り消して、前記取得価格をいずれも1株につき12万3000円とする旨の自判をした。

「(1) 株式会社の株式の相当数を保有する株主（以下「多数株主」という。）が当該株式会社の株式等の公開買付けを行い、その後に当該株式会社の株式を全部取得条項付種類株式とし、当該株式会社が同株式の全部を取得する取引においては、

多数株主又は上記株式会社（以下「多数株主等」という。）と少数株主との間に利益相反関係が存在する。しかしながら、独立した第三者委員会や専門家の意見を聴くなど意思決定過程が恣意的になることを排除するための措置が講じられ、公開買付けに応募しなかった株主の保有する上記株式も公開買付けに係る買付け等の価格と同額で取得する旨が明示されているなど一般に公正と認められる手続により上記公開買付けが行われた場合には、上記公開買付けに係る買付け等の価格は、上記取引を前提として多数株主等と少数株主との利害が適切に調整された結果が反映されたものであるというべきである。そうすると、上記買付け等の価格は、全部取得条項付種類株式の取得日までの期間はある程度予測可能であることを踏まえて、上記取得日までに生ずべき市場の一般的な価格変動についても織り込んだ上で定められているということができる。上記の場合において、裁判所が、上記買付け等の価格を上記株式の取得価格として採用せず、公開買付け公表後の事情を考慮した補正をするなどして改めて上記株式の取得価格を算定することは、当然考慮すべき事項を十分考慮しておらず、本来考慮することが相当でないと認められる要素を考慮して価格を決定するものであり（最高裁平成26年(許)第39号同27年3月26日第一小法廷決定・民集69巻2号365頁参照）、原則として、裁判所の合理的な裁量を超えたものといわざるを得ない。

　(2)　したがって、多数株主が株式会社の株式等の公開買付けを行い、その後に当該株式会社の株式を全部取得条項付種類株式とし、当該株式会社が同株式の全部を取得する取引において、独立した第三者委員会や専門家の意見を聴くなど多数株主等と少数株主との間の利益相反関係の存在により意思決定過程が恣意的になることを排除するための措置が講じられ、公開買付けに応募しなかった株主の保有する上記株式も公開買付けに係る買付け等の価格と同額で取得する旨が明示されているなど一般に公正と認められる手続により上記公開買付けが行われ、その後に当該株式会社が上記買付け等の価格と同額で全部取得条項付種類株式を取得した場合には、上記取引の基礎となった事情に予期しない変動が生じたと認めるに足りる特段の事情がない限り、裁判所は、上記株式の取得価格を上記公開買付けにおける買付け等の価格と同額とするのが相当である。」

　「そして、以上に説示したところによれば、本件株式の取得価格は、Ｚの主張するとおり、原則として本件買付価格と同額となるものというべきであり、本件の一連の取引においてその基礎となった事情に予期しない変動が生じたとは認められない。したがって、……Ｚの全部取得条項付種類株式の取得価格をいずれも1株につき12万3000円とすることとする。」

　なお、本決定には小池裁判官の補足意見が付されている。

　(6)　本決定は、実務上行われてきたいわゆる2段階のキャッシュ・アウト取引が一般に公正と認められる手続により行われたと認められる場合における会社法172条1項所定の取得価格に関し、最高裁として初めて一般的な判断枠組みを示したも

のであり、実務上、理論上重要な意義を有するものと思われる。

【20】 28(許)37（△二小、平 28・11・16、棄却。原審東京高決平 28・4・25、原々審東京地決平 28・2・25）
【21】 28(許)38（△二小、平 28・11・16、棄却。原審東京高決平 28・4・25、原々審東京地決平 28・2・25）

(1) 【20】、【21】いずれも、完全親会社が存在する株式会社が会社法 423 条 1 項又は民法 709 条に基づく損害賠償（選択的併合）を請求する訴えを提起した場合における会社法 848 条に規定する専属管轄裁判所が問題となった事案である。

(2) 株式会社 A 並びにその完全子会社である X_1 株式会社、X_2 株式会社及び X_3 株式会社（以下、A、X_1、X_2、X_3 を併せて「A ら」という。）が、Y に対し、Y が X_1 ないし X_3 の取締役・代表取締役等を務めていた期間中、虚偽の請求書を用いて原料の架空仕入れを行うなどして A らの資金を不正に横領し、着服し、A らに損害を与えたと主張して、Y に対し、善管注意義務違反又は不法行為による損害賠償等として、A は民法 709 条に基づく損害賠償を、X_1 ないし X_3 は会社法 423 条 1 項又は民法 709 条に基づく損害賠償及び債務不履行に基づく損害賠償を、それぞれ請求する訴えを、東京地方裁判所に提起したところ、同裁判所は、会社法 423 条 1 項に基づく損害賠償請求に係る訴えは、「責任追及等の訴え」（同法 847 条 1 項）に当たり、株式会社の本店所在地を管轄する地方裁判所の管轄に専属する（同法 848 条）、同法 423 条 1 項に基づく損害賠償請求と選択的に併合されている民法 709 条に基づく損害賠償請求は分離できない、として、職権で、【20】X_1 及び X_3 に係る事件のうち、会社法 423 条 1 項又は民法 709 条に基づく損害賠償請求（基本事件①）を X_1 及び X_3 の本店所在地を管轄する B 地方裁判所に、【21】X_2 に係る事件（基本事件②）を X_2 の本店所在地を管轄する C 地方裁判所に、それぞれ移送する旨の決定をしたため、A らがそれぞれ即時抗告を申し立てた。

(3) 各原審は、即時抗告をいずれも棄却すべきものとした（なお、基本事件①に関する A や X_2、基本事件②に関する A や X_1、X_3 の各即時抗告は抗告権のない者による抗告として不適法却下された。）。その理由の概要は次のとおりである。

ア 会社法 423 条 1 項に基づく損害賠償請求に係る訴えは、「責任追及等の訴え」（同法 847 条 1 項）に当たる。そして、「責任追及等の訴え」は株式会社の本店所在地を管轄する地方裁判所の管轄に専属する。

イ 会社法 848 条は、責任追及等の訴えについて、株式会社の本店の所在地を管轄する地方裁判所の管轄に専属すると規定し、株主の所在地を管轄する地方裁判所の管轄に専属するとは規定していない。これは、同条が、株主の訴訟への参加の便宜を考慮しつつも、被告となる役員等の応訴の負担をも考慮し、参加人となる株主及び被告となる役員等のいずれにとっても便宜であり、証拠の収集など訴訟進行の円滑にも資すると考えられる株式会社の本店の所在地を管轄する地方裁判所に専属管轄を認めたものと解するのが相当である。したがって、株式会社の完全子会社が

その役員等に対する責任追及等の訴えを提起する場合であっても、その管轄は、同条の文言どおり、「株式会社」(ここでは完全子会社)の本店の所在地を管轄する地方裁判所の管轄に専属すると解すべきであり、かかる解釈が一義的かつ明確に規定されるべき専属管轄の規定の解釈として妥当というべきである。

ウ　複数の請求の併合態様が選択的併合か否かは、審判を求める原告が明らかにすべき事柄であり、その結果、併合態様が選択的併合か否かは一義的に明確になる。そして、選択的併合は、その性質上全部の請求が一つの訴えとして不可分に結合しており、各請求につきそれぞれ独立して審判を求めているものではないから、裁判所は、各請求を分離することができず、専属管轄違背を理由に一部請求を専属管轄裁判所に移送するときは、選択的併合の関係に立つ他の請求も共に移送するほかないことは明らかというべきである。したがって、原決定の判断が、一義的かつ明確に規定されるべき専属管轄の規定に反するものであるということはできない。

(4)　これに対し、Aらが、会社法848条の「株式会社」には、株主の訴訟参加の便宜を図った同条の趣旨からすれば、当該会社の完全親会社が含まれるのに、これを否定するなどした原審の認定判断には法令違反及び判例違反があるとして、それぞれ抗告許可の申立てをした。原審は基本事件①についてはX_1及びX_3、基本事件②についてはX_2についてのみ抗告を許可した。

(5)　本件各決定は、「所論の点に関する原審の判断は、正当として是認することができる。論旨は採用することができない。」と判示して、それぞれの抗告を棄却した。

2　配偶者からの暴力の防止及び被害者の保護等に関する法律

【22】28(許)22（△三小、平28・4・26、棄却。原審高松高決平28・2・4、原々審高松地決平27・12・3)

(1)　配偶者からの暴力の防止及び被害者の保護等に関する法律(以下「DV防止法」という。)10条に基づく保護命令申立事件において、「身体に重大な危害を受けるおそれが大きい」といえるか否かが問題となった事案である。

(2)　X(妻)が、Y(夫)から暴行を受け、また、Yが長女(当時13歳)からXへの暴力をやめるように言われたことに立腹し、長女に暴力を振るったとして、DV防止法10条1項1号、2項及び3項に基づき、保護命令等を申し立てた。XのYに対する保護命令の申立ては3回目である。

(3)　原審は、Xは前記の暴力により骨折の傷害を負うなど、Yの暴力の程度は強力なものであったことが窺われ、Yは長女に対しても暴力を加えており、衝動的に暴力的な行為に及ぶ傾向が窺われ、XとYは離婚については合意しているものの、子らの親権者等について対立し、係争が続いている状態であり、XとYが自由に接触することができるようになるとすれば感情的な対立が高じて身体的暴力に至る危険性が認められ、XがYからの更なる暴力により身体に重大な危害を受けるおそれが大きいと認めることができるとし、また、Yが自由に子らに接近することが

できるようになれば、Xが子らに関してYと面会を余儀なくされるおそれがあると認めることができると判断して、Xの申立てを認容すべきものとした。

(4) これに対し、Yが、「身体に重大な危害を受けるおそれが大きい」との事実がないのに、本件申立てを認容すべきものとした原審の判断は、DV防止法10条1項の解釈の誤りがあると主張して抗告の許可を申し立てた。

(5) 本決定は、「所論の点に関する原審の判断は、正当として是認することができる。論旨は採用することができない。」と判示して、抗告を棄却した。

「身体に重大な危害を受けるおそれが大きい」との要件該当性が問題となった許可抗告事案は過去にもあり、いずれも「原審の判断は正当として是認できる」とのみ判示がされている（本書330頁【54】事件、同612頁【59】事件）。

本件では、専ら妻が夫の暴力により身体に重大な危害を受けるおそれが大きいといえるか否かについて個別事案における認定評価が問題となっており、抗告の許可には検討の余地がある。

平成29年度

小林宏司／浅野良児

Ⅰ 民事訴訟法
　1 管轄【1】【2】
　2 移送【3】
　3 訴訟上の救助【4】
　4 文書提出命令【5】〜【7】
　5 証拠保全【8】
　6 上訴【9】〜【11】
　5 再審【12】

Ⅱ 民事執行法
　1 強制競売取消し【13】
　2 取立金の充当【14】
　3 物上代位【15】

Ⅲ 民事保全法
　1 仮差押え【16】
　2 仮処分【17】〜【21】

Ⅳ 破産法
　1 配当表に対する異議申立て【22】
　2 免責【23】

Ⅴ 民事再生法
　再生計画認可決定【24】

Ⅵ 家事事件手続法
　1 戸籍法【25】【26】
　2 婚姻費用分担【27】
　3 子の監護に関する処分【28】〜【30】

Ⅶ その他
　1 民法【31】
　2 会社法【32】〜【37】
　3 国際的な子の奪取の民事上の側面に関する条約
　　の実施に関する法律【38】〜【41】
　4 仲裁法【42】
　5 弁護士法【43】
　6 地方自治法【44】

はじめに

1　平成29年度における許可抗告事件の実情を紹介する。

新受件数の推移は、表1のとおりである。平成29年は、平成28年に比べて新受件数が減少した。

もっとも、各年中に決定された事件のうち、最高裁判所民事判例集（民集）又は最高裁判所裁判集民事（集民）に登載された件数とその割合は、表2のとおりである。

2　許可抗告（民訴法337条）は、決定に対して法が特に認めた最高裁判所に対する不服申立て方法であって、法令解釈に関する重要な事項を含む事件であると高等裁判所が認めて許可したことを申立ての要件とするものである。現行民訴法で許可抗告制度が設けられたのは、民事執行法や民事保全法の制定等に伴い、決定で判断される事項に重要なものが増え、重要な法律問題について高等裁判所の判断が分かれているという状況が生じていたので、最高裁判所の負担が過重にならないように配慮した上で、重要な法律問題についての判断の統一を図ろうとしたからである（法務省民事局参事官室編「一問一答新民事訴訟法」374頁）。上告受理制度のように最高裁判所自らが受理するか否かの判断をする制度が採用されなかったのは、そのような制度を採用すれば最高裁判所の負担が過重になるおそれがあったためであり（ジュリスト増刊1999年11月「研究会新民事訴訟法」440頁〔柳田幸三発言〕）、その意味では、許可抗告の制度は、高等裁判所において、適切に許可の判断がされることを信頼して設けられた制度であるということができる。そして、最高裁判所が本来許可に値しないと考えたとしても、高等裁判所が許可した以上、最高裁判所は当該論点への応答をする義務を負うことになるのであるから、高等裁判所には、自らの判断に判例と異なる点がある場合又は真に法令解釈に関する重要な事項を含む場合に限って抗告を許可するという制度の趣旨に沿った運用が求められている（福田剛久ほか「最高裁判所に対する民事上訴制度の運用」判例タイムズ1250号5頁参照）。

許可抗告に対する決定のうち民集又は集民に登載されたものの割合は前記のとおりであり（表2）、許可された事件のうち法令解釈に関する重要な事項を含まないものの割合は、依然として決して少な

表1

年度（平成）	新受件数
10	10
11	42
12	59
13	34
14	50
15	54
16	42
17	48
18	55
19	45
20	58
21	46
22	58
23	61
24	56
25	42
26	47
27	29
28	55
29	33

はじめに

くない。今年度分についても、抗告が許可された事件の中には制度の趣旨におよそ沿わない運用も相当数見受けられるので、これまで「許可抗告事件の実情」において繰り返してきた以下の指摘を本稿で改めてしておきたい。

(1) 法令の解釈自体は既に明確になっている場合に、個別事件における事実認定や要件ないし法理への単純な当てはめの判断は、通常は、法令解釈に関する重要な事項とはいえない。

また、最高裁判所の判例により示された法令解

表2

年度	決定件数	うち民集又は集民登載件数	割合（％）
10	2	1	(50%)
11	32	6	(19%)
12	51	12	(24%)
13	53	12	(23%)
14	42	7	(17%)
15	53	9	(17%)
16	44	10	(23%)
17	51	11	(22%)
18	54	6	(11%)
19	44	11	(25%)
20	53	2	(4%)
21	51	5	(10%)
22	43	6	(14%)
23	60	8	(13%)
24	60	6	(10%)
25	44	9	(20%)
26	40	6	(15%)
27	37	5	(14%)
28	38	19	(50%)
29	52	18	(35%)

釈の基準の具体的適用に関わる事項は、当該実務を担当する下級裁における事例集積にこそ意味がある場合が多い。このような場合、下級裁での事例集積、要件の類型化に関する実務的検討が十分にされていない段階で、個別事案に関する要件該当性の争いを法律審である最高裁判所に求めることは、相当ではないことが多い。

(2) 論点自体としては法令解釈に関する重要な事項に当たるが、当該事案の結論に影響しない論点については、許可は不相当となるものと考えられる。許可抗告は、法令の解釈に関する重要な事項について、解釈統一の機能を有する特別な抗告ではあるが、当該事案の解決を目的とするものであることはいうまでもなく、抽象的な法令解釈のために抗告を許可することは、当事者を具体的事件の解決を離れた論争に巻き込むことになり、事案の解決を目的とする制度の趣旨に反するからである。

また、特に移送や文書提出命令などの附随的な決定については、抗告に伴い、本案の手続が事実上進行できなくなることもあり、不相当な抗告により当事者が迷惑を被ることもあり得るので、この点にも留意が必要である。

3 以上のような観点から、平成29年中に決定のあった許可抗告事件をみてみると、許可抗告の申立てに法令の解釈に関する重要な事項が含まれているといえるか否かについて疑問があるものも一定数あるように思われる。そこで、今年も、上記観点に照らして、抗告の許可の当否につき検討の余地があるといわざるを得ない事件についてはその旨を記載したので、参照されたい。

他方で、原決定が、法令解釈に関する重要な事項についての判断を含むものであり、最高裁判所がその判断の当否を判断するのが相当であると思われる申立てであるにもかかわらず、抗告を不許可とするようなことは、許可抗告制度が設けられた趣旨を没却することになりかねないことにも留意する必要があると思われる。

いずれにしても、許可抗告制度が設けられた趣旨に沿って同制度を適切に運用していくためには、高等裁判所における適切な許否の判断が不可欠であることを改めて指摘しておきたい。

4　本稿は、浅野（最高裁書記官）が平成29年中に決定があった許可抗告事件を整理したものに、小林（最高裁民事上席調査官）が今後の同種事件の審理及び許可抗告制度の運用の参考とするために若干のコメントを付したものである。

事件見出しに◎を付したものは民集登載事件、○を付したものは集民登載事件、△を付したものは判例集等に登載されなかったものである。

平成29年中の決定による既済件数52件（後記【1】～【44】のうち1つは、9件分を併合して決定している。）のうち、民集登載事件は13件である。また、基本事件の種別としては、民事訴訟事件が12件、民事執行事件が3件、民事保全事件が6件、破産事件が2件、民事再生事件が1件、家事事件が6件、その他22件であり、このうち、原決定が破棄されたものは7件であった。

事案の概要等は、許可抗告事件の実情を紹介するのに必要な範囲で適宜省略し、事案の骨子のみを記載した。掲載の順序は、原決定の根拠法規、目次記載の手続ごとに分類し、その中で論点が共通するものをまとめた上で、決定日の順に掲載した。

I　民事訴訟法

1　管　轄

【1】28(行フ)2（△三小、平29・1・10、棄却。原審東京高決平28・5・27、原々審横浜地決平28・3・2）

(1)　移送申立事件において、「当該処分…に関し事案の処理に当たった下級行政機関」（行政事件訴訟法12条3項）に該当するか否かが問題となった事案である。

(2)　「国民年金法等の一部を改正する法律等の一部を改正する法律（平成24年法律第99号）」等の制定により老齢基礎年金及び老齢厚生年金（以下「老齢基礎年金等」という。）の額が改定されたことを受けて、厚生労働大臣は、Xらに対し、平成25年10月以降の老齢基礎年金等の各年金額を改定することを通知した（以下「本件各決定」という。）。いずれも神奈川県内に居住するXらは、Y（国）を相手として、本件各決定の取消し及び国家賠償法1条1項に基づく損害賠償の支払を求める訴えを横浜地方裁判所に提起したところ、Yは、管轄違いを理由として、基本事件を東京地方裁判所に移送することを申し立てた。

(3)　原審は、神奈川県内の年金事務所は、裁定に係る手続（国民年金法16条、

Ⅰ 民事訴訟法　　　　　　　　　　　　　　　　　　　　　　　　　　873

厚生年金保険法33条）に関与したにすぎず、年金の額の改定に係る本件各決定に係る手続には関与していないから、行政事件訴訟法12条3項にいう「当該処分…に関し事案の処理に当たった下級行政機関」に該当せず、横浜地方裁判所は前記取消請求に係る訴えにつき管轄権を有しないとし、その余の請求に係る訴えについても、前記取消請求と同一裁判所が審理することが望ましく、民訴法17条の規定により東京地方裁判所に移送することが相当であるとして、基本事件を同裁判所に移送すべきものとしたところ、Xらが、抗告許可の申立てをした。

　(4)　本決定は、「所論の点に関する原審の判断は、正当として是認することができる。論旨は採用することができない。」と判示して、抗告を棄却した。

　本件で争われた点は、個別事案における認定又は評価の問題と思われ、抗告の許可には検討の余地がある。

【2】29(行フ)1（△一小、平29・5・17、棄却。原審高松高決平29・2・14、原々審徳島地決平28・11・10）

　(1)　【1】と同様、移送申立事件において、「当該処分…に関し事案の処理に当たった下級行政機関」（行政事件訴訟法12条3項）に該当するか否かが問題となった事案である。

　(2)　旧陸軍軍人として軍務に服し、当時の中華民国において受傷したXが、恩給法に基づく傷病恩給の請求をしたのに対し、総務大臣から傷病賜金を給する旨の裁定（本件処分）を受けたため、その障害の程度は傷病年金が給される程度に達していると主張して、その取消を求める訴え（基本事件）を徳島地方裁判所に提起したところ、Y（国）が、管轄違いを理由として、行政事件訴訟法7条及び民訴法16条1項により、基本事件を行政事件訴訟法12条4項所定の特定管轄裁判所（Xの普通裁判籍の所在地を管轄する高等裁判所の所在地を管轄する地方裁判所）である高松地方裁判所に移送することを申し立てた。

　(3)　原審は、本件処分において県知事のした関与の程度は、必要な資料の一部を収集し、Xの提出書類の不備の補正に類する程度の事情の聴取をし、補足書面を作成したにすぎない限定的なものであり、本件処分の判断に際し重要な影響を与えるようなものではなかったと認められるから、県知事が、本件処分に関し事案の処理そのものに実質的に関与したとまではいえず、「事案の処理に当たった下級行政機関」に該当するとは認められないと判断し、基本事件を特定管轄裁判所に移送すべきものとしたところ、Xが、抗告許可の申立てをした。

　(4)　本決定は、「所論の点に関する原審の判断は、正当として是認することができる。論旨は採用することができない。」と判示して抗告を棄却した。

　本件で争われたのは、個別事案における認定又は評価の問題と思われ、抗告の許可には検討の余地がある。

2 移 送

【3】29(許)4（△一小、平29・5・17、棄却。原審福岡高決平28・11・18、原々審福岡地決平28・9・26）

(1) 共同被告の一方に対する訴えについての管轄裁判所を、民訴法7条ただし書により共同被告の他方に係る訴えについての管轄裁判所と認めて、移送することができるか否かが問題となった事案である。

(2) Xは、①Y_1との間で、特許権に関するライセンス契約（第1契約）を締結して、ライセンス料を支払った、②その後、当該特許権に係る専用実施権者であるY_2との間で、当該特許権につき通常実施権許諾契約（第2契約）を締結し、許諾料等を支払ったと主張し、これを前提として、Y_1に対しては、不当利得返還請求権等に基づき、第1契約の際に支払ったライセンス料相当額等の支払を求めるとともに、Y_1及びY_2に対して、共同不法行為に基づく損害賠償請求として、第2契約の際に支払った許諾料等相当額の支払を求め、Y_1に対する訴え（第1事件）及びY_2に対する訴え（第2事件）を、1つの訴えをもって福岡地裁に提起した（基本事件）。

Y_1及びY_2は、基本事件は、民訴法6条1項にいう「特許権等に関する訴え」に当たり、福岡地裁に管轄権はなく、東京地裁の管轄に専属するなどとして、同法16条1項に基づき同地裁への移送を求めるとともに、予備的に、同法17条1項に基づき同地裁への移送を求める申立てをした。なお、第2契約に係る契約書には、「第2契約に関する訴えは東京地方裁判所を管轄裁判所とする」との定め（本件管轄条項）がある。

(3) 原々審及び原審は、民訴法16条1項により、基本事件全部を東京地裁に移送すべきものとした。その理由の概要は次のとおりである。

第1事件及び第2事件は、いずれも「特許権等に関する訴え」に当たる。Xの本店所在地は福岡県、Y_1の住所地は岡山県であるから、第1事件は大阪地裁に専属する（民訴法6条1項2号）。またY_2の住所地は神奈川県であるから、第2事件は大阪地裁又は東京地裁に専属する（同項1号）。

第2事件は、第2契約に関する訴えであるから、本件管轄条項が適用されるところ、同条項は、専属的管轄合意と認めるのが相当である。したがって、第2事件は、本件管轄条項により東京地裁に専属する。

第2事件と、第1事件のうちY_2との共同不法行為に基づく損害賠償を求める請求とは、民訴法38条前段に定める場合に当たるから、民訴法13条2項、7条、6条1項1号により、後者の請求についても、東京地裁が管轄権を有する。また、同請求と客観的併合の関係に立つ第1事件のその余の請求についても、東京地裁が管轄権を有する。

そうすると、第2事件については東京地裁が専属管轄を有し、第1事件については、東京地裁と大阪地裁が管轄を有することになるから、民訴法16条1項により、

基本事件の全部を東京地裁に移送すべきである。

(4)　これに対し、Xが、①原審は、「共同被告であるY₂とXとの間で締結された本件管轄条項の効力が、他の共同被告であるY₁にも及ぶ」と判断したものであり、同判断には、高裁裁判例違反及び民訴法39条違反等がある、②Xの裁判へのアクセスを著しく困難にする東京地裁への移送を認める原審判断は、民訴法7条の趣旨に反するなどと主張して、抗告許可の申立てをした。

(5)　本決定は、「所論の点に関する原審の判断は、正当として是認することができる。論旨は採用することができない。」と判示して、抗告を棄却した。

なお、前記主張が、原決定の判示内容を正解しているかなどには疑問もあり、抗告の許可には検討の余地がある。

3　訴訟上の救助

【4】28(許)40（○三小、平29・9・5、破棄・差戻、集民256・47。原審名古屋高決平28・6・3、原々審名古屋地半田支決平28・2・2）

(1)　訴訟上の救助の決定を受けた受救助者Aに猶予した費用（猶予費用）につき訴訟費用額確定処分がされる前にAの相手方Xらに対する取立決定をする場合において、民訴法85条前段の費用の取立てをすることができる猶予費用の額を算定する方法が問題となった事案である。

(2)　AとXらとの間には、Xらの被承継人Bを原告、Aを被告とする訴訟及びAを原告、Bほか1名を被告とする訴訟が係属し、これらは併合審理され、本件の本案訴訟となり、Xらは1審においてBの地位を承継した。

Bは、Bを原告とする訴えの提起手数料として8万6000円を納付した。一方、Aは、Aを原告とする訴えの提起手数料及び併合訴訟の控訴提起手数料の合計29万7500円につき、訴訟上の救助の決定を受けた。

本件の本案訴訟の判決（確定）は、訴訟費用の負担につき、Aに生じた費用の5分の3とXらに生じた費用とを合計し、これを2分し、その1をXらの負担とし、その余をAの負担とした。

原々審及び原審は、Xらに対し、Aの猶予費用にXらの訴訟費用の負担割合を乗じた額等を国庫に支払うべきものとした。

(3)　Xらが、Xらに対して民訴法85条前段の費用の取立てをすることができる猶予費用の額（本件取立額）はAのXらに対する訴訟費用請求権の額の範囲に限られ、Aの負担すべき費用との差引計算をしてその額の審理をすべきであるにもかかわらず、これをしていない点が違法である旨を主張して抗告許可申立てをした。

(4)　本決定は、民訴法85条前段と訴訟費用確定処分について概観した上、次のとおり判示して、原決定を破棄し、本件を原審に差し戻した。

「民訴法85条前段の費用の取立てをすることができる猶予費用の額は、受救助

者の相手方に対する訴訟費用請求権の額を超えることができない筋合いであるが、訴訟費用のうち一定割合を相手方の負担とし、その余を受救助者の負担とする旨の裁判が確定した後、訴訟費用額確定処分を求める申立てがされる前に、裁判所が同条前段の費用の取立てをすることができる猶予費用の額を定める場合においては、上記の観点から当該事案に係る事情を踏まえた合理的な裁量に基づいてその額を定めるほかない。そして、訴訟費用額確定処分に係る上記の定めのとおり、訴訟費用請求権の額を判断する上で考慮される各当事者の負担すべき費用を定めることが当事者の意思に委ねられていることからすると、上記の場合において、猶予費用以外の当事者双方の支出した費用を考慮せずに、猶予費用に上記裁判で定められた相手方の負担割合を乗じた額と定めることが、直ちに裁判所の合理的な裁量の範囲を逸脱するものとはいえない。」

「しかしながら、本件においては、訴訟費用額確定処分を求める申立てがされる前に、裁判所が民訴法85条前段の費用の取立てをすることができる猶予費用の額を定めるという上記の場合に当たるものの、Bが訴え提起の手数料として少額とはいえない8万6000円の支出をし、Xらは、Bの地位を承継して、原々決定に対する即時抗告をし、その際にAの負担すべき費用との差引計算を求めることを明らかにしている。そして、裁判所がXらに対しAの負担すべき費用との差引計算を求める範囲を明らかにするよう求めたときに、Xらが上記範囲を明らかにしないと認められる事情はうかがわれない。このようなときには、裁判所は、訴訟記録等により判明するところに従って、AのXらに対する訴訟費用請求権の額を判断する上で考慮されるAの負担すべき費用の有無及び額を審理すべく、Xらに対し上記範囲を明らかにするよう求めるべきである。

したがって、Xらに対しAの負担すべき費用との差引計算を求める範囲を明らかにするよう求めることのないまま、本件取立額につき、Aの猶予費用29万7500円の5分の3に2分の1を乗じた額である8万9250円とすべきものとした原審の判断には、本件事案に係る事情を踏まえた裁判所の合理的な裁量の範囲を逸脱した違法がある。」

「以上のとおり、原審の判断には裁判に影響を及ぼすことが明らかな法令の違反がある。論旨はその趣旨をいうものとして理由があり、原決定は破棄を免れない。そして、Xらに対しAの負担すべき費用との差引計算を求める範囲を明らかにするように求めた上で、AのXらに対する訴訟費用請求権の額を判断する上で考慮されるAの負担すべき費用の有無及び額について審理を尽くさせるため、本件を原審に差し戻すこととする。」

(5) 本決定は、事例判断であるものの、訴訟費用額確定処分がされる前において民訴法85条前段の費用の取立てをすることができる猶予費用の額を算定する方法につき、猶予費用に相手方の訴訟費用の負担割合を乗じた額とするこれまでの実務上の運用が直ちに裁判所の合理的な裁量を逸脱するものとはいえないとしつつも、

I　民事訴訟法

受救助者の負担すべき費用が少額とはいえず、かつ、その相手方が差引計算を求めることを明らかにしたときには、裁判所において、当該相手方に対し、受救助者の負担すべき費用のうち差引計算を求める範囲を明らかにするように求めた上で、本件事案に係る事情を踏まえた合理的な裁量の範囲内で前記猶予費用の額を算定するという方法を示唆するものであり、実務上、参考になると思われる。

4　文書提出命令

【5】29(許)5（△二小、平29・3・29、棄却。原審東京高平28・10・31、原々審甲府地都留支決平28・8・29）

(1)　文書提出命令申立事件において、対象文書が民訴法220条4号ニの「専ら文書の所持者の利用に供するための文書」に当たるか否かが問題となった事案である。

(2)　新聞販売業を営むXは、同業者であるYの従業員らにおいてXの顧客に対してXに関する虚偽の事実を述べることにより、YがXの顧客を違法に獲得したなどと主張して、Yに対し、民法715条又は不正競争防止法違反に基づく損害賠償等を求めた（基本事件）。

基本事件において、Xが、Yの顧客を特定することにより損害額を算定する必要があると主張し、平成25年1月1日以降にXからA新聞を購読することを停止した者のうちYとの間でA新聞の購読契約を締結している者の数及びその者の氏名、住所を証明すべき事実として、民訴法220条4号に基づき、Yに対し、これが記載されているYの顧客名簿（本件顧客名簿）の提出を求めたところ、Yは、本件顧客名簿が民訴法220条4号ニの除外文書に当たり、その提出義務を負わない旨を主張して争った。

(3)　原々審は、本件顧客名簿に記載された者のうち申立ての対象とされた者で、かつ、平成25年1月1日以降にYとA新聞を購読する旨の契約を締結したか又は実際に購読を開始した者についての、氏名、住所、購読している新聞の種類、同新聞の購読開始時及び（同新聞の購読が終了している場合には）購読終了時が記載されている部分（本件部分）について、Yに提出を命じ、その余の部分については、申立てを却下したところ、原審は、最二小決平11・11・12民集53・8・1787、判時1695・49の考えを述べた上で、本件部分についても、民訴法220条4号ニ所定の文書に当たるとして、申立てを却下した。同号ニに関する原決定の理由の概要は次のとおりである。

一般的に顧客名簿は、事業者において自己の顧客に関する情報を管理する目的で、自己の顧客についての様々な情報を記載し、事業の遂行のために利用するものである。そして、本件顧客名簿は、Yからその取り扱う新聞を購読する契約を結んでいる者又はかつて結んでいた者の住所、氏名、連絡先、新聞購入開始時期、新聞代金支払状況その他留意すべき事項を記載した名簿であると思料されるところ、その記載事項によると、そこに記載された顧客がA新聞を定期購読していることが

明らかになるが、そのような新聞を定期購読しているか否かということは、顧客の思想信条や政治的志向と関連性を有するとも考えられ、このような情報は顧客のプライバシーに係る情報として法的保護の対象となるというべきである。したがって、それが当該顧客の意思と関わりなく開示されることになれば、当該顧客の反発を招き、Yの事業主としての信用が大きく傷つくことが容易に予想できる。また、本件顧客名簿の記載事項に照らすと、本件顧客名簿にはYの営業秘密に属する事項が記載されているものとうかがわれる。

以上によると、本件顧客名簿は、専らYの事業所内でその顧客の管理、集金その他のYの業務で使用される目的で作成されるもので、外部の者に開示することが予定されていない文書であり、本件顧客名簿は民訴法220条4号ニ所定の文書に当たるというべきである。

(4) これに対し、Xが、本件顧客名簿が民訴法220条4号ニ所定の文書に当たるとする原審の認定判断には法令（同号ニ）の解釈適用の誤りがあるなどと主張して、抗告許可の申立てをした。

(5) 本決定は、「所論の点に関する原審の判断は正当として是認することができる。論旨は採用することができない。」と判示して、抗告を棄却した。

本件は、民訴法220条4号ニの該当性に関する前掲最二小決平11・11・12民集53・8・1787、判時1695・49の示した判断枠組みを前提に、その当てはめが問題となる個別性の高い事案であり、抗告の許可には検討の余地がある。なお、文書提出命令の対象文書の民訴法220条4号ニ該当性が問題となった事例については、例文棄却したもの（最近のものとしては、本書733頁【6】事件、同797頁【6】事件等）だけではなく、近年において破棄自判をしたもの（本書740頁【10】事件）もある。

【6】 29(行ツ)2（◎二小、平29・10・4、棄却、民集71・8・1221。原審高松高決平29・3・24、原々審高松地決平28・9・14）

(1) 県議会の議員らが議長に提出した政務活動費の支出に係る領収書の写し（本件各領収書）を対象文書とする文書提出命令申立て事件において、文書の所持者が問題となった事案である。

(2) 香川県の住民であるXは、県議会の議員らが違法な政務活動費を支出しているとして、地方自治法242条の2第1項4号に基づき、香川県知事に対し、当該支出をした議員らに不当利得の返還請求をすることを求める本案事件の訴えを提起した。Xは、議員らが県議会の議長に提出した本件各領収書について、議長の属する地方公共団体である香川県を文書の所持者として、文書提出命令を申し立てた。高松地方裁判所は、本件各領収書の所持者は議長であり、香川県ではないとして、本件各領収書に係る文書提出命令の申立てを却下した。

(3) 原審は、本件各領収書に係る文書の所持者は、法人格を有する香川県であるとした上、本件各領収書のうち発行主体が法人又は団体であるもの（領収印の印影部分及び代表者以外の担当者の氏名が記載された部分を除く。）について提出を命

じ、その余の申立てを却下すべきものとした。香川県が、原決定に対する抗告の許可を申し立てた。
　(4)　本決定は、次のとおり判示して、抗告を棄却した。

　「(1)　裁判所は、文書提出命令の申立てを理由があると認めるときは、文書の所持者に対し、その提出を命ずるところ（民訴法223条1項）、文書の所持者は、文書提出命令によって、その文書を裁判所に提出すべき義務を負うこととなる。そして、地方公共団体の機関が文書を保管する場合において、当該地方公共団体は、当該機関の活動に係る権利及び義務の主体であるから、文書提出命令の名宛人とされることにより、当該文書を裁判所に提出すべき義務を負い、同義務に従ってこれを提出することのできる法的地位にあるということができる。したがって、地方公共団体は、その機関が保管する文書について、文書提出命令の名宛人となる文書の所持者に当たるというべきである。
　(2)　本件において、議長は、地方公共団体の議事機関である議会を代表する者であり、地方公共団体である抗告人に属する機関であることは明らかである。そして、議長は、本件条例の定めに従って、議員らから本件各領収書の提出を受けてこれを保存しているのであるから、議長の属する地方公共団体である抗告人は、議長が保存している本件各領収書について、文書提出命令の名宛人となる文書の所持者に当たる。」

　(5)　本決定は、平成16年法律第84号による行政事件訴訟法の改正後の行政訴訟において見解の対立があった「文書の所持者」の取扱いに関して判断を示したものであり、実務上及び理論上重要な意義を有するものと思われる。

【7】　29(許)20（△一小、平29・10・12、棄却。原審知財高決平29・6・12、原々審東京地決平29・3・30）
　(1)　文書提出命令の申立てが、「文書の所持者がその申立てに係る文書を識別することができる事項」（民訴法222条1項前段）を明らかにしてされたものか（文書の識別性）が問題となった事案である。
　(2)　基本事件は、Xが、原子力発電関連業務を行う会社であるYに対し、不正競争防止法に基づき、A設備の製造等の差止めを求めるなどした訴訟事件である。この訴訟において、Xは、A設備の設計書その他A設備の設計・製造・運用に関して作成された文書（A設備設計のためのA試験、B試験やC試験の内容を記載した文書を含む。）及びA設備で使用されているα、β性能に関する技術情報が記載されている文書」（本件各文書）につき、所持者を相手方として、文書提出命令の申立て（本件申立て）をした。その際、Xは、文書の特定が不十分と判断される場合に備えて、民訴法222条1項前段の要件（文書の識別性）を充足していることを前提に同項後段に基づく文書の特定のための手続の申出をした。

(3) 原審は、本件申立てを却下すべきものとした。その理由の概要は次のとおりである。

ア　本件申立てに係る文書の表示は、文書の記載内容を類型的に示すものではなく、作成名義者や作成日付・作成期間も特定されておらず、Yにおける管理態様等でも特定されていない。また、本件申立てに係る文書の趣旨については、極めて広範囲に及ぶ抽象的な内容の知見を前提とした記載がされている旨をいうのみで、文書に記載されている内容の概略や要点は明らかではない。したがって、本件申立ては、文書の表示及び趣旨を明らかにしてされたものということはできない。

イ　民訴法222条1項の「識別することができる事項」とは、文書の所持者において、その事項が明らかにされていれば、不相当な時間や労力を要しないで当該申立てに係る文書あるいはそれを含む文書グループを他の文書あるいは他の文書グループから区別することができるような事項を意味し、申立人側の具体的な事情と所持者側の具体的な事情を総合的に考慮して判断されるべきものである。

本件における所持者側の事情についてみると、Yにおいて、本件各文書を、Yが所持する他の文書あるいは他の文書グループから区別するには、相当な時間と労力を要する。他方、申立人側の事情についてみると、Xが、申立てに係る文書の種別、作成期間、内容の概略や管理態様、おおよその作成部署等を更に特定することは困難ではないのに、Xは、Yが申立てに係る文書を区別するに当たって不相当な時間や労力を要しないよう申立てに係る文書群を特定する努力をしていない。

以上によると、本件申立ては、相手方がその申立てに係る文書を「識別することができる事項」を明らかにしてされたものということはできない。

(4) これに対し、Xが抗告許可の申立てをした。

本決定は、「所論の点に関する原審の判断は、正当として是認することができる。論旨は採用することができない。」と判示して、抗告を棄却した。

5　証拠保全

【8】29(行フ)4（△一小、平29・9・14、棄却。原審東京高決平29・6・30、原々審東京地決平29・5・31）

(1) 情報公開請求訴訟（基本事件）の訴え提起と同時にされた証拠保全の申立てが探索的な証拠申出に当たり、検証の目的の特定が実質的にされていない不適法な申出に当たるとして、同申立てを却下した原審の判断が問題となった事案である。

(2) Xが、財務大臣、近畿財務局長及び大阪航空局長（以下「財務大臣ら」という。）に対し、それぞれ、A学園への国有地売却等に関する交渉、協議等に関する文書（本件各文書）についての情報公開請求をしたところ、いずれも、文書が存在しない等として不開示とする決定がされた。

基本事件は、Xが、Y（国）を相手に、前記決定の取消しを求めるとともに、処分行政庁である財務大臣らがいずれも職務上通常尽くすべき注意義務を果たすことなく漫然と又は故意に本件各文書が存在していないとして前記決定をしたことによ

り、情報公開請求を通じて市民に情報を提供する申立人の業務が停滞し、阻害されたとして、Y に対し、国家賠償法1条1項に基づき、25万円の損害賠償を求める事案である。

　X は、基本事件に係る訴えの提起とともに、財務大臣や近畿財務局長が本件各文書（ただし、一部を除く。）を保有していること及びその保有の事実を推認させる重要な間接事実の存在と、財務大臣や近畿財務局長が前記保有を認識していたにもかかわらず、故意又は過失により、文書の不存在を理由とする不開示決定を行ったことを証明すべき事実とした上で、財務省及び近畿財務局の担当職員らに現に貸与し若しくは貸与していたパソコン内に保存されている一定期間内に作成又は取得された各種の電磁的記録（削除措置のとられたものを含む。）及びこれらに関連する一切の資料のうち、A 学園に対する国有地の払い下げに関して行われた交渉、協議、照会、打合せ等に係るものについての検証を求めるとともに、Y に対し前記検証の対象物を検証期日に提示するよう命じることを求めた（本件申立て）。

　(3)　原々審及び原審は、前記の電磁的記録及び関連資料の中から前記の交渉、協議、照会、打合せ等に係るものだけを選別することができる外形的な指標の存否等については、一件記録によっても明らかではなく、前記の検証を全うしようとすれば、結局、前記の電磁的記録及び関連資料を全て網羅的に検証せざるを得ず、その過程では前記の交渉、協議、照会、打合せ等とは無関係なものを何ら選別し得ないままに見分することとなるから、このような網羅的内容の申立ては、いわゆる探索的な証拠申出に当たるというほかなく、証明しようとする事実との関係において検証の目的の特定が実質的にされていない不適法な申出といわざるを得ないとして、本件申立てを却下すべきものとした。

　(4)　X は、本件申立てについては、「証明すべき事実」、「証拠方法（目的物）」、「証明すべき事実と証拠方法との関係」が特定されているから、不適法とされる探索的な証拠申出に当たるとした原審の判断は、法令解釈を誤ったものであるほか、高裁判例（知財高判平28・3・28判タ1428・53）とも相反すると主張して、抗告許可の申立てをした。

　(5)　本決定は、「所論の点に関する原審の判断は、正当として是認することができる。論旨は採用することができない。」と判示して抗告を棄却した

6　上　訴

【9】 29(許)24（△一小、平29・12・7、棄却。原審福岡高決平29・7・14）
【10】 29(許)25（△一小、平29・12・7、棄却。原審福岡高決平29・7・14）
　(1)　上告提起事件及び上告受理申立て事件において、上告理由書及び上告受理申立て理由書が法定の提出期間内に提出されなかったことを理由に原裁判所が上告及び上告受理申立てを却下したことの当否が問題となった事案である。
　(2)　抗告人は、その請求を棄却すべきであるとする控訴審判決を福岡高裁において受け、判決書が平成29年4月28日に抗告人に送達された。抗告人は同年5月

11日に同判決に対する上告状兼上告受理申立書を提出したが、同申立書には、理由の記載がなかった。同月19日、抗告人に対し上告提起通知書及び上告受理申立通知書が送達され、上告理由書及び上告受理申立理由書提出期間は、同日から50日後の同年7月10日までとなった。

抗告人は、同年7月9日、配達指定日時を同月10日午後5時までと指定の上、上告理由書及び上告受理申立理由書を東京都から宅配便にて福岡高裁宛てに発送した。宅配便業者は、前記各理由書を航空機によって輸送することを予定していたが、仕分けの際に手違いが生じ、これを陸送することとなった。前記各理由書は、同月11日に福岡高裁に配達され、受け付けられた。

原審は、抗告人が提出した上告状及び上告受理申立書には理由の記載がなく、抗告人が法定の期間内に前記各理由書を提出しないことが明らかであるとして、抗告人の上告及び上告受理申立をいずれも却下した。

これに対し、抗告人は、上告理由書及び上告受理申立て理由書が法定の提出期間の満了日の翌日に提出されたのは、宅配便業者の不手際という抗告人の責めに帰することができない事由によるものであるから、民訴法97条1項の訴訟行為の追完等によって前記各理由書の提出は許されるべきであり、上告及び上告受理申立てを却下した各原決定には同法316条1項2号の解釈を誤った法令違反があるとして、それぞれ抗告許可の申立てをした。

(3) 本件各決定は、「所論の点に関する原審の判断は、正当として是認することができる。論旨は採用することができない。」と判示して、それぞれ抗告を棄却した。本件で争われたのは、個別の事案における認定又は評価の問題と思われ、抗告の許可には検討の余地がある。

【11】 29(許)27 (△二小、平29・12・13、破棄・自判。原審福岡高決平29・8・8)

(1) 上告受理申立て理由書に民訴法318条1項所定の上告受理申立ての理由の記載がないとして上告受理申立てを却下した原審の判断の当否が問題となった事案である。

(2) Xは、控訴審の敗訴判決を不服として、上告受理の申立てをし(本件上告受理申立て)、理由書提出期間内に上告受理申立て理由書を提出した。同理由書には、原審の認定は経験則に違反する旨の記載があった。

(3) 原審は、上告受理申立書及び上告受理申立て理由書には民訴法318条1項所定の上告受理申立ての理由の記載がないことを理由に、同条5項、316条1項により本件上告受理申立てを却下した。

(4) これに対し、Xが抗告許可の申立てをした。

(5) 本決定は、「記録によれば、上記上告受理申立て理由書に、原判決が経験則に違反しているとの記載があり、原判決に法令の違反がある旨の具体的な記載があることが認められるから、抗告人の上告受理の申立てを却下した原審の前記判断には、裁判に影響を及ぼすことが明らかな法令の違反がある。」と判示して、原決定

Ⅰ 民事訴訟法

を破棄した。

経験則違反が法令違反として上告受理申立て理由となることは、実務上確立した取扱いであり、理由書等に原判決の事実認定に対する不満が述べられ、「経験則違反がある。」などとの記載があれば、その経験則の内容が明らかでないなど曖昧なものであっても、形式的には法令違反がある旨の具体的な記載があるとして扱うのが通例である。本件と同種の事案は過去にも複数回紹介されているところであり（本書195頁【17】事件、同411頁【22】事件、同799頁【8】事件）、控訴審としては、このような誤りのないよう十分留意すべきであろう。

7 再 審

【12】29（許）22（△三小、平29・12・5、棄却。原審東京高決平29・6・14、原々審新潟地高田支決平28・10・7）

(1) 再審の訴えと共にした独立当事者参加の申出の適否が問題となった事案である。

(2) 相手方Yらを原告とし、相手方Z株式会社を被告として提起された株式会社の解散の訴えに係る請求を認容する確定判決につき、Z会社の株主であるXが、前記訴えに係る訴訟の係属を知らされずその審理に関与する機会を奪われたから、前記確定判決には民訴法338条1項3号等の再審事由があるなどと主張して、前訴について独立当事者参加の申出をするとともに再審の訴えを提起した。

Xは、同独立当事者参加の申出において、相手方YらがXに通知することなく馴れ合いにより前訴判決を確定させたことが不法行為に当たるとして損害賠償を求める損害賠償請求と、前記確定判決前におけるZ会社の取締役らがなおその地位にあること及び同判決後に選任された清算人がその地位にないことの確認を求める確認請求を提出した。

(3) 原審は、再審開始決定をした原々審を取り消し、再審の訴えを却下した。その理由の概要は次のとおりである。

独立当事者参加の申出が適法であるというためには、前訴における相手方Yらの請求と相容れない関係にある請求を提出するものでなければならないところ、前記損害賠償請求はそのような関係にあるものとはいえない。

また、前記確認請求は、当事者として自己の権利義務又は法的地位に関わるものというよりも、Z会社の解散が無効である場合に当然に生ずる役員の地位の得喪の確認を求めるものにすぎず、確認の利益を欠き不適法である。

したがって、独立当事者参加の申出は不適法であるから、Xは前訴の確定判決につき再審の訴えの原告適格を有しない。

(4) これに対し、Xが、許可抗告の申立てをした。

(5) 本決定は、「所論の点に関する原審の判断は、是認することができる。論旨は採用することができない。」と判示して、抗告を棄却した。

Xは、本件以前にも、前記確定判決につき独立当事者参加の申出と共に再審の訴

えを提起したところ、相手方Ｙらの Ｚ 会社に対する請求の棄却を求めるだけの独立当事者参加の申出は不適法であるとして、再審の訴えが却下されていた（最一小決平 26・7・10 集民 247・49、判時 2237・42）。本件は、同決定を受けて、Ｘ が請求を提出して、再度、再審の訴えを提起したが、結局、不適法とされたものである。

Ⅱ　民事執行法

1　強制競売取消し

【13】29(許)1（◎一小、平 29・7・20、棄却、民集 71・6・952。原審東京高決平 28・11・29、原々審横浜地決平 28・10・26)
　(1)　本件は、強制競売手続が債務者の提起した請求異議の訴えに係る請求を認容する確定判決によって取り消された場合の執行費用の負担の決め方が問題となった事案である。
　(2)　Ｘ が、執行力ある確定判決正本に基づき、Ｙ に対する賃料相当損害金約 256 万円を請求債権（本件請求債権）として、Ｘ と Ｙ の共有に係る土地及び建物の Ｙ の持分について強制競売の申立てをしたところ、執行裁判所は、強制競売開始決定（この開始決定に係る手続を「本件強制競売手続」という。）をするとともに、現況調査命令及び評価命令を発令した。また、同裁判所の書記官は、売却実施処分をした。
　その後、Ｙ が、Ｘ を被供託者として、民法 494 条に基づき、本件請求債権に係る弁済金を供託するとともに、当該供託により本件請求債権が消滅したと主張して、請求異議の訴えを提起したところ、裁判所は、当該訴えに係る請求を認容する旨の判決を言い渡し、その後同判決は確定した。そして、Ｙ よりその確定判決の正本が執行裁判所に提出されたため、本件強制競売手続は、取り消された。
　前記の取消し後、Ｘ は、執行裁判所に、本件強制競売手続が取り消されるまでに支出された執行費用を Ｙ の負担とする旨の裁判を求める申立てをした（本件申立て）。
　(3)　原審は、要旨次のとおり判断して、本件申立てを認容すべきものとした。
　執行費用は、強制執行が債権者による申立ての取下げ、強制執行の基本となる債務名義を遡及的に取り消す旨の裁判の確定等により終了した場合を除き、債務者の負担とすべきものと解するのが相当であるところ、本件は、前記の場合に当たらないから、本件強制競売手続の執行費用は Ｙ が負担すべきものである。
　(4)　これに対して、Ｙ は、強制執行が申立ての取下げや手続の取消しにより終了した場合は、それまでの手続及びその準備に要した費用は結局必要でなかったことに帰するから、当該費用は、Ｘ の負担とすべきであるにもかかわらず、本件強制競売手続の執行費用を Ｙ の負担とした原審の認定判断に民事執行法の法意の解釈適用の誤りがあると主張して、抗告許可の申立てをした。

(5) 本決定は、次のとおり判示した上で、本件の事情の下では執行費用をYの負担とすることができるとし、本件抗告を棄却した。

「民事執行法42条1項は、強制執行の費用で必要なものを執行費用として債務者の負担とする旨を定めているところ、強制執行が目的を達して終了した場合に同項の規定により執行費用が債務者の負担とされることは明らかである。これに対して、既にした執行処分の取消し（同法40条1項）等により強制執行がその目的を達せずに終了した場合に、当該強制執行が終了するに至った事情を考慮することなく、一律にその執行費用を債権者又は債務者のいずれか一方が負担すべきものと解するのは、衡平の見地に照らし相当とはいえない。そうすると、同法42条1項は、強制執行がその目的を達せずに終了した場合について定めるものではないと解されるから、同法には上記の場合の執行費用の負担についての『特別の定め』（同法20条）は設けられていないといえる。

したがって、既にした執行処分の取消し等により強制執行が目的を達せずに終了した場合における執行費用の負担は、執行裁判所が、民事執行法20条において準用する民訴法73条の規定に基づいて定めるべきものと解するのが相当である。」

(6) 本件は、強制執行が目的を達せずに終了した場合における執行費用の負担をどのように決めるべきかという見解の分かれていた問題につき、最高裁として初めての判断が示されたものであり、実務上重要な意義を有するものと思われる。

2　取立金の充当

【14】28(許)46（◎三小、平29・10・10、破棄・自判、民集71・8・1482。原審東京高決平28・8・10、原々審東京地決平28・5・17）

(1) 債権差押命令の申立書に請求債権中の遅延損害金につき申立日までの確定金額を記載させる執行裁判所の取扱い（以下「本件取扱い」という。）に従って債権差押命令の申立てをした債権者が、当該債権差押命令に基づく差押債権の取立てとして第3債務者から金員の支払を受けた場合、申立日の翌日以降の遅延損害金も前記金員の充当の対象となるかが問題となった事案である。

(2) 経緯の概要は、次のとおりである。

Xは、債務者Yに対して有する報酬等の元金及びこれに対する支払済みまでの遅延損害金の支払請求権を表示した債務名義（以下「本件債務名義」という。）による強制執行として、債権差押命令の申立てをし、債権差押命令（以下「前件差押命令」という。）が発せられた。Xは、その申立ての際、本件取扱いに従って、請求債権中の遅延損害金を申立日（以下「前件申立日」という。）までの確定金額とした。

Xは、前件差押命令に基づく差押債権の取立てとして、4回にわたり、請求債権に相当する額（以下「本件取立金」という。）の支払を受けた。

Xは、本件債務名義による強制執行として、本件債務名義に表示された債権のうち、本件取立金が前件申立日の翌日から本件取立金の各取立日までの遅延損害金にも充当されたものとして計算した残元金等を請求債権とする債権差押命令の申立て（以下「本件申立て」という。）をした。

(3)　原審は、Xが本件取扱いに従って前件差押命令の申立書に請求債権として元金、前件申立日までの遅延損害金及び執行費用の各確定金額を記載した以上、前件申立日の翌日以降の遅延損害金は本件取立金の充当の対象とはならないものと解すべきであるから、本件取立金が前件申立日の翌日以降の遅延損害金にも充当されたものとする本件申立ては許されないとして、本件申立てを却下すべきものとした。

(4)　これに対し、Xが抗告許可の申立てをした。

(5)　本決定は、次のとおり判示して、原決定を破棄し、原々決定を取り消した上、本件を原々審に差し戻した。

「金銭債権に対する強制執行は、本来債務者に弁済すれば足りた第3債務者に対して、差押えによって、債務者への弁済を禁じ、差押債権者への弁済又は供託をする等の義務を課すものであるから、手続上、第3債務者の負担にも配慮がされなければならない。本件取扱いは、請求債権の金額を確定することによって、第3債務者自らが請求債権中の遅延損害金の金額を計算しなければ、差押債権者の取立てに応ずべき金額が分からないという事態が生ずることのないようにするための配慮として、合理性を有するものである（最高裁平成20年（受）第1134号同21年7月14日第三小法廷判決・民集63巻6号1227頁参照）。そして、元金及びこれに対する支払済みまでの遅延損害金の支払を内容とする債務名義を有する債権者は、本来、請求債権中の遅延損害金を元金の支払済みまでとする債権差押命令の発令を求め、債務名義に表示された元金及びこれに対する支払済みまでの遅延損害金相当額の支払を受けることができるのであるから、本件取扱いに従って債権差押命令の申立てをした債権者は、第3債務者の負担について上記のような配慮をする限度で、請求債権中の遅延損害金を申立日までの確定金額とすることを受け入れたものと解される。

　そうすると、本件取扱いに従って債権差押命令の申立てをした債権者は、債権差押命令に基づく差押債権の取立てに係る金員の充当の場面では、もはや第3債務者の負担に配慮をする必要がないのであるから、上記金員が支払済みまでの遅延損害金に充当されることについて合理的期待を有していると解するのが相当であり、債権者が本件取扱いに従って債権差押命令の申立てをしたからといって、直ちに申立日の翌日以降の遅延損害金を上記金員の充当の対象から除外すべき理由はないというべきである。

　したがって、本件取扱いに従って債権差押命令の申立てをした債権者が当該債権差押命令に基づく差押債権の取立てとして第三債務者から金員の支払を受けた場合、申立日の翌日以降の遅延損害金も上記金員の充当の対象となると解するのが相

Ⅱ 民事執行法　　　　　　　　　　　　　　　　　　　　　　　　　887

当である。」

(6) 本決定は、本件取扱いに従った債権者の取立金が充当される遅延損害金について、最高裁として初めての判断を示したものであり、実務上、理論上重要な意義を有するものと思われる。

3　物上代位

【15】28(許)26（◎二小、平29・5・10、棄却、民集71・5・789。原審大阪高決平28・3・30、原々審大阪地決平27・7・9）

(1) 動産に対する譲渡担保権に基づく物上代位権の行使としての当該動産の売買代金債権の差押えの申立てにおいて、債権者が当該動産につき占有改定の方法による引渡しを受けていたか否かが問題となった事案である。

(2) XとYは、平成24年9月、銀行取引約定、信用状取引に係る基本約定及び輸入担保物保管に関する約定を締結し、その中で、①YがXから信用状の発行を受けて輸入する商品につき、Xが輸出先の取引銀行等に対して補償債務を負い、YがXに対して償還債務等を負うこと、②Yは、この償還債務等を担保するため、Xに対して輸入商品に譲渡担保権を設定すること、③Xは、Yに対して輸入商品の貸渡しを行い、その受領、通関手続、運搬及び処分等を行う権限を与えることを、包括的に合意した。

Xは、平成26年12月から平成27年1月までの間に、Yが特定の商品（本件商品）を輸入するについて信用状3通を発行し、その後、これらの信用状に基づく補償債務を弁済して、Yに対する償還債務履行請求権等を取得した。

本件商品は、船舶により中国から日本へ輸送され、Yの委託を受けた海運貨物取扱業者（海貨業者）が受領した。Yは、本件商品の一部（本件転売商品）を転売し、本件転売商品は、海貨業者又はその委託を受けた運送業者によって、直接買主の指定先まで運搬された。この間、Yが本件商品を直接占有したことはなかった。

なお、輸入取引においては、輸入業者から委託を受けた海運貨物取扱業者によって輸入商品の受領等が行われ、輸入業者が目的物を直接占有することなく転売を行うことが一般的であった。また、信用状取引においては、信用状発行銀行が輸入商品につき譲渡担保権の設定を受けることが一般的であり、Yの委託を受けた海貨業者には、本件商品が信用状取引によって輸入されたものであることが明らかにされていた。

Yは、平成27年2月、再生手続開始の申立てをし、前記各信用状に係る償還債務について期限の利益を失った。

以上の事実関係において、Xは、本件商品に対する譲渡担保権（本件譲渡担保権）の行使として、本件転売商品の売買代金債権の差押えを求める申立て（本件申立て）をした。

(3) 原々審は、Yは海貨業者を占有代理人として本件商品を間接占有したもので

あるところ、間接占有者からは占有改定による引渡しはできないなどとして、Xが本件譲渡担保権につき対抗要件を具備したことを認めず、本件申立てを却下した。

原審は、Xは占有改定による引渡しを受けたものと認められるとして、原々決定を取り消し、債権差押命令を発付すべきものとした。

(4) これに対し、Yが、動産の譲渡人であるYは動産の直接占有者ではなく、間接占有者にすぎないのに、Xが占有改定による引渡しを受けたと認めた原審の判断には、判例違反並びに民法183条及び184条の解釈適用の誤り等があると主張して、抗告許可の申立てをした。

(5) 本決定は、次のとおり判示して、抗告を棄却した。

「上記の経緯によれば、Yは本件譲渡担保権の目的物である本件商品について直接占有したことはないものの、輸入取引においては、輸入業者から委託を受けた海貨業者によって輸入商品の受領等が行われ、輸入業者が目的物を直接占有することなく転売を行うことは、一般的であったというのであり、YとXとの間においては、このような輸入取引の実情の下、Xが、信用状の発行によって補償債務を負担することとされる商品について譲渡担保権の設定を受けるに当たり、Yに対し当該商品の貸渡しを行い、その受領、通関手続、運搬及び処分等の権限を与える旨の合意がされている。一方、Yの海貨業者に対する本件商品の受領等に関する委託も、本件商品の輸入につき信用状が発行され、同信用状を発行した金融機関が譲渡担保権者として本件商品の引渡しを占有改定の方法により受けることとされていることを当然の前提とするものであったといえる。そして、海貨業者は、上記の委託に基づいて本件商品を受領するなどしたものである。

以上の事実関係の下においては、本件商品の輸入について信用状を発行した銀行であるXは、Yから占有改定の方法により本件商品の引渡しを受けたものと解するのが相当である。」

なお、本決定は、原決定の理由に照らすと、原決定の当事者の表示及び主文には明白な誤りがあるとして、職権により原決定を更正した。

(6) 本決定は、事例判断であるが、直接占有者ではない者からの占有改定の方法による動産の引渡しの可否に関して、最高裁として初めてこれを肯定する判断を示したものであり、実務上、理論上重要な意義を有するものと思われる。

Ⅲ 民事保全法

1 仮差押え

【16】 28(許)39（△三小、平29・1・31、棄却、判時2329・40。原審東京高決平28・5・12、原々審東京地立川支決平28・3・2）

(1) 本件は、強制執行認諾文言のある公正証書で養育料の支払が定められたが、その支払期限が到来しているものについて未履行分がある場合において、その支払期限が到来していない養育料債権を被保全債権として債務者所有の不動産に対してされた仮差押命令の申立てについて、民事保全制度を利用する必要性（権利保護の利益）の有無が問題となった事案である。

(2) X（妻）とY（夫）は、平成14年、YからXへの養育料の支払（両者の間の2人の子につき1人当たり月額3万円）及び慰謝料100万円の支払などを定めた強制執行認諾文言付き公正証書（本件公正証書）を作成した上、協議離婚した。

平成28年1月末現在、前記の2人の子に係る（支払期限の到来した）養育料のうち未払額は合計139万円であり、前記慰謝料の支払もなかった。

Yは、平成22年に土地及び建物（本件不動産。平成27年度の固定資産税評価額は合計約1012万円弱）を購入し、その周辺の土地の持分を含めて共同担保として、Yを債務者とし、独立行政法人住宅金融支援機構を債権者とする債権額3000万円を被担保債権とする抵当権を設定していたところ、Xは、平成28年2月、1人の子の将来の養育料債権（50箇月分150万円）を被保全債権として、本件不動産について、仮差押命令の申立てをした（本件申立て）。

(3) 原審は、要旨次のとおり判断して、本件申立てを却下すべきものとした。

金銭債権について債務名義が存在する場合には、債権者は、特別の事情のない限り、速やかに強制執行をすることができるから、原則として、民事保全制度を利用する必要性（権利保護の利益）が認められないと解されるところ、Xにおいて、本件公正証書を債務名義とし、既に支払期限の到来した未払の債権239万円（養育料139万円及び慰謝料100万円の合計額）を請求債権として本件不動産について強制競売の申立てをすることができることなどに照らすと、前記の特別の事情があるとはいえず、本件申立ては、権利保護の利益を欠き不適法である。

(4) これに対して、Xは、本件申立てに係る被保全債権は期限未到来の債権であって、これを請求債権として強制執行をすることができない以上（民事執行法30条1項）、これを保全するために民事保全制度を利用する必要性（権利保護の利益）があるといえるにもかかわらず、既に期限が到来した債権の未履行分を請求債権として強制執行をすることができることを理由に、本件申立てが権利保護の利益を欠くとした原審の認定判断に、民事保全法20条及び民事執行法30条1項の解釈適用の誤りがあると主張して、抗告許可の申立てをした。

(5)　本決定は、「本件事実関係の下においては、所論の点に関する原審の判断は是認することができる。論旨は採用することができない。」と判示して、抗告を棄却した。
　なお、本決定には、木内裁判官の反対意見（岡部裁判官同調）が付されている。

2　仮処分

【17】28(許)53（△三小、平29・3・21、棄却。原審知財高決平28・11・11、原々審東京地決平28・4・7）
　(1)　出版物の複製及び頒布等の差止めを求める仮処分の申立てにおいて、債権者が当該出版物の原著作物とされる著作物の共同著作者か否かが問題となった事案である。
　(2)　判例の紹介、解説をする編集著作物である雑誌（本件雑誌）をYが発行しようとしたところ、Xが、本件雑誌は、Xが共同著作者の1人である旧版の雑誌（本件著作物）をXに無断で翻案したものであると主張して、本件著作物の翻案権等又は著作者人格権に基づく差止請求権を被保全権利として、本件雑誌の複製・頒布等の差止めの仮処分命令を求める申立て（本件申立て）をした。本件申立ては認められ、本件雑誌の複製・頒布等の差止めの仮処分決定（本件仮処分決定）がされた。
　(3)　原審は、Xは本件著作物に「編者」の1人として表示されているものの、実質的にはいわばアドバイザーの地位に置かれ、X自身もこれに沿った関与を行ったにとどまるものと理解されるから、著作権法14条による推定にかかわらず、Xを本件著作物の著作者ということはできないと判断して、本件仮処分決定を取り消し、本件申立てを却下すべきものとした。
　(4)　これに対し、Xが、①編集著作物においては素材の選択配列を確定した者が著作者と認定されるべきであるのに、本件著作物に係る素材の選択配列を確定したXの著作者性を否定した原審の判断には、判例違反及び法令の解釈適用の誤りがある、②原審は著作者としての関与を認定するために高い創作性を要求するものであり、著作権法2条1項1号、同項2号又は12条の解釈適用の誤りがある、③Xが実質的にアドバイザーの地位に置かれていたとの原審の認定判断には経験則違反がある等と主張して、抗告許可の申立てをした。
　(5)　本決定は、「所論の点に関する原審の判断は、正当として是認することができる。論旨は採用することができない。」と判示して、抗告を棄却した。

【18】28(許)45（◎三小、平29・1・31民集71・1・63、棄却。原審東京高決平28・7・12、原々審さいたま地決平27・12・22）
　(1)　Xが自己の逮捕についての報道内容の全部又は一部がインターネット上で検索可能な状態になっていることから、検索サービスを提供する検索事業者であるYに対して、人格権等に基づき検索結果の削除を求める仮処分命令の申立てをした

事案である。

(2) Xは、平成23年に児童買春の容疑で逮捕され、罰金刑に処せられた。Xが逮捕された事実（本件事実）は逮捕当日に報道され、その内容の全部又は一部がインターネット上のウェブサイトの電子掲示板に多数回書き込まれた。Xの居住する県とXの氏名を条件として検索すると、ウェブサイトのURL並びに当該ウェブサイトの表題及び抜粋（以下「URL等情報」という。）が提供されるが、その中には本件事実が書き込まれたウェブサイトのURL情報等が含まれる。

(3) 原審は、被保全権利及び保全の必要性のいずれも疎明がないとして、Xの申立てを却下すべきものとした。

(4) 本決定は、個人のプライバシーに属する事実をみだりに公表されない利益は、法的保護の対象となるとした上で、次のように説示し、本件の事情の下では本件事実を公表されない法的利益が優越することが明らかであるとはいえないとして、原審の判断を是認した。

「検索事業者は、インターネット上のウェブサイトに掲載されている情報を網羅的に収集してその複製を保存し、同複製を基にした索引を作成するなどして情報を整理し、利用者から示された一定の条件に対応する情報を同索引に基づいて検索結果として提供するものであるが、この情報の収集、整理及び提供はプログラムにより自動的に行われるものの、同プログラムは検索結果の提供に関する検索事業者の方針に沿った結果を得ることができるように作成されたものであるから、検索結果の提供は検索事業者自身による表現行為という側面を有する。また、検索事業者による検索結果の提供は、公衆が、インターネット上に情報を発信したり、インターネット上の膨大な量の情報の中から必要なものを入手したりすることを支援するものであり、現代社会においてインターネット上の情報流通の基盤として大きな役割を果たしている。そして、検索事業者による特定の検索結果の提供行為が違法とされ、その削除を余儀なくされるということは、上記方針に沿った一貫性を有する表現行為の制約であることはもとより、検索結果の提供を通じて果たされている上記役割に対する制約でもあるといえる。」

「以上のような検索事業者による検索結果の提供行為の性質等を踏まえると、検索事業者が、ある者に関する条件による検索の求めに応じ、その者のプライバシーに属する事実を含む記事等が掲載されたウェブサイトのURL等情報を検索結果の一部として提供する行為が違法となるか否かは、当該事実の性質及び内容、当該URL等情報が提供されることによってその者のプライバシーに属する事実が伝達される範囲とその者が被る具体的被害の程度、その者の社会的地位や影響力、上記記事等の目的や意義、上記記事等が掲載された時の社会的状況とその後の変化、上記記事等において当該事実を記載する必要性など、当該事実を公表されない法的利益と当該URL等情報を検索結果として提供する理由に関する諸事情を比較衡量して判断すべきもので、その結果、当該事実を公表されない法的利益が優越すること

が明らかな場合には、検索事業者に対し、当該 URL 等情報を検索結果から削除することを求めることができるものと解するのが相当である。」

(5) 本決定は、検索事業者に対し、自己のプライバシーに属する事実を含む情報が掲載されたウェブサイトの URL 等情報を検索結果から削除するための要件について、判断枠組みを初めて示したものであり、理論上、実務上重要な意義を有するものと思われる。

【19】29(許)2（△二小、平 29・7・19、棄却。原審東京高決平 29・1・12、原々審東京地決平 28・7・14）
(1) インターネットの検索事業者が管理・運営する検索サイトにおける検索結果である前科等の情報につき、プライバシー権に基づく削除の可否が問題となった事案である。
(2) X は、未成年の頃、暴走族 A に所属していたことがあり、一時期、その総長を務めていた。Y が管理・運営する検索サイトにおいて X の氏名をキーワードとして検索して表示された 237 個の記事（X が暴走族 A の総長であることを摘示する 63 個の記事（以下「本件各記事」という。）を含む。）につき、X が、Y に対し、プライバシー権に基づき、仮の削除を認める仮処分を申し立て、本件各記事を含む 122 個の記事の仮の削除を命ずる仮処分決定がされた（本件仮処分決定）。Y は、本件仮処分決定のうち本件各記事を含む 66 個の記事の仮の削除を命じた部分を不服として、保全異議を申し立てた。
(3) 原審は、本件仮処分決定のうち、本件各記事に関する部分を取り消して、X の申立てを却下すべきものとした。その理由の概要は次のとおりである。
X は、現在会社を経営し、犯罪と無縁の生活を送っていることからすると、過去に暴走族に所属していた経歴を公表することについての社会的意義はそれほど大きくない面がある。しかし、現に活動している準暴力団「A」が暴走族 A の OB を中心とするグループであることからすれば、暴走族 A の構成員を明らかにすることには現在でも一定の社会的意義を有する面もある。また、X のこれまでの行動を全体として見れば、X は、暴走族 A に所属していた経歴が情報として流通することを容認していたものといえる。
したがって、X が暴走族 A の総長を務めていた事実を最後に公表してから 10 年が経過していること等を考慮しても、前科等に関わる事実等を公表されない法的利益がこれを公表する理由に優越するとまではいえず、プライバシー権に基づく本件各記事の仮の削除請求は認められない。
(4) これに対し、X が、X の暴走族 A への所属の事実が公知であることを理由として、本件申立てを認容しなかった原審の判断には、判例違反があるとして、抗告許可の申立てをした。
(5) 本決定は、「所論の点に関する原審の判断は、是認することができる。論旨

は採用することができない。」と判示して、抗告を棄却した。本決定及び【20】の決定は、【18】の決定を踏まえたものといえる。

【20】 28(許)51 (△一小、平29・7・20、棄却。原審札幌高決平28・10・21、原々審札幌地決平28・4・25)
(1) インターネットの検索事業者が管理・運営する検索サイトにおける検索結果である前科等の情報につき、人格権(名誉権及びプライバシー権)に基づく削除の可否が問題となった事案である。
(2) Xは、平成18年8月に、「良番」と呼ばれる携帯電話番号の利用権を所有者から詐取したとして、暴力団関係者である共犯者と共に、詐欺・有印私文書偽造・同行使の疑いで逮捕され、同年10月、有罪判決(懲役2年、執行猶予4年)を受けた。Yが管理・運営する検索サイト(本件検索サイト)において、Xの氏名を検索ワードとして検索すると、平成28年3月当時、Xが「良番」の詐取をめぐって詐欺罪等により逮捕されて有罪判決を受けた事実を摘示する検索結果が289件表示された(以下、その検索結果を「本件検索結果」といい、本件検索結果に記載された情報を「本件履歴情報」という。)。Xは、Yに対し、人格権(名誉権・プライバシー権)に基づき、本件検索結果の仮の削除を求める仮処分の申立てをした。
(3) 原々審及び原審は、いずれもXの仮処分の申立てを却下すべきものとした。その理由の概略は次のとおりである。
本件履歴情報は、Xの名誉・プライバシーに関する事項を含み、その摘示が原則としてXの名誉権・プライバシー権を侵害していることは、本件検索結果それ自体から明らかである。しかし、本件履歴情報は、報道機関の記事をそのまま転載するなどしたものにすぎず、Xを誹謗中傷するなどの不当な目的で記載されたことが本件検索結果それ自体から明らかであるとはいえないし、本件履歴情報で摘示されたXの犯行が暴力団関係者と協力してされた悪質なものであること等も読み取れ、現在においてXによる前記犯行に対する社会的関心が全く失われ、これが公共の利害に関する事実でなくなったことが、本件検索結果それ自体から明らかであるともいえない。したがって、本件履歴情報がXの名誉権・プライバシー権を明らかに侵害して社会的相当性を逸脱したことが、本件検索結果それ自体から明らかであるとは認められない。
(4) これに対し、Xが、本件検索結果の削除の可否につき独自の判断基準を採用した上、Xは暴力団関係者ではなく、Xの逮捕等から約10年が経過したのに、本件申立てを認容しなかった原審の判断には、判例違反、法令違反があるとして、抗告許可の申立てをした。
(5) 本決定は、「所論の点に関する原審の判断は、是認することができる。論旨は採用することができない。」と判示して、抗告を棄却した。

【21】29(許)17（◎三小、平29・12・5、棄却、民集71・10・1803。原審福岡高那覇支決平29・6・6、原々審那覇地決平29・4・26）

(1) 親権者が申し立てた子の引渡しの仮処分申立事件において、離婚後の父母間において子の引渡請求をすることができるか否かが問題となった事案である。

(2) X（父）とY（母）は、平成22年9月、長男Aをもうけ、婚姻したが、平成25年2月、別居し、平成28年3月、Aの親権者をXと定めて協議離婚した。

Yは、平成25年2月の別居後、単独でAの監護に当たっていたところ、平成28年12月、Aの親権者変更を求める調停を申し立てた。

Xは、平成29年4月、Yを債務者として、本件申立てをした。

原々審及び原審は、本件申立ての本案は、家事事件である子の監護に関する処分の審判事件であり、民事訴訟の手続によることができないから、本件申立ては不適法であるとして却下すべきものとした。

(3) Xが、判例違反を主張して抗告許可の申立てをした。

(4) 本決定は、次のとおり判示し、原審の判断は結論において是認できるとして、抗告を棄却した。

「離婚した父母のうち子の親権者と定められた一方は、民事訴訟の手続により、法律上監護権を有しない他方に対して親権に基づく妨害排除請求として子の引渡しを求めることができると解される（最三小判昭和35年3月15日・民集14巻3号430頁、最二小判昭和45年5月22日・判例時報599号29頁）。

もっとも、親権を行う者は子の利益のために子の監護を行う権利を有する（民法820条）から、子の利益を害する親権の行使は、権利の濫用として許されない。

本件においては、Aが7歳であり、Yは、Xと別居してから4年以上、単独でAの監護に当たってきたものであって、Yによる上記監護がAの利益の観点から相当なものではないことの疎明はない。そして、Yは、Xを相手方としてAの親権者の変更を求める調停を申し立てているのであって、Aにおいて、仮にXに対し引き渡された後、その親権者をYに変更されて、Yに対し引き渡されることになれば、短期間で養育環境を変えられ、その利益を著しく害されることになりかねない。他方、Xは、Yを相手方とし、子の監護に関する処分としてAの引渡しを求める申立てをすることができるものと解され、上記申立てに係る手続においては、子の福祉に対する配慮が図られているところ（家事事件手続法65条等）、Xが、子の監護に関する処分としてではなく、親権に基づく妨害排除請求としてAの引渡しを求める合理的な理由を有することはうかがわれない。

そうすると、上記の事情の下においては、XがYに対して親権に基づく妨害排除請求としてAの引渡しを求めることは、権利の濫用に当たるというべきである。」

なお、本決定には、木内裁判官の補足意見が付されている。

(5) 本決定は、事例判断であるが、離婚後の父母間で子の引渡しが問題となる事案において、親権者が民事訴訟の手続による子の引渡請求、すなわち、親権に基づく妨害排除請求としての子の引渡請求権の行使を選択した場合、従前の判例に従い手続法上はこれを許容するものの、権利の濫用という実体法上の一般条項を用い、その事案に応じ民事訴訟の手続に適せず、親権に基づく妨害排除請求として子の引渡しを求める合理的な理由を有することはうかがわれないものについては排除するという枠組みで処理したものであり、実務上、重要な意義を有するものである。

IV 破産法

1 配当表に対する異議申立て

【22】29(許)3（◎三小、平29・9・12、棄却、民集71・7・1073。原審大阪高決平29・1・6、原々審大阪地堺支決平28・6・16）

(1) 破産債権者が破産手続開始後に物上保証人から債権の一部の弁済を受けた場合における、破産手続開始時の債権の額を基礎として計算された配当額のうち実体法上の残債権額を超過する部分（超過部分）の配当方法が問題となった事案である。

(2) X（信用保証協会）は、A株式会社（破産会社）の破産手続において、求償権の元本（本件破産債権）を破産債権として届け出た。

Bは、Xとの間で、破産会社のXに対する求償金債務を担保するため、自己の所有する不動産に根抵当権を設定していたところ、前記の債権届出の後、前記不動産の売却代金から2593万9092円を本件破産債権に対する弁済として支払った。この代位弁済の結果、本件破産債権の残額は3057万2141円となった。

Bは、前記の代位弁済により取得した求償権2593万9092円を予備的に破産債権として届け出た。

破産会社の破産管財人Yは、破産債権の調査において、本件破産債権の額を認め、Bの求償権について、「本件破産債権の残額が配当によって全額消滅することによる、破産法104条4項に基づく求償権の範囲内での原債権の代位行使という性質において認める」旨の認否をした。

Yが作成した配当表（本件配当表）には、本件破産債権について、配当をすることができる金額としてBによる代位弁済後の残額（3057万2141円）が、備考欄に「計算上の配当額は4512万4808円であるが、本件破産債権の残額は3057万2141円であり、これを超えての配当はできないため」との旨が、それぞれ記載されていた。また、本件配当表には、Bの求償権について、配当をすることができる金額として1455万2667円が、備考欄に「本件破産債権の残額が配当によって全額消滅することによる、破産法104条4項に基づく原債権の代位行使に対する配当として（本件破産債権の計算上の配当額と残債権額との差額の配当として）」との旨が、それぞれ記載されていた。

(3) 原々審は、Xがその有する一般の破産債権について優先して全額の回収を行うことができる限り、一般の破産債権を有する求償権者との関係では破産法104条の目的は果たされているといえるから、破産手続上の債権者平等の原則と同条の目的との調和の観点からして、超過部分は求償権者に配当すべきであるなどとして、Xの異議申立てを却下した。

これに対し、原審は、超過部分を本件破産債権について配当すべきでないとしつつ、BはXが有した権利（原債権）を破産債権者として行使することができないから、超過部分はその他の破産債権について配当すべきであるなどとして、原々決定を取り消し、本件を原々審に差し戻した。

(4) これに対し、Yが、超過部分は求償権者に帰属するものと解すべきである、破産手続においては超過部分も含めて債権者に配当した上で、求償権者の債権者に対する不当利得返還請求による処理に委ねるとの見解も評価できるが、少なくとも超過配当の事実が破産管財人に明らかであるような場合には、超過部分は求償権者に配当すべきである、などと主張して、抗告許可の申立てをした。

(5) 本決定は、次のとおり判示して、原々決定を取り消して本件を原々審に差し戻した原審の判断を結論において是認し、抗告を棄却した。

「同一の給付について複数の者が各自全部の履行をする義務を負う場合（以下、全部の履行をする義務を負う者を「全部義務者」という。）について、破産法104条1項及び2項は、全部義務者の破産手続開始後に他の全部義務者が弁済等をしたときであっても、破産手続上は、その弁済等により債権の全額が消滅しない限り、当該債権が破産手続開始の時における額で現存しているものとみて、債権者がその権利を行使することができる旨を定め、この債権額を基準に債権者に対する配当額を算定することとしたものである。すなわち、破産法104条1項及び2項は、複数の全部義務者を設けることが責任財産を集積して当該債権の目的である給付の実現をより確実にするという機能を有することに鑑みて、配当額の計算の基礎となる債権額と実体法上の債権額とのかい離を認めるものであり、その結果として、債権者が実体法上の債権額を超過する額の配当を受けるという事態が生じ得ることを許容しているものと解される（なお、そのような配当を受けた債権者が、債権の一部を弁済した求償権者に対し、不当利得として超過部分相当額を返還すべき義務を負うことは別論である。）。

他方、破産法104条3項ただし書によれば、債権者が破産手続開始の時において有する債権について破産手続に参加したときは、求償権者は当該破産手続に参加することができないのであるから、債権の一部を弁済した求償権者が、当該債権について超過部分が生ずる場合に配当の手続に参加する趣旨で予備的にその求償権を破産債権として届け出ることはできないものと解される。また、破産法104条4項によれば、債権者が配当を受けて初めて債権の全額が消滅する場合、求償権者は、当該配当の段階においては、債権者が有した権利を破産債権者として行使することが

IV 破産法

できないものと解される。
　そして、破産法104条5項は、物上保証人が債務者の破産手続開始後に債権者に対して弁済等をした場合について同条2項を、破産者に対して求償権を有する物上保証人について同条3項及び4項を、それぞれ準用しているから、物上保証人が債権の一部を弁済した場合についても全部義務者の場合と同様に解するのが相当である。
　したがって、破産債権者が破産手続開始後に物上保証人から債権の一部の弁済を受けた場合において、破産手続開始の時における債権の額として確定したものを基礎として計算された配当額が実体法上の残債権額を超過するときは、その超過する部分は当該債権について配当すべきである。」

　本決定は、超過部分の取扱いについて最高裁が初めて判断を示したものであり、理論的にも実務的にも重要な意義を有するものと考えられる。なお、本決定には木内裁判官の補足意見が付されている。

2　免責

【23】29(許)21（△二小、平29・12・20、棄却。原審東京高決平29・6・12、原々審東京地決平28・11・2）
　(1)　破産事件の免責許可の申立てにおいて、破産者に破産法252条1項4号の免責不許可事由が認められるか否か、及び裁量免責の可否が問題となった事案である。
　(2)　Yは、平成17年9月頃から、X宅に家政婦として雇われた後、Xと家族ぐるみで付き合うようになり、X名義のクレジットカードを使用して多額の宝飾品等を購入するなどし、平成17年11月以降、Xに対し、合計で約7340万円を借り入れた旨を記載した約60通の借用書を作成して差し入れるなどしていた。
　Xは、Yは返済の意思がなかったにもかかわらず、Xをして合計約7340万円の貸付け及び合計約1億4660万円の商品代の立替払をさせていたとして、Yに対し、不法行為ないし不当利得に基づき、内金1000万円及び遅延損害金の支払を求める訴えを提起し、平成26年7月、前記請求を認容する欠席判決が言い渡され、同判決は確定した。
　(3)　Yは、平成27年6月、破産手続開始及び免責許可の申立てをし、破産手続開始の決定を受けた。原々審が免責を許可したのに対し、破産債権者であるXが抗告を申し立てたところ、原審は、原々審の決定を取り消して免責を許可しない旨の決定をした。
　原審の判断の概要は、Yが自己名義のクレジットカードを利用し、又は、Xによる立替払を受けて行った商品の購入は、Yの収入や財産状態に照らし、社会通念上不相応に高額な消費支出として、浪費に当たるというべきであって、Yには、破産法252条1項4号（浪費によって著しく財産を減少させ、又は過大な債務を負担し

たこと）の免責不許可事由があり、裁量による免責を認めるのも相当ではないというものである。

(4) これに対し、Y が、抗告許可の申立てをした。

本決定は、「所論の点に関する原審の判断は、正当として是認することができる。論旨は採用することができない。」と判示して、抗告を棄却した。

本件で争われたのは、個別事案における認定又は評価の問題と思われ、抗告の許可には検討の余地がある。

V 民事再生法

再生計画認可決定

【24】29(許)19（◎三小、平29・12・19、棄却、民集71・10・2632。原審東京高決平29・5・30、原々審東京地決平29・1・19）

(1) 本件は、再生債務者である抗告人 X が申し立てた小規模個人再生（本件再生手続）につき、民事再生法 202 条 2 項 4 号の不認可事由の判断に当たり手続内確定をした債権の存否を考慮することの可否が問題となった事案である。

(2) X は、平成 28 年 9 月 20 日、本件再生手続開始の決定を受けたが、本件再生手続においては、X が債権者一覧表に記載していた A の X に対する 2000 万円の貸付債権（本件貸付債権）が、法 225 条により届出をしたものとみなされ、一般異議申述期間中に誰からも異議が述べられなかったことから手続内で確定し、A には議決権総額の過半数の議決権が与えられた。その結果、X の提出した再生計画案（本件再生計画案）は、Y が同意しない旨の意見を提出したにもかかわらず法 230 条 6 項により可決されたものとみなされ、原々審は、このようにして可決された再生計画案につき再生計画認可の決定（原々決定）をした。

原審は、X は実際には存在しない本件貸付債権を意図的に債権者一覧表に記載するなどの信義則に反する行為により本件再生計画案を可決させた疑いが存するので、本件貸付債権の存否を含め信義則に反する行為の有無につき調査を尽くす必要があるとして、原々決定を取り消し、本件を原々審に差し戻した。

(3) X が、本件貸付債権は法 230 条 8 項にいう無異議債権であるから、本件再生計画案の不認可事由の存否の判断に当たっては本件貸付債権の存在を前提に判断することを要し、その存否を調査するため差し戻した判断は違法であるなどとして、抗告の許可を申し立てた。

(4) 本決定は、次のとおり判示して、原々審に差し戻した原審の判断を是認して本件抗告を棄却した。

「法 231 条が、小規模個人再生において、再生計画案が可決された場合になお、再生裁判所の認可の決定を要するものとし、再生裁判所は一定の場合に不認可の決

定をすることとした趣旨は、再生計画が、再生債務者とその債権者との間の民事上の権利関係を適切に調整し、もって当該債務者の事業又は経済生活の再生を図るという法の目的（法1条）を達成するに適しているかどうかを、再生裁判所に改めて審査させ、その際、後見的な見地から少数債権者の保護を図り、ひいては再生債権者の一般の利益を保護しようとするものであると解される。そうすると、小規模個人再生における再生計画案が住宅資金特別条項を定めたものである場合に適用される法202条2項4号所定の不認可事由である「再生計画の決議が不正の方法によって成立するに至ったとき」には、議決権を行使した再生債権者が詐欺、強迫又は不正な利益の供与等を受けたことにより再生計画案が可決された場合はもとより、再生計画案の可決が信義則に反する行為に基づいてされた場合も含まれるものと解するのが相当である（最高裁平成19年（許）第24号同20年3月13日第一小法廷決定・民集第62巻3号860頁参照）。

そして、上記の趣旨によれば、小規模個人再生において、再生債権の届出がされ（法225条により届出がされたものとみなされる場合を含む。）、一般異議申述期間又は特別異議申述期間を経過するまでに異議が述べられなかったとしても、住宅資金特別条項を定めた再生計画案の可決が信義則に反する行為に基づいてされた場合に当たるか否かの判断に当たっては、当該再生債権の存否を含め、当該再生債権の届出等に係る諸般の事情を考慮することができると解するのが相当である。

これを本件についてみると、抗告人は、本件再生手続に係る再生手続開始の申立てに当たり、債権者一覧表に本件貸付債権を記載して提出し、本件貸付債権は再生債権の届出をしたとみなされたものである。しかしながら、本件貸付債権は、抗告人が本件再生手続に係る再生手続開始の申立てより16年以上前にその実弟であるAから2000万円の貸付けを受けたことにより発生したというものであり、本件仮登記が経由されたのは、別件訴訟の提起後で上記貸付けの時から14年以上を経過した平成25年12月であって、抗告人は、原審において本件貸付債権の裏付けとなる資料の提出を求められながら、借用証や金銭の交付を裏付ける客観的な資料を提出していないなど、本件貸付債権が実際には存在しないことをうかがわせる事情がある。そして、本件貸付債権については一般異議申述期間内に異議が述べられなかったため、Aは議決権の総額の2分の1を超える議決権を行使することができることとなり、本件再生計画案が可決されるに至っている。

以上の事情によれば、本件においては、抗告人が、実際には存在しない本件貸付債権を意図的に債権者一覧表に記載するなどして本件再生計画案を可決に至らしめた疑いがあるというべきであって、抗告人が再生債務者として債権者に対し公平かつ誠実に再生手続を追行する義務を負う立場にあることに照らすと（法38条2項参照）、本件再生計画案の可決が信義則に反する行為に基づいてされた疑いが存するといえる。しかるに、本件再生計画案の可決が信義則に反する行為に基づいてされた場合に当たるか否かについて、本件貸付債権の存否を含めた調査は尽くされていない。」

なお、本決定には、木内裁判官の補足意見が付されている。

本決定は、通常民事再生の不認可事由についての前記最一小判の解釈を個人再生の場合にも及ぼすこととしたものであるが、同最判では必ずしも明らかでなかった「不正の方法」と債権調査手続を経た虚偽の債権届出との関係につき、債務者の公平誠実義務に着目し、「不正の方法」の判断に当たっては、当該債権が無異議債権として確定している場合であっても、必ずしも当該債権が存在することを前提に判断しなければならないものではなく、債権の存否等をも含め、判断の対象とすべきことを明らかにしたものであり、理論上・実務上重要な意義を有するものと考えられる。

VI 家事事件手続法

1 戸籍法

【25】28（許）49（○二小、平29・5・17、破棄・自判、集民256・1。原審福岡高決平28・9・16、原々審福岡家久留米支決平28・1・29）

(1) 戸籍法104条1項所定の日本国籍を留保する旨の届出（以下「国籍留保の届出」という。）について、その届出期間の例外を定めた同条3項の適用が問題となった事案である。

(2) 国籍法12条の規定する国籍留保制度は、出生により外国の国籍を取得した日本国民で国外で生まれたものについて、戸籍法の定めるところにより日本国籍を留保する意思表示をしなければ、出生の時に遡って日本国籍を失うというものである。この制度は、昭和59年法律第45号（以下「本件改正法」という。）の施行前は、中国等で出生した者を対象としていなかった。

前記の日本国籍を留保する意思表示について、戸籍法104条は、出生届をすることができる者が、出生の日から3箇月以内に、出生届と共に、国籍留保の届出によってしなければならないとした上（同条1項、2項）、天災その他前記の者の責めに帰することができない事由によって前記の期間内に届出をすることができないときは、その届出期間は、届出をすることができるに至った時から14日とすると定めている（同条3項）。

出生届は、父母の氏名及び本籍等が記載事項とされているが（戸籍法49条2項3号）、存しない事項についてはその旨を記載し（同法34条1項）、本籍のない者が届出後に本籍を有するに至ったときはその旨を届け出ることとされており（同法26条）、父母が本籍を有しない場合でも、その子の出生届をすることに障害はない。

(3) 本件の事実関係の概要は、次のとおりである。

ア X_1〜X_4は、日本国籍を有するAの子であり、X_5及びBはX_1の子、C及びDはX_2の子、EはX_3の子、FはX_4の子である（以下、前記のX_1〜X_4の子ら6

名を併せて「本件子ら」という。）。A、X_1～X_4 及び本件子らは、いずれも中国で出生して中国の国籍を取得し、平成25年頃までは、中国に居住していた。
　イ　Aは、平成25年1月、市町村長であるYに対し、A自身の出生届の受理を求め、Yは、同年3月、Aの出生事項を戸籍に記載した。
　ウ　Aは、平成25年10月、Yに対し、X_1～X_4 の出生届をし、X_1～X_5 は、これと同日、次のとおりの届出（以下「本件各届出」という。）をした。
　　(ｱ)　X_1～X_4 による本件子らの各出生届及び各国籍留保の届出（以下「本件各国籍留保の届出」という。）
　　(ｲ)　X_2 によるCの死亡届
　　(ｳ)　X_5 による X_5 自身の婚姻届及び離婚届
　エ　Yは、本件改正法の施行前に出生して国籍留保制度の対象とならない X_1～X_4 の出生届を受理した。しかし、本件改正法の施行後に出生した本件子らは国籍留保制度の対象となるところ、Yは、本件各国籍留保の届出は戸籍法の定める届出期間を経過してされたものであるとして不受理とし、その余の本件各届出は本件子らが国籍法12条により日本国籍を失っていることなどを理由として不受理とした。
　オ　Xらは、前記の本件各届出の不受理処分を不当として、戸籍法121条に基づく不服の申立てをした。
　(4)　原審は、本件各届出の時点で、X_1～X_4 に本籍及び戸籍上の氏名がなかったところ、このような場合でも戸籍法上は本件子らの出生届をすることは不可能ではないが、国籍留保の届出をしなければ日本国籍を喪失するという重大な結果を生ずることからすれば、出生届について父母の本籍及び戸籍上の氏名を記載した原則的な届書を提出できない場合は、戸籍法104条3項にいう「責めに帰することができない事由」があると解すべきであるとして、本件各届出を受理すべきものとした。
　(5)　これに対し、Yが許可抗告の申立てをした。
　(6)　本決定は、次のとおり判示して、原決定を破棄し、Xらの申立てを却下した原々審判に対するXらの抗告を棄却する旨の自判をした。

　「戸籍法104条1項は、子の法的地位の安定の観点から生来的な国籍の取得の有無ができる限り子の出生時に確定的に決定されることが望ましく、また、出生の届出をすべき父母等による国籍留保の意思表示をもって当該子に係る我が国との密接な結び付きの徴表とみることができることから、国籍留保の意思表示は、出生の届出をすることができる者が、原則として子の出生の日から3箇月以内に国籍留保の届出によってしなければならないとしたものと解される。そして、同条3項は、上記の届出期間について例外を認めるものであるところ、上記の国籍留保制度等の趣旨及び目的に加え、同項が『天災』を挙げていることに照らせば、同項にいう「責めに帰することができない事由」の存否は、客観的にみて国籍留保の届出をすることの障害となる事情の有無やその程度を勘案して判断するのが相当である。
　本件においては、X_1～X_4 について、戸籍に記載されておらず、本籍及び戸籍上

の氏名がないという事情だけでは、客観的にみて本件子らに係る国籍留保の届出をすることの障害とならないことは明らかであって、これによってX_1〜X_4が戸籍法104条1項の届出期間内に本件子らに係る出生の届出や国籍留保の届出をすることができなかったとはいえない。したがって、上記の事情のみをもって同条3項にいう『責めに帰することができない事由』があるとした原審の判断には、裁判に影響を及ぼすことが明らかな法令の違反があるというべきである。

　そして、その他に本件各国籍留保の届出について戸籍法104条3項を適用して受理すべき事情はうかがわれないから、本件各国籍留保の届出は、同条1項及び3項の定める届出期間を経過してされたものというべきであり、また、その余の本件各届出は、本件子らが国籍法12条により日本国籍を失っているため、戸籍法の適用がない者に係るものであるから、本件各届出は、いずれも不受理とするのが相当である。」

　(7)　本決定は、戸籍法104条3項にいう「責めに帰することができない事由」の有無が問題となる裁判例の乏しい事案について、最高裁が判断を示した事例として、実務上参考になるものと思われる。

【26】29(許)11（△一小、平29・9・21、棄却。原審名古屋高決平29・3・31、原々審名古屋家審平29・1・17）

　(1)　戸籍法施行規則60条に定める文字以外の文字を用いて子の名を記載したことを理由としてされた出生届の追完届の不受理処分に対する不服申立事件において、当該文字が社会通念上明らかに常用平易な文字と認められるか否かが問題となった事案である。

　(2)　X（母）は、子の名を未定とする出生届の提出後、子の名を「襄」とする出生届の追完届（本件追完届）を名古屋市緑区長に提出した。同区長は、「襄」の文字が戸籍法施行規則60条に定める文字でないことを理由に本件追完届を受理しなかった。そこで、Xは、戸籍法121条に基づく不服申立てをした。

　原々審が本件追完届を受理するよう命じたのに対し、原審は、Xの申立てを却下すべきものと判断した。その理由の概要は次のとおりである。

　戸籍法50条1項及び同法施行規則60条各号に該当しない文字であっても、家庭裁判所は、当該文字が社会通念上、明らかに常用平易な文字と認められるときは、当該市町村長に対し、当該も字を子の名に使用した出生届の受理を命ずることができる（最三小決平15・12・25民集57・11・2562、判時1846・11）が、「襄」の文字は、明らかに常用平易な文字であると認めることはできない。

　(3)　Xが、原決定には、戸籍法50条1項の解釈適用の誤りがあるなどと主張して、抗告の許可を申し立てた。

　(4)　本決定は、「「襄」の字が、社会通念上明らかに常用平易な文字であるとはいえないとした原審の判断は、正当として是認することができる。論旨は採用するこ

2 婚姻費用分担

【27】 29(許)29（△一小、平 29・12・21、棄却。原審福岡高決平 29・9・15、原々審大分家審平 29・6・30）

(1) X（妻）がY（夫）に対して、民法 760 条に基づき婚姻費用の分担を請求した事案である。

(2) 本件の事実関係の概要は次のとおりである。

XとYは、昭和 48 年に婚姻した夫婦であるが、遅くとも、平成 24 年 1 月頃から別居生活をするに至った。なお、Xは、その頃、離婚の対価等として、Yから合計 800 万円を受領し、別居開始後は、男性AとA方で共同生活を送っている。

Xは平成 28 年 6 月に離職し、その後は稼働しておらず、現在の収入は年金のみである。

以上のような事情の下で、Xは、Yから受領した前記 800 万円も既に生活費等に費消したとして、Yに対し、平成 28 年 11 月以降の婚姻費用の分担を求めたものである。

(3) 原々審は、YはXに対し婚姻費用として離婚時まで月額 3 万円を支払うべきものとしたが、原審はXの申立を却下すべきものとした。原審の判断の理由の概要は次のとおりである。

離婚に至っていない以上、YはXに対して法律上の扶助義務を負う。しかし、XとYの別居期間は 5 年以上に及んでいること、Xは、別居開始直後にAとの同居生活を開始し、XとAは相互に生活を扶助していること、XがAとの同居生活で具体的に困窮している様子もないこと、XとYとの間で、別居に当たって清算的な財産分与の問題が残るにしても、婚姻関係の継続を前提とした法律関係が維持されるとの認識はなかったものと認められること、Xは、別居に際し、Yから、正式に離婚が成立するまでの生活費としても十分な合計 800 万円の給付を受けたことなどからすれば、現時点でのXのYに対する婚姻費用の分担請求は権利濫用に当たり許されないというべきである。

(4) これに対して、Xが民法 760 条の解釈の誤りがあるとして抗告の許可を申し立てた。

(5) 本決定は、「所論の点に関する原審の判断は、正当として是認することができる。論旨は採用することができない。」と判示して、抗告を棄却した。

本件は、民法 760 条の適用について個別事案における認定評価が問題となっており、抗告の許可には検討の余地がある。

3　子の監護に関する処分

【28】 28(許)52（△二小、平29・2・1、棄却。原審福岡高決平28・10・14、原々審大分家審平28・8・26）

(1)　裁判上の和解により定められた養育費の支払について取消しの可否が争われた事案である。

(2)　平成19年に裁判上の和解（本件和解）により離婚した元夫であったXが、元妻であったYに対し、本件和解により定められた、XがYに対し両者間の長女（平成9年生まれ）の養育費として1箇月3万円を支払う旨の定めについて、平成28年4月以降の支払を定める部分の取消しを求めた。なお、平成22年12月、YはAと婚姻し、Aは長女と養子縁組をした。

(3)　原審は、次の理由で、本件和解により定められたXの養育費支払義務について、平成28年4月以降の支払を定める部分を取り消す旨判断した。

養育費の権利者が再婚して未成年者が再婚相手と養子縁組をした場合の当該未成年者の扶養義務については、養子縁組制度が未成年者の保護養育を目的としていること、養子縁組をした当事者としても未成年者に対する扶養も含めて親として役割を果たすという意思があると合理的に考えられること等に照らし、一時的には養親及び権利者が前記扶養義務を負うというべきである。そうすると、Xは、二次的な扶養義務を負うものであるから、養親及び権利者において十分に養育できないという事情のある場合に扶養義務を負担すると解するのが相当である。本件において、Y及び養親であるAには、長女の養育に当たって世帯の最低生活費を上回る収入があるといえるから、権利者及び養親において十分に養育できないというような事情は認められず、実親であるXには、現時点において具体的な養育費の負担義務は発生していないというべきである。したがって、Yが平成28年3月までの養育費を支払っていたことも考慮し、本件和解で定められた、同年4月以降の養育費の支払を定める部分は、これを取り消すのが相当である。

(4)　これに対し、Yが抗告許可の申立てをした。

(5)　本決定は、「所論の点に関する原審の判断は、正当として是認することができる。論旨は採用することができない。」と判示して、本件抗告を棄却した。

本件のように、養育費の権利者が再婚して未成年者が再婚相手と養子縁組をした場合の当該未成年者の養育費の負担については、一般に、養親が第一次的にこれを負担し、実親は、養親が無資力その他の理由で十分に扶養義務を履行できないときにこれを負担することになると解されている。本件は、結局、養親が未成年者を十分に養育できない事情の有無という認定問題であり、許可には検討の余地があるように思われる。

なお、これまでに養育費が問題となった許可抗告の事例はなく、事情変更による扶養料の支払義務の免除の可否等が問題となった事例として、平成21年(許)33号（最二小決平21・12・9判時2085・24）がある。

【29】29(許)18(△二小、平29・10・4、棄却。原審福岡高決平29・5・16、原々審熊本家玉名支審平29・1・13)

(1) 離婚した元夫婦間において、事情変更による養育費の減額が問題となった事案である。

(2) X(夫)とY(妻)は、婚姻中に3人の子をもうけたが、平成24年に、子らの親権者をYとして、離婚した。離婚の際の調停条項中に、Xは、Yに対し、子らの養育費として、中学校を卒業する日の属する月までは1人につき1か月5万円の支払義務を負い、高校入学以降、大学を卒業などするまでは1人につき月額7万円の支払義務を負うなどとする条項があった。また、前記調停条項中に、Xの養育費の支払義務について、Xが再婚した場合であっても変更しないものとする旨の条項があった。

Xは、平成26年に再婚し、再婚相手の子を養子とする縁組の届出をした。その後、Xは、平成27年に、再婚相手との間で、子をもうけた。

Xは、前記の再婚、養子縁組及び再婚相手との間の子の出生によって生じたXの扶養親族の変動は、前記調停の成立時には想定されていなかった事情の変更に当たるなどとして、養育費の減額を求める申立てをした。

(3) 原審は、養育費を、中学校を卒業するまでは1人につき月額3万7000円、高校入学以降、大学を卒業などするまでは1人につき月額3万8000円としたが、理由中で、Xの再婚については事情変更として考慮すべきではない旨説示した。

(4) Xのみが、原決定に対し、Xの再婚は具体的に想定されていなかったから、民法880条の事情変更に当たり、養育費の算定に当たりXの再婚相手の生活費指数を考慮すべきであるなどとして、抗告許可申立てをし、原審は抗告を許可した。

(5) 本決定は、「所論の点に関する原審の判断は、是認することができる。論旨は採用することができない。」と判示して、抗告を棄却した。

本件で争われたのは、個別事案における認定又は評価の問題と思われ、抗告の許可には検討の余地がある。

【30】28(許)50(△三小、平29・9・26、棄却。原審福岡高決平28・9・30、原々審福岡家小倉支審平28・4・22)

(1) 孫であるA_1、A_2を監護養育するY_1、Y_2が、A_1、A_2の親権者であるX_1、X_2(Y_1、Y_2の子)を相手方として、自らをA_1、A_2の監護者に指定すること(監護者指定事件)及び養育費を支払うこと(養育費請求事件)を求めた家事審判事件と、X_1が、Y_1、Y_2に対して、親権に基づき、A_1、A_2の引渡し(子の引渡事件)を求めた家事審判事件とが併合された事案である。

(2) 本件の事実関係等の概要は、次のとおりである。

Y_1とY_2は、A_1とA_2がX_1(X_2は、X_1らと別居しているが、この別居は離婚を前提としたものではない。)の下での生活に不満を抱いていたため、A_1とA_2を引き取った。A_1、A_2は私立中学校を受験して合格し、Y_1、Y_2の下から通学している。

なお、X_1 は、家計の状況から私立中学校への通学には反対している。

Y_1 と Y_2 は、X_1、X_2 を相手方として、自らを A_1、A_2 の監護者に指定すべきこと及び養育費の支払を求める家事審判を申し立てた。これに対して、X_1 は、Y_1、Y_2 に対して、親権に基づき A_1、A_2 の引渡しを求めた。

(3) 原審は、監護者指定事件について、子を事実上監護している者については民法766条2項、3項を類推適用して当事者適格を認めるのが相当であるとして、Y_1、Y_2 の申立権は認められるとした上で、X_1 の監護に特に問題はなく、親権喪失事由、親権停止事由のほかこれに準ずる特段の事情も認められないとして却下すべきものとした。

次に、養育費請求事件について、監護者指定事件と同様の理由付けで、Y_1、Y_2 の申立権は認められるとし、Y_1、Y_2 が A_1、A_2 を引き渡した時又は子の引渡事件を認容する審判の確定のいずれか先に到達した時点まで X_1 については月額6万円、X_2 について月額3万円を支払うべきものとした。

さらに、子の引渡事件については、共同親権者の1人が親権者以外の第三者に対する子の引渡しは本来的には民事訴訟手続によって審理されるべきであるものの、本件においては Y_1、Y_2 は、実際に A_1、A_2 を監護し、親権者に代わって自らを監護者に指定するよう申し立てているから、民法766条を類推適用して、X_1 の Y_1、Y_2 に対する子の引渡しの申立権は認められるとした上で、Y_1、Y_2 に A_1、A_2 の監護権は認められず、X_1 も監護者として不適切であるとは認められないとして、X_1 の Y_1、Y_2 に対する引渡請求を認容すべきものとした（ただし、A_1、A_2 の年齢に鑑み、Y_1、Y_2 に対して、X_1 が A_1、A_2 を引き取ることを妨害してはならないものとした。）。

(4) Y_1、Y_2 が、監護者指定事件について Y_1、Y_2 の申立てを却下すべきものとした原審の判断には民法766条2項、3項の解釈の誤りがある、子の引渡事件について X_1 の引渡請求を認容すべきものとした原審の判断には、家事審判において、親権者が民法766条2項、3項を類推適用して子の引渡しを第三者に求めることはできないから、法令適用の誤りがあるとして抗告の許可を申し立てた。

(5) 本決定は、「本件の事実関係の下においては、所論の点に関する原審の判断は、結論において是認することができる。論旨は採用することができない。」と判示して、抗告を棄却した。

親権者以外の第三者に対して親権者が親権に基づき子の引渡しを求める申立てが、民法766条2項、3項の類推適用によって家事審判事項に当たると解するか否かについては、学説及び下級裁の裁判例において争いがあるところである。本件は、事案の特殊性のほか、Y_1、Y_2 の論旨が、自らを相手方とする子の引渡事件については民法766条2項、3項の類推適用を否定しながら、自らが申し立てた監護者指定事件及び養育費請求事件については民法766条2項、3項の類推適用を前提とした主張をするという一貫性を欠くものであったことなどを考慮して、本件の事実関係の下において原審の結論を是認したものと解される。本決定により第三者に対す

る親権者の親権に基づく子の引渡しが家事審判事項に当たるか否かについて最高裁の見解が明らかにされたとは必ずしもいえないように思われる。

Ⅶ その他

1 民　法

【31】29(許)14（○三小、平29・11・28、棄却、集民257・23。原審大阪高決平29・4・20、原々審大阪家審平29・2・15）

(1) 本件は、被相続人Aの成年後見人であったXが、後見事務において立て替えた費用等につきAに対して債権を有するなどと主張して、民法941条1項に基づき、Aの相続人であるY及びBの財産からAの相続財産を分離する旨の家事審判を申し立てた事案であり（本件申立て）、相続債権者から民法941条1項の財産分離の家事審判の申立てを受けた家庭裁判所が、いかなる場合に財産分離を命ずる審判をすることができるかが問題となっている。

原々審が、本件申立てを認容したところ、Yが即時抗告をした。

(2) 原審は、要旨次のとおり判断して、原々審判を取り消し、事件を原々審に差し戻した。

民法941条1項の財産分離は、相続人の固有財産が債務超過の状態にある場合又は近い将来において債務超過となるおそれがある場合に相続財産と相続人の固有財産の混合によって相続債権者等の債権回収に不利益を生ずることを防止するための制度であるから、家庭裁判所は、同項の定める形式的要件が具備されていることに加えて、前記の意味における財産分離の必要性が認められる場合にこれを命ずることができるところ、このような財産分離の必要性について審理することなく財産分離を命じた原々審判には審理不尽の違法がある。

(3) これに対して、Xが、抗告許可の申立てをした。

(4) 本決定は、次のとおり判示して、本件抗告を棄却した。

「民法941条1項の規定する財産分離の制度は、相続財産と相続人の固有財産とが混合することによって相続債権者又は受遺者（以下「相続債権者等」という。）がその債権の回収について不利益を被ることを防止するために、相続財産と相続人の固有財産とを分離して、相続債権者等が、相続財産について相続人の債権者に先立って弁済を受けることができるようにしたものである。

このような財産分離の制度の趣旨に照らせば、家庭裁判所は、相続人がその固有財産について債務超過の状態にあり又はそのような状態に陥るおそれがあることなどから、相続財産と相続人の固有財産とが混合することによって相続債権者等がその債権の全部又は一部の弁済を受けることが困難となるおそれがあると認められる場合に、民法941条1項の規定に基づき、財産分離を命ずることができるものと解

するのが相当である。」

(5) 本件は、民法941条1項の財産分離の要件に関して、最高裁として初めての判断が示されたものであり、実務上重要な意義を有するものと思われる。

2 会社法

【32】 28(許)28〜36（△一小、平29・2・9、棄却。原審東京高決平28・3・28、原々審東京地決平27・3・25）

(1) 株式会社の親会社による当該株式会社株式の公開買付け後に当該株式会社がその株式を全部取得条項付種類株式とした上でこれを取得することとなった場合において会社法172条1項に基づき当該種類株式の価格決定が申し立てられた事案である。

(2) 本件の事実関係の概要は、次のとおりである。

ア Y株式会社の親会社であるA株式会社は、平成24年9月頃、自社でY社の株式を全部保有することをY社に提案した。これを受けたY社は、自社とA社から独立した財務アドバイザーと法務アドバイザーを選定するとともに、同様に独立した第三者委員会を設置した上、同委員会に対してA社からの提案が少数株主にとって不利益であるか否か及びその前提となる株式取得対価の妥当性等について諮問した。

イ Y社の財務アドバイザーは、第三者委員会に対して株価の算定方式等につき説明をするなどした上で、A社の選定した財務アドバイザーとの間で平成24年11月から12月にかけて6回の交渉を行い、A社は株式取得価格として一株当たり720円を提示した。その後に開催された第三者委員会でY社の財務アドバイザーから説明がされたところ、委員からは1株当たり750円に近づけるべく再交渉するのが望ましいとの発言があった。

ウ これを受けて両社の担当取締役や各財務アドバイザー等が出席しての交渉が行われ、A社の取締役から株式取得価格を1株当たり735円とする発言があった。この状況について説明を受けた第三者委員会は、平成25年1月、株式取得対価を1株当たり735円とするのは妥当であるなどとする答申をした。

エ Y社の取締役会は、前記答申の翌日、利害関係を有する取締役を除外した上で、公開買付けに賛同意見を表明し、Y社の株主に対し公開買付けへの応募を推奨する旨の決議をした。A社は、同日、買付価格を1株735円としてY社の株式の公開買い付けを行い、全部を取得できなかった時にはこれを同額で取得する旨公表し、Y社は前記決議どおりの賛同等を公表した。

オ 平成25年1月から2月にかけてY社の株式の公開買付けが実施された。そして、同年5月、Y社は、その普通株式を全部取得条項付種類株式とし、Y社がこれを全部取得する対価として残余財産の分配についての優先株式を交付する旨の定款変更決議を行い、同年6月、全部取得条項付種類株式の全部を取得した。同決議

に反対したXらが、会社法172条1項に基づき、取得価格の決定の申立てをした。

(3) 原審は、相互に特別の資本関係のない独立当事者間の企業再編取引に当たらない場合であっても、利益相反を抑制し、意思決定の恣意性を排除するための措置が講じられた客観的にみて公正な手続が実質的に履践され、取引条件が定められた場合には、当該取引は企業価値を増大させる取引であり、増加価値分配部分も含めた公正な価格が定められたものとして、特段の事情のない限り、取得価格の決定においても、このような手続で定められた価格を尊重すべきであるとし、本件の取引では、客観的に見て公正な手続が実質的に履践されたものと評価することができるとして、取得価格を公開買い付け価格と同額である1株当たり735円とした。

(4) 本決定は、「所論の点に関する原審の判断は、是認することができる。論旨は採用することができない。」と判示して、抗告を棄却した。原審は、いわゆるジュピターテレコム事件において最一小判平28・7・1民集70・6・1445が示したものとおおむね同趣旨の判断枠組みを用いており、本決定も当該枠組みの下における原審の認定評価を是認したものといえる。もっとも、「正当として是認」していないのは、公正な手続の履践がされたかどうかにつき若干議論の余地が残っているとの認識を示したものともいえよう。この種事案における公正な手続の履践の有無については今後事案が積み重ねられることが期待される。

【33】28(許)24（◎三小、平29・2・21、棄却、民集71・2・195。原審東京高決平28・3・10、原々審千葉地木更津支決平28・1・13）

(1) 取締役会設置会社である非公開会社において、取締役会の決議によるほか、株主総会の決議によっても代表取締役を定めることができる旨の定款の定めが有効かどうかが争われた事案である。

(2) 本件の事実関係の概要は、次のとおりである。

Y_1は、非公開会社で、取締役会を設置する旨の定款の定めを有する取締役会設置会社である。Y_1の定款には、代表取締役は取締役会の決議によって定めるものとするが、必要に応じ、株主総会の決議によって定めることができる旨の定め（以下「本件定め」という。）がされていた。

XはY_1の代表取締役であった者である。Y_2は、平成27年9月30日に開催されたY_1の株主総会（以下「本件株主総会」という。）において取締役に選任する旨の決議及び代表取締役に定める旨の決議がされた者である。

XがY_1及びY_2に対し、本件株主総会の前記各決議には法令違反があるとして、Y_2の取締役兼代表取締役の職務執行停止及び職務代行者選任の仮処分命令の申立てをした。

(3) 原審は、代表取締役の選任・解任権限を株主総会に認めたからといって、取締役会の監督権能が失われるものではなく、本件定めが無効であるとはいえないとして、Xの申立てを却下すべきものとした。

(4) Xが抗告の許可を申し立てた。

(5) 本決定は、次のとおり判示して、本件定めを有効とし、本件許可抗告を棄却すべきものとした。

「取締役会を置くことを当然に義務付けられているものではない非公開会社（法327条1項1号参照）が、その判断に基づき取締役会を置いた場合、株主総会は、法に規定する事項及び定款で定めた事項に限り決議をすることができることとなるが（法295条2項）、法において、この定款で定める事項の内容を制限する明文の規定はない。そして、法は取締役会をもって代表取締役の職務執行を監督する機関と位置付けていると解されるが、取締役会設置会社である非公開会社において、取締役会の決議によるほか株主総会の決議によっても代表取締役を定めることができることとしても、代表取締役の選定及び解職に関する取締役会の権限（法362条2項3号）が否定されるものではなく、取締役会の監督権限の実効性を失わせるとはいえない。

以上によれば、取締役会設置会社である非公開会社における、取締役会の決議によるほか株主総会の決議によっても代表取締役を定めることができる旨の定款の定めは有効であると解するのが相当である。」

(6) 取締役会設置会社において株主総会で代表取締役を定める定款の有効性については会社法施行後も見解が分かれていたところ、本決定は、非公開会社の事案につき、取締役会と株主総会の双方に選定権限を認める定めは有効であると判示したものであり、理論的にも実務的にも重要な意義を持つと考えられる。

【34】29（許）7（◎二小、平29・8・30、棄却、民集71・6・1000。原審東京高決平29・1・31、原々審長野地決平28・8・12）

(1) 会社法（以下、「法」という。）179条1項の規定による株式売渡請求の手続において、法179条の4第1項1号の通知又は同号及び社債、株式等の振替に関する法律161条2項の公告がされた後に法179条の2第1項2号に規定する売渡株式を譲り受けた者が法179条の8第1項の売買価格の決定の申立てをすることができるか否かが問題となった事案である。

(2) 本件の事実関係の概要は、次のとおりである。

ア　Aは、振替株式を発行しているB（本件対象会社）の株式を公開買付により取得して法179条1項の特別支配株主となり、平成27年12月、本件対象会社に対し、株式売渡請求をしようとする旨及び株式売渡請求によりその有する株式を売り渡す株主（売渡株主）に対してその株式（売渡株式）の対価として交付する金銭の額（対価の額）等を通知した。

イ　本件対象会社は、前記の通知に係る株式売渡請求を承認し、法179条の4第1項1号及び社債、株式等の振替に関する法律161条2項に基づき、前記承認をした旨、対価の額等、所定の事項について公告（本件公告）をした。

ウ　Xは、本件公告後に本件対象会社の売渡株式のうち3000株（本件株式）を譲り受け、本件株式について、法179条の8第1項に基づく売買価格の決定の申立て（売買価格決定の申立て）をした。

(3)　原審は、Xの売買価格決定の申立てを却下すべきものとした。その理由の概要は、次のとおりである。

法が売渡株主等に売買価格決定の申立ての権利を認めた趣旨は、株式等売渡請求がされることにより、売渡株主等はその意思にかかわらず一方的に売渡株式等について特別支配株主との間の売買契約上の売主の立場に置かれることとなるから、かかる法律関係が形成された時点の対象会社の株主等に、その経済的利益を確保する手段として、対価の相当性についての不服申立ての機会を与えるものと解される。これに対し、対象会社による通知又は公告の後に対象会社の株式等を取得した者は、前記のような法律関係が形成されたことを当然の前提として対象会社の株式等を譲り受けた者であるから、法は、このような者の経済的利益を確保するために価格決定の申立権を認める趣旨とは解し難い。しかるところ、Xは、本件対象会社による公告後に本件株式を取得した者であるから、売買価格決定の申立適格を欠く。

(4)　これに対し、Xが、法に売買価格決定の申立てをすることができる株主を制限する旨の規定はないなどと主張して、抗告許可の申立てをした。

(5)　本決定は、次のとおり判示して、原審の判断を正当として是認し、本件抗告を棄却した。

「特別支配株主の株式売渡請求は、その株式売渡請求に係る株式を発行している対象会社が、株主総会の決議を経ることなく、これを承認し、その旨及び対価の額等を売渡株主に対し通知し又は公告すること（法179条の4第1項1号、社債、株式等の振替に関する法律161条2項）により、個々の売渡株主の承諾を要しないで法律上当然に、特別支配株主と売渡株主との間に売渡株式についての売買契約が成立したのと同様の法律関係が生ずることになり（法179条の4第3項）、特別支配株主が株式売渡請求において定めた取得日に売渡株式の全部を取得するものである（法179条の9第1項）。法179条の8第1項が売買価格決定の申立ての制度を設けた趣旨は、上記の通知又は公告により、その時点における対象会社の株主が、その意思にかかわらず定められた対価の額で株式を売り渡すことになることから、そのような株主であって上記の対価の額に不服がある者に対し適正な対価を得る機会を与えることにあると解されるのであり、上記の通知又は公告により株式を売り渡すことになることが確定した後に売渡株式を譲り受けた者は、同項による保護の対象として想定されていないと解するのが相当である。

したがって、上記の通知又は公告がされた後に売渡株式を譲り受けた者は、売買価格決定の申立てをすることができないというべきである。

抗告人は、本件公告後に本件株式を譲り受けた者であるから、売買価格決定の申立てをすることができない。」

(6)　本決定は、株式売渡請求の手続において売買価格決定の申立てをすることができる売渡株主の範囲について最高裁が判断を示したものであり、通知又は公告の後に売渡株式を譲り受けた者による申立ての可否という限度ではあるが、理論的にも実務的にも重要な意義を有するものである。

【35】29（許）8（△二小、平29・9・13、棄却。原審東京高決平29・2・15、原々審東京地決平28・11・11）
【36】29（許）23（△二小、平29・10・4、棄却。原審東京高決平29・6・30、原々審東京地決平28・12・20）
　(1)　いずれも【34】と同様に、株式売渡請求の手続において対象会社の通知又は公告の後に売渡株式を譲り受けた者による売買価格決定の申立ての可否が問題となった事案である。なお、いずれにおいても売買価格決定の申立てをしたXは、【34】のXと同一である。
　(2)　各原審が、【34】の(3)と同じ理由により、対象会社の公告後に売渡株式を取得したXは売買価格決定の申立適格を欠くとして、本件申立てを却下すべきものとしたところ、これに対し、Xが、抗告許可の申立てをした。
　(3)　本件各決定は、「抗告人の本件申立ては不適法でありこれを却下すべきものとした原審の判断は、正当として是認することができる。論旨は採用することができない。」と判示して、各抗告を棄却した。
　本件各決定は、【34】の決定前にされた各抗告を、【34】の決定を前提に、これと同旨の原審の判断を正当として是認したものと思われる。

【37】29（許）10（◎三小、平29・12・19、棄却、民集71・10・2592。原審仙台高決平29・3・17、原々審仙台地決平29・2・6）
　(1)　賃借人が契約当事者を実質的に変更したときには賃貸人は違約金を請求できるなどの定めのある賃貸借契約において、当該賃借人が吸収分割の後は責任を負わないものとする吸収分割により契約当事者の地位を承継させた場合に、当該賃借人が吸収分割がされたことを理由に上記定めに基づく違約金債権に係る債務を負わないと主張することができるかどうかが争われた事案である。
　(2)　本件の事実関係の概要は次のとおりである。
　ア　Yは土木建築請負業を主たる事業とし、資本金は5000万円、平成27年6月30日現在の純資産額は約8億5000万円である。
　イ　YとXは、平成24年5月、Xが老人ホーム用の本件建物を建築し、YがXから賃借する旨の本件賃貸借契約（期間20年）を締結した。なお、本件賃貸借契約には、20年間契約が継続することを前提にXが投資していることから中途解約が禁止され、Yが契約当事者を実質的に変更した場合にはXは本件賃貸借契約を解除することができる本件解除条項及び本件解除条項による解除の場合には、YはXに対し15年分の賃料から支払済みの賃料額を控除した金額を違約金として支払

う旨の本件違約金条項が付されていた。

　ウ　Xは、本件建物において、有料老人ホームの運営事業である本件事業を開始したが、本件事業は開始当初から業績不振であった。そのため、Yは、本件賃貸借契約の賃借人の地位を含む本件事業に関する権利義務等を他に移転しようと考え、平成28年5月17日にYが資本金100万円全額を出資することによってAが設立された。そして、同月26日、YとAとの間で、効力発生日を同年7月1日として、本件事業に関する権利義務等のほか1900万円の預金債権がYからAに移転される旨の本件吸収分割契約が締結された。本件吸収分割契約においては、Yは本件事業に関する権利義務等について本件吸収分割後責任を負わないものとする旨の定めがされていた。

　エ　Xは、平成28年12月、本件解除条項に基づき、本件賃貸借契約を解除する旨の意思表示をした。

　(3)　原審は、本件解除条項及び本件違約金条項を認識しながら本件吸収分割をしたYが違約金債務を免れるのは信義に反すること、本件吸収分割によりYが違約金債務を免れるとすると、Xは純資産約8億5000万円を有するYではなく、わずかな純資産を有するにすぎないAから違約金を回収しなければならず著しく不合理であるなどとして、Xの申立てを認容すべきものとした。

　(4)　これに対して、Yが法令解釈の誤りがあるとして抗告の許可を申し立てた。

　(5)　本決定は、次のとおり判示し、原審の判断は次の趣旨をいうものとして是認することができるとした。

　「本件賃貸借契約においては、XとYとの間で、本件建物が他の用途に転用することが困難であること及び本件賃貸借契約が20年継続することを前提にXが本件建物の建築資金を支出する旨が合意されていたものであり、Xは、長期にわたってYに本件建物を賃貸し、その賃料によって本件建物の建築費用を回収することを予定していたと解される。Xが、本件賃貸借契約において、Yによる賃借権の譲渡等を禁止した上で本件解除条項及び本件違約金条項を設け、Yが契約当事者を実質的に変更した場合に、Yに対して本件違約金債権を請求することができることとしたのは、上記の合意を踏まえて、賃借人の変更による不利益を回避することを意図していたものといえる。そして、Yも、Xの上記のような意図を理解した上で、本件賃貸借契約を締結したものといえる。

　しかるに、Yは、本件解除条項に定められた事由に該当する本件吸収分割をして、Xの同意のないまま、本件事業に関する権利義務等をAに承継させた。Aは、本件吸収分割の前の資本金が100万円であり、本件吸収分割によって本件違約金債権の額を大幅に下回る額の資産しかYから承継していない。仮に、本件吸収分割の後は、Aのみが本件違約金債権に係る債務を負い、Yは同債務を負わないとすると、本件吸収分割によって、Yは、業績不振の本件事業をAに承継させるとともに同債務を免れるという経済的利益を享受する一方で、Xは、支払能力を欠くこ

とが明らかなAに対してしか本件違約金債権を請求することができないという著しい不利益を受けることになる。

　さらに、会社法は、吸収分割会社の債権者を保護するために、債権者の異議の規定を設けている（789条）が、本件違約金債権は、本件吸収分割の効力発生後に、Xが本件解除条項に基づき解除の意思表示をすることによって発生するものであるから、Xは、本件違約金債権を有しているとして、Yに対し、本件吸収分割について同条1項2号の規定による異議を述べることができたとは解されない。

　以上によれば、YがXに対し、本件吸収分割がされたことを理由に本件違約金債権に係る債務を負わないと主張することは、信義則に反して許されず、Xは、本件吸収分割の後も、Yに対して同債務の履行を請求することができるというべきである。」

　(6)　分割会社の債権者を害する意図をもって行われた会社分割については、最二小判平24・10・12民集66・10・3311、判時2184・144が、分割会社に残存する債権者が新設分割に詐害行為取消権を行使することを認めて債権者の保護を一定程度図ったところであるが、本件はこれと異なる事案について、本件の具体的事情の下で、吸収分割後、承継会社のみが責任を負い、分割会社は責任を負わないとの主張を信義則により制限する旨判示したもので、理論上、実務上重要な意義を有するものと思われる。

3　国際的な子の奪取の民事上の側面に関する条約の実施に関する法律

【38】28(許)48（△一小、平29・3・23、棄却。原審大阪高決平28・7・7、原々審大阪家決平28・3・31）

　(1)　国際的な子の奪取の民事上の側面に関する条約の実施に関する法律に基づく日本から外国への子の返還の是非が問題となった事案である。

　(2)　事実関係の概略は次のとおりである。

　ア　X（父親。シンガポール共和国籍）とY（母親。インド国籍）は、平成22年にシンガポール共和国で婚姻後、平成23年11月にA（英国籍）をもうけた。

　イ　XとYは、平成25年、家族で東京都に転居した後に不仲となり、Xは、同年12月、日本を出国し、シンガポール共和国に入国した。

　ウ　Xは、平成26年1月、シンガポール共和国の裁判所にYとの離婚を求める裁判を申し立て、その後、YはAと共にシンガポール共和国に入国した。

　エ　シンガポール共和国の裁判所は、平成26年5月、XとYの合意に基づき、離婚のほか、①XとYがAの共同監護権を有すること、②Yは、Aの世話及び監督の権利を有し、自己の費用により、Aを自由に日本に転居させることができること、③Yは、Aが日本に転居するまでの間及びAがシンガポール共和国から転居した後のいずれにおいても、Aと交流する権利を有することなどを内容とす

る判決（本件判決）を言い渡し、本件判決は同年9月に確定した。
　オ　Xは、平成26年11月、シンガポール共和国の裁判所に、本件判決につき、前記エ②に係る条項の削除及び同③に係る条項の内容の変更を求める申立てをし、シンガポール共和国の裁判所は、同申立てに係る手続（本件変更申立手続）において聴聞期日を開くなどした。
　カ　Yは、平成27年1月、Aと共にシンガポール共和国を出国して日本に入国し（本件連れ去り）、現在まで、日本国内において、Aと同居して生活している。
　キ　Xは、平成27年5月、本件変更申立手続に係る前記エ②に係る条項の削除についての申立てを取り下げ、シンガポール共和国の裁判所により同取下げについての許可がされた。
　ク　シンガポール共和国は、本件連れ去りの時点において、国際的な子の奪取の民事上の側面に関する条約（ハーグ条約）の締結国であった。
　ケ　本件連れ去りについて、Xは、Xの監護の権利を侵害し、又は、本件変更申立手続の進行中に行われたものであることからシンガポール共和国の裁判所の有する監護の権利を侵害し、国際的な子の奪取の民事上の側面に関する条約の実施に関する法律（以下「実施法」という。）27条3号の「申立人の有する監護の権利を侵害するもの」に当たるとして、実施法に基づき、Aのシンガポール共和国への返還を求めた。これに対し、Yは、本件判決によりYはAと共に自由に日本に転居する権利を付与されているから、本件連れ去りは「申立人の有する監護の権利を侵害するもの」に当たらない、本件においてシンガポール共和国の裁判所がAについて監護の権利を有していたとはいえないなどと主張して争った。
　ところで、実施法27条3号は、前記の「申立人の有する監護の権利を侵害するもの」に当たるか否かについて、常居所地国の法令により判断する旨規定しているところ、英国のほか一部のハーグ条約の締結国の判例法においては、常居所地国の裁判所に子の監護に関する事件が係属している間に、一方の親により監護の権利を有しない他方の親に無断で子が連れ去られた場合、当該連れ去りは「裁判所の監護の権利」（riGht oF CustoDy in A Court）を侵害するため、ハーグ条約上の監護の権利を侵害するとするものがある。そこで、常居所地国の法令に前記の判例法が取り込まれていると考えられる事案では、前記の「裁判所の監護の権利」の侵害の有無が争点になることがあり、本件においても、シンガポール共和国の法制に前記の英国の判例法が取り込まれているとの主張がされ、Aについて、シンガポール共和国の裁判所の有する「監護の権利」の有無が争点となったものである。もっとも、前記の判例法については、その具体的内容や射程が必ずしも明らかでない場合があるほか、常居所地国の法制に当該判例法が実際に取り込まれているか否か、取り込まれているとして各国の事情に応じた修正等が加えられていないか否かなどの問題もある。
　(3)　原々審は、本件において、Xは、常居所地国であるシンガポール共和国の法令によれば実施法27条3号の「監護の権利」を有しておらず、シンガポール共和

国の裁判所もAについて「監護の権利」を有していたとは認められず、本件連れ去りが同号の「申立人の有する監護の権利を侵害するもの」であったとはいえないとして、Xの申立てを却下すべきものとした。原審は、基本的に原々審の前記判断を是認したが、シンガポール共和国の裁判所の有する「監護の権利」について、本件変更申立手続が進行していたことなどからシンガポール共和国の裁判所がAに対して「監護の権利」を有していた可能性が認められるが、その後Xにより本件変更申立手続に係る申立てが一部取り下げられたことなど一連の経過等に照らし、シンガポール共和国の裁判所がAに対して「監護の権利」を有しているとはいえない旨の判示をした。

(4) これに対し、Xが、原決定には、本件変更申立手続に係る申立ての一部取下げなど本件連れ去りがされた後の事情を理由に、本件連れ去りが法27条3号の「申立人の監護の権利を侵害するもの」に当たらないとした点について、同号の解釈の誤りがあるなどと主張して、抗告許可の申立てをした。

(5) 本決定は、「抗告人の申立てを却下した原々決定を是認した原決定は、本件の事実関係の下においては、結論において相当である。論旨は採用することができない。」と判示して、抗告を棄却した。

実施法27条3号に規定する監護の権利の侵害の有無は、基本的に、常居所地国の法令上、連れ去り又は留置の開始時に申立人が子についての監護の権利を有していたといえるか否かによって判断されているところ、本決定は、論旨の指摘するとおりの問題が仮にあるとしても、前記(2)ケの事情等も考慮しつつ、本件の事実関係の下で原々決定に対する抗告を棄却した結論は支持できると解したものと考えられる。

【39】29(許)15（△一小、平29・9・21、棄却。原審札幌高決平29・5・9、原々審釧路家北見支審平29・3・8）
【40】29(許)16（△一小、平29・9・21、棄却。原審札幌高決29・5・9、原々審釧路家北見支審平29・3・8）

(1) 【39】【40】事件は、いずれも、確定した子の返還を命ずる終局決定と同一の効力を有する調停（国際的な子の奪取の民事上の側面に関する条約の実施に関する法律（以下「実施法」という。）145条3項）が成立した別居中の夫婦の一方において、子の監護者の指定を申し立てることができるかが問題となった事案である。

(2) 【39】事件は、X（妻）がY（夫）に対し、子の監護者をXと定めることを求める事案であり、【40】事件は、審判前の保全処分として、子の監護者を仮にXと定めることを求める事案である。

X、Y及び子は、元々ロシア連邦に居住していたが、子（当時9歳）とXは、平成28年、日本に帰国した。Yは、同年、東京家庭裁判所に対し、実施法に基づき、子の返還を求める申立てをした。この事件は職権により調停に付され、平成29年1月、XとYとの間において、Xが同年2月▲日限り未成年者をロシアに返還する

こと等を内容とする調停が成立した。しかし、Xは、子が自らロシアに帰ることを拒んだなどとして、前記調停に基づく返還合意を履行せず、平成29年2月▲日（返還期限の5日後）に本件各申立てをした。

(3) 原々審及び原審は、Xの申立ては不適法であるとしてこれを却下すべきものとした。その理由の概要は次のとおりである。

子の監護に関する処分についての審判事件が係属している我が国の裁判所は、当該審判事件に係る子について不法な連れ去り又は不法な留置と主張される連れ去り又は留置があったことが外務大臣又は当該子についての子の返還申立事件が係属する裁判所から通知されたときは、子の返還の申立てが相当の期間内にされないとき、又は子の返還の申立てを却下する裁判が確定したときを除き、当該審判事件について裁判をしてはならない（実施法152条）。また、実施法が、事情の変更により終局決定を変更することができる旨の規定（117条）、終局決定の執行停止等に関する規定（118条）のほか、終局決定等の適正かつ迅速な実行のための執行手続についての特則（134条以下）を設けていることからすれば、終局決定の後に事情の変更があったとしても、これを変更する決定がされない限り、我が国の裁判所が監護権の本案について審理することは予定されていないというべきである。この点は、終局決定と同一の効力を有する調停が成立した場合であっても同様と解される。

(4) これに対し、Xが、原審の判断には実施法28条1項5号、135条の解釈の誤りがあるなどと主張して、抗告許可の申立てをした。

(5) 各決定は、「所論の点に関する原審の判断は、正当として是認することができる。論旨は採用することができない。」と判示して、いずれの抗告も棄却した。

【41】29(許)9（○一小、平29・12・21、棄却、集民257・63。原審大阪高決平29・2・17）

(1) 国際的な子の奪取の民事上の側面に関する条約の実施に関する法律（以下「実施法」という。）に基づいて子の返還を命じた終局決定について、その確定後の事情の変更によりこれを維持することが不当となったとして、実施法117条1項の規定に基づく変更の申立てがされた事案である。

(2) 本件の事実関係の概要は、次のとおりである。

ア X、Y及び両名の子4名（以下「本件子ら」という。）は、米国において同居していたが、Yは、平成26年7月、8月中に米国へ戻るとXに約束して、本件子らを連れて日本に入国し、Yの両親宅に居住している。前記の入国当時、本件子らのうち年長の双子であるA及びBは11歳7箇月、年少の双子であるC及びDは6歳5箇月であった。

イ Yは、Xから9月以降もしばらく日本にいるように言われ、Xの了承を得て本件子らをインターナショナルスクールに入学させた。その後、本件子らの米国への帰国についてXとYの意見が対立し、Xは、本件子らについて実施法に基づく

子の返還の申立て（以下「本件申立て」という。）をした。

ウ　家裁調査官の調査において、A及びBは米国への返還を強く拒絶する旨を述べ、C及びDも米国への返還に拒否的な意見を述べたほか、本件子らはいずれも他のきょうだいと離れたくないと述べた。また、Xは、この頃には、本件子らを適切に監護養育するための経済的基盤を有しておらず、その監護養育について親族等から継続的な支援を受けることも見込まれない状況にあった。

エ　大阪高裁は、平成28年1月、A及びBについては、実施法28条1項5号の返還拒否事由があるとしながら、米国に返還することが子の利益に資するとして、同項ただし書を適用すべきものとし、C及びDについては、返還拒否事由は認められないなどとして、本件子らをいずれも米国に返還するよう命ずる旨の決定（以下「変更前決定」という。）をした。変更前決定は、同月、確定した。

オ　Xは、平成28年2月、米国の自宅が競売されたため、同年8月頃、自宅を明け渡し、知人宅の一室を借りて住むようになった。

カ　Xが代替執行を申し立てたため、執行官は、平成28年9月、本件子らをXと面会させようとしたが、本件子らは、米国への返還を拒絶して、Xと面会しようとしなかった。その翌々日、執行官は、A及びBとXとの間で会話をさせたが、両名の意向に変化はなく、執行を続けると両名の心身に有害な影響を及ぼすおそれがあることなどから、前記代替執行を執行不能により終了させた。

(3)　Yが、実施法117条1項に基づいて変更前決定の変更を求める申立てをしたところ、原審は、変更前決定の確定後に生じた事情の変更により、本件子らが米国に返還された場合に、Xが本件子らを監護することが困難な事情に陥ったことなどから、実施法28条1項4号の返還拒否事由に該当するとして、実施法117条1項に基づき、変更前決定を変更し、本件申立てを却下した。

(4)　これに対し、Xが許可抗告の申立てをした。

(5)　本決定は、次のとおり判示して、抗告を棄却した。

「上記の経緯によれば、Xは、本件子らを適切に監護するための経済的基盤を欠いており、その監護養育について親族等から継続的な支援を受けることも見込まれない状況にあったところ、変更前決定の確定後、居住していた自宅を明け渡し、それ以降、本件子らのために安定した住居を確保することができなくなった結果、本件子らが米国に返還された場合の抗告人による監護養育態勢が看過し得ない程度に悪化したという事情の変更が生じたというべきである。そうすると、米国に返還されることを一貫して拒絶しているA及びBについて、実施法28条1項5号の返還拒否事由が認められるにもかかわらず米国に返還することは、もはや子の利益に資するものとは認められないから、同項ただし書の規定により返還を命ずることはできない。また、C及びDについては、両名のみを米国に返還すると密接な関係にある兄弟姉妹である本件子らを日本と米国とに分離する結果を生ずることなど本件に現れた一切の事情を考慮すれば、米国に返還することによって子を耐え難い状況

Ⅶ　その他

に置くこととなる重大な危険があるというべきであるから、同項 4 号の返還拒否事由があると認めるのが相当である。
　したがって、変更前決定は、その確定後の事情の変更によってこれを維持することが不当となるに至ったと認めるべきであるから、実施法 117 条 1 項の規定によりこれを変更し、本件申立てを却下するのが相当である。これと同旨の原審の判断は、結論において是認することができる。」

　(6)　本決定は、実施法 117 条 1 項の適用の可否が問題となる事案に関する事例判断であるが、実施法の適用される事案について最高裁が初めて判断を示したものであり、実務上の参考になると思われる。

4　仲裁法

【42】28(許)43（◎三小、平 29・12・12、破棄・差戻、民集 71・10・2106。原審大阪高決平 28・6・28、原々審大阪地決平 27・3・17）
　(1)　仲裁判断をした仲裁人が仲裁法（以下「法」という。）18 条 4 項所定の開示義務に違反したとして、仲裁判断を取り消すことができるかが問題となった事案である。
　(2)　平成 14 年 10 月、米国法人 X_1 は、日本法人 A 社及びシンガポール法人 B 社との間で、空調機器の売買契約（以下「本件売買契約」という。）を締結した。本件売買契約には、当事者間に生じた紛争の解決を、一般社団法人日本商事仲裁協会（以下「JCAA」という。）の定める商事仲裁規則に従って、仲裁地を大阪府として 3 人の仲裁人に委ね、かつ、その判断に服する旨の定めがある。
　日本法人 Y_1 は、平成 16 年 4 月、本件売買契約上の A 社の権利義務を承継し、シンガポール法人 Y_2 は、平成 21 年 1 月、本件売買契約上の B 社の権利義務を承継した。
　Y_1 は、平成 23 年 4 月、日本法人 C 社の完全子会社となった。
　Y_1 及び Y_2 （以下「Y ら」という。）は、X_1 及び米国法人 X_2 （以下「X ら」という。）を被申立人として、平成 23 年 6 月、JCAA に対し、本件売買契約等につき、Y らに契約上の義務違反がない旨を宣言する等の仲裁判断を求めて、仲裁手続の開始を申し立てた（以下、この申立てに係る仲裁事件を「本件仲裁事件」という。）。
　本件仲裁事件の仲裁人として、平成 23 年 9 月 20 日までに、D 法律事務所シンガポールオフィスに所属する弁護士 E ほか 2 名が選任された。E は、同日付けで、「D 法律事務所の弁護士は、将来、本件仲裁事件に関係性はないけれどもクライアントの利益が本件仲裁事件の当事者及び／又はその関連会社と利益相反する案件において、当該クライアントに助言し又はクライアントを代理する可能性があります。また、D 法律事務所の弁護士は、将来、本件仲裁事件に関係しない案件において、本件仲裁事件の当事者及び／又はその関連会社に助言し又はそれらを代理する可能性があります。」との記載のある表明書（以下「本件表明書」という。）を作成し、こ

れをJCAAに提出した。

　弁護士Fは、Eが本件仲裁事件の仲裁人に選任された時点ではD法律事務所に所属していなかったが、遅くとも平成25年2月以降、D法律事務所サンフランシスコオフィスに所属している。

　Eほか2名の仲裁人の合議体である仲裁廷は平成26年8月に本件仲裁事件に係る仲裁判断（以下「本件仲裁判断」という。）をした。

　Eは、本件仲裁判断がされるまでに、本件仲裁事件の当事者であるXら及びYらに対し、Y_1と同じくC社を完全親会社とする米国法人G社を被告として米国カリフォルニア州北部地区連邦地方裁判所に係属する訴訟においてD法律事務所に所属するFがG社の訴訟代理人を務めている事実（以下「本件事実」という。）を開示しなかった。

　Xらは、Eは、当事者に対して本件事実を開示しなかったから、法18条4項所定の開示義務に違反し、本件仲裁判断には法44条1項6号所定の取消事由があるなどと主張して、その取消しを申し立てた。

　(3)　原審は、本件事実が法18条4項にいう「自己の公正性又は独立性に疑いを生じさせるおそれのある」事実（以下「法18条4項の事実」という。）であるとした上で、Xらの申立てを認容した。その理由の概略は、次のとおりである。

　ア　Eは、本件表明書において、将来、利益相反関係が生ずる可能性があることを抽象的に表明したにすぎず、これによって本件事実を開示したことにはならない。

　イ　仲裁人は、法18条4項の事実を知らなかったというだけで、当事者に対してその開示義務を負わないとはいえず、手間をかけずに知ることができる事実について開示のために調査義務を負い、Eはその開示義務に違反したといえる。法18条4項所定の開示義務が仲裁手続及び仲裁人の公正を確保するために必要不可欠なものであることを考慮すると、上記の義務違反は、法44条1項6号所定の事由に当たる。

　(4)　これに対し、Yらが抗告許可の申立てをした。

　(5)　本決定は、原決定を破棄し、本件を原審に差し戻す旨の決定をした。本決定は、まず、原審の前記(3)アの判断につき、次のとおり判示して、これを是認することができるものとした。

　「仲裁人は、仲裁手続の進行中、当事者に対し、法18条4項の事実の全部を遅滞なく開示すべき義務を負う（法18条4項）。その趣旨は、仲裁人に、忌避の事由である『仲裁人の公正性又は独立性を疑うに足りる相当な理由』（同条1項2号）に当たる事実よりも広く事実を開示させて、当事者が忌避の申立てを的確に行うことができるようにすることにより、仲裁人の忌避の制度の実効性を担保しようとしたことにあると解される。仲裁人は、法18条4項の事実が『既に開示したもの』に当たれば、当該事実につき改めて開示すべき義務を負わないが（同条4項括弧

書)、仲裁人が当事者に対して法18条4項の事実が生ずる可能性があることを抽象的に述べたというだけで上記の『既に開示した』ものとして扱われるとすれば、当事者が具体的な事実に基づいて忌避の申立てを的確に行うことができなくなり、仲裁人の忌避の制度の実効性を担保しようとした同項の趣旨が没却されかねず、相当ではない。

したがって、仲裁人が当事者に対して法18条4項の事実が生ずる可能性があることを抽象的に述べたことは、同項にいう『既に開示した』ことには当たらないと解するのが相当である。」

また、本決定は、原審の前記(3)イの判断につき、次のとおり判示して、是認することができないものとした。

「……仲裁人は、当事者に対し、法18条4項の事実の全部を開示すべき義務を負うところ、仲裁人が法18条4項の事実を認識している場合にこれを開示すべき義務を負うことは明らかである。そして、上記のような法18条4項の趣旨に加え、同項は開示すべき事実を仲裁人が認識しているものに限定していないことに照らせば、仲裁人は、当事者に対し、法18条4項の事実の有無に関する合理的な範囲の調査により通常判明し得るものをも開示すべき義務を負うというべきである。

また、同項は、仲裁人が法18条4項の事実を開示すべき義務を負う時期につき『仲裁手続の進行中』とするのみで他に限定をしていない上、『既に開示したもの』のみを開示すべき事実から除外しているにとどまることからすれば、仲裁人は、仲裁手続が終了するまでの間、当事者からの要求の有無にかかわらず、同義務を負うというべきである。

したがって、仲裁人が、当事者に対して法18条4項の事実を開示しなかったことについて、同項所定の開示すべき義務に違反したというためには、仲裁手続が終了するまでの間に、仲裁人が当該事実を認識していたか、仲裁人が合理的な範囲の調査を行うことによって当該事実が通常判明し得たことが必要であると解するのが相当である。

しかるに、原審までに提出された資料に照らしても、本件仲裁判断がされるまでにEが本件事実を認識していたか否かは明らかではない。また、D法律事務所において本件事実が認識されていたか否かや、D法律事務所において、所属する弁護士の間の利益相反関係の有無を確認する態勢がいかなるものであったかについても判然としないことからすれば、本件仲裁判断がされるまでにEが合理的な範囲の調査を行うことによって本件事実が通常判明し得たか否かも明らかではない。上記の各点について確定することなく、Eが本件事実を開示すべき義務に違反したものとした原審の……判断には、裁判に影響を及ぼすことが明らかな法令の違反がある。」

(6) 本決定は、法18条4項所定の開示義務に関して最高裁として初めて判断を示したものであり、理論面のみならず、仲裁実務における前記開示義務のあり方に対しても少なからず影響を及ぼすものとして、重要な意義を有するものと思われる。

5 弁護士法

【43】29(許)6（◎一小、平29・10・5、破棄・自判、民集71・8・1441。原審福岡高決平29・1・27、原々審長崎地決平28・10・20）

(1) 本件は、破産者A配送サービス株式会社の破産管財人である抗告人X_2、破産者Aエキスプレス株式会社の破産管財人である抗告人X_1及び破産者有限会社A運輸の破産管財人である抗告人X_3を原告とし、相手方株式会社B商事を被告とする訴訟において、抗告人らが、前記各破産者との間で委任契約を締結していた弁護士である相手方Y_2及び同Y_3が相手方B商事の訴訟代理人として訴訟行為をすることは弁護士法25条1号に違反すると主張して、相手方Y_2及び同Y_3の各訴訟行為の排除を求めるとともに、相手方Y_2から委任を受けるなどして相手方B商事の訴訟復代理人等となった弁護士である相手方Y_1の訴訟行為の排除を求める事案である。

(2) 本件の経緯の概要は、次のとおりである。

ア　有限会社A運輸、A配送サービス株式会社及びAエキスプレス株式会社（以下、併せて「A3社」という。）は、それぞれ、平成26年4月3日、相手方Y_2及び同Y_3との間で、再生手続開始の申立て、再生計画案の作成提出等についての委任契約（以下「本件各委任契約」という。）を締結した。

イ　A運輸は、平成26年4月24日、相手方Y_2及び同Y_3を申立代理人として、長崎地方裁判所に対し、再生手続開始の申立てをした。その申立書には、A運輸は、相手方B商事をスポンサーとして、再生手続を進める予定である旨記載されていた。

A運輸は、平成26年5月16日、再生手続開始の決定を受けた。しかし、相手方B商事は、同年6月下旬、A運輸に対する支援を打ち切った。A運輸は、同年7月11日、再生手続廃止の決定を受け、同決定は同年8月6日の経過により確定した。

ウ　A運輸は、平成26年8月7日、破産手続開始の決定を受け、抗告人X_3が破産管財人に選任された。

A配送サービス及びAエキスプレスは、それぞれ、平成26年8月21日、破産手続開始の決定を受け、抗告人X_2がA配送サービスの破産管財人に、抗告人X_1がAエキスプレスの破産管財人に、選任された。

エ　抗告人らは、それぞれ、平成27年8月から平成28年2月にかけて、相手方B商事を被告とする4件の訴訟（甲事件、乙事件、丙事件、丁事件）を長崎地方裁判所に提起した。甲事件、乙事件、丙事件及び丁事件は、併合審理された（以下、

併合後の訴訟を「本件訴訟」という。)。

本件訴訟における主たる請求の内容は、相手方 Y_2 及び同 Y_3 が A_3 社から委任を受けていた間に発生したとされる A_3 社の相手方 B 商事に対する各債権(運送代金債権又は不当利得返還請求権)を行使して金員の支払を求めるもの並びに前記の間に行われた A 配送サービス及び A エキスプレスの相手方 B 商事に対する各送金等に関して否認権を行使して金員の支払を求めるものである。

オ 相手方 Y_2 及び同 Y_3 は、甲事件、乙事件、丙事件及び丁事件について、相手方 B 商事からそれぞれ委任を受けて訴訟代理人となった。相手方 Y_1 は、甲事件、乙事件及び丙事件について、相手方 Y_2 から委任を受けて訴訟復代理人となり、丁事件について、相手方 B 商事から委任を受けて訴訟代理人となった。

カ 抗告人らは、平成 28 年 8 月 1 日、長崎地方裁判所に対し、本件訴訟において相手方 Y_2、同 Y_3 及び同 Y_1 が訴訟行為をすることが弁護士法 25 条 1 号に違反することを理由として、前記相手方 3 名の各訴訟行為の排除を求める申立て(以下「本件申立て」という。)をした。

キ 原々審は、本件申立ては理由があるとして、本件申立て後の前記相手方 3 名の各訴訟行為を排除する旨の決定(原々決定)をした。

ク 相手方らが、原々決定に対し、即時抗告をしたところ(相手方 Y_2、Y_3 及び Y_1 は、相手方 B 商事の代理人として即時抗告をするとともに、自らを抗告人とする即時抗告もした。)、原審は、破産管財人が提起した訴えの相手方の訴訟代理人である弁護士が、過去に破産者から前記訴えに係る請求に関連する法律事務等の委任を受けていたとしても、破産管財人が独立した権限に基づいて財産の管理処分権を行使することなどに照らすと、前記弁護士の訴訟行為は弁護士法 25 条 1 号にいう「相手方の……依頼を承諾した事件」に当たらないとして、原々決定を取り消した。また、原審は、本件申立てを裁判所の職権発動を促すものと解し、本件申立てを却下しなかった。

本決定は、次のように判示して原決定を破棄し、本件訴訟における相手方 Y_2 及び同 Y_3 の各訴訟行為は排除されるべきものであり、甲事件、乙事件及び丙事件について相手方 Y_2 から委任を受けて訴訟復代理人となった相手方 Y_1 の訴訟行為も排除されるべきものであるが、丁事件における相手方 Y_1 の訴訟行為が弁護士法 25 条 1 号に違反することをうかがわせる事情はなく、その訴訟行為を排除することはできない旨判断して、原々決定中、丁事件につき相手方 Y_1 の訴訟行為の排除を認めた部分は不当であるから、これを取り消し、前記取消部分に関する抗告人 X_1 の申立ては理由がないから、これを却下し、原々決定のその余の部分は正当であるから、原々決定に対する相手方 B 商事のその余の抗告を棄却し、原々決定に対する相手方 Y_2、同 Y_3 及び同 Y_1 の抗告は不適法であるとして、これを却下した。

「弁護士法 25 条 1 号は、先に弁護士を信頼して協議又は依頼をした当事者の利益を保護するとともに、弁護士の職務執行の公正を確保し、弁護士の品位を保持す

ることを目的とするものであるところ、同号に違反する訴訟行為については、相手方である当事者は、これに異議を述べ、裁判所に対しその行為の排除を求めることができるものと解される（最高裁昭和35年(オ)第924号同38年10月30日大法廷判決・民集17巻9号1266頁参照）。また、同号に違反して訴訟代理人となった弁護士から委任を受けた訴訟復代理人の訴訟行為についても、相手方である当事者は、同様に、訴訟復代理人の選任が同号に違反することを理由として、これに異議を述べ、裁判所に対しその行為の排除を求めることができるものと解される。そして、上記のとおり、同号が当事者の利益の保護をも目的としていることからすると、相手方である当事者は、裁判所に対し、同号に違反することを理由として、上記各訴訟行為を排除する旨の裁判を求める申立権を有するものと解すべきである。」

次に本決定は、訴訟行為を排除する旨の決定に対する不服申立権について、次のように判示している。

「当事者は、その訴訟代理人及び訴訟復代理人の訴訟行為が排除されるか否かについて利害関係を有することは明らかであるから、同号に違反することを理由として自らの訴訟代理人又は訴訟復代理人の訴訟行為を排除する旨の決定に対する不服申立ての機会を与えられるべきである。他方で、上記決定については、訴訟の迅速な進行を図るため、その判断内容を早期に確定する必要性が認められる。このことは、訴訟手続からの排除という点で類似する忌斥又は忌避を理由がないとする決定についても同様であり、この決定に対する不服申立ては即時抗告によるものとされている（民訴法25条5項）。以上の点に照らすと、弁護士法25条1号に違反することを理由として訴訟行為を排除する旨の決定に対しては、自らの訴訟代理人又は訴訟復代理人の訴訟行為を排除するものとされた当事者は、民訴法25条5項の類推適用により、即時抗告をすることができるものと解するのが相当である。
これに対し、上記決定において訴訟行為を排除するものとされた訴訟代理人又は訴訟復代理人は、当事者を代理して訴訟行為をしているにすぎず、訴訟行為が排除されるか否かについて固有の利害関係を有するものではないと解される。したがって、上記決定に対しては、上記訴訟代理人又は訴訟復代理人は、自らを抗告人とする即時抗告をすることはできないものと解するのが相当である。」

また、本決定は、相手方Y_2及び同Y_3の訴訟行為が弁護士法25条1号に違反するかについて、次のように判示している。

「前記……の事実関係によれば、A_3社は、破産手続開始の決定を受ける前に、相手方Y_2及び同Y_3との間で、本件各委任契約を締結していたのであるから、相手方Y_2及び同Y_3は、A_3社の依頼を承諾して、A_3社の業務及び財産の状況を把握して事業の維持と再生に向けて手続を主導し、債権の管理や財産の不当な流出の防

止等について A_3 社を指導すべき立場にあったものである。そして、本件訴訟における主たる請求の内容は、相手方 Y_2 及び同 Y_3 が A_3 社から委任を受けていた間に発生したとされる A_3 社の相手方 B 商事に対する各債権を行使して金員の支払を求めるもの並びに上記の間に行われた A 配送サービス及び A エキスプレスの相手方 B 商事に対する各送金等に関して否認権を行使して金員の支払を求めるものである。したがって、本件訴訟が A_3 社の債権の管理や財産の不当な流出の防止等に関するものであることは明らかである。

また、本件訴訟において相手方 B 商事と対立する当事者は A_3 社の各破産管財人である抗告人らであるのに対し、本件各委任契約の依頼者は A_3 社であるが、破産手続開始の決定により、破産者の財産に対する管理処分権が破産管財人に帰属することになることからすると、本件において弁護士法25条1号違反の有無を検討するに当たっては、破産者である A_3 社とその各破産管財人とは同視されるべきである。

そうすると、本件訴訟は、相手方 Y_2 及び同 Y_3 にとって、同号により職務を行ってはならないとされる『相手方の……依頼を承諾した事件』に当たるというべきである。

以上によれば、相手方 Y_2 及び同 Y_3 が本件訴訟において相手方 B 商事の訴訟代理人として訴訟行為を行うことは、同号に違反するものというべきである。」

本決定は、最大判昭38・10・30民集17・9・1266後も残された問題となっていた手続上の諸論点について、複数の法理を示すとともに、依頼者から再生手続開始の申立て等について委任を受けた弁護士が、依頼者が破産した後、破産管財人の提起した訴訟において、被告の訴訟代理人として訴訟行為をすることが弁護士法25条1号に違反するという、先例の乏しい分野で事例判断を示したものであり、理論的にも、実務的にも、重要な意義を有するものである。

6 地方自治法

【44】29(行ツ)3(○三小、平29・12・19、破棄・自判、集民257・43。原審札幌高決平29・5・29、原々審札幌地決平29・3・23)

(1) 村議会議員を失職させる処分がされ、これに伴う補欠選挙が行われた場合に、同処分の効力停止を求める申立ての利益が認められるか否かが問題となった事案である。

(2) X は、村議会議員であったが、村議会は、平成28年7月14日、地方自治法127条1項に基づき、X が同法92条の2の規定に該当する旨の決定(本件決定)をし、これにより X は議員の職を失ったものとされた。X は、本件決定に不服があるとして、同年11月16日、本件決定の取消しを求める訴え(本件訴え)を提起した。

村選挙管理委員会は、X が村議会議員の職を失ったことに伴う補欠選挙(本件補

欠選挙）について、平成29年3月21日、その選挙期日を同月26日とすることを告示した。Xは、これに先立つ同月3日、本件訴えを本案として、本件決定の効力停止を求める本件申立てをし、原々審は、本件補欠選挙の選挙期日の3日前である同月23日、本件決定の効力を停止する旨の決定（原々決定）をした。しかし、本件補欠選挙は、同月26日にその投開票が行われ、X以外の者が当選した。

本件補欠選挙及び前記当選の効力に関し、公職選挙法202条1項又は206条1項所定の各期間内に異議の申出はされなかった。

(3) 原々決定に対し、Yが抗告し、本件補欠選挙について所定の期間内に公選法に基づく異議の申出がされなかったため、Xの議員の地位は回復することができない状態にあり、本件訴えは訴えの利益を欠き却下されるべきであるから、本案について理由がないとみえるときに当たる旨の主張をした。これについて、原審は、Xは原々決定により本件補欠選挙の投開票がされる前に村議会議員の地位を暫定的に回復していたのであるから、同選挙について公選法に基づく異議申出期間が経過したからといって、その地位を喪失することはないとして、抗告を棄却した。

(4) 本決定は、次のとおり判示して、原決定を破棄し、原々決定を取り消して、本件申立てを却下した。

「公職選挙法に定める選挙又は当選の効力は、同法所定の争訟の結果無効となる場合のほか、原則として当然無効となるものではない（最高裁昭和31年(オ)第557号同年10月23日第三小法廷判決・民集10巻10号1312頁参照）。そして、普通地方公共団体の議会の議員の選挙及びその当選の効力に関し不服がある選挙人又は公職の候補者は、同法所定の期間内に異議の申出をすることができるところ、本件の事実経過に照らせば、相手方（X）は、本件補欠選挙について、原々決定がされたことにより留寿都村議会の議員に欠員が生じていないこととなったにもかかわらず行われた無効なものであるとして、異議の申出をすることができたというべきである。しかし、上記期間内に異議の申出はされなかったというのであるから、本件補欠選挙及び同選挙における当選の効力は、もはやこれを争い得ないこととなり、このことと、相手方が本件決定を取り消す旨の判決を得ることによって上記議員の地位を回復し得るとすることとは、相容れないものというほかない。

したがって、相手方は、本件決定を取り消す旨の判決を得ても、上記議員の地位を回復することはできないというべきである。」

「相手方は、本件決定を取り消す旨の判決を得ることによって、本件決定の時から上記のとおり留寿都村議会の議員の地位を回復することができなくなった時までの間における議員報酬を請求し得ることとなるから、相手方が本件決定の取消しを求める訴えの利益はなお認められるというべきであるが（最高裁昭和37年(オ)第515号同40年4月28日大法廷判決・民集19巻3号721頁参照）、現時点において、相手方はもはや上記議員の地位を回復することができない以上、本件決定の効力の停止を求める利益はないものといわざるを得ない。」

なお、本決定には、山﨑裁判官の補足意見、岡部裁判官及び木内裁判官の各反対意見が付されている。
　(5)　本決定は、議員を失職させる処分について効力が停止され、欠員が生じていない状態となったにもかかわらず補欠選挙が行われたという、異例ともいうべき事態が生じた事案における判断であるが、議員等を失職させる処分の効力と同処分を受けて行われた選挙等の効力との関係について判示したものとして、理論上、実務上重要な意義を有する。

許可抗告事件判断事項別整理表（分類項目記載の条文に改正があった場合には改正後の条文に即して分類した）

				10, 11年度	12年度	13年度	14年度	15年度	16年度	17年度	18年度
I	民事訴訟法	1	管轄				【1】		【2】		
		2	移送								
			管轄違い						【1】		
			遅滞を避けるための移送	【1】～【9】	【2】【3】	【1】【2】		【1】	【3】	【1】	
		3	裁判所職員の除斥及び忌避								
			裁判官の忌避					【2】【3】	【4】		【1】
			裁判官の除斥			【3】					
			裁判所書記官の除斥		【4】						
		4	訴額		【1】						
		5	訴訟上の救助	【10】					【6】～【8】	【3】	【3】【4】
		6	特別代理人								【2】
		7	補助参加			【4】～【7】		【4】			
		8	独立当事者参加		【5】						
		9	訴訟引受							【2】	
		10	訴訟費用						【5】	【4】	
		11	専門委員の忌避								
		12	送達		【6】【7】						
		13	裁判所書記官の処分に対する異議						【9】		
		14	訴状却下命令			【2】					
		15	証言拒絶							【5】	【5】【6】
		16	鑑定人の忌避						【6】		
		17	文書提出命令								
			1号								
			2号						【12】		
			3号前段	【12】	【10】	【8】【14】		【7】	【10】	【10】	
			3号後段	【11】【12】【13】【14】	【9】【10】【12】	【8】【14】			【11】	【8】	
			4号ロ					【8】	【10】	【9】【12】	【9】
			4号ハ			【8】	【15】【16】	【7】	【16】		
			4号ニ		【11】【13】【14】	【8】【10】【11】【13】【14】	【8】【17】	【5】【6】【8】	【13】【16】	【11】	【7】
			証拠調べの必要性					【6】【8】	【14】【15】	【7】	【8】
			抗告の利益を有する者		【15】【16】	【9】～【11】					
			提示命令			【12】					
			文書の特定			【13】				【10】	
			保管義務							【11】	
			文書の存在（所持）								
			その他		【17】	【13】					
			221条2項	【12】							
		18	証拠保全								
		19	更正決定		【18】			【9】			
		20	控訴状却下命令等			【18】～【20】					
		21	上訴								
			控訴								
			上告	【16】【17】	【19】		【3】				【12】
			上告受理	【15】【17】	【20】				【17】【18】	【13】～【15】	
		22	抗告			【21】～【23】	【4】【5】	【10】			
		23	再審		【18】	【21】	【24】～【27】	【6】【7】	【11】	【19】【20】	【16】	【13】～【15】
		24	担保の取消				【28】	【8】～【10】	【12】		
II	人事訴訟法	1	移送								【16】
III	民事執行法	1	移送								
		2	不動産競売申立て						【21】	【18】【19】【22】	【26】
		3	不動産競売開始決定								
		4	強制競売取消し（法53条）							【17】	
		5	売却のための保全処分								
		6	無剰余（競売取消）		【22】						【17】
		7	売却許可決定					【13】【15】			
			不許可事由								
			71条6号	【19】	【23】～【25】	【31】		【14】			【20】
			71条7号		【26】	【32】					【19】【20】
			入札の効力								【18】
			執行抗告			【29】【30】					
			75条								
			抗告権者								
			抗告の利益								
		8	引渡命令								
			所有権						【17】		
			賃借権			【33】【34】					
			短期賃借権		【27】【28】【30】		【11】～【13】				
			転借権	【20】				【18】			
			留置権		【29】【30】						
			対象外建物がある場合	【21】							
			その他					【16】			

※【 】に示した番号は，当該年度における整理番号を示す。

19年度	20年度	21年度	22年度	23年度	24年度	25年度	26年度	27年度	28年度	29年度
		【2】								【1】【2】
			【2】	【1】~【5】	【1】~【14】	【1】~【3】	【1】【2】			【3】
	【1】【2】	【1】	【3】							
		【1】								
		【3】~【5】				【4】			【1】	
【2】【3】	【8】	【4】【5】			【15】~【17】				【2】	【4】
	【6】		【4】	【6】【7】		【5】				
【1】	【7】	【3】	【1】			【6】【7】	【13】【14】			
							【3】			
				【18】			【4】			
			【5】				【5】	【2】		
	【9】									
								【3】		
								【4】		
【9】【10】		【7】~【10】					【6】			
【17】	【12】【16】	【7】~【10】	【10】	【15】		【8】				
【8】【14】	【13】【17】【18】		【11】【12】	【8】~【10】	【19】【20】	【9】	【9】	【4】【5】		
【16】	【19】	【7】~【10】				【10】	【7】	【5】		
【8】【11】【12】【15】	【10】【11】【14】	【6】【7】~【10】	【6】【8】【10】	【11】【15】		【11】~【13】	【6】【7】【8】【10】	【6】		【5】
【13】										
【5】~【7】										
										【7】
【4】	【15】【20】		【7】【9】					【7】		【6】
				【16】【17】	【19】		【8】			
【18】【19】	【21】			【12】~【14】					【3】	【8】
									【4】	
		【11】								
				【19】【21】【23】【24】						【9】
	【22】【23】			【18】【20】【22】				【8】		【10】【11】
		【12】	【13】							
【20】~【25】	【24】【25】	【13】~【15】		【25】【26】	【21】~【23】	【14】	【11】【12】	【9】【10】	【5】~【7】	【12】
					【24】【25】	【15】【16】				
									【8】	
								【11】		
				【27】	【26】					
										【13】
	【26】					【18】				
					【27】	【17】				
			【14】【15】				【15】			
【27】						【20】				
									【9】	
						【21】				
	【27】					【22】				
【26】			【14】【15】							
		【17】								
						【19】				

許可抗告事件判断事項別整理表（分類項目記載の条文に改正があった場合には改正後の条文に即して分類した）

				10, 11年度	12年度	13年度	14年度	15年度	16年度	17年度	18年度
Ⅲ	民事執行法	9	債権差押命令								
			債務者								【21】
			差押債権の特定					【23】			
			継続的給付							【20】	
			不執行合意								【22】
			控訴に伴う執行停止がされている例						【22】		【23】
			債務名義についての違法事由								
			破産					【19】			
			差押えの範囲								
			会社法127条2号								
			取立金の充当								
		10	差押禁止債権		【31】						
		11	転付命令		【32】						【24】
		12	譲渡命令				【35】				
		13	授権決定								
		14	間接強制					【20】		【21】	【25】
		15	債権についての担保権の実行（物上代位）								
			抵当権			【34】【35】		【15】【16】	【22】【23】		
			動産売買の先取特権		【22】	【33】【36】		【17】【18】	【21】		
			動産譲渡担保権		【23】【24】						
			発令後，債務者に会社更生		【25】【26】						
		16	財産開示手続							【23】	
		17	船舶先取特権					【19】			
		18	民法155条					【14】			
		19	一括競売				【38】				
		20	作為又は不作為の強制執行				【36】【37】				
		21	その他			【37】					
Ⅳ	民事保全法	1	仮差押え			【38】		【20】	【24】		
		2	仮処分			【39】	【39】	【21】	【25】【26】	【24】～【26】	【24】～【27】	【27】～【31】
		3	原状回復の審判	【27】							
		4	保全取消						【27】【28】		
		5	保全執行							【28】【29】	
Ⅴ	破産法	1	申立て	【28】							
		2	破産原因		【41】			【23】	【27】	【31】～【35】	
		3	破産宣告				【25】				
			抗告期間		【40】～【42】						
			破産障害事由								
			支払不能								
		4	別除権		【40】			【22】	【29】		
		5	配当表に対する異議申立て						【30】		
		6	免責								
			1号								【32】
			2号								【33】
			4号								【32】
			5号		【42】【43】						
			7号					【29】			
			10号					【28】			
			一部免責					【30】			
			即時抗告期間		【44】		【26】				
		7	破産者等に対する扶助料の給与				【24】				
		8	予納命令							【30】	
Ⅵ	会社更生法										
Ⅶ	民事再生法	1	再生手続開始申立て					【31】	【31】	【36】	
		2	担保権消滅許可決定					【32】【33】	【32】	【37】	【34】
		3	競売手続中止決定				【42】	【34】			
		4	再生計画認可決定					【35】	【33】		【35】
Ⅷ	家事審判法・家事事件手続法	1	移送								
		2	抗告					【46】～【48】			
		3	審判前の保全処分								
		4	成年後見								
			後見の開始					【27】			
		5	親権（別表第一）								
			親権の喪失の宣告								
			管理権の喪失								
		6	相続財産の処分			【44】	【31】				
		7	推定相続人の廃除				【28】				
			遺言による推定相続人の廃除								
		8	相続の承認及び放棄								
			相続の放棄の申述の受理			【43】	【29】【30】			【38】	
		9	相続人の不存在								
			特別縁故者に対する相続財産の分与							【39】	

※【 】に示した番号は，当該年度における整理番号を示す。

19年度	20年度	21年度	22年度	23年度	24年度	25年度	26年度	27年度	28年度	29年度
	【29】		【18】	【31】〜【38】	【29】〜【35】	【23】〜【29】		【13】		
								【13】		
【28】										
	【28】									
			【16】【17】	【28】						
				【29】【30】						
										【14】
		【18】								
				【19】						
【29】		【19】				【31】〜【34】		【14】〜【17】	【10】	
										【15】
							【17】			
						【30】				
		【16】								
					【28】		【16】	【12】		
	【30】【31】	【20】		【39】	【36】					【16】
【30】〜【32】	【32】	【21】〜【24】			【37】【38】	【35】〜【37】	【18】【19】		【11】【12】	【17】〜【21】
			【20】	【40】		【38】	【20】			
			【21】【22】						【13】【14】【15】	
				【41】						
				【42】		【39】				
										【22】
								【18】		【23】
				【43】						
	【33】									
		【25】								
			【23】							
	【34】	【26】〜【29】			【39】【40】					【24】
							【21】			
				【48】						
							【22】			
	【35】			【44】		【40】				
	【36】									
									【19】	
	【43】									
【33】	【37】【38】	【30】〜【32】	【24】	【45】	【41】					

許可抗告事件判断事項別整理表（分類項目記載の条文に改正があった場合には改正後の条文に即して分類した）

				10,11年度	12年度	13年度	14年度	15年度	16年度	17年度	18年度
Ⅷ	家事審判法・家事事件手続法	11	遺留分								
			遺留分の放棄								
		12	戸籍法					【45】			
			氏の変更								
			名の変更								【43】
			就籍届出の許可								【45】
			戸籍訂正								【46】
			市町村長の処分不服申立て							【51】	【47】
		13	保護者選任								【44】
		14	婚姻等（別表第二）								
			夫婦間の協力扶助に関する処分	【29】							
			婚姻費用の分担に関する処分				【45】		【36】～【39】	【40】【41】	【36】～【38】
			子の監護に関する処分		【30】	【45】【46】	【46】	【32】	【40】【41】	【42】	
			財産の分与に関する処分			【47】		【42】	【35】	【44】	【39】
		15	親権（別表第二）								
			親権者の指定又は変更				【47】		【34】	【43】	
		16	扶養に関する処分			【48】					
		17	祭祀に関する権利の承継者の指定								
		18	遺産の分割								
			遺産の分割・遺産の分割の禁止（遺産の分割に関する処分）	【32】	【49】【50】	【48】【49】		【43】【44】	【36】	【45】	【40】～【42】
			寄与分を定める処分	【31】							
		19	離婚年金分割（厚生年金保険法）								
Ⅸ	その他	1	民法		【51】						
		2	商法・会社法					【51】～【53】		【50】	
		3	人身保護法						【38】		
		4	借地借家法	【33】		【53】					
		5	行政事件訴訟法	【34】		【50】【51】	【33】～【40】	【49】【50】	【39】～【42】	【46】～【49】	【48】～【51】
		6	非訟事件手続法						【43】		【52】
		7	借地非訟								
		8	商事非訟								
		9	検察審査会法								
		10	配偶者からの暴力の防止及び被害者の保護等に関する法律						【44】		【53】【54】
		11	私的独占の禁止及び公正取引の確保に関する法律								
		12	不正競争防止法								
		13	船舶の所有者等の責任の制限に関する法律			【52】					
		14	行政機関の保有する情報の公開に関する法律				【41】				
		15	過料								
		16	戸籍法								
		17	介護保険法								
		18	国際的な子の奪取の民事上の側面に関する条約の実施に関する法律								
		19	仲裁法								
		20	弁護士法								
		21	地方自治法								

※【】に示した番号は，当該年度における整理番号を示す．

19年度	20年度	21年度	22年度	23年度	24年度	25年度	26年度	27年度	28年度	29年度
	【40】						【23】			
		【43】								【25】【26】
		【44】								
【40】										
【41】			【29】							
	【41】									
【34】【35】	【42】	【36】【37】	【25】〜【27】	【46】【47】	【42】〜【45】		【24】	【20】		【27】
【36】【37】		【38】【39】			【46】【47】		【25】〜【31】	【21】【22】	【16】	【28】〜【30】
		【40】		【49】				【23】		
		【41】								
		【42】	【28】	【50】			【32】			
【38】										
【39】		【33】〜【35】		【51】〜【53】	【48】〜【51】	【41】	【33】〜【36】	【24】〜【28】	【17】	
	【45】〜【47】		【30】					【29】		
										【31】
					【42】		【31】〜【34】	【18】〜【21】	【32】〜【37】	
		【31】〜【33】								
【42】【43】										
【44】	【48】〜【50】	【44】〜【46】			【52】【53】	【44】	【38】	【30】		
		【47】		【54】						
	【51】【52】	【48】【49】	【36】〜【39】	【55】〜【58】	【54】〜【58】					
		【52】								
			【34】【35】							
			【40】【41】	【59】【60】	【59】		【40】	【35】	【22】	
	【53】		【42】					【36】		
			【43】							
		【50】【51】								
					【60】	【43】	【39】			
							【37】			
								【37】	【38】〜【41】	
									【42】	
									【43】	
									【44】	

判例索引

〔大審院〕

大決明35・12・15民録8・11・71 189
大判明39・4・18民録12・617 732
大判大2・7・5民録19・609 12
大判大5・4・11民録22・764 50
大判大6・2・9民録23・244 198
大判大13・10・7民集3・509 88
大判大15・2・24民集5・235 297
大判昭2・3・16民集6・187 ...... 297, 298
大決昭5・8・2民集9・759 ...... 78, 140
大決昭5・11・5新聞3203・7 813
大判昭7・5・20民集11・1005 289
大決昭8・7・22民集12・2244 359
大判昭10・7・9新聞3869・12
　...... 297, 298
大決昭11・11・8民集15・2149 563
大決昭11・12・15民集15・2207 186
大決昭15・5・18民集19・873 145
大判昭20・9・10民集24・82 536

〔最高裁〕

最一判昭23・5・6民集2・5・109 455
最三判昭26・4・3民集5・5・207 51
最一判昭26・10・18民集5・11・
　600 ...... 204, 534
最二判昭26・12・21行集2・12・
　2121 22
最一判昭28・4・16民集7・4・321 88
最一判昭28・4・30民集7・4・480
　...... 628
最一判昭29・4・8民集8・4・819
　...... 318, 824
最三判昭30・5・31民集9・6・793
　...... 264
最三判昭31・4・10民集10・4・367
　...... 792
最三判昭31・10・23民集10・10・
　1312 ...... 22, 213, 926
最三判昭31・11・13集民24・57 198
最一判昭32・8・8民集11・8・1446
　...... 22
最一判昭34・7・17民集13・8・1095
　...... 29
最三判昭35・3・15民集14・3・430

最大決昭35・7・6民集14・9・1657
　...... 478
最一判昭36・4・20民集15・4・774
　...... 177
最二判昭36・9・22民集15・8・
　2203 628
最大判昭36・12・13民集15・11・
　2803 53
最一判昭37・3・29民集16・3・643
　...... 117
最二判昭37・4・27民集16・7・
　1247 269
最二判昭37・11・30集民63・365
　...... 792
最一判昭38・2・21民集17・1・219
　...... 467
最一判昭38・6・20集民66・591 196
最大判昭38・10・30民集17・9・
　1266 ...... 924, 925
最一判昭39・10・29民集18・8・
　1809 642
最三判昭40・2・2民集19・1・1 210
最大判昭40・4・28民集19・3・721
　...... 926
最大判昭40・6・30民集19・4・
　1089 17
最大決昭40・6・30民集19・4・1114
　...... 18, 260, 478, 596, 772
最大判昭41・2・23民集20・2・320
　...... 49
最一判昭41・4・28民集20・4・900
　...... 13
最一判昭41・11・10集民85・43 196
最二判昭42・2・17民集21・1・133
　...... 772
最二判昭42・7・21民集21・6・
　1615 823
最三判昭43・12・24民集22・13・
　3334 216
最一判昭44・2・27民集23・2・511
　...... 11
最一判昭44・5・29民集23・6・1064
　...... 720

判例索引　　935

最大決昭 44・11・26 刑集 23・11・1490 …… 280
最一判昭 45・1・22 民集 24・1・1 …… 746
最二判昭 45・5・22 判時 599・29 …… 894
最二判昭 45・11・6 民集 24・12・1744 …… 175
最三判昭 45・12・22 民集 24・13・2173 …… 628
最三判昭 46・1・26 民集 25・1・126 …… 247
最三判昭 46・10・26 民集 25・7・1019 …… 716
最三判昭 47・5・30 民集 26・4・826 …… 745
最大判昭 47・11・8 民集 26・9・1489 …… 774
最一決昭 48・3・1 民集 27・2・161 …… 608, 665
最一判昭 48・10・18 集民 110・317 …… 189
最一判昭 49・7・18 民集 28・5・743 …… 247
最一判昭 49・11・7 集民 113・137 …… 464
最二判昭 50・2・28 民集 29・2・193 …… 247
最二判昭 50・10・24 民集 29・9・1417 …… 235, 522
最二判昭 50・11・7 民集 29・10・1525 …… 264
最二判昭 50・11・21 民集 29・10・1537 …… 113
最二決昭 52・12・19 刑集 31・7・1053 …… 233
最一判昭 53・3・30 民集 32・2・485 …… 510
最一決昭 53・5・31 刑集 32・3・457 …… 233
最二判昭 53・12・15 集民 125・839 …… 806
最二判昭 53・12・22 民集 32・9・1768 …… 98
最三判昭 54・7・10 民集 33・5・562 …… 429
最二判昭 55・7・11 民集 34・4・628 …… 821
最三判昭 57・3・30 民集 36・3・484 …… 247
最一判昭 59・2・2 民集 38・3・431 …… 13, 14
最二判昭 59・4・27 民集 38・6・698 …… 90, 124, 426, 427, 475, 538, 595, 645
最二判昭 59・10・26 民集 38・10・1169 …… 493
最二判昭 60・11・15 民集 39・7・1487 …… 461
最一判昭 61・3・13 民集 40・2・389 …… 264
最三判平 1・10・27 民集 43・9・1070 …… 113
最二判平 1・11・10 民集 43・10・1085 …… 693
最二判平 3・4・19 民集 45・4・477 …… 654
最一判平 4・9・10 民集 46・6・553 …… 288, 354, 629
最三判平 5・10・19 民集 47・8・5099 …… 212
最三判平 6・4・26 民集 48・3・992 …… 212
最三判平 6・10・25 集民 173・189 …… 745
最二判平 7・7・14 民集 49・7・2674 …… 172
最三判平 7・9・5 民集 49・8・2784 …… 112
最二判平 8・1・26 民集 50・1・132 …… 126
最二判平 8・7・12 民集 50・7・1901 …… 113
最二判平 8・10・14 民集 50・9・2431 …… 21
最一判平 9・12・18 民集 51・10・4241 …… 756
最三判平 10・2・10 金判 1056・6 …… 584
最一判平 10・2・26 民集 52・1・274 …… 652
最三決平 10・4・23〔10(許)1〕…… 6
最一判平 10・6・11 民集 52・4・1034 …… 177
最三決平 10・12・18 民集 52・9・2024〔10(許)4〕…… 12, 46, 48, 115, 532

最一決平 11・1・11 集民 191・1
〔10(行フ)1〕 22
最三判平 11・1・29 民集 53・1・151
754, 806
最三決平 11・2・26 〔10(許)6〕 10
最三決平 11・3・8 〔10(許)9〕 9
最三決平 11・3・9 集民 192・99 9, 456
最三決平 11・3・9 集民 192・109
〔11(許)8〕 9, 195, 235, 236, 237
最二決平 11・4・16 民集 53・4・740
〔10(許)8〕 16
最一決平 11・4・21 〔11(許)11〕 9
最一決平 11・4・21 〔11(許)12〕 9
最三決平 11・4・23 〔11(許)3〕 5
最三決平 11・4・23 〔11(許)4〕 5
最三決平 11・4・23 〔11(許)5〕 5
最三決平 11・4・23 〔11(許)6〕 5
最三決平 11・4・23 〔11(許)7〕 5
最三決平 11・4・23 〔11(許)9〕 5
最二決平 11・5・17 民集 53・5・863
〔10(許)2〕 13
最二決平 11・5・17 〔10(許)3〕 13
最一決平 11・5・28 〔11(許)16〕 10
最一決平 11・6・4 〔11(許)5〕 14
最一決平 11・6・4 〔11(許)7〕 14
最一決平 11・6・4 〔11(許)14〕 17
最一決平 11・6・11 〔11(許)10〕 21
最一決平 11・6・24 〔11(許)21〕 5
最一決平 11・6・24 〔11(許)22〕 5
最一決平 11・7・2 〔11(許)1〕 19
最二決平 11・7・16 〔11(許)13〕 18
最二決平 11・7・16 〔11(許)17〕 19
最三決平 11・10・12 〔11(許)28〕 5
最三決平 11・10・26 集民 194・925
〔11(許)25〕 11
最二決平 11・11・12 民集 53・8・1787
〔11(許)2〕
7, 8, 31, 32, 35, 71, 75, 141, 142, 192,
234, 282, 341, 343, 347, 394, 452,
515, 521, 569, 570, 571, 573, 574,
691, 692, 734, 736, 742, 744, 798,
877, 878
最二決平 11・11・26 〔11(許)15〕 7
最二決平 11・11・26 金判 1081・54
〔11(許)19〕 8
最一決平 11・11・26 〔11(許)29〕 8, 15

最三判平 11・11・30 民集 53・8・
1965 755
最二決平 11・12・17 金判 1083・9
〔11(許)27〕 8
最三決平 12・1・17 〔12(許)31〕 32
最三決平 12・1・26 〔11(許)41〕 46
最一判平 12・1・27 集民 196・201 756
最三決平 12・2・23 〔12(許)4〕 49
最一決平 12・2・28 〔12(許)7〕 40
最一決平 12・3・10 民集 54・3・1040
〔11(許)18〕 57
最一決平 12・3・10 民集 54・3・1073
〔11(許)20〕
8, 30, 142, 142, 193, 229, 234,
279, 283, 398, 407, 576
最一決平 12・3・10 集民 197・341
〔11(許)26〕 32, 574
最一決平 12・3・10 〔11(許)32〕 38
最三判平 12・3・14 集民 197・375 720
最三決平 12・3・16 民集 54・3・1116
〔11(許)39〕 41
最三決平 12・3・16 〔12(許)9〕 38
最二決平 12・3・17 〔11(許)24〕 54
最二決平 12・3・17 〔12(許)6〕 28
最一決平 12・3・24 〔12(許)8〕 40
最一決平 12・3・28 〔12(許)2〕 39
最二決平 12・4・7 民集 54・4・1355
〔11(許)42〕 45, 300
最二決平 12・4・14 民集 54・4・
1552 〔11(許)23〕 46, 48, 295
最二決平 12・4・28 集民
198・193 〔11(許)40〕 52, 118, 206
最二決平 12・4・28 〔12(許)3〕 51
最二決平 12・4・28 〔12(許)21〕 45
最一決平 12・5・1 民集 54・5・1607
〔12(許)5〕 56
最二決平 12・6・23 別冊判タ 24・159
〔11(許)33〕 42
最二決平 12・7・14 集民 198・457
237, 287
最二決平 12・7・14 〔12(許)11〕 33
最二決平 12・7・14 〔12(許)14〕 54
最二決平 12・7・14 〔12(許)15〕 56
最二決平 12・7・14 〔12(許)21〕 44
最二決平 12・7・14 〔12(許)24〕 47
最一決平 12・7・17 〔12(許)23〕 34

最三決平 12・7・18〔12(許)16〕……… 43
最三決平 12・7・26 民集 54・6・1981
　〔12(許)1〕……………………… 55, 89
最一決平 12・8・18〔12(許)20〕……… 53
最一決平 12・9・7 家月 54・6・66
　〔12(許)13〕………………………… 59
最三決平 12・9・12〔12(許)25〕……… 60
最三決平 12・9・26〔11(許)34〕……… 50
最三決平 12・9・26〔12(許)18〕……… 29
最一決平 12・9・28〔12(許)30〕……… 48
最二決平 12・10・13 民集 200・1
　〔12(行ツ)1〕………………………… 26
最二決平 12・10・13〔11(許)38〕……… 37
最一決平 12・11・9〔12(許)41〕……… 60
最二決平 12・11・10〔12(許)26〕……… 30
最二決平 12・11・10〔12(許)27〕……… 30
最二決平 12・11・10〔12(許)28〕……… 37
最二決平 12・11・10〔12(許)29〕……… 37
最三決平 12・11・14〔12(許)31〕……… 34
最三決平 12・11・28〔12(許)40〕……… 41
最一決平 12・11・30〔12(許)38〕……… 58
最一決平 12・12・14 民集 54・9・
　2709〔12(許)35〕…………… 35, 142
最一決平 12・12・14 民集 54・9・
　2743〔12(許)36〕………… 36, 72, 338
最一決平 12・12・14〔12(許)37〕
　…………………………………… 36, 75
最一決平 12・12・21〔12(許)32〕
　訟月 47・12・3627 ……………… 36
最一決平 12・12・21〔12(許)36〕……… 27
最一決平 12・12・21〔12(許)48〕……… 27
最一決平 13・1・15〔12(許)37〕……… 70
最二決平 13・1・19〔12(許)19〕……… 83
最二決平 13・1・19〔12(許)49〕……… 86
最一決平 13・1・25〔12(許)7〕……… 95
最一決平 13・1・25 民集 55・1・17
　〔12(許)22〕…………………… 84, 151
最一決平 13・1・30 民集 55・1・30
　〔12(許)17〕………………… 68, 70, 680
最二決平 13・2・2〔12(行ツ)4〕……… 71
最二決平 13・2・2〔12(行ツ)5〕……… 71
最二決平 13・2・2〔12(行ツ)6〕……… 71
最三決平 13・2・13〔12(許)33〕……… 78
最三決平 13・2・13〔12(許)34〕……… 78
最三決平 13・2・13〔12(許)35〕……… 78
最三決平 13・2・13〔12(許)44〕……… 97

最三決平 13・2・13〔12(許)47〕……… 72
最三決平 13・2・13〔12(許)50〕……… 67
最一決平 13・2・22 集民 201・201
　〔12(行ツ)3〕………………………… 68
最一決平 13・2・22 集民 201・135
　〔12(許)10〕………………… 72, 452
最二決平 13・2・23 集民 201・217
　〔12(許)39〕………………………… 84
最三決平 13・2・27 民集 55・1・149
　〔12(行ツ)2〕…… 96, 174, 677, 780, 781
最二決平 13・3・23 集民 201・475
　〔12(許)42〕………………………… 88
最二決平 13・3・23〔12(許)43〕……… 88
最二決平 13・3・23〔12(許)46〕……… 88
最一決平 13・4・11〔12(許)51〕……… 94
最三決平 13・4・13 民集 55・3・671
　〔12(許)52〕…………………… 81, 82
最三決平 13・4・26 集民 202・229
　〔13(許)2〕…………………… 77, 106
最三決平 13・6・8〔13(許)6〕……… 91
最三決平 13・6・14〔12(許)45〕……… 91
最三決平 13・6・26〔13(許)4〕……… 66
最三決平 13・6・26〔13(許)7〕……… 85
最三決平 13・6・29〔13(許)13〕……… 67
最三決平 13・7・12〔13(許)8〕……… 77
最三決平 13・7・13〔11(許)30〕……… 73
最二決平 13・7・17〔13(許)14〕……… 81
最三決平 13・7・19〔13(許)16〕……… 76
最三決平 13・7・19〔13(許)17〕……… 76
最三決平 13・7・19〔13(許)18〕……… 76
最二決平 13・9・13〔13(許)5〕……… 82
最二決平 13・9・13〔13(許)19〕……… 82
最二決平 13・9・14〔13(許)3〕……… 69
最二決平 13・10・12〔13(許)22〕……… 94
最三決平 13・10・25〔13(許)11〕……… 74
最三決平 13・10・25〔13(許)12〕……… 74
最三決平 13・10・30〔13(許)1〕
　……………………………… 89, 124
最三決平 13・10・30〔13(許)26〕……… 93
最三決平 13・11・8〔13(許)24〕……… 92
最二決平 13・11・21 民集 55・6・
　1014〔13(許)20〕………………… 98
最二決平 13・12・7 民集 55・7・
　1411〔13(許)15〕………… 98, 142, 738
最一決平 13・12・13 民集 55・7・
　1546〔13(許)21〕………… 75, 630, 696

最三決平 13・12・18〔13(許)29〕……… 87
最三決平 13・12・18〔13(許)32〕……… 79
最一決平 13・12・20〔13(許)27〕……… 78
最二決平 13・12・21〔13(許)25〕……… 86
最二決平 13・12・21〔13(許)28〕……… 70
最二決平 14・1・18〔13(許)31〕……… 106
最三判平 14・1・22 集民 205・93 …… 680
最二決平 14・1・22〔13(許)23〕……… 113
最一決平 14・1・31〔13(許)33〕……… 121
最三決平 14・2・5 集民 205・395
　　〔13(許)10〕…………………………… 115
最三決平 14・2・12 集民 205・415
　　〔13(行ツ)1〕…………………………… 127
最三決平 14・2・28 集民 205・835
　　〔14(行ツ)1〕…………………………… 124
最一決平 14・2・28〔14(行ツ)2〕……… 127
最一決平 14・2・28〔14(行ツ)3〕……… 128
最一決平 14・2・28〔14(行ツ)4〕……… 128
最一決平 14・2・28〔14(行ツ)5〕……… 128
最三決平 14・3・12〔14(許)3〕………… 117
最一決平 14・4・25〔14(許)4〕………… 108
最二決平 14・4・26 集民 206・401
　　〔14(許)1〕……………………………… 109
最二決平 14・4・26 家月 55・11・
　　113〔14(許)6〕………………………… 123
最二決平 14・4・26 訟月 49・12・
　　3080〔14(行ツ)6〕……………………… 129
最二決平 14・5・31〔14(許)8〕………… 125
最一決平 14・6・13 民集 56・5・
　　1014 …………………………………… 114, 804
最一決平 14・6・27〔14(許)7〕………… 110
最二決平 14・7・12 集民 206・815
　　〔14(許)2〕……………………………… 122
最三決平 14・7・19〔14(許)9〕………… 104
最三決平 14・9・10〔14(許)15〕………… 111
最二決平 14・9・13〔14(行ツ)8〕……… 130
最三決平 14・9・24〔14(行ツ)9〕……… 131
最一決平 14・9・26〔14(許)12〕………… 115
最二決平 14・9・26〔14(許)13〕………… 115
最二決平 14・9・27〔14(許)5〕
　　………………………………………… 132, 163
最一決平 14・10・10〔14(許)18〕……… 105
最二決平 14・10・11〔14(許)20〕……… 105
最三決平 14・10・15〔14(許)17〕……… 109
最一決平 14・10・24〔14(許)19〕……… 107
最一決平 14・10・24〔14(許)22〕……… 120

最二決平 14・10・25 民集 56・8・
　　1942〔14(許)20〕……………………… 112
最一判平 14・11・5 民集 56・8・
　　2069 …………………………………… 210
最二決平 14・11・8〔14(許)21〕………… 124
最二決平 14・11・8〔14(許)27〕
　　………………………………………… 119, 593
最一決平 14・11・14〔14(許)26〕……… 106
最二決平 14・12・6〔14(許)33〕………… 126
最三決平 14・12・10〔14(許)16〕……… 118
最三決平 14・12・10〔14(許)25〕……… 120
最三決平 14・12・10〔14(許)28〕……… 112
最三決平 14・12・12〔14(許)31〕……… 122
最三決平 14・12・12〔14(許)34〕……… 107
最二決平 14・12・20〔14(許)30〕……… 116
最三決平 15・1・24 集民 209・59
　　〔14(行ツ)7〕…………………………… 140
最一決平 15・1・30〔14(許)29〕………… 158
最一決平 15・1・30〔14(許)35〕………… 163
最二決平 15・1・31 民集 57・1・74
　　〔14(許)23〕……………………………… 154
最二決平 15・2・14〔14(許)36〕………… 171
最二決平 15・2・14〔14(許)39〕………… 138
最三決平 15・2・18〔14(許)37〕………… 175
最一決平 15・2・27 民集 57・2・202
　　〔14(許)10〕……………………………… 175
最一決平 15・2・27〔14(許)38〕………… 164
最二決平 15・2・28〔15(許)1〕………… 149
最二決平 15・2・28〔15(許)4〕………… 139
最一決平 15・3・11 集民 209・155
　　〔14(行ツ)11〕…………………………… 173
最一決平 15・3・11〔15(許)5〕………… 164
最二決平 15・3・13〔15(許)3〕………… 140
最三決平 15・3・14 集民 209・247
　　〔14(許)32〕……………………………… 146
最二決平 15・3・14〔15(許)7〕………… 165
最三決平 15・3・14 集民 209・255
　　〔14(行ツ)10〕…………………… 174, 677, 780
最三決平 15・3・25〔15(許)2〕………… 145
最一決平 15・3・27〔15(許)6〕………… 155
最一決平 15・4・10〔15(許)9〕………… 158
最一決平 15・4・11〔15(許)10〕………… 161
最二決平 15・4・11〔15(許)11〕………… 162
最三決平 15・4・24〔15(許)12〕………… 166
最一決平 15・5・12〔15(許)18〕………… 166
最一決平 15・5・14 家月 56・4・137

〔15(許)14〕 ································· 167
最二決平 15・5・30 〔15(許)16〕 ········ 160
最一決平 15・6・12 〔15(許)13〕 ········ 171
最一決平 15・6・12 〔15(許)15〕 ········ 141
最二決平 15・6・13 〔15(許)29〕 ········ 169
最三決平 15・6・24 〔15(許)17〕 ········ 159
最三決平 15・6・24 〔15(許)20〕 ········ 144
最一判平 15・7・3 集民 210・217 ······ 754
最一決平 15・7・10 〔15(許)24〕 ········ 153
最二決平 15・7・11 〔15(許)22〕 ········ 161
最二決平 15・7・11 〔15(許)25〕 ········ 138
最三決平 15・8・6 家月 56・2・160
〔15(許)26〕 ································· 152
最一決平 15・9・11 〔15(許)27〕 ········ 150
最一決平 15・9・11 〔15(許)29〕 ········ 147
最二決平 15・9・12 税資 253 順
9434 〔15(行ツ)1〕 ························· 143
最二決平 15・9・12 〔15(許)28〕 ········ 142
最二決平 15・10・9 〔15(許)33〕 ········ 169
最二決平 15・10・10 家月 56・5・
134 〔15(許)30〕 ···························· 168
最二決平 15・10・10 〔15(許)35〕 ······ 151
最二決平 15・10・10 〔15(許)36〕 ······ 176
最二決平 15・10・23 〔15(許)38〕 ······ 148
最二決平 15・10・24 〔15(許)39〕 ······ 159
最三決平 15・11・11 民集 57・10・
1524 〔15(許)23〕 ···························· 148
最一決平 15・11・13 民集 57・10・
1531 〔15(許)21〕 ···························· 172
最一決平 15・11・13 〔15(許)41〕 ······ 150
最三決平 15・12・9 〔15(許)31〕 ········ 153
最三決平 15・12・9 〔15(許)32〕 ········ 153
最二決平 15・12・19 〔15(許)42〕 ······ 144
最三決平 15・12・25 民集 57・11・
2562 〔15(許)37〕 ·· 170, 320, 541, 902
最三決平 15・12・25 〔15(許)8〕 ········ 157
最三決平 16・1・9 〔15(許)52〕 ········ 217
最二決平 16・1・16 〔15(許)45〕 ······ 185
最三決平 16・1・20 〔15(許)43〕 ······ 207
最三決平 16・1・20 〔15(行ツ)2〕 ······ 212
最一決平 16・1・22 〔15(許)47〕 ······ 207
最二決平 16・1・30 〔15(許)51〕 ······ 211
最二決平 16・2・20 集民 213・541
〔15(許)48〕 ····················· 189, 347
最二決平 16・2・23 〔16(許)2〕 ········ 195
最一決平 16・2・26 〔15(許)50〕 ······ 203

最一決平 16・2・26 〔16(許)1〕 ········ 188
最三決平 16・3・9 〔15(許)49〕 ········ 198
最三決平 16・3・12 〔16(行ツ)1〕 ······ 182
最三決平 16・3・16 〔16(行ツ)2〕 ······ 213
最三決平 16・3・30 〔16(許)3〕 ········ 196
最一決平 16・4・8 民集 58・4・825
〔15(許)44〕 ································· 183
最三判平 16・4・20 集民 214・13
································· 318, 479, 861
最三決平 16・5・25 民集 58・5・
1135 〔15(許)40〕 ·········· 190, 230, 684
最一決平 16・5・31 〔16(許)4〕 ········ 191
最一決平 16・5・31 集民 214・309
〔16(行ツ)3〕 ································· 214
最三決平 16・6・29 〔16(許)6〕 ········ 192
最一判平 16・7・1 民集 58・5・1214
··· 201
最一決平 16・7・1 〔15(許)34〕 ········ 200
最二決平 16・7・9 〔16(許)8〕 ········ 204
最二決平 16・7・13 民集 58・5・
1599 〔16(行ツ)4〕 ·········· 186, 187, 188
最一決平 16・7・29 〔16(許)10〕 ······ 184
最三決平 16・8・30 民集 58・6・1763
〔16(許)19〕 ································· 201
最一決平 16・9・6 〔16(許)13〕 ········ 184
最三決平 16・9・14 家月 57・1・128
〔16(許)9〕 ································· 211
最一決平 16・9・16 〔16(許)16〕 ······ 187
最二決平 16・9・17 〔16(許)17〕 ······ 199
最三決平 16・9・21 〔16(許)12〕 ······ 197
最二決平 16・10・1 集民 215・199
〔16(許)5〕 ································· 205
最三決平 16・10・5 〔16(許)15〕 ······ 209
最一決平 16・10・21 〔16(許)22〕 ······ 198
最一決平 16・10・22 〔16(許)23〕 ······ 202
最三決平 16・10・29 民集 58・7・
1979 〔16(許)11〕 ·········· 210, 655, 776
最三決平 16・11・2 〔16(許)18〕 ······ 209
最三決平 16・11・5 〔16(許)28〕 ······ 206
最三決平 16・11・9 〔16(許)24〕 ······ 192
最三決平 16・11・9 〔16(許)25〕 ······ 192
最二決平 16・11・12 〔16(許)21〕 ······ 208
最三決平 16・11・26 民集 58・8・2393
〔16(許)14〕 ····················· 193, 796, 798
最一決平 16・12・2 〔16(行ツ)6〕 ······ 215
最二決平 16・12・10 〔16(許)31〕 ······ 188

最一決平16・12・16集民215・965
　〔16(許)20〕 216
最二決平16・12・17〔16(許)29〕 195
最一決平17・1・20集民216・57
　〔16(許)26〕 249
最一決平17・1・20〔16(許)27〕 250
最一決平17・1・20〔16(許)33〕 239
最一決平17・1・27〔16(許)30〕 256
最三決平17・2・1〔16(許)32〕 251
最一決平17・2・10〔16(許)7〕 259
最三決平17・2・22〔17(行ツ)1〕 266
最三決平17・3・8家月57・6・162
　〔17(許)2〕 262
最三決平17・3・8〔16(許)35〕 223
最一決平17・3・10〔17(許)1〕 246
最三決平17・3・29民集59・2・477
　〔16(行ツ)5〕 264
最一決平17・4・7〔17(許)3〕 252
最三決平17・5・20家月57・11・52
　〔17(許)5〕 258
最二決平17・5・30〔17(許)13〕 267
最一決平17・6・2〔17(許)6〕 225
最二決平17・6・3〔17(許)7〕 253
最三決平17・6・7〔17(許)8〕 253
最三決平17・6・7〔17(許)9〕 224
最一決平17・6・9家月58・3・104
　〔17(許)10〕 259
最二決平17・6・10〔17(許)34〕 254
最二決平17・6・16〔17(許)12〕 257
最二決平17・6・24集民217・277
　〔16(行ツ)7〕 265
最三決平17・6・28〔17(行ツ)3〕 235
最二決平17・7・1〔17(許)17〕 228
最一決平17・7・14〔17(許)20〕 245
最一決平17・7・14〔17(許)21〕 236
最二決平17・7・22民集59・6・
　1837〔17(許)4〕 229, 351
最二決平17・7・22民集59・6・
　1888〔17(行ツ)4〕 231
最二決平17・8・18〔17(許)26〕 255
最一判平17・9・8民集59・7・1931
　.. 479
最一決平17・9・15家月58・4・90
　〔17(許)28〕 260
最二決平17・9・16〔17(許)23〕 227
最三決平17・9・30訟月53・3・773
　〔17(許)27〕 247
最二決平17・9・30〔17(許)29〕 261
最三決平17・10・4〔17(許)30〕 238
最二決平17・10・7〔17(行ツ)6〕 266
最三決平17・10・11民集59・8・
　2243〔17(許)14〕 263, 824
最三決平17・10・11〔17(許)24〕 249
最一決平17・10・13〔17(許)31〕 250
最三決平17・10・14民集59・8・
　2265〔17(許)11〕
　........ 232, 411, 565, 566, 568, 689,
　　　　690, 740, 795, 796, 846
最一決平17・11・10民集59・9・
　2503〔17(行ツ)2〕
　.............................. 234, 515, 518, 742
最二決平17・11・11集民218・433
　〔17(許)22〕 243
最一決平17・11・17〔17(許)35〕 238
最一決平17・11・17〔17(行ツ)5〕 234
最三決平17・11・22〔17(許)34〕 222
最一決平17・11・24〔17(許)25〕 268
最三決平17・12・6民集59・10・
　2629〔17(許)19〕 241
最二判平17・12・6刑集59・10・
　1901 767
最一決平17・12・8〔17(許)32〕 237
最二決平17・12・9民集59・10・
　2889〔17(許)18〕 242
最二決平17・12・9〔17(許)36〕 226
最三決平17・12・20〔17(許)37〕 240
最三決平17・12・20〔17(許)40〕 248
最一決平18・1・19〔17(許)38〕 295
最一決平18・2・2〔18(許)6〕 330
最一決平18・2・9〔17(許)41〕 292
最一決平18・2・16〔18(許)3〕 287
最二決平18・2・17民集60・2・
　496〔17(許)39〕 281, 738
最二決平18・2・24〔18(許)1〕 329
最三決平18・2・24〔18(許)2〕 308
最三決平18・2・24〔18(許)4〕 313
最三決平18・2・24〔18(許)8〕 288
最二決平18・3・10〔18(許)7〕 317
最一決平18・3・17〔18(許)10〕 293
最三決平18・3・17〔18(許)11〕 303
最一決平18・3・30〔18(許)9〕 290
最三決平18・4・7〔18(行ツ)7〕 324

最二決平 18・4・14 民集 60・4・
　1535〔17(許)33〕............................ 299
最三決平 18・4・26 判時 1930・92
　〔18(許)5〕..................................... 314
最二決平 18・5・22〔18(許)14〕...... 282
最一決平 18・5・22〔18(許)15〕...... 304
最一決平 18・5・22〔18(許)16〕...... 304
最二決平 18・5・29〔18(許)18〕...... 289
最一決平 18・6・1〔18(行ツ)1〕...... 325
最二決平 18・6・9〔18(許)9〕......... 318
最一決平 18・6・22〔18(許)17〕...... 319
最三決平 18・6・23〔18(許)22〕...... 276
最二決平 18・6・23〔18(行ツ)2〕...... 274
最一決平 18・7・6〔18(許)20〕...... 277
最一決平 18・7・6〔18(許)23〕...... 291
最一決平 18・7・6〔18(許)26〕...... 275
最一決平 18・7・7〔18(許)24〕...... 283
最三決平 18・8・9〔18(許)25〕...... 310
最二決平 18・9・6〔18(許)27〕...... 316
最二決平 18・9・8〔18(許)30〕...... 286
最二決平 18・9・11 民集 60・7・2622
　〔18(許)13〕.................................... 296
最一決平 18・9・14〔18(許)28〕...... 320
最二決平 18・9・28 民集 60・7・2634
　〔18(許)12〕.................................... 328
最一決平 18・9・28〔18(許)31〕...... 309
最三決平 18・10・3 民集 60・8・
　2647〔18(許)19〕............ 278, 281, 408
最三決平 18・10・6〔18(許)33〕...... 294
最三決平 18・10・13〔18(許)32〕...... 319
最三決平 18・10・17〔18(許)29〕...... 280
最二決平 18・10・27 民集 60・8・
　3234〔18(許)21〕............................ 301
最二決平 18・10・27〔18(許)36〕...... 300
最三決平 18・10・31〔18(許)37〕...... 311
最三決平 18・11・14〔18(行ツ)3〕...... 326
最一決平 18・11・16〔18(許)40〕...... 321
最三決平 18・11・21〔18(許)42〕...... 298
最二決平 18・11・24〔18(許)38〕...... 315
最一決平 18・11・30〔18(許)34〕...... 306
最二決平 18・11・30〔18(許)35〕...... 306
最二決平 18・12・6〔18(許)44〕...... 284
最二決平 18・12・7〔18(許)46〕...... 322
最二決平 18・12・8〔18(許)41〕...... 285
最一決平 18・12・14〔18(許)43〕...... 323
最一決平 18・12・14〔18(行ツ)4〕...... 327

最三決平 19・1・30〔18(許)51〕
　... 370, 597
最一決平 19・2・8〔19(許)1〕......... 369
最三決平 19・2・9〔18(許)50〕...... 337
最三決平 19・2・9〔19(行ツ)2〕...... 353
最三決平 19・2・15〔18(許)49〕...... 361
最三決平 19・2・16〔19(許)2〕...... 365
最三決平 19・3・20 民集 61・2・586
　〔18(許)39〕............................ 353, 458
最二決平 19・3・23 民集 61・2・619
　〔18(許)47〕.................................... 377
最一決平 19・3・29〔19(許)8〕...... 364
最一決平 19・4・12〔19(許)10〕...... 372
最二決平 19・4・20〔19(行ツ)1〕...... 334
最三決平 19・4・24〔19(許)12〕...... 338
最三決平 19・4・24〔19(許)15〕...... 338
最三決平 19・4・24〔19(許)16〕...... 338
最三決平 19・4・27〔19(許)6〕...... 339
最一決平 19・5・9〔19(許)13〕...... 340
最一決平 19・5・9〔19(行ツ)3〕...... 340
最三決平 19・5・29〔19(許)14〕...... 355
最一決平 19・6・7〔19(許)17〕...... 374
最一決平 19・6・7〔19(許)21〕...... 362
最二決平 19・6・8〔19(許)11〕...... 373
最一決平 19・6・14〔19(許)4〕...... 357
最一決平 19・6・28〔19(許)19〕...... 341
最一決平 19・7・13〔19(許)20〕...... 359
最二決平 19・8・7 民集 61・5・2215
　〔19(許)30〕.................................... 367
最二決平 19・8・23 集民 225・345
　〔19(許)18〕............................ 342, 688
最三決平 19・9・18〔19(許)28〕...... 376
最一決平 19・9・20〔19(許)26〕...... 366
最一決平 19・9・20〔19(許)29〕...... 371
最三決平 19・9・25〔19(許)31〕...... 363
最二決平 19・9・26〔19(許)9〕...... 344
最二決平 19・9・26〔19(許)25〕...... 360
最一決平 19・10・11〔19(許)32〕...... 352
最一決平 19・10・11〔19(許)33〕...... 352
最二決平 19・11・7〔19(行ツ)4〕...... 345
最二決平 19・11・30 民集 61・8・
　3186〔19(許)5〕........................ 347, 406
最二決平 19・11・30〔19(許)27〕...... 375
最三決平 19・12・4 民集 61・9・3245
　〔18(許)45〕.................................... 379
最三決平 19・12・4〔18(許)48〕...... 335

最三決平19・12・4 集民226・387
〔19(許)3〕 380
最三決平19・12・4 民集61・9・3274
〔19(許)7〕 335
最三決平19・12・11 民集61・9・
3364〔19(許)23〕 348, 407
最二決平19・12・12 民集61・9・
3400〔19(許)22〕 350
最三決平19・12・18 集民226・603
〔19(行ツ)5〕 381
最二決平20・1・16〔19(許)36〕 394
最二決平20・2・1〔20(許)1〕 389
最三決平20・2・5〔19(許)35〕 419
最二決平20・2・15〔19(行ツ)7〕 435
最一決平20・3・6 集民227・503
〔19(行ツ)6〕 440
最三決平20・3・11〔20(行ツ)1〕 436
最一決平20・3・13 民集62・3・860
〔19(許)24〕 422, 644, 899
最一決平20・3・13〔19(許)38〕 427
最三決平20・3・25〔20(許)5〕 392
最二決平20・3・26〔19(許)34〕 411
最一決平20・3・27〔20(許)6〕 430
最二決平20・4・11〔20(許)7〕 412
最二決平20・4・16〔20(許)4〕 395
最三決平20・4・22〔19(許)37〕 396
最一決平20・4・24〔20(許)3〕 413
最一決平20・4・24〔20(許)9〕 411
最三決平20・5・8 集民228・1
.... 478, 513
最一決平20・5・26〔20(行ツ)2〕 389
最三決平20・5・27〔20(許)11〕 433
最三決平20・6・10〔20(許)2〕 390
最三決平20・6・10〔20(許)14〕 430
最三決平20・6・17〔20(許)8〕 397
最一決平20・6・19〔20(許)12〕 438
最三決平20・6・24〔20(許)16〕 398
最一決平20・7・3〔20(許)20〕 399
最三決平20・7・8〔20(許)22〕 399
最三決平20・7・15〔20(行ツ)4〕 437
最二決平20・7・16〔20(許)10〕 392
最二決平20・7・16〔20(許)13〕 431
最二決平20・7・16〔20(許)19〕 426
最一決平20・7・17〔20(許)15〕 416
最一決平20・7・17〔20(許)26〕 414
最二決平20・7・18 民集62・7・
2013〔20(許)21〕 386, 388, 563
最二決平20・8・20〔20(許)30〕 439
最二決平20・8・27〔20(許)24〕 418
最二決平20・8・27〔20(許)27〕 432
最二決平20・9・2〔20(許)28〕 433
最三決平20・9・16〔20(許)31〕 413
最一決平20・9・18〔20(許)34〕 434
最二決平20・9・24〔20(許)38〕 420
最一決平20・9・25〔20(許)29〕 425
最一決平20・9・25〔20(許)37〕 389
最三決平20・10・7〔20(許)25〕 416
最三決平20・10・7〔20(許)40〕 419
最三決平20・10・8〔20(行ツ)3〕 402
最三決平20・10・24〔20(許)39〕 426
最一決平20・11・4〔20(許)23〕 403
最一決平20・11・4〔20(許)41〕 424
最三決平20・11・25 民集62・10・
2507〔20(許)18〕 406, 688
最三決平20・12・16〔20(許)33〕 389
最三決平20・12・16〔20(許)46〕 386
最三決平20・12・17〔20(許)50〕 409
最一決平20・12・18 賃社1500・69
〔20(許)32〕 410
最三決平20・12・24〔20(許)35〕 429
最一決平21・1・13〔20(許)43〕 479
最一決平21・1・15 民集63・1・1
〔20(許)44〕 495
最一決平21・1・15 民集63・1・46
〔20(行ツ)5〕 486
最三決平21・1・20〔20(許)51〕 449
最三決平21・1・27 民集63・1・271
〔20(許)36〕 464
最一決平21・2・5〔21(許)1〕 456
最一決平21・2・18〔20(許)47〕 494
最二決平21・2・18〔21(許)2〕 481
最三決平21・2・24〔20(許)53〕 457
最三決平21・3・10〔21(許)3〕 458
最二決平21・3・11〔20(許)45〕 470
最二決平21・3・11〔21(行ツ)1〕 491
最一決平21・3・19〔21(許)4〕 454
最二決平21・3・23〔21(許)8〕 460
最二決平21・4・8〔21(許)10〕 462
最一決平21・4・23〔21(許)12〕 483
最一決平21・5・8〔21(許)7〕 502
最二決平21・5・20〔21(許)13〕 473
最二決平21・5・20〔21(許)14〕 473

最一決平 21・5・25〔21(許)16〕 ─── 481
最一決平 21・5・28〔20(許)52〕 ─── 459
最三決平 21・5・29 金判 1326・35
　　〔20(許)48〕 ─── 498, 604
最三決平 21・5・29〔21(許)6〕 ─── 480
最二決平 21・6・3〔20(許)42〕 ─── 471
最二決平 21・6・3〔21(許)5〕 ─── 450
最三決平 21・6・30 集民 231・153
　　〔21(許)9〕 ─── 455
最一決平 21・7・2 判自 327・79
　　〔21(行ツ)2〕 ─── 492
最三判平 21・7・14 民集 63・6・1227
　　─── 886
最二決平 21・7・15〔21(許)22〕 ─── 473
最二決平 21・7・23〔21(許)28〕 ─── 446
最一決平 21・8・12 民集 63・6・
　　1406〔20(許)49〕 ─── 463
最一決平 21・8・12〔21(許)18〕 ─── 466
最一決平 21・8・12〔21(許)21〕 ─── 475
最一決平 21・8・12〔21(許)29〕 ─── 451
最三決平 21・9・8〔21(許)15〕 ─── 503
最一決平 21・9・24〔21(許)32〕 ─── 448
最三決平 21・9・29〔21(許)11〕 ─── 467
最三決平 21・9・29〔21(許)20〕 ─── 472
最三決平 21・9・29〔21(許)23〕 ─── 453
最三決平 21・9・29〔21(許)24〕 ─── 453
最三決平 21・9・29〔21(許)25〕 ─── 453
最三決平 21・9・29〔21(許)26〕 ─── 453
最三決平 21・9・29〔21(許)30〕 ─── 472
最一決平 21・10・22〔21(許)34〕 ─── 460
最一決平 21・10・26〔21(許)36〕 ─── 447
最二決平 21・10・28〔21(許)31〕 ─── 469
最二決平 21・11・19〔21(許)27〕 ─── 485
最三決平 21・12・1 家月 62・3・47
　　〔21(許)17〕 ─── 476
最二決平 21・12・9〔21(許)33〕
　　─── 484, 904
最三決平 21・12・15〔21(許)37〕 ─── 478
最二決平 21・12・16〔21(許)19〕 ─── 482
最二決平 21・12・16〔21(許)39〕 ─── 469
最一決平 22・1・14〔21(許)38〕 ─── 534
最一決平 22・1・19〔21(許)43〕 ─── 520
最三決平 22・2・23 資料商事 312・
　　123〔21(ク)1005〕 ─── 504
最二決平 22・2・23〔21(許)40〕 ─── 535
最一決平 22・3・4〔21(許)41〕 ─── 537

最三決平 22・3・23〔22(許)1〕 ─── 511
最二決平 22・4・7〔21(許)42〕 ─── 541
最三決平 22・4・12 集民 234・1
　　〔21(行ツ)3〕 ─── 514, 742
最三決平 22・5・25〔22(許)3〕 ─── 520
最一決平 22・5・25〔22(許)10〕 ─── 552
最三判平 22・6・29 民集 64・4・1235
　　─── 589
最三決平 22・6・29〔22(行ツ)1〕 ─── 510
最三決平 22・7・7〔22(許)15〕 ─── 537
最三決平 22・7・20〔22(許)18〕 ─── 554
最二決平 22・7・21〔22(許)17〕 ─── 532
最二決平 22・7・22〔22(許)13〕 ─── 521
最二決平 22・8・4 集民 234・355 ─── 544
最二決平 22・8・4 集民 234・379
　　〔22(許)7〕 ─── 543
最二決平 22・8・4〔22(許)11〕 ─── 543
最二決平 22・8・4〔22(許)12〕 ─── 543
最一決平 22・8・25 民集 64・5・
　　1482〔22(許)2〕 ─── 525, 751, 752
最二決平 22・9・8〔22(許)23〕 ─── 534
最三決平 22・9・13〔22(行ツ)2〕 ─── 522
最三決平 22・9・14〔22(許)24〕 ─── 547
最三決平 22・9・14〔22(行ツ)3〕 ─── 554
最一決平 22・9・27〔22(許)16〕 ─── 539
最一決平 22・9・27〔22(許)22〕 ─── 539
最一決平 22・9・28〔22(許)21〕 ─── 514
最一決平 22・9・29〔22(許)20〕 ─── 512
最一決平 22・9・30〔22(許)19〕 ─── 536
最一決平 22・9・30〔22(許)25〕
　　─── 540, 597
最三決平 22・10・6〔22(許)26〕 ─── 525
最二決平 22・10・20〔22(許)29〕 ─── 530
最一決平 22・10・28〔22(許)28〕 ─── 542
最一決平 22・10・28〔22(許)31〕 ─── 533
最三決平 22・11・9〔22(許)33〕 ─── 553
最一決平 22・11・25 民集 64・8・
　　1951〔22(行ツ)4〕 ─── 545
最一決平 22・11・25〔22(行ツ)5〕
　　─── 545, 658
最二決平 22・12・2 民集 64・8・
　　1990〔22(許)14〕 ─── 530
最三決平 22・12・7〔22(許)6〕 ─── 548
最三決平 22・12・7〔22(許)8〕 ─── 548
最三決平 22・12・7 民集 64・8・
　　2003〔22(許)9〕 ─── 548, 660, 661

最三決平 22・12・21〔22(許)37〕……513
最二決平 22・12・22〔22(許)32〕……540
最二決平 22・12・22〔22(行ツ)6〕……523
最二決平 22・12・22〔22(行ツ)7〕……523
最一決平 23・1・13〔22(許)40〕………594
最一決平 23・1・13〔22(許)42〕………594
最三決平 23・1・18〔22(許)44〕………612
最二決平 23・1・19〔22(許)46〕………580
最二決平 23・2・9 民集 65・2・665
　〔22(許)43〕……………………………589
最二決平 23・2・16〔22(許)49〕………600
最二決平 23・2・23〔23(許)2〕…………599
最一決平 23・3・3〔23(許)3〕……………565
最一決平 23・3・17 家月 63・7・114
　〔22(許)34〕……………………………595
最一決平 23・3・17〔22(許)38〕………576
最三決平 23・3・22〔22(許)50〕………584
最三決平 23・3・22〔22(許)51〕………584
最一決平 23・4・7〔23(許)12〕…………613
最二決平 23・4・13 民集 65・3・1290
　………………………………………………513
最三決平 23・4・19 民集 65・3・1311
　〔22(許)30〕
　…………606, 611, 612, 663, 665, 835
最三決平 23・4・26 集民 236・519
　〔22(許)47〕……………………………610
最一決平 23・4・28〔22(許)45〕………583
最一決平 23・4・28〔23(許)18〕………575
最二決平 23・5・18 民集 65・4・
　1755〔23(許)4〕…………512, 560, 561
最二決平 23・5・30 集民 237・1〔23
　(許)13〕…………………………………560
最二決平 23・5・30〔23(許)14〕………560
最三決平 23・5・31〔22(許)41〕………603
最三決平 23・5・31〔23(許)19〕………591
最一決平 23・6・2〔23(許)1〕……………604
最一決平 23・6・2〔23(許)16〕…………562
最三決平 23・6・7〔22(許)39〕…………599
最三決平 23・6・7〔23(許)17〕…………590
最一決平 23・6・9〔23(許)5〕……………577
最一決平 23・6・9〔23(許)6〕……………577
最三決平 23・6・21〔23(許)15〕………593
最三決平 23・7・27 裁時 1537・1……579
最三決平 23・8・3〔23(許)26〕…………566
最一決平 23・8・24〔23(許)20〕………563
最一決平 23・8・24〔23(許)32〕………576

最一決平 23・9・1〔23(許)29〕…………598
最一決平 23・9・8〔23(許)35〕…………602
最一決平 23・9・15〔23(許)38〕………578
最一決平 23・9・15〔23(許)39〕………578
最三決平 23・9・20 金判 1376・26
　〔23(許)28〕……………………………586
最三決平 23・9・20 民集 65・6・2710
　〔23(許)34〕……586, 635, 637, 703, 804
最三決平 23・9・20 金判 1376・29
　〔23(許)37〕……………………………586
最一決平 23・9・21〔23(許)40〕………596
最一決平 23・9・30〔23(許)27〕………569
最三決平 23・10・4〔23(許)33〕………570
最三決平 23・10・11 集民 238・1
　〔23(許)8〕………………………582, 631
最三決平 23・10・11 集民 238・35
　〔23(行ツ)2〕……………………572, 738
最二決平 23・10・12〔23(許)44〕……581
最一決平 23・10・13〔23(許)43〕……597
最一決平 23・10・25〔23(許)23〕……564
最一決平 23・10・25〔23(許)24〕……564
最一決平 23・10・27〔23(許)50〕……586
最一決平 23・10・27〔23(許)52〕……592
最三決平 23・11・1〔23(許)42〕………586
最三決平 23・11・1〔23(許)45〕………586
最三決平 23・11・1〔23(許)47〕………586
最一決平 23・11・8〔23(許)51〕………601
最一決平 23・11・30〔23(許)36〕……568
最一決平 23・11・30〔23(許)41〕……578
最一決平 23・11・30〔23(許)53〕……586
最一決平 23・12・15〔23(許)46〕……571
最一決平 23・12・15〔23(行ツ)3〕……567
最三決平 24・1・17〔23(許)54〕………635
最三決平 24・1・25〔23(許)30〕………653
最一決平 24・1・26 集民 239・635
　〔23(許)25〕……………………………651
最三決平 24・2・7 集民 240・1
　〔23(許)31〕……………………………631
最二決平 24・2・29 民集 66・3・1784
　〔23(許)21〕……………………………662
最二決平 24・2・29 民集 66・3・1784
　〔23(許)22〕……………………………662
最一決平 24・3・1〔24(許)2〕……………668
最三決平 24・3・27〔23(許)58〕………645
最二決平 24・3・28 民集 66・5・2344
　〔23(許)7〕………………………………658

判例索引

最二決平 24・3・28 〔23(許)9〕 ……… 658
最二決平 24・3・28 〔23(許)10〕 ……… 658
最二決平 24・3・28 〔23(許)57〕 ……… 647
最二決平 24・3・28 〔24(許)3〕 ……… 641
最三決平 24・4・24 〔24(行ツ)2〕 ……… 656
最二決平 24・4・25 〔23(許)48〕 ……… 627
最二決平 24・4・25 〔23(許)49〕 ……… 627
最一決平 24・6・7 〔24(許)7〕 ……… 623
最三決平 24・6・19 〔24(許)10〕 ……… 629
最三決平 24・6・19 〔24(許)13〕 ……… 629
最一決平 24・6・21 〔24(許)11〕 ……… 621
最二決平 24・6・27 〔24(許)8〕 ……… 669
最一決平 24・6・28 〔23(許)55〕 ……… 646
最一決平 24・6・28 〔23(許)56〕 ……… 646
最一決平 24・6・28 〔24(許)17〕 ……… 648
最二決平 24・7・11 〔24(許)9〕 ……… 643
最三決平 24・7・17 〔24(許)16〕 ……… 619
最三決平 24・7・17 〔24(許)20〕 ……… 619
最二決平 24・7・18 〔24(行ツ)1〕 ……… 624
最三決平 24・7・24 集民 241・29
　〔24(許)1〕 ……… 636
最三決平 24・7・24 〔24(許)4〕 ……… 636
最三決平 24・7・24 〔24(許)6〕 ……… 636
最三決平 24・7・24 〔24(許)21〕 ……… 636
最二決平 24・7・25 〔24(許)18〕 ……… 655
最三決平 24・7・31 〔24(許)19〕 ……… 622
最一決平 24・9・4 〔22(許)48〕 ……… 640
最三決平 24・9・4 〔24(許)22〕 ……… 619
最三決平 24・9・4 〔24(許)23〕 ……… 619
最三決平 24・9・4 〔24(許)24〕 ……… 619
最一決平 24・9・6 〔24(許)14〕 ……… 639
最三決平 24・9・11 〔24(許)26〕 ……… 636
最二決平 24・9・12 〔24(許)12〕 ……… 654
最二決平 24・9・19 〔24(許)27〕 ……… 619
最二決平 24・9・19 〔24(許)29〕 ……… 619
最二決平 24・9・19 〔24(許)31〕 ……… 619
最一決平 24・9・20 〔24(許)28〕 ……… 636
最一決平 24・9・27 〔24(許)32〕 ……… 643
最二決平 24・10・10 〔24(許)33〕 ……… 620
最二決平 24・10・10 〔24(行ツ)4〕 ……… 657
最一決平 24・10・11 〔24(行ツ)3〕 ……… 626
最二判平 24・10・12 民集 66・10・
　3311 ……… 914
最二決平 24・10・24 〔24(許)35〕 ……… 619
最一決平 24・11・8 〔24(許)30〕 ……… 628
最一決平 24・11・22 〔24(許)25〕 ……… 634

最一決平 24・11・29 〔24(許)36〕 ……… 622
最三決平 24・12・4 〔24(行ツ)6〕 ……… 622
最二決平 24・12・5 〔24(許)37〕 ……… 647
最三決平 24・12・11 〔24(許)40〕 ……… 619
最一決平 24・12・13 〔24(許)34〕 ……… 630
最三決平 24・12・18 〔24(許)42〕 ……… 619
最二決平 24・12・19 〔24(許)44〕 ……… 649
最三決平 24・12・25 〔24(許)45〕 ……… 620
最二決平 25・1・16 〔24(許)39〕 ……… 717
最一決平 25・1・17 判時 2176・29
　〔24(許)46〕 ……… 703
最三決平 25・1・29 〔24(行ツ)7〕 ……… 682
最一決平 25・2・21 〔24(許)38〕 ……… 704
最三決平 25・3・5 〔25(許)3〕 ……… 703
最二決平 25・3・6 〔25(行ツ)1〕 ……… 676
最二決平 25・3・19 〔25(許)1〕 ……… 697
最二決平 25・3・27 〔25(許)7〕 ……… 703
最二決平 25・3・27 〔25(許)12〕 ……… 703
最一決平 25・3・28 集民 243・261
　〔24(許)41〕 ……… 707
最一決平 25・3・28 集民 243・271
　〔24(許)47〕 ……… 707
最一決平 25・3・28 民集 67・3・864
　〔24(許)48〕 ……… 705
最三決平 25・4・16 〔25(許)8〕 ……… 690
最三決平 25・4・16 〔25(許)13〕 ……… 675
最一決平 25・4・17 〔25(許)2〕 ……… 679
最一決平 25・4・19 集民 243・385
　〔25(行ツ)2〕 ……… 684
最一決平 25・4・25 〔25(許)9〕 ……… 703
最一決平 25・4・25 〔25(許)10〕 ……… 703
最二決平 25・4・26 民集 67・4・
　1150 〔24(許)15〕 ……… 695
最二決平 25・4・26 〔24(許)49〕 ……… 695
最三決平 25・4・26 〔25(許)15〕 ……… 700
最三決平 25・5・7 〔25(許)11〕 ……… 703
最一決平 25・6・13 〔25(行ツ)3〕 ……… 678
最三決平 25・6・18 〔25(許)16〕 ……… 698
最三決平 25・6・18 〔25(許)17〕 ……… 698
最一決平 25・6・27 〔25(許)14〕 ……… 718
最一決平 25・7・18 〔25(許)18〕 ……… 711
最二決平 25・8・8 〔25(許)24〕 ……… 691
最三決平 25・8・27 〔25(許)22〕 ……… 713
最三決平 25・8・27 〔25(許)25〕 ……… 687
最一決平 25・8・28 〔25(許)20〕 ……… 712
最一決平 25・9・19 〔25(許)23〕 ……… 674

最二決平25・9・25〔25(許)21〕 …… 714
最二決平25・9・25〔25(許)27〕 …… 716
最二決平25・9・27〔25(許)19〕 …… 710
最三決平25・10・1〔25(許)28〕 …… 715
最一決平25・10・3〔25(許)29〕 …… 701
最二決平25・10・30〔25(許)30〕 …… 702
最三決平25・11・13民集67・8・
　1483〔25(許)4〕 ……………………… 681
最二決平25・11・13〔25(行ツ)4〕 …… 720
最一決平25・11・21民集67・8・
　1686〔24(許)43〕 ……………… 692, 746
最三決平25・12・10民集67・9・
　1847〔25(許)5〕 ……………………… 719
最一決平25・12・19民集67・9・
　1938〔25(許)6〕 ……………………… 689
最二決平25・12・25〔25(許)36〕 …… 683
最一決平26・1・16〔25(許)34〕 …… 733
最三決平26・1・21〔25(許)33〕 …… 764
最三決平26・2・18〔25(許)37〕 …… 734
最二決平26・2・19〔26(許)3〕 …… 752
最三決平26・3・4〔25(許)31〕 …… 773
最二決平26・3・19〔26(許)6〕 …… 755
最一決平26・3・27〔26(許)2〕 …… 765
最一決平26・3・27〔26(許)5〕 …… 729
最一決平26・4・14民集68・4・279
　〔25(許)26〕 …………………………… 782
最二決平26・4・23〔25(許)38〕 …… 774
最三決平26・5・9〔26(許)4〕 …… 766
最三決平26・5・9〔26(許)7〕 …… 726
最三決平26・5・13〔26(許)1〕 …… 757
最二決平26・5・19〔26(許)9〕 …… 762
最一決平26・6・26〔26(許)8〕 …… 767
最一決平26・6・26〔26(許)10〕 …… 744
最一決平26・7・10集民247・49
　〔25(許)35〕 …………………… 745, 884
最二決平26・7・16〔26(許)11〕 …… 731
最一決平26・7・24〔26(許)13〕 …… 768
最一決平26・7・24〔26(許)16〕 …… 736
最三決平26・7・29〔26(許)18〕 …… 727
最二決平26・8・27〔26(許)14〕 …… 771
最二決平26・9・17〔26(許)20〕 …… 784
最二決平26・9・24〔26(許)23〕 …… 776
最一決平26・9・25〔26(許)22〕 …… 761
最一決平26・9・25〔26(許)25〕 …… 738
最一決平26・9・25民集68・7・781
　〔26(行ツ)2〕 ………………………… 779

最一決平26・10・9〔26(許)32〕 …… 768
最三決平26・10・14〔26(許)12〕 …… 759
最三決平26・10・14〔26(許)21〕 …… 770
最一決平26・10・23〔26(許)28〕 …… 763
最一決平26・10・23〔26(許)34〕 …… 728
最三決平26・10・28〔26(許)24〕 …… 777
最二決平26・10・29〔26(許)33〕 …… 764
最二決平26・10・29集民248・15
　〔26(行ツ)3〕 ………………………… 740
最三決平26・11・4集民248・39
　〔26(許)15〕 …………………………… 750
最三決平26・11・25〔26(行ツ)1〕 …… 777
最二決平26・11・26金判1476・15
　〔26(許)29〕 …………………………… 754
最一決平26・11・27民集68・9・
　1486〔26(許)19〕 ……………………… 747
最三決平26・12・17〔26(許)35〕 …… 749
最一決平27・1・20〔26(許)27〕 …… 792
最一決平27・1・21〔26(許)40〕 …… 826
最一決平27・1・22集民249・43
　〔26(許)17〕 …………………………… 806
最一決平27・1・22集民249・67
　〔26(許)26〕 …………………………… 806
最一決平27・1・22〔26(許)42〕 …… 794
最三決平27・2・17〔26(許)38〕 …… 831
最一決平27・2・25〔26(許)43〕 …… 824
最一決平27・2・25〔26(許)44〕 …… 824
最三決平27・3・3〔27(許)1〕 …… 797
最三決平27・3・4〔27(許)3〕 …… 799
最一決平27・3・12〔27(許)2〕 …… 818
最三決平27・3・17〔26(許)30〕 …… 821
最三決平27・3・17〔26(許)31〕 …… 821
最三決平27・3・17〔26(許)41〕 …… 815
最三決平27・3・17〔27(許)4〕 …… 803
最一決平27・3・26民集69・2・365
　〔26(許)39〕 …………………… 833, 865
最三決平27・4・24〔27(許)5〕 …… 795
最一決平27・5・8〔27(許)6〕 …… 804
最三決平27・5・19民集69・4・635
　〔26(許)36〕 …………………………… 788
最二決平27・6・3金判1471・20
　〔26(許)37〕 …………………………… 811
最一決平27・6・11〔27(許)8〕 …… 819
最三決平27・6・16〔27(許)7〕 …… 802
最二決平27・7・1〔27(許)9〕 …… 813
最二決平27・7・8〔27(許)12〕 …… 830

最三決平27・7・28〔27(許)13〕……… 817
最三決平27・8・4〔27(許)16〕……… 798
最三決平27・9・15〔27(許)10〕……… 825
最一決平27・9・16〔27(許)18〕……… 837
最一決平27・9・17〔27(許)14〕……… 836
最一決平27・10・1〔27(許)20〕……… 839
最三決平27・11・17〔27(許)19〕……… 820
最二決平27・11・25〔27(行ツ)2〕…… 828
最一決平27・12・3〔27(行ツ)4〕…… 800
最三決平27・12・8〔27(行ツ)3〕…… 837
最二決平27・12・16〔27(許)21〕…… 799
最一決平27・12・17 集民251・121
　〔27(行ツ)1〕………………………… 791
最一決平27・12・21〔27(許)17〕…… 809
最一決平28・1・21〔27(許)23〕…… 848
最三決平28・2・2〔27(許)25〕…… 858
最二決平28・2・10〔27(許)24〕…… 853
最一決平28・2・18〔28(許)1〕…… 850
最三決平28・3・1〔27(許)22〕…… 852
最二決平28・3・18 民集70・3・937
　〔27(許)15〕…………………………… 854
最二決平28・3・23〔28(許)2〕…… 862
最三決平28・4・5〔28(許)3〕…… 848
最二決平28・4・13〔28(許)21〕…… 855
最三決平28・4・26〔28(許)22〕…… 867
最二決平28・6・10〔28(許)23〕…… 847
最二決平28・6・29〔28(行ツ)1〕…… 845
最一決平28・7・1 民集70・6・1445
　〔28(許)4〜20〕………………… 863, 909
最三決平28・8・30 訟月63・1・20
　〔28(許)25〕…………………………… 846
最三決平28・9・13〔28(許)27〕…… 849
最二決平28・10・26〔28(許)41〕…… 856
最二決平28・10・26〔28(許)42〕…… 856
最三決平28・11・1〔28(許)44〕…… 844
最二決平28・11・16〔28(許)37〕…… 866
最二決平28・11・16〔28(許)38〕…… 866
最大決平28・12・19 民集70・8・
　2121〔27(許)11〕…………………… 859
最三決平28・12・20〔28(許)47〕…… 851
最三決平29・1・10〔28(行ツ)2〕…… 872
最三決平29・1・31 判時2329・40
　〔28(許)39〕…………………………… 889
最三決平29・1・31 民集71・1・63
　〔28(許)45〕…………………………… 890
最二決平29・2・1〔28(許)52〕…… 904
最一決平29・2・9〔28(許)28〜36〕
　………………………………………… 908
最三決平29・2・21 民集71・2・195
　〔28(許)24〕…………………………… 909
最一決平29・3・21〔28(許)53〕…… 890
最一決平29・3・23〔28(許)48〕…… 914
最二決平29・3・29〔29(許)5〕…… 877
最二決平29・5・10 民集71・5・789
　〔28(許)26〕…………………………… 887
最二決平29・5・17 集民256・1〔28
　(許)49〕………………………………… 900
最一決平29・5・17〔29(許)4〕…… 874
最一決平29・5・17〔29(行ツ)1〕…… 873
最一決平29・7・19〔29(許)2〕…… 892
最一決平29・7・20〔28(許)51〕…… 893
最一決平29・7・20 民集71・6・952
　〔29(許)1〕…………………………… 884
最三決平29・8・30 民集71・6・
　1000〔29(許)7〕……………………… 911
最三決平29・9・5 集民256・47〔28
　(許)40〕………………………………… 875
最三決平29・9・12 民集71・7・
　1073〔29(許)3〕……………………… 895
最二決平29・9・13〔29(許)8〕…… 912
最一決平29・9・14〔29(行ツ)4〕…… 880
最一決平29・9・21〔29(許)11〕…… 902
最一決平29・9・21〔29(許)15〕…… 916
最一決平29・9・21〔29(許)16〕…… 916
最三決平29・9・26〔28(許)50〕…… 905
最三決平29・10・4〔29(許)18〕…… 905
最三決平29・10・4〔29(許)23〕…… 912
最二決平29・10・4 民集71・8・
　1221〔29(行ツ)2〕…………………… 878
最一決平29・10・5 民集71・8・
　1441〔29(許)6〕……………………… 922
最三決平29・10・10 民集71・8・
　1482〔28(許)46〕……………………… 885
最一決平29・10・12〔29(許)20〕…… 879
最三決平29・11・28 集民257・23
　〔29(許)14〕…………………………… 907
最三決平29・12・5 民集71・10・
　1803〔29(許)17〕……………………… 894
最三決平29・12・5〔29(許)22〕…… 883
最一決平29・12・7〔29(許)24〕…… 881
最一決平29・12・7〔29(許)25〕…… 881
最三決平29・12・12 民集71・10・

2106〔28(許)43〕 919
最二決平29・12・13〔29(許)27〕 882
最三決平29・12・19民集71・10・
　2592〔29(許)10〕 912
最三決平29・12・19民集71・10・
　2632〔29(許)19〕 898
最三決平29・12・19集民257・43
　〔29(行ツ)3〕 925
最二決平29・12・20〔29(許)21〕 897
最一決平29・12・21集民257・63
　〔29(許)9〕 917
最一決平29・12・21〔29(許)29〕 903

〔高等裁判所〕
東京高決昭31・5・15判タ59・69 297
福岡高決昭39・12・22金法401・15
　 297
大阪高決昭40・4・22家月17・10・
　102 20
広島高決昭40・10・20家月18・4・
　69 20
大阪高決昭41・6・6家月19・1・39
　 20
東京高決昭41・11・14判タ199・
　137 297
札幌高決昭51・5・31判タ336・191
　 541
東京高判昭51・7・8判時835・76 185
東京高決昭52・3・18判時851・185
　 278
広島高岡山支決昭53・7・6家月31・
　4・76 824
大阪高決昭54・3・8家月31・10・71
　 95
大阪高決昭54・6・18家月32・3・94
　 18
東京高決昭55・2・13判時962・71
　 495
大阪高決昭56・2・16家月33・8・44
　 541
大阪高決昭56・7・7判時1031・120
　 114
東京高決昭56・10・8判時1022・68
　 139
大阪高決昭58・9・26判タ510・117
　 145

広島高岡山支決昭59・5・9判タ
　532・171 526
東京高決昭60・12・26判時1180・
　60 648
東京高決昭62・5・21判時1247・93
　 11, 12
東京高決昭62・8・6判時1247・93
　 11, 12
東京高決昭63・3・11金法1208・24
　 11
東京高決平2・6・29家月42・12・44
　 20
福岡高決平2・8・15判時1367・37
　 526
東京高決平3・10・23家月44・9・79
　 20
広島高決平4・6・26民集45・2・
　115 540
東京高判平5・12・21判時1514・
　143 235
東京高決平6・6・30判時1538・
　193 115
名古屋高決平7・8・14判時1567・
　109 294
東京高決平9・11・13判時1636・60
　 15
大阪高決平10・1・27 6
大阪高決平10・2・10民集53・5・
　897 13, 14
大阪高決平10・7・6民集52・9・
　2038 12
東京高決平10・7・10金判1046・23
　 14, 15
広島高決平10・8・7 10
札幌高決平10・8・10民集53・4・
　751 16
仙台高決平10・8・25判時1703・
　147 239
大阪高決平10・9・28 9
名古屋高決平10・10・15 9
大阪高決平10・10・22判タ1000・
　257 9
高松高決平10・10・28判タ1015・
　117 22
大阪高決平10・11・11金判1065・
　49 5, 6

判例索引

大阪高決平 10・11・18 ……………………… 19
東京高決平 10・11・24 金判 1058・3 …… 7
大阪高決平 10・12・8 ………………………… 5
大阪高決平 10・12・14 ……………………… 21
大阪高決平 10・12・15 ……………………… 18
東京高決平 10・12・25 ……………………… 15
大阪高決平 11・1・19 ……………………… 17
大阪高決平 11・1・29 ………………………… 7
東京高決平 11・2・1 ………………………… 10
大阪高決平 11・2・16 ……………………… 19
大阪高決平 11・2・23 ………………………… 5
大阪高決平 11・2・26 金判 1065・3 …… 8
高松高決平 11・3・12 民集 54・3・
　1066 …………………………………………… 58
大阪高決平 11・3・26 民集 54・3・
　1085 …………………………………………… 30
東京高決平 11・3・31 ……………………… 54
東京高決平 11・4・19 金判 1103・20
　………………………………………………… 46
大阪高決平 11・4・26 ………………………… 5
福岡高決平 11・4・28 判タ 1015・276
　………………………………………………… 11
東京高決平 11・6・9 判タ 1016・237
　………………………………………………… 32
福岡高決平 11・6・23 金法 1557・75 …… 8
大阪高決平 11・7・27 ……………………… 76
大阪高決平 11・7・29 ……………………… 38
東京高決平 11・8・2 ………………………… 73
東京高決平 11・8・10 ……………………… 32
大阪高決平 11・8・31 ……………………… 50
東京高決平 11・9・6 ………………………… 42
東京高決平 11・9・8 民集 54・9・
　2731 ……………………………………… 35, 36
大阪高決平 11・9・28 民集 54・3・
　1366 …………………………………………… 45
大阪高決平 11・9・30 民集 54・3・
　1124 …………………………………………… 41
大阪高決平 11・10・14 金判 1080・3
　………………………………………………… 52
東京高決平 11・10・15 ……………………… 37
東京高決平 11・10・18 ……………………… 40
大阪高決平 11・10・20 ……………………… 28
広島高決平 11・10・22 ……………………… 55
大阪高決平 11・10・25 ……………………… 38
福岡高決平 11・10・26 民集 54・5・
　1627 …………………………………………… 56

949

東京高決平 11・10・29 ……………………… 39
東京高決平 11・11・2 ……………………… 46, 51
大阪高決平 11・11・15 ……………………… 49
東京高決平 11・11・17 ……………………… 40
福岡高決平 11・12・9 ……………………… 33
大阪高決平 12・1・17 判時 1715・39
　………………………………………………… 72
大阪高決平 12・1・25 家月 54・6・71
　………………………………………………… 59
大阪高決平 12・1・28 ……………………… 29
大阪高決平 12・2・4 ……………………… 45
広島高命平 12・2・9 ……………………… 26
大阪高決平 12・2・17 ……………………… 30
大阪高決平 12・2・18 ……………………… 54
大阪高決平 12・3・8 ……………………… 43
福岡高決平 12・3・14 ……………………… 56
東京高決平 12・3・17 ……………………… 83
大阪高決平 12・3・22 ……………………… 37
東京高決平 12・3・28 ……………………… 53
東京高決平 12・3・31 ……………………… 60
名古屋高決平 12・4・4 民集 55・1・
　77 ……………………………………………… 68
東京高決平 12・4・5 民集 55・1・27
　………………………………………………… 84
大阪高決平 12・4・7 民集 55・1・176
　………………………………………………… 96
大阪高決平 12・4・7 ……………………… 44
東京高決平 12・4・13 労判 793・71 …… 68
大阪高決平 12・4・14 ……………………… 34
東京高決平 12・5・8 ……………………… 47
大阪高決平 12・5・15 ……………………… 78
広島高決平 12・5・19 ……………………… 70
福岡高決平 12・5・29 ……………………… 48
福岡高決平 12・5・30 ……………………… 34
仙台高決平 12・5・30 ……………………… 71
高松高決平 12・6・5 訟月 47・12・
　3636 …………………………………………… 36
大阪高決平 12・6・28 ……………………… 58
東京高決平 12・6・30 金判 1119・9 …… 88
札幌高決平 12・7・4 ……………………… 27
東京高決平 12・7・19 判時 1727・107
　………………………………………………… 84
大阪高決平 12・7・26 ……………………… 41
大阪高決平 12・8・3 ……………………… 91
大阪高決平 12・8・10 ……………………… 60
東京高決平 12・8・15 ……………………… 72

名古屋高決平12・8・17 97
大阪高決平12・8・31 67
東京高決平12・9・13 27
大阪高決平12・9・29 86
福岡高決平12・10・5 95
仙台高秋田支決平12・10・5 94
東京高決平12・11・6民集55・3・678 81
福岡高決平12・12・8金判1123・4 77
高松高決平13・1・10 89
東京高決平13・1・15 69
大阪高決平13・1・23 82
仙台高決平13・2・8 66
大阪高決平13・2・15民集55・7・1441 75
東京高決平13・2・23 85
東京高決平13・2・27 77
仙台高決平13・3・7 91
福岡高決平13・3・8 82
大阪高決平13・3・14金判1150・30 115
福岡高宮崎支決平13・3・15 74
仙台高決平13・3・29 67
東京高決平13・4・9民集55・7・1561 79
大阪高決平13・4・12民集55・6・1027 98
福岡高決平13・4・13 81
東京高決平13・5・1 92
東京高決平13・5・22 113
名古屋高金沢支決平13・6・2 94
東京高決平13・6・29 86
福岡高宮崎支決平13・7・25 70
福岡高決平13・8・8 78
大阪高決平13・8・10民集56・5・1025 87
大阪高決平13・8・10 114
札幌高決平13・8・10 93
福岡高決平13・8・27 121
東京高決平13・8・31 106
大阪高決平13・9・11 79
東京高決平13・10・10判時1769・114 127
東京高決平13・11・7金判1159・28 122
東京高決平13・11・26金判1152・10 109
大阪高決平13・12・4 108
東京高決平13・12・18訟月48・9・2310 128
札幌高決平13・12・21 117
名古屋高決平13・12・26 104
大阪高決平14・1・11 111
東京高決平14・1・16家月55・11・106 123
福岡高決平14・1・18 132
東京高決平14・1・25 129
福岡高決平14・1・29民集57・2・219 175
福岡高決平14・1・29 125
東京高決平14・2・15民集56・8・1959 112
広島高岡山支決平14・2・20 140
大阪高決平14・3・13 130
大阪高決平14・3・18 115
福岡高決平14・4・19 118
大阪高決平14・4・25 111
大阪高決平14・4・30 174
福岡高決平14・4・30 105
東京高決平14・5・9 109
仙台高決平14・5・28 131
福岡高決平14・5・31 107
大阪高決平14・7・1 105
福岡高決平14・7・10 124
福岡高決平14・7・18民集57・1・86 154
仙台高決平14・7・19 120
東京高決平14・8・7 171
福岡高決平14・8・9 119
大阪高決平14・8・16 120
大阪高決平14・8・23 106
大阪高決平14・8・29 146
大阪高決平14・8・30 112
札幌高決平14・9・2 107
札幌高決平14・9・3 126
福岡高決平14・9・6 122
東京高決平14・9・11 163
大阪高決平14・9・13 158
大阪高決平14・9・30 116
福岡高決平14・10・15 164
札幌高決平14・10・16 145
東京高決平14・10・21 173

福岡高決平 14・10・30 ……………… 175
大阪高決平 14・10・31 ……………… 149
大阪高決平 14・11・5 ………………… 138
東京高決平 14・11・22 ……………… 140, 164
福岡高決平 14・11・29 ……………… 166
福岡高宮崎支決平 14・12・10 ……… 157
福岡高決平 14・12・11 金法 1673・
　51 ……………………………………… 526
東京高決平 14・12・17 ……………… 155
福岡高決平 14・12・17 ……………… 158
広島高決平 14・12・18 ……………… 139
東京高決平 14・12・24 ……………… 141
福岡高決平 14・12・25 ……………… 165
東京高決平 14・12・26 民集 57・10・
　1558 …………………………………… 172
名古屋高金沢支決平 14・12・26
　………………………………………… 161, 162
東京高決平 15・1・20 家月 56・4・
　127 ……………………………………… 167
東京高決平 15・1・22 ………………… 159
仙台高秋田支決平 15・2・6 ………… 171
札幌高決平 15・2・24 ………………… 166
大阪高決平 15・2・26 ………………… 160
福岡高決平 15・3・13 ………………… 144
高松高決平 15・3・17 ………………… 169
福岡高決平 15・3・19 ………………… 138
大阪高決平 15・3・25 家月 56・2・
　158 ……………………………………… 152
東京高決平 15・3・26 民集 57・10・
　1527 …………………………………… 148
広島高松江支決平 15・4・1 ………… 161
東京高決平 15・4・4 ………………… 153
広島高決平 15・4・14 税資 253
　順 9320 ………………………………… 143
大阪高決平 15・4・21 ………………… 142
大阪高決平 15・4・22 家月 56・5・
　124 ……………………………………… 168
大阪高決平 15・4・22 ………………… 150
広島高決平 15・5・9 ………………… 169
大阪高決平 15・5・20 ………………… 147
広島高決平 15・5・22 ………………… 151
大阪高決平 15・5・27 ………………… 153
東京高決平 15・6・4 ………………… 176, 200
大阪高決平 15・6・16 ………………… 148
札幌高決平 15・6・18 民集 57・11・
　2577 …………………………………… 170

広島高決平 15・7・18 ………………… 159
札幌高決平 15・8・12 ………………… 207
東京高決平 15・8・15 民集 58・5・
　1173 …………………………………… 190
大阪高決平 15・9・1 ………………… 150
名古屋高決平 15・9・2 ……………… 144
名古屋高決平 15・9・8 民集 58・4・
　833 ……………………………………… 183
東京高決平 15・9・16 ………………… 207
大阪高決平 15・9・16 ………………… 185
東京高決平 15・10・6 ………………… 188
高松高決平 15・10・10 ……………… 189
大阪高決平 15・10・27 ……………… 198
仙台高決平 15・10・27 ……………… 203
名古屋高決平 15・10・31 …………… 211
大阪高決平 15・11・10 ……………… 217
高松高決平 15・11・20 ……………… 212
名古屋高決平 15・12・9 ……………… 191
東京高決平 15・12・12 ……………… 196
東京高決平 15・12・25 ……………… 213
名古屋高決平 15・12・26 …………… 182
大阪高決平 16・2・6 金判 1209・52
　………………………………………… 205
名古屋高決平 16・2・25 ……………… 192
東京高決平 16・3・19 ………………… 214
福岡高決平 16・3・22 ………………… 259
東京高決平 16・4・9 ………………… 204
大阪高決平 16・4・19 民集 58・5・
　1611 …………………………………… 186
札幌高決平 16・4・28 ………………… 184
東京高決平 16・5・7 家月 57・1・
　127 ……………………………………… 211
大阪高決平 16・5・10 民集 58・7・
　1986 …………………………………… 210
名古屋高決平 16・5・21 ……………… 197
大阪高決平 16・5・24 ………………… 209
福岡高決平 16・5・24 ………………… 184
札幌高決平 16・5・31 家月 57・8・
　94 ……………………………………… 596
大阪高決平 16・6・2 ………………… 187
東京高決平 16・6・8 民集 58・8・
　2412 …………………………………… 193
名古屋高決平 16・6・11 ……………… 199
東京高決平 16・6・14 ………………… 209
広島高決平 16・7・14 ………………… 216
広島高決平 16・7・20 ………………… 198

東京高決平 16・7・23 ……………… 208
大阪高決平 16・7・28 ……………… 215
東京高決平 16・7・30 民集 59・2・
　486 ………………………………… 264
東京高決平 16・7・30 ……………… 192
東京高決平 16・8・9 ………………… 202
広島高岡山支決平 16・8・10 …… 249, 250
東京高決平 16・8・11 金判 1199・8
　………………………………………… 201
大阪高決平 16・8・16 ……………… 206
札幌高決平 16・9・13 ……………… 195
福岡高決平 16・9・27 ……………… 251
札幌高決平 16・9・28 ……………… 256
広島高決平 16・9・30 ……………… 188
東京高決平 16・10・1 ……………… 239
東京高決平 16・10・5 ……………… 265
東京高決平 16・10・12 …………… 254
東京高決平 16・11・1 ……………… 223
大阪高決平 16・11・18 …………… 246
仙台高決平 16・11・24 民集 59・9・
　2551 ………………………………… 234
東京高決平 16・11・25 …………… 252
東京高決平 16・11・26 …………… 266
仙台高決平 16・11・26 …………… 262
東京高決平 16・12・22 民集 59・6・
　1878 ………………………………… 229
福岡高決平 16・12・28 家月 57・11・
　49 …………………………………… 258
名古屋高金沢支決平 16・12・28 ……… 732
福岡高宮崎支決平 17・1・19 ………… 253
広島高決平 17・1・24 ……………… 225
東京高決平 17・2・9 ………………… 235
大阪高決平 17・2・9 ………………… 224
大阪高決平 17・2・28 民集 59・8・
　2252 ………………………………… 263
名古屋高決平 17・3・7 …………… 257
東京高決平 17・3・15 ……………… 267
福岡高宮崎支決平 17・3・15 家月
　58・3・98 ………………………… 259
東京高決平 17・3・16 民集 59・6・
　1912 ………………………………… 231
名古屋高金沢支決平 17・3・24 民集
　59・8・2289 ……………………… 232
東京高決平 17・3・25 ……………… 228
大阪高決平 17・3・30 ……………… 304
大阪高決平 17・4・20 ……………… 236

名古屋高金沢支決平 17・4・20 金判
　1241・21 …………………………… 243
東京高決平 17・4・26 民集 59・10・
　2641 ………………………………… 241
東京高決平 17・4・26 民集 59・10・
　2895 ………………………………… 242
東京高決平 17・4・27 ……………… 245
東京高決平 17・5・10 ……………… 249
福岡高決平 17・5・16 判時 1911・
　106 …………………………………… 247
東京高決平 17・5・19 …………… 227, 255
大阪高決平 17・5・20 ……………… 268
仙台高秋田支決平 17・6・2 家月 58・
　4・71 ……………………………… 767
名古屋高決平 17・6・3 …………… 234
札幌高決平 17・6・3 家月 58・4・84
　……………………………………… 260, 767
大阪高決平 17・6・22 家月 58・4・93
　……………………………………… 767
仙台高決平 17・6・24 ……………… 261
東京高決平 17・6・28 家月 58・4・
　105 …………………………………… 767
東京高決平 17・6・30 ……………… 238
福岡高宮崎支決平 17・7・8 ………… 250
東京高決平 17・7・13 ……………… 237
東京高決平 17・7・15 ……………… 266
大阪高決平 17・7・20 ……………… 222
東京高決平 17・7・21 民集 60・4・
　1546 ………………………………… 299
大阪高決平 17・8・23 ……………… 238
東京高決平 17・9・5 ………………… 226
福岡高決平 17・9・12 ……………… 295
東京高決平 17・9・30 民集 60・2・
　503 …………………………………… 281
東京高決平 17・9・30 ……………… 240
東京高決平 17・10・6 ……………… 248
福岡高決平 17・10・26 …………… 324
広島高決平 17・11・2 判時 1930・96
　……………………………………… 314
大阪高決平 17・11・8 ……………… 287
仙台高決平 17・11・8 ……………… 313
東京高決平 17・11・11 …………… 292
東京高決平 17・11・22 …………… 308
福岡高決平 17・11・22 …………… 317
東京高決平 17・11・30 …………… 329
名古屋高決平 17・12・1 …………… 293

判例索引

広島高決平 17・12・2 …… 330
東京高決平 17・12・9 …… 290
東京高決平 17・12・27 …… 288
大阪高決平 17・12・27 …… 289
福岡高那覇支決平 18・1・10 …… 303
東京高決平 18・2・2 民集 60・7・2643 …… 328
福岡高決平 18・2・6 …… 282
東京高決平 18・2・14 民集 60・7・2632 …… 296
福岡高決平 18・2・23 …… 319
福岡高宮崎支決平 18・2・28 …… 325
東京高決平 18・3・6 …… 318
東京高決平 18・3・17 民集 60・8・2685 …… 278
東京高決平 18・3・22 …… 276
東京高決平 18・3・24 …… 291
福岡高決平 18・3・28 …… 310
東京高決平 18・3・31 …… 277
東京高決平 18・4・5 民集 60・8・3246 …… 301
福岡高決平 18・4・5 …… 275
東京高決平 18・4・14 …… 274
東京高決平 18・4・27 …… 283
名古屋高決平 18・4・28 …… 286
東京高決平 18・5・25 …… 316
東京高決平 18・5・31 …… 320
東京高決平 18・6・14 …… 280
東京高決平 18・6・30 …… 326
東京高決平 18・7・7 …… 309
東京高決平 18・7・11 …… 315
福岡高決平 18・7・19 …… 294
東京高決平 18・7・20 …… 319
東京高決平 18・7・31 …… 306
東京高決平 18・8・7 …… 300
東京高決平 18・8・10 …… 285
東京高決平 18・8・11 …… 311
東京高決平 18・8・23 民集 61・2・604 …… 353
東京高決平 18・8・28 …… 321
札幌高決平 18・9・4 …… 298
東京高決平 18・9・11 …… 323
東京高決平 18・9・12 民集 61・9・3261 …… 379
東京高決平 18・9・12 …… 284, 327
大阪高決平 18・9・26 …… 353

東京高決平 18・9・29 民集 61・2・671 …… 377
東京高決平 18・10・3 …… 322
福岡高宮崎支決平 18・10・3 …… 361
大阪高決平 18・10・25 …… 335
名古屋高決平 18・10・26 …… 370
東京高決平 18・10・31 …… 337
東京高決平 18・11・22 …… 369
東京高決平 18・11・24 …… 334
広島高岡山支決平 18・12・8 …… 365
東京高決平 18・12・15 …… 380
東京高決平 18・12・19 …… 364
大阪高決平 18・12・26 民集 61・9・3283 …… 335
名古屋高決平 18・12・27 …… 357
東京高決平 18・12・28 …… 339
福岡高決平 18・12・28 …… 344
東京高決平 19・1・10 民集 61・8・3212 …… 347
福岡高決平 19・1・10 …… 372
福岡高決平 19・1・16 …… 340
東京高決平 19・1・26 …… 373
名古屋高決平 19・1・30 …… 338
福岡高決平 19・2・5 …… 374
大阪高決平 19・2・15 …… 355
名古屋高決平 19・2・15 …… 338, 341
福岡高決平 19・2・21 …… 342
大阪高決平 19・3・6 …… 359
名古屋高決平 19・3・14 民集 61・9・3384 …… 348
福岡高決平 19・3・16 …… 362
東京高決平 19・3・30 民集 61・8・3454 …… 350
大阪高決平 19・3・30 …… 360
東京高決平 19・4・11 民集 62・3・885 …… 422
福岡高決平 19・4・27 …… 366
東京高決平 19・5・30 …… 376
仙台高決平 19・5・30 …… 375
福岡高決平 19・5・31 …… 371
福岡高決平 19・6・26 …… 363
東京高決平 19・7・9 民集 61・5・2306 …… 367
東京高決平 19・7・13 …… 345
東京高決平 19・7・19 判時 1994・25 …… 381

東京高決平19・8・2 ……………… 352	福岡高決平20・5・19賃社1500・64
名古屋高決平19・9・27 …………… 394	……………… 410
広島高決平19・9・27 …………… 419	名古屋高決平20・5・29 …………… 389
東京高決平19・10・3 …………… 411	東京高決平20・6・11 …………… 434
大阪高決平19・10・19 …………… 396	東京高決平20・6・12 …………… 429
東京高決平19・10・23審決集54・	名古屋高決平20・6・27 …………… 389
691 ……………… 440	名古屋高決平20・6・30 …………… 420
東京高決平19・10・23 …………… 427	東京高決平20・7・2 …………… 419
名古屋高決平19・11・5 …………… 389	福岡高決平20・7・2 …………… 426
名古屋高決平19・11・12 …………… 435	東京高決平20・7・3 …………… 470
仙台高決平19・11・30 …………… 390	知財高決平20・7・7民集63・1・287
広島高決平19・12・7 …………… 395	……………… 464
広島高決平19・12・19 ……… 411, 436	東京高決平20・7・7 …………… 494
広島高決平19・12・21 …………… 413	大阪高決平20・7・25 …………… 386
名古屋高決平19・12・28 …………… 430	広島高決平20・8・1 …………… 424
広島高決平19・12・28 …………… 412	名古屋高決平20・8・8民集63・1・
札幌高決平20・1・10 …………… 399	31 ……………… 495
大阪高決平20・1・16 …………… 392	名古屋高決平20・8・12 …………… 471
福岡高決平20・1・16 …………… 397	名古屋高決平20・8・14 …………… 479
大阪高決平20・1・24 …………… 402	東京高決平20・9・12金判1301・28
名古屋高決平20・1・28 …………… 389	……………… 498, 504, 604
名古屋高決平20・2・1 …………… 433	高松高決平20・10・1 …………… 409
福岡高宮崎支決平20・2・6 …………… 392	名古屋高決平20・10・7 …………… 456
広島高決平20・2・22 …………… 403	広島高決平20・10・8民集63・6・
名古屋高決平20・2・26 …………… 430	1427 ……………… 463
名古屋高決平20・2・28 …………… 438	大阪高決平20・10・14 …………… 457
東京高決平20・3・6 …………… 431	名古屋高決平20・10・14 …………… 449
名古屋高決平20・3・11 …………… 416	東京高決平20・10・31 …………… 459
広島高決平20・3・14 …………… 433	名古屋高決平20・11・14 …………… 458
東京高決平20・3・19 …………… 416	名古屋高決平20・11・19 …………… 450
仙台高決平20・3・28 …………… 398	福岡高決平20・11・20 …………… 454
東京高決平20・3・31 …………… 399	広島高松江支決平20・11・21 …………… 481
東京高決平20・4・2民集62・10・	大阪高決平20・12・1 …………… 491
2537 ……………… 406	大阪高決平20・12・18 …………… 480
東京高決平20・4・7 …………… 414	福岡高決平20・12・18 …………… 462
仙台高決平20・4・8 …………… 426	名古屋高決平21・1・8金判1327・
大阪高決平20・4・10民集62・7・	64 ……………… 455
2025 ……………… 386	大阪高決平21・1・14 …………… 502
名古屋高決平20・4・14 …………… 418	名古屋高決平21・1・21 …………… 483
名古屋高決平20・4・23 …………… 432	大阪高決平21・1・23 …………… 460
広島高岡山支決平20・4・25 …………… 437	福岡高決平21・2・2 …………… 467
東京高決平20・4・28 …………… 425	東京高決平21・2・6 …………… 492
名古屋高決平20・5・12 …………… 439	東京高決平21・2・19 …………… 503
福岡高決平20・5・12民集63・1・	広島高松江支決平21・2・23 …………… 473
85 ……………… 486	福岡高決平21・2・25 …………… 481
大阪高決平20・5・16 …………… 413	名古屋高決平21・2・26 …………… 466

名古屋高決平21・3・6 …………… 482
名古屋高決平21・3・9 …………… 475
仙台高決平21・3・24 …………… 453
東京高決平21・3・31家月62・3・
　51 ……………………………… 476
名古屋高決平21・4・1 …………… 473
東京高決平21・4・9 …………… 472
名古屋高決平21・4・14 ………… 485
名古屋高決平21・5・12 ………… 484
大阪高決平21・5・15 …………… 451
東京高決平21・5・18 …………… 472
仙台高決平21・5・19 …………… 446
福岡高宮崎支決平21・5・29 …… 469
大阪高決平21・6・8 …………… 448
名古屋高決平21・7・8 ………… 478
名古屋高金沢支決平21・7・15 … 779
福岡高宮崎支決平21・7・15 …… 460
大阪高決平21・7・31 …………… 447
大阪高決平21・9・1判タ1316・219
　………………………………… 504
福岡高宮崎支決平21・9・15 …… 537
福岡高決平21・9・24 ……… 469, 534
大阪高決平21・9・28 …………… 504
名古屋高決平21・9・30 ………… 514
福岡高決平21・10・6 …………… 535
大阪高決平21・10・16 …………… 520
名古屋高決平21・10・27 ………… 541
東京高決平21・11・5 …………… 511
東京高決平21・11・26民集64・5・
　1507 …………………………… 525
大阪高決平21・12・1 …………… 520
東京高決平22・2・9 …………… 548
東京高決平22・2・18民集64・8・
　2036 …………………………… 548
東京高決平22・2・18 …………… 548
大阪高決平22・2・18家月63・1・
　99 ……………………………… 543
大阪高決平22・2・26 …………… 552
大阪高決平22・3・17 …………… 543
福岡高決平22・3・17民集64・8・
　1997 …………………………… 530
福岡高決平22・3・17 …………… 539
広島高松江支決平22・3・17 …… 521
札幌高決平22・3・30 …………… 532
札幌高決平22・3・31 …………… 537
東京高決平22・4・2 …………… 510

東京高決平22・4・16 …………… 536
福岡高那覇支決平22・4・16 …… 554
東京高決平22・4・26 …………… 522
東京高決平22・5・18 …………… 554
福岡高決平22・5・21 …………… 539
名古屋高決平22・5・28 ………… 512
福岡高決平22・5・31 …………… 525
福岡高決平22・6・1 …………… 540
東京高決平22・6・10 …………… 514
名古屋高決平22・6・17 ………… 547
福岡高宮崎支決平22・6・18 …… 542
名古屋高金沢支決平22・6・24 … 534
東京高決平22・6・25 …………… 755
福岡高宮崎支決平22・6・30 …… 530
東京高決平22・7・7民集65・3・
　1386 …………………………… 606
東京高決平22・7・27金法1924・
　103 ……………………………… 727
東京高決平22・8・17 …………… 533
東京高決平22・8・19 …………… 540
東京高決平22・8・20 …………… 553
福岡高宮崎支決平22・8・26 …… 576
広島高決平22・9・9 …………… 640
高松高決平22・9・28 …………… 513
福岡高那覇支決平22・9・29家月
　63・7・106 …………………… 595
福岡高決平22・10・5 …………… 523
福岡高決平22・10・8 …………… 594
名古屋高決平22・10・13 ………… 603
仙台高決平22・10・14 …………… 599
福岡高決平22・10・18 ……… 600, 612
東京高決平22・10・19判タ1341・
　186 ……………………………… 610
名古屋高決平22・10・20 ………… 583
福岡高決平22・10・20 …………… 594
東京高決平22・10・22民集64・8・
　1970 …………………………… 545
東京高決平22・10・22 …………… 545
東京高決平22・10・27 …………… 604
福岡高決平22・10・28 …………… 580
東京高決平22・11・5民集65・2・
　686 ……………………………… 589
東京高決平22・11・10 …………… 584
東京高決平22・11・11 …………… 584
大阪高決平22・11・16 …………… 565
名古屋高決平22・11・22 ………… 577

名古屋高決平 22・11・25 民集 65・
　4・1769 ··· 560
仙台高決平 22・12・6 ································· 599
高松高決平 22・12・8 民集 66・5・
　2363 ·· 658
高松高決平 22・12・8 ································· 658
東京高決平 23・1・7 判タ 1363・203
　··· 582
名古屋高決平 23・1・21 ························· 560
福岡高宮崎支決平 23・1・21 ············· 562
福岡高決平 23・1・26 ···························· 613
東京高決平 23・1・31 ···························· 590
福岡高決平 23・2・4 ······························· 593
大阪高決平 23・2・14 ···························· 575
福岡高決平 23・2・17 ···························· 591
大阪高決平 23・2・21 金判 1393・40
　··· 651
福岡高決平 23・2・28 判自 359・73
　··· 579
福岡高決平 23・2・28 ···························· 564
福岡高宮崎支決平 23・2・28 ············· 563
東京高決平 23・3・1 民集 66・3・
　1943 ·· 662
福岡高決平 23・3・18 ···························· 576
大阪高決平 23・3・29 ···························· 569
東京高決平 23・3・31 金判 1393・34
　··· 631
名古屋高決平 23・4・6 ·························· 598
東京高決平 23・4・11 ···························· 653
大阪高決平 23・4・11 ···························· 566
東京高決平 23・4・15 ···························· 572
東京高決平 23・5・9 ······························· 578
仙台高秋田支決平 23・5・18 金判
　1376・26 ··· 586
大阪高決平 23・5・25 ···························· 570
札幌高決平 23・6・2 ······························· 568
東京高決平 23・6・3 ······························· 596
東京高決平 23・6・6 民集 65・6・
　2738 ·· 586
東京高決平 23・6・6 ······························· 602
東京高決平 23・6・14 金判 1376・29
　··· 586
東京高決平 23・6・24 ···························· 578
札幌高決平 23・6・24 ···························· 586
札幌高決平 23・6・28 ···························· 597
福岡高決平 23・6・29 ···························· 581

東京高決平 23・6・30 ···························· 586
大阪高決平 23・7・14 ···························· 627
東京高決平 23・7・19 ···························· 571
福岡高宮崎支決平 23・7・20 ············· 601
大阪高決平 23・8・5 ······························· 567
福岡高決平 23・8・11 ···························· 586
福岡高那覇支決平 23・8・23 ······ 586, 592
名古屋高決平 23・9・12 ······················· 647
高松高決平 23・9・20 ···························· 635
大阪高決平 23・9・29 ···························· 646
東京高決平 23・10・26 判時 2130・4
　··· 704
高松高決平 23・10・26 ························· 645
札幌高決平 23・11・7 ···························· 624
札幌高決平 23・11・9 ···························· 669
名古屋高決平 23・12・8 金判 1397・
　17 ··· 636
高松高決平 23・12・21 ························· 668
大阪高決平 23・12・22 ························· 636
名古屋高決平 23・12・27 ···················· 641
東京高決平 23・12・28 ························· 636
仙台高秋田支決平 24・1・11 ············· 656
大阪高決平 24・1・26 ···························· 623
札幌高決平 24・2・8 ······························· 643
大阪高決平 24・2・23 ···························· 629
福岡高決平 24・2・28 ···························· 648
高松高決平 24・2・28 ···························· 621
東京高決平 24・2・29 ···························· 654
名古屋高決平 24・3・2 ·························· 622
東京高決平 24・3・9 ······························· 639
大阪高決平 24・3・16 ···························· 629
名古屋高決平 24・4・9 ·························· 619
札幌高決平 24・4・12 民集 67・4・
　1171 ·· 695
福岡高決平 24・4・13 ···························· 619
福岡高決平 24・4・19 ···························· 619
札幌高決平 24・4・23 ···························· 655
名古屋高決平 24・4・26 ······················· 636
福岡高決平 24・5・11 ···························· 619
東京高決平 24・5・14 ···························· 634
東京高決平 24・5・30 ···························· 636
大阪高決平 24・6・8 ······························· 636
大阪高決平 24・6・13 ···························· 619
仙台高決平 24・6・15 ···························· 619
福岡高決平 24・6・19 ···························· 619
高松高決平 24・6・21 ···························· 626

大阪高決平 24・6・25 ……………… 628
東京高決平 24・6・29 ……………… 643
名古屋高決平 24・6・29 …………… 622
大阪高決平 24・7・3 ………………… 657
大阪高決平 24・7・24 ……………… 620
名古屋高決平 24・7・27 …………… 704
札幌高決平 24・8・2 ………………… 619
名古屋高金沢支決平 24・8・9 …… 630
東京高決平 24・8・23 民集 67・8・
　1726 ……………………………………… 692
名古屋高決平 24・8・24 …………… 647
高松高決平 24・9・10 ……………… 717
高松高決平 24・9・11 ……………… 619
札幌高決平 24・9・18 ……………… 619
名古屋高決平 24・9・20 金判 1405・
　16 ………………………………………… 704
高松高決平 24・9・24 ……………… 707
札幌高決平 24・10・3 ……………… 649
東京高決平 24・10・4 ……………… 682
東京高決平 24・10・10 判タ 1383・
　374 ……………………………………… 704
札幌高決平 24・10・10 …………… 620
東京高決平 24・10・24 判タ 1384・
　351 ……………………………………… 703
仙台高決平 24・10・29 …………… 707
札幌高決平 24・10・30 民集 67・3・
　884 ……………………………………… 705
福岡高決平 24・11・9 ……………… 697
高松高決平 24・11・13 …………… 695
東京高決平 24・11・16 民集 67・9・
　1954 …………………………………… 689
広島高決平 24・11・16 …………… 684
札幌高決平 24・11・21 …………… 676
札幌高決平 24・11・28 民集 67・8・
　1499 …………………………………… 681
札幌高決平 24・12・4 ……………… 679
大阪高決平 24・12・7 ……………… 690
福岡高決平 24・12・7 ……………… 703
東京高決平 24・12・20 …………… 703
東京高決平 24・12・26 民集 67・9・
　1900 …………………………………… 719
東京高決平 24・12・27 …………… 703
札幌高決平 24・12・28 …………… 678
福岡高決平 24・12・28 …………… 703
高松高決平 24・12・28 …………… 703
札幌高決平 25・1・16 ……………… 675

札幌高決平 25・1・23 ……………… 718
札幌高決平 25・2・6 ………………… 700
札幌高決平 25・2・22 ……………… 698
札幌高決平 25・3・21 ……………… 711
大阪高決平 25・3・28 ……………… 710
東京高決平 25・3・29 ……………… 713
高松高決平 25・3・29 ……………… 714
東京高決平 25・4・10 ……………… 712
大阪高決平 25・5・8 ………………… 674
高松高決平 25・5・10 ……………… 687
大阪高決平 25・5・13 ……………… 691
広島高決平 25・5・21 ……………… 716
福岡高決平 25・6・14 ……………… 715
仙台高決平 25・6・18 ……………… 701
仙台高決平 25・6・25 民集 68・4・
　309 ……………………………………… 782
名古屋高決平 25・8・9 ……………… 702
広島高岡山支決平 25・8・29 ……… 720
高松高決平 25・9・4 ………………… 764
大阪高決平 25・9・19 ……………… 683
広島高岡山支決平 25・9・24 ……… 773
高松高決平 25・9・26 ……………… 733
東京高決平 25・9・27 金判 1448・19
　……………………………………………… 745
大阪高決平 25・10・11 …………… 734
東京高決平 25・10・21 …………… 755
大阪高決平 25・10・22 …………… 726
福岡高決平 25・10・30 …………… 765
広島高決平 25・11・11 …………… 757
福岡高決平 25・11・15 …………… 766
仙台高秋田支決平 25・11・18 …… 774
東京高決平 25・11・25 …………… 729
名古屋高決平 25・12・10 ………… 752
広島高松江支決平 25・12・20 …… 777
東京高決平 25・12・27 …………… 767
東京高決平 26・2・5 ………………… 762
大阪高決平 26・2・17 ……………… 744
広島高決平 26・3・13 ……………… 771
東京高決平 26・3・14 ……………… 731
知財高決平 26・3・26 ……………… 759
東京高決平 26・3・26 ……………… 768
東京高決平 26・3・27 ……………… 736
東京高決平 26・4・7 民集 68・9・
　1502 …………………………………… 747
大阪高決平 26・4・28 ……………… 727
高松高決平 26・5・9 民集 68・7・

791 ……………………………… 779
東京高決平 26・5・12 ……………… 750
札幌高決平 26・5・16 ……………… 770
広島高岡山支決平 26・5・29 判自 392・49 ……………………………… 740
広島高松江支決平 26・5・30 ……… 783
福岡高決平 26・6・4 ………………… 761
高松高決平 26・6・4 ………………… 777
福岡高決平 26・6・6 判時 2225・33 …………………………………… 806
大阪高決平 26・6・12 ……………… 776
高松高決平 26・6・12 ……………… 738
名古屋高決平 26・6・17 …………… 792
札幌高決平 26・6・25 ……………… 749
高松高決平 26・6・30 ……………… 768
大阪高決平 26・7・3 ………………… 763
大阪高命平 26・7・3 ………………… 791
広島高決平 26・7・7 ………………… 821
大阪高決平 26・7・8 ………………… 728
広島高決平 26・7・10 ……………… 821
東京高決平 26・7・11 ……………… 764
大阪高決平 26・7・11 判時 2255・80 …………………………………… 754
福岡高決平 26・7・18 判時 2234・18 …………………………………… 806
東京高決平 26・7・23 ……………… 797
大阪高決平 26・7・24 民集 69・4・662 ……………………………………… 788
東京高決平 26・9・3 金判 1471・23 …………………………………… 811
高松高決平 26・9・19 ……………… 794
札幌高決平 26・9・25 民集 69・2・403 ……………………………………… 833
広島高岡山支決平 26・9・25 ……… 831
東京高決平 26・9・30 ……………… 826
広島高決平 26・9・30 ……………… 815
福岡高決平 26・10・10 …………… 824
名古屋高決平 26・12・3 …………… 803
大阪高決平 26・12・10 …………… 795
名古屋高決平 26・12・11 ………… 799
広島高松江支決平 26・12・17 …… 818
福岡高決平 27・1・23 ……………… 804
広島高決平 27・2・13 ………… 802, 819
東京高決平 27・2・23 ……………… 813
名古屋高決平 27・3・12 …………… 825
大阪高決平 27・3・24 民集 70・8・

2174 ……………………………… 859
大阪高決平 27・3・27 ……………… 836
広島高決平 27・3・27 ……………… 798
東京高決平 27・4・17 民集 70・3・951 ……………………………………… 854
広島高決平 27・4・21 ……………… 817
名古屋高金沢支決平 27・4・28 …… 830
東京高決平 27・5・13 ……………… 837
福岡高決平 27・6・10 判時 2265・42 …………………………………… 809
東京高決平 27・7・7 ………………… 820
東京高決平 27・7・14 ……………… 839
東京高決平 27・7・27 ……………… 837
大阪高決平 27・7・30 ……………… 828
広島高決平 27・8・10 ……………… 853
広島高決平 27・8・18 ……………… 852
東京高決平 27・8・25 ………… 799, 800
東京高決平 27・9・3 ………………… 848
広島高決平 27・9・16 ……………… 858
東京高決平 27・10・14 民集 70・6・1586 …………………………………… 863
東京高決平 27・11・6 ……………… 850
福岡高決平 27・11・13 …………… 862
東京高決平 27・12・4 ……………… 845
広島高松江支決平 27・12・21 …… 848
福岡高決平 27・12・21 …………… 847
東京高決平 28・1・18 ……………… 855
高松高決平 28・2・4 ………………… 867
東京高決平 28・3・10 民集 71・2・217 ……………………………………… 909
知財高決平 28・3・28 判タ 1428・53 …………………………………… 881
東京高決平 28・3・28 ……………… 908
大阪高決平 28・3・30 民集 71・5・839 ……………………………………… 887
仙台高決平 28・4・20 訟月 63・1・1 …………………………………………… 846
東京高決平 28・4・25 ……………… 866
東京高決平 28・4・26 ……………… 849
東京高決平 28・5・12 ……………… 889
東京高決平 28・5・27 ……………… 872
福岡高決平 28・5・30 ……………… 856
名古屋高決平 28・6・3 ……………… 875
東京高決平 28・6・14 ……………… 844
大阪高決平 28・6・28 民集 71・10・2166 …………………………………… 919

大阪高決平 28・7・7 ……………… 914
東京高決平 28・7・12 民集 71・1・
　82 …………………………………… 890
東京高決平 28・8・10 民集 71・8・
　1497 ………………………………… 885
福岡高決平 28・9・16 判自 424・17
　………………………………………… 900
高松高決平 28・9・20 ……………… 851
福岡高決平 28・9・30 ……………… 905
福岡高決平 28・10・14 …………… 904
札幌高決平 28・10・21 …………… 893
東京高決平 28・10・31 …………… 877
知財高決平 28・11・11 判時 2323・
　23 …………………………………… 890
福岡高決平 28・11・18 …………… 874
東京高決平 28・11・29 民集 71・6・
　961 …………………………………… 884
大阪高決平 29・1・6 民集 71・7・
　1124 ………………………………… 895
東京高決平 29・1・12 ……………… 892
福岡高決平 29・1・27 民集 71・8・
　1469 ………………………………… 922
東京高決平 29・1・31 民集 71・6・
　1015 ………………………………… 910
東京高決平 29・2・15 ……………… 912
高松高決平 29・2・14 ……………… 873
大阪高決平 29・2・17 ……………… 917
仙台高決平 29・3・17 民集 71・10・
　2612 ………………………………… 912
高松高決平 29・3・24 民集 71・8・
　1326 ………………………………… 878
名古屋高決平 29・3・31 …………… 902
大阪高決平 29・4・20 判時 2374・54
　………………………………………… 907
札幌高決平 29・5・9 ……………… 916
福岡高決平 29・5・16 ……………… 905
札幌高決平 29・5・29 判時 2359・6
　………………………………………… 925
東京高決平 29・5・30 民集 71・10・
　2642 ………………………………… 898
福岡高那覇支決平 29・6・6 民集 71・
　10・1811 …………………………… 894
知財高決平 29・6・12 ……………… 879
東京高決平 29・6・12 ……… 883, 897
東京高決平 29・6・14 ……………… 883
東京高決平 29・6・30 ……… 880, 912

福岡高決平 29・7・14 ……………… 881
福岡高決平 29・8・8 ……………… 882
福岡高決平 29・9・15 ……………… 903

〔地方裁判所〕
東京地決平 3・5・7 判タ 767・88 …… 183
札幌地決平 9・9・30 民集 53・4・
　745 …………………………………… 16
大阪地決平 9・12・10 ……………… 13
大阪地決平 9・12・22 ……………… 13
東京地八王子支決平 10・2・24 …… 15
東京地決平 10・3・19 ……………… 14
大阪地決平 10・4・30 ……………… 5
京都地決平 10・4・30 ……………… 38
山口地宇部支決平 10・5・25 ……… 10
大阪地決平 10・6・2 ……………… 12
大阪地決平 10・7・31 ……………… 5
大阪地決平 10・8・21 ……………… 21
徳島地決平 10・9・14 ……………… 22
横浜地川崎支決平 10・9・16 ……… 46
横浜地決平 10・9・25 ……………… 54
東京地決平 10・9・28 ……………… 53
大阪地決平 10・10・5 ……………… 5
大阪地決平 10・10・13 …………… 10
大阪地決平 10・11・9 ……………… 5
東京地八王子支決平 10・12・11 民集
　54・9・2728 ………………… 35, 36
京都地決平 10・12・21 …………… 5
福岡地決平 11・1・5 ……………… 11
福岡地決平 11・3・15 金法 1557・75 … 8
神戸地社支決平 11・3・31 ……… 50
大阪地決平 11・4・30 金判 1080・3 … 52
東京地決平 11・6・21 金法 1554・86
　………………………………………… 32
東京地決平 11・6・21 ……………… 42
浦和地熊谷支決平 11・7・15 ……… 51
大阪地決平 11・7・23 判時 1715・42
　………………………………………… 72
広島地決平 11・7・23 ……………… 55
神戸地決平 11・8・11 ……………… 49
東京地八王子支決平 11・8・19 …… 39, 40
大阪地決平 11・8・31 民集 54・4・
　1367 ………………………………… 45
大阪地決平 11・9・2 民集 54・3・
　1123 ………………………………… 41
大津地決平 11・9・7 ……………… 54

東京地決平 11・9・20 ……………… 46
東京地八王子支決平 11・10・14 …… 40
東京地決平 11・11・17 ……………… 83
大阪地決平 11・11・25 ……………… 43
大阪地決平 11・12・14 ……………… 34
奈良地五條支決平 11・12・24 ……… 45
大阪地決平 11・12・27 ……………… 44
和歌山地決平 12・2・10 民集 55・1・
　173 ……………………………………… 96
横浜地川崎支決平 12・2・10 民集
　55・1・26 ……………………………… 84
名古屋地決平 12・2・18 民集 55・1・
　75 ……………………………………… 68
名古屋地決平 12・2・24 ……………… 97
宇都宮地決平 12・2・24 ……………… 68
浦和地決平 12・2・28 ………………… 47
福岡地決平 12・3・22 ………………… 48
山形地決平 12・3・22 ………………… 71
大阪地決平 12・3・28 民集 55・7・
　1424 …………………………………… 75
福岡地久留米支決平 12・3・31 …… 34
徳島地決平 12・3・31 ………………… 36
東京地決平 12・5・8 金判 1118・24 …… 84
東京地決平 12・5・15 金判 1119・9 …… 88
京都地決平 12・5・15 ………………… 60
旭川地決平 12・5・23 ………………… 27
奈良地五條支決平 12・5・23 ……… 41
奈良地五條支決平 12・6・6 ………… 82
東京地決平 12・7・4 ………………… 72
浦和地決平 12・7・19 ………………… 27
京都地決平 12・7・31 ………………… 86
福岡地決平 12・8・22 民集 57・2・
　213 ……………………………………… 175
浦和地決平 12・9・5 金判 1124・7 …… 81
宮崎地決平 12・9・8 ………………… 74
福島地いわき支決平 12・9・12 …… 67
大分地決平 12・9・18 ………………… 95
横浜地決平 12・10・3 ………………… 113
東京地決平 12・10・13 ……………… 86
岡山地決平 12・10・18 ……………… 140
仙台地石巻支決平 12・10・19 …… 66
福岡地小倉支決平 12・11・10 金判
　1123・5 ………………………………… 77
東京地決平 12・11・21 ……………… 85
佐賀地武雄支決平 12・11・22 …… 81
福岡地大牟田支決平 12・12・11 …… 118

大阪地決平 12・12・14 民集 55・6・
　1020 …………………………………… 98
東京地決平 12・12・25 金判 1152・11
　………………………………………… 109
東京地決平 12・12・25 ……………… 79
福岡地飯塚支決平 12・12・26 …… 82
熊本地人吉支決平 12・12・26 …… 121
横浜地横須賀支決平 12・12・27 金判
　1159・33 ……………………………… 122
神戸地決平 13・1・26 金判 1150・42
　………………………………………… 115
東京地決平 13・2・7 ………………… 77
東京地決平 13・3・8 ………………… 200
宇都宮地足利支決平 13・4・10 …… 106
宮崎地決平 13・5・18 ………………… 70
神戸地伊丹支決平 13・5・30 金判
　1155・19 ……………………………… 114
津地決平 13・6・15 …………………… 104
京都地決平 13・6・26 ………………… 87
東京地決平 13・7・17 労判 816・9 …… 127
札幌地決平 13・7・31 ………………… 117
大阪地決平 13・9・27 ………………… 130
東京地決平 13・10・3 ………………… 141
東京地決平 13・11・6 訟月 48・9・
　2298 …………………………………… 128
大阪地決平 13・11・6 ………………… 110
千葉地八日市場支決平 13・11・15
　家月 55・11・115 …………………… 123
横浜地小田原支決平 13・12・17
　民集 56・8・1951 …………………… 112
東京地決平 13・12・18 ……………… 129
熊本地決平 13・12・19 ……………… 132
京都地決平 14・1・15 ………………… 174
大阪地決平 14・1・18 ………………… 115
大阪地決平 14・1・31 ………………… 115
京都地決平 14・3・25 ………………… 158
大阪地決平 14・3・28 ………………… 111
大分地決平 14・3・28 ………………… 105
水戸地龍ケ崎支決平 14・3・28 …… 159
仙台地決平 14・3・29 ………………… 131
大阪地堺支決平 14・4・3 …………… 120
大阪地決平 14・4・11 ………………… 153
福岡地決平 14・4・30 ………………… 175
東京地決平 14・5・1 ………………… 163
福島地郡山支決平 14・6・5 ………… 120
佐賀地決平 14・6・6 民集 57・1・84

判例索引 961

……………………………………… 154
鹿児島地決平 14・6・19 ……………… 157
熊本地決平 14・6・27 ………………… 119
金沢地輪島支決平 14・7・8 ……… 161, 162
東京地決平 14・7・30 ………………… 176
京都地決平 14・7・30 ………………… 116
奈良地葛城支決平 14・7・30 ………… 112
京都地決平 14・8・8 …………………… 106
大津地決平 14・9・18 ………………… 149
大分地日田支決平 14・10・21 ……… 158
広島地決平 14・10・25 税資 252
　　順 9220 ……………………………… 143
大阪地決平 14・11・12 ……………… 153
広島地決平 14・11・19 ……………… 139
千葉地松戸支決平 14・11・20 金判
　　1190・15 ……………………………… 148
松江地益田支決平 14・12・5 ……… 161
東京地決平 14・12・10 ……………… 155
名古屋地決平 15・1・7 ……………… 191
東京地決平 15・1・17 判時 1823・82
　　………………………………………… 193
福岡地決平 15・1・28 ………………… 138
大阪地決平 15・1・29 ………………… 160
広島地呉支決平 15・2・5 …………… 159
東京地決平 15・2・7 ………………… 153
大阪地決平 15・2・13 ………………… 150
福岡地決平 15・2・24 ………………… 144
神戸地尼崎支決平 15・2・27 ……… 148
函館地決平 15・3・5 ………………… 207
京都地決平 15・3・17 ………………… 142
大阪地決平 15・3・25 ………………… 147
徳島地決平 15・3・31 ………………… 189
広島地決平 15・4・8 ………………… 151
岐阜地高山支決平 15・5・9 ………… 144
東京地決平 15・5・23 ………………… 207
京都地決平 15・5・26 ………………… 150
名古屋地決平 15・5・29 ……………… 199
静岡地決平 15・6・3 民集 58・5・
　　1167 ……………………………………… 190
千葉地決平 15・6・4 ………………… 249
福島地いわき支決平 15・6・26 …… 203
名古屋地決平 15・7・24 ……………… 183
京都地決平 15・7・25 ……………… 185, 198
名古屋地決平 15・9・26 ……………… 182
東京地決平 15・10・3 ………………… 213
神戸地尼崎支決平 15・10・27 ……… 217

大阪地決平 15・10・30 金判 1209・
　　53 ………………………………………… 205
東京地決平 15・10・31 ……………… 195
東京地決平 15・11・25 ……………… 204
大阪地決平 15・12・12 ……………… 186
岐阜地決平 15・12・25 ……………… 192
名古屋地決平 15・12・26 …………… 197
東京地決平 16・1・30 ………………… 192
大阪地決平 16・2・20 ………………… 187
広島地決平 16・2・24 ………………… 188
東京地決平 16・2・25 ………………… 208
金沢地決平 16・3・10 民集 59・8・
　　2281 ……………………………………… 232
札幌地決平 16・3・16 ………………… 184
大阪地岸和田支決平 16・3・18 …… 304
福岡地決平 16・3・26 ………………… 251
大阪地決平 16・3・29 ………………… 215
前橋地決平 16・3・31 ………………… 223
広島地決平 16・4・13 ………………… 216
福岡地決平 16・4・21 ………………… 184
東京地決平 16・4・27 民集 59・6・
　　1871 ……………………………………… 229
長野地命平 16・5・6 民集 59・2・
　　483 ……………………………………… 265
鹿児島地鹿屋支決平 16・5・13 …… 253
札幌地決平 16・5・28 ………………… 256
山口地周南支決平 16・6・14 ……… 198
横浜地決平 16・6・23 ………………… 265
神戸地尼崎支決平 16・6・24 ……… 246
大阪地決平 16・6・30 ………………… 206
静岡地決平 16・6・30 ………………… 254
東京地決平 16・7・1 ………………… 202
岡山地決平 16・7・5 ………………… 249
岡山地決平 16・7・15 ………………… 250
東京地決平 16・8・4 ………………… 201
東京地決平 16・8・25 ………………… 239
仙台地決平 16・9・17 民集 59・9・
　　2519 ……………………………………… 234
東京地決平 16・9・22 ………………… 266
千葉地佐倉支決平 16・9・29 ……… 252
山口地決平 16・10・25 ……………… 225
金沢地七尾支決平 16・11・29 金判
　　1241・22 ……………………………… 243
さいたま地熊谷支決平 16・12・28
　　民集 60・4・1542 …………………… 299
佐賀地決平 17・1・12 訟月 53・3・

766 …………………………………… 247	3444 …………………………………… 350
水戸地決平17・1・18 ……………… 226	名古屋地決平18・3・24 …………… 420
東京地決平17・2・9 ………………… 267	東京地決平18・4・7 ………………… 326
横浜地決平17・2・14 ……………… 227	東京地決平18・4・18 ……………… 311
長野地決平17・2・22 ……………… 245	東京地決平18・4・28 ……………… 306
東京地決平17・2・23 ……………… 255	名古屋地決平18・5・8 ……………… 341
東京地決平17・3・1 ………………… 228	宇都宮地決平18・5・8 ……………… 339
東京地決平17・3・10民集59・10・	横浜地川崎支決平18・5・12民集
2894 …………………………… 242	61・2・596 …………………… 353
宇都宮地足利支決平17・3・14 …… 241	東京地決平18・5・16 ……………… 285
神戸地伊丹支決平17・3・15 ……… 222	福岡地決平18・6・5 ………………… 294
東京地決平17・4・26 ……………… 266	東京地決平18・6・9 ………………… 284
那覇地決平17・5・10 ……………… 303	東京地決平18・6・19民集61・9・
東京地決平17・5・11 ……………… 238	3257 …………………………… 379
さいたま地決平17・5・20 ………… 308	東京地決平18・7・11 ……………… 327
宮崎地決平17・6・7 ………………… 250	横浜地川崎支決平18・7・12 ……… 300
福岡地久留米支決平17・6・22 …… 295	釧路地根室支決平18・8・10 ……… 298
東京地決平17・7・5 ………………… 248	岡山地倉敷支決平18・8・11 ……… 365
横浜地決平17・7・6民集60・2・	東京地決平18・8・18民集61・8・
502 …………………………………… 281	3202 …………………………… 347, 406
大津地決平17・7・20 ……………… 287	大阪地決平18・8・21 ……………… 335
広島地決平17・8・4 ………………… 330	宮崎地決平18・8・31 ……………… 361
横浜地川崎支決平17・8・5 ……… 240	東京地決平18・9・7 ………………… 380
福岡地決平17・8・29 ……………… 324	東京地決平18・9・15 ……………… 334
甲府地決平17・9・2 ………………… 329	大分地決平18・9・22 ……………… 337
東京地決平17・9・28民集60・7・	名古屋地一宮支決平18・9・27 …… 357
2640 …………………………… 328	大阪地決平18・10・17民集61・9・
名古屋地豊橋支決平17・9・28 …… 293	3282 …………………………… 335
新潟地決平17・10・11民集60・8・	福岡地小倉支決平18・10・17 …… 364
2678 …………………………… 278	長崎地佐世保支決平18・11・28 … 344
長野地松本支決平17・10・31 …… 292	東京地決平18・12・5民集62・3・
福岡地決平17・12・1 ……………… 310	884 …………………………………… 422
熊本地決平17・12・5 ……………… 275	名古屋地決平18・12・19民集61・
東京地決平17・12・8 ……………… 291	9・3378 ……………………… 348
福岡地決平17・12・21 …………… 282	名古屋地決平18・12・19 ………… 338
東京地決平18・1・5民集60・7・	佐賀地唐津支決平18・12・26 …… 342
2631 …………………………… 296	広島地決平19・1・12 ……………… 413
東京地決平18・1・11民集60・8・	名古屋地決平19・1・18民集63・1・
3241 …………………………… 301	12 ……………………………………… 495
宮崎地決平18・1・23 ……………… 325	名古屋地決平19・1・18 …………… 438
東京地決平18・2・2 ………………… 276	福岡地小倉支決平19・2・15 ……… 366
千葉地決平18・2・7 ………………… 274	福岡地決平19・2・26 ……………… 362
さいたま地決平18・3・6 …………… 309	東京地決平19・2・28 ……………… 470
東京地決平18・3・14 ……………… 280	東京地決平19・3・23 ……………… 345
横浜地決平18・3・14 ……………… 283	福岡地小倉支決平19・5・23 ……… 363
東京地決平18・3・24民集61・9・	広島地決平19・6・5 ………………… 395

東京地決平19・6・13 ……………… 352
広島地決平19・6・22 ……………… 419
東京地決平19・6・28 民集61・5・
　2243 ……………………………… 367
名古屋地決平19・6・28 …………… 439
名古屋地決平19・7・13 …………… 394
大津地決平19・7・19 ……………… 396
仙台地決平19・8・17 ……………… 390
名古屋地決平19・10・1 …………… 435
岐阜地決平19・10・2 ……………… 389
前橋地決平19・10・11 ……………… 399
旭川地留萌支決平19・10・11 ……… 399
岐阜地決平19・10・24 ……………… 418
山口地決平19・11・1 ……………… 436
鹿児島地決平19・11・7 …………… 392
東京地決平19・12・19 判時2001・
　109 ……………………………… 498
東京地決平19・12・27 ……………… 494
福岡地小倉支決平20・1・16 ……… 410
岡山地決平20・1・30 ……………… 437
東京地決平20・2・6 ……………… 416
東京地決平20・2・13 ……………… 414
名古屋地決平20・2・13 …………… 416
大阪地決平20・3・10 民集62・7・
　2021 ……………………………… 386
津地決平20・3・28 ………………… 419
岡山地決平20・3・24 民集63・6・
　1422 ……………………………… 463
津地決平20・3・31 ………………… 389
福島地郡山支決平20・3・31 ……… 453
東京地決平20・4・14 民集63・1・
　271 ……………………………… 464
福岡地決平20・4・21 ……………… 454
津地決平20・4・30 ………………… 450
名古屋地決平20・5・1 …………… 471
神戸地尼崎支決平20・6・6 ……… 386
大阪地決平20・7・9 ……………… 457
長野地諏訪支決平20・7・10 ……… 503
名古屋地決平20・8・6 …………… 449
東京地決平20・9・4 ……………… 459
大阪地決平20・9・11 金判1326・27
　……………………………………… 504
新潟地決平20・10・2 ……………… 510
大阪地決平20・10・17 ……………… 451
大分地決平20・10・29 ……………… 462
大阪地決平20・10・30 ……………… 491

大阪地決平20・11・12 ……………… 502
岐阜地多治見支決平20・11・28 …… 466
大津地決平20・12・12 ……………… 460
熊本地決平20・12・26 ……………… 467
名古屋地決平21・1・13 …………… 514
横浜地川崎支決平21・3・12 ……… 472
仙台地決平21・3・23 ……………… 446
大阪地決平21・3・31 ……………… 448
宮崎地都城支決平21・5・8 ……… 469
鹿児島地決平21・5・28 …………… 537
大阪地決平21・5・29 ……………… 447
鹿児島地決平21・6・10 …………… 460
佐賀地決平21・7・8 ……………… 535
福岡地小倉支決平21・7・21 ……… 469
大阪地岸和田支決平21・7・28 …… 520
大阪地決平21・7・30 ……………… 520
札幌地決平21・8・5 ……………… 532
長崎地五島支決平21・8・12 ……… 534
甲府地決平21・8・27 金法1673・51
　……………………………………… 525
東京地決平21・9・18 ……………… 604
千葉地松戸支決平21・9・18 ……… 511
宇都宮地栃木支決平21・10・20 …… 713
東京地決平21・10・27 民集64・8・
　2034 ……………………………… 548
東京地決平21・11・13 ……………… 548
新潟地決平22・1・15 ……………… 522
京都地決平22・1・25 ……………… 552
熊本地決平22・2・3 金判1356・15
　……………………………………… 530
大阪地堺支決平22・2・9 ………… 565
那覇地決平22・2・12 ……………… 554
松江地決平22・2・17 ……………… 521
徳島地決平22・2・18 ……………… 513
名古屋地決平22・3・3 …………… 603
東京地決平22・3・5 民集65・3・
　1346 ……………………………… 606
富山地決平22・3・25 ……………… 534
東京地決平22・3・29 金判1354・28
　……………………………………… 610
名古屋地岡崎支決平22・3・29 …… 547
徳島地決平22・3・29 民集66・5・
　2358 ……………………………… 658
徳島地決平22・3・29 ……………… 658
東京地決平22・3・31 民集66・3・
　1921 ……………………………… 662

山口地岩国支決平22・3・31 ―― 640
東京地決平22・4・2 ―― 536
東京地決平22・4・21 ―― 514
津地決平22・4・23 ―― 512
名古屋地豊橋支決平22・5・10 ―― 583
東京地決平22・6・2 ―― 533
鹿児島地川内支決平22・6・2 ―― 530
長崎地大村支決平22・6・11 ―― 553
大分地決平22・6・14 ―― 523
大阪地決平22・6・30 ―― 566
東京地決平22・7・9 ―― 584, 590
熊本地決平22・8・12 ―― 613
神戸地決平22・8・18 ―― 567
千葉地決平22・8・19金判1376・30
 ―― 586
東京地決平22・9・3民集65・2・
 677 ―― 589
秋田地決平22・9・7金判1376・28
 ―― 586
福岡地久留米支決平22・9・9 ―― 612
名古屋地決平22・9・15 ―― 560
神戸地尼崎支決平22・9・30 ―― 570
宇都宮地決平22・10・12 ―― 571
名古屋地一宮支決平22・10・13
 民集65・4・1762 ―― 560
東京地決平22・10・18民集64・8・
 1965 ―― 545
東京地決平22・10・18 ―― 545, 582
鹿児島地知覧支決平22・11・4 ―― 562
前橋地高崎支決平22・11・22金判
 1393・34 ―― 631
福岡地決平22・12・9 ―― 564, 593
福岡地決平22・12・16 ―― 564
福岡地決平22・12・22 ―― 591
札幌地決平22・12・22 ―― 624
大阪地決平23・1・11 ―― 575
札幌地決平23・1・11 ―― 568
宮崎地決平23・1・24 ―― 563
京都地決平23・2・8 ―― 569
福岡地決平23・2・15 ―― 576
東京地決平23・2・16 ―― 602
大阪地決平23・3・30 ―― 627
秋田地決平23・3・31 ―― 656
横浜地決平23・4・13 ―― 586
高松地決平23・4・25 ―― 626
東京地決平23・4・28民集65・6・
 2733 ―― 586
札幌地決平23・5・9 ―― 586
那覇地沖縄支決平23・6・15 ―― 592
福岡地飯塚支決平23・7・7 ―― 586
釧路地決平23・7・13 ―― 669
徳島地決平23・8・10 ―― 635
那覇地決平23・8・12 ―― 586
札幌地室蘭支決平23・9・27 ―― 643
横浜地決平23・11・8 ―― 634
名古屋地決平23・11・9金判1397・
 17 ―― 636
宇都宮地決平23・11・15 ―― 636
京都地決平23・11・18 ―― 636
松山地西条支決平23・11・18 ―― 668
名古屋地決平23・11・24 ―― 541
富山地高岡支決平23・11・24 ―― 630
札幌地決平23・11・25 ―― 718
岐阜地決平23・12・2 ―― 622
岐阜地決平23・12・7 ―― 622
岐阜地決平23・12・19 ―― 622
高松地丸亀支決平23・12・26 ―― 695
奈良地決平24・1・4 ―― 629
水戸地決平24・1・10民集67・9・
 1945 ―― 689
札幌地小樽支決平24・1・11民集
 67・4・1170 ―― 695
徳島地阿南支決平24・1・20 ―― 621
福岡地決平24・1・31 ―― 619
熊本地決平24・1・31 ―― 619
津地決平24・2・20 ―― 619
高知地決平24・2・20 ―― 619
東京地決平24・2・23 ―― 639
名古屋地決平24・3・12 ―― 636
横浜地決平24・3・28 ―― 636
京都地決平24・3・28 ―― 636
静岡地浜松支決平24・3・28 ―― 643
東京地決平24・3・30民集67・8・
 1716 ―― 692
札幌地決平24・4・5民集67・8・
 1499 ―― 681
福岡地決平24・4・25 ―― 619
大阪地決平24・4・27 ―― 657
高松地決平24・4・27 ―― 687
大阪地決平24・5・7 ―― 628
仙台地決平24・5・7 ―― 619
神戸地決平24・5・8 ―― 619, 690

大阪地決平 24・6・11	620
札幌地決平 24・6・15	619
札幌地決平 24・6・19	619
名古屋地決平 24・6・27	704
東京地決平 24・7・5	682
札幌地決平 24・8・1	700
函館地決平 24・8・6	676
東京地決平 24・8・15 判夕 1384・355	703
札幌地決平 24・8・17	698
札幌地決平 24・8・27	698
釧路地網走支決平 24・9・5	620
横浜地決平 24・9・10	703
札幌地決平 24・9・19	711
福岡地飯塚支決平 24・9・24	703
佐賀地武雄支決平 24・9・27	697
札幌地決平 24・9・28	675
旭川地決平 24・10・25	679
徳島地阿南支決平 24・11・2	714
福岡地久留米支決平 24・11・13	703
横浜地決平 24・11・15	703
松山地決平 24・11・16	703
奈良地決平 24・12・4	691
福岡地飯塚支決平 25・2・20	715
東京地決平 25・4・9	712
大阪地決平 25・4・12	836
新潟地高田支決平 25・5・2 金判 1448・20	745
仙台地決平 25・5・23	701
岡山地決平 25・6・24	720
徳島地決平 25・7・3	733
奈良地決平 25・7・4	683
京都地決平 25・7・5	734
名古屋地決平 25・7・5	702
東京地決平 25・7・19	729
広島地決平 25・7・25	757
鳥取地決平 25・7・30	777
大阪地決平 25・8・29	726
東京地決平 25・9・19	755
金沢地決平 25・9・20	830
東京地決平 25・9・30	736
東京地決平 25・11・11	759
名古屋地決平 25・11・12	752
高松地決丸亀支決平 25・12・19	738
東京地命平 26・1・8	731
大阪地決平 26・1・29	727
名古屋地決平 26・2・5	792
東京地決平 26・2・21 民集 68・9・1496	747
岡山地決平 26・2・24 判自 392・45	740
東京地決平 26・3・4	797
高松地決平 26・3・20	794
東京地決平 26・3・24	750
徳島地決平 26・3・27 民集 68・7・788	779
札幌地決平 26・3・31	749
岡山地決平 26・3・31	831
佐賀地決平 26・4・11 訟月 61・12・2347	806
東京地決平 26・4・16 金判 1471・24	811
松江地益田支決平 26・5・13	783
大阪地決平 26・5・20 金判 1476・13	754
大阪地決平 26・5・22 民集 69・4・648	788
長崎地決平 26・6・4 判時 2234・26	806
札幌地決平 26・6・23 民集 69・2・382	833
広島地決平 26・7・14	798
福岡地小倉支決平 26・7・24	804
名古屋地決平 26・10・20	803
千葉地決平 26・11・20	813
広島地福山支決平 26・12・26	802
静岡地決平 27・2・4	837
広島地福山支決平 27・2・6	853
東京地決平 27・2・12 民集 70・3・946	854
東京地決平 27・3・4 民集 70・6・1521	863
大阪地決平 27・3・17 民集 71・10・2146	919
奈良地決平 27・3・20	828
佐賀地決平 27・3・24 判時 2265・45	809
東京地決平 27・3・25	908
大津地決平 27・5・20	852
福岡地決平 27・7・6	862
大阪地決平 27・7・9 民集 71・5・828	887

東京地決平 27・9・9 ……………………… 855
横浜地決平 27・9・18 …………………… 845
仙台地決平 27・10・23 …………………… 846
高松地決平 27・12・3 …………………… 867
さいたま地決平 27・12・22 判時
　2282・78 ……………………………… 890
千葉地木更津支決平 28・1・13 民集
　71・2・199 …………………………… 909
福岡地決平 28・2・1 …………………… 856
名古屋地半田支決平 28・2・2 ………… 875
東京地決平 28・2・25 …………………… 866
東京地立川支決平 28・3・2 …………… 889
横浜地決平 28・3・2 …………………… 872
東京地決平 28・4・4 …………………… 844
東京地決平 28・4・7 判時 2300・76
　………………………………………… 890
札幌地決平 28・4・25 …………………… 893
東京地決平 28・5・17 民集 71・8・
　1493 …………………………………… 885
大阪地堺支決平 28・6・16 民集 71・
　7・1112 ………………………………… 895
徳島地決平 28・6・29 …………………… 851
東京地決平 28・7・14 …………………… 892
長野地決平 28・8・12 民集 71・6・
　1009 …………………………………… 910
甲府地都留支決平 28・8・29 …………… 877
高松地決平 28・9・14 民集 71・8・
　1230 …………………………………… 878
福岡地決平 28・9・26 …………………… 874
新潟地高田支決平 28・10・7 …………… 883
長崎地決平 28・10・20 民集 71・8・
　1465 …………………………………… 922
横浜地決平 28・10・26 民集 71・6・
　958 ……………………………………… 884
東京地決平 28・11・2 …………………… 897
徳島地決平 28・11・10 …………………… 873
東京地決平 28・11・11 …………………… 912
東京地決平 28・12・20 …………………… 912
東京地決平 29・1・19 民集 71・10・
　2642 …………………………………… 898
仙台地決平 29・2・6 民集 71・10・
　2605 …………………………………… 912
札幌地決平 29・3・23 判時 2359・8
　………………………………………… 925
東京地決平 29・3・30 …………………… 879
那覇地決平 29・4・26 民集 71・10・
　1809 …………………………………… 894
東京地決平 29・5・31 …………………… 880

〔家庭裁判所〕

神戸家審平 4・11・27 家月 54・6・
　78 ……………………………………… 59
神戸家尼崎支審平 8・8・30 …………… 19
神戸家尼崎支審平 8・11・26 …………… 17
高松家審平 10・5・15 民集 54・3・
　1057 …………………………………… 57
和歌山家審平 10・8・11 ………………… 19
神戸家洲本支審平 10・8・13 …………… 18
横浜家審平 11・3・29 …………………… 60
福岡家久留米支審平 11・7・29 民集
　54・5・1634 …………………………… 56
熊本家審平 11・10・27 …………………… 56
和歌山家審平 11・12・16 ……………… 58
京都家審平 12・3・9 …………………… 91
秋田家本荘支審平 12・3・29 …………… 94
金沢家七尾支審平 12・6・26 …………… 94
仙台家審平 12・10・12 …………………… 91
高松家丸亀支審平 12・11・29 ………… 89
東京家審平 13・2・28 …………………… 92
函館家審平 13・6・19 …………………… 93
佐賀家決平 13・10・29 …………………… 125
松山家審平 13・11・19 …………………… 169
長野家伊那支審平 13・11・26 ………… 171
福岡家小倉支審平 13・12・28 ………… 165
佐賀家決平 14・2・18 …………………… 124
東京家審平 14・3・27 …………………… 172
前橋家高崎支審平 14・4・2 …………… 164
京都家審平 14・5・7 家月 56・5・
　131 ……………………………………… 168
福岡家審平 14・5・7 …………………… 166
大分家決平 14・5・28 …………………… 122
札幌家決平 14・6・11 …………………… 126
山口家審平 14・6・28 …………………… 169
札幌家審平 14・7・19 …………………… 166
福岡家小倉支審平 14・7・29 …………… 164
横浜家横須賀支審平 14・8・5 ………… 167
神戸家決平 14・8・12 家月 56・2・
　147 ……………………………………… 152
秋田家本荘支審平 14・12・25 ………… 171
東京家審平 15・1・24 …………………… 209
札幌家審平 15・2・27 民集 57・11・

2575 ································· 170	名古屋家半田支審平19・8・1 ············ 430
東京家審平15・3・11 ················ 211	名古屋家審平19・9・18 ················ 475
神戸家伊丹支決審平15・8・8金判	東京家八王子支審平19・10・17 ······ 425
1241・38 ··························· 210	名古屋家審平19・10・19 ·············· 430
福岡家小倉支審平15・10・27 ········ 259	東京家審平19・11・1 ·················· 429
大阪家審平16・2・9 ·················· 209	岐阜家審平19・12・17 ················ 433
宮崎家審平16・7・14 ················ 259	松江家出雲支審平19・12・28 ········ 481
神戸家明石支審平16・8・12 ········ 268	広島家審平20・2・18 ················· 433
和歌山家審平16・8・30 ·············· 263	横浜家審平20・2・27 ················· 434
名古屋家審平16・9・3 ················ 257	仙台家大河原支審平20・3・3 ········ 426
仙台家審平16・10・1家月57・6・	岐阜家大垣支審平20・4・15 ········ 479
158 ·································· 262	長崎家審平20・5・12 ················· 426
福岡家小倉支審平16・11・26 ······· 258	名古屋家決平20・5・27 ·············· 389
仙台家古川支審平17・3・7 ·········· 375	広島家福山支審平20・6・17 ········ 424
名古屋家岡崎支審平17・3・31 ······ 478	名古屋家決平20・7・11 ·············· 458
札幌家苫小牧支審平17・3・17家月	さいたま家審平20・7・23 ············ 476
58・4・86 ·························· 260	福岡家久留米支審平20・8・27 ······ 481
仙台家石巻支審平17・5・20 ········ 261	大阪家審平20・9・30 ················· 480
仙台家審平17・6・10 ················ 313	鳥取家倉吉支審平20・11・18 ········ 473
広島家審平17・8・19判時1930・94	津家四日市支審平20・12・8 ········ 483
···································· 314	名古屋家審平20・12・24 ·············· 473
福岡家審平17・10・19 ················ 319	名古屋家審平21・1・7 ················ 485
静岡家浜松支決平17・10・20 ········ 290	名古屋家審平21・1・26 ··············· 541
福岡家審平17・11・22 ················ 317	名古屋家審平21・2・24 ··············· 484
東京家審平17・11・30民集61・2・	札幌家審平21・4・30 ················· 655
658 ·································· 377	名古屋家豊橋支審平21・5・7 ······· 598
横浜家横須賀支審平17・11・30 ····· 318	福岡家審平21・8・5 ·················· 539
前橋家高崎支審平18・2・9 ·········· 316	大阪家審平21・9・14金判1393・44
千葉家市川出審平18・2・28 ········ 315	···································· 651
東京家審平18・3・29 ················ 320	札幌家審平21・12・10 ··············· 537
津家松阪支審平18・3・31 ·········· 370	福岡家審平22・2・12 ················· 539
東京家審平18・5・8 ·················· 321	福岡家審平22・3・16 ················· 540
東京家審平18・5・19 ················ 319	鹿児島家川内支審平22・4・13 ······ 542
福岡家久留米支審平18・5・24 ······ 372	水戸家審平22・5・21 ················· 540
新潟家高田支審平18・7・10 ········ 323	大分家審平22・7・15 ················· 600
さいたま家審平18・7・11 ············ 431	那覇家審平22・7・15家月63・7・
千葉家審平18・8・18 ················ 322	118 ·································· 595
東京家審平18・9・19 ················ 369	盛岡家審平22・7・20 ················· 599
名古屋家岡崎支審平18・9・22 ······ 482	仙台家古川支審平22・7・29 ········ 599
大分家審平18・10・20 ················ 374	熊本家審平22・8・12 ················· 594
長野家諏訪支審平18・12・7 ········ 373	熊本家天草支審平22・9・13 ········ 594
東京家審平19・2・8 ·················· 653	長野家伊那支審平22・9・22 ········ 596
東京家審平19・3・16 ················ 376	旭川家審平23・2・23 ················· 597
福岡家久留米支審平19・3・29 ······ 371	鹿児島家審平23・3・30 ··············· 601
岐阜家審平19・5・29 ················ 432	名古屋家審平23・6・22 ··············· 647
横浜家川崎支審平19・7・17 ········ 427	高知家安芸支審平23・7・13 ········ 645

大阪家審平 23・7・26 ……………………… 646
福岡家久留米支審平 23・12・8 ………… 648
東京家審平 23・12・21 …………………… 654
札幌家審平 24・4・9 ……………………… 649
津家伊賀支審平 24・4・9 ………………… 647
高知家審平 24・6・13 …………………… 707
高知家審平 24・6・28 …………………… 717
福島家郡山支審平 24・7・6 …………… 707
札幌家審平 24・9・12 民集 67・3・
　880 ……………………………………… 705
東京家審平 24・10・31 民集 67・9・
　1897 …………………………………… 719
京都家審平 24・11・21 …………………… 710
岡山家倉敷支審平 24・12・5 …………… 773
福島家審平 24・12・25 民集 68・4・
　301 ……………………………………… 782
高松家審平 25・1・31 …………………… 768
山口家船木出審平 25・2・14 …………… 716
名古屋家岡崎支審平 25・3・22 ………… 825
福岡家審平 25・3・29 …………………… 824
秋田家大曲支審平 25・3・29 …………… 774
徳島家審平 25・4・9 ……………………… 764
千葉家八日市場支審平 25・4・26 …… 767
福岡家審平 25・6・25 …………………… 765
福岡家柳川支審平 25・7・8 …………… 766
東京家審平 25・9・27 …………………… 762
広島家審平 25・10・25 …………………… 771
千葉家審平 25・11・19 …………………… 768
広島家審平 25・12・17 …………………… 821
神戸家審平 26・1・10 …………………… 776
高松家審平 26・1・17 …………………… 777
札幌家室蘭支審平 26・2・24 …………… 770
山口家周南支審平 26・3・24 …………… 815
さいたま家審平 26・4・23 ……………… 764
福岡家決平 26・5・1 ……………………… 761
京都家審平 26・5・13 …………………… 763
千葉家松戸支審平 26・7・30 …………… 826
松江家浜田支審平 26・9・12 …………… 818
広島家審平 26・9・25 …………………… 817
山口家岩国支審平 26・10・9 …………… 819
大阪家審平 26・12・5 …………………… 859
山口家宇部支審平 26・12・15 ………… 858
東京家決平 27・3・20 ……………… 827, 839
さいたま家越谷支審平 27・3・31 …… 820
横浜家決平 27・10・6 …………………… 850
福岡家久留米支審平 28・1・29 判自
　424・15 ………………………………… 900
大阪家決平 28・3・31 …………………… 914
福岡家小倉支審平 28・4・22 …………… 905
大分家審平 28・8・26 …………………… 904
熊本家玉名支審平 29・1・13 …………… 905
名古屋家審平 29・1・17 ………………… 902
大阪家審平 29・2・15 判時 2374・56
　…………………………………………… 907
釧路家北見支審平 29・3・8 …………… 916
大分家審平 29・6・30 …………………… 903

執筆者一覧

※五十音順
〔　〕内は執筆担当年度

浅野　良児（あさの　りょうじ）　最高裁判所書記官〔平成29年度〕
今福　正己（いまふく　まさみ）　元最高裁判所書記官〔平成22、23年度〕
浦原　英器（うらはら　ひでき）　元最高裁判所書記官〔平成17年度〕
尾島　明（おじま　あきら）　最高裁判所首席調査官・元最高裁判所民事上席調査官〔平成24～27年度〕
角谷　昌毅（かくたに　まさたけ）　名古屋地方裁判所判事・元最高裁判所調査官〔平成14年度〕
後藤　一章（ごとう　かずあき）　元最高裁判所書記官〔平成28年度〕
小林　宏司（こばやし　こうじ）　最高裁判所民事上席調査官〔平成28、29年度〕
佐古　智昭（さこ　ともあき）　元最高裁判所書記官〔平成26、27年度〕
佐藤　裕義（さとう　ひろよし）　元最高裁判所書記官〔平成15、16年度〕
髙橋　利文（たかはし　としふみ）　故・元最高裁判所民事上席調査官〔平成14、15年度〕
富越　和厚（とみこし　かずひろ）　弁護士・元東京高等裁判所長官・元最高裁判所民事上席調査官〔平成10～13年度〕
福田　剛久（ふくだ　たかひさ）　弁護士・元高松高等裁判所長官・元最高裁判所民事上席調査官〔平成16～19年度〕
溝上　真（みぞうえ　まこと）　元最高裁判所書記官〔平成18、19年度〕
宮城　保（みやぎ　たもつ）　元最高裁判所書記官〔平成20、21年度〕
宮下　修（みやした　おさむ）　元最高裁判所書記官〔平成24、25年度〕
綿引万里子（わたひき　まりこ）　名古屋高等裁判所長官・元最高裁判所民事上席調査官〔平成20～23年度〕

許可抗告事件の実情　平成 10〜29 年度

2019 年 12 月 25 日　第 1 版第 1 刷発行

編　　者	判例時報編集部
発 行 者	株式会社　判例時報社

〒 112-0015　東京都文京区目白台 1-7-12
電話　（03）3947-7371〔編集部〕
　　　（03）3947-7375〔営業部〕
http://hanreijiho.co.jp/

印刷・製本　倉敷印刷株式会社
装　　幀　　板谷成雄

Ⓒ 2019 Hanreijihohensyubu　ISBN 978-4-938166-18-2　Printed in Japan
落丁・乱丁本はお取り替えいたします。

JCOPY <（社）出版者著作権管理機構　委託出版物>

本書の無断複製は、著作権法上での例外を除き禁じられています。複製される場合は、そのつど事前に、（社）出版者著作権管理機構（電話 03-5244-5088、FAX 03-5244-5089、e-mail: info@jcopy.or.jp）の許諾を得てください。
　また、本書を代行業者等の第三者に依頼してスキャニング等の行為によりデジタル化することは、個人の家庭内の利用であっても一切認められておりません。